Barock

Singapore 28 Feb 55

The Student's
New Testament

The Student's New Testament

*The Greek Text
and the American Translation*

EDGAR J. GOODSPEED

THE UNIVERSITY OF CHICAGO PRESS

THE UNIVERSITY OF CHICAGO PRESS, CHICAGO 37
Cambridge University Press, London, N.W. 1, England

CONTENTS

INTRODUCTION

A hundred years ago three young divinity students in the University of Cambridge awoke to the fact that British work on the New Testament had fallen behind that being done on the Continent, especially in Germany. They wasted no time in lamenting the fact but highly resolved to remedy it and to take the lead themselves in so doing. They were B. F. Westcott, F. J. A. Hort, and J. B. Lightfoot. Westcott was to take the Johannine literature, Hort the Synoptic Gospels, and Lightfoot the letters of Paul. It is enough to say that today, wherever the subjects assigned to Westcott and Lightfoot are studied, their results are taken account of. I remember hearing Harnack say once in a lecture that Lightfoot's editions of Clement, Ignatius, and Polycarp were the best editions we possess of any of the Christian Fathers.

But Hort's work on the Gospels soon showed him that he must have a sounder Greek text to work upon than had yet been established and printed. There was, of course, the critically worthless Received Text of 1633, Elzevir's "textus receptus," as it called itself, which had established itself on the Continent as the standard text. It reproduced substantially Estienne's "royal edition" of 1550, long regarded in England as the accepted text. This in turn rested on Erasmus' third edition of 1522. His earlier editions of 1516 and 1519 were the first published editions of the New Testament in Greek. His first edition, of 1516, was based on perhaps half-a-dozen manuscripts of different parts of the New Testament, mostly from the twelfth to the fifteenth centuries. He had no complete Greek manuscript of the Revelation, but he re-translated the closing sentences of the Latin version into Greek as best he could; it is not strange, therefore, that they have never been found in any Greek manuscript. Erasmus said that his edition was "rushed through rather than edited"—"praecipitatum potius quam editum." The strange interpolation I John 5:7 he inserted in his third edition on the evidence of the Latin version and of two Greek manuscripts almost contemporary with himself; and so this verse got into Tyndale's translation and into all the English New Testaments descended from it, down to King James.

Not until 1831—Karl Lachmann's edition—did a Greek New Testament appear based directly upon the older manuscripts, more of which were slowly coming to light. About the same time Constantin von Tischendorf was really just beginning his serious editing of the Greek Testament, with his so-called "fourth edition," in 1849, while S. P. Tregelles in England was in the early stages of his labors. No wonder Westcott and Hort felt the great need of a sound text to interpret and build upon.

They hopefully calculated that they could produce a sound working text that should take full account of the best ancient manuscripts and versions in two or three years; we can trace their progress in Sir Arthur Hort's life and letters of his father. But it took twenty-eight years, instead, and throughout that time practically absorbed Hort's critical activity. While it was made available in sheets to the members of the English Revision Committee for their edition of 1881, they were far from adopting it in full, and it was not published until just after the English Revised New Testament had made its appearance early in 1881. It was accompanied by a second volume, presenting with amazing acumen the principles and method followed in producing it.

Meantime Tregelles' edition had made its appearance, 1857–72, and Tischendorf had, in 1859, discovered the Sinaitic manuscript and carried on his own text construction to his great eighth edition, 1864–72. If this great fourth-century manuscript sometimes carried too much weight with him in that, his final edition, it can hardly be wondered at.

That discovery, of course, found Hort well advanced in his work on a new critical text of the New Testament, and it greatly influenced him. The new manuscript, of course, immediately challenged comparison with the text of the Vatican manuscript, the other great fourth-century New Testament codex. Hort found in their agreement upon a reading very strong evidence for its correctness and has even been charged by persons only slightly acquainted with his work with having accepted such readings forthwith. But this is a mere caricature of Hort's extraordinarily keen and patient researches. He observed that these two great manuscripts agreed in only one reading that was an obvious scribal error—$\eta \ \tau\rho\sigma\pi\eta s$ $\alpha\pi\sigma\sigma\kappa\iota\alpha\sigma\mu\alpha\tau\sigma s$—in James 1:17, which they, like all their predecessors, read changing the last word to $\dot{\alpha}\pi\sigma\sigma\kappa\iota\alpha\sigma\mu\alpha$. But Ropes has now shown us that the great manuscripts are right, only we have all along misread the article $\dot{\eta}$ as a conjunction $\ddot{\eta}$ and so created the difficulty for ourselves. (Of course, in fourth-century manuscripts accents and breathings very seldom appear.) This would, I am sure, have gratified Hort, for it would have shown that his two great witnesses never agreed in a scribal error! In general, it may be said that the numerous manuscript discoveries and studies of versions, especially the Old Latin, the Old Syriac, and the various Coptic versions, have in general surprisingly supported the readings of Dr. Hort.

An inexpensive Greek text was later produced by the Wuerttemberg Bible Society, by Eberhard Nestle, to protect German theological students from buying the cheap (one mark) Bible Society edition of the old Received Text, in preference to the more costly one of Westcott-Hort or Tischendorf. I well remember a conversation with Professor Weizsaecker at Tübingen in the spring of 1899, when he explained this to me. Nestle's method was to take the editions of Tischendorf, Westcott-Hort, and R. F. Weymouth and to follow whatever reading stood in all of them or in two out of the three. It is thus a mechanically resultant, not a critical, text, and its tacit acceptance of Weymouth, later replaced by Weiss, as Hort's equal as a textual authority can hardly be taken seriously. Weiss's scholarly competence lay in other fields.

My translation followed the text of Westcott and Hort with all the precision I could command. While it is in no sense a paraphrase, I endeavored to give it the sound not of a translation from a foreign tongue but, if possible, the sound of native English. For just as the discovery of the fourth-century manuscripts, the Vatican and the Sinaitic, brought on the English Revision of 1870 to 1894, the discovery of the Greek papyrus documents in such amazing quantities in the 1890's revealed the colloquial character of New Testament Greek and led to the modern-speech translations, of which mine was one of the first to be frankly American in diction.

So closely have I followed the Westcott and Hort text that I have even omitted from my translation such passages as they double-bracketed as interpolations in the text. As interpolations they can have, I feel, little serious interest for the American reader, and they distractingly interrupt the sequence of the narrative or argument. The only exception is the great saying from the cross, Luke 23:34. In a very few cases I have adopted readings recommended by Dr. Hort in his *Notes on Select Readings* in Volume II. I have also ventured to depart from Hort's text in a few instances where new textual evidence has come to light which would I think have satisfied him. My departures from Hort's text are John 19:29; Acts 5:12-13; 6:9; 19:28, 34: James 1:17; I Peter 3:19; and Revelation 12:18.

EDGAR J. GOODSPEED

BEL-AIR, LOS ANGELES

The Student's
New Testament

ΚΑΤΑ ΜΑΘΘΑΙΟΝ

1 ΒΙΒΛΟΣ γενέσεως Ἰησοῦ Χριστοῦ υἱοῦ Δαυεὶδ υἱοῦ Ἀβραάμ.

2 Ἀβραὰμ ἐγέννησεν τὸν Ἰσαάκ,
Ἰσαὰκ δὲ ἐγέννησεν τὸν Ἰακώβ,
Ἰακὼβ δὲ ἐγέννησεν τὸν Ἰούδαν καὶ τοὺς ἀδελφοὺς αὐτοῦ,
3 Ἰούδας δὲ ἐγέννησεν τὸν Φαρὲς καὶ τὸν Ζαρὰ ἐκ τῆς Θάμαρ,
Φαρὲς δὲ ἐγέννησεν τὸν Ἑσρώμ,
Ἑσρὼμ δὲ ἐγέννησεν τὸν Ἀράμ,
4 Ἀρὰμ δὲ ἐγέννησεν τὸν Ἀμιναδάβ,
Ἀμιναδὰβ δὲ ἐγέννησεν τὸν Ναασσών,
Ναασσὼν δὲ ἐγέννησεν τὸν Σαλμών,
5 Σαλμὼν δὲ ἐγέννησεν τὸν Βοὲς ἐκ τῆς Ῥαχάβ,
Βοὲς δὲ ἐγέννησεν τὸν Ἰωβὴδ ἐκ τῆς Ῥούθ,
Ἰωβὴδ δὲ ἐγέννησεν τὸν Ἰεσσαί,
6 Ἰεσσαὶ δὲ ἐγέννησεν τὸν Δαυεὶδ τὸν βασιλέα.

Δαυεὶδ δὲ ἐγέννησεν τὸν Σολομῶνα ἐκ τῆς τοῦ Οὐρίου,
7 Σολομὼν δὲ ἐγέννησεν τὸν Ῥοβοάμ,
Ῥοβοὰμ δὲ ἐγέννησεν τὸν Ἀβιά,
Ἀβιὰ δὲ ἐγέννησεν τὸν Ἀσάφ,
8 Ἀσὰφ δὲ ἐγέννησεν τὸν Ἰωσαφάτ,
Ἰωσαφὰτ δὲ ἐγέννησεν τὸν Ἰωράμ,
Ἰωρὰμ δὲ ἐγέννησεν τὸν Ὀζείαν,

THE GOSPEL ACCORDING TO MATTHEW

1   The ancestry of Jesus Christ, who was descended from
David, who was descended from Abraham.

2   Abraham was the father of Isaac, and Isaac of Jacob, and
3 Jacob of Judah and his brothers, and Judah of Perez and
Zerah, whose mother was Tamar.   And Perez was the father
4 of Hezron, and Hezron of Aram, and Aram of Aminadab, and
5 Aminadab of Nahshon, and Nahshon of Salmon, and Salmon
of Boaz, whose mother was Rahab.   And Boaz was the father
of Obed, whose mother was Ruth.   And Obed was the father
6 of Jesse, and Jesse of King David.

David was the father of Solomon, whose mother was
7 Uriah's wife.   And Solomon was the father of Rehoboam,
8 and Rehoboam of Abijah, and Abijah of Asa, and Asa of
Jehoshaphat, and Jehoshaphat of Joram, and Joram of

9 Ὀζείας δὲ ἐγέννησεν τὸν Ἰωαθάμ,
Ἰωαθὰμ δὲ ἐγέννησεν τὸν Ἄχας,
Ἄχας δὲ ἐγέννησεν τὸν Ἐζεκίαν,
10 Ἐζεκίας δὲ ἐγέννησεν τὸν Μανασσῆ,
Μανασσῆς δὲ ἐγέννησεν τὸν Ἀμώς,
Ἀμὼς δὲ ἐγέννησεν τὸν Ἰωσείαν,
11 Ἰωσείας δὲ ἐγέννησεν τὸν Ἰεχονίαν καὶ τοὺς ἀδελφοὺς
αὐτοῦ ἐπὶ τῆς μετοικεσίας Βαβυλῶνος.

12 Μετὰ δὲ τὴν μετοικεσίαν Βαβυλῶνος Ἰεχονίας ἐγέννησεν
τὸν Σαλαθιήλ,
Σαλαθιὴλ δὲ ἐγέννησεν τὸν Ζοροβάβελ,
13 Ζοροβάβελ δὲ ἐγέννησεν τὸν Ἀβιούδ,
Ἀβιοὺδ δὲ ἐγέννησεν τὸν Ἐλιακείμ,
Ἐλιακεὶμ δὲ ἐγέννησεν τὸν Ἀζώρ,
14 Ἀζὼρ δὲ ἐγέννησεν τὸν Σαδώκ,
Σαδὼκ δὲ ἐγέννησεν τὸν Ἀχείμ,
Ἀχεὶμ δὲ ἐγέννησεν τὸν Ἐλιούδ,
15 Ἐλιοὺδ δὲ ἐγέννησεν τὸν Ἐλεάζαρ,
Ἐλεάζαρ δὲ ἐγέννησεν τὸν Ματθάν,
Ματθὰν δὲ ἐγέννησεν τὸν Ἰακώβ,
16 Ἰακὼβ δὲ ἐγέννησεν τὸν Ἰωσὴφ τὸν ἄνδρα Μαρίας, ἐξ
ἧς ἐγεννήθη Ἰησοῦς ὁ λεγόμενος Χριστός.

17 Πᾶσαι οὖν αἱ γενεαὶ ἀπὸ Ἀβραὰμ ἕως Δαυεὶδ γενεαὶ
δεκατέσσαρες, καὶ ἀπὸ Δαυεὶδ ἕως τῆς μετοικεσίας Βαβυ-
λῶνος γενεαὶ δεκατέσσαρες, καὶ ἀπὸ τῆς μετοικεσίας Βα-
βυλῶνος ἕως τοῦ χριστοῦ γενεαὶ δεκατέσσαρες.

9 Uzziah, and Uzziah of Jotham, and Jotham of Ahaz, and
10 Ahaz of Hezekiah, and Hezekiah of Manasseh, and Manasseh
11 of Amon, and Amon of Josiah, and Josiah of Jeconiah and
his brothers, at the period of the Babylonian Exile.

12   After the Babylonian Exile, Jeconiah had a son named
13 Shealtiel, and Shealtiel was the father of Zerubbabel, and
Zerubbabel of Abiud, and Abiud of Eliakim, and Eliakim of
14 Azor, and Azor of Zadok, and Zadok of Achim, and Achim of
15 Eliud, and Eliud of Eleazar, and Eleazar of Matthan, and
16 Matthan of Jacob, and Jacob of Joseph, the husband of Mary,
who was the mother of Jesus called Christ.

17   So the whole number of generations from Abraham to
David is fourteen, and from David to the Babylonian Exile,
fourteen, and from the Babylonian Exile to the Christ,
fourteen.

18 ΤΟΥ ΔΕ ⌜[ΙΗΣΟΥ] ΧΡΙΣΤΟΥ⌝ ἡ γένεσις οὕτως ἦν. Μνη-
στευθείσης τῆς μητρὸς αὐτοῦ Μαρίας τῷ Ἰωσήφ, πρὶν ἢ
συνελθεῖν αὐτοὺς εὑρέθη ἐν γαστρὶ ἔχουσα ἐκ πνεύματος
19 ἁγίου. Ἰωσὴφ δὲ ὁ ἀνὴρ αὐτῆς, δίκαιος ὢν καὶ μὴ θέ-
λων αὐτὴν δειγματίσαι, ἐβουλήθη λάθρᾳ ἀπολῦσαι αὐτήν.
20 Ταῦτα δὲ αὐτοῦ ἐνθυμηθέντος ἰδοὺ ἄγγελος Κυρίου κατ᾽ ὄναρ
ἐφάνη αὐτῷ λέγων Ἰωσὴφ υἱὸς Δαυείδ, μὴ φοβηθῇς παρα-
λαβεῖν ⌜Μαρίαν⌝ τὴν γυναῖκά σου, τὸ γὰρ ἐν αὐτῇ γεννη-
21 θὲν ἐκ πνεύματός ἐστιν ἁγίου· τέξεται δὲ υἱὸν καὶ καλέ-
σεις τὸ ὄνομα αὐτοῦ Ἰησοῦν, αὐτὸς γὰρ σώσει τὸν λαὸν
22 αὐτοῦ ἀπὸ τῶν ἁμαρτιῶν αὐτῶν. Τοῦτο δὲ ὅλον γέγο-
νεν ἵνα πληρωθῇ τὸ ῥηθὲν ὑπὸ Κυρίου διὰ τοῦ προφήτου
λέγοντος
23 Ἰδοὺ ἡ παρθένος ἐν γαστρὶ ἕξει καὶ τέξεται υἱόν,
καὶ καλέσουσιν τὸ ὄνομα αὐτοῦ Ἐμμανουήλ·
24 ὅ ἐστιν μεθερμηνευόμενον Μεθ᾽ ἡμῶν ὁ θεός. Ἐγερθεὶς
δὲ [ὁ] Ἰωσὴφ ἀπὸ τοῦ ὕπνου ἐποίησεν ὡς προσέταξεν αὐτῷ
ὁ ἄγγελος Κυρίου καὶ παρέλαβεν τὴν γυναῖκα αὐτοῦ·
25 καὶ οὐκ ἐγίνωσκεν αὐτὴν ἕως [οὗ] ἔτεκεν υἱόν· καὶ ἐκάλεσεν
τὸ ὄνομα αὐτοῦ Ἰησοῦν.

1 Τοῦ δὲ Ἰησοῦ γεννηθέντος ἐν Βηθλεὲμ τῆς Ἰουδαίας
ἐν ἡμέραις Ἡρῴδου τοῦ βασιλέως, ἰδοὺ μάγοι ἀπὸ ἀνα-
2 τολῶν παρεγένοντο εἰς Ἱεροσόλυμα λέγοντες Ποῦ ἐστὶν
ὁ τεχθεὶς βασιλεὺς τῶν Ἰουδαίων; εἴδομεν γὰρ αὐτοῦ τὸν
ἀστέρα ἐν τῇ ἀνατολῇ καὶ ἤλθομεν προσκυνῆσαι αὐτῷ.
3 Ἀκούσας δὲ ὁ βασιλεὺς Ἡρῴδης ἐταράχθη καὶ πᾶσα
4 Ἱεροσόλυμα μετ᾽ αὐτοῦ, καὶ συναγαγὼν πάντας τοὺς ἀρχι-
ερεῖς καὶ γραμματεῖς τοῦ λαοῦ ἐπυνθάνετο παρ᾽ αὐτῶν

18 χριστοῦ Ἰησοῦ   20 Μαριάμ

18   Now the birth of Jesus Christ came about in this way.
Mary, his mother, was engaged to Joseph, but before they
were married it was found that she was about to become
19 a mother through the influence of the holy Spirit. But her
husband, Joseph, was an upright man and did not wish to
disgrace her, and he decided to break off the engagement
20 privately.   But while he was thinking of doing this, an angel
of the Lord appeared to him in a dream, and said,
        "Joseph, descendant of David, do not fear to take Mary,
your wife, to your home, for it is through the influence of the
21 holy Spirit that she is to become a mother.   She will have a
son, and you are to name him Jesus, for it is he who is to save
his people from their sins."
22   All this happened in fulfilment of what the Lord said
through the prophet,
23   "The maiden will be pregnant and will have a son,
            And they will name him Immanuel"
24 —a word which means "God with us."   So when Joseph
awoke from his sleep, he did as the angel of the Lord had
directed him, and took his wife to his home.   But he did not
25 live with her as a husband until she had had a son, and he
named the child Jesus.

2   Now after the birth of Jesus at Bethlehem in Judea, in the
days of King Herod, astrologers from the east arrived at
2 Jerusalem, and asked,
        "Where is the newly born king of the Jews?   For we have
seen his star rise and we have come to do homage to him."
3   When King Herod heard of this, he was troubled, and all
4 Jerusalem with him.   So he called together all the high
priests and scribes of the people and asked them where the

5 ποῦ ὁ χριστὸς γεννᾶται. οἱ δὲ εἶπαν αὐτῷ Ἐν Βηθλεὲμ
τῆς Ἰουδαίας· οὕτως γὰρ γέγραπται διὰ τοῦ προφήτου
6 Καὶ ϲΫ, ΒΗΘΛΕΈΜ ΓΗ Ἰ ΟΎΔΑ,
ΟΥ̓ΔΑΜΩ̂Ϲ ἐΛΑΧΊϹΤΗ ΕἾ ἐΝ ΤΟῖϹ ΗΓΕΜΌϹΙΝ Ἰ ΟΎΔΑ·
ἐΚ ϹΟΥ̂ ΓᾺΡ ἐΖΕΛΕΎϹΕΤΑΙ ΗΓΟΎΜΕΝΟϹ,
ὍϹΤΙϹ ΠΟΙΜΑΝΕῖ ΤῸΝ ΛΑΌΝ ΜΟΥ ΤῸΝ Ἰ ϹΡΑΉΛ.
7 Τότε Ἡρῴδης λάθρᾳ καλέσας τοὺς μάγους ἠκρίβωσεν πα-
8 ρ᾿ αὐτῶν τὸν χρόνον τοῦ φαινομένου ἀστέρος, καὶ πέμψας
αὐτοὺς εἰς Βηθλεὲμ εἶπεν Πορευθέντες ἐξετάσατε ἀκρι-
βῶς περὶ τοῦ παιδίου· ἐπὰν δὲ εὕρητε ἀπαγγείλατέ μοι,
9 ὅπως κἀγὼ ἐλθὼν προσκυνήσω αὐτῷ. οἱ δὲ ἀκούσαντες
τοῦ βασιλέως ἐπορεύθησαν, καὶ ἰδοὺ ὁ ἀστὴρ ὃν εἶδον ἐν
τῇ ἀνατολῇ προῆγεν αὐτούς, ἕως ἐλθὼν ἐστάθη ἐπάνω οὗ
10 ἦν τὸ παιδίον. ἰδόντες δὲ τὸν ἀστέρα ἐχάρησαν χαρὰν με-
11 γάλην σφόδρα. καὶ ἐλθόντες εἰς τὴν οἰκίαν εἶδον τὸ παιδί-
ον μετὰ Μαρίας τῆς μητρὸς αὐτοῦ, καὶ πεσόντες προσεκύνη-
σαν αὐτῷ, καὶ ἀνοίξαντες τοὺς θησαυροὺς αὐτῶν προσήνεγ-
12 καν αὐτῷ δῶρα, χρυσὸν καὶ λίβανον καὶ σμύρναν. καὶ χρη-
ματισθέντες κατ᾿ ὄναρ μὴ ἀνακάμψαι πρὸς Ἡρῴδην δι᾿ ἄλ-
13 λης ὁδοῦ ἀνεχώρησαν εἰς τὴν χώραν αὐτῶν. Ἀνα-
χωρησάντων δὲ αὐτῶν ἰδοὺ ἄγγελος Κυρίου ⌈φαίνεται κα-
τ᾿ ὄναρ⌉ τῷ Ἰωσὴφ λέγων Ἐγερθεὶς παράλαβε τὸ παιδίον
καὶ τὴν μητέρα αὐτοῦ καὶ φεῦγε εἰς Αἴγυπτον, καὶ ἴσθι
ἐκεῖ ἕως ἂν εἴπω σοι· μέλλει γὰρ Ἡρῴδης ζητεῖν˙ τὸ παι-
14 δίον τοῦ ἀπολέσαι αὐτό. ὁ δὲ ἐγερθεὶς παρέλαβε τὸ
παιδίον καὶ τὴν μητέρα αὐτοῦ νυκτὸς καὶ ἀνεχώρησεν εἰς
15 Αἴγυπτον, καὶ ἦν ἐκεῖ ἕως τῆς τελευτῆς Ἡρῴδου· ἵνα πλη-
ρωθῇ τὸ ῥηθὲν ὑπὸ Κυρίου διὰ τοῦ προφήτου λέγοντος
16 Ἐ Ζ ΑἸ ΓΎΠΤΟΥ ἐκάλεσα ΤῸΝ ΥἹΌΝ ΜΟΥ. Τότε
Ἡρῴδης ἰδὼν ὅτι ἐνεπαίχθη ὑπὸ τῶν μάγων ἐθυμώθη λίαν,
καὶ ἀποστείλας ἀνεῖλεν πάντας τοὺς παῖδας τοὺς ἐν Βηθ-
λεὲμ καὶ ἐν πᾶσι τοῖς ὁρίοις αὐτῆς ἀπὸ διετοῦς καὶ κατω-
17 τέρω, κατὰ τὸν χρόνον ὃν ἠκρίβωσεν παρὰ τῶν μάγων. Τότε

13 κατ᾿ ὄναρ ἐφάνη

5 Christ was to be born. They said,
    "At Bethlehem in Judea, for this is what the prophet
wrote:
6   " 'And you, Bethlehem in Judah's land,
        You are by no means least important among the lead-
        ers of Judah,
        For from you will come a leader
        Who will be the shepherd of my people Israel.' "
7   Then Herod secretly sent for the astrologers, and found
out from them the exact time when the star appeared.
8 And he sent them to Bethlehem, and said to them,
    "Go and inquire particularly about the child, and when
you have found him, bring me word, so that I may go and do
homage to him too."
9   So they obeyed the king and went, and the star which
they had seen rise led them on until it reached the place where
10 the child was, and stopped above it.   When they saw the star,
11 they were very glad, and they went into the house and
saw him with his mother, Mary, and they threw themselves
down and did homage to him. They opened their treasure
boxes and presented the child with gifts of gold, frankincense,
12 and myrrh.   Then, as they had been divinely warned in a
dream not to go back to Herod, they returned to their own
country by another way.
13   When they were gone, an angel of the Lord appeared to
Joseph in a dream, and said,
    "Wake up! Take the child and his mother and make
your escape to Egypt, and stay there until I tell you to leave.
For Herod is going to look for the child in order to make away
with him."
14   Then he awoke and took the child and his mother by
15 night and took refuge in Egypt and remained there until the
death of Herod, to fulfil what the Lord said by the prophet,
"I called my son from Egypt."
16   Then Herod saw that he had been tricked by the astrol-
ogers, and he was very angry, and he sent and made away with
all the boys in Bethlehem and in all that neighborhood who
were two years old or under, for that was the time he had
17 learned from the astrologers by his inquiries.   Then the saying

ἐπληρώθη τὸ ῥηθὲν διὰ Ἰερεμίου τοῦ προφήτου λέγοντος

18 Φωνὴ ἐν Ῥαμὰ ἠκούϲθη,
       κλαγθμὸϲ καὶ ὀδγρμὸϲ πολύϲ·
Ῥαχὴλ κλαίογϲα τὰ τέκνα αὐτῆϲ,
       καὶ οὐκ ἤθελεν παρακληθῆναι ὅτι οὐκ εἰϲίν.

19 Τελευτήσαντος δὲ τοῦ Ἡρῴδου ἰδοὺ ἄγγελος Κυρίου φαί-
20 νεται κατ᾽ ὄναρ τῷ Ἰωσὴφ ἐν Αἰγύπτῳ λέγων Ἐγερθεὶς
παράλαβε τὸ παιδίον καὶ τὴν μητέρα αὐτοῦ καὶ πορεύ-
ου εἰς γῆν Ἰσραήλ, τεθνήκασιν γὰρ οἱ ζητοῦντες τὴν
21 ψυχὴν τοῦ παιδίου. ὁ δὲ ἐγερθεὶς παρέλαβε τὸ παιδίον
22 καὶ τὴν μητέρα αὐτοῦ καὶ εἰσῆλθεν εἰς γῆν Ἰσραήλ. ἀκού-
σας δὲ ὅτι Ἀρχέλαος βασιλεύει τῆς Ἰουδαίας ἀντὶ τοῦ
πατρὸς αὐτοῦ Ἡρῴδου ἐφοβήθη ἐκεῖ ἀπελθεῖν· χρηματι-
σθεὶς δὲ κατ᾽ ὄναρ ἀνεχώρησεν εἰς τὰ μέρη τῆς Γαλιλαίας,
23 καὶ ἐλθὼν κατῴκησεν εἰς πόλιν λεγομένην Ναζαρέτ, ὅπως
πληρωθῇ τὸ ῥηθὲν διὰ τῶν προφητῶν ὅτι Ναζωραῖος κλη-
θήσεται.

1   ΕΝ ΔΕ ΤΑΙΣ ΗΜΕΡΑΙΣ ἐκείναις παραγίνεται Ἰωάνης
2 ὁ βαπτιστὴς κηρύσσων ἐν τῇ ἐρήμῳ τῆς Ἰουδαίας λέγων
3 Μετανοεῖτε, ἤγγικεν γὰρ ἡ βασιλεία τῶν οὐρανῶν.   Οὗτος
γάρ ἐστιν ὁ ῥηθεὶς διὰ Ἠσαίου τοῦ προφήτου λέγοντος
    Φωνὴ Βοῶντοϲ ἐν τῇ ἐρήμῳ
Ἑτοιμάϲατε τὴν ὁδὸν Κγρίογ,
    εὐθείαϲ ποιεῖτε τὰϲ τρίβογϲ αὐτοῦ.
4 Αὐτὸς δὲ ὁ Ἰωάνης εἶχεν τὸ ἔνδυμα αὐτοῦ ἀπὸ τριχῶν
καμήλου καὶ ζώνην δερματίνην περὶ τὴν ὀσφὺν αὐτοῦ,
5 ἡ δὲ τροφὴ ἦν αὐτοῦ ἀκρίδες καὶ μέλι ἄγριον.   Τότε

was fulfilled which was uttered by the prophet Jeremiah,

18
> "A cry was heard in Ramah!
> Weeping and great lamenting!
> Rachel weeping for her children,
> And inconsolable because they were gone."

19 But when Herod died, an angel of the Lord appeared in
20 a dream to Joseph in Egypt and said,

"Wake up! Take the child and his mother and go to the land of Israel, for those who sought the child's life are dead."

21 Then he awoke, and took the child and his mother and
22 went to the land of Israel. But hearing that Archelaus was reigning over Judea in the place of his father Herod, he was afraid to return there; and being warned in a dream, he
23 took refuge in the region of Galilee, and he went and settled in a town called Nazareth, in fulfilment of the saying of the prophets,

> "He shall be called a Nazarene."

3 In those days John the Baptist appeared, and preached in the desert of Judea.

2 "Repent!" he said, "for the Kingdom of Heaven is coming!"

3 It was he who was spoken of by the prophet Isaiah, when he said,

> "Hark! Someone is shouting in the desert,
> 'Get the Lord's way ready!
> Make his paths straight!'"

4 John wore clothing made of hair cloth, and he had a leather belt around his waist, and he lived on dried locusts and wild

ἐξεπορεύετο πρὸς αὐτὸν Ἱεροσόλυμα καὶ πᾶσα ἡ Ἰου-
6 δαία καὶ πᾶσα ἡ περίχωρος τοῦ Ἰορδάνου, καὶ ἐβαπτί-
ζοντο ἐν τῷ Ἰορδάνῃ ποταμῷ ὑπ' αὐτοῦ ἐξομολογούμενοι
7 τὰς ἁμαρτίας αὐτῶν. Ἰδὼν δὲ πολλοὺς τῶν Φαρισαίων
καὶ Σαδδουκαίων ἐρχομένους ἐπὶ τὸ βάπτισμα εἶπεν αὐ-
τοῖς Γεννήματα ἐχιδνῶν, τίς ὑπέδειξεν ὑμῖν φυγεῖν ἀπὸ
8 τῆς μελλούσης ὀργῆς; ποιήσατε οὖν καρπὸν ἄξιον τῆς
9 μετανοίας· καὶ μὴ δόξητε λέγειν ἐν ἑαυτοῖς Πατέρα ἔχομεν
τὸν Ἀβραάμ, λέγω γὰρ ὑμῖν ὅτι δύναται ὁ θεὸς ἐκ τῶν
10 λίθων τούτων ἐγεῖραι τέκνα τῷ Ἀβραάμ. ἤδη δὲ ἡ ἀξίνη
πρὸς τὴν ῥίζαν τῶν δένδρων κεῖται· πᾶν οὖν δένδρον μὴ
ποιοῦν καρπὸν καλὸν ἐκκόπτεται καὶ εἰς πῦρ βάλλεται.
11 ἐγὼ μὲν ὑμᾶς βαπτίζω ἐν ὕδατι εἰς μετάνοιαν· ὁ δὲ ὀπίσω
μου ἐρχόμενος ἰσχυρότερός μου ἐστίν, οὗ οὐκ εἰμὶ ἱκανὸς
τὰ ὑποδήματα βαστάσαι· αὐτὸς ὑμᾶς βαπτίσει ἐν πνεύ-
12 ματι ἁγίῳ καὶ πυρί· οὗ τὸ πτύον ἐν τῇ χειρὶ αὐτοῦ,
καὶ διακαθαριεῖ τὴν ἅλωνα αὐτοῦ, καὶ συνάξει τὸν σῖτον
αὐτοῦ εἰς τὴν ἀποθήκηνᵀ, τὸ δὲ ἄχυρον κατακαύσει πυρὶ
13 ἀσβέστῳ.   Τότε παραγίνεται ὁ Ἰησοῦς ἀπὸ τῆς
Γαλιλαίας ἐπὶ τὸν Ἰορδάνην πρὸς τὸν Ἰωάνην τοῦ βαπτι-
14 σθῆναι ὑπ' αὐτοῦ. ὁ δὲ διεκώλυεν αὐτὸν λέγων Ἐγὼ
χρείαν ἔχω ὑπὸ σοῦ βαπτισθῆναι, καὶ σὺ ἔρχῃ πρός με;
15 ἀποκριθεὶς δὲ ὁ Ἰησοῦς εἶπεν ⌈αὐτῷ⌉ Ἄφες ἄρτι, οὕτω
γὰρ πρέπον ἐστὶν ἡμῖν πληρῶσαι πᾶσαν δικαιοσύνην.
16 τότε ἀφίησιν αὐτόν. βαπτισθεὶς δὲ ὁ Ἰησοῦς εὐθὺς ἀνέβη
ἀπὸ τοῦ ὕδατος· καὶ ἰδοὺ ἠνεῴχθησαν ᵀ οἱ οὐρανοί, καὶ
εἶδεν πνεῦμα θεοῦ καταβαῖνον ὡσεὶ περιστερὰν ἐρχό-
17 μενον ἐπ' αὐτόν· καὶ ἰδοὺ φωνὴ ἐκ τῶν οὐρανῶν λέγουσα
Οὗτός ἐστιν ὁ υἱός ⌈μου ὁ ἀγαπητός, ἐν⌉ ᾧ εὐδόκησα.

1   Τότε [ὁ] Ἰησοῦς ἀνήχθη εἰς τὴν ἔρημον ὑπὸ τοῦ πνεύ-
2 ματος, πειρασθῆναι ὑπὸ τοῦ διαβόλου. καὶ νηστεύσας
ἡμέρας τεσσεράκοντα καὶ νύκτας τεσσεράκοντα ὕστερον
3 ἐπείνασεν. Καὶ προσελθὼν ὁ πειράζων εἶπεν αὐτῷ Εἰ

5 honey.   Then Jerusalem and all Judea and the whole Jordan
6 valley went out to him, and they were baptized by him in the
7 Jordan River, in acknowledgment of their sins.   But when
he saw many of the Pharisees and Sadducees coming for
baptism, he said to them,

"You brood of snakes!   Who warned you to escape from
8 the wrath that is coming?   Then produce fruit that will be
9 consistent with your professed repentance!   Do not suppose
that you can say to yourselves, 'We have Abraham for our
forefather,' for I tell you God can produce descendants for
10 Abraham right out of these stones!   But the axe is already
lying at the roots of the trees.   Any tree that fails to produce
good fruit is going to be cut down and thrown into the fire.
11 I am baptizing you in water in token of your repentance, but
he who is coming after me is stronger than I am, and I am
not fit to carry his shoes.   He will baptize you in the holy
12 Spirit and in fire.   His winnowing fork is in his hand, and he
will clean up his threshing-floor, and store his wheat in his
barn, but he will burn up the chaff with inextinguishable
fire."

13   Then Jesus came from Galilee to the Jordan, to John, to
14 be baptized by him.   But John dissuaded him, and said,

"I need to be baptized by you, and do you come to me?"
15   But Jesus answered,

"Let it be so this time, for it is right for us to do everything
that God requires."
16   Then John consented.   And when Jesus was baptized,
he went right up out of the water, and the heavens opened,
and he saw the Spirit of God come down like a dove and light
17 upon him, and a voice from heaven said,

"This is my Son, my Beloved!   This is my Chosen."
4   Then Jesus was guided by the Spirit into the desert, to be
2 tempted by the devil.   And he fasted forty days and nights,
3 and afterwards he was famished.   And the tempter came up
and said to him,

υἱὸς εἶ τοῦ θεοῦ, εἰπὸν ἵνα οἱ λίθοι οὗτοι ἄρτοι γένωνται.
4 ὁ δὲ ἀποκριθεὶς εἶπεν Γέγραπται Ογκ ἐπ' ἄρτῳ μόνῳ
ΖΗСΕΤΑΙ ὁ ἄΝΘΡωπος, ἀλλ' ἐπὶ παντὶ ῥήΜΑΤΙ ἐΚπο-
5 ΡΕΥΟΜΕΝῳ διὰ ϹΤΟΜΑΤΟϹ ΘΕΟΫ. Τότε παραλαμβάνει
αὐτὸν ὁ διάβολος εἰς τὴν ἁγίαν πόλιν, καὶ ἔστησεν αὐτὸν
6 ἐπὶ τὸ πτερύγιον τοῦ ἱεροῦ, καὶ λέγει αὐτῷ Εἰ υἱὸς εἶ
τοῦ θεοῦ, βάλε σεαυτὸν κάτω· γέγραπται γὰρ ὅτι

Τοῖϲ ἀγγέλοιϲ αγτογ ἐντελεῖται περὶ ϲογ
καὶ ἐπὶ χειρῶν ἀρογϲίν ϲε,
ΜΗ ποτε προϲκόψῃϲ πρὸϲ λίθον τὸν πόδα ϲογ.

7 ἔφη αὐτῷ ὁ Ἰησοῦς Πάλιν γέγραπται Ογκ ἐκπειράϲειϲ
8 Κγριον τὸν θεόν ϲογ. Πάλιν παραλαμβάνει αὐτὸν ὁ
διάβολος εἰς ὄρος ὑψηλὸν λίαν, καὶ δείκνυσιν αὐτῷ πάσας
9 τὰς βασιλείας τοῦ κόσμου καὶ τὴν δόξαν αὐτῶν, καὶ
εἶπεν αὐτῷ Ταῦτά σοι πάντα δώσω ἐὰν πεσὼν προσκυ-
10 νήσῃς μοι. τότε λέγει αὐτῷ ὁ Ἰησοῦς Ὕπαγε, Σατανᾶ·
γέγραπται γάρ Κγριον τὸν θεόν ϲογ προϲκγνΗϲειϲ
11 καὶ αγτῷ μόνῳ λατρεγϲειϲ. Τότε ἀφίησιν αὐτὸν ὁ
διάβολος, καὶ ἰδοὺ ἄγγελοι προσῆλθον καὶ διηκόνουν
αὐτῷ.
12 Ἀκούσας δὲ ὅτι Ἰωάνης παρεδόθη ἀνεχώρησεν εἰς τὴν
13 Γαλιλαίαν. καὶ καταλιπὼν τὴν Ναζαρὰ ἐλθὼν κατῴκησεν
εἰς Καφαρναοὺμ τὴν παραθαλασσίαν ἐν ὁρίοις Ζαβουλὼν
14 καὶ Νεφθαλείμ· ἵνα πληρωθῇ τὸ ῥηθὲν διὰ Ἡσαίου τοῦ
προφήτου λέγοντος

15 ΓΗ Ζαβογλὼν καὶ ΓΗ Νεφθαλείμ,
ὁδὸν θαλάϲϲΗϲ, πέραν τογ Ἰορδάνογ,
Γαλιλαία τῶν ἐθνῶν,
16 ὁ λαὸϲ ὁ καθΗΜΕΝΟϹ ἐν ϲκοτίᾳ
φῶϲ εἶδεν ΜΕΓα,
καὶ τοῖϲ καθΗΜΕΝΟιϲ ἐν χώρᾳ καὶ ϲκιᾷ θανάτογ
φῶϲ ἀνέτειλεν αγτοῖϲ.

"If you are God's son, tell these stones to turn into
4 bread!"   But he answered,
"The Scripture says, 'Not on bread alone is man to live,
but on every word that comes from the mouth of God!'"
5   Then the devil took him to the holy city, and made him
6 stand on the summit of the Temple, and said to him,
"If you are God's son, throw yourself down, for the
Scripture says,
" 'He will give his angels orders about you,
    And they will lift you up with their hands
    So that you may never strike your foot against a stone!'"
7   Jesus said to him,
"The Scripture also says, 'You shall not try the Lord
your God.'"
8   Again the devil took him to a very high mountain, and
he showed him all the kingdoms of the world and their
9 splendor, and said to him,
"I will give all this to you, if you will fall on your knees
and do homage to me."
10   Then Jesus said to him,
"Begone, Satan! For the Scripture says, 'You must
do homage to the Lord your God, and worship him alone!'"
11   Then the devil left him, and angels came and waited
on him.
12   But when Jesus heard that John had been arrested, he
13 retreated to Galilee.. And he left Nazareth and went and
settled in Capernaum, by the sea, in the district of Zebulon
14 and Naphtali, in fulfilment of what was said by the prophet
Isaiah,
15   "Zebulon's land, and Naphtali's land,
        Along the road to the sea, across the Jordan,
        Galilee of the heathen!
16   The people that were living in darkness
        Have seen a great light,
        And on those who were living in the land of the shadow
            of death
        A light has dawned!"

17 ΑΠΟ ΤΟΤΕ ἤρξατο ὁ Ἰησοῦς κηρύσσειν καὶ λέγειν ⌜Μετανοεῖτε, ἤγγικεν γὰρ⌝ ἡ βασιλεία τῶν οὐρανῶν.

18 Περιπατῶν δὲ παρὰ τὴν θάλασσαν τῆς Γαλιλαίας εἶδεν δύο ἀδελφούς, Σίμωνα τὸν λεγόμενον Πέτρον καὶ Ἀνδρέαν τὸν ἀδελφὸν αὐτοῦ, βάλλοντας ἀμφίβληστρον εἰς τὴν θά- 19 λασσαν, ἦσαν γὰρ ἁλεεῖς· καὶ λέγει αὐτοῖς Δεῦτε ὀπίσω 20 μου, καὶ ποιήσω ὑμᾶς ἁλεεῖς ἀνθρώπων. οἱ δὲ εὐθέως 21 ἀφέντες τὰ δίκτυα ἠκολούθησαν αὐτῷ. Καὶ προβὰς ἐκεῖθεν εἶδεν ἄλλους δύο ἀδελφούς, Ἰάκωβον τὸν τοῦ Ζεβεδαίου καὶ Ἰωάνην τὸν ἀδελφὸν αὐτοῦ, ἐν τῷ πλοίῳ μετὰ Ζεβε- δαίου τοῦ πατρὸς αὐτῶν καταρτίζοντας τὰ δίκτυα αὐτῶν, 22 καὶ ἐκάλεσεν αὐτούς. οἱ δὲ εὐθέως ἀφέντες τὸ πλοῖον καὶ 23 τὸν πατέρα αὐτῶν ἠκολούθησαν αὐτῷ. Καὶ περιῆγεν ἐν ὅλῃ τῇ Γαλιλαίᾳ, διδάσκων ἐν ταῖς συνα- γωγαῖς αὐτῶν καὶ κηρύσσων τὸ εὐαγγέλιον τῆς βασι- λείας καὶ θεραπεύων πᾶσαν νόσον καὶ πᾶσαν μαλακίαν 24 ἐν τῷ λαῷ. καὶ ἀπῆλθεν ἡ ἀκοὴ αὐτοῦ εἰς ὅλην τὴν Συρίαν· καὶ προσήνεγκαν αὐτῷ πάντας τοὺς κακῶς ἔχοντας ποικίλαις νόσοις καὶ βασάνοις συνεχομένους, δαιμονιζο- μένους καὶ σεληνιαζομένους καὶ παραλυτικούς, καὶ ἐθερά- 25 πευσεν αὐτούς. καὶ ἠκολούθησαν αὐτῷ ὄχλοι πολλοὶ ἀπὸ τῆς Γαλιλαίας καὶ Δεκαπόλεως καὶ Ἱεροσολύμων καὶ Ἰου- 1 δαίας καὶ πέραν τοῦ Ἰορδάνου. Ἰδὼν δὲ τοὺς ὄχλους ἀνέβη εἰς τὸ ὄρος· καὶ καθίσαντος αὐτοῦ προσ- 2 ῆλθαν [αὐτῷ] οἱ μαθηταὶ αὐτοῦ· καὶ ἀνοίξας τὸ στόμα αὐτοῦ ἐδίδασκεν αὐτοὺς λέγων

17   From that time Jesus began to preach and say,
       "Repent! for the Kingdom of Heaven is coming!"
18   As he was walking by the Sea of Galilee, he saw two
brothers, Simon, who was afterward called Peter, and his
brother, Andrew, casting a net into the sea, for they were
19 fishermen. He said to them,
       "Come and follow me, and I will make you fish for men!"
20   They immediately dropped their nets and went with
21 him. And he went on a little further and saw two other
men who were brothers, James, the son of Zebedee, and his
brother, John, in the boat with Zebedee, their father, putting
22 their nets in order, and he called them. And they immedi-
ately left the boat and their father, and went with him.
23   Then he went all over Galilee, teaching in their synagogues
and proclaiming the good news of the kingdom, and curing
24 any disease or sickness among the people. Word went all
through Syria about him, and people brought to him all who
were suffering with any kind of disease, or who were in great
pain—demoniacs, epileptics, and paralytics—and he cured
25 them. Great crowds followed him about, from Galilee and
the Ten Towns and Jerusalem and Judea and from the other
side of the Jordan.
5   When he saw the crowds of people he went up on the
mountain. There he seated himself, and when his disciples
2 had come up to him, he opened his lips to teach them. And
he said,

3 Μακάριοι οἱ πτωχοὶ τῷ πνεύματι, ὅτι αὐτῶν ἐστὶν ἡ βασιλεία τῶν οὐρανῶν.

4 μακάριοι οἱ πενθοῦντες, ὅτι αὐτοὶ παρακληθήσονται.

5 μακάριοι οἱ πραεῖς, ὅτι αὐτοὶ κληρονομήσουσι τὴν γῆν.

6 μακάριοι οἱ πεινῶντες καὶ διψῶντες τὴν δικαιοσύνην, ὅτι αὐτοὶ χορτασθήσονται.

7 μακάριοι οἱ ἐλεήμονες, ὅτι αὐτοὶ ἐλεηθήσονται.

8 μακάριοι οἱ καθαροὶ τῇ καρδίᾳ, ὅτι αὐτοὶ τὸν θεὸν ὄψονται.

9 μακάριοι οἱ εἰρηνοποιοί, ὅτι [αὐτοὶ] υἱοὶ θεοῦ κληθήσονται.

10 μακάριοι οἱ δεδιωγμένοι ἕνεκεν δικαιοσύνης, ὅτι αὐτῶν ἐστὶν ἡ βασιλεία τῶν οὐρανῶν.

11 μακάριοί ἐστε ὅταν ὀνειδίσωσιν ὑμᾶς καὶ διώξωσιν καὶ εἴπωσιν πᾶν πονηρὸν καθ' ὑμῶν ψευδόμενοι ἕνεκεν 12 ἐμοῦ· χαίρετε καὶ ἀγαλλιᾶσθε, ὅτι ὁ μισθὸς ὑμῶν πολὺς ἐν τοῖς οὐρανοῖς· οὕτως γὰρ ἐδίωξαν τοὺς προφήτας τοὺς πρὸ ὑμῶν.

13 Ὑμεῖς ἐστὲ τὸ ἅλας τῆς γῆς· ἐὰν δὲ τὸ ἅλας μωρανθῇ, ἐν τίνι ἁλισθήσεται; εἰς οὐδὲν ἰσχύει ἔτι εἰ μὴ βληθὲν ἔξω 14 καταπατεῖσθαι ὑπὸ τῶν ἀνθρώπων. ὑμεῖς ἐστὲ τὸ φῶς τοῦ κόσμου. οὐ δύναται πόλις κρυβῆναι ἐπάνω ὄρους κει-15 μένη· οὐδὲ καίουσιν λύχνον καὶ τιθέασιν αὐτὸν ὑπὸ τὸν μόδιον ἀλλ' ἐπὶ τὴν λυχνίαν, καὶ λάμπει πᾶσιν τοῖς ἐν τῇ 16 οἰκίᾳ. οὕτως λαμψάτω τὸ φῶς ὑμῶν ἔμπροσθεν τῶν ἀνθρώπων, ὅπως ἴδωσιν ὑμῶν τὰ καλὰ ἔργα καὶ δοξάσωσιν τὸν πατέρα ὑμῶν τὸν ἐν τοῖς οὐρανοῖς.

17 Μὴ νομίσητε ὅτι ἦλθον καταλῦσαι τὸν νόμον ἢ τοὺς 18 προφήτας· οὐκ ἦλθον καταλῦσαι ἀλλὰ πληρῶσαι· ἀμὴν γὰρ λέγω ὑμῖν, ἕως ἂν παρέλθῃ ὁ οὐρανὸς καὶ ἡ γῆ, ἰῶτα ἓν ἢ μία κερέα οὐ μὴ παρέλθῃ ἀπὸ τοῦ νόμου ἕως [ἂν] 19 πάντα γένηται. ὃς ἐὰν οὖν λύσῃ μίαν τῶν ἐντολῶν τούτων τῶν ἐλαχίστων καὶ διδάξῃ οὕτως τοὺς ἀνθρώπους, ἐλάχιστος κληθήσεται ἐν τῇ βασιλείᾳ τῶν οὐρανῶν· ὃς δ' ἂν ποιήσῃ καὶ διδάξῃ, οὗτος μέγας κληθήσεται ἐν τῇ βα-

3   "Blessed are those who feel their spiritual need, for the Kingdom of Heaven belongs to them!

4   "Blessed are the mourners, for they will be consoled!

5   "Blessed are the humble-minded, for they will possess the land!

6   "Blessed are those who are hungry and thirsty for uprightness, for they will be satisfied!

7   "Blessed are the merciful, for they will be shown mercy!

8   "Blessed are the pure in heart, for they will see God!

9   "Blessed are the peacemakers, for they will be called God's sons!

10   "Blessed are those who have endured persecution for their uprightness, for the Kingdom of Heaven belongs to them!

11   "Blessed are you when people abuse you, and persecute you, and falsely say everything bad of you, on my account.

12 Be glad and exult over it, for you will be richly rewarded in heaven, for that is the way they persecuted the prophets who went before you!

13   "You are the salt of the earth! But if salt loses its strength, how can it be made salt again? It is good for

14 nothing but to be thrown away and trodden underfoot. You are the light of the world! A city that is built upon a hill

15 cannot be hidden. People do not light a lamp and put it under a peck-measure; they put it on its stand and it gives

16 light to everyone in the house. Your light must burn in that way among men so that they will see the good you do, and praise your Father in heaven.

17   "Do not suppose that I have come to do away with the Law or the Prophets. I have not come to do away with them

18 but to enforce them. For I tell you, as long as heaven and earth endure, not one dotting of an *i* or crossing of a *t* will be

19 dropped from the Law until it is all observed. Anyone, therefore, who weakens one of the slightest of these commands, and teaches others to do so, will be ranked lowest in the Kingdom of Heaven; but anyone who observes them and teaches others

20 σιλεία τῶν οὐρανῶν. λέγω γὰρ ὑμῖν ὅτι ἐὰν μὴ περισ-
σεύσῃ ὑμῶν ἡ δικαιοσύνη πλεῖον τῶν γραμματέων καὶ
Φαρισαίων, οὐ μὴ εἰσέλθητε εἰς τὴν βασιλείαν τῶν οὐ-
21 ρανῶν.   Ἠκούσατε ὅτι ἐρρέθη τοῖς ἀρχαίοις ΟΥ
ΦΟΝΕΥϹΕΙϹ· ὃς δ᾽ ἂν φονεύσῃ, ἔνοχος ἔσται τῇ κρίσει.
22 Ἐγὼ δὲ λέγω ὑμῖν ὅτι πᾶς ὁ ὀργιζόμενος τῷ ἀδελφῷ αὐτοῦ
ἔνοχος ἔσται τῇ κρισει· ὃς δ᾽ ἂν εἴπῃ τῷ ἀδελφῷ αὐτοῦ
Ῥακά, ἔνοχος ἔσται τῷ συνεδρίῳ· ὃς δ᾽ ἂν εἴπῃ Μωρέ,
23 ἔνοχος ἔσται εἰς τὴν γέενναν τοῦ πυρός. ἐὰν οὖν προσ-
φέρῃς τὸ δῶρόν σου ἐπὶ τὸ θυσιαστήριον κἀκεῖ μνησθῇς
24 ὅτι ὁ ἀδελφός σου ἔχει τι κατὰ σοῦ, ἄφες ἐκεῖ τὸ δῶρόν
σου ἔμπροσθεν τοῦ θυσιαστηρίου, καὶ ὕπαγε πρῶτον διαλ-
λάγηθι τῷ ἀδελφῷ σου, καὶ τότε ἐλθὼν πρόσφερε τὸ
25 δῶρόν σου. ἴσθι εὐνοῶν τῷ ἀντιδίκῳ σου ταχὺ ἕως ὅτου
εἶ μετ᾽ αὐτοῦ ἐν τῇ ὁδῷ, μή ποτέ σε παραδῷ ὁ ἀντίδικος
τῷ κριτῇ, καὶ ὁ κριτὴς τῷ ὑπηρέτῃ, καὶ εἰς φυλακὴν βλη-
26 θήσῃ· ἀμὴν λέγω σοι, οὐ μὴ ἐξέλθῃς ἐκεῖθεν ἕως ἂν
27 ἀποδῷς τὸν ἔσχατον κοδράντην.   Ἠκούσατε ὅτι
28 ἐρρέθη ΟΥ ΜΟΙΧΕΥϹΕΙϹ. Ἐγὼ δὲ λέγω ὑμῖν ὅτι πᾶς ὁ βλέ-
πων γυναῖκα προς τὸ ἐπιθυμῆσαι [αὐτὴν] ἤδη ἐμοίχευσεν
29 αὐτὴν ἐν τῇ καρδίᾳ αὐτοῦ. εἰ δὲ ὁ ὀφθαλμός σου ὁ δεξιὸς
σκανδαλίζει σε, ἔξελε αὐτὸν καὶ βάλε ἀπὸ σοῦ, συμφέρει
γάρ σοι ἵνα ἀπόληται ἓν τῶν μελῶν σου καὶ μὴ ὅλον τὸ
30 σῶμά σου βληθῇ εἰς γέενναν· καὶ εἰ ἡ δεξιά σου χεὶρ
σκανδαλίζει σε, ἔκκοψον αὐτὴν καὶ βάλε ἀπὸ σοῦ, συμ-
φέρει γάρ σοι ἵνα ἀπόληται ἓν τῶν μελῶν σου καὶ μὴ ὅλον
31 τὸ σῶμά σου εἰς γέενναν ἀπέλθῃ.   Ἐρρέθη δέ
ˇΟϹ ἂΝ ἀΠΟΛΥϹῌ ΤὴΝ ΓΥΝΑῖΚΑ ΑΥΤΟῦ, ΔΟΤΩ ΑΥΤῌ ἀΠΟ-
32 ϹΤΑϹΙΟΝ. Ἐγὼ δὲ λέγω ὑμῖν ὅτι πᾶς ὁ ἀπολύων τὴν
γυναῖκα αὐτοῦ παρεκτὸς λόγου πορνείας ποιεῖ αὐτὴν μοι-
χευθῆναι[, καὶ ὃς ἐὰν ἀπολελυμένην γαμήσῃ μοιχᾶ-
33 ται].   Πάλιν ἠκούσατε ὅτι ἐρρέθη τοῖς ἀρχαίοις
ΟΥΚ ἐΠΙΟΡΚήϹΕΙϹ, ἀΠΟΔώϹΕΙϹ δὲ Τῷ ΚΥΡίῳ ΤΟὺϹ ὅρ-

37 ἔσται

20 to do so will be ranked high in the Kingdom of Heaven.   For I tell you that unless your uprightness is far superior to that of the scribes and Pharisees, you will never even enter the Kingdom of Heaven!

21   "You have heard that the men of old were told 'You shall not murder,' and 'Whoever murders will have to answer
22 to the court.'   But I tell you that anyone who gets angry with his brother will have to answer to the court, and any- one who speaks abusively to his brother will have to an- swer to the great council, and anyone who says to his broth-
23 er 'You cursed fool!' will have to answer for it in the fiery pit!   So when you are presenting your gift at the altar, if you remember that your brother has any grievance
24 against you, leave your gift right there before the altar and go and make up with your brother; then come back and
25 present your gift.   Be quick and come to terms with your opponent while you are on the way to court with him, or he may hand you over to the judge, and the judge may hand you
26 over to the officer, and you will be thrown into prison.   I tell you, you will never get out again until you have paid the last penny!

27   "You have heard that men were told 'You shall not com-
28 mit adultery.'   But I tell you that anyone who looks at a woman with desire has already committed adultery with her in
29 his heart.   But if your right eye makes you fall, tear it out and throw it away, for you might better lose one part of your
30 body than have it all thrown into the pit!   If your right hand makes you fall, cut it off and throw it away, for you might better lose one part of your body than have it all go down to the pit!

31   "They were told, 'Anyone who divorces his wife must
32 give her a certificate of divorce.'   But I tell you that anyone who divorces his wife on any ground, except unfaithfulness, makes her commit adultery, and anyone who marries her after she is divorced commits adultery.

33   "Again, you have heard that the men of old were told, 'You shall not swear falsely, but you must fulfil your oaths to

34 κογc coγ. Ἐγὼ δὲ λέγω ὑμῖν μὴ ὀμόσαι ὅλως· μήτε ἐν
35 τῷ ΟΥΡΑΝῷ, ὅτι ΘΡΟΝΟC ἐcτὶν τΟΥ ΘΕΟΥ· μήτε ἐν τῇ
Γῇ, ὅτι ΫΠΟΠΟΔΙΟΝ ἐcτιν τῶν ΠΟΔῶν ΑΥΤΟΥ· μήτε εἰς
Ἰεροcόλυμα, ὅτι ΠΟΛΙC ἐcτὶν τΟΥ ΜΕΓΑΛΟΥ ΒΑCΙΛΕωC·
36 μήτε ἐν τῇ κεφαλῇ σου ὀμόσῃς, ὅτι οὐ δύνασαι μίαν
37 τρίχα λευκὴν ποιῆσαι ἢ μέλαιναν. ⌐ἔστω⌐ δὲ ὁ λόγος
ὑμῶν ναὶ ναί, οὗ οὔ· τὸ δὲ περισσὸν τούτων ἐκ τοῦ πονηροῦ
38 ἐστίν.   Ἠκούσατε ὅτι ἐρρέθη Ὀφθαλμὸν ἀντὶ
39 Ὀφθαλμοῦ καὶ Ὀδόντα ἀντὶ Ὀδόντος. Ἐγὼ δὲ λέγω ὑμῖν
μὴ ἀντιστῆναι τῷ πονηρῷ· ἀλλ' ὅστις σε ῥαπίζει εἰς τὴν
40 δεξιὰν σιαγόνα [σου], στρέψον αὐτῷ καὶ τὴν ἄλλην· καὶ τῷ
θέλοντί σοι κριθῆναι καὶ τὸν χιτῶνά σου λαβεῖν, ἄφες αὐτῷ
41 καὶ τὸ ἱμάτιον· καὶ ὅστις σε ἀγγαρεύσει μίλιον ἕν, ὕπαγε
42 μετ' αὐτοῦ δύο. τῷ αἰτοῦντί σε δός, καὶ τὸν θέλοντα ἀπὸ
43 σοῦ δανίσασθαι μὴ ἀποστραφῇς.   Ἠκούσατε
ὅτι ἐρρέθη Ἀγαπήcεις τὸν πληcίον coγ καὶ μισήσεις τὸν
44 ἐχθρόν σου. Ἐγὼ δὲ λέγω ὑμῖν, ἀγαπᾶτε τοὺς ἐχθροὺς
45 ὑμῶν καὶ προσεύχεσθε ὑπὲρ τῶν διωκόντων ὑμᾶς· ὅπως
γένησθε υἱοὶ τοῦ πατρὸς ὑμῶν τοῦ ἐν οὐρανοῖς, ὅτι τὸν
ἥλιον αὐτοῦ ἀνατέλλει ἐπὶ πονηροὺς καὶ ἀγαθοὺς καὶ
46 βρέχει ἐπὶ δικαίους καὶ ἀδίκους. ἐὰν γὰρ ἀγαπήσητε τοὺς
ἀγαπῶντας ὑμᾶς, τίνα μισθὸν ἔχετε; οὐχὶ καὶ οἱ τελῶναι
47 ⌐τὸ αὐτὸ⌐ ποιοῦσιν; καὶ ἐὰν ἀσπάσησθε τοὺς ἀδελφοὺς
ὑμῶν μόνον, τί περισσὸν ποιεῖτε; οὐχὶ καὶ οἱ ἐθνικοὶ τὸ
48 αὐτὸ ποιοῦσιν; Ἔcεcθε οὖν ὑμεῖς τέλειοι ὡς ὁ πατὴρ
ὑμῶν ὁ οὐράνιος τέλειός ἐστιν.

1   Προσέχετε [δὲ] τὴν δικαιοσύνην ὑμῶν μὴ ποιεῖν ἔμπρο-
σθεν τῶν ἀνθρώπων πρὸς τὸ θεαθῆναι αὐτοῖς· εἰ δὲ μή-
γε, μισθὸν οὐκ ἔχετε παρὰ τῷ πατρὶ ὑμῶν τῷ ἐν τοῖς
2 οὐρανοῖς.   Ὅταν οὖν ποιῇς ἐλεημοσύνην, ' μὴ
σαλπίσῃς ἔμπροσθέν σου, ὥσπερ οἱ ὑποκριταὶ ποιοῦσιν ἐν
ταῖς συναγωγαῖς καὶ ἐν ταῖς ῥύμαις, ὅπως δοξασθῶσιν ὑπὸ
τῶν ἀνθρώπων· ἀμὴν λέγω ὑμῖν, ἀπέχουσιν τὸν μισθὸν

46 οὕτως

34 the Lord.'   But I tell you not to swear at all, either by heaven,
35 for it is God's throne, or by the earth, for it is his footstool,
36 or by Jerusalem, for it is the city of the great king.   You must
not swear by your own head, for you cannot make one single
37 hair white or black. But your way of speaking must be 'Yes' or
'No.' Anything that goes beyond that comes from the evil one.

38   "You have heard that they were told, 'An eye for an eye
39 and a tooth for a tooth.'   But I tell you not to resist injury,
but if anyone strikes you on your right cheek, turn the
40 other to him too; and if anyone wants to sue you for your
41 shirt, let him have your coat too. And if anyone forces you to
42 go one mile, go two miles with him.   If anyone begs from
you, give to him, and when anyone wants to borrow from
you, do not turn away.
43   "You have heard that they were told, 'You must love
44 your neighbor and hate your enemy.'   But I tell you, love
45 your enemies and pray for your persecutors, so that you may
show yourselves true sons of your Father in heaven, for he
makes his sun rise on bad and good alike, and makes the rain
46 fall on the upright and the wrongdoers. For if you love only
those who love you, what reward can you expect?   Do not
47 the very tax-collectors do that?   And if you are polite to
your brothers and no one else, what is there remarkable in
48 that?   Do not the very heathen do that?   So you are to be
perfect, as your heavenly Father is.
6   "But take care not to do your good deeds in public for
people to see, for, if you do, you will get no reward from your
2 Father in heaven.   So when you are going to give to charity,
do not blow a trumpet before yourself, as the hypocrites do,
in the synagogues and the streets, to make people praise them.

3 αὐτῶν. σοῦ δὲ ποιοῦντος ἐλεημοσύνην μὴ γνώτω ἡ ἀρι-
4 στερά σου τί ποιεῖ ἡ δεξιά σου, ὅπως ᾖ σου ἡ ἐλεημοσύνη
ἐν τῷ κρυπτῷ· καὶ ὁ πατήρ σου ὁ βλέπων ἐν τῷ κρυπτῷ ἀπο-
5 δώσει σοι.   Καὶ ὅταν προσεύχησθε, οὐκ ἔσεσθε
ὡς οἱ ὑποκριταί· ὅτι φιλοῦσιν ἐν ταῖς συναγωγαῖς καὶ ἐν
ταῖς γωνίαις τῶν πλατειῶν ἑστῶτες προσεύχεσθαι, ὅπως
φανῶσιν τοῖς ἀνθρώποις· ἀμὴν λέγω ὑμῖν, ἀπέχουσι τὸν
6 μισθὸν αὐτῶν. σὺ δὲ ὅταν προσεύχῃ, εἴσελθε εἰς τὸ
ΤΑΜΕῖΟΝ ϹΟΥ ΚΑὶ ΚΛΕΊϹΑϹ ΤῊΝ ΘΎΡΑΝ ϹΟΥ ΠΡΌϹΕΥΞΑΙ
τῷ πατρί σου τῷ ἐν τῷ κρυπτῷ· καὶ ὁ πατήρ σου ὁ
7 βλέπων ἐν τῷ κρυπτῷ ἀποδώσει σοι. Προσευχόμενοι δὲ
μὴ βατταλογήσητε ὥσπερ οἱ ἐθνικοί, δοκοῦσιν γὰρ ὅτι ἐν
8 τῇ πολυλογίᾳ αὐτῶν εἰσακουσθήσονται· μὴ οὖν ὁμοιωθῆτε
αὐτοῖς, οἶδεν γὰρ [ὁ θεὸς] ὁ πατὴρ ὑμῶν ὧν χρείαν ἔχετε
9 πρὸ τοῦ ὑμᾶς αἰτῆσαι αὐτόν. Οὕτως οὖν προσεύχεσθε
ὑμεῖς
    Πάτερ ἡμῶν ὁ ἐν τοῖς οὐρανοῖς·
    Ἁγιασθήτω τὸ ὄνομά σου,
10   ἐλθάτω ἡ βασιλεία σου,
    γενηθήτω τὸ θέλημά σου,
        ὡς ἐν οὐρανῷ καὶ ἐπὶ γῆς·
11   Τὸν ἄρτον ἡμῶν τὸν ἐπιούσιον
        δὸς ἡμῖν σήμερον·
12   καὶ ἄφες ἡμῖν τὰ ὀφειλήματα ἡμῶν,
        ὡς καὶ ἡμεῖς ἀφήκαμεν τοῖς ὀφειλέταις ἡμῶν·
13   καὶ μὴ εἰσενέγκῃς ἡμᾶς εἰς πειρασμόν,
        ἀλλὰ ῥῦσαι ἡμᾶς ἀπὸ τοῦ πονηροῦ.
14 Ἐὰν γὰρ ἀφῆτε τοῖς ἀνθρώποις τὰ παραπτώματα αὐτῶν,
15 ἀφήσει καὶ ὑμῖν ὁ πατὴρ ὑμῶν ὁ οὐράνιος· ἐὰν δὲ μὴ
ἀφῆτε τοῖς ἀνθρώποις [τὰ παραπτώματα αὐτῶν], οὐδὲ ὁ πα-
16 τὴρ ὑμῶν ἀφήσει τὰ παραπτώματα ὑμῶν.   Ὅταν
δὲ νηστεύητε, μὴ γίνεσθε ὡς οἱ ὑποκριταὶ σκυθρωποί,
ἀφανίζουσιν γὰρ τὰ πρόσωπα αὐτῶν ὅπως φανῶσιν τοῖς

3 I tell you, that is all the reward they will get! But when you give to charity, your own left hand must not know 4 what your right hand is doing, so that your charity may be secret, and your Father who sees what is secret will reward you.

5   "When you pray, you must not be like the hypocrites, for they like to pray standing in the synagogues and in the corners of the squares, to let people see them. I tell you, 6 that is the only reward they will get! But when you pray, go into your own room, and shut the door, and pray to your Father who is unseen, and your Father who sees what is secret 7 will reward you. And when you pray, do not repeat empty phrases as the heathen do, for they imagine that their prayers 8 will be heard if they use words enough. You must not be like them. For God, who is your Father, knows what you 9 need before you ask him. This, therefore, is the way you are to pray:

'Our Father in heaven,
Your name be revered!
10   Your kingdom come!
Your will be done on earth as well as in heaven!
11   Give us today bread for the day,
12   And forgive us our debts, as we have forgiven our debtors.
13   And do not subject us to temptation,
But save us from the evil one.'

14 For if you forgive others when they offend you, your heavenly 15 Father will forgive you too. But if you do not forgive others when they offend you, your heavenly Father will not forgive you for your offenses.

16   "When you fast, do not put on a gloomy look, like the hypocrites, for they neglect their personal appearance to let

ἀνθρώποις νηστεύοντες· ἀμὴν λέγω ὑμῖν, ἀπέχουσιν τὸν
17 μισθὸν αὐτῶν. σὺ δὲ νηστεύων ἄλειψαί σου τὴν κεφαλὴν
18 καὶ τὸ πρόσωπόν σου νίψαι, ὅπως μὴ φανῇς ⌜τοῖς ἀνθρώ-
ποις νηστεύων⌝ ἀλλὰ τῷ πατρί σου τῷ ἐν τῷ κρυφαίῳ· καὶ
ὁ πατήρ σου ὁ βλέπων ἐν τῷ κρυφαίῳ ἀποδώσει σοι.

19   Μὴ θησαυρίζετε ὑμῖν θησαυροὺς ἐπὶ τῆς γῆς, ὅπου σὴς
καὶ βρῶσις ἀφανίζει, καὶ ὅπου κλέπται διορύσσουσιν καὶ
20 κλέπτουσιν· θησαυρίζετε δὲ ὑμῖν θησαυροὺς ἐν οὐρανῷ,
ὅπου οὔτε σὴς οὔτε βρῶσις ἀφανίζει, καὶ ὅπου κλέπται οὐ
21 διορύσσουσιν οὐδὲ κλέπτουσιν· ὅπου γάρ ἐστιν ὁ θη-
22 σαυρός σου, ἐκεῖ ἔσται [καὶ] ἡ καρδία σου. Ὁ λύχνος
τοῦ σώματός ἐστιν ὁ ὀφθαλμός. ἐὰν οὖν ᾖ ὁ ὀφθαλμός
23 σου ἁπλοῦς, ὅλον τὸ σῶμά σου φωτινὸν ἔσται· ἐὰν δὲ ὁ
ὀφθαλμός σου πονηρὸς ᾖ, ὅλον τὸ σῶμά σου σκοτινὸν
ἔσται. εἰ οὖν τὸ φῶς τὸ ἐν σοὶ σκότος ἐστίν, τὸ σκότος
24 πόσον. Οὐδεὶς δύναται δυσὶ κυρίοις δουλεύειν· ἢ γὰρ
τὸν ἕνα μισήσει καὶ τὸν ἕτερον ἀγαπήσει, ἢ ἑνὸς ἀνθέξεται
καὶ τοῦ ἑτέρου καταφρονήσει· οὐ δύνασθε θεῷ δουλεύειν
25 καὶ μαμωνᾷ. Διὰ τοῦτο λέγω ὑμῖν, μὴ μεριμνᾶτε τῇ
ψυχῇ ὑμῶν τί φάγητε [ἢ τί πίητε], μηδὲ τῷ σώματι ὑμῶν
τί ἐνδύσησθε· οὐχὶ ἡ ψυχὴ πλεῖόν ἐστι τῆς τροφῆς καὶ τὸ
26 σῶμα τοῦ ἐνδύματος; ἐμβλέψατε εἰς τὰ πετεινὰ τοῦ οὐρα-
νοῦ ὅτι οὐ σπείρουσιν οὐδὲ θερίζουσιν οὐδὲ συνάγουσιν
εἰς ἀποθήκας, καὶ ὁ πατὴρ ὑμῶν ὁ οὐράνιος τρέφει αὐτά·
27 οὐχ ὑμεῖς μᾶλλον διαφέρετε αὐτῶν; τίς δὲ ἐξ ὑμῶν μερι-
μνῶν δύναται προσθεῖναι ἐπὶ τὴν ἡλικίαν αὐτοῦ πῆχυν
28 ἕνα; καὶ περὶ ἐνδύματος τί μεριμνᾶτε; καταμάθετε τὰ
κρίνα τοῦ ἀγροῦ πῶς αὐξάνουσιν· οὐ κοπιῶσιν οὐδὲ νήθου-
29 σιν· λέγω δὲ ὑμῖν ὅτι οὐδὲ Σολομὼν ἐν πάσῃ τῇ δόξῃ
30 αὐτοῦ περιεβάλετο ὡς ἓν τούτων. εἰ δὲ τὸν χόρτον τοῦ
ἀγροῦ σήμερον ὄντα καὶ αὔριον εἰς κλίβανον βαλλόμενον
ὁ θεὸς οὕτως ἀμφιέννυσιν, οὐ πολλῷ μᾶλλον ὑμᾶς, ὀλι-
31 γόπιστοι; μὴ οὖν μεριμνήσητε λέγοντες Τί φάγωμεν;

18 νηστεύων τοῖς ἀνθρώποις

people see that they are fasting. I tell you, that is all the
17 reward they will get. But when you fast, perfume your
18 hair and wash your face, so that no one may see that you
are fasting, except your Father who is unseen, and your
Father who sees what is secret, will reward you.

19   "Do not store up your riches on earth, where moths and
rust destroy them, and where thieves break in and steal them,
20 but store up your riches in heaven, where moths and rust
cannot destroy them, and where thieves cannot break in and
21 steal them. For wherever your treasure is, your heart will
22 be also. The eye is the lamp of the body. If then your eye
23 is sound, your whole body will be light, but if your eye is
unsound, your whole body will be dark. If, therefore, your
24 very light is darkness, how deep the darkness will be! No
slave can belong to two masters, for he will either hate one and
love the other, or stand by one and make light of the other.
25 You cannot serve God and money. Therefore, I tell you,
do not worry about life, wondering what you will have to eat
or drink, or about your body, wondering what you will have
to wear. Is not life more important than food, and the body
26 than clothes? Look at the wild birds. They do not sow or
reap, or store their food in barns, and yet your heavenly
Father feeds them. Are you not of more account than they?
27 But which of you with all his worry can add a single hour to his
28 life? Why should you worry about clothing? See how the
29 wild flowers grow. They do not toil or spin, and yet I tell you,
30 even Solomon in all his splendor was never dressed like one of
them. But if God so beautifully dresses the wild grass, which
is alive today and is thrown into the furnace tomorrow, will he
31 not much more surely clothe you, you who have so little faith?
So do not worry and say, 'What shall we have to eat?' or

32 ἢ Τί πίωμεν; ἢ Τί περιβαλώμεθα; πάντα γὰρ ταῦτα τὰ
ἔθνη ἐπιζητοῦσιν· οἶδεν γὰρ ὁ πατὴρ ὑμῶν ὁ οὐράνιος ὅτι
33 χρῄζετε τούτων ἁπάντων. ζητεῖτε δὲ πρῶτον τὴν βασι-
λείαν καὶ τὴν δικαιοσύνην αὐτοῦ, καὶ ταῦτα πάντα προσ-
34 τεθήσεται ὑμῖν. μὴ οὖν μεριμνήσητε εἰς τὴν αὔριον, ἡ
γὰρ αὔριον μεριμνήσει αὑτῆς· ἀρκετὸν τῇ ἡμέρᾳ ἡ κακία
αὐτῆς.

1
2 Μὴ κρίνετε, ἵνα μὴ κριθῆτε· ἐν ᾧ γὰρ κρίματι κρίνετε
κριθήσεσθε, καὶ ἐν ᾧ μέτρῳ μετρεῖτε μετρηθήσεται ὑμῖν.
3 τί δὲ βλέπεις τὸ κάρφος τὸ ἐν τῷ ὀφθαλμῷ τοῦ ἀδελφοῦ
4 σου, τὴν δὲ ἐν τῷ σῷ ὀφθαλμῷ δοκὸν οὐ κατανοεῖς; ἢ πῶς
ἐρεῖς τῷ ἀδελφῷ σου Ἄφες ἐκβάλω τὸ κάρφος ἐκ τοῦ
ὀφθαλμοῦ σου, καὶ ἰδοὺ ἡ δοκὸς ἐν τῷ ὀφθαλμῷ σοῦ;
5 ὑποκριτά, ἔκβαλε πρῶτον ἐκ τοῦ ὀφθαλμοῦ σοῦ τὴν δοκόν,
καὶ τότε διαβλέψεις ἐκβαλεῖν τὸ κάρφος ἐκ τοῦ ὀφθαλμοῦ
6 τοῦ ἀδελφοῦ σου. Μὴ δῶτε τὸ ἅγιον τοῖς κυσίν, μηδὲ
βάλητε τοὺς μαργαρίτας ὑμῶν ἔμπροσθεν τῶν χοίρων, μή
ποτε καταπατήσουσιν αὐτοὺς ἐν τοῖς ποσὶν αὐτῶν καὶ
7 στραφέντες ῥήξωσιν ὑμᾶς. Αἰτεῖτε, καὶ δοθήσεται ὑμῖν·
8 ζητεῖτε, καὶ εὑρήσετε· κρούετε, καὶ ἀνοιγήσεται ὑμῖν. πᾶς
γὰρ ὁ αἰτῶν λαμβάνει καὶ ὁ ζητῶν εὑρίσκει καὶ τῷ
9 κρούοντι ⌜ἀνοιγήσεται⌝. ἢ τίς ἐξ ὑμῶν ἄνθρωπος, ὃν
10 αἰτήσει ὁ υἱὸς αὐτοῦ ἄρτον – μὴ λίθον ἐπιδώσει αὐτῷ; ἢ
11 καὶ ἰχθὺν αἰτήσει – μὴ ὄφιν ἐπιδώσει αὐτῷ; εἰ οὖν ὑμεῖς
πονηροὶ ὄντες οἴδατε δόματα ἀγαθὰ διδόναι τοῖς τέκνοις
ὑμῶν, πόσῳ μᾶλλον ὁ πατὴρ ὑμῶν ὁ ἐν τοῖς οὐρανοῖς
12 δώσει ἀγαθὰ τοῖς αἰτοῦσιν αὐτόν. Πάντα οὖν ὅσα ἐὰν
θέλητε ἵνα ποιῶσιν ὑμῖν οἱ ἄνθρωποι, οὕτως καὶ ὑμεῖς
ποιεῖτε αὐτοῖς· οὗτος γάρ ἐστιν ὁ νόμος καὶ οἱ προφῆται.
13 Εἰσέλθατε διὰ τῆς στενῆς πύλης· ὅτι πλατεῖα ᵀ καὶ
εὐρύχωρος ἡ ὁδὸς ἡ ἀπάγουσα εἰς τὴν ἀπώλειαν, καὶ
14 πολλοί εἰσιν οἱ εἰσερχόμενοι δι' αὐτῆς· ὅτι στενὴ ἡ πύλη
καὶ τεθλιμμένη ἡ ὁδὸς ἡ ἀπάγουσα εἰς τὴν ζωήν, καὶ

8 ἀνοίγεται   13 ἡ πύλη

'What shall we have to drink?' or 'What shall we have to
32 wear?' For these are all things the heathen are in pursuit of,
and your heavenly Father knows well that you need all
33 this. But you must make his kingdom, and uprightness
before him, your greatest care, and you will have all these
34 other things besides. So do not worry about tomorrow, for
tomorrow will have worries of its own. Let each day be
content with its own ills.

7   "Pass no more judgments upon other people, so that you
2 may not have judgment passed upon you. For you will be
judged by the standard you judge by, and men will pay you
3 back with the same measure you have used with them. Why
do you keep looking at the speck in your brother's eye, and
4 pay no attention to the beam that is in your own? How can
you say to your brother, 'Just let me get that speck out of
your eye,' when all the time there is a beam in your own?
5 You hypocrite! First get the beam out of your own eye,
and then you can see to get the speck out of your brother's
eye.

6   "Do not give what is sacred to dogs, and do not throw
your pearls before pigs, or they will trample them under their
7 feet and turn and tear you in pieces. Ask, and what you
ask will be given you. Search, and you will find what you
8 search for. Knock, and the door will open to you. For it
is always the one who asks who receives, and the one who
searches who finds, and the one who knocks to whom the door
9 opens. Which of you men when his son asks him for some
10 bread will give him a stone? Or if he asks for a fish, will he
11 give him a snake? So if you, bad as you are, know enough
to give your children what is good, how much more surely
will your Father in heaven give what is good to those who
12 ask him for it! Therefore, you must always treat other
people as you would like to have them treat you, for this sums
up the Law and the Prophets.

13   "Go in at the narrow gate. For the road that leads to
destruction is broad and spacious, and there are many who
14 go in by it. But the gate is narrow and the road is hard
that leads to life, and there are few that find it.

15 ὀλίγοι εἰσὶν οἱ εὑρίσκοντες αὐτήν. Προσέχετε
ἀπὸ τῶν ψευδοπροφητῶν, οἵτινες ἔρχονται πρὸς ὑμᾶς ἐν
16 ἐνδύμασι προβάτων ἔσωθεν δέ εἰσιν λύκοι ἅρπαγες. ἀπὸ
τῶν καρπῶν αὐτῶν ἐπιγνώσεσθε αὐτούς· μήτι συλλέγουσιν
17 ἀπὸ ἀκανθῶν σταφυλὰς ἢ ἀπὸ τριβόλων σῦκα; οὕτω πᾶν
δένδρον ἀγαθὸν καρποὺς ⌐καλοὺς ποιεῖ⌐, τὸ δὲ σαπρὸν δέν-
18 δρον καρποὺς πονηροὺς ποιεῖ· οὐ δύναται δένδρον ἀγαθὸν
καρποὺς πονηροὺς ἐνεγκεῖν, οὐδὲ δένδρον σαπρὸν καρποὺς
19 καλοὺς ποιεῖν. πᾶν δένδρον μὴ ποιοῦν καρπὸν καλὸν
20 ἐκκόπτεται καὶ εἰς πῦρ βάλλεται. ἄραγε ἀπὸ τῶν καρπῶν
21 αὐτῶν ἐπιγνώσεσθε αὐτούς. Οὐ πᾶς ὁ λέγων μοι Κύριε
κύριε εἰσελεύσεται εἰς τὴν βασιλείαν τῶν οὐρανῶν, ἀλλ᾽ ὁ
ποιῶν τὸ θέλημα τοῦ πατρός μου τοῦ ἐν τοῖς οὐρανοῖς.
22 πολλοὶ ἐροῦσίν μοι ἐν ἐκείνῃ τῇ ἡμέρᾳ Κύριε κύριε, οὐ
τῷ σῷ ὀνόματι ἐπροφητεύσαμεν, καὶ τῷ σῷ ὀνόματι
δαιμόνια ἐξεβάλομεν, καὶ τῷ σῷ ὀνόματι δυνάμεις πολλὰς
23 ἐποιήσαμεν; καὶ τότε ὁμολογήσω αὐτοῖς ὅτι Οὐδέποτε
ἔγνων ὑμᾶς· ἀποχωρεῖτε ἀπ᾽ ἐμοῦ οἱ ἐργαζόμενοι τὴν
ἀνομίαν.

24   Πᾶς οὖν ὅστις ἀκούει μου τοὺς λόγους [τούτους] καὶ
ποιεῖ αὐτούς, ὁμοιωθήσεται ἀνδρὶ φρονίμῳ, ὅστις ᾠκοδό-
25 μησεν αὐτοῦ τὴν οἰκίαν ἐπὶ τὴν πέτραν. καὶ κατέβη ἡ
βροχὴ καὶ ἦλθαν οἱ ποταμοὶ καὶ ἔπνευσαν οἱ ἄνεμοι καὶ
προσέπεσαν τῇ οἰκίᾳ ἐκείνῃ, καὶ οὐκ ἔπεσεν, τεθεμελίωτο
26 γὰρ ἐπὶ τὴν πέτραν. Καὶ πᾶς ὁ ἀκούων μου τοὺς λόγους
τούτους καὶ μὴ ποιῶν αὐτοὺς ὁμοιωθήσεται ἀνδρὶ μωρῷ,
27 ὅστις ᾠκοδόμησεν αὐτοῦ τὴν οἰκίαν ἐπὶ τὴν ἄμμον. καὶ
κατέβη ἡ βροχὴ καὶ ἦλθαν οἱ ποταμοὶ καὶ ἔπνευσαν οἱ
ἄνεμοι καὶ προσέκοψαν τῇ οἰκίᾳ ἐκείνῃ, καὶ ἔπεσεν, καὶ ἦν
ἡ πτῶσις αὐτῆς μεγάλη.

28   Καὶ ἐγένετο ὅτε ἐτέλεσεν ὁ Ἰησοῦς τοὺς λόγους τού-
29 τους, ἐξεπλήσσοντο οἱ ὄχλοι ἐπὶ τῇ διδαχῇ αὐτοῦ· ἦν
γὰρ διδάσκων αὐτοὺς ὡς ἐξουσίαν ἔχων καὶ οὐχ ὡς οἱ

17 ποιεῖ καλούς

15   "Beware of the false prophets, who come to you disguised
16 as sheep but are ravenous wolves underneath.   You can tell
them by their fruit.   Do people pick grapes off thorns, or figs
17 off thistles?   Just so any sound tree bears good fruit, but
18 a poor tree bears bad fruit.   No sound tree can bear bad fruit,
19 and no poor tree can bear good fruit.   Any tree that does not
20 bear good fruit is cut down and burned.   So you can tell
21 them by their fruit.   It is not everyone who says to me 'Lord!
Lord!' who will get into the Kingdom of Heaven, but only
22 those who do the will of my Father in heaven.   Many will
say to me on that Day, 'Lord! Lord! Was it not in your
name that we prophesied, and by your name that we drove
out demons, and by your name that we did many mighty
23 acts?'   Then I will say to them plainly, 'I never knew
you!   Go away from me, you who do wrong!'

24   "Everyone, therefore, who listens to this teaching of mine
and acts upon it, will be like a sensible man who built his house
25 on rock.   And the rain fell, and the rivers rose, and the
winds blew, and beat about that house, and it did not go down,
26 for its foundations were on rock.   And anyone who listens
to this teaching of mine and does not act upon it, will be like
27 a foolish man who built his house on sand.   And the
rain fell and the rivers rose, and the winds blew and beat
about that house, and it went down, and its downfall was
complete."

28   When Jesus had finished this discourse, the crowds were
29 astounded at his teaching, for he taught them like one who had
authority and not like their scribes.

γραμματεῖς αὐτῶν.

1 Καταβάντος δὲ αὐτοῦ ἀπὸ τοῦ ὄρους ἠκολούθησαν αὐτῷ
2 ὄχλοι πολλοί. Καὶ ἰδοὺ λεπρὸς προσελθὼν προσεκύνει
3 αὐτῷ λέγων Κύριε, ἐὰν θέλῃς δύνασαί με καθαρίσαι. καὶ
ἐκτείνας τὴν χεῖρα ἥψατο αὐτοῦ λέγων Θέλω, καθαρίσθητι·
4 καὶ εὐθέως ἐκαθερίσθη αὐτοῦ ἡ λέπρα. καὶ λέγει αὐτῷ ὁ
Ἰησοῦς Ὅρα μηδενὶ εἴπῃς, ἀλλὰ ὕπαγε σεαυτὸν ΔΕΙΞΟΝ
ΤΩ ἱερεῖ, καὶ προσένεγκον τὸ δῶρον ὃ προσέταξεν Μωυσῆς
5 εἰς μαρτύριον αὐτοῖς.   Εἰσελθόντος δὲ αὐτοῦ εἰς
Καφαρναοὺμ προσῆλθεν αὐτῷ ἑκατόνταρχος παρακαλῶν
6 αὐτὸν καὶ λέγων Κύριε, ὁ παῖς μου βέβληται ἐν τῇ οἰκίᾳ
7 παραλυτικός, δεινῶς βασανιζόμενος. λέγει αὐτῷ Ἐγὼ ἐλ-
8 θὼν θεραπεύσω αὐτόν. ἀποκριθεὶς δὲ ὁ ἑκατόνταρχος ἔφη
Κύριε, οὐκ εἰμὶ ἱκανὸς ἵνα μου ὑπὸ τὴν στέγην εἰσέλθῃς·
9 ἀλλὰ μόνον εἰπὲ λόγῳ, καὶ ἰαθήσεται ὁ παῖς μου· καὶ
γὰρ ἐγὼ ἄνθρωπός εἰμι ὑπὸ ἐξουσίαν [τασσόμενος], ἔχων
ὑπ᾽ ἐμαυτὸν στρατιώτας, καὶ λέγω τούτῳ Πορεύθητι, καὶ
πορεύεται, καὶ ἄλλῳ Ἔρχου, καὶ ἔρχεται, καὶ τῷ δούλῳ
10 μου Ποίησον τοῦτο, καὶ ποιεῖ. ἀκούσας δὲ ὁ Ἰησοῦς
ἐθαύμασεν καὶ εἶπεν τοῖς ἀκολουθοῦσιν Ἀμὴν λέγω ὑμῖν,
11 παρ᾽ οὐδενὶ τοσαύτην πίστιν ἐν τῷ Ἰσραὴλ εὗρον. λέγω
δὲ ὑμῖν ὅτι πολλοὶ ἀπὸ ἀνατολῶν καὶ ΔΥΣΜΩΝ ἥξουσιν
καὶ ἀνακλιθήσονται μετὰ Ἀβραὰμ καὶ Ἰσαὰκ καὶ Ἰακὼβ
12 ἐν τῇ βασιλείᾳ τῶν οὐρανῶν· οἱ δὲ υἱοὶ τῆς βασιλείας ἐκ-
βληθήσονται εἰς τὸ σκότος τὸ ἐξώτερον· ἐκεῖ ἔσται ὁ
13 κλαυθμὸς καὶ ὁ βρυγμὸς τῶν ὀδόντων. καὶ εἶπεν ὁ Ἰησοῦς
τῷ ἑκατοντάρχῃ Ὕπαγε, ὡς ἐπίστευσας γενηθήτω σοι· καὶ
14 ἰάθη ὁ παῖς ἐν τῇ ὥρᾳ ἐκείνῃ.   Καὶ ἐλθὼν ὁ
Ἰησοῦς εἰς τὴν οἰκίαν Πέτρου εἶδεν τὴν πενθερὰν αὐτοῦ
15 βεβλημένην καὶ πυρέσσουσαν· καὶ ἥψατο τῆς χειρὸς αὐ-
τῆς, καὶ ἀφῆκεν αὐτὴν ὁ πυρετός, καὶ ἠγέρθη, καὶ διηκόνει
16 αὐτῷ.   Ὀψίας δὲ γενομένης προσήνεγκαν αὐτῷ

When Jesus came down from the mountain, great crowds
2 of people followed him.   And a leper came up to him and fell
on his knees before him, saying,

"If you only choose, sir, you can cure me!"

3 So he stretched out his hand and touched him, saying,

"I do choose!   Be cured!"

4 And his leprosy was immediately cured.   Then Jesus
said to him,

"See that you tell nobody, but go!   Show yourself to
the priest, and in proof of your cure, offer the gift that
Moses prescribed."

5 When he got back to Capernaum, a Roman captain
6 came up and appealed to him, saying,

"My servant, sir, is lying sick with paralysis at my
house, in great distress."

7 He said to him,

"I will come and cure him."

8 But the captain answered,

"I am not a suitable person, sir, to have you come
under my roof, but simply say the word, and my servant
9 will be cured.   For I am myself under the orders of others
and I have soldiers under me, and I tell one to go, and he goes,
and another to come, and he comes, and my slave to do
something, and he does it."

10 When Jesus heard this he was astonished, and said to
his followers,

"I tell you, I have not found anyone in Israel with such
11 faith as this.   And I tell you, many will come from the east
and from the west and take their places at the feast with
12 Abraham, Isaac, and Jacob, in the Kingdom of Heaven, while
the heirs to the kingdom will be driven into the darkness
outside, there to weep and grind their teeth!"

13 Then Jesus said to the captain,

"Go!   You shall find it just as you believe!"

And the servant was immediately cured.

14 Jesus went into Peter's house, and there he found Peter's
15 mother-in-law sick in bed with fever.   And he touched her
hand and the fever left her, and she got up and waited on him.

16 In the evening they brought to him many who were

δαιμονιζομένους πολλούς· καὶ ἐξέβαλεν τὰ πνεύματα λόγῳ,
17 καὶ πάντας τοὺς κακῶς ἔχοντας ἐθεράπευσεν· ὅπως πληρωθῇ
τὸ ῥηθὲν διὰ Ἡσαίου τοῦ προφήτου λέγοντος Αὐτὸς τὰς
ἀσθενείας ἡμῶν ἔλαβεν καὶ τὰς νόσους ἐβάστασεν.
18 Ἰδὼν δὲ ὁ Ἰησοῦς ⌜ὄχλον⌝ περὶ αὐτὸν ἐκέλευσεν ἀπελθεῖν
19 εἰς τὸ πέραν.   Καὶ προσελθὼν εἷς γραμματεὺς
εἶπεν αὐτῷ Διδάσκαλε, ἀκολουθήσω σοι ὅπου ἐὰν ἀπέρχῃ.
20 καὶ λέγει αὐτῷ ὁ Ἰησοῦς Αἱ ἀλώπεκες φωλεοὺς ἔχουσιν
καὶ τὰ πετεινὰ τοῦ οὐρανοῦ κατασκηνώσεις, ὁ δὲ υἱὸς τοῦ
21 ἀνθρώπου οὐκ ἔχει ποῦ τὴν κεφαλὴν κλίνῃ. Ἕτερος δὲ
τῶν μαθητῶν εἶπεν αὐτῷ Κύριε, ἐπίτρεψόν μοι πρῶτον
22 ἀπελθεῖν καὶ θάψαι τὸν πατέρα μου. ὁ δὲ Ἰησοῦς λέγει
αὐτῷ Ἀκολούθει μοι, καὶ ἄφες τοὺς νεκροὺς θάψαι τοὺς
23 ἑαυτῶν νεκρούς.   Καὶ ἐμβάντι αὐτῷ εἰς πλοῖον
24 ἠκολούθησαν αὐτῷ οἱ μαθηταὶ αὐτοῦ. καὶ ἰδοὺ σεισμὸς
μέγας ἐγένετο ἐν τῇ θαλάσσῃ, ὥστε τὸ πλοῖον καλύπτε-
25 σθαι ὑπὸ τῶν κυμάτων· αὐτὸς δὲ ἐκάθευδεν. καὶ προσ-
ελθόντες ἤγειραν αὐτὸν λέγοντες Κύριε, σῶσον, ἀπολλύ-
26 μεθα. καὶ λέγει αὐτοῖς Τί δειλοί ἐστε, ὀλιγόπιστοι; τότε
ἐγερθεὶς ἐπετίμησεν τοῖς ἀνέμοις καὶ τῇ θαλάσσῃ, καὶ
27 ἐγένετο γαλήνη μεγάλη. Οἱ δὲ ἄνθρωποι ἐθαύμασαν
λέγοντες Ποταπός ἐστιν οὗτος ὅτι καὶ οἱ ἄνεμοι καὶ ἡ θά-
28 λασσα αὐτῷ ὑπακούουσιν;   Καὶ ἐλθόντος αὐ-
τοῦ εἰς τὸ πέραν εἰς τὴν χώραν τῶν Γαδαρηνῶν ὑπήντησαν
αὐτῷ δύο δαιμονιζόμενοι ἐκ τῶν μνημείων ἐξερχόμενοι, χα-
λεποὶ λίαν ὥστε μὴ ἰσχύειν τινὰ παρελθεῖν διὰ τῆς ὁδοῦ
29 ἐκείνης. καὶ ἰδοὺ ἔκραξαν λέγοντες Τί ἡμῖν καὶ σοί, υἱὲ
30 τοῦ θεοῦ; ἦλθες ὧδε πρὸ καιροῦ βασανίσαι ἡμᾶς; Ἦν
δὲ μακρὰν ἀπ᾽ αὐτῶν ἀγέλη χοίρων πολλῶν βοσκομένη.
31 οἱ δὲ δαίμονες παρεκάλουν αὐτὸν λέγοντες Εἰ ἐκβάλλεις
ἡμᾶς, ἀπόστειλον ἡμᾶς εἰς τὴν ἀγέλην τῶν χοίρων.
32 καὶ εἶπεν αὐτοῖς Ὑπάγετε. οἱ δὲ ἐξελθόντες ἀπῆλθαν εἰς
τοὺς χοίρους· καὶ ἰδοὺ ὥρμησεν πᾶσα ἡ ἀγέλη κατὰ τοῦ

18 [πολλοὺς] ὄχλους

possessed by demons, and he drove the spirits out with a word,
17 and cured all who were sick, in fulfilment of the words of the prophet Isaiah, "He took our sickness and carried away our diseases."

18   Then Jesus, seeing a crowd about him, gave orders to
19 cross to the other side.   And a scribe came up and said to him,

"Master, I will follow you wherever you are going!"
20   And Jesus said to him,

"Foxes have holes and wild birds have nests, but the Son of Man has nowhere to lay his head!"

21   And another of his disciples said to him,

"Let me first go, sir, and bury my father."

22   But Jesus said to him,

"Follow me, and leave the dead to bury their own dead!"

23   And he got into the boat, and his disciples went with him.
24 And suddenly a terrific storm came up on the sea, so that the waves broke over the boat, but he remained asleep
25 And they came and woke him up, saying,

"Save us, sir!   We are lost!"

26   And he said to them,

"Why are you afraid?   You have so little faith!"

Then he got up and reproved the wind and the sea, and
27 there was a great calm.   And the men were amazed and said,

"What kind of man is this?   For the very winds and sea obey him!"

28   When he reached the other side, in the region of Gadara, two men possessed by demons came out of the tombs and confronted him; they were so extremely violent that
29 nobody could go along that road.   And they suddenly screamed out,

"What do you want of us, you Son of God?   Have you come here before the appointed time to torture us?"

30   Now at some distance from them there was a great drove
31 of pigs feeding.   And the demons entreated him, saying,

"If you are going to drive us out, send us into the drove of pigs."

32   And he said to them,

"Begone!"

And they came out and went into the pigs.   And suddenly

κρημνοῦ εἰς τὴν θάλασσαν, καὶ ἀπέθανον ἐν τοῖς ὕδασιν.
33 Οἱ δὲ βόσκοντες ἔφυγον, καὶ ἀπελθόντες εἰς τὴν πόλιν
34 ἀπήγγειλαν πάντα καὶ τὰ τῶν δαιμονιζομένων. καὶ ἰδοὺ
πᾶσα ἡ πόλις ἐξῆλθεν εἰς ὑπάντησιν ⌈τῷ⌉ Ἰησοῦ, καὶ ἰδόν-
τες αὐτὸν παρεκάλεσαν ὅπως μεταβῇ ἀπὸ τῶν ὁρίων αὐ-
1 τῶν.   Καὶ ἐμβὰς εἰς πλοῖον διεπέρασεν, καὶ ἦλ-
2 θεν εἰς τὴν ἰδίαν πόλιν. Καὶ ἰδοὺ προσέφερον αὐτῷ παραλυ-
τικὸν ἐπὶ κλίνης βεβλημένον. καὶ ἰδὼν ὁ Ἰησοῦς τὴν πίστιν
αὐτῶν εἶπεν τῷ παραλυτικῷ Θάρσει, τέκνον· ἀφίενταί
3 σου αἱ ἁμαρτίαι. Καὶ ἰδού τινες τῶν γραμματέων εἶπαν
4 ἐν ἑαυτοῖς Οὗτος βλασφημεῖ. καὶ ⌈εἰδὼς⌉ ὁ Ἰησοῦς τὰς
ἐνθυμήσεις αὐτῶν εἶπεν Ἵνα τί ἐνθυμεῖσθε πονηρὰ ἐν ταῖς
5 καρδίαις ὑμῶν; τί γάρ ἐστιν εὐκοπώτερον, εἰπεῖν Ἀφίεν-
6 ταί σου αἱ ἁμαρτίαι, ἢ εἰπεῖν Ἔγειρε καὶ περιπάτει; ἵνα
δὲ εἰδῆτε ὅτι ἐξουσίαν ἔχει ὁ υἱὸς τοῦ ἀνθρώπου ἐπὶ τῆς
γῆς ἀφιέναι ἁμαρτίας— τότε λέγει τῷ παραλυτικῷ ⌈Ἔγει-
7 ρε⌉ ἆρόν σου τὴν κλίνην καὶ ὕπαγε εἰς τὸν οἶκόν σου.
8 καὶ ἐγερθεὶς ἀπῆλθεν εἰς τὸν οἶκον αὐτοῦ. Ἰδόντες δὲ οἱ
ὄχλοι ἐφοβήθησαν καὶ ἐδόξασαν τὸν θεὸν τὸν δόντα ἐξου-
σίαν τοιαύτην τοῖς ἀνθρώποις.

9   Καὶ παράγων ὁ Ἰησοῦς ἐκεῖθεν εἶδεν ἄνθρωπον καθήμενον
ἐπὶ τὸ τελώνιον, Μαθθαῖον λεγόμενον, καὶ λέγει αὐτῷ Ἀκο-
10 λούθει μοι· καὶ ἀναστὰς ἠκολούθησεν αὐτῷ.   Καὶ
ἐγένετο αὐτοῦ ἀνακειμένου ἐν τῇ οἰκίᾳ, καὶ ἰδοὺ πολλοὶ
τελῶναι καὶ ἁμαρτωλοὶ ἐλθόντες συνανέκειντο τῷ Ἰησοῦ
11 καὶ τοῖς μαθηταῖς αὐτοῦ. καὶ ἰδόντες οἱ Φαρισαῖοι ἔλεγον
τοῖς μαθηταῖς αὐτοῦ Διὰ τί μετὰ τῶν τελωνῶν καὶ ἁμαρ-
12 τωλῶν ἐσθίει ὁ διδάσκαλος ὑμῶν; ὁ δὲ ἀκούσας εἶπεν
Οὐ χρείαν ἔχουσιν οἱ ἰσχύοντες ἰατροῦ ἀλλὰ οἱ κακῶς ἔχον-
13 τες. πορευθέντες δὲ μάθετε τί ἐστιν Ἔλεος θέλω καὶ οὐ
θυσίαν· οὐ γὰρ ἦλθον καλέσαι δικαίους ἀλλὰ ἁμαρτω-
14 λούς.   Τότε προσέρχονται αὐτῷ οἱ μαθηταὶ Ἰω-
άνου λέγοντες Διὰ τί ἡμεῖς καὶ οἱ Φαρισαῖοι νηστεύομεν⌐,

34 τοῦ   4 ἰδών   6 Ἐγερθεὶς   14 πολλά   18 εἰσελθών

the whole drove rushed over the steep bank into the sea, and
33 perished in the water.   And the men who tended them ran
away and went off to the town and told it all, and the news
34 about the men possessed by demons.   And the whole town
came out to meet Jesus, and when they saw him they begged
him to go away from their district.

9   So he got into the boat and crossed the sea, and returned
to his own city.

2   Some people came bringing to him on a bed a man who
was paralyzed.   Seeing their faith, Jesus said to the paralytic
"Courage, my son!   Your sins are forgiven."

3   Some of the scribes said to themselves,
"This man is talking blasphemy!"

4   Jesus knew what they were thinking, and he said,
"Why do you have such wicked thoughts in your hearts?
5 For which is easier, to say 'Your sins are forgiven,' or to
6 say, 'Get up and walk'?   But I would have you know that
the Son of Man has authority to forgive sins on earth."
Then he said to the paralytic,
"Get up, pick up your bed and go home!"

7
8   And he got up and went home.   And when the crowd
saw it, they were filled with awe, and praised God for
giving such power to men.

9   Afterward, as Jesus was passing along, he saw a man
called Matthew sitting at the tollhouse, and he said to him,
"Follow me!"
And he got up and followed him.

10   While Jesus was at home at table, a number of tax-
collectors and irreligious people came in and joined Jesus
11 and his disciples at table.   And the Pharisees observed it,
and they said to his disciples,
"Why does your master eat with tax-collectors and
irreligious people?"

12   But he heard it, and said,
"It is not well people but the sick who have to have
13 the doctor!   You must go and learn what the saying means,
'It is mercy, not sacrifice, that I care for.'   I did not come
to invite the pious but the irreligious."

14   Then the disciples of John came up to him and said,
"Why is it that we and the Pharisees are keeping the
fast, while your disciples are not keeping it?"

15 οἱ δὲ μαθηταὶ σοῦ οὐ νηστεύουσιν; καὶ εἶπεν αὐτοῖς
ὁ Ἰησοῦς Μὴ δύνανται οἱ υἱοὶ τοῦ νυμφῶνος πεν-
θεῖν ἐφ᾽ ὅσον μετ᾽ αὐτῶν ἐστὶν ὁ νυμφίος; ἐλεύσονται δὲ
ἡμέραι ὅταν ἀπαρθῇ ἀπ᾽ αὐτῶν ὁ νυμφίος, καὶ τότε νη-
16 στεύσουσιν. οὐδεὶς δὲ ἐπιβάλλει ἐπίβλημα ῥάκους ἀγνά-
φου ἐπὶ ἱματίῳ παλαιῷ· αἴρει γὰρ τὸ πλήρωμα αὐτοῦ ἀπὸ
17 τοῦ ἱματίου, καὶ χεῖρον σχίσμα γίνεται. οὐδὲ βάλλουσιν
οἶνον νέον εἰς ἀσκοὺς παλαιούς· εἰ δὲ μήγε, ῥήγνυνται οἱ
ἀσκοί, καὶ ὁ οἶνος ἐκχεῖται καὶ οἱ ἀσκοὶ ἀπόλλυνται·
ἀλλὰ βάλλουσιν οἶνον νέον εἰς ἀσκοὺς καινούς, καὶ ἀμφό-
τεροι συντηροῦνται.

18   Ταῦτα αὐτοῦ λαλοῦντος αὐτοῖς ἰδοὺ ἄρχων ⌜[εἷς] προσελ-
θὼν⌝ προσεκύνει αὐτῷ λέγων ὅτι Ἡ θυγάτηρ μου ἄρτι ἐτε-
λεύτησεν· ἀλλὰ ἐλθὼν ἐπίθες τὴν χεῖρά σου ἐπ᾽ αὐτήν, καὶ
19 ζήσεται. καὶ ἐγερθεὶς ὁ Ἰησοῦς ⌜ἠκολούθει⌝ αὐτῷ καὶ οἱ
20 μαθηταὶ αὐτοῦ. Καὶ ἰδοὺ γυνὴ αἱμορροοῦσα δώδεκα ἔτη
προσελθοῦσα ὄπισθεν ἥψατο τοῦ κρασπέδου τοῦ ἱματίου
21 αὐτοῦ· ἔλεγεν γὰρ ἐν ἑαυτῇ Ἐὰν μόνον ἅψωμαι τοῦ ἱμα-
22 τίου αὐτοῦ σωθήσομαι. ὁ δὲ Ἰησοῦς στραφεὶς καὶ ἰδὼν
αὐτὴν εἶπεν Θάρσει, θύγατερ· ἡ πίστις σου σέσωκέν
23 σε. καὶ ἐσώθη ἡ γυνὴ ἀπὸ τῆς ὥρας ἐκείνης. Καὶ ἐλθὼν ὁ
Ἰησοῦς εἰς τὴν οἰκίαν τοῦ ἄρχοντος καὶ ἰδὼν τοὺς αὐλητὰς
24 καὶ τὸν ὄχλον θορυβούμενον ἔλεγεν Ἀναχωρεῖτε, οὐ γὰρ
ἀπέθανεν τὸ κοράσιον ἀλλὰ καθεύδει· καὶ κατεγέλων αὐτοῦ.
25 ὅτε δὲ ἐξεβλήθη ὁ ὄχλος, εἰσελθὼν ἐκράτησεν τῆς χειρὸς
26 αὐτῆς, καὶ ἠγέρθη τὸ κοράσιον. Καὶ ἐξῆλθεν ἡ φήμη ⌜αὕ-
27 τη⌝ εἰς ὅλην τὴν γῆν ἐκείνην.   Καὶ παράγοντι
ἐκεῖθεν τῷ Ἰησοῦ ἠκολούθησαν ┬ δύο τυφλοὶ κράζοντες
28 καὶ λέγοντες Ἐλέησον ἡμᾶς, ⌜υἱὲ⌝ Δαυείδ. ἐλθόντι δὲ εἰς
τὴν οἰκίαν προσῆλθαν αὐτῷ οἱ τυφλοί, καὶ λέγει αὐτοῖς
ὁ Ἰησοῦς Πιστεύετε ὅτι ⌜δύναμαι τοῦτο⌝ ποιῆσαι; λέγουσιν
29 αὐτῷ Ναί, κύριε. τότε ἥψατο τῶν ὀφθαλμῶν αὐτῶν λέγων
30 Κατὰ τὴν πίστιν ὑμῶν γενηθήτω ὑμῖν. καὶ ἠνεῴχθησαν

19 ἠκολούθησεν   26 αὐτῆς   27 αὐτῷ | υἱὸς   28 τοῦτο δύναμαι

15   Jesus said to them,

"Can wedding guests mourn as long as the bridegroom is with them? But a time will come when the bridegroom
16 will be taken from them, and they will fast then. But no one sews a patch of unshrunken cloth on an old coat, for the patch will tear away from the coat, and make the hole worse than
17 ever. And people do not put new wine into old wine-skins, or if they do, the skins burst, and the wine runs out and the skins are spoiled. But people put new wine into fresh wine-skins, and so both are saved."

18   Just as he said this to them, an official came up and bowing low before him said to him,

"My daughter has just died. But come! Lay your hand on her and she will come to life!"

19   And Jesus got up and followed him, with his disciples.
20 And a woman who had had a hemorrhage for twelve years came up behind him and touched the tassel of his cloak.
21 For she said to herself, "If I can just touch his cloak, I
22 will get well." And Jesus turned and saw her, and he said,

"Courage, my daughter! Your faith has cured you!"

And from that time the woman was well.

23   When Jesus reached the official's house, and saw the
24 flute-players and the disturbance the crowd was making, he said,

25   "Go away, for the girl is not dead; she is asleep." And they laughed at him. But when he had driven the people out, he went in and grasped her hand, and the girl got
26 up. And the news of this spread all over that part of the country.

27   As Jesus was passing along from there, two blind men followed him, calling out,

"Take pity on us, you Son of David!"

28   When he had gone indoors, the blind men came up to him, and Jesus said to them,

"Do you believe that I can do this?"

They said to him,

"Yes, sir."

29   Then he touched their eyes and said,

"Have what your faith expects!"

30   And their sight was restored. Jesus sternly warned them,

αὐτῶν οἱ ὀφθαλμοί. Καὶ ἐνεβριμήθη αὐτοῖς ὁ Ἰησοῦς
31 λέγων Ὁρᾶτε μηδεὶς γινωσκέτω· οἱ δὲ ἐξελθόντες διεφήμι-
32 σαν αὐτὸν ἐν ὅλῃ τῇ γῇ ἐκείνῃ.   Αὐτῶν δὲ ἐξερ-
33 χομένων ἰδοὺ προσήνεγκαν αὐτῷ κωφὸν δαιμονιζόμενον· καὶ
ἐκβληθέντος τοῦ δαιμονίου ἐλάλησεν ὁ κωφός. καὶ ἐθαύ-
μασαν οἱ ὄχλοι λέγοντες   Οὐδέποτε ἐφάνη οὕτως ἐν τῷ
34 Ἰσραήλ. [οἱ δὲ Φαρισαῖοι ἔλεγον   Ἐν τῷ ἄρχοντι τῶν
δαιμονίων ἐκβάλλει τὰ δαιμόνια.]

35   Καὶ περιῆγεν ὁ Ἰησοῦς τὰς πόλεις πάσας καὶ τὰς κώμας,
διδάσκων ἐν ταῖς συναγωγαῖς αὐτῶν καὶ κηρύσσων τὸ εὐαγ-
γέλιον τῆς βασιλείας καὶ θεραπεύων πᾶσαν νόσον καὶ
36 πᾶσαν μαλακίαν.   Ἰδὼν δὲ τοὺς ὄχλους ἐσπλαγ-
χνίσθη περὶ αὐτῶν ὅτι ἦσαν ἐσκυλμένοι καὶ ἐριμμένοι
37 ὡσεὶ ΠΡΟΒΑΤΑ ΜΗ ΕΧΟΝΤΑ ΠΟΙΜΕΝΑ. τότε λέγει τοῖς
μαθηταῖς αὐτοῦ   Ὁ μὲν θερισμὸς πολύς, οἱ δὲ ἐργάται ὀλί-
38 γοι· δεήθητε οὖν τοῦ κυρίου τοῦ θερισμοῦ ὅπως ἐκβάλῃ ἐργά-
1 τας εἰς τὸν θερισμὸν αὐτοῦ. Καὶ προσκαλεσάμενος τοὺς
δώδεκα μαθητὰς αὐτοῦ ἔδωκεν αὐτοῖς ἐξουσίαν πνευμάτων
ἀκαθάρτων ὥστε ἐκβάλλειν αὐτὰ καὶ θεραπεύειν πᾶσαν νό-
2 σον καὶ πᾶσαν μαλακίαν.   Τῶν δὲ δώδεκα ἀπο-
στόλων τὰ ὀνόματά ἐστιν ταῦτα· πρῶτος Σίμων ὁ λεγόμενος
Πέτρος καὶ Ἀνδρέας ὁ ἀδελφὸς αὐτοῦ καὶ Ἰάκωβος ὁ
3 τοῦ Ζεβεδαίου καὶ Ἰωάνης ὁ ἀδελφὸς αὐτοῦ, Φίλιππος
καὶ Βαρθολομαῖος, Θωμᾶς καὶ Μαθθαῖος ὁ τελώνης, Ἰάκω-
4 βος ὁ τοῦ Ἀλφαίου καὶ Θαδδαῖος, Σίμων ὁ Καναναῖος καὶ
5 Ἰούδας ὁ Ἰσκαριώτης ὁ καὶ παραδοὺς αὐτόν.   Τού-
τους τοὺς δώδεκα ἀπέστειλεν ὁ Ἰησοῦς παραγγείλας αὐτοῖς
λέγων

Εἰς ὁδὸν ἐθνῶν μὴ ἀπέλθητε, καὶ εἰς πόλιν Σαμαρειτῶν
6 μὴ εἰσέλθητε· πορεύεσθε δὲ μᾶλλον πρὸς τὰ πρόβατα τα
7 ἀπολωλότα οἴκου Ἰσραήλ. πορευόμενοι δὲ κηρύσσετε λέ-
8 γοντες ὅτι Ἤγγικεν ἡ βασιλεία τῶν οὐρανῶν. ἀσθενοῦντας

13 πρὸς   14 ἐκ   16 ὁ ὄφις

31   "Do not let anyone know." But they went off and spread the news about him all over that part of the country.

32   But just as they were going out, some people brought
33 to him a dumb man who was possessed by a demon, and as soon as the demon was driven out, the dumb man was able to speak. And the crowds were amazed, and said,

"Nothing like this was ever seen in Israel!"

34   But the Pharisees said,

"It is by the aid of the prince of the demons that he drives them out."

35   Jesus went round among all the towns and villages, teaching in their synagogues, and proclaiming the good news of the kingdom, and curing every disease or illness.

36   But the sight of the crowds of people filled him with pity for them, because they were bewildered and dejected,
37 like sheep that have no shepherd. Then he said to his disciples,

"The harvest is abundant enough, but the reapers are few.
38 So pray to the owner of the harvest to send reapers to gather it."

10   Then he called his twelve disciples to him, and gave them power over the foul spirits so that they could drive them out, and so that they could heal any disease or illness.

2   These are the names of the twelve apostles: first, Simon, who was called Peter, and his brother Andrew, and James
3 the son of Zebedee and his brother John, Philip and Bartholomew, Thomas and Matthew the tax-collector, James
4 the son of Alpheus and Thaddeus, Simon the Zealot and Judas Iscariot who afterward betrayed him.

5   Jesus sent these twelve out, after giving them these directions:

"Do not go among the heathen, or to any Samaritan
6 town, but proceed instead to the lost sheep of Israel's
7 house. And as you go about, preach and say, 'The Kingdom
8 of Heaven is at hand!' Cure the sick, raise the dead, heal

θεραπεύετε, νεκροὺς ἐγείρετε, λεπροὺς καθαρίζετε, δαιμόνια
9 ἐκβάλλετε· δωρεὰν ἐλάβετε, δωρεὰν δότε. Μὴ κτήσησθε
χρυσὸν μηδὲ ἄργυρον μηδὲ χαλκὸν εἰς τὰς ζώνας ὑμῶν,
10 μὴ πήραν εἰς ὁδὸν μηδὲ δύο χιτῶνας μηδὲ ὑποδήματα
11 μηδὲ ῥάβδον· ἄξιος γὰρ ὁ ἐργάτης τῆς τροφῆς αὐτοῦ. . εἰς
ἣν δ᾽ ἂν πόλιν ἢ κώμην εἰσέλθητε, ἐξετάσατε τίς ἐν αὐτῇ
12 ἄξιός ἐστιν· κἀκεῖ μείνατε ἕως ἂν ἐξέλθητε. εἰσερχόμενοι
13 δὲ εἰς τὴν οἰκίαν ἀσπάσασθε αὐτήν· καὶ ἐὰν μὲν ᾖ ἡ οἰκία
ἀξία, ἐλθάτω ἡ εἰρήνη ὑμῶν ἐπ᾽ αὐτήν· ἐὰν δὲ μὴ ᾖ ἀξία, ἡ
14 εἰρήνη ὑμῶν ⌜ἐφ᾽⌝ ὑμᾶς ἐπιστραφήτω. καὶ ὃς ἂν μὴ
δέξηται ὑμᾶς μηδὲ ἀκούσῃ τοὺς λόγους ὑμῶν, ἐξερχόμενοι
ἔξω τῆς οἰκίας ἢ τῆς πόλεως ἐκείνης ἐκτινάξατε τὸν κονι-
15 ορτὸν ᵀ τῶν ποδῶν ὑμῶν. ἀμὴν λέγω ὑμῖν, ἀνεκτότερον
ἔσται γῇ Σοδόμων καὶ Γομόρρων ἐν ἡμέρᾳ κρίσεως ἢ τῇ
16 πόλει ἐκείνῃ. Ἰδοὺ ἐγὼ ἀποστέλλω ὑμᾶς ὡς
πρόβατα ἐν μέσῳ λύκων· γίνεσθε οὖν φρόνιμοι ὡς ⌜οἱ ὄφεις⌝
17 καὶ ἀκέραιοι ὡς αἱ περιστεραί. προσέχετε δὲ ἀπὸ τῶν ἀν-
θρώπων· παραδώσουσιν γὰρ ὑμᾶς εἰς συνέδρια, καὶ ἐν ταῖς
18 συναγωγαῖς αὐτῶν μαστιγώσουσιν ὑμᾶς· καὶ ἐπὶ ἡγεμόνας
δὲ καὶ βασιλεῖς ἀχθήσεσθε ἕνεκεν ἐμοῦ εἰς μαρτύριον αὐ-
19 τοῖς καὶ τοῖς ἔθνεσιν. ὅταν δὲ παραδῶσιν ὑμᾶς, μὴ μερι-
μνήσητε πῶς ἢ τί λαλήσητε· δοθήσεται γὰρ ὑμῖν ἐν ἐκείνῃ
20 τῇ ὥρᾳ τί λαλήσητε· οὐ γὰρ ὑμεῖς ἐστε οἱ λαλοῦντες
ἀλλὰ τὸ πνεῦμα τοῦ πατρὸς ὑμῶν τὸ λαλοῦν ἐν ὑμῖν.
21 παραδώσει δὲ ἀδελφὸς ἀδελφὸν εἰς θάνατον καὶ πατὴρ τέ-
κνον, καὶ ⌜ἐπαναστήσονται⌝ τέκνα ἐπὶ γονεῖς καὶ θανα-
22 τώσουσιν αὐτούς. καὶ ἔσεσθε μισούμενοι ὑπὸ πάντων διὰ τὸ
ὄνομά μου· ὁ δὲ ὑπομείνας εἰς τέλος οὗτος σωθήσεται.
23 ὅταν δὲ διώκωσιν ὑμᾶς ἐν τῇ πόλει ταύτῃ, φεύγετε εἰς τὴν
ἑτέραν· ἀμὴν γὰρ λέγω ὑμῖν, οὐ μὴ τελέσητε τὰς πόλεις
24 [τοῦ] Ἰσραὴλ ἕως ἔλθῃ ὁ υἱὸς τοῦ ἀνθρώπου. Οὐκ ἔστιν
μαθητὴς ὑπὲρ τὸν διδάσκαλον οὐδὲ δοῦλος ὑπὲρ τὸν κύριον
25 αὐτοῦ. ἀρκετὸν τῷ μαθητῇ ἵνα γένηται ὡς ὁ διδάσκαλος

21 ἐπαναστήσεται

lepers, drive out demons.   Give without payment, just as you
9 received without payment.   Do not take gold or silver or
10 copper money in your purses, and do not take a bag for your
journey, nor two shirts, nor shoes, nor a staff, for the work-
11 man deserves his food!   Whatever town or village you
come to, inquire for some suitable person, and stay with
12 him till you leave the place.   And as you go into his house,
13 wish it well.   If the house deserves it, the peace you wish it
will come over it, but if it does not deserve it, let your bless-
14 ing come back upon yourselves.   And where no one will wel-
come you, or listen to you, leave that house or town and shake
15 off its very dust from your feet.   I tell you, the land of Sodom
and Gomorrah will fare better on the Day of Judgment than
that town.
16   "Here I am sending you out like sheep among wolves.
So you must be wise like serpents, and guileless like doves.
17 But be on your guard against men, for they will give you up
to their courts, and have you flogged in their synagogues,
18 and you will be brought before governors and kings on my
account, to bear your testimony before them and the heathen.
19 But when they give you up, you must have no anxiety about
how to speak or what to say, for you will be told at the very
20 moment what you ought to say, for it is not you who will
speak, it is the Spirit of your Father that will speak through
21 you.   One brother will give up another to death, and a father
his child, and children will turn against their parents, and have
22 them put to death.   You will be hated by everybody on my
account, but the man who holds out to the very end will be
23 saved.   But when they persecute you in one town, make
your escape to another, for I tell you, you will not have gone
through all the towns of Israel before the Son of Man arrives.
24 A pupil is not better than his teacher, nor a slave better than
25 his master.   A pupil should be satisfied to come to be like

αὐτοῦ, καὶ ὁ δοῦλος ὡς ὁ κύριος αὐτοῦ. εἰ ⌐τὸν οἰκοδε-
σπότην Βεεζεβοὺλ ἐπεκάλεσαν, πόσῳ μᾶλλον τοὺς οἰκιακοὺς⌐
26 αὐτοῦ. μὴ οὖν φοβηθῆτε αὐτούς· οὐδὲν γάρ ἐστιν κεκα-
λυμμένον ὃ οὐκ ἀποκαλυφθήσεται, καὶ κρυπτὸν ὃ οὐ γνω-
27 σθήσεται. ὃ λέγω ὑμῖν ἐν τῇ σκοτίᾳ, εἴπατε ἐν τῷ φωτί·
28 καὶ ὃ εἰς τὸ οὖς ἀκούετε, κηρύξατε ἐπὶ τῶν δωμάτων. καὶ
μὴ φοβηθῆτε ἀπὸ τῶν ἀποκτεινόντων τὸ σῶμα τὴν δὲ
ψυχὴν μὴ δυναμένων ἀποκτεῖναι· φοβεῖσθε δὲ μᾶλλον τὸν
29 δυνάμενον καὶ ψυχὴν καὶ σῶμα ἀπολέσαι ἐν γεέννῃ. οὐχὶ
δύο στρουθία ἀσσαρίου πωλεῖται; καὶ ἓν ἐξ αὐτῶν οὐ πε-
30 σεῖται ἐπὶ τὴν γῆν ἄνευ τοῦ πατρὸς ὑμῶν. ὑμῶν δὲ καὶ
31 αἱ τρίχες τῆς κεφαλῆς πᾶσαι ἠριθμημέναι εἰσίν. μὴ οὖν
32 φοβεῖσθε· πολλῶν στρουθίων διαφέρετε ὑμεῖς. Πᾶς οὖν
ὅστις ὁμολογήσει ἐν ἐμοὶ ἔμπροσθεν τῶν ἀνθρώπων, ὁμο-
λογήσω κἀγὼ ἐν αὐτῷ ἔμπροσθεν τοῦ πατρός μου τοῦ ἐν
33 τοῖς οὐρανοῖς· ὅστις ⌐δὲ⌐ ἀρνήσηταί με ἔμπροσθεν τῶν ἀν-
θρώπων, ἀρνήσομαι κἀγὼ αὐτὸν ἔμπροσθεν τοῦ πατρός μου
34 τοῦ ἐν τοῖς οὐρανοῖς. Μὴ νομίσητε ὅτι ἦλθον
βαλεῖν εἰρήνην ἐπὶ τὴν γῆν· οὐκ ἦλθον βαλεῖν εἰρήνην
35 ἀλλὰ μάχαιραν. ἦλθον γὰρ διχάσαι ἄνθρωπον κατὰ τοῦ
πατρὸς αὐτοῦ καὶ θυγατέρα κατὰ τῆς μητρὸς αὐτῆς
36 καὶ νύμφην κατὰ τῆς πενθερᾶς αὐτῆς, καὶ ἐχθροὶ τοῦ
37 ἀνθρώπου οἱ οἰκιακοὶ αὐτοῦ. Ὁ φιλῶν πατέρα ἢ μη-
τέρα ὑπὲρ ἐμὲ οὐκ ἔστιν μου ἄξιος· καὶ ὁ φιλῶν υἱὸν ἢ
38 θυγατέρα ὑπὲρ ἐμὲ οὐκ ἔστιν μου ἄξιος· καὶ ὃς οὐ λαμ-
βάνει τὸν σταυρὸν αὐτοῦ καὶ ἀκολουθεῖ ὀπίσω μου, οὐκ ἔ-
39 στιν μου ἄξιος. ὁ εὑρὼν τὴν ψυχὴν αὐτοῦ ἀπολέσει αὐτήν,
καὶ ὁ ἀπολέσας τὴν ψυχὴν αὐτοῦ ἕνεκεν ἐμοῦ εὑρήσει αὐ-
40 τήν. Ὁ δεχόμενος ὑμᾶς ἐμὲ δέχεται, καὶ ὁ ἐμὲ
41 δεχόμενος δέχεται τὸν ἀποστείλαντά με. ὁ δεχόμενος προ-
φήτην εἰς ὄνομα προφήτου μισθὸν προφήτου λήμψεται, καὶ
ὁ δεχόμενος δίκαιον εἰς ὄνομα δικαίου μισθὸν δικαίου λήμ-
42 ψεται. καὶ ὃς ἂν ποτίσῃ ἕνα τῶν μικρῶν τούτων ποτήριον

25 τῷ οἰκοδεσπότῃ......τοῖς οἰκιακοῖς

his teacher, or a slave to come to be like his master. If men have called the head of the house Beelzebub, how much worse names will they give to the members of his
26 household! So do not be afraid of them. For there is nothing covered up that is not going to be uncovered,
27 nor secret that is not going to be known. What I tell you in the dark you must say in the light, and what you hear whispered in your ear, you must proclaim from the
28 housetops. Have no fear of those who kill the body, but cannot kill the soul. You had better be afraid of one who can
29 destroy both soul and body in the pit. Do not sparrows sell two for a cent? And yet not one of them can fall to the
30 ground against your Father's will! But the very hairs on
31 your heads are all counted. You must not be afraid; you
32 are worth more than a great many sparrows! Therefore everyone who will acknowledge me before men I will acknowl-
33 edge before my Father in heaven, but anyone who disowns me before men, I will disown before my Father in heaven.

34   "Do not think that I have come to bring peace to the
35 earth. I have not come to bring peace but a sword. For I have come to turn a man against his father and a daughter
36 against her mother and a daughter-in-law against her mother-
37 in-law, and a man's enemies will be in his own household. No one who loves father or mother more than he loves me is worthy of me, and no one who loves son or daughter more
38 than he loves me is worthy of me, and no one who will not
39 take up his cross and follow me is worthy of me. Whoever gains his life will lose it, and whoever loses his life for my sake will gain it.

40   "Whoever welcomes you welcomes me, and whoever
41 welcomes me welcomes him who has sent me. Whoever welcomes a prophet because he is a prophet will have the same reward as a prophet, and whoever welcomes an upright man because he is upright will have the same reward as an
42 upright man. And no one who will give the humblest of

ψυχροῦ μόνον εἰς ὄνομα μαθητοῦ, ἀμὴν λέγω ὑμῖν, οὐ μὴ
ἀπολέσῃ τὸν μισθὸν αὐτοῦ.

1 Καὶ ἐγένετο ὅτε ἐτέλεσεν ὁ Ἰησοῦς διατάσσων τοῖς δώ-
δεκα μαθηταῖς αὐτοῦ, μετέβη ἐκεῖθεν τοῦ διδάσκειν καὶ
κηρύσσειν ἐν ταῖς πόλεσιν αὐτῶν.

2 Ὁ δὲ Ἰωάνης ἀκούσας ἐν τῷ δεσμωτηρίῳ τὰ ἔργα τοῦ
3 χριστοῦ πέμψας διὰ τῶν μαθητῶν αὐτοῦ εἶπεν αὐτῷ Σὺ
4 εἶ ὁ ἐρχόμενος ἢ ἕτερον προσδοκῶμεν; καὶ ἀποκριθεὶς ὁ
Ἰησοῦς εἶπεν αὐτοῖς Πορευθέντες ἀπαγγείλατε Ἰωάνει ἃ
5 ἀκούετε καὶ βλέπετε· τυφλοὶ ⌜ἀναβλέπουϲιν καὶ⌝ χωλοὶ
περιπατοῦσιν, λεπροὶ καθαρίζονται καὶ κωφοὶ ἀκούουσιν,
6 καὶ νεκροὶ ἐγείρονται καὶ πτωχοὶ εὐαγγελίζονται· καὶ μα-
7 κάριός ἐστιν ὃς ἂν μὴ σκανδαλισθῇ ἐν ἐμοί.. Τού-
των δὲ πορευομένων ἤρξατο ὁ Ἰησοῦς λέγειν τοῖς ὄχλοις
περὶ Ἰωάνου Τί ἐξήλθατε εἰς τὴν ἔρημον θεάσασθαι; κά-
8 λαμον ὑπὸ ἀνέμου σαλευόμενον; ἀλλὰ τί ἐξήλθατε ἰδεῖν;
ἄνθρωπον ἐν μαλακοῖς ἠμφιεσμένον; ἰδοὺ οἱ τὰ μαλακὰ
9 φοροῦντες ἐν τοῖς οἴκοις τῶν βασιλέων. ἀλλὰ τί ἐξήλ-
θατε; προφήτην ἰδεῖν; ναί, λέγω ὑμῖν, καὶ περισσότερον
10 προφήτου. οὗτός ἐστιν περὶ οὗ γέγραπται

Ἰδοὺ ἐγὼ ἀποϲτέλλω τὸν ἄγγελόν μου πρὸ προϲώ-
που ϲου,

ὃϲ καταϲκεγάϲει τὴν ὁδόν ϲου ἔμπροϲθέν ϲου.

11 ἀμὴν λέγω ὑμῖν, οὐκ ἐγήγερται ἐν γεννητοῖς γυναικῶν μεί-
ζων Ἰωάνου τοῦ βαπτιστοῦ· ὁ δὲ μικρότερος ἐν τῇ βασι-
12 λείᾳ τῶν οὐρανῶν μείζων αὐτοῦ ἐστίν. ἀπὸ δὲ τῶν ἡμερῶν
Ἰωάνου τοῦ βαπτιστοῦ ἕως ἄρτι ἡ βασιλεία τῶν οὐρανῶν
13 βιάζεται, καὶ βιασταὶ ἁρπάζουσιν αὐτήν. πάντες γὰρ οἱ
14 προφῆται καὶ ὁ νόμος ἕως Ἰωάνου ἐπροφήτευσαν· καὶ εἰ
15 θέλετε δέξασθαι, αὐτός ἐστιν Ἡλείας ὁ μέλλων ἔρχεσθαι. Ὁ
16 ἔχων ὦτα ἀκουέτω. Τίνι δὲ ὁμοιώσω τὴν γενεὰν ταύτην;

33 δ' ἂν   5 ἀναβλέπουσιν,

my disciples even a cup of cold water because he is my disciple,
I tell you, can ever fail of his reward."

11   When Jesus had finished giving his twelve disciples
these instructions, he went on from there to teach and preach
in their towns.

2   Now when John heard in prison of what the Christ was
3 doing, he sent by his disciples and said to him,

"Are you the one who was to come, or should we look
for someone else?"

4   Jesus answered,
5   "Go and report to John what you hear and see. The
blind are regaining their sight and the lame can walk, the
lepers are being cured and the deaf can hear, the dead are
being raised and good news is being preached to the poor.
6 And blessed is the man who finds nothing that repels him
in me."

7   But as they were going away, Jesus began to speak to the
crowds about John.

"What was it that you went out into the desert to look
8 at? A reed swaying in the wind? Then what did you go
out there to see? A man luxuriously dressed? Men who
9 dress in that way you find in the palaces of kings. Then
why did you go out there? Was it to see a prophet? Yes,
10 I tell you, and far more than a prophet! This is the man of
whom the Scripture says,

"   'Here I send my messenger on before you;
        He will prepare the road ahead of you.'

11   "I tell you, among men born of women no one greater
than John the Baptist has ever appeared. And yet those
who are of little importance in the Kingdom of Heaven are
12 greater than he. But from the time of John the Baptist until
now men have been taking the Kingdom of Heaven by
13 storm and impetuously crowding into it. For up to the
time of John all the Prophets and the Law itself prophesied
14 about it, and, if you are ready to accept the idea, he is himself
15 Elijah who was to come. Let him who has ears listen!
16 But to what can I compare this present age? It is like

ὁμοία ἐστὶν παιδίοις καθημένοις ἐν ταῖς ἀγοραῖς ἃ προσφω-
17 νοῦντα τοῖς ἑτέροις λέγουσιν

Ηὐλήσαμεν ὑμῖν καὶ οὐκ ὠρχήσασθε·

ἐθρηνήσαμεν καὶ οὐκ ἐκόψασθε·

18 ἦλθεν γὰρ Ἰωάνης μήτε ἐσθίων μήτε πίνων, καὶ λέγουσιν
19 Δαιμόνιον ἔχει· ἦλθεν ὁ υἱὸς τοῦ ἀνθρώπου ἐσθίων καὶ
πίνων, καὶ λέγουσιν Ἰδοὺ ἄνθρωπος φάγος καὶ οἰνοπότης,
τελωνῶν φίλος καὶ ἁμαρτωλῶν. καὶ ἐδικαιώθη ἡ σοφία ἀπὸ
20 τῶν ἔργων αὐτῆς.   Τότε ἤρξατο ὀνειδίζειν τὰς
πόλεις ἐν αἷς ἐγένοντο αἱ πλεῖσται δυνάμεις αὐτοῦ, ὅτι οὐ
21 μετενόησαν· Οὐαί σοι, Χοραζείν· οὐαί σοι, Βηθσαιδάν·
ὅτι εἰ ἐν Τύρῳ καὶ Σιδῶνι ἐγένοντο αἱ δυνάμεις αἱ γενόμε-
ναι ἐν ὑμῖν, πάλαι ἂν ἐν σάκκῳ καὶ σποδῷ μετενόησαν.
22 πλὴν λέγω ὑμῖν, Τύρῳ καὶ Σιδῶνι ἀνεκτότερον ἔσται ἐν
23 ἡμέρᾳ κρίσεως ἢ ὑμῖν. Καὶ σύ, Καφαρναούμ, μὴ ἕως ΟΥ-
ΡΑΝΟΥ ὙΨΩΘΗϹΗ; ἕωϲ ᾅΔΟΥ ΚΑΤΑΒΗϹΗ. ὅτι εἰ ἐν Σο-
δόμοις ἐγενήθησαν αἱ δυνάμεις αἱ γενόμεναι ἐν σοί, ἔμεινεν
24 ἂν μέχρι τῆς σήμερον. πλὴν λέγω ὑμῖν ὅτι γῇ Σοδόμων
ἀνεκτότερον ἔσται ἐν ἡμέρᾳ κρίσεως ἢ σοί.

25   Ἐν ἐκείνῳ τῷ καιρῷ ἀποκριθεὶς ὁ Ἰησοῦς εἶπεν Ἐξομο-
λογοῦμαί σοι, πάτερ κύριε τοῦ οὐρανοῦ καὶ τῆς γῆς, ὅτι
ἔκρυψας ταῦτα ἀπὸ σοφῶν καὶ συνετῶν, καὶ ἀπεκάλυψας
26 αὐτὰ νηπίοις· ναί, ὁ πατήρ, ὅτι οὕτως εὐδοκία ἐγένετο ἔμ-
27 προσθέν σου. Πάντα μοι παρεδόθη ὑπὸ τοῦ πατρός μου,
καὶ οὐδεὶς ἐπιγινώσκει τὸν υἱὸν εἰ μὴ ὁ πατήρ, οὐδὲ τὸν
πατέρα τις ἐπιγινώσκει εἰ μὴ ὁ υἱὸς καὶ ᾧ ἐὰν βούληται ὁ
28 υἱὸς ἀποκαλύψαι. Δεῦτε πρός με πάντες οἱ κοπιῶντες καὶ
29 πεφορτισμένοι, κἀγὼ ἀναπαύσω ὑμᾶς. ἄρατε τὸν ζυγόν μου
ἐφ᾽ ὑμᾶς καὶ μάθετε ἀπ᾽ ἐμοῦ, ὅτι πραΰς εἰμι καὶ ταπεινὸς
30 τῇ καρδίᾳ, καὶ ΕΥΡΗϹΕΤΕ ᾽ΑΝᾺΠΑΥϹΙΝ ΤΑΙϹ ΨΥΧΑΙϹ ὙΜΩΝ· ὁ
γὰρ ζυγός μου χρηστὸς καὶ τὸ φορτίον μου ἐλαφρόν ἐστιν.

1   Ἐν ἐκείνῳ τῷ καιρῷ ἐπορεύθη ὁ Ἰησοῦς τοῖς σάββασιν
διὰ τῶν σπορίμων· οἱ δὲ μαθηταὶ αὐτοῦ ἐπείνασαν, καὶ

children sitting about in the bazaars and calling out to their playmates,

17 " 'We have played the flute for you, and you would not dance! We have wailed and you would not beat your breasts!'

18 For when John came, he neither ate nor drank, and people
19 said, 'He has a demon!' Now that the Son of Man has come, he does eat and drink, and people say, 'Look at him! A glutton and a drinker, the companion of tax-collectors and irreligious people!' And yet Wisdom is vindicated by her actions!"

20 Then he began to reproach the towns in which his numerous wonders had been done, because they did not repent.

21 "Alas for you, Chorazin! Alas for you, Bethsaida! For if the wonders that have been done in you had been done in Tyre and Sidon, they would have repented in sackcloth
22 and ashes long ago! But I tell you, Tyre and Sidon will fare
23 better on the Day of Judgment than you will! And you, Capernaum! Are you to be exalted to the skies? You will go down among the dead! For if the wonders that have been done in you had been done in Sodom, it would have stood
24 until today. But I tell you that the land of Sodom will fare better on the Day of Judgment than you will!"

25 At that same time Jesus said, "I thank you, Father, Lord of heaven and earth, for hiding all this from the learned and intelligent and revealing
26 it to children. Yes, I thank you, Father, for choosing to
27 have it so. Everything has been handed over to me by my Father, and no one understands the Son but the Father, nor does anyone understand the Father but the Son and anyone
28 to whom the Son chooses to reveal him. Come to me, all of you who toil and are burdened, and I will let you rest.
29 Let my yoke be put upon you, and learn from me, for I am gentle and humble-minded, and your hearts will find rest,
30 for the yoke I offer you is a kindly one, and the load I ask you to bear is light."

12 At that same time Jesus walked one Sabbath through the wheat fields, and his disciples became hungry and began to

2 ἤρξαντο τίλλειν στάχυας καὶ ἐσθίειν. οἱ δὲ Φαρισαῖοι ἰ-
δόντες εἶπαν αὐτῷ Ἰδοὺ οἱ μαθηταί σου ποιοῦσιν ὃ οὐκ ἔξε-
3 στιν ποιεῖν ἐν σαββάτῳ. ὁ δὲ εἶπεν αὐτοῖς Οὐκ ἀνέγνω-
τε τί ἐποίησεν Δαυεὶδ ὅτε ἐπείνασεν καὶ οἱ μετ᾽ αὐτοῦ;
4 πῶς εἰσῆλθεν εἰς τὸν οἶκον τοῦ θεοῦ καὶ τοὺς ἄρτους τῆς
προθέσεως ἔφαγον, ὃ οὐκ ἐξὸν ἦν αὐτῷ φαγεῖν οὐδὲ τοῖς
5 μετ᾽ αὐτοῦ, εἰ μὴ τοῖς ἱερεῦσιν μόνοις; ἢ οὐκ ἀνέγνωτε ἐν
τῷ νόμῳ ὅτι τοῖς σάββασιν οἱ ἱερεῖς ἐν τῷ ἱερῷ τὸ σάβ-
6 βατον βεβηλοῦσιν καὶ ἀναίτιοί εἰσιν; λέγω δὲ ὑμῖν ὅτι
7 τοῦ ἱεροῦ μεῖζόν ἐστιν ὧδε. εἰ δὲ ἐγνώκειτε τί ἐστιν Ἔλεος
θέλω καὶ οὐ θυσίαν, οὐκ ἂν κατεδικάσατε τοὺς ἀναι-
8 τίους. κύριος γάρ ἐστιν τοῦ σαββάτου ὁ υἱὸς τοῦ ἀν-
9 θρώπου. Καὶ μεταβὰς ἐκεῖθεν ἦλθεν εἰς τὴν
10 συναγωγὴν αὐτῶν· καὶ ἰδοὺ ἄνθρωπος χεῖρα ἔχων ξηράν. καὶ
ἐπηρώτησαν αὐτὸν λέγοντες Εἰ ἔξεστι τοῖς σάββασιν θερα-
11 πεύειν; ἵνα κατηγορήσωσιν αὐτοῦ. ὁ δὲ εἶπεν αὐτοῖς Τίς
[ἔσται] ἐξ ὑμῶν ἄνθρωπος ὃς ἕξει πρόβατον ἕν, καὶ ἐὰν ἐμ-
πέσῃ τοῦτο τοῖς σάββασιν εἰς βόθυνον, οὐχὶ κρατήσει αὐτὸ
12 καὶ ἐγερεῖ; πόσῳ οὖν διαφέρει ἄνθρωπος προβάτου. ὥστε
13 ἔξεστιν τοῖς σάββασιν καλῶς ποιεῖν. Τότε λέγει τῷ ἀν-
θρώπῳ Ἔκτεινόν σου τὴν χεῖρα· καὶ ἐξέτεινεν, καὶ ἀπεκα-
14 τεστάθη ὑγιὴς ὡς ἡ ἄλλη. Ἐξελθόντες δὲ οἱ Φαρι-
σαῖοι συμβούλιον ἔλαβον κατ᾽ αὐτοῦ ὅπως αὐτὸν ἀπολέσω-
15 σιν. Ὁ δὲ Ἰησοῦς γνοὺς ἀνεχώρησεν ἐκεῖθεν.
Καὶ ἠκολούθησαν αὐτῷ πολλοί, καὶ ἐθεράπευσεν αὐτοὺς
16 πάντας, καὶ ἐπετίμησεν αὐτοῖς ἵνα μὴ φανερὸν αὐτὸν
17 ποιήσωσιν· ἵνα πληρωθῇ τὸ ῥηθὲν διὰ Ἡσαίου τοῦ προ-
φήτου λέγοντος

18   Ἰδοὺ ὁ παῖς μου ὃν ᾑρέτισα,
      ὁ ἀγαπητός μου ὃν εὐδόκησεν ἡ ψυχή μου·
      θήσω τὸ πνεῦμά μου ἐπ᾽ αὐτόν,
         καὶ κρίσιν τοῖς ἔθνεσιν ἀπαγγελεῖ.
19   Οὐκ ἐρίσει οὐδὲ κραυγάσει,

2 pick the heads of wheat and eat them. But the Pharisees saw it and said to him,

"Look! Your disciples are doing something which it is against the Law to do on the Sabbath!"

3   But he said to them,

"Did you never read what David did, when he and his 4 companions were hungry? How is it that he went into the House of God and that they ate the Presentation Loaves which it was against the Law for him and his companions 5 to eat, or for anyone except the priests? Or did you never read in the Law how the priests in the Temple are not guilty 6 when they break the Sabbath? But I tell you, there is 7 something greater than the Temple here! But if you knew what the saying means, 'It is mercy, not sacrifice, that I care for,' you would not have condemned men who are not 8 guilty. For the Son of Man is master of the Sabbath."

9   And he left the place and went into their synagogue. There was a man there with one hand withered. And 10 in order to get a charge to bring against him, they asked him,

"Is it right to cure people on the Sabbath?"

11   But he said to them,

"Who among you if he has one sheep and it falls into a hole on the Sabbath, will not take hold of it and lift it 12 out? And how much more a man is worth than a sheep! Therefore, it is right to do people good on the Sabbath."

13   Then he said to the man,

"Hold out your hand!"

And he held it out, and it was restored and became as 14 well as the other. But the Pharisees left the synagogue and consulted about him, with a view to putting him to death.

15   But Jesus knew of this, and he left that place. And numbers of people followed him about, and he cured them 16 all, and warned them not to say anything about him— 17 in fulfilment of what was said by the prophet Isaiah,

18   "Here is my servant whom I have selected,
         My beloved, who delights my heart!
         I will endow him with my Spirit,
         And he will announce a judgment to the heathen.
19   He will not wrangle or make an outcry,

οὐδὲ ἀκούϲει τιϲ ἐν ταῖϲ πλατείαιϲ τὴν φωνὴν
αὐτοῦ.

20 κάλαμον ϲυντετριμμένον οὐ κατεάξει
καὶ λίνον τυφόμενον οὐ ϲβέϲει,
ἕωϲ ἂν ἐκβάλῃ εἰϲ νῖκοϲ τὴν κρίϲιν.

21 καὶ τῷ ὀνόματι αὐτοῦ ἔθνη ἐλπιοῦϲιν.

22 Τότε ⌜προσήνεγκαν αὐτῷ δαιμονιζόμενον τυφλὸν καὶ
κωφόν⌝· καὶ ἐθεράπευσεν αὐτόν, ὥστε τὸν κωφὸν λαλεῖν
23 καὶ βλέπειν. Καὶ ἐξίσταντο πάντες οἱ ὄχλοι καὶ ἔλεγον
24 Μήτι οὗτός ἐστιν ὁ υἱὸς Δαυείδ; οἱ δὲ Φαρισαῖοι ἀκού-
σαντες εἶπον Οὗτος οὐκ ἐκβάλλει τὰ δαιμόνια εἰ μὴ ἐν τῷ
25 Βεεζεβοὺλ ἄρχοντι τῶν δαιμονίων. Εἰδὼς δὲ τὰς ἐνθυ-
μήσεις αὐτῶν εἶπεν αὐτοῖς Πᾶσα βασιλεία μερισθεῖσα
καθ᾽ ἑαυτῆς ἐρημοῦται, καὶ πᾶσα πόλις ἢ οἰκία μερισθεῖσα
26 καθ᾽ ἑαυτῆς οὐ σταθήσεται. καὶ εἰ ὁ Σατανᾶς τὸν Σατανᾶν
ἐκβάλλει, ἐφ᾽ ἑαυτὸν ἐμερίσθη· πῶς οὖν σταθήσεται ἡ
27 βασιλεία αὐτοῦ; καὶ εἰ ἐγὼ ἐν Βεεζεβοὺλ ἐκβάλλω τὰ
δαιμόνια, οἱ υἱοὶ ὑμῶν ἐν τίνι ἐκβάλλουσιν; διὰ τοῦτο
28 αὐτοὶ κριταὶ ἔσονται ὑμῶν. εἰ δὲ ἐν πνεύματι θεοῦ ἐγὼ
ἐκβάλλω τὰ δαιμόνια, ἄρα ἔφθασεν ἐφ᾽ ὑμᾶς ἡ βασιλεία
29 τοῦ θεοῦ. ἢ πῶς δύναταί τις εἰσελθεῖν εἰς τὴν οἰκίαν τοῦ
ἰσχυροῦ καὶ τὰ σκεύη αὐτοῦ ἁρπάσαι, ἐὰν μὴ πρῶτον δήσῃ
30 τὸν ἰσχυρόν; καὶ τότε τὴν οἰκίαν αὐτοῦ διαρπάσει. ὁ μὴ
ὢν μετ᾽ ἐμοῦ κατ᾽ ἐμοῦ ἐστίν, καὶ ὁ μὴ συνάγων μετ᾽ ἐμοῦ
31 σκορπίζει. Διὰ τοῦτο λέγω ὑμῖν, πᾶσα ἁμαρτία καὶ βλα-
σφημία ἀφεθήσεται ⊤ τοῖς ἀνθρώποις, ἡ δὲ τοῦ πνεύματος
32 βλασφημία οὐκ ἀφεθήσεται. καὶ ὃς ἐὰν εἴπῃ λόγον κατὰ
τοῦ υἱοῦ τοῦ ἀνθρώπου, ἀφεθήσεται αὐτῷ· ὃς δ᾽ ἂν εἴπῃ
κατὰ τοῦ πνεύματος τοῦ ἁγίου, ⌜οὐκ ἀφεθήσεται⌝ αὐτῷ οὔτε
33 ἐν τούτῳ τῷ αἰῶνι οὔτε ἐν τῷ μέλλοντι.   *Η
ποιήσατε τὸ δένδρον καλὸν καὶ τὸν καρπὸν αὐτοῦ καλόν, ἢ
ποιήσατε τὸ δένδρον σαπρὸν καὶ τὸν καρπὸν αὐτοῦ σαπρόν·
34 ἐκ γὰρ τοῦ καρποῦ τὸ δένδρον γινώσκεται. γεννήματα ἐχι-

22 προσηνέχθη αὐτῷ δαιμονιζόμενος τυφλὸς καὶ κωφός

And no one will hear his voice in the streets;
20 He will not break off a bent reed,
And he will not put out a smoldering wick,
Until he carries his judgment to success.
21   The heathen will rest their hopes on his name!"
22   At that time some people brought to him a man blind
and dumb, who was possessed by a demon, and he cured
23 him, so that the dumb man could speak and see.   And all the
crowds of people were astounded, and said,
"Can this be the Son of David?"
24   But when the Pharisees heard of it they said,
"This man cannot drive out demons except by the aid of
Beelzebub, the prince of the demons."
25   But he knew what they were thinking, and he said to
them,
"Any kingdom that is disunited is on the way to destruc-
tion, and any city or household that is disunited cannot last.
26 If Satan is driving Satan out, he is disunited, and so how can
27 his kingdom last?   And if I am driving the demons out
by Beelzebub's aid, by whose aid do your sons drive them out?
28 Therefore let them be your judges.   But if I am driving
the demons out by the aid of God's Spirit, then the Kingdom
29 of God has overtaken you.   How can anyone get into a strong
man's house and carry off his property unless he first binds
the strong man?   After that he can plunder his house.
30 Anyone who is not with me is against me, and anyone who
31 does not join me in gathering, scatters.   Therefore, I tell
you, men will be forgiven for any sin or abusive speech, but
32 abusive speech about the Spirit cannot be forgiven.   And
whoever speaks against the Son of Man will be forgiven for it,
but whoever speaks against the holy Spirit cannot be forgiven
for it, either in this world or in the world to come.
33   "Either make the tree sound and its fruit sound, or make
the tree bad and its fruit bad; a tree is known by its fruit.
34 You brood of snakes! how can you, bad as you are, utter any-

δνῶν, πῶς δύνασθε ἀγαθὰ λαλεῖν πονηροὶ ὄντες; ἐκ γὰρ τοῦ
35 περισσεύματος τῆς καρδίας τὸ στόμα λαλεῖ. ὁ ἀγαθὸς
ἄνθρωπος ἐκ τοῦ ἀγαθοῦ θησαυροῦ ἐκβάλλει ᵀ ἀγαθά, καὶ
ὁ πονηρὸς ἄνθρωπος ἐκ τοῦ πονηροῦ θησαυροῦ ἐκβάλ-
36 λει πονηρά. Λέγω δὲ ὑμῖν ὅτι πᾶν ῥῆμα ἀργὸν ὃ λαλή-
σουσιν οἱ ἄνθρωποι, ἀποδώσουσιν περὶ αὐτοῦ λόγον ἐν
37 ἡμέρᾳ κρίσεως· ἐκ γὰρ τῶν λόγων σου δικαιωθήσῃ, καὶ ἐκ
τῶν λόγων σου καταδικασθήσῃ.

38 Τότε ἀπεκρίθησαν αὐτῷ τινὲς τῶν γραμματέων καὶ
Φαρισαίων λέγοντες Διδάσκαλε, θέλομεν ἀπὸ σοῦ σημεῖον
39 ἰδεῖν. ὁ δὲ ἀποκριθεὶς εἶπεν αὐτοῖς Γενεὰ πονηρὰ καὶ μοι-
χαλὶς σημεῖον ἐπιζητεῖ, καὶ σημεῖον οὐ δοθήσεται αὐτῇ εἰ
40 μὴ τὸ σημεῖον Ἰωνᾶ τοῦ προφήτου. ὥσπερ γὰρ ἦΝ ᾽Ιω-
Νᾶϲ ἐΝ τῇ κοιλίᾳ τοῦ κήτουϲ τρεῖϲ ἡμέραϲ καὶ τρεῖϲ
Νύκταϲ, οὕτως ἔσται ὁ υἱὸς τοῦ ἀνθρώπου ἐν τῇ καρδίᾳ τῆς
41 γῆς τρεῖς ἡμέρας καὶ τρεῖς νύκτας. ἄνδρες Νινευεῖται ἀνα-
στήσονται ἐν τῇ κρίσει μετὰ τῆς γενεᾶς ταύτης καὶ κατα-
κρινοῦσιν αὐτήν· ὅτι μετενόησαν εἰς τὸ κήρυγμα Ἰωνᾶ, καὶ
42 ἰδοὺ πλεῖον Ἰωνᾶ ὧδε. βασίλισσα νότου ἐγερθήσεται ἐν
τῇ κρίσει μετὰ τῆς γενεᾶς ταύτης καὶ κατακρινεῖ αὐτήν·
ὅτι ἦλθεν ἐκ τῶν περάτων τῆς γῆς ἀκοῦσαι τὴν σοφίαν Σο-
43 λομῶνος, καὶ ἰδοὺ πλεῖον Σολομῶνος ὧδε.   Ὅταν
δὲ τὸ ἀκάθαρτον πνεῦμα ἐξέλθῃ ἀπὸ τοῦ ἀνθρώπου, διέρ-
χεται δι᾽ ἀνύδρων τόπων ζητοῦν ἀνάπαυσιν, καὶ οὐχ εὑρί-
44 σκει. τότε λέγει Εἰς τὸν οἶκόν μου ἐπιστρέψω ὅθεν
ἐξῆλθον· καὶ ἐλθὸν εὑρίσκει σχολάζοντα [καὶ] σεσαρωμένον
45 καὶ κεκοσμημένον. τότε πορεύεται καὶ παραλαμβάνει μεθ᾽ ἑ-
αυτοῦ ἑπτὰ ἕτερα πνεύματα πονηρότερα ἑαυτοῦ, καὶ εἰσελ-
θόντα κατοικεῖ ἐκεῖ· καὶ γίνεται τὰ ἔσχατα τοῦ ἀνθρώπου
ἐκείνου χείρονα τῶν πρώτων. Οὕτως ἔσται καὶ τῇ γενεᾷ
ταύτῃ τῇ πονηρᾷ.

46 Ἔτι αὐτοῦ λαλοῦντος τοῖς ὄχλοις ἰδοὺ ἡ μήτηρ καὶ
οἱ ἀδελφοὶ αὐτοῦ ἱστήκεισαν ἔξω ζητοῦντες αὐτῷ λαλῆ-

31 ὑμῖν   32 οὐ μὴ ἀφεθῇ   35 τὰ

thing good? For the mouth says only what the heart is full
35 of.   A good man, out of the good he has accumulated, brings
out things that are good, and a bad man, out of what he has
accumulated that is bad, brings out things that are bad.
36 But I tell you, for every careless word that men utter they
37 will have to answer on the Day of Judgment.   For it is by
your words that you will be acquitted, or by your words
that you will be condemned."

38   Then some of the scribes and Pharisees addressed him,
saying,
     "Master, we would like to have you show us some sign."
39   But he answered,
     "Only a wicked and faithless age insists upon a sign, and
no sign will be given it but the sign of the prophet Jonah.
40 For just as Jonah was in the stomach of the whale for three
days and nights, the Son of Man will be three days and nights
41 in the heart of the earth.   Men of Nineveh will rise with this
generation at the judgment and condemn it, for when Jonah
preached they repented, and there is more than Jonah here!
42 The queen of the south will rise with this generation at the
judgment and condemn it, for she came from the very ends of
the earth to listen to Solomon's wisdom, and there is more
than Solomon here!

43   "When a foul spirit goes out of a man, it roams through
44 deserts in search of rest and can find none.   Then it says,
'I will go back to my house that I left,' and it goes and finds it
45 unoccupied, cleaned, and all in order.   Then it goes and gets
seven other spirits more wicked than itself, and they go in and
live there, and in the end the man is worse off than he was
before.   That is the way it will be with this present wicked
age."

46   While he was still speaking, his mother and his brothers
came up and stood outside the crowd, wanting to speak to

48 σαι. ^τ ὁ δὲ ἀποκριθεὶς εἶπεν τῷ λέγοντι αὐτῷ Τίς
ἐστιν ἡ μήτηρ μου, καὶ τίνες εἰσὶν οἱ ἀδελφοί μου;
49 καὶ ἐκτείνας τὴν χεῖρα [αὐτοῦ] ἐπὶ τοὺς μαθητὰς αὐ-
τοῦ εἶπεν Ἰδοὺ ἡ μήτηρ μου καὶ οἱ ἀδελφοί μου·
50 ὅστις γὰρ ἂν ποιήσῃ τὸ θέλημα τοῦ πατρός μου τοῦ
ἐν οὐρανοῖς, αὐτός μου ἀδελφὸς καὶ ἀδελφὴ καὶ μήτηρ
ἐστίν.

1   Ἐν τῇ ἡμέρᾳ ἐκείνῃ ἐξελθὼν ὁ Ἰησοῦς ^τ τῆς οἰκίας
2 ἐκάθητο παρὰ τὴν θάλασσαν· καὶ συνήχθησαν πρὸς αὐτὸν
ὄχλοι πολλοί, ὥστε αὐτὸν εἰς πλοῖον ἐμβάντα καθῆσθαι,
3 καὶ πᾶς ὁ ὄχλος ἐπὶ τὸν αἰγιαλὸν ἱστήκει. καὶ ἐλάλησεν
αὐτοῖς πολλὰ ἐν παραβολαῖς λέγων Ἰδοὺ ἐξῆλθεν ὁ σπείρων
4 τοῦ σπείρειν. καὶ ἐν τῷ σπείρειν αὐτὸν ἃ μὲν ἔπεσεν παρὰ
5 τὴν ὁδόν, καὶ ⌜ἐλθόντα τὰ πετεινὰ⌝ κατέφαγεν αὐτά. ἄλλα
δὲ ἔπεσεν ἐπὶ τὰ πετρώδη ὅπου οὐκ εἶχεν γῆν πολλήν, καὶ
6 εὐθέως ἐξανέτειλεν διὰ τὸ μὴ ἔχειν βάθος γῆς, ἡλίου δὲ
ἀνατείλαντος ἐκαυματίσθη καὶ διὰ τὸ μὴ ἔχειν ῥίζαν ἐ-
7 ξηράνθη. ἄλλα δὲ ἔπεσεν ἐπὶ τὰς ἀκάνθας, καὶ ἀνέβησαν αἱ
8 ἄκανθαι καὶ ⌜ἀπέπνιξαν⌝ αὐτά. ἄλλα δὲ ἔπεσεν ἐπὶ τὴν γῆν
τὴν καλὴν καὶ ἐδίδου καρπόν, ὃ μὲν ἑκατὸν ὃ δὲ ἑξήκον-
9   τα ὃ δὲ τριάκοντα. Ὁ ἔχων ὦτα ἀκουέτω.   Καὶ
10
προσελθόντες οἱ μαθηταὶ εἶπαν αὐτῷ Διὰ τί ἐν παραβολαῖς
11 λαλεῖς αὐτοῖς; ὁ δὲ ἀποκριθεὶς εἶπεν ^τ ὅτι Ὑμῖν δέδοται
γνῶναι τὰ μυστήρια τῆς βασιλείας τῶν οὐρανῶν, ἐκείνοις
12 δὲ οὐ δέδοται. ὅστις γὰρ ἔχει, δοθήσεται αὐτῷ καὶ περισ-
σευθήσεται· ὅστις δὲ οὐκ ἔχει, καὶ ὃ ἔχει ἀρθήσεται ἀπ' αὐ-
13 τοῦ. διὰ τοῦτο ἐν παραβολαῖς αὐτοῖς λαλῶ, ὅτι βλέποντες
οὐ βλέπουσιν καὶ ἀκούοντες οὐκ ἀκούουσιν οὐδὲ συνίουσιν·
14 καὶ ἀναπληροῦται αὐτοῖς ἡ προφητεία Ἡσαίου ἡ λέγουσα
    Ἀκοῇ ἀκούϲετε καὶ οὐ μὴ ϲυνῆτε,
    καὶ βλέποντεϲ βλέψετε καὶ οὐ μὴ ἴδητε.

47 εἶπεν δέ τις αὐτῷ Ἰδοὺ ἡ μήτηρ σου καὶ οἱ ἀδελφοί σου ἔξω ἑστή-
κασιν ζητοῦντές σοι λαλῆσαι.   1 ἐκ

48 him.   But he said to the man who told him,

"Who is my mother, and who are my brothers?"

49   And he pointed to his disciples and said,

50   "Here are my mother and my brothers!   For whoever does the will of my Father in heaven is my brother and sister and mother!"

13   That same day Jesus went out of his house and was
2 sitting on the seashore.   And such great crowds gathered about him that he got into a boat and sat down in it, while all
3 the people stood on the shore.   And he told them many things in figures, and said to them,

4   "A sower went out to sow, and as he was sowing, some of the seed fell by the path and the birds came and ate it up,
5 and some fell on rocky ground where there was not much soil
,6 and it sprang up at once, because the soil was not deep, but when the sun came up it was scorched and withered up,
7 because it had no root.   And some of it fell among the
8 thorns, and the thorns grew up and choked it out.   And some fell on good soil, and yielded some a hundred, some
9 sixty, and some thirty-fold.   Let him who has ears listen!"

10   His disciples came up and said to him,

"Why do you speak to them in figures?"

11   He answered,

"You are permitted to know the secrets of the Kingdom
12 of Heaven, but they are not.   For people who have will have more given them, and will be plentifully supplied, and from people who have nothing even what they have will be
13 taken away.   This is why I speak to them in figures, because though they look they do not see, and though they listen they
14 do not hear or understand.   They are a fulfilment of Isaiah's prophecy,

" 'You will listen and listen, and never understand,
And you will look and look, and never see!

15 ἐπαχύνθη γὰρ ἡ καρδία τοῦ λαοῦ τούτου,
   καὶ τοῖς ὠϲὶν Βαρέωϲ ἤκογϲαν,
   καὶ τοὺϲ ὀφθαλμοὺϲ αὐτῶν ἐκάμμυϲαν·
   μή ποτε ἴδωϲιν τοῖϲ ὀφθαλμοῖϲ
   καὶ τοῖϲ ὠϲὶν ἀκούϲωϲιν
   καὶ τῇ καρδίᾳ ϲγνῶϲιν καὶ ἐπιϲτρέψωϲιν,
   καὶ ἰάϲομαι αὐτούϲ.
16 ὑμῶν δὲ μακάριοι οἱ ὀφθαλμοὶ ὅτι βλέπουσιν, καὶ τὰ ὦτα
17 [ὑμῶν] ὅτι ἀκούουσιν. ἀμὴν γὰρ λέγω ὑμῖν ὅτι πολλοὶ προ-
   φῆται καὶ δίκαιοι ἐπεθύμησαν ἰδεῖν ἃ βλέπετε καὶ οὐκ εἶδαν,
18 καὶ ἀκοῦσαι ἃ ἀκούετε καὶ οὐκ ἤκουσαν. Ὑμεῖς
19 οὖν ἀκούσατε τὴν παραβολὴν τοῦ σπείραντος. Παντὸς
   ἀκούοντος τὸν λόγον τῆς βασιλείας καὶ μὴ συνιέντος, ἔρχε-
   ται ὁ πονηρὸς καὶ ἁρπάζει τὸ ἐσπαρμένον ἐν τῇ καρδίᾳ
20 αὐτοῦ· οὗτός ἐστιν ὁ παρὰ τὴν ὁδὸν σπαρείς. ὁ δὲ ἐπὶ τὰ
   πετρώδη σπαρείς, οὗτός ἐστιν ὁ τὸν λόγον ἀκούων καὶ εὐθὺς
21 μετὰ χαρᾶς λαμβάνων αὐτόν· οὐκ ἔχει δὲ ῥίζαν ἐν ἑαυτῷ
   ἀλλὰ πρόσκαιρός ἐστιν, γενομένης δὲ θλίψεως ἢ διωγμοῦ
22 διὰ τὸν λόγον εὐθὺς σκανδαλίζεται. ὁ δὲ εἰς τὰς ἀκάνθας
   σπαρείς, οὗτός ἐστιν ὁ τὸν λόγον ἀκούων καὶ ἡ μέριμνα
   τοῦ αἰῶνος καὶ ἡ ἀπάτη τοῦ πλούτου συνπνίγει τὸν λόγον,
23 καὶ ἄκαρπος γίνεται. ὁ δὲ ἐπὶ τὴν καλὴν γῆν σπαρείς,
   οὗτός ἐστιν ὁ τὸν λόγον ἀκούων καὶ συνιείς, ὃς δὴ καρπο-
   φορεῖ καὶ ποιεῖ ὃ μὲν ἑκατὸν ὃ δὲ ἑξήκοντα ὃ δὲ τριάκοντα.
24 Ἄλλην παραβολὴν παρέθηκεν αὐτοῖς λέγων Ὡμοιώ-
   θη ἡ βασιλεία τῶν οὐρανῶν ἀνθρώπῳ σπείραντι καλὸν σπέρ-
25 μα ἐν τῷ ἀγρῷ αὐτοῦ. ἐν δὲ τῷ καθεύδειν τοὺς ἀνθρώπους
   ἦλθεν αὐτοῦ ὁ ἐχθρὸς καὶ ἐπέσπειρεν ζιζάνια ἀνὰ μέσον
26 τοῦ σίτου καὶ ἀπῆλθεν. ὅτε δὲ ἐβλάστησεν ὁ χόρτος καὶ
27 καρπὸν ἐποίησεν, τότε ἐφάνη καὶ τὰ ζιζάνια. προσελ-
   θόντες δὲ οἱ δοῦλοι τοῦ οἰκοδεσπότου εἶπον αὐτῷ Κύριε,
   οὐχὶ καλὸν σπέρμα ἔσπειρας ἐν τῷ σῷ ἀγρῷ; πόθεν οὖν
28 ἔχει ζιζάνια; ὁ δὲ ἔφη αὐτοῖς Ἐχθρὸς ἄνθρωπος τοῦτο

4 ἦλθον τὰ πετεινὰ καὶ   7 ἔπνιξαν   11 αὐτοῖς

15   For this nation's mind has grown dull,
         And they hear faintly with their ears,
         And they have shut their eyes,
         So as never to see with their eyes,
         And hear with their ears,
         And understand with their minds, and turn back,
         And let me cure them!'

16 But blessed are your eyes, for they do see, and your ears,
17 for they do hear. For I tell you, many prophets and upright men have longed to see what you see, and could not see it, and to hear what you hear, and could not hear it.
18   "You must listen closely then to the figure of the sower.
19 When anyone hears the teaching of the kingdom and does not understand it, the evil one comes and robs him of the seed that has been sown in his mind. That is what was sown
20 along the path. And what was sown upon the rocky soil means the man who hears the message and at once accepts it
21 joyfully, but it takes no real root in him, and lasts only a little while, and when trouble or persecution comes because of
22 the message, he gives it up at once, And what was sown among the thorns means the man who listens to the message, and then the worries of the time and the pleasure of being rich
23 choke out the message, and it yields nothing. And what was sown in good ground means the man who listens to the message and understands it, and yields one a hundred, and another sixty, and another thirty-fold."
24   Another figure which he used in speaking to them was this:
    "The Kingdom of Heaven is like a man who sowed good
25 seed in his field, but while men slept his enemy came and
26 sowed weeds among the wheat, and went away. And when the wheat came up and ripened, the weeds appeared too.
27 And the owner's slaves came to him and said, 'Was not the seed good that you sowed in your field, sir? So where did
28 these weeds come from?' He said to them, 'This is some

ἐποίησεν. οἱ δὲ αὐτῷ λέγουσιν Θέλεις οὖν ἀπελθόντες
29 συλλέξωμεν αὐτά; ὁ δέ φησιν Οὔ, μή ποτε συλλέγον-
30 τες τὰ ζιζάνια ἐκριζώσητε ἅμα αὐτοῖς τὸν σῖτον· ἄφετε
συναυξάνεσθαι ἀμφότερα ⌜ἕως⌝ τοῦ θερισμοῦ· καὶ ἐν καιρῷ
τοῦ θερισμοῦ ἐρῶ τοῖς θερισταῖς Συλλέξατε πρῶτον τὰ ζιζά-
νια καὶ δήσατε αὐτὰ [εἰς] δέσμας πρὸς τὸ κατακαῦσαι αὐτά,
31 τὸν δὲ σῖτον ⌜συνάγετε⌝ εἰς τὴν ἀποθήκην μου.   Ἄλ-
λην παραβολὴν παρέθηκεν αὐτοῖς λέγων   Ὁμοία ἐστὶν ἡ
βασιλεία τῶν οὐρανῶν κόκκῳ σινάπεως, ὃν λαβὼν ἄνθρωπος
32 ἔσπειρεν ἐν τῷ ἀγρῷ αὐτοῦ· ὃ μικρότερον μέν ἐστιν πάντων
τῶν σπερμάτων, ὅταν δὲ αὐξηθῇ μεῖζον τῶν λαχάνων ἐστὶν
καὶ γίνεται δένδρον, ὥστε ἐλθεῖν τὰ πετεινὰ τοῦ οὐρανοῦ
33 καὶ κατασκηνοῖν ἐν τοῖς κλάδοις αὐτοῦ.   Ἄλ-
λην παραβολὴν [ἐλάλησεν αὐτοῖς]· Ὁμοία ἐστὶν ἡ βασι-
λεία τῶν οὐρανῶν ζύμῃ, ἣν λαβοῦσα γυνὴ ἐνέκρυψεν εἰς
34 ἀλεύρου σάτα τρία ἕως οὗ ἐζυμώθη ὅλον.   Ταῦτα
πάντα ἐλάλησεν ὁ Ἰησοῦς ἐν παραβολαῖς τοῖς ὄχλοις, καὶ
35 χωρὶς παραβολῆς οὐδὲν ἐλάλει αὐτοῖς· ὅπως πληρωθῇ τὸ
ῥηθὲν διὰ ᵀ τοῦ προφήτου λέγοντος

Ἀνοίξω ἐν παραβολαῖς τὸ στόμα μου,
ἐρεύξομαι κεκρυμμένα ἀπὸ καταβολῆς.

36   Τότε ἀφεὶς τοὺς ὄχλους ἦλθεν εἰς τὴν οἰκίαν.   Καὶ
προσῆλθαν αὐτῷ οἱ μαθηταὶ αὐτοῦ λέγοντες   Διασάφησον
37 ἡμῖν τὴν παραβολὴν τῶν ζιζανίων τοῦ ἀγροῦ. ὁ δὲ ἀπο-
κριθεὶς εἶπεν Ὁ σπείρων τὸ καλὸν σπέρμα ἐστὶν ὁ υἱὸς
38 τοῦ ἀνθρώπου· ὁ δὲ ἀγρός ἐστιν ὁ κόσμος· τὸ δὲ καλὸν
σπέρμα, οὗτοί εἰσιν οἱ υἱοὶ τῆς βασιλείας· τὰ δὲ ζιζάνιά
39 εἰσιν οἱ υἱοὶ τοῦ πονηροῦ, ὁ δὲ ἐχθρὸς ὁ σπείρας αὐτά
ἐστιν ὁ διάβολος· ὁ δὲ θερισμὸς συντέλεια αἰῶνός ἐστιν,
40 οἱ δὲ θερισταὶ ἄγγελοί εἰσιν. ὥσπερ οὖν συλλέγεται τὰ
ζιζάνια καὶ πυρὶ κατακαίεται, οὕτως ἔσται ἐν τῇ συντε-
41 λείᾳ τοῦ αἰῶνος· ἀποστελεῖ ὁ υἱὸς τοῦ ἀνθρώπου τοὺς ἀγ-
γέλους αὐτοῦ, καὶ συλλέξουσιν ἐκ τῆς βασιλείας αὐτοῦ

30 ἄχρι ν. μέχρι | συναγάγετε   35 Ἠσαίου

enemy's doing.' And they said to him, 'Do you want us to
29 go and gather them up?' But he said, 'No, for in gathering
30 up the weeds you may uproot the wheat. Let them both
grow together until harvest time, and when we harvest I
will direct the reapers to gather up the weeds first and tie
them up in bundles to burn, but get the wheat into my
barn.' "

31   Another figure which he used in speaking to them was
this:
     "The Kingdom of Heaven is like a mustard seed which
32 a man took and sowed in his field. It is the smallest of all
seeds, but when it is grown it is the largest of plants and
grows into a tree, so that the wild birds come and roost in its
branches."

33   Another figure which he used with them was this:
     "The Kingdom of Heaven is like yeast, which a woman
took and buried in a bushel of flour until it had all risen."

34   Jesus said all this to the crowds in figures, and told
35 them nothing except in figures, to fulfil what was said by the
prophet,

"I will open my mouth in figures,
I will utter things that have been hidden since the creation."

36   Then he left the crowds and went into his house. And
his disciples came up to him and said,
     "Explain to us the figure of the weeds in the field."
37   He answered,
     "The sower who sows the good seed is the Son of Man.
38 The field is the world. The good seed is the sons of the
39 kingdom. The weeds are the sons of the evil one. The
enemy who sowed them is the devil. The harvest is the close
40 of the age, and the reapers are angels. So just as the weeds
are gathered up and burned, this is what will happen at the
41 close of the age; the Son of Man will send out his angels, and

πάντα τὰ ϲκάνδαλα καὶ τογϲ ποιογνταϲ τὴν ἀνομίαν,
42 καὶ βαλοῦσιν αὐτοὺς εἰς τὴν κάμινον τοῦ πυρός· ἐκεῖ ἔσται
43 ὁ κλαυθμὸς καὶ ὁ βρυγμὸς τῶν ὀδόντων. Τότε οἱ δίκαιοι
ἐκλάμψογϲιν ὡς ὁ ἥλιος ἐν τῇ βασιλείᾳ τοῦ πατρὸς
44 αὐτῶν. Ὁ ἔχων ὦτα ἀκουέτω. Ὁμοία ἐστὶν
ἡ βασιλεία τῶν οὐρανῶν θησαυρῷ κεκρυμμένῳ ἐν τῷ
ἀγρῷ, ὃν εὑρὼν ἄνθρωπος ἔκρυψεν, καὶ ἀπὸ τῆς χαρᾶς
αὐτοῦ ὑπάγει καὶ πωλεῖ ᵀ ὅσα ἔχει καὶ ἀγοράζει τὸν ἀγρὸν
45 ἐκεῖνον. Πάλιν ὁμοία ἐστὶν ἡ βασιλεία τῶν
46 οὐρανῶν ᵀ ἐμπόρῳ ζητοῦντι καλοὺς μαργαρίτας· εὑρὼν δὲ
ἕνα πολύτιμον μαργαρίτην ἀπελθὼν πέπρακεν πάντα ὅσα
47 εἶχεν καὶ ἠγόρασεν αὐτόν. Πάλιν ὁμοία ἐστὶν
ἡ βασιλεία τῶν οὐρανῶν σαγήνῃ βληθείσῃ εἰς τὴν θάλασ-
48 σαν καὶ ἐκ παντὸς γένους συναγαγούσῃ· ἣν ὅτε ἐπληρώθη
ἀναβιβάσαντες ἐπὶ τὸν αἰγιαλὸν καὶ καθίσαντες συνέλε-
49 ξαν τὰ καλὰ εἰς ἄγγη, τὰ δὲ σαπρὰ ἔξω ἔβαλον. οὕτως
ἔσται ἐν τῇ συντελείᾳ τοῦ αἰῶνος· ἐξελεύσονται οἱ ἄγγε-
λοι καὶ ἀφοριοῦσιν τοὺς πονηροὺς ἐκ μέσου τῶν δικαίων
50 καὶ βαλοῦσιν αὐτοὺς εἰς τὴν κάμινον τοῦ πυρός· ἐκεῖ ἔσται
51 ὁ κλαυθμὸς καὶ ὁ βρυγμὸς τῶν ὀδόντων. Συν-
52 ήκατε ταῦτα πάντα; λέγουσιν αὐτῷ Ναί. ὁ δὲ ⌜εἶπεν⌝
αὐτοῖς Διὰ τοῦτο πᾶς γραμματεὺς μαθητευθεὶς τῇ βασι-
λείᾳ τῶν οὐρανῶν ὅμοιός ἐστιν ἀνθρώπῳ οἰκοδεσπότῃ ὅστις
ἐκβάλλει ἐκ τοῦ θησαυροῦ αὐτοῦ καινὰ καὶ παλαιά.

53 Καὶ ἐγένετο ὅτε ἐτέλεσεν ὁ Ἰησοῦς τὰς παραβολὰς
54 ταύτας, μετῆρεν ἐκεῖθεν. καὶ ἐλθὼν εἰς τὴν πατρίδα αὐτοῦ
ἐδίδασκεν αὐτοὺς ἐν τῇ συναγωγῇ αὐτῶν, ὥστε ἐκπλήσ-
σεσθαι αὐτοὺς καὶ λέγειν Πόθεν τούτῳ ἡ σοφία αὕτη καὶ
55 αἱ δυνάμεις; οὐχ οὗτός ἐστιν ὁ τοῦ τέκτονος υἱός; οὐχ ἡ
μήτηρ αὐτοῦ λέγεται Μαριὰμ καὶ οἱ ἀδελφοὶ αὐτοῦ Ἰάκω-
56 βος καὶ Ἰωσὴφ καὶ Σίμων καὶ Ἰούδας; καὶ αἱ ἀδελφαὶ
αὐτοῦ οὐχὶ πᾶσαι πρὸς ἡμᾶς εἰσίν; πόθεν οὖν τούτῳ ταῦτα
57 πάντα; καὶ ἐσκανδαλίζοντο ἐν αὐτῷ. ὁ δὲ Ἰησοῦς εἶπεν

44 πάντα   45 ἀνθρώπῳ   52 λέγει

they will gather up out of his kingdom all the causes of sin
42 and the wrongdoers and throw them into the blazing furnace;
43 there they will wail and grind their teeth.   Then the upright
will shine out like the sun, in their Father's kingdom.   Let
him who has ears listen!

44   "The Kingdom of Heaven is like a hoard of money, buried
in a field, which a man found, and buried again.   And he was
overjoyed, and went and sold everything he had and bought
the field.

45   "Again, the Kingdom of Heaven is like a dealer in search
46 of fine pearls.   He found one costly pearl, and went and
sold everything he had, and bought it.

47   "Again, the Kingdom of Heaven is like a net that was
48 let down into the sea, and inclosed fish of all kinds.   When
it was full, they dragged it up on the beach, and sat down and
sorted the good fish into baskets and threw the bad away.
49 That is what will happen at the close of the age. The angels
will go out and remove the wicked from among the upright,
50 and throw them into the blazing furnace.   There they will
wail and grind their teeth.

51   "Do you understand all this?"
They said to him,
"Yes."

52   He said to them,
"That is why every scribe who has become a disciple of
the Kingdom of Heaven is like a householder who can supply
from his storeroom new things as well as old."

53   When Jesus had finished these figures, he left that place,
54 and went to his own part of the country.   And he taught the
people in their synagogue in such a way that they were
astonished, and said,
"Where did he get this wisdom, and the power to do these
55 wonders?   Is he not the carpenter's son?   Is not his mother
named Mary, and are not his brothers named James, Joseph,
56 Simon, and Judas?   And do not all his sisters live here
among us?   Then where did he get all this?'

57   And they took offense at him.   But Jesus said to them,

αὐτοῖς Οὐκ ἔστιν προφήτης ἄτιμος εἰ μὴ ἐν τῇ ᵀ πατρίδι
58 καὶ ἐν τῇ οἰκίᾳ αὐτοῦ. Καὶ οὐκ ἐποίησεν ἐκεῖ δυνάμεις
πολλὰς διὰ τὴν ἀπιστίαν αὐτῶν.

1 Ἐν ἐκείνῳ τῷ καιρῷ ἤκουσεν Ἡρῴδης ὁ τετραάρχης
2 τὴν ἀκοὴν Ἰησοῦ, καὶ εἶπεν τοῖς παισὶν αὐτοῦ Οὗτός ἐστιν
Ἰωάνης ὁ βαπτιστής· αὐτὸς ἠγέρθη ἀπὸ τῶν νεκρῶν, καὶ
3 διὰ τοῦτο αἱ δυνάμεις ἐνεργοῦσιν ἐν αὐτῷ. Ὁ γὰρ Ἡρῴ-
δης κρατήσας τὸν Ἰωάνην ἔδησεν καὶ ἐν φυλακῇ ἀπέθετο
διὰ Ἡρῳδιάδα τὴν γυναῖκα Φιλίππου τοῦ ἀδελφοῦ αὐτοῦ,
4 ἔλεγεν γὰρ ὁ Ἰωάνης αὐτῷ Οὐκ ἔξεστίν σοι ἔχειν αὐτήν·
5 καὶ θέλων αὐτὸν ἀποκτεῖναι ἐφοβήθη τὸν ὄχλον, ὅτι ὡς προ-
6 φήτην αὐτὸν εἶχον. γενεσίοις δὲ γενομένοις τοῦ Ἡρῴδου
ὠρχήσατο ἡ θυγάτηρ τῆς Ἡρῳδιάδος ἐν τῷ μέσῳ καὶ
7 ἤρεσεν τῷ Ἡρῴδῃ, ὅθεν μετὰ ὅρκου ὡμολόγησεν αὐτῇ
8 δοῦναι ὃ ἐὰν αἰτήσηται. ἡ δὲ προβιβασθεῖσα ὑπὸ τῆς
μητρὸς αὐτῆς Δός μοι, φησίν, ὧδε ἐπὶ πίνακι τὴν κεφαλὴν
9 Ἰωάνου τοῦ βαπτιστοῦ. καὶ λυπηθεὶς ὁ βασιλεὺς διὰ
τοὺς ὅρκους καὶ τοὺς συνανακειμένους ἐκέλευσεν δοθῆναι,
10 καὶ πέμψας ἀπεκεφάλισεν Ἰωάνην ἐν τῇ φυλακῇ· καὶ
11 ἠνέχθη ἡ κεφαλὴ αὐτοῦ ἐπὶ πίνακι καὶ ἐδόθη τῷ κορασίῳ,
12 καὶ ἤνεγκεν τῇ μητρὶ αὐτῆς. Καὶ προσελθόντες οἱ μαθη-
ταὶ αὐτοῦ ἦραν τὸ πτῶμα καὶ ἔθαψαν αὐτόν, καὶ ἐλθόντες
13 ἀπήγγειλαν τῷ Ἰησοῦ.   Ἀκούσας δὲ ὁ Ἰησοῦς
ἀνεχώρησεν ἐκεῖθεν ἐν πλοίῳ εἰς ἔρημον τόπον κατ᾽ ἰδίαν·
καὶ ἀκούσαντες οἱ ὄχλοι ἠκολούθησαν αὐτῷ ⌈πεζῇ⌉ ἀπὸ τῶν
14 πόλεων. Καὶ ἐξελθὼν εἶδεν πολὺν ὄχλον, καὶ ἐσπλαγ-
χνίσθη ἐπ᾽ αὐτοῖς καὶ ἐθεράπευσεν τοὺς ἀρρώστους αὐτῶν.
15 Ὀψίας δὲ γενομένης προσῆλθαν αὐτῷ οἱ μαθηταὶ λέγοντες
Ἔρημός ἐστιν ὁ τόπος καὶ ἡ ὥρα ⌈ἤδη παρῆλθεν· ἀπό-
λυσον⌉ τοὺς ὄχλους, ἵνα ἀπελθόντες εἰς τὰς κώμας ἀγο-
16 ράσωσιν ἑαυτοῖς βρώματα. ὁ δὲ Ἰησοῦς εἶπεν αὐτοῖς
Οὐ χρείαν ἔχουσιν ἀπελθεῖν· δότε αὐτοῖς ὑμεῖς φαγεῖν.

57 ἰδίᾳ   13 πεζοὶ   15 παρῆλθεν ἤδη· ἀπόλυσον οὖν   19 ἐκέλευσεν τοὺς...

"A prophet is not refused honor anywhere except in his native place and at his home."

58 And he did not do many wonders there, because of their want of faith.

14 At that time, Herod the governor heard the reports about Jesus, and he said to his attendants,

2 "This man must be John the Baptist. He has risen from the dead, and that is why wonderful powers are working through him."

3 For Herod had seized John and bound him and put him in prison, on account of Herodias, his brother Philip's wife, for John said to him,

4 "It is not right for you to be living with her."

5 And while he wanted him killed, he was afraid of the people; for they considered him a prophet. But when 6 Herod's birthday came, Herodias' daughter danced before the company. And Herod was delighted with her, and swore 7 that he would give her anything she asked for. But she, 8 at her mother's instigation, said,

"Give me John the Baptist's head here on a platter!"

And the king was sorry, but because he had sworn to 9 do it, and because of the guests who were present, he ordered it to be given to her. And he sent and had John beheaded in 10 the prison. And his head was brought back on a platter 11 and given to the girl, and she took it to her mother. John's 12 disciples came and took his body away, and buried him, and then they went and reported it to Jesus.

When Jesus heard it, he quietly retired by boat to a 13 secluded place. And the crowds heard of it and followed him on foot from the towns. So when he got out of the boat 14 found a great crowd gathered, and his heart was touched at the sight of them, and he cured those of them that were sick. And when it was evening, the disciples came up to him and 15 said,

"This is a lonely place and the day is over. Send the crowds off to the villages to buy themselves food."

But Jesus said to them,

16 "They do not need to go away. Give them food your-selves."

17 οἱ δὲ λέγουσιν αὐτῷ Οὐκ ἔχομεν ὧδε εἰ μὴ πέντε ἄρτους
18 καὶ δύο ἰχθύας. ὁ δὲ εἶπεν Φέρετέ μοι ὧδε αὐτούς.
19 καὶ ⌜κελεύσας τοὺς ὄχλους ἀνακλιθῆναι ἐπὶ τοῦ χόρτου,
λαβὼν⌝ τοὺς πέντε ἄρτους καὶ τοὺς δύο ἰχθύας, ἀναβλέψας
εἰς τὸν οὐρανὸν εὐλόγησεν καὶ κλάσας ἔδωκεν τοῖς μαθη-
20 ταῖς τοὺς ἄρτους οἱ δὲ μαθηταὶ τοῖς ὄχλοις. καὶ ἔφαγον
πάντες καὶ ἐχορτάσθησαν, καὶ ἦραν τὸ περισσεῦον τῶν
21 κλασμάτων δώδεκα κοφίνους πλήρεις. οἱ δὲ ἐσθίοντες
ἦσαν ἄνδρες ὡσεὶ πεντακισχίλιοι χωρὶς γυναικῶν καὶ παι-
22 δίων. Καὶ [εὐθέως] ἠνάγκασεν τοὺς μαθητὰς ἐμ-
βῆναι εἰς ᵀ πλοῖον καὶ προάγειν αὐτὸν εἰς τὸ πέραν, ἕως
23 οὗ ἀπολύσῃ τοὺς ὄχλους. καὶ ἀπολύσας τοὺς ὄχλους
ἀνέβη εἰς τὸ ὄρος κατ' ἰδίαν προσεύξασθαι. ὀψίας δὲ γενο-
24 μένης μόνος ἦν ἐκεῖ. Τὸ δὲ πλοῖον ἤδη ⌜σταδίους πολλοὺς
ἀπὸ τῆς γῆς ἀπεῖχεν⌝, βασανιζόμενον ὑπὸ τῶν κυμάτων,
25 ἦν γὰρ ἐναντίος ὁ ἄνεμος. Τετάρτῃ δὲ φυλακῇ τῆς νυκτὸς
26 ἦλθεν πρὸς αὐτοὺς περιπατῶν ἐπὶ τὴν θάλασσαν. οἱ δὲ
μαθηταὶ ἰδόντες αὐτὸν ἐπὶ τῆς θαλάσσης περιπατοῦντα
ἐταράχθησαν λέγοντες ὅτι Φάντασμά ἐστιν, καὶ ἀπὸ τοῦ
27 φόβου ἔκραξαν. εὐθὺς δὲ ἐλάλησεν [ὁ Ἰησοῦς] αὐτοῖς λέγων
28 Θαρσεῖτε, ἐγώ εἰμι· μὴ φοβεῖσθε. ἀποκριθεὶς δὲ ὁ Πέτρος
εἶπεν αὐτῷ Κύριε, εἰ σὺ εἶ, κέλευσόν με ἐλθεῖν πρὸς σὲ
29 ἐπὶ τὰ ὕδατα· ὁ δὲ εἶπεν Ἐλθέ. καὶ καταβὰς ἀπὸ τοῦ
πλοίου Πέτρος περιεπάτησεν ἐπὶ τὰ ὕδατα ⌜καὶ ἦλθεν⌝ πρὸς
30 τὸν Ἰησοῦν. βλέπων δὲ τὸν ἄνεμον ἐφοβήθη, καὶ ἀρξά-
μενος καταποντίζεσθαι ἔκραξεν λέγων Κύριε, σῶσόν με.
31 εὐθέως δὲ ὁ Ἰησοῦς ἐκτείνας τὴν χεῖρα ἐπελάβετο αὐτοῦ
32 καὶ λέγει αὐτῷ Ὀλιγόπιστε, εἰς τί ἐδίστασας; καὶ ἀνα-
33 βάντων αὐτῶν εἰς τὸ πλοῖον ἐκόπασεν ὁ ἄνεμος. οἱ δὲ
ἐν τῷ πλοίῳ προσεκύνησαν αὐτῷ λέγοντες Ἀληθῶς θεοῦ
34 υἱὸς εἶ. Καὶ διαπεράσαντες ἦλθαν ἐπὶ τὴν γῆν
35 εἰς Γεννησαρέτ. καὶ ἐπιγνόντες αὐτὸν οἱ ἄνδρες τοῦ τόπου
ἐκείνου ἀπέστειλαν εἰς ὅλην τὴν περίχωρον ἐκείνην, καὶ

...χόρτου καὶ λαβὼν   22 τὸ   24 μέσον τῆς θαλάσσης ἦν   29 ἐλθεῖν

17 They said to him,
  "We have nothing here but five loaves and two fish."
18   He said,
      "Bring them here to me."
19   Then he ordered the crowds to sit down on the grass, and
  he took the five loaves and the two fish and looked up to
  heaven and blessed them, and he broke the loaves in pieces
  and gave them to the disciples and they gave them to the
20 people.   And they all ate and had enough.   And the pieces
21 left over that they gathered up filled twelve baskets.   There
  were about five thousand men who were fed, besides women
  and children.
22   And he immediately made his disciples get into the boat
  and cross before him to the other side while he dismissed the
23 crowds.   After he had dismissed them he went up the hill by
  himself to pray.   And when evening came on he was there
24 alone, but the boat was by this time a long way from
  shore, struggling with the waves, for the wind was against
25 them.   Toward morning he went out to them, walking on
26 the sea.   And the disciples saw him walking on the sea, and
  they were terrified and said,
      "It is a ghost!"
27   And they screamed with fear.   But Jesus immediately
  spoke to them and said,
      "Take courage! It is I.   Do not be afraid."
28   Peter answered,
  "If it is you, Master, order me to come to you on the water."
29   And he said,
      "Come!"
  And Peter got out of the boat and walked on the water
30 and went to Jesus.   But when he felt the wind he was
  frightened, and beginning to sink, he cried out,
      "Master, save me!"
31   Jesus immediately stretched out his hand and caught
  hold of him, and said to him,
      "Why did you waver?   You have so little faith!"
32   When they got into the boat, the wind went down.
33 And the men in the boat fell down before him and said,
      "You are certainly God's Son!"
34   And they crossed over to the other side and came to
35 Gennesaret.   And the men of the place recognized him, and
  sent all over that district and brought to him all who were

36 προσήνεγκαν αὐτῷ πάντας τοὺς κακῶς ἔχοντας, καὶ παρε-
κάλουν [αὐτὸν] ἵνα μόνον ἅψωνται τοῦ κρασπέδου τοῦ ἱμα-
τίου αὐτοῦ· καὶ ὅσοι ἥψαντο διεσώθησαν.

1 Τότε προσέρχονται τῷ Ἰησοῦ ἀπὸ Ἰεροσολύμων Φαρι-
2 σαῖοι καὶ γραμματεῖς λέγοντες Διὰ τί οἱ μαθηταί σου πα-
ραβαίνουσιν τὴν παράδοσιν τῶν πρεσβυτέρων; οὐ γὰρ
3 νίπτονται τὰς χεῖρας ὅταν ἄρτον ἐσθίωσιν. ὁ δὲ ἀποκρι-
θεὶς εἶπεν αὐτοῖς Διὰ τί καὶ ὑμεῖς παραβαίνετε τὴν ἐντολὴν
4 τοῦ θεοῦ διὰ τὴν παράδοσιν ὑμῶν; ὁ γὰρ θεὸς εἶπεν
Τίμα τὸν πατέρα καὶ τὴν μητέρα, καί Ὁ κακολογῶν
5 πατέρα ἢ μητέρα θανάτῳ τελευτάτω· ὑμεῖς δὲ λέγετε
Ὃς ἂν εἴπῃ τῷ πατρὶ ἢ τῇ μητρί Δῶρον ὃ ἐὰν ἐξ ἐμοῦ
6 ὠφεληθῇς, οὐ μὴ τιμήσει τὸν πατέρα αὐτοῦ· καὶ ἠκυρώ-
7 σατε τὸν ⌜λόγον⌝ τοῦ θεοῦ διὰ τὴν παράδοσιν ὑμῶν. ὑπο-
κριταί, καλῶς ἐπροφήτευσεν περὶ ὑμῶν Ἡσαΐας λέγων
8 Ὁ λαὸς οὗτος τοῖς χείλεσίν με τιμᾷ,
ἡ δὲ καρδία αὐτῶν πόρρω ἀπέχει ἀπ' ἐμοῦ·
9 μάτην δὲ σέβονταί με,
διδάσκοντες διδασκαλίας ἐντάλματα ἀνθρώπων.
10 Καὶ προσκαλεσάμενος τὸν ὄχλον εἶπεν αὐτοῖς Ἀκούετε καὶ
11 συνίετε· οὐ τὸ εἰσερχόμενον εἰς τὸ στόμα κοινοῖ τὸν ἄν-
θρωπον, ἀλλὰ τὸ ἐκπορευόμενον ἐκ τοῦ στόματος τοῦτο
12 κοινοῖ τὸν ἄνθρωπον.   Τότε προσελθόντες οἱ μα-
θηταὶ λέγουσιν αὐτῷ Οἶδας ὅτι οἱ Φαρισαῖοι ἀκούσαντες
13 τὸν λόγον ἐσκανδαλίσθησαν; ὁ δὲ ἀποκριθεὶς εἶπεν Πᾶσα
φυτεία ἣν οὐκ ἐφύτευσεν ὁ πατήρ μου ὁ οὐράνιος ἐκρι-
14 ζωθήσεται. ἄφετε αὐτούς· ⌜τυφλοί εἰσιν ὁδηγοί⌝· τυφλὸς
δὲ τυφλὸν ἐὰν ὁδηγῇ, ἀμφότεροι εἰς βόθυνον πεσοῦν-
15 ται.   Ἀποκριθεὶς δὲ ὁ Πέτρος εἶπεν αὐτῷ Φρά-
16 σον ἡμῖν τὴν παραβολήν. ὁ δὲ εἶπεν Ἀκμὴν καὶ ὑμεῖς
17 ἀσύνετοί ἐστε; οὐ νοεῖτε ὅτι πᾶν τὸ εἰσπορευόμενον εἰς
τὸ στόμα εἰς τὴν κοιλίαν χωρεῖ καὶ εἰς ἀφεδρῶνα ἐκβάλ-
18 λεται; τὰ δὲ ἐκπορευόμενα ἐκ τοῦ στόματος ἐκ τῆς καρ-

6 νόμον   14 ὁδηγοί εἰσιν τυφλοί [τυφλῶν]   22 ἔκραξεν | υἱὲ

36 sick, and they begged him to let them touch just the tassel of his cloak, and all who touched it were cured.

15 Then some Pharisees and scribes came to Jesus from Jerusalem, and said to him,

2 "Why do your disciples break the rules handed down by our ancestors? For they eat their bread without first washing their hands."

3 But he answered,

"Why do you too break God's command for the sake of
4 what has been handed down to you? For God said, 'Honor your father and mother,' and 'He who abuses his father
5 or mother must be put to death.' But you say, 'Whoever tells his father or mother, "Anything of mine that might have
6 been of use to you is given to God," does not have to provide for his father.' So you have nullified what God has said, for
7 the sake of what has been handed down to you. You hypocrites! Isaiah prophesied finely about you when he said,

8   " 'This people honor me with their lips,
           Yet their hearts are far away from me.
9   But their worship of me is all in vain,
           For the lessons they teach are but human precepts.' "

10 And he called the people to him and said to them,

11 "Listen to this, and grasp it! It is not what goes into a man's mouth that pollutes him; it is what comes out of his mouth that pollutes a man."

12 Then his disciples came up to him and said to him,

"Do you know that the Pharisees were shocked to hear you say that?"

13 But he answered,

"Any plant that my heavenly Father did not plant must
14 be uprooted! Leave them alone. They are blind guides! But if one blind man leads another, they will both fall into the ditch!"

15 Peter said to him,

"Explain the figure for us."

16 He said,

17 "Have even you no understanding yet? Can you not see that whatever goes into the mouth passes into the stomach
18 and then is disposed of? But the things that come out of

19 δίας ἐξέρχεται, κἀκεῖνα κοινοῖ τὸν ἄνθρωπον. ἐκ γὰρ τῆς
καρδίας ἐξέρχονται διαλογισμοὶ πονηροί, φόνοι, μοιχεῖαι,
20 πορνεῖαι, κλοπαί, ψευδομαρτυρίαι, βλασφημίαι. ταῦτά
ἐστιν τὰ κοινοῦντα τὸν ἄνθρωπον, τὸ δὲ ἀνίπτοις χερσὶν
φαγεῖν οὐ κοινοῖ τὸν ἄνθρωπον.

21 Καὶ ἐξελθὼν ἐκεῖθεν ὁ Ἰησοῦς ἀνεχώρησεν εἰς τὰ μέρη
22 Τύρου καὶ Σιδῶνος. Καὶ ἰδοὺ γυνὴ Χαναναία ἀπὸ τῶν
ὁρίων ἐκείνων ἐξελθοῦσα ⌈ἔκραζεν⌉ λέγουσα Ἐλέησόν με,
κύριε ⌈υἱὸς⌉ Δαυείδ· ἡ θυγάτηρ μου κακῶς δαιμονίζεται.
23 ὁ δὲ οὐκ ἀπεκρίθη αὐτῇ λόγον. καὶ προσελθόντες οἱ μα-
θηταὶ αὐτοῦ ἠρώτουν αὐτὸν λέγοντες Ἀπόλυσον αὐτήν, ὅτι
24 κράζει ὄπισθεν ἡμῶν. ὁ δὲ ἀποκριθεὶς εἶπεν Οὐκ ἀπεστά-
λην εἰ μὴ εἰς τὰ πρόβατα τὰ ἀπολωλότα οἴκου Ἰσραήλ.
25 ἡ δὲ ἐλθοῦσα προσεκύνει αὐτῷ λέγουσα Κύριε, βοήθει μοι.
26 ὁ δὲ ἀποκριθεὶς εἶπεν Οὐκ ἔστιν καλὸν λαβεῖν τὸν ἄρτον
27 τῶν τέκνων καὶ βαλεῖν τοῖς κυναρίοις. ἡ δὲ εἶπεν Ναί,
κύριε, καὶ [γὰρ] τὰ κυνάρια ἐσθίει ἀπὸ τῶν ψιχίων τῶν
28 πιπτόντων ἀπὸ τῆς τραπέζης τῶν κυρίων αὐτῶν. τότε
ἀποκριθεὶς ὁ Ἰησοῦς εἶπεν αὐτῇ Ὦ γύναι, μεγάλη σου ἡ
πίστις· γενηθήτω σοι ὡς θέλεις. καὶ ἰάθη ἡ θυγάτηρ
αὐτῆς ἀπὸ τῆς ὥρας ἐκείνης.

29 Καὶ μεταβὰς ἐκεῖθεν ὁ Ἰησοῦς ἦλθεν παρὰ τὴν θάλασ-
30 σαν τῆς Γαλιλαίας, καὶ ἀναβὰς εἰς τὸ ὄρος ἐκάθητο ἐκεῖ. καὶ
προσῆλθον αὐτῷ ὄχλοι πολλοὶ ἔχοντες μεθ᾽ ἑαυτῶν ⌈χωλούς,
κυλλούς, τυφλούς, κωφούς,⌉ καὶ ἑτέρους πολλούς, καὶ
ἔριψαν αὐτοὺς παρὰ τοὺς πόδας αὐτοῦ, καὶ ἐθεράπευσεν
31 αὐτούς· ὥστε ⌈τὸν ὄχλον⌉ θαυμάσαι βλέποντας κωφοὺς
⌈λαλοῦντας⌉ ⌐ καὶ χωλοὺς περιπατοῦντας καὶ τυφλοὺς βλέ-
32 ποντας· καὶ ⌈ἐδόξασαν⌉ τὸν θεὸν Ἰσραήλ. Ὁ
δὲ Ἰησοῦς προσκαλεσάμενος τοὺς μαθητὰς αὐτοῦ εἶπεν
Σπλαγχνίζομαι ἐπὶ τὸν ὄχλον, ὅτι [ἤδη] ἡμέραι τρεῖς
προσμένουσίν μοι καὶ οὐκ ἔχουσιν τί φάγωσιν· καὶ ἀπο-
λῦσαι αὐτοὺς νήστεις οὐ θέλω, μή ποτε ἐκλυθῶσιν ἐν τῇ

30 †...†   31 τοὺς ὄχλους | ἀκούοντας | κυλλοὺς ὑγιεῖς | ἐδόξαζον

the mouth come from the heart, and they pollute a man.
19 For out of the heart come wicked designs, murder, adultery,
20 immorality, stealing, false witness, impious speech. It is
these things that pollute a man, but not eating with unwashed
hands!"

21   And Jesus left that place and retired to the neighborhood
22 of Tyre and Sidon. And a Canaanite woman of that district
came out and screamed,
     "Son of David, take pity on me, sir! My daughter is
dreadfully possessed by a demon!"

23   But he would not answer her a word. And his disciples
came up and urged him, saying,
     "Send her away, for she keeps screaming after us."

24   But he answered,
     "I am sent only to the lost sheep of Israel's house."

25   And she came and fell down before him, and said,
     "Help me, sir!"

26   He answered,
     "It is not right to take the children's bread and throw it
to the dogs!"

27   But she said,
     "O yes, sir! For even dogs eat the scraps that fall
from their masters' table!"

28   Then Jesus answered,
     "You have great faith! You shall have what you want."
And her daughter was cured from that time.

29   Jesus left that place and went along the shore of the
Sea of Galilee, and went up on the hillside and sat down there.
30 Then great crowds came to him bringing with them those who
were lame, crippled, blind, or dumb, and many others. And
31 they laid them down at his feet, and he cured them, so that
the people were astonished to see the dumb speak, the lame
walk and the blind see. And they praised the God of Israel.

32   Then Jesus called his disciples to him and said,
     "I pity these people for they have been staying with
me three days now and they have nothing left to eat, and
I do not mean to send them away hungry, for they may give
out on the way."

33 ὁδῷ. καὶ λέγουσιν αὐτῷ οἱ μαθηταί Πόθεν ἡμῖν ἐν ἐρημίᾳ
34 ἄρτοι τοσοῦτοι ὥστε χορτάσαι ὄχλον τοσοῦτον; καὶ λέγει
αὐτοῖς ὁ Ἰησοῦς Πόσους ἄρτους ἔχετε; οἱ δὲ εἶπαν Ἑπτά,
35 καὶ ὀλίγα ἰχθύδια. καὶ παραγγείλας τῷ ὄχλῳ ἀναπεσεῖν
36 ἐπὶ τὴν γῆν ἔλαβεν τοὺς ἑπτὰ ἄρτους καὶ τοὺς ἰχθύας καὶ
εὐχαριστήσας ἔκλασεν καὶ ἐδίδου τοῖς μαθηταῖς οἱ δὲ μα-
37 θηταὶ τοῖς ὄχλοις. καὶ ἔφαγον πάντες καὶ ἐχορτάσθησαν,
καὶ τὸ περισσεῦον τῶν κλασμάτων ἦραν ἑπτὰ σφυρίδας
38 πλήρεις. οἱ δὲ ἐσθίοντες ἦσαν ᵀ τετρακισχίλιοι ἄνδρες χω-
39 ρὶς ⌜γυναικῶν καὶ παιδίων⌝. Καὶ ἀπολύσας τοὺς ὄχλους
ἐνέβη εἰς τὸ πλοῖον, καὶ ἦλθεν εἰς τὰ ὅρια Μαγαδάν.

1 Καὶ προσελθόντες [οἱ] Φαρισαῖοι καὶ Σαδδουκαῖοι πει-
ράζοντες ⌜ἐπηρώτησαν⌝ αὐτὸν σημεῖον ἐκ τοῦ οὐρανοῦ ἐπι-
2 δεῖξαι αὐτοῖς. ὁ δὲ ἀποκριθεὶς εἶπεν αὐτοῖς ⟦Ὀψίας γενο-
3 μένης λέγετε Εὐδία, πυρράζει γὰρ ὁ οὐρανός· καὶ πρωί
Σήμερον χειμών, πυρράζει γὰρ στυγνάζων ὁ οὐρανός. τὸ
μὲν πρόσωπον τοῦ οὐρανοῦ γινώσκετε διακρίνειν, τὰ δὲ
4 σημεῖα τῶν καιρῶν οὐ δύνασθε.⟧ Γενεὰ πονηρὰ καὶ μοι-
χαλὶς σημεῖον ἐπιζητεῖ, καὶ σημεῖον οὐ δοθήσεται αὐτῇ
εἰ μὴ τὸ σημεῖον Ἰωνᾶ. καὶ καταλιπὼν αὐτοὺς ἀπῆλ-
5 θεν. Καὶ ἐλθόντες οἱ μαθηταὶ εἰς τὸ πέραν
6 ἐπελάθοντο ⌜ἄρτους λαβεῖν⌝. · ὁ δὲ Ἰησοῦς εἶπεν αὐτοῖς
Ὁρᾶτε καὶ προσέχετε ἀπὸ τῆς ζύμης τῶν Φαρισαίων καὶ
7 Σαδδουκαίων. οἱ δὲ διελογίζοντο ἐν ἑαυτοῖς λέγοντες ὅτι
8 Ἄρτους οὐκ ἐλάβομεν. γνοὺς δὲ ὁ Ἰησοῦς εἶπεν Τί διαλο-
γίζεσθε ἐν ἑαυτοῖς, ὀλιγόπιστοι, ὅτι ἄρτους οὐκ ἔχετε;
9 οὔπω νοεῖτε, οὐδὲ μνημονεύετε τοὺς πέντε ἄρτους τῶν
10 πεντακισχιλίων καὶ πόσους κοφίνους ἐλάβετε; οὐδὲ τοὺς
ἑπτὰ ἄρτους τῶν τετρακισχιλίων καὶ πόσας σφυρίδας ἐλά-
11 βετε; πῶς οὐ νοεῖτε ὅτι οὐ περὶ ἄρτων εἶπον ὑμῖν; προσ-
έχετε δὲ ἀπὸ τῆς ζύμης τῶν Φαρισαίων καὶ Σαδδουκαίων.
12 τότε συνῆκαν ὅτι οὐκ εἶπεν προσέχειν ἀπὸ τῆς ζύμης [τῶν
ἄρτων] ἀλλὰ ἀπὸ τῆς διδαχῆς τῶν Φαρισαίων καὶ Σαδ-

38 ὡς | παιδίων καὶ γυναικῶν   1 ἐπηρώτων   5 λαβεῖν ἄρτους

33   The disciples said to him,
"Where can we get bread enough in this solitude to feed such a crowd?"
34   Jesus said to them,
"How many loaves have you?"
They said,
"Seven, and a few small fish."
35   Then he ordered the people to take their places on the
36 ground, and he took the seven loaves and the fish and gave thanks and he broke them in pieces and gave them to his
37 disciples, and the disciples gave them to the people. And they all ate and satisfied their hunger. And the pieces that
38 they left that were picked up filled seven baskets. There were four thousand men who were fed, besides women and
39 children. And he dismissed the people and got into the boat and went to the district of Magadan.
16   The Pharisees and Sadducees came up and to test him
2 asked him to show them a sign from heaven. He answered,
4   "It is a wicked and faithless age that insists on a sign, and no sign will be given it but the sign of Jonah."
And he left them and went away.
5   When the disciples went across the lake, they forgot to
6 take any bread. And Jesus said to them,
"Look out, and be on your guard against the yeast of the Pharisees and Sadducees!"
7   But they were debating with one another, and saying,
"We have not brought any bread!"
8   Jesus noticed it and said,
"Why are you discussing with one another your being
9 without bread? You have so little faith! Do you not understand yet? Do you not remember the five loaves for the five thousand, and how many baskets full you gathered up? Nor the seven loaves for the four thousand, and how
10 many baskets full you gathered up? Why do you not see
11 that I was not talking to you about bread? But be on your guard against the yeast of the Pharisees and Sadducees!"
12   Then they understood that he was warning them not against yeast but against the teaching of the Pharisees and Sadducees.

δουκαίων.

13 Ἐλθὼν δὲ ὁ Ἰησοῦς εἰς τὰ μέρη Καισαρίας τῆς Φιλίπ-
που ἠρώτα τοὺς μαθητὰς αὐτοῦ λέγων Τίνα λέγουσιν οἱ
14 ἄνθρωποι εἶναι τὸν υἱὸν τοῦ ἀνθρώπου; οἱ δὲ εἶπαν Οἱ μὲν
Ἰωάνην τὸν βαπτιστήν, ἄλλοι δὲ Ἡλείαν, ἕτεροι δὲ Ἱερε-
15 μίαν ἢ ἕνα τῶν προφητῶν. λέγει αὐτοῖς Ὑμεῖς δὲ τίνα με
16 λέγετε εἶναι; ἀποκριθεὶς δὲ Σίμων Πέτρος εἶπεν Σὺ εἶ ὁ
17 χριστὸς ὁ υἱὸς τοῦ θεοῦ τοῦ ζῶντος. ἀποκριθεὶς δὲ ὁ
Ἰησοῦς εἶπεν αὐτῷ Μακάριος εἶ, Σίμων Βαριωνᾶ, ὅτι σὰρξ
καὶ αἷμα οὐκ ἀπεκάλυψέν σοι ἀλλ᾽ ὁ πατήρ μου ὁ ἐν [τοῖς]
18 οὐρανοῖς· κἀγὼ δέ σοι λέγω ὅτι σὺ εἶ Πέτρος, καὶ ἐπὶ
ταύτῃ τῇ πέτρᾳ οἰκοδομήσω μου τὴν ἐκκλησίαν, καὶ πύλαι
19 ᾅδου οὐ κατισχύσουσιν αὐτῆς· δώσω σοι τὰς κλεῖδας τῆς
βασιλείας τῶν οὐρανῶν, καὶ ὃ ἐὰν δήσῃς ἐπὶ τῆς γῆς
ἔσται δεδεμένον ἐν τοῖς οὐρανοῖς, καὶ ὃ ἐὰν λύσῃς ἐπὶ τῆς
20 γῆς ἔσται λελυμένον ἐν τοῖς οὐρανοῖς. Τότε ⌜ἐπετίμησεν⌝ τοῖς
μαθηταῖς ἵνα μηδενὶ εἴπωσιν ὅτι αὐτός ἐστιν ὁ χριστός.

21 ΑΠΟ ΤΟΤΕ ἤρξατο Ἰησοῦς Χριστὸς δεικνύειν τοῖς
μαθηταῖς αὐτοῦ ὅτι δεῖ αὐτὸν εἰς Ἱεροσόλυμα ἀπελθεῖν καὶ
πολλὰ παθεῖν ἀπὸ τῶν πρεσβυτέρων καὶ ἀρχιερέων καὶ
γραμματέων καὶ ἀποκτανθῆναι καὶ τῇ τρίτῃ ἡμέρᾳ ἐγερθῆ-
22 ναι. καὶ προσλαβόμενος αὐτὸν ὁ Πέτρος ⌜ἤρξατο ἐπιτι-
μᾶν αὐτῷ λέγων⌝ Ἵλεώς σοι, κύριε· οὐ μὴ ἔσται σοι
23 τοῦτο. ὁ δὲ στραφεὶς εἶπεν τῷ Πέτρῳ Ὕπαγε ὀπίσω μου,
Σατανᾶ· σκάνδαλον εἶ ἐμοῦ, ὅτι οὐ φρονεῖς τὰ τοῦ θεοῦ
24 ἀλλὰ τὰ τῶν ἀνθρώπων. Τότε [ὁ] Ἰησοῦς
εἶπεν τοῖς μαθηταῖς αὐτοῦ Εἴ τις θέλει ὀπίσω μου ἐλθεῖν,
ἀπαρνησάσθω ἑαυτὸν καὶ ἀράτω τὸν σταυρὸν αὐτοῦ καὶ
25 ἀκολουθείτω μοι. ὃς γὰρ ἐὰν θέλῃ τὴν ψυχὴν αὐτοῦ
σῶσαι ἀπολέσει αὐτήν· ὃς δ᾽ ἂν ἀπολέσῃ τὴν ψυχὴν
26 αὐτοῦ ἕνεκεν ἐμοῦ εὑρήσει αὐτήν. τί γὰρ ὠφεληθήσεται

20 διεστείλατο   22 λέγει αὐτῷ ἐπιτιμῶν

13   When Jesus reached the district of Caesarea Philippi, he asked his disciples,

"Who do people say that the Son of Man is?"

14   They said,

"Some say John the Baptist, others Elijah, and still others Jeremiah or one of the prophets."

15   He said to them,

"But who do you say that I am?"

16   Simon Peter answered,

"You are the Christ, the Son of the living God!"

17   Jesus answered,

"Blessed are you, Simon, son of Jonah, for human nature
18 has not disclosed this to you, but my Father in heaven!   But I tell you, your name is Peter, a rock, and on this rock I will build my church, and the powers of death shall not subdue
19 it.   I will give you the keys of the Kingdom of Heaven, and whatever you forbid on earth will be held in heaven to be forbidden, and whatever you permit on earth will be held in heaven to be permitted."

20   Then he warned the disciples not to tell anyone that he was the Christ.

21   It was then that Jesus Christ for the first time explained to his disciples that he had to go to Jerusalem and endure great suffering there at the hands of the elders, high priests, and scribes, and be killed, and be raised to life on the third
22 day.   And Peter took him aside and began to reprove him for it, saying,

"God bless you, Master! that can never happen to you!"

23   But he turned and said to Peter,

"Get out of my sight, you Satan!   You hinder me, for you do not side with God, but with men!"

24   Then Jesus said to his disciples,

"If anyone wants to go with me, he must disregard
25 himself and take his cross and follow me.   For whoever wants to preserve his own life will lose it, and whoever
26 loses his life for me will find it.   For what good will it do a

ἄνθρωπος ἐὰν τὸν κόσμον ὅλον κερδήσῃ τὴν δὲ ψυχὴν
αὐτοῦ ζημιωθῇ; ἢ τί δώσει ἄνθρωπος ἀντάλλαγμα τῆς
27 ψυχῆς αὐτοῦ; μέλλει γὰρ ὁ υἱὸς τοῦ ἀνθρώπου ἔρχεσθαι
ἐν τῇ δόξῃ τοῦ πατρὸς αὐτοῦ μετὰ τῶν ἀγγέλων αὐτοῦ, καὶ
28 τότε ἀποδώϲει ἑκάϲτῳ κατὰ τὴν πρᾶξιν αὐτοῦ. ἀμὴν
λέγω ὑμῖν ὅτι εἰσίν τινες τῶν ὧδε ἑστώτων οἵτινες οὐ μὴ
γεύσωνται θανάτου ἕως ἂν ἴδωσιν τὸν υἱὸν τοῦ ἀνθρώπου
ἐρχόμενον ἐν τῇ βασιλείᾳ αὐτοῦ.

1   Καὶ μεθ' ἡμέρας ἓξ παραλαμβάνει ὁ Ἰησοῦς τὸν Πέ-
τρον καὶ ⌐ Ἰάκωβον καὶ Ἰωάνην τὸν ἀδελφὸν αὐτοῦ, καὶ
2 ἀναφέρει αὐτοὺς εἰς ὄρος ὑψηλὸν κατ' ἰδίαν. καὶ μετεμορ-
φώθη ἔμπροσθεν αὐτῶν, καὶ ἔλαμψεν τὸ πρόσωπον αὐτοῦ
ὡς ὁ ἥλιος, τὰ δὲ ἱμάτια αὐτοῦ ἐγένετο λευκὰ ὡς τὸ φῶς.
3 καὶ ἰδοὺ ὤφθη αὐτοῖς Μωυσῆς καὶ Ἡλείας συνλαλοῦντες
4 μετ' αὐτοῦ. ἀποκριθεὶς δὲ ὁ Πέτρος εἶπεν τῷ Ἰησοῦ
Κύριε, καλόν ἐστιν ἡμᾶς ὧδε εἶναι· εἰ θέλεις, ποιήσω ὧδε
⌐τρεῖς σκηνάς⌐, σοὶ μίαν καὶ Μωυσεῖ μίαν καὶ Ἡλείᾳ μίαν.
5 ἔτι αὐτοῦ λαλοῦντος ἰδοὺ νεφέλη φωτινὴ ἐπεσκίασεν
αὐτούς, καὶ ἰδοὺ φωνὴ ἐκ τῆς νεφέλης λέγουσα   Οὗτός
ἐστιν ὁ υἱός μου ὁ ἀγαπητός, ἐν ᾧ εὐδόκησα· ἀκούετε
6 αὐτοῦ. καὶ ἀκούσαντες οἱ μαθηταὶ ἔπεσαν ἐπὶ πρόσωπον
7 αὐτῶν καὶ ἐφοβήθησαν σφόδρα. καὶ προσῆλθεν ὁ Ἰησοῦς
καὶ ἁψάμενος αὐτῶν εἶπεν   Ἐγέρθητε καὶ μὴ φοβεῖσθε.
8 ἐπάραντες δὲ τοὺς ὀφθαλμοὺς αὐτῶν οὐδένα εἶδον εἰ μὴ
9 ⌐αὐτὸν⌐ Ἰησοῦν μόνον.   Καὶ καταβαινόντων αὐτῶν ἐκ τοῦ
ὄρους ἐνετείλατο αὐτοῖς ὁ Ἰησοῦς λέγων   Μηδενὶ εἴπητε τὸ
ὅραμα ἕως οὗ ὁ υἱὸς τοῦ ἀνθρώπου ἐκ νεκρῶν ⌐ἐγερθῇ⌐.
10 Καὶ ἐπηρώτησαν αὐτὸν οἱ μαθηταὶ λέγοντες   Τί οὖν οἱ
11 γραμματεῖς λέγουσιν ὅτι Ἡλείαν δεῖ ἐλθεῖν πρῶτον; ὁ δὲ
ἀποκριθεὶς εἶπεν Ἡλείας μὲν ἔρχεται καὶ ἀποκαταϲτήϲει
12 πάντα· λέγω δὲ ὑμῖν ὅτι Ἡλείας ἤδη ἦλθεν, καὶ οὐκ ἐπέ-
γνωσαν αὐτὸν ἀλλὰ ἐποίησαν ἐν αὐτῷ ὅσα ἠθέλησαν· οὕτως
13 καὶ ὁ υἱὸς τοῦ ἀνθρώπου μέλλει πάσχειν ὑπ' αὐτῶν. τότε

1 τὸν   4 σκηνὰς τρεῖς   8 τὸν   9 ἀναστῇ   15 πάσχει   17 [τότε] ἀποκριθεὶς

man if he gains the whole world at the cost of his life?   What
27 can a man give to buy back his life?   For the Son of Man is
going to come with his angels in his Father's glory, and then
28 he will repay everyone for what he has done.   I tell you,
some of you who stand here will not taste death until they see
the Son of Man come to reign!"

17   Six days after this, Jesus took Peter and James and his
brother John, and led them up on a high mountain, by
2 themselves.   And his appearance underwent a change in
their presence and his face shone like the sun, and his clothes
3 became as white as light.   And Moses and Elijah appeared
4 to them, talking with him.   And Peter spoke, and said to
Jesus,

"Master, how good it is that we are here!   If you wish,
I will make three huts here, one for you, and one for Moses,
and one for Elijah."

5   As he spoke a bright cloud overshadowed them and a
voice from the cloud said,

"This is my Son, my Beloved.   He is my Chosen.
Listen to him!"

6   When the disciples heard it, they were dreadfully fright-
7 ened and fell upon their faces.   And Jesus came and touched
them, and said,

"Get up and do not be afraid."

8   When they looked up, they saw no one but Jesus himself.
9 And as they were going down the mountain, Jesus cautioned
them, saying,

"Do not tell anyone of the vision you have seen until the
Son of Man is raised from the dead."

10   The disciples asked him,

"Then why do the scribes say that Elijah has to come
first?"

11   He answered,

12   "Elijah does come and is to reform everything, but I tell
you, Elijah has come already, and they would not recognize
him, but treated him just as they pleased.   It is in just that
way that the Son of Man is going to be treated by them!"

συνῆκαν οἱ μαθηταὶ ὅτι περὶ Ἰωάνου τοῦ βαπτιστοῦ εἶπεν
αὐτοῖς.

14 Καὶ ἐλθόντων πρὸς τὸν ὄχλον προσῆλθεν αὐτῷ ἄνθρω-
15 πος γονυπετῶν αὐτὸν καὶ λέγων Κύριε, ἐλέησόν μου τὸν
υἱόν, ὅτι σεληνιάζεται καὶ κακῶς ⌈ἔχει⌉, πολλάκις γὰρ
16 πίπτει εἰς τὸ πῦρ καὶ πολλάκις εἰς τὸ ὕδωρ· καὶ προσ-
ήνεγκα αὐτὸν τοῖς μαθηταῖς σου, καὶ οὐκ ἠδυνήθησαν
17 αὐτὸν θεραπεῦσαι. ⌈ἀποκριθεὶς δὲ⌉ ὁ Ἰησοῦς εἶπεν Ὦ
γενεὰ ἄπιστος καὶ διεστραμμένη, ἕως πότε μεθ᾽ ὑμῶν
ἔσομαι; ἕως πότε ἀνέξομαι ὑμῶν; φέρετέ μοι αὐτὸν ὧδε.
18 καὶ ἐπετίμησεν αὐτῷ ὁ Ἰησοῦς, καὶ ἐξῆλθεν ἀπ᾽ αὐτοῦ
τὸ δαιμόνιον· καὶ ἐθεραπεύθη ὁ παῖς ἀπὸ τῆς ὥρας
19 ἐκείνης. Τότε προσελθόντες οἱ μαθηταὶ τῷ Ἰησοῦ
κατ᾽ ἰδίαν εἶπαν Διὰ τί ἡμεῖς οὐκ ἠδυνήθημεν ἐκβαλεῖν
20 αὐτό; ὁ δὲ λέγει αὐτοῖς Διὰ τὴν ὀλιγοπιστίαν ὑμῶν·
ἀμὴν γὰρ λέγω ὑμῖν, ἐὰν ἔχητε πίστιν ὡς κόκκον σινά-
πεως, ἐρεῖτε τῷ ὄρει τούτῳ Μετάβα ἔνθεν ἐκεῖ, καὶ μετα-
βήσεται, καὶ οὐδὲν ἀδυνατήσει ὑμῖν.

22 Συστρεφομένων δὲ αὐτῶν ἐν τῇ Γαλιλαίᾳ εἶπεν αὐτοῖς
ὁ Ἰησοῦς Μέλλει ὁ υἱὸς τοῦ ἀνθρώπου παραδίδοσθαι εἰς
23 χεῖρας ἀνθρώπων, καὶ ἀποκτενοῦσιν αὐτόν, καὶ τῇ τρίτῃ
ἡμέρᾳ ⌈ἐγερθήσεται⌉. καὶ ἐλυπήθησαν σφόδρα.
24 Ἐλθόντων δὲ αὐτῶν εἰς Καφαρναοὺμ προσῆλθον οἱ τὰ
δίδραχμα λαμβάνοντες τῷ Πέτρῳ καὶ εἶπαν Ὁ διδάσκαλος
25 ὑμῶν οὐ τελεῖ τὰ δίδραχμα; λέγει Ναί. καὶ ⌈ἐλθόντα⌉
εἰς τὴν οἰκίαν προέφθασεν αὐτὸν ὁ Ἰησοῦς λέγων Τί σοι
δοκεῖ, Σίμων; οἱ βασιλεῖς τῆς γῆς ἀπὸ ⌈τίνων⌉ λαμβά-
νουσιν τέλη ἢ κῆνσον; ἀπὸ τῶν υἱῶν αὐτῶν ἢ ἀπὸ τῶν
26 ἀλλοτρίων; εἰπόντος δέ Ἀπὸ τῶν ἀλλοτρίων, ἔφη αὐτῷ ὁ
27 Ἰησοῦς Ἄραγε ἐλεύθεροί εἰσιν οἱ υἱοί· ἵνα δὲ μὴ ⌈σκαν-
δαλίσωμεν⌉ αὐτούς, πορευθεὶς εἰς θάλασσαν βάλε ἄγκι-
στρον καὶ τὸν ἀναβάντα πρῶτον ἰχθὺν ἆρον, καὶ ἀνοίξας

13 **Then the disciples understood that he was speaking to them of John the Baptist.**

14 When they came to the people again, a man came up to him and fell on his knees, saying,

15 "Master, take pity on my son, for he has epilepsy and is very wretched; he often falls into the fire or into the water.

16 And I brought him to your disciples and they have not been able to cure him."

17 Jesus answered,

"O you unbelieving, obstinate people! How long must I be with you? How long must I put up with you? Bring him here to me!"

18 And Jesus reproved the demon and it came out of him,

19 and from that moment the boy was cured. Afterward, when he was alone, the disciples went to Jesus and said to him,

"Why could we not drive it out?"

20 He said to them,

"Because you have so little faith. For I tell you, if you have faith the size of a grain of mustard, you can say to this mountain 'Move from here over to there!' and it will move, and nothing will be impossible for you."

22 As they were going about in Galilee, Jesus said to them,

23 "The Son of Man is going to be handed over to men, and they will kill him, but on the third day he will be raised to life again." And they were greatly distressed.

24 When they reached Capernaum, the collectors of the temple-tax came and said to Peter,

"Does not your Master pay the temple-tax?"

25 He said,

"Yes."

But when he went home, Jesus spoke of it first and said,

"What do you think, Simon? From whom do earthly kings collect duties and taxes? From their own people, or from aliens?"

26 He said,

"From aliens."

Jesus said to him,

27 "Then their own people are exempt. But rather than give offense to them, go down to the sea and throw in a hook. Take the first fish that comes up, open its mouth and you

τὸ στόμα αὐτοῦ εὑρήσεις στατῆρα· ἐκεῖνον λαβὼν δὸς
αὐτοῖς ἀντὶ ἐμοῦ καὶ σοῦ.

1   Ἐν ἐκείνῃ ⌐ τῇ ὥρᾳ προσῆλθον οἱ μαθηταὶ τῷ Ἰησοῦ λέ-
γοντες Τίς ἄρα μείζων ἐστὶν ἐν τῇ βασιλείᾳ τῶν οὐρανῶν ;
2 καὶ προσκαλεσάμενος παιδίον ἔστησεν αὐτὸ ἐν μέσῳ αὐτῶν
3 καὶ εἶπεν Ἀμὴν λέγω ὑμῖν, ἐὰν μὴ στραφῆτε καὶ γένησθε
ὡς τὰ παιδία, οὐ μὴ εἰσέλθητε εἰς τὴν βασιλείαν τῶν οὐρα-
4 νῶν. ὅστις οὖν ταπεινώσει ἑαυτὸν ὡς τὸ παιδίον τοῦτο, οὗτός
5 ἐστιν ὁ μείζων ἐν τῇ βασιλείᾳ τῶν οὐρανῶν· καὶ ὃς ἐὰν
δέξηται ἓν παιδίον τοιοῦτο ἐπὶ τῷ ὀνόματί μου, ἐμὲ δέ-
6 χεται· ὃς δ' ἂν σκανδαλίσῃ ἕνα τῶν μικρῶν τούτων τῶν
πιστευόντων εἰς ἐμέ, συμφέρει αὐτῷ ἵνα κρεμασθῇ μύλος
ὀνικὸς περὶ τὸν τράχηλον αὐτοῦ καὶ καταποντισθῇ ἐν τῷ
7 πελάγει τῆς θαλάσσης. Οὐαὶ τῷ κόσμῳ ἀπὸ τῶν σκανδά-
λων· ἀνάγκη γὰρ ἐλθεῖν τὰ σκάνδαλα, πλὴν οὐαὶ τῷ
8 ἀνθρώπῳ δι' οὗ τὸ σκάνδαλον ἔρχεται.   Εἰ δὲ
ἡ χείρ σου ἢ ὁ πούς σου σκανδαλίζει σε, ἔκκοψον αὐ-
τὸν καὶ βάλε ἀπὸ σοῦ· καλόν σοί ἐστιν εἰσελθεῖν εἰς
τὴν ζωὴν κυλλὸν ἢ χωλόν, ἢ δύο χεῖρας ἢ δύο πόδας
9 ἔχοντα βληθῆναι εἰς τὸ πῦρ τὸ αἰώνιον. καὶ εἰ ὁ ὀ-
φθαλμός σου σκανδαλίζει σε, ἔξελε αὐτὸν καὶ βάλε ἀπὸ
σοῦ· καλόν σοί ἐστιν μονόφθαλμον εἰς τὴν ζωὴν εἰσελ-
θεῖν, ἢ δύο ὀφθαλμοὺς ἔχοντα βληθῆναι εἰς τὴν γέενναν
10 τοῦ πυρός.   Ὁρᾶτε μὴ καταφρονήσητε ἑνὸς τῶν
μικρῶν τούτων, λέγω γὰρ ὑμῖν ὅτι οἱ ἄγγελοι αὐτῶν ⌐ἐν
οὐρανοῖς⌐ διὰ παντὸς βλέπουσι τὸ πρόσωπον τοῦ πατρός
12 μου τοῦ ἐν οὐρανοῖς. τί ὑμῖν δοκεῖ ; ἐὰν γένηταί τινι
ἀνθρώπῳ ἑκατὸν πρόβατα καὶ πλανηθῇ ἓν ἐξ αὐτῶν, οὐχὶ
ἀφήσει τὰ ἐνενήκοντα ἐννέα ἐπὶ τὰ ὄρη καὶ πορευθεὶς
13 ζητεῖ τὸ πλανώμενον ; καὶ ἐὰν γένηται εὑρεῖν αὐτό, ἀμὴν
λέγω ὑμῖν ὅτι χαίρει ἐπ' αὐτῷ μᾶλλον ἢ ἐπὶ τοῖς ἐνενή-
14 κοντα ἐννέα τοῖς μὴ πεπλανημένοις. οὕτως οὐκ ἔστιν
θέλημα ἔμπροσθεν ⌐τοῦ πατρός μου⌐ τοῦ ἐν οὐρανοῖς ἵνα

1 δὲ   10 [ἐν τῷ οὐρανῷ]   14 τοῦ πατρὸς ὑμῶν

will find in it a dollar. Take that and pay the tax for us both."

18   Just at that time the disciples came up and asked Jesus, "Who is really greatest in the Kingdom of Heaven?"

2   He called a child to him and had him stand among
3   them, and he said,

     "I tell you, unless you change and become like children,
4   you will never get into the Kingdom of Heaven at all.   Anyone, therefore, who is as unassuming as this child is the greatest
5   in the Kingdom of Heaven, and anyone who welcomes one child
6   like this on my account welcomes me.   But whoever hinders one of these little ones who believe in me might better have a great millstone hung around his neck and be sunk in the open
7   sea.   Alas for the world for such hindrances!   They have to come, but alas for the man who causes them!

8   "But if your own hand or your own foot makes you fall, cut it off and throw it away.   You might better enter upon life maimed or crippled than keep both hands and feet but
9   be thrown into the everlasting fire.   And if your own eye makes you fall, dig it out and throw it away.   You might better enter upon life with only one eye than be thrown with both eyes into the fiery pit.

10   "Beware of feeling scornful of one single little child, for I tell you that in heaven their angels have continual
12   access to my Father in heaven.   What do you think?   If a man has a hundred sheep and one of them strays away, will he not leave the ninety-nine on the hills, and go in search of
13   the one that is astray?   And if he happens to find it, I tell you he rejoices more over it than he does over the ninety-nine
14   that did not stray.   In just that way, it is not the will of my Father in heaven that a single one of these little ones be lost.

15 ἀπόληται ἕν τῶν μικρῶν τούτων. 			Ἐὰν δὲ
ἁμαρτήσῃ ὁ ἀδελφός σου, ὕπαγε ἔλεγξον αὐτὸν μεταξὺ
σοῦ καὶ αὐτοῦ μόνου. ἐάν σου ἀκούσῃ, ἐκέρδησας τὸν
16 ἀδελφόν σου· ἐὰν δὲ μὴ ἀκούσῃ, παράλαβε ⌈μετὰ σοῦ ἔτι·
ἕνα ἢ δύο⌉, ἵνα ἐπὶ ϹΤΟΜΑΤΟϹ ΔΥΟ ΜΑΡΤΥΡΩΝ Ἢ ΤΡΙꞰΝ
17 ϹΤΑΘΗ ΠꞰΝ ΡΗΜΑ· ἐὰν δὲ παρακούσῃ αὐτῶν, εἰπὸν τῇ ἐκ-
κλησίᾳ· ἐὰν δὲ καὶ τῆς ἐκκλησίας παρακούσῃ, ἔστω σοι
18 ὥσπερ ὁ ἐθνικὸς καὶ ὁ τελώνης. 			Ἀμὴν λέγω
ὑμῖν, ὅσα ἐὰν δήσητε ἐπὶ τῆς γῆς ἔσται δεδεμένα ἐν
οὐρανῷ καὶ ὅσα ἐὰν λύσητε ἐπὶ τῆς γῆς ἔσται λελυμένα
19 ἐν οὐρανῷ. Πάλιν [ἀμὴν] λέγω ὑμῖν ὅτι ἐὰν δύο συμ-
φωνήσωσιν ἐξ ὑμῶν ἐπὶ τῆς γῆς περὶ παντὸς πράγματος
οὗ ἐὰν αἰτήσωνται, γενήσεται αὐτοῖς παρὰ τοῦ πατρός
20 μου τοῦ ἐν οὐρανοῖς. οὗ γάρ εἰσιν δύο ἢ τρεῖς συνηγμέ-
νοι εἰς τὸ ἐμὸν ὄνομα, ἐκεῖ εἰμὶ ἐν μέσῳ αὐτῶν.

21 Τότε προσελθὼν ὁ Πέτρος εἶπεν [αὐτῷ] Κύριε, ποσάκις
ἁμαρτήσει εἰς ἐμὲ ὁ ἀδελφός μου καὶ ἀφήσω αὐτῷ; ἕως ἑ-
22 πτάκις; λέγει αὐτῷ ὁ Ἰησοῦς Οὐ λέγω σοι ἕως ἑπτάκις ἀλλὰ
23 ἕως ἑβδομηκοντάκις ἑπτά. Διὰ τοῦτο ὡμοιώθη ἡ βασιλεία
τῶν οὐρανῶν ἀνθρώπῳ βασιλεῖ ὃς ἠθέλησεν συνᾶραι λό-
24 γον μετὰ τῶν δούλων αὐτοῦ· ἀρξαμένου δὲ αὐτοῦ συναί-
ρειν προσήχθη εἰς αὐτῷ ὀφειλέτης μυρίων ταλάντων.
25 μὴ ἔχοντος δὲ αὐτοῦ ἀποδοῦναι ἐκέλευσεν αὐτὸν ὁ κύριος
πραθῆναι καὶ τὴν γυναῖκα καὶ τὰ τέκνα καὶ πάντα ὅσα ἔχει,
26 καὶ ἀποδοθῆναι. πεσὼν οὖν ὁ δοῦλος προσεκύνει αὐτῷ
λέγων Μακροθύμησον ἐπ᾽ ἐμοί, καὶ πάντα ἀποδώσω σοι.
27 σπλαγχνισθεὶς δὲ ὁ κύριος τοῦ δούλου [ἐκείνου] ἀπέλυσεν
28 αὐτόν, καὶ τὸ δάνιον ἀφῆκεν αὐτῷ. ἐξελθὼν δὲ ὁ δοῦλος
ἐκεῖνος εὗρεν ἕνα τῶν συνδούλων αὐτοῦ ὃς ὤφειλεν αὐτῷ
ἑκατὸν δηνάρια, καὶ κρατήσας αὐτὸν ἔπνιγεν λέγων Ἀπό-
29 δος εἴ τι ὀφείλεις. πεσὼν οὖν ὁ σύνδουλος αὐτοῦ παρεκά-
λει αὐτὸν λέγων Μακροθύμησον ἐπ᾽ ἐμοί, καὶ ἀποδώσω
30 σοι. ὁ δὲ οὐκ ἤθελεν, ἀλλὰ ἀπελθὼν ἔβαλεν αὐτὸν εἰς

16 ἔτι ἕνα ἢ δύο μετὰ σοῦ

15   "But if your brother wrongs you, go to him and show him his fault while you are alone with him.   If he listens to
16 you, you have won back your brother.   But if he will not listen, take one or two others with you, so that everything may be supported by the testimony of two or three witnesses.
17 If he refuses to listen to them, tell the congregation.   And if he refuses to listen to it, treat him as a heathen or a tax-collector.
18   "I tell you, whatever you forbid on earth will be held in heaven to be forbidden, and whatever you permit on earth
19 will be held in heaven to be permitted.   Again, I tell you, if even two of you here on earth agree about what they shall pray for, it will be given them by my Father in heaven.
20 For wherever two or three are gathered as my followers, I am there among them."
21   Then Peter came to him and said,
       "Master, how many times am I to forgive my brother when he wrongs me?   Seven times over?"
22   Jesus said to him,
       "Not seven times over, I tell you, but seventy-seven
23 times over!   For this reason the Kingdom of Heaven may be compared to a king, who resolved to settle accounts with
24 his slaves.   And when he set about doing so, a man was
25 brought in who owed him ten million dollars.   And as he could not pay, his master ordered him to be sold, with his wife and
26 children and all he had, in payment of the debt.   So the slave threw himself down before him and implored him, 'Give
27 me time, and I will pay you all of it.'   And his master's heart was touched, and he let the slave go and cancelled the debt.
28 But when the slave went out he met a fellow-slave of his who owed him a hundred dollars, and he caught him by the
29 throat, saying, 'Pay me what you owe!'   So his fellow-slave threw himself down before him, and begged him, 'Give me
30 time, and I will pay you.'   But he refused and went and had

31 φυλακὴν ἕως ἀποδῷ τὸ ὀφειλόμενον. ἰδόντες οὖν οἱ σύν-
δουλοι αὐτοῦ τὰ γενόμενα ἐλυπήθησαν σφόδρα, καὶ ἐλ-
θόντες διεσάφησαν τῷ κυρίῳ ἑαυτῶν πάντα τὰ γενόμενα.
32 τότε προσκαλεσάμενος αὐτὸν ὁ κύριος αὐτοῦ λέγει αὐτῷ
Δοῦλε πονηρέ, πᾶσαν τὴν ὀφειλὴν ἐκείνην ἀφῆκά σοι,
33 ἐπεὶ παρεκάλεσάς με· οὐκ ἔδει καὶ σὲ ἐλεῆσαι τὸν σύν-
34 δουλόν σου, ὡς κἀγὼ σὲ ἠλέησα; καὶ ὀργισθεὶς ὁ κύριος
αὐτοῦ παρέδωκεν αὐτὸν τοῖς βασανισταῖς ἕως [οὗ] ἀποδῷ
35 πᾶν τὸ ὀφειλόμενον. Οὕτως καὶ ὁ πατήρ μου ὁ οὐράνιος
ποιήσει ὑμῖν ἐὰν μὴ ἀφῆτε ἕκαστος τῷ ἀδελφῷ αὐτοῦ ἀπὸ
τῶν καρδιῶν ὑμῶν.

1 Καὶ ἐγένετο ὅτε ἐτέλεσεν ὁ Ἰησοῦς τοὺς λόγους τού-
τους, μετῆρεν ἀπὸ τῆς Γαλιλαίας καὶ ἦλθεν εἰς τὰ ὅρια
2 τῆς Ἰουδαίας πέραν τοῦ Ἰορδάνου. καὶ ἠκολούθησαν αὐτῷ
ὄχλοι πολλοί, καὶ ἐθεράπευσεν αὐτοὺς ἐκεῖ.

3 Καὶ προσῆλθαν αὐτῷ Φαρισαῖοι πειράζοντες αὐτὸν καὶ
λέγοντες Εἰ ἔξεστιν ἀπολῦσαι τὴν γυναῖκα αὐτοῦ κατὰ
4 πᾶσαν αἰτίαν; ὁ δὲ ἀποκριθεὶς εἶπεν Οὐκ ἀνέγνωτε ὅτι
ὁ κτίσας ἀπ᾽ ἀρχῆς ἄρσεν καὶ θῆλυ ἐποίησεν αὐτοὺς
5 καὶ εἶπεν Ἕνεκα τούτου καταλείψει ἄνθρωπος τὸν
πατέρα καὶ τὴν μητέρα καὶ κολληθήσεται τῇ γυναικὶ
6 αὐτοῦ, καὶ ἔσονται οἱ δύο εἰς σάρκα μίαν; ὥστε οὐκέτι
εἰσὶν δύο ἀλλὰ σὰρξ μία· ὃ οὖν ὁ θεὸς συνέζευξεν ἄνθρω-
7 πος μὴ χωριζέτω. λέγουσιν αὐτῷ Τί οὖν Μωυσῆς ἐνετείλα-
8 το δοῦναι βιβλίον ἀποστασίου καὶ ἀπολῦσαι ⌐; λέγει
αὐτοῖς ὅτι Μωυσῆς πρὸς τὴν σκληροκαρδίαν ὑμῶν ἐπέ-
τρεψεν ὑμῖν ἀπολῦσαι τὰς γυναῖκας ὑμῶν, ἀπ᾽ ἀρχῆς δὲ οὐ
9 γέγονεν οὕτως. ⌐λέγω δὲ ὑμῖν ὅτι ὃς ἂν ἀπολύσῃ τὴν γυ-
ναῖκα αὐτοῦ μὴ ἐπὶ πορνείᾳ καὶ γαμήσῃ ἄλλην μοιχᾶται.⌐
10 λέγουσιν αὐτῷ οἱ μαθηταί Εἰ οὕτως ἐστὶν ἡ αἰτία τοῦ ἀν-

7 αὐτήν   9 λέγω δὲ ὑμῖν, ὃς ἂν ἀπολύσῃ τὴν γυναῖκα αὐτοῦ παρεκτὸς
λόγου πορνείας, ποιεῖ αὐτὴν μοιχευθῆναι, καὶ ὁ ἀπολελυμένην γαμήσας
μοιχᾶται   14 αὐτοῖς   17 τήρησον   18 Ποίας; φησίν. | εἶπεν

31 him put in prison until he should pay the debt. When his fellow-slaves saw what had happened, they were greatly distressed, and they went to their master and reported the whole 32 matter to him. Then his master called him in and said to him, 'You wicked slave! I cancelled all that debt of yours 33 when you entreated me. Ought you not to have taken 34 pity on your fellow-slave, as I did on you?' So his master in his anger handed him over to the jailers, until he should 35 pay all he owed him. That is what my heavenly Father will do to you, if you do not each forgive your brothers from your hearts!"

19   When Jesus had finished this discourse, he left Galilee and went to the part of Judea that is on the other side of the 2 Jordan. Great crowds followed him about and he cured them there.

3   And some Pharisees came up to him to test him, and they said,

"Is it right for a man to divorce his wife for any cause?"

4   But he answered,

"Did you never read that the Creator at the beginning 5 made them male and female, and said, 'For this reason a man shall leave his father and mother and be united to his wife, and the two of them shall become one'? So they are 6 no longer two but one. Therefore, what God has joined together, man must not try to separate."

7   They said to him,

"Then why did Moses command us to draw up a written divorce-notice and give it to her?"

8   He said to them,

"It was on account of your perversity that Moses permitted you to divorce your wives, but it was not so at the 9 beginning. I tell you that whoever divorces his wife on any ground but her unfaithfulness, and marries another woman, commits adultery."

10   The disciples said to him,

11 θρώπου μετὰ τῆς γυναικός, οὐ συμφέρει γαμῆσαι. ὁ δὲ εἰ-
πεν αὐτοῖς Οὐ πάντες χωροῦσι τὸν λόγον, ἀλλ' οἷς δέδοται.
12 εἰσὶν γὰρ εὐνοῦχοι οἵτινες ἐκ κοιλίας μητρὸς ἐγεννήθησαν
οὕτως, καὶ εἰσὶν εὐνοῦχοι οἵτινες εὐνουχίσθησαν ὑπὸ τῶν
ἀνθρώπων, καὶ εἰσὶν εὐνοῦχοι οἵτινες εὐνούχισαν ἑαυτοὺς
διὰ τὴν βασιλείαν τῶν οὐρανῶν. ὁ δυνάμενος χωρεῖν χω-
ρείτω.

13 Τότε προσηνέχθησαν αὐτῷ παιδία, ἵνα τὰς χεῖρας
ἐπιθῇ αὐτοῖς καὶ προσεύξηται· οἱ δὲ μαθηταὶ ἐπετίμησαν
14 αὐτοῖς. ὁ δὲ Ἰησοῦς εἶπεν ᵀ Ἄφετε τὰ παιδία καὶ μὴ
κωλύετε αὐτὰ ἐλθεῖν πρός με, τῶν γὰρ τοιούτων ἐστὶν
15 ἡ βασιλεία τῶν οὐρανῶν. καὶ ἐπιθεὶς τὰς χεῖρας αὐτοῖς
ἐπορεύθη ἐκεῖθεν.

16 Καὶ ἰδοὺ εἷς προσελθὼν αὐτῷ εἶπεν Διδάσκαλε, τί
17 ἀγαθὸν ποιήσω ⸉ἵνα σχῶ ζωὴν αἰώνιον; ὁ δὲ εἶπεν αὐτῷ
Τί με ἐρωτᾷς περὶ τοῦ ἀγαθοῦ; εἷς ἐστιν ὁ ἀγαθός· εἰ δὲ
18 θέλεις εἰς τὴν ζωὴν εἰσελθεῖν, ⸀τήρει⸀ τὰς ἐντολάς. ⸀λέγει
αὐτῷ Ποίας;⸀ ὁ δὲ Ἰησοῦς ⸀ἔφη⸀ Τό Οὐ φονεύσεις, Οὐ
19 μοιχεύσεις, Οὐ κλέψεις, Οὐ ψευδομαρτυρήσεις, Τίμα
τὸν πατέρα καὶ τὴν μητέρα, καί Ἀγαπήσεις τὸν
20 πλησίον σου ὡς σεαυτόν. λέγει αὐτῷ ὁ νεανίσκος
21 ⸀Ταῦτα πάντα⸀ ἐφύλαξα· τί ἔτι ὑστερῶ; ⸀ἔφη⸀ αὐτῷ ὁ Ἰη-
σοῦς Εἰ θέλεις τέλειος εἶναι, ὕπαγε πώλησόν σου τὰ ὑπάρ-
χοντα καὶ δὸς [τοῖς] πτωχοῖς, καὶ ἕξεις θησαυρὸν ἐν οὐρανοῖς,
22 καὶ δεῦρο ἀκολούθει μοι. ἀκούσας δὲ ὁ νεανίσκος τὸν
λόγον [τοῦτον] ἀπῆλθεν λυπούμενος, ἦν γὰρ ἔχων κτήματα
23 πολλά. Ὁ δὲ Ἰησοῦς εἶπεν τοῖς μαθηταῖς αὐτοῦ
Ἀμὴν λέγω ὑμῖν ὅτι πλούσιος δυσκόλως εἰσελεύσεται εἰς
24 τὴν βασιλείαν τῶν οὐρανῶν· πάλιν δὲ λέγω ⸀ὑμῖν,⸀ εὐκοπώ-
τερόν ἐστιν κάμηλον διὰ ⸀τρήματος⸀ ῥαφίδος ⸀εἰσελθεῖν ἢ
25 πλούσιον⸀ εἰς τὴν βασιλείαν τοῦ θεοῦ. ἀκούσαντες δὲ
οἱ μαθηταὶ ἐξεπλήσσοντο σφόδρα λέγοντες Τίς ἄρα δύ-
26 ναται σωθῆναι; ἐμβλέψας δὲ ὁ Ἰησοῦς εἶπεν αὐτοῖς Παρὰ

20 Πάντα ταῦτα   21 λέγει   24 ὑμῖν ὅτι | τρυπήματος | διελθεῖν ἢ πλούσιον εἰσελθεῖν

"If that is a man's relation to his wife, it is better not to marry!"

11   He said to them,

"It is not everyone who can accept that, but only those
12 who have a special gift.   For some are incapable of marriage from their birth, and some have been made so by men, and some have made themselves so for the sake of the Kingdom of Heaven.   Let him accept it who can."

13   Then some children were brought up to him so that he might lay his hands on them and pray, but his disciples
14 reproved the people for it.   But Jesus said,

"Let the children alone, and do not try to keep them from coming to me, for the Kingdom of Heaven belongs to such as they."

15   And he laid his hands on them and went on.

16   A man came up to him and said,

"Master, what good deed must I do to obtain eternal life?"

17   But he said to him,

"Why do you ask me about what is good?   There is only one who is good.   But if you want to enter that life, keep the commandments."

18   He said to him,

"Which ones?"

Jesus said,

"These: 'You shall not murder, You shall not commit adultery, You shall not steal, You shall not bear false witness,
19 Honor your father and mother,' and 'You shall love your neighbor as you do yourself.' "

20   The young man said to him,

"I have obeyed all these commandments.   What do I still lack?"

21   Jesus said to him,

"If you want to be perfect, go!   Sell your property and give the money to the poor, and you will have riches in heaven.   Then come back and be a follower of mine."

22   But when the young man heard that, he went away much cast down, for he had a great deal of property.

23   Jesus said to his disciples,

"I tell you, it will be hard for a rich man to get into the
24 Kingdom of Heaven!   And again I tell you, it is easier for a camel to get through a needle's eye than for a rich man to get into the Kingdom of God!"

25   But when the disciples heard this, they were completely astounded and said,

"Then who can be saved?"

26   But Jesus looked at them and said,

ἀνθρώποις τοῦτο ἀδύνατόν ἐστιν, παρὰ δὲ θεῷ πάντα Δυ-
27 νατά. Τότε ἀποκριθεὶς ὁ Πέτρος εἶπεν αὐτῷ
Ἰδοὺ ἡμεῖς ἀφήκαμεν πάντα καὶ ἠκολουθήσαμέν σοι· τί
28 ἄρα ἔσται ἡμῖν; ὁ δὲ Ἰησοῦς εἶπεν αὐτοῖς Ἀμὴν λέγω
ὑμῖν ὅτι ὑμεῖς οἱ ἀκολουθήσαντές μοι ἐν τῇ παλινγενεσίᾳ,
ὅταν καθίσῃ ὁ υἱὸς τοῦ ἀνθρώπου ἐπὶ θρόνου δόξης αὐτοῦ,
καθήσεσθε καὶ ⌜ὑμεῖς⌝ ἐπὶ δώδεκα θρόνους κρίνοντες τὰς
29 δώδεκα φυλὰς τοῦ Ἰσραήλ. καὶ πᾶς ὅστις ἀφῆκεν ⌜οἰκίας
ἢ ἀδελφοὺς ἢ ἀδελφὰς ἢ πατέρα ἢ μητέρα ἢ τέκνα ἢ
ἀγροὺς⌝ ἕνεκεν τοῦ ἐμοῦ ὀνόματος, πολλαπλασίονα λήμ-
30 ψεται καὶ ζωὴν αἰώνιον κληρονομήσει. Πολλοὶ δὲ ἔσονται
1 πρῶτοι ἔσχατοι καὶ ἔσχατοι πρῶτοι. Ὁμοία γάρ ἐστιν
ἡ βασιλεία τῶν οὐρανῶν ἀνθρώπῳ οἰκοδεσπότῃ ὅστις
ἐξῆλθεν ἅμα πρωὶ μισθώσασθαι ἐργάτας εἰς τὸν ἀμπελῶνα
2 αὐτοῦ· συμφωνήσας δὲ μετὰ τῶν ἐργατῶν ἐκ δηναρίου
τὴν ἡμέραν ἀπέστειλεν αὐτοὺς εἰς τὸν ἀμπελῶνα αὐτοῦ.
3 καὶ ἐξελθὼν περὶ τρίτην ὥραν εἶδεν ἄλλους ἑστῶτας ἐν τῇ
4 ἀγορᾷ ἀργούς· καὶ ἐκείνοις εἶπεν Ὑπάγετε καὶ ὑμεῖς εἰς
5 τὸν ἀμπελῶνα, καὶ ὃ ἐὰν ᾖ δίκαιον δώσω ὑμῖν· οἱ δὲ
ἀπῆλθον. πάλιν [δὲ] ἐξελθὼν περὶ ἕκτην καὶ ἐνάτην ὥραν
6 ἐποίησεν ὡσαύτως. περὶ δὲ τὴν ἑνδεκάτην ἐξελθὼν εὗρεν
ἄλλους ἑστῶτας, καὶ λέγει αὐτοῖς Τί ὧδε ἑστήκατε ὅλην
7 τὴν ἡμέραν ἀργοί; λέγουσιν αὐτῷ Ὅτι οὐδεὶς ἡμᾶς ἐμι-
σθώσατο· λέγει αὐτοῖς Ὑπάγετε καὶ ὑμεῖς εἰς τὸν ἀμπε-
8 λῶνα. ὀψίας δὲ γενομένης λέγει ὁ κύριος τοῦ ἀμπελῶνος
τῷ ἐπιτρόπῳ αὐτοῦ Κάλεσον τοὺς ἐργάτας καὶ ἀπόδος ᵀ
τὸν μισθὸν ἀρξάμενος ἀπὸ τῶν ἐσχάτων ἕως τῶν πρώ-
9 των. ἐλθόντες δὲ οἱ περὶ τὴν ἑνδεκάτην ὥραν ἔλαβον ἀνὰ
10 δηνάριον. καὶ ἐλθόντες οἱ πρῶτοι ἐνόμισαν ὅτι πλεῖον λήμ-
11 ψονται· καὶ ἔλαβον [τὸ] ἀνὰ δηνάριον καὶ αὐτοί. λαβόν-
12 τες δὲ ἐγόγγυζον κατὰ τοῦ οἰκοδεσπότου λέγοντες Οὗτοι
οἱ ἔσχατοι μίαν ὥραν ἐποίησαν, καὶ ἴσους ⌜αὐτοὺς ἡμῖν⌝
ἐποίησας τοῖς βαστάσασι τὸ βάρος τῆς ἡμέρας καὶ τὸν

28 αὐτοὶ   29 ἀδελφοὺς ἢ...ἀγροὺς ἢ οἰκίας   8 αὐτοῖς   12 ἡμῖν αὐτοὺς

"For men it is impossible, but anything is possible for God!"

27 Then Peter spoke and said to him,

"Here we have left all we had and followed you. What are we to have?"

28 Jesus said to them,

"In the new world, I tell you, when the Son of Man takes his seat on his glorious throne, you who have followed me will also sit upon twelve thrones, and judge the twelve 29 tribes of Israel! And anyone who has given up houses or brothers or sisters or father or mother or children or land for my sake will receive many times as much, and make sure 30 of eternal life. But many who are first now will be last then, 20 and many who are now last will be first. For the Kingdom of Heaven is like an employer who went out early in the morning 2 to hire laborers for his vineyard. He agreed with the laborers to pay them a dollar a day, and sent them to his 3 vineyard. He went out about nine o'clock and saw others 4 standing in the bazaar with nothing to do. And he said to them, 'You go to my vineyard, too, and I will pay you what 5 ever is right.' So they went. He went out again about 6 twelve and about three, and did the same. About five he went out and found others standing about and he said to them, "Why are you standing about here all day doing 7 nothing?' They said to him, 'Because nobody has hired 8 us.' He said to them, 'You go to my vineyard, too.' When evening came, the owner of the vineyard said to his fore-man, 'Call the laborers and pay them their wages, begin-9 ning with the last and ending with the first. When those who were hired about five o'clock came they received a dollar 10 apiece. And when those who were hired first came they expected to get more, but they too got a dollar apiece. And 11 when they got it they grumbled at their employer, and said, 12 'These men who were hired last worked only one hour, and you have put them on the same footing with us who have done the heavy work of the day and have stood the midday

13 καύσωνα. ὁ δὲ ἀποκριθεὶς ⌜ἑνὶ αὐτῶν εἶπεν⌝ Ἑταῖρε, οὐκ ἀ-
14 δικῶ σε· οὐχὶ δηναρίου συνεφώνησάς μοι; ἆρον τὸ σὸν
καὶ ὕπαγε· θέλω ⌜δὲ⌝ τούτῳ τῷ ἐσχάτῳ δοῦναι ὡς καὶ σοί·
15 οὐκ ἔξεστίν μοι ὃ θέλω ποιῆσαι ἐν τοῖς ἐμοῖς; ἢ ὁ ὀφθαλ-
16 μός σου πονηρός ἐστιν ὅτι ἐγὼ ἀγαθός εἰμι; Οὕτως ἔσον-
ται οἱ ἔσχατοι πρῶτοι καὶ οἱ πρῶτοι ἔσχατοι.

17 ⌜Μέλλων δὲ ἀναβαίνειν Ἰησοῦς⌝ εἰς Ἱεροσόλυμα παρέλα-
βεν τοὺς δώδεκα [μαθητὰς] κατ᾽ ἰδίαν, καὶ ἐν τῇ ὁδῷ εἶπεν
18 αὐτοῖς Ἰδοὺ ἀναβαίνομεν εἰς Ἱεροσόλυμα, καὶ ὁ υἱὸς τοῦ
ἀνθρώπου παραδοθήσεται τοῖς ἀρχιερεῦσιν καὶ γραμματεῦ-
19 σιν, καὶ κατακρινοῦσιν αὐτὸν [θανάτῳ], καὶ παραδώσουσιν
αὐτὸν τοῖς ἔθνεσιν εἰς τὸ ἐμπαῖξαι καὶ μαστιγῶσαι καὶ
σταυρῶσαι, καὶ τῇ τρίτῃ ἡμέρᾳ ⌜ἐγερθήσεται⌝.
20 Τότε προσῆλθεν αὐτῷ ἡ μήτηρ τῶν υἱῶν Ζεβεδαίου μετὰ
τῶν υἱῶν αὐτῆς προσκυνοῦσα καὶ αἰτοῦσά τι ⌜ἀπ᾽⌝ αὐτοῦ.
21 ὁ δὲ εἶπεν αὐτῇ Τί θέλεις; ⌜λέγει αὐτῷ⌝ Εἰπὲ ἵνα
καθίσωσιν οὗτοι οἱ δύο υἱοί μου εἷς ἐκ δεξιῶν καὶ εἷς ἐξ
22 εὐωνύμων σου ἐν τῇ βασιλείᾳ σου. ἀποκριθεὶς δὲ ὁ
Ἰησοῦς εἶπεν Οὐκ οἴδατε τί αἰτεῖσθε· δύνασθε πιεῖν τὸ
ποτήριον ὃ ἐγὼ μέλλω πίνειν; λέγουσιν αὐτῷ Δυνάμεθα.
23 λέγει αὐτοῖς Τὸ μὲν ποτήριόν μου πίεσθε, τὸ δὲ καθίσαι
ἐκ δεξιῶν μου ⌜καὶ⌝ ἐξ εὐωνύμων οὐκ ἔστιν ἐμὸν ᵀ δοῦναι,
24 ἀλλ᾽ οἷς ἡτοίμασται ὑπὸ τοῦ πατρός μου. καὶ ἀκού-
25 σαντες οἱ δέκα ἠγανάκτησαν περὶ τῶν δύο ἀδελφῶν. ὁ δὲ
Ἰησοῦς προσκαλεσάμενος αὐτοὺς εἶπεν Οἴδατε ὅτι οἱ ἄρ-
χοντες τῶν ἐθνῶν κατακυριεύουσιν αὐτῶν καὶ οἱ μεγάλοι
26 κατεξουσιάζουσιν αὐτῶν. οὐχ οὕτως ἐστὶν ἐν ὑμῖν· ἀλλ᾽ ὃς
ἂν θέλῃ ⌜ἐν ὑμῖν μέγας⌝ γενέσθαι ἔσται ὑμῶν διάκονος,
27 καὶ ὃς ἂν θέλῃ ⌜ἐν ὑμῖν εἶναι⌝ πρῶτος ἔσται ὑμῶν δοῦλος·
28 ὥσπερ ὁ. υἱὸς τοῦ ἀνθρώπου οὐκ ἦλθεν διακονηθῆναι ἀλλὰ
διακονῆσαι καὶ δοῦναι τὴν ψυχὴν αὐτοῦ λύτρον ἀντὶ πολλῶν.

13 εἶπεν ἑνὶ αὐτῶν 14 [ἐγὼ] 17 Καὶ ἀναβαίνων ὁ Ἰησοῦς 19 ἀναστήσεται
20 παρ᾽ 21 ἡ δὲ εἶπεν 23 ἢ | τοῦτο 26 μέγας ἐν ὑμῖν 27 εἶναι ὑμῶν

13 heat.' But he answered one of them, 'My friend, I am doing you no injustice. Did you not agree with me on a dollar?
14 Take what belongs to you and go. I wish to give the last
15 man hired as much as I give you. Have I no right to do what I please with what is mine? Or do you begrudge my gener-
16 osity?' So those who are last now will be first then, and those who are first will be last.'

17   When Jesus was about to go up to Jerusalem, he took the Twelve off by themselves, and as they were on the way, he said to them,

18   "We are going up to Jerusalem, and the Son of Man will be handed over to the high priests and scribes, and they will
19 condemn him to death, and hand him over to the heathen to be mocked and flogged and crucified, and on the third day he will be raised to life."

20   Then the mother of Zebedee's sons came up to him with
21 her sons, bowing low, to ask a favor of him. He said to her, "What do you want?"

She said to him,

"Give orders that these two sons of mine sit one at your right and one at your left, when you are king!"

22   But Jesus answered,

"You do not know what you are asking for! Can you drink what I am going to drink?"

They answered.

"Yes, we can."

23   He said to them,

"Then what I drink you shall drink, but as for sitting at my right and my left, that is not mine to give, but be- longs to those for whom it is destined by my Father."

24   When the other ten heard of this, they were very indignant
25 at the two brothers. But Jesus called them to him and said,

"You know that the rulers of the heathen lord it over
26 them, and their great men tyrannize over them. It is not to be so among you, but whoever wants to be great among
27 you must be your servant, and whoever wants to hold the
28 first place among you must be your slave, just as the Son of Man has come not to be waited on, but to wait on other people, and to give his life to ransom many others."

29 Καὶ ἐκπορευομένων αὐτῶν ἀπὸ Ἱερειχὼ ἠκολούθησεν
30 αὐτῷ ὄχλος πολύς. καὶ ἰδοὺ δύο τυφλοὶ **καθήμενοι παρὰ
τὴν ὁδόν**, ἀκούσαντες ὅτι Ἰησοῦς παράγει, ἔκραξαν λέγον-
31 τες Κύριε, ἐλέησον ἡμᾶς, ⌜υἱὸς⌝ Δαυείδ. ὁ δὲ ὄχλος ἐπετί-
μησεν αὐτοῖς ἵνα σιωπήσωσιν· οἱ δὲ μεῖζον ἔκραξαν λέ-
32 γοντες Κύριε, ἐλέησον ἡμᾶς, ⌜υἱὸς⌝ Δαυείδ. καὶ στὰς
[ὁ] Ἰησοῦς ἐφώνησεν αὐτοὺς καὶ εἶπεν Τί θέλετε ποιήσω
33 ὑμῖν; λέγουσιν αὐτῷ Κύριε, ἵνα ἀνοιγῶσιν οἱ ὀφθαλμοὶ
34 ἡμῶν. σπλαγχνισθεὶς δὲ ὁ Ἰησοῦς ἥψατο τῶν ὀμμάτων
αὐτῶν, καὶ εὐθέως ἀνέβλεψαν καὶ ἠκολούθησαν αὐτῷ.

1 Καὶ ὅτε ἤγγισαν εἰς Ἰεροσόλυμα καὶ ἦλθον εἰς Βηθ-
φαγὴ εἰς τὸ Ὄρος τῶν Ἐλαιῶν, τότε Ἰησοῦς ἀπέστειλεν
2 δύο μαθητὰς λέγων αὐτοῖς Πορεύεσθε εἰς τὴν κώμην τὴν
κατέναντι ὑμῶν, καὶ εὐθὺς εὑρήσετε ὄνον δεδεμένην καὶ
3 πῶλον μετ' αὐτῆς· λύσαντες ⌜ἀγάγετέ⌝ μοι. καὶ ἐάν τις
ὑμῖν εἴπῃ τι, ἐρεῖτε ὅτι Ὁ κύριος αὐτῶν χρείαν ἔχει·
4 εὐθὺς δὲ ἀποστελεῖ αὐτούς. Τοῦτο δὲ γέγονεν ἵνα πλη-
ρωθῇ τὸ ῥηθὲν διὰ τοῦ προφήτου λέγοντος
5   Εἴπατε τῇ θυγατρὶ Σιών
   Ἰδοὺ ὁ βασιλεύς σου ἔρχεταί σοι
   πραῢς καὶ ἐπιβεβηκὼς ἐπὶ ὄνον
   καὶ ἐπὶ πῶλον υἱὸν ὑποζυγίου.
6 Πορευθέντες δὲ οἱ μαθηταὶ καὶ ποιήσαντες καθὼς συνέ-
7 ταξεν αὐτοῖς ὁ Ἰησοῦς ἤγαγον τὴν ὄνον καὶ τὸν πῶλον, καὶ
ἐπέθηκαν ἐπ' αὐτῶν τὰ ἱμάτια, καὶ ἐπεκάθισεν ἐπάνω αὐ-
8 τῶν. ὁ δὲ πλεῖστος ὄχλος ἔστρωσαν ἑαυτῶν τὰ ἱμάτια
ἐν τῇ ὁδῷ, ἄλλοι δὲ ἔκοπτον κλάδους ἀπὸ τῶν δένδρων καὶ
9 ἐστρώννυον ἐν τῇ ὁδῷ. οἱ δὲ ὄχλοι οἱ προάγοντες αὐτὸν
καὶ οἱ ἀκολουθοῦντες ἔκραζον λέγοντες
   Ὡσαννὰ τῷ υἱῷ Δαυείδ·
   Εὐλογημένος ὁ ἐρχόμενος ἐν ὀνόματι Κυρίου·
   Ὡσαννὰ ἐν τοῖς ὑψίστοις.
10 καὶ εἰσελθόντος αὐτοῦ εἰς Ἰεροσόλυμα ἐσείσθη πᾶσα ἡ

30 υἱέ   31 υἱέ   2 ἀγάγετέ

29 As they were going out of Jericho, a great crowd followed
30 him. And two blind men sitting by the roadside, hearing
that it was Jesus who was passing, called out,
"You Son of David! Take pity on us, sir!"
31 The crowd told them to be still, but they called all the
louder,
"You Son of David! Take pity on us, sir!"
32 And Jesus stopped and called them, and said,
"What do you want me to do for you?"
33 They said to him,
"Sir, have our eyes opened!"
34 And Jesus took pity on them and touched their eyes,
and they immediately regained their sight, and followed him.
21 When they were near Jerusalem and had come to
Bethphage and the Mount of Olives, Jesus sent two disciples
2 on ahead, saying to them,
"Go to the village that lies in front of you, and you
will at once find an ass tied there, and a colt with her. Untie
3 her and bring them to me. If anyone says anything to
you, you are to say 'The Master needs them'; then he will
send them at once."
4 Now this happened in fulfilment of what was said by
the prophet,
5   "Tell the daughter of Zion,
'Here is your king coming to you,
Gentle, and riding on an ass,
And on the foal of a beast of burden.' "
6 So the disciples went and did as Jesus had directed
7 them; they brought the ass and the colt, and laid their
coats upon them, and Jesus seated himself upon them.
8 And most of the crowd spread their coats in his way, and
others cut branches from the trees and scattered them
9 before him. And the crowds that went in front of him and
that followed him shouted,
"God bless the Son of David!
Blessed be he who comes in the Lord's name.
God bless him from on high!"
10 When he came into Jerusalem, the whole city was stirred,
and everyone asked,
"Who is he?"

11 πόλις λέγουσα Τίς ἐστιν οὗτος; οἱ δὲ ὄχλοι ἔλεγον Οὗτός
ἐστιν ὁ προφήτης Ἰησοῦς ὁ ἀπὸ Ναζαρὲθ τῆς Γαλιλαίας.

12 Καὶ εἰσῆλθεν Ἰησοῦς εἰς τὸ ἱερόν, καὶ ἐξέβαλεν
πάντας τοὺς πωλοῦντας καὶ ἀγοράζοντας ἐν τῷ ἱερῷ καὶ
τὰς τραπέζας τῶν κολλυβιστῶν κατέστρεψεν καὶ τὰς κα-
13 θέδρας τῶν πωλούντων τὰς περιστεράς, καὶ λέγει αὐτοῖς
Γέγραπται Ὁ οἶκός μου οἶκος προσευχῆς κληθήσε-
14 ται, ὑμεῖς δὲ αὐτὸν ποιεῖτε σπήλαιον λῃστῶν. Καὶ προσ-
ῆλθον αὐτῷ τυφλοὶ καὶ χωλοὶ ἐν τῷ ἱερῷ, καὶ ἐθερά-
15 πευσεν αὐτούς. Ἰδόντες δὲ οἱ ἀρχιερεῖς καὶ οἱ γραμματεῖς
τὰ θαυμάσια ἃ ἐποίησεν καὶ τοὺς παῖδας τοὺς κράζοντας
ἐν τῷ ἱερῷ καὶ λέγοντας Ὡσαννὰ τῷ υἱῷ Δαυείδ
16 ἠγανάκτησαν καὶ εἶπαν αὐτῷ Ἀκούεις τί οὗτοι λέγου-
σιν; ὁ δὲ Ἰησοῦς λέγει αὐτοῖς Ναί· οὐδέποτε ἀνέγνωτε
ὅτι Ἐκ στόματος νηπίων καὶ θηλαζόντων κατηρ-
17 τίσω αἶνον; Καὶ καταλιπὼν αὐτοὺς ἐξῆλθεν
ἔξω τῆς πόλεως εἰς Βηθανίαν, καὶ ηὐλίσθη ἐκεῖ.
18
19 Πρωὶ δὲ ⌜ἐπαναγαγὼν⌝ εἰς τὴν πόλιν ἐπείνασεν. καὶ
ἰδὼν συκῆν μίαν ἐπὶ τῆς ὁδοῦ ἦλθεν ἐπ᾽ αὐτήν, καὶ
οὐδὲν εὗρεν ἐν αὐτῇ εἰ μὴ φύλλα μόνον, καὶ λέγει αὐτῇ
Οὐ μηκέτι ἐκ σοῦ καρπὸς γένηται εἰς τὸν αἰῶνα· καὶ
20 ἐξηράνθη παραχρῆμα ἡ συκῆ. καὶ ἰδόντες οἱ μαθηταὶ
ἐθαύμασαν λέγοντες Πῶς παραχρῆμα ἐξηράνθη ἡ συκῆ;
21 ἀποκριθεὶς δὲ ὁ Ἰησοῦς εἶπεν αὐτοῖς Ἀμὴν λέγω ὑμῖν,
ἐὰν ἔχητε πίστιν καὶ μὴ διακριθῆτε, οὐ μόνον τὸ τῆς
συκῆς ποιήσετε, ἀλλὰ κἂν τῷ ὄρει τούτῳ εἴπητε Ἄρθητι
22 καὶ βλήθητι εἰς τὴν θάλασσαν, γενήσεται· καὶ πάντα
ὅσα ἂν αἰτήσητε ἐν τῇ προσευχῇ πιστεύοντες λήμ-
ψεσθε.

23 Καὶ ἐλθόντος αὐτοῦ εἰς τὸ ἱερὸν προσῆλθαν αὐτῷ διδά-
σκοντι οἱ ἀρχιερεῖς καὶ οἱ πρεσβύτεροι τοῦ λαοῦ λέγοντες
Ἐν ποίᾳ ἐξουσίᾳ ταῦτα ποιεῖς; καὶ τίς σοι ἔδωκεν τὴν

18 ἐπανάγων

11   The crowd answered,

"It is Jesus, the prophet of Nazareth in Galilee!"

12   And Jesus went into the Temple and drove out all who were buying or selling things in it, and he upset the money-changers'
13 tables and the pigeon-dealers' seats, and he said to them,

"The Scripture says 'My house shall be called a house of prayer,' but you make it a robbers' den."

14   And blind and lame people came up to him in the Temple,
15 and he cured them.   But when the high priests and the scribes saw the wonders that he did and saw the boys shouting in the Temple, "God bless the Son of David!" they were
16 indignant, and said to him,

"Do you hear what they are saying?"

Jesus said to them,

"Yes. Did you never read, 'You have drawn praise from the mouths of children and infants'?"

17   And he left them, and went out of the city to Bethany, and spent the night there.

18   In the morning as he went back to the city, he grew
19 hungry, and seeing a fig tree by the roadside, he went up to it, but found nothing on it but leaves.   And he said to it,

"No more fruit shall ever grow on you!"

20   And the fig tree withered up at once.   When the disciples saw it, they were amazed and said,

"How did the fig tree come to wither up immediately?"

21   Jesus answered,

"I tell you, if you have faith and have no doubt, you will not only do what I have done to the fig tree, but even if you say to this mountain, 'Get up and throw yourself into the
22 sea,' it will be done.   And everything that you pray for with faith, you will obtain."

23   When he had entered the Temple, and was teaching, the high priests and the elders of the people came up to him, and said,

"What authority have you for doing as you do, and who gave you this authority?"

24 ἐξουσίαν ταύτην; ἀποκριθεὶς [δὲ] ὁ Ἰησοῦς εἶπεν αὐτοῖς
Ἐρωτήσω ὑμᾶς κἀγὼ λόγον ἕνα, ὃν ἐὰν εἴπητέ μοι
25 κἀγὼ ὑμῖν ἐρῶ ἐν ποίᾳ ἐξουσίᾳ ταῦτα ποιῶ· τὸ βάπτι-
σμα τὸ Ἰωάνου πόθεν ἦν; ἐξ οὐρανοῦ ἢ ἐξ ἀνθρώπων; οἱ
δὲ διελογίζοντο ⌜ἐν⌝ ἑαυτοῖς λέγοντες Ἐὰν εἴπωμεν Ἐξ
οὐρανοῦ, ἐρεῖ ἡμῖν Διὰ τί οὖν οὐκ ἐπιστεύσατε αὐτῷ;
26 ἐὰν δὲ εἴπωμεν Ἐξ ἀνθρώπων, φοβούμεθα τὸν ὄχλον,
27 πάντες γὰρ ὡς προφήτην ἔχουσιν τὸν Ἰωάνην· καὶ ἀπο-
κριθέντες τῷ Ἰησοῦ εἶπαν Οὐκ οἴδαμεν. ἔφη αὐτοῖς καὶ
αὐτός Οὐδὲ ἐγὼ λέγω ὑμῖν ἐν ποίᾳ ἐξουσίᾳ ταῦτα ποιῶ.
28 Τί δὲ ὑμῖν δοκεῖ; ἄνθρωπος εἶχεν ⌜τέκνα δύο⌝. ⌜ προσελ-
θὼν τῷ πρώτῳ εἶπεν Τέκνον, ὕπαγε σήμερον ἐργάζου ἐν
29 τῷ ⌜ἀμπελῶνι⌝· ὁ δὲ ἀποκριθεὶς εἶπεν Ἐγώ, κύριε· καὶ
30 οὐκ ἀπῆλθεν. προσελθὼν δὲ τῷ δευτέρῳ εἶπεν ὡσαύτως· ὁ
δὲ ἀποκριθεὶς εἶπεν Οὐ θέλω· ὕστερον μεταμεληθεὶς ἀπῆλ-
31 θεν. τίς ἐκ τῶν δύο ἐποίησεν τὸ θέλημα τοῦ πατρός;
⌜λέγουσιν Ὁ ὕστερος.⌝ λέγει αὐτοῖς ὁ Ἰησοῦς Ἀμὴν λέγω
ὑμῖν ὅτι οἱ τελῶναι καὶ αἱ πόρναι προάγουσιν ὑμᾶς εἰς τὴν
32 βασιλείαν τοῦ θεοῦ. ἦλθεν γὰρ Ἰωάνης πρὸς ὑμᾶς ἐν ὁ-
δῷ δικαιοσύνης, καὶ οὐκ ἐπιστεύσατε αὐτῷ· οἱ δὲ τελῶναι
καὶ αἱ πόρναι ἐπίστευσαν αὐτῷ· ὑμεῖς δὲ ἰδόντες οὐδὲ μετε-
33 μελήθητε ὕστερον τοῦ πιστεῦσαι αὐτῷ.   Ἄλ-
λην παραβολὴν ἀκούσατε. Ἄνθρωπος ἦν οἰκοδεσπό-
της ὅστις ἐφύτευσεν ἀμπελῶνα καὶ φραγμὸν αὐτῷ
περιέθηκεν καὶ ὤρυξεν ἐν αὐτῷ ληνὸν καὶ ᾠκο-
δόμησεν πύργον, καὶ ἐξέδετο αὐτὸν γεωργοῖς, καὶ ἀπε-
34 δήμησεν. ὅτε δὲ ἤγγισεν ὁ καιρὸς τῶν καρπῶν, ἀπέ-
στειλεν τοὺς δούλους αὐτοῦ πρὸς τοὺς γεωργοὺς λαβεῖν τοὺς
35 καρποὺς αὐτοῦ. καὶ λαβόντες οἱ γεωργοὶ τοὺς δούλους
αὐτοῦ ὃν μὲν ἔδειραν, ὃν δὲ ἀπέκτειναν, ὃν δὲ ἐλιθοβό-
36 λησαν. πάλιν ἀπέστειλεν ἄλλους δούλους πλείονας τῶν
37 πρώτων, καὶ ἐποίησαν αὐτοῖς ὡσαύτως. ὕστερον δὲ ἀπέ-
στειλεν πρὸς αὐτοὺς τὸν υἱὸν αὐτοῦ λέγων Ἐντραπήσονται

25 παρ'   28 δύο τέκνα | καὶ | ἀμπελῶνί μου   31 †...†

24   Jesus answered,

"Let me ask you one question, and if you answer it,
25 I will tell you what authority I have for doing as I do.   Where
did John's baptism come from? Was it from heaven, or
from men?"

And they argued with one another,

"If we say, 'It was from heaven,' he will say to us,
26 'Then why did you not believe him?'   But if we say, 'From
men,' we have the people to fear, for they all consider John
a prophet."

27   And they answered Jesus,

"We do not know."

He said to them,

"Nor will I tell you what authority I have for doing as I
28 do. But what do you think? There was a man who had
two sons. He went to the first and said, 'My son, go and
29 work in the vineyard today.' And he answered, 'I will,
30 sir,' but he did not go. Then the man went to the second
son, and told him the same thing. And he answered "I will
not!"   But afterward he changed his mind and went.
31 Which of the two did what his father wanted?"

They said,

"The second one."

Jesus said to them,

"I tell you, the tax-collectors and prostitutes are going
32 into the Kingdom of God ahead of you. For John came
to you with a way of uprightness, and you would not believe
him.   The tax-collectors and prostitutes believed him, but
even after seeing that, you would not change your minds
and believe him!

33   "Listen to another figure.   There was a land owner who
planted a vineyard and fenced it in, and hewed out a wine-vat
in it, and built a watch-tower, and leased it to tenants, and
34 left the neighborhood. When the time for the vintage
approached he sent his slaves to the tenants to receive his
35 share. But the tenants took his slaves and beat one and
36 killed another and stoned a third.   Again he sent other slaves
and more of them than he had sent at first, and they treated
37 them in the same way. Finally he sent his son to them,

38 τὸν υἱόν μου. οἱ δὲ γεωργοὶ ἰδόντες τὸν υἱὸν εἶπον ἐν
ἑαυτοῖς Οὗτός ἐστιν ὁ κληρονόμος· δεῦτε ἀποκτείνωμεν
39 αὐτὸν καὶ σχῶμεν τὴν κληρονομίαν αὐτοῦ· καὶ λαβόντες
40 αὐτὸν ἐξέβαλον ἔξω τοῦ ἀμπελῶνος καὶ ἀπέκτειναν. ὅταν
οὖν ἔλθῃ ὁ κύριος τοῦ ἀμπελῶνος, τί ποιήσει τοῖς γεωργοῖς
41 ἐκείνοις; λέγουσιν αὐτῷ Κακοὺς κακῶς ἀπολέσει αὐτούς,
καὶ τὸν ἀμπελῶνα ἐκδώσεται ἄλλοις γεωργοῖς, οἵτινες
ἀποδώσουσιν αὐτῷ τοὺς καρποὺς ἐν τοῖς καιροῖς αὐτῶν.
42 λέγει αὐτοῖς ὁ Ἰησοῦς Οὐδέποτε ἀνέγνωτε ἐν ταῖς γρα-
φαῖς

    Λίθον ὃν ἀπεδοκίμαϲαν οἱ οἰκοδομοῦντεϲ-
        οὗτοϲ ἐγενήθη εἰϲ κεφαλὴν γωνίαϲ·
    παρὰ Κυρίου ἐγένετο αὕτη,
        καὶ ἔϲτιν θαυμαϲτὴ ἐν ὀφθαλμοῖϲ ἡμῶν;

43 διὰ τοῦτο λέγω ⌈ὑμῖν ὅτι⌉ ἀρθήσεται ἀφ᾽ ὑμῶν ἡ βασιλεία
τοῦ θεοῦ καὶ δοθήσεται ἔθνει ποιοῦντι τοὺς καρποὺς αὐτῆς.
44 [Καὶ ὁ πεσὼν ἐπὶ τὸν λίθον τοῦτον συνθλασθήσεται· ἐφ᾽ ὃν
45 δ᾽ ἂν πέσῃ λικμήσει αὐτόν.] ⌈Καὶ ἀκούσαντες⌉
οἱ ἀρχιερεῖς καὶ οἱ Φαρισαῖοι τὰς παραβολὰς αὐτοῦ ἔγνω-
46 σαν ὅτι περὶ αὐτῶν λέγει· καὶ ζητοῦντες αὐτὸν κρατῆ-
σαι ἐφοβήθησαν τοὺς ὄχλους, ἐπεὶ εἰς προφήτην αὐτὸν
1 εἶχον. Καὶ ἀποκριθεὶς ὁ Ἰησοῦς πάλιν εἶπεν ἐν
2 παραβολαῖς αὐτοῖς λέγων Ὡμοιώθη ἡ βασιλεία τῶν οὐρα-
νῶν ἀνθρώπῳ βασιλεῖ, ὅστις ἐποίησεν γάμους τῷ υἱῷ
3 αὐτοῦ. καὶ ἀπέστειλεν τοὺς δούλους αὐτοῦ καλέσαι τοὺς
4 κεκλημένους εἰς τοὺς γάμους, καὶ οὐκ ἤθελον ἐλθεῖν. πάλιν
ἀπέστειλεν ἄλλους δούλους λέγων Εἴπατε τοῖς κεκλη-
μένοις Ἰδοὺ τὸ ἄριστόν μου ἡτοίμακα, οἱ ταῦροί μου
καὶ τὰ σιτιστὰ τεθυμένα, καὶ πάντα ἕτοιμα· δεῦτε εἰς
5 τοὺς γάμους. οἱ δὲ ἀμελήσαντες ἀπῆλθον, ὃς μὲν εἰς τὸν
6 ἴδιον ἀγρόν, ὃς δὲ ἐπὶ τὴν ἐμπορίαν αὐτοῦ· οἱ δὲ λοιποὶ
κρατήσαντες τοὺς δούλους αὐτοῦ ὕβρισαν καὶ ἀπέκτειναν.
7 ὁ δὲ βασιλεὺς ὠργίσθη, καὶ πέμψας τὰ στρατεύματα

38 thinking, 'They will respect my son.' But when the tenants
saw his son, they said to one another, 'This is his heir!
39 Come on, let us kill him, and get his inheritance!' So they
took him and drove him out of the vineyard and killed him.
40 When the owner of the vineyard comes back, therefore, what
will he do to these tenants?''

41   They said to him,
"He will put the wretches to a miserable death, and let
the vineyard to other tenants who will give him his share of
the vintage when it is due."

42   Jesus said to them,
"Did you never read in the Scriptures,
" 'That stone which the builders rejected
Has become the cornerstone;
This came from the Lord,
And seems marvelous to us'?

43   "That, I tell you, is why the Kingdom of God will be
taken away from you, and given to a people that will produce
44 its proper fruit. Whoever falls on that stone will be shattered,
but whoever it falls upon will be scattered like chaff."

45   When the high priests and the Pharisees heard his
46 figures, they knew that he was speaking about them, and they
wanted to have him arrested, but they were afraid of the
people, for the people considered him a prophet.

22   And Jesus spoke to them again in figures, and said,
2   "The Kingdom of Heaven is like a king, who gave a
3 wedding banquet for his son. And he sent his slaves to
summon those who had been invited to the banquet, and
4 they would not come. He sent other slaves a second time,
and said to them, 'Tell those who have been asked, "Here
I have my banquet all ready, my bullocks and fat cattle
are killed, and everything is ready. Come to the banquet!" '
5 But they took no notice of it, and went off, one to his estate,
6 and another to his business, and the rest seized his slaves,
7 and ill treated them and killed them. This made the king

αὐτοῦ ἀπώλεσεν τοὺς φονεῖς ἐκείνους καὶ τὴν πόλιν αὐτῶν
8 ἐνέπρησεν. τότε λέγει τοῖς δούλοις αὐτοῦ Ὁ μὲν γάμος
9 ἕτοιμός ἐστιν, οἱ δὲ κεκλημένοι οὐκ ἦσαν ἄξιοι· πορεύεσθε
οὖν ἐπὶ τὰς διεξόδους τῶν ὁδῶν, καὶ ὅσους ἐὰν εὕρητε
10 καλέσατε εἰς τοὺς γάμους. καὶ ἐξελθόντες οἱ δοῦλοι
ἐκεῖνοι εἰς τὰς ὁδοὺς συνήγαγον πάντας οὓς εὗρον, πονη-
ρούς τε καὶ ἀγαθούς· καὶ ἐπλήσθη ὁ νυμφὼν ἀνακειμένων.
11 εἰσελθὼν δὲ ὁ βασιλεὺς θεάσασθαι τοὺς ἀνακειμένους εἶδεν
12 ἐκεῖ ἄνθρωπον οὐκ ἐνδεδυμένον ἔνδυμα γάμου· καὶ λέγει
αὐτῷ Ἑταῖρε, πῶς εἰσῆλθες ὧδε μὴ ἔχων ἔνδυμα γάμου;
13 ὁ δὲ ἐφιμώθη. τότε ὁ βασιλεὺς εἶπεν τοῖς διακόνοις Δή-
σαντες αὐτοῦ πόδας καὶ χεῖρας ἐκβάλετε αὐτὸν εἰς τὸ
σκότος τὸ ἐξώτερον· ἐκεῖ ἔσται ὁ κλαυθμὸς καὶ ὁ βρυ-
14 γμὸς τῶν ὀδόντων. πολλοὶ γάρ εἰσιν κλητοὶ ὀλίγοι δὲ
ἐκλεκτοί.

15		Τότε πορευθέντες οἱ Φαρισαῖοι συμβούλιον ἔλαβον
16 ὅπως αὐτὸν παγιδεύσωσιν ἐν λόγῳ. καὶ ἀποστέλλουσιν
αὐτῷ τοὺς μαθητὰς αὐτῶν μετὰ τῶν Ἡρωδιανῶν λέγοντας
Διδάσκαλε, οἴδαμεν ὅτι ἀληθὴς εἶ καὶ τὴν ὁδὸν τοῦ θεοῦ ἐν
ἀληθείᾳ διδάσκεις, καὶ οὐ μέλει σοι περὶ οὐδενός, οὐ γὰρ
17 βλέπεις εἰς πρόσωπον ἀνθρώπων· εἰπὸν οὖν ἡμῖν τί σοι
18 δοκεῖ· ἔξεστιν δοῦναι κῆνσον Καίσαρι ἢ οὔ; γνοὺς δὲ
ὁ Ἰησοῦς τὴν πονηρίαν αὐτῶν εἶπεν Τί με πειράζετε,
19 ὑποκριταί; ἐπιδείξατέ μοι τὸ νόμισμα τοῦ κήνσου. οἱ
20 δὲ προσήνεγκαν αὐτῷ δηνάριον. καὶ λέγει αὐτοῖς ᵀ Τίνος
21 ἡ εἰκὼν αὕτη καὶ ἡ ἐπιγραφή; λέγουσιν Καίσαρος. τότε
λέγει αὐτοῖς Ἀπόδοτε οὖν τὰ Καίσαρος Καίσαρι καὶ τὰ
22 τοῦ θεοῦ τῷ θεῷ. καὶ ἀκούσαντες ἐθαύμασαν, καὶ ἀφέντες
αὐτὸν ἀπῆλθαν.

23		Ἐν ἐκείνῃ τῇ ἡμέρᾳ προσῆλθον αὐτῷ Σαδδουκαῖοι, λέ-
24 γοντες μὴ εἶναι ἀνάστασιν, καὶ ἐπηρώτησαν αὐτὸν λέγον-
τες Διδάσκαλε, Μωυσῆς εἶπεν ᴇᴀ́ɴ ᴛιϲ ἀποθάνῃ ᴍʜ̀
ἔχων ᴛέκɴᴀ, ἐπιɢᴀᴍʙʀεýϲει ὁ ἀδελφὸϲ ᴀýᴛοý ᴛʜ̀ɴ

20 ὁ Ἰησοῦς

angry, and he sent his troops and put those murderers to
8 death and burned their city. Then he said to his slaves,
'The banquet is ready, but those who were invited have
9 proved unworthy of it. So go out where the roads leave the
10 city and invite everyone you find to the banquet.' So his
slaves went out on the roads, and got together all the people
they could find, good or bad, and the hall was filled with
11 guests. But when the king came in to view the guests, he
saw among them a man who did not have on wedding clothes.
12 And he said to him, 'My friend, how did you happen to come
here without wedding clothes?' But he had nothing to say.
13 Then the king said to his attendants, 'Bind him hand and
foot and throw him out into the darkness, there to weep
14 and grind his teeth.' For many are invited but few
chosen."

15 Then the Pharisees went and made a plot to entrap him
16 in argument. So they sent their disciples to him with the
Herodians, to say to him,

"Master, we know that you tell the truth, and teach
the way of God with sincerity, regardless of the conse-
17 quences, for you are impartial. So give us your opinion:
Is it right to pay the poll-tax to the emperor, or not?"

18 But he saw their malice, and said,

"Why do you put me to such a test, you hypocrites?
19 Show me the poll-tax coin!"

20 And they brought him a denarius. And he said to them,
"Whose head and title is this?"

21 They answered,

"The emperor's."

Then he said to them,

"Then pay the emperor what belongs to the emperor,
and pay God what belongs to God!"

22 And when they heard it they were amazed, and they
went away and left him.

23 On the same day some Sadducees came up to him,
claiming that there is no resurrection, and they asked him
this question:

24 "Master, Moses said, 'If a man dies without children

Γυναῖκα αὐτοῦ καὶ ἀναστήσει ϲπέρμα τῷ ἀδελφῷ
25 αὐτοῦ. ἦσαν δὲ παρ᾽ ἡμῖν ἑπτὰ ἀδελφοί· καὶ ὁ πρῶτος
γήμας ἐτελεύτησεν, καὶ μὴ ἔχων σπέρμα ἀφῆκεν τὴν
26 γυναῖκα αὐτοῦ τῷ ἀδελφῷ αὐτοῦ· ὁμοίως καὶ ὁ δεύτερος
27 καὶ ὁ τρίτος, ἕως τῶν ἑπτά· ὕστερον δὲ πάντων ἀπέθανεν
28 ἡ γυνή. ἐν τῇ ἀναστάσει οὖν τίνος τῶν ἑπτὰ ἔσται γυ-
29 νή; πάντες γὰρ ἔσχον αὐτήν. ἀποκριθεὶς δὲ ὁ Ἰησοῦς
εἶπεν αὐτοῖς Πλανᾶσθε μὴ εἰδότες τὰς γραφὰς μηδὲ τὴν
30 δύναμιν τοῦ θεοῦ· ἐν γὰρ τῇ ἀναστάσει οὔτε γαμοῦσιι
οὔτε γαμίζονται, ἀλλ᾽ ὡς ἄγγελοι ἐν τῷ οὐρανῷ εἰσίν·
31 περὶ δὲ τῆς ἀναστάσεως τῶν νεκρῶν οὐκ ἀνέγνωτε τὸ ῥη-
32 θὲν ὑμῖν ὑπὸ τοῦ θεοῦ λέγοντος Ἐγώ εἰμι ὁ θεὸς
Ἀβραὰμ καὶ ὁ θεὸς Ἰσαὰκ καὶ ὁ θεὸς Ἰακώβ;
33 οὐκ ἔστιν [ὁ] θεὸς νεκρῶν ἀλλὰ ζώντων. Καὶ ἀκούσαντες
οἱ ὄχλοι ἐξεπλήσσοντο ἐπὶ τῇ διδαχῇ αὐτοῦ.

34   Οἱ δὲ Φαρισαῖοι ἀκούσαντες ὅτι ἐφίμωσεν τοὺς Σαδ-
35 δουκαίους συνήχθησαν ἐπὶ τὸ αὐτό. καὶ ἐπηρώτησεν εἷς
36 ἐξ αὐτῶν νομικὸς πειράζων αὐτόν Διδάσκαλε, ποία ἐντολὴ
37 μεγάλη ἐν τῷ νόμῳ; ὁ δὲ ἔφη αὐτῷ Ἀγαπήϲειϲ Κύριον
τὸν θεόν ϲου ἐν ὅλη καρδίᾳ ϲου καὶ ἐν ὅλη τῇ
38 ψυχῇ ϲου καὶ ἐν ὅλη τῇ διανοίᾳ ϲου· αὕτη ἐστὶν ἡ
39 μεγάλη καὶ πρώτη ἐντολή. δευτέρα ⌜ὁμοία ⌜αὕτη⌝⌝ Ἀγα-
40 πήϲειϲ τὸν πληϲίον ϲου ὡϲ ϲεαυτόν. ἐν ταύταις ταῖς
δυσὶν ἐντολαῖς ὅλος ὁ νόμος κρέμαται καὶ οἱ προφῆ-
41 ται.   Συνηγμένων δὲ τῶν Φαρισαίων ἐπηρώτησεν
42 αὐτοὺς ὁ Ἰησοῦς λέγων Τί ὑμῖν δοκεῖ περὶ τοῦ χριστοῦ;
43 τίνος υἱός ἐστιν; λέγουσιν αὐτῷ Τοῦ Δαυείδ. λέγει αὐτοῖς
Πῶς οὖν Δαυεὶδ ἐν πνεύματι καλεῖ ⌜αὐτὸν κύριον⌝ λέγων

44   Εἶπεν Κύριοϲ τῷ κυρίῳ μου Κάθου ἐκ δεξιῶν μου
ἕωϲ ἂν θῶ τοὺϲ ἐχθρούϲ ϲου ὑποκάτω τῶν ποδῶν
                                                    ϲου;
45 εἰ οὖν Δαυεὶδ καλεῖ αὐτὸν κύριον, πῶς υἱὸς αὐτοῦ ἐστιν·
46 καὶ οὐδεὶς ἐδύνατο ἀποκριθῆναι αὐτῷ λόγον, οὐδὲ ἐτόλ-

39 ὁμοίως | αὐτῇ   43 κύριον αὐτὸν

his brother shall marry his widow, and raise up a family for
25 him.' Now there were seven brothers among us.   The
first of them married and died, and as he had no children, he
26 left his wife to his brother; so did the second, and the third,
27 and the rest of the seven.   After them all the woman died.
28 At the resurrection which one's wife will she be?   For they
all married her."

29   Jesus answered them,

    "You are wrong, because you do not understand the
30 Scriptures nor the power of God.   For after the resurrection
there is no marrying or being married, but they live as
31 angels do in heaven.   But as to the resurrection of the dead,
32 did you never read what was said to you by God, 'I am the
God of Abraham, the God of Isaac, and the God of Jacob'?
He is not the God of dead men but of living!"

33   When the crowd heard this, they were astounded at his
teaching.

34   And when the Pharisees heard that he had silenced the
35 Sadducees, they gathered together, and one of them, an
expert in the Law, to test him, asked,

36   "Master, what command is greatest in the Law?"

37   And he said to him,

    " 'You must love the Lord your God with your whole
38 heart, your whole soul, and your whole mind.'   That is the
39 great, first command.   There is a second like it: 'You must
40 love your neighbor as you do yourself.'   These two commands
sum up the whole of the Law and the Prophets."

41   While the Pharisees were still gathered there, Jesus
asked them,

42   "What do you think about the Christ?   Whose son is he?"
They said to him,
    "David's."

43   He said to them,

    "How is it then that David under the Spirit's influence
calls him lord, and says,

44   " 'The Lord has said to my lord, "Sit at my right hand
        Until I put your enemies under your feet" '?

45 So if David calls him lord, how can he be his son?"

46   And no one could make him any answer, and from that

μησέν τις ἀπ' ἐκείνης τῆς ἡμέρας ἐπερωτῆσαι αὐτὸν οὐκέτι.

1 Τότε [ὁ] Ἰησοῦς ἐλάλησεν τοῖς ὄχλοις καὶ τοῖς μαθη-
2 ταῖς αὐτοῦ λέγων Ἐπὶ τῆς Μωυσέως καθέδρας ἐκάθισαν
3 οἱ γραμματεῖς καὶ οἱ Φαρισαῖοι. πάντα οὖν ὅσα ἐὰν εἴπω-
σιν ὑμῖν ποιήσατε καὶ τηρεῖτε, κατὰ δὲ τὰ ἔργα αὐτῶν μὴ
4 ποιεῖτε, λέγουσιν γὰρ καὶ οὐ ποιοῦσιν. δεσμεύουσιν δὲ
φορτία βαρέα ᵀ καὶ ἐπιτιθέασιν ἐπὶ τοὺς ὤμους τῶν ἀνθρώ-
πων, αὐτοὶ δὲ τῷ δακτύλῳ αὐτῶν οὐ θέλουσιν κινῆσαι
5 αὐτά. πάντα δὲ τὰ ἔργα αὐτῶν ποιοῦσιν πρὸς τὸ θεαθῆναι
τοῖς ἀνθρώποις· πλατύνουσι γὰρ τὰ φυλακτήρια αὐτῶν καὶ
6 μεγαλύνουσι τὰ κράσπεδα, φιλοῦσι δὲ τὴν πρωτοκλισίαν
ἐν τοῖς δείπνοις καὶ τὰς πρωτοκαθεδρίας ἐν ταῖς συναγω-
7 γαῖς καὶ τοὺς ἀσπασμοὺς ἐν ταῖς ἀγοραῖς καὶ καλεῖσθαι
8 ὑπὸ τῶν ἀνθρώπων Ῥαββεί. ὑμεῖς δὲ μὴ κληθῆτε
Ῥαββεί, εἷς γάρ ἐστιν ὑμῶν ὁ διδάσκαλος, πάντες δὲ
9 ὑμεῖς ἀδελφοί ἐστε· καὶ πατέρα μὴ καλέσητε ὑμῶν ἐπὶ
10 τῆς γῆς, εἷς γάρ ἐστιν ὑμῶν ὁ πατὴρ ὁ οὐράνιος· μηδὲ
11 κληθῆτε καθηγηταί, ὅτι καθηγητὴς ὑμῶν ἐστιν εἷς ὁ χρι-
12 στός· ὁ δὲ μείζων ὑμῶν ἔσται ὑμῶν διάκονος. Ὅστις δὲ
ὑψώσει ἑαυτὸν ταπεινωθήσεται, καὶ ὅστις ταπεινώσει ἑαυ-
14 τὸν ὑψωθήσεται.   Οὐαὶ δὲ ὑμῖν, γραμματεῖς καὶ
Φαρισαῖοι ὑποκριταί, ὅτι κλείετε τὴν βασιλείαν τῶν οὐρα-
νῶν ἔμπροσθεν τῶν ἀνθρώπων· ὑμεῖς γὰρ οὐκ εἰσέρχεσθε,
15 οὐδὲ τοὺς εἰσερχομένους ἀφίετε εἰσελθεῖν. Οὐαὶ ὑμῖν,
γραμματεῖς καὶ Φαρισαῖοι ὑποκριταί, ὅτι περιάγετε τὴν
θάλασσαν καὶ τὴν ξηρὰν ποιῆσαι ἕνα προσήλυτον, καὶ
ὅταν γένηται ποιεῖτε αὐτὸν υἱὸν γεέννης διπλότερον ὑμῶν.
16 Οὐαὶ ὑμῖν, ὁδηγοὶ τυφλοὶ οἱ λέγοντες Ὃς ἂν ὀμόσῃ ἐν
τῷ ναῷ, οὐδέν ἐστιν, ὃς δ' ἂν ὀμόσῃ ἐν τῷ χρυσῷ τοῦ
17 ναοῦ ὀφείλει· μωροὶ καὶ τυφλοί, τίς γὰρ μείζων ἐστίν, ὁ
18 χρυσὸς ἢ ὁ ναὸς ὁ ἁγιάσας τὸν χρυσόν; καί Ὃς ἂν
ὀμόσῃ ἐν τῷ θυσιαστηρίῳ, οὐδέν ἐστιν, ὃς δ' ἂν ὀμόσῃ ἐν
19 τῷ δώρῳ τῷ ἐπάνω αὐτοῦ ὀφείλει· ᵀ τυφλοί, τί γὰρ μεῖζον,

4 καὶ δυσβάστακτα   19 μωροὶ καὶ

day no one ventured to ask him any more questions.

23 Then Jesus said to the crowds and to his disciples,

2 "The scribes and Pharisees have taken Moses' seat.
3 So do everything they tell you, and observe it all, but do
4 not do as they do, for they talk but do not act. They tie
up heavy loads and have them put on men's shoulders, but
5 they will not lift a finger to move them. They do everything
they do to have men see it. They wear wide Scripture texts
6 as charms, and they wear large tassels, and they like the
best places at dinners and the front seats in the synagogues,
7 and to be saluted with respect in public places, and to
8 have men call them 'Rabbi.' But you must not let people
call you 'Rabbi,' for you have only one teacher, and you are
9 all brothers. And you must not call anyone on earth your
father, for you have only one father, your heavenly Father.
10 And you must not let men call you master, for you have
11 only one master, the Christ. But he who is greatest among
12 you must be your servant. Whoever exalts himself will be
humbled and whoever humbles himself will be exalted.

14 "But alas for you, you hypocritical scribes and Pharisees,
for you lock the doors of the Kingdom of Heaven in men's
faces, for you will neither go in yourselves nor let those enter
15 who are trying to do so. Alas for you, you hypocritical
scribes and Pharisees, for you scour land and sea to make
one convert, and when he is converted you make him twice as
16 fit for the pit as you are. Alas for you, you blind guides, who
say, 'If anyone swears by the sanctuary, that is nothing,
but if anyone swears by the gold of the sanctuary, it is binding.'
17 Blind fools! which is greater, the gold, or the sanctuary that
18 makes the gold sacred? You say, 'If anyone swears by the
altar, that is nothing, but if anyone swears by the offering
19 that is on it, it is binding.' You blind men! Which is greater,

20 τὸ δῶρον ἢ τὸ θυσιαστήριον τὸ ἁγιάζον τὸ δῶρον; ὁ οὖν
ὀμόσας ἐν τῷ θυσιαστηρίῳ ὀμνύει ἐν αὐτῷ καὶ ἐν πᾶσι
21 τοῖς ἐπάνω αὐτοῦ· καὶ ὁ ὀμόσας ἐν τῷ ναῷ ὀμνύει ἐν αὐ-
22 τῷ καὶ ἐν τῷ ⌜κατοικοῦντι⌝ αὐτόν· καὶ ὁ ὀμόσας ἐν τῷ
οὐρανῷ ὀμνύει ἐν τῷ θρόνῳ τοῦ θεοῦ καὶ ἐν τῷ καθημένῳ
23 ἐπάνω αὐτοῦ. Οὐαὶ ὑμῖν, γραμματεῖς καὶ Φαρισαῖοι ὑπο-
κριταί, ὅτι ἀποδεκατοῦτε τὸ ἡδύοσμον καὶ τὸ ἄνηθον καὶ τὸ
κύμινον, καὶ ἀφήκατε τὰ βαρύτερα τοῦ νόμου, τὴν κρίσιν
καὶ τὸ ἔλεος καὶ τὴν πίστιν· ταῦτα δὲ ἔδει ποιῆσαι κἀκεῖνα
24 μὴ ἀφεῖναι. ὁδηγοὶ τυφλοί, διυλίζοντες τὸν κώνωπα τὴν
25 δὲ κάμηλον καταπίνοντες. Οὐαὶ ὑμῖν, γραμματεῖς καὶ
Φαρισαῖοι ὑποκριταί, ὅτι καθαρίζετε τὸ ἔξωθεν τοῦ ποτη-
ρίου καὶ τῆς παροψίδος, ἔσωθεν δὲ γέμουσιν ἐξ ἁρπαγῆς
26 καὶ ἀκρασίας. Φαρισαῖε τυφλέ, καθάρισον πρῶτον τὸ
ἐντὸς τοῦ ποτηρίου [καὶ τῆς παροψίδος], ἵνα γένηται καὶ
27 τὸ ἐκτὸς αὐτοῦ καθαρόν. Οὐαὶ ὑμῖν, γραμματεῖς καὶ
Φαρισαῖοι ὑποκριταί, ὅτι ⌜παρομοιάζετε⌝ τάφοις κεκονιαμέ-
νοις, οἵτινες ἔξωθεν μὲν φαίνονται ὡραῖοι ἔσωθεν δὲ γέ-
28 μουσιν ὀστέων νεκρῶν καὶ πάσης ἀκαθαρσίας· οὕτως καὶ
ὑμεῖς ἔξωθεν μὲν φαίνεσθε τοῖς ἀνθρώποις δίκαιοι, ἔσωθεν
29 δέ ἐστε μεστοὶ ὑποκρίσεως καὶ ἀνομίας. Οὐαὶ ὑμῖν,
γραμματεῖς καὶ Φαρισαῖοι ὑποκριταί, ὅτι οἰκοδομεῖτε τοὺς
τάφους τῶν προφητῶν καὶ κοσμεῖτε τὰ μνημεῖα τῶν
30 δικαίων, καὶ λέγετε Εἰ ἤμεθα ἐν ταῖς ἡμέραις τῶν πατέ-
ρων ἡμῶν, οὐκ ἂν ἤμεθα αὐτῶν κοινωνοὶ ἐν τῷ αἵματι τῶν
31 προφητῶν· ὥστε μαρτυρεῖτε ἑαυτοῖς ὅτι υἱοί ἐστε τῶν
32 φονευσάντων τοὺς προφήτας. καὶ ὑμεῖς ⌜πληρώσατε⌝ τὸ
33 μέτρον τῶν πατέρων ὑμῶν. ὄφεις γεννήματα ἐχιδνῶν,
34 πῶς φύγητε ἀπὸ τῆς κρίσεως τῆς γεέννης; διὰ τοῦτο ⌜ἰδοὺ⌝
ἐγὼ ἀποστέλλω πρὸς ὑμᾶς προφήτας καὶ σοφοὺς καὶ
γραμματεῖς· ἐξ αὐτῶν ἀποκτενεῖτε καὶ σταυρώσετε, καὶ
ἐξ αὐτῶν μαστιγώσετε ἐν ταῖς συναγωγαῖς ὑμῶν καὶ
35 διώξετε ἀπὸ πόλεως εἰς πόλιν· ὅπως ἔλθῃ ἐφ᾽ ὑμᾶς πᾶν

21 κατοικήσαντι   27 ὁμοιάζετε   32 πληρώσετε   34 Ἰδοὺ

the offering, or the altar that makes the offering sacred?
20 Anyone who swears by the altar is swearing by it and by
21 everything that is on it, and anyone who swears by the
22 sanctuary is swearing by it and by him who dwells in it; and
anyone who swears by heaven is swearing by the throne of
God and by him who sits upon it.

23   "Alas for you, you hypocritical scribes and Pharisees,
for you pay tithes on mint, dill, and cummin, and you have
let the weightier matters of the Law go—justice, mercy, and
integrity.   But you should have observed these, without
24 overlooking the others.   You blind guides! straining out the
25 gnat, and yet swallowing the camel!   Alas for you, you
hypocritical scribes and Pharisees, for you clean the outside
of the cup and the dish, but inside they are full of greed and
26 self-indulgence.   You blind Pharisee!   You must first clean
the inside of the cup and the dish, so that the outside may be
27 clean too.   Alas for you, you hypocritical scribes and
Pharisees, for you are like white-washed tombs.   They look
well on the outside, but inside they are full of the bones of the
28 dead, and all that is unclean.   So you outwardly appear to
men to be upright, but within you are full of hypocrisy and
wickedness.

29   "Alas for you, you hypocritical scribes and Pharisees, for
you build tombs for the prophets, and decorate the monu-
30 ments of the upright, and say, 'If we had been living in the
times of our fathers, we would not have joined them in the
31 murder of the prophets.' So you bear witness against
yourselves that you are descended from the murderers of the
32 prophets.   Go on and fill up the measure of your forefathers'
33 guilt!   You serpents!   You brood of snakes!   How can you
34 escape being sentenced to the pit?   This is why I am going to
send you prophets, wise men and scribes, some of whom you
will kill and crucify, and some you will flog in your synagogues
35 and hunt from one town to another; it is that on your heads

αἷμα δίκαιον ἐκχυννόμενον ἐπὶ τῆς γῆς ἀπὸ τοῦ αἵματος
Ἄβελ τοῦ δικαίου ἕως τοῦ αἵματος Ζαχαρίου υἱοῦ Βαρα-
χίου, ὃν ἐφονεύσατε μεταξὺ τοῦ ναοῦ καὶ τοῦ θυσιαστη-
36 ρίου. ἀμὴν λέγω ὑμῖν, ἥξει ⌜ταῦτα πάντα⌝ ἐπὶ τὴν γενεὰν
37 ταύτην. Ἰερουσαλήμ Ἰερουσαλήμ, ἡ ἀποκτεί-
νουσα τοὺς προφήτας καὶ λιθοβολοῦσα τοὺς ἀπεσταλμέ-
νους πρὸς αὐτήν, – ποσάκις ἠθέλησα ἐπισυναγαγεῖν τὰ
τέκνα σου, ὃν τρόπον ὄρνις ἐπισυνάγει τὰ νοσσία [αὐτῆς]
38 ὑπὸ τὰς πτέρυγας, καὶ οὐκ ἠθελήσατε; ἰδοὺ ἀφίεται ὑμῖν ὁ
39 οἶκοс ὑμῶν ⊤. λέγω γὰρ ὑμῖν, οὐ μή με ἴδητε ἀπ᾿ ἄρτι
ἕως ἂν εἴπητε

Εὐλογημένος ὁ ἐρχόμενος ἐν ὀνόματι Κυρίου.

1　　Καὶ ἐξελθὼν ὁ Ἰησοῦς ἀπὸ τοῦ ἱεροῦ ἐπορεύετο, καὶ
προσῆλθον οἱ μαθηταὶ αὐτοῦ ἐπιδεῖξαι αὐτῷ τὰς οἰκοδομὰς
2 τοῦ ἱεροῦ· ὁ δὲ ἀποκριθεὶς εἶπεν αὐτοῖς Οὐ βλέπετε
ταῦτα πάντα; ἀμὴν λέγω ὑμῖν, οὐ μὴ ἀφεθῇ ὧδε λίθος
3 ἐπὶ λίθον ὃς οὐ καταλυθήσεται. Καθημένου δὲ αὐτοῦ
ἐπὶ τοῦ Ὄρους τῶν Ἐλαιῶν προσῆλθον αὐτῷ οἱ μαθηταὶ
κατ᾿ ἰδίαν λέγοντες Εἰπὸν ἡμῖν πότε ταῦτα ἔσται, καὶ τί
τὸ σημεῖον τῆς σῆς παρουσίας καὶ συντελείας τοῦ αἰῶνος.
4 καὶ ἀποκριθεὶς ὁ Ἰησοῦς εἶπεν αὐτοῖς Βλέπετε μή τις
5 ὑμᾶς πλανήσῃ· πολλοὶ γὰρ ἐλεύσονται ἐπὶ τῷ ὀνόματί
μου λέγοντες Ἐγώ εἰμι ὁ χριστός, καὶ πολλοὺς πλανή-
6 σουσιν. μελλήσετε δὲ ἀκούειν πολέμους καὶ ἀκοὰς πολέ-
μων· ὁρᾶτε, μὴ θροεῖσθε· δεῖ γὰρ γενέσθαι, ἀλλ᾿ οὔπω
7 ἐστὶν τὸ τέλος. ἐγερθήσεται γὰρ ἔθνος ἐπὶ ἔθνος καὶ
8
9 βασιλεία ἐπὶ βασιλείαν, καὶ ἔσονται λιμοὶ καὶ σεισμοὶ
κατὰ τόπους· πάντα δὲ ταῦτα ἀρχὴ ὠδίνων. τότε παρα-
δώσουσιν ὑμᾶς εἰς θλίψιν καὶ ἀποκτενοῦσιν ὑμᾶς, καὶ
ἔσεσθε μισούμενοι ὑπὸ πάντων τῶν ἐθνῶν διὰ τὸ ὄνομά
10 μου. καὶ τότε σκανδαλισθήσονται πολλοὶ καὶ ἀλλήλους
11 παραδώσουσιν καὶ μισήσουσιν ἀλλήλους· καὶ πολλοὶ ψευ-

36 πάντα ταῦτα　　　　38 ἔρημος

may come all the innocent blood shed on the earth from the blood of Abel the upright to the blood of Zechariah, Barachiah's son, whom you murdered between the sanctuary
36 and the altar! I tell you, all this will come upon this age!
37   "O Jerusalem, Jerusalem! murdering the prophets, and stoning those who are sent to her, how often I have longed to gather your children around me, as a hen gathers her brood
38 under her wings, but you refused! Now I leave you to
39 yourselves. For I tell you, you will never see me again until you say, 'Blessed be he who comes in the Lord's name!' "
24   And Jesus left the Temple and was going away, when his disciples came up to him to call his attention to the
2 Temple buildings. But he answered,
  "Do you see all this? I tell you, not one stone will be left here upon another but shall be torn down."
3   As he was sitting on the Mount of Olives, the disciples came up to him by themselves, and said to him,
  "Tell us when this is to happen, and what will be the sign of your coming, and of the close of the age."
4   Jesus answered,
5   "Take care that no one misleads you about this. For many will come under my name, and say, 'I am the Christ,'
6 and many will be misled by them. You will hear of wars and rumors of war; do not let yourselves be alarmed. They have
7 to come, but that is not the end. For nation will rise in arms against nation, and kingdom against kingdom, and there
8 will be famines and earthquakes here and there. All this is
9 only the beginning of the sufferings. Then they will hand you over to persecution and they will put you to death, and you will be hated by all the heathen because you bear my
10 name. Then many will fall away and betray one another
11 and hate one another. Many false prophets will appear,

12 δοπροφῆται ἐγερθήσονται καὶ πλανήσουσιν πολλούς· καὶ
διὰ τὸ πληθυνθῆναι τὴν ἀνομίαν ψυγήσεται ἡ ἀγάπη τῶν
13 πολλῶν. ὁ δὲ ὑπομείνας εἰς τέλος οὗτος σωθήσεται. καὶ
14
κηρυχθήσεται τοῦτο τὸ εὐαγγέλιον τῆς βασιλείας ἐν ὅλῃ
τῇ οἰκουμένῃ εἰς μαρτύριον πᾶσιν τοῖς ἔθνεσιν, καὶ τότε
15 ἥξει τὸ τέλος. Ὅταν οὖν ἴδητε τὸ ΒΔέΛΥΓΜΑ ΤΗϹ
ἐρΗΜώϹεωϹ τὸ ῥηθὲν διὰ Δανιὴλ τοῦ προφήτου ἑστὸς
16 ἐν ΤΌΠῳ ἁΓΊῳ, ὁ ἀναγινώσκων νοείτω, τότε · οἱ ἐν τῇ
17 Ἰουδαίᾳ φευγέτωσαν ⌐εἰς⌐ τὰ ὄρη, ὁ ἐπὶ τοῦ δώματος μὴ
18 καταβάτω ἆραι τὰ ἐκ τῆς οἰκίας αὐτοῦ, καὶ ὁ ἐν τῷ ἀγρῷ
19 μὴ ἐπιστρεψάτω ὀπίσω ἆραι τὸ ἱμάτιον αὐτοῦ. οὐαὶ δὲ
ταῖς ἐν γαστρὶ ἐχούσαις καὶ ταῖς θηλαζούσαις ἐν ἐκείναις
20 ταῖς ἡμέραις. προσεύχεσθε δὲ ἵνα μὴ γένηται ἡ φυγὴ
21 ὑμῶν χειμῶνος μηδὲ σαββάτῳ· ἔσται γὰρ τότε θΛῖΨιϹ
μεγάλη οἵα ΟΥ ΓέΓΟΝεΝ ἀπ᾽ ἀρχΗϹ ΚόϹΜΟΥ ἕωϹ ΤΟΥ
22 ΝΥΝ οὐδ᾽ οὐ μὴ γένηται. καὶ εἰ μὴ ἐκολοβώθησαν αἱ
ἡμέραι ἐκεῖναι, οὐκ ἂν ἐσώθη πᾶσα σάρξ· διὰ δὲ τοὺς
23 ἐκλεκτοὺς κολοβωθήσονται αἱ ἡμέραι ἐκεῖναι. Τότε ἐάν
τις ὑμῖν εἴπῃ Ἰδοὺ ὧδε ὁ χριστός ἢ Ὧδε, μὴ πιστεύσητε·
24 ἐγερθήσονται γὰρ ψευδόχριστοι καὶ ΨεΥΔΟΠΡΟΦΗΤΑΙ, καὶ
ΔώϹΟΥϹΙΝ ϹΗΜεῖΑ μεγάλα ΚΑὶ ΤέΡΑΤΑ ὥστε ⌐πλανᾶσθαι⌐
25 εἰ δυνατὸν καὶ τοὺς ἐκλεκτούς· ἰδοὺ προείρηκα ὑμῖν.
26 ἐὰν οὖν εἴπωσιν ὑμῖν Ἰδοὺ ἐν τῇ ἐρήμῳ ἐστίν, μὴ ἐξ-
27 έλθητε· Ἰδοὺ ἐν τοῖς ταμείοις, μὴ πιστεύσητε· ὥσπερ
γὰρ ἡ ἀστραπὴ ἐξέρχεται ἀπὸ ἀνατολῶν καὶ φαίνεται ἕως
δυσμῶν, οὕτως ἔσται ἡ παρουσία τοῦ υἱοῦ τοῦ ἀνθρώπου·
28 ὅπου ἐὰν ᾖ τὸ πτῶμα, ἐκεῖ συναχθήσονται οἱ ἀετοί.
29 Εὐθέως δὲ μετὰ τὴν θλίψιν τῶν ἡμερῶν ἐκείνων ὁ Ἥλιοϲ
ϹΚΟΤΙϹθΗϹεΤΑΙ, ΚΑὶ Ἡ ϹεΛΗΝΗ ΟΥ ΔώϹεΙ ΤΌ ΦέΓΓΟϹ
ΑΥΤΗϹ, ΚΑὶ οἱ ἀϹΤέΡεϹ ΠεϹΟΥΝΤΑΙ ἀΠΌ ΤΟΥ ΟΥΡΑΝΟΥ,
30 ΚΑὶ Αἱ ΔΥΝάΜεΙϹ ΤῶΝ ΟΥΡΑΝῶΝ ϹΑΛεΥθΗϹΟΝΤΑΙ. καὶ
τότε φανήσεται τὸ σημεῖον τοῦ υἱοῦ τοῦ ἀνθρώπου ἐν
οὐρανῷ, καὶ τότε ΚόΨΟΝΤΑΙ ΠᾶϹΑΙ Αἱ ΦΥΛΑὶ ΤΗϹ ΓΗϹ

16 ἐπὶ   24 πλανῆσαι

12 and many will be misled by them, and because of the increase
13 of wickedness, most men's love will grow cold. But he who
14 holds out to the end will be saved. And this good news
of the kingdom will be preached all over the world, to
testify to all the heathen, and then the end will come.

15   "So when you see the dreadful desecration, of which the
prophet Daniel spoke, set up in the Holy Place"—the reader
16 must take note of this—"then those who are in Judea must
17 fly to the hills; a man on the housetop must not go down to get
18 things out of the house, and a man in the field must not turn
19 back to get his coat. But alas for women who are with child
20 at that time or who have babies! And pray that you may
21 not have to fly in winter or on the Sabbath, for there will be
greater misery then than there has ever been from the be-
22 ginning of the world until now, or ever will be again. If those
days had not been cut short, nobody would have escaped,
but for the sake of God's people those days will be cut
short.

23   "If anyone says to you at that time, 'Look! here is the
24 Christ!' or 'There he is!' do not believe it, for false Christs
and false prophets will appear, and they will show great signs
25 and wonders to mislead God's chosen people if they can. Here
26 I have told you beforehand.   So if they say to you,
'There he is, in the desert!' do not go out there; 'Here he is,
27 in a room in here!' do not believe it.   For just as the lightning
starts in the east and flashes to the west, so the coming of the
28 Son of Man will be. Wherever there is a dead body, the
vultures will flock.

29   "But immediately after the misery of those days, the sun
will be darkened, and the moon will not shed its light, and
the stars will fall from the sky, and the forces of the sky will
30 shake. Then the sign of the Son of Man will appear in
the sky, and all the nations of the earth will lament when

καὶ ὄψονται τὸν γίὸν τοῦ ἀνθρώπου ἐρχόμενον ἐπὶ
τῶν νεφελῶν τοῦ οὐρανοῦ μετὰ δυνάμεως καὶ δόξης
31 πολλῆς· καὶ ἀποστελεῖ τοὺς ἀγγέλους αὐτοῦ μετὰ cάλ-
πιγγοc ᵀ μεγάλης, καὶ ἐπιcυνάζουσιν τοὺς ἐκλεκτοὺς αὐ-
τοῦ ἐκ τῶν τεccάρων ἀνέμων ἀπ' ἄκρων οὐρανῶν
32 ἕως [τῶν] ἄκρων αὐτῶν.   Ἀπὸ δὲ τῆς συκῆς
μάθετε τὴν παραβολήν· ὅταν ἤδη ὁ κλάδος αὐτῆς γένηται
ἁπαλὸς καὶ τὰ φύλλα ἐκφύῃ, γινώσκετε ὅτι ἐγγὺς τὸ
33 θέρος· οὕτως καὶ ὑμεῖς, ὅταν ἴδητε πάντα ταῦτα, γινώσκετε
34 ὅτι ἐγγύς ἐστιν ἐπὶ θύραις. ἀμὴν λέγω ὑμῖν ὅτι οὐ μὴ
35 παρέλθῃ ἡ γενεὰ αὕτη ἕως [ἂν] πάντα ταῦτα γένηται. ὁ
οὐρανὸς καὶ ἡ γῆ παρελεύσεται, οἱ δὲ λόγοι μου οὐ μὴ
36 παρέλθωσιν.   Περὶ δὲ τῆς ἡμέρας ἐκείνης καὶ ὥρας
οὐδεὶς οἶδεν, οὐδὲ οἱ ἄγγελοι τῶν οὐρανῶν οὐδὲ ὁ υἱός,
37 εἰ μὴ ὁ πατὴρ μόνος. ὥσπερ γὰρ αἱ ἡμέραι τοῦ Νῶε,
38 οὕτως ἔσται ἡ παρουσία τοῦ υἱοῦ τοῦ ἀνθρώπου· ὡς γὰρ
ἦσαν ἐν ταῖς ἡμέραις [ἐκείναις] ταῖς πρὸ τοῦ κατακλυσμοῦ
τρώγοντες καὶ πίνοντες, γαμοῦντες καὶ γαμίζοντες, ἄχρι ἧς
39 ἡμέρας εἰcῆλθεν Νῶε εἰc τὴν κιβωτόν, καὶ οὐκ ἔγνωσαν
ἕως ἦλθεν ὁ κατακλυσμὸς καὶ ἦρεν ἅπαντας, οὕτως ἔσται ἡ
40 παρουσία τοῦ υἱοῦ τοῦ ἀνθρώπου. τότε ἔσονται δύο ἐν τῷ
41 ἀγρῷ, εἷς παραλαμβάνεται καὶ εἷς ἀφίεται· δύο ἀλήθουσαι
42 ἐν τῷ μύλῳ, μία παραλαμβάνεται καὶ μία ἀφίεται. γρη-
γορεῖτε οὖν, ὅτι οὐκ οἴδατε ποίᾳ ἡμέρᾳ ὁ κύριος ὑμῶν
43 ἔρχεται. ἐκεῖνο δὲ γινώσκετε ὅτι εἰ ᾔδει ὁ οἰκοδεσπότης
ποίᾳ φυλακῇ ὁ κλέπτης ἔρχεται, ἐγρηγόρησεν ἂν καὶ οὐκ ἂν
44 εἴασεν διορυχθῆναι τὴν οἰκίαν αὐτοῦ. διὰ τοῦτο καὶ ὑμεῖς
γίνεσθε ἕτοιμοι, ὅτι ᾗ οὐ δοκεῖτε ὥρᾳ ὁ υἱὸς τοῦ ἀνθρώπου
45 ἔρχεται.   Τίς ἄρα ἐστὶν ὁ πιστὸς δοῦλος καὶ φρόνιμος ὃν
κατέστησεν ὁ κύριος ἐπὶ τῆς οἰκετείας αὐτοῦ τοῦ δοῦναι
46 αὐτοῖς τὴν τροφὴν ἐν καιρῷ; μακάριος ὁ δοῦλος ἐκεῖνος
47 ὃν ἐλθὼν ὁ κύριος αὐτοῦ εὑρήσει οὕτως ποιοῦντα· ἀμὴν
λέγω ὑμῖν ὅτι ἐπὶ πᾶσιν τοῖς ὑπάρχουσιν αὐτοῦ καταστή-

31 φωνῆς

they see the Son of Man coming on the clouds of the sky,
31 in all his power and splendor.   And he will send out his
angels with a loud trumpet-call, and they will gather his
chosen people from the four winds, from one end of the sky
to the other.

32   "Let the fig tree teach you the lesson.   As soon as its
branches grow soft and put forth leaves, you know that
33 summer is coming.   So when you see all these things, you
34 must know that he is just at the door.   I tell you, before the
present generation passes away these things will all happen.
35 Earth and sky will pass away but my words will never pass
36 away.   But about that day or hour no one knows, not even
37 the angels in heaven nor the Son, but only the Father.   For
just as it was in the time of Noah, it will be at the coming of
38 the Son of Man.   For just as in those days before the flood
people were eating and drinking, marrying and being married,
39 until the very day Noah entered the ark, and knew nothing
about it until the flood came and destroyed them all, so it will
40 be at the coming of the Son of Man.   Two men will be in the
41 field; one will be taken and one left.   Two women will be
42 grinding with the handmill; one will be taken and one left.   So
you must be on the watch, for you do not know on what day
43 your Master is coming.   But you may be sure of this, that if
the master of the house had known in what part of the night
the thief was coming, he would have been on the watch, and
44 would not have let his house be broken into.   Therefore you
must be ready too, for the Son of Man is coming at a time
when you do not expect him.

45   "Who then will be the faithful, thoughtful slave whom
his master put in charge of his household, to give the
46 members of it their supplies at the proper time?   Blessed is
that slave if his master when he returns finds him doing it.
47 I tell you, he will put him in charge of all his property.

48 σει αὐτόν. ἐὰν δὲ εἴπῃ ὁ κακὸς δοῦλος ἐκεῖνος ἐν τῇ
49 καρδίᾳ αὐτοῦ Χρονίζει μου ὁ κύριος, καὶ ἄρξηται τύπτειν
τοὺς συνδούλους αὐτοῦ, ἐσθίῃ δὲ καὶ πίνῃ μετὰ τῶν με-
50 θυόντων, ἥξει ὁ κύριος τοῦ δούλου ἐκείνου ἐν ἡμέρᾳ ᾗ οὐ
51 προσδοκᾷ καὶ ἐν ὥρᾳ ᾗ οὐ γινώσκει, καὶ διχοτομήσει αὐτὸν
καὶ τὸ μέρος αὐτοῦ μετὰ τῶν ὑποκριτῶν θήσει· ἐκεῖ ἔσται
1 ὁ κλαυθμὸς καὶ ὁ βρυγμὸς τῶν ὀδόντων. Τότε
ὁμοιωθήσεται ἡ βασιλεία τῶν οὐρανῶν δέκα παρθένοις,
αἵτινες λαβοῦσαι τὰς λαμπάδας ἑαυτῶν ἐξῆλθον εἰς ὑπάν-
2 τησιν τοῦ νυμφίου. πέντε δὲ ἐξ αὐτῶν ἦσαν μωραὶ καὶ
3 πέντε φρόνιμοι· αἱ γὰρ μωραὶ λαβοῦσαι τὰς λαμπάδας
4 [αὐτῶν] οὐκ ἔλαβον μεθ' ἑαυτῶν ἔλαιον· αἱ δὲ φρόνιμοι
ἔλαβον ἔλαιον ἐν τοῖς ἀγγείοις μετὰ τῶν λαμπάδων
5 ἑαυτῶν. χρονίζοντος δὲ τοῦ νυμφίου ἐνύσταξαν πᾶσαι
6 καὶ ἐκάθευδον. μέσης δὲ νυκτὸς κραυγὴ γέγονεν Ἰδοὺ ὁ
7 νυμφίος, ἐξέρχεσθε εἰς ἀπάντησιν. τότε ἠγέρθησαν πᾶσαι
αἱ παρθένοι ἐκεῖναι καὶ ἐκόσμησαν τὰς λαμπάδας ἑαυτῶν.
8 αἱ δὲ μωραὶ ταῖς φρονίμοις εἶπαν Δότε ἡμῖν ἐκ τοῦ ἐλαίου
9 ὑμῶν, ὅτι αἱ λαμπάδες ἡμῶν σβέννυνται. ἀπεκρίθησαν δὲ
αἱ φρόνιμοι λέγουσαι Μήποτε ⌜οὐ μὴ⌝ ἀρκέσῃ ἡμῖν καὶ
ὑμῖν· πορεύεσθε μᾶλλον πρὸς τοὺς πωλοῦντας καὶ ἀγορά-
10 σατε ἑαυταῖς. ἀπερχομένων δὲ αὐτῶν ἀγοράσαι ἦλθεν ὁ
νυμφίος, καὶ αἱ ἕτοιμοι εἰσῆλθον μετ' αὐτοῦ εἰς τοὺς γάμους,
11 καὶ ἐκλείσθη ἡ θύρα. ὕστερον δὲ ἔρχονται καὶ αἱ λοιπαὶ
12 παρθένοι λέγουσαι Κύριε κύριε, ἄνοιξον ἡμῖν· ὁ δὲ ἀποκρι-
13 θεὶς εἶπεν Ἀμὴν λέγω ὑμῖν, οὐκ οἶδα ὑμᾶς. Γρηγορεῖτε οὖν,
14 ὅτι οὐκ οἴδατε τὴν ἡμέραν οὐδὲ τὴν ὥραν. Ὥσπερ
γὰρ ἄνθρωπος ἀποδημῶν ἐκάλεσεν τοὺς ἰδίους δούλους καὶ
15 παρέδωκεν αὐτοῖς †τὰ ὑπάρχοντα αὐτοῦ, καὶ ᾧ μὲν ἔδωκεν
πέντε τάλαντα ᾧ δὲ δύο ᾧ δὲ ἕν, ἑκάστῳ κατὰ τὴν ἰδίαν
16 δύναμιν, καὶ ἀπεδήμησεν. εὐθέως πορευθεὶς ὁ τὰ πέντε
τάλαντα λαβὼν ἠργάσατο ἐν αὐτοῖς καὶ ἐκέρδησεν ἄλλα
17
18 πέντε· ὡσαύτως ⌐ ὁ τὰ δύο ἐκέρδησεν ἄλλα δύο· ὁ δὲ τὸ

9 οὐκ   17 καὶ

48 But if he is a bad slave and says to himself, 'My master is
49 going to stay a long time,' and begins to beat the other
50 slaves, and eats and drinks with drunkards, that slave's
master will come back some day when he does not expect him,
51 and at some time of which he does not know, and will cut him
in two, and put him with the hypocrites, to weep and grind
his teeth.

25   "Then the Kingdom of Heaven will be like ten brides-
maids who took their lamps and went out to meet the bride-
2 groom.   Now five of them were foolish and five were sensible.
3 For the foolish ones brought their lamps but brought no
4 oil with them, but the sensible ones with their lamps
5 brought oil in their flasks.   As the bridegroom was slow in
6 coming, they all grew drowsy and fell asleep.   But in the
middle of the night there was a shout 'Here is the bride-
7 groom!   Come out and meet him!'   Then all the bridesmaids
8 awoke, and trimmed their lamps.   And the foolish ones said
to the sensible ones, 'Give us some of your oil, for our lamps
9 are going out.'   But the sensible ones answered, 'There may
not be enough for us and you.   You had better go to the
10 dealers and buy yourselves some.'   But while they were
gone to buy it, the bridegroom arrived, and the ones that were
ready went in with him to the wedding banquet, and the
11 door was closed.   Afterward the other bridesmaids came and
12 said, 'Sir! Sir! Open the door for us!'   But he answered,
13 'I tell you, I do not know you!'   So you must be on the watch,
for you do not know either the day or the hour.

14   "For it is just like a man who was going on a journey,
and called in his slaves, and put his property in their hands.
15 He gave one five thousand dollars, and another two thousand,
and another one thousand; to each according to his ability.
16 Then he went away.   The man who had received the five
thousand dollars immediately went into business with the
17 money, and made five thousand more.   In the same way
the man who had received the two thousand made two
18 thousand more.   But the man who had received the one

ἐν λαβὼν ἀπελθὼν ὤρυξεν γῆν καὶ ἔκρυψεν τὸ ἀργύριον
19 τοῦ κυρίου αὐτοῦ. μετὰ δὲ πολὺν χρόνον ἔρχεται ὁ κύριος
20 τῶν δούλων ἐκείνων καὶ συναίρει λόγον μετ᾽ αὐτῶν καὶ
προσελθὼν ὁ τὰ πέντε τάλαντα λαβὼν προσήνεγκεν ἄλλα
πέντε τάλαντα λέγων Κύριε, πέντε τάλαντά μοι παρέ-
21 δωκας· ἴδε ἄλλα πέντε τάλαντα ἐκέρδησα. ἔφη αὐτῷ ὁ
κύριος αὐτοῦ Εὖ, δοῦλε ἀγαθὲ καὶ πιστέ, ἐπὶ ὀλίγα ἦς
πιστός, ἐπὶ πολλῶν σε καταστήσω· εἴσελθε εἰς τὴν χαρὰν
22 τοῦ κυρίου σου. προσελθὼν καὶ ὁ τὰ δύο τάλαντα εἶπεν
Κύριε, δύο τάλαντά μοι παρέδωκας· ἴδε ἄλλα δύο τάλαντα
23 ἐκέρδησα. ἔφη αὐτῷ ὁ κύριος αὐτοῦ Εὖ, δοῦλε ἀγαθὲ καὶ
πιστέ, ἐπὶ ὀλίγα ⌜ἦς πιστός⌝, ἐπὶ πολλῶν σε καταστήσω·
24 εἴσελθε εἰς τὴν χαρὰν τοῦ κυρίου σου. προσελθὼν δὲ καὶ
ὁ τὸ ἓν τάλαντον εἰληφὼς εἶπεν Κύριε, ἔγνων σε ὅτι
σκληρὸς εἶ ἄνθρωπος, θερίζων ὅπου οὐκ ἔσπειρας καὶ συνά-
25 γων ὅθεν οὐ διεσκόρπισας· καὶ φοβηθεὶς ἀπελθὼν ἔκρυψα
26 τὸ τάλαντόν σου ἐν τῇ γῇ· ἴδε ἔχεις τὸ σόν. ἀποκριθεὶς
δὲ ὁ κύριος αὐτοῦ εἶπεν αὐτῷ Πονηρὲ δοῦλε καὶ ὀκνηρέ,
ᾔδεις ὅτι θερίζω ὅπου οὐκ ἔσπειρα καὶ συνάγω ὅθεν οὐ
27 διεσκόρπισα; ἔδει σε οὖν βαλεῖν τὰ ἀργύριά μου τοῖς
τραπεζείταις, καὶ ἐλθὼν ἐγὼ ἐκομισάμην ἂν τὸ ἐμὸν σὺν
28 τόκῳ. ἄρατε οὖν ἀπ᾽ αὐτοῦ τὸ τάλαντον καὶ δότε τῷ
29 ἔχοντι τὰ δέκα τάλαντα· τῷ γὰρ ἔχοντι παντὶ δοθήσεται
καὶ περισσευθήσεται· τοῦ δὲ μὴ ἔχοντος καὶ ὃ ἔχει ἀρθή-
30 σεται ἀπ᾽ αὐτοῦ. καὶ τὸν ἀχρεῖον δοῦλον ἐκβάλετε εἰς τὸ
σκότος τὸ ἐξώτερον· ἐκεῖ ἔσται ὁ κλαυθμὸς καὶ ὁ βρυγμὸς
31 τῶν ὀδόντων. Ὅταν δὲ ἔλθῃ ὁ υἱὸς τοῦ ἀνθρώ-
που ἐν τῇ δόξῃ αὐτοῦ καὶ ΠΑΝΤΕC ΟΙ ΑΓΓΕΛΟΙ ΜΕΤ᾽ ΑΥΤΟΥ,
32 τότε καθίσει ἐπὶ θρόνου δόξης αὐτοῦ, καὶ συναχθήσονται
ἔμπροσθεν αὐτοῦ πάντα τὰ ἔθνη, καὶ ἀφορίσει αὐτοὺς
ἀπ᾽ ἀλλήλων, ὥσπερ ὁ ποιμὴν ἀφορίζει τὰ πρόβατα ἀπὸ
33 τῶν ἐρίφων, καὶ στήσει τὰ μὲν πρόβατα ἐκ δεξιῶν
34 αὐτοῦ τὰ δὲ ἐρίφια ἐξ εὐωνύμων. τότε ἐρεῖ ὁ βα-

23 πιστὸς ἦς

thousand went away and dug a hole in the ground and hid
19 his master's money. Long afterward, their master came
20 back and settled accounts with them. And the man who
had received the five thousand dollars came up bringing
him five thousand more, and said, 'Sir, you put five thousand
dollars in my hands; here I have made five thousand more.'
21 His master said to him, 'Well done, my excellent, faithful
slave! you have been faithful about a small amount; I will
put a large one into your hands. Come, share your master's
22 enjoyment!' And the man who had received the two
thousand came up and said 'Sir, you put two thousand
dollars into my hands; here I have made two thousand
23 more.' His master said to him, 'Well done, my excellent,
faithful slave! you have been faithful about a small amount;
I will put a large one into your hands. Come! share your
24 master's enjoyment.' And the man who had received the
one thousand came up and said, 'Sir, I knew you were a
hard man, who reaped where you had not sown, and gathered
25 where you had not threshed, and I was frightened, and I
went and hid your thousand dollars in the ground. Here
26 is your money!' His master answered, 'You wicked, lazy
slave! You knew that I reaped where I had not sown and
27 gathered where I had not threshed? Then you ought to
have put my money in the bank, and then when I came back
28 I would have gotten my property with interest. So take the
thousand dollars away from him, and give it to the man who
29 has the ten thousand, for the man who has will have more
given him, and will be plentifully supplied, and from the
man who has nothing even what he has will be taken away.
30 And put the good-for-nothing slave out into the darkness
outside, to weep and grind his teeth there.'
31   "When the Son of Man comes in his splendor, with all his
angels with him, he will take his seat on his glorious throne,
32 and all the nations will be gathered before him, and he will
separate them from one another, just as a shepherd separates
33 his sheep from his goats, and he will put the sheep at his right
34 hand and the goats at his left. Then the king will say to

σιλεὺς τοῖς ἐκ δεξιῶν αὐτοῦ Δεῦτε, οἱ εὐλογημένοι τοῦ
πατρός μου, κληρονομήσατε τὴν ἡτοιμασμένην ὑμῖν βα-
35 σιλείαν ἀπὸ καταβολῆς κόσμου· ἐπείνασα γὰρ καὶ ἐδώκατέ
μοι φαγεῖν, ἐδίψησα καὶ ἐποτίσατέ με, ξένος ἤμην καὶ
36 συνηγάγετέ με, γυμνὸς καὶ περιεβάλετέ με, ἠσθένησα καὶ
ἐπεσκέψασθέ με, ἐν φυλακῇ ἤμην καὶ ἤλθατε πρός με.
37 τότε ἀποκριθήσονται αὐτῷ οἱ δίκαιοι λέγοντες Κύριε, πότε
σε εἴδαμεν πεινῶντα καὶ ἐθρέψαμεν, ἢ διψῶντα καὶ ἐποτί-
38 σαμεν; πότε δέ σε εἴδαμεν ξένον καὶ συνηγάγομεν, ἢ
39 γυμνὸν καὶ περιεβάλομεν; πότε δέ σε εἴδομεν ἀσθενοῦντα
40 ἢ ἐν φυλακῇ καὶ ἤλθομεν πρός σε; καὶ ἀποκριθεὶς ὁ βα-
σιλεὺς ἐρεῖ αὐτοῖς Ἀμὴν λέγω ὑμῖν, ἐφ' ὅσον ἐποιήσατε
ἑνὶ τούτων τῶν ἀδελφῶν μου τῶν ἐλαχίστων, ἐμοὶ ἐποιή-
41 σατε. τότε ἐρεῖ καὶ τοῖς ἐξ εὐωνύμων Πορεύεσθε ἀπ' ἐμοῦ
κατηραμένοι εἰς τὸ πῦρ τὸ αἰώνιον τὸ ἡτοιμασμένον τῷ
42 διαβόλῳ καὶ τοῖς ἀγγέλοις αὐτοῦ· ἐπείνασα γὰρ καὶ
οὐκ ἐδώκατέ μοι φαγεῖν, [καὶ] ἐδίψησα καὶ οὐκ ἐποτίσατέ
43 με, ξένος ἤμην καὶ οὐ συνηγάγετέ με, γυμνὸς καὶ οὐ περι-
εβάλετέ με, ἀσθενὴς καὶ ἐν φυλακῇ καὶ οὐκ ἐπεσκέψασθέ
44 με. τότε ἀποκριθήσονται καὶ αὐτοὶ λέγοντες Κύριε, πότε
σε εἴδομεν πεινῶντα ἢ διψῶντα ἢ ξένον ἢ γυμνὸν ἢ ἀσθενῆ
45 ἢ ἐν φυλακῇ καὶ οὐ διηκονήσαμέν σοι; τότε ἀποκριθήσεται
αὐτοῖς λέγων Ἀμὴν λέγω ὑμῖν, ἐφ' ὅσον οὐκ ἐποιήσατε
46 ἑνὶ τούτων τῶν ἐλαχίστων, οὐδὲ ἐμοὶ ἐποιήσατε. καὶ ἀπε-
λεύσονται ΟΥΤΟΙ ΕΙϹ ΚΟΛΑϹΙΝ ΔΙΩΝΙΟΝ, ΟΙ ΔΕ ΔΙΚΑΙΟΙ ΕΙϹ
ΖΩΗΝ ΔΙΩΝΙΟΝ.

1   ΚΑΙ ΕΓΕΝΕΤΟ ὅτε ἐτέλεσεν ὁ Ἰησοῦς πάντας τοὺς
2 λόγους τούτους, εἶπεν τοῖς μαθηταῖς αὐτοῦ   Οἴδατε ὅτι
μετὰ δύο ἡμέρας τὸ πάσχα γίνεται, καὶ ὁ υἱὸς τοῦ ἀνθρώ-
3 που παραδίδοται εἰς τὸ σταυρωθῆναι.   Τότε συνή-

those at his right, 'Come, you whom my Father has blessed, take possession of the kingdom which has been destined for 35 you from the creation of the world.   For when I was hungry, you gave me food, when I was thirsty you gave me something to drink, when I was a stranger, you invited me to your homes, 36 when I had no clothes, you gave me clothes, when I was sick, you looked after me, when I was in prison, you came to see 37 me.'   Then the upright will answer, 'Lord, when did we see you hungry and give you food, or thirsty, and give you some- 38 thing to drink?   When did we see you a stranger, and invite you home, or without clothing, and supply you with it? 39 When did we see you sick or in prison, and go to see you?' 40 The king will answer, 'I tell you, in so far as you did it to one of the humblest of these brothers of mine, you did it to me.' 41 Then he will say to those at his left, 'Begone, you accursed people, to the everlasting fire destined for the devil and his 42 angels!   For when I was hungry, you gave me nothing to eat, and when I was thirsty you gave me nothing to drink, 43 when I was a stranger, you did not invite me home, when I had no clothes, you did not supply me, when I was sick and in 44 prison, you did not look after me.'   Then they in their turn will answer, 'Lord, when did we see you hungry, or thirsty, or a stranger, or in need of clothes, or sick, or in prison, and 45 did not wait upon you?'   Then he will answer, 'I tell you, in so far as you failed to do it for one of these people who are 46 humblest, you failed to do it for me.'   Then they will go away to everlasting punishment, and the upright to everlasting life."

26   When Jesus had finished this discourse he said to his disciples,

2   "You know that in two days the Passover Festival will come, and the Son of Man will be handed over to be crucified."

χθησαν οἱ ἀρχιερεῖς καὶ οἱ πρεσβύτεροι τοῦ λαοῦ εἰς τὴν
4 αὐλὴν τοῦ ἀρχιερέως τοῦ λεγομένου Καιάφα, καὶ συνεβου-
λεύσαντο ἵνα' τὸν Ἰησοῦν δόλῳ κρατήσωσιν καὶ ἀποκτεί-
5 νωσιν· ἔλεγον δέ Μὴ ἐν τῇ ἑορτῇ, ἵνα μὴ θόρυβος γένη-
ται ἐν τῷ λαῷ.

6   Τοῦ δὲ Ἰησοῦ γενομένου ἐν Βηθανίᾳ ἐν οἰκίᾳ Σίμωνος
7 τοῦ λεπροῦ, προσῆλθεν αὐτῷ γυνὴ ἔχουσα ἀλάβαστρον
μύρου βαρυτίμου καὶ κατέχεεν ἐπὶ τῆς κεφαλῆς αὐτοῦ
8 ἀνακειμένου. ἰδόντες δὲ οἱ μαθηταὶ ἠγανάκτησαν λέγοντες
9 Εἰς τί ἡ ἀπώλεια αὕτη; ἐδύνατο γὰρ τοῦτο πραθῆναι πολ-
10 λοῦ καὶ δοθῆναι πτωχοῖς. γνοὺς δὲ ὁ Ἰησοῦς εἶπεν αὐτοῖς
Τί κόπους παρέχετε τῇ γυναικί; ἔργον γὰρ καλὸν ἠργά-
11 σατο εἰς ἐμέ· πάντοτε γὰρ τοὺς πτωχοὺς ἔχετε μεθ᾽ ἑαυ-
12 τῶν, ἐμὲ δὲ οὐ πάντοτε ἔχετε· βαλοῦσα γὰρ αὕτη τὸ μύρον
τοῦτο ἐπὶ τοῦ σώματός μου πρὸς τὸ ἐνταφιάσαι με ἐποίη-
13 σεν. ἀμὴν λέγω ὑμῖν, ὅπου ἐὰν κηρυχθῇ τὸ εὐαγγέλιον
τοῦτο ἐν ὅλῳ τῷ κόσμῳ, λαληθήσεται καὶ ὃ ἐποίησεν αὕτη
14 εἰς μνημόσυνον αὐτῆς.   Τότε πορευθεὶς εἷς τῶν
δώδεκα, ὁ λεγόμενος Ἰούδας Ἰσκαριώτης, πρὸς τοὺς ἀρχιε-
15 ρεῖς εἶπεν Τί θέλετέ μοι δοῦναι κἀγὼ ὑμῖν παραδώσω
16 αὐτόν; οἱ δὲ ΕCΤΗCΑΝ αὐτῷ ΤΡΙΑΚΟΝΤΑ ΑΡΓΥΡΙΑ. καὶ
ἀπὸ τότε ἐζήτει εὐκαιρίαν ἵνα αὐτὸν παραδῷ.

17   Τῇ δὲ πρώτῃ τῶν ἀζύμων προσῆλθον οἱ μαθηταὶ τῷ
Ἰησοῦ λέγοντες Ποῦ θέλεις ἑτοιμάσωμέν σοι φαγεῖν τὸ
18 πάσχα; ὁ δὲ εἶπεν Ὑπάγετε εἰς τὴν πόλιν πρὸς τὸν δεῖνα
καὶ εἴπατε αὐτῷ Ὁ διδάσκαλος λέγει Ὁ καιρός μου
ἐγγύς ἐστιν· πρὸς σὲ ποιῶ τὸ πάσχα μετὰ τῶν μαθητῶν
19 μου. καὶ ἐποίησαν οἱ μαθηταὶ ὡς συνέταξεν αὐτοῖς ὁ
20 Ἰησοῦς, καὶ ἡτοίμασαν τὸ πάσχα.   Ὀψίας δὲ
21 γενομένης ἀνέκειτο μετὰ τῶν δώδεκα [μαθητῶν]. καὶ
ἐσθιόντων αὐτῶν εἶπεν Ἀμὴν λέγω ὑμῖν ὅτι εἷς ἐξ ὑμῶν
22 παραδώσει με. καὶ λυπούμενοι σφόδρα ἤρξαντο λέγειν
23 αὐτῷ εἷς ἕκαστος Μήτι ἐγώ εἰμι, κύριε; ὁ δὲ ἀποκριθεὶς

3   Then the high priests and the elders of the people gathered
in the house of the high priest, whose name was Caiaphas,
4 and plotted to arrest Jesus by stealth and put him to death.
5 But they said,

"It must not be during the festival, or there may be a
riot."

6   When Jesus got back to Bethany, to the house of Simon
7 the leper, a woman came up to him with an alabaster flask
of very expensive perfume and poured it upon his head, while
8 he was at table.   When his disciples saw it, they said indig-
nantly,

9   "What was the use of wasting it like that?   It might
have been sold for a large sum, and the money given to the
poor."

10   But Jesus observed this and said to them,

"Why do you bother the woman?   It is a fine thing
11 that she has done to me.   For you always have the poor
12 among you, but you will not always have me.   In pouring
this perfume on me she has done something to prepare me for
13 burial.   I tell you, wherever this good news is preached all
over the world, what she has done will also be told, in
memory of her."

14   Then one of the Twelve, named Judas Iscariot, went to
15 the high priests, and said,

"What will you give me if I hand him over to you?"

16   And they counted him out thirty silver pieces.   And from
that time he watched for a good opportunity to hand him
17 over to them.

On the first day of the festival of Unleavened Bread, the
disciples came to Jesus and said,

"Where do you wish us to make the preparations for you
to eat the Passover supper?"

18   And he said,

"Go into the city, to a certain man, and say to him,
'The Master says, "My time is near.   I am going to keep
the Passover at your house with my disciples." ' "

19   So the disciples did as Jesus directed them, and prepared
the Passover supper.

20   When evening came, he took his place at table with
21 the twelve disciples. And as they were eating, he said,

"I tell you, one of you will betray me!"

22   They were deeply hurt and began to say to him one after
another,

"Can it be I, Master?"

23   He answered,

εἶπεν Ὁ ἐμβάψας μετ᾽ ἐμοῦ τὴν χεῖρα ἐν τῷ τρυβλίῳ
24 οὗτός με παραδώσει· ὁ μὲν υἱὸς τοῦ ἀνθρώπου ὑπάγει
καθὼς γέγραπται περὶ αὐτοῦ, οὐαὶ δὲ τῷ ἀνθρώπῳ ἐκείνῳ
δι᾽ οὗ ὁ υἱὸς τοῦ ἀνθρώπου παραδίδοται· καλὸν ἦν αὐτῷ εἰ
25 οὐκ ἐγεννήθη ὁ ἄνθρωπος ἐκεῖνος. ἀποκριθεὶς δὲ Ἰούδας ὁ
παραδιδοὺς αὐτὸν εἶπεν Μήτι ἐγώ εἰμι, ῥαββεί; λέγει
26 αὐτῷ Σὺ εἶπας.   Ἐσθιόντων δὲ αὐτῶν λαβὼν
ὁ Ἰησοῦς ἄρτον καὶ εὐλογήσας ἔκλασεν καὶ δοὺς τοῖς
μαθηταῖς εἶπεν Λάβετε φάγετε, τοῦτό ἐστιν τὸ σῶμά
27 μου.   καὶ λαβὼν ποτήριον [καὶ] εὐχαριστήσας ἔδωκεν αὐ-
28 τοῖς λέγων Πίετε ἐξ αὐτοῦ πάντες, τοῦτο γάρ ἐστιν τὸ
αἷμά μου ΤΗC ΔΙΑΘΗΚΗC τὸ περὶ πολλῶν ἐκχυννόμενον
29 εἰς ἄφεσιν ἁμαρτιῶν· λέγω δὲ ὑμῖν, οὐ μὴ πίω ἀπ᾽ ἄρτι ἐκ
τούτου τοῦ γενήματος τῆς ἀμπέλου ἕως τῆς ἡμέρας ἐκεί-
νης ὅταν αὐτὸ πίνω μεθ᾽ ὑμῶν καινὸν ἐν τῇ βασιλείᾳ τοῦ
30 πατρός μου.   Καὶ ὑμνήσαντες ἐξῆλθον εἰς τὸ
31 Ὄρος τῶν Ἐλαιῶν.   Τότε λέγει αὐτοῖς ὁ Ἰησοῦς
Πάντες ὑμεῖς σκανδαλισθήσεσθε ἐν ἐμοὶ ἐν τῇ νυκτὶ ταύ-
τῃ, γέγραπται γάρ Πατάξω τὸν ποιμένα, καὶ Διαcκορ-
32 πιcθήcονται τὰ πρόβατα τῆc ποίμνηc· μετὰ δὲ τὸ
33 ἐγερθῆναί με προάξω ὑμᾶς εἰς τὴν Γαλιλαίαν. ἀποκριθεὶς
δὲ ὁ Πέτρος εἶπεν αὐτῷ Εἰ πάντες σκανδαλισθήσονται ἐν
34 σοί, ἐγὼ οὐδέποτε σκανδαλισθήσομαι. ἔφη αὐτῷ ὁ Ἰησοῦς
Ἀμὴν λέγω σοι ὅτι ἐν ταύτῃ τῇ νυκτὶ πρὶν ἀλέκτορα φωνῆ-
35 σαι τρὶς ἀπαρνήσῃ με. λέγει αὐτῷ ὁ Πέτρος Κἂν δέῃ
με σὺν σοὶ ἀποθανεῖν, οὐ μή σε ἀπαρνήσομαι. ὁμοίως
καὶ πάντες οἱ μαθηταὶ εἶπαν.

36   Τότε ἔρχεται μετ᾽ αὐτῶν ὁ Ἰησοῦς εἰς χωρίον λεγόμενον
Γεθσημανεί, καὶ λέγει τοῖς μαθηταῖς Καθίσατε αὐτοῦ ἕως
37 [οὗ] ἀπελθὼν ἐκεῖ προσεύξωμαι. καὶ παραλαβὼν τὸν
Πέτρον καὶ τοὺς δύο υἱοὺς Ζεβεδαίου ἤρξατο λυπεῖσθαι καὶ
38 ἀδημονεῖν. τότε λέγει αὐτοῖς Περίλυπός ἐcτιν ἡ ψυχή
μου ἕωc θανάτου· μείνατε ὧδε καὶ γρηγορεῖτε μετ᾽ ἐμοῦ.

"The man who just dipped his hand in the same dish with
24 me is going to betray me.   The Son of Man is to go away as
the Scriptures say of him, but alas for the man by whom the
Son of Man is betrayed!   It would have been better for that
man if he had never been born!"

25   Judas, who betrayed him, said,
"Can it be I, Master?"
He said to him,
"You are right!"

26   As they were eating Jesus took a loaf and blessed it,
and he broke it in pieces and gave it to his disciples, saying,
"Take this and eat it.   It is my body!"

27   And he took the wine-cup and gave thanks and gave it to
them, saying,

28   "You must all drink from it, for this is my blood which
ratifies the agreement, and is to be poured out for many
29 people, for the forgiveness of their sins.   And I tell you I will
never drink this product of the vine again till the day when
I shall drink the new wine with you in my Father's kingdom!"

30   After singing the hymn, they went out of the city and
up the Mount of Olives.

31   Then Jesus said to them,
"You will all desert me tonight, for the Scriptures say,
'I will strike the shepherd, and the sheep of the flock
32 will be scattered.'   But after I am raised to life again, I will
go back to Galilee before you."

33   Peter answered,
"If they all desert you, I will never do it!"

34   Jesus said to him,
"I tell you, tonight, before a cock crows, you will disown
me three times!"

35   Peter said to him,
"Even if I have to die with you, I will never disown
you!"   All the disciples said so too.

36   Then Jesus came with them to a place called Gethsemane,
and he said to the disciples,
"Sit down here while I go over yonder and pray."

37   And he took Peter and Zebedee's two sons with him,
38 and he began to show grief and distress of mind.   Then he
said to them,
"My heart is almost breaking.   You must stay here and
keep watch with me."

39 καὶ ⌜προελθὼν⌝ μικρὸν ἔπεσεν ἐπὶ πρόσωπον αὐτοῦ
προσευχόμενος καὶ λέγων Πάτερ μου, εἰ δυνατόν ἐστιν,
παρελθάτω ἀπ᾽ ἐμοῦ τὸ ποτήριον τοῦτο· πλὴν οὐχ ὡς ἐγὼ
40 θέλω ἀλλ᾽ ὡς σύ. καὶ ἔρχεται πρὸς τοὺς μαθητὰς καὶ
εὑρίσκει αὐτοὺς καθεύδοντας, καὶ λέγει τῷ Πέτρῳ Οὕτως
41 οὐκ ἰσχύσατε μίαν ὥραν γρηγορῆσαι μετ᾽ ἐμοῦ; γρηγορεῖτε
καὶ προσεύχεσθε, ἵνα μὴ εἰσέλθητε εἰς πειρασμόν· τὸ μὲν
42 πνεῦμα πρόθυμον ἡ δὲ σὰρξ ἀσθενής. πάλιν ἐκ δευτέρου
ἀπελθὼν προσηύξατο [λέγων] Πάτερ μου, εἰ οὐ δύναται
τοῦτο παρελθεῖν ἐὰν μὴ αὐτὸ πίω, γενηθήτω τὸ θέλημά
43 σου. καὶ ἐλθὼν πάλιν εὗρεν αὐτοὺς καθεύδοντας, ἦσαν
44 γὰρ αὐτῶν οἱ ὀφθαλμοὶ βεβαρημένοι. καὶ ἀφεὶς αὐτοὺς
πάλιν ἀπελθὼν προσηύξατο ἐκ τρίτου τὸν αὐτὸν λόγον
45 ⌜εἰπὼν πάλιν⌝. τότε ἔρχεται πρὸς τοὺς μαθητὰς καὶ λέγει
αὐτοῖς Καθεύδετε λοιπὸν καὶ ἀναπαύεσθε· ἰδοὺ ⌐ ἤγγι-
κεν ἡ ὥρα καὶ ὁ υἱὸς τοῦ ἀνθρώπου παραδίδοται εἰς χεῖρας
46 ἁμαρτωλῶν. ἐγείρεσθε ἄγωμεν· ἰδοὺ ἤγγικεν ὁ παραδι-
47 δούς με. Καὶ ἔτι αὐτοῦ λαλοῦντος ἰδοὺ Ἰούδας
εἷς τῶν δώδεκα ἦλθεν καὶ μετ᾽ αὐτοῦ ὄχλος πολὺς μετὰ
μαχαιρῶν καὶ ξύλων ἀπὸ τῶν ἀρχιερέων καὶ πρεσβυτέρων
48 τοῦ λαοῦ. ὁ δὲ παραδιδοὺς αὐτὸν ἔδωκεν αὐτοῖς σημεῖον
λέγων Ὃν ἂν φιλήσω αὐτός ἐστιν· κρατήσατε αὐτόν.
49 καὶ εὐθέως προσελθὼν τῷ Ἰησοῦ εἶπεν Χαῖρε, ῥαββεί·
50 καὶ κατεφίλησεν αὐτόν. ὁ δὲ Ἰησοῦς εἶπεν αὐτῷ Ἑταῖρε,
ἐφ᾽ ὃ πάρει. τότε προσελθόντες ἐπέβαλον τὰς χεῖρας ἐπὶ
51 τὸν Ἰησοῦν καὶ ἐκράτησαν αὐτόν. καὶ ἰδοὺ εἷς τῶν μετὰ
Ἰησοῦ ἐκτείνας τὴν χεῖρα ἀπέσπασεν τὴν μάχαιραν αὐτοῦ
καὶ πατάξας τὸν δοῦλον τοῦ ἀρχιερέως ἀφεῖλεν αὐτοῦ τὸ
52 ὠτίον. τότε λέγει αὐτῷ ὁ Ἰησοῦς Ἀπόστρεψον τὴν
μάχαιράν σου εἰς τὸν τόπον αὐτῆς, πάντες γὰρ οἱ λαβόντες
53 μάχαιραν ἐν μαχαίρῃ ἀπολοῦνται· ἢ δοκεῖς ὅτι οὐ δύναμαι
παρακαλέσαι τὸν πατέρα μου, καὶ παραστήσει μοι ἄρτι
54 πλείω δώδεκα λεγιῶνας ἀγγέλων; πῶς οὖν πληρωθῶσιν αἱ

39 προσελθὼν   44 εἰπών. πάλιν τότε   45 γὰρ

39   And he went on a little way, and threw himself on his face, and prayed, saying,

"My Father, if it is possible, let this cup pass by me. Yet not as I please but as you do!"

40   When he went back to the disciples he found them asleep.   And he said to Peter,

"Then were you not able to watch with me for one hour? 41 You must all watch, and pray that you may not be exposed to trial!   One's spirit is eager, but flesh and blood are weak!"

42   He went away again a second time and prayed, saying,

"My Father, if it cannot pass by me without my drinking it, your will be done!"

43   When he came back he found them asleep again, for they 44 could hardly keep their eyes open.   And he left them and went away again and prayed a third time, in the same words as 45 before.   Then he came back to the disciples and said to them,

"Are you still sleeping and taking your rest?   See, the time has come for the Son of Man to be handed over to wicked 46 men!   Get up!   Let us be going!   Look!   Here comes my betrayer!"

47   Just as he was speaking, Judas, one of the Twelve, came up, and with him a great crowd with swords and clubs, from 48 the high priests and the elders of the people.   Now the man who betrayed him gave them a signal, saying

"The one I kiss is the man.   Seize him!"

49   And he went straight up to Jesus and said,

"Good evening, Master!" and kissed him affectionately.

50   Jesus said to him,

"My friend, what are you here for?"

Then they came up and laid hands on Jesus and secured 51 him.   One of the men with Jesus put out his hand and drew his sword, and striking at the high priest's slave, cut his ear 52 off.   Then Jesus said to him,

"Put your sword back where it belongs!   For all who 53 draw the sword will die by the sword.   Do you suppose I cannot appeal to my Father, and he would at once furnish me 54 more than twelve legions of angels?   But then how are the

55 γραφαὶ ὅτι οὕτως δεῖ γενέσθαι; Ἐν ἐκείνῃ τῇ ὥρᾳ εἶπεν
ὁ Ἰησοῦς τοῖς ὄχλοις Ὡς ἐπὶ λῃστὴν ἐξήλθατε μετὰ
μαχαιρῶν καὶ ξύλων συλλαβεῖν με; καθ᾽ ἡμέραν ἐν τῷ
56 ἱερῷ ἐκαθεζόμην διδάσκων καὶ οὐκ ἐκρατήσατέ με. Τοῦτο
δὲ ὅλον γέγονεν ἵνα πληρωθῶσιν αἱ γραφαὶ τῶν προφητῶν.
Τότε οἱ μαθηταὶ ᵀ πάντες ἀφέντες αὐτὸν ἔφυγον.

57   Οἱ δὲ κρατήσαντες τὸν Ἰησοῦν ἀπήγαγον πρὸς Καιά-
φαν τὸν ἀρχιερέα, ὅπου οἱ γραμματεῖς καὶ οἱ πρεσβύτεροι
58 συνήχθησαν. ὁ δὲ Πέτρος ἠκολούθει αὐτῷ [ἀπὸ] μακρόθεν
ἕως τῆς αὐλῆς τοῦ ἀρχιερέως, καὶ εἰσελθὼν ἔσω ἐκάθητο
59 μετὰ τῶν ὑπηρετῶν ἰδεῖν τὸ τέλος. οἱ δὲ ἀρχιερεῖς καὶ τὸ
συνέδριον ὅλον ἐζήτουν ψευδομαρτυρίαν κατὰ τοῦ Ἰησοῦ
60 ὅπως αὐτὸν θανατώσωσιν, καὶ οὐχ εὗρον πολλῶν προσελ-
θόντων ψευδομαρτύρων. ὕστερον δὲ προσελθόντες δύο
61 εἶπαν Οὗτος ἔφη Δύναμαι καταλῦσαι τὸν ναὸν τοῦ θεοῦ
62 καὶ διὰ τριῶν ἡμερῶν οἰκοδομῆσαι. καὶ ἀναστὰς ὁ ἀρχιε-
ρεὺς εἶπεν αὐτῷ Οὐδὲν ἀποκρίνῃ; τί οὗτοί σου καταμαρ-
63 τυροῦσιν; ὁ δὲ Ἰησοῦς ἐσιώπα. καὶ ὁ ἀρχιερεὺς εἶπεν
αὐτῷ Ἐξορκίζω σε κατὰ τοῦ θεοῦ τοῦ ζῶντος ἵνα ἡμῖν
64 εἴπῃς εἰ σὺ εἶ ὁ χριστὸς ὁ υἱὸς τοῦ θεοῦ. λέγει αὐτῷ
ὁ Ἰησοῦς Σὺ ⌜εἶπας⌝ πλὴν λέγω ὑμῖν, ἀπ᾽ ἄρτι ὄψεσθε
ΤΟΝ ΥΙΟΝ ΤΟΥ ἈΝΘΡΩΠΟΥ ΚΑΘΗΜΕΝΟΝ ἐκ ΔΕΞΙΩΝ
ΤῆC ΔΥΝΑΜΕΩC ΚΑΙ ἐρχόμενον ἐπὶ ΤΩΝ ΝΕΦΕΛΩΝ
65 ΤΟΥ ΟΥΡΑΝΟΥ. τότε ὁ ἀρχιερεὺς διέρηξεν τὰ ἱμάτια
αὐτοῦ λέγων Ἐβλασφήμησεν· τί ἔτι χρείαν ἔχομεν μαρ-
66 τύρων; ἴδε νῦν ἠκούσατε τὴν βλασφημίαν· τί ὑμῖν δοκεῖ;
67 οἱ δὲ ἀποκριθέντες εἶπαν Ἔνοχος θανάτου ἐστίν. Τότε
ἐνέπτυσαν εἰς τὸ πρόσωπον αὐτοῦ καὶ ἐκολάφισαν αὐτόν,
68 οἱ δὲ ἐράπισαν λέγοντες Προφήτευσον ἡμῖν, χριστέ, τίς
69 ἐστιν ὁ παίσας σε;   Ὁ δὲ Πέτρος ἐκάθητο ἔξω
ἐν τῇ αὐλῇ· καὶ προσῆλθεν αὐτῷ μία παιδίσκη λέγουσα
70 Καὶ σὺ ἦσθα μετὰ Ἰησοῦ τοῦ Γαλιλαίου· ὁ δὲ ἠρνήσατο
71 ἔμπροσθεν πάντων λέγων Οὐκ οἶδα τί λέγεις. ἐξελθόντα

56 αὐτοῦ   64 εἶπας;

Scriptures to be fulfilled, which say that this must happen?"

55   At that same time Jesus said to the crowd,

"Have you come out to arrest me with swords and clubs, as though I were a robber?   Day after day I have sat in the 56 Temple teaching, and you never seized me.   But this has all taken place in fulfilment of the writings of the prophets."

Then all the disciples left him and made their escape.

57   The men who had seized Jesus took him away to Caiaphas, the high priest, at whose house the scribes and elders had 58 gathered.   And Peter followed him at a distance as far as the courtyard of the high priest's house, and he went inside and 59 sat down among the attendants to see how it came out.   Now the high priests and the whole council were trying to get false testimony against Jesus, so that they might put him to death. 60 And they could not, although many false witnesses presented 61 themselves.   But finally two came forward and said,

"This man said, 'I can tear down the sanctuary of God, and build it up in three days.' "

62   And the high priest got up and said to him,

"Have you no answer to make?   What about their evidence against you?"

63   But Jesus was silent.   And the high priest said to him,

"I charge you, on your oath, by the living God, tell us whether you are the Christ, the son of God."

64   Jesus said to him,

"It is true.   Why, I tell you you will soon see the Son of Man seated at the right hand of the Almighty and coming upon the clouds of the sky!"

65   Then the high priest tore his clothing and said,

"He has uttered blasphemy!   What do we want of witnesses now?   Here you have heard his blasphemy! 66 What is your decision?"

They answered,

"He deserves death."

67   Then they spat in his face and struck him, and others slapped him, saying,

68   "Show us you are a prophet, you Christ!   Who was it that struck you?"

69   Now Peter was sitting outside in the courtyard, and a maid came up to him, and said,

"You were with Jesus the Galilean, too!"

70   But he denied it before them all, and said,

"I do not know what you mean."

δὲ εἰς τὸν πυλῶνα εἶδεν αὐτὸν ἄλλη καὶ λέγει τοῖς ἐκεί
72 Οὗτος ἦν μετὰ Ἰησοῦ τοῦ Ναζωραίου· καὶ πάλιν ἠρνή-
73 σατο μετὰ ὅρκου ὅτι Οὐκ οἶδα τὸν ἄνθρωπον. μετὰ μι-
κρὸν δὲ προσελθόντες οἱ ἑστῶτες εἶπον τῷ Πέτρῳ Ἀλη-
θῶς καὶ σὺ ἐξ αὐτῶν εἶ, καὶ γὰρ ἡ λαλιά σου δῆλόι
74 σε ποιεῖ· τότε ἤρξατο καταθεματίζειν καὶ ὀμνύειν ὅτι
Οὐκ οἶδα τὸν ἄνθρωπον. καὶ εὐθὺς ἀλέκτωρ ἐφώνησεν·
75 καὶ ἐμνήσθη ὁ Πέτρος τοῦ ῥήματος Ἰησοῦ εἰρηκότος ὅτι
Πρὶν ἀλέκτορα φωνῆσαι τρὶς ἀπαρνήσῃ με, καὶ ἐξελθὼν
ἔξω ἔκλαυσεν πικρῶς.

1   Πρωίας δὲ γενομένης συμβούλιον ἔλαβον πάντες οἱ
ἀρχιερεῖς καὶ οἱ πρεσβύτεροι τοῦ λαοῦ κατὰ τοῦ Ἰησοῦ
2 ὥστε θανατῶσαι αὐτόν· καὶ δήσαντες αὐτὸν ἀπήγαγον καὶ
3 παρέδωκαν Πειλάτῳ τῷ ἡγεμόνι.   Τότε ἰδὼν
Ἰούδας ὁ ⌜παραδοὺς⌝ αὐτὸν ὅτι κατεκρίθη μεταμεληθεὶς
ἔστρεψεν τὰ τριάκοντα ἀργύρια τοῖς ἀρχιερεῦσιν καὶ πρε-
4 σβυτέροις λέγων Ἥμαρτον παραδοὺς αἷμα ⌜δίκαιον⌝. οἱ
5 δὲ εἶπαν Τί πρὸς ἡμᾶς; σὺ ὄψῃ. καὶ ῥίψας τὰ ἀργύρια
6 εἰς τὸν ναὸν ἀνεχώρησεν, καὶ ἀπελθὼν ἀπήγξατο. Οἱ
δὲ ἀρχιερεῖς λαβόντες τὰ ἀργύρια εἶπαν Οὐκ ἔξεστιν
βαλεῖν αὐτὰ εἰς τὸν κορβανᾶν, ἐπεὶ τιμὴ αἵματός ἐστιν·
7 συμβούλιον δὲ λαβόντες ἠγόρασαν ἐξ αὐτῶν τὸν Ἀγρὸν
8 τοῦ Κεραμέως εἰς ταφὴν τοῖς ξένοις. διὸ ἐκλήθη ὁ ἀγρὸς
9 ἐκεῖνος Ἀγρὸς Αἵματος ἕως τῆς σήμερον. Τότε ἐπλη-
ρώθη τὸ ῥηθὲν διὰ Ἰερεμίου τοῦ προφήτου λέγοντος
Καὶ ἔλαβον τὰ τριάκοντα ἀργύρια, τὴν τιμὴν τοῦ
10 τετιμημένου ὃν ἐτιμήσαντο ἀπὸ υἱῶν Ἰσραήλ, καὶ
⌜ἔδωκαν⌝ αὐτὰ εἰς τὸν ἀγρὸν τοῦ κεραμέως, καθὰ
11 συνέταξέν μοι Κύριος.   Ὁ δὲ Ἰησοῦς ἐστάθη
ἔμπροσθεν τοῦ ἡγεμόνος· καὶ ἐπηρώτησεν αὐτὸν ὁ ἡγεμὼν
λέγων Σὺ εἶ ὁ βασιλεὺς τῶν Ἰουδαίων; ὁ δὲ Ἰησοῦς
12 ἔφη ᵀ Σὺ ⌜λέγεις.⌝ καὶ ἐν τῷ κατηγορεῖσθαι αὐτὸν ὑπὸ
13 τῶν ἀρχιερέων καὶ πρεσβυτέρων οὐδὲν ἀπεκρίνατο. τότε

    3 παραδιδοὺς | ἀθῷον   10 ἔδωκα   11 αὐτῷ | λέγεις;

71   And he went out into the gateway, and another maid saw him, and said to the men there,

      "This fellow was with Jesus the Nazarene!"

72   He denied it again, with an oath, and said,

      "I do not know the man!"

73   A little while after the bystanders came up to Peter and said,

      "You are certainly one of them too, for your accent shows it!"

74   Then he started to swear with the strongest oaths,

      "I do not know the man!"

75   And at that moment a cock crowed.   And Peter remembered Jesus' words when he had said,

      "Before a cock crows, you will disown me three times!"

      And he went outside and wept bitterly.

27   When it was morning, all the high priests and elders of the people held a consultation about Jesus, with a view to 2 putting him to death.   And they bound him and led him away and handed him over to Pilate the governor.

3   Then Judas who had betrayed him, when he saw that he had been condemned, in his remorse brought back the thirty 4 silver pieces to the high priests and elders, and said,

      "I did wrong when I handed an innocent man over to death!"

      They said,

      "What is that to us?   See to it yourself."

5   And he threw down the silver and left the Temple and 6 went off and hung himself.   The high priests gathered up the money, and they said,

      "It is not legal to put this into the Temple treasury, for it is blood money."

7   So after consultation they bought with it the Potter's 8 Field as a burial ground for strangers.   That is why that piece of ground has ever since been called the Field of Blood. 9 So the words spoken by the prophet Jeremiah were fulfilled: "They took the thirty silver pieces, the price of the one whose price had been fixed, on whom some of the Israelites 10 had set a price, and gave them for the Potter's Field as the Lord directed me."

11   Now Jesus stood before the governor, and the governor asked him,

      "Are you the king of the Jews?"

      Jesus said,

      "Yes."

12   And while the high priests and elders were making their 13 charges against him, he made no answer.   Then Pilate said to him,

λέγει αὐτῷ ὁ Πειλᾶτος Οὐκ ἀκούεις πόσα σου καταμαρ-
14 τυροῦσιν; καὶ οὐκ ἀπεκρίθη αὐτῷ πρὸς οὐδὲ ἓν ῥῆμα, ὥστε
15 θαυμάζειν τὸν ἡγεμόνα λίαν. Κατὰ δὲ ἑορτὴν εἰώθει
16 ὁ ἡγεμὼν ἀπολύειν ἕνα τῷ ὄχλῳ δέσμιον ὃν ἤθελον. εἶχον
17 δὲ τότε δέσμιον ἐπίσημον λεγόμενον Βαραββᾶν. συνη-
γμένων οὖν αὐτῶν εἶπεν αὐτοῖς ὁ Πειλᾶτος Τίνα θέλετε
ἀπολύσω ὑμῖν, [τὸν] Βαραββᾶν ἢ Ἰησοῦν τὸν λεγόμενον
18 Χριστόν; ᾔδει γὰρ ὅτι διὰ φθόνον παρέδωκαν αὐτόν.
19 Καθημένου δὲ αὐτοῦ ἐπὶ τοῦ βήματος ἀπέστειλεν πρὸς
αὐτὸν ἡ γυνὴ αὐτοῦ λέγουσα Μηδὲν σοὶ καὶ τῷ δικαίῳ
ἐκείνῳ, πολλὰ γὰρ ἔπαθον σήμερον κατ' ὄναρ δι' αὐτόν.
20 Οἱ δὲ ἀρχιερεῖς καὶ οἱ πρεσβύτεροι ἔπεισαν τοὺς ὄχλους
ἵνα αἰτήσωνται τὸν Βαραββᾶν τὸν δὲ Ἰησοῦν ἀπολέσωσιν.
21 ἀποκριθεὶς δὲ ὁ ἡγεμὼν εἶπεν αὐτοῖς Τίνα θέλετε ἀπὸ
τῶν δύο ἀπολύσω ὑμῖν; οἱ δὲ εἶπαν Τὸν Βαραββᾶν.
22 λέγει αὐτοῖς ὁ Πειλᾶτος Τί οὖν ποιήσω Ἰησοῦν τὸν λεγό-
23 μενον Χριστόν; λέγουσιν πάντες Σταυρωθήτω. ὁ δὲ ἔφη
Τί γὰρ κακὸν ἐποίησεν; οἱ δὲ περισσῶς ἔκραζον λέγοντες
24 Σταυρωθήτω. ἰδὼν δὲ ὁ Πειλᾶτος ὅτι οὐδὲν ὠφελεῖ ἀλλὰ
μᾶλλον θόρυβος γίνεται λαβὼν ὕδωρ ἀπενίψατο τὰς χεῖρας
⌜κατέναντι⌝ τοῦ ὄχλου λέγων Ἀθῷός εἰμι ἀπὸ τοῦ αἵμα-
25 τος ⌜τούτου· ὑμεῖς ὄψεσθε. καὶ ἀποκριθεὶς πᾶς ὁ λαὸς
εἶπεν Τὸ αἷμα αὐτοῦ ἐφ' ἡμᾶς καὶ ἐπὶ τὰ τέκνα ἡμῶν.
26 τότε ἀπέλυσεν αὐτοῖς τὸν Βαραββᾶν, τὸν δὲ Ἰησοῦν φρα-
γελλώσας παρέδωκεν ἵνα σταυρωθῇ.

27   Τότε οἱ στρατιῶται τοῦ ἡγεμόνος παραλαβόντες τὸν
Ἰησοῦν εἰς τὸ πραιτώριον συνήγαγον ἐπ' αὐτὸν ὅλην τὴν
28 σπεῖραν. καὶ ⌜ἐκδύσαντες⌝ αὐτὸν χλαμύδα κοκκίνην περιέ-
29 θηκαν αὐτῷ, καὶ πλέξαντες στέφανον ἐξ ἀκανθῶν ἐπέθηκαν
ἐπὶ τῆς κεφαλῆς αὐτοῦ καὶ κάλαμον ἐν τῇ δεξιᾷ αὐτοῦ, καὶ
γονυπετήσαντες ἔμπροσθεν αὐτοῦ ἐνέπαιξαν αὐτῷ λέγον-
30 τες Χαῖρε, ⌜βασιλεῦ⌝ τῶν Ἰουδαίων, καὶ ἐμπτύσαντες εἰς
αὐτὸν ἔλαβον τον κάλαμον καὶ ἔτυπτον εἰς τὴν κεφαλὴν

24 ἀπέναντι | τοῦ δικαίου   28 ἐνδύσαντες   29 ὁ βασιλεὺς

"Do you not hear what evidence they are bringing against you?"

14 And he made him no reply to even a single accusation, so
15 that the governor was greatly surprised. Now at festival time the governor was accustomed to release for the people
16 any prisoner whom they chose, and at this time there was a
17 notorious prisoner named Barabbas. So when they gathered to ask this, Pilate said to them,

"Which one do you want me to release for you, Barabbas, or Jesus, the so-called Christ?"

18 For he knew that they had handed him over to him out of
19 envy. Now while he was on the bench his wife sent to him to say,

"Do not have anything to do with that innocent man, for I have just had a painful experience in a dream about him."

20 But the high priests and the elders prevailed on the crowd to ask for Barabbas, and to have Jesus put to death.
21 And the governor answered,

"Which of the two do you want me to release for you?"
They said,
"Barabbas!"

22 Pilate said to them,

"Then what am I to do with Jesus, the so-called Christ?"
They all said,
"Have him crucified!"

23 He said,

"Why, what has he done that is wrong?"
But they shouted all the louder,
"Have him crucified!"

24 When Pilate saw that he was accomplishing nothing but that a riot was beginning instead, he took some water and washed his hands in the presence of the crowd, saying,

"I am not responsible for this man's death; you must see to it yourselves."

25 And all the people answered,

"His blood be on us and on our children!"

26 Then he released Barabbas for them, and he had Jesus flogged and handed him over to be crucified.

27 Then the governor's soldiers took Jesus into the governor's
28 house, and got the whole battalion together about him. And
29 they stripped him and put a red cloak on him, and made a wreath of thorns and put it on his head, and they put a stick in his hand, and knelt down before him in mockery, saying,

"Long live the king of the Jews!"

30 And they spat at him, and took the stick and struck him

31 αὐτοῦ. καὶ ὅτε ἐνέπαιξαν αὐτῷ, ἐξέδυσαν αὐτὸν τὴν
χλαμύδα καὶ ἐνέδυσαν αὐτὸν τὰ ἱμάτια αὐτοῦ, καὶ ἀπήγα-
32 γον αὐτὸν εἰς τὸ σταυρῶσαι.   Ἐξερχόμενοι δὲ
εὗρον ἄνθρωπον Κυρηναῖον ὀνόματι Σίμωνα· τοῦτον ἠγγά-
33 ρευσαν ἵνα ἄρῃ τὸν σταυρὸν αὐτοῦ. Καὶ ἐλθόντες εἰς τόπον
λεγόμενον Γολγοθά, ὅ ἐστιν Κρανίου Τόπος λεγόμενος,
34 ἔΔωκαν αὐτῷ πιεῖν οἶνον μετὰ χολῆς μεμιγμένον· καὶ
35 γευσάμενος οὐκ ἠθέλησεν πιεῖν. σταυρώσαντες δὲ αὐτὸν
Διεμερίσαντο τὰ ἱμάτια αὐτοῦ ⌜Βάλλοντεσ⌝ κλῆρον,
36
37 καὶ καθήμενοι ἐτήρουν αὐτὸν ἐκεῖ. καὶ ἐπέθηκαν ἐπάνω
τῆς κεφαλῆς αὐτοῦ τὴν αἰτίαν αὐτοῦ γεγραμμένην ΟΥΤΟΣ
ΕΣΤΙΝ ΙΗΣΟΥΣ Ο ΒΑΣΙΛΕΥΣ ΤΩΝ ΙΟΥΔΑΙΩΝ.
38 Τότε σταυροῦνται σὺν αὐτῷ δύο λῃσταί, εἷς ἐκ δεξιῶν καὶ
39 εἷς ἐξ εὐωνύμων. Οἱ δὲ παραπορευόμενοι ἐβλασφήμουν
40 αὐτὸν κινοῦντεσ τὰσ κεφαλὰσ αὐτῶν καὶ λέγοντες Ὁ
καταλύων τὸν ναὸν καὶ ἐν τρισὶν ἡμέραις οἰκοδομῶν, σῶσον
σεαυτόν· εἰ υἱὸς ⌜εἶ τοῦ θεοῦ⌝, κατάβηθι ἀπὸ τοῦ σταυροῦ.
41 ὁμοίως [καὶ] οἱ ἀρχιερεῖς ἐμπαίζοντες μετὰ τῶν γραμματέων
42 καὶ πρεσβυτέρων ἔλεγον Ἄλλους ἔσωσεν, ἑαυτὸν οὐ δύνα-
ται σῶσαι· βασιλεὺς Ἰσραήλ ἐστιν, καταβάτω νῦν ἀπὸ
43 τοῦ σταυροῦ καὶ πιστεύσομεν ἐπ' αὐτόν. πέποιθεν ἐπὶ
⌜τὸν θεόν⌝, ῥυσάσθω νῦν εἰ θέλει αὐτόν· εἶπεν γὰρ ὅτι
44 Θεοῦ εἰμι υἱός. τὸ δ' αὐτὸ καὶ οἱ λῃσταὶ οἱ συνσταυρω-
45 θέντες σὺν αὐτῷ ὠνείδιζον αὐτόν.   Ἀπὸ δὲ
ἕκτης ὥρας σκότος ἐγένετο ἐπὶ πᾶσαν τὴν γῆν ἕως ὥρας
46 ἐνάτης. περὶ δὲ τὴν ἐνάτην ὥραν ἐβόησεν ὁ Ἰησοῦς φωνῇ
μεγάλῃ λέγων Ἐλωί ἐλωί λεμὰ σαβαχθανεί;
τοῦτ' ἔστιν Θεέ μου θεέ μου, ἵνα τί με ἐγκατέλιπεσ;
47 τινὲς δὲ τῶν ἐκεῖ ἑστηκότων ἀκούσαντες ἔλεγον ὅτι
48 Ἠλείαν φωνεῖ οὗτος. καὶ εὐθέως δραμὼν εἷς ἐξ αὐτῶν καὶ
λαβὼν σπόγγον πλήσας τε ὄξους καὶ περιθεὶς καλάμῳ
49 ἐπότιζεν αὐτόν. οἱ δὲ λοιποὶ ⌜εἶπαν⌝ Ἄφες ἴδωμεν εἰ
ἔρχεται Ἠλείας σώσων αὐτόν. ⟦ἄλλος δὲ λαβὼν λόγχην

35 βαλόντες   40 θεοῦ εἶ   43 τῷ θεῷ   49 ἔλεγον

31 on the head. And when they had finished making sport of him, they took off the cloak, and put his own clothes on him, and led him away to be crucified.

32   As they went out of the city they came upon a Cyrenian named Simon, and they forced him to carry Jesus' cross.
33 When they came to a place called Golgotha, which means
34 the Place of the Skull, they offered him a drink of wine mixed with gall, and when he tasted it he would not drink it.
35 And they crucified him and divided his clothes among
36 them by drawing lots, and sat down there to keep watch of
37 him. They put above his head the charge against him, which read,

"This is Jesus, the king of the Jews."

38   There were two robbers crucified with him at the time,
39 one at his right and one at his left. And the passers-by
40 jeered at him, shaking their heads and saying,

"You who would tear down the temple, and build one in three days, save yourself! If you are the Son of God, come down from the cross!"

41   The high priests, too, made sport of him with the scribes and elders, and said,

42   "He saved others, but he cannot save himself! He is King of Israel; let him come down from the cross now, and
43 we will believe in him. He trusts in God; let God deliver him if he cares for him, for he said he was God's son."

44   Even the robbers who were crucified with him abused him in the same way.

45   Now from noon there was darkness over the whole
46 country until three o'clock. And about three, Jesus called out loudly,

"Eloi, Eloi, lema sabachthani?" that is, "My God! My God! Why have you forsaken me?"

47   Some of the bystanders when they heard it said,

"The man is calling for Elijah!"

48   And one of them ran off at once and got a sponge and soaked it in sour wine and put it on the end of a stick and
49 held it up to him to drink. But the others said,

"Let us see whether Elijah will come to save him."

ἔνυξεν αὐτοῦ τὴν πλευράν, καὶ ἐξῆλθεν ὕδωρ καὶ αἷμα.]]
50 ὁ δὲ Ἰησοῦς πάλιν κράξας φωνῇ μεγάλῃ ἀφῆκεν τὸ πνεῦμα.
51 Καὶ ἰδοὺ τὸ καταπέτασμα τοῦ ναοῦ ἐσχίσθη [ἀπ'] ἄνωθεν
ἕως κάτω εἰς δύο, καὶ ἡ γῆ ἐσείσθη, καὶ αἱ πέτραι ἐσχίσθη-
52 σαν, καὶ τὰ μνημεῖα ἀνεῴχθησαν καὶ πολλὰ σώματα τῶν
53 κεκοιμημένων ἁγίων ἠγέρθησαν, καὶ ἐξελθόντες ἐκ τῶν
μνημείων μετὰ τὴν ἔγερσιν αὐτοῦ εἰσῆλθον εἰς τὴν ἁγίαν
54 πόλιν καὶ ἐνεφανίσθησαν πολλοῖς. Ὁ δὲ ἑκατόνταρχος
καὶ οἱ μετ' αὐτοῦ τηροῦντες τὸν Ἰησοῦν ἰδόντες τὸν σεισμὸν
καὶ τὰ γινόμενα ἐφοβήθησαν σφόδρα, λέγοντες Ἀληθῶς
55 ⌜θεοῦ υἱὸς⌝ ἦν οὗτος. Ἦσαν δὲ ἐκεῖ γυναῖκες πολλαὶ ἀπὸ
μακρόθεν θεωροῦσαι, αἵτινες ἠκολούθησαν τῷ Ἰησοῦ ἀπὸ
56 τῆς Γαλιλαίας διακονοῦσαι αὐτῷ· ἐν αἷς ἦν ⌜Μαρία⌝ ἡ
Μαγδαληνὴ καὶ Μαρία ἡ τοῦ Ἰακώβου καὶ ⌜Ἰωσὴφ⌝ μήτηρ
καὶ ἡ μήτηρ τῶν υἱῶν Ζεβεδαίου.

57 Ὀψίας δὲ γενομένης ἦλθεν ἄνθρωπος πλούσιος ἀπὸ
Ἀριμαθαίας, τοὔνομα Ἰωσήφ, ὃς καὶ αὐτὸς ⌜ἐμαθητεύθη⌝ τῷ
58 Ἰησοῦ· οὗτος προσελθὼν τῷ Πειλάτῳ ᾐτήσατο τὸ σῶμα
59 τοῦ Ἰησοῦ. τότε ὁ Πειλᾶτος ἐκέλευσεν ἀποδοθῆναι. καὶ
λαβὼν τὸ σῶμα ὁ Ἰωσὴφ ἐνετύλιξεν αὐτὸ [ἐν] σινδόνι
60 καθαρᾷ, καὶ ἔθηκεν αὐτὸ ἐν τῷ καινῷ αὐτοῦ μνημείῳ ὃ ἐλα-
τόμησεν ἐν τῇ πέτρᾳ, καὶ προσκυλίσας λίθον μέγαν τῇ
61 θύρᾳ τοῦ μνημείου ἀπῆλθεν. Ἦν δὲ ἐκεῖ Μαριὰμ ἡ
Μαγδαληνὴ καὶ ἡ ἄλλη Μαρία καθήμεναι ἀπέναντι τοῦ
62 τάφου. Τῇ δὲ ἐπαύριον, ἥτις ἐστὶν μετὰ τὴν
παρασκευήν, συνήχθησαν οἱ ἀρχιερεῖς καὶ οἱ Φαρισαῖοι
63 πρὸς Πειλᾶτον λέγοντες Κύριε, ἐμνήσθημεν ὅτι ἐκεῖνος
ὁ πλάνος εἶπεν ἔτι ζῶν Μετὰ τρεῖς ἡμέρας ἐγείρομαι·
64 κέλευσον οὖν ἀσφαλισθῆναι τὸν τάφον ἕως τῆς τρίτης
ἡμέρας, μή ποτε ἐλθόντες οἱ μαθηταὶ ᵀ κλέψωσιν αὐτὸν
καὶ εἴπωσιν τῷ λαῷ Ἠγέρθη ἀπὸ τῶν νεκρῶν, καὶ ἔσται
65 ἡ ἐσχάτη πλάνη χείρων τῆς πρώτης. ἔφη ᵀ αὐτοῖς ὁ
Πειλᾶτος Ἔχετε κουστωδίαν· ὑπάγετε ἀσφαλίσασθε ὡς

54 υἱὸς θεοῦ   56 Μαριάμ | Ἰωσῆ   57 ἐμαθήτευσεν   64 αὐτοῦ   65 δὲ

50 But Jesus cried out again loudly, and gave up his spirit.
51 And at once the curtain of the sanctuary was torn in two from
52 top to bottom.   The earth shook, the rocks split, the tombs
opened, and many of the saints who had fallen asleep rose
53 and left their tombs and after his resurrection went into the
54 holy city and showed themselves to many people.   And the
captain and the men with him who were watching Jesus,
when they saw the earthquake and all that was happening,
were dreadfully frightened and said,
"He surely must have been a son of God!"
55 There were several women there watching from a distance
who had followed Jesus from Galilee to wait upon him,
56 among them Mary of Magdala, Mary the mother of James
and Joseph, and the mother of Zebedee's sons.
57 In the evening a rich man named Joseph, from Arimathea,
58 who had himself been a disciple of Jesus, came.   He went to
Pilate and asked him for Jesus' body.   Then Pilate ordered
59 it to be given to him.   And Joseph took the body and
60 wrapped it in a piece of clean linen, and laid it in a new tomb
that belonged to him, that he had cut in the rock, and he
rolled a great stone over the doorway of the tomb, and went
61 away.   And Mary of Magdala and the other Mary remained
there, sitting before the tomb.
62 On the next day, that is, the day after the Preparation
Day, the high priests and Pharisees went in a body to Pilate
63 and said,
"Sir, we remember that when this imposter was alive
64 he said, 'After three days I will rise again!'   Give orders, there-
fore, to have the tomb closely guarded till the third day, so that
his disciples cannot come and steal him, and then tell the
people that he is risen from the dead, and that delusion be
worse than the other was."
65 Pilate said to them,
"Take a guard of soldiers, and go and make it as secure as
you can."

66 οἴδατε. οἱ δὲ πορευθέντες ἠσφαλίσαντο τὸν τάφον σφρα-
γίσαντες τὸν λίθον μετὰ τῆς κουστωδίας.

1 Ὀψὲ δὲ σαββάτων, τῇ ἐπιφωσκούσῃ εἰς μίαν σαββάτων,
ἦλθεν ⌜Μαρία⌝ ἡ Μαγδαληνὴ καὶ ἡ ἄλλη Μαρία θεωρῆσαι
2 τὸν τάφον. καὶ ἰδοὺ σεισμὸς ἐγένετο μέγας· ἄγγελος γὰρ
Κυρίου καταβὰς ἐξ οὐρανοῦ καὶ προσελθὼν ἀπεκύλισε τὸν
3 λίθον καὶ ἐκάθητο ἐπάνω αὐτοῦ. ἦν δὲ ἡ εἰδέα αὐτοῦ ὡς
4 ἀστραπὴ καὶ τὸ ἔνδυμα αὐτοῦ λευκὸν ὡς χιών. ἀπὸ δὲ τοῦ
φόβου αὐτοῦ ἐσείσθησαν οἱ τηροῦντες καὶ ἐγενήθησαν ὡς
5 νεκροί. ἀποκριθεὶς δὲ ὁ ἄγγελος εἶπεν ταῖς γυναιξίν Μὴ
φοβεῖσθε ὑμεῖς, οἶδα γὰρ ὅτι Ἰησοῦν τὸν ἐσταυρωμένον
6 ζητεῖτε· οὐκ ἔστιν ὧδε, ἠγέρθη γὰρ καθὼς εἶπεν· δεῦτε
7 ἴδετε τὸν τόπον ὅπου ἔκειτο· καὶ ταχὺ πορευθεῖσαι εἴπατε
τοῖς μαθηταῖς αὐτοῦ ὅτι Ἠγέρθη ἀπὸ τῶν νεκρῶν, καὶ
ἰδοὺ προάγει ὑμᾶς εἰς τὴν Γαλιλαίαν, ἐκεῖ αὐτὸν ὄψεσθε·
8 ἰδοὺ ⌜εἶπον⌝ ὑμῖν. καὶ ἀπελθοῦσαι ταχὺ ἀπὸ τοῦ μνημείου
μετὰ φόβου καὶ χαρᾶς μεγάλης ἔδραμον ἀπαγγεῖλαι τοῖς
9 μαθηταῖς αὐτοῦ. καὶ ἰδοὺ Ἰησοῦς ὑπήντησεν αὐταῖς λέγων
Χαίρετε· αἱ δὲ προσελθοῦσαι ἐκράτησαν αὐτοῦ τοὺς πόδας
10 καὶ προσεκύνησαν αὐτῷ. τότε λέγει αὐταῖς ὁ Ἰησοῦς Μὴ
φοβεῖσθε· ὑπάγετε ἀπαγγείλατε τοῖς ἀδελφοῖς μου ἵνα ἀπέλ-
11 θωσιν εἰς τὴν Γαλιλαίαν, κἀκεῖ με ὄψονται.   Πο-
ρευομένων δὲ αὐτῶν ἰδού τινες τῆς κουστωδίας ἐλθόντες εἰς
τὴν πόλιν ἀπήγγειλαν τοῖς ἀρχιερεῦσιν ἅπαντα τὰ γενό-
12 μενα. καὶ συναχθέντες μετὰ τῶν πρεσβυτέρων συμβούλιόν
13 τε λαβόντες ἀργύρια ἱκανὰ ἔδωκαν τοῖς στρατιώταις λέγον-
τες Εἴπατε ὅτι Οἱ μαθηταὶ αὐτοῦ νυκτὸς ἐλθόντες
14 ἔκλεψαν αὐτὸν ἡμῶν κοιμωμένων· καὶ ἐὰν ἀκουσθῇ τοῦτο
⌜ἐπὶ⌝ τοῦ ἡγεμόνος, ἡμεῖς πείσομεν καὶ ὑμᾶς ἀμερίμνους
15 ποιήσομεν. οἱ δὲ λαβόντες ⌐ ἀργύρια ἐποίησαν ὡς ἐδι-
δάχθησαν. Καὶ ⌜διεφημίσθη⌝ ὁ λόγος οὗτος παρὰ Ἰουδαίοις
16 μέχρι τῆς σήμερον [ἡμέρας].   Οἱ δὲ ἕνδεκα
μαθηταὶ ἐπορεύθησαν εἰς τὴν Γαλιλαίαν εἰς τὸ ὄρος οὗ

1 Μαριάμ   7 †...†   14 ὑπὸ   15 τὰ | ἐφημίσθη

66   And they went and set the guard and put a seal on the stone.

28   After the Sabbath, as the first day of the week was dawning, Mary of Magdala and the other Mary went to look 2 at the tomb. And there was a great earthquake. For an angel of the Lord came down from heaven and went and rolled 3 the stone back and sat upon it. His appearance was like 4 lightning and his clothing was as white as snow. The men on guard trembled with fear of him, and became like dead 5 men. And the angel said to the women,

"You need not be afraid. I know that you are looking for 6 Jesus who was crucified. He is not here, he has risen, as he said he would do. Come and see the place where he was lying. 7 Now go quickly and tell his disciples, 'He has risen from the dead, and is going back to Galilee before you. You will see him there.' Now I have given you my message."

8   And they hurried away from the tomb frightened and yet overjoyed, and ran to tell the news to his disciples. 9 And Jesus himself met them, and said,

"Good morning!"

And they went up to him and clasped his feet, and bowed 10 to the ground before him. Jesus said to them,

"You need not be afraid. Go and tell my brothers to go to Galilee and they will see me there."

11   While they were on their way, some of the guard went into the city and reported to the high priests all that had happened. 12 And they got together and consulted with the elders, and 13 gave the soldiers a large sum of money, and said to them,

"Tell people that his disciples came in the night and 14 stole him away while you were asleep. And if news of it reaches the governor, we will satisfy him, and see that you do not get into trouble."

15   So they took the money and did as they were told. And this story has been current among the Jews ever since.

16   And the eleven disciples went to Galilee to the mountain

17 ἐτάξατο αὐτοῖς ὁ Ἰησοῦς, καὶ ἰδόντες αὐτὸν προσεκύ-
18 νησαν, οἱ δὲ ἐδίστασαν. καὶ προσελθὼν ὁ Ἰησοῦς ἐλά-
λησεν αὐτοῖς λέγων Ἐδόθη μοι πᾶσα ἐξουσία ἐν οὐ-
19 ρανῷ καὶ ἐπὶ [τῆς] γῆς· πορευθέντες οὖν μαθητεύσατε
πάντα τὰ ἔθνη, ⌜βαπτίζοντες⌝ αὐτοὺς εἰς τὸ ὄνομα τοῦ πα-
20 τρὸς καὶ τοῦ υἱοῦ καὶ τοῦ ἁγίου πνεύματος, διδάσκοντες
αὐτοὺς τηρεῖν πάντα ὅσα ἐνετειλάμην ὑμῖν· καὶ ἰδοὺ ἐγὼ
μεθ' ὑμῶν εἰμὶ πάσας τὰς ἡμέρας ἕως τῆς συντελείας τοῦ
αἰῶνος.

19 βαπτίσαντες

17 to which Jesus had directed them.   There they saw him and
bowed down before him, though some were in doubt about it.

18   And Jesus came up to them and said,

"Full authority in heaven and on the earth has been given
19 to me.   Therefore go and make disciples of all the heathen,
baptize them in the name of the Father, the Son, and the
20 holy Spirit, and teach them to observe all the commands that
I have given you.   I will always be with you, to the very
close of the age."

ΚΑΤΑ ΜΑΡΚΟΝ

1   ΑΡΧΗ τοῦ εὐαγγελίου Ἰησοῦ Χριστοῦ ᵀ.

2   Καθὼς γέγραπται ἐν τῷ Ἠσαΐᾳ τῷ προφήτῃ
    ἸδΟΥ ἀποϲτέλλω τὸν ἄγγελόν ΜΟΥ πρὸ προϲώπΟΥ
                                              ϲΟΥ,
    ὃϲ καταϲκεΥάϲει τὴν ὁδόν ϲΟΥ·
3   Φωνὴ ΒοῶντΟϲ ἐν τῇ ἐρήμῳ
    Ἑτοιμάϲατε τὴν ὁδὸν ΚΥρίΟΥ,
    εΥθείαϲ ποιεῖτε τὰϲ τρίΒΟΥϲ αΥτΟΥ,
4   ἐγένετο Ἰωάνης ὁ βαπτίζων ἐν τῇ ἐρήμῳ κηρύσσων βά-
5   πτισμα μετανοίας εἰς ἄφεσιν ἁμαρτιῶν. καὶ ἐξεπορεύ-
    ετο πρὸς αὐτὸν πᾶσα ἡ Ἰουδαία χώρα καὶ οἱ Ἱεροσολυ-
    μεῖται πάντες, καὶ ἐβαπτίζοντο ὑπ᾽ αὐτοῦ ἐν τῷ Ἰορδάνῃ
6   ποταμῷ ἐξομολογούμενοι τὰς ἁμαρτίας αὐτῶν. καὶ ἦν ὁ
    Ἰωάνης ἐνδεδυμένος τρίχας καμήλου καὶ ζώνην δερματίνην
    περὶ τὴν ὀσφὺν αὐτοῦ, καὶ ἔσθων ἀκρίδας καὶ μέλι ἄγριον.
7   καὶ ἐκήρυσσεν λέγων Ἔρχεται ὁ ἰσχυρότερός μου ὀπίσω
    [μου], οὗ οὐκ εἰμὶ ἱκανὸς κύψας λῦσαι τὸν ἱμάντα τῶν
8   ὑποδημάτων αὐτοῦ· ἐγὼ ἐβάπτισα ὑμᾶς ὕδατι, αὐτὸς δὲ
    βαπτίσει ὑμᾶς πνεύματι ἁγίῳ.

9   ⌜ΚΑΙ· ΕΓΕΝΕΤΟ⌝ ἐν ἐκείναις ταῖς ἡμέραις ἦλθεν
    Ἰησοῦς ἀπὸ Ναζαρὲτ τῆς Γαλιλαίας καὶ ἐβαπτίσθη εἰς

    1 υἱοῦ θεοῦ   9 Ἐγένετο

THE GOSPEL ACCORDING TO MARK

1 The beginning of the good news of Jesus Christ.
2 As it is written in the prophet Isaiah,
>   "Here I send my messenger on before you;
>   He will prepare your way;
3 >   Hark! Someone is shouting in the desert,
>   'Get the Lord's way ready,
>   Make his paths straight,' "

4 John the baptizer appeared in the desert, and preached repentance and baptism in order to obtain the forgiveness
5 of sins. And all Judea and everybody in Jerusalem went out to him there, and accepted baptism from him in the Jordan
6 River, acknowledging their sins. John's clothing was made of hair cloth, and the belt around his waist was leather, and he
7 lived on dried locusts and wild honey. And this was his message:
>   "After me there is coming one stronger than I am, one
8 whose shoes I am not fit to stoop down and untie. I have baptized you in water, but he will baptize you in the holy Spirit."

9 It was in those days that Jesus came from Nazareth in
10 Galilee, and was baptized by John in the Jordan. And

10 τὸν Ἰορδάνην ὑπὸ Ἰωάνου. καὶ εὐθὺς ἀναβαίνων ἐκ τοῦ
ὕδατος εἶδεν σχιζομένους τοὺς οὐρανοὺς καὶ τὸ πνεῦμα ὡς
11 περιστερὰν καταβαῖνον εἰς αὐτόν· καὶ φωνὴ [ἐγένετο] ἐκ
τῶν οὐρανῶν Σὺ εἶ ὁ υἱός μου ὁ ἀγαπητός, ἐν σοὶ εὐδό-
12 κησα.   Καὶ εὐθὺς τὸ πνεῦμα αὐτὸν ἐκβάλλει
13 εἰς τὴν ἔρημον. καὶ ἦν ἐν τῇ ἐρήμῳ τεσσεράκοντα ἡμέ-
ρας πειραζόμενος ὑπὸ τοῦ Σατανᾶ, καὶ ἦν μετὰ τῶν θηρί-
ων, καὶ οἱ ἄγγελοι διηκόνουν αὐτῷ.

14   Καὶ μετὰ τὸ παραδοθῆναι τὸν Ἰωάνην ἦλθεν ὁ
Ἰησοῦς εἰς τὴν Γαλιλαίαν κηρύσσων τὸ εὐαγγέλιον
15 τοῦ θεοῦ [καὶ λέγων] ὅτι Πεπλήρωται ὁ καιρὸς καὶ
ἤγγικεν ἡ βασιλεία τοῦ θεοῦ· μετανοεῖτε καὶ πιστεύ-
16 ετε ἐν τῷ εὐαγγελίῳ.   Καὶ παράγων παρὰ
τὴν θάλασσαν τῆς Γαλιλαίας εἶδεν Σίμωνα καὶ Ἀν-
δρέαν τὸν ἀδελφὸν Σίμωνος ἀμφιβάλλοντας ἐν τῇ θα-
17 λάσσῃ, ἦσαν γὰρ ἁλεεῖς· καὶ εἶπεν αὐτοῖς ὁ Ἰησοῦς
Δεῦτε ὀπίσω μου, καὶ ποιήσω ὑμᾶς γενέσθαι ἁλεεῖς
18 ἀνθρώπων. καὶ εὐθὺς ἀφέντες τὰ δίκτυα ἠκολούθησαν
19 αὐτῷ. Καὶ προβὰς ὀλίγον εἶδεν Ἰάκωβον τὸν τοῦ Ζεβε-
δαίου καὶ Ἰωάνην τὸν ἀδελφὸν αὐτοῦ, καὶ αὐτοὺς ἐν τῷ
20 πλοίῳ καταρτίζοντας τὰ δίκτυα, καὶ εὐθὺς ἐκάλεσεν αὐτούς.
καὶ ἀφέντες τὸν πατέρα αὐτῶν Ζεβεδαῖον ἐν τῷ πλοίῳ
μετὰ τῶν μισθωτῶν ἀπῆλθον ὀπίσω αὐτοῦ.

21   Καὶ εἰσπορεύονται εἰς Καφαρναουμ. Καὶ εὐθὺς τοῖς
22 σάββασιν ⌜εἰσελθὼν εἰς τὴν συναγωγὴν ἐδίδασκεν⌝. καὶ
ἐξεπλήσσοντο ἐπὶ τῇ διδαχῇ αὐτοῦ, ἦν γὰρ διδάσκων
23 αὐτοὺς ὡς ἐξουσίαν ἔχων καὶ οὐχ ὡς οἱ γραμματεῖς. καὶ
εὐθὺς ἦν ἐν τῇ συναγωγῇ αὐτῶν ἄνθρωπος ἐν πνεύματι
24 ἀκαθάρτῳ, καὶ ἀνέκραξεν λέγων Τί ἡμῖν καὶ σοί, Ἰησοῦ
Ναζαρηνέ; ἦλθες ἀπολέσαι ἡμᾶς; ⌜οἶδά⌝ σε τίς εἶ, ὁ ἅγιος
25 τοῦ θεοῦ. καὶ ἐπετίμησεν αὐτῷ ὁ Ἰησοῦς [λέγων] Φιμώ-
26 θητι καὶ ἔξελθε ἐξ αὐτοῦ. καὶ σπαράξαν αὐτὸν τὸ πνεῦμα
τὸ ἀκάθαρτον καὶ φωνῆσαν φωνῇ μεγάλῃ ἐξῆλθεν ἐξ αὐτοῦ.

21 ἐδίδασκεν εἰς τὴν συναγωγήν   24 οἴδαμέν

just as he was coming up out of the water he saw the heavens torn open and the Spirit coming down like a dove to enter
11 into him, and out of the heavens came a voice:

"You are my Son, my Beloved!   You are my Chosen!"
12   The spirit immediately drove him out into the desert.
13 And he remained in the desert for forty days, and Satan tried to tempt him there; and he was among the wild animals; and the angels waited on him.

14   After John was arrested, Jesus went into Galilee proclaim-
15 ing the good news from God, saying,

"The time has come and the reign of God is near; repent, and believe this good news."
16   As he was passing along the shore of the Sea of Galilee, he saw Simon and his brother Andrew casting their nets in
17 the sea, for they were fishermen.   Jesus said to them,

"Come, follow me, and I will make you fish for men."
18   They immediately abandoned their nets and followed
19 him.   He went on a little farther and saw James, the son of Zebedee, and his brother John; they too were in their boat
20 putting their nets in order.   He immediately called them. And they left their father Zebedee in the boat with the hired men and went off after him.

21   They proceeded to Capernaum, and on the very first
22 Sabbath he went to the synagogue and taught.   And they were amazed at his teaching, for he taught them like one who
23 had authority, and not like the scribes.   Just then there was in their synagogue a man under the control of a foul spirit, and he cried out,

24   "What do you want of us, Jesus, you Nazarene?   Have you come to destroy us?   I know who you are, you are God's holy One!"

25   Jesus reproved him, and said,
"Silence!   Get out of him!"

26   The foul spirit convulsed the man and gave a loud cry

27 καὶ ἐθαμβήθησαν ἅπαντες, ὥστε συνζητεῖν ⌜αὐτοὺς⌝ λέγοντας Τί ἐστιν τοῦτο; διδαχὴ καινή· κατ' ἐξουσίαν καὶ τοῖς πνεύμασι τοῖς ἀκαθάρτοις ἐπιτάσσει, καὶ ὑπακούουσιν αὐτῷ.
28 Καὶ ἐξῆλθεν ἡ ἀκοὴ αὐτοῦ εὐθὺς πανταχοῦ εἰς ὅλην τὴν
29 περίχωρον τῆς Γαλιλαίας.   Καὶ εὐθὺς ἐκ τῆς συναγωγῆς ⌜ἐξελθόντες ἦλθαν⌝ εἰς τὴν οἰκίαν Σίμωνος καὶ
30 Ἀνδρέου μετὰ Ἰακώβου καὶ Ἰωάνου. ἡ δὲ πενθερὰ Σίμωνος κατέκειτο πυρέσσουσα, καὶ εὐθὺς λέγουσιν αὐτῷ περὶ αὐτῆς.
31 καὶ προσελθὼν ἤγειρεν αὐτὴν κρατήσας τῆς χειρός· καὶ ἀ-
32 φῆκεν αὐτὴν ὁ πυρετός, καὶ διηκόνει αὐτοῖς.   Ὀψίας δὲ γενομένης, ὅτε ἔδυσεν ὁ ἥλιος, ἔφερον πρὸς αὐτὸν
33 πάντας τοὺς κακῶς ἔχοντας καὶ τοὺς δαιμονιζομένους· καὶ
34 ἦν ὅλη ἡ πόλις ἐπισυνηγμένη πρὸς τὴν θύραν. καὶ ἐθεράπευσεν πολλοὺς κακῶς ἔχοντας ποικίλαις νόσοις, καὶ δαιμόνια πολλὰ ἐξέβαλεν, καὶ οὐκ ἤφιεν λαλεῖν τὰ δαιμόνια,
35 ὅτι ᾔδεισαν αὐτὸν [Χριστὸν εἶναι].   Καὶ πρωὶ ἔννυχα λίαν ἀναστὰς ἐξῆλθεν [καὶ ἀπῆλθεν] εἰς ἔρη-
36 μον τόπον κἀκεῖ προσηύχετο. καὶ κατεδίωξεν αὐτὸν Σίμων
37 καὶ οἱ μετ' αὐτοῦ, καὶ εὗρον αὐτὸν καὶ λέγουσιν αὐτῷ
38 ὅτι Πάντες ζητοῦσίν σε. καὶ λέγει αὐτοῖς Ἄγωμεν ἀλλαχοῦ εἰς τὰς ἐχομένας κωμοπόλεις, ἵνα καὶ ἐκεῖ κηρύξω,
39 εἰς τοῦτο γὰρ ἐξῆλθον. καὶ ἦλθεν κηρύσσων εἰς τὰς συναγωγὰς αὐτῶν εἰς ὅλην τὴν Γαλιλαίαν καὶ τὰ δαιμόνια ἐκβάλλων.

40   Καὶ ἔρχεται πρὸς αὐτὸν λεπρὸς παρακαλῶν αὐτὸν [καὶ γονυπετῶν] λέγων αὐτῷ ὅτι Ἐὰν θέλῃς δύνασαί
41 με καθαρίσαι. καὶ σπλαγχνισθεὶς ἐκτείνας τὴν χεῖρα
42 αὐτοῦ ἥψατο καὶ λέγει αὐτῷ Θέλω, καθαρίσθητι· καὶ
43 εὐθὺς ἀπῆλθεν ἀπ' αὐτοῦ ἡ λέπρα, καὶ ἐκαθερίσθη. καὶ
44 ἐμβριμησάμενος αὐτῷ εὐθὺς ἐξέβαλεν αὐτόν, καὶ λέγει αὐτῷ Ὅρα μηδενὶ μηδὲν εἴπῃς, ἀλλὰ ὕπαγε σεαυτὸν δεῖξον τῷ ἱερεῖ καὶ προσένεγκε περὶ τοῦ καθαρισμοῦ σου
45 ἃ προσέταξεν Μωυσῆς εἰς μαρτύριον αὐτοῖς. ὁ δὲ ἐξελθὼν

27 πρὸς ἑαυτοὺς   29 ἐξελθὼν ἦλθεν   45 εἰς πόλιν φανερῶς

27 and went out of him.   And they were all so amazed that they
discussed it with one another, and said,

"What does this mean?   It is a new teaching!   He
gives orders with authority even to the foul spirits, and they
obey him!"

28   And his fame immediately spread in all directions through
the whole neighborhood of Galilee.

29   As soon as they left the synagogue, they went with
30 James and John to the house of Simon and Andrew.   Simon's
mother-in-law was in bed, sick with a fever, and they immedi-
31 ately told him about her.   And he went up to her, and
grasping her hand, he made her rise.   And the fever left her,
and she waited on them.

32   In the evening, after sunset, they brought to him all
33 who were sick or possessed by demons, and the whole town
34 was gathered at the door.   And he cured many who were
sick with various diseases, and drove out many demons, and
he would not let the demons speak, because they knew that
he was Christ.

35   Early in the morning, long before daylight, he got up
and left the house and went off to a lonely spot, and prayed
36 there.   And Simon and his companions sought him out
37 and found him, and said to him,

"They are all looking for you!"

38   He said to them,

"Let us go somewhere else, to the neighboring country
towns, so that I may preach in them, too, for that is why
I came out here."

39   So he went all through Galilee, preaching in their syna-
gogues and driving out the demons.

40   There came to him a leper appealing to him on his knees,
saying to him,

"If you only choose, you can cure me."

41   And he pitied him and stretched out his hand and touched
him, and said to him,

"I do choose!   Be cured!"

42   And the leprosy immediately left him, and he was cured.
43 And Jesus immediately drove him away with a stern warn-
44 ing, saying to him,

"See that you say nothing about this to anybody, but
begone! show yourself to the priest, and in proof of your cure
make the offerings for your purification which Moses pre-
scribed."

ἤρξατο κηρύσσειν πολλὰ καὶ διαφημίζειν τὸν λόγον, ὥστε
μηκέτι αὐτὸν δύνασθαι ⌈φανερῶς εἰς πόλιν⌉ εἰσελθεῖν, ἀλλὰ
ἔξω ἐπ᾽ ἐρήμοις τόποις [ἦν]· καὶ ἤρχοντο πρὸς αὐτὸν
πάντοθεν.

1   Καὶ εἰσελθὼν πάλιν εἰς Καφαρναοὺμ δι᾽ ἡμερῶν ἠκού-
2 σθη ὅτι ⌈ἐν οἴκῳ ἐστίν⌉· καὶ συνήχθησαν πολλοὶ ὥστε
μηκέτι χωρεῖν μηδὲ τὰ πρὸς τὴν θύραν, καὶ ἐλάλει αὐτοῖς
3 τὸν λόγον. καὶ ἔρχονται φέροντες πρὸς αὐτὸν παραλυτικὸν
4 αἰρόμενον ὑπὸ τεσσάρων. καὶ μὴ δυνάμενοι προσενέγκαι
αὐτῷ διὰ τὸν ὄχλον ἀπεστέγασαν τὴν στέγην ὅπου ἦν, καὶ
ἐξορύξαντες χαλῶσι τὸν κράβαττον ὅπου ὁ παραλυτικὸς
5 κατέκειτο. καὶ ἰδὼν ὁ Ἰησοῦς τὴν πίστιν αὐτῶν λέγει τῷ
6 παραλυτικῷ Τέκνον, ἀφίενταί σου αἱ ἁμαρτίαι. ἦσαν δέ
τινες τῶν γραμματέων ἐκεῖ καθήμενοι καὶ διαλογιζόμενοι ἐν
7 ταῖς καρδίαις αὐτῶν ⌈Τί⌉ οὗτος οὕτω λαλεῖ; βλασφημεῖ·
8 τίς δύναται ἀφιέναι ἁμαρτίας εἰ μὴ εἷς ὁ θεός; καὶ εὐθὺς
ἐπιγνοὺς ὁ Ἰησοῦς τῷ πνεύματι αὐτοῦ ὅτι [οὕτως] διαλογί-
ζονται ἐν ἑαυτοῖς λέγει [αὐτοῖς] Τί ταῦτα διαλογίζεσθε ἐν
9 ταῖς καρδίαις ὑμῶν; τί ἐστιν εὐκοπώτερον, εἰπεῖν τῷ παρα-
λυτικῷ Ἀφίενταί σου αἱ ἁμαρτίαι, ἢ εἰπεῖν Ἐγείρου
10 [καὶ] ἆρον τὸν κράβαττόν σου καὶ περιπάτει; ἵνα δὲ εἰδῆτε
ὅτι ἐξουσίαν ἔχει ὁ υἱὸς τοῦ ἀνθρώπου ⌈ἀφιέναι ἁμαρτίας
11 ἐπὶ τῆς γῆς⌉- λέγει τῷ παραλυτικῷ Σοὶ λέγω, ἔγειρε
12 ἆρον τὸν κράβαττόν σου καὶ ὕπαγε εἰς τὸν οἶκόν σου. καὶ
ἠγέρθη καὶ εὐθὺς ἄρας τὸν κράβαττον ἐξῆλθεν ἔμπροσθεν
πάντων, ὥστε ἐξίστασθαι πάντας καὶ δοξάζειν τὸν θεὸν
[λέγοντας] ὅτι Οὕτως οὐδέποτε εἴδαμεν.

13   Καὶ ἐξῆλθεν πάλιν παρὰ τὴν θάλασσαν· καὶ πᾶς
14 ὁ ὄχλος ἤρχετο πρὸς αὐτόν, καὶ ἐδίδασκεν αὐτούς. Καὶ
παράγων εἶδεν Λευεὶν τὸν τοῦ Ἀλφαίου καθήμενον ἐπὶ
τὸ τελώνιον, καὶ λέγει αὐτῷ Ἀκολούθει μοι. καὶ ἀναστὰς
15 ἠκολούθησεν αὐτῷ.   Καὶ γίνεται κατακεῖσθαι
αὐτὸν ἐν τῇ οἰκίᾳ αὐτοῦ, καὶ πολλοὶ τελῶναι καὶ ἁμαρτω-

1 εἰς οἶκόν ἐστιν   7 Ὅτι   10 ἐπὶ τῆς γῆς ἀφιέναι ἁμαρτίας

45   But he went off and began to talk so much about it, and to spread the story so widely, that Jesus could no longer go into a town openly, but stayed out in unfrequented places, and people came to him from every direction.

2   Some days later he came back to Capernaum, and people
2 heard that he was at home, and such a crowd gathered that after a while there was no room even around the door, and he
3 was telling them his message. And some people came bringing to him a man who was paralyzed, four of them
4 carrying him. As they could not get him near Jesus on account of the crowd, they broke open the roof just over his head, and through the opening they lowered the mat with
5 the paralytic lying on it. When Jesus saw their faith, he said to the paralytic,

"My son, your sins are forgiven."

6   There were some scribes sitting there pondering and saying to themselves,

7   "Why does this man talk so?   This is blasphemy.   Who can forgive sins but God alone?"

8   Jesus, at once perceiving by his spirit that they were pondering over this, said to them,

9   "Why do you ponder over this in your minds?   Which is easier, to say to this paralytic, 'Your sins are forgiven,' or to say to him, 'Get up and pick up your mat and
10 walk'?   But to let you know that the Son of Man has authority to forgive sins on earth," turning to the paralytic
11 he said, "I tell you, get up, pick up your mat, and go home!"

12   And he got up, and immediately picked up his mat and went out before them all, so that they were all astonished and acknowledged the power of God, saying,

"We never saw anything like this before."

13   He went out of the town again and along the shore,
14 and all the people came to him and he taught them.   And as he was passing along he saw Levi, the son of Alpheus, sitting at the tollhouse, and he said to him,

"Follow me."

And he got up and followed him.

15   He was at table in his house, with many tax-collectors

λοὶ συνανέκειντο τῷ Ἰησοῦ καὶ τοῖς μαθηταῖς αὐτοῦ,
16 ἦσαν γὰρ πολλοὶ καὶ ἠκολούθουν αὐτῷ. καὶ οἱ γραμμα-
τεῖς τῶν Φαρισαίων ἰδόντες ὅτι ἐσθίει μετὰ τῶν ἁμαρ-
τωλῶν καὶ τελωνῶν ἔλεγον τοῖς μαθηταῖς αὐτοῦ Ὅτι
17 μετὰ τῶν τελωνῶν καὶ ἁμαρτωλῶν ἐσθίει ᵀ; καὶ ἀκούσας
ὁ Ἰησοῦς λέγει αὐτοῖς [ὅτι] Οὐ χρείαν ἔχουσιν οἱ ἰσχύ-
οντες ἰατροῦ ἀλλ' οἱ κακῶς ἔχοντες· οὐκ ἦλθον καλέσαι
18 δικαίους ἀλλὰ ἁμαρτωλούς.   Καὶ ἦσαν οἱ μα-
θηταὶ Ἰωάνου καὶ οἱ Φαρισαῖοι νηστεύοντες. καὶ ἔρχονται
καὶ λέγουσιν αὐτῷ Διὰ τί οἱ μαθηταὶ Ἰωάνου καὶ οἱ μα-
θηταὶ τῶν Φαρισαίων νηστεύουσιν, οἱ δὲ σοὶ [μαθηταὶ] οὐ
19 νηστεύουσιν; καὶ εἶπεν αὐτοῖς ὁ Ἰησοῦς Μὴ δύνανται
οἱ υἱοὶ τοῦ νυμφῶνος ἐν ᾧ ὁ νυμφίος μετ' αὐτῶν ἐστὶν
νηστεύειν; ὅσον χρόνον ἔχουσιν τὸν νυμφίον μετ' αὐτῶν
20 οὐ δύνανται νηστεύειν· ἐλεύσονται δὲ ἡμέραι ὅταν ἀπαρθῇ
ἀπ' αὐτῶν ὁ νυμφίος, καὶ τότε νηστεύσουσιν ἐν ἐκείνῃ τῇ
21 ἡμέρᾳ. οὐδεὶς ἐπίβλημα ῥάκους ἀγνάφου ἐπιράπτει ἐπὶ
ἱμάτιον παλαιόν· εἰ δὲ μή, αἴρει τὸ πλήρωμα ἀπ' αὐτοῦ
22 τὸ καινὸν τοῦ παλαιοῦ, καὶ χεῖρον σχίσμα γίνεται. καὶ
οὐδεὶς βάλλει οἶνον νέον εἰς ἀσκοὺς παλαιούς· εἰ δὲ μή,
ῥήξει ὁ οἶνος τοὺς ἀσκούς, καὶ ὁ οἶνος ἀπόλλυται καὶ
οἱ ἀσκοί. [ἀλλὰ οἶνον νέον εἰς ἀσκοὺς καινούς.]
23   Καὶ ἐγένετο αὐτὸν ἐν τοῖς σάββασιν ⌜διαπορεύε-
σθαι⌝ διὰ τῶν σπορίμων, καὶ οἱ μαθηταὶ αὐτοῦ ἤρξαντο
24 ⌜ὁδὸν ποιεῖν⌝ τίλλοντες τοὺς στάχυας. καὶ οἱ Φαρισαῖοι
ἔλεγον αὐτῷ Ἴδε τί ποιοῦσιν τοῖς σάββασιν ὃ οὐκ ἔξε-
25 στιν; καὶ λέγει αὐτοῖς Οὐδέποτε ἀνέγνωτε τί ἐποίησεν
Δαυεὶδ ὅτε χρείαν ἔσχεν καὶ ἐπείνασεν αὐτὸς καὶ
26 οἱ μετ' αὐτοῦ; [πῶς] εἰσῆλθεν εἰς τὸν οἶκον τοῦ θεοῦ
ἐπὶ Ἀβιάθαρ ἀρχιερέως καὶ τοὺϲ ἄρτουϲ τῆϲ προθέϲεωϲ
ἔφαγεν, οὓς οὐκ ἔξεστιν φαγεῖν εἰ μὴ τοὺς ἱερεῖς, καὶ
27 ἔδωκεν καὶ τοῖς σὺν αὐτῷ οὖσιν; καὶ ἔλεγεν αὐτοῖς Τὸ
σάββατον διὰ τὸν ἄνθρωπον ἐγένετο καὶ οὐχ ὁ ἄνθρωπος

16 καὶ πίνει   23 παραπορεύεσθαι | ὁδοποιεῖν   5 χεῖρα   6 ἐποίησαν

and irreligious people who were at table with him and his disciples, for there were many of them among his followers.

16 And when the scribes who were of the Pharisees' party saw that he was eating with irreligious people and tax-collectors, they said to his disciples,

"Why does he eat with tax-collectors and irreligious people?"

17   Jesus heard it, and said to them,

"It is not well people but the sick who have to have the doctor.   I did not come to invite the pious but the irreligious."

18   Now John's disciples and the Pharisees were keeping a fast.   And people came and asked him,

"Why is it that when John's disciples and the disciples of the Pharisees are keeping the fast, yours are not keeping it?"

19   Jesus said to them,

"Can wedding guests fast while the bridegroom is with them?   As long as they have the bridegroom with them 20 they cannot fast.   But a time will come when the bridegroom will be taken from them, and when that day comes, they 21 will fast.   No one sews a patch of unshrunken cloth on an old coat; or if he does, the patch tears away, the new from 22 the old, and makes the hole worse than ever.   And no one pours new wine into old wine-skins; or if he does, the wine bursts the skins, and the wine is lost, and the skins too. New wine has to be put into fresh skins."

23   He happened to be passing through the wheat fields on the Sabbath, and his disciples began to pick the heads of wheat 24 as they made their way through.   And the Pharisees said to him,

"Look! Why are they doing what it is against the law to do on the Sabbath?"

25   He said to them,

"Did you never read what David did, when he was in 26 need and hungry, he and his men?   How is it that he went into the house of God when Abiathar was high priest, and ate the Presentation Loaves, which it is against the law for anyone but the priests to eat, and gave some to his companions too?"

27   And he said to them,

"The Sabbath was made for man, not man for the

28 διὰ τὸ σάββατον· ὥστε κύριός ἐστιν ὁ υἱὸς τοῦ ἀνθρώπου
1 καὶ τοῦ σαββάτου.   Καὶ εἰσῆλθεν πάλιν εἰς
συναγωγήν, καὶ ἦν ἐκεῖ ἄνθρωπος ἐξηραμμένην ἔχων τὴν
2 χεῖρα· καὶ παρετήρουν αὐτὸν εἰ τοῖς σάββασιν θεραπεύσει
3 αὐτόν, ἵνα κατηγορήσωσιν αὐτοῦ. καὶ λέγει τῷ ἀνθρώπῳ
4 τῷ τὴν χεῖρα ἔχοντι ξηράν Ἔγειρε εἰς τὸ μέσον. καὶ
λέγει αὐτοῖς Ἔξεστιν τοῖς σάββασιν ἀγαθοποιῆσαι ἢ
κακοποιῆσαι, ψυχὴν σῶσαι ἢ ἀποκτεῖναι; οἱ δὲ ἐσιώπων.
5 καὶ περιβλεψάμενος αὐτοὺς μετ᾽ ὀργῆς, συνλυπούμενος ἐπὶ
τῇ πωρώσει τῆς καρδίας αὐτῶν, λέγει τῷ ἀνθρώπῳ Ἔκτει-
νον τὴν ⌜χεῖρά σου⌝· καὶ ἐξέτεινεν, καὶ ἀπεκατεστάθη ἡ
6 χεὶρ αὐτοῦ. Καὶ ἐξελθόντες οἱ Φαρισαῖοι εὐθὺς μετὰ τῶν
Ἡρῳδιανῶν συμβούλιον ⌜ἐδίδουν⌝ κατ᾽ αὐτοῦ ὅπως αὐτὸν
ἀπολέσωσιν.

7   Καὶ ὁ Ἰησοῦς μετὰ τῶν μαθητῶν αὐτοῦ ἀνεχώρησεν
πρὸς τὴν θάλασσαν· καὶ πολὺ πλῆθος ἀπὸ τῆς Γαλιλαίας
8 ⌜ἠκολούθησεν, καὶ ἀπὸ τῆς Ἰουδαίας⌝ καὶ ἀπὸ Ἰεροσολύμων
καὶ ἀπὸ τῆς Ἰδουμαίας καὶ πέραν τοῦ Ἰορδάνου καὶ περὶ
Τύρον καὶ ⌜Σιδῶνα,⌝ πλῆθος πολύ, ἀκούοντες ὅσα ⌜ποιεῖ⌝
9 ἦλθαν πρὸς αὐτόν. καὶ εἶπεν τοῖς μαθηταῖς αὐτοῦ ἵνα
πλοιάριον προσκαρτερῇ αὐτῷ διὰ τὸν ὄχλον ἵνα μὴ θλί-
10 βωσιν αὐτόν· πολλοὺς γὰρ ἐθεράπευσεν, ὥστε ἐπιπίπτειν
11 αὐτῷ ἵνα αὐτοῦ ἅψωνται ὅσοι εἶχον μάστιγας. καὶ τὰ
πνεύματα τὰ ἀκάθαρτα, ὅταν αὐτὸν ἐθεώρουν, προσέπιπτον
αὐτῷ καὶ ἔκραζον ⌜λέγοντα⌝ ὅτι Σὺ εἶ ὁ υἱὸς τοῦ θεοῦ.
12 καὶ πολλὰ ἐπετίμα αὐτοῖς ἵνα μὴ αὐτὸν φανερὸν ποιήσω-
13 σιν.   Καὶ ἀναβαίνει εἰς τὸ ὄρος καὶ προσκα-
14 λεῖται οὓς ἤθελεν αὐτός, καὶ ἀπῆλθον πρὸς αὐτόν. καὶ
ἐποίησεν δώδεκα, οὓς καὶ ἀποστόλους ὠνόμασεν, ἵνα ὦσιν
15 μετ᾽ αὐτοῦ καὶ ἵνα ἀποστέλλῃ αὐτοὺς κηρύσσειν καὶ ἔχειν
ἐξουσίαν ἐκβάλλειν τὰ δαιμόνια· καὶ ἐποίησεν τοὺς δώ-
16
17 δεκα (καὶ ἐπέθηκεν ὄνομα τῷ Σίμωνι) Πέτρον, καὶ Ἰάκωβον
τὸν τοῦ Ζεβεδαίου καὶ Ἰωάνην τὸν ἀδελφὸν τοῦ Ἰακώβου

7 καὶ ἀπὸ τῆς Ἰουδαίας ἠκολούθησεν,   8 Σιδῶνα,— | ἐποίει   11 λέγοντες

28 Sabbath, and so the Son of Man is master even of the
Sabbath."

3   He went again to a synagogue, and there was a man
2 there with one hand withered.   And they were watching him
closely, to see whether he would cure him on the Sabbath,
3 in order to get a charge to bring against him.   He said to the
man with the withered hand,

        "Get up and come forward."

4   And he said to them,

        "Is it allowable to do people good on the Sabbath, or to
5 do them harm?   To save life or to kill?"   But they made
no answer.   And he looked around at them with anger,
hurt by their obstinacy, and he said to the man,

        "Hold out your hand!"

6   And he held it out, and his hand was cured.   Then
the Pharisees left the synagogue and immediately consulted
with the Herodians about Jesus, with a view to putting him
to death.

7   So Jesus retired with his disciples to the seashore, and a
great many people from Galilee followed him, and from
8 Judea and Jerusalem and Idumea and from the other side of
the Jordan and from the neighborhood of Tyre and Sidon a
great many who had heard of the things he was doing came
9 to him.   He told his disciples to have a boat always ready
10 for his use, to prevent his being crushed by the crowd.   For
he cured so many people that all who had any ailments pressed
11 up to him to touch him.   And whenever the foul spirits saw
him, they fell down before him and screamed out,

12   "You are the Son of God!"   And he warned them
repeatedly not to tell who he was.

13   And he went up the mountain and summoned those
14 whom he wanted, and they went to him.   He appointed
twelve of them, whom he called apostles, to be with him
15 and to be sent out to preach, with power to drive out the
16 demons.   These were the twelve he appointed: Peter, which
17 was the name he gave to Simon, James the son of Zebedee,

(καὶ ἐπέθηκεν αὐτοῖς ⌜ὄνομα⌝ Βοανηργές, ὅ ἐστιν Υἱοὶ
18 Βροντῆς), καὶ Ἀνδρέαν καὶ Φίλιππον καὶ Βαρθολομαῖον
καὶ Μαθθαῖον καὶ Θωμᾶν καὶ Ἰάκωβον τὸν τοῦ Ἀλφαίου
19 καὶ Θαδδαῖον καὶ Σίμωνα τὸν Καναναῖον καὶ Ἰούδαν Ἰσκα-
ριώθ, ὃς καὶ παρέδωκεν αὐτόν.

20   Καὶ ἔρχεται εἰς οἶκον· καὶ συνέρχεται πάλιν [ὁ] ὄχλος,
21 ὥστε μὴ δύνασθαι αὐτοὺς μηδὲ ἄρτον φαγεῖν. καὶ ἀκού-
σαντες οἱ παρ' αὐτοῦ ἐξῆλθον κρατῆσαι αὐτόν, ἔλεγον γὰρ
22 ὅτι ἐξέστη. καὶ οἱ γραμματεῖς οἱ ἀπὸ Ἱεροσολύμων κατα-
βάντες ἔλεγον ὅτι Βεεζεβοὺλ ἔχει, καὶ ὅτι ἐν τῷ ἄρχοντι
23 τῶν δαιμονίων ἐκβάλλει τὰ δαιμόνια. καὶ προσκαλεσάμενος
αὐτοὺς ἐν παραβολαῖς ἔλεγεν αὐτοῖς Πῶς δύναται Σατανᾶς
24 Σατανᾶν ἐκβάλλειν; καὶ ἐὰν βασιλεία ἐφ' ἑαυτὴν μερισθῇ,
25 οὐ δύναται σταθῆναι ἡ βασιλεία ἐκείνη· καὶ ἐὰν οἰκία
ἐφ' ἑαυτὴν μερισθῇ, οὐ δυνήσεται ἡ οἰκία ἐκείνη στῆναι·
26 καὶ εἰ ὁ Σατανᾶς ἀνέστη ἐφ' ἑαυτὸν καὶ ἐμερίσθη, οὐ δύ-
27 ναται στῆναι ἀλλὰ τέλος ἔχει. ἀλλ' οὐ δύναται οὐδεὶς
εἰς τὴν οἰκίαν τοῦ ἰσχυροῦ εἰσελθὼν τὰ σκεύη αὐτοῦ διαρ-
πάσαι ἐὰν μὴ πρῶτον τὸν ἰσχυρὸν δήσῃ, καὶ τότε τὴν
28 οἰκίαν αὐτοῦ διαρπάσει. Ἀμὴν λέγω ὑμῖν ὅτι πάντα
ἀφεθήσεται τοῖς υἱοῖς τῶν ἀνθρώπων, τὰ ἁμαρτήματα καὶ
29 αἱ βλασφημίαι ὅσα ἐὰν βλασφημήσωσιν· ὃς δ' ἂν βλα-
σφημήσῃ εἰς τὸ πνεῦμα τὸ ἅγιον, οὐκ ἔχει ἄφεσιν εἰς τὸν
30 αἰῶνα, ἀλλὰ ἔνοχός ἐστιν αἰωνίου ἁμαρτήματος.   ὅτι
31 ἔλεγον Πνεῦμα ἀκάθαρτον ἔχει.   Καὶ ἔρχονται
ἡ μήτηρ αὐτοῦ καὶ οἱ ἀδελφοὶ αὐτοῦ καὶ ἔξω στήκοντες
32 ἀπέστειλαν πρὸς αὐτὸν καλοῦντες αὐτόν. καὶ ἐκάθητο
περὶ αὐτὸν ὄχλος, καὶ λέγουσιν αὐτῷ Ἰδοὺ ἡ μήτηρ σου
33 καὶ οἱ ἀδελφοί σου ἔξω ζητοῦσίν σε. καὶ ἀποκριθεὶς
34 αὐτοῖς λέγει Τίς ἐστιν ἡ μήτηρ μου καὶ οἱ ἀδελφοί;   καὶ
περιβλεψάμενος τοὺς περὶ αὐτὸν κύκλῳ καθημένους λέ-
35 γει Ἴδε ἡ μήτηρ μου καὶ οἱ ἀδελφοί μου· ὃς ⊤ ἂν ποι-
ήσῃ ⌜τὸ θέλημα⌝ τοῦ θεοῦ, οὗτος ἀδελφός μου καὶ ἀδελφὴ

17 ὀνόματα   35 γὰρ | τὰ θελήματα

and John, James's brother (he named them Boanerges, that is,
18 Sons of Thunder), Andrew, Philip, Bartholomew, Matthew,
Thomas, James the son of Alpheus, Thaddeus, Simon the
19 Zealot, and Judas Iscariot, who betrayed him.

20   Then he went home. And again the crowd gathered in
such numbers that there was no chance for them even to have
21 their meals. His relatives heard of it and came over to
22 stop him, for they said that he was out of his mind. And the
scribes who had come down from Jerusalem said that he was
possessed by Beelzebub and drove out demons by the help
23 of the prince of demons. So he called them to him and
spoke to them in figures, saying,

24   "How can Satan drive Satan out? If a kingdom is dis-
25 united, that kingdom cannot last. And if a household is
26 disunited, that household cannot last. And if Satan has
rebelled against himself and become disunited, he cannot
27 last but is coming to his end. But no one can go into a
strong man's house and carry off his property unless he first
binds the strong man; after that he can plunder his house.
28 I tell you, men will be forgiven for everything, for all their
29 sins and all the abusive things they say. But whoever reviles
the holy Spirit can never be forgiven, but is guilty of an
unending sin."

30   This was because they said, "He is possessed by a foul
spirit."

31   And his mother and his brothers came. And they stood
outside the house and sent word in to him to come outside
32 to them. There was a crowd sitting around him when they
told him,

"Your mother and your brothers are outside asking
for you."

33   He answered,

"Who are my mother and my brothers?"

34   And looking around at the people sitting about him, he
said,

35   "Here are my mother and my brothers! Whoever does
the will of God is my brother and sister and mother."

καὶ μήτηρ ἐστίν.

1 Καὶ πάλιν ἤρξατο διδάσκειν παρὰ τὴν θάλασσαν. καὶ
συνάγεται πρὸς αὐτὸν ὄχλος πλεῖστος, ὥστε αὐτὸν εἰς
πλοῖον ἐμβάντα καθῆσθαι ἐν τῇ θαλάσσῃ, καὶ πᾶς ὁ ὅ-
2 χλος πρὸς τὴν θάλασσαν ἐπὶ τῆς γῆς ἦσαν. καὶ ἐδίδασκεν
αὐτοὺς ἐν παραβολαῖς πολλά, καὶ ἔλεγεν αὐτοῖς ἐν τῇ
3 διδαχῇ αὐτοῦ Ἀκούετε. ἰδοὺ ἐξῆλθεν ὁ σπείρων σπεῖ-
4 ραι. καὶ ἐγένετο ἐν τῷ σπείρειν ὃ μὲν ἔπεσεν παρὰ τὴν
5 ὁδόν, καὶ ἦλθεν τὰ πετεινὰ καὶ κατέφαγεν αὐτό. καὶ ἄλλο
ἔπεσεν ἐπὶ τὸ πετρῶδες [καὶ] ὅπου οὐκ εἶχεν γῆν πολλήν,
6 καὶ εὐθὺς ἐξανέτειλεν διὰ τὸ μὴ ἔχειν βάθος γῆς· καὶ ὅτε
ἀνέτειλεν ὁ ἥλιος ⌜ἐκαυματίσθη⌝ καὶ διὰ τὸ μὴ ἔχειν
7 ῥίζαν ἐξηράνθη. καὶ ἄλλο ἔπεσεν εἰς τὰς ἀκάνθας, καὶ
ἀνέβησαν αἱ ἄκανθαι καὶ συνέπνιξαν αὐτό, καὶ καρπὸν
8 οὐκ ἔδωκεν. καὶ ἄλλα ἔπεσεν εἰς τὴν γῆν τὴν καλήν, καὶ
ἐδίδου καρπὸν ἀναβαίνοντα καὶ αὐξανόμενα, καὶ ἔφερεν
9 εἰς τριάκοντα καὶ ⌜ἐν ἑξήκοντα καὶ ἐν⌝ ἑκατόν. Καὶ ἔλε-
10 γεν Ὃς ἔχει ὦτα ἀκούειν ἀκουέτω.   Καὶ ὅτε
ἐγένετο κατὰ μόνας, ἠρώτων αὐτὸν οἱ περὶ αὐτὸν σὺν τοῖς
11 δώδεκα τὰς παραβολάς. καὶ ἔλεγεν αὐτοῖς Ὑμῖν τὸ
μυστήριον δέδοται τῆς βασιλείας τοῦ θεοῦ· ἐκείνοις δὲ
12 τοῖς ⌜ἔξω⌝ ἐν παραβολαῖς τὰ πάντα γίνεται, ἵνα

ΒλέποΝΤΕϹ ΒλέπωϹι καὶ ΜΗ ἴδωϹιΝ,
καὶ ἀκούοΝΤΕϹ ἀκούωϹι καὶ ΜΗ ϹΥΝΙῶϹΙΝ,
ΜΗ ποτε ἐπιϹΤΡέψωϹΙΝ καὶ ἀφεθῇ αὐτοῖϹ.

13 καὶ λέγει αὐτοῖς Οὐκ οἴδατε τὴν παραβολὴν ταύτην,
14 καὶ πῶς πάσας τὰς παραβολὰς γνώσεσθε; Ὁ σπείρων τὸν
15 λόγον σπείρει. οὗτοι δέ εἰσιν οἱ παρὰ τὴν ὁδὸν ὅπου
σπείρεται ὁ λόγος, καὶ ὅταν ἀκούσωσιν εὐθὺς ἔρχεται ὁ
Σατανᾶς καὶ αἴρει τὸν λόγον τὸν ἐσπαρμένον εἰς αὐτούς.
16 καὶ οὗτοί εἰσιν ὁμοίως οἱ ἐπὶ τὰ πετρώδη σπειρόμενοι,
οἳ ὅταν ἀκούσωσιν τὸν λόγον εὐθὺς μετὰ χαρᾶς λαμβά-
17 νουσιν αὐτόν, καὶ οὐκ ἔχουσιν ῥίζαν ἐν ἑαυτοῖς ἀλλὰ

6 ἐκαυματίσθησαν   8 εἰς...εἰς v. ἐν...ἐν   11 ἔξωθεν

4 Then he began again to teach by the seashore. And a crowd gathered around him so great that he got into a boat and sat in it, a little way from the shore, while all the people 2 were on the land close to the water. He taught them many lessons in figures, and said to them in the course of his teaching,

3/4 "Listen: A sower went out to sow, and as he was sowing, some of the seed chanced to fall by the path, and the birds 5 came and ate it up. Some of it fell on rocky ground, and where there was not much soil, and it sprang up at once 6 because the soil was not deep, but when the sun came up, it 7 was scorched, and withered up, because it had no root. Some of the seed fell among the thorns, and the thorns grew up 8 and choked it out, and it yielded no grain. And some fell on good soil, and came up and grew and yielded thirty, sixty, even a hundredfold."

9 And he said,

"Let him who has ears be sure to listen!"

10 When he was by himself, those who stayed about him with the Twelve asked him about the figures he had used. 11 And he said to them,

"To you has been intrusted the secret of the reign of God, but to those outsiders everything is offered in figures, so that

"'They may look and look and yet not see,

12 And listen and listen and yet not understand,

13 Lest possibly they should turn and be forgiven.'"

And he said to them,

"If you do not understand this figure, then how will you 14 understand my other figures? What the sower sows is the 15 message. The ones by the path are those into whose hearts the message falls, and as soon as they hear it Satan comes and carries off the message that has been sown in their 16 hearts. It is so too with the ones sown on the rocky ground; 17 they gladly accept the message as soon as they hear it, but it takes no real root in them and they last only a little while;

πρόσκαιροί εἰσιν, εἶτα γενομένης θλίψεως ἢ διωγμοῦ διὰ
18 τὸν λόγον εὐθὺς σκανδαλίζονται. καὶ ἄλλοι εἰσὶν οἱ εἰς
τὰς ἀκάνθας σπειρόμενοι· οὗτοί εἰσιν οἱ τὸν λόγον ἀκού-
19 σαντες, καὶ αἱ μέριμναι τοῦ αἰῶνος καὶ ἡ ἀπάτη τοῦ πλού-
του καὶ αἱ περὶ τὰ λοιπὰ ἐπιθυμίαι εἰσπορευόμεναι συνπνί-
20 γουσιν τὸν λόγον, καὶ ἄκαρπος γίνεται. καὶ ἐκεῖνοί εἰσιν
οἱ ἐπὶ τὴν γῆν τὴν καλὴν σπαρέντες, οἵτινες ἀκούουσιν τὸν
λόγον καὶ παραδέχονται καὶ καρποφοροῦσιν ⌜ἐν τριάκοντα
21 καὶ [ἐν] ἑξήκοντα καὶ [ἐν]⌝ ἑκατόν.   Καὶ ἔλεγεν
αὐτοῖς ὅτι   Μήτι ἔρχεται ὁ λύχνος ἵνα ὑπὸ τὸν μόδιον
22 τεθῇ ἢ ὑπὸ τὴν κλίνην, οὐχ ἵνα †ἐπὶ† τὴν λυχνίαν τεθῇ; οὐ
⌜γὰρ ἔστιν⌝ κρυπτὸν ἐὰν μὴ ἵνα φανερωθῇ, οὐδὲ ἐγένετο
23 ἀπόκρυφον ἀλλ’ ἵνα ἔλθῃ εἰς φανερόν. Εἴ τις ἔχει ὦτα
24 ἀκούειν ἀκουέτω.   Καὶ ἔλεγεν αὐτοῖς Βλέπετε
τί ἀκούετε. ἐν ᾧ μέτρῳ μετρεῖτε μετρηθήσεται ὑμῖν καὶ
25 προστεθήσεται ὑμῖν. ὃς γὰρ ἔχει, δοθήσεται αὐτῷ· καὶ ὃς
26 οὐκ ἔχει, καὶ ὃ ἔχει ἀρθήσεται ἀπ’ αὐτοῦ.   Καὶ
ἔλεγεν Οὕτως ἐστὶν ἡ βασιλεία τοῦ θεοῦ ὡς ἄνθρωπος
27 βάλῃ τὸν σπόρον ἐπὶ τῆς γῆς καὶ καθεύδῃ καὶ ἐγείρηται
νύκτα καὶ ἡμέραν, καὶ ὁ σπόρος βλαστᾷ καὶ μηκύνηται ὡς
28 οὐκ οἶδεν αὐτός. αὐτομάτη ἡ γῆ καρποφορεῖ, πρῶτον
χόρτον, εἶτεν στάχυν, εἶτεν ⌜πλήρη σῖτον⌝ ἐν τῷ στάχυϊ.
29 ὅταν δὲ παραδοῖ ὁ καρπός, εὐθὺς ἀποστέλλει τὸ δρέ-
30 πανον, ὅτι παρέστηκεν ὁ θερισμός.   Καὶ
ἔλεγεν   Πῶς ὁμοιώσωμεν τὴν βασιλείαν τοῦ θεοῦ, ἢ ἐν
31 τίνι αὐτὴν παραβολῇ θῶμεν; ὡς κόκκῳ σινάπεως, ὃς ὅταν
σπαρῇ ἐπὶ τῆς γῆς, μικρότερον ὂν πάντων τῶν σπερμάτων
32 τῶν ἐπὶ τῆς γῆς—καὶ ὅταν σπαρῇ, ἀναβαίνει καὶ γίνεται
μεῖζον πάντων τῶν λαχάνων καὶ ποιεῖ κλάδους μεγάλους,
ὥστε δύνασθαι ὑπὸ τὴν σκιὰν αὐτοῦ τὰ πετεινὰ τοῦ
33 οὐρανοῦ κατασκηνοῖν.   Καὶ τοιαύταις παρα-
βολαῖς πολλαῖς ἐλάλει αὐτοῖς τὸν λόγον, καθὼς ἠδύναντο
34 ἀκούειν· χωρὶς δὲ παραβολῆς οὐκ ἐλάλει αὐτοῖς, κατ’ ἰδίαν

20 ἐν...[ἐν]...[ἐν]   21 MSS ὑπὸ   22 γάρ ἐστίν τι   28 †...†

then when trouble or persecution comes because of the message
18 they give it up at once.   It is different with those sown among
19 the thorns.   They are people who listen to the message, but
the worries of the time and the pleasure of being rich and
passions for other things creep in and choke the message out
20 and it yields nothing.   And the ones sown in good ground
are the people who listen to the message and welcome it and
yield thirty, sixty, even a hundredfold.

21   "Do people get out the lamp," he said to them, "and
then put it under the peck-measure, or under the bed, instead
22 of putting it up on the lampstand?   For no one hides any-
thing except for the purpose of sometime bringing it to light
again, and people keep things secret only to reveal them some
23 day.   If anyone has ears let him be sure to listen

24   "Take care what you hear," he said to them.   "The
measure you give will be given to you, and even more be-
25 sides.   For a man who has will have more given him, and from
a man who has nothing, even what he has will be taken
away.

26   "The reign of God," he said, "is like a man scattering
27 seed on the ground, and then sleeping at night and getting
up by day, while the seed sprouts and comes up, without his
28 knowing it.   The ground of itself is productive, putting
forth first a blade, then a head, then fully developed wheat in
29 the head.   But as soon as the crop will let him, the man
goes in with his sickle, for the harvest time has come.

30   "How can we find any comparison," he said, "for the
31 reign of God, or what figure can we use to describe it?   It is
like a mustard seed, which, when sown in the ground, though
32 it is the smallest of all the seeds in the world, yet once sown,
comes up and grows to be the largest of all the plants, and
produces branches so large that the wild birds can roost
under the shelter of it."

33   With many such figures he told them the message, as far
34 as they were able to receive it.   He said nothing to them
except in figures, but in private he explained everything to
his own disciples.

δὲ τοῖς ἰδίοις μαθηταῖς ἐπέλυεν πάντα.

35 Καὶ λέγει αὐτοῖς ἐν ἐκείνῃ τῇ ἡμέρᾳ ὀψίας γενομένης
36 Διέλθωμεν εἰς τὸ πέραν. καὶ ἀφέντες τὸν ὄχλον παραλαμ-
βάνουσιν αὐτὸν ὡς ἦν ἐν τῷ πλοίῳ, καὶ ἄλλα πλοῖα ἦν
37 μετ' αὐτοῦ. καὶ γίνεται λαῖλαψ μεγάλη ἀνέμου, καὶ τὰ
κύματα ἐπέβαλλεν εἰς τὸ πλοῖον, ὥστε ἤδη γεμίζεσθαι τὸ
38 πλοῖον. καὶ αὐτὸς ἦν ἐν τῇ πρύμνῃ ἐπὶ τὸ προσκεφάλαιον
καθεύδων· καὶ ἐγείρουσιν αὐτὸν καὶ λέγουσιν αὐτῷ Διδά-
39 σκαλε, οὐ μέλει σοι ὅτι ἀπολλύμεθα; καὶ διεγερθεὶς ἐπε-
τίμησεν τῷ ἀνέμῳ καὶ εἶπεν τῇ θαλάσσῃ Σιώπα, πεφίμωσο.
40 καὶ ἐκόπασεν ὁ ἄνεμος, καὶ ἐγένετο γαλήνη μεγάλη. καὶ
41 εἶπεν αὐτοῖς Τί δειλοί ἐστε; οὔπω ἔχετε πίστιν; καὶ ἐφο-
βήθησαν φόβον μέγαν, καὶ ἔλεγον πρὸς ἀλλήλους Τίς
ἄρα οὗτός ἐστιν ὅτι καὶ ὁ ἄνεμος καὶ ἡ θάλασσα ὑπακούει
1 αὐτῷ;   Καὶ ἦλθον εἰς τὸ πέραν τῆς θαλάσσης
2 εἰς τὴν χώραν τῶν Γερασηνῶν. καὶ ἐξελθόντος αὐτοῦ ἐκ
τοῦ πλοίου [εὐθὺς] ὑπήντησεν αὐτῷ ἐκ τῶν μνημείων
3 ἄνθρωπος ἐν πνεύματι ἀκαθάρτῳ, ὃς τὴν κατοίκησιν εἶχεν
ἐν τοῖς μνήμασιν, καὶ οὐδὲ ἁλύσει οὐκέτι οὐδεὶς ἐδύνατο
4 αὐτὸν δῆσαι διὰ τὸ αὐτὸν πολλάκις πέδαις καὶ ἁλύσεσι
δεδέσθαι καὶ διεσπάσθαι ὑπ' αὐτοῦ τὰς ἁλύσεις καὶ τὰς
5 πέδας συντετρίφθαι, καὶ οὐδεὶς ἴσχυεν αὐτὸν δαμάσαι· καὶ
διὰ παντὸς νυκτὸς καὶ ἡμέρας ἐν τοῖς μνήμασιν καὶ ἐν τοῖς
6 ὄρεσιν ἦν κράζων καὶ κατακόπτων ἑαυτὸν λίθοις. καὶ ἰδὼν
τὸν Ἰησοῦν ἀπὸ μακρόθεν ἔδραμεν καὶ προσεκύνησεν αὐτόν,
7 καὶ κράξας φωνῇ μεγάλῃ λέγει Τί ἐμοὶ καὶ σοί, Ἰησοῦ υἱὲ
τοῦ θεοῦ τοῦ ὑψίστου; ὁρκίζω σε τὸν θεόν, μή με βασανί-
8 σῃς. ἔλεγεν γὰρ αὐτῷ Ἔξελθε τὸ πνεῦμα τὸ ἀκάθαρτον
9 ἐκ τοῦ ἀνθρώπου. καὶ ἐπηρώτα αὐτόν Τί ὄνομά σοι; καὶ
10 λέγει αὐτῷ Λεγιὼν ὄνομά ⌜μοι⌝, ὅτι πολλοί ἐσμεν· καὶ
παρεκάλει αὐτὸν πολλὰ ἵνα μὴ αὐτὰ ἀποστείλῃ ἔξω τῆς
11 χώρας. Ἦν δὲ ἐκεῖ πρὸς τῷ ὄρει ἀγέλη χοίρων μεγάλη
12 βοσκομένη· καὶ παρεκάλεσαν αὐτὸν λέγοντες Πέμψον

9 μοί ἐστιν

35   That same day when it was evening he said to them,

"Let us cross to the other side."

36   So they left the crowd and took him away in the boat in which he was sitting.   There were other boats with him. 37 And a heavy squall of wind came on and the waves dashed 38 into the boat, so that it was beginning to fill.   He was in the stern, asleep on the cushion.   And they woke him up and said to him,

"Master, does it make no difference to you that we are sinking?"

39   Then he awoke and reproved the wind, and said to the sea,

"Hush!   Silence!"

And the wind went down and there was a great calm. 40 And he said to them,

"Why are you afraid?   Have you still no faith?"

41   And they were very much frightened, and said to one another,

"Who can he be?   For even the wind and the sea obey him."

5   So they reached the other side of the sea, and landed in the 2 region of Gerasa.   As soon as he got out of the boat, a man possessed by a foul spirit came out of the burial places near 3 by to meet him.   This man lived among the tombs, and no one could any longer secure him even with a chain, 4 for he had often been fastened with fetters and chains and had snapped the chains and broken the fetters; and there was 5 no one strong enough to master him, and night and day he was always shrieking among the tombs and on the hills and cutting 6 himself with stones.   And catching sight of Jesus in the 7 distance he ran up and made obeisance to him and screamed out,

"What do you want of me, Jesus, son of the Most High God?   In God's name, I implore you, do not torture me."

8 For he was saying to him,

"You foul spirit, come out of this man."

9   He asked him,

"What is your name?"

He said,

"My name is Legion, for there are many of us."

10   And they begged him earnestly not to send them out of that country.

11   Now there was a great drove of pigs feeding there on the 12 hillside.   And they implored him,

13 ἡμᾶς εἰς τοὺς χοίρους, ἵνα εἰς αὐτοὺς εἰσέλθωμεν. καὶ ἐπέ-
τρεψεν αὐτοῖς. καὶ ἐξελθόντα τὰ πνεύματα τὰ ἀκάθαρτα
εἰσῆλθον εἰς τοὺς χοίρους, καὶ ὥρμησεν ἡ ἀγέλη κατὰ τοῦ
κρημνοῦ εἰς τὴν θάλασσαν, ὡς δισχίλιοι, καὶ ἐπνίγοντο ἐν
14 τῇ θαλάσσῃ. Καὶ οἱ βόσκοντες αὐτοὺς ἔφυγον καὶ ἀπήγ-
γειλαν εἰς τὴν πόλιν καὶ εἰς τοὺς ἀγρούς· καὶ ἦλθον ἰδεῖν
15 τί ἐστιν τὸ γεγονός. καὶ ἔρχονται πρὸς τὸν Ἰησοῦν, καὶ
θεωροῦσιν τὸν δαιμονιζόμενον καθήμενον ἱματισμένον καὶ
σωφρονοῦντα, τὸν ἐσχηκότα τὸν λεγιῶνα, καὶ ἐφοβήθησαν.
16 καὶ διηγήσαντο αὐτοῖς οἱ ἰδόντες πῶς ἐγένετο τῷ δαιμονι-
17 ζομένῳ καὶ περὶ τῶν χοίρων. καὶ ἤρξαντο παρακαλεῖν
18 αὐτὸν ἀπελθεῖν ἀπὸ τῶν ὁρίων αὐτῶν. Καὶ ἐμβαίνοντος
αὐτοῦ εἰς τὸ πλοῖον παρεκάλει αὐτὸν ὁ δαιμονισθεὶς ἵνα
19 μετ᾽ αὐτοῦ ᾖ. καὶ οὐκ ἀφῆκεν αὐτόν, ἀλλὰ λέγει αὐτῷ
Ὕπαγε εἰς τὸν οἶκόν σου πρὸς τοὺς σούς, καὶ ἀπάγγειλον
20 αὐτοῖς ὅσα ὁ κύριός σοι πεποίηκεν καὶ ἠλέησέν σε. καὶ
ἀπῆλθεν καὶ ἤρξατο κηρύσσειν ἐν τῇ Δεκαπόλει ὅσα ἐποίη-
σεν αὐτῷ ὁ Ἰησοῦς, καὶ πάντες ἐθαύμαζον.

21   Καὶ διαπεράσαντος τοῦ Ἰησοῦ ἐν τῷ πλοίῳ πάλιν εἰς
τὸ πέραν συνήχθη ὄχλος πολὺς ἐπ᾽ αὐτόν, καὶ ἦν παρὰ τὴν
22 θάλασσαν. Καὶ ἔρχεται εἷς τῶν ἀρχισυναγώγων, ὀνόματι
23 Ἰάειρος, καὶ ἰδὼν αὐτὸν πίπτει πρὸς τοὺς πόδας αὐτοῦ καὶ
⌈παρακαλεῖ⌉ αὐτὸν πολλὰ λέγων ὅτι Τὸ θυγάτριόν μου
ἐσχάτως ἔχει, ἵνα ἐλθὼν ἐπιθῇς τὰς χεῖρας αὐτῇ ἵνα σωθῇ
24 καὶ ζήσῃ. καὶ ἀπῆλθεν μετ᾽ αὐτοῦ. Καὶ ἠκολούθει αὐτῷ
25 ὄχλος πολύς, καὶ συνέθλιβον αὐτόν. καὶ γυνὴ οὖσα ἐν
26 ῥύσει αἵματος δώδεκα ἔτη καὶ πολλὰ παθοῦσα ὑπὸ πολλῶν
ἰατρῶν καὶ δαπανήσασα τὰ παρ᾽ ⌈αὐτῆς⌉ πάντα καὶ μηδὲν
27 ὠφεληθεῖσα ἀλλὰ μᾶλλον εἰς τὸ χεῖρον ἐλθοῦσα, ἀκού-
σασα τὰ περὶ τοῦ Ἰησοῦ, ἐλθοῦσα ἐν τῷ ὄχλῳ ὄπισθεν
28 ἥψατο τοῦ ἱματίου αὐτοῦ· ἔλεγεν γὰρ ὅτι Ἐὰν ἅψωμαι
29 κἂν τῶν ἱματίων αὐτοῦ σωθήσομαι. καὶ εὐθὺς ἐξηράνθη
ἡ πηγὴ τοῦ αἵματος αὐτῆς, καὶ ἔγνω τῷ σώματι ὅτι ἴαται

23 παρεκάλει

"Send us among the pigs, let us go into them."

13   So he gave them permission.   And the foul spirits came out and went into the pigs, and the drove of about two thousand rushed over the steep bank into the sea and were

14 drowned in the sea.   And the men who tended them ran away and spread the news in the town and in the country around,

15 and the people came to see what had happened.   When they came to Jesus and found the demoniac sitting there with his clothes on and in his right mind—the same man who had

16 been possessed by Legion—they were frightened.   And those who had seen it told them what had happened to the

17 demoniac, and all about the pigs.   And they began to beg

18 him to leave their district.   As he was getting into the boat, the man who had been possessed begged to be allowed to go

19 with him.   And he would not permit it, but said to him,

"Go home to your own people, and tell them all the

20 Lord has done for you and how he took pity on you."   And he went off and began to tell everybody in the Ten Towns all Jesus had done for him; and they were all astonished.

21   When Jesus had crossed again in the boat to the other side, a great crowd gathered about him as he stood on the

22 shore.   And a man named Jairus, the leader of a synagogue,

23 came up and seeing him threw himself at his feet and appealed to him, saying,

"My little daughter is at the point of death.   Come, lay your hands on her, so that she may get well and live!"

24   So he went with him.   And a great crowd followed him

25 and pressed around him.   And a woman who had had a

26 hemorrhage for twelve years and had had a great deal of treatment from various doctors and had spent all that she had

27 and had not been benefited at all but had actually grown worse, had heard about Jesus.   And she came up in the crowd

28 behind him and touched his coat, for she said,

"If I can only touch his clothes, I shall get well."

29   The hemorrhage stopped at once, and she felt in her body

30 ἀπὸ τῆς μάστιγος. καὶ εὐθὺς ὁ Ἰησοῦς ἐπιγνοὺς ἐν ἑαυτῷ
τὴν ἐξ αὐτοῦ δύναμιν ἐξελθοῦσαν ἐπιστραφεὶς ἐν τῷ ὄχλῳ
31 ἔλεγεν Τίς μου ἥψατο τῶν ἱματίων; καὶ ἔλεγον αὐτῷ οἱ
μαθηταὶ αὐτοῦ Βλέπεις τὸν ὄχλον συνθλίβοντά σε, καὶ
32 λέγεις Τίς μου ἥψατο; καὶ περιεβλέπετο ἰδεῖν τὴν τοῦτο
33 ποιήσασαν. ἡ δὲ γυνὴ φοβηθεῖσα καὶ τρέμουσα, εἰδυῖα
ὃ γέγονεν αὐτῇ, ἦλθεν καὶ προσέπεσεν αὐτῷ καὶ εἶπεν
34 αὐτῷ πᾶσαν τὴν ἀλήθειαν. ὁ δὲ εἶπεν αὐτῇ Θυγάτηρ, ἡ
πίστις σου σέσωκέν σε· ὕπαγε εἰς εἰρήνην, καὶ ἴσθι ὑγιὴς
35 ἀπὸ τῆς μάστιγός σου. Ἔτι αὐτοῦ λαλοῦντος ἔρχονται
ἀπὸ τοῦ ἀρχισυναγώγου λέγοντες ὅτι Ἡ θυγάτηρ σου
36 ἀπέθανεν· τί ἔτι σκύλλεις τὸν διδάσκαλον; ὁ δὲ Ἰησοῦς
παρακούσας τὸν λόγον λαλούμενον λέγει τῷ ἀρχισυναγώ-
37 γῳ Μὴ φοβοῦ, μόνον πίστευε. καὶ οὐκ ἀφῆκεν οὐδένα
μετ᾽ αὐτοῦ συνακολουθῆσαι εἰ μὴ τὸν Πέτρον καὶ Ἰάκωβον
38 καὶ Ἰωάνην τὸν ἀδελφὸν Ἰακώβου. καὶ ἔρχονται εἰς τὸν
οἶκον τοῦ ἀρχισυναγώγου, καὶ θεωρεῖ θόρυβον καὶ κλαίον-
39 τας καὶ ἀλαλάζοντας πολλά, καὶ εἰσελθὼν λέγει αὐτοῖς
Τί θορυβεῖσθε καὶ κλαίετε; τὸ παιδίον οὐκ ἀπέθανεν ἀλλὰ
40 καθεύδει. καὶ κατεγέλων αὐτοῦ. αὐτὸς δὲ ἐκβαλὼν πάν-
τας παραλαμβάνει τὸν πατέρα τοῦ παιδίου καὶ τὴν μητέρα
καὶ τοὺς μετ᾽ αὐτοῦ, καὶ εἰσπορεύεται ὅπου ἦν τὸ παιδίον·
41 καὶ κρατήσας τῆς χειρὸς τοῦ παιδίου λέγει αὐτῇ Ταλειθά
κούμ, ὅ ἐστιν μεθερμηνευόμενον Τὸ κοράσιον, σοὶ λέγω,
42 ἔγειρε. καὶ εὐθὺς ἀνέστη τὸ κοράσιον καὶ περιεπάτει, ἦν
γὰρ ἐτῶν δώδεκα. καὶ ἐξέστησαν εὐθὺς ἐκστάσει μεγάλῃ.
43 καὶ διεστείλατο αὐτοῖς πολλὰ ἵνα μηδεὶς γνοῖ τοῦτο, καὶ
εἶπεν δοθῆναι αὐτῇ φαγεῖν.

1   Καὶ ἐξῆλθεν ἐκεῖθεν, καὶ ἔρχεται εἰς τὴν πατρίδα αὐτοῦ,
2 καὶ ἀκολουθοῦσιν αὐτῷ οἱ μαθηταὶ αὐτοῦ. Καὶ γενομένου
σαββάτου ἤρξατο διδάσκειν ἐν τῇ συναγωγῇ· καὶ οἱ πολλοὶ
ἀκούοντες ἐξεπλήσσοντο λέγοντες Πόθεν τούτῳ ταῦτα,
καὶ τίς ἡ σοφία ἡ δοθεῖσα τούτῳ, καὶ αἱ δυνάμεις τοιαῦται

30 that she was cured.   Jesus instantly perceived that healing
power had passed from him, and he turned around in the
crowd and said,

"Who touched my clothes?"

31   His disciples said to him,

"You see the crowd pressing around you, and yet you ask,
'Who touched me?' "

32   But he still looked around to see the person who had done
33 it.   The woman, knowing what had happened to her, came
forward frightened and trembling, and threw herself down
34 at his feet and told him the whole truth.   And he said
to her,

"My daughter, it is your faith that has cured you.   Go
in peace and be free from your disease."

35   Even as he spoke people came from the house of the
leader of the synagogue and said,

"Your daughter is dead.   Why should you trouble the
Master any further?"

36   But Jesus paid no attention to what they said, but said
to the leader of the synagogue,

"Do not be afraid, just have faith."

37   He let no one go with him but Peter, James, and James's
38 brother John.   They came to the house of the leader of the
synagogue, and there he found everything in confusion, and
39 people weeping and wailing loudly.   And he went into the
house and said to them,

"What is the meaning of all this confusion and crying?
40 The child is not dead, she is asleep."   And they laughed at
him.   But he drove them all out, and took the child's father
and mother and the men who were with him and went into the
41 room where the child was lying.   And he grasped her hand
and said to her,

"Taleitha, koum!"—that is to say, "Little girl, I tell you,
get up!"

42   And the little girl immediately got up and walked about,
for she was twelve years old.   The moment they saw it they
43 were utterly amazed.   And he strictly forbade them to let
anyone know of it, and told them to give her something to eat.

6   Leaving there he went, followed by his disciples, to his
2 own part of the country.   When the Sabbath came he began
to teach in the synagogue.   And the people were astonished
when they heard him, and said,

"Where did he get all this?   How does he come to have
such wisdom?   How are such marvelous things done through

3 διὰ τῶν χειρῶν αὐτοῦ γινόμεναι; οὐχ οὗτός ἐστιν ὁ τέκτων,
ὁ υἱὸς τῆς Μαρίας καὶ ἀδελφὸς Ἰακώβου καὶ Ἰωσῆτος καὶ
Ἰούδα καὶ Σίμωνος ; καὶ οὐκ εἰσὶν αἱ ἀδελφαὶ αὐτοῦ ὧδε
4 πρὸς ἡμᾶς ; καὶ ἐσκανδαλίζοντο ἐν αὐτῷ. καὶ ἔλεγεν
αὐτοῖς ὁ Ἰησοῦς ὅτι Οὐκ ἔστιν προφήτης ἄτιμος εἰ μὴ ἐν
τῇ πατρίδι αὐτοῦ καὶ ἐν τοῖς συγγενεῦσιν αὐτοῦ καὶ ἐν τῇ
5 οἰκίᾳ αὐτοῦ. Καὶ οὐκ ἐδύνατο ἐκεῖ ποιῆσαι οὐδεμίαν
δύναμιν, εἰ μὴ ὀλίγοις ἀρρώστοις ἐπιθεὶς τὰς χεῖρας ἐθερά-
6 πευσεν· καὶ ⌜ἐθαύμασεν⌝ διὰ τὴν ἀπιστίαν αὐτῶν.

7   Καὶ περιῆγεν τὰς κώμας κύκλῳ διδάσκων. Καὶ προσ-
καλεῖται τοὺς δώδεκα, καὶ ἤρξατο αὐτοὺς ἀποστέλλειν δύο
δύο, καὶ ἐδίδου αὐτοῖς ἐξουσίαν τῶν πνευμάτων τῶν ἀκαθάρ-
8 των, καὶ παρήγγειλεν αὐτοῖς ἵνα μηδὲν αἴρωσιν εἰς ὁδὸν εἰ
μὴ ῥάβδον μόνον, μὴ ἄρτον, μὴ πήραν, μὴ εἰς τὴν ζώνην
9 χαλκόν, ἀλλὰ ὑποδεδεμένους σανδάλια, καὶ ⌜μὴ ἐνδύσα-
10 σθαι⌝ δύο χιτῶνας. καὶ ἔλεγεν αὐτοῖς Ὅπου ἐὰν εἰσέλ-
11 θητε εἰς οἰκίαν, ἐκεῖ μένετε ἕως ἂν ἐξέλθητε ἐκεῖθεν. καὶ ὃς
ἂν τόπος μὴ δέξηται ὑμᾶς μηδὲ ἀκούσωσιν ὑμῶν, ἐκπορευό-
μενοι ἐκεῖθεν ἐκτινάξατε τὸν χοῦν τὸν ὑποκάτω τῶν ποδῶν
12 ὑμῶν εἰς μαρτύριον αὐτοῖς. Καὶ ἐξελθόντες ἐκήρυξαν ἵνα
13 μετανοῶσιν, καὶ δαιμόνια πολλὰ ἐξέβαλλον, καὶ ἤλειφον
ἐλαίῳ πολλοὺς ἀρρώστους καὶ ἐθεράπευον.

14   Καὶ ἤκουσεν ὁ βασιλεὺς Ἡρῴδης, φανερὸν γὰρ ἐγένετο
τὸ ὄνομα αὐτοῦ, καὶ ⌜ἔλεγον⌝ ὅτι Ἰωάνης ὁ βαπτίζων ἐγή-
γερται ἐκ νεκρῶν, καὶ διὰ τοῦτο ἐνεργοῦσιν αἱ δυνάμεις ἐν
15 αὐτῷ· ἄλλοι δὲ ἔλεγον ὅτι Ἡλείας ἐστίν· ἄλλοι δὲ ἔλεγον
16 ὅτι προφήτης ὡς εἷς τῶν προφητῶν. ἀκούσας δὲ ὁ Ἡρῴ-
δης ·ἔλεγεν Ὃν ἐγὼ ἀπεκεφάλισα Ἰωάνην, οὗτος ἠγέρθη.
17 Αὐτὸς γὰρ ὁ Ἡρῴδης ἀποστείλας ἐκράτησεν τὸν Ἰωά-
νην καὶ ἔδησεν αὐτὸν ἐν φυλακῇ διὰ Ἡρῳδιάδα τὴν γυ-
ναῖκα Φιλίππου τοῦ ἀδελφοῦ αὐτοῦ, ὅτι αὐτὴν ἐγάμησεν·
18 ἔλεγεν γὰρ ὁ Ἰωάνης τῷ Ἡρῴδῃ ὅτι Οὐκ ἔξεστίν σοι
19 ἔχειν τὴν γυναῖκα τοῦ ἀδελφοῦ σου. ἡ δὲ Ἡρῳδιὰς ἐνεῖχεν

6 ἐθαύμαζεν   9 Μὴ ἐνδύσησθε   14 ἔλεγεν

3 him?   Is he not the carpenter, Mary's son, and the brother of James, Joses, Judas, and Simon?   And do not his sisters live here among us?"

4   And they took offense at him.   Jesus said to them,

"A prophet is treated with honor everywhere except in his native place and among his relatives and at his home."

5   He could not do any wonder there, except that he put his 6 hands on a few sick people and cured them.   And he wondered at their want of faith.

7   Then he went around among the villages teaching.   And he called the Twelve to him and sent them off two by 8 two, giving them power over the foul spirits.   He forbade them to take anything for the journey except a staff—no 9 bread, no bag, no small change even in their girdles; they 10 were to go in sandals, and not to wear two shirts.   And he said to them,

"Whenever you go to stay at a house, remain in it till you 11 leave that place.   If any place refuses to receive you or to listen to you, when you leave it shake off the very dust from the soles of your feet as a warning to them."

12   So they went out and preached that men should repent, 13 and drove out many demons, and anointed many sick people with oil and cured them.

14   King Herod heard of him, for his name was now well known, and people were saying that John the baptizer had risen from the dead, and that that was why he was endowed 15 with these extraordinary powers.   But others said he was Elijah, and still others that he was a prophet of the old 16 prophetic kind.   But when Herod heard of him he said,

"John, whom I beheaded, has risen from the dead."

17   For it was Herod who had sent and seized John and bound him and put him in prison, on account of Herodias, his brother 18 Philip's wife, because Herod had married her.   John said to Herod,

"It is not right for you to be living with your brother's wife."

20 αὐτῷ καὶ ἤθελεν αὐτὸν ἀποκτεῖναι, καὶ οὐκ ἠδύνατο· ὁ γὰρ
Ἡρῴδης ἐφοβεῖτο τὸν Ἰωάνην, εἰδὼς αὐτὸν ἄνδρα δίκαιον
καὶ ἅγιον, καὶ συνετήρει αὐτόν, καὶ ἀκούσας αὐτοῦ πολλὰ
21 ἠπόρει, καὶ ἡδέως αὐτοῦ ἤκουεν. Καὶ γενομένης ἡμέρας
εὐκαίρου ὅτε Ἡρῴδης τοῖς γενεσίοις αὐτοῦ δεῖπνον ἐποίησεν
τοῖς μεγιστᾶσιν αὐτοῦ καὶ τοῖς χιλιάρχοις καὶ τοῖς πρώτοις
22 τῆς Γαλιλαίας, καὶ εἰσελθούσης τῆς θυγατρὸς αὐτοῦ Ἡρω-
διάδος καὶ ὀρχησαμένης, ἤρεσεν τῷ Ἡρῴδῃ καὶ τοῖς συ-
νανακειμένοις. ὁ δὲ βασιλεὺς εἶπεν τῷ κορασίῳ Αἴτησόν
23 με ὃ ἐὰν θέλῃς, καὶ δώσω σοι· καὶ ὤμοσεν αὐτῇ ⌜Ὅτι⌝
⌜ἐάν με⌝ αἰτήσῃς δώσω σοι ἕως ἡμίσους τῆς βασιλείας μου.
24 καὶ ἐξελθοῦσα εἶπεν τῇ μητρὶ αὐτῆς Τί αἰτήσωμαι; ἡ δὲ
25 εἶπεν Τὴν κεφαλὴν Ἰωάνου τοῦ βαπτίζοντος. καὶ εἰσελ-
θοῦσα εὐθὺς μετὰ σπουδῆς πρὸς τὸν βασιλέα ᾐτήσατο
λέγουσα Θέλω ἵνα ἐξαυτῆς δῷς μοι ἐπὶ πίνακι τὴν κεφα-
26 λὴν Ἰωάνου τοῦ βαπτιστοῦ. καὶ περίλυπος γενόμενος
ὁ βασιλεὺς διὰ τοὺς ὅρκους καὶ τοὺς ἀνακειμένους οὐκ ἠθέ-
27 λησεν ἀθετῆσαι αὐτήν· καὶ εὐθὺς ἀποστείλας ὁ βασιλεὺς
σπεκουλάτορα ἐπέταξεν ἐνέγκαι τὴν κεφαλὴν αὐτοῦ. καὶ
28 ἀπελθὼν ἀπεκεφάλισεν αὐτὸν ἐν τῇ φυλακῇ καὶ ἤνεγκεν
τὴν κεφαλὴν αὐτοῦ ἐπὶ πίνακι καὶ ἔδωκεν αὐτὴν τῷ κο-
ρασίῳ, καὶ τὸ κοράσιον ἔδωκεν αὐτὴν τῇ μητρὶ αὐτῆς.
29 καὶ ἀκούσαντες οἱ μαθηταὶ αὐτοῦ ἦλθαν καὶ ἦραν τὸ πτῶμα
αὐτοῦ καὶ ἔθηκαν αὐτὸ ἐν μνημείῳ.

30 Καὶ συνάγονται οἱ ἀπόστολοι πρὸς τὸν Ἰησοῦν, καὶ
ἀπήγγειλαν αὐτῷ πάντα ὅσα ἐποίησαν καὶ ὅσα ἐδίδαξαν.
31 καὶ λέγει αὐτοῖς Δεῦτε ὑμεῖς αὐτοὶ κατ' ἰδίαν εἰς ἔρημον
τόπον καὶ ἀναπαύσασθε ὀλίγον. ἦσαν γὰρ οἱ ἐρχόμενοι
32 καὶ οἱ ὑπάγοντες πολλοί, καὶ οὐδὲ φαγεῖν εὐκαίρουν. καὶ
33 ἀπῆλθον ἐν τῷ πλοίῳ εἰς ἔρημον τόπον κατ' ἰδίαν. καὶ
εἶδαν αὐτοὺς ὑπάγοντας καὶ ⌜ἔγνωσαν⌝ πολλοί, καὶ πεζῇ
ἀπὸ πασῶν τῶν πόλεων συνέδραμον ἐκεῖ καὶ προῆλθον

23 ὅτι²Ο | ἐὰν   33 ἐπέγνωσαν

19   Herodias felt bitterly toward him and wanted to kill
20 him.   But she could not do it, for Herod stood in awe of
John, knowing that he was an upright and holy man, and
he protected him.   And when he heard him talk he was very
21 much disturbed, and yet he liked to hear him.   When a
holiday came and Herod on his birthday gave a banquet
to his courtiers and officers and to the leading men of Galilee,
22 Herodias' own daughter came in and danced for them.   And
Herod and his guests were delighted, and the king said to the
girl,
      "Ask me for anything you like and I will give it to you."
23   And he made oath to her,
      "I will give you whatever you ask me for, up to half my
kingdom."
24   When she had left the room she said to her mother,
      "What shall I ask him for?"
      But she said,
      "The head of John the baptizer."
25   And she hurried back at once to the king and asked him
for it, saying,
      "I want you right away to give me John the Baptist's
head on a platter."
26   The king was exceedingly sorry, but on account of his
oath and his guests he did not like to break his word to her,
27 and he immediately sent one of his guard with orders to get
John's head.   And he went off and beheaded him in the
28 prison and brought back his head on a platter and gave it to
29 the girl, and the girl gave it to her mother.   When his
disciples heard of it they came and took his body away and
put it in a tomb.
30   The apostles rejoined Jesus and reported to him all they
31 had done and taught.   And he said to them,
      "Come away by yourselves to some quiet place, and
rest a little while."
      For people were coming and going in large numbers,
32 and they had no time even for meals.   So they set off by
33 themselves in their boat for a secluded place.   And many
people saw them start and knew of it, and hurried around
by land from all the neighboring towns, and got ahead of them.

34 αὐτούς. Καὶ ἐξελθὼν εἶδεν πολὺν ὄχλον, καὶ ἐσπλαγ-
χνίσθη ἐπ᾿ αὐτοὺς ὅτι ἦσαν ὡς πρόβατα μὴ ἔχοντα ποι-
35 μένα, καὶ ἤρξατο διδάσκειν αὐτοὺς πολλά. Καὶ ἤδη
ὥρας πολλῆς ⌜γενομένης⌝ προσελθόντες αὐτῷ οἱ μαθηταὶ
αὐτοῦ ἔλεγον ὅτι Ἔρημός ἐστιν ὁ τόπος, καὶ ἤδη ὥρα
36 πολλή· ἀπόλυσον αὐτούς, ἵνα ἀπελθόντες εἰς τοὺς κύκλῳ
37 ἀγροὺς καὶ κώμας ἀγοράσωσιν ἑαυτοῖς τί φάγωσιν. ὁ δὲ
ἀποκριθεὶς εἶπεν αὐτοῖς Δότε αὐτοῖς ὑμεῖς φαγεῖν. καὶ
λέγουσιν αὐτῷ Ἀπελθόντες ἀγοράσωμεν δηναρίων δια-
38 κοσίων ἄρτους καὶ δώσομεν αὐτοῖς φαγεῖν; ὁ δὲ λέγει
αὐτοῖς Πόσους ἔχετε ἄρτους; ὑπάγετε ἴδετε. καὶ γνόν-
39 τες λέγουσιν Πέντε, καὶ δύο ἰχθύας. καὶ ἐπέταξεν αὐτοῖς
⌜ἀνακλιθῆναι⌝ πάντας συμπόσια συμπόσια ἐπὶ τῷ χλωρῷ
40 χόρτῳ. καὶ ἀνέπεσαν πρασιαὶ πρασιαὶ κατὰ ἑκατὸν καὶ
41 κατὰ πεντήκοντα. καὶ λαβὼν τοὺς πέντε ἄρτους καὶ
τοὺς δύο ἰχθύας ἀναβλέψας εἰς τὸν οὐρανὸν εὐλόγησεν
καὶ κατέκλασεν τοὺς ἄρτους καὶ ἐδίδου τοῖς μαθηταῖς
ἵνα παρατιθῶσιν αὐτοῖς, καὶ τοὺς δύο ἰχθύας ἐμέρισεν
42
43 πᾶσιν. καὶ ἔφαγον πάντες καὶ ἐχορτάσθησαν· καὶ ἦραν
κλάσματα δώδεκα κοφίνων πληρώματα καὶ ἀπὸ τῶν
44 ἰχθύων. καὶ ἦσαν οἱ φαγόντες τοὺς ἄρτους πεντακισχί-
45 λιοι ἄνδρες.   Καὶ εὐθὺς ἠνάγκασεν τοὺς μα-
θητὰς αὐτοῦ ἐμβῆναι εἰς τὸ πλοῖον καὶ προάγειν εἰς τὸ
46 πέραν πρὸς Βηθσαιδάν, ἕως αὐτὸς ἀπολύει τὸν ὄχλον. καὶ
ἀποταξάμενος αὐτοῖς ἀπῆλθεν εἰς τὸ ὄρος προσεύξα-
47 σθαι. καὶ ὀψίας γενομένης ἦν τὸ πλοῖον ἐν μέσῳ τῆς
48 θαλάσσης, καὶ αὐτὸς μόνος ἐπὶ τῆς γῆς. καὶ ἰδὼν αὐτοὺς
βασανιζομένους ἐν τῷ ἐλαύνειν, ἦν γὰρ ὁ ἄνεμος ἐναντίος
αὐτοῖς, περὶ τετάρτην φυλακὴν τῆς νυκτὸς ἔρχεται πρὸς
αὐτοὺς περιπατῶν ἐπὶ τῆς θαλάσσης· καὶ ἤθελεν παρελ-
49 θεῖν αὐτούς. οἱ δὲ ἰδόντες αὐτὸν ἐπὶ τῆς θαλάσσης περι-
50 πατοῦντα ἔδοξαν ὅτι φάντασμά ἐστιν καὶ ἀνέκραξαν, πάν-
τες γὰρ αὐτὸν εἶδαν καὶ ἐταράχθησαν. ὁ δὲ εὐθὺς ἐλάλησεν

      35 γινομένης   39 ἀνακλῖναι

34 So when he got out of the boat, he found a great crowd gathered, and his heart was touched at the sight of them, because they were like sheep that have no shepherd; and he 35 proceeded to teach them a great deal.   When it grew late his disciples came up to him and said,

36   "This is a lonely place and it is getting late.   Send the people off to the farms and villages around to buy themselves something to eat."

37   But he answered,

"Give them food yourselves."

They said to him,

"Can we go and buy forty dollars' worth of bread and give it to them to eat?"

38   But he said to them,

"How many loaves have you? Go and see."

They looked, and told him,

"Five, and two fish."

39   And he directed them all to sit down in parties on the 40 fresh grass.   And they threw themselves down in groups, 41 in hundreds and in fifties.   Then he took the five loaves and the two fish and looked up to heaven and blessed the loaves and broke them in pieces and gave them to the disciples to pass 42 to the people; and he divided the two fish among them all. 43 And they all ate and had enough.   And the pieces they gathered up filled twelve baskets, besides the pieces of the 44 fish.   There were five thousand men who ate the loaves.

45   He immediately had his disciples get into the boat and cross before him to the other side toward Bethsaida, while 46 he was dismissing the crowd.   When he had taken leave of 47 the people he went up on the mountain to pray.   When evening came on, the boat was in the middle of the sea, and he was 48 alone on shore.   And he saw that they were straining at the oars, for the wind was against them, and toward morning he went out to them, walking on the sea, and was going to pass 49 them.   When they saw him walking on the sea, they thought 50 it was a ghost and screamed aloud, for they all saw him and were terrified.   But he immediately spoke to them and said,

μετ᾽ αὐτῶν, καὶ λέγει αὐτοῖς Θαρσεῖτε, ἐγώ εἰμι, μὴ
51 φοβεῖσθε. καὶ ἀνέβη πρὸς αὐτοὺς εἰς τὸ πλοῖον, καὶ
52 ἐκόπασεν ὁ ἄνεμος. καὶ λίαν ἐν ἑαυτοῖς ἐξίσταντο, οὐ γὰρ
συνῆκαν ἐπὶ τοῖς ἄρτοις, ἀλλ᾽ ἦν αὐτῶν ἡ καρδία πεπω-
53 ρωμένη. Καὶ διαπεράσαντες ἐπὶ τὴν γῆν ἦλθον
54 εἰς Γεννησαρὲτ καὶ προσωρμίσθησαν. καὶ ἐξελθόντων
55 αὐτῶν ἐκ τοῦ πλοίου εὐθὺς ἐπιγνόντες αὐτὸν περιέδραμον
ὅλην τὴν χώραν ἐκείνην καὶ ἤρξαντο ἐπὶ τοῖς κραβάττοις
56 τοὺς κακῶς ἔχοντας περιφέρειν ὅπου ἤκουον ὅτι ἔστιν. καὶ
ὅπου ἂν εἰσεπορεύετο εἰς κώμας ἢ εἰς πόλεις ἢ εἰς ἀγροὺς
ἐν ταῖς ἀγοραῖς ἐτίθεσαν τοὺς ἀσθενοῦντας, καὶ παρεκά-
λουν αὐτὸν ἵνα κἂν τοῦ κρασπέδου τοῦ ἱματίου αὐτοῦ
ἅψωνται· καὶ ὅσοι ἂν ἥψαντο αὐτοῦ ἐσώζοντο.

1 Καὶ συνάγονται πρὸς αὐτὸν οἱ Φαρισαῖοι καί τινες τῶν
2 γραμματέων ἐλθόντες ἀπὸ Ἱεροσολύμων καὶ ἰδόντες τινὰς
τῶν μαθητῶν αὐτοῦ ὅτι κοιναῖς χερσίν, τοῦτ᾽ ἔστιν ἀνί-
3 πτοις, ἐσθίουσιν τοὺς ἄρτους. – οἱ γὰρ Φαρισαῖοι καὶ πάν-
τες οἱ Ἰουδαῖοι ἐὰν μὴ πυγμῇ νίψωνται τὰς χεῖρας οὐκ ἐ-
σθίουσιν, κρατοῦντες τὴν παράδοσιν τῶν πρεσβυτέρων,
4 καὶ ἀπ᾽ ἀγορᾶς ἐὰν μὴ ⌜ῥαντίσωνται⌝ οὐκ ἐσθίουσιν, καὶ
ἄλλα πολλά ἐστιν ἃ παρέλαβον κρατεῖν, βαπτισμοὺς
5 ποτηρίων καὶ ξεστῶν καὶ χαλκίων. – καὶ ἐπερωτῶσιν
αὐτὸν οἱ Φαρισαῖοι καὶ οἱ γραμματεῖς Διὰ τί οὐ περιπα-
τοῦσιν οἱ μαθηταί σου κατὰ τὴν παράδοσιν τῶν πρεσβυ-
6 τέρων, ἀλλὰ κοιναῖς χερσὶν ἐσθίουσιν τὸν ἄρτον; ὁ δὲ
εἶπεν αὐτοῖς Καλῶς ἐπροφήτευσεν Ἡσαίας περὶ ὑμῶν
τῶν ὑποκριτῶν, ὡς γέγραπται ὅτι

⌜Οὗτος ὁ λαὸς⌝ τοῖς χείλεσίν με τιμᾷ,

ἡ δὲ καρδία αὐτῶν πόρρω ἀπέχει ἀπ᾽ ἐμοῦ·
7 μάτην δὲ σέβονταί με,

διδάσκοντες διδασκαλίας ἐντάλματα ἀνθρώπων·
8 ἀφέντες τὴν ἐντολὴν τοῦ θεοῦ κρατεῖτε τὴν παράδοσιν
9 τῶν ἀνθρώπων. καὶ ἔλεγεν αὐτοῖς Καλῶς ἀθετεῖτε τὴν

4 βαπτίσωνται   6 Ὁ λαὸς οὗτος

"Take courage, it is I. Do not be afraid."

51   Then he went up to them and got into the boat. And
52 the wind fell. And they were perfectly beside themselves,
for they had not understood about the loaves, but their
minds were blinded.

53   They crossed over to the other side and came to
54 Gennesaret and moored the boat. As soon as they came
55 ashore, the people recognized Jesus, and they hurried all
over the countryside and began to bring the sick to him on
56 their mats, wherever they heard he was. And whatever
village or town or farm he went to, they would lay their sick
in the streets and beg him to let them touch just the tassel of
his cloak, and all who touched it were cured.

7   The Pharisees gathered about him with some scribes who
2 had come from Jerusalem. They had noticed that some of
his disciples ate their food without first giving their hands a
3 ceremonial washing to purify them. For the Pharisees and
all the Jews observe the rules handed down from their
ancestors, and will not eat until they have washed their
4 hands in a particular way, and they will not eat anything
from the market without first purifying it by sprinkling it,
and they have a number of other observances which have
come down to them, in the way of washing cups, pitchers,
5 and basins. And the Pharisees and the scribes asked him,

"Why do your disciples not observe the rules handed down
by our ancestors, but eat their food without purifying their
hands?"

6   But he said to them,

"It was about you hypocrites that Isaiah prophesied so
finely, in the words,

" 'This people honor me with their lips,
      Yet their hearts are far away from me.
7   But their worship of me is all in vain,
      For the lessons they teach are but human precepts.'

8   "You give up what God has commanded and hold fast
to what men have handed down.

9   "How skilful you are," he said to them, "in nullifying

ἐντολὴν τοῦ θεοῦ, ἵνα τὴν παράδοσιν ὑμῶν τηρήσητε·
10 Μωυσῆς γὰρ εἶπεν Τίμα τὸν πατέρα coy καὶ τὴν
μητέρα coy, καί Ὁ κακολογῶν πατέρα ἢ μητέρα
11 θανάτῳ τελεγτάτω· ὑμεῖς δὲ λέγετε Ἐὰν εἴπῃ ἄνθρω-
πος τῷ πατρὶ ἢ τῇ μητρί Κορβάν, ὅ ἐστιν Δῶρον, ὃ ἐὰν
12 ἐξ ἐμοῦ ὠφεληθῇς, οὐκέτι ἀφίετε αὐτὸν οὐδὲν ποιῆσαι τῷ
13 πατρὶ ἢ τῇ μητρί, ἀκυροῦντες τὸν λόγον τοῦ θεοῦ τῇ παρα-
δόσει ὑμῶν ᾗ παρεδώκατε· καὶ παρόμοια τοιαῦτα πολλὰ
14 ποιεῖτε. Καὶ προσκαλεσάμενος πάλιν τὸν ὄχλον ἔλεγεν
15 αὐτοῖς Ἀκούσατέ μου πάντες καὶ σύνετε. οὐδὲν ἔστιν
ἔξωθεν τοῦ ἀνθρώπου εἰσπορευόμενον εἰς αὐτὸν ὃ δύναται
κοινῶσαι αὐτόν· ἀλλὰ τὰ ἐκ τοῦ ἀνθρώπου ἐκπορευόμενά
17 ἐστιν τὰ κοινοῦντα τὸν ἄνθρωπον. Καὶ ὅτε εἰσῆλθεν εἰς
οἶκον ἀπὸ τοῦ ὄχλου, ἐπηρώτων αὐτὸν οἱ μαθηταὶ αὐτοῦ
18 τὴν παραβολήν. καὶ λέγει αὐτοῖς Οὕτως καὶ ὑμεῖς ἀσύ-
νετοί ἐστε ; οὐ νοεῖτε ὅτι πᾶν τὸ ἔξωθεν εἰσπορευόμενον εἰς
19 τὸν ἄνθρωπον οὐ δύναται αὐτὸν κοινῶσαι, ὅτι οὐκ εἰσπο-
ρεύεται αὐτοῦ εἰς τὴν καρδίαν ἀλλ᾽ εἰς τὴν κοιλίαν, καὶ
εἰς τὸν ἀφεδρῶνα ἐκπορεύεται; – καθαρίζων πάντα τὰ
20 βρώματα. ἔλεγεν δὲ ὅτι Τὸ ἐκ τοῦ ἀνθρώπου ἐκπορευό-
21 μενον ἐκεῖνο κοινοῖ τὸν ἄνθρωπον· ἔσωθεν γὰρ ἐκ τῆς
καρδίας τῶν ἀνθρώπων οἱ διαλογισμοὶ οἱ κακοὶ ἐκπορεύ-
22 ονται, πορνεῖαι, κλοπαί, φόνοι, μοιχεῖαι, πλεονεξίαι, πονη-
ρίαι, δόλος, ἀσέλγεια, ὀφθαλμὸς πονηρός, βλασφημία,
23 ὑπερηφανία, ἀφροσύνη· πάντα ταῦτα τὰ πονηρὰ ἔσωθεν
ἐκπορεύεται καὶ κοινοῖ τὸν ἄνθρωπον.

24   Ἐκεῖθεν δὲ ἀναστὰς ἀπῆλθεν εἰς τὰ ὅρια Τύρου [καὶ
Σιδῶνος]. Καὶ εἰσελθὼν εἰς οἰκίαν οὐδένα ἤθελεν γνῶναι,
25 καὶ οὐκ ἠδυνάσθη λαθεῖν· ἀλλ᾽ εὐθὺς ἀκούσασα γυνὴ περὶ
αὐτοῦ, ἧς εἶχεν τὸ θυγάτριον αὐτῆς πνεῦμα ἀκάθαρτον,
26 ἐλθοῦσα προσέπεσεν πρὸς τοὺς πόδας αὐτοῦ· ἡ δὲ γυνὴ
ἦν Ἑλληνίς, ⌜Συροφοινίκισσα⌝ τῷ γένει· καὶ ἠρώτα αὐτὸν
27 ἵνα τὸ δαιμόνιον ἐκβάλῃ ἐκ τῆς θυγατρὸς αὐτῆς. καὶ

26 Σύρα Φοινίκισσα

what God has commanded in order to observe what has been
10 handed down to you.   For Moses said, 'Honor your father
and your mother,' and again, 'Whoever abuses his father or
11 mother must be put to death.'   But you say, 'If a man says
to his father or mother, "Anything of mine that might have
been of use to you is Korban," ' that is, consecrated to God,
12 you let him off from doing anything more for his father or
13 mother, and so you nullify what God has said by what you
have handed down.   You have many such practices."

14   He called the people to him again and said to them,

15   "Listen to me, all of you, and understand this.   Nothing
that goes into a man from outside can pollute him.   It is what
comes out of a man that pollutes him."

17   When he had left the crowd and gone home, his disciples
18 asked him what he meant by this figure.   And he said to
them,

"Have not even you any understanding then?   Do you
not see that nothing that goes into a man from outside can
19 pollute him, since it does not go into his heart but into his
stomach and then is disposed of?"   So he declared all food
20 clean.   He went on to say,

21   "It is what comes out of a man that pollutes him.   For
it is from inside, from men's hearts, that designs of evil come;
22 immorality, stealing, murder, adultery, greed, malice, deceit,
23 indecency, envy, abusiveness, arrogance, folly—all these evils
come from inside, and they pollute a man."

24   He left that place and went to the neighborhood of Tyre
and Sidon.   And he went into a certain house, and wanted
25 no one to know of it.   And he could not keep it secret, but a
woman whose little daughter was possessed by a foul spirit
immediately heard about him and came and threw herself
26 at his feet.   Now the woman was a Greek, of Syrophoenician
birth.   And she begged him to drive the demon out of her
27 daughter.   He said to her,

ἔλεγεν αὐτῇ Ἄφες πρῶτον χορτασθῆναι τὰ τέκνα, οὐ
γάρ ἐστιν καλὸν λαβεῖν τὸν ἄρτον τῶν τέκνων καὶ τοῖς
28 κυναρίοις βαλεῖν. ἡ δὲ ἀπεκρίθη καὶ λέγει αὐτῷ Ναί,
κύριε, καὶ τὰ κυνάρια ὑποκάτω τῆς τραπέζης ἐσθίουσιν
29 ἀπὸ τῶν ψιχίων τῶν παιδίων. καὶ εἶπεν αὐτῇ Διὰ τοῦ-
τον τὸν λόγον ὕπαγε, ἐξελήλυθεν ἐκ τῆς θυγατρός σου τὸ
30 δαιμόνιον. καὶ ἀπελθοῦσα εἰς τὸν οἶκον αὐτῆς εὗρεν τὸ
παιδίον βεβλημένον ἐπὶ τὴν κλίνην καὶ τὸ δαιμόνιον ἐξε-
31 ληλυθός. Καὶ πάλιν ἐξελθὼν ἐκ τῶν ὁρίων
Τύρου ἦλθεν διὰ Σιδῶνος εἰς τὴν θάλασσαν τῆς Γαλιλαίας
32 ἀνὰ μέσον τῶν ὁρίων Δεκαπόλεως. Καὶ φέρουσιν αὐτῷ κω-
φὸν καὶ μογιλάλον, καὶ παρακαλοῦσιν αὐτὸν ἵνα ἐπιθῇ αὐ-
33 τῷ τὴν χεῖρα. καὶ ἀπολαβόμενος αὐτὸν ἀπὸ τοῦ ὄχλου κα-
τ᾽ ἰδίαν ἔβαλεν τοὺς δακτύλους αὐτοῦ. εἰς τὰ ὦτα αὐτοῦ καὶ
34 πτύσας ἥψατο τῆς γλώσσης αὐτοῦ, καὶ ἀναβλέψας εἰς τὸν οὐ-
ρανὸν ἐστέναξεν, καὶ λέγει αὐτῷ Ἐφφαθά, ὅ ἐστιν Δια-
35 νοίχθητι· καὶ ἠνοίγησαν αὐτοῦ αἱ ἀκοαί, καὶ ἐλύθη ὁ
36 δεσμὸς τῆς γλώσσης αὐτοῦ, καὶ ἐλάλει ὀρθῶς· καὶ διε-
στείλατο αὐτοῖς ἵνα μηδενὶ λέγωσιν· ὅσον δὲ αὐτοῖς διε-
37 στέλλετο, αὐτοὶ μᾶλλον περισσότερον ἐκήρυσσον. καὶ
ὑπερπερισσῶς ἐξεπλήσσοντο λέγοντες Καλῶς πάντα πε-
ποίηκεν, ⸆ καὶ τοὺς κωφοὺς ποιεῖ ἀκούειν καὶ ἀλάλους λα-
λεῖν.

1 Ἐν ἐκείναις ταῖς ἡμέραις πάλιν πολλοῦ ὄχλου ὄντος
καὶ μὴ ἐχόντων τί φάγωσιν, προσκαλεσάμενος τοὺς μαθη-
2 τὰς λέγει αὐτοῖς Σπλαγχνίζομαι ἐπὶ τὸν ὄχλον ὅτι ἤδη
⸂ἡμέραι τρεῖς⸃ ⸂προσμένουσίν μοι⸃ καὶ οὐκ ἔχουσιν τί
3 φάγωσιν· καὶ ἐὰν ἀπολύσω αὐτοὺς νήστεις εἰς οἶκον αὐτῶν,
ἐκλυθήσονται ἐν τῇ ὁδῷ· καί τινες αὐτῶν ἀπὸ μακρόθεν
4 εἰσίν. καὶ ἀπεκρίθησαν αὐτῷ οἱ μαθηταὶ αὐτοῦ ὅτι Πό-
θεν τούτους δυνήσεταί τις ὧδε χορτάσαι ἄρτων ἐπ᾽ ἐρημίας;
5 καὶ ἠρώτα αὐτούς Πόσους ἔχετε ἄρτους; οἱ δὲ εἶπαν
6 Ἑπτά. καὶ παραγγέλλει τῷ ὄχλῳ ἀναπεσεῖν ἐπὶ τῆς γῆς·

37 ὡς   2 ἡμέραις τρισὶν | προσμένουσιν

"Let the children first eat all they want, for it is not right to take the children's bread and throw it to the dogs."

28 But she answered,

"True, sir! and still the dogs under the table eat what the children leave!"

29 He said to her,

"If you can say that, go home; the demon has left your daughter."

30 And she went home and found the child lying on the bed, and the demon gone.

31 He left the neighborhood of Tyre again and went by way of Sidon to the Sea of Galilee, crossing the district of the

32 Ten Towns. And they brought to him a man who was deaf and hardly able to speak, and they begged him to lay his

33 hand on him. He took him off by himself away from the crowd, and put his fingers in the man's ears, and touched

34 his tongue with saliva. And he looked up to heaven and sighed, and said to him,

"Ephphatha!"—which means "Open."

35 And his ears were opened and his tongue was released

36 and he talked plainly. And Jesus forbade them to tell anyone about it, but the more he forbade them the more

37 they spread the news far and wide. And people were utterly amazed, and said,

"How well he has done everything! He even makes the deaf hear and the dumb speak!"

8   In those days when a great crowd had gathered again and they had nothing to eat, he called his disciples to him and said to them,

2   "I pity these people, for they have been staying with me

3   three days now, and they have nothing left to eat. And if I send them home hungry they will give out on the way, for some of them come from a distance."

4   His disciples replied,

"Where can anyone get bread enough, here in this solitude, to satisfy these people's hunger?"

5   "How many loaves have you?" he asked.

"Seven," they said.

6   Then he ordered the people to take their places on the

καὶ λαβὼν τοὺς ἑπτὰ ἄρτους εὐχαριστήσας ἔκλασεν καὶ
ἐδίδου τοῖς μαθηταῖς αὐτοῦ ἵνα παρατιθῶσιν καὶ παρέθη-
7 καν τῷ ὄχλῳ. καὶ εἶχαν ἰχθύδια ὀλίγα· καὶ εὐλογήσας
8 αὐτὰ εἶπεν καὶ ταῦτα παρατιθέναι. καὶ ἔφαγον καὶ ἐχορτά-
σθησαν, καὶ ἦραν περισσεύματα κλασμάτων ἑπτὰ σφυρί-
9 δας. ἦσαν δὲ ὡς τετρακισχίλιοι. καὶ ἀπέλυσεν αὐτούς.
10 Καὶ εὐθὺς ἐμβὰς ⌐ εἰς τὸ πλοῖον μετὰ τῶν μαθητῶν αὐτοῦ
ἦλθεν εἰς τὰ μέρη Δαλμανουθά.

11 Καὶ ἐξῆλθον οἱ Φαρισαῖοι καὶ ἤρξαντο συνζητεῖν αὐτῷ,
ζητοῦντες παρ' αὐτοῦ σημεῖον ἀπὸ τοῦ οὐρανοῦ, πειράζον-
12 τες αὐτόν. καὶ ἀναστενάξας τῷ πνεύματι αὐτοῦ λέγει
Τί ἡ γενεὰ αὕτη ζητεῖ σημεῖον; ἀμὴν λέγω⌐, εἰ δοθή-
13 σεται τῇ γενεᾷ ταύτῃ σημεῖον. καὶ ἀφεὶς αὐτοὺς πά-
14 λιν ἐμβὰς ἀπῆλθεν εἰς τὸ πέραν.   Καὶ ἐπε-
λάθοντο λαβεῖν ἄρτους, καὶ εἰ μὴ ἕνα ἄρτον οὐκ εἶχον
15 μεθ' ἑαυτῶν ἐν τῷ πλοίῳ. καὶ διεστέλλετο αὐτοῖς λέγων
Ὁρᾶτε, βλέπετε ἀπὸ τῆς ζύμης τῶν Φαρισαίων καὶ τῆς
16 ζύμης Ἡρῴδου. καὶ διελογίζοντο πρὸς ἀλλήλους ὅτι
17 ἄρτους οὐκ ἔχουσιν. καὶ γνοὺς λέγει αὐτοῖς Τί διαλογί-
ζεσθε ὅτι ἄρτους οὐκ ἔχετε; οὔπω νοεῖτε οὐδὲ συνίετε;
18 πεπωρωμένην ἔχετε τὴν καρδίαν ὑμῶν; ὀφθαλμοΥϹ ἔχον-
τεϹ ΟΥ Βλέπετε καὶ ῶτα ἔχοντεϹ ΟΥΚ ἀκοΥετε; καὶ
19 οΥ μνημονεύετε ὅτε τοὺς πέντε ἄρτους ἔκλασα εἰς τοὺς
πεντακισχιλίους πόσους κοφίνους κλασμάτων πλήρεις
20 ἤρατε; λέγουσιν αὐτῷ Δώδεκα. ὅτε ⌐ τοὺς ἑπτὰ εἰς τοὺς
τετρακισχιλίους, πόσων σφυρίδων πληρώματα κλασμάτων
21 ἤρατε; καὶ λέγουσιν αὐτῷ Ἑπτά. καὶ ἔλεγεν αὐτοῖς
Οὔπω συνίετε;

22 Καὶ ἔρχονται εἰς Βηθσαιδάν. Καὶ φέρουσιν αὐτῷ
23 τυφλὸν καὶ παρακαλοῦσιν αὐτὸν ἵνα αὐτοῦ ἅψηται. καὶ
ἐπιλαβόμενος τῆς χειρὸς τοῦ τυφλοῦ ἐξήνεγκεν αὐτὸν ἔξω
τῆς κώμης, καὶ πτύσας εἰς τὰ ὄμματα αὐτοῦ, ἐπιθεὶς τὰς
24 χεῖρας αὐτῷ, ἐπηρώτα ⌐αὐτόν Εἴ τι βλέπεις;⌐ καὶ ἀναβλέ-

10 αὐτὸς   12 ὑμῖν   20 καὶ   23 αὐτὸν εἴ τι βλέπει.

ground. And he took the seven loaves and gave thanks and broke them in pieces and gave them to his disciples to pass, 7 and they passed them to the people. They had a few small fish, and he blessed them and told the disciples to pass them 8 also to the people. And they ate and satisfied their hunger. 9 And the pieces that they left, that were picked up, filled seven baskets. There were about four thousand of the people. And 10 he dismissed them. Then he immediately got into the boat with his disciples and went to the district of Dalmanutha.

11   The Pharisees came out and began a discussion with him, testing him by asking him to show them a sign from 12 heaven. And he sighed deeply and said,

"Why do the men of this day ask for a sign? I tell you, no sign will be given them."

13   And he left them and got into the boat again and crossed to the other side.

14   Now they had forgotten to bring any bread, and they 15 had only one loaf with them in the boat. And he warned them, saying,

"Look out! Be on your guard against the yeast of the Pharisees and the yeast of Herod!"

16   They were discussing with one another their being without 17 bread. And he noticed it and said to them,

"Why do you discuss your being without bread? Do you not yet see nor understand? Are your minds so dull? 18 When you have eyes can you not see, and when you have ears 19 can you not hear? Do you not remember how many baskets of pieces you picked up when I broke the five loaves in pieces for those five thousand men?"

They said to him,

"Twelve."

20   "When I broke the seven loaves in pieces for the four thousand, how many baskets of pieces did you pick up?"

They said to him,

"Seven."

21   He said to them,

"Do you not understand yet?"

22   And they came to Bethsaida. And people brought a blind 23 man to him and begged him to touch him. He took the blind man by the hand and led him outside of the village, and spitting in his eyes he laid his hands on him and asked him,

"Do you see anything?"

24   He looked up and said,

ψας ἔλεγεν Βλέπω τοὺς ἀνθρώπους ὅτι ὡς δένδρα ὁρῶ
25 περιπατοῦντας. εἶτα πάλιν ἔθηκεν τὰς χεῖρας ἐπὶ τοὺς
ὀφθαλμοὺς αὐτοῦ, καὶ διέβλεψεν, καὶ ἀπεκατέστη, καὶ ἐνέ-
26 βλεπεν ⌜τηλαυγῶς⌝ ἅπαντα. καὶ ἀπέστειλεν αὐτὸν εἰς
οἶκον αὐτοῦ λέγων Μηδὲ εἰς τὴν κώμην εἰσέλθῃς.

27 Καὶ ἐξῆλθεν ὁ Ἰησοῦς καὶ οἱ μαθηταὶ αὐτοῦ εἰς τὰς
κώμας Καισαρίας τῆς Φιλίππου· καὶ ἐν τῇ ὁδῷ ἐπηρώτα
τοὺς μαθητὰς αὐτοῦ λέγων αὐτοῖς Τίνα με λέγουσιν οἱ
28 ἄνθρωποι εἶναι; οἱ δὲ εἶπαν αὐτῷ λέγοντες ὅτι Ἰωάνην
τὸν βαπτιστήν, καὶ ἄλλοι Ἠλείαν, ἄλλοι δὲ ὅτι εἷς τῶν
29 προφητῶν. καὶ αὐτὸς ἐπηρώτα αὐτούς Ὑμεῖς δὲ τίνα με
λέγετε εἶναι; ἀποκριθεὶς ὁ Πέτρος λέγει αὐτῷ Σὺ εἶ ὁ
30 χριστός. καὶ ἐπετίμησεν αὐτοῖς ἵνα μηδενὶ λέγωσιν περὶ
31 αὐτοῦ. Καὶ ἤρξατο διδάσκειν αὐτοὺς ὅτι δεῖ
τὸν υἱὸν τοῦ ἀνθρώπου πολλὰ παθεῖν καὶ ἀποδοκιμα-
σθῆναι ὑπὸ τῶν πρεσβυτέρων καὶ τῶν ἀρχιερέων καὶ τῶν
γραμματέων καὶ ἀποκτανθῆναι καὶ μετὰ τρεῖς ἡμέρας ἀνα-
32 στῆναι· καὶ παρρησίᾳ τὸν λόγον ἐλάλει. καὶ προσλαβό-
33 μενος ὁ Πέτρος αὐτὸν ἤρξατο ἐπιτιμᾶν αὐτῷ. ὁ δὲ
ἐπιστραφεὶς καὶ ἰδὼν τοὺς μαθητὰς αὐτοῦ ἐπετίμησεν
Πέτρῳ καὶ λέγει Ὕπαγε ὀπίσω μου, Σατανᾶ, ὅτι οὐ φρο-
34 νεῖς τὰ τοῦ θεοῦ ἀλλὰ τὰ τῶν ἀνθρώπων. Καὶ
προσκαλεσάμενος τὸν ὄχλον σὺν τοῖς μαθηταῖς αὐτοῦ
εἶπεν αὐτοῖς Εἴ τις θέλει ὀπίσω μου ἐλθεῖν, ἀπαρνη-
σάσθω ἑαυτὸν καὶ ἀράτω τὸν σταυρὸν αὐτοῦ καὶ ἀκολου-
35 θείτω μοι. ὃς γὰρ ἐὰν θέλῃ τὴν ⌜ἑαυτοῦ ψυχὴν⌝ σῶσαι
ἀπολέσει αὐτήν· ὃς δ' ἂν ἀπολέσει τὴν ψυχὴν αὐτοῦ ἕνεκεν
36 [ἐμοῦ καὶ] τοῦ εὐαγγελίου σώσει αὐτήν. τί γὰρ ⌜ὠφελεῖ
ἄνθρωπον⌝ κερδῆσαι τὸν κόσμον ὅλον καὶ ζημιωθῆναι
37 τὴν ψυχὴν αὐτοῦ; τί γὰρ δοῖ ἄνθρωπος ἀντάλλαγμα τῆς
38 ψυχῆς αὐτοῦ; ὃς γὰρ ἐὰν ἐπαισχυνθῇ με καὶ τοὺς ἐμοὺς
λόγους ἐν τῇ γενεᾷ ταύτῃ τῇ μοιχαλίδι καὶ ἁμαρτωλῷ, καὶ
ὁ υἱὸς τοῦ ἀνθρώπου ἐπαισχυνθήσεται αὐτὸν ὅταν ἔλθῃ ἐν

25 δηλαυγῶς   35 ψυχὴν αὐτοῦ   36 ὠφελήσει τὸν ἄνθρωπον

"I can see the people, for they look to me like trees, only they are moving about."

25 Then he laid his hands on his eyes again, and he looked
26 steadily and was cured, and saw everything plainly. And he sent him home and said to him,

"Do not even go into the village."

27 Then Jesus and his disciples went away to the villages around Caesarea Philippi. On the way he questioned his disciples and said to them,

"Who do people say that I am?"

28 They said to him,

"John the Baptist; others say Elijah, and others that you are one of the prophets."

29 And he asked them,

"But who do you say that I am?"

Peter answered and said to him,

"You are the Christ."

30 And he warned them not to say this about him to anyone.

31 Then he explained to them for the first time that the Son of Man must go through much suffering, and be refused by the elders and the high priests and the scribes, and be
32 killed, and rise again three days after. He told them this plainly. And Peter took him aside, and began to reprove
33 him for it. But turning and seeing his disciples he reproved Peter, and said,

"Get out of my sight, you Satan! for you do not side with God, but with men."

34 And he called the people and his disciples to him and said to them,

"If anyone wants to go with me, he must disregard
35 himself, and take his cross and follow me. For whoever wants to preserve his own life will lose it, and whoever loses
36 his life for me and for the good news will preserve it. For what good does it do a man to gain the whole world and yet
37 part with his life? For what can a man give to buy back his
38 life? For if anyone is ashamed of me and my teaching in this unfaithful and sinful age, then the Son of Man will be ashamed of him, when he comes back in his Father's glory,

τῇ δόξῃ τοῦ πατρὸς αὐτοῦ μετὰ τῶν ἀγγέλων τῶν ἁγίων.
1 καὶ ἔλεγεν αὐτοῖς Ἀμὴν λέγω ὑμῖν ὅτι εἰσίν τινες ὧδε
τῶν ἑστηκότων οἵτινες οὐ μὴ γεύσωνται θανάτου ἕως ἂν
ἴδωσιν τὴν βασιλείαν τοῦ θεοῦ ἐληλυθυῖαν ἐν δυνάμει.

2   Καὶ μετὰ ἡμέρας ἓξ παραλαμβάνει ὁ Ἰησοῦς τὸν
Πέτρον καὶ τὸν Ἰάκωβον καὶ ⌐ Ἰωάνην, καὶ ἀναφέρει αὐ-
τοὺς εἰς ὄρος ὑψηλὸν κατ᾽ ἰδίαν μόνους. καὶ μετεμορφώθη
3 ἔμπροσθεν αὐτῶν, καὶ τὰ ἱμάτια αὐτοῦ ἐγένετο στίλβοντα
λευκὰ λίαν οἷα γναφεὺς ἐπὶ τῆς γῆς οὐ δύναται οὕτως
4 λευκᾶναι. καὶ ὤφθη αὐτοῖς Ἠλείας σὺν Μωυσεῖ, καὶ ἦσαν
5 συνλαλοῦντες τῷ Ἰησοῦ. καὶ ἀποκριθεὶς ὁ Πέτρος λέγει
τῷ Ἰησοῦ Ῥαββεί, καλόν ἐστιν ἡμᾶς ὧδε εἶναι, καὶ
ποιήσωμεν τρεῖς σκηνάς, σοὶ μίαν καὶ Μωυσεῖ μίαν καὶ
6 Ἠλείᾳ μίαν. οὐ γὰρ ᾔδει τί ἀποκριθῇ, ἔκφοβοι γὰρ
7 ἐγένοντο. καὶ ἐγένετο νεφέλη ἐπισκιάζουσα αὐτοῖς, καὶ
ἐγένετο φωνὴ ἐκ τῆς νεφέλης Οὗτός ἐστιν ὁ υἱός μου ὁ
8 ἀγαπητός, ἀκούετε αὐτοῦ. καὶ ἐξάπινα περιβλεψάμενοι
οὐκέτι οὐδένα εἶδον ⌐μεθ᾽ ἑαυτῶν εἰ μὴ τὸν Ἰησοῦν μόνον⌐.
9 Καὶ καταβαινόντων αὐτῶν ⌐ἐκ⌐ τοῦ ὄρους διεστείλατο
αὐτοῖς ἵνα μηδενὶ ἃ εἶδον διηγήσωνται, εἰ μὴ ὅταν ὁ υἱὸς
10 τοῦ ἀνθρώπου ἐκ νεκρῶν ἀναστῇ. καὶ τὸν λόγον ἐκρά-
τησαν πρὸς ἑαυτοὺς συνζητοῦντες τί ἐστιν τὸ ἐκ νεκρῶν
11 ἀναστῆναι. καὶ ἐπηρώτων αὐτὸν λέγοντες Ὅτι λέγουσιν οἱ
12 γραμματεῖς ὅτι Ἠλείαν δεῖ ἐλθεῖν πρῶτον; ὁ δὲ ἔφη αὐτοῖς
Ἠλείας μὲν ἐλθὼν πρῶτον ἀποκατιστάνει πάντα, καὶ
πῶς γέγραπται ἐπὶ τὸν υἱὸν τοῦ ἀνθρώπου ἵνα πολλὰ πάθῃ
13 καὶ ἐξουδενηθῇ; ἀλλὰ λέγω ὑμῖν ὅτι καὶ Ἠλείας ἐλήλυθεν,
καὶ ἐποίησαν αὐτῷ ὅσα ἤθελον, καθὼς γέγραπται ἐπ᾽ αὐτόν.
14   Καὶ ἐλθόντες πρὸς τοὺς μαθητὰς εἶδαν ὄχλον πολὺν
περὶ αὐτοὺς καὶ γραμματεῖς συνζητοῦντας πρὸς αὐτούς.
15 καὶ εὐθὺς πᾶς ὁ ὄχλος ἰδόντες αὐτὸν ἐξεθαμβήθησαν, καὶ
16 προστρέχοντες ἠσπάζοντο αὐτόν. καὶ ἐπηρώτησεν αὐτούς
17 Τί συνζητεῖτε πρὸς αὐτούς; καὶ ἀπεκρίθη αὐτῷ εἷς ἐκ τοῦ

2 τον   8 ἀλλὰ τὸν Ἰησοῦν μόνον μεθ᾽ ἑαυτῶν   9 ἀπὸ

9 with the holy angels." And he said to them, "I tell you, some of you who stand here will certainly live to see the reign of God come in its might."

2   Six days after this Jesus took Peter, James, and John with him, and led them up on a high mountain, off by them-
3 selves. And his appearance underwent a change in their presence, and his clothes shone whiter than any earthly
4 bleaching could make them. And Elijah appeared to them,
5 accompanied by Moses, and they talked with Jesus. Then Peter spoke, and said to Jesus,

"Master, how good it is that we are here! Let us put up
6 three huts, one for you and one for Moses and one for Elijah."

For he did not know what to say, they were so frightened.
7 And a cloud came and overshadowed them, and from the cloud came a voice,

"This is my Son, my Beloved. Listen to him."

8   And suddenly, on looking around, they saw that there was
9 now no one with them but Jesus alone. As they were going down the mountain, he cautioned them to let no one know what they had seen, until the Son of Man should rise from
10 the dead. And they did not forget what he said, but discussed with one another what he meant by the rising from the
11 dead. And they asked him,

"Why do the scribes say that Elijah has to come first?"

12   He said to them,

"Elijah does come first, and reforms everything, and does not the Scripture say of the Son of Man that he will suffer
·13 much and be refused? Why, I tell you, not only has Elijah come, but people have treated him just as they pleased, as the Scripture says about him."

14   When they came to the disciples, they saw a great crowd
15 around them, and some scribes arguing with them. And all the people were amazed when they saw him, and they ran up
16 to him and greeted him. And he asked them,

"What are you discussing with them?"

17   One of the crowd answered,

ὄχλου Διδάσκαλε, ἤνεγκα τὸν υἱόν μου πρὸς σέ, ἔχοντα
18 πνεῦμα ἄλαλον· καὶ ὅπου ἐὰν αὐτὸν καταλάβῃ ῥήσσει αὐτόν,
καὶ ἀφρίζει καὶ τρίζει τοὺς ὀδόντας καὶ ξηραίνεται· καὶ εἶπα
τοῖς μαθηταῖς σου ἵνα αὐτὸ ἐκβάλωσιν, καὶ οὐκ ἴσχυσαν.
19 ὁ δὲ ἀποκριθεὶς αὐτοῖς λέγει Ὦ γενεὰ ἄπιστος, ἕως
πότε πρὸς ὑμᾶς ἔσομαι; ἕως πότε ἀνέξομαι ὑμῶν; φέρετε
20 αὐτὸν πρός με. καὶ ἤνεγκαν αὐτὸν πρὸς αὐτόν. καὶ ἰδὼν
αὐτὸν τὸ πνεῦμα εὐθὺς συνεσπάραξεν αὐτόν, καὶ πεσὼν
21 ἐπὶ τῆς γῆς ἐκυλίετο ἀφρίζων. καὶ ἐπηρώτησεν τὸν
πατέρα αὐτοῦ Πόσος χρόνος ἐστὶν ὡς τοῦτο γέγονεν
22 αὐτῷ; ὁ δὲ εἶπεν Ἐκ παιδιόθεν· καὶ πολλάκις καὶ εἰς
πῦρ αὐτὸν ἔβαλεν καὶ εἰς ὕδατα ἵνα ἀπολέσῃ αὐτόν·
ἀλλ' εἴ τι δύνῃ, βοήθησον ἡμῖν σπλαγχνισθεὶς ἐφ' ἡμᾶς.
23 ὁ δὲ Ἰησοῦς εἶπεν αὐτῷ ⌐Τό⌐ Εἰ δύνῃ, πάντα δυνατὰ τῷ
24 πιστεύοντι. εὐθὺς κράξας ὁ πατὴρ τοῦ παιδίου ἔλεγεν
25 Πιστεύω· βοήθει μου τῇ ἀπιστίᾳ. ἰδὼν δὲ ὁ Ἰησοῦς
ὅτι ἐπισυντρέχει ὄχλος ἐπετίμησεν τῷ πνεύματι τῷ ἀκα-
θάρτῳ λέγων αὐτῷ Τὸ ἄλαλον καὶ κωφὸν πνεῦμα, ἐγὼ
ἐπιτάσσω σοι, ἔξελθε ἐξ αὐτοῦ καὶ μηκέτι εἰσέλθῃς εἰς
26 αὐτόν. καὶ κράξας καὶ πολλὰ σπαράξας ἐξῆλθεν· καὶ
ἐγένετο ὡσεὶ νεκρὸς ὥστε τοὺς πολλοὺς λέγειν ὅτι ἀπέ-
27 θανεν. ὁ δὲ Ἰησοῦς κρατήσας τῆς χειρὸς αὐτοῦ ἤγειρεν
28 αὐτόν, καὶ ἀνέστη. καὶ εἰσελθόντος αὐτοῦ εἰς οἶκον οἱ
μαθηταὶ αὐτοῦ κατ' ἰδίαν ἐπηρώτων αὐτόν Ὅτι ἡμεῖς
29 οὐκ ἠδυνήθημεν ἐκβαλεῖν αὐτό; καὶ εἶπεν αὐτοῖς Τοῦτο
τὸ γένος ἐν οὐδενὶ δύναται ἐξελθεῖν εἰ μὴ ἐν προσευχῇ.

30   Κἀκεῖθεν ἐξελθόντες ⌐ἐπορεύοντο⌐ διὰ τῆς Γαλιλαίας,
31 καὶ οὐκ ἤθελεν ἵνα τις γνοῖ· ἐδίδασκεν γὰρ τοὺς μαθη-
τὰς αὐτοῦ καὶ ἔλεγεν [αὐτοῖς] ὅτι Ὁ υἱὸς τοῦ ἀνθρώ-
που παραδίδοται εἰς χεῖρας ἀνθρώπων, καὶ ἀποκτενοῦσιν
αὐτόν, καὶ ἀποκτανθεὶς μετὰ τρεῖς ἡμέρας ἀναστήσεται.
32 οἱ δὲ ἠγνόουν τὸ ῥῆμα, καὶ ἐφοβοῦντο αὐτὸν ἐπερωτῆσαι.

33   Καὶ ἦλθον εἰς Καφαρναούμ. Καὶ ἐν τῇ οἰκίᾳ γενόμε-

23 τό   30 παρεπορεύοντο

"Master, I brought my son to you, for he is possessed by
18 a dumb spirit, and wherever it seizes him it throws him on the
ground, and he foams at the mouth and grinds his teeth; and
he is wasting away.   I told your disciples to drive it out, and
they could not do it."

19   He answered them and said,

"O you unbelieving people, how long must I be with
you?   How long must I put up with you?   Bring him here
to me!"

20   And they brought the boy to him.   As soon as the spirit
saw him, it convulsed the boy, and he fell down on the
21 ground and rolled about, foaming at the mouth.   Jesus asked
the boy's father,

"How long has he been like this?"

And he said,

22   "From his childhood, and many a time it has thrown
him into the fire or into the water, to put an end to him.
But if there is anything you can do, take pity on us and
help us!"

23   Jesus said to him,

" 'If there is anything I can do!'   Everything is possible
for one who has faith!"

24   The boy's father immediately cried out,

"I have faith!   Help my want of faith!"

25   Then Jesus, seeing that a crowd was rapidly gathering,
reproved the foul spirit and said to it,

"You deaf and dumb spirit, get out of him, I charge you,
and never enter him again!"

26   And it gave a cry and convulsed him terribly, and went
out of him.   And the boy was like a corpse, so that most of
27 them said that he was dead.   But Jesus grasped his hand
28 and made him rise, and he stood up.   When he had gone
home, and his disciples were alone with him, they asked him,

Why could not we drive it out?"

29   He said to them,

"This kind of thing can only be driven out by prayer."

30.   And they left that place and made their way through
31 Galilee, and he did not wish anyone to know it; for he was
teaching his disciples, saying to them,

"The Son of Man is to be handed over to men, and they
will kill him, and three days after he is killed he will rise
again."

32   But they did not understand what he meant, and they
were afraid to ask him about it.

33   And they reached Capernaum.   When he got home, he

34 νος ἐπηρώτα αὐτούς Τί ἐν τῇ ὁδῷ διελογίζεσθε; οἱ δὲ
ἐσιώπων, πρὸς ἀλλήλους γὰρ διελέχθησαν ἐν τῇ ὁδῷ τίς
35 μείζων. καὶ καθίσας ἐφώνησεν τοὺς δώδεκα καὶ λέγει
αὐτοῖς Εἴ τις θέλει πρῶτος εἶναι ἔσται πάντων ἔσχατος
36 καὶ πάντων διάκονος. καὶ λαβὼν παιδίον ἔστησεν αὐτὸ ἐν
37 μέσῳ αὐτῶν καὶ ἐναγκαλισάμενος αὐτὸ εἶπεν αὐτοῖς Ὃς
ἂν [ἓν] τῶν τοιούτων παιδίων δέξηται ἐπὶ τῷ ὀνόματί μου,
ἐμὲ δέχεται· καὶ ὃς ἂν ἐμὲ δέχηται, οὐκ ἐμὲ δέχεται ἀλλὰ
38 τὸν ἀποστείλαντά με. Ἔφη αὐτῷ ὁ Ἰωάνης
Διδάσκαλε, εἴδαμέν τινα ἐν τῷ ὀνόματί σου ἐκβάλλοντα
δαιμόνια, καὶ ἐκωλύομεν αὐτόν, ὅτι οὐκ ἠκολούθει ἡμῖν.
39 ὁ δὲ Ἰησοῦς εἶπεν Μὴ κωλύετε αὐτόν, οὐδεὶς γὰρ ἔστιν ὃς
ποιήσει δύναμιν ἐπὶ τῷ ὀνόματί μου καὶ δυνήσεται ταχὺ
40 κακολογῆσαί με· ὃς γὰρ οὐκ ἔστιν καθ᾽ ἡμῶν, ὑπὲρ ἡμῶν
41 ἐστίν. Ὃς γὰρ ἂν ποτίσῃ ὑμᾶς ποτήριον ὕδατος ἐν ὀνό-
ματι ὅτι Χριστοῦ ἐστέ, ἀμὴν λέγω ὑμῖν ὅτι οὐ μὴ ἀπολέσῃ
42 τὸν μισθὸν αὐτοῦ. Καὶ ὃς ἂν σκανδαλίσῃ ἕνα τῶν μικρῶν
τούτων τῶν πιστευόντων, καλόν ἐστιν αὐτῷ μᾶλλον εἰ
περίκειται μύλος ὀνικὸς περὶ τὸν τράχηλον αὐτοῦ καὶ
43 βέβληται εἰς τὴν θάλασσαν. Καὶ ἐὰν ⌜σκανδαλίσῃ⌝ σε ἡ
χείρ σου, ἀπόκοψον αὐτήν· καλόν ἐστίν σε κυλλὸν εἰσελ-
θεῖν εἰς τὴν ζωὴν ἢ τὰς δύο χεῖρας ἔχοντα ἀπελθεῖν εἰς τὴν
45 γέενναν, εἰς τὸ πῦρ τὸ ἄσβεστον. καὶ ἐὰν ὁ πούς σου
σκανδαλίζῃ σε, ἀπόκοψον αὐτόν· καλόν ἐστίν σε εἰσελθεῖν
εἰς τὴν ζωὴν χωλὸν ἢ τοὺς δύο πόδας ἔχοντα βληθῆναι εἰς
47 τὴν γέενναν. καὶ ἐὰν ὁ ὀφθαλμός σου σκανδαλίζῃ σε,
ἔκβαλε αὐτόν· καλόν σέ ἐστιν μονόφθαλμον εἰσελθεῖν εἰς
τὴν βασιλείαν τοῦ θεοῦ ἢ δύο ὀφθαλμοὺς ἔχοντα βληθῆναι
48 εἰς ᵀ γέενναν, ὅπου ὁ ϹΚΩΛΗΞ ΑΥΤΩΝ ΟΥ ΤΕΛΕΥΤᾼ ΚΑΙ
49 ΤΟ ΠΥΡ ΟΥ ϹΒΕΝΝΥΤΑΙ· πᾶς γὰρ πυρὶ ἁλισθήσεται.
50 Καλὸν τὸ ἅλας· ἐὰν δὲ τὸ ἅλας ἄναλον γένηται, ἐν τίνι
αὐτὸ ἀρτύσετε; ἔχετε ἐν ἑαυτοῖς ἅλα, καὶ εἰρηνεύετε ἐν
ἀλλήλοις.

43 σκανδαλίζῃ

asked them,

"What was it that you were discussing on the way?"

34 But they made no answer, for on the way they had been discussing with one another which of them was the greatest.

35 And he sat down and called the Twelve in, and said to them,

"If anyone wishes to be first, he must be the last of all and the servant of all."

36 And he took a child and made him stand among them, and he put his arms around him, and said to them,

37 "Whoever welcomes one child like this on my account is welcoming me, and whoever welcomes me, welcomes not me but him who has sent me."

38 John said to him,

"Master, we saw a man driving out demons with your name, and we told him not to do so, for he was not one of our followers."

39 But Jesus said,

"Do not tell him not to do so, for there is no one who will use my name to do a mighty act, and be able soon after 40 to abuse me.   For the man who is not against us is for us. 41 For whoever gives you a cup of water to drink, on the ground that you belong to Christ, I tell you, will certainly not fail to 42 be repaid.   And whoever causes one of these humble believers to fall might better have a great millstone hung around 43 his neck and be thrown into the sea.   If your hand makes you fall, cut it off.   You might better enter upon life maimed, than go with both your hands to the pit, into the fire that 45 cannot be put out.   And if your foot makes you fall, cut it off.   You might better enter upon life crippled, than be 47 thrown with both your feet into the pit.   And if your eye makes you fall, tear it out.   You might better get into the Kingdom of God with only one eye than be thrown with 48 both your eyes into the pit, where the worm that feeds upon 49 them never dies and the fire is never put out.   Everyone 50 must be seasoned with fire.   Salt is a good thing, but if salt loses its strength, what will you use to season it?   You must have salt within you, and live in peace with one another."

1 Καὶ ἐκεῖθεν ἀναστὰς ἔρχεται εἰς τὰ ὅρια τῆς Ἰουδαίας
καὶ πέραν τοῦ Ἰορδάνου, καὶ συνπορεύονται πάλιν ὄχλοι
2 πρὸς αὐτόν, καὶ ὡς εἰώθει πάλιν ἐδίδασκεν αὐτούς. Καὶ
[προσελθόντες Φαρισαῖοι] ἐπηρώτων αὐτὸν εἰ ἔξεστιν ἀνδρὶ
3 γυναῖκα ἀπολῦσαι, πειράζοντες αὐτόν. ὁ δὲ ἀποκριθεὶς
4 εἶπεν αὐτοῖς Τί ὑμῖν ἐνετείλατο Μωυσῆς; οἱ δὲ εἶπαν
Ἐπέτρεψεν Μωυσῆς ΒΙΒΛΙΟΝ ἀποϲταϲίογ ΓΡΑΨΑΙ ΚΑΙ
5 ἀπολῦϲαι. ὁ δὲ Ἰησοῦς εἶπεν αὐτοῖς Πρὸς τὴν σκλη-
6 ροκαρδίαν ὑμῶν ἔγραψεν ὑμῖν τὴν ἐντολὴν ταύτην· ἀπὸ δὲ
7 ἀρχῆς κτίσεως ΑΡϹΕΝ ΚΑΙ ΘΗΛΥ ἐποίηϲεν [ΑΫΤΟΎϹ]· ἕνε-
ΚΕΝ ΤΟΎΤΟΥ ΚΑΤΑΛΕΙΨΕΙ ἄνθρωποϲ ΤΟΝ ΠΑΤΕΡΑ ΑΫΤΟΎ
8 ΚΑΙ ΤΗΝ ΜΗΤΕΡΑ, ΚΑΙ ἔϹΟΝΤΑΙ ΟΙ ΔΥΟ ΕΙϹ ϹΑΡΚΑ ΜΙΑΝ·
9 ὥστε οὐκέτι εἰσὶν δύο ἀλλὰ μία σάρξ· ὃ οὖν ὁ θεὸς συνέ-
10 ζευξεν ἄνθρωπος μὴ χωριζέτω. Καὶ εἰς τὴν οἰκίαν πάλιν
11 οἱ μαθηταὶ περὶ τούτου ἐπηρώτων αὐτόν. καὶ λέγει αὐ-
τοῖς Ὃς ἂν ἀπολύσῃ τὴν γυναῖκα αὐτοῦ καὶ γαμήσῃ
12 ἄλλην μοιχᾶται ἐπ᾽ αὐτήν, καὶ ἐὰν αὐτὴ ἀπολύσασα τὸν
ἄνδρα αὐτῆς γαμήσῃ ἄλλον μοιχᾶται.

13 Καὶ προσέφερον αὐτῷ παιδία ἵνα αὐτῶν ἅψηται· οἱ δὲ
14 μαθηταὶ ἐπετίμησαν αὐτοῖς. ἰδὼν δὲ ὁ Ἰησοῦς ἠγα-
νάκτησεν καὶ εἶπεν αὐτοῖς Ἄφετε τὰ παιδία ἔρχεσθαι
πρός με, μὴ κωλύετε αὐτά, τῶν γὰρ τοιούτων ἐστὶν ἡ
15 βασιλεία τοῦ θεοῦ. ἀμὴν λέγω ὑμῖν, ὃς ἂν μὴ δέξηται τὴν
βασιλείαν τοῦ θεοῦ ὡς παιδίον, οὐ μὴ εἰσέλθῃ εἰς αὐτήν.
16 καὶ ἐναγκαλισάμενος αὐτὰ κατευλόγει τιθεὶς τὰς χεῖρας
ἐπ᾽ αὐτά.

17 Καὶ ἐκπορευομένου αὐτοῦ εἰς ὁδὸν προσδραμὼν εἷς καὶ
γονυπετήσας αὐτὸν ἐπηρώτα αὐτόν Διδάσκαλε ἀγαθέ, τί
18 ποιήσω ἵνα ζωὴν αἰώνιον κληρονομήσω; ὁ δὲ Ἰησοῦς εἶπεν
αὐτῷ Τί με λέγεις ἀγαθόν; οὐδεὶς ἀγαθὸς εἰ μὴ εἷς ὁ θεός.
19 τὰς ἐντολὰς οἶδας ΜΗ ΦΟΝΕΎϹΗϹ, ΜΗ ΜΟΙΧΕΎϹΗϹ,
ΜΗ ΚΛΕΨΗϹ, ΜΗ ΨΕΥΔΟΜΑΡΤΥΡΗϹΗϹ, Μὴ ἀποστερήσῃς,
20 ΤΙΜΑ ΤΟΝ ΠΑΤΕΡΑ ϹΟΥ ΚΑΙ ΤΗΝ ΜΗΤΕΡΑ. ὁ δὲ ἔφη αὐτῷ

10 And he left that place and went into the district of Judea and crossed the Jordan, and crowds of people again gathered about him, and again he taught them as he was accustomed
2 to do. Some Pharisees came up, and in order to test him asked him whether a man should be allowed to divorce his
3 wife. But he answered,

"What has Moses commanded you to do?"
4 They said,

"Moses permits a man to divorce his wife by drawing up a written divorce-notice."
5 But Jesus said to them,

"It was on account of your perversity that he laid down
6 that law for you. But from the beginning of the creation,
7 'God made them male and female. Therefore a man must leave his father and mother, and he and his wife must become
8
9 one,' and so they are no longer two but one. Therefore what God has joined together man must not try to separate."
10 When they reached the house the disciples asked him
11 about this again. And he said to them,

"Anyone who divorces his wife and marries another
12 woman commits adultery against his former wife, and if a woman divorces her husband and marries another man, she is an adulteress."
13 And people brought children to him to have him touch
14 them, but the disciples reproved them for it. When Jesus saw it, he was indignant, and said to them,

"Let the children come to me; do not try to stop them,
15 for the Kingdom of God belongs to such as they. I tell you, whoever does not accept the Kingdom of God like a child shall not enter it at all."
16 And he took the children in his arms and laid his hands on them and blessed them.
17 As he was starting again on his journey, a man came running up to him, and knelt at his feet and asked him,

"Good master, what must I do to make sure of eternal life?"
18 But Jesus said to him,

"Why do you call me good? No one is good but God
19 himself. You know the commandments—'Do not murder, Do not commit adultery, Do not steal, Do not bear false witness, Do not defraud, Honor your father and mother.' "
20 But he said to him,

Διδάσκαλε, ταῦτα πάντα ἐφυλαξάμην ἐκ νεότητός μου.
21 ὁ δὲ Ἰησοῦς ἐμβλέψας αὐτῷ ἠγάπησεν αὐτὸν καὶ εἶπεν
αὐτῷ Ἕν σε ὑστερεῖ· ὕπαγε ὅσα ἔχεις πώλησον καὶ δὸς
[τοῖς] πτωχοῖς, καὶ ἕξεις θησαυρὸν ἐν οὐρανῷ, καὶ δεῦρο
22 ἀκολούθει μοι. ὁ δὲ στυγνάσας ἐπὶ τῷ λόγῳ ἀπῆλθεν
23 λυπούμενος, ἦν γὰρ ἔχων κτήματα πολλά. Καὶ
περιβλεψάμενος ὁ Ἰησοῦς λέγει τοῖς μαθηταῖς αὐτοῦ
Πῶς δυσκόλως οἱ τὰ χρήματα ἔχοντες εἰς τὴν βασι-
24 λείαν τοῦ θεοῦ εἰσελεύσονται. οἱ δὲ μαθηταὶ ἐθαμ-
βοῦντο ἐπὶ τοῖς λόγοις αὐτοῦ. ὁ δὲ Ἰησοῦς πάλιν
ἀποκριθεὶς λέγει αὐτοῖς Τέκνα, πῶς δύσκολόν ἐστιν
25 εἰς τὴν βασιλείαν τοῦ θεοῦ εἰσελθεῖν· εὐκοπώτερόν ἐστιν
κάμηλον διὰ ⌜τρυμαλιᾶς⌝ ῥαφίδος διελθεῖν ἢ πλού-
26 σιον εἰς τὴν βασιλείαν τοῦ θεοῦ εἰσελθεῖν. οἱ δὲ
περισσῶς ἐξεπλήσσοντο λέγοντες πρὸς αὐτόν Καὶ τίς
27 δύναται σωθῆναι; ἐμβλέψας αὐτοῖς ὁ Ἰησοῦς λέγει
Παρὰ ἀνθρώποις ἀδύνατον ἀλλ᾽ οὐ παρὰ θεῷ, πάντα γὰρ
28 ΔΥΝΑΤᾺ ΠΑΡᾺ [Τῷ] ΘΕῷ. Ἤρξατο λέγειν ὁ
Πέτρος αὐτῷ Ἰδοὺ ἡμεῖς ἀφήκαμεν πάντα καὶ ἠκολου-
29 θήκαμέν σοι. ἔφη ὁ Ἰησοῦς Ἀμὴν λέγω ὑμῖν, οὐδεὶς
ἔστιν ὃς ἀφῆκεν οἰκίαν ἢ ἀδελφοὺς ἢ ἀδελφὰς ἢ μητέρα ἢ
πατέρα ἢ τέκνα ἢ ἀγροὺς ἕνεκεν ἐμοῦ καὶ [ἕνεκεν] τοῦ
30 εὐαγγελίου, ἐὰν μὴ λάβῃ ἑκατονταπλασίονα νῦν ἐν τῷ
καιρῷ τούτῳ οἰκίας καὶ ἀδελφοὺς καὶ ἀδελφὰς καὶ
⌜μητέρας⌝ καὶ τέκνα καὶ ἀγροὺς μετὰ διωγμῶν, καὶ ἐν τῷ
31 αἰῶνι τῷ ἐρχομένῳ ζωὴν αἰώνιον. πολλοὶ δὲ ἔσονται
πρῶτοι ἔσχατοι καὶ [οἱ] ἔσχατοι πρῶτοι.

32 Ἦσαν δὲ ἐν τῇ ὁδῷ ἀναβαίνοντες εἰς Ἱεροσόλυμα, καὶ
ἦν προάγων αὐτοὺς ὁ Ἰησοῦς, καὶ ἐθαμβοῦντο, οἱ δὲ
ἀκολουθοῦντες ἐφοβοῦντο. καὶ παραλαβὼν πάλιν τοὺς
δώδεκα ἤρξατο αὐτοῖς λέγειν τὰ μέλλοντα αὐτῷ συμβαίνειν

25 τῆς τρυμαλιᾶς τῆς   30 μητέρα   36 θέλετέ με

"Master, I have obeyed all these commandments ever since I was a child."

21 And Jesus looked at him and loved him, and he said to him,

"There is one thing that you lack. Go, sell all you have, and give the money to the poor, and then you will have riches in heaven; and come back and be a follower of mine."

22 But his face fell at Jesus' words, and he went away much cast down, for he had a great deal of property.

23 And Jesus looked around and said to his disciples,

"How hard it will be for those who have money to enter the Kingdom of God!"

24 But the disciples were amazed at what he said. And Jesus said to them again,

"My children, how hard it is to enter the Kingdom of 25 God! It is easier for a camel to get through the eye of a needle than for a rich man to get into the Kingdom of God!"

26 They were perfectly astounded and said to him,

"Then who can be saved?"

27 Jesus looked at them and said,

"For men it is impossible, but not for God, for anything is possible for God."

28 Peter started to say to him,

"Well, we have left all we had, and have followed you."

29 Jesus said,

"I tell you, there is no one who has given up home or brothers or sisters or mother or father or children or land for 30 me and for the good news, but will receive now in this life a hundred times as much in homes, brothers, sisters, mothers, children, and lands, though not without persecution—and in 31 the coming age eternal life. But many who are first now will be last then, and the last will be first."

32 As they went on their way up to Jerusalem, Jesus walked ahead of them, and they were in dismay, and those who still followed were afraid. And he took the Twelve aside again and began to tell them what was going to happen to him.

33 ὅτι Ἰδοὺ ἀναβαίνομεν εἰς Ἱεροσόλυμα, καὶ ὁ υἱὸς τοῦ
ἀνθρώπου παραδοθήσεται τοῖς ἀρχιερεῦσιν καὶ τοῖς γραμ-
ματεῦσιν, καὶ κατακρινοῦσιν αὐτὸν θανάτῳ καὶ παραδώ-
34 σουσιν αὐτὸν τοῖς ἔθνεσιν καὶ ἐμπαίξουσιν αὐτῷ καὶ ἐμπτύ-
σουσιν αὐτῷ καὶ μαστιγώσουσιν αὐτὸν καὶ ἀποκτενοῦ-
σιν, καὶ μετὰ τρεῖς ἡμέρας ἀναστήσεται.

35 Καὶ προσπορεύονται αὐτῷ Ἰάκωβος καὶ Ἰωάνης οἱ
[δύο] υἱοὶ Ζεβεδαίου λέγοντες αὐτῷ Διδάσκαλε, θέλομεν
36 ἵνα ὃ ἐὰν αἰτήσωμέν σε ποιήσῃς ἡμῖν. ὁ δὲ εἶπεν αὐτοῖς
37 Τί ⌜θέλετε⌝ ποιήσω ὑμῖν; οἱ δὲ εἶπαν αὐτῷ Δὸς ἡμῖν
ἵνα εἷς σου ἐκ δεξιῶν καὶ εἷς ἐξ ἀριστερῶν καθίσωμεν ἐν
38 τῇ δόξῃ σου. ὁ δὲ Ἰησοῦς εἶπεν αὐτοῖς Οὐκ οἴδατε τί
αἰτεῖσθε· δύνασθε πιεῖν τὸ ποτήριον ὃ ἐγὼ πίνω, ἢ τὸ
39 βάπτισμα ὃ ἐγὼ βαπτίζομαι βαπτισθῆναι; οἱ δὲ εἶπαν
αὐτῷ Δυνάμεθα. ὁ δὲ Ἰησοῦς εἶπεν αὐτοῖς Τὸ ποτή-
ριον ὃ ἐγὼ πίνω πίεσθε καὶ τὸ βάπτισμα ὃ ἐγὼ βαπτί-
40 ζομαι βαπτισθήσεσθε, τὸ δὲ καθίσαι ἐκ δεξιῶν μου ἢ
ἐξ εὐωνύμων οὐκ ἔστιν ἐμὸν δοῦναι, ἀλλ᾽ οἷς ἡτοίμασται.
41 καὶ ἀκούσαντες οἱ δέκα ἤρξαντο ἀγανακτεῖν περὶ Ἰακώ-
42 βου καὶ Ἰωάνου. καὶ προσκαλεσάμενος αὐτοὺς ὁ Ἰησοῦς
λέγει αὐτοῖς Οἴδατε ὅτι οἱ δοκοῦντες ἄρχειν τῶν ἐθνῶν
κατακυριεύουσιν αὐτῶν καὶ οἱ μεγάλοι αὐτῶν κατεξουσιά-
43 ζουσιν αὐτῶν. οὐχ οὕτως δέ ἐστιν ἐν ὑμῖν· ἀλλ᾽ ὃς ἂν
θέλῃ μέγας γενέσθαι ἐν ὑμῖν, ⌜ἔσται⌝ ὑμῶν διάκονος,
44 καὶ ὃς ἂν θέλῃ ἐν ὑμῖν εἶναι πρῶτος, ἔσται πάντων
45 δοῦλος· καὶ γὰρ ὁ υἱὸς τοῦ ἀνθρώπου οὐκ ἦλθεν διακο-
νηθῆναι ἀλλὰ διακονῆσαι καὶ δοῦναι τὴν ψυχὴν αὐτοῦ
λύτρον ἀντὶ πολλῶν.

46 Καὶ ἔρχονται εἰς Ἱερειχώ. Καὶ ἐκπορευομένου αὐτοῦ
ἀπὸ Ἱερειχὼ καὶ τῶν μαθητῶν αὐτοῦ καὶ ὄχλου ἱκανοῦ
ὁ υἱὸς Τιμαίου Βαρτίμαιος τυφλὸς προσαίτης ἐκάθητο
47 παρὰ τὴν ὁδόν. καὶ ἀκούσας ὅτι Ἰησοῦς ⌜ὁ Ναζαρηνός

43 ἔστω   47 ἐστιν ὁ Ναζαρηνὸς

33   "See!" he said, "we are going up to Jerusalem, and the Son of Man will be handed over to the high priests and scribes, and they will condemn him to death and hand him
34 over to the heathen and they will ridicule him and spit on him and flog him and kill him; and three days after he will rise again."

35   And Zebedee's two sons, James and John, came up to him and said,

        "Master, we want you to do for us whatever we ask."

36   He said to them,

        "What do you want me to do for you?"

37   They said to him,

        "Let us sit one at your right hand and one at your left, in your triumph."

38   Jesus said to them,

        "You do not know what you are asking for. Can you drink the cup that I am drinking, or undergo the baptism that I am undergoing?"

39   They said to him,

        "Yes, we can."

        Jesus said to them,

        "Then you shall drink the cup that I am drinking, and you
40 shall undergo the baptism that I am undergoing; but as for sitting at my right or at my left, that is not mine to give, but belongs to those for whom it is destined."

41   When the other ten heard of this they were at first very
42 indignant at James and John.   And Jesus called them to him and said to them,

        "You know that those who are supposed to rule the heathen lord it over them, and their great men tyrannize
43 over them; but it is not to be so among you.   Whoever wants
44 to be great among you must be your servant, and whoever wants to hold the first place among you must be everybody's
45 slave.   For the Son of Man himself has not come to be waited on, but to wait on other people, and to give his life to free many others."

46   And they came to Jericho. As he was leaving the town with his disciples and a great crowd, Timaeus' son Bartimaeus,
47 a blind beggar, was sitting at the roadside.   When he heard that it was Jesus of Nazareth he began to cry out,

ἐστιν⌉ ἤρξατο κράζειν καὶ λέγειν Υἱὲ Δαυεὶδ Ἰησοῦ, ἐλέη-
48 σόν με. καὶ ἐπετίμων αὐτῷ πολλοὶ ἵνα σιωπήσῃ· ὁ δὲ
49 πολλῷ μᾶλλον ἔκραζεν Υἱὲ Δαυείδ, ἐλέησόν με. καὶ
στὰς ὁ Ἰησοῦς εἶπεν Φωνήσατε αὐτόν. καὶ φωνοῦσι τὸν
50 τυφλὸν λέγοντες αὐτῷ Θάρσει, ἔγειρε, φωνεῖ σε. ὁ δὲ
ἀποβαλὼν τὸ ἱμάτιον αὐτοῦ ἀναπηδήσας ἦλθεν πρὸς
51 τὸν Ἰησοῦν. καὶ ἀποκριθεὶς αὐτῷ ὁ Ἰησοῦς εἶπεν Τί
σοι θέλεις ποιήσω; ὁ δὲ τυφλὸς εἶπεν αὐτῷ Ῥαββου-
52 νεί, ἵνα ἀναβλέψω. καὶ ὁ Ἰησοῦς εἶπεν αὐτῷ Ὕπαγε,
ἡ πίστις σου σέσωκέν σε. καὶ εὐθὺς ἀνέβλεψεν, καὶ
ἠκολούθει αὐτῷ ἐν τῇ ὁδῷ.

1 Καὶ ὅτε ἐγγίζουσιν εἰς Ἱεροσόλυμα ⌈εἰς Βηθφαγὴ
καὶ⌉ Βηθανίαν πρὸς τὸ Ὄρος ⌈τῶν⌉ Ἐλαιῶν, ἀποστέλλει
2 δύο τῶν μαθητῶν αὐτοῦ καὶ λέγει αὐτοῖς Ὑπάγετε εἰς
τὴν κώμην τὴν κατέναντι ὑμῶν, καὶ εὐθὺς εἰσπορευόμενοι
εἰς αὐτὴν εὑρήσετε πῶλον δεδεμένον ἐφ᾽ ὃν οὐδεὶς οὔπω
3 ἀνθρώπων ἐκάθισεν· λύσατε αὐτὸν καὶ φέρετε. καὶ ἐάν
τις ὑμῖν εἴπῃ Τί ποιεῖτε τοῦτο; εἴπατε Ὁ κύριος αὐτοῦ
χρείαν ἔχει· καὶ εὐθὺς ⌈αὐτὸν ἀποστέλλει πάλιν⌉ ὧδε.
4 καὶ ἀπῆλθον καὶ εὗρον πῶλον δεδεμένον πρὸς θύραν ἔξω
5 ἐπὶ τοῦ ἀμφόδου, καὶ λύουσιν αὐτόν. καί τινες τῶν ἐκεῖ
ἑστηκότων ἔλεγον αὐτοῖς Τί ποιεῖτε λύοντες τὸν πῶλον;
6 οἱ δὲ εἶπαν αὐτοῖς καθὼς εἶπεν ὁ Ἰησοῦς· καὶ ἀφῆκαν
7 αὐτούς. καὶ φέρουσιν τὸν πῶλον πρὸς τὸν Ἰησοῦν, καὶ
ἐπιβάλλουσιν αὐτῷ τὰ ἱμάτια ⌈αὐτῶν⌉, καὶ ἐκάθισεν ἐπ᾽ αὐ-
8 τόν. καὶ πολλοὶ τὰ ἱμάτια αὐτῶν ἔστρωσαν εἰς τὴν
9 ὁδόν, ἄλλοι δὲ στιβάδας κόψαντες ἐκ τῶν ἀγρῶν. καὶ οἱ
προάγοντες καὶ οἱ ἀκολουθοῦντες ἔκραζον
Ὡcαννά·
Εὐλογημένος ὁ ἐρχόμενος ἐν ὀνόματι Κυρίου·
10 Εὐλογημένη ἡ ἐρχομένη βασιλεία τοῦ πατρὸς ἡμῶν
Δαυείδ·
Ὡcαννά ἐν τοῖς ὑψίστοις.

1 καὶ εἰς | τὸ   3 ἀποστέλλει πάλιν αὐτὸν   7 ἑαυτῶν

"Jesus, you son of David, take pity on me!"

48 Many of the people rebuked him and told him to be still. But he cried out all the louder,

"You son of David, take pity on me!"

49 Jesus stopped and said,

"Call him here."

And they called the blind man and said to him,

"Courage now!   Get up, he is calling you!"

50 And he threw off his coat and sprang to his feet and
51 went up to Jesus.   Jesus spoke to him and said,

"What do you want me to do for you?"

The blind man said to him,

"Master, let me regain my sight!"

52 Jesus said to him,

"Go your way.   Your faith has cured you."

And he immediately regained his sight and followed Jesus along the road.

11 When they were getting near Jerusalem, and had come to Bethphage and Bethany near the Mount of Olives, Jesus
2 sent two of his disciples on ahead, and said to them,

"Go to the village that lies in front of you, and as soon as you enter it you will find tied there a colt that has never
3 been ridden.   Untie it and bring it here.   And if anybody says to you, 'Why are you doing that?' say, 'The Master needs it, and will send it back here directly.' "

4 And they set off and found a colt tied in the street at the
5 door of a house, and they untied it.   Some of the bystanders said to them,

"What are you doing, untying the colt?"

6 But they answered them as Jesus had told them to do,
7 and the men let them take it.   So they brought the colt to Jesus, and they threw their coats over it and Jesus mounted
8 it.   And many of the people spread their coats in the road, and others cut straw from the fields and scattered it in his
9 path.   And those in front and those behind shouted,

"God bless him!

Blessed be he who comes in the Lord's name!

10 Blessed be the reign of our father David which is coming!

God bless him from on high!"

11 Καὶ εἰσῆλθεν εἰς Ἱεροσόλυμα εἰς τὸ ἱερόν· καὶ περιβλε-
ψάμενος πάντα ⌜ὀψὲ ἤδη οὔσης τῆς ὥρας⌝ ἐξῆλθεν εἰς
Βηθανίαν μετὰ τῶν δώδεκα.

12 Καὶ τῇ ἐπαύριον ἐξελθόντων αὐτῶν ἀπὸ Βηθανίας
13 ἐπείνασεν. καὶ ἰδὼν συκῆν ἀπὸ μακρόθεν ἔχουσαν φύλλα
ἦλθεν εἰ ἄρα τι εὑρήσει ἐν αὐτῇ, καὶ ἐλθὼν ἐπ᾽ αὐτὴν
οὐδὲν εὗρεν εἰ μὴ φύλλα, ὁ γὰρ καιρὸς οὐκ ἦν σύκων.
14 καὶ ἀποκριθεὶς εἶπεν αὐτῇ Μηκέτι εἰς τὸν αἰῶνα ἐκ
σοῦ μηδεὶς καρπὸν φάγοι. καὶ ἤκουον οἱ μαθηταὶ αὐ-
15 τοῦ. Καὶ ἔρχονται εἰς Ἱεροσόλυμα. Καὶ εἰσελ-
θὼν εἰς τὸ ἱερὸν ἤρξατο ἐκβάλλειν τοὺς πωλοῦντας καὶ τοὺς
ἀγοράζοντας ἐν τῷ ἱερῷ, καὶ τὰς τραπέζας τῶν κολλυβι-
στῶν καὶ τὰς καθέδρας τῶν πωλούντων τὰς περιστερὰς
16 κατέστρεψεν καὶ οὐκ ἤφιεν ἵνα τις διενέγκῃ σκεῦος διὰ
17 τοῦ ἱεροῦ, καὶ ἐδίδασκεν καὶ ἔλεγεν ⊤ Οὐ γέγραπται ὅτι
Ὁ οἶκός μου οἶκος προσευχῆς κληθήσεται πᾶσιν τοῖς
ἔθνεσιν; ὑμεῖς δὲ πεποιήκατε αὐτὸν σπήλαιον λῃστῶν.
18 καὶ ἤκουσαν οἱ ἀρχιερεῖς καὶ οἱ γραμματεῖς, καὶ ἐζήτουν
πῶς αὐτὸν ἀπολέσωσιν· ἐφοβοῦντο γὰρ αὐτόν, πᾶς γὰρ ὁ
19 ὄχλος ἐξεπλήσσετο ἐπὶ τῇ διδαχῇ αὐτοῦ. Καὶ ὅταν ὀψὲ
20 ἐγένετο, ⌜ἐξεπορεύοντο⌝ ἔξω τῆς πόλεως. Καὶ
παραπορευόμενοι πρωὶ εἶδον τὴν συκῆν ἐξηραμμένην ἐκ
21 ῥιζῶν. καὶ ἀναμνησθεὶς ὁ Πέτρος λέγει αὐτῷ Ῥαββεί,
22 ἴδε ἡ συκῆ ἣν κατηράσω ἐξήρανται. καὶ ἀποκριθεὶς ὁ
23 Ἰησοῦς λέγει αὐτοῖς Ἔχετε πίστιν θεοῦ· ἀμὴν λέγω ὑμῖν
ὅτι ὃς ἂν εἴπῃ τῷ ὄρει τούτῳ Ἄρθητι καὶ βλήθητι εἰς
τὴν θάλασσαν, καὶ μὴ διακριθῇ ἐν τῇ καρδίᾳ αὐτοῦ ἀλλὰ
24 πιστεύῃ ὅτι ὃ λαλεῖ γίνεται, ἔσται αὐτῷ. διὰ τοῦτο λέγω
ὑμῖν, πάντα ὅσα προσεύχεσθε καὶ αἰτεῖσθε, πιστεύετε
25 ὅτι ἐλάβετε, καὶ ἔσται ὑμῖν. καὶ ὅταν στήκετε προσευ-
χόμενοι, ἀφίετε εἴ τι ἔχετε κατά τινος, ἵνα καὶ ὁ πα-
τὴρ ὑμῶν ὁ ἐν τοῖς οὐρανοῖς ἀφῇ ὑμῖν τὰ παραπτώματα
ὑμῶν.

11 ὀψίας ἤδη οὔσης [τῆς ὥρας]   17 αὐτοῖς   19 ἐξεπορεύετο

11   And he came into Jerusalem and into the Temple, and looked it all over; then, as it was already late, he went out with the Twelve to Bethany.

12   On the next day, after they had left Bethany, he felt 13 hungry.   And he saw in the distance a fig tree covered with leaves, and he went up to it to see if he could find any figs on it.   When he reached it he found nothing but leaves, for 14 it was not the time for figs.   And he spoke to the tree and said to it,

"May no one ever eat fruit from you any more!"
And his disciples heard it.

15   When they reached Jerusalem, he went into the Temple, and began to drive out of it those who were buying or selling things in it, and he upset the money-changers' tables and the 16 pigeon-dealers' seats, and he would not allow anyone to 17 carry anything through the Temple.   And he taught them, and said,

"Does not the Scripture say, 'My house shall be called a house of prayer for all the nations'?   But you have made it a robbers' den."

18   The high priests and the scribes heard of this, and they cast about for a way of destroying him, for they were afraid of him, for all the people were amazed at what he taught. 19 So when evening came, he and his disciples used to go out of the city.

20   In the morning as they were passing along, they saw 21 that the fig tree was withered, to its very roots.   And Peter remembered about it and said to him,

"Look, Master!   The fig tree that you cursed is withered up!"

22   Jesus answered and said to them,

23   "Have faith in God!   I tell you, whoever says to this mountain, 'Get up and throw yourself into the sea!' and has no doubt in his mind, but has faith that what he says will 24 happen, shall have it.   Therefore I tell you, whenever you pray or ask for anything, have faith that it has been granted 25 you, and you shall have it.   And whenever you stand up to pray, if you have a grievance against anyone, forgive him, so that your Father in heaven too may forgive you your offenses."

27 Καὶ ἔρχονται πάλιν εἰς Ἱεροσόλυμα. Καὶ ἐν τῷ
ἱερῷ περιπατοῦντος αὐτοῦ ἔρχονται πρὸς αὐτὸν οἱ ἀρχι-
28 ερεῖς καὶ οἱ γραμματεῖς καὶ οἱ πρεσβύτεροι καὶ ἔλεγον
αὐτῷ Ἐν ποίᾳ ἐξουσίᾳ ταῦτα ποιεῖς; ἢ τίς σοι ἔδωκεν
29 τὴν ἐξουσίαν ταύτην ἵνα ταῦτα ποιῇς; ὁ δὲ Ἰησοῦς εἶπεν
αὐτοῖς Ἐπερωτήσω ὑμᾶς ἕνα λόγον, καὶ ἀποκρίθητέ μοι,
30 καὶ ἐρῶ ὑμῖν ἐν ποίᾳ ἐξουσίᾳ ταῦτα ποιῶ· τὸ βάπτισμα
τὸ Ἰωάνου ἐξ οὐρανοῦ ἦν ἢ ἐξ ἀνθρώπων; ἀποκρίθητέ
31 μοι. καὶ διελογίζοντο πρὸς ἑαυτοὺς λέγοντες Ἐὰν εἴπω-
μεν Ἐξ οὐρανοῦ, ἐρεῖ Διὰ τί [οὖν] οὐκ ἐπιστεύσατε
32 αὐτῷ; ἀλλὰ εἴπωμεν Ἐξ ἀνθρώπων; —ἐφοβοῦντο τὸν
ὄχλον, ἅπαντες γὰρ εἶχον τὸν Ἰωάνην ὄντως ὅτι προφή-
33 της ἦν. καὶ ἀποκριθέντες τῷ Ἰησοῦ λέγουσιν Οὐκ οἴ-
δαμεν. καὶ ὁ Ἰησοῦς λέγει αὐτοῖς Οὐδὲ ἐγὼ λέγω ὑμῖν
1 ἐν ποίᾳ ἐξουσίᾳ ταῦτα ποιῶ.   Καὶ ἤρξατο
αὐτοῖς ἐν παραβολαῖς λαλεῖν Ἀμπελῶνα ἄνθρωπος
ἐφύτευσεν, καὶ περιέθηκεν φραγμὸν καὶ ὤρυξεν
ὑπολήνιον καὶ ᾠκοδόμησεν πύργον, καὶ ἐξέδετο
2 αὐτὸν γεωργοῖς, καὶ ἀπεδήμησεν. καὶ ἀπέστειλεν πρὸς
τοὺς γεωργοὺς τῷ καιρῷ δοῦλον, ἵνα παρὰ τῶν γεωρ-
3 γῶν λάβῃ ἀπὸ τῶν καρπῶν τοῦ ἀμπελῶνος· καὶ λα-
4 βόντες αὐτὸν ἔδειραν καὶ ἀπέστειλαν κενόν. καὶ πάλιν
ἀπέστειλεν πρὸς αὐτοὺς ἄλλον δοῦλον· κἀκεῖνον ἐκεφα-
5 λίωσαν καὶ ἠτίμασαν. καὶ ἄλλον ἀπέστειλεν· κἀκεῖνον
ἀπέκτειναν, καὶ πολλοὺς ἄλλους, οὓς μὲν δέροντες οὓς δὲ
6 ἀποκτεννύντες. ἔτι ἕνα εἶχεν, υἱὸν ἀγαπητόν· ἀπέστειλεν
αὐτὸν ἔσχατον πρὸς αὐτοὺς λέγων ὅτι Ἐντραπήσονται
7 τὸν υἱόν μου. ἐκεῖνοι δὲ οἱ γεωργοὶ πρὸς ἑαυτοὺς εἶπαν
ὅτι Οὗτός ἐστιν ὁ κληρονόμος· δεῦτε ἀποκτείνωμεν
8 αὐτόν, καὶ ἡμῶν ἔσται ἡ κληρονομία. καὶ λαβόντες
ἀπέκτειναν αὐτόν, καὶ ἐξέβαλον αὐτὸν ἔξω τοῦ ἀμπελῶνος.
9 τί ποιήσει ὁ κύριος τοῦ ἀμπελῶνος; ἐλεύσεται καὶ ἀπο-
λέσει τοὺς γεωργούς, καὶ δώσει τὸν ἀμπελῶνα ἄλλοις.

27   Then they went into Jerusalem again.   And as Jesus
was walking about in the Temple, the high priests, scribes,
28 and elders came up and said to him,

"What authority have you for doing as you do?   And
who gave you a right to do as you are doing?"

29   Jesus said to them,

"Let me ask you one question, and if you answer me,
30 I will tell you what authority I have for doing as I do.   Was
John's baptism from heaven or from men?   Answer me."

31   And they argued with one another,

"If we say, 'It was from heaven,' he will say, 'Then why
32 did you not believe him?'   Yet can we say, 'It was from
men'?"   For they were afraid of the people, because all the
33 people thought John was really a prophet.   So they answered
Jesus,

"We do not know."

Jesus said to them,

"Nor will I tell you what authority I have for doing
as I do."

12   Then he began to speak to them in figures.

"A man once planted a vineyard and fenced it in and
hewed out a wine-vat and built a watch tower, and he leased
2 it to tenants and left the neighborhood.   At the proper
time he sent a slave to the tenants to get from them a share
3 of the vintage.   And they took him and beat him and sent
4 him back empty-handed.   And again he sent another slave
to them.   And they beat him over the head and treated him
5 shamefully.   And he sent another; and him they killed; and so
6 with many others, some they beat and some they killed.   He
still had one left to send, a dearly loved son.   He sent him
to them last of all, thinking, 'They will respect my son.'
7 But the tenants said to one another, 'This is his heir!
Come on, let us kill him, and the property will belong to
8 us!'   So they took him and killed him, and threw his body
9 outside of the vineyard.   What will the owner of the vineyard
do?   He will come back and put the tenants to death and

10 Οὐδὲ τὴν γραφὴν ταύτην ἀνέγνωτε
Λίθον ὃν ἀπεΔοκίμαϲαν οἱ οἰκοΔομοῦντϲϲ,
οῦτοϲ ἐγενΗΘΗ εἰϲ κεφαλΗν γωνίαϲ·
11 παρὰ Κυρίου ἐγένετο αῦτΗ,
καὶ ἔϲτιν θαυμαϲτΗ ἐν ὀφθαλμοῖϲ Ημῶν;
12 Καὶ ἐζήτουν αὐτὸν κρατῆσαι, καὶ ἐφοβήθησαν τὸν ὄχλον,
ἔγνωσαν γὰρ ὅτι πρὸς αὐτοὺς τὴν παραβολὴν εἶπεν. καὶ
ἀφέντες αὐτὸν ἀπῆλθαν.

13 Καὶ ἀποστέλλουσιν πρὸς αὐτόν τινας τῶν Φαρισαίων
14 καὶ τῶν Ἡρῳδιανῶν ἵνα αὐτὸν ἀγρεύσωσιν λόγῳ. καὶ
ἐλθόντες λέγουσιν αὐτῷ Διδάσκαλε, οἴδαμεν ὅτι ἀληθὴς
εἶ καὶ οὐ μέλει σοι περὶ οὐδενός, οὐ γὰρ βλέπεις εἰς πρόσ-
ωπον ἀνθρώπων, ἀλλ' ἐπ' ἀληθείας τὴν ὁδὸν τοῦ θεοῦ
διδάσκεις· ἔξεστιν δοῦναι κῆνσον Καίσαρι ἢ οὔ; δῶμεν
15 ἢ μὴ δῶμεν; ὁ δὲ εἰδὼς αὐτῶν τὴν ὑπόκρισιν εἶπεν αὐ-
16 τοῖς Τί με πειράζετε; φέρετέ μοι δηνάριον ἵνα ἴδω. οἱ
δὲ ἤνεγκαν. καὶ λέγει αὐτοῖς Τίνος ἡ εἰκὼν αὕτη καὶ ἡ
17 ἐπιγραφή; οἱ δὲ εἶπαν αὐτῷ Καίσαρος. ὁ δὲ Ἰησοῦς
εἶπεν Τὰ Καίσαρος ἀπόδοτε Καίσαρι καὶ τὰ τοῦ θεοῦ
τῷ θεῷ. καὶ ἐξεθαύμαζον ἐπ' αὐτῷ.

18 Καὶ ἔρχονται Σαδδουκαῖοι πρὸς αὐτόν, οἵτινες λέ-
γουσιν ἀνάστασιν μὴ εἶναι, καὶ ἐπηρώτων αὐτὸν λέγοντες
19 Διδάσκαλε, Μωυσῆς ἔγραψεν ἡμῖν ὅτι ἐάΝ τιΝοϲ ἀΔελ-
φόϲ ἀποθάνΗ καὶ καταλίπΗ γυναῖκα καὶ μΗ ἀφΗ
τέκΝοΝ, ἵνα λάβΗ ὁ ἀΔελφὸϲ αῦτοῦ τΗν γυναῖκα καὶ
20 ἐξαναϲτΗϲΗ ϲπέρμα τῷ ἀΔελφῷ αῦτοῦ. ἑπτὰ ἀδελφοὶ
ἦσαν· καὶ ὁ πρῶτος ἔλαβεν γυναῖκα, καὶ ἀποθνήσκων
21 οὐκ ἀφῆκεν σπέρμα· καὶ ὁ δεύτερος ἔλαβεν αὐτήν, καὶ
ἀπέθανεν μὴ καταλιπὼν σπέρμα, καὶ ὁ τρίτος ὡσαύτως·
22 καὶ οἱ ἑπτὰ οὐκ ἀφῆκαν σπέρμα· ἔσχατον πάντων καὶ
23 ἡ γυνὴ ἀπέθανεν. ἐν τῇ ἀναστάσει τίνος αὐτῶν ἔσται
24 γυνή; οἱ γὰρ ἑπτὰ ἔσχον αὐτὴν γυναῖκα. ἔφη αὐτοῖς ὁ
Ἰησοῦς Οὐ διὰ τοῦτο πλανᾶσθε μὴ εἰδότες τὰς γραφὰς

10 give the vineyard to others.   Did you never read this passage of Scripture:

> " 'That stone which the builders rejected
> Has become the cornerstone;

11
> This came from the Lord
> And seems marvelous to us'?"

12   And they tried to have him arrested, but they were afraid of the people, for they knew that the illustration was aimed at them.   And they left him and went away.

13   They sent some Pharisees and Herodians to him to
14 entrap him in argument.   And they came up and said to him,

"Master, we know that you tell the truth regardless of the consequences, for you are not guided by personal considerations, but teach the way of God with sincerity.   Is it right
15 to pay the poll tax to the emperor or not?   Should we pay it, or refuse to pay it?"

But he saw through their pretense, and said to them,

"Why do you put me to such a test?   Bring me a denarius to look at."

16   And they brought him one.   He said to them,

"Whose head and title is this?"

And they told him,

"The emperor's."

17   And Jesus said,

"Pay the emperor what belongs to the emperor, and pay God what belongs to God!"

And they were astonished at him.

18   Some of the Sadducees, who say there is no resurrection, came to him and asked him a question.

19   "Master," they said, "Moses made us a law that if a man's brother died, leaving a wife but no child, the man should marry the widow and raise up a family for his brother.
20 There were once seven brothers.   And the eldest married
21 a wife and died, leaving no child.   And the second married her, and died without leaving any child, and so did the third.
22 And none of the seven left any child.   Finally, the woman
23 died too.   At the resurrection, which one's wife will she be?   For all seven of them married her."

24   Jesus said to them,

"Does not this show that you are wrong, and do not understand either the Scriptures or the power of God?

25 μηδὲ τὴν δύναμιν τοῦ θεοῦ; ὅταν γὰρ ἐκ νεκρῶν ἀνα-
στῶσιν, οὔτε γαμοῦσιν οὔτε γαμίζονται, ἀλλ᾽ εἰσὶν ὡς
26 ⌈ἄγγελοι⌉ ἐν τοῖς οὐρανοῖς· περὶ δὲ τῶν νεκρῶν ὅτι
ἐγείρονται οὐκ ἀνέγνωτε ἐν τῇ βίβλῳ Μωυσέως ἐπὶ τοῦ
βάτου πῶς εἶπεν αὐτῷ ὁ θεὸς λέγων Ἐγὼ ὁ θεὸς
27 Ἀβραὰμ καὶ θεὸς Ἰσαὰκ καὶ θεὸς Ἰακώβ; οὐκ ἔ-
στιν ᵀ θεὸς νεκρῶν ἀλλὰ ζώντων· πολὺ πλανᾶσθε.

28 Καὶ προσελθὼν εἷς τῶν γραμματέων ἀκούσας αὐτῶν
συνζητούντων, εἰδὼς ὅτι καλῶς ἀπεκρίθη αὐτοῖς, ἐπηρώτη-
29 σεν αὐτόν Ποία ἐστὶν ἐντολὴ πρώτη πάντων; ἀπεκρίθη
ὁ Ἰησοῦς ὅτι Πρώτη ἐστίν Ἄκουε, Ἰσραήλ, Κύριος ὁ
30 θεὸς ⌈ἡμῶν κύριος⌉ εἷς ἐστίν, καὶ ἀγαπήσεις Κύριον
τὸν θεόν σου ἐξ ὅλης ᵀ καρδίας σου καὶ ἐξ ὅλης
τῆς ψυχῆς σου καὶ ἐξ ὅλης τῆς διανοίας σου καὶ
31 ἐξ ὅλης τῆς ἰσχύος σου. δευτέρα αὕτη Ἀγαπήσεις
τὸν πλησίον σου ὡς σεαυτόν. μείζων τούτων ἄλλη
32 ἐντολὴ οὐκ ἔστιν. ⌈Εἶπεν⌉ αὐτῷ ὁ γραμματεύς Καλῶς,
διδάσκαλε, ἐπ᾽ ἀληθείας εἶπες ὅτι εἷς ἐστὶν καὶ οὐκ ἔστιν
33 ἄλλος πλὴν αὐτοῦ· καὶ τὸ ἀγαπᾶν αὐτὸν ἐξ ὅλης ᵀ
καρδίας καὶ ἐξ ὅλης τῆς συνέσεως καὶ ἐξ ὅλης τῆς
ἰσχύος καὶ τὸ ἀγαπᾶν τὸν πλησίον ὡς ἑαυτὸν περισ-
σότερόν ἐστιν πάντων τῶν ὁλοκαυτωμάτων καὶ θυσιῶν.
34 καὶ ὁ Ἰησοῦς ἰδὼν αὐτὸν ὅτι νουνεχῶς ἀπεκρίθη εἶπεν
αὐτῷ Οὐ μακρὰν [εἶ] ἀπὸ τῆς βασιλείας τοῦ θεοῦ. Καὶ
35 οὐδεὶς οὐκέτι ἐτόλμα αὐτὸν ἐπερωτῆσαι.   Καὶ
ἀποκριθεὶς ὁ Ἰησοῦς ἔλεγεν διδάσκων ἐν τῷ ἱερῷ Πῶς
λέγουσιν οἱ γραμματεῖς ὅτι ὁ χριστὸς υἱὸς Δαυείδ ἐστιν;
36 αὐτὸς Δαυεὶδ εἶπεν ἐν τῷ πνεύματι τῷ ἁγίῳ
Εἶπεν Κύριος τῷ κυρίῳ μου ⌈Κάθου⌉ ἐκ δεξιῶν μου
ἕως ἂν θῶ τοὺς ἐχθρούς σου ὑποκάτω τῶν ποδῶν
σου·
37 αὐτὸς Δαυεὶδ λέγει αὐτὸν κύριον, καὶ πόθεν αὐτοῦ ἐστὶν υἱός;
38   Καὶ ὁ πολὺς ὄχλος ἤκουεν αὐτοῦ ἡδέως. Καὶ ἐν τῇ

25 οἱ ἄγγελοι οἱ   27 ὁ   29 ἡμῶν, Κύριος   30 τῆς   32 Καὶ εἶπεν   33 τῆς

25 For when people rise from the dead, there is no marrying or
26 being married, but they live as angels do in heaven.   But as
to the dead being raised, have you never read in the Book
of Moses, in the passage about the bush, how God said to
him, 'I am the God of Abraham, the God of Isaac, and the
27 God of Jacob'?   He is not God of dead men but of living!
You are entirely wrong."

28   One of the scribes came up and heard them arguing.
He saw that Jesus had answered them well, and he asked
him,

"Which is the first of all the commands?"

29   Jesus answered,

"The first one is, 'Hear, Israel!   The Lord our God is
30 one lord, and you must love the Lord your God with your
whole heart, your whole soul, your whole mind, and your
31 whole strength.'   And this is the second: 'You must love
your neighbor as you do yourself.'   No other command is
greater than these."

32   The scribe said to him,

"Really, Master, you have finely said that he stands
33 alone, and there is none but he, and to love him with one's
whole heart, one's whole understanding, and one's whole
strength, and to love one's neighbor as one's self is far more
than all these burnt-offerings and sacrifices."

34   And Jesus saw that he answered thoughtfully, and he said
to him,

"You are not far from the Kingdom of God!"

And no one ventured to ask him any more questions.

35   As Jesus was teaching in the Temple, he answered them
and said,

"How can the scribes say that the Christ is a son of
36 David?   David himself, under the influence of the holy
Spirit, said,

" 'The Lord has said to my lord, "Sit at my right hand
      Until I put your enemies under your feet." ' '

37 David himself calls him lord, and how can he be his
son?"

38   The mass of the people liked to hear him.   And in the

διδαχῇ αὐτοῦ ἔλεγεν Βλέπετε ἀπὸ τῶν γραμματέων τῶν
θελόντων ἐν στολαῖς περιπατεῖν καὶ ἀσπασμοὺς ἐν ταῖς
39 ἀγοραῖς καὶ πρωτοκαθεδρίας ἐν ταῖς συναγωγαῖς καὶ πρω-
40 τοκλισίας ἐν τοῖς ⌜δείπνοις, οἱ κατέσθοντες τὰς οἰκίας
τῶν χηρῶν καὶ προφάσει μακρὰ προσευχόμενοι·⌝ οὗτοι
41 λήμψονται περισσότερον κρίμα.   Καὶ καθί-
σας ⌜κατέναντι⌝ τοῦ γαζοφυλακίου ἐθεώρει πῶς ὁ ὄχλος
βάλλει χαλκὸν εἰς τὸ γαζοφυλάκιον· καὶ πολλοὶ πλούσιοι
42 ἔβαλλον πολλά· ᾿καὶ ἐλθοῦσα μία χήρα πτωχὴ ἔβαλεν
43 λεπτὰ δύο, ὅ ἐστιν κοδράντης. καὶ προσκαλεσάμενος
τοὺς μαθητὰς αὐτοῦ εἶπεν αὐτοῖς Ἀμὴν λέγω ὑμῖν ὅτι ἡ
χήρα αὕτη ἡ πτωχὴ πλεῖον πάντων ἔβαλεν τῶν βαλλόν-
44 των εἰς τὸ γαζοφυλάκιον· πάντες γὰρ ἐκ τοῦ περισσεύ-
οντος αὐτοῖς ἔβαλον, αὕτη δὲ ἐκ τῆς ὑστερήσεως αὐτῆς
πάντα ὅσα εἶχεν ἔβαλεν, ὅλον τὸν βίον αὐτῆς.
1   Καὶ ἐκπορευομένου αὐτοῦ ἐκ τοῦ ἱεροῦ λέγει αὐτῷ
εἷς τῶν μαθητῶν αὐτοῦ Διδάσκαλε, ἴδε ποταποὶ λίθοι
2 καὶ ποταπαὶ οἰκοδομαί. καὶ ὁ Ἰησοῦς εἶπεν αὐτῷ Βλέ-
πεις ταύτας τὰς μεγάλας οἰκοδομάς; οὐ μὴ ἀφεθῇ ὧδε
3 λίθος ἐπὶ λίθον ὃς οὐ μὴ καταλυθῇ. Καὶ καθημένου
αὐτοῦ εἰς τὸ Ὄρος τῶν Ἐλαιῶν κατέναντι τοῦ ἱεροῦ
ἐπηρώτα αὐτὸν κατ' ἰδίαν Πέτρος καὶ Ἰάκωβος καὶ Ἰωά-
4 νης καὶ Ἀνδρέας Εἰπὸν ἡμῖν πότε ταῦτα ἔσται, καὶ τί
5 τὸ σημεῖον ὅταν μέλλῃ ταῦτα συντελεῖσθαι πάντα. ὁ δὲ
Ἰησοῦς ἤρξατο λέγειν αὐτοῖς Βλέπετε μή τις ὑμᾶς
6 πλανήσῃ· πολλοὶ ἐλεύσονται ἐπὶ τῷ ὀνόματί μου λέ-
7 γοντες ὅτι Ἐγώ εἰμι, καὶ πολλοὺς πλανήσουσιν. ὅταν δὲ
⌜ἀκούσητε⌝ πολέμους καὶ ἀκοὰς πολέμων, μὴ θροεῖσθε·
8 δεῖ ΓΕΝΕϹΘΑΙ, ἀλλ' οὔπω τὸ τέλος. ἐΓΕΡΘΗϹΕΤΑΙ γὰρ
ἔΘΝΟϹ ἐπ' ἔΘΝΟϹ καὶ ΒΑϹΙΛΕΙΑ ἐπὶ ΒΑϹΙΛΕΙΑΝ, ἔσονται
σεισμοὶ κατὰ τόπους, ἔσονται λιμοί· ἀρχὴ ὠδίνων ταῦτα.
9 βλέπετε δὲ ὑμεῖς ἑαυτούς· παραδώσουσιν ὑμᾶς εἰς συνέδρια
καὶ εἰς συναγωγὰς δαρήσεσθε καὶ ἐπὶ ἡγεμόνων καὶ βα-

36 Κάθισον   39, 40 δείπνοις· οἱ...προσευχόμενοι,   41 ἀπέναντι   7 ἀκούητε

course of his teaching he said to them,

"Beware of the scribes who like to go about in long robes
39 and to be saluted with respect in public places, and to have
the front seats in the synagogues and the best places at
40 dinners—men that eat up widows' houses and to cover it
up make long prayers! They will get a far heavier sen-
tence!"

41   And he sat down facing the treasury and watched the
people dropping money into it; and many rich people were
42 putting in large sums. A poor widow came up and dropped
43 in two little copper coins which make a cent. And he
called his disciples to him and said,

"I tell you that this poor widow has put in more than
all these others who have been putting money into the
44 treasury. For they all gave of what they had to spare, but
she in her want has put in everything she possessed—all she
had to live on."

13   As he was leaving the Temple, one of his disciples said
to him,

"Look, Master! What wonderful stones and buildings!"
2   Jesus said to him,

"Do you see these great buildings? Not one stone shall
be left here upon another that shall not be torn down."

3   As he was sitting on the Mount of Olives opposite the
Temple, Peter, James, John, and Andrew asked him, apart
from the others,
4   "Tell us when this is to happen, and what the sign will
be when it is all just going to be carried out."
5   And Jesus said to them,
6   "Take care that no one misleads you about this. Many
will come under my name and say 'I am he,' and many will
7 be misled by them. But when you hear of wars and rumors
of war, you must not be alarmed. They have to come, but
8 it is not yet the end. For nation will rise in arms against
nation and kingdom against kingdom; there will be earth-
quakes here and there, there will be famines. This is only
9 the beginning of the sufferings. But you must be on your
guard; they will hand you over to courts and you will
be taken into synagogues and beaten, and you will be

σιλέων σταθήσεσθε ἕνεκεν ἐμοῦ εἰς μαρτύριον αὐτοῖς.
10 καὶ εἰς πάντα τὰ ἔθνη πρῶτον δεῖ κηρυχθῆναι τὸ εὐαγγέ-
11 λιον.　καὶ ὅταν ἄγωσιν ὑμᾶς παραδιδόντες, μὴ προ-
μεριμνᾶτε τί λαλήσητε, ἀλλ' ὃ ἐὰν δοθῇ ὑμῖν ἐν ἐκείνῃ
τῇ ὥρᾳ τοῦτο λαλεῖτε, οὐ γάρ ἐστε ὑμεῖς οἱ λαλοῦντες ἀλλὰ
12 τὸ πνεῦμα τὸ ἅγιον.　καὶ παραδώσει ἀδελφὸς ἀδελφὸν εἰς
θάνατον καὶ πατὴρ τέκνον, καὶ ἐπαναϲτήϲονται τέκνα
13 ἐπὶ ϲονεῖϲ καὶ θανατώσουσιν αὐτούς· καὶ ἔσεσθε μισού-
μενοι ὑπὸ πάντων διὰ τὸ ὄνομά μου.　ὁ δὲ ὑπομείνας εἰς
14 τέλος οὗτος σωθήσεται.　Ὅταν δὲ ἴδητε τὸ Βδέλυγμα
τῆϲ ἐρημώϲεωϲ ἑστηκότα ὅπου οὐ δεῖ, ὁ ἀναγινώσκων
νοείτω, τότε οἱ ἐν τῇ Ἰουδαίᾳ φευγέτωσαν εἰς τὰ ὄρη,
15 ὁ ᵀ ἐπὶ τοῦ δώματος μὴ καταβάτω μηδὲ εἰσελθάτω τι
16 ἆραι ἐκ τῆς οἰκίας αὐτοῦ, καὶ ὁ εἰς τὸν ἀγρὸν μὴ ἐπιστρε-
17 ψάτω εἰς τὰ ὀπίσω ἆραι τὸ ἱμάτιον αὐτοῦ.　οὐαὶ δὲ ταῖς
ἐν γαστρὶ ἐχούσαις καὶ ταῖς θηλαζούσαις ἐν ἐκείναις ταῖς
18 ἡμέραις.　προσεύχεσθε δὲ ἵνα μὴ γένηται χειμῶνος·
19 ἔσονται γὰρ αἱ ἡμέραι ἐκεῖναι θλῖψιϲ οἷα οὐ ϲέϲονεν
τοιαύτη ἀπ' ἀρχῆϲ κτίϲεωϲ ἣν ἔκτισεν ὁ θεὸϲ ἕωϲ τοῦ
20 νῦν καὶ οὐ μὴ γένηται.　καὶ εἰ μὴ ἐκολόβωσεν Κύριος
τὰς ἡμέρας, οὐκ ἂν ἐσώθη πᾶσα σάρξ.　ἀλλὰ διὰ τοὺς
21 ἐκλεκτοὺς οὓς ἐξελέξατο ἐκολόβωσεν τὰς ἡμέρας.　Καὶ
τότε ἐάν τις ὑμῖν εἴπῃ Ἴδε ὧδε ὁ χριστός Ἴδε ἐκεῖ,
22 μὴ πιστεύετε· ἐγερθήσονται γὰρ ψευδόχριστοι καὶ ψευ-
δοπροφῆται καὶ δώϲουϲιν ϲημεῖα καὶ τέρατα πρὸς
23 τὸ ἀποπλανᾶν εἰ δυνατὸν τοὺς ἐκλεκτούς· ὑμεῖς δὲ βλέ-
24 πετε· προείρηκα ὑμῖν πάντα.　Ἀλλὰ ἐν ἐκείναις ταῖς
ἡμέραις μετὰ τὴν θλῖψιν ἐκείνην ὁ ἥλιος ϲκοτιϲθήϲεται,
25 καὶ ἡ ϲελήνη οὐ δώϲει τὸ φέϲϲοϲ αὐτῆϲ, καὶ οἱ
ἀϲτέρεϲ ἔϲονται ἐκ τοῦ οὐρανοῦ πίπτοντεϲ, καὶ αἱ
26 δυνάμειϲ αἱ ἐν τοῖϲ οὐρανοῖϲ ϲαλευθήϲονται.　καὶ
τότε ὄψονται τὸν υἱὸν τοῦ ἀνθρώπου ἐρχόμενον ἐν
27 νεφέλαιϲ μετὰ δυνάμεως πολλῆς καὶ δόξης· καὶ τότε

15 δὲ　　　31 μὴ　　　32 ἄγγελος

brought before governors and kings on my account, to
10 testify to them.   For before the end the good news must
11 be preached to all the heathen.   When they are taking you
off to trial do not worry beforehand about what you ought to
say, but say whatever is given you when the time comes,
12 for it is not you that will speak, but the holy Spirit.   Brother
will give up brother to be put to death, and the father his
child, and children will turn against their parents and have
13 them put to death.   You will be hated by everyone, because
you bear my name.   But he who holds out to the end will be
14 saved.   But as soon as you see the dreadful desecration
standing where he has no right to stand" (the reader must take
note of this), "then those who are in Judea must fly to
15 the hills; a man on the housetop must not go down or go
16 into his house to get anything out of it, and a man in the
17 field must not turn back to get his coat.   Alas for women
18 who are with child at that time, or who have babies!   Pray
19 that it may not be winter when it comes, for there will be
such misery in those days as there has never been since the
beginning of God's creation until now, and never will be again.
20 If the Lord had not cut those days short, nobody would have
escaped, but for the sake of his own chosen people he has cut
21 the days short.   If anyone says to you at that time, 'Look!
Here is the Christ!' or 'Look!   There he is!' do not believe
22 it.   For false Christs and false prophets will appear, and
they will show signs and wonders to mislead God's chosen
23 people if they can.   But you must be on your guard; I have
24 told you all about it beforehand.   But in those days, when
that misery is over, the sun will be darkened and the moon
25 will not shed its light and the stars will fall from the sky and
26 the forces in the sky will shake.   Then they will see the Son of
27 Man coming on the clouds with great power and glory, and

ἀποστελεῖ τοὺς ἀγγέλους καὶ ἐπιϲΥΝΑΖΕΙ τοὺς ἐκλεκτοὺς
[αὐτοῦ] ἐκ τῶν ΤΕϹϹΑΡΩΝ ἀΝΕΜΩΝ ἀπ᾽ ἄκρου γῆς ἕωϲ
28 ἄκρου ΟΥΡΑΝΟΥ.   Ἀπὸ δὲ τῆς συκῆς μάθετε
τὴν παραβολήν· ὅταν ἤδη ὁ κλάδος αὐτῆς ἁπαλὸς γένη-
ται καὶ ἐκφύῃ τὰ φύλλα, γινώσκετε ὅτι ἐγγὺς τὸ θέρος
29 ἐστίν· οὕτως καὶ ὑμεῖς, ὅταν ἴδητε ταῦτα γινόμενα, γινώ-
30 σκετε ὅτι ἐγγύς ἐστιν ἐπὶ θύραις.   ἀμὴν λέγω ὑμῖν ὅτι
οὐ μὴ παρέλθῃ ἡ γενεὰ αὕτη μέχρις οὗ ταῦτα πάντα
31 γένηται. ὁ οὐρανὸς καὶ ἡ γῆ παρελεύσονται, οἱ δὲ λόγοι
32 μου οὐ ᵀ παρελεύσονται. Περὶ δὲ τῆς ἡμέρας ἐκείνης ἢ
τῆς ὥρας οὐδεὶς οἶδεν, οὐδὲ ⌜οἱ ἄγγελοι⌝ ἐν οὐρανῷ οὐδὲ ὁ
33 υἱός, εἰ μὴ ὁ πατήρ. βλέπετε ἀγρυπνεῖτε, οὐκ οἴδατε γὰρ
34 πότε ὁ καιρός [ἐστιν]· ὡς ἄνθρωπος ἀπόδημος ἀφεὶς τὴν
οἰκίαν αὐτοῦ καὶ δοὺς τοῖς δούλοις αὐτοῦ τὴν ἐξουσίαν,
ἑκάστῳ τὸ ἔργον αὐτοῦ, καὶ τῷ θυρωρῷ ἐνετείλατο ἵνα
35 γρηγορῇ. γρηγορεῖτε οὖν, οὐκ οἴδατε γὰρ πότε ὁ κύριος
τῆς οἰκίας ἔρχεται, ἢ ὀψὲ ἢ μεσονύκτιον ἢ ἀλεκτορο-
36 φωνίας ἢ πρωΐ, μὴ ἐλθὼν ἐξέφνης εὕρῃ ὑμᾶς καθεύδοντας·
37 ὃ δὲ ὑμῖν λέγω πᾶσιν λέγω, γρηγορεῖτε.

1   ΗΝ ΔΕ ΤΟ ΠΑϹΧΑ καὶ τὰ ἄζυμα μετὰ δύο ἡμέρας.
Καὶ ἐζήτουν οἱ ἀρχιερεῖς καὶ οἱ γραμματεῖς πῶς αὐτὸν ἐν
2 δόλῳ κρατήσαντες ἀποκτείνωσιν, ἔλεγον γάρ   Μὴ ἐν τῇ
ἑορτῇ, μή ποτε ἔσται θόρυβος τοῦ λαοῦ.
3   Καὶ ὄντος αὐτοῦ ἐν Βηθανίᾳ ἐν τῇ οἰκίᾳ Σίμωνος τοῦ
λεπροῦ κατακειμένου αὐτοῦ ἦλθεν γυνὴ ἔχουσα ἀλάβα-
στρον μύρου νάρδου πιστικῆς ⌜πολυτελοῦς⌝ συντρίψασα τὴν
4 ἀλάβαστρον κατέχεεν αὐτοῦ τῆς κεφαλῆς. ἦσαν δέ
τινες ἀγανακτοῦντες πρὸς ἑαυτούς Εἰς τί ἡ ἀπώλεια
5 αὕτη τοῦ μύρου γέγονεν; ἠδύνατο γὰρ τοῦτο τὸ μύρον
πραθῆναι ἐπάνω ⌜δηναρίων τριακοσίων⌝ καὶ δοθῆναι τοῖς

3 πολυτελοῦς,—   5 τριακοσίων δηναρίων

then he will send out the angels and gather his chosen people from the four winds, from one end of the world to the other.

28 "Let the fig tree teach you the lesson. As soon as its branches grow soft and put forth leaves you know that 29 summer is coming. So when you see these things happening, 30 you must know that he is just at the door. I tell you, these things will all happen before the present age passes away. 31 Earth and sky will pass away, but my words will not. 32 But about that day or hour no one knows, not even the angels 33 in heaven, nor the Son; only the Father. You must look out and be on the alert, for you do not know when it will be time; 34 just as a man when he leaves home to go on a journey, and puts his slaves in charge, each with his duties, gives orders 35 to the watchman to keep watch. So you must be on the watch, for you do not know when the master of the house is coming—in the evening or at midnight or toward daybreak 36 or early in the morning—for fear he should come unexpectedly 37 and find you asleep. And what I am telling you I mean for all—Be on the watch!"

14 It was now two days before the festival of the Passover and of Unleavened Bread. And the high priests and scribes were casting about for a way to arrest him by stealth and 2 put him to death, for they said,

"It must not be during the festival, or there may be a riot."

3 Jesus was in Bethany, at the house of Simon the leper, and as he was at table, a woman came in, with an alabaster flask of liquid spikenard perfume, very expensive; she broke 4 the flask and poured the perfume on his head. But there were some who said indignantly to themselves,

5 "What was the use of wasting the perfume like that? It might have been sold for more than sixty dollars, and the money have been given to the poor."

6 πτωχοῖς· καὶ ἐνεβριμῶντο αὐτῇ. ὁ δὲ Ἰησοῦς εἶπεν
Ἄφετε αὐτήν· τί αὐτῇ κόπους παρέχετε; καλὸν ἔργον
7 ἠργάσατο ἐν ἐμοί· πάντοτε γὰρ τοὺς πτωχοὺς ἔχετε
μεθ᾿ ἑαυτῶν, καὶ ὅταν θέλητε δύνασθε αὐτοῖς [πάντοτε] εὖ
8 ποιῆσαι, ἐμὲ δὲ οὐ πάντοτε ἔχετε· ὃ ἔσχεν ἐποίησεν, προ-
9 έλαβεν μυρίσαι τὸ σῶμά μου εἰς τὸν ἐνταφιασμόν. ἀμὴν
δὲ λέγω ὑμῖν, ὅπου ἐὰν κηρυχθῇ τὸ εὐαγγέλιον εἰς ὅλον
τὸν κόσμον, καὶ ὃ ἐποίησεν αὕτη λαληθήσεται εἰς μνημό-
10 συνον αὐτῆς.   Καὶ Ἰούδας Ἰσκαριὼθ ὁ εἷς τῶν
δώδεκα ἀπῆλθεν πρὸς τοὺς ἀρχιερεῖς ἵνα αὐτὸν παραδοῖ
11 αὐτοῖς. οἱ δὲ ἀκούσαντες ἐχάρησαν καὶ ἐπηγγείλαντο αὐτῷ
ἀργύριον δοῦναι. καὶ ἐζήτει πῶς αὐτὸν εὐκαίρως παραδοῖ.

12 Καὶ τῇ πρώτῃ ἡμέρᾳ τῶν ἀζύμων, ὅτε τὸ πάσχα ἔθυον,
λέγουσιν αὐτῷ οἱ μαθηταὶ αὐτοῦ Ποῦ θέλεις ἀπελθόντες
13 ἑτοιμάσωμεν ἵνα φάγῃς τὸ πάσχα; καὶ ἀποστέλλει δύο
τῶν μαθητῶν αὐτοῦ καὶ λέγει αὐτοῖς Ὑπάγετε εἰς τὴν
πόλιν, καὶ ἀπαντήσει ὑμῖν ἄνθρωπος κεράμιον ὕδατος
14 βαστάζων· ἀκολουθήσατε αὐτῷ, καὶ ὅπου ἐὰν εἰσέλθῃ
εἴπατε τῷ οἰκοδεσπότῃ ὅτι Ὁ διδάσκαλος λέγει Ποῦ
ἐστὶν τὸ κατάλυμά μου ὅπου τὸ πάσχα μετὰ τῶν μαθητῶν
15 μου φάγω; καὶ αὐτὸς ὑμῖν δείξει ἀνάγαιον μέγα ἐστρωμέ-
16 νον ἕτοιμον· καὶ ἐκεῖ ἑτοιμάσατε ἡμῖν. καὶ ἐξῆλθον οἱ
μαθηταὶ καὶ ἦλθον εἰς τὴν πόλιν καὶ εὗρον καθὼς εἶπεν
17 αὐτοῖς, καὶ ἡτοίμασαν τὸ πάσχα.   Καὶ ὀψί-
18 ας γενομένης ἔρχεται μετὰ τῶν δώδεκα. καὶ ἀνακειμέ-
νων αὐτῶν καὶ ἐσθιόντων ὁ Ἰησοῦς εἶπεν Ἀμὴν λέγω
ὑμῖν ὅτι εἷς ἐξ ὑμῶν παραδώσει με ⌜ὁ ἐϲθίων⌝ μετ᾿ ἐ-
19 μοῦ. ἤρξαντο λυπεῖσθαι καὶ λέγειν αὐτῷ εἷς κατὰ
20 εἷς Μήτι ἐγώ; ὁ δὲ εἶπεν αὐτοῖς Εἷς τῶν δώδεκα, ὁ
21 ἐμβαπτόμενος μετ᾿ ἐμοῦ εἰς τὸ [ἓν] τρύβλιον· ὅτι ὁ
μὲν υἱὸς τοῦ ἀνθρώπου ὑπάγει καθὼς γέγραπται περὶ
αὐτοῦ, οὐαὶ δὲ τῷ ἀνθρώπῳ ἐκείνῳ δι᾿ οὗ ὁ υἱὸς τοῦ
ἀνθρώπου παραδίδοται· καλὸν αὐτῷ εἰ οὐκ ἐγεννήθη ὁ ἄν-

18 τῶν ἐσθιόντων

6   And they grumbled at her. But Jesus said,

"Leave her alone. Why do you bother her? It is a fine
7 thing that she has done to me. For you always have the
poor among you, and whenever you please you can do for
8 them, but you will not always have me. She has done all
she could; she has perfumed my body in preparation for my
9 burial. I tell you, wherever the good news is preached all
over the world, what she has done will also be told, in memory
of her."

10   Then Judas Iscariot, one of the Twelve, went to the
11 high priests to betray Jesus to them. They were delighted
to hear it and promised to pay him for it. So he was watching
for an opportunity to betray him to them.

12   On the first day of the festival of Unleavened Bread, on
which it was customary to kill the Passover lamb, Jesus'
disciples said to him,

"Where do you wish us to go and make the preparations
for you to eat the Passover supper?"

13   So he sent away two of his disciples, saying to them,

"Go into the city, and you will meet a man carrying a
14 pitcher of water. Follow him, and whatever house he goes
into, say to the man of the house, 'The Master says, "Where
is my room where I can eat the Passover supper with my
15 disciples?" ' And he will show you a large room upstairs,
furnished and ready. Make your preparations for us
there."

16   So the disciples started and went into the city, and found
everything just as he had told them; and they prepared
the Passover supper.

17
18   When it was evening he came with the Twelve. And
when they were at the table eating, Jesus said,

"I tell you, one of you is going to betray me—one who
is eating with me."

19   And they were hurt, and said to him one after another,
"Can it be I?"

He said to them,

20   "It is one of the Twelve, who is dipping his bread in
21 the same dish with me. For the Son of Man is indeed to go
away as the Scriptures say of him, but alas for the man by
whom the Son of Man is betrayed! It would have been
better for that man if he had never been born."

22 θρωπος ἐκεῖνος. Καὶ ἐσθιόντων αὐτῶν λαβὼν
ἄρτον εὐλογήσας ἔκλασεν καὶ ἔδωκεν αὐτοῖς καὶ εἶπεν
23 Λάβετε, τοῦτό ἐστιν τὸ σῶμά μου. καὶ λαβὼν ποτή-
ριον εὐχαριστήσας ἔδωκεν αὐτοῖς, καὶ ἔπιον ἐξ αὐτοῦ
24 πάντες. καὶ εἶπεν αὐτοῖς Τοῦτό ἐστιν τὸ αῖΜά μου
25 τΗϹ ΔιαθΗΚΗϹ τὸ ἐκχυννόμενον ὑπὲρ πολλῶν· ἀμὴν
λέγω ὑμῖν ὅτι οὐκέτι οὐ μὴ πίω ἐκ τοῦ γενήματος τῆς
ἀμπέλου ἕως τῆς ἡμέρας ἐκείνης ὅταν αὐτὸ πίνω καινὸν
26 ἐν τῇ βασιλείᾳ τοῦ θεοῦ. Καὶ ὑμνήσαντες
27 ἐξῆλθον εἰς τὸ Ὄρος τῶν Ἐλαιῶν. Καὶ λέγει
αὐτοῖς ὁ Ἰησοῦς ὅτι Πάντες σκανδαλισθήσεσθε, ὅτι γέγρα-
πται Πατάξω τὸν ποιμένα, καὶ τὰ πρόβατα Διαϲκορ-
28 πιϲθΗϹονται· ἀλλὰ μετὰ τὸ ἐγερθῆναί με προάξω ὑμᾶς
29 εἰς τὴν Γαλιλαίαν. ὁ δὲ Πέτρος ἔφη αὐτῷ Εἰ καὶ πάν-
30 τες σκανδαλισθήσονται, ἀλλ᾽ οὐκ ἐγώ. καὶ λέγει αὐτῷ
ὁ Ἰησοῦς Ἀμὴν λέγω σοι ὅτι σὺ σήμερον ταύτῃ τῇ νυκτὶ
31 πρὶν ἢ δὶς ἀλέκτορα φωνῆσαι τρίς με ἀπαρνήσῃ. ὁ δὲ
ἐκπερισσῶς ἐλάλει Ἐὰν δέῃ με συναποθανεῖν σοι, οὐ
μή σε ἀπαρνήσομαι. ὡσαύτως [δὲ] καὶ πάντες ἔλεγον.
32 Καὶ ἔρχονται εἰς χωρίον οὗ τὸ ὄνομα Γεθσημανεί, καὶ
λέγει τοῖς μαθηταῖς αὐτοῦ Καθίσατε ὧδε ἕως προσεύξω-
33 μαι. καὶ παραλαμβάνει τὸν Πέτρον καὶ ⌜τὸν Ἰάκωβον καὶ
τὸν⌝ Ἰωάνην μετ᾽ αὐτοῦ, καὶ ἤρξατο ἐκθαμβεῖσθαι καὶ ἀδη-
34 μονεῖν, καὶ λέγει αὐτοῖς Περίλυπός ἐϲτιν Η ψυχΗ μου
35 ἕως θανάτου· μείνατε ὧδε καὶ γρηγορεῖτε. καὶ ⌜προελθὼν⌝
μικρὸν ἔπιπτεν ἐπὶ τῆς γῆς, καὶ προσηύχετο ἵνα εἰ δυνατόν
36 ἐστιν παρέλθῃ ἀπ᾽ αὐτοῦ ἡ ὥρα, καὶ ἔλεγεν Ἀββά ὁ
πατήρ, πάντα δυνατά σοι· παρένεγκε τὸ ποτήριον τοῦτο
37 ἀπ᾽ ἐμοῦ· ἀλλ᾽ οὐ τί ἐγὼ θέλω ἀλλὰ τί σύ. καὶ ἔρχεται
καὶ εὑρίσκει αὐτοὺς καθεύδοντας, καὶ λέγει τῷ Πέτρῳ
Σίμων, καθεύδεις; οὐκ ἴσχυσας μίαν ὥραν γρηγορῆσαι;
38 γρηγορεῖτε καὶ προσεύχεσθε, ἵνα μὴ ἔλθητε εἰς πειρασμόν·
39 τὸ μὲν πνεῦμα πρόθυμον ἡ δὲ σὰρξ ἀσθενής. καὶ πάλιν

33 Ἰάκωβον καὶ   35 προσελθὼν

22   As they were eating, he took a loaf and blessed it, and he broke it in pieces and gave it to them, saying,

"Take this. It is my body."

23   And he took the wine cup and gave thanks and gave it to 24 them and they all drank from it. And he said to them,

"This is my blood which ratifies the agreement, and is to 25 be poured out for many people. I tell you, I. will never drink the product of the vine again till the day when I shall drink the new wine in the Kingdom of God."

26   After singing the hymn they went out of the city and up 27 the Mount of Olives. And Jesus said to them,

"You will all desert me, for the Scriptures say, 'I will 28 strike the shepherd, and the sheep will be scattered.' But after I am raised to life again I will go back to Galilee before you."

29   But Peter said to him,

"Even if they all desert you, I will not!"

30   Jesus said to him,

"I tell you, this very night before the cock crows twice you yourself will disown me three times!"

31   But he persisted vehemently,

"If I have to die with you, I will never disown you." And they all said the same thing.

32   They came to a place called Gethsemane, and he said to his disciples,

"Sit down here while I pray."

33   And he took Peter, James, and John along with him, and 34 he began to feel distress and dread, and he said to them,

"My heart is almost breaking. You must stay here and 35 keep watch." And he went on a little way and threw himself on the ground and prayed that if it were possible he might 36 be spared the hour of trial; and he said,

"Abba!" that is, Father, "anything is possible for you! Take this cup away from me! Yet not what I please but what you do!"

37   When he went back he found them asleep, and he said to Peter,

"Simon, are you asleep? Were you not able to watch 38 for one hour? Keep awake, and pray that you may not be subjected to trial. One's spirit is eager, but human nature is weak."

40 ἀπελθὼν προσηύξατο [τὸν αὐτὸν λόγον εἰπών]. καὶ πάλιν
ἐλθὼν εὗρεν αὐτοὺς καθεύδοντας, ἦσαν γὰρ αὐτῶν οἱ
ὀφθαλμοὶ καταβαρυνόμενοι, καὶ οὐκ ᾔδεισαν τί ἀπο-
41 κριθῶσιν αὐτῷ. καὶ ἔρχεται τὸ τρίτον καὶ λέγει αὐτοῖς
Καθεύδετε [τὸ] λοιπὸν καὶ ἀναπαύεσθε· ἀπέχει· ἦλθεν ἡ
ὥρα, ἰδοὺ παραδίδοται ὁ υἱὸς τοῦ ἀνθρώπου εἰς τὰς χεῖρας
42 τῶν ἁμαρτωλῶν. ἐγείρεσθε ἄγωμεν· ἰδοὺ ὁ παραδιδούς
43 με ἤγγικεν. Καὶ εὐθὺς ἔτι αὐτοῦ λαλοῦντος
παραγίνεται [ὁ] Ἰούδας εἷς τῶν δώδεκα καὶ μετ᾽ αὐτοῦ
ὄχλος μετὰ μαχαιρῶν καὶ ξύλων παρὰ τῶν ἀρχιερέων καὶ
44 τῶν γραμματέων καὶ τῶν πρεσβυτέρων. δεδώκει δὲ ὁ
παραδιδοὺς αὐτὸν σύσσημον αὐτοῖς λέγων Ὃν ἂν φιλήσω
45 αὐτός ἐστιν· κρατήσατε αὐτὸν καὶ ἀπάγετε ἀσφαλῶς. καὶ
ἐλθὼν εὐθὺς προσελθὼν αὐτῷ λέγει Ῥαββεί, καὶ κατε-
46 φίλησεν αὐτόν. οἱ δὲ ἐπέβαλαν τὰς χεῖρας αὐτῷ καὶ ἐκρά-
47 τησαν αὐτόν. εἷς δέ [τις] τῶν παρεστηκότων σπασάμενος
τὴν μάχαιραν ἔπαισεν τὸν δοῦλον τοῦ ἀρχιερέως καὶ ἀφεῖ-
48 λεν αὐτοῦ τὸ ὠτάριον. καὶ ἀποκριθεὶς ὁ Ἰησοῦς εἶπε
αὐτοῖς Ὡς ἐπὶ λῃστὴν ἐξήλθατε μετὰ μαχαιρῶν καὶ ξύλω
49 συλλαβεῖν με; καθ᾽ ἡμέραν ἤμην πρὸς ὑμᾶς ἐν τῷ ἱερῷ
διδάσκων καὶ οὐκ ⌜ἐκρατήσατέ⌝ με· ἀλλ᾽ ἵνα πληρωθῶσιν
50,51 αἱ γραφαί. καὶ ἀφέντες αὐτὸν ἔφυγον πάντες. Καὶ
νεανίσκος τις συνηκολούθει αὐτῷ περιβεβλημένος σινδόνα
52 ἐπὶ γυμνοῦ, καὶ κρατοῦσιν αὐτόν, ὁ δὲ καταλιπὼν τὴν
σινδόνα γυμνὸς ἔφυγεν.

53 Καὶ ἀπήγαγον τὸν Ἰησοῦν πρὸς τὸν ἀρχιερέα, καὶ
συνέρχονται ⌐ πάντες οἱ ἀρχιερεῖς καὶ οἱ πρεσβύτεροι
54 καὶ οἱ γραμματεῖς. καὶ ὁ Πέτρος ἀπὸ μακρόθεν ἠκολού-
θησεν αὐτῷ ἕως ἔσω εἰς τὴν αὐλὴν τοῦ ἀρχιερέως, καὶ ἦν
συνκαθήμενος μετὰ τῶν ὑπηρετῶν καὶ θερμαινόμενος πρὸς
55 τὸ φῶς. οἱ δὲ ἀρχιερεῖς καὶ ὅλον τὸ συνέδριον ἐζήτουν
κατὰ τοῦ Ἰησοῦ μαρτυρίαν εἰς τὸ θανατῶσαι αὐτόν, καὶ
56 οὐχ ηὕρισκον· πολλοὶ γὰρ ἐψευδομαρτύρουν κατ᾽ αὐτοῦ,

49 ἐκρατεῖτέ   53 αὐτῷ

39 He went away again and prayed in the same words as
40 before. When he came back he found them asleep again,
for they could hardly keep their eyes open; and they did nct
know what answer to make to him. When he came back for
41 the third time, he said to them,

"Are you still sleeping and taking your rest? Enough
of this! The time has come. See! the Son of Man is betrayed
42 into the hands of wicked men. Get up, let us be going.
Look! here comes my betrayer!"

43 Just at that moment, while he was still speaking, Judas,
who was one of the Twelve, came up, and with him a crowd of
men with swords and clubs, from the high priests, scribes, and
44 elders. Now the man who betrayed him had given them a
signal, saying,

"The one I kiss is the man. Seize him and take him
safely away."

45 So when he came he went straight up to Jesus and said,
"Master!" and kissed him affectionately.

46 And they laid hands on him and seized him. But one of
47 the bystanders drew his sword and struck at the high priests'
48 slave and cut his ear off. And Jesus spoke and said to them,

"Have you come out to arrest me with swords and clubs,
49 as though I were a robber? I have been among you day after
day in the Temple teaching, and you never seized me. But
let the Scriptures be fulfilled!"

50 Then all the disciples left him and made their escape.
51 And a young man followed him with nothing but a linen cloth
52 about his body; and they seized him, but he left the cloth
behind and ran away naked.

53 They took Jesus away to the high priest, and all the high
54 priests, elders, and scribes came together. And Peter
followed him at a distance, right into the courtyard of the high
priest and sat down with the attendants and warmed himself
55 at the fire. The high priests and the whole council tried
to get evidence against Jesus in order to put him to death,
56 and they could find none, for while many gave false testi-

57 καὶ ἴσαι αἱ μαρτυρίαι οὐκ ἦσαν. καί τινες ἀναστάντες
58 ἐψευδομαρτύρουν κατ' αὐτοῦ λέγοντες ὅτι Ἡμεῖς ἠκούσα-
μεν αὐτοῦ λέγοντος ὅτι Ἐγὼ καταλύσω τὸν ναὸν τοῦτον
τὸν χειροποίητον καὶ διὰ τριῶν ἡμερῶν ἄλλον ἀχειροποίη-
59 τον οἰκοδομήσω· καὶ οὐδὲ οὕτως ἴση ἦν ἡ μαρτυρία αὐτῶν.
60 καὶ ἀναστὰς ὁ ἀρχιερεὺς εἰς μέσον ἐπηρώτησεν τὸν Ἰησοῦν
λέγων Οὐκ ἀποκρίνῃ οὐδέν; ⌜τί⌝ οὗτοί σου καταμαρτυ-
61 ροῦσιν; ὁ δὲ ἐσιώπα καὶ οὐκ ἀπεκρίνατο οὐδέν. πάλιν
ὁ ἀρχιερεὺς ἐπηρώτα αὐτὸν καὶ λέγει αὐτῷ Σὺ εἶ ὁ χριστὸς
62 ὁ υἱὸς τοῦ εὐλογητοῦ; ὁ δὲ Ἰησοῦς εἶπεν Ἐγώ εἰμι, καὶ
ὄψεσθε ΤΟΝ ΥΙΟΝ ΤΟΥ ΑΝΘΡΩΠΟΥ ἐκ ΔΕΞΙΩΝ ΚΑΘΗΜΕΝΟΝ
ΤΗϹ ΔΥΝΑΜΕΩϹ καὶ ἐρχόμενον ΜΕΤΑ ΤΩΝ ΝΕΦΕΛΩΝ ΤΟΥ
63 ΟΥΡΑΝΟΥ. ὁ δὲ ἀρχιερεὺς διαρήξας τοὺς χιτῶνας αὐτοῦ
64 λέγει Τί ἔτι χρείαν ἔχομεν μαρτύρων; ἠκούσατε τῆς
βλασφημίας; τί ὑμῖν φαίνεται; οἱ δὲ πάντες κατέκριναν
65 αὐτὸν ἔνοχον εἶναι θανάτου. Καὶ ἤρξαντό τινες ἐμπτύειν
αὐτῷ καὶ περικαλύπτειν αὐτοῦ τὸ πρόσωπον καὶ κολαφίζειν
αὐτὸν καὶ λέγειν αὐτῷ Προφήτευσον, καὶ οἱ ὑπηρέται
66 ῥαπίσμασιν αὐτὸν ἔλαβον. Καὶ ὄντος τοῦ
Πέτρου κάτω ἐν τῇ αὐλῇ ἔρχεται μία τῶν παιδισκῶν τοῦ
67 ἀρχιερέως, καὶ ἰδοῦσα τὸν Πέτρον θερμαινόμενον ἐμβλέ-
ψασα αὐτῷ λέγει Καὶ σὺ μετὰ τοῦ Ναζαρηνοῦ ἦσθα τοῦ
68 Ἰησοῦ· ὁ δὲ ἠρνήσατο λέγων Οὔτε οἶδα οὔτε ⌜ἐπίσταμαι
69 σὺ τί λέγεις,⌝ καὶ ἐξῆλθεν ἔξω εἰς τὸ προαύλιον. καὶ ἡ
παιδίσκη ἰδοῦσα αὐτὸν ⌜ἤρξατο πάλιν λέγειν⌝ τοῖς παρε-
70 στῶσιν ὅτι Οὗτος ἐξ αὐτῶν ἐστίν. ὁ δὲ πάλιν ἠρνεῖτο.
καὶ μετὰ μικρὸν πάλιν οἱ παρεστῶτες ἔλεγον τῷ Πέτρῳ
71 Ἀληθῶς ἐξ αὐτῶν εἶ, καὶ γὰρ Γαλιλαῖος εἶ· ὁ δὲ ἤρξατο
ἀναθεματίζειν καὶ ὀμνύναι ὅτι Οὐκ οἶδα τὸν ἄνθρωπον
72 τοῦτον ὃν λέγετε. καὶ εὐθὺς ἐκ δευτέρου ἀλέκτωρ ἐφώνη-
σεν· καὶ ἀνεμνήσθη ὁ Πέτρος τὸ ῥῆμα ὡς εἶπεν αὐτῷ
ὁ Ἰησοῦς ὅτι Πρὶν ἀλέκτορα δὶς φωνῆσαι τρίς με ἀπαρ-
νήσῃ, καὶ ἐπιβαλὼν ἔκλαιεν.

60 ὅτι   68 ἐπίσταμαι· σὺ τί λέγεις;   69 εἶπεν

57 mony against him their evidence did not agree.   Then some got up and gave false testimony against him to this effect:

58   "We ourselves have heard him say, 'I will tear down this sanctuary built by men's hands, and in three days I will build another, made without hands.' "

59   And even then their evidence did not agree.   Then the
60 high priest got up and came forward into the center and asked Jesus,

"Have you no answer to make?   What about their evidence against you?"

61   But Jesus was silent and made no answer.   The high priest again questioned him and said to him,

"Are you the Christ, the son of the Blessed One?"

62   But Jesus said,

"I am! and you will all see the Son of Man seated at the right hand of the Almighty and coming in the clouds of the sky!"

63   Then the high priest tore his clothing, and said,

64   "What do we want of witnesses now?   Did you hear his blasphemy?   What is your decision?"

And they all condemned him as deserving to be put to
65 death.   And some started to spit at him and to blindfold him and strike him, and say to him,

"Now show that you are a prophet!"

And the attendants slapped him as they took charge of him.

66   While Peter was down in the courtyard, one of the high
67 priest's maids came up, and seeing Peter warming himself, she looked at him and said,

"You were with this Jesus of Nazareth too!"

68   But he denied it, saying,

"I do not know or understand what you mean."

69   He went out into the gateway.   And the maid saw him there and began again to tell the bystanders,

"This fellow is one of them!"

70   But he denied it again.   And again a little while after, the bystanders said to Peter,

"You certainly are one of them, for you are a Galilean!"

71   But he began to swear with the strongest oaths,

"I do not know this man that you are talking about!"

72   At that moment for the second time a cock crowed.   And Peter remembered how Jesus had said to him, "Before the cock crows twice, you will disown me three times!"   And at that, he wept aloud.

1 Καὶ εὐθὺς πρωὶ συμβούλιον ⌜ποιήσαντες⌝ οἱ ἀρχιερεῖς
μετὰ τῶν πρεσβυτέρων καὶ γραμματέων καὶ ὅλον τὸ συνέ-
δριον δήσαντες τὸν Ἰησοῦν ἀπήνεγκαν καὶ παρέδωκαν
2 Πειλάτῳ. καὶ ἐπηρώτησεν αὐτὸν ὁ Πειλᾶτος Σὺ εἶ ὁ
βασιλεὺς τῶν Ἰουδαίων; ὁ δὲ ἀποκριθεὶς αὐτῷ λέγει Σὺ
3 λέγεις.⌝ καὶ κατηγόρουν αὐτοῦ οἱ ἀρχιερεῖς πολλά. ὁ δὲ
4 Πειλᾶτος πάλιν ἐπηρώτα αὐτὸν [λέγων] Οὐκ ἀποκρίνῃ
5 οὐδέν; ἴδε πόσα σου κατηγοροῦσιν. ὁ δὲ Ἰησοῦς οὐκέτι
6 οὐδὲν ἀπεκρίθη, ὥστε θαυμάζειν τὸν Πειλᾶτον. Κατὰ δὲ
7 ἑορτὴν ἀπέλυεν αὐτοῖς ἕνα δέσμιον ὃν παρῃτοῦντο. ἦν δὲ
ὁ λεγόμενος Βαραββᾶς μετὰ τῶν στασιαστῶν δεδεμένος
8 οἵτινες ἐν τῇ στάσει φόνον πεποιήκεισαν. καὶ ἀναβὰς
9 ὁ ὄχλος ἤρξατο αἰτεῖσθαι καθὼς ἐποίει αὐτοῖς. ὁ δὲ
Πειλᾶτος ἀπεκρίθη αὐτοῖς λέγων Θέλετε ἀπολύσω ὑμῖν
10 τὸν βασιλέα τῶν Ἰουδαίων; ἐγίνωσκεν γὰρ ὅτι διὰ φθόνον
11 παραδεδώκεισαν αὐτὸν [οἱ ἀρχιερεῖς]. οἱ δὲ ἀρχιερεῖς
ἀνέσεισαν τὸν ὄχλον ἵνα μᾶλλον τὸν Βαραββᾶν ἀπολύσῃ
12 αὐτοῖς. ὁ δὲ Πειλᾶτος πάλιν ἀποκριθεὶς ἔλεγεν αὐτοῖς
13 Τί οὖν ποιήσω [ὃν] λέγετε τὸν βασιλέα τῶν Ἰουδαίων; οἱ δὲ
14 πάλιν ἔκραξαν Σταύρωσον αὐτόν. ὁ δὲ Πειλᾶτος ἔλεγεν
αὐτοῖς Τί γὰρ ἐποίησεν κακόν; οἱ δὲ περισσῶς ἔκραξαν
15 Σταύρωσον αὐτόν. ὁ δὲ Πειλᾶτος βουλόμενος τῷ ὄχλῳ τὸ
ἱκανὸν ποιῆσαι ἀπέλυσεν αὐτοῖς τὸν Βαραββᾶν, καὶ παρέ-
δωκεν τὸν Ἰησοῦν φραγελλώσας ἵνα σταυρωθῇ.

16 Οἱ δὲ στρατιῶται ἀπήγαγον αὐτὸν ἔσω τῆς αὐλῆς,
ὅ ἐστιν πραιτώριον, καὶ συνκαλοῦσιν ὅλην τὴν σπεῖραν.
17 καὶ ἐνδιδύσκουσιν αὐτὸν πορφύραν καὶ περιτιθέασιν αὐτῷ
18 πλέξαντες ἀκάνθινον στέφανον· καὶ ἤρξαντο ἀσπάζεσθαι
19 αὐτόν Χαῖρε, βασιλεῦ τῶν Ἰουδαίων· καὶ ἔτυπτον αὐτοῦ
τὴν κεφαλὴν καλάμῳ καὶ ἐνέπτυον αὐτῷ, καὶ τιθέντες τὰ
20 γόνατα προσεκύνουν αὐτῷ. καὶ ὅτε ἐνέπαιξαν αὐτῷ, ἐξέδυ-
σαν αὐτὸν τὴν πορφύραν καὶ ἐνέδυσαν αὐτὸν τὰ ἱμάτια αὐ-
τοῦ. Καὶ ἐξάγουσιν αὐτὸν ἵνα σταυρώσωσιν

1 ἑτοιμάσαντες   2 λέγεις;

15 As soon as it was daylight, the high priests held a consulta-
tion with the elders and scribes, and they and the whole
council bound Jesus and took him away and handed him
2 over to Pilate. Pilate asked him,

"Are you the king of the Jews?"

He answered,

"Yes."

3 And the high priests kept heaping accusations upon him.
4 But Pilate again asked him,

"Have you no answer to make? See what charges they
are making against you."

5 But Jesus made no further answer at all, so that Pilate
6 wondered. Now at festival time he used to set free for them
7 one prisoner, whom they petitioned for. There was in prison
a man called Barabbas, among some revolutionaries who in
8 their outbreak had committed murder. And a crowd of
people came up and started to ask him for the usual favor.
9 Pilate asked them,

"Do you want me to set the king of the Jews free for
you?"

10 For he knew that the high priests had handed him over to
11 him out of envy. But the high priests stirred up the crowd
12 to get him to set Barabbas free for them instead. And
Pilate again said to them,

"Then what shall I do with the man you call the king
of the Jews?"

13 They shouted back,

"Crucify him!"

14 And Pilate said to them,

"Why, what has he done that is wrong?"

But they shouted all the louder,

"Crucify him!"

15 And Pilate wanted to satisfy the crowd, he set Barabbas
'free for them, and after having Jesus flogged handed him over
to be crucified.

16 Then the soldiers took him inside the courtyard, that is,
of the governor's residence, and they called the whole battalion
17 together. And they dressed him up in a purple cloak, and
18 made a wreath of thorns and crowned him with it, and they
began to acclaim him,

"Long live the king of the Jews!"

19 And they struck him on the head with a stick and spat
20 at him, and they knelt down and did homage to him. When
they had finished making sport of him, they took off the
purple cloak and put his own clothes on him.

Then they took him out of the city to crucify him.

21 αὐτόν· καὶ ἀγγαρεύουσιν παράγοντά τινα Σίμωνα Κυρη-
ναῖον ἐρχόμενον ἀπ' ἀγροῦ, τὸν πατέρα Ἀλεξάνδρου καὶ
22 Ῥούφου, ἵνα ἄρῃ τὸν σταυρὸν αὐτοῦ. καὶ φέρουσιν αὐτὸν
ἐπὶ τὸν Γολγοθὰν τόπον, ὅ ἐστιν ⌜μεθερμηνευόμενος⌝ Κρα-
23 νίου Τόπος. καὶ ἐδίδουν αὐτῷ ἐσμυρνισμένον οἶνον, ὃς δὲ
24 οὐκ ἔλαβεν. καὶ σταυροῦσιν αὐτὸν καὶ ΔΙΑΜΕΡΙΖΟΝΤΑΙ ΤΑ
ἹΜΑΤΙΑ αὐτοῦ, ΒΑΛΛΟΝΤΕϹ ΚΛΗΡΟΝ ἐπ' ΑΥΤΑ τίς τί
25
26 ἄρῃ. ἦν δὲ ὥρα τρίτη καὶ ἐσταύρωσαν αὐτόν. καὶ ἦν
ἡ ἐπιγραφὴ τῆς αἰτίας αὐτοῦ ἐπιγεγραμμένη Ο ΒΑΣΙ-
27 ΛΕΥΣ ΤΩΝ ΙΟΥΔΑΙΩΝ. Καὶ σὺν αὐτῷ σταυροῦσιν
δύο λῃστάς, ἕνα ἐκ δεξιῶν καὶ ἕνα ἐξ εὐωνύμων αὐτοῦ.
29 Καὶ οἱ παραπορευόμενοι ἐβλασφήμουν αὐτὸν ΚΙΝΟΥΝΤΕϹ
ΤΑϹ ΚΕΦΑΛΑϹ αὐτῶν καὶ λέγοντες Οὐὰ ὁ καταλύων τὸν
30 ναὸν καὶ οἰκοδομῶν [ἐν] τρισὶν ἡμέραις, σῶσον σεαυτὸν
31 καταβὰς ἀπὸ τοῦ σταυροῦ. ὁμοίως καὶ οἱ ἀρχιερεῖς
ἐμπαίζοντες πρὸς ἀλλήλους μετὰ τῶν γραμματέων ἔλεγον
32 Ἄλλους ἔσωσεν, ἑαυτὸν οὐ δύναται σῶσαι· ὁ χριστὸς
ὁ βασιλεὺς Ἰσραὴλ καταβάτω νῦν ἀπὸ τοῦ σταυροῦ, ἵνα
ἴδωμεν καὶ πιστεύσωμεν. καὶ οἱ συνεσταυρωμένοι σὺν
33 αὐτῷ ὠνείδιζον αὐτόν. Καὶ γενομένης ὥρας
ἕκτης σκότος ἐγένετο ἐφ' ὅλην τὴν γῆν ἕως ὥρας ἐνάτης.
34 καὶ τῇ ἐνάτῃ ὥρᾳ ἐβόησεν ὁ Ἰησοῦς φωνῇ μεγάλῃ
Ἐλωί ἐλωί λαμὰ ϹΑΒΑΧΘΑΝΕΙ ; ὅ ἐστιν μεθερμη-
νευόμενον Ὁ θεός μου [ὁ θεός μου], εἰς τί ἐγκατέ-
35 λιπές με; καί τινες τῶν ⌜παρεστηκότων⌝ ἀκούσαντες ἔλε-
36 γον Ἴδε Ἠλείαν φωνεῖ. δραμὼν δέ τις γεμίσας σπόγγον
ὄξους περιθεὶς καλάμῳ ἐπότιζεν αὐτόν, λέγων Ἄφετε
37 ἴδωμεν εἰ ἔρχεται Ἠλείας καθελεῖν αὐτόν. ὁ δὲ Ἰησοῦς
38 ἀφεὶς φωνὴν μεγάλην ἐξέπνευσεν. Καὶ τὸ καταπέτασμα
39 τοῦ ναοῦ ἐσχίσθη εἰς δύο ἀπ' ἄνωθεν ἕως κάτω. Ἰδὼν δὲ
ὁ κεντυρίων ὁ παρεστηκὼς ἐξ ἐναντίας αὐτοῦ ὅτι οὕτως
ἐξέπνευσεν εἶπεν Ἀληθῶς οὗτος ὁ ἄνθρωπος υἱὸς θεοῦ
40 ἦν. Ἦσαν δὲ καὶ γυναῖκες ἀπὸ μακρόθεν θεωροῦσαι, ἐν

21 And they forced a passer-by, who was coming in from the country, to carry his cross—one Simon, a Cyrenian, the father 22 of Alexander and Rufus.   And they took him to the place 23 called Golgotha, which means the Place of the Skull.   They 24 offered him drugged wine, but he would not take it.   Then they crucified him, and divided up his clothes, drawing lots 25 for them to see what each of them should have.   It was nine 26 in the morning when they crucified him.   And the notice of 27 the charge against him read, "The king of the Jews."   They crucified two robbers along with him, one at his right and one 29 at his left.   And the passers-by jeered at him, shaking their heads and saying,

"Aha! you who would tear down the sanctuary and 30 build one in three days!   Come down from the cross and save yourself!"

31   The high priests too made sport of him to one another with the scribes and said,

32   "He saved others, but he cannot save himself!   Let this Christ, the king of Israel, come down from the cross now, so that we may see it and believe!"   And the men who were crucified with him abused him.

33   At noon darkness spread over the whole country, and 34 lasted until three in the afternoon.   And at three o'clock Jesus called out loudly,

"Eloi, Eloi, lama sabachthani?" which means, "My God, my God, why have you forsaken me?"

35   Some of the bystanders, when they heard it, said,

"See!   He is calling for Elijah!"

36   One man ran off and soaked a sponge in common wine, and put it on the end of a stick and held it up to him to drink, saying,

"Let us see whether Elijah does come to take him down!"

37
38   But Jesus gave a loud cry, and expired.   And the curtain 39 of the sanctuary was torn in two, from top to bottom.   And when the captain who stood facing him saw how he expired he said,

"This man surely must have been a son of God!"

40   There were some women also watching from a distance,

αἷς καὶ Μαριὰμ ἡ Μαγδαληνὴ καὶ Μαρία ἡ Ἰακώβου τοῦ
41 μικροῦ καὶ Ιωσητος μήτηρ καὶ Σαλώμη, αἳ ὅτε ἦν ἐν τῇ
Γαλιλαίᾳ ἠκολούθουν αὐτῷ καὶ διηκόνουν αὐτῷ, καὶ ἄλλαι
πολλαὶ αἱ συναναβᾶσαι αὐτῷ εἰς Ἱεροσόλυμα.

42 Καὶ ἤδη ὀψίας γενομένης, ἐπεὶ ἦν παρασκευή, ὅ ἐστιν
43 προσάββατον, ἐλθὼν Ἰωσὴφ ᵀ ἀπὸ Ἀριμαθαίας εὐσχήμων
βουλευτής, ὃς καὶ αὐτὸς ἦν προσδεχόμενος τὴν βασιλείαν
τοῦ θεοῦ, τολμήσας εἰσῆλθεν πρὸς τὸν Πειλᾶτον καὶ ᾐτή-
44 σατο τὸ σῶμα τοῦ Ἰησοῦ. ὁ δὲ Πειλᾶτος ἐθαύμασεν εἰ
ἤδη τέθνηκεν, καὶ προσκαλεσάμενος τὸν κεντυρίωνα ἐπη-
45 ρώτησεν αὐτὸν εἰ ⌜ἤδη⌝ ἀπέθανεν· καὶ γνοὺς ἀπὸ τοῦ κεν-
46 τυρίωνος ἐδωρήσατο τὸ πτῶμα τῷ Ἰωσήφ. καὶ ἀγορά-
σας σινδόνα καθελὼν αὐτὸν ἐνείλησεν τῇ σινδόνι καὶ ἔθη-
κεν αὐτὸν ἐν μνήματι ὃ ἦν λελατομημένον ἐκ πέτρας, καὶ
47 προσεκύλισεν λίθον ἐπὶ τὴν θύραν τοῦ μνημείου. Ἡ δὲ Μαρία
ἡ Μαγδαληνὴ καὶ Μαρία ἡ Ἰωσητος ἐθεώρουν ποῦ τέθειται.

1 Καὶ διαγενομένου τοῦ σαββάτου [ἡ] Μαρία ἡ Μαγδα-
ληνὴ καὶ Μαρία ἡ [τοῦ] Ἰακώβου καὶ Σαλώμη ἠγόρασαν ἀρώ-
2 ματα ἵνα ἐλθοῦσαι ἀλείψωσιν αὐτόν. καὶ λίαν πρωὶ [τῇ]
μιᾷ τῶν σαββάτων ἔρχονται ἐπὶ τὸ μνημεῖον ⌜ἀνατείλαντος⌝
3 τοῦ ἡλίου. καὶ ἔλεγον πρὸς ἑαυτάς Τίς ἀποκυλίσει ἡμῖν
4 τὸν λίθον ἐκ τῆς θύρας τοῦ μνημείου; καὶ ἀναβλέψασαι
θεωροῦσιν ὅτι ἀνακεκύλισται ὁ λίθος, ἦν γὰρ μέγας σφόδρα.
5 καὶ ⌜εἰσελθοῦσαι⌝ εἰς τὸ μνημεῖον εἶδον νεανίσκον καθή-
μενον ἐν τοῖς δεξιοῖς περιβεβλημένον στολὴν λευκήν, καὶ
6 ἐξεθαμβήθησαν. ὁ δὲ λέγει αὐταῖς Μὴ ἐκθαμβεῖσθε·
Ἰησοῦν ζητεῖτε τὸν Ναζαρηνὸν τὸν ἐσταυρωμένον· ἠγέρθη,
7 οὐκ ἔστιν ὧδε· ἴδε ὁ τόπος ὅπου ἔθηκαν αὐτόν· ἀλλὰ
ὑπάγετε εἴπατε τοῖς μαθηταῖς αὐτοῦ καὶ τῷ Πέτρῳ ὅτι
Προάγει ὑμᾶς εἰς τὴν Γαλιλαίαν· ἐκεῖ αὐτὸν ὄψεσθε, καθὼς
8 εἶπεν ὑμῖν. καὶ ἐξελθοῦσαι ἔφυγον ἀπὸ τοῦ μνημείου,
εἶχεν γὰρ αὐτὰς τρόμος καὶ ἔκστασις· καὶ οὐδενὶ οὐδὲν
εἶπαν, ἐφοβοῦντο γάρ·   *   *   *   *   *   *

43 ὁ   44 παλαι   2 ἀνατέλλοντος   5 ἐλθοῦσαι

among them Mary of Magdala, Mary the mother of the young-
41 er James and of Joseph, and Salome, who used to accom-
pany him and wait on him when he was in Galilee—besides
many other women who had come up to Jerusalem with him.
42   Although it was now evening, yet since it was the Prepara-
43 tion Day, that is, the day before the Sabbath, Joseph of
Arimathea, a highly respected member of the council, who
was himself living in expectation of the reign of God, made
44 bold to go to Pilate and ask for Jesus' body.   Pilate wondered
whether he was dead already, and he sent for the captain and
45 asked whether he was dead yet, and when he learned from
the captain that he was, he gave Joseph permission to take
46 the body.   And he bought a linen sheet and took him down
from the cross and wrapped him in the sheet, and laid him
in a tomb that had been hewn out of the rock, and rolled
47 a stone against the doorway of the tomb.   And Mary of
Magdala and Mary, Joses' mother, were looking on and
saw where he was put.

16   When the Sabbath was over, Mary of Magdala, Mary,
James's mother, and Salome bought spices, in order to go
2 and anoint him.   Then very early on the first day of the
3 week they went to the tomb, when the sun had just risen.
And they said to one another,
     "Who will roll the stone back from the doorway of the
tomb for us?"
4   And they looked up and saw that the stone had been
5 rolled back, for it was very large.   And when they went into
the tomb they saw a young man in a white robe sitting at the
6 right, and they were utterly amazed. But he said to them,
     "You must not be amazed.   You are looking for Jesus
of Nazareth who was crucified.   He has risen, he is not here.
7 See!   This is where they laid him.   But go and say to his
disciples and to Peter, 'He is going before you to Galilee;
you will see him there, just as he told you.' "
8   And they fled out of the tomb, for they were all trembling
and bewildered, and they said nothing about it to anyone,
for they were afraid to do so.

ΑΛΛΩΣ

[Πάντα δὲ τὰ παρηγγελμένα τοῖς περὶ τὸν Πέτρον
συντόμως ἐξήγγειλαν. Μετὰ δὲ ταῦτα καὶ αὐτὸς ὁ Ἰη-
σοῦς ἀπὸ ἀνατολῆς καὶ ἄχρι δύσεως ἐξαπέστειλεν δι᾿ αὐ-
τῶν τὸ ἱερὸν καὶ ἄφθαρτον κήρυγμα τῆς αἰωνίου σωτηρίας.]

9 [Ἀναστὰς δὲ πρωὶ πρώτῃ σαββάτου ἐφάνη πρῶτον
Μαρίᾳ τῇ Μαγδαληνῇ, παρ᾿ ἧς ἐκβεβλήκει ἑπτὰ δαιμόνια.
10 ἐκείνη πορευθεῖσα ἀπήγγειλεν τοῖς μετ᾿ αὐτοῦ γενομένοις
11 πενθοῦσι καὶ κλαίουσιν· κἀκεῖνοι ἀκούσαντες ὅτι ζῇ καὶ
12 ἐθεάθη ὑπ᾿ αὐτῆς ἠπίστησαν. Μετὰ δὲ ταῦτα δυσὶν ἐξ
αὐτῶν περιπατοῦσιν ἐφανερώθη ἐν ἑτέρᾳ μορφῇ πορευομέ-
13 νοις εἰς ἀγρόν· κἀκεῖνοι ἀπελθόντες ἀπήγγειλαν τοῖς
14 λοιποῖς· οὐδὲ ἐκείνοις ἐπίστευσαν. Ὕστερον [δὲ] ἀνακει-
μένοις αὐτοῖς τοῖς ἕνδεκα ἐφανερώθη, καὶ ὠνείδισεν τὴν
ἀπιστίαν αὐτῶν καὶ σκληροκαρδίαν ὅτι τοῖς θεασαμένοις
15 αὐτὸν ἐγηγερμένον [ἐκ νεκρῶν] οὐκ ἐπίστευσαν. καὶ εἶπεν
αὐτοῖς Πορευθέντες εἰς τὸν κόσμον ἅπαντα κηρύξατε τὸ
16 εὐαγγέλιον πάσῃ τῇ κτίσει. ὁ πιστεύσας καὶ βαπτισθεὶς
17 σωθήσεται, ὁ δὲ ἀπιστήσας κατακριθήσεται. σημεῖα δὲ
τοῖς πιστεύσασιν ⌜ἀκολουθήσει ταῦτα⌝, ἐν τῷ ὀνόματί μου
18 δαιμόνια ἐκβαλοῦσιν, γλώσσαις λαλήσουσιν ⌐, [καὶ ἐν ταῖς
χερσὶν] ὄφεις ἀροῦσιν κἂν θανάσιμόν τι πίωσιν οὐ μὴ
αὐτοὺς βλάψῃ, ἐπὶ ἀρρώστους χεῖρας ἐπιθήσουσιν καὶ
19 καλῶς ἕξουσιν. Ὁ μὲν οὖν κύριος [Ἰησοῦς] μετὰ τὸ
λαλῆσαι αὐτοῖς ἀνελήμφθη εἰς ΤΟΝ ΟΥΡΑΝΟΝ καὶ ἐκά-
20 ΘΙΣΕΝ ΕΚ ΔΕΞΙΩΝ ΤΟΥ ΘΕΟΥ. ἐκεῖνοι δὲ ἐξελθόντες ἐκή-
ρυξαν πανταχοῦ, τοῦ κυρίου συνεργοῦντος καὶ τὸν λόγον
βεβαιοῦντος διὰ τῶν ἐπακολουθούντων σημείων.⌐]

17 ταῦτα παρακολουθήσει | καιναῖς   20 Ἀμήν.

AN ANCIENT APPENDIX

But they reported briefly to Peter and his companions all they had been told.   And afterward Jesus himself sent out by them from the east to the west the sacred and incorruptible message of eternal salvation.

ANOTHER ANCIENT APPENDIX

9   Now after he had risen, early on the first day of the week, he appeared first to Mary of Magdala, from whom he 10 had driven out seven evil spirits.   She went and told his old companions, while they were mourning and weeping. 11 When they heard that he was alive and that she had seen him, 12 they would not believe it.   Afterward he showed himself in a different form to two of them as they were walking along, 13 on their way into the country.   They went back and told 14 the rest, but they would not believe them.   Still later he appeared to the Eleven themselves when they were at table, and reproached them for their obstinacy and want of faith, because they had not believed those who had seen him after 15 he had been raised from the dead.   And he said to them, "Go to the whole world and proclaim the good news to all 16 the creation.   He who believes it and is baptized will be 17 saved, but he who does not believe it will be condemned.   And signs like these will attend those who believe: with my name they will drive out demons; they will speak in foreign 18 tongues; they will take snakes in their hands, and if they drink poison it will not hurt them; they will lay their hands on the sick, and they will get well."
19   So the Lord Jesus, after he had spoken to them, was caught up into heaven and took his seat at God's right hand. 20 And they went out and preached everywhere, while the Lord worked with them and confirmed their message by the signs that attended it.

ΚΑΤΑ ΛΟΥΚΑΝ

1 ΕΠΕΙΔΗΠΕΡ ΠΟΛΛΟΙ ἐπεχείρησαν ἀνατάξασθαι
διήγησιν περὶ τῶν πεπληροφορημένων ἐν ἡμῖν πραγμάτων,
2 καθὼς παρέδοσαν ἡμῖν οἱ ἀπ᾽ ἀρχῆς αὐτόπται καὶ ὑπηρέ-
3 ται γενόμενοι τοῦ λόγου, ἔδοξε κἀμοὶ παρηκολουθηκότι
ἄνωθεν πᾶσιν ἀκριβῶς καθεξῆς σοι γράψαι, κράτιστε Θεό-
4 φιλε, ἵνα ἐπιγνῷς περὶ ὧν κατηχήθης λόγων τὴν ἀσφά-
λειαν.

5 ΕΓΕΝΕΤΟ ἐν ταῖς ἡμέραις Ἡρῴδου βασιλέως τῆς
Ἰουδαίας ἱερεύς τις ὀνόματι Ζαχαρίας ἐξ ἐφημερίας Ἀβιά,
καὶ γυνὴ αὐτῷ ἐκ τῶν θυγατέρων Ἀαρών, καὶ τὸ ὄνομα
6 αὐτῆς Ἐλεισάβετ. ἦσαν δὲ δίκαιοι ἀμφότεροι ἐναντίον τοῦ
θεοῦ, πορευόμενοι ἐν πάσαις ταῖς ἐντολαῖς καὶ δικαιώμασιν
7 τοῦ κυρίου ἄμεμπτοι. καὶ οὐκ ἦν αὐτοῖς τέκνον, καθότι
ἦν [ἡ] Ἐλεισάβετ στεῖρα, καὶ ἀμφότεροι προβεβηκότες
8 ἐν ταῖς ἡμέραις αὐτῶν ἦσαν.   Ἐγένετο δὲ ἐν
τῷ ἱερατεύειν αὐτὸν ἐν τῇ τάξει τῆς ἐφημερίας αὐτοῦ
9 ἔναντι τοῦ θεοῦ κατὰ τὸ ἔθος τῆς ἱερατίας ἔλαχε τοῦ θυ-
10 μιᾶσαι εἰσελθὼν εἰς τὸν ναὸν τοῦ κυρίου, καὶ πᾶν τὸ
πλῆθος ἦν τοῦ λαοῦ προσευχόμενον ἔξω τῇ ὥρᾳ τοῦ θυ-
11 μιάματος· ὤφθη δὲ αὐτῷ ἄγγελος Κυρίου ἑστὼς ἐκ δεξιῶν
12 τοῦ θυσιαστηρίου τοῦ θυμιάματος. καὶ ἐταράχθη Ζαχα-
13 ρίας ἰδών, καὶ φόβος ἐπέπεσεν ἐπ᾽ αὐτόν. εἶπεν δὲ πρὸς

15 τοῦ κυρίου

224

THE GOSPEL ACCORDING TO LUKE

1 Many writers have undertaken to compose accounts of
2 the movement which has developed among us, just as the
original eye-witnesses who became teachers of the message
3 have handed it down to us. For that reason, Theophilus,
and because I have investigated it all carefully from the begin-
ning, I have determined to write a connected account of it
4 for Your Excellency, so that you may be reliably informed
about the things you have been taught.

5 In the days when Herod was king of Judea, there was a
priest named Zechariah who belonged to the division of
Abijah. His wife was also a descendant of Aaron, and her
6 name was Elizabeth. They were both upright in the sight
of God, blamelessly observing all the Lord's commands
7 and requirements. They had no children, for Elizabeth was
barren; and they were both advanced in life.
8 Once when he was acting as priest before God, when his
9 division was on duty, it fell to his lot, according to the priests'
practice, to go into the sanctuary of the Lord and burn the
10 incense, while all the throng of people was outside, praying at
11 the hour of the incense offering. And an angel of the Lord
appeared to him, standing at the right of the altar of incense.
12 When Zechariah saw him he was startled and overcome with
13 fear. And the angel said to him,

αὐτὸν ὁ ἄγγελος Μὴ φοβοῦ, Ζαχαρία, διότι εἰσηκούσθη
ἡ δέησίς σου, καὶ ἡ γυνή σου Ἐλεισάβετ γεννήσει υἱόν
14 σοι, καὶ καλέσεις τὸ ὄνομα αὐτοῦ Ἰωάνην· καὶ ἔσται χαρά
σοι καὶ ἀγαλλίασις, καὶ πολλοὶ ἐπὶ τῇ γενέσει αὐτοῦ χα-
15 ρήσονται· ἔσται γὰρ μέγας ἐνώπιον ⌈Κυρίου⌉, καὶ ΟΙΝΟΝ
καὶ ΣΙΚΕΡΑ ΟΥ ΜΗ ΠΙΗ, καὶ πνεύματος ἁγίου πλησθήσεται
16 ἔτι ἐκ κοιλίας μητρὸς αὐτοῦ, καὶ πολλοὺς τῶν υἱῶν Ἰσραὴλ
17 ἐπιστρέψει ἐπὶ Κύριον τὸν θεὸν αὐτῶν· καὶ αὐτὸς ⌈προελεύ-
σεται⌉ ἐνώπιον αὐτοῦ ἐν πνεύματι καὶ δυνάμει Ἠλεία,
ἐπιστρέψαι ΚΑΡΔΙΑΣ ΠΑΤΕΡΩΝ ἐπὶ ΤΕΚΝΑ καὶ ἀπειθεῖς ἐν
φρονήσει δικαίων, ἑτοιμάσαι Κυρίῳ λαὸν κατεσκευασμένον.
18 καὶ εἶπεν Ζαχαρίας πρὸς τὸν ἄγγελον Κατὰ τί γνώσομαι
τοῦτο; ἐγὼ γάρ εἰμι πρεσβύτης καὶ ἡ γυνή μου προβεβη-
19 κυῖα ἐν ταῖς ἡμέραις αὐτῆς. καὶ ἀποκριθεὶς ὁ ἄγγελος
εἶπεν αὐτῷ Ἐγώ εἰμι Γαβριὴλ ὁ παρεστηκὼς ἐνώπιον
τοῦ θεοῦ, καὶ ἀπεστάλην λαλῆσαι πρὸς σὲ καὶ εὐαγγελί-
20 σασθαί σοι ταῦτα· καὶ ἰδοὺ ἔσῃ σιωπῶν καὶ μὴ δυνάμενος
λαλῆσαι ἄχρι ἧς ἡμέρας γένηται ταῦτα, ἀνθ᾽ ὧν οὐκ ἐπί-
στευσας τοῖς λόγοις μου, οἵτινες πληρωθήσονται εἰς τὸν
21 καιρὸν αὐτῶν. καὶ ἦν ὁ λαὸς προσδοκῶν τὸν Ζαχαρίαν,
22 καὶ ἐθαύμαζον ἐν τῷ χρονίζειν ἐν τῷ ναῷ αὐτόν. ἐξελθὼν
δὲ οὐκ ἐδύνατο λαλῆσαι αὐτοῖς, καὶ ἐπέγνωσαν ὅτι ὀπτα-
σίαν ἑώρακεν ἐν τῷ ναῷ· καὶ αὐτὸς ἦν διανεύων αὐτοῖς,
23 καὶ διέμενεν κωφός. Καὶ ἐγένετο ὡς ἐπλήσθησαν αἱ
ἡμέραι τῆς λειτουργίας αὐτοῦ, ἀπῆλθεν εἰς τὸν οἶκον αὐ-
24 τοῦ. Μετὰ δὲ ταύτας τὰς ἡμέρας συνέλαβεν
Ἐλεισάβετ ἡ γυνὴ αὐτοῦ· καὶ περιέκρυβεν ἑαυτὴν μῆνας
25 πέντε, λέγουσα ὅτι Οὕτως μοι πεποίηκεν ⌈Κύριος⌉ ἐν ἡμέ-
ραις αἷς ἐπεῖδεν ἀφελεῖν ὄνειδός μου ἐν ἀνθρώποις.

26 Ἐν δὲ τῷ μηνὶ τῷ ἕκτῳ ἀπεστάλη ὁ ἄγγελος Γαβριὴλ
ἀπὸ τοῦ θεοῦ εἰς πόλιν τῆς Γαλιλαίας ᾗ ὄνομα Ναζαρὲτ
27 πρὸς παρθένον ἐμνηστευμένην ἀνδρὶ ᾧ ὄνομα Ἰωσὴφ ἐξ
28 οἴκου Δαυείδ, καὶ τὸ ὄνομα τῆς παρθένου Μαριάμ. καὶ

"Do not be afraid, Zechariah, for your prayer has been
heard. Your wife Elizabeth will bear you a son, and you
14 are to name him John. This will bring gladness and delight
15 to you, and many will rejoice over his birth. For he will be
great in the sight of the Lord. He will drink no wine or strong
drink, but he will be filled with the holy Spirit from his very
16 birth, and he will turn many of Israel's descendants to the
17 Lord their God. He will go before him with the spirit and the
power of Elijah, to reconcile fathers to their children, and to
bring the disobedient back to the wisdom of upright men,
to make a people perfectly ready for the Lord."

18   Zechariah said to the angel,
"How am I to know that this is so? For I am an old
man, and my wife is advanced in life."

19   The angel answered,
"I am Gabriel. I stand in the very presence of God.
I have been sent to speak to you and to tell you this good
20 news. Now you will keep silent and be unable to speak until
the day when this happens, because you have not believed
what I have said, for it will all be fulfilled in due time."

21   The people were waiting for Zechariah, and wondering
22 that he stayed so long in the sanctuary. But when he came
out he could not speak to them, and they knew that he had
seen a vision in the sanctuary. For his part, he kept making
23 signs to them, and remained dumb. And when his period
of service was over, he went back to his home.

24   Soon afterward his wife Elizabeth began to expect a
child, and she kept herself in seclusion for five months.
25   "This is what the Lord has done for me," she said, "now
that he has deigned to remove the disgrace I have endured."

26   In the sixth month the angel Gabriel was sent by God
27 to a town in Galilee called Nazareth, to a maiden there who
was engaged to be married to a man named Joseph, a descend-
28 ant of David. The maiden's name was Mary. And the

εἰσελθὼν πρὸς αὐτὴν εἶπεν   Χαῖρε, κεχαριτωμένη, ὁ κύριος
29 μετὰ σοῦ.   ἡ δὲ ἐπὶ τῷ λόγῳ διεταράχθη καὶ διελογίζετο
30 ποταπὸς εἴη ὁ ἀσπασμὸς οὗτος.   καὶ εἶπεν ὁ ἄγγελος
αὐτῇ   Μὴ φοβοῦ, Μαριάμ, εὗρες γὰρ χάριν παρὰ τῷ θεῷ·
31 καὶ ἰδοὺ συλλήμψῃ ἐν γαστρὶ καὶ τέξῃ υἱόν, καὶ καλέσεις
32 τὸ ὄνομα αὐτοῦ Ἰησοῦν.   οὗτος ἔσται μέγας καὶ υἱὸς
Ὑψίστου κληθήσεται, καὶ δώσει αὐτῷ Κύριος ὁ θεὸς ΤΟΝ
33 ΘΡΌΝΟΝ Δαυεὶδ τοῦ πατρὸς αὐτοῦ, καὶ Βασιλεύσει ἐπὶ τὸν
οἶκον Ἰακὼβ εἰς τοὺς αἰῶνας, καὶ τῆς βασιλείας αὐτοῦ
34 οὐκ ἔσται τέλος.   εἶπεν δὲ Μαριὰμ πρὸς τὸν ἄγγελον   Πῶς
35 ἔσται τοῦτο, ἐπεὶ ἄνδρα οὐ γινώσκω;   καὶ ἀποκριθεὶς ὁ
ἄγγελος εἶπεν αὐτῇ   Πνεῦμα ἅγιον ἐπελεύσεται ἐπὶ σέ,
καὶ δύναμις Ὑψίστου ἐπισκιάσει σοι· διὸ καὶ τὸ γεννώ-
36 μενον ἅγιον κληθήσεται, υἱὸς θεοῦ· καὶ ἰδοὺ Ἐλεισάβετ
ἡ συγγενίς σου καὶ αὐτὴ συνείληφεν υἱὸν ἐν γήρει αὐτῆς,
37 καὶ οὗτος μὴν ἕκτος ἐστὶν αὐτῇ τῇ καλουμένῃ στείρᾳ· ὅτι
38 ΟΥΚ ἀΔΥΝΑΤΉΣΕΙ ΠΑΡᾺ ΤΟΥ ΘΕΟΥ ΠΑΝ ῬΗΜΑ.   εἶπεν δὲ
Μαριάμ   Ἰδοὺ ἡ δούλη Κυρίου· γένοιτό μοι κατὰ τὸ ῥῆμά
39 σου.   καὶ ἀπῆλθεν ἀπ' αὐτῆς ὁ ἄγγελος.   Ἀνα-
στᾶσα δὲ Μαριὰμ ἐν ταῖς ἡμέραις ταύταις ἐπορεύθη εἰς
40 τὴν ὀρινὴν μετὰ σπουδῆς εἰς πόλιν Ἰούδα, καὶ εἰσῆλθεν
εἰς τὸν οἶκον Ζαχαρίου καὶ ἠσπάσατο τὴν Ἐλεισάβετ.
41 καὶ ἐγένετο, ὡς ἤκουσεν τὸν ἀσπασμὸν τῆς Μαρίας ἡ
Ἐλεισάβετ, ἐσκίρτησεν τὸ βρέφος ἐν τῇ κοιλίᾳ αὐτῆς, καὶ
42 ἐπλήσθη πνεύματος ἁγίου ἡ Ἐλεισάβετ, καὶ ἀνεφώνησεν
κραυγῇ μεγάλῃ καὶ εἶπεν   Εὐλογημένη σὺ ἐν γυναιξίν,
43 καὶ εὐλογημένος ὁ καρπὸς τῆς κοιλίας σου.   καὶ πόθεν
μοι τοῦτο ἵνα ἔλθῃ ἡ μήτηρ τοῦ κυρίου μου πρὸς ἐμέ;
44 ἰδοὺ γὰρ ὡς ἐγένετο ἡ φωνὴ τοῦ ἀσπασμοῦ σου εἰς τὰ
ὦτά μου, ἐσκίρτησεν ἐν ἀγαλλιάσει τὸ βρέφος ἐν τῇ
45 κοιλίᾳ μου.   καὶ μακαρία ἡ πιστεύσασα ὅτι ἔσται τελείω-
46 σις τοῖς λελαλημένοις αὐτῇ παρὰ Κυρίου.   Καὶ εἶπεν
Μαριάμ

angel went into the town and said to her,

"Good morning, favored woman! The Lord be with you!"

29 But she was startled at what he said, and wondered what
30 this greeting meant. And the angel said to her,

"Do not be afraid, Mary, for you have gained God's
31 approval. You are to become a mother and you will give
32 birth to a son, and you are to name him Jesus. He will be
great and will be called the Son of the Most High. The Lord
33 God will give him the throne of his forefather David, and he
will reign over Jacob's house forever; his reign will have no end."

34 Mary said to the angel,

"How can this be, when I have no husband?"

35 The angel answered,

"The holy Spirit will come over you, and the power of
the Most High will overshadow you. For that reason your
36 child will be called holy, and the Son of God. And your
relative, Elizabeth, although she is old, is going to give birth
to a son, and this is the sixth month with her who was said
37 to be barren. For nothing is ever impossible for God."

38 And Mary said,

"I am the Lord's slave. Let it be as you say."

Then the angel left her.

39 In those days Mary set out and hurried to the hill-
40 country, to a town in Judah, and she went to Zechariah's
41 house and greeted Elizabeth. When Elizabeth heard Mary's
greeting, the babe stirred within her. And Elizabeth was
42 filled with the holy Spirit and she gave a great cry, and said,

> "You are the most favored of women,
> And blessed is your child!
43 Who am I,
> To have the mother of my Lord come to me?

44 "For the moment your greeting reached my ears,
> The child stirred with joy within me!
45 Blessed is she who has believed,
> For what the Lord has promised her will be fulfilled!"

46 And Mary said,

Μεγαλύνει ἡ ψυχή μογ τὸν κγριον,   [τῆρί μογ·

47 καὶ ἠγαλλίαcεν τὸ πνεῦμά μου ἐπὶ τῷ θεῷ τῷ cω-

48 ὅτι ἐπέβλεψεν ἐπὶ τὴν ταπείνωcιν τῆc δογλΗc αγτογ,
ἰδοὺ γὰρ ἀπὸ τοῦ νῦν μακαριοῦσίν με πᾶσαι αἱ γενεαί·

49 ὅτι ἐποίησέν μοι μεγάλα ὁ δυνατός,
καὶ ἅΓιον τὸ ὄνομα αγτογ,

50 καὶ τὸ ἔλεοc αγτογ εἰc γενεὰc καὶ γενεάc
τοῖc φοβογμένοιc αγτόν.

51 Ἐποίησεν κράτος ἐν βραχίονι αὐτοῦ,
Διεcκόρπιcεν γπερΗφάνογc διανοίᾳ καρδίας αὐτῶν·

52 καθεῖλεν Δγνάcτας ἀπὸ θρόνων καὶ γψωcεν ταπεινογc,

53 πεινῶνταc ἐνέπλΗcεν ἀγαθῶν καὶ πλογτογνταc
ἐξαπέcτειλεν κενογc.

54 ἀντελάβετο ἸcραΗλ παιδὸc αγτογ,
μνΗcθῆναι ἐλέογc,

55 καθὼc ἐλάλΗcεν πρὸc τογc πατέραc Ημῶν,
τῷ Ἀβραὰμ καὶ τῷ cπέρματι αὐτοῦ εἰc τὸν αἰῶνα.

56 Ἔμεινεν δὲ Μαριὰμ σὺν αὐτῇ ὡς μῆνας τρεῖς, καὶ ὑπέ-
στρεψεν εἰς τὸν οἶκον αὐτῆς.

57 Τῇ δὲ Ἐλεισάβετ ἐπλήσθη ὁ χρόνος τοῦ τεκεῖν αὐτήν,

58 καὶ ἐγέννησεν υἱόν. καὶ ἤκουσαν οἱ περίοικοι καὶ οἱ συγ-
γενεῖς αὐτῆς ὅτι ἐμεγάλυνεν Κύριος τὸ ἔλεος αὐτοῦ μετ᾽ αὐ-

59 τῆς, καὶ συνέχαιρον αὐτῇ. Καὶ ἐγένετο ἐν τῇ ἡμέρᾳ τῇ
ὀγδόῃ ἦλθαν περιτεμεῖν τὸ παιδίον, καὶ ἐκάλουν αὐτὸ ἐπὶ

60 τῷ ὀνόματι τοῦ πατρὸς αὐτοῦ Ζαχαρίαν. καὶ ἀποκριθεῖσα
ἡ μήτηρ αὐτοῦ εἶπεν Οὐχί, ἀλλὰ κληθήσεται Ἰωάνης.

61 καὶ εἶπαν πρὸς αὐτὴν ὅτι Οὐδεὶς ἔστιν ἐκ τῆς συγγε-

62 νείας σου ὃς καλεῖται τῷ ὀνόματι τούτῳ. ἐνένευον δὲ τῷ

63 πατρὶ αὐτοῦ τὸ τί ἂν θέλοι καλεῖσθαι αὐτό. καὶ αἰτή-
σας πινακίδιον ἔγραψεν λέγων Ἰωάνης ἐστὶν ὄνομα αὐτοῦ.

64 καὶ ἐθαύμασαν πάντες. ἀνεῴχθη δὲ τὸ στόμα αὐτοῦ παρα-

"My heart extols the Lord,
47 My spirit exults in God my Savior.
48 For he has noticed his slave in her humble station,
For from this time all the ages will think me favored!

49 "For the Almighty has done wonders for me,
How holy his name is!
50 He shows his mercy age after age
To those who fear him.

51 "He has done mighty deeds with his arm,
He has routed the proud-minded,
52 He has dethroned monarchs and exalted the poor,
53 He has satisfied the hungry with good things, and sent the
rich away empty-handed.

54 "He has helped his servant Israel,
Remembering his mercy,
55 As he promised our forefathers
To have mercy on Abraham and his descendants forever!"

56 So Mary stayed with her about three months, and then
returned home.
57 Now the time came for Elizabeth's child to be born, and
58 she gave birth to a son. Her neighbors and relatives heard
of the great mercy the Lord had shown her, and they came
59 and congratulated her. On the eighth day they came to
circumcise the child, and they were going to name him
60 Zechariah, after his father. But his mother said,
"No! He is to be named John."
61 They said to her,
"There is no one among your relatives who bears that
name."
62 But they made signs to the child's father and asked him
63 what he wished to have the child named. He asked for a
writing tablet, and wrote,
"His name is John."
64 And they were all amazed. Then his voice and the use

χρῆμα καὶ ἡ γλῶσσα αὐτοῦ, καὶ ἐλάλει εὐλογῶν τὸν θεόν.
65 Καὶ ἐγένετο ἐπὶ πάντας φόβος τοὺς περιοικοῦντας αὐ-
τούς, καὶ ἐν ὅλῃ τῇ ὀρινῇ τῆς Ἰουδαίας διελαλεῖτο πάντα
66 τὰ ῥήματα ταῦτα, καὶ ἔθεντο πάντες οἱ ἀκούσαντες ἐν τῇ
καρδίᾳ αὐτῶν, λέγοντες Τί ἄρα τὸ παιδίον τοῦτο ἔσται;
67 καὶ γὰρ χεὶρ Κυρίου ἦν μετ᾽ αὐτοῦ.   Καὶ
Ζαχαρίας ὁ πατὴρ αὐτοῦ ἐπλήσθη πνεύματος ἁγίου καὶ
ἐπροφήτευσεν λέγων

68 Εὐλογητὸς Κύριος ὁ θεὸς τοῦ Ἰσραήλ,
        ὅτι ἐπεσκέψατο καὶ ἐποίησεν λύτρωσιν τῷ λαῷ αὐτοῦ,
69 καὶ ἤγειρεν κέρας σωτηρίας ἡμῖν
        ἐν οἴκῳ Δαυεὶδ παιδὸς αὐτοῦ,

70 καθὼς ἐλάλησεν διὰ στόματος τῶν ἁγίων ἀπ᾽ αἰῶνος προ-
                                                φητῶν αὐτοῦ,
71   σωτηρίαν ἐξ ἐχθρῶν ἡμῶν καὶ ἐκ χειρὸς πάντων
                                τῶν μισούντων ἡμᾶς,
72 ποιῆσαι ἔλεος μετὰ τῶν πατέρων ἡμῶν
        καὶ μνησθῆναι διαθήκης ἁγίας αὐτοῦ,

73 ὅρκον ὃν ὤμοσεν πρὸς Ἀβραὰμ τὸν πατέρα ἡμῶν,
74   τοῦ δοῦναι ἡμῖν ἀφόβως ἐκ χειρὸς ἐχθρῶν ῥυσθέντας
75 λατρεύειν αὐτῷ ἐν ὁσιότητι καὶ δικαιοσύνῃ
        ἐνώπιον αὐτοῦ ⌜πάσαις ταῖς ἡμέραις⌝ ἡμῶν.

76 Καὶ σὺ δέ, παιδίον, προφήτης Ὑψίστου κληθήσῃ,
        προπορεύσῃ γὰρ ἐνώπιον Κυρίου ἑτοιμάσαι ὁδοὺς
                                                        αὐτοῦ,

77 τοῦ δοῦναι γνῶσιν σωτηρίας τῷ λαῷ αὐτοῦ
        ἐν ἀφέσει ἁμαρτιῶν αὐτῶν,

78 διὰ σπλάγχνα ἐλέους θεοῦ ἡμῶν,
        ἐν οἷς ἐπισκέψεται ἡμᾶς ἀνατολὴ ἐξ ὕψους,
79 ἐπιφᾶναι τοῖς ἐν σκότει καὶ σκιᾷ θανάτου καθημένοις,
        τοῦ κατευθῦναι τοὺς πόδας ἡμῶν εἰς ὁδὸν εἰρήνης.

75 πάσας τὰς ἡμέρας

of his tongue were immediately restored, and he blessed God
65 aloud.   And all their neighbors were overcome with fear, and
all over the hill-country of Judea all these stories were told,
66 and everyone who heard them kept them in mind, and said,
"What is this child going to be?"   For the Lord's hand
was with him.
67   And his father Zechariah was filled with the holy Spirit
and he uttered a divine message, saying,
68 "Blessings on the Lord, the God of Israel,
Because he has turned his attention to his people, and
brought about their deliverance,
69 And he has produced a mighty Savior for us
In the house of his servant David.
70 "By the lips of his holy prophets he promised of old to do,
this—
71 To save us from our enemies and from the hands of all who
hate us,
72 Thus showing mercy to our forefathers,
And keeping his sacred agreement,

73 "And the oath that he swore to our forefather Abraham,
74 That we should be delivered from the hands of our enemies,
75 And should serve him in holiness and uprightness, unafraid,
In his own presence all our lives.

76 "And you, my child, will be called a prophet of the Most High,
For you will go before the Lord to make his way ready,
77 Bringing his people the knowledge of salvation
Through the forgiveness of their sins.

78 "Because the heart of our God is merciful,
And so the day will dawn upon us from on high,·
79 To shine on men who sit in darkness and the shadow of
death,
And guide our feet into the way to peace."

80   Τὸ δὲ παιδίον ηὔξανε καὶ ἐκραταιοῦτο πνεύματι, καὶ ἦν
ἐν ταῖς ἐρήμοις ἕως ἡμέρας ἀναδείξεως αὐτοῦ πρὸς τὸν
Ἰσραήλ.

1   Ἐγένετο δὲ ἐν ταῖς ἡμέραις ἐκείναις ἐξῆλθεν δόγμα
παρὰ Καίσαρος Αὐγούστου ἀπογράφεσθαι πᾶσαν τὴν οἰ-
2 κουμένην· (αὕτη ἀπογραφὴ πρώτη ἐγένετο ἡγεμονεύοντος
3 τῆς Συρίας ⌜Κυρηνίου⌝·) καὶ ἐπορεύοντο πάντες ἀπογρά-
4 φεσθαι, ἕκαστος εἰς τὴν ἑαυτοῦ πόλιν. Ἀνέβη δὲ καὶ
Ἰωσὴφ ἀπὸ τῆς Γαλιλαίας ἐκ πόλεως Ναζαρὲτ εἰς τὴν
Ἰουδαίαν εἰς πόλιν Δαυεὶδ ἥτις καλεῖται Βηθλεέμ, διὰ τὸ
5 εἶναι αὐτὸν ἐξ οἴκου καὶ πατριᾶς Δαυείδ, ἀπογράψασθαι
6 σὺν Μαριὰμ τῇ ἐμνηστευμένῃ αὐτῷ, οὔσῃ ἐνκύῳ. Ἐγένε-
το δὲ ἐν τῷ εἶναι αὐτοὺς ἐκεῖ ἐπλήσθησαν αἱ ἡμέραι τοῦ τε-
7 κεῖν αὐτήν, καὶ ἔτεκεν τὸν υἱὸν αὐτῆς τὸν πρωτότοκον, καὶ
ἐσπαργάνωσεν αὐτὸν καὶ ἀνέκλινεν αὐτὸν ἐν φάτνῃ, διό-
8 τι οὐκ ἦν αὐτοῖς τόπος ἐν τῷ καταλύματι.   Καὶ
ποιμένες ἦσαν ἐν τῇ χώρᾳ τῇ αὐτῇ ἀγραυλοῦντες καὶ φυ-
λάσσοντες φυλακὰς τῆς νυκτὸς ἐπὶ τὴν ποίμνην αὐτῶν.
9 καὶ ἄγγελος Κυρίου ἐπέστη αὐτοῖς καὶ δόξα Κυρίου
10 περιέλαμψεν αὐτούς, καὶ ἐφοβήθησαν φόβον μέγαν· καὶ
εἶπεν αὐτοῖς ὁ ἄγγελος Μὴ φοβεῖσθε, ἰδοὺ γὰρ εὐαγγε-
11 λίζομαι ὑμῖν χαρὰν μεγάλην ἥτις ἔσται παντὶ τῷ λαῷ, ὅτι
ἐτέχθη ὑμῖν σήμερον σωτὴρ ὅς ἐστιν χριστὸς κύριος ἐν
12 πόλει Δαυείδ· καὶ τοῦτο ὑμῖν ᵀ σημεῖον, εὑρήσετε βρέφος
13 ἐσπαργανωμένον καὶ κείμενον ἐν φάτνῃ. καὶ ἐξέφνης ἐγέ-
νετο σὺν τῷ ἀγγέλῳ πλῆθος στρατιᾶς ⌜οὐρανίου⌝ αἰνούντων
τὸν θεὸν καὶ λεγόντων
14   Δόξα ἐν ὑψίστοις θεῷ καὶ ἐπὶ γῆς εἰρήνη ἐν ἀν-
θρώποις ⌜εὐδοκίας⌝.
15 Καὶ ἐγένετο ὡς ἀπῆλθον ἀπ' αὐτῶν εἰς τὸν οὐρανὸν οἱ ἄγ-
γελοι, οἱ ποιμένες ἐλάλουν πρὸς ἀλλήλους   Διέλθωμεν

2 Κυρείνου   12 τὸ   13 οὐρανοῦ   14 εὐδοκία

80   And the child grew up and became strong in the Spirit, and he lived in the desert until the day when he proclaimed himself to Israel.

2   In those days an edict was issued by the Emperor Augustus that a census of the whole world should be taken. 2 It was the first census, taken when Quirinius was governor 3 of Syria. So everyone went to his own town to register. 4 And Joseph went up from Galilee from the town of Nazareth to Judea to the city of David called Bethlehem, because he 5 belonged to the house and family of David, to register with Mary, who was engaged to him and who was soon to become 6 a mother. While they were there, the time came for her 7 child to be born, and she gave birth to her first-born son; and she wrapped him up, and laid him in a manger, for there was no room for them at the inn.

8   There were some shepherds in that neighborhood keeping watch through the night over their flock in the open fields. 9 And an angel of the Lord stood by them, and the glory of the Lord shone around them, and they were terribly frightened. 10 The angel said to them,

"Do not be frightened, for I bring you good news of a 11 great joy that is to be felt by all the people, for today, in the town of David, a Savior for you has been born who is your 12 Messiah and Lord. And this will prove it to you: You will find a baby wrapped up and lying in a manger."

13   Suddenly there appeared with the angel a throng of the heavenly army, praising God, saying,

14   "Glory to God in heaven and on earth!
                 Peace to the men he favors!"

15   When the angels left them and returned to heaven, the shepherds said to one another,

δὴ ἕως Βηθλεὲμ καὶ ἴδωμεν τὸ ῥῆμα τοῦτο τὸ γεγονὸς ὁ ὁ
16 κύριος ἐγνώρισεν ἡμῖν. καὶ ἦλθαν σπεύσαντες καὶ ἀνεῦραν
τήν τε Μαριὰμ καὶ τὸν Ἰωσὴφ καὶ τὸ βρέφος κείμενον ἐν
17 τῇ φάτνῃ· ἰδόντες δὲ ἐγνώρισαν περὶ τοῦ ῥήματος τοῦ
18 λαληθέντος αὐτοῖς περὶ τοῦ παιδίου τούτου. καὶ πάντες
οἱ ἀκούσαντες ἐθαύμασαν περὶ τῶν λαληθέντων ὑπὸ τῶν
19 ποιμένων πρὸς αὐτούς, ἡ δὲ ⌜Μαρία⌝ πάντα συνετήρει τὰ
20 ῥήματα ταῦτα συνβάλλουσα ἐν τῇ καρδίᾳ αὐτῆς. καὶ
ὑπέστρεψαν οἱ ποιμένες δοξάζοντες καὶ αἰνοῦντες τὸν θεὸν
ἐπὶ πᾶσιν οἷς ἤκουσαν καὶ εἶδον καθὼς ἐλαλήθη πρὸς
αὐτούς.

21 Καὶ ὅτε ἐπλήσθησαν ἡμέραι ὀκτὼ τοῦ περιτεμεῖν αὐ-
τόν, καὶ ἐκλήθη τὸ ὄνομα αὐτοῦ Ἰησοῦς, τὸ κληθὲν ὑπὸ
τοῦ ἀγγέλου πρὸ τοῦ συλλημφθῆναι αὐτὸν ἐν τῇ κοιλίᾳ.

22 Καὶ ὅτε ἐπλΗϹΘΗϹΑΝ Αἱ ἩΜΕΡΑΙ ΤΟΥ ΚΑΘΑΡΙϹΜΟΥ
αὐτῶν κατὰ τὸν νόμον Μωυσέως, ἀνήγαγον αὐτὸν εἰς Ἱερο-
23 σόλυμα παραστῆσαι τῷ κυρίῳ, καθὼς γέγραπται ἐν νόμῳ
Κυρίου ὅτι ΠᾶΝ ἄρϹΕΝ ΔΙΑΝΟῖΓΟΝ ΜΗΤΡΑΝ ἅΓΙΟΝ Τῷ
24 κΥΡΙῼ ΚΛΗΘΗϹΕΤΑΙ, καὶ τοῦ δοῦναι θυσίαν κατὰ τὸ εἰρη-
μένον ἐν τῷ νόμῳ Κυρίου, ΖΕῦΓΟϹ ΤΡΥΓΟΝΩΝ ἢ ΔΥΟ
25 ΝΟϹϹΟΥϹ ΠΕΡΙϹΤΕΡῶΝ. Καὶ ἰδοὺ ἄνθρωπος ἦν
ἐν Ἰερουσαλὴμ ᾧ ὄνομα Συμεών, καὶ ὁ ἄνθρωπος οὗτος
δίκαιος καὶ εὐλαβής, προσδεχόμενος παράκλησιν τοῦ
26 Ἰσραήλ, καὶ πνεῦμα ἦν ἅγιον ἐπ᾽ αὐτόν· καὶ ἦν αὐτῷ
κεχρηματισμένον ὑπὸ τοῦ πνεύματος τοῦ ἁγίου μὴ ἰδεῖν
27 θάνατον πρὶν [ἢ] ἂν ἴδῃ τὸν χριστὸν Κυρίου. καὶ ἦλθεν ἐν
τῷ πνεύματι εἰς τὸ ἱερόν· καὶ ἐν τῷ εἰσαγαγεῖν τοὺς γονεῖς
τὸ παιδίον Ἰησοῦν τοῦ ποιῆσαι αὐτοὺς κατὰ τὸ εἰθισμένον
28 τοῦ νόμου περὶ αὐτοῦ καὶ αὐτὸς ἐδέξατο αὐτὸ εἰς τὰς
ἀγκάλας καὶ εὐλόγησεν τὸν θεὸν καὶ εἶπεν
29 Νῦν ἀπολύεις τὸν δοῦλόν σου, δέσποτα,
κατὰ τὸ ῥῆμά σου ἐν εἰρήνῃ·

19 Μαριάμ

"Come! Let us go over to Bethlehem, and see this thing that has happened, that the Lord has told us of!"

16 And they hurried there, and found Mary and Joseph,
17 with the baby lying in the manger. When they saw this, they
18 told what had been said to them about this child. And all who heard it were amazed at what the shepherds told them,
19 but Mary treasured up all they had said, and pondered over
20 it. And the shepherds went back glorifying God and praising him for all that they had heard and seen in fulfilment of what they had been told.

21 When he was eight days old and it was time to circumcise him, he was named Jesus, as the angel had named him, before his birth was first expected.

22 When their purification period under the Law of Moses was over, they took him up to Jerusalem to present him to
23 the Lord, in fulfilment of the requirement of the Law of the Lord, "Every first-born male shall be considered consecrated
24 to the Lord," and to offer the sacrifice prescribed in the Law of the Lord, "A pair of turtle-doves or two young pigeons."

25 Now there was a man in Jerusalem named Symeon, an upright, devout man, who was living in expectation of the comforting of Israel, and under the influence of the holy
26 Spirit. It had been revealed to him by the holy Spirit that he
27 should not die without seeing the Lord's Messiah. And under the Spirit's influence he went into the Temple, and when Jesus' parents brought the child there to do for him
28 what the Law required Symeon also took him in his arms and blessed God, and said,

29   "Now, Master, you will let your slave go free
                In peace, as you promised,

30 ὅτι ΕἶΔΟΝ οἱ ὀφθαλμοί μου τὸ ϲωτήριόν ϲΟΥ

31   ὃ ἡτοίμασας κατὰ πρόϲωπον πάντων τῶν λαῶν,

32 φῶϲ εἰϲ ἀποκάλυψιν ἐθνῶν

     καὶ Δόξαν λαοῦ σου ᾽Ιϲραήλ.

33 καὶ ἦν ὁ πατὴρ αὐτοῦ καὶ ἡ μήτηρ θαυμάζοντες ἐπὶ τοῖς

34 λαλουμένοις περὶ αὐτοῦ. καὶ εὐλόγησεν αὐτοὺς Συμεὼν

   καὶ εἶπεν πρὸς Μαριὰμ τὴν μητέρα αὐτοῦ ᾽Ιδοὺ οὗτος

   κεῖται εἰς πτῶσιν καὶ ἀνάστασιν πολλῶν ἐν τῷ ᾽Ισραὴλ

35 καὶ εἰς σημεῖον ἀντιλεγόμενον, καὶ σοῦ ᵀ αὐτῆς τὴν ψυχὴν

   διελεύσεται ρομφαία, ὅπως ἂν ἀποκαλυφθῶσιν ἐκ πολλῶν

36 καρδιῶν διαλογισμοί.   Καὶ ἦν ῎Αννα προφῆ-

   τις, θυγάτηρ Φανουήλ, ἐκ φυλῆς ᾽Ασήρ, (αὕτη προβεβηκυῖα

   ἐν ἡμέραις πολλαῖς, ζήσασα μετὰ ἀνδρὸς ἔτη ἑπτὰ ἀπὸ

37 τῆς παρθενίας αὐτῆς, καὶ αὐτὴ χήρα ἕως ἐτῶν ὀγδοήκοντα

   τεσσάρων,) ἣ οὐκ ἀφίστατο τοῦ ἱεροῦ νηστείαις καὶ δεή-

38 σεσιν λατρεύουσα νύκτα καὶ ἡμέραν. καὶ αὐτῇ τῇ ὥρᾳ

   ἐπιστᾶσα ἀνθωμολογεῖτο τῷ θεῷ καὶ ἐλάλει περὶ αὐτοῦ

   πᾶσιν τοῖς προσδεχομένοις λύτρωσιν ᾽Ιερουσαλήμ.

39   Καὶ ὡς ἐτέλεσαν πάντα τὰ κατὰ τὸν νόμον Κυρίου,

   ἐπέστρεψαν εἰς τὴν Γαλιλαίαν εἰς πόλιν ἑαυτῶν Ναζαρέτ.

40   Τὸ δὲ παιδίον ηὔξανεν καὶ ἐκραταιοῦτο πληρούμενον

   σοφίᾳ, καὶ χάρις θεοῦ ἦν ἐπ᾽ αὐτό.

41   Καὶ ἐπορεύοντο οἱ γονεῖς αὐτοῦ κατ᾽ ἔτος εἰς ᾽Ιερουσα-

42 λὴμ τῇ ἑορτῇ τοῦ πάσχα. Καὶ ὅτε ἐγένετο ἐτῶν δώδεκα,

43 ἀναβαινόντων αὐτῶν κατὰ τὸ ἔθος τῆς ἑορτῆς καὶ τελειω-

   σάντων τὰς ἡμέρας, ἐν τῷ ὑποστρέφειν αὐτοὺς ὑπέμεινεν

   ᾽Ιησοῦς ὁ παῖς ἐν ᾽Ιερουσαλήμ, καὶ οὐκ ἔγνωσαν οἱ γονεῖς

44 αὐτοῦ. νομίσαντες δὲ αὐτὸν εἶναι ἐν τῇ συνοδίᾳ ἦλθον

   ἡμέρας ὁδὸν καὶ ἀνεζήτουν αὐτὸν ἐν τοῖς συγγενεῦσιν καὶ

45 τοῖς γνωστοῖς, καὶ μὴ εὑρόντες ὑπέστρεψαν εἰς ᾽Ιερουσαλημ

46 ἀναζητοῦντες αὐτόν. καὶ ἐγένετο μετὰ ἡμέρας τρεῖς εὗρον

   αὐτὸν ἐν τῷ ἱερῷ καθεζόμενον ἐν μέσῳ τῶν διδασκάλων καὶ

47 ἀκούοντα αὐτῶν καὶ ἐπερωτῶντα αὐτούς· ἐξίσταντο δὲ

30   For my eyes have seen your salvation
31   Which you have set before all the nations,
32   A light of revelation for the heathen,
         And a glory to your people Israel!"

33   The child's father and mother were astonished at what
34 Symeon said about him. And he gave them his blessing, and said to Mary, the child's mother,

      "This child is destined to cause the fall and rise of many in Israel, and to be a portent that will be much debated
35 —you yourself will be pierced to the heart—and so the thoughts of many minds will be revealed."

36   There was also a prophetess there named Hannah, the daughter of Phanuel, who belonged to the tribe of Asher. She was very old, for after her girlhood she had been married
37 for seven years, and she had been a widow until she was now eighty-four. She never left the Temple, but worshiped night
38 and day with fasting and prayer. She came up just at that time and gave thanks to God and spoke about the child to all who were living in expectation of the liberation of Jerusalem.

39   When they had done everything that the Law of the Lord required, they returned to Galilee, to their own town of Nazareth.

40   And the child grew up and became strong and filled with wisdom, with God's blessing resting on him.

41   His parents used to go to Jerusalem every year at
42 the Passover Festival. And when he was twelve years old,
43 they went up as usual to the festival and made their customary stay. When they started back the boy Jesus stayed behind
44 in Jerusalem without his parents' knowledge. They supposed that he was somewhere in the party, and traveled until the end of the first day's journey, and then they looked every-
45 where for him among their relatives and acquaintances. As they could not find him, they went back to Jerusalem in
46 search of him. And on the third day they found him in the Temple, sitting among the teachers, listening to them and

πάντες οἱ ἀκούοντες αὐτοῦ ἐπὶ τῇ συνέσει καὶ ταῖς ἀποκρί-
48 σεσιν αὐτοῦ. καὶ ἰδόντες αὐτὸν ἐξεπλάγησαν, καὶ εἶπεν
πρὸς αὐτὸν ἡ μήτηρ αὐτοῦ Τέκνον, τί ἐποίησας ἡμῖν
οὕτως; ἰδοὺ ὁ πατήρ σου καὶ ἐγὼ ὀδυνώμενοι ζητοῦμέν
49 σε. καὶ εἶπεν πρὸς αὐτούς Τί ὅτι ἐζητεῖτέ με; οὐκ ᾔδειτε
50 ὅτι ἐν τοῖς τοῦ πατρός μου δεῖ εἶναί με; καὶ αὐτοὶ οὐ
51 συνῆκαν τὸ ῥῆμα ὃ ἐλάλησεν αὐτοῖς. καὶ κατέβη μετ᾽ αὐ-
τῶν καὶ ἦλθεν εἰς Ναζαρέτ, καὶ ἦν ὑποτασσόμενος αὐτοῖς.
καὶ ἡ μήτηρ αὐτοῦ διετήρει πάντα τὰ ῥήματα ἐν τῇ καρ-
52 δίᾳ αὐτῆς.   Καὶ Ἰησοῦς προέκοπτεν τῇ σοφίᾳ
καὶ ἡλικίᾳ καὶ χάριτι παρὰ θεῷ καὶ ἀνθρώποις.

1   ΕΝ ΕΤΕΙ δὲ πεντεκαιδεκάτῳ τῆς ἡγεμονίας Τιβερίου
Καίσαρος, ἡγεμονεύοντος Ποντίου Πειλάτου τῆς Ἰουδαίας,
καὶ τετρααρχοῦντος τῆς Γαλιλαίας Ἡρῴδου, Φιλίππου δὲ
τοῦ ἀδελφοῦ αὐτοῦ τετρααρχοῦντος τῆς Ἰτουραίας καὶ
Τραχωνίτιδος χώρας, καὶ Λυσανίου τῆς Ἀβειληνῆς τετρα-
2 αρχοῦντος, ἐπὶ ἀρχιερέως Ἅννα καὶ Καιάφα, ἐγένετο ῥῆμα
3 θεοῦ ἐπὶ Ἰωάνην τὸν Ζαχαρίου υἱὸν ἐν τῇ ἐρήμῳ. καὶ
ἦλθεν εἰς πᾶσαν περίχωρον τοῦ Ἰορδάνου κηρύσσων βά-
4 πτισμα μετανοίας εἰς ἄφεσιν ἁμαρτιῶν, ὡς γέγραπται ἐν
βίβλῳ λόγων Ἡσαίου τοῦ προφήτου
        Φωνὴ βοῶντος ἐν τῇ ἐρήμῳ
    Ἑτοιμάσατε τὴν ὁδὸν Κυρίου,
    εὐθείας ποιεῖτε τὰς τρίβους αὐτοῦ.
5   πᾶσα φάραγξ πληρωθήσεται
        καὶ πᾶν ὄρος καὶ βουνὸς ταπεινωθήσεται,
    καὶ ἔσται τὰ σκολιὰ εἰς εὐθείας
        καὶ αἱ τραχεῖαι εἰς ὁδοὺς λείας·
6   καὶ ὄψεται πᾶσα σὰρξ τὸ σωτήριον τοῦ θεοῦ.

47 asking them questions, and everyone who heard him was astonished at his intelligence and at the answers he made.
48 When his parents saw him they were amazed, and his mother said to him,

"My child, why did you treat us like this? Here your father and I have been looking for you, and have been very anxious."

49 He said to them,

"How did you come to look for me? Did you not know that I must be at my Father's house?"

50 But they did not understand what he told them.
51 And he went back with them to Nazareth and obeyed them. And his mother treasured all these things up in her mind.

52 As Jesus grew older he gained in wisdom and won the approval of God and men.

3 In the fifteenth year of the reign of the Emperor Tiberius, when Pontius Pilate was governor of Judea, and Herod governor of Galilee, while his brother Philip was governor of the territory of Iturea and Trachonitis, and Lysanias was
2 governor of Abilene, in the high priesthood of Annas and Caiaphas, a message from God came to Zechariah's son John
3 in the desert. And he went all through the Jordan Valley preaching repentance and baptism in order to obtain the
4 forgiveness of sins, as the book of the sermons of the prophet Isaiah says,

"Hark! Someone is shouting in the desert,
Get the Lord's way ready!
Make his paths straight.
5 Every hollow must be filled up,
And every mountain and hill leveled.
What is crooked is to be made straight,
And the rough roads are to be made smooth,
6 And all mankind is to see how God can save!"

7 Ἔλεγεν οὖν τοῖς ἐκπορευομένοις ὄχλοις βαπτισθῆναι ὑπ᾽ αὐ-
τοῦ Γεννήματα ἐχιδνῶν, τίς ὑπέδειξεν ὑμῖν φυγεῖν ἀπὸ
8 τῆς μελλούσης ὀργῆς; ποιήσατε οὖν ⌜καρποὺς ἀξίους⌝
τῆς μετανοίας· καὶ μὴ ἄρξησθε λέγειν ἐν ἑαυτοῖς Πατέρα
ἔχομεν τὸν Ἀβραάμ, λέγω γὰρ ὑμῖν ὅτι δύναται ὁ θεὸς
9 ἐκ τῶν λίθων τούτων ἐγεῖραι τέκνα τῷ Ἀβραάμ. ἤδη δὲ καὶ
ἡ ἀξίνη πρὸς τὴν ῥίζαν τῶν δένδρων κεῖται· πᾶν οὖν δέν-
δρον μὴ ποιοῦν καρπὸν [καλὸν] ἐκκόπτεται καὶ εἰς πῦρ
10 βάλλεται. καὶ ἐπηρώτων αὐτὸν οἱ ὄχλοι λέγοντες Τί
11 οὖν ποιήσωμεν; ἀποκριθεὶς δὲ ἔλεγεν αὐτοῖς Ὁ ἔχων
δύο χιτῶνας μεταδότω τῷ μὴ ἔχοντι, καὶ ὁ ἔχων βρώματα
12 ὁμοίως ποιείτω. ἦλθον δὲ καὶ τελῶναι βαπτισθῆναι καὶ
13 εἶπαν πρὸς αὐτόν Διδάσκαλε, τί ποιήσωμεν; ὁ δὲ εἶπεν
πρὸς αὐτούς Μηδὲν πλέον παρὰ τὸ διατεταγμένον ὑμῖν
14 πράσσετε. ἐπηρώτων δὲ αὐτὸν καὶ στρατευόμενοι λέγον-
τες Τί ποιήσωμεν καὶ ἡμεῖς; καὶ εἶπεν αὐτοῖς Μη-
δένα διασείσητε μηδὲ συκοφαντήσητε, καὶ ἀρκεῖσθε
15 τοῖς ὀψωνίοις ὑμῶν. Προσδοκῶντος δὲ τοῦ λα-
οῦ καὶ διαλογιζομένων πάντων ἐν ταῖς καρδίαις αὐτῶν
16 περὶ τοῦ Ἰωάνου, μή ποτε αὐτὸς εἴη ὁ χριστός, ἀπεκρί-
νατο λέγων πᾶσιν ὁ Ἰωάνης Ἐγὼ μὲν ὕδατι βαπτίζω
ὑμᾶς· ἔρχεται δὲ ὁ ἰσχυρότερός μου, οὗ οὐκ εἰμὶ ἱκανὸς
λῦσαι τὸν ἱμάντα τῶν ὑποδημάτων αὐτοῦ· αὐτὸς ὑμᾶς
17 βαπτίσει ἐν πνεύματι ἁγίῳ καὶ πυρί· οὗ τὸ πτύον ἐν τῇ
χειρὶ αὐτοῦ διακαθᾶραι τὴν ἅλωνα αὐτοῦ καὶ συναγαγεῖν
τὸν σῖτον εἰς τὴν ἀποθήκην αὐτοῦ, τὸ δὲ ἄχυρον κατα-
18 καύσει πυρὶ ἀσβέστῳ. Πολλὰ μὲν οὖν καὶ
19 ἕτερα παρακαλῶν εὐηγγελίζετο τὸν λαόν· ὁ δὲ Ἡρῴδης ὁ
τετραάρχης, ἐλεγχόμενος ὑπ᾽ αὐτοῦ περὶ Ἡρῳδιάδος τῆς
γυναικὸς τοῦ ἀδελφοῦ αὐτοῦ καὶ περὶ πάντων ὧν ἐποί-
20 ησεν πονηρῶν ὁ Ἡρῴδης, προσέθηκεν καὶ τοῦτο ἐπὶ πᾶσιν,
κατέκλεισεν τὸν Ἰωάνην ἐν φυλακῇ.
21 Ἐγένετο δὲ ἐν τῷ βαπτισθῆναι ἅπαντα τὸν λαὸν καὶ Ἰη-

8 ἀξίους καρποὺς

7 So he would say to the crowds that came out there to be baptized by him,

"You brood of snakes! Who warned you to fly from the 8 wrath that is coming? Then produce fruit that will be consistent with your professed repentance! And do not begin to say to yourselves, 'We have Abraham for our forefather,' for I tell you, God can produce descendants for Abraham 9 right out of these stones! But the axe is already lying at the roots of the trees. Any tree that fails to produce good fruit is going to be cut down and thrown into the fire."

10 The crowds would ask him,

"Then what ought we to do?"

11 And he answered,

"The man who has two shirts must share with the man who has none, and the man who has food must do the same."

12 Even tax-collectors came to be baptized, and they said to him,

"Master, what ought we to do?"

13 He said to them,

"Do not collect any more than you are authorized to."

14 And soldiers would ask him,

"And what ought we to do?"

He said to them,

"Do not extort money or make false charges against people, but be satisfied with your pay."

15 As all this aroused people's expectations, and they were all wondering in their hearts whether John was the Christ, 16 John said to them all,

"I am only baptizing you in water, but someone is coming who is stronger than I am, whose shoes I am not fit to untie. He will baptize you in the holy Spirit and in fire. 17 He has his winnowing fork in his hand, to clean up his threshing-floor, and store his wheat in his barn, but he will burn up the chaff with inextinguishable fire."

18 So with many varied exhortations he would preach the 19 good news to the people, but Herod the governor, whom he condemned because of Herodias, his brother's wife, and all the 20 wicked things Herod had done, crowned them all by putting John in prison.

21 Now when all the people were baptized and when Jesus

σοῦ βαπτισθέντος καὶ προσευχομένου ἀνεῳχθῆναι τὸν οὐ-
22 ρανὸν καὶ καταβῆναι τὸ πνεῦμα τὸ ἅγιον σωματικῷ εἴδει ὡς
περιστερὰν ἐπ᾽ αὐτόν, καὶ φωνὴν ἐξ οὐρανοῦ γενέσθαι Σὺ
23 εἶ ὁ υἱός μου ὁ ἀγαπητός, ἐν σοὶ εὐδόκησα.   Καὶ
αὐτὸς ἦν Ἰησοῦς ἀρχόμενος ὡσεὶ ἐτῶν τριάκοντα, ὢν υἱός,
ὡς ἐνομίζετο, Ἰωσήφ

τοῦ Ἡλεί	τοῦ Ἐλιέζερ
24 τοῦ Ματθάτ	τοῦ Ἰωρείμ
τοῦ Λευεί	τοῦ Μαθθάτ
τοῦ Μελχεί	τοῦ Λευεί
τοῦ Ἰανναί	30 τοῦ Συμεών
τοῦ Ἰωσήφ	τοῦ Ἰούδα
25 τοῦ Ματταθίου	τοῦ Ἰωσήφ
τοῦ Ἀμώς	τοῦ Ἰωνάμ
τοῦ Ναούμ	τοῦ Ἐλιακείμ
τοῦ Ἐσλεί	31 τοῦ Μελεά
τοῦ Ναγγαί	τοῦ Μεννά
26 τοῦ Μαάθ	τοῦ Ματταθά
τοῦ Ματταθίου	τοῦ Ναθάμ
τοῦ Σεμεείν	τοῦ Δαυείδ
τοῦ Ἰωσήχ	32 τοῦ Ἰεσσαί
τοῦ Ἰωδά	τοῦ Ἰωβήλ
27 τοῦ Ἰωανάν	τοῦ Βοός
τοῦ Ῥησά	τοῦ Σαλά
τοῦ Ζοροβάβελ	τοῦ Ναασσών
τοῦ Σαλαθιήλ	33 τοῦ ⌈Ἀδμείν⌉
τοῦ Νηρεί	τοῦ Ἀρνεί
28 τοῦ Μελχεί	τοῦ Ἐσρών
τοῦ Ἀδδεί	τοῦ Φαρές
τοῦ Κωσάμ	τοῦ Ἰούδα
τοῦ Ἐλμαδάμ	34 τοῦ Ἰακώβ
τοῦ Ἤρ	τοῦ Ἰσαάκ
29 τοῦ Ἰησοῦ	τοῦ Ἀβραάμ

33 Ἀδαμ

22 also after his baptism was praying, heaven opened and the holy Spirit came down upon him in the material shape of a dove, and there came a voice from heaven,

"You are my Son, my Beloved!   You are my Chosen!"

23   Jesus himself was about thirty years old when he began his work. He was the son, it was supposed, of Joseph, the
24 son of Eli, the son of Matthat, the son of Levi, the son of
25 Melchi, the son of Jannai, the son of Joseph, the son of Mattathias, the son of Amos, the son of Nahum, the son of
26 Esli, the son of Naggai, the son of Maath, the son of Matta-thias, the son of Semein, the son of Josech, the son of Joda,
27 the son of Johanan, the son of Resa, the son of Zerubbabel,
28 the son of Salathiel, the son of Neri, the son of Melchi, the son of Addi, the son of Cosam, the son of Elmadam, the son
29 of Er, the son of Jesus, the son of Eliezer, the son of Jorim,
30 the son of Matthat, the son of Levi, the son of Symeon, the son of Judah, the son of Joseph, the son of Jonam, the son of
31 Eliakim, the son of Melea, the son of Menna, the son of
32 Mattatha, the son of Nathan, the son of David, the son of Jesse, the son of Obed, the son of Boaz, the son of Salmon, the
33 son of Nahshon, the son of Amminadab, the son of Ram, the
34 son of Hezron, the son of Perez, the son of Judah, the son of Jacob, the son of Isaac, the son of Abraham, the son of Terah,

τοῦ Θαρά	τοῦ Λάμεχ
τοῦ Ναχώρ	37 τοῦ Μαθουσαλά
35 τοῦ Σερούχ	τοῦ Ἐνώχ
τοῦ Ῥαγαύ	τοῦ Ἰάρετ
τοῦ Φάλεκ	τοῦ Μαλελεήλ
τοῦ Ἕβερ	τοῦ Καινάμ
τοῦ Σαλά	38 τοῦ Ἐνώς
36 τοῦ Καινάμ	τοῦ Σήθ
τοῦ Ἀρφαξάδ	τοῦ Ἀδάμ
τοῦ Σήμ	τοῦ θεοῦ.
τοῦ Νῶε	

1 Ἰησοῦς δὲ πλήρης πνεύματος ἁγίου ὑπέστρεψεν ἀπὸ
τοῦ Ἰορδάνου, καὶ ἤγετο ἐν τῷ πνεύματι ἐν τῇ ἐρήμῳ
2 ἡμέρας τεσσεράκοντα πειραζόμενος ὑπὸ τοῦ διαβόλου.
Καὶ οὐκ ἔφαγεν οὐδὲν ἐν ταῖς ἡμέραις ἐκείναις, καὶ συν-
3 τελεσθεισῶν αὐτῶν ἐπείνασεν. εἶπεν δὲ αὐτῷ ὁ διά-
βολος Εἰ υἱὸς εἶ τοῦ θεοῦ, εἰπὲ τῷ λίθῳ τούτῳ ἵνα
4 γένηται ἄρτος. καὶ ἀπεκρίθη πρὸς αὐτὸν ὁ Ἰησοῦς Γέ-
γραπται ὅτι Οὐκ ἐπ' ἄρτῳ μόνῳ ζήσεται ὁ ἄνθρω-
5 πος. Καὶ ἀναγαγὼν αὐτὸν ἔδειξεν αὐτῷ πάσας τὰς
6 βασιλείας τῆς οἰκουμένης ἐν στιγμῇ χρόνου· καὶ εἶπεν
αὐτῷ ὁ διάβολος Σοὶ δώσω τὴν ἐξουσίαν ταύτην ἅπασαν
καὶ τὴν δόξαν αὐτῶν, ὅτι ἐμοὶ παραδέδοται καὶ ᾧ ἂν θέλω
7 δίδωμι αὐτήν· σὺ οὖν ἐὰν προσκυνήσῃς ἐνώπιον ἐμοῦ,
8 ἔσται σοῦ πᾶσα. καὶ ἀποκριθεὶς ⸀ὁ Ἰησοῦς εἶπεν αὐτῷ⸀
Γέγραπται Κύριον τὸν θεόν σου προσκυνήσεις
9 καὶ αὐτῷ μόνῳ λατρεύσεις. Ἤγαγεν δὲ αὐτὸν εἰς
Ἰερουσαλὴμ καὶ ἔστησεν ἐπὶ τὸ πτερύγιον τοῦ ἱεροῦ, καὶ
εἶπεν [αὐτῷ] Εἰ υἱὸς εἶ τοῦ θεοῦ, βάλε σεαυτὸν ἐντεῦθεν
10 κάτω· γέγραπται γὰρ ὅτι τοῖς ἀγγέλοις αὐτοῦ ἐντε-
11 λεῖται περὶ σοῦ τοῦ διαφυλάξαι σε, καὶ ὅτι ἐπὶ χειρῶν
ἀροῦσίν σε μή ποτε προσκόψῃς πρὸς λίθον τὸν πόδα
12 σου. καὶ ἀποκριθεὶς εἶπεν αὐτῷ ὁ Ἰησοῦς ὅτι Εἴρηται

8 αὐτῷ εἶπεν [ὁ] Ἰησοῦς

₃₅ the son of Nahor, the son of Serug, the son of Reu, the son of
₃₆ Peleg, the son of Heber, the son of Shelah, the son of Kenan,
the son of Arphaxad, the son of Shem, the son of Noah, the son
of Lamech, the son of Methuselah, the son of Enoch, the son
₃₈ of Jared, the son of Mahalalel, the son of Kenan, the son of
Enosh, the son of Seth, the son of Adam, the son of God.

4   Jesus returned from the Jordan full of the holy Spirit, and
₂ he was led about in the desert for forty days by the Spirit,
and was tempted by the devil.   In all those days he ate
₃ nothing, and when they were over he was famished.   And
the devil said to him,

"If you are God's son, tell this stone to turn into bread!"
₄   Jesus answered,

"The Scripture says, 'Not on bread alone is man to live!' "
₅   And he took him up and showed him in an instant all the
₆ kingdoms of the world.   And the devil said to him,

"I will give you all this power and their splendor, for
it has been turned over to me, and I can give it to anyone
₇ I please.   If you will do homage before me, it shall all
be yours."

₈   Jesus answered,

"The Scripture says, 'You must do homage before the
Lord your God, and worship him alone.' "
₉   And he took him to Jerusalem, and made him stand on the
summit of the Temple, and said to him,

"If you are God's son, throw yourself down from here, for
₁₀the Scripture says, 'He will give his angels orders about you,
₁₁to protect you,' and, 'They will lift you up with their hands,
so that you may never strike your foot against a stone.' "
₁₂   Jesus answered,

13 Ο‌ὐκ ἐκπειράϲειϲ Κύριον τὸν θεόν ϲου. Καὶ συντε-
λέσας πάντα πειρασμὸν ὁ διάβολος ἀπέστη ἀπ᾽ αὐτοῦ
ἄχρι καιροῦ.

14 Καὶ ὑπέστρεψεν ὁ Ἰησοῦς ἐν τῇ δυνάμει τοῦ πνεύματος
εἰς τὴν Γαλιλαίαν. καὶ φήμη ἐξῆλθεν καθ᾽ ὅλης τῆς περι-
15 χώρου περὶ αὐτοῦ. καὶ αὐτὸς ἐδίδασκεν ἐν ταῖς συναγω-
γαῖς αὐτῶν, δοξαζόμενος ὑπὸ πάντων.

16 Καὶ ἦλθεν εἰς Ναζαρά, οὗ ἦν ⌜τεθραμμένος⌝, καὶ εἰσῆλ-
θεν κατὰ τὸ εἰωθὸς αὐτῷ ἐν τῇ ἡμέρᾳ τῶν σαββάτων
17 εἰς τὴν συναγωγήν, καὶ ἀνέστη ἀναγνῶναι. καὶ ἐπεδόθη
αὐτῷ βιβλίον τοῦ προφήτου Ἠσαίου, καὶ ἀνοίξας τὸ βι-
βλίον εὗρεν [τὸν] τόπον οὗ ἦν γεγραμμένον

18   Πνεῦμα Κυρίου ἐπ᾽ ἐμέ,
    οὗ εἵνεκεν ἔχριϲέν με εὐαγγελίϲαϲθαι πτωχοῖϲ,
    ἀπέϲταλκέν με κηρύξαι αἰχμαλώτοιϲ ἄφεϲιν καὶ
            τυφλοῖϲ ἀνάβλεψιν,
        ἀποϲτεῖλαι τεθραυϲμένουϲ ἐν ἀφέϲει,
19   κηρύξαι ἐνιαυτὸν Κυρίου δεκτόν.

20 καὶ πτύξας τὸ βιβλίον ἀποδοὺς τῷ ὑπηρέτῃ ἐκάθισεν· καὶ
πάντων οἱ ὀφθαλμοὶ ἐν τῇ συναγωγῇ ἦσαν ἀτενίζοντες
21 αὐτῷ. ἤρξατο δὲ λέγειν πρὸς αὐτοὺς ὅτι Σήμερον πε-
22 πλήρωται ἡ γραφὴ αὕτη ἐν τοῖς ὠσὶν ὑμῶν. καὶ πάντες
ἐμαρτύρουν αὐτῷ καὶ ἐθαύμαζον ἐπὶ τοῖς λόγοις τῆς χά-
ριτος τοῖς ἐκπορευομένοις ἐκ τοῦ στόματος αὐτοῦ, καὶ
23 ἔλεγον Οὐχὶ υἱός ἐστιν Ἰωσὴφ οὗτος; καὶ εἶπεν πρὸς
αὐτούς Πάντως ἐρεῖτέ μοι τὴν παραβολὴν ταύτην Ἰα-
τρέ, θεράπευσον σεαυτόν· ὅσα ἠκούσαμεν γενόμενα εἰς
τὴν Καφαρναοὺμ ποίησον καὶ ὧδε ἐν τῇ πατρίδι σου.
24 εἶπεν δέ Ἀμὴν λέγω ὑμῖν ὅτι οὐδεὶς προφήτης δεκτός
25 ἐστιν ἐν τῇ πατρίδι αὐτοῦ. ἐπ᾽ ἀληθείας δὲ λέγω ὑμῖν,
πολλαὶ χῆραι ἦσαν ἐν ταῖς ἡμέραις Ἠλείου ἐν τῷ Ἰσραήλ,
ὅτε ἐκλείσθη ὁ οὐρανὸς ⌐ ἔτη τρία καὶ μῆνας ἕξ, ὡς ἐγένετο
26 λιμὸς μέγας ἐπὶ πᾶσαν τὴν γῆν, καὶ πρὸς οὐδεμίαν αὐτῶν

16 ἀνατεθραμμένος   25 ἐπί

"We have been told, 'You shall not try the Lord your God.' "

13   When the devil had tried every kind of temptation he left him till another time.

14   Under the power of the Spirit Jesus returned to Galilee,
15 and news of him went all over that region.   And he taught in their synagogues, and was honored by them all.

16   And he came to Nazareth, where he had been brought up, and on the Sabbath he went to the synagogue, as he was accustomed to do, and stood up to read the Scriptures.
17 And the roll of the prophet Isaiah was handed to him, and he unrolled it and found the place where it says,

18 "The spirit of the Lord is upon me,
   For he has consecrated me to preach the good news to the
      poor,
   He has sent me to announce to the prisoners their release
      and to the blind the recovery of their sight,
   To set the down-trodden at liberty,
19 To proclaim the year of the Lord's favor!"

20   And he rolled up the roll and gave it back to the attendant and sat down.   The eyes of everyone in the synagogue were
21 fixed upon him.   And he began by saying to them,

   "This passage of Scripture has been fulfilled here in your hearing today!"

22   And they all spoke well of him and were astonished at the winning words that fell from his lips, and they said,

   "Is he not Joseph's son?"

23   He said to them,

   "No doubt you will quote this proverb to me: 'Doctor, cure yourself!   Do the things here in your own country that
24 we hear you did at Capernaum.'   I tell you," said he, "no
25 prophet is welcome in his own country.   But, I tell you, there were plenty of widows in Israel in Elijah's time, when the sky was closed for three years and a half, and there was a great
26 famine all over the land, and Elijah was not sent to one of

ἐπέμφθη Ἠλείας εἰ μὴ εἰς Σάρεπτα τῆς Σιδωνίας πρὸς
27 ΓΥΝΑῖΚΑ ΧΗΡΑΝ. καὶ πολλοὶ λεπροὶ ἦσαν ἐν τῷ Ἰσραὴλ
ἐπὶ Ἐλισαίου τοῦ προφήτου, καὶ οὐδεὶς αὐτῶν ἐκαθαρίσθη,
28 εἰ μὴ Ναιμὰν ὁ Σύρος. καὶ ἐπλήσθησαν πάντες θυμοῦ
29 ἐν τῇ συναγωγῇ ἀκούοντες ταῦτα, καὶ ἀναστάντες ἐξέβαλον
αὐτὸν ἔξω τῆς πόλεως, καὶ ἤγαγον αὐτὸν ἕως ὀφρύος τοῦ
ὄρους ἐφ᾽ οὗ ἡ πόλις ᾠκοδόμητο αὐτῶν, ὥστε κατακρη-
30 μνίσαι αὐτόν· αὐτὸς δὲ διελθὼν διὰ μέσου αὐτῶν ἐπο-
ρεύετο.

31 Καὶ κατῆλθεν εἰς Καφαρναοὺμ πόλιν τῆς Γαλιλαίας.
32 Καὶ ἦν διδάσκων αὐτοὺς ἐν τοῖς σάββασιν· καὶ ἐξεπλήσ-
σοντο ἐπὶ τῇ διδαχῇ αὐτοῦ, ὅτι ἐν ἐξουσίᾳ ἦν ὁ λόγος
33 αὐτοῦ. καὶ ἐν τῇ συναγωγῇ ἦν ἄνθρωπος ἔχων πνεῦμα
34 δαιμονίου ἀκαθάρτου, καὶ ἀνέκραξεν φωνῇ μεγάλῃ Ἔα, τί
ἡμῖν καὶ σοί, Ἰησοῦ Ναζαρηνέ; ἦλθες ἀπολέσαι ἡμᾶς;
35 οἶδά σε τίς εἶ, ὁ ἅγιος τοῦ θεοῦ. καὶ ἐπετίμησεν αὐτῷ
ὁ Ἰησοῦς λέγων Φιμώθητι καὶ ἔξελθε ἀπ᾽ αὐτοῦ. καὶ
ῥίψαν αὐτὸν τὸ δαιμόνιον εἰς τὸ μέσον ἐξῆλθεν ἀπ᾽ αὐτοῦ
36 μηδὲν βλάψαν αὐτόν. καὶ ἐγένετο θάμβος ἐπὶ πάντας,
καὶ συνελάλουν πρὸς ἀλλήλους λέγοντες Τίς ὁ λόγος οὗ-
τος ὅτι ἐν ἐξουσίᾳ καὶ δυνάμει ἐπιτάσσει τοῖς ἀκαθάρτοις
37 πνεύμασιν, καὶ ἐξέρχονται; Καὶ ἐξεπορεύετο ἦχος περὶ
38 αὐτοῦ εἰς πάντα τόπον τῆς περιχώρου. Ἀνα-
στὰς δὲ ἀπὸ τῆς συναγωγῆς εἰσῆλθεν εἰς τὴν οἰκίαν Σίμω-
νος. πενθερὰ δὲ τοῦ Σίμωνος ἦν συνεχομένη πυρετῷ με-
39 γάλῳ, καὶ ἠρώτησαν αὐτὸν περὶ αὐτῆς. καὶ ἐπιστὰς ἐπάνω
αὐτῆς ἐπετίμησεν τῷ πυρετῷ, καὶ ἀφῆκεν αὐτήν· παρα-
40 χρῆμα δὲ ἀναστᾶσα διηκόνει αὐτοῖς. Δύνον-
τος δὲ τοῦ ἡλίου ⌜ἅπαντες⌝ ὅσοι εἶχον ἀσθενοῦντας νόσοις
ποικίλαις ἤγαγον αὐτοὺς πρὸς αὐτόν· ὁ δὲ ἑνὶ ἑκάστῳ
41 αὐτῶν τὰς χεῖρας ἐπιτιθεὶς ⌜ἐθεράπευεν⌝ αὐτούς. ⌜ἐξήρχε-
το⌝ δὲ καὶ δαιμόνια ἀπὸ πολλῶν, κράζοντα καὶ λέγοντα ὅτι
Σὺ εἶ ὁ υἱὸς τοῦ θεοῦ· καὶ ἐπιτιμῶν οὐκ εἴα αὐτὰ λα-

40 πάντες | ἐθεράπευσεν   41 ἐξήρχοντο

27 them, but to a widow at Zarephath in Sidon. And there were plenty of lepers in Israel in the time of the prophet Elisha, and none of them was cured, but Naaman the Syrian."

28 And when the people in the synagogue heard this, they
29 were all very angry, and they got up and drove him out of the town and took him to the brow of the hill on which their town
30 was built, intending to throw him down from it. But he made his way through the midst of them and went on.

31 And he came down to Capernaum, a town in Galilee.
32 And he taught them on the Sabbath, and they were amazed
33 at his teaching, for he spoke with authority. There was a man in the synagogue who was possessed by the spirit of a foul demon and he cried out loudly,

34 "Ha! What do you want of us, Jesus, you Nazarene? Have you come to destroy us? I know who you are! You are God's Holy One!"

35 Jesus reproved him and said,

"Silence! Get out of him!"

And the demon threw the man down in the midst of them,
36 and came out of him, without doing him any harm. And they were all amazed and said to one another,

"What is the meaning of this teaching? For he gives orders authoritatively and effectually to the foul spirits, and they come
37 out." And news of him spread to every place in that region.

38 When he got up and left the synagogue, he went to Simon's house. And Simon's mother-in-law was suffering with a severe attack of fever, and they asked him about her.
39 And he stood over her and reproved the fever and it left her, and she immediately got up and waited on them.

40 As the sun went down all who had friends sick with various diseases brought them to him, and he laid his hands on every
41 one of them and cured them. And demons came out of many people, crying out,

"You are the Son of God!"

But he reproved them and forbade them to speak, because they knew he was the Christ.

42 λεῖν, ὅτι ᾔδεισαν τὸν χριστὸν αὐτὸν εἶναι. Γε-
νομένης δὲ ἡμέρας ἐξελθὼν ἐπορεύθη εἰς ἔρημον τόπον·
καὶ οἱ ὄχλοι ἐπεζήτουν αὐτόν, καὶ ἦλθον ἕως αὐτοῦ, καὶ
43 κατεῖχον αὐτὸν τοῦ μὴ πορεύεσθαι ἀπ᾽ αὐτῶν. ὁ δὲ
εἶπεν πρὸς αὐτοὺς ὅτι Καὶ ταῖς ἑτέραις πόλεσιν ⌜εὐαγ-
γελίσασθαί με δεῖ⌝ τὴν βασιλείαν τοῦ θεοῦ, ὅτι ἐπὶ τοῦτο
44 ἀπεστάλην. Καὶ ἦν κηρύσσων εἰς τὰς συναγωγὰς τῆς
Ἰουδαίας.

1 Ἐγένετο δὲ ἐν τῷ τὸν ὄχλον ἐπικεῖσθαι αὐτῷ καὶ
ἀκούειν τὸν λόγον τοῦ θεοῦ καὶ αὐτὸς ἦν ἑστὼς παρὰ τὴν
2 λίμνην Γεννησαρέτ, καὶ εἶδεν ⌜πλοῖα δύο⌝ ἑστῶτα παρὰ
τὴν λίμνην, οἱ δὲ ἁλεεῖς ἀπ᾽ αὐτῶν ἀποβάντες ⌜ἔπλυνον⌝
3 τὰ δίκτυα. ἐμβὰς δὲ εἰς ἓν τῶν πλοίων, ὃ ἦν Σίμωνος,
ἠρώτησεν αὐτὸν ἀπὸ τῆς γῆς ἐπαναγαγεῖν ὀλίγον, καθίσας
4 δὲ ἐκ τοῦ πλοίου ἐδίδασκεν τοὺς ὄχλους. ὡς δὲ ἐπαύσατο
λαλῶν, εἶπεν πρὸς τὸν Σίμωνα Ἐπανάγαγε εἰς τὸ βάθος
5 καὶ χαλάσατε τὰ δίκτυα ὑμῶν εἰς ἄγραν. καὶ ἀποκριθεὶς
Σίμων εἶπεν Ἐπιστάτα, δι᾽ ὅλης νυκτὸς κοπιάσαντες
οὐδὲν ἐλάβομεν, ἐπὶ δὲ τῷ ῥήματί σου χαλάσω τὰ δίκτυα.
6 καὶ τοῦτο ποιήσαντες συνέκλεισαν πλῆθος ἰχθύων πολύ,
7 διερήσσετο δὲ τὰ δίκτυα αὐτῶν. καὶ κατένευσαν τοῖς
μετόχοις ἐν τῷ ἑτέρῳ πλοίῳ τοῦ ἐλθόντας συλλαβέσθαι
αὐτοῖς· καὶ ἦλθαν, καὶ ἔπλησαν ἀμφότερα τὰ πλοῖα
8 ὥστε βυθίζεσθαι αὐτά. ἰδὼν δὲ Σίμων Πέτρος προσέ-
πεσεν τοῖς γόνασιν Ἰησοῦ λέγων Ἔξελθε ἀπ᾽ ἐμοῦ, ὅτι
9 ἀνὴρ ἁμαρτωλός εἰμι, κύριε· θάμβος γὰρ περιέσχεν αὐτὸν
καὶ πάντας τοὺς σὺν αὐτῷ ἐπὶ τῇ ἄγρᾳ τῶν ἰχθύων ⌜ὧν⌝
10 συνέλαβον, ὁμοίως δὲ καὶ Ἰάκωβον καὶ Ἰωάνην υἱοὺς
Ζεβεδαίου, οἳ ἦσαν κοινωνοὶ τῷ Σίμωνι. καὶ εἶπεν πρὸς
τὸν Σίμωνα Ἰησοῦς Μὴ φοβοῦ· ἀπὸ τοῦ νῦν ἀνθρώπους
11 ἔσῃ ζωγρῶν. καὶ καταγαγόντες τὰ πλοῖα ἐπὶ τὴν γῆν
ἀφέντες πάντα ἠκολούθησαν αὐτῷ.

42   When it was day, he left the house and made his way to
a lonely spot, and crowds of people went in search of him,
and overtook him and tried to keep him from leaving them.
43 But he said to them,

"I must preach the good news of the Kingdom of God
to the other towns also, for that is what I was sent to do."

44   So he went about Judea, preaching in the synagogues.

5   Once as the crowd was pressing about him to hear God's
message, he happened to be standing by the Lake of
2 Gennesaret, and he saw two boats on the shore of the lake,
for the fishermen had gotten out of them and were washing
3 their nets.   And he got into one of the boats, which belonged
to Simon, and asked him to push out a little from the shore.
Then he sat down and taught the crowds of people from the
4 boat.   When he stopped speaking, he said to Simon,

"Push out into deep water, and then put down your nets
for a haul."

5   Simon answered,

"Master, we worked all night and caught nothing, but
as you tell me to do it, I will put down the nets."

6   So they did so, and inclosed such a shoal of fish that
7 their nets began to break.   And they signaled to their
comrades in the other boat to come and help them.   And
they came, and they filled both boats so full that they began
8 to sink.   When Simon Peter saw it, he fell down at Jesus"
feet and said,

"Leave me, Lord, for I am a sinful man."

9   For he and all the men with him were perfectly amazed
10 at the haul of fish that they had made, and so were Zebedee's
sons, James and John, who were Simon's partners.   Jesus
said to Simon,

"Do not be afraid.   From now on you are to catch
men!"

11   And they brought the boats to land and left everything
and followed him.

12 Καὶ ἐγένετο ἐν τῷ εἶναι αὐτὸν ἐν μιᾷ τῶν πόλεων καὶ
ἰδοὺ ἀνὴρ πλήρης λέπρας· ἰδὼν δὲ τὸν Ἰησοῦν πεσὼν ἐπὶ
πρόσωπον ἐδεήθη αὐτοῦ λέγων Κύριε, ἐὰν θέλῃς δύνασαί
13 με καθαρίσαι. καὶ ἐκτείνας τὴν χεῖρα ἥψατο αὐτοῦ λέ-
γων Θέλω, καθαρίσθητι· καὶ εὐθέως ἡ λέπρα ἀπῆλθεν
14 ἀπ' αὐτοῦ. καὶ αὐτὸς παρήγγειλεν αὐτῷ μηδενὶ εἰπεῖν,
ἀλλὰ ἀπελθὼν ΔΕῖΞΟΝ σεαυτὸν τῷ ἱερεῖ, καὶ προσένεγκε
περὶ τοῦ καθαρισμοῦ σου καθὼς προσέταξεν Μωυσῆς εἰς
15 μαρτύριον αὐτοῖς. διήρχετο δὲ μᾶλλον ὁ λόγος περὶ
αὐτοῦ, καὶ συνήρχοντο ὄχλοι πολλοὶ ἀκούειν καὶ θεραπεύε-
16 σθαι ἀπὸ τῶν ἀσθενειῶν αὐτῶν· αὐτὸς δὲ ἦν ὑποχωρῶν ἐν
ταῖς ἐρήμοις καὶ προσευχόμενος.

17 Καὶ ἐγένετο ἐν μιᾷ τῶν ἡμερῶν καὶ αὐτὸς ἦν διδάσκων,
καὶ ἦσαν καθήμενοι Φαρισαῖοι καὶ νομοδιδάσκαλοι οἳ ἦσαν
ἐληλυθότες ἐκ πάσης κώμης τῆς Γαλιλαίας καὶ Ἰουδαίας
καὶ Ἰερουσαλήμ· καὶ δύναμις Κυρίου ἦν εἰς τὸ ἰᾶσθαι
18 αὐτόν. καὶ ἰδοὺ ἄνδρες φέροντες ἐπὶ κλίνης ἄνθρωπον ὃς
ἦν παραλελυμένος, καὶ ἐζήτουν αὐτὸν εἰσενεγκεῖν καὶ
19 θεῖναι [αὐτὸν] ἐνώπιον αὐτοῦ. καὶ μὴ εὑρόντες ποίας
εἰσενέγκωσιν αὐτὸν διὰ τὸν ὄχλον ἀναβάντες ἐπὶ τὸ δῶμα
διὰ τῶν κεράμων καθῆκαν αὐτὸν σὺν τῷ κλινιδίῳ εἰς τὸ
20 μέσον ἔμπροσθεν τοῦ Ἰησοῦ. καὶ ἰδὼν τὴν πίστιν αὐτῶν
21 εἶπεν Ἄνθρωπε, ἀφέωνταί σοι αἱ ἁμαρτίαι σου. καὶ
ἤρξαντο διαλογίζεσθαι οἱ γραμματεῖς καὶ οἱ Φαρισαῖοι
λέγοντες Τίς ἐστιν οὗτος ὃς λαλεῖ βλασφημίας; τίς δύ-
22 ναται ἁμαρτίας ἀφεῖναι εἰ μὴ μόνος ὁ θεός; ἐπιγνοὺς δὲ
ὁ Ἰησοῦς τοὺς διαλογισμοὺς αὐτῶν ἀποκριθεὶς εἶπεν πρὸς
23 αὐτούς Τί διαλογίζεσθε ἐν ταῖς καρδίαις ὑμῶν; τί ἐστιν
εὐκοπώτερον, εἰπεῖν Ἀφέωνταί σοι αἱ ἁμαρτίαι σου, ἢ
24 εἰπεῖν Ἔγειρε καὶ περιπάτει; ἵνα δὲ εἰδῆτε ὅτι ὁ υἱὸς
τοῦ ἀνθρώπου ἐξουσίαν ἔχει ἐπὶ τῆς γῆς ἀφιέναι ἁμαρ-
τίας— εἶπεν τῷ ⌜παραλελυμένῳ⌝ Σοὶ λέγω, ἔγειρε καὶ
25 ἄρας τὸ κλινίδιόν σου πορεύου εἰς τὸν οἶκόν σου. καὶ

2 ἔπλυναν   9 ἢ   24 παραλυτικῷ

12   When he was in one of the towns, he came upon a man covered with leprosy. And when he saw Jesus he fell down on his face, and begged him, saying,

"If you only choose, sir, you can cure me!"

13   And he stretched out his hand and touched him, saying, "I do choose! Be cured!"

14   And the leprosy immediately left him. Then he warned him to tell nobody.

"But go," he said, "show yourself to the priest, and in proof of your cure make the offerings for your purification, just as Moses prescribed."

15   Yet the news about him spread more and more, and great crowds gathered to hear him and to be cured of their diseases.

16 But Jesus himself would retire into the desert and pray.

17   One day as he was teaching, there were some Pharisees and experts in the Law sitting near by, who had come from every village in Galilee and Judea and from Jerusalem. The power of the Lord was there, so that he might cure people.

18 Some men came up carrying on a bed a man who was paralyzed, and they tried to get him in and lay him before Jesus.

19 And as they could find no way to get him in, on account of the crowd, they went up on the roof and let him down with his mat through the tiles, among the people in front of

20 Jesus. When he saw their faith, he said,

"Friend, your sins are forgiven!"

21   And the scribes and the Pharisees began to debate and say,

"Who is this man who talks blasphemy? Who can forgive sins but God alone?"

22   But Jesus saw what they were discussing, and said to them,

23   "What are you pondering over in your minds? Which is easier, to say, 'Your sins are forgiven,' or to say, 'Get up

24 and walk'? But to let you know that the Son of Man has authority to forgive sins on earth"—turning to the man who was paralyzed he said to him—"I tell you, get up, pick up your mat, and go home!"

παραχρῆμα ἀναστὰς ἐνώπιον αὐτῶν, ἄρας ἐφ᾽ ὃ κατέκειτο,
26 ἀπῆλθεν εἰς τὸν οἶκον αὐτοῦ δοξάζων τὸν θεόν. Καὶ ἔκ-
στασις ἔλαβεν ἅπαντας καὶ ἐδόξαζον τὸν θεόν, καὶ ἐπλή-
σθησαν φόβου λέγοντες ὅτι Εἴδαμεν παράδοξα σήμερον.
27 Καὶ μετὰ ταῦτα ἐξῆλθεν καὶ ἐθεάσατο τελώνην ὀνό-
ματι Λευεὶν καθήμενον ἐπὶ τὸ τελώνιον, καὶ εἶπεν αὐτῷ
28 Ἀκολούθει μοι. καὶ καταλιπὼν πάντα ἀναστὰς ἠκο-
29 λούθει αὐτῷ. Καὶ ἐποίησεν δοχὴν μεγάλην Λευεὶς αὐτῷ
ἐν τῇ οἰκίᾳ αὐτοῦ· καὶ ἦν ὄχλος πολὺς τελωνῶν καὶ
30 ἄλλων οἳ ἦσαν μετ᾽ ⌜αὐτῶν⌝ κατακείμενοι. καὶ ἐγόγγυζον
οἱ Φαρισαῖοι καὶ οἱ γραμματεῖς αὐτῶν πρὸς τοὺς μαθητὰς
αὐτοῦ λέγοντες Διὰ τί μετὰ τῶν τελωνῶν καὶ ἁμαρτω-
31 λῶν ἐσθίετε καὶ πίνετε; καὶ ἀποκριθεὶς [ὁ] Ἰησοῦς εἶπεν
πρὸς αὐτούς Οὐ χρείαν ἔχουσιν οἱ ὑγιαίνοντες ἰατροῦ
32 ἀλλὰ οἱ κακῶς ἔχοντες· οὐκ ἐλήλυθα καλέσαι δικαίους
33 ἀλλὰ ἁμαρτωλοὺς εἰς μετάνοιαν. Οἱ δὲ εἶπαν πρὸς αὐ-
τόν Οἱ μαθηταὶ Ἰωάνου νηστεύουσιν πυκνὰ καὶ δεήσεις
ποιοῦνται, ὁμοίως καὶ οἱ τῶν Φαρισαίων, οἱ δὲ σοὶ ἐσθίου-
34 σιν καὶ πίνουσιν. ὁ δὲ Ἰησοῦς εἶπεν πρὸς αὐτούς Μὴ
δύνασθε τοὺς υἱοὺς τοῦ νυμφῶνος ἐν ᾧ ὁ νυμφίος μετ᾽ αὐ-
35 τῶν ἐστὶν ποιῆσαι νηστεῦσαι; ἐλεύσονται δὲ ἡμέραι, καὶ
ὅταν ἀπαρθῇ ἀπ᾽ αὐτῶν ὁ νυμφίος τότε νηστεύσουσιν ἐν
36 ἐκείναις ταῖς ἡμέραις. Ἔλεγεν δὲ καὶ παραβολὴν πρὸς
αὐτοὺς ὅτι Οὐδεὶς ἐπίβλημα ἀπὸ ἱματίου καινοῦ σχίσας
ἐπιβάλλει ἐπὶ ἱμάτιον παλαιόν· εἰ δὲ μήγε, καὶ τὸ καινὸν
σχίσει καὶ τῷ παλαιῷ οὐ συμφωνήσει τὸ ἐπίβλημα τὸ
37 ἀπὸ τοῦ καινοῦ. καὶ οὐδεὶς βάλλει οἶνον νέον εἰς ἀσκοὺς
παλαιούς· εἰ δὲ μήγε, ῥήξει ὁ οἶνος ὁ νέος τοὺς ἀσκούς,
38 καὶ αὐτὸς ἐκχυθήσεται καὶ οἱ ἀσκοὶ ἀπολοῦνται· ἀλλὰ οἶ-
39 νον νέον εἰς ἀσκοὺς καινοὺς βλητέον. [⌜Οὐδεὶς⌝ πιὼν
παλαιὸν θέλει νέον· λέγει γάρ Ὁ παλαιὸς χρηστός ἐστιν.]
1 Ἐγένετο δὲ ἐν σαββάτῳ διαπορεύεσθαι αὐτὸν διὰ
σπορίμων, καὶ ἔτιλλον οἱ μαθηταὶ αὐτοῦ καὶ ἤσθιον τοὺς

29 αὐτοῦ   39 Καὶ οὐδεὶς

25   And he got up at once before them all, and picked up
what he had been lying on, and went home, praising God.
26 They were all seized with astonishment, and praised God, and
filled with awe they said,

"We have seen something wonderful today!"

27   After this he went out, and he saw a tax-collector named
Levi sitting at the tollhouse, and he said to him,

"Follow me!"

28   And he left everything and got up and followed him.
29 Then Levi gave a great entertainment for him in his house,
and there was a great throng of tax-collectors and others who
30 were at table with them.   And the Pharisees and their scribes
grumbled about it to his disciples, and said,

"Why do you eat and drink with tax-collectors and
irreligious people?"

31   Jesus answered them,

"It is not well people but the sick who have to have the
32 doctor.   I have not come to invite the pious but the irreligious
to repentance!"

33   They said to him,

"John's disciples observe frequent fasts and offer prayers,
and so do the disciples of the Pharisees, but your disciples
eat and drink."

34   Jesus said to them,

"Can you make wedding guests fast while the bridegroom
35 is with them?   But other days will come, and when the
bridegroom is taken away from them, in those days they
will fast."

36   He used this figure also in speaking to them:

"No one tears a piece from a new coat and sews it on an
old one, or if he does, he will both tear the new one and the
37 piece from the new one will not match the old one.   And
nobody puts new wine into old wine-skins, or if he does, the
new wine will burst the skins and run out, and the skins will
38 be spoiled.   New wine has to be put into fresh skins.
39 No one after drinking old wine wants new, for he says, 'The
old is better!' "

6   One Sabbath he happened to be passing through the wheat
fields, and his disciples were picking the heads of wheat, and

2 στάχυας ψώχοντες ταῖς χερσίν. τινὲς δὲ τῶν Φαρισαίων
3 εἶπαν Τί ποιεῖτε ὃ οὐκ ἔξεστιν τοῖς σάββασιν; καὶ
ἀποκριθεὶς πρὸς αὐτοὺς εἶπεν [ὁ] Ἰησοῦς Οὐδὲ τοῦτο
ἀνέγνωτε ὃ ἐποίησεν Δαυεὶδ ὅτε ἐπείνασεν αὐτὸς καὶ οἱ
4 μετ' αὐτοῦ; [ὡς] εἰσῆλθεν εἰς τὸν οἶκον τοῦ θεοῦ καὶ
τοὺϲ ἄρτουϲ τῆϲ προθέϲεωϲ λαβὼν ἔφαγεν καὶ ἔδωκεν
τοῖς μετ' αὐτοῦ, οὓς οὐκ ἔξεστιν φαγεῖν εἰ μὴ μόνους τοὺς
5 ἱερεῖς; καὶ ἔλεγεν αὐτοῖς Κύριός ἐστιν ⌜τοῦ σαββάτου
6 ὁ υἱὸς τοῦ ἀνθρώπου⌝.   Ἐγένετο δὲ ἐν ἑτέρῳ
σαββάτῳ εἰσελθεῖν αὐτὸν εἰς τὴν συναγωγὴν καὶ διδάσκειν·
καὶ ἦν ἄνθρωπος ἐκεῖ καὶ ἡ χεὶρ αὐτοῦ ἡ δεξιὰ ἦν ξηρά·
7 παρετηροῦντο δὲ αὐτὸν οἱ γραμματεῖς καὶ οἱ Φαρισαῖοι εἰ
ἐν τῷ σαββάτῳ ⌜θεραπεύει⌝, ἵνα εὕρωσιν κατηγορεῖν αὐτοῦ.
8 αὐτὸς δὲ ᾔδει τοὺς διαλογισμοὺς αὐτῶν, εἶπεν δὲ τῷ ἀνδρὶ
τῷ ξηρὰν ἔχοντι τὴν χεῖρα Ἔγειρε καὶ στῆθι εἰς τὸ
9 μέσον· καὶ ἀναστὰς ἔστη. εἶπεν δὲ [ὁ] Ἰησοῦς πρὸς
αὐτούς Ἐπερωτῶ ὑμᾶς, εἰ ἔξεστιν τῷ σαββάτῳ ἀγαθο-
10 ποιῆσαι ἢ κακοποιῆσαι, ψυχὴν σῶσαι ἢ ἀπολέσαι; καὶ
περιβλεψάμενος πάντας αὐτοὺς εἶπεν αὐτῷ Ἔκτεινον τὴν
χεῖρά σου· ὁ δὲ ἐποίησεν, καὶ ἀπεκατεστάθη ἡ χεὶρ αὐ-
11 τοῦ. Αὐτοὶ δὲ ἐπλήσθησαν ἀνοίας, καὶ διελάλουν πρὸς
ἀλλήλους τί ἂν ποιήσαιεν τῷ Ἰησοῦ.

12   Ἐγένετο δὲ ἐν ταῖς ἡμέραις ταύταις ἐξελθεῖν αὐτὸν εἰς
τὸ ὄρος προσεύξασθαι, καὶ ἦν διανυκτερεύων ἐν τῇ προσ-
13 ευχῇ τοῦ θεοῦ. καὶ ὅτε ἐγένετο ἡμέρα, προσεφώνησεν
τοὺς μαθητὰς αὐτοῦ, καὶ ἐκλεξάμενος ἀπ' αὐτῶν δώδεκα,
14 οὓς καὶ ἀποστόλους ὠνόμασεν, Σίμωνα ὃν καὶ ὠνόμασεν
Πέτρον καὶ Ἀνδρέαν τὸν ἀδελφὸν αὐτοῦ καὶ Ἰάκωβον καὶ
15 Ἰωάνην καὶ Φίλιππον καὶ Βαρθολομαῖον καὶ Μαθθαῖον
καὶ Θωμᾶν [καὶ] Ἰάκωβον Ἀλφαίου καὶ Σίμωνα τὸν καλού-
16 μενον Ζηλωτὴν καὶ Ἰούδαν Ἰακώβου καὶ Ἰούδαν Ἰσκαριὼθ
17 ὃς ἐγένετο προδότης, καὶ καταβὰς μετ' αὐτῶν ἔστη ἐπὶ

5 ὁ υἱὸς τοῦ ἀνθρώπου καὶ τοῦ σαββάτου   7 θεραπεύσει

2 eating them, rubbing them in their hands. And some of the Pharisees said,

"Why do you do what it is against the Law to do on the Sabbath?"

3   Jesus answered,

"Have you not read even what David did, when he and
4 his companions were hungry?   How he went into the house of God and took the Presentation Loaves, which it was against the Law for anyone but the priests to eat, and ate them with
5 his companions?"   And he said to them, "The Son of Man is master of the Sabbath."

6   On another Sabbath he happened to go to the synagogue and teach.   There was a man there whose right hand was
7 withered.   And the scribes and the Pharisees were on the watch to see whether he would cure people on the Sabbath,
8 in order to find a charge to bring against him.   But he knew what they were thinking, and he said to the man with the withered hand,

"Get up and stand in front."

9   And he got up and stood there.   Jesus said to them,

"I want to ask you, Is it allowable on the Sabbath to do people good or to do them harm? to save life or to destroy it?"

10   And he looked around at them all and said to the man,

"Hold out your hand!"

And he did so, and his hand was restored.

11   But they were perfectly furious, and discussed with one another what they could do to Jesus.

12   It was in those days that he went up on the mountain to
13 pray, and passed the whole night in prayer to God.   When day came, he called his disciples to him, and chose twelve of
14 them whom he named apostles: Simon, whom he named Peter, his brother Andrew, James, John, Philip, Bartholomew,
15 Matthew, Thomas, James, the son of Alpheus, Simon, who
16 was called the Zealot, Judas, the son of James, and Judas
17 Iscariot, who turned out a traitor.   And he came down with

τόπου πεδινοῦ, καὶ ὄχλος πολὺς μαθητῶν αὐτοῦ, καὶ πλῆθος
πολὺ τοῦ λαοῦ ἀπὸ πάσης τῆς Ἰουδαίας καὶ Ἰερουσαλὴμ
18 καὶ τῆς παραλίου Τύρου καὶ Σιδῶνος, οἳ ἦλθαν ἀκοῦσαι
αὐτοῦ καὶ ἰαθῆναι ἀπὸ τῶν νόσων αὐτῶν· καὶ οἱ ἐνοχλού-
19 μενοι ἀπὸ πνευμάτων ἀκαθάρτων ἐθεραπεύοντο· καὶ πᾶς ὁ
ὄχλος ἐζήτουν ἅπτεσθαι αὐτοῦ, ὅτι δύναμις παρ᾽ αὐτοῦ
20 ἐξήρχετο καὶ ἰᾶτο πάντας. Καὶ αὐτὸς ἐπάρας τοὺς ὀφθαλ-
μοὺς αὐτοῦ εἰς τοὺς μαθητὰς αὐτοῦ ἔλεγεν
Μακάριοι οἱ πτωχοί, ὅτι ὑμετέρα ἐστὶν ἡ βασιλεία τοῦ
θεοῦ.
21 μακάριοι οἱ πεινῶντες νῦν, ὅτι χορτασθήσεσθε.
μακάριοι οἱ κλαίοντες νῦν, ὅτ᾽ γελάσετε.
22 μακάριοί ἐστε ὅταν μισήσωσιν ὑμᾶς οἱ ἄνθρωποι, καὶ ὅταν
ἀφορίσωσιν ὑμᾶς καὶ ὀνειδίσωσιν καὶ ἐκβάλωσιν τὸ
ὄνομα ὑμῶν ὡς πονηρὸν ἕνεκα τοῦ υἱοῦ τοῦ ἀνθρώπου·
23 χάρητε ἐν ἐκείνῃ τῇ ἡμέρᾳ καὶ σκιρτήσατε, ἰδοὺ γὰρ ὁ
μισθὸς ὑμῶν πολὺς ἐν τῷ οὐρανῷ· κατὰ τὰ αὐτὰ γὰρ
ἐποίουν τοῖς προφήταις οἱ πατέρες αὐτῶν.
24 Πλὴν οὐαὶ ὑμῖν τοῖς πλουσίοις, ὅτι ἀπέχετε τὴν παράκλη-
σιν ὑμῶν.
25 οὐαὶ ὑμῖν, οἱ ἐμπεπλησμένοι νῦν, ὅτι πεινάσετε.
οὐαί, οἱ γελῶντες νῦν, ὅτι πενθήσετε καὶ κλαύσετε.
26 οὐαὶ ὅταν καλῶς ὑμᾶς εἴπωσιν πάντες οἱ ἄνθρωποι, κατὰ
τὰ αὐτὰ γὰρ ἐποίουν τοῖς ψευδοπροφήταις οἱ πατέρες
αὐτῶν.
27 Ἀλλὰ ὑμῖν λέγω τοῖς ἀκούουσιν, ἀγαπᾶτε τοὺς ἐχθροὺς
28 ὑμῶν, καλῶς ποιεῖτε τοῖς μισοῦσιν ὑμᾶς, εὐλογεῖτε τοὺς
καταρωμένους ὑμᾶς, προσεύχεσθε περὶ τῶν ἐπηρεαζόντων
29 ὑμᾶς. τῷ τύπτοντί σε ἐπὶ τὴν σιαγόνα πάρεχε καὶ τὴν
ἄλλην, καὶ ἀπὸ τοῦ αἴροντός σου τὸ ἱμάτιον καὶ τὸν
30 χιτῶνα μὴ κωλύσῃς. παντὶ αἰτοῦντί σε δίδου, καὶ ἀπὸ
31 τοῦ αἴροντος τὰ σὰ μὴ ἀπαίτει. καὶ καθὼς θέλετε ἵνα
32 ποιῶσιν ὑμῖν οἱ ἄνθρωποι, ᵀ ποιεῖτε αὐτοῖς ὁμοίως. καὶ

31 καὶ ὑμεῖς

them and took his stand on a level place with a great throng of his disciples, and a great crowd of people from all over Judea and from Jerusalem and the seacoast district of Tyre and Sidon, who had come to hear him and to be cured of their
18 diseases. And those who were troubled with foul spirits
19 were cured. And all the people tried to touch him, because
20 power went forth from him and cured them all. Then he fixed his eyes on his disciples, and said,

"Blessed are you who are poor, for the Kingdom of God is yours!
21   "Blessed are you who are hungry now, for you will be satisfied!

"Blessed are you who weep now, for you will laugh!
22   "Blessed are you when people hate you and exclude you and denounce you and spurn the name you bear as evil, on
23 account of the Son of Man. Be glad when that happens, and leap for joy, for you will be richly rewarded in heaven, for that is the way their forefathers treated the prophets.
24   "But alas for you who are rich, for you have had your comfort!
25   "Alas for you who have plenty to eat now, for you will go hungry!

"Alas for you who laugh now, for you will mourn and weep!
26   "Alas for you when everyone speaks well of you, for that is the way their forefathers treated the false prophets!
27   "But I tell you who hear me, love your enemies, treat
28 those who hate you well, bless those who curse you, pray for
29 those who abuse you. To the man that strikes you on the cheek, turn the other also, and from the man who takes away your coat, do not keep back your shirt either. Give to
30 everyone that asks of you, and if anyone takes away what is
31 yours, do not demand it back. And treat men just as you

εἰ ἀγαπᾶτε τοὺς ἀγαπῶντας ὑμᾶς, ποία ὑμῖν χάρις ἐστίν;
καὶ γὰρ οἱ ἁμαρτωλοὶ τοὺς ἀγαπῶντας αὐτοὺς ἀγαπῶσιν.
33 καὶ [γὰρ] ἐὰν ἀγαθοποιῆτε τοὺς ἀγαθοποιοῦντας ὑμᾶς,
ποία ὑμῖν χάρις ἐστίν; καὶ οἱ ἁμαρτωλοὶ τὸ αὐτὸ ποιοῦσιν.
34 καὶ ἐὰν δανίσητε παρ' ὧν ἐλπίζετε λαβεῖν, ποία ὑμῖν χάρις
[ἐστίν]; καὶ ἁμαρτωλοὶ ἁμαρτωλοῖς δανίζουσιν ἵνα ἀπολά-
35 βωσιν τὰ ἴσα. πλὴν ἀγαπᾶτε τοὺς ἐχθροὺς ὑμῶν καὶ
ἀγαθοποιεῖτε καὶ δανίζετε ⌜μηδὲν⌝ ἀπελπίζοντες· καὶ ἔσται
ὁ μισθὸς ὑμῶν πολύς, καὶ ἔσεσθε υἱοὶ Ὑψίστου, ὅτι αὐτὸς
36 χρηστός ἐστιν ἐπὶ τοὺς ἀχαρίστους καὶ πονηρούς. Γίνε-
σθε οἰκτίρμονες καθὼς ὁ πατὴρ ὑμῶν οἰκτίρμων ἐστίν·
37 καὶ μὴ κρίνετε, καὶ οὐ μὴ κριθῆτε· καὶ μὴ καταδικάζετε,
καὶ οὐ μὴ καταδικασθῆτε. ἀπολύετε, καὶ ἀπολυθήσεσθε·
38 δίδοτε, καὶ δοθήσεται ὑμῖν· μέτρον καλὸν πεπιεσμένον
σεσαλευμένον ὑπερεκχυννόμενον δώσουσιν εἰς τὸν κόλ-
πον ὑμῶν· ᾧ γὰρ μέτρῳ μετρεῖτε ⌜ἀντιμετρηθήσεται⌝
39 ὑμῖν. Εἶπεν δὲ καὶ παραβολὴν αὐτοῖς Μήτι
δύναται τυφλὸς τυφλὸν ὁδηγεῖν; οὐχὶ ἀμφότεροι εἰς βό-
40 θυνον ἐμπεσοῦνται; οὐκ ἔστιν μαθητὴς ὑπὲρ τὸν διδάσκα-
λον, κατηρτισμένος δὲ πᾶς ἔσται ὡς ὁ διδάσκαλος αὐτοῦ.
41 Τί δὲ βλέπεις τὸ κάρφος τὸ ἐν τῷ ὀφθαλμῷ τοῦ ἀδελ-
φοῦ σου, τὴν δὲ δοκὸν τὴν ἐν τῷ ἰδίῳ ὀφθαλμῷ οὐ κατα-
42 νοεῖς; πῶς δύνασαι λέγειν τῷ ἀδελφῷ σου Ἀδελφέ, ἄφες
ἐκβάλω τὸ κάρφος τὸ ἐν τῷ ὀφθαλμῷ σου, αὐτὸς τὴν
ἐν τῷ ὀφθαλμῷ σοῦ δοκὸν οὐ βλέπων; ὑποκριτά, ἔκβαλε
πρῶτον τὴν δοκὸν ἐκ τοῦ ὀφθαλμοῦ σοῦ, καὶ τότε διαβλέ-
ψεις τὸ κάρφος τὸ ἐν τῷ ὀφθαλμῷ τοῦ ἀδελφοῦ σου ἐκ-
43 βαλεῖν. Οὐ γὰρ ἔστιν δένδρον καλὸν ποιοῦν καρπὸν
σαπρόν, οὐδὲ πάλιν δένδρον σαπρὸν ποιοῦν καρπὸν καλόν.
44 ἕκαστον γὰρ δένδρον ἐκ τοῦ ἰδίου καρποῦ γινώσκεται· οὐ
γὰρ ἐξ ἀκανθῶν συλλέγουσιν σῦκα, οὐδὲ ἐκ βάτου σταφυ-
45 λὴν τρυγῶσιν. ὁ ἀγαθὸς ἄνθρωπος ἐκ τοῦ ἀγαθοῦ θησαυ-
ροῦ τῆς καρδίας προφέρει τὸ ἀγαθόν, καὶ ὁ πονηρὸς ἐκ τοῦ

35 μηδένα   38 μετρηθήσεται

32 wish them to treat you.   If you love only those who love you, what merit is there in that?   For even godless people love 33 those who love them.   And if you help only those who help you, what merit is there in that?   Even godless people act 34 in that way.   And if you lend only to people from whom you expect to get something, what merit is there in that?.   Even godless people lend to godless people, meaning to get it back 35 again in full.   But love your enemies, and help them and lend to them, never despairing, and you will be richly rewarded, and you will be sons of the Most High, for he is kind even to 36 the ungrateful and the wicked.   You must be merciful, just 37 as your Father is.   Do not judge others, and they will not judge you.   Do not condemn them, and they will not con- 38 demn you.   Excuse others and they will excuse you.   Give, and they will give to you; good measure, pressed down, shaken together, and running over, they will pour into your lap.   For the measure you use with others they in turn will use with you.''

39   And he used a figure, saying,

        "Can one blind man lead another?   Will they not both 40 fall into a hole?   A pupil is not better than his teacher, but every pupil when he is fully trained will be like his teacher. 41 Why do you keep looking at the speck in your brother's eye, 42 and pay no attention to the beam that is in your own?   How can you say to your brother, 'Brother, just let me get that speck out of your eye,' when you cannot see the beam in your own eye?   You hypocrite!   First get the beam out of your own eye, and then you can see to get out the speck in your 43 brother's eye.   For sound trees do not bear bad fruit, nor 44 bad trees sound fruit.   Every tree is known by its fruit. They do not pick figs off thorns, or gather grapes from 45 brambles.   A good man, out of the good he has accumulated in his heart, produces good, and a bad man, out of what he has

πονηροῦ προφέρει τὸ πονηρόν· ἐκ γὰρ περισσεύματος
46 καρδίας λαλεῖ τὸ στόμα αὐτοῦ. Τί δέ με καλεῖτε Κύ-
47 ριε κύριε, καὶ οὐ ποιεῖτε ⌐ἃ⌐ λέγω; πᾶς ὁ ἐρχόμενος πρός
με καὶ ἀκούων μου τῶν λόγων καὶ ποιῶν αὐτούς, ὑποδείξω
48 ὑμῖν τίνι ἐστὶν ὅμοιος· ὅμοιός ἐστιν ἀνθρώπῳ οἰκοδομοῦντι
οἰκίαν ὃς ἔσκαψεν καὶ ἐβάθυνεν καὶ ἔθηκεν θεμέλιον ἐπὶ
τὴν πέτραν· πλημμύρης δὲ γενομένης προσέρηξεν ὁ ποτα-
μὸς τῇ οἰκίᾳ ἐκείνῃ, καὶ οὐκ ἴσχυσεν σαλεῦσαι αὐτὴν διὰ
49 τὸ καλῶς οἰκοδομῆσθαι αὐτήν. ὁ δὲ ἀκούσας καὶ μὴ
ποιήσας ὅμοιός ἐστιν ἀνθρώπῳ οἰκοδομήσαντι οἰκίαν ἐπὶ
τὴν γῆν χωρὶς θεμελίου, ᾗ προσέρηξεν ὁ ποταμός, καὶ
εὐθὺς συνέπεσεν, καὶ ἐγένετο τὸ ῥῆγμα τῆς οἰκίας ἐκείνης
1 μέγα. ⌐Ἐπειδὴ⌐ ἐπλήρωσεν πάντα τὰ ῥήματα
αὐτοῦ εἰς τὰς ἀκοὰς τοῦ λαοῦ, εἰσῆλθεν εἰς Καφαρναούμ.
2 Ἑκατοντάρχου δέ τινος δοῦλος κακῶς ἔχων ἤμελλεν
3 τελευτᾶν, ὃς ἦν αὐτῷ ἔντιμος. ἀκούσας δὲ περὶ τοῦ Ἰησοῦ
ἀπέστειλεν πρὸς αὐτὸν πρεσβυτέρους τῶν Ἰουδαίων, ἐρω-
4 τῶν αὐτὸν ὅπως ἐλθὼν διασώσῃ τὸν δοῦλον αὐτοῦ. οἱ δὲ
παραγενόμενοι πρὸς τὸν Ἰησοῦν παρεκάλουν αὐτὸν σπου-
5 δαίως λέγοντες ὅτι ἄξιός ἐστιν ᾧ παρέξῃ τοῦτο, ἀγαπᾷ
γὰρ τὸ ἔθνος ἡμῶν καὶ τὴν συναγωγὴν αὐτὸς ᾠκοδόμησεν
6 ἡμῖν. ὁ δὲ Ἰησοῦς ἐπορεύετο σὺν αὐτοῖς. ἤδη δὲ αὐτοῦ
οὐ μακρὰν ἀπέχοντος ἀπὸ τῆς οἰκίας ἔπεμψεν φίλους ὁ
ἑκατοντάρχης λέγων αὐτῷ Κύριε, μὴ σκύλλου, οὐ γὰρ
7 ἱκανός εἰμι ἵνα ὑπὸ τὴν στέγην μου εἰσέλθῃς· διὸ οὐδὲ
ἐμαυτὸν ἠξίωσα πρὸς σὲ ἐλθεῖν· ἀλλὰ εἰπὲ λόγῳ, καὶ
8 ἰαθήτω ὁ παῖς μου· καὶ γὰρ ἐγὼ ἄνθρωπός εἰμι ὑπὸ ἐξου-
σίαν τασσόμενος, ἔχων ὑπ᾽ ἐμαυτὸν στρατιώτας, καὶ λέγω
τούτῳ Πορεύθητι, καὶ πορεύεται, καὶ ἄλλῳ Ἔρχου, καὶ
ἔρχεται, καὶ τῷ δούλῳ μου Ποίησον τοῦτο, καὶ ποιεῖ.
9 ἀκούσας δὲ ταῦτα ὁ Ἰησοῦς ἐθαύμασεν αὐτόν, καὶ στρα-
φεὶς τῷ ἀκολουθοῦντι αὐτῷ ὄχλῳ εἶπεν Λέγω ὑμῖν, οὐδὲ
10 ἐν τῷ Ἰσραὴλ τοσαύτην πίστιν εὗρον. καὶ ὑποστρέψαν-

46 ὃ 1 Ἐπεὶ δὲ

accumulated that is bad, produces what is bad. For his
46 mouth says only what his heart is full of. Why do you call
47 me: 'Lord! Lord!' and not do what I tell you? If anyone
comes to me and listens to this teaching of mine and acts upon
48 it, I will show you whom he is like. He is like a man who
was building a house, who dug deep and laid his foundation
upon the rock, and when there was a flood the torrent burst
upon that house and could not shake it, because it was well
49 built. But the man who listens to it, and does not act upon
it, is like a man who built a house on the ground without
any foundation. The torrent burst upon it, and it collapsed
at once, and the wreck of that house was complete."

7   When he had finished saying all this in the hearing of
the people, he went to Capernaum.

2   A Roman captain had a slave whom he thought a great
3 deal of, and the slave was sick and at the point of death. When
the captain heard about Jesus, he sent some Jewish elders
4 to him, to ask him to come and save his slave's life. And
they went to Jesus and urged him strongly to do it, and said,
5   "He deserves to have you do this for him, for he loves
our nation, and it was he who built us our synagogue."

6   So Jesus went with them. But when he was not far from
the house, the captain sent some friends to him, to say to him,
"Master, do not take any more trouble, for I am not a
7 suitable person to have you under my roof. That is why
I did not think I was fit to come to you. But simply say
8 the word, and have my servant cured. For I am myself,
under the orders of others, and I have soldiers under me, and
I tell one to go, and he goes, and another to come, and he
comes, and my slave to do something, and he does it."

9   When Jesus heard this, he was astonished at him, and
turning to the crowd that was following him, he said,
"I tell you, I have not found such faith as this even in
Israel!"

τες εἰς τὸν οἶκον οἱ πεμφθέντες εὗρον τὸν δοῦλον ὑγιαί-
11 νοντα.   Καὶ ἐγένετο ἐν ⌜τῷ⌝ ἑξῆς ἐπορεύθη εἰς
πόλιν καλουμένην Ναίν, καὶ συνεπορεύοντο αὐτῷ οἱ μαθη-
12 ταὶ αὐτοῦ καὶ ὄχλος πολύς. ὡς δὲ ἤγγισεν τῇ πύλῃ τῆς
πόλεως, καὶ ἰδοὺ ἐξεκομίζετο τεθνηκὼς μονογενὴς υἱὸς τῇ
μητρὶ αὐτοῦ, καὶ αὐτὴ ἦν χήρα, καὶ ὄχλος τῆς πόλεως
13 ἱκανὸς ἦν σὺν αὐτῇ. καὶ ἰδὼν αὐτὴν ὁ κύριος ἐσπλαγ-
14 χνίσθη ἐπ᾽ αὐτῇ καὶ εἶπεν αὐτῇ Μὴ κλαῖε. καὶ προσελ-
θὼν ἥψατο τῆς σοροῦ, οἱ δὲ βαστάζοντες ἔστησαν, καὶ
15 εἶπεν Νεανίσκε, σοὶ λέγω, ἐγέρθητι.   καὶ ⌜ἀνεκάθισεν⌝
ὁ νεκρὸς καὶ ἤρξατο λαλεῖν, καὶ ἔδωκεν αὐτὸν τῇ μητρὶ
16 αὐτοῦ. Ἔλαβεν δὲ φόβος ⌜πάντας⌝, καὶ ἐδόξαζον τὸν
θεὸν λέγοντες ὅτι Προφήτης μέγας ἠγέρθη ἐν ἡμῖν, καὶ
17 ὅτι Ἐπεσκέψατο ὁ θεὸς τὸν λαὸν αὐτοῦ. καὶ ἐξῆλθεν ὁ
λόγος οὗτος ἐν ὅλῃ τῇ Ἰουδαίᾳ περὶ αὐτοῦ καὶ πάσῃ τῇ
περιχώρῳ.
18   Καὶ ἀπήγγειλαν Ἰωάνει οἱ μαθηταὶ αὐτοῦ περὶ πάντων
τούτων. καὶ προσκαλεσάμενος δύο τινὰς τῶν μαθητῶν
19 αὐτοῦ ὁ Ἰωάνης ἔπεμψεν πρὸς τὸν κύριον λέγων Σὺ εἶ ὁ
20 ἐρχόμενος ἢ ἕτερον προσδοκῶμεν; παραγενόμενοι δὲ πρὸς
αὐτὸν οἱ ἄνδρες εἶπαν Ἰωάνης ὁ βαπτιστὴς ἀπέστειλεν
ἡμᾶς πρὸς σὲ λέγων Σὺ εἶ ὁ ἐρχόμενος ἢ ⌜ἄλλον⌝ προσδο-
21 κῶμεν; ἐν ἐκείνῃ τῇ ὥρᾳ ἐθεράπευσεν πολλοὺς ἀπὸ
νόσων καὶ μαστίγων καὶ πνευμάτων πονηρῶν, καὶ τυφλοῖς
22 πολλοῖς ἐχαρίσατο βλέπειν. καὶ ἀποκριθεὶς εἶπεν αὐτοῖς
Πορευθέντες ἀπαγγείλατε Ἰωάνει ἃ εἴδετε καὶ ἠκούσατε·
ΤΥΦΛΟΙ ΑΝΑΒΛΕΠΟΥϹΙΝ, χωλοὶ περιπατοῦσιν, λεπροὶ καθα-
ρίζονται καὶ κωφοὶ ἀκούουσιν, νεκροὶ ἐγείρονται, πτωχοὶ
23 ΕΥΑΓΓΕΛΙΖΟΝΤΑΙ· καὶ μακάριός ἐστιν ὃς ἐὰν μὴ σκανδα-
24 λισθῇ ἐν ἐμοί.   Ἀπελθόντων δὲ τῶν ἀγγέλων
Ἰωάνου ἤρξατο λέγειν πρὸς τοὺς ὄχλους περὶ Ἰωάνου Τί
ἐξήλθατε εἰς τὴν ἔρημον θεάσασθαι; κάλαμον ὑπὸ ἀνέμου
25 σαλευόμενον; ἀλλὰ τί ἐξήλθατε ἰδεῖν; ἄνθρωπον ἐν μαλα-

11 τῇ   15 ἐκάθισεν   16 ἄπαντας   20 ἕτερον

10   And when the messengers went back to the house, they found the slave well.

11   Soon afterward he happened to go to a town called Nain, and his disciples and a great throng of people went with him.

12 As he came up to the gate of the town, a dead man was being carried out; he was his mother's only son, and she was a

13 widow.   A crowd of the townspeople was with her.   And when the Lord saw her, he pitied her, and said to her,

"Do not weep."

14   And he went up and touched the bier, and the bearers stopped.   And he said,

"Young man, I tell you, wake up!"

15   And the dead man sat up and began to speak, and he

16 gave him back to his mother.   And they were all overcome with awe, and they praised God, and said,

"A great prophet has appeared among us!" and "God has not forgotten his people!"

17   This story about him spread all over Judea and all the country around

18
19   John's disciples told him of all this, and he called two of them to him, and sent them to the Lord to ask him,

"Are you the one who was to come, or should we look for someone else?"

20   And the men went to him and said,

"John the Baptist sent us to you to ask, 'Are you the one who was to come, or should we look for someone else?' "

21   Just then he cured many of diseases and ailments and

22 evil spirits, and he gave sight to many who were blind.   And he answered them,

"Go and report to John what you have seen and heard. The blind are regaining their sight, the lame can walk, the lepers are being cured and the deaf can hear, the dead are being raised and good news is being preached to the poor.

23 And blessed is the man who finds nothing that repels him in me."

24   When John's messengers were gone, he began to speak to the crowds about John.

"What was it that you went out into the desert to look

25 at?   A reed swaying in the wind?   Then what did you go out there to see?   A man luxuriously dressed?   Men who

κοῖς ἱματίοις ἠμφιεσμένον; ἰδοὺ οἱ ἐν ἱματισμῷ ἐνδόξῳ καὶ
26 τρυφῇ ὑπάρχοντες ἐν τοῖς βασιλείοις εἰσίν. ἀλλὰ τί
ἐξήλθατε ἰδεῖν; προφήτην; ναί, λέγω ὑμῖν, καὶ περισσότε-
27 ρον προφήτου. οὗτός ἐστιν περὶ οὗ γέγραπται
Ἰδοὺ ἀποϲτέλλω τὸν ἄγγελόν μου πρὸ προϲώπου
ϲου,
ὃϲ καταϲκεγάϲει τὴν ὁδόν ϲου ἔμπροϲθέν ϲου.
28 λέγω ὑμῖν, μείζων ἐν γεννητοῖς γυναικῶν Ἰωάνου οὐδεὶς
ἔστιν· ὁ δὲ μικρότερος ἐν τῇ βασιλείᾳ τοῦ θεοῦ μείζων
29 αὐτοῦ ἐστίν. — Καὶ πᾶς ὁ λαὸς ἀκούσας καὶ οἱ τελῶναι
ἐδικαίωσαν τὸν θεόν, βαπτισθέντες τὸ βάπτισμα Ἰωάνου·
30 οἱ δὲ Φαρισαῖοι καὶ οἱ νομικοὶ τὴν βουλὴν τοῦ θεοῦ ἠθέ-
31 τησαν εἰς ἑαυτούς, μὴ βαπτισθέντες ὑπ' αὐτοῦ. — Τίνι οὖν
ὁμοιώσω τοὺς ἀνθρώπους τῆς γενεᾶς ταύτης, καὶ τίνι εἰσὶν
32 ὅμοιοι; ὅμοιοί εἰσιν παιδίοις τοῖς ἐν ἀγορᾷ καθημένοις καὶ
προσφωνοῦσιν ἀλλήλοις, ἃ λέγει
Ηὐλήϲαμέν ὑμῖν καὶ οὐκ ὠρχήϲαϲθε·
ἐθρηνήϲαμεν καὶ οὐκ ἐκλαύϲατε·
33 ἐλήλυθεν γὰρ Ἰωάνης ὁ βαπτιστὴς μὴ ἔσθων ἄρτον μήτε
34 πίνων οἶνον, καὶ λέγετε Δαιμόνιον ἔχει· ἐλήλυθεν ὁ υἱὸς
τοῦ ἀνθρώπου ἔσθων καὶ πίνων, καὶ λέγετε Ἰδοὺ ἄνθρω-
πος φάγος καὶ οἰνοπότης, φίλος τελωνῶν καὶ ἁμαρτωλῶν.
35 καὶ ἐδικαιώθη ἡ σοφία ἀπὸ ⌜πάντων τῶν τέκνων αὐτῆς⌝.
36 Ἠρώτα δέ τις αὐτὸν τῶν Φαρισαίων ἵνα φάγῃ μετ' αὐ-
τοῦ· καὶ εἰσελθὼν εἰς τὸν οἶκον τοῦ Φαρισαίου κατεκλί-
37 θη. Καὶ ἰδοὺ γυνὴ ἥτις ἦν ἐν τῇ πόλει ἁμαρτωλός, καὶ
ἐπιγνοῦσα ὅτι κατάκειται ἐν τῇ οἰκίᾳ τοῦ Φαρισαίου, κομί-
38 σασα ἀλάβαστρον μύρου καὶ στᾶσα ὀπίσω παρὰ τοὺς
πόδας αὐτοῦ κλαίουσα, τοῖς δάκρυσιν ἤρξατο βρέχειν τοὺς
πόδας αὐτοῦ καὶ ταῖς θριξὶν τῆς κεφαλῆς αὐτῆς ἐξέμασ-
σεν, καὶ κατεφίλει τοὺς πόδας αὐτοῦ καὶ ἤλειφεν τῷ
39 μύρῳ. Ἰδὼν δὲ ὁ Φαρισαῖος ὁ καλέσας αὐτὸν εἶπεν ἐν
ἑαυτῷ λέγων Οὗτος εἰ ἦν [ὁ] προφήτης, ἐγίνωσκεν ἂν

35 τῶν τέκνων αὐτῆς πάντων

wear fine clothes and live in luxury you find in palaces.
26 Then what did you go out there to see?   A prophet?   Yes,
27 I tell you, and far more than a prophet!   This is the man of
whom the Scripture says,

" 'Here I send my messenger on before you,
He will prepare the road ahead of you!'

28   "I tell you, among men born of women there is none
greater than John; and yet one who is of little importance
29 in the Kingdom of God is greater than he.   And all the
people, even the tax-collectors, when they heard him, acknowl-
edged the justice of God's demands, by accepting baptism
30 from John, but the Pharisees and experts in the Law thwarted
God's purpose for themselves, by refusing to be baptized by
31 him. So what is there to which I can compare the men of this
32 age?   What are they like?   They are like children sitting
about in the bazaar and calling out to one another,

" 'We have played the flute for you, and you would not
dance!
We have wailed and you would not weep!'

33   "For when John the Baptist came, he did not eat any
bread or drink any wine, and you said, 'He has a demon!'
34 Now that the Son of Man has come, he does eat and drink,
and you say, 'Look at him!   A glutton and a drinker, the
35 companion of tax-collectors and irreligious people!'   So
wisdom is vindicated by all who are really wise."

36   One of the Pharisees asked him to have dinner with him,
and he went to the Pharisee's house and took his place at the
37 table.   Now there was a woman in the town who was leading
a sinful life, and when she learned that he was having dinner
at the Pharisee's house, she got an alabaster flask of perfume,
38 and came and stood behind him at his feet, weeping, and began
to wet his feet with her tears, and she wiped them with her
39 hair, and kissed them, and put the perfume on them.   When
the Pharisee who had invited him saw this, he said to himself,
"If this man were really a prophet, he would know who

τίς καὶ ποταπὴ ἡ γυνὴ ἥτις ἅπτεται αὐτοῦ, ὅτι ἁμαρτωλός
40 ἐστιν. καὶ ἀποκριθεὶς ὁ Ἰησοῦς εἶπεν πρὸς αὐτόν Σί-
μων, ἔχω σοί τι εἰπεῖν. ὁ δέ Διδάσκαλε, εἰπέ, φησίν.
41 δύο χρεοφιλέται ἦσαν δανιστῇ τινί· ὁ εἷς ὤφειλεν δηνάρια
42 πεντακόσια, ὁ δὲ ἕτερος πεντήκοντα. μὴ ἐχόντων αὐτῶν
ἀποδοῦναι ἀμφοτέροις ἐχαρίσατο. τίς οὖν αὐτῶν πλεῖον
43 ἀγαπήσει αὐτόν; ἀποκριθεὶς Σίμων εἶπεν Ὑπολαμ-
βάνω ὅτι ᾧ τὸ πλεῖον ἐχαρίσατο. ὁ δὲ εἶπεν αὐτῷ Ὀρ-
44 θῶς ἔκρινας. καὶ στραφεὶς πρὸς τὴν γυναῖκα τῷ Σίμωνι
ἔφη Βλέπεις ταύτην τὴν γυναῖκα; εἰσῆλθόν σου εἰς τὴν
οἰκίαν, ὕδωρ ⌜μοι ἐπὶ⌝ πόδας οὐκ ἔδωκας· αὕτη δὲ τοῖς
δάκρυσιν ἔβρεξέν μου τοὺς πόδας καὶ ταῖς θριξὶν αὐτῆς
45 ἐξέμαξεν. φίλημά μοι οὐκ ἔδωκας· αὕτη δὲ ἀφ᾽ ἧς εἰσῆλ-
46 θον οὐ ⌜διέλιπεν⌝ καταφιλοῦσά μου τοὺς πόδας. ἐλαίῳ τὴν
κεφαλήν μου οὐκ ἤλειψας· αὕτη δὲ μύρῳ ἤλειψεν τοὺς
47 πόδας μου. οὗ χάριν, λέγω σοι, ἀφέωνται αἱ ἁμαρτίαι αὐ-
τῆς αἱ πολλαί, ὅτι ἠγάπησεν πολύ· ᾧ δὲ ὀλίγον ἀφίεται,
48 ὀλίγον ἀγαπᾷ. εἶπεν δὲ αὐτῇ Ἀφέωνταί σου αἱ ἁμαρτίαι.
49 καὶ ἤρξαντο οἱ συνανακείμενοι λέγειν ἐν ἑαυτοῖς Τίς
50 οὗτός ἐστιν ὃς καὶ ἁμαρτίας ἀφίησιν; εἶπεν δὲ πρὸς τὴν
γυναῖκα Ἡ πίστις σου σέσωκέν σε· πορεύου εἰς εἰρήνην.

1   Καὶ ἐγένετο ἐν τῷ καθεξῆς καὶ αὐτὸς διώδευεν κατὰ
πόλιν καὶ κώμην κηρύσσων καὶ εὐαγγελιζόμενος τὴν βασι-
2 λείαν τοῦ θεοῦ, καὶ οἱ δώδεκα σὺν αὐτῷ, καὶ γυναῖκές τινες
αἳ ἦσαν τεθεραπευμέναι ἀπὸ πνευμάτων πονηρῶν καὶ
ἀσθενειῶν, Μαρία ἡ καλουμένη Μαγδαληνή, ἀφ᾽ ἧς δαι-
3 μόνια ἑπτὰ ἐξεληλύθει, καὶ Ἰωάνα γυνὴ Χουζᾶ ἐπιτρόπου
Ἡρῴδου καὶ Σουσάννα καὶ ἕτεραι πολλαί, αἵτινες διηκό-
4 νουν αὐτοῖς ἐκ τῶν ὑπαρχόντων αὐταῖς.   Συνι-
όντος δὲ ὄχλου πολλοῦ καὶ τῶν κατὰ πόλιν ἐπιπορευομέ-
5 νων πρὸς αὐτὸν εἶπεν διὰ παραβολῆς Ἐξῆλθεν ὁ σπείρων
τοῦ σπεῖραι τὸν σπόρον αὐτοῦ. καὶ ἐν τῷ σπείρειν αὐτὸν
ὃ μὲν ἔπεσεν παρὰ τὴν ὁδόν, καὶ κατεπατήθη καὶ τὰ πε-

44 μου ἐπὶ τοὺς   45 διέλειπεν

and what the woman is who is touching him, for she leads a
wicked life."

40   Jesus answered him, and said to him,

    "Simon, there is something I want to say to you."

He said,

    "Proceed, Master."

41   "Two men were in debt to a money-lender. One owed
42 him a hundred dollars and the other ten. As they could not
pay him, he canceled what they owed him. Now which
of them will be more attached to him?"

43   Simon answered,

    "The one, I suppose, for whom he canceled most."

44   "You are right," he said. And turning to the woman,
he said to Simon,

    "Do you see this woman? I came to your house; you
did not give me any water for my feet, but she has wet my
45 feet with tears and wiped them with her hair. You did not
give me a kiss, but from the moment I came in she has not
46 stopped kissing my feet. You did not put any oil upon my
47 head, but she has put perfume upon my feet. Therefore,
I tell you, her sins, many as they are, are forgiven, for she
has loved me so much. But the man with little to be forgiven
loves me but little."

48   And he said to her,

    "Your sins are forgiven!"

49   The men at table with him began to say to them-
selves,

    "Who is this man, who even forgives sins?"

50   But he said to the woman,

    "It is your faith that has saved you. Go in peace."

8   Soon afterward he went about among the towns and vil-
lages preaching and telling the good news of the Kingdom
2 of God. The Twelve went with him, and some women who
had been cured of evil spirits and sickness—Mary, who was
called Mary of Magdala, out of whom seven demons had
3 been driven, and Joanna, the wife of Chuza, Herod's manager,
and Susanna, and many others, who provided for them with
their means.

4   When a great throng was gathering and people were
coming to him from one town after another, he said in his
figurative way,

5   "A sower went out to sow his seed. As he was sowing,
some of the seed fell by the path and was trodden on, and

6 τεινὰ τοῦ οὐρανοῦ κατέφαγεν αὐτό. καὶ ἕτερον κατέπεσεν
ἐπὶ τὴν πέτραν, καὶ φυὲν ἐξηράνθη διὰ τὸ μὴ ἔχειν ἰκμάδα.
7 καὶ ἕτερον ἔπεσεν ἐν μέσῳ τῶν ἀκανθῶν, καὶ συνφυεῖσαι
8 αἱ ἄκανθαι ἀπέπνιξαν αὐτό. καὶ ἕτερον ἔπεσεν εἰς τὴν
γῆν τὴν ἀγαθήν, καὶ φυὲν ἐποίησεν καρπὸν ἑκατονταπλα-
σίονα. Ταῦτα λέγων ἐφώνει Ὁ ἔχων ὦτα ἀκούειν ἀκου-
9 έτω. Ἐπηρώτων δὲ αὐτὸν οἱ μαθηταὶ αὐτοῦ
10 τίς αὕτη εἴη ἡ παραβολή. ὁ δὲ εἶπεν Ὑμῖν δέδοται
γνῶναι τὰ μυστήρια τῆς βασιλείας τοῦ θεοῦ, τοῖς δὲ λοι-
ποῖς ἐν παραβολαῖς, ἵνα ΒΛΕΠΟΝΤΕϹ ΜΗ ΒΛΕΠΩϹΙΝ ΚΑΙ
11 ἈΚΟΥΟΝΤΕϹ ΜΗ ϹΥΝΙΩϹΙΝ. ἔστιν δὲ αὕτη ἡ παραβολή. Ὁ
12 σπόρος ἐστὶν ὁ λόγος τοῦ θεοῦ. οἱ δὲ παρὰ τὴν ὁδὸν
εἰσιν οἱ ἀκούσαντες, εἶτα ἔρχεται ὁ διάβολος καὶ αἴρει τὸν
λόγον ἀπὸ τῆς καρδίας αὐτῶν, ἵνα μὴ πιστεύσαντες σωθῶ-
13 σιν. οἱ δὲ ἐπὶ ⌜τῆς πέτρας⌝ οἳ ὅταν ἀκούσωσιν μετὰ χαρᾶς
δέχονται τὸν λόγον, καὶ ⌜οὗτοι⌝ ῥίζαν οὐκ ἔχουσιν, οἳ πρὸς
καιρὸν πιστεύουσιν καὶ ἐν καιρῷ πειρασμοῦ ἀφίστανται.
14 τὸ δὲ εἰς τὰς ἀκάνθας πεσόν, οὗτοί εἰσιν οἱ ἀκούσαντες,
καὶ ὑπὸ μεριμνῶν καὶ πλούτου καὶ ἡδονῶν τοῦ βίου πορευό-
15 μενοι συνπνίγονται καὶ οὐ τελεσφοροῦσιν. τὸ δὲ ἐν τῇ
καλῇ γῇ, οὗτοί εἰσιν οἵτινες ἐν καρδίᾳ καλῇ καὶ ἀγαθῇ
ἀκούσαντες τὸν λόγον κατέχουσιν καὶ καρποφοροῦσιν ἐν
16 ὑπομονῇ. Οὐδεὶς δὲ λύχνον ἅψας καλύπτει
αὐτὸν σκεύει ἢ ὑποκάτω κλίνης τίθησιν, ἀλλ᾽ ἐπὶ λυχνίας
17 τίθησιν, ἵνα οἱ εἰσπορευόμενοι βλέπωσιν τὸ φῶς. οὐ γὰρ
ἔστιν κρυπτὸν ὃ οὐ· φανερὸν γενήσεται, οὐδὲ ἀπόκρυφον ὃ
18 οὐ μὴ γνωσθῇ καὶ εἰς φανερὸν ἔλθῃ. Βλέπετε οὖν πῶς
ἀκούετε· ὃς ἂν γὰρ ἔχῃ, δοθήσεται αὐτῷ, καὶ ὃς ἂν μὴ ἔχῃ,
καὶ ὃ δοκεῖ ἔχειν ἀρθήσεται ἀπ᾽ αὐτοῦ.

19 Παρεγένετο δὲ πρὸς αὐτὸν ἡ μήτηρ καὶ οἱ ἀδελφοὶ
αὐτοῦ, καὶ οὐκ ἠδύναντο συντυχεῖν αὐτῷ διὰ τὸν ὄχλον.
20 ἀπηγγέλη δὲ αὐτῷ Ἡ μήτηρ σου καὶ οἱ ἀδελφοί σου
21 ἑστήκασιν ἔξω ἰδεῖν θέλοντές σε. ὁ δὲ ἀποκριθεὶς εἶπεν

13 τὴν πέτραν | αὐτοί   23 εἰς τὴν λίμνην ἀνέμου

6 the wild birds ate it up.   And some of it fell upon the rock, and when it sprang up it withered, because it had no moisture.
7 And some fell among the thorns, and the thorns grew up with
8 it and choked it out.   And some fell on good soil, and grew up and yielded a hundred fold!"

As he said this he called out,

"Let him who has ears to hear with, listen!"

9   His disciples asked him what this figure meant.
10 And he said,

"You are permitted to know the secrets of the Kingdom of God, but they are given to others in the form of figures, so that they may look and yet not see, and hear and yet not
11 understand.   This is what the figure means.   The seed is
12 God's message.   The ones by the path are those who hear, and then the devil comes and carries off the message from their
13 hearts, so that they may not believe it and be saved.   The ones on the rock are those who receive the message joyfully when they first hear it, but it takes no real root.   They believe for a little while, and then in the time of trial they draw back.
14 And what falls among the thorns means those who listen and pass on, and the worries and wealth and pleasures of life stifle
15 them and they yield nothing.   But the seed in the good soil means those who listen to the message and keep it in good, true hearts, and yield unfailingly.

16   "Nobody lights a lamp and then covers it with a dish or puts it under a bed, but he puts it on its stand, so that those
17 who come in may see the light.   For there is nothing hidden that shall not be disclosed, nor kept secret that shall not be
18 known and come to light.   So take care how you listen. For people who have will have more given to them, and from people who have nothing, even what they think they have will be taken away."

19   His mother and his brothers came to him, but they could
20 not get near him, on account of the crowd.   And the word came to him,

"Your mother and your brothers are standing outside; they want to see you."

21   He answered,

πρὸς αὐτούς Μήτηρ μου καὶ ἀδελφοί μου οὗτοί εἰσιν οἱ
τὸν λόγον τοῦ θεοῦ ἀκούοντες καὶ ποιοῦντες.

22 Ἐγένετο δὲ ἐν μιᾷ τῶν ἡμερῶν καὶ αὐτὸς ἐνέβη εἰς
πλοῖον καὶ οἱ μαθηταὶ αὐτοῦ, καὶ εἶπεν πρὸς αὐτούς Διέλ-
23 θωμεν εἰς τὸ πέραν τῆς λίμνης, καὶ ἀνήχθησαν. πλεόν-
των δὲ αὐτῶν ἀφύπνωσεν. καὶ κατέβη λαῖλαψ ⌈ἀνέμου εἰς
24 τὴν λίμνην⌉, καὶ συνεπληροῦντο καὶ ἐκινδύνευον. προσελ-
θόντες δὲ διήγειραν αὐτὸν λέγοντες Ἐπιστάτα ἐπιστάτα,
ἀπολλύμεθα· ὁ δὲ διεγερθεὶς ἐπετίμησεν τῷ ἀνέμῳ
καὶ τῷ κλύδωνι τοῦ ὕδατος, καὶ ἐπαύσαντο, καὶ ἐγένετο
25 γαλήνη. εἶπεν δὲ αὐτοῖς Ποῦ ἡ πίστις ὑμῶν; φοβη-
θέντες δὲ ἐθαύμασαν, λέγοντες πρὸς ἀλλήλους Τίς ἄρα
οὗτός ἐστιν ὅτι καὶ τοῖς ἀνέμοις ἐπιτάσσει καὶ τῷ ὕδατι,
26 καὶ ὑπακούουσιν αὐτῷ; Καὶ κατέπλευσαν εἰς
τὴν χώραν τῶν Γερασηνῶν, ἥτις ἐστὶν ἀντίπερα τῆς Γαλι-
27 λαίας. ἐξελθόντι δὲ αὐτῷ ἐπὶ τὴν γῆν ⌈ὑπήντησεν ἀνήρ
τις⌉ ἐκ τῆς πόλεως ἔχων δαιμόνια· καὶ χρόνῳ ἱκανῷ οὐκ ἐνε-
δύσατο ἱμάτιον, καὶ ἐν οἰκίᾳ οὐκ ἔμενεν ἀλλ' ἐν τοῖς μνή-
28 μασιν. ἰδὼν δὲ τὸν Ἰησοῦν ἀνακράξας προσέπεσεν αὐτῷ
καὶ φωνῇ μεγάλῃ εἶπεν Τί ἐμοὶ καὶ σοί, Ἰησοῦ υἱὲ [τοῦ
29 θεοῦ] τοῦ ὑψίστου; δέομαί σου, μή με βασανίσῃς· ⌈πα-
ρήγγελλεν⌉ γὰρ τῷ πνεύματι τῷ ἀκαθάρτῳ ἐξελθεῖν ἀπὸ
τοῦ ἀνθρώπου. πολλοῖς γὰρ χρόνοις συνηρπάκει αὐτόν,
καὶ ἐδεσμεύετο ἁλύσεσιν καὶ πέδαις φυλασσόμενος, καὶ
διαρήσσων τὰ δεσμὰ ἠλαύνετο ⌈ἀπὸ⌉ τοῦ δαιμονίου εἰς τὰς
30 ἐρήμους. ἐπηρώτησεν δὲ αὐτὸν ὁ Ἰησοῦς Τί σοι ὄνομά
ἐστιν; ὁ δὲ εἶπεν Λεγιών, ὅτι εἰσῆλθεν δαιμόνια πολλὰ
31 εἰς αὐτόν. καὶ παρεκάλουν αὐτὸν ἵνα μὴ ἐπιτάξῃ αὐτοῖς
32 εἰς τὴν ἄβυσσον ἀπελθεῖν. Ἦν δὲ ἐκεῖ ἀγέλη χοίρων
ἱκανῶν ⌈βοσκομένη⌉ ἐν τῷ ὄρει· καὶ παρεκάλεσαν αὐτὸν
ἵνα ἐπιτρέψῃ αὐτοῖς εἰς ἐκείνους εἰσελθεῖν· καὶ ἐπέτρεψεν
33 αὐτοῖς. ἐξελθόντα δὲ τὰ δαιμόνια ἀπὸ τοῦ ἀνθρώπου
εἰσῆλθον εἰς τοὺς χοίρους, καὶ ὥρμησεν ἡ ἀγέλη κατὰ τοῦ

27 ὑπήντησέν [τις] ἀνὴρ   29 παρήγγειλεν | ὑπὸ   32 βοσκομένων

"My mother and my brothers are those who listen to God's message and obey it!"

22   It happened one day that he got into a boat with his disciples, and said to them,

"Let us cross to the other side of the lake."

23   So they set sail. As they sailed along, he fell asleep. And a squall of wind came down upon the lake, and they were 24 being swamped and were in peril. And they went to him and woke him up, and said to him,

"Master! Master! We are lost!"

Then he awoke and reproved the wind and the rough 25 water, and they ceased, and there was a calm. And he said to them,

"Where is your faith?"

But they were frightened and amazed, and said to one another,

"Who can he be? For he gives orders even to the winds and the water, and they obey him!"

26   They made a landing in the neighborhood of Gerasa, which 27 is just across the lake from Galilee. And when he landed, he met a man possessed by demons, who was coming out of the town. He had worn no clothing for a long time, and did not 28 live in a house but in the tombs. When he saw Jesus he cried out and threw himself down before him, and said in a loud voice,

"What do you want of me, Jesus, Son of the Most High 29 God? I beg you not to torture me!"

For he was commanding the foul spirit to get out of the man. For it had often seized him, and though he had been fastened with chains and fetters, and was closely watched, he would snap his bonds and the demon would drive him 30 away to the desert. And Jesus asked him,

"What is your name?"

He said,

"Legion!" For many demons had gone into him. 31 And they begged him not to order them off to the bottomless 32 pit. Now there was a large drove of pigs feeding there on the hillside, and they begged him to give them leave to go into 33 them. And he did so. Then the demons came out of the man and went into the pigs, and the drove rushed over the

34 κρημνοῦ εἰς τὴν λίμνην καὶ ἀπεπνίγη. Ἰδόντες δὲ οἱ
βόσκοντες τὸ ·γεγονὸς ἔφυγον καὶ ἀπήγγειλαν εἰς τὴν
35 πόλιν καὶ εἰς τοὺς ἀγρούς. ἐξῆλθον δὲ ἰδεῖν τὸ γεγονὸς
καὶ ἦλθαν πρὸς τὸν Ἰησοῦν, καὶ εὗραν καθήμενον τὸν ἄν-
θρωπον ἀφ' οὗ τὰ δαιμόνια ἐξῆλθεν ἱματισμένον καὶ σω-
φρονοῦντα παρὰ τοὺς πόδας [τοῦ] Ἰησοῦ, καὶ ἐφοβήθησαν.
36 ἀπήγγειλαν δὲ αὐτοῖς οἱ ἰδόντες πῶς ἐσώθη ὁ δαιμονι-
37 σθείς. καὶ ἠρώτησεν αὐτὸν ἅπαν τὸ πλῆθος τῆς περι-
χώρου τῶν Γερασηνῶν ἀπελθεῖν ἀπ' αὐτῶν, ὅτι φόβῳ
μεγάλῳ συνείχοντο· αὐτὸς δὲ ἐμβὰς εἰς πλοῖον ὑπέ-
38 στρεψεν. ἐδεῖτο δὲ αὐτοῦ ὁ ἀνὴρ ἀφ' οὗ ἐξεληλύθει
τὰ δαιμόνια εἶναι σὺν αὐτῷ· ἀπέλυσεν δὲ αὐτὸν λέγων
39 Ὑπόστρεφε εἰς τὸν οἶκόν σου, καὶ διηγοῦ ὅσα σοι ἐποίησεν
ὁ θεός. καὶ ἀπῆλθεν καθ' ὅλην τὴν πόλιν κηρύσσων ὅσα
ἐποίησεν αὐτῷ ὁ Ἰησοῦς.

40 Ἐν δὲ τῷ ὑποστρέφειν τὸν Ἰησοῦν ἀπεδέξατο
αὐτὸν ὁ ὄχλος, ἦσαν γὰρ πάντες προσδοκῶντες αὐτόν.
41 Καὶ ἰδοὺ ἦλθεν ἀνὴρ ᾧ ὄνομα Ἰάειρος, καὶ ⌜οὗτος⌝
ἄρχων τῆς συναγωγῆς ὑπῆρχεν, καὶ πεσὼν παρὰ τοὺς
πόδας Ἰησοῦ παρεκάλει αὐτὸν εἰσελθεῖν εἰς τὸν οἶκον
42 αὐτοῦ, ὅτι θυγάτηρ μονογενὴς ἦν αὐτῷ ὡς ἐτῶν
δώδεκα καὶ αὐτὴ ἀπέθνησκεν. Ἐν δὲ τῷ ὑπάγειν
43 αὐτὸν οἱ ὄχλοι συνέπνιγον αὐτόν. καὶ γυνὴ οὖσα
ἐν ῥύσει αἵματος ἀπὸ ἐτῶν δώδεκα, ἥτις οὐκ ἴσχυσεν
44 ἀπ' οὐδενὸς θεραπευθῆναι, προσελθοῦσα ὄπισθεν ἥψατο
τοῦ κρασπέδου τοῦ ἱματίου αὐτοῦ, καὶ παραχρῆμα
45 ἔστη ἡ ῥύσις τοῦ αἵματος αὐτῆς. καὶ εἶπεν ὁ Ἰησοῦς
Τίς ὁ ἁψάμενός μου; ἀρνουμένων δὲ πάντων εἶπεν ὁ
Πέτρος Ἐπιστάτα, οἱ ὄχλοι συνέχουσίν σε καὶ ἀποθλί-
46 βουσιν. ὁ δὲ Ἰησοῦς εἶπεν Ἥψατό μού τις, ἐγὼ
47 γὰρ ἔγνων δύναμιν ἐξεληλυθυῖαν ἀπ' ἐμοῦ. ἰδοῦσα δὲ ἡ
γυνὴ ὅτι οὐκ ἔλαθεν τρέμουσα ἦλθεν καὶ προσπε-
σοῦσα αὐτῷ δι' ἣν αἰτίαν ἥψατο αὐτοῦ ἀπήγγειλεν ἐνώ-

41 αὐτός

34 steep bank into the lake, and were drowned.   When the men who tended them saw what had happened, they ran away and spread the news in the town and in the country around.

35 And the people came out to see what had happened, and they came to Jesus and found the man out of whom the demons had gone sitting there, at Jesus' feet, with his clothes

36 on and in his right mind, and they were frightened.   And those who had seen it told them how the man who had been

37 possessed was cured.   Then all the people of the neighborhood of Gerasa asked him to go away from them, for they were terribly frightened.   And he got into a boat and went back.

38 The man out of whom the demons had gone begged to go with him, but Jesus sent him away, and said,

39   "Go back to your home, and tell all that God has done for you."

And he went and told all over the town what Jesus had done for him.

40   When Jesus returned, the people welcomed him, for they

41 were all watching for him.   And a man named Jairus came up—he was leader of the synagogue—and he fell down

42 at Jesus' feet and begged him to come to his house, because he had an only daughter, about twelve years old, and she was dying.   As he was going, the crowds of people almost

43 crushed him.   And a woman who had had a hemorrhage for

44 twelve years, and whom nobody had been able to cure, came up behind him and touched the tassel of his cloak, and the

45 hemorrhage stopped at once.   Jesus said,

"Who was it who touched me?"

And as everyone denied having done so, Peter said,

"Master, the people are all around you and they are crowding you."

46   But Jesus said,

"Somebody touched me, for I know that power passed from me."

47   When the woman saw that she had not escaped his notice, she came forward trembling, and fell down before him, and before all the people told why she had touched him, and

48 πιον παντὸς τοῦ λαοῦ καὶ ὡς ἰάθη παραχρῆμα. ὁ δὲ
εἶπεν αὐτῇ Θυγάτηρ, ἡ πίστις σου σέσωκέν σε· πορεύου
49 εἰς εἰρήνην. Ἔτι αὐτοῦ λαλοῦντος ἔρχεταί τις παρὰ τοῦ
ἀρχισυναγώγου λέγων ὅτι Τέθνηκεν ἡ θυγάτηρ σου,
50 μηκέτι σκύλλε τὸν διδάσκαλον. ὁ δὲ Ἰησοῦς ἀκούσας
ἀπεκρίθη αὐτῷ Μὴ φοβοῦ, μόνον πίστευσον, καὶ σωθή-
51 σεται. ἐλθὼν δὲ εἰς τὴν οἰκίαν οὐκ ἀφῆκεν εἰσελθεῖν τινὰ
σὺν αὐτῷ εἰ μὴ Πέτρον καὶ Ἰωάνην καὶ Ἰάκωβον καὶ τὸν
52 πατέρα τῆς παιδὸς καὶ τὴν μητέρα. ἔκλαιον δὲ πάντες καὶ
ἐκόπτοντο αὐτήν. ὁ δὲ εἶπεν Μὴ κλαίετε, οὐ γὰρ ἀπέ-
53 θανεν ἀλλὰ καθεύδει. καὶ κατεγέλων αὐτοῦ, εἰδότες ὅτι
54 ἀπέθανεν. αὐτὸς δὲ κρατήσας τῆς χειρὸς αὐτῆς ἐφώνησεν
55 λέγων Ἡ παῖς, ἔγειρε. καὶ ἐπέστρεψεν τὸ πνεῦμα αὐ-
τῆς, καὶ ἀνέστη παραχρῆμα, καὶ διέταξεν αὐτῇ δοθῆναι
56 φαγεῖν. καὶ ἐξέστησαν οἱ γονεῖς αὐτῆς· ὁ δὲ παρήγγειλεν
αὐτοῖς μηδενὶ εἰπεῖν τὸ γεγονός.

1 Συνκαλεσάμενος δὲ τοὺς δώδεκα ἔδωκεν ⌜αὐτοῖς δύ-
ναμιν⌝ καὶ ἐξουσίαν ἐπὶ πάντα τὰ δαιμόνια καὶ νόσους
2 θεραπεύειν, καὶ ἀπέστειλεν αὐτοὺς κηρύσσειν τὴν βασι-
3 λείαν τοῦ θεοῦ καὶ ἰᾶσθαι, καὶ εἶπεν πρὸς αὐτούς
Μηδὲν αἴρετε εἰς τὴν ὁδόν, μήτε ῥάβδον μήτε πήραν
μήτε ἄρτον μήτε ἀργύριον, μήτε δύο χιτῶνας ἔχειν.
4 καὶ εἰς ἣν ἂν οἰκίαν εἰσέλθητε, ἐκεῖ μένετε καὶ ἐκεῖθεν
5 ἐξέρχεσθε. καὶ ὅσοι ἂν μὴ δέχωνται ὑμᾶς, ἐξερχόμενοι
ἀπὸ τῆς πόλεως ἐκείνης τὸν κονιορτὸν ἀπὸ τῶν ποδῶν
6 ὑμῶν ἀποτινάσσετε εἰς μαρτύριον ἐπ' αὐτούς. Ἐξερχό-
μενοι δὲ διήρχοντο κατὰ τὰς κώμας εὐαγγελιζόμενοι καὶ θε-
7 ραπεύοντες πανταχοῦ. Ἤκουσεν δὲ Ἡρῴδης
ὁ τετραάρχης τὰ γινόμενα πάντα, καὶ διηπόρει διὰ τὸ λέ-
8 γεσθαι ὑπὸ τινῶν ὅτι Ἰωάνης ἠγέρθη ἐκ νεκρῶν, ὑπὸ
τινῶν δὲ ὅτι Ἡλείας ἐφάνη, ἄλλων δὲ ὅτι προφήτης τις
9 τῶν ἀρχαίων ἀνέστη. εἶπεν δὲ [ὁ] Ἡρῴδης Ἰωάνην ἐγὼ

1 δύναμιν αὐτοῖς

48 how she had been cured at once.   And he said to her,

"My daughter, it is your faith that has cured you.   Go in peace."

49   Even as he spoke someone came from the house of the leader of the synagogue and said,

"Your daughter is dead.   Do not trouble the Master any more."

50   But Jesus heard it and said to him,

"Do not be afraid; just have faith, and she will get well."

51   When he reached the house, he let no one go in with him but Peter, John, and James, and the child's father and 52 mother.   And they were all wailing and beating their breasts for her.   But he said,

"Stop wailing!   For she is not dead, she is asleep."

53   And they laughed at him, for they knew that she was 54 dead.   But he grasped her hand and called out,

"Get up, my child!"

55   And her spirit returned and she stood up immediately, 56 and he directed them to give her something to eat.   And her parents were amazed, but he ordered them not to tell anyone what had happened.

9   Then he called the Twelve together, and gave them power 2 and authority over all the demons, and to cure diseases, and he sent them out to proclaim the Kingdom of God and to cure 3 the sick.   He said to them,

"Do not take anything for your journey, no staff nor bag 4 nor bread nor money, nor an extra shirt.   Whatever house you 5 go to stay in, remain there, and start on again from it.   And where they will not welcome you, leave that town and shake off the very dust from your feet as a protest against them." ¿

6   And they set forth and went from village to village, telling the good news and curing people everywhere.

7   Herod the governor heard of all that was happening, and he was perplexed because some people said that John had 8 risen from the dead, and some that Elijah had appeared, and others that one of the ancient prophets had come back to life. 9 But Herod said,

ἀπεκεφάλισα· τίς δέ ἐστιν οὗτος περὶ οὗ ἀκούω τοιαῦ-
10 τα; καὶ ἐζήτει ἰδεῖν αὐτόν. Καὶ ὑποστρέψαν-
τες οἱ ἀπόστολοι διηγήσαντο αὐτῷ ὅσα ἐποίησαν. Καὶ
παραλαβὼν αὐτοὺς ὑπεχώρησεν κατ᾽ ἰδίαν εἰς πόλιν καλου-
11 μένην Βηθσαιδά. οἱ δὲ ὄχλοι γνόντες ἠκολούθησαν αὐτῷ.
καὶ ἀποδεξάμενος αὐτοὺς ἐλάλει αὐτοῖς περὶ τῆς βασιλείας
12 τοῦ θεοῦ, καὶ τοὺς χρείαν ἔχοντας θεραπείας ἰᾶτο. Ἡ δὲ
ἡμέρα ἤρξατο κλίνειν· προσελθόντες δὲ οἱ δώδεκα εἶπαν
αὐτῷ Ἀπόλυσον τὸν ὄχλον, ἵνα πορευθέντες εἰς τὰς κύ-
κλῳ κώμας καὶ ἀγροὺς καταλύσωσιν καὶ εὕρωσιν ἐπισι-
13 τισμόν, ὅτι ὧδε ἐν ἐρήμῳ τόπῳ ἐσμέν. εἶπεν δὲ πρὸς
αὐτούς Δότε αὐτοῖς ⌜φαγεῖν ὑμεῖς⌝. οἱ δὲ εἶπαν Οὐκ εἰ-
σὶν ἡμῖν πλεῖον ἢ ⌜ἄρτοι πέντε⌝ καὶ ἰχθύες δύο, εἰ μήτι
πορευθέντες ἡμεῖς ἀγοράσωμεν εἰς πάντα τὸν λαὸν τοῦτον
14 βρώματα. ἦσαν γὰρ ὡσεὶ ἄνδρες πεντακισχίλιοι. εἶπεν
δὲ πρὸς τοὺς μαθητὰς αὐτοῦ Κατακλίνατε αὐτοὺς κλισίας
15 ὡσεὶ ἀνὰ πεντήκοντα. καὶ ἐποίησαν οὕτως καὶ κατέκλιναν
16 ⌜ἅπαντας⌝. λαβὼν δὲ τοὺς πέντε ἄρτους καὶ τοὺς δύο
ἰχθύας ἀναβλέψας εἰς τὸν οὐρανὸν εὐλόγησεν αὐτοὺς καὶ
κατέκλασεν καὶ ἐδίδου τοῖς μαθηταῖς παραθεῖναι τῷ ὄχλῳ.
17 καὶ ἔφαγον καὶ ἐχορτάσθησαν πάντες, καὶ ἤρθη τὸ περισ-
σεῦσαν αὐτοῖς κλασμάτων κόφινοι δώδεκα.

18 Καὶ ἐγένετο ἐν τῷ εἶναι αὐτὸν προσευχόμενον κατὰ
μόνας ⌜συνῆσαν⌝ αὐτῷ οἱ μαθηταί, καὶ ἐπηρώτησεν αὐτοὺς
19 λέγων Τίνα με οἱ ὄχλοι λέγουσιν εἶναι; οἱ δὲ ἀποκρι-
θέντες εἶπαν Ἰωάνην τὸν βαπτιστήν, ἄλλοι δὲ Ἠλείαν,
20 ἄλλοι δὲ ὅτι προφήτης τις τῶν ἀρχαίων ἀνέστη. εἶπεν
δὲ αὐτοῖς Ὑμεῖς δὲ τίνα με λέγετε εἶναι; Πέτρος δὲ
21 ἀποκριθεὶς εἶπεν Τὸν χριστὸν τοῦ θεοῦ. ὁ δὲ ἐπιτιμή-
22 σας αὐτοῖς παρήγγειλεν μηδενὶ λέγειν τοῦτο, εἰπὼν ὅτι
Δεῖ τὸν υἱὸν τοῦ ἀνθρώπου πολλὰ παθεῖν καὶ ἀποδοκιμα-
σθῆναι ἀπὸ τῶν πρεσβυτέρων καὶ ἀρχιερέων καὶ γραμ-
ματέων καὶ ἀποκτανθῆναι καὶ τῇ τρίτῃ ἡμέρᾳ ⌜ἐγερ-

13 ὑμεῖς φαγεῖν | πέντε ἄρτοι   15 πάντας   18 συνήντησαν

"John I have beheaded, but who can this be about whom I hear such reports?"

And he endeavored to see him.

10   Then the apostles came back and told Jesus what they had done. And he took them and quietly retired to a town 11 called Bethsaida. But the crowds learned of it and followed him, and he welcomed them and spoke to them about the Kingdom of God, and he cured those who needed to be cured.

12 When the day began to decline, the Twelve came up and said to him,

"Send the crowd away to the villages and farms around to find food and shelter, for we are in a lonely place here."

13   But he said to them,

"Give them food yourselves!"

And they said,

"We have only five loaves and two fish, unless we go 14 ourselves and buy food for all these people." For there were about five thousand men.

But he said to his disciples,

"Have them sit down in groups of about fifty each."

15   And they did so, and made them all sit down. Then he 16 took the five loaves and the two fish and looked up to heaven and blessed them, and he broke them in pieces and gave them 17 to the disciples to pass to the people. And they all ate and had enough, and the pieces left over that were gathered up filled twelve baskets.

18   Once when he was praying by himself, with only the disciples near him, he asked them,

"Who do the people say that I am?"

19   They answered,

"John the Baptist, though others say Elijah, and others that one of the old prophets has come back to life."

20   And he said to them,

"But who do you say that I am?"

Peter answered,

"The Christ of God!"

21   But he warned them particularly not to tell this to 22 anyone, and said,

"The Son of Man must endure great suffering and be refused by the elders, the high priests, and the scribes, and be killed, and be raised to life on the third day."

23 θῆναι⌉. Ἔλεγεν δὲ πρὸς πάντας Εἴ τις θέλει ὀπίσω
μου ἔρχεσθαι, ⌈ἀρνησάσθω⌉ ἑαυτὸν καὶ ἀράτω τὸν σταυρὸν
24 αὐτοῦ καθ᾽ ἡμέραν, καὶ ἀκολουθείτω μοι. ὃς γὰρ ἂν
θέλῃ τὴν ψυχὴν αὐτοῦ σῶσαι, ἀπολέσει αὐτήν· ὃς δ᾽ ἂν
ἀπολέσῃ τὴν ψυχὴν αὐτοῦ ἕνεκεν ἐμοῦ, οὗτος σώσει αὐτήν.
25 τί γὰρ ⌈ὠφελεῖται⌉ ἄνθρωπος κερδήσας τὸν κόσμον ὅλον
26 ἑαυτὸν δὲ ἀπολέσας ἢ ζημιωθείς; ὃς γὰρ ἂν ἐπαισχυνθῇ
με καὶ τοὺς ἐμοὺς λόγους, τοῦτον ὁ υἱὸς τοῦ ἀνθρώπου
ἐπαισχυνθήσεται, ὅταν ἔλθῃ ἐν τῇ δόξῃ αὐτοῦ καὶ τοῦ
27 πατρὸς καὶ τῶν ἁγίων ἀγγέλων. Λέγω δὲ ὑμῖν ἀληθῶς,
εἰσίν τινες τῶν αὐτοῦ ἑστηκότων οἳ οὐ μὴ γεύσωνται θανά-
του ἕως ἂν ἴδωσιν τὴν βασιλείαν τοῦ θεοῦ.

28 Ἐγένετο δὲ μετὰ τοὺς λόγους τούτους ὡσεὶ ἡμέραι
ὀκτὼ ᵀ παραλαβὼν Πέτρον καὶ Ἰωάνην καὶ Ἰάκωβον ἀνέ-
29 βη εἰς τὸ ὄρος προσεύξασθαι. καὶ ἐγένετο ἐν τῷ προσ-
εύχεσθαι αὐτὸν τὸ εἶδος τοῦ προσώπου αὐτοῦ ἕτερον καὶ
30 ὁ ἱματισμὸς αὐτοῦ λευκὸς ἐξαστράπτων. καὶ ἰδοὺ ἄν-
δρες δύο συνελάλουν αὐτῷ, οἵτινες ἦσαν Μωυσῆς καὶ
31 Ἠλείας, οἳ ὀφθέντες ἐν δόξῃ ἔλεγον τὴν ἔξοδον αὐτοῦ ἣν
32 ἤμελλεν πληροῦν ἐν Ἰερουσαλήμ. ὁ δὲ Πέτρος καὶ οἱ
σὺν αὐτῷ ἦσαν βεβαρημένοι ὕπνῳ· διαγρηγορήσαντες δὲ
εἶδαν τὴν δόξαν αὐτοῦ καὶ τοὺς δύο ἄνδρας τοὺς συνε-
33 στῶτας αὐτῷ. καὶ ἐγένετο ἐν τῷ διαχωρίζεσθαι αὐτοὺς
ἀπ᾽ αὐτοῦ εἶπεν ὁ Πέτρος πρὸς τὸν Ἰησοῦν Ἐπιστάτα,
καλόν ἐστιν ἡμᾶς ὧδε εἶναι, καὶ ποιήσωμεν σκηνὰς τρεῖς,
μίαν σοὶ καὶ μίαν Μωυσεῖ καὶ μίαν Ἠλείᾳ, μὴ εἰδὼς ὃ
34 λέγει. ταῦτα δὲ αὐτοῦ λέγοντος ἐγένετο νεφέλη καὶ ἐπε-
σκίαζεν αὐτούς· ἐφοβήθησαν δὲ ἐν τῷ εἰσελθεῖν αὐτοὺς
35 εἰς τὴν νεφέλην. καὶ φωνὴ ἐγένετο ἐκ τῆς νεφέλης λέ-
γουσα Οὗτός ἐστιν ὁ υἱός μου ὁ ἐκλελεγμένος, αὐτοῦ
36 ἀκούετε. καὶ ἐν τῷ γενέσθαι τὴν φωνὴν εὑρέθη Ἰησοῦς
μόνος. καὶ αὐτοὶ ἐσίγησαν καὶ οὐδενὶ ἀπήγγειλαν ἐν ἐκεί-
ναις ταῖς ἡμέραις οὐδὲν ὧν ἑώρακαν.

22 ἀναστῆναι   23 ἀπαρνησάσθω   25 ὠφελεῖ   28 καὶ

23   And he said to everyone,

"If anyone wants to go with me, he must disregard
24 himself, and take his cross day after day and follow me.   For
whoever wants to preserve his life will lose it, and whoever
25 loses his life for me will preserve it.   What good does it do
a man to gain the whole world and lose or forfeit himself?
26 For if anyone is ashamed of me and my teaching the Son of
Man will be ashamed of him, when he comes in his glory and
27 the glory of his Father and of the holy angels.   I tell you,
some of you who stand here will certainly not taste death un-
til they see the Kingdom of God!"

28   It was about eight days after Jesus said this that he took
Peter, John, and James, and went up on the mountain to pray.
29 And as he was praying, the look of his face changed and his
30 clothes turned dazzling white.   And two men were talking
31 with him.   They were Moses and Elijah, and they appeared
in glory and spoke of his departure which he was to go
32 through with at Jerusalem.   Peter and his companions had
been overcome by sleep, but waking up they saw his glorious
33 appearance and the two men standing by him.   Just as they
were parting from him, Peter said to Jesus,

"Master, how good it is that we are here!   Let us put
up three huts, one for you and one for Moses and one for
Elijah!"   For he did not know what he was saying.

34   But as he said it, a cloud came and overshadowed them,
and they were frightened as they passed under the cloud.
35 And from the cloud came a voice that said,

"This is my Son, my Chosen!   Listen to him!"

36   At the sound of the voice, they saw that Jesus was alone.
And they kept silence, and said nothing about what they had
seen to anyone at that time.

37 Ἐγένετο δὲ τῇ ἑξῆς ἡμέρᾳ κατελθόντων αὐτῶν ἀπὸ
38 τοῦ ὄρους συνήντησεν αὐτῷ ὄχλος πολύς. καὶ ἰδοὺ ἀνὴρ
ἀπὸ τοῦ ὄχλου ἐβόησεν λέγων Διδάσκαλε, δέομαί σου
ἐπιβλέψαι ἐπὶ τὸν υἱόν μου, ὅτι μονογενής μοί ἐστιν,
39 καὶ ἰδοὺ πνεῦμα λαμβάνει αὐτόν, καὶ ἐξέφνης κράζει,
καὶ σπαράσσει αὐτὸν μετὰ ἀφροῦ καὶ μόλις ἀποχωρεῖ
40 ἀπ᾽ αὐτοῦ συντρῖβον αὐτόν· καὶ ἐδεήθην τῶν μαθητῶν
41 σου ἵνα ἐκβάλωσιν αὐτό, καὶ οὐκ ἠδυνήθησαν. ἀπο-
κριθεὶς δὲ ὁ Ἰησοῦς εἶπεν Ὦ γενεὰ ἄπιστος καὶ διε-
στραμμένη, ἕως πότε ἔσομαι πρὸς ὑμᾶς καὶ ἀνέξομαι
42 ὑμῶν; προσάγαγε ὧδε τὸν υἱόν σου. ἔτι δὲ προσερχο-
μένου αὐτοῦ ἔρρηξεν αὐτὸν τὸ δαιμόνιον καὶ συνεσπάρα-
ξεν· ἐπετίμησεν δὲ ὁ Ἰησοῦς τῷ πνεύματι τῷ ἀκαθάρτῳ,
καὶ ἰάσατο τὸν παῖδα καὶ ἀπέδωκεν αὐτὸν τῷ πατρὶ
43 αὐτοῦ. ἐξεπλήσσοντο δὲ πάντες ἐπὶ τῇ μεγαλειότητι τοῦ
θεοῦ.

Πάντων δὲ θαυμαζόντων ἐπὶ πᾶσιν οἷς ἐποίει εἶπεν
44 πρὸς τοὺς μαθητὰς αὐτοῦ Θέσθε ὑμεῖς εἰς τὰ ὦτα ὑμῶν
τοὺς λόγους τούτους, ὁ γὰρ υἱὸς τοῦ ἀνθρώπου μέλλει
45 παραδίδοσθαι εἰς χεῖρας ἀνθρώπων. οἱ δὲ ἠγνόουν τὸ
ῥῆμα τοῦτο, καὶ ἦν παρακεκαλυμμένον ἀπ᾽ αὐτῶν ἵνα μὴ
αἴσθωνται αὐτό, καὶ ἐφοβοῦντο ἐρωτῆσαι αὐτὸν περὶ τοῦ
46 ῥήματος τούτου. Εἰσῆλθεν δὲ διαλογισμὸς ἐν
47 αὐτοῖς, τὸ τίς ἂν εἴη μείζων αὐτῶν. ὁ δὲ Ἰησοῦς ⌜εἰδὼς⌝
τὸν διαλογισμὸν τῆς καρδίας αὐτῶν ἐπιλαβόμενος παι-
48 δίον ἔστησεν αὐτὸ παρ᾽ ἑαυτῷ, καὶ εἶπεν αὐτοῖς Ὃς ἂν
δέξηται τοῦτο τὸ παιδίον ἐπὶ τῷ ὀνόματί μου ἐμὲ δέχε-
ται, καὶ ὃς ἂν ἐμὲ δέξηται δέχεται τὸν ἀποστείλαντά με·
ὁ γὰρ μικρότερος ἐν πᾶσιν ὑμῖν ὑπάρχων οὗτός ἐστιν
49 μέγας. Ἀποκριθεὶς δὲ Ἰωάνης εἶπεν Ἐπι-
στάτα, εἴδαμέν τινα ἐν τῷ ὀνόματί σου ἐκβάλλοντα δαι-
μόνια, καὶ ἐκωλύομεν αὐτὸν ὅτι οὐκ ἀκολουθεῖ μεθ᾽ ἡμῶν.

47 ἰδὼν

37 The next day, when they had come down from the moun-
38 tain, a great crowd met him. And a man in the crowd
shouted,

"Master, I beg you to look at my son, for he is my only
39 child, and all at once a spirit seizes him, and he suddenly
cries out, and it convulses him until he foams at the mouth,
40 and it leaves him, after a struggle, badly bruised. And I
begged your disciples to drive it out, and they could not."

41 Jesus answered,

"O you unbelieving, obstinate people! How long must
I be with you and put up with you? Bring your son here!"

42 Even while the boy was coming, the demon threw him
down and convulsed him, but Jesus reproved the foul spirit
43 and cured the boy and gave him back to his father. And
they were all amazed at the power of God.

While everybody was full of wonder at all that he was
doing, he said to his disciples,

44 "You must store up these teachings in your minds, for
the Son of Man is going to be handed over to men."

45 But they did not understand what he meant, indeed it
was concealed from them, in order that they might not
comprehend it, and they were afraid to ask him what he
meant.

46 A discussion arose among them as to which of them
47 would be the greatest. But Jesus knew the question that
was in their minds and he took a child and made him stand by
48 his side, and said to them,

"Whoever welcomes this child on my account is welcom-
ing me, and whoever welcomes me, welcomes him who has
sent me. For it is the lowliest among you all who is really
great."

49 John answered,

"Master, we saw a man driving out demons with your
name, and we told him not to do so, for he does not go
with us."

50 εἶπεν δὲ πρὸς αὐτὸν Ἰησοῦς Μὴ κωλύετε, ὃς γὰρ οὐκ ἔ-
στιν καθ᾽ ὑμῶν ὑπὲρ ὑμῶν ἐστίν.

51 Ἐγένετο δὲ ἐν τῷ συμπληροῦσθαι τὰς ἡμέρας τῆς ἀνα-
λήμψεως αὐτοῦ καὶ αὐτὸς τὸ πρόσωπον ἐστήρισεν τοῦ
52 πορεύεσθαι εἰς Ἰερουσαλήμ, καὶ ἀπέστειλεν ἀγγέλους πρὸ
προσώπου αὐτοῦ. Καὶ πορευθέντες εἰσῆλθον εἰς κώμην
53 Σαμαρειτῶν, ὡς ἑτοιμάσαι αὐτῷ· καὶ οὐκ ἐδέξαντο αὐτόν,
ὅτι τὸ πρόσωπον αὐτοῦ ἦν πορευόμενον εἰς Ἰερουσαλήμ.
54 ἰδόντες δὲ οἱ μαθηταὶ Ἰάκωβος καὶ Ἰωάνης εἶπαν Κύριε,
θέλεις εἴπωμεν πῦρ καταβῆναι ἀπὸ τοῦ οὐρανοῦ καὶ
55 ἀναλῶσαι αὐτούς; στραφεὶς δὲ ἐπετίμησεν αὐτοῖς. καὶ
56 ἐπορεύθησαν εἰς ἑτέραν κώμην.
57 Καὶ πορευομένων αὐτῶν ἐν τῇ ὁδῷ εἶπέν τις πρὸς
58 αὐτόν Ἀκολουθήσω σοι ὅπου ἐὰν ἀπέρχῃ. καὶ εἶπεν
αὐτῷ [ὁ] Ἰησοῦς Αἱ ἀλώπεκες φωλεοὺς ἔχουσιν καὶ τὰ
πετεινὰ τοῦ οὐρανοῦ κατασκηνώσεις, ὁ δὲ υἱὸς τοῦ ἀνθρώ-
59 που οὐκ ἔχει ποῦ τὴν κεφαλὴν κλίνῃ. Εἶπεν δὲ πρὸς
ἕτερον Ἀκολούθει μοι. ὁ δὲ εἶπεν ⌐Ἐπίτρεψόν⌐ μοι πρῶ-
60 τον ἀπελθόντι θάψαι τὸν πατέρα μου. εἶπεν δὲ αὐτῷ
Ἄφες τοὺς νεκροὺς θάψαι τοὺς ἑαυτῶν νεκρούς, σὺ δὲ ἀπελ-
61 θὼν διάγγελλε τὴν βασιλείαν τοῦ θεοῦ. εἶπεν δὲ καὶ ἕτε-
ρος Ἀκολουθήσω σοι, κύριε· πρῶτον δὲ ἐπίτρεψόν μοι ἀπο-
62 τάξασθαι τοῖς εἰς τὸν οἶκόν μου. εἶπεν δὲ [πρὸς αὐτὸν]
ὁ Ἰησοῦς Οὐδεὶς ἐπιβαλὼν τὴν χεῖρα ἐπ᾽ ἄροτρον καὶ
βλέπων εἰς τὰ ὀπίσω εὔθετός ἐστιν τῇ βασιλείᾳ τοῦ θεοῦ.
1 Μετὰ δὲ ταῦτα ἀνέδειξεν ὁ κύριος ἑτέρους ἑβδομήκοντα
[δύο] καὶ ἀπέστειλεν αὐτοὺς ἀνὰ δύο [δύο] πρὸ προσώπου
αὐτοῦ εἰς πᾶσαν πόλιν καὶ τόπον οὗ ἤμελλεν αὐτὸς ἔρχε-
2 σθαι. ἔλεγεν δὲ πρὸς αὐτούς Ὁ μὲν θερισμὸς πολύς, οἱ
δὲ ἐργάται ὀλίγοι· δεήθητε οὖν τοῦ κυρίου τοῦ θερισμοῦ

59 Κύριε, ἐπίτρεψόν

50   Jesus said to him,

"Do not try to stop him, for the man who is not against you is for you."

51   As the time approached when he was to be taken up 52 to heaven, he set his face toward Jerusalem, and sent messen- 53 gers before him.   They started out and went into a Samaritan village, to make preparations for him.   And the people there would not receive him, because he was going to 54 Jerusalem.   When the disciples, James and John, saw this, they said,

"Master, will you have us order fire to come down from heaven and consume them?"

55
56   But he turned and reproved them.   And they went on to another village.

57   As they were going along the road, a man said to him,

"I will follow you wherever you go."

58   Jesus said to him,

"Foxes have holes, and wild birds have nests, but the Son of Man has nowhere to lay his head!"

59   He said to another,

"Follow me."

But he said,

"Let me first go and bury my father."

60   Jesus said to him,

"Leave the dead to bury their own dead; you must go and spread the news of the Kingdom of God!"

61   Yet another man said to him,

"Lord, I am going to follow you, but let me first say goodbye to my people at home."

62   Jesus said to him,

"No one who puts his hand to the plough, and then looks back, is fitted for the Kingdom of God."

10   After this the Lord appointed seventy-two others, and sent them on before him, two by two, to every town or place 2 to which he intended to come.   And he said to them,

"The harvest is abundant enough, but the reapers are few.   So pray to the owner of the harvest to send reapers

3 ὅπως ἐργάτας ἐκβάλῃ εἰς τὸν θερισμὸν αὐτοῦ. ὑπάγετε·
4 ἰδοὺ ἀποστέλλω ὑμᾶς ὡς ἄρνας ἐν μέσῳ λύκων. μὴ βα-
στάζετε βαλλάντιον, μὴ πήραν, μὴ ὑποδήματα, καὶ μηδέ-
5 να κατὰ τὴν ὁδὸν ἀσπάσησθε. εἰς ἣν δ᾽ ἂν εἰσέλθητε
6 οἰκίαν πρῶτον λέγετε Εἰρήνη τῷ οἴκῳ τούτῳ. καὶ ἐὰν
⌈ἐκεῖ ᾖ⌉ υἱὸς εἰρήνης, ἐπαναπαήσεται ἐπ᾽ αὐτὸν ἡ εἰρή-
7 νη ὑμῶν· εἰ δὲ μήγε, ἐφ᾽ ὑμᾶς ἀνακάμψει. ἐν αὐτῇ δὲ
τῇ οἰκίᾳ μένετε, ἔσθοντες καὶ πίνοντες τὰ παρ᾽ αὐτῶν,
ἄξιος γὰρ ὁ ἐργάτης τοῦ μισθοῦ αὐτοῦ. μὴ μεταβαίνετε ἐξ
8 οἰκίας εἰς οἰκίαν. καὶ εἰς ἣν ἂν πόλιν εἰσέρχησθε καὶ
9 δέχωνται ὑμᾶς, ἐσθίετε τὰ παρατιθέμενα ὑμῖν, καὶ θερα-
πεύετε τοὺς ἐν αὐτῇ ἀσθενεῖς, καὶ λέγετε αὐτοῖς Ἤγγικεν
10 ἐφ᾽ ὑμᾶς ἡ βασιλεία τοῦ θεοῦ. εἰς ἣν δ᾽ ἂν πόλιν εἰσέλ-
θητε καὶ μὴ δέχωνται ὑμᾶς, ἐξελθόντες εἰς τὰς πλατείας
11 αὐτῆς εἴπατε Καὶ τὸν κονιορτὸν τὸν κολληθέντα ἡμῖν
ἐκ τῆς πόλεως ὑμῶν εἰς τοὺς πόδας ἀπομασσόμεθα ὑμῖν·
πλὴν τοῦτο γινώσκετε ὅτι ἤγγικεν ἡ βασιλεία τοῦ θεοῦ.
12 λέγω ὑμῖν ὅτι Σοδόμοις ἐν τῇ ἡμέρᾳ ἐκείνῃ ἀνεκτότερον
13 ἔσται ἢ τῇ πόλει ἐκείνῃ. Οὐαί σοι, Χοραζείν· οὐαί σοι,
Βηθσαιδά· ὅτι εἰ ἐν Τύρῳ καὶ Σιδῶνι ἐγενήθη⌊σ⌋αν αἱ
δυνάμεις αἱ γενόμεναι ἐν ὑμῖν, πάλαι ἂν ἐν σάκκῳ καὶ
14 σποδῷ καθήμενοι μετενόησαν. πλὴν Τύρῳ καὶ Σιδῶνι
15 ἀνεκτότερον ἔσται ἐν τῇ κρίσει ἢ ὑμῖν. Καὶ σύ, Καφαρ-
ναούμ, μὴ ἕως ΟΥΡΑΝΟΥ ΥΨΩΘΗΣῌ; ἕως ΤΟΥ ᾅΔΟΥ
16 ⌈ΚΑΤΑΒΗΣῌ⌉. Ὁ ἀκούων ὑμῶν ἐμοῦ ἀκούει, καὶ ὁ ἀθε-
τῶν ὑμᾶς ἐμὲ ἀθετεῖ· ὁ δὲ ἐμὲ ἀθετῶν ἀθετεῖ τὸν ἀπο-
17 στείλαντά με. Ὑπέστρεψαν δὲ οἱ ἑβδομήκον-
τα [δύο] μετὰ χαρᾶς λέγοντες Κύριε, καὶ τὰ δαιμόνια
18 ὑποτάσσεται ἡμῖν ἐν τῷ ὀνόματί σου. εἶπεν δὲ αὐ-
τοῖς Ἐθεώρουν τὸν Σατανᾶν ⌈ὡς ἀστραπὴν ἐκ τοῦ οὐ-
19 ρανοῦ⌉ πεσόντα. ἰδοὺ δέδωκα ὑμῖν τὴν ἐξουσίαν τοῦ
ΠΑΤΕΙΝ ἘΠΑΝΩ ὈΦΕΩΝ ΚΑΙ ΣΚΟΡΠΙΩΝ, καὶ ἐπὶ πᾶσαν τὴν
δύναμιν τοῦ ἐχθροῦ, καὶ οὐδὲν ὑμᾶς οὐ μὴ ⌈ἀδικήσει⌉.

6 ᾖ ἐκεῖ   15 καταβιβασθήσῃ   18 ἐκ τοῦ οὐρανοῦ ὡς ἀστραπὴν

3 to gather it. Now go. Here I send you out like lambs
4 among wolves. Carry no purse nor wallet nor shoes, and do
not stop to exchange civilities with anyone on the way.
5 Whenever you go to stay at a house, first say, 'Peace to this
6 household!' If there is anyone there who loves peace, your
blessing will rest upon him, but if there is not, it will come
7 back to you. Stay at the same house, eating and drinking
what they offer you, for the workman deserves his pay. Do
8 not change from one house to another. Whenever you come
to a town and they welcome you, eat what is offered you,
9 and cure the sick there, and say to them, 'The Kingdom of
10 God is close upon you!' But whenever you come to a town
and they do not welcome you, go out into the open streets
11 and say, 'The very dust of your town that sticks to our feet
we wipe off in protest. But understand this: the Kingdom
12 of God is at hand!' I tell you, on that Day Sodom will fare
13 better than that town! Alas for you, Chorazin! Alas for
you, Bethsaida! For if the wonders that have been done in
you had been done in Tyre and Sidon, they would have
14 repented long ago, sitting in sackcloth and ashes! But Tyre
15 and Sidon will fare better than you at the Judgment! And
you, Capernaum! Are you to be exalted to the skies?
16 You will go down among the dead! Whoever listens to you
listens to me, and whoever disregards you disregards me,
and whoever disregards me disregards him who sent me."
17   The seventy-two came back delighted, and said,
       "Lord, when we use your name the very demons submit
to us!"
18   He said to them,
       "I saw Satan fall from heaven like a flash of lightning!
19 Here I have given you the power to tread on snakes and scor-
pions, and to trample on all the power of the enemy. Nothing

20 πλὴν ἐν τούτῳ μὴ χαίρετε ὅτι τὰ πνεύματα ὑμῖν ὑποτάσ-
σεται, χαίρετε δὲ ὅτι τὰ ὀνόματα ὑμῶν ἐνγέγραπται ἐν
21 τοῖς οὐρανοῖς.   Ἐν αὐτῇ τῇ ὥρᾳ ἠγαλλιάσατο
τῷ πνεύματι τῷ ἁγίῳ καὶ εἶπεν Ἐξομολογοῦμαί σοι,
πάτερ κύριε τοῦ οὐρανοῦ καὶ τῆς γῆς, ὅτι ἀπέκρυψας
ταῦτα ἀπὸ σοφῶν καὶ συνετῶν, καὶ ἀπεκάλυψας αὐτὰ νη-
πίοις· ναί, ὁ πατήρ, ὅτι οὕτως εὐδοκία ἐγένετο ἔμπροσθέν
22 σου.   Πάντα μοι παρεδόθη ὑπὸ τοῦ πατρός μου, καὶ
οὐδεὶς γινώσκει τίς ἐστιν ὁ υἱὸς εἰ μὴ ὁ πατήρ, καὶ τίς
ἐστιν ὁ πατὴρ εἰ μὴ ὁ υἱὸς καὶ ᾧ ἂν βούληται ὁ υἱὸς
23 ἀποκαλύψαι.   Καὶ στραφεὶς πρὸς τοὺς μαθητὰς κατ᾽ ἰδίαν
εἶπεν   Μακάριοι οἱ ὀφθαλμοὶ οἱ βλέποντες ἃ βλέπετε.
24 λέγω γὰρ ὑμῖν ὅτι πολλοὶ προφῆται καὶ βασιλεῖς ἠθέ-
λησαν ἰδεῖν ἃ ὑμεῖς βλέπετε καὶ οὐκ εἶδαν, καὶ ἀκοῦσαι ἃ
ἀκούετε καὶ οὐκ ἤκουσαν.

25   Καὶ ἰδοὺ νομικός τις ἀνέστη ἐκπειράζων αὐτὸν λέ-
γων   Διδάσκαλε, τί ποιήσας ζωὴν αἰώνιον κληρονομήσω;
26 ὁ δὲ εἶπεν πρὸς αὐτόν   Ἐν τῷ νόμῳ τί γέγραπται; πῶς
27 ἀναγινώσκεις; ὁ δὲ ἀποκριθεὶς εἶπεν   Ἀγαπήϲειϲ Κύριον
τὸν ⌈θεόν ϲου⌉ ἐξ ὅληϲ ᵀ καρδίαϲ ϲου καὶ ἐν ὅλῃ τῇ
ψυχῇ ϲου καὶ ἐν ὅλῃ τῇ ἰϲχύϊ ϲου καὶ ἐν ὅλῃ τῇ δια-
28 νοίᾳ ϲου, καὶ τὸν πληϲίον ϲου ὡϲ ϲεαυτόν.   εἶπεν δὲ
29 αὐτῷ   Ὀρθῶς ἀπεκρίθης· τοῦτο ποίει καὶ ζήϲῃ.   Ὁ δὲ
θέλων δικαιῶσαι ἑαυτὸν εἶπεν πρὸς τὸν Ἰησοῦν   Καὶ τίς
30 ἐστίν μου πλησίον; ὑπολαβὼν ὁ Ἰησοῦς εἶπεν   Ἄνθρω-
πός τις κατέβαινεν ἀπὸ Ἰερουσαλὴμ εἰς Ἰερειχὼ καὶ λῃ-
σταῖς περιέπεσεν, οἳ καὶ ἐκδύσαντες αὐτὸν καὶ πληγὰς
31 ἐπιθέντες ἀπῆλθον ἀφέντες ἡμιθανῆ.   κατὰ συγκυρίαν δὲ
ἱερεύς τις κατέβαινεν [ἐν] τῇ ὁδῷ ἐκείνῃ, καὶ ἰδὼν αὐτὸν
32 ἀντιπαρῆλθεν· ὁμοίως δὲ καὶ Λευείτης κατὰ τὸν τόπον
33 ἐλθὼν καὶ ἰδὼν ἀντιπαρῆλθεν.   Σαμαρείτης δέ τις ὁδεύων
34 ἦλθεν κατ᾽ αὐτὸν καὶ ἰδὼν ἐσπλαγχνίσθη, καὶ προσελθὼν
κατέδησεν τὰ τραύματα αὐτοῦ ἐπιχέων ἔλαιον καὶ οἶνον,

19 ἀδικήσῃ   27 θεὸν   τῆς

20 will hurt you at all. But do not be glad that the spirits submit to you, but be glad that your names are enrolled in heaven."

21 At that moment he was inspired with joy, and said, "I thank you, Father, Lord of heaven and earth, for hiding all this from the learned and intelligent, and revealing it to children! Yes, I thank you, Father, for choosing to have

22 it so! Everything has been handed over to me by my Father, and no one knows who the Son is but the Father, nor who the Father is but the Son, and anyone to whom the Son chooses to reveal him."

23 And he turned to his disciples when they were alone, and said,

24 "Blessed are the eyes that see what you see! For I tell you, many prophets and kings have wished to see what you see, and could not see it, and to hear what you hear, and could not hear it!"

25 Then an expert in the Law got up to test him and said, "Master, what must I do to make sure of eternal life?"

26 Jesus said to him, "What does the Law say? How does it read?"

27 He answered, " 'You must love the Lord your God with your whole heart, your whole soul, your whole strength, and your whole mind,' and 'your neighbor as you do yourself.' "

28 Jesus said to him, "You are right. Do that, and you will live."

29 But he, wishing to justify his question, said, "And who is my neighbor?"

30 Jesus replied, "A man was on his way down from Jerusalem to Jericho, when he fell into the hands of robbers, and they stripped him

31 and beat him and went off leaving him half dead. Now a priest happened to be going that way, and when he saw him,

32 he went by on the other side of the road. And a Levite also came to the place, and when he saw him, he went by on the

33 other side. But a Samaritan who was traveling that way

34 came upon him, and when he saw him he pitied him, and he went up to him and dressed his wounds with oil and wine

ἐπιβιβάσας δὲ αὐτὸν ἐπὶ τὸ ἴδιον κτῆνος ἤγαγεν αὐτὸν εἰς
35 πανδοχεῖον καὶ ἐπεμελήθη αὐτοῦ. . καὶ ἐπὶ τὴν αὔριον ἐκ-
βαλὼν ⌜δύο δηνάρια ἔδωκεν⌝ τῷ πανδοχεῖ καὶ εἶπεν Ἐπι-
μελήθητι αὐτοῦ, καὶ ὅτι ἂν προσδαπανήσῃς ἐγὼ ἐν τῷ
36 ἐπανέρχεσθαί με ἀποδώσω σοι. τίς τούτων τῶν τριῶν
πλησίον δοκεῖ σοι γεγονέναι τοῦ ἐμπεσόντος εἰς τοὺς λῃ-
37 στάς; ὁ δὲ εἶπεν Ὁ ποιήσας τὸ ἔλεος μετ' αὐτοῦ. εἶπεν
δὲ αὐτῷ [ὁ] Ἰησοῦς Πορεύου καὶ σὺ ποίει ὁμοίως.

38 Ἐν δὲ τῷ πορεύεσθαι αὐτοὺς αὐτὸς εἰσῆλθεν εἰς κώμην
τινά· γυνὴ δέ τις ὀνόματι Μάρθα ὑπεδέξατο αὐτὸν ⌜εἰς τὴν
39 οἰκίαν⌝. καὶ τῇδε ἦν ἀδελφὴ καλουμένη Μαριάμ, [ἣ] καὶ
παρακαθεσθεῖσα πρὸς τοὺς πόδας τοῦ κυρίου ἤκουεν τὸν λό-
40 γον αὐτοῦ. ἡ δὲ Μάρθα περιεσπᾶτο περὶ πολλὴν διακονί-
αν· ἐπιστᾶσα δὲ εἶπεν Κύριε, οὐ μέλει σοι ὅτι ἡ ἀδελφή
μου μόνην με κατέλειπεν διακονεῖν; εἰπὸν οὖν αὐτῇ ἵνα
41 μοι συναντιλάβηται. ἀποκριθεὶς δὲ εἶπεν αὐτῇ ὁ κύριος
Μάρθα Μάρθα, ⌜μεριμνᾷς καὶ θορυβάζῃ περὶ πολλά, ὀλί-
42 γων δέ ἐστιν χρεία ἢ ἑνός· Μαριὰμ γὰρ⌝ τὴν ἀγαθὴν
μερίδα ἐξελέξατο ἥτις οὐκ ἀφαιρεθήσεται αὐτῆς.

1 Καὶ ἐγένετο ἐν τῷ εἶναι αὐτὸν ἐν τόπῳ τινὶ προσευχό-
μενον, ὡς ἐπαύσατο, εἶπέν τις τῶν μαθητῶν αὐτοῦ πρὸς
αὐτόν Κύριε, δίδαξον ἡμᾶς προσεύχεσθαι, καθὼς καὶ
2 Ἰωάνης ἐδίδαξεν τοὺς μαθητὰς αὐτοῦ. εἶπεν δὲ αὐτοῖς
Ὅταν προσεύχησθε, λέγετε Πάτερ, ἁγιασθήτω τὸ ὄνομά
3 σου· ἐλθάτω ἡ βασιλεία σου· τὸν ἄρτον ἡμῶν τὸν ἐπιού-
4 σιον δίδου ἡμῖν τὸ καθ' ἡμέραν· καὶ ἄφες ἡμῖν τὰς ἁμαρ-
τίας ἡμῶν, καὶ γὰρ αὐτοὶ ἀφίομεν παντὶ ὀφείλοντι ἡμῖν·
5 καὶ μὴ εἰσενέγκῃς ἡμᾶς εἰς πειρασμόν. Καὶ
εἶπεν πρὸς αὐτούς Τίς ἐξ ὑμῶν ἕξει φίλον καὶ πορεύσε-
ται πρὸς αὐτὸν μεσονυκτίου καὶ εἴπῃ αὐτῷ Φίλε, χρῆσόν
6 μοι τρεῖς ἄρτους, ἐπειδὴ φίλος μου παρεγένετο ἐξ ὁδοῦ
7 πρός με καὶ οὐκ ἔχω ὃ παραθήσω αὐτῷ· κἀκεῖνος ἔσωθεν

35 ἔδωκεν δύο δηνάρια   38 [εἰς τὸν οἶκον αὐτῆς]   41 θορυβάζῃ· Μαριὰμ

and bound them up. And he put him on his own mule and
35 brought him to an inn and took care of him.   The next day he
took out two dollars and gave them to the innkeeper and said,
'Take care of him, and whatever more you spend I will pay
36 you for on my way back.'   Which of these three do you think
proved himself a neighbor to the man who fell into the rob-
bers' hands?''

37   He said,
"The man who took pity on him."
Jesus said to him,
"Go and do so yourself!"

38   As they continued their journey, he came to a certain
village, and a woman named Martha welcomed him to her
39 house.   She had a sister named Mary, who seated herself
40 at the Master's feet, and listened to what he was saying.   But
Martha was worried with all she had to do for them, and she
came up and said,
"Master, does it make no difference to you that my sister
has left me to do all the work alone?   Tell her to help me."

41   The Master answered,
"Martha, Martha, you are worried and anxious about
42 many things, but our wants are few, indeed there is only
one thing we need.   For Mary has chosen the right thing,
and it must not be taken away from her."

11   Once as he was praying in a certain place, when he
stopped, one of his disciples said to him,
"Lord, teach us to pray, as John taught his disciples."

2   He said to them,
"When you pray, say, 'Father, your name be revered!
3 Your kingdom come!   Give us each day our bread for the
4 day, and forgive us our sins, for we ourselves forgive anyone
who is our debtor; and do not subject us to temptation.' "

5   And he said to them,
"Suppose one of you has a friend, and goes to him in the
middle of the night, and says to him, 'Friend, lend me three
6 loaves, for a friend of mine has just come to my house after a
7 journey, and I have nothing for him to eat,' and he answers

ἀποκριθεὶς εἴπῃ Μή μοι κόπους πάρεχε· ἤδη ἡ θύρα
κέκλεισται, καὶ τὰ παιδία μου μετ᾽ ἐμοῦ εἰς τὴν κοίτην
8 εἰσίν· οὐ δύναμαι ἀναστὰς δοῦναί σοι. λέγω ὑμῖν, εἰ καὶ
οὐ δώσει αὐτῷ ἀναστὰς διὰ τὸ εἶναι φίλον αὐτοῦ, διά γε
τὴν ἀναιδίαν αὐτοῦ ἐγερθεὶς δώσει αὐτῷ ὅσων χρή-
9 ζει. Κἀγὼ ὑμῖν λέγω, αἰτεῖτε, καὶ δοθήσεται ὑμῖν· ζητεῖ-
10 τε, καὶ εὑρήσετε· κρούετε, καὶ ἀνοιγήσεται ὑμῖν. πᾶς γὰρ
ὁ αἰτῶν λαμβάνει, καὶ ὁ ζητῶν εὑρίσκει, καὶ τῷ κρούοντι
11 ⌜ἀνοιγήσεται⌝. τίνα δὲ ἐξ ὑμῶν ⌜τὸν πατέρα αἰτήσει⌝ ὁ
12 υἱὸς ᵀ ἰχθύν, μὴ ἀντὶ ἰχθύος ὄφιν αὐτῷ ἐπιδώσει; ἢ καὶ
13 αἰτήσει ᾠόν, ἐπιδώσει αὐτῷ σκορπίον; εἰ οὖν ὑμεῖς πονη-
ροὶ ὑπάρχοντες οἴδατε δόματα ἀγαθὰ διδόναι τοῖς τέκνοις
ὑμῶν, πόσῳ μᾶλλον ὁ πατὴρ [ὁ] ἐξ οὐρανοῦ δώσει πνεῦμα
ἅγιον τοῖς αἰτοῦσιν αὐτόν.

14   Καὶ ἦν ἐκβάλλων δαιμόνιον κωφόν· ἐγένετο δὲ τοῦ
δαιμονίου ἐξελθόντος ἐλάλησεν ὁ κωφός. Καὶ ἐθαύμασαν
15 οἱ ὄχλοι· τινὲς δὲ ἐξ αὐτῶν εἶπαν Ἐν Βεεζεβοὺλ τῷ
16 ἄρχοντι τῶν δαιμονίων ἐκβάλλει τὰ δαιμόνια· ἕτεροι δὲ
17 πειράζοντες σημεῖον ἐξ οὐρανοῦ ἐζήτουν παρ᾽ αὐτοῦ. αὐ-
τὸς δὲ εἰδὼς αὐτῶν τὰ διανοήματα εἶπεν αὐτοῖς Πᾶσα
βασιλεία ⌜ἐφ᾽ ἑαυτὴν διαμερισθεῖσα⌝ ἐρημοῦται, καὶ οἶκος
18 ἐπὶ οἶκον πίπτει. εἰ δὲ καὶ ὁ Σατανᾶς ἐφ᾽ ἑαυτὸν διεμερί-
σθη, πῶς σταθήσεται ἡ βασιλεία αὐτοῦ; ὅτι λέγετε ἐν
19 Βεεζεβοὺλ ἐκβάλλειν με τὰ δαιμόνια. εἰ δὲ ἐγὼ ἐν Βεεζε-
βοὺλ ἐκβάλλω τὰ δαιμόνια, οἱ υἱοὶ ὑμῶν ἐν τίνι ἐκβάλ-
20 λουσιν; διὰ τοῦτο αὐτοὶ ⌜ὑμῶν κριταὶ⌝ ἔσονται. εἰ δὲ ἐν
δακτύλῳ θεοῦ [ἐγὼ] ἐκβάλλω τὰ δαιμόνια, ἄρα ἔφθασεν
21 ἐφ᾽ ὑμᾶς ἡ βασιλεία τοῦ θεοῦ. ὅταν ὁ ἰσχυρὸς καθωπλι-
σμένος φυλάσσῃ τὴν ἑαυτοῦ αὐλήν, ἐν εἰρήνῃ ἐστὶν τὰ
22 ὑπάρχοντα αὐτοῦ· ἐπὰν δὲ ἰσχυρότερος αὐτοῦ ἐπελθὼν
νικήσῃ αὐτόν, τὴν πανοπλίαν αὐτοῦ αἴρει ἐφ᾽ ᾗ ἐπεποίθει,
23 καὶ τὰ σκῦλα αὐτοῦ διαδίδωσιν. ὁ μὴ ὢν μετ᾽ ἐμοῦ

10 ἀνοίγεται   11 αἰτήσει τὸν πατέρα | ἄρτον, μὴ λίθον ἐπιδώσει αὐτῷ; ἢ [καὶ]
17 διαμερισθεῖσα ἐφ᾽ ἑαυτὴν   19 κριταὶ ὑμῶν

from inside, 'Do not bother me; the door is now fastened, and my children and I have gone to bed; I cannot get up
8 and give you any.'   I tell you, even if he will not get up and give him some because he is his friend, yet because of his persistence he will rouse himself and give him all he needs.
9 So I tell you, ask, and what you ask will be given you. Search, and you will find what you search for.   Knock,
10 and the door will open to you.   For it is always the one who asks who receives, and the one who searches who finds, and
11 the one who knocks to whom the door opens.   Which of you fathers, if his son asks him for a fish will give him a
12 snake instead?   Or if he asks for an egg, will give him a
13 scorpion?   So if you, bad as you are, know enough to give your children what is good, how much more surely will your Father in heaven give the holy Spirit to those who ask him for it!"

14   Once he was driving out a dumb demon, and when the demon was gone the dumb man spoke.   And the people were
15 amazed.   But some of them said,

"It is with the aid of Beelzebub, the prince of the demons, that he drives the demons out."

16   Others to test him asked him for a sign from heaven.
17 But he knew what they were thinking, and he said to them,

"Any kingdom that is disunited is on the way to destruc-
18 tion, and one house falls after another.   And if Satan is disunited, how can his kingdom last?   Because you say that
19 I drive out demons with Beelzebub's aid.   But if it is with his aid that I drive out demons, by whose do your sons drive
20 them out?   Therefore, they shall be your judges.   But if it is with the finger of God that I am driving the demons out,
21 then the Kingdom of God has overtaken you.   When a strong man fully armed guards his own dwelling, his property is
22 undisturbed.   But when somebody stronger than he attacks him and overcomes him, he strips him of the arms that he
23 relied on, and divides up the spoils.   Anyone who is not with

κατ᾽ ἐμοῦ ἐστίν, καὶ ὁ μὴ συνάγων μετ᾽ ἐμοῦ σκορπί-
24 ζει. Ὅταν τὸ ἀκάθαρτον πνεῦμα ἐξέλθῃ ἀπὸ τοῦ ἀν-
θρώπου, διέρχεται δι᾽ ἀνύδρων τόπων ζητοῦν ⌜ἀνάπαυσιν,
καὶ μὴ εὑρίσκον [τότε]⌝ λέγει Ὑποστρέψω εἰς τὸν οἶκόν
25 μου ὅθεν ἐξῆλθον· καὶ ἐλθὸν εὑρίσκει [σχολάζοντα,] σεσα-
26 ρωμένον καὶ κεκοσμημένον. τότε πορεύεται καὶ παραλαμ-
βάνει ἕτερα πνεύματα πονηρότερα ἑαυτοῦ ἑπτά, καὶ εἰσελ-
θόντα κατοικεῖ ἐκεῖ, καὶ γίνεται τὰ ἔσχατα τοῦ ἀνθρώπου
27 ἐκείνου χείρονα τῶν πρώτων. Ἐγένετο δὲ ἐν τῷ
λέγειν αὐτὸν ταῦτα ἐπάρασά τις φωνὴν γυνὴ ἐκ τοῦ ὄχλου
εἶπεν αὐτῷ Μακαρία ἡ κοιλία ἡ βαστάσασά σε καὶ
28 μαστοὶ οὓς ἐθήλασας· αὐτὸς δὲ εἶπεν Μενοῦν μακάριοι
οἱ ἀκούοντες τὸν λόγον τοῦ θεοῦ καὶ φυλάσσοντες.

29 Τῶν δὲ ὄχλων ἐπαθροιζομένων ἤρξατο λέγειν Ἡ
γενεὰ αὕτη γενεὰ πονηρά ἐστιν· σημεῖον ζητεῖ, καὶ σημεῖ-
30 ον οὐ δοθήσεται αὐτῇ εἰ μὴ τὸ σημεῖον Ἰωνᾶ. καθὼς γὰρ
ἐγένετο [ὁ] Ἰωνᾶς τοῖς Νινευείταις σημεῖον, οὕτως ἔσται
31 καὶ ὁ υἱὸς τοῦ ἀνθρώπου τῇ γενεᾷ ταύτῃ. βασίλισσα
νότου ἐγερθήσεται ἐν τῇ κρίσει μετὰ τῶν ἀνδρῶν τῆς
γενεᾶς ταύτης καὶ κατακρινεῖ αὐτούς· ὅτι ἦλθεν ἐκ τῶν
περάτων τῆς γῆς ἀκοῦσαι τὴν σοφίαν Σολομῶνος, καὶ ἰδοὺ
32 πλεῖον Σολομῶνος ὧδε. ἄνδρες Νινευεῖται ἀναστήσονται
ἐν τῇ κρίσει μετὰ τῆς γενεᾶς ταύτης καὶ κατακρινοῦσιν
αὐτήν· ὅτι μετενόησαν εἰς τὸ κήρυγμα Ἰωνᾶ, καὶ ἰδοὺ
33 πλεῖον Ἰωνᾶ ὧδε. Οὐδεὶς λύχνον ἅψας εἰς κρύπτην τίθη-
σιν οὐδὲ ὑπὸ τὸν μόδιον ἀλλ᾽ ἐπὶ τὴν λυχνίαν, ἵνα οἱ
34 εἰσπορευόμενοι τὸ φῶς βλέπωσιν. Ὁ λύχνος τοῦ σώμα-
τός ἐστιν ὁ ὀφθαλμός σου. ὅταν ὁ ὀφθαλμός σου ἁπλοῦς
ᾖ, καὶ ὅλον τὸ σῶμά σου φωτινόν ἐστιν· ἐπὰν δὲ πονηρὸς
35 ᾖ, καὶ τὸ σῶμά σου σκοτινόν. ⌜σκόπει οὖν μὴ τὸ φῶς τὸ
36 ἐν σοὶ σκότος ἐστίν. εἰ οὖν τὸ σῶμά σου ὅλον φωτινόν,
μὴ ἔχον ⌜μέρος τι⌝ σκοτινόν, ἔσται φωτινὸν ὅλον ὡς ὅταν
ὁ λύχνος ᵀ τῇ ἀστραπῇ φωτίζῃ σε.⌝

24 ἀνάπαυσιν καὶ μὴ εὑρίσκον. τότε   35,36 †...†   36 [τι] μέρος | ἐν

me is against me, and anyone who does not join me in gather-
24 ing, scatters.   When a foul spirit goes out of a man, it
roams through deserts in search of rest, and when it finds
25 none, it says, 'I will go back to my house that I left.'   And
it goes and finds it unoccupied, cleaned, and all in order.
26 Then it goes and gets seven other spirits more wicked than
itself, and they go in and live there, and in the end the man
is worse off than he was before."

27   As he said this, a woman in the crowd raised her voice
and said to him,

"Blessed is the mother who bore you and nursed you!"
28   But he said,

"You might better say, 'Blessed are those who hear
God's message and observe it!' "
29   As the crowds pressed around him, he went on to say,

"This is a wicked age!   It demands a sign, and no sign
30 will be given it but the sign of Jonah.   For just as Jonah
became a sign to the people of Nineveh, so the Son of Man
31 will be a sign to this age.   The queen of the south will rise
with the men of this generation at the Judgment and will
condemn them, for she came from the very ends of the earth
to listen to Solomon's wisdom, and there is more than Solomon
32 here!   Men of Nineveh will rise with this generation at the
Judgment and will condemn it, for they repented at Jonah's
33 preaching, and there is more than Jonah here!   No one lights
a lamp and puts it in the cellar or under a peck measure;
he puts it on its stand, so that people who come in can see the
34 light.   Your eye is the lamp of your body.   When your eye
is sound, your whole body is light, but when it is unsound,
35 your body is dark.   So take care!   Your very light may be
36 darkness!   If, therefore, your whole body is light with no
darkness in it at all, it will all be as light as a lamp makes
things for you by its light."

37 Ἐν δὲ τῷ λαλῆσαι ἐρωτᾷ αὐτὸν Φαρισαῖος ὅπως ἀρι-
38 στήσῃ παρ᾽ αὐτῷ· εἰσελθὼν δὲ ἀνέπεσεν. ὁ δὲ Φαρισαῖος
ἰδὼν ἐθαύμασεν ὅτι οὐ πρῶτον ἐβαπτίσθη πρὸ τοῦ ἀρί-
39 στου. εἶπεν δὲ ὁ κύριος πρὸς αὐτόν Νῦν ὑμεῖς οἱ Φαρι-
σαῖοι τὸ ἔξωθεν τοῦ ποτηρίου καὶ τοῦ πίνακος καθαρίζετε,
40 τὸ δὲ ἔσωθεν ὑμῶν γέμει ἁρπαγῆς καὶ πονηρίας. ἄφρονες,
41 οὐχ ὁ ποιήσας τὸ ἔξωθεν καὶ τὸ ἔσωθεν ἐποίησεν; πλὴν
τὰ ἐνόντα δότε ἐλεημοσύνην, καὶ ἰδοὺ πάντα καθαρὰ ὑμῖν
42 ἐστίν. ἀλλὰ οὐαὶ ὑμῖν τοῖς Φαρισαίοις, ὅτι ἀποδεκατοῦτε
τὸ ἡδύοσμον καὶ τὸ πήγανον καὶ πᾶν λάχανον, καὶ παρέρ-
χεσθε τὴν κρίσιν καὶ τὴν ἀγάπην τοῦ θεοῦ· ταῦτα δὲ ἔδει
43 ποιῆσαι κἀκεῖνα μὴ παρεῖναι. οὐαὶ ὑμῖν τοῖς Φαρισαίοις,
ὅτι ἀγαπᾶτε τὴν πρωτοκαθεδρίαν ἐν ταῖς συναγωγαῖς καὶ
44 τοὺς ἀσπασμοὺς ἐν ταῖς ἀγοραῖς. οὐαὶ ὑμῖν, ὅτι ἐστὲ ὡς
τὰ μνημεῖα τὰ ἄδηλα, καὶ οἱ ἄνθρωποι οἱ περιπατοῦντες
45 ἐπάνω οὐκ οἴδασιν. Ἀποκριθεὶς δέ τις τῶν νομικῶν λέγει
46 αὐτῷ Διδάσκαλε, ταῦτα λέγων καὶ ἡμᾶς ὑβρίζεις. ὁ δὲ
εἶπεν Καὶ ὑμῖν τοῖς νομικοῖς οὐαί, ὅτι φορτίζετε τοὺς
ἀνθρώπους φορτία δυσβάστακτα, καὶ αὐτοὶ ἑνὶ τῶν δακτύ-
47 λων ὑμῶν οὐ προσψαύετε τοῖς φορτίοις. οὐαὶ ὑμῖν, ὅτι
οἰκοδομεῖτε τὰ μνημεῖα τῶν προφητῶν οἱ δὲ πατέρες ὑμῶν
48 ἀπέκτειναν αὐτούς. ἄρα μάρτυρές ἐστε καὶ συνευδοκεῖτε
τοῖς ἔργοις τῶν πατέρων ὑμῶν, ὅτι αὐτοὶ μὲν ἀπέκτειναν
49 αὐτοὺς ὑμεῖς δὲ οἰκοδομεῖτε. διὰ τοῦτο καὶ ἡ σοφία τοῦ
θεοῦ εἶπεν Ἀποστελῶ εἰς αὐτοὺς προφήτας καὶ ἀποστό-
50 λους, καὶ ἐξ αὐτῶν ἀποκτενοῦσιν καὶ διώξουσιν, ἵνα ἐκζη-
τηθῇ τὸ αἷμα πάντων τῶν προφητῶν τὸ ⌜ἐκκεχυμένον⌝ ἀπὸ
51 καταβολῆς κόσμου ἀπὸ τῆς γενεᾶς ταύτης, ἀπὸ αἵματος
Ἄβελ ἕως αἵματος Ζαχαρίου τοῦ ἀπολομένου μεταξὺ τοῦ
θυσιαστηρίου καὶ τοῦ οἴκου· ναί, λέγω ὑμῖν, ἐκζητηθήσεται
52 ἀπὸ τῆς γενεᾶς ταύτης. οὐαὶ ὑμῖν τοῖς νομικοῖς, ὅτι
ἤρατε τὴν κλεῖδα τῆς γνώσεως· αὐτοὶ οὐκ εἰσήλθατε
53 καὶ τοὺς εἰσερχομένους ἐκωλύσατε. Κἀκεῖθεν

50 ἐκχυννόμενον

37   When he said this, a Pharisee asked him to lunch with him, and he went to his house and took his place at table.
38 The Pharisee noticed that he did not wash before luncheon,
39 and he was surprised. But the Lord said to him,

"You Pharisees clean the outside of cups and dishes, but inside you are full of greed and wickedness. You
40 fools! Did not the Creator of the outside make the inside
41 too? But give your inmost life as charity, and you will
42 immediately find everything clean. But alas for you Pharisees! For you pay tithes on mint, rue, and every tiny herb, and disregard justice and the love of God. But you should have observed these, without neglecting the
43 others. Alas for you Pharisees! For you love to have the front seat in the synagogues and to be saluted with respect
44 in public places. Alas for you! For you are like unmarked graves which men tread upon without knowing it."
45   At this, one of the experts in the Law said to him,

"Master, when you say that, you affront us too."
46   But he said,

"Yes, alas for you experts in the Law too! For you load men with burdens they can hardly carry, and you will
47 not touch them yourselves with a single finger. Alas for you! For you build monuments for the prophets, whom
48 your forefathers killed. So you testify to what your fathers did and approve it, for they killed them and you build their
49 monuments. This is why the Wisdom of God said, 'I will send prophets and apostles to them, and some of them they
50 will kill and some they will persecute'—so that this age may be charged with the blood of all the prophets that has been
51 shed since the creation of the world, from the blood of Abel to the blood of Zechariah, who perished between the altar and the sanctuary. Yes, I tell you! This age will be
52 charged with it all! Alas for you experts in the Law! For you have taken the key to the door of knowledge, but you have not entered it yourselves, and you have kept out those who tried to enter."

ἐξελθόντος αὐτοῦ ἤρξαντο οἱ γραμματεῖς καὶ οἱ Φαρισαῖοι
δεινῶς ἐνέχειν καὶ ἀποστοματίζειν αὐτὸν περὶ πλειόνων,
54 ἐνεδρεύοντες αὐτὸν θηρεῦσαί τι ἐκ τοῦ στόματος αὐτοῦ.

1 Ἐν οἷς ἐπισυναχθεισῶν τῶν μυριάδων τοῦ ὄχλου, ὥστε
καταπατεῖν ἀλλήλους, ἤρξατο λέγειν πρὸς τοὺς μαθητὰς
αὐτοῦ πρῶτον Προσέχετε ἑαυτοῖς ἀπὸ τῆς ζύμης, ἥτις
2 ἐστὶν ὑπόκρισις, τῶν Φαρισαίων. Οὐδὲν δὲ συγκεκαλυμ-
μένον ἐστὶν ὃ οὐκ ἀποκαλυφθήσεται, καὶ κρυπτὸν ὃ οὐ
3 γνωσθήσεται. ἀνθ' ὧν ὅσα ἐν τῇ σκοτίᾳ εἴπατε ἐν τῷ
φωτὶ ἀκουσθήσεται, καὶ ὃ πρὸς τὸ οὖς ἐλαλήσατε ἐν τοῖς
4 ταμείοις κηρυχθήσεται ἐπὶ τῶν δωμάτων. Λέγω δὲ ὑμῖν
τοῖς φίλοις μου, μὴ φοβηθῆτε ἀπὸ τῶν ἀποκτεινόντων τὸ
σῶμα καὶ μετὰ ταῦτα μὴ ἐχόντων περισσότερόν τι ποιῆ-
5 σαι. ὑποδείξω δὲ ὑμῖν τίνα φοβηθῆτε· φοβήθητε τὸν
μετὰ τὸ ἀποκτεῖναι ἔχοντα ἐξουσίαν ἐμβαλεῖν εἰς τὴν
6 γέενναν· ναί, λέγω ὑμῖν, τοῦτον φοβήθητε. οὐχὶ πέντε
στρουθία πωλοῦνται ἀσσαρίων δύο; καὶ ἓν ἐξ αὐτῶν
7 οὐκ ἔστιν ἐπιλελησμένον ἐνώπιον τοῦ θεοῦ. ἀλλὰ καὶ αἱ
τρίχες τῆς κεφαλῆς ὑμῶν πᾶσαι ἠρίθμηνται· μὴ φοβεῖ-
8 σθε· πολλῶν στρουθίων διαφέρετε. Λέγω δὲ ὑμῖν, πᾶς
ὃς ἂν ὁμολογήσει ἐν ἐμοὶ ἔμπροσθεν τῶν ἀνθρώπων, καὶ ὁ
υἱὸς τοῦ ἀνθρώπου ὁμολογήσει ἐν αὐτῷ ἔμπροσθεν τῶν
9 ἀγγέλων τοῦ θεοῦ· ὁ δὲ ἀρνησάμενός με ἐνώπιον τῶν
ἀνθρώπων ἀπαρνηθήσεται ἐνώπιον τῶν ἀγγέλων τοῦ
10 θεοῦ. Καὶ πᾶς ὃς ἐρεῖ λόγον εἰς τὸν υἱὸν τοῦ ἀνθρώπου,
ἀφεθήσεται αὐτῷ· τῷ δὲ εἰς τὸ ἅγιον πνεῦμα βλασφημή-
11 σαντι οὐκ ἀφεθήσεται. Ὅταν δὲ εἰσφέρωσιν ὑμᾶς ἐπὶ
τὰς συναγωγὰς καὶ τὰς ἀρχὰς καὶ τὰς ἐξουσίας, μὴ μερι-
12 μνήσητε πῶς [ἢ τί] ἀπολογήσησθε ἢ τί εἴπητε· τὸ
γὰρ ἅγιον πνεῦμα διδάξει ὑμᾶς ἐν αὐτῇ τῇ ὥρᾳ ἃ δεῖ εἰ-
13 πεῖν. Εἶπεν δέ τις ἐκ τοῦ ὄχλου αὐτῷ Διδά-
σκαλε, εἰπὲ τῷ ἀδελφῷ μου μερίσασθαι μετ' ἐμοῦ τὴν
14 κληρονομίαν. ὁ δὲ εἶπεν αὐτῷ Ἄνθρωπε, τίς με κατέ-

22 ὑμῖν λέγω   24 οὔτε σπείρουσιν οὔτε

53   After he left the house, the scribes and the Pharisees began
to watch him closely and to try to draw him out on many
54 subjects, plotting to entrap him in something he might say.
12   Meanwhile as the people gathered in thousands, until
they actually trod on one another, he proceeded to say to his
disciples first of all,

"Beware of the yeast of the Pharisees, that is, hypocrisy.
2 There is nothing covered up that is not going to be uncovered,
3 nor secret that is not going to be known.   For what you say
in the darkness will be heard in the light, and what you
whisper in someone's ear, behind closed doors, will be pro-
4 claimed from the housetops.   I tell you, who are my
friends, have no fear of those who kill the body, and after
5 that can do no more.   I will show you whom to fear: fear
him who, after killing you, has power to hurl you into the pit.
6 Yes, fear him, I tell you.   Do not sparrows sell five for two
cents?   And yet not one of them is forgotten in God's sight.
7 But the very hairs on your heads are all counted!   You
must not be afraid; you are worth more than a great many
8 sparrows!   I tell you, everyone who will acknowledge me
before men, the Son of Man will acknowledge before the
9 angels of God, but anyone who disowns me before men will
10 be disowned before the angels of God.   And anyone who
speaks against the Son of Man will be forgiven for it, but no
11 one who reviles the holy Spirit will be forgiven.   When they
bring you before the synagogues or the magistrates or the
authorities, you must have no anxiety about how to defend
12 yourselves or what to say, for at the very moment the holy
Spirit will teach you what you ought to say."
13   Someone in the crowd said to him,

"Master, tell my brother to give me my share of our
inheritance."
14   But he said to him,

15 στησεν κριτὴν ἢ μεριστὴν ἐφ᾽ ὑμᾶς; εἶπεν δὲ πρὸς αὐ-
τούς Ὁρᾶτε καὶ φυλάσσεσθε ἀπὸ πάσης πλεονεξίας, ὅτι
οὐκ ἐν τῷ περισσεύειν τινὶ ἡ ζωὴ αὐτοῦ ἐστὶν ἐκ τῶν
16 ὑπαρχόντων αὐτῷ. Εἶπεν δὲ παραβολὴν πρὸς αὐτοὺς
λέγων Ἀνθρώπου τινὸς πλουσίου εὐφόρησεν ἡ χώρα.
17 καὶ διελογίζετο ἐν αὐτῷ λέγων Τί ποιήσω, ὅτι οὐκ ἔχω
18 ποῦ συνάξω τοὺς καρπούς μου; καὶ εἶπεν Τοῦτο ποιήσω·
καθελῶ μου τὰς ἀποθήκας καὶ μείζονας οἰκοδομήσω, καὶ
19 συνάξω ἐκεῖ πάντα τὸν σῖτον καὶ τὰ ἀγαθά μου, καὶ
ἐρῶ τῇ ψυχῇ μου Ψυχή, ἔχεις πολλὰ ἀγαθὰ [κείμενα εἰς
20 ἔτη πολλά· ἀναπαύου, φάγε, πίε], εὐφραίνου. εἶπεν δὲ
αὐτῷ ὁ θεός Ἄφρων, ταύτῃ τῇ νυκτὶ τὴν ψυχήν σου αἰ-
21 τοῦσιν ἀπὸ σοῦ· ἃ δὲ ἡτοίμασας, τίνι ἔσται; [Οὕτως ὁ θη-
22 σαυρίζων αὑτῷ καὶ μὴ εἰς θεὸν πλουτῶν.]   Εἶ-
πεν δὲ πρὸς τοὺς μαθητὰς [αὐτοῦ] Διὰ τοῦτο ⌈λέγω ὑμῖν⌉,
μὴ μεριμνᾶτε τῇ ψυχῇ τί φάγητε, μηδὲ τῷ σώματι [ὑμῶν]
23 τί ἐνδύσησθε. ἡ γὰρ ψυχὴ πλεῖόν ἐστιν τῆς τροφῆς καὶ
24 τὸ σῶμα τοῦ ἐνδύματος. κατανοήσατε τοὺς κόρακας ὅτι
⌈οὐ⌉ σπείρουσιν οὐδὲ⌉ θερίζουσιν, οἷς οὐκ ἔστιν ταμεῖον
οὐδὲ ἀποθήκη, καὶ ὁ θεὸς τρέφει αὐτούς· πόσῳ μᾶλλον
25 ὑμεῖς διαφέρετε τῶν πετεινῶν. τίς δὲ ἐξ ὑμῶν μεριμνῶν
26 δύναται ⌈ἐπὶ τὴν ἡλικίαν αὐτοῦ προσθεῖναι⌉ πῆχυν; εἰ οὖν
οὐδὲ ἐλάχιστον δύνασθε, τί περὶ τῶν λοιπῶν μεριμνᾶτε;
27 κατανοήσατε τὰ κρίνα πῶς αὐξάνει· οὐ κοπιᾷ οὐδὲ νήθει·
λέγω δὲ ὑμῖν, οὐδὲ Σολομὼν ἐν πάσῃ τῇ δόξῃ αὐτοῦ περιε-
28 βάλετο ὡς ἓν τούτων. εἰ δὲ ἐν ἀγρῷ τὸν χόρτον ὄντα
σήμερον καὶ αὔριον εἰς κλίβανον βαλλόμενον ὁ θεὸς οὕτως
29 ἀμφιάζει, πόσῳ μᾶλλον ὑμᾶς, ὀλιγόπιστοι. καὶ ὑμεῖς μὴ
30 ζητεῖτε τί φάγητε καὶ τί πίητε, καὶ μὴ μετεωρίζεσθε, ταῦ-
τα γὰρ πάντα τὰ ἔθνη τοῦ κόσμου ἐπιζητοῦσιν, ὑμῶν δὲ ὁ
31 πατὴρ οἶδεν ὅτι χρῄζετε τούτων· πλὴν ζητεῖτε τὴν βασι-
32 λείαν αὐτοῦ, καὶ ταῦτα προστεθήσεται ὑμῖν. μὴ φοβοῦ,
τὸ μικρὸν ποίμνιον, ὅτι εὐδόκησεν ὁ πατὴρ ὑμῶν δοῦναι

25 προσθεῖναι ἐπὶ τὴν ἡλικίαν αὐτοῦ

"Who made me a judge or arbitrator of your affairs?"

15 And he said to them,

"Take care! You must be on your guard against every form of greed, for a man's life does not belong to him, no matter how rich he is."

16 And he told them this story:

17 "A certain rich man's lands yielded heavily. And he said to himself, 'What am I going to do, for I have nowhere

18 to store my crops?' Then he said, 'This is what I will do; I will tear down my barns and build larger ones, and in them

19 I will store all my grain and my goods. And I will say to my soul, 'Soul, you have great wealth stored up for years to come.

20 Now take your ease; eat, drink, and enjoy yourself.' But God said to him, 'You fool! This very night your soul will be demanded of you. Then who will have all you have pre-

21 pared?' That is the way with the man who lays up money for himself, and is not rich with God."

22 And he said to his disciples,

"Therefore, I tell you do not worry about life, wondering what you will have to eat, or about your body, wondering

23 what you will have to wear. Life is more important than

24 food, and the body than clothes. Think of the crows! They do not sow or reap, and they have no storehouses or barns, and God feeds them. How much more you are worth

25 than the birds! Which of you with all his worry can add a

26 single hour to his life? So if you cannot do the least good,

27 why should you worry about the rest? See how the lilies grow. They do not toil or spin, but, I tell you, even Solomon

28 in all his splendor was never dressed like one of them. But if God so dresses the wild grass, which is alive today, and is thrown into the furnace tomorrow, how much more surely

29 will he clothe you, who have so little faith? So you must not ask what you are to have to eat or drink, and you must

30 not be anxious about it. For these are all things the nations of the world are in pursuit of, and your Father knows well

31 that you need them. But you must strive to find his kingdom,

32 and you will have these other things besides. Do not be afraid, little flock, for your Father has chosen to give you the

33 ὑμῖν τὴν βασιλείαν. Πωλήσατε τὰ ὑπάρχοντα ὑμῶν
καὶ δότε ἐλεημοσύνην· ποιήσατε ἑαυτοῖς βαλλάντια μὴ
παλαιούμενα, θησαυρὸν ἀνέκλειπτον ἐν τοῖς οὐρανοῖς,
34 ὅπου κλέπτης οὐκ ἐγγίζει οὐδὲ σὴς διαφθείρει· ὅπου γάρ
ἐστιν ὁ θησαυρὸς ὑμῶν, ἐκεῖ καὶ ἡ καρδία ὑμῶν ἔσται.
35 Ἔστωσαν ὑμῶν αἱ ὀσφύες περιεζωσμέναι καὶ οἱ λύχνοι
36 καιόμενοι, καὶ ὑμεῖς ὅμοιοι ἀνθρώποις προσδεχομένοις
τὸν κύριον ἑαυτῶν πότε ἀναλύσῃ ἐκ τῶν γάμων, ἵνα ἐλθόν-
37 τος καὶ κρούσαντος εὐθέως ἀνοίξωσιν αὐτῷ. μακάριοι οἱ
δοῦλοι ἐκεῖνοι, οὓς ἐλθὼν ὁ κύριος εὑρήσει γρηγοροῦντας·
ἀμὴν λέγω ὑμῖν ὅτι περιζώσεται καὶ ἀνακλινεῖ αὐτοὺς καὶ
38 παρελθὼν διακονήσει αὐτοῖς. κἂν ἐν τῇ δευτέρᾳ κἂν ἐν
τῇ τρίτῃ φυλακῇ ἔλθῃ καὶ εὕρῃ οὕτως, μακάριοί εἰσιν
39 ἐκεῖνοι. τοῦτο δὲ γινώσκετε ὅτι εἰ ᾔδει ὁ οἰκοδεσπότης
ποίᾳ ὥρᾳ ὁ κλέπτης ἔρχεται, ⌜ἐγρηγόρησεν ἂν καὶ οὐκ⌝ ἀ-
40 φῆκεν διορυχθῆναι τὸν οἶκον αὐτοῦ. καὶ ὑμεῖς γίνεσθε
ἕτοιμοι, ὅτι ᾗ ὥρᾳ οὐ δοκεῖτε ὁ υἱὸς τοῦ ἀνθρώπου ἔρχε-
41 ται. Εἶπεν δὲ ὁ Πέτρος Κύριε, πρὸς ἡμᾶς τὴν παρα-
42 βολὴν ταύτην λέγεις ἢ καὶ πρὸς πάντας; καὶ εἶπεν ὁ
κύριος Τίς ἄρα ἐστὶν ὁ πιστὸς οἰκονόμος, ὁ φρόνιμος, ὃν
καταστήσει ὁ κύριος ἐπὶ τῆς θεραπείας αὐτοῦ τοῦ διδόναι
43 ἐν καιρῷ [τὸ] σιτομέτριον; μακάριος ὁ δοῦλος ἐκεῖνος, ὃν
44 ἐλθὼν ὁ κύριος αὐτοῦ εὑρήσει ποιοῦντα οὕτως· ἀληθῶς
λέγω ὑμῖν ὅτι ἐπὶ πᾶσιν τοῖς ὑπάρχουσιν αὐτοῦ καταττή-
45 σει αὐτόν. ἐὰν δὲ εἴπῃ ὁ δοῦλος ἐκεῖνος ἐν τῇ καρδίᾳ
αὐτοῦ Χρονίζει ὁ κύριός μου ἔρχεσθαι, καὶ ἄρξηται τύ-
πτειν τοὺς παῖδας καὶ τὰς παιδίσκας, ἐσθίειν τε καὶ πίνειν
46 καὶ μεθύσκεσθαι, ἥξει ὁ κύριος τοῦ δούλου ἐκείνου ἐν
ἡμέρᾳ ᾗ οὐ προσδοκᾷ καὶ ἐν ὥρᾳ ᾗ οὐ γινώσκει, καὶ διχο-
τομήσει αὐτὸν καὶ τὸ μέρος αὐτοῦ μετὰ τῶν ἀπίστων
47 θήσει. ἐκεῖνος δὲ ὁ δοῦλος ὁ γνοὺς τὸ θέλημα τοῦ κυρίου
αὐτοῦ καὶ μὴ ἑτοιμάσας ἢ ποιήσας πρὸς τὸ θέλημα αὐ-

39 οὐκ ἄν

33 kingdom. Sell what belongs to you, and give away the money! Get yourselves purses that will never wear out, inexhaustible riches in heaven, where thieves cannot get near 34 nor moths destroy. For wherever your treasure is, your 35 heart will be too. You must be ready with your lamps 36 burning, like men waiting for their master to come home from a wedding, so that when he comes and knocks, they can 37 open the door for him at once. Blessed are the slaves whom their master will find on the watch when he comes. I tell you, he will gird up his robe and make them take their 38 places at table, and go around and wait on them. Whether he comes late at night or early in the morning and finds them 39 on the watch, they are blessed. But you may be sure of this, that if the master of the house had known what time the thief was coming, he would have been on the watch, and 40 would not have let his house be broken into. You must be ready too, for the Son of Man is coming at a time when you do not expect him."

41   Peter said to him,

"Lord, do you mean this figure for us, or is it for everybody?"

42   And the Lord said,   .

"Who then will be the faithful, thoughtful manager, whom his master will put in charge of his household, to give the members of it their supplies at the proper time? 43 Blessed is that slave if his master when he returns finds him 44 doing it. I tell you, he will put him in charge of all his 45 property. But if the slave says to himself, 'My master is not coming back for a long time,' and begins to beat the men and women slaves and to eat and drink and get drunk, 46 that slave's master will come back some day when he does not expect him, and at some time of which he does not know, and 47 will cut him in two, and put him with the unbelievers. The slave who knows his master's wishes, but does not get ready or

48 τοῦ δαρήσεται πολλάς· ὁ δὲ μὴ γνοὺς ποιήσας δὲ ἄξια
πληγῶν δαρήσεται ὀλίγας. παντὶ δὲ ᾧ ἐδόθη πολύ, πολὺ
ζητηθήσεται παρ' αὐτοῦ, καὶ ᾧ παρέθεντο πολύ, περισσό-
49 τερον αἰτήσουσιν αὐτόν. Πῦρ ἦλθον βαλεῖν ἐπὶ τὴν γῆν,
50 καὶ τί θέλω εἰ ἤδη ἀνήφθη; βάπτισμα δὲ ἔχω βαπτισθῆ-
51 ναι, καὶ πῶς συνέχομαι ἕως ὅτου τελεσθῇ. δοκεῖτε ὅτι
εἰρήνην παρεγενόμην δοῦναι ἐν τῇ γῇ; οὐχί, λέγω ὑμῖν,
52 ἀλλ' ἢ διαμερισμόν. ἔσονται γὰρ ἀπὸ τοῦ νῦν πέντε ἐν
ἑνὶ οἴκῳ διαμεμερισμένοι, τρεῖς ἐπὶ δυσὶν καὶ δύο ἐπὶ
53 τρισίν, διαμερισθήσονται πατὴρ ἐπὶ υἱῷ καὶ ϒἱὸϲ ἐπὶ
πατρί, μήτηρ ἐπὶ θυγατέρα καὶ θϒγάτηρ ἐπὶ τὴν μητέ-
ρα, πενθερὰ ἐπὶ τὴν νύμφην αὐτῆς καὶ νϒμφη ἐπὶ τὴν
54 πενθεράν. Ἔλεγεν δὲ καὶ τοῖς ὄχλοις Ὅταν
ἴδητε νεφέλην ἀνατέλλουσαν ἐπὶ δυσμῶν, εὐθέως λέ-
55 γετε ὅτι Ὄμβρος ἔρχεται, καὶ γίνεται οὕτως· καὶ ὅταν
νότον πνέοντα, λέγετε ὅτι Καύσων ἔσται, καὶ γίνεται.
56 ὑποκριταί, τὸ πρόσωπον τῆς γῆς καὶ τοῦ οὐρανοῦ οἴδατε
δοκιμάζειν, τὸν ⌜καιρὸν δὲ⌝ τοῦτον· πῶς οὐκ οἴδατε δοκιμά-
57
58 ζειν; Τί δὲ καὶ ἀφ' ἑαυτῶν οὐ κρίνετε τὸ δίκαιον; ὡς
γὰρ ὑπάγεις μετὰ τοῦ ἀντιδίκου σου ἐπ' ἄρχοντα, ἐν τῇ
ὁδῷ δὸς ἐργασίαν ἀπηλλάχθαι [ἀπ'] αὐτοῦ, μή ποτε κατα-
σύρῃ σε πρὸς τὸν κριτήν, καὶ ὁ κριτής σε παραδώσει τῷ
59 πράκτορι, καὶ ὁ πράκτωρ σε βαλεῖ εἰς φυλακήν. λέγω
σοι, οὐ μὴ ἐξέλθῃς ἐκεῖθεν ἕως καὶ τὸ ἔσχατον λεπτὸν
ἀποδῷς.

1   Παρῆσαν δέ τινες ἐν αὐτῷ τῷ καιρῷ ἀπαγγέλλοντες
αὐτῷ περὶ τῶν Γαλιλαίων ὧν τὸ αἷμα Πειλᾶτος ἔμιξεν
2 μετὰ τῶν θυσιῶν αὐτῶν. καὶ ἀποκριθεὶς εἶπεν αὐτοῖς
Δοκεῖτε ὅτι οἱ Γαλιλαῖοι οὗτοι ἁμαρτωλοὶ παρὰ πάν-
τας τοὺς Γαλιλαίους ἐγένοντο, ὅτι ταῦτα πεπόνθασιν;
3 οὐχί, λέγω ὑμῖν, ἀλλ' ἐὰν μὴ μετανοῆτε πάντες ὁμοίως
4 ἀπολεῖσθε. ἢ ἐκεῖνοι οἱ δέκα ὀκτὼ ἐφ' οὓς ἔπεσεν ὁ
πύργος ἐν τῷ Σιλωὰμ καὶ ἀπέκτεινεν αὐτούς, δοκεῖτε ὅτι αὐ-

48 act upon them, will be severely punished. But one who does wrong without knowing them will be lightly punished. From anyone who has been given much, much will be required, and of the man to whom people have intrusted much, they will 49 demand even more. I have come to bring fire down to the 50 earth, and how I wish it were kindled already! I have a baptism to undergo, and how distressed I am till it is over! 51 Do you think I have come to bring peace to the earth? 52 Not peace, I tell you, but discord! For from now on if there are five people in a house they will be divided three against 53 two and two against three. Father will be against son, and son against father, mother against daughter and daughter against mother, mother-in-law against her daughter-in-law and daughter-in-law against her mother-in-law."

54 And he said to the crowds,

"When you see a cloud rise in the west, you say at once, 55 'It is going to rain,' and it does. And when you see the south wind blowing, you say, 'It is going to be very hot,' and it is so. 56 You hypocrites! You know how to interpret the look of the 57 earth and sky; and why can you not interpret this present time? Why do you not decide what is right yourselves? 58 For when you are going before the magistrate with your opponent, do your best on the way to get rid of him, or he may hurry you off to the judge and the judge hand you over to the 59 constable and the constable throw you into prison. I tell you, you will never get out again until you have paid the last cent!"

13 Just then some people came up to bring him word of the Galileans whose blood Pilate had mingled with that of their 2 sacrifices. And he answered,

"Do you think, because this happened to them, that these Galileans were worse sinners than any other Galileans? 3 No, I tell you; unless you repent, you will all perish as they 4 did! Or those eighteen people at Siloam who were killed when the tower fell upon them—do you think they were

τοὶ ὀφειλέται ἐγένοντο παρὰ πάντας τοὺς ἀνθρώπους τοὺς
5 κατοικοῦντας Ἰερουσαλήμ; οὐχί, λέγω ὑμῖν, ἀλλ᾽ ἐὰν μὴ
6 ⌜μετανοήσητε⌝ πάντες ὡσαύτως ἀπολεῖσθε.   Ἔ-
λεγεν δὲ ταύτην τὴν παραβολήν. Συκῆν εἶχέν τις πεφυ-
τευμένην ἐν τῷ ἀμπελῶνι αὐτοῦ, καὶ ἦλθεν ζητῶν καρπὸν
7 ἐν αὐτῇ καὶ οὐχ εὗρεν. εἶπεν δὲ πρὸς τὸν ἀμπελουρ-
γόν Ἰδοὺ τρία ἔτη ἀφ᾽ οὗ ἔρχομαι ζητῶν καρπὸν ἐν τῇ
συκῇ ταύτῃ καὶ οὐχ εὑρίσκω· ἔκκοψον αὐτήν· ἵνα τί καὶ
8 τὴν γῆν καταργεῖ; ὁ δὲ ἀποκριθεὶς λέγει αὐτῷ Κύριε,
ἄφες αὐτὴν καὶ τοῦτο τὸ ἔτος, ἕως ὅτου σκάψω περὶ αὐτὴν
9 καὶ βάλω κόπρια· κἂν μὲν ποιήσῃ καρπὸν εἰς τὸ μέλλον—
εἰ δὲ μήγε, ἐκκόψεις αὐτήν.
10   Ἦν δὲ διδάσκων ἐν μιᾷ τῶν συναγωγῶν ἐν τοῖς σάββα-
11 σιν. καὶ ἰδοὺ γυνὴ πνεῦμα ἔχουσα ἀσθενείας ἔτη δέκα
ὀκτώ, καὶ ἦν συνκύπτουσα καὶ μὴ δυναμένη ἀνακύψαι εἰς
12 τὸ παντελές. ἰδὼν δὲ αὐτὴν ὁ Ἰησοῦς προσεφώνησεν καὶ
13 εἶπεν αὐτῇ Γύναι, ἀπολέλυσαι τῆς ἀσθενείας σου, καὶ
ἐπέθηκεν αὐτῇ τὰς χεῖρας· καὶ παραχρῆμα ἀνωρθώθη, καὶ
14 ἐδόξαζεν τὸν θεόν. ἀποκριθεὶς δὲ ὁ ἀρχισυνάγωγος, ἀγα-
νακτῶν ὅτι τῷ σαββάτῳ ἐθεράπευσεν ὁ Ἰησοῦς, ἔλεγεν τῷ
ὄχλῳ ὅτι ῍Εξ ἡμέραι εἰσὶν ἐν αἷς δεῖ ἐργάζεσθαι· ἐν αὐταῖς
οὖν ἐρχόμενοι θεραπεύεσθε καὶ μὴ τῇ ἡμέρᾳ τοῦ σαββά-
15 του. ἀπεκρίθη δὲ αὐτῷ ὁ κύριος καὶ εἶπεν Ὑποκριταί,
ἕκαστος ὑμῶν τῷ σαββάτῳ οὐ λύει τὸν βοῦν αὐτοῦ ἢ τὸν
16 ὄνον ἀπὸ τῆς φάτνης καὶ ⌜ἀπάγων⌝ ποτίζει; ταύτην δὲ
θυγατέρα Ἀβραὰμ οὖσαν, ἣν ἔδησεν ὁ Σατανᾶς ἰδοὺ δέκα
καὶ ὀκτὼ ἔτη, οὐκ ἔδει λυθῆναι ἀπὸ τοῦ δεσμοῦ τούτου τῇ
17 ἡμέρᾳ τοῦ σαββάτου; Καὶ ταῦτα λέγοντος αὐτοῦ κατη-
σχύνοντο πάντες οἱ ἀντικείμενοι αὐτῷ, καὶ πᾶς ὁ ὄχλος
ἔχαιρεν ἐπὶ πᾶσιν τοῖς ἐνδόξοις τοῖς γινομένοις ὑπ᾽ αὐ-
18 τοῦ.   Ἔλεγεν οὖν Τίνι ὁμοία ἐστὶν ἡ βασι-
19 λεία τοῦ θεοῦ, καὶ τίνι ὁμοιώσω αὐτήν; ὁμοία ἐστὶν κόκκῳ
σινάπεως, ὃν λαβὼν ἄνθρωπος ἔβαλεν εἰς κῆπον ἑαυτοῦ,

5 μετανοῆτε   15 ἀπαγαγὼν

worse offenders than all the other people who live in
5 Jerusalem? No, I tell you; unless you repent, you will all
perish as they did!"
6   He used this figure:
"A man had a fig tree growing in his garden, and he
7 went to look for fruit on it, and could not find any. And he
said to the gardener, 'Here I have come three years to look
for fruit on this fig tree, without finding any. Cut it down.
8 Why should it waste the ground?' He answered, 'Let it
stand this one year more, sir, till I dig around it and manure it;
9 perhaps it will bear fruit next year. But if it does not, you can
have it cut down.' "
10   One Sabbath he was teaching in one of the synagogues,
11 and there was a woman there who for eighteen years had had
a sickness caused by a spirit. She was bent double and could
12 not straighten herself up at all. When Jesus saw her he
called to her,
"You are freed from your sickness!"
13   And he laid his hands on her, and she instantly became
14 erect, and praised God. But the leader of the synagogue,
in his vexation because Jesus had cured her on the Sabbath,
spoke out and said to the crowd,
"There are six days on which it is right to work. Come
on them and be cured, but not on the Sabbath day."
15   But the Lord answered,
"You hypocrites! Does not every one of you untie his
ox or his donkey from the stall on the Sabbath and lead him
16 away to water? And ought not this woman, who is a de-
scendant of Abraham, whom Satan has kept bound for
eighteen years, to be released from those bonds on the Sab-
bath day?"
17   When he said this, all his opponents were humiliated, and all
the people were delighted at all the splendid things that he did.
18   He said, therefore,
"What is the Kingdom of God like, and to what can I
19 compare it? It is like a mustard seed that a man took and

καὶ ηὔξησεν καὶ ἐγένετο εἰς δένδρον, καὶ τὰ πετεινὰ
τοῦ οὐρανοῦ κατεσκήνωσεν ἐν τοῖς κλάδοις αὐτοῦ.
20 Καὶ πάλιν εἶπεν Τίνι ὁμοιώσω τὴν βασιλείαν τοῦ θεοῦ;
21 ὁμοία ἐστὶν ζύμῃ, ἣν λαβοῦσα γυνὴ ἔκρυψεν εἰς ἀλεύρου
σάτα τρία ἕως οὗ ἐζυμώθη ὅλον.

22 Καὶ διεπορεύετο κατὰ πόλεις καὶ κώμας διδάσκων καὶ
23 πορείαν ποιούμενος εἰς Ἱεροσόλυμα. Εἶπεν δέ τις αὐτῷ
Κύριε, εἰ ὀλίγοι οἱ σωζόμενοι; ὁ δὲ εἶπεν πρὸς αὐτούς
24 Ἀγωνίζεσθε εἰσελθεῖν διὰ τῆς στενῆς θύρας, ὅτι πολλοί,
λέγω ὑμῖν, ζητήσουσιν εἰσελθεῖν καὶ οὐκ ἰσχύσουσιν,
25 ἀφ' οὗ ἂν ἐγερθῇ ὁ οἰκοδεσπότης καὶ ἀποκλείσῃ τὴν θύραν,
καὶ ἄρξησθε ἔξω ἑστάναι καὶ κρούειν τὴν θύραν λέγοντες
Κύριε, ἄνοιξον ἡμῖν· καὶ ἀποκριθεὶς ἐρεῖ ὑμῖν Οὐκ οἶδα
26 ὑμᾶς πόθεν ἐστέ. τότε ⌜ἄρξεσθε⌝ λέγειν Ἐφάγομεν
ἐνώπιόν σου καὶ ἐπίομεν, καὶ ἐν ταῖς πλατείαις ἡμῶν ἐδί-
27 δαξας· καὶ ἐρεῖ λέγων ὑμῖν Οὐκ οἶδα πόθεν ἐστέ· ἀπό-
28 ϹΤΗΤΕ ἀπ' ἐμοῦ, πάντεϲ ἐργάται ἀδικίαϲ. Ἐκεῖ ἔσται
ὁ κλαυθμὸς καὶ ὁ βρυγμὸς τῶν ὀδόντων, ὅταν ⌜ὄψησθε⌝
Ἀβραὰμ καὶ Ἰσαὰκ καὶ Ἰακὼβ καὶ πάντας τοὺς προφήτας
ἐν τῇ βασιλείᾳ τοῦ θεοῦ, ὑμᾶς δὲ ἐκβαλλομένους ἔξω.
29 καὶ ἥξουσιν ἀπὸ ἀνατολῶν καὶ δυϲμῶν καὶ ἀπὸ βορρᾶ
30 καὶ νότου καὶ ἀνακλιθήσονται ἐν τῇ βασιλείᾳ τοῦ θεοῦ. καὶ
ἰδοὺ εἰσὶν ἔσχατοι οἳ ἔσονται πρῶτοι, καὶ εἰσὶν πρῶτοι οἳ
31 ἔσονται ἔσχατοι. Ἐν αὐτῇ τῇ ὥρᾳ προσῆλθάν
τινες Φαρισαῖοι λέγοντες αὐτῷ Ἔξελθε καὶ πορεύου
32 ἐντεῦθεν, ὅτι Ἡρῴδης θέλει σε ἀποκτεῖναι. καὶ εἶπεν
αὐτοῖς Πορευθέντες εἴπατε τῇ ἀλώπεκι ταύτῃ Ἰδοὺ
ἐκβάλλω δαιμόνια καὶ ἰάσεις ἀποτελῶ σήμερον καὶ αὔριον,
33 καὶ τῇ τρίτῃ τελειοῦμαι. πλὴν δεῖ με σήμερον καὶ αὔριον
καὶ τῇ ἐχομένῃ πορεύεσθαι, ὅτι οὐκ ἐνδέχεται προφήτην
34 ἀπολέσθαι ἔξω Ἱερουσαλήμ. Ἱερουσαλήμ Ἱερουσαλήμ,
ἡ ἀποκτείνουσα τοὺς προφήτας καὶ λιθοβολοῦσα τοὺς
ἀπεσταλμένους πρὸς αὐτήν,— ποσάκις ἠθέλησα ἐπισυνάξαι

26 ἄρξησθε   28 ὄψεσθε

dropped in his garden, and it grew and became a tree, and the wild birds roosted on its branches."

20   And he went on,

21   "To what can I compare the Kingdom of God? It is like yeast that a woman took and hid in a bushel of flour, till it all rose."

22   So he went about among the towns and villages, teaching
23 and making his way toward Jerusalem. And someone said to him,

"Are only a few to be saved, Master?"

He said to them,

24   "You must strain every nerve to get in through the narrow door, for I tell you many will try to get in, and will
25 not succeed, when the master of the house gets up and shuts the door, and you begin to stand outside and to knock on the door, and say, 'Open it for us, sir!' Then he will answer you
26 and say, 'I do not know where you come from.' Then you will go on to say, 'We have been entertained with you, and
27 you have taught in our streets!' And he will say to you, 'I do not know where you come from. Get away from me,
28 all you wrongdoers!' There you will weep and grind your teeth when you see Abraham and Isaac and Jacob and all the prophets in the Kingdom of God, while you are put
29 outside. People will come from the east and west and the north and south, and take their places in the Kingdom of
30 God. There are those now last who will then be first, and there are those now first who will be last."

31   Just then some Pharisees came up and said to him,

"Go! Get away from here, for Herod wants to kill you!"

32   He said to them,

"Go and say to that fox, 'Here I am, driving out demons and performing cures, today and tomorrow, and on the third
33 day I will be through. But I must go on today and tomorrow and the next day, for it is not right for a prophet to die
34 outside Jerusalem.' O Jerusalem! Jerusalem! murdering the prophets, and stoning those who are sent to her, how often I have longed to gather your children around me, as a

τὰ τέκνα σου ὃν τρόπον ὄρνις τὴν ἑαυτῆς νοσσιὰν ὑπὸ τὰς
35 πτέρυγας, καὶ οὐκ ἠθελήσατε. ἰδοὺ ἀφίεται ὑμῖν ὁ οἶκος
ὑμῶν. λέγω [δὲ] ὑμῖν, οὐ μὴ ἴδητέ με ἕως εἴπητε
Εὐλογημένος ὁ ἐρχόμενος ἐν ὀνόματι Κυρίου.

1   Καὶ ἐγένετο ἐν τῷ ἐλθεῖν αὐτὸν εἰς οἶκόν τινος τῶν ἀρχόν-
των [τῶν] Φαρισαίων σαββάτῳ φαγεῖν ἄρτον καὶ αὐτοὶ ἦσαν
2 παρατηρούμενοι αὐτόν. καὶ ἰδοὺ ἄνθρωπός τις ἦν ὑδρωπικὸς
3 ἔμπροσθεν αὐτοῦ. καὶ ἀποκριθεὶς ὁ Ἰησοῦς εἶπεν πρὸς τοὺς
νομικοὺς καὶ Φαρισαίους λέγων Ἔξεστιν τῷ σαββάτῳ
4 θεραπεῦσαι ἢ οὔ; οἱ δὲ ἡσύχασαν. καὶ ἐπιλαβόμενος
5 ἰάσατο αὐτὸν καὶ ἀπέλυσεν. καὶ πρὸς αὐτοὺς εἶπεν Τί-
νος ὑμῶν υἱὸς ἢ βοῦς εἰς φρέαρ πεσεῖται, καὶ οὐκ εὐθέως
6 ἀνασπάσει αὐτὸν ἐν ἡμέρᾳ τοῦ σαββάτου; καὶ οὐκ ἴσχυ-
7 σαν ἀνταποκριθῆναι πρὸς ταῦτα.   Ἔλεγεν δὲ
πρὸς τοὺς κεκλημένους παραβολήν, ἐπέχων πῶς τὰς πρω-
8 τοκλισίας ἐξελέγοντο, λέγων πρὸς αὐτούς Ὅταν κληθῇς
ὑπό τινος εἰς γάμους, μὴ κατακλιθῇς εἰς τὴν πρωτοκλισίαν,
9 μή ποτε ἐντιμότερός σου ᾖ κεκλημένος ὑπ᾽ αὐτοῦ, καὶ
ἐλθὼν ὁ σὲ καὶ αὐτὸν καλέσας ἐρεῖ σοι Δὸς τούτῳ τόπον,
καὶ τότε ἄρξῃ μετὰ αἰσχύνης τὸν ἔσχατον τόπον κατέχειν.
10 ἀλλ᾽ ὅταν κληθῇς πορευθεὶς ἀνάπεσε εἰς τὸν ἔσχατον τό-
πον, ἵνα ὅταν ἔλθῃ ὁ κεκληκώς σε ἐρεῖ σοι Φίλε, προσ-
ανάβηθι ἀνώτερον· τότε ἔσται σοι δόξα ἐνώπιον πάντων
11 τῶν συνανακειμένων σοι. ὅτι πᾶς ὁ ὑψῶν ἑαυτὸν ταπεινω-
12 θήσεται καὶ ὁ ταπεινῶν ἑαυτὸν ὑψωθήσεται.   Ἔ-
λεγεν δὲ καὶ τῷ κεκληκότι αὐτόν Ὅταν ποιῇς ἄριστον
ἢ δεῖπνον, μὴ φώνει τοὺς φίλους σου μηδὲ τοὺς ἀδελφούς
σου μηδὲ τοὺς συγγενεῖς σου μηδὲ γείτονας πλουσίους, μή
ποτε καὶ αὐτοὶ ἀντικαλέσωσίν σε καὶ γένηται ἀνταπό-
13 δομά σοι. ἀλλ᾽ ὅταν δοχὴν ποιῇς, κάλει πτωχούς, ἀναπεί-
14 ρους, χωλούς, τυφλούς· καὶ μακάριος ἔσῃ, ὅτι οὐκ ἔχουσιν
ἀνταποδοῦναί σοι, ἀνταποδοθήσεται γάρ σοι ἐν τῇ ἀναστά-

17 ἔρχεσθαι

35 hen gathers her brood under her wings, but you refused!   Now
I leave you to yourselves.   And I tell you, you will never
see me again until you say, 'Blessed be he who comes in the
Lord's name!' "

14   One Sabbath, when he went to take a meal at the house
of a member of the council who was a Pharisee, they were
2 watching him.   There was a man before him who had
3 dropsy.   And Jesus said to the Pharisees and the experts
in the Law,
          "Is it right to cure people on the Sabbath or not?"
4   But they made no answer.   And he took hold of the man
5 and cured him and sent him away.   Then he said to them,
          "Who among you, if his child or his ox falls into a well,
6 will not pull him out at once on the Sabbath?"   And they
could make no reply to this.

7   He noticed that the guests picked out the best places,
and he gave them this illustration:

8   "When someone invites you to a wedding supper, do not
take the best place, for someone more distinguished than you
9 may have been invited, and his host and yours will come and
say to you 'Make room for this man,' and then you will pro-
10 ceed in confusion to take the poorest place.   But when you
are invited anywhere, go and take the poorest place, so that
when your host comes in, he will say to you, 'My friend, come
to a better place.'   So you will be shown consideration before
11 all the other guests.   For everyone who exalts himself will be
humbled, but the man who humbles himself will be exalted."

12   And he said to the man who had invited him,
          "When you give a luncheon or a dinner, do not invite
your friends or your brothers or your relatives or your rich
neighbors, for then they will invite you in return and you
13 will be repaid.   But when you give an entertainment, invite
14 people who are poor, maimed, lame, or blind.   Then you
will be blessed, because they cannot repay you; for you will
be repaid at the resurrection of the upright."

15 σει τῶν δικαίων.   Ἀκούσας δέ τις τῶν συνανα-
κειμένων ταῦτα εἶπεν αὐτῷ Μακάριος ὅστις φάγεται
16 ἄρτον ἐν τῇ βασιλείᾳ τοῦ θεοῦ. ὁ δὲ εἶπεν αὐτῷ ῎Αν-
θρωπός τις ἐποίει δεῖπνον μέγα, καὶ ἐκάλεσεν πολλούς,
17 καὶ ἀπέστειλεν τὸν δοῦλον αὐτοῦ τῇ ὥρᾳ τοῦ δείπνου εἰ-
πεῖν τοῖς κεκλημένοις ⌈Ἔρχεσθε⌉ ὅτι ἤδη ἕτοιμά ⌈ἐστιν⌉.
18 καὶ ἤρξαντο ἀπὸ μιᾶς πάντες παραιτεῖσθαι. ὁ πρῶτος
εἶπεν αὐτῷ Ἀγρὸν ἠγόρασα καὶ ἔχω ἀνάγκην ἐξελθὼν
19 ἰδεῖν αὐτόν· ἐρωτῶ σε, ἔχε με παρῃτημένον. καὶ ἕτερος
εἶπεν Ζεύγη βοῶν ἠγόρασα πέντε καὶ πορεύομαι δοκιμά-
20 σαι αὐτά· ἐρωτῶ σε, ἔχε με παρῃτημένον. καὶ ἕτερος
εἶπεν Γυναῖκα ἔγημα καὶ διὰ τοῦτο οὐ δύναμαι ἐλθεῖν.
21 καὶ παραγενόμενος ὁ δοῦλος ἀπήγγειλεν τῷ κυρίῳ αὐτοῦ
ταῦτα. τότε ὀργισθεὶς ὁ οἰκοδεσπότης εἶπεν τῷ δούλῳ
αὐτοῦ ῎Εξελθε ταχέως εἰς τὰς πλατείας καὶ ῥύμας τῆς
πόλεως, καὶ τοὺς πτωχοὺς καὶ ἀναπείρους καὶ τυφλοὺς καὶ
22 χωλοὺς εἰσάγαγε ὧδε. καὶ εἶπεν ὁ δοῦλος Κύριε, γέ-
23 γονεν ὃ ἐπέταξας, καὶ ἔτι τόπος ἐστίν. καὶ εἶπεν ὁ κύριος
πρὸς τὸν δοῦλον ῎Εξελθε εἰς τὰς ὁδοὺς καὶ φραγμοὺς καὶ
24 ἀνάγκασον εἰσελθεῖν, ἵνα γεμισθῇ μου ὁ οἶκος· λέγω γὰρ
ὑμῖν ὅτι οὐδεὶς τῶν ἀνδρῶν ἐκείνων τῶν κεκλημένων γεύσε-
ταί μου τοῦ δείπνου.

25   Συνεπορεύοντο δὲ αὐτῷ ὄχλοι πολλοί, καὶ στραφεὶς
26 εἶπεν πρὸς αὐτούς Εἴ τις ἔρχεται πρός με καὶ οὐ μισεῖ
τὸν πατέρα ἑαυτοῦ καὶ τὴν μητέρα καὶ τὴν γυναῖκα καὶ τὰ
τέκνα καὶ τοὺς ἀδελφοὺς καὶ τὰς ἀδελφάς, ἔτι τε καὶ τὴν
27 ψυχὴν ἑαυτοῦ, οὐ δύναται εἶναί μου μαθητής. ὅστις
οὐ βαστάζει τὸν σταυρὸν ἑαυτοῦ καὶ ἔρχεται ὀπίσω μου,
28 οὐ δύναται εἶναί μου μαθητής. τίς γὰρ ἐξ ὑμῶν θέλων
πύργον οἰκοδομῆσαι οὐχὶ πρῶτον καθίσας ψηφίζει τὴν
29 δαπάνην, εἰ ἔχει εἰς ἀπαρτισμόν; ἵνα μή ποτε θέντος αὐτοῦ
θεμέλιον καὶ μὴ ἰσχύοντος ἐκτελέσαι πάντες οἱ θεωροῦντες
30 ἄρξωνται αὐτῷ ἐμπαίζειν λέγοντες ὅτι Οὗτος ὁ ἄνθρω-

15   One of the other guests heard this, and said to him,
       "Blessed is the man who shall be at the banquet in the
Kingdom of God!"

16   He said to him,
       "A man once gave a great dinner, and invited a large
17 number to it, and when the dinner hour came, he sent around
his slave, to say to those who were invited, 'Come! for it is
18 now ready!' And they all immediately began to excuse them-
selves. The first one said to him, 'I have bought a piece of
land, and I must go and look at it. Please have me excused.'
19 Another said, 'I have bought five yoke of oxen, and I am
20 going to examine them. Please have me excused.' Another
21 said, 'I have married, and so I cannot come.' So the slave
went back, and reported this to his master. Then the master
of the house was angry and said to his slave, 'Hurry out into
the streets and squares of the city, and bring the poor, the
22 maimed, the blind, and the lame in here!' And the slave
said, 'What you ordered, sir, has been done, and there is
23 still room.' And the master said to the slave, 'Go out on the
roads, and among the hedges, and make them come in, so that
24 my house may be full. For I tell you that none of those
men who were invited shall taste of my dinner!' "

25   There were great crowds accompanying him, and once
he turned and said to them,

26   "If anyone comes to me without hating his own father
and mother and wife and children and brothers and sisters,
27 and his very life too, he cannot be a disciple of mine. For
no one who does not take up his own cross and come after me
28 can be a disciple of mine. What man among you if he wishes
to build a tower does not first sit down and estimate the cost
29 of it, to see whether he has enough to complete it? Or else
when he has laid his foundation and cannot finish the building,
30 everyone who sees it will begin to ridicule him, and say,

31 πος ἤρξατο οἰκοδομεῖν καὶ οὐκ ἴσχυσεν ἐκτελέσαι. ἢ τίς
βασιλεὺς πορευόμενος ἑτέρῳ βασιλεῖ συνβαλεῖν εἰς πόλε-
μον οὐχὶ καθίσας πρῶτον βουλεύσεται εἰ δυνατός ἐστιν ἐν
δέκα χιλιάσιν ὑπαντῆσαι τῷ μετὰ εἴκοσι χιλιάδων ἐρχο-
32 μένῳ ἐπ᾽ αὐτόν; εἰ δὲ μήγε, ἔτι αὐτοῦ πόρρω ὄντος πρε-
33 σβείαν ἀποστείλας ἐρωτᾷ ⌜πρὸς⌝ εἰρήνην. οὕτως οὖν πᾶς ἐξ
ὑμῶν ὃς οὐκ ἀποτάσσεται πᾶσιν τοῖς ἑαυτοῦ ὑπάρχουσιν
34 οὐ δύναται εἶναί μου μαθητής. Καλὸν οὖν τὸ ἅλας· ἐὰν
35 δὲ καὶ τὸ ἅλας μωρανθῇ, ἐν τίνι ἀρτυθήσεται; οὔτε εἰς γῆν
οὔτε εἰς κοπρίαν εὔθετόν ἐστιν· ἔξω βάλλουσιν. αὐτό. Ὁ
ἔχων ὦτα ἀκούειν ἀκουέτω.

1 Ἦσαν δὲ αὐτῷ ἐγγίζοντες πάντες οἱ τελῶναι καὶ οἱ ἁμαρ-
2 τωλοὶ ἀκούειν αὐτοῦ. καὶ διεγόγγυζον οἵ τε Φαρισαῖοι καὶ
οἱ γραμματεῖς λέγοντες ὅτι Οὗτος ἁμαρτωλοὺς προσδέ-
3 χεται καὶ συνεσθίει αὐτοῖς. εἶπεν δὲ πρὸς αὐτοὺς τὴν
4 παραβολὴν ταύτην λέγων Τίς ἄνθρωπος ἐξ ὑμῶν ἔχων
ἑκατὸν πρόβατα καὶ ἀπολέσας ἐξ αὐτῶν ἓν οὐ καταλείπει
τὰ ἐνενήκοντα ἐννέα ἐν τῇ ἐρήμῳ καὶ πορεύεται ἐπὶ τὸ
5 ἀπολωλὸς ἕως εὕρῃ αὐτό; καὶ εὑρὼν ἐπιτίθησιν ἐπὶ τοὺς
6 ὤμους αὐτοῦ χαίρων, καὶ ἐλθὼν εἰς τὸν οἶκον συνκαλεῖ
τοὺς φίλους καὶ τοὺς γείτονας, λέγων αὐτοῖς Συνχάρητέ
7 μοι ὅτι εὗρον τὸ πρόβατόν μου τὸ ἀπολωλός. λέγω ὑμῖν
ὅτι οὕτως χαρὰ ἐν τῷ οὐρανῷ ἔσται ἐπὶ ἑνὶ ἁμαρτωλῷ
μετανοοῦντι ἢ ἐπὶ ἐνενήκοντα ἐννέα δικαίοις οἵτινες οὐ χρείαν
8 ἔχουσιν μετανοίας. Ἢ τίς γυνὴ δραχμὰς ἔχουσα δέκα, ἐὰν
ἀπολέσῃ δραχμὴν μίαν, οὐχὶ ἅπτει λύχνον καὶ σαροῖ τὴν
9 οἰκίαν καὶ ζητεῖ ἐπιμελῶς ἕως οὗ εὕρῃ; καὶ εὑροῦσα συν-
καλεῖ τὰς φίλας καὶ γείτονας λέγουσα Συνχάρητέ μοι
10 ὅτι εὗρον τὴν δραχμὴν ἣν ἀπώλεσα. οὕτως, λέγω ὑμῖν,
γίνεται χαρὰ ἐνώπιον τῶν ἀγγέλων τοῦ θεοῦ ἐπὶ ἑνὶ ἁμαρ-
11 τωλῷ μετανοοῦντι. Εἶπεν δέ Ἄνθρωπός τις
12 εἶχεν δύο υἱούς. καὶ εἶπεν ὁ νεώτερος αὐτῶν τῷ πατρί
Πάτερ, δός μοι τὸ ἐπιβάλλον μέρος τῆς οὐσίας· ὁ δὲ διεῖ-

32 εἰς υ. τὰ πρὸς

'This man started to erect a building, and could not finish
31 it!' Or what king, if he is going to meet another king in
battle, does not sit down first and consider whether he is
able with ten thousand men to meet the other who is coming
32 against him with twenty thousand?   And if he cannot, while
the other is still far away, he sends envoys to him and asks on
33 what terms he will make peace. In just that way, no one of
you who does not say goodbye to all he has can be a disciple of
34 mine.   Salt is good; but if salt loses its strength, what can
35 it be seasoned with?   It is fit neither for the ground nor the
manure heap; people throw it away.   Let him who has ears
to hear with, listen!"

15   All the tax-collectors and irreligious people were crowding
2 up to hear him.   And the Pharisees and scribes grumbled,
and said,

"This man welcomes irreligious people, and even eats
with them!"

3   So in speaking to them he used this figure:

4   "What man among you, if he has a hundred sheep, and
loses one of them, does not leave the ninety-nine in the
wilderness, and go in search of the one that is lost, until he
5 finds it?   And when he finds it, he puts in on his shoulders
6 with joy, and when he reaches home, he calls in his friends
and neighbors, and says to them, 'Congratulate me, for I have
7 found my lost sheep!' I tell you, in just that way there will
be more joy in heaven over one sinful person who repents,
than over ninety-nine upright people who do not need any
8 repentance.   Or what woman who has ten silver coins and
loses one, does not light the lamp and sweep the house and look
9 carefully until she finds it?   And when she finds it, she calls
in her friends and neighbors, and says to them, 'Congratulate
10 me, for I have found the coin that I lost!'   In just that way,
I tell you, there is joy among the angels of God over one
sinful person who repents!"

11   And he said,

12   "A man had two sons. The younger of them said to his
father, 'Father, give me my share of the property.'   So he

13 λεν αὐτοῖς τὸν βίον. καὶ μετ᾽ οὐ πολλὰς ἡμέρας συναγαγὼν
⌐πάντα⌐ ὁ νεώτερος υἱὸς ἀπεδήμησεν εἰς χώραν μακράν, καὶ
14 ἐκεῖ διεσκόρπισεν τὴν οὐσίαν αὐτοῦ ζῶν ἀσώτως. δαπανή-
σαντος δὲ αὐτοῦ πάντα ἐγένετο λιμὸς ἰσχυρὰ κατὰ τὴν
15 χώραν ἐκείνην, καὶ αὐτὸς ἤρξατο ὑστερεῖσθαι. καὶ πορευ-
θεὶς ἐκολλήθη ἑνὶ τῶν πολιτῶν τῆς χώρας ἐκείνης, καὶ
16 ἔπεμψεν αὐτὸν εἰς τοὺς ἀγροὺς αὐτοῦ βόσκειν χοίρους· καὶ
ἐπεθύμει χορτασθῆναι ἐκ τῶν κερατίων ὧν ἤσθιον οἱ χοῖροι,
17 καὶ οὐδεὶς ἐδίδου αὐτῷ. εἰς ἑαυτὸν δὲ ἐλθὼν ἔφη Πόσοι
μίσθιοι τοῦ πατρός μου περισσεύονται ἄρτων, ἐγὼ δὲ λιμῷ
18 ὧδε ἀπόλλυμαι· ἀναστὰς πορεύσομαι πρὸς τὸν πατέρα
μου καὶ ἐρῶ αὐτῷ Πάτερ, ἥμαρτον εἰς τὸν οὐρανὸν καὶ
19 ἐνώπιόν σου, οὐκέτι εἰμὶ ἄξιος κληθῆναι υἱός σου· ποίησόν
20 με ὡς ἕνα τῶν μισθίων σου. Καὶ ἀναστὰς ἦλθεν πρὸς τὸν
πατέρα ἑαυτοῦ. ἔτι δὲ αὐτοῦ μακρὰν ἀπέχοντος εἶδεν
αὐτὸν ὁ πατὴρ αὐτοῦ καὶ ἐσπλαγχνίσθη καὶ δραμὼν ἐπέ-
πεσεν ἐπὶ τὸν τράχηλον αὐτοῦ καὶ κατεφίλησεν αὐτόν.
21 εἶπεν δὲ ὁ υἱὸς αὐτῷ Πάτερ, ἥμαρτον εἰς τὸν οὐρανὸν
καὶ ἐνώπιόν σου, οὐκέτι εἰμὶ ἄξιος κληθῆναι υἱός σου [·ποί-
22 ησόν με ὡς ἕνα τῶν μισθίων σου]. εἶπεν δὲ ὁ πατὴρ
πρὸς τοὺς δούλους αὐτοῦ Ταχὺ ἐξενέγκατε στολὴν τὴν
πρώτην καὶ ἐνδύσατε αὐτόν, καὶ δότε δακτύλιον εἰς τὴν
23 χεῖρα αὐτοῦ καὶ ὑποδήματα εἰς τοὺς πόδας, καὶ φέρετε τὸν
μόσχον τὸν σιτευτόν, θύσατε καὶ φαγόντες εὐφρανθῶμεν,
24 ὅτι οὗτος ὁ υἱός μου νεκρὸς ἦν καὶ ⌐ἀνέζησεν⌐, ἦν ἀπολωλὼς
25 καὶ εὑρέθη. Καὶ ἤρξαντο εὐφραίνεσθαι. ἦν δὲ ὁ υἱὸς αὐτοῦ
ὁ πρεσβύτερος ἐν ἀγρῷ· καὶ ὡς ἐρχόμενος ἤγγισεν τῇ οἰκίᾳ,
26 ἤκουσεν συμφωνίας καὶ χορῶν, καὶ προσκαλεσάμενος ἕνα
27 τῶν παίδων ἐπυνθάνετο τί ἂν εἴη ταῦτα· ὁ δὲ εἶπεν αὐτῷ
ὅτι Ὁ ἀδελφός σου ἥκει, καὶ ἔθυσεν ὁ πατήρ σου τὸν
μόσχον τὸν σιτευτόν, ὅτι ὑγιαίνοντα αὐτὸν ἀπέλαβεν.
28 ὠργίσθη δὲ καὶ οὐκ ἤθελεν εἰσελθεῖν. ὁ δὲ πατὴρ αὐτοῦ
29 ἐξελθὼν παρεκάλει αὐτόν. ὁ δὲ ἀποκριθεὶς εἶπεν τῷ πατρὶ

13 ἅπαντα   24 ἔζησεν

13 divided his property between them.   Not many days later,
the younger son gathered up all he had, and went away to a
distant country, and there he squandered his property by
14 fast living.   After he had spent it all, a severe famine arose
15 in that country, and he began to be in want.   And he went
and hired himself out to a resident of the country, and he
16 sent him into his fields to tend pigs.   And he was ready to fill
himself with the pods the pigs were eating, and no one would
17 give him anything.   When he came to himself he said,
'How many hired men my father has, who have more than
18 enough to eat, and here I am, dying of hunger!   I will get up,
and go to my father, and say to him, "Father, I have sinned
19 against heaven and in your eyes; I no longer deserve to be
20 called your son; treat me like one of your hired men!" '   And
he got up and went to his father.   But while he was still a
long way off, his father saw him, and pitied him, and ran
21 and fell on his neck, and kissed him.   His son said to him,
'Father, I have sinned against heaven, and in your eyes;
I no longer deserve to be called your son; treat me like one
22 of your hired men!'   But his father said to his slaves, 'Make
haste and get out the best robe, and put it on him, and put a
23 ring on his hand, and shoes on his feet; and get the calf we
are fattening, and kill it, and let us feast and celebrate,
24 for my son here was dead, and he has come to life; he was lost,
25 and he is found!'   So they began to celebrate.   But his elder
son was in the field.   When he came in and approached the
26 house, he heard music and dancing, and he called one of the
27 servants to him and asked him what it meant.   He said to
him, 'Your brother has come, and your father has killed the
calf he has been fattening, because he has gotten him back
28 alive and well.'   But he was angry, and would not go into the
29 house.   And his father came out and urged him.   And he

αὐτοῦ Ἰδοὺ τοσαῦτα ἔτη δουλεύω σοι καὶ οὐδέποτε ἐν-
τολήν σου παρῆλθον, καὶ ἐμοὶ οὐδέποτε ἔδωκας ⸢ἔριφον⸣
30 ἵνα μετὰ τῶν φίλων μου εὐφρανθῶ· ὅτε δὲ ὁ υἱός σου
οὗτος ὁ καταφαγών σου τὸν βίον μετὰ ⸆ πορνῶν ἦλθεν,
31 ἔθυσας αὐτῷ τὸν σιτευτὸν μόσχον. ὁ δὲ εἶπεν αὐτῷ
Τέκνον, σὺ πάντοτε μετ᾽ ἐμοῦ εἶ, καὶ πάντα τὰ ἐμὰ σά
32 ἐστιν· εὐφρανθῆναι δὲ καὶ χαρῆναι ἔδει, ὅτι ὁ ἀδελφός
σου οὗτος νεκρὸς ἦν καὶ ἔζησεν, καὶ ἀπολωλὼς καὶ εὑρέ-
θη.

1 Ἔλεγεν δὲ καὶ πρὸς τοὺς μαθητάς· Ἄνθρωπός τις ἦν
πλούσιος ὃς εἶχεν οἰκονόμον, καὶ οὗτος διεβλήθη αὐτῷ ὡς
2 διασκορπίζων τὰ ὑπάρχοντα αὐτοῦ. καὶ φωνήσας αὐτὸν
εἶπεν αὐτῷ Τί τοῦτο ἀκούω περὶ σοῦ; ἀπόδος τὸν λόγον
3 τῆς οἰκονομίας σου, οὐ γὰρ δύνῃ ἔτι οἰκονομεῖν. εἶπεν
δὲ ἐν ἑαυτῷ ὁ οἰκονόμος Τί ποιήσω ὅτι ὁ κύριός μου
ἀφαιρεῖται τὴν οἰκονομίαν ἀπ᾽ ἐμοῦ; σκάπτειν οὐκ ἰσχύω,
4 ἐπαιτεῖν αἰσχύνομαι· ἔγνων τί ποιήσω, ἵνα ὅταν μεταστα-
θῶ ἐκ τῆς οἰκονομίας δέξωνταί με εἰς τοὺς οἴκους ἑαυτῶν.
5 καὶ προσκαλεσάμενος ἕνα ἕκαστον τῶν χρεοφιλετῶν τοῦ
κυρίου ἑαυτοῦ ἔλεγεν τῷ πρώτῳ Πόσον ὀφείλεις τῷ
6 κυρίῳ μου; ὁ δὲ εἶπεν Ἑκατὸν βάτους ἐλαίου· ὁ δὲ
εἶπεν αὐτῷ Δέξαι σου τὰ γράμματα καὶ καθίσας ⸢ταχέως
7 γράψον⸣ πεντήκοντα. ἔπειτα ἑτέρῳ εἶπεν Σὺ δὲ πόσον
ὀφείλεις; ὁ δὲ εἶπεν Ἑκατὸν κόρους σίτου· λέγει αὐ-
τῷ Δέξαι σου τὰ γράμματα καὶ γράψον ὀγδοήκοντα.
8 καὶ ἐπήνεσεν ὁ κύριος τὸν οἰκονόμον τῆς ἀδικίας ὅτι φρονί-
μως ἐποίησεν· ὅτι οἱ υἱοὶ τοῦ αἰῶνος τούτου φρονιμώτεροι
ὑπὲρ τοὺς υἱοὺς τοῦ φωτὸς εἰς τὴν γενεὰν τὴν ἑαυτῶν
9 εἰσίν. Καὶ ἐγὼ ὑμῖν λέγω, ἑαυτοῖς ποιήσατε φίλους
ἐκ τοῦ μαμωνᾶ τῆς ἀδικίας, ἵνα ὅταν ἐκλίπῃ δέξωνται ὑμᾶς
10 εἰς τὰς αἰωνίους σκηνάς. ὁ πιστὸς ἐν ἐλαχίστῳ καὶ ἐν
πολλῷ πιστός ἐστιν, καὶ ὁ ἐν ἐλαχίστῳ ἄδικος καὶ ἐν πολ-
11 λῷ ἄδικός ἐστιν. εἰ οὖν ἐν τῷ ἀδίκῳ μαμωνᾷ πιστοὶ

said to his father, 'Here I have served you all these years, and have never disobeyed an order of yours, and you have never given me a kid, so that I could entertain my friends.

30 But when your son here came, who has eaten up your property with women of the street, for him you killed the calf you have

31 been fattening!' But he said to him, 'My child, you have been

32 with me all the time, and everything I have is yours. But we had to celebrate and be glad, because your brother was dead, and has come to life, and was lost and is found!' "

16   And he said to his disciples,

"There was a rich man who had a manager, and it was reported to him that this man was squandering his property.

2 So he called him in and said to him, 'What is this that I hear about you? Make an accounting for your conduct of my

3 affairs, for you cannot be manager any longer!' Then the manager said to himself, 'What am I going to do, because my master is going to take my position away from me? I

4 cannot dig; I am ashamed to beg. I know what I will do, so that when I am removed from my position people will

5 take me into their homes.' Then he called in each of his master's debtors, and he said to the first one, 'How much

6 do you owe my master?' He said, 'Eight hundred gallons of oil.' And he said to him, 'Here is your agreement; sit right

7 down and write four hundred!' Then he said to another, 'And how much do you owe?' He answered, 'Fifteen hundred bushels of wheat.' He said to him, 'Here is your agreement;

8 write twelve hundred.' And his master praised the dishonest manager, because he had acted shrewdly. For the sons of this age are shrewder in their relation to their own age than

9 the sons of the light. So I tell you, make friends for yourselves with your ill-gotten wealth, so that when it fails, they

10 may take you into the eternal dwellings. The man who can be trusted in a very small matter can be trusted in a large one, and the man who cannot be trusted in a very small matter

11 cannot be trusted in a large one. So if you have proved

12 οὐκ ἐγένεσθε, τὸ ἀληθινὸν τίς ὑμῖν πιστεύσει; καὶ εἰ ἐν
τῷ ἀλλοτρίῳ πιστοὶ οὐκ ἐγένεσθε, τὸ ⌈ἡμέτερον⌉ τίς ⌈δώσει
13 ὑμῖν⌉; Οὐδεὶς οἰκέτης δύναται δυσὶ κυρίοις δουλεύειν· ἢ
γὰρ τὸν ἕνα μισήσει καὶ τὸν ἕτερον ἀγαπήσει, ἢ ἑνὸς
ἀνθέξεται καὶ τοῦ ἑτέρου καταφρονήσει. οὐ δύνασθε θεῷ
14 δουλεύειν καὶ μαμωνᾷ.   Ἤκουον δὲ ταῦτα πάν-
τα οἱ Φαρισαῖοι φιλάργυροι ὑπάρχοντες, καὶ ἐξεμυκτήρι-
15 ζον αὐτόν. καὶ εἶπεν αὐτοῖς Ὑμεῖς ἐστε οἱ δικαιοῦντες
ἑαυτοὺς ἐνώπιον τῶν ἀνθρώπων, ὁ δὲ θεὸς γινώσκει τὰς
καρδίας ὑμῶν· ὅτι τὸ ἐν ἀνθρώποις ὑψηλὸν βδέλυγμα ἐνώ-
16 πιον τοῦ θεοῦ. Ὁ νόμος καὶ οἱ προφῆται μέχρι Ἰωάνου·
ἀπὸ τότε ἡ βασιλεία τοῦ θεοῦ εὐαγγελίζεται καὶ πᾶς εἰς
17 αὐτὴν βιάζεται. Εὐκοπώτερον δέ ἐστιν τὸν οὐρανὸν καὶ
τὴν γῆν παρελθεῖν ἢ τοῦ νόμου ⌈μίαν κερέαν⌉ πεσεῖν.
18 Πᾶς ὁ ἀπολύων τὴν γυναῖκα αὐτοῦ καὶ γαμῶν ἑτέραν
μοιχεύει, καὶ ὁ ἀπολελυμένην ἀπὸ ἀνδρὸς γαμῶν μοι-
19 χεύει.   Ἄνθρωπος δέ τις ἦν πλούσιος, καὶ ἐνε-
διδύσκετο πορφύραν καὶ βύσσον εὐφραινόμενος καθ᾽ ἡμέ-
20 ραν λαμπρῶς. πτωχὸς δέ τις ὀνόματι Λάζαρος ἐβέβλητο
21 πρὸς τὸν πυλῶνα αὐτοῦ εἱλκωμένος καὶ ἐπιθυμῶν χορτα-
σθῆναι ἀπὸ τῶν πιπτόντων ἀπὸ τῆς τραπέζης τοῦ πλου-
σίου· ἀλλὰ καὶ οἱ κύνες ἐρχόμενοι ἐπέλειχον τὰ ἕλκη
22 αὐτοῦ. ἐγένετο δὲ ἀποθανεῖν τὸν πτωχὸν καὶ ἀπενεχθῆναι
αὐτὸν ὑπὸ τῶν ἀγγέλων εἰς τὸν κόλπον Ἀβραάμ· ἀπέ-
23 θανεν δὲ καὶ ὁ πλούσιος καὶ ἐτάφη. καὶ ἐν τῷ ᾅδῃ
ἐπάρας τοὺς ὀφθαλμοὺς αὐτοῦ, ὑπάρχων ἐν βασάνοις,
ὁρᾷ Ἀβραὰμ ἀπὸ μακρόθεν καὶ Λάζαρον ἐν τοῖς κόλ-
24 ποις αὐτοῦ. καὶ αὐτὸς φωνήσας εἶπεν Πάτερ Ἀβραάμ,
ἐλέησόν με καὶ πέμψον Λάζαρον ἵνα βάψῃ τὸ ἄκρον τοῦ
δακτύλου αὐτοῦ ὕδατος καὶ καταψύξῃ τὴν γλῶσσάν μου,
25 ὅτι ὀδυνῶμαι ἐν τῇ φλογὶ ταύτῃ. εἶπεν δὲ Ἀβραάμ Τέ-
κνον, μνήσθητι ὅτι ἀπέλαβες τὰ ἀγαθά σου ἐν τῇ ζωῇ
σου, καὶ Λάζαρος ὁμοίως τὰ κακά· νῦν δὲ ὧδε παρακαλεῖ-

12 ὑμέτερον | ὑμῖν δώσει   17 κερέαν μίαν

untrustworthy in using your ill-gotten wealth, who will trust
12 you with true riches?   And if you have been untrustworthy
about what belonged to someone else, who will give you what
13 belongs to you?   No servant can belong to two masters,
for he will either hate one and love the other, or he will stand
by one and make light of the other.   You cannot serve
God and money!"
14   The Pharisees, who were avaricious, heard all this, and
15 they ridiculed him.   And he said to them,
   "You are the men who parade your uprightness before
people, but God knows your hearts.   For what men consider
16 great is detestable in the sight of God.   Until John came, it
was the Law and the Prophets.   From that time the King-
dom of God has been proclaimed, and everyone has been
17 crowding into it.   But it is easier for heaven and earth to pass
away than for one dotting of an *i* in the Law to go unfulfilled.
18 Anyone who divorces his wife and marries another woman
commits adultery, and whoever marries a woman who has
been divorced from her husband commits adultery.
19   . "There was once a rich man, who used to dress in purple
20 and fine linen, and to live in luxury every day.   And a
beggar named Lazarus was put down at his gate covered with
21 sores and eager to satisfy his hunger with what was thrown
away from the rich man's table.   Why, the very dogs came
22 and licked his sores.   And it came about that the beggar
died and was carried away by the angels to the companionship
of Abraham, and the rich man too died and was buried.
23 And in Hades he looked up, tormented as he was, and saw
24 Abraham far away, with Lazarus beside him.   And he called
to him and said, 'Father Abraham! take pity on me, and send
Lazarus to dip the tip of his finger in water and cool my
25 tongue, for I am in torment, here in the flames!'   And
Abraham said, 'My child, remember that you received your
blessings in your lifetime, and Lazarus had his misfortunes
in his; and now he is being comforted here, while you are in

26 ται σὺ δὲ ὀδυνᾶσαι. καὶ ἐν πᾶσι τούτοις μεταξὺ ἡμῶν
καὶ ὑμῶν χάσμα μέγα ἐστήρικται, ὅπως οἱ θέλοντες δια-
βῆναι ἔνθεν πρὸς ὑμᾶς μὴ δύνωνται, μηδὲ ἐκεῖθεν πρὸς
27 ἡμᾶς διαπερῶσιν. εἶπεν δέ Ἐρωτῶ σε οὖν, πάτερ, ἵνα
28 πέμψῃς αὐτὸν εἰς τὸν οἶκον τοῦ πατρός μου, ἔχω γὰρ πέντε
ἀδελφούς, ὅπως διαμαρτύρηται αὐτοῖς, ἵνα μὴ καὶ αὐτοὶ
29 ἔλθωσιν εἰς τὸν τόπον τοῦτον τῆς βασάνου. λέγει δὲ
Ἀβραάμ Ἔχουσι Μωυσέα καὶ τοὺς προφήτας· ἀκου-
30 σάτωσαν αὐτῶν. ὁ δὲ εἶπεν Οὐχί, πάτερ Ἀβραάμ,
ἀλλ᾽ ἐάν τις ἀπὸ νεκρῶν πορευθῇ πρὸς αὐτοὺς μετανοή-
31 σουσιν. εἶπεν δὲ αὐτῷ Εἰ Μωυσέως καὶ τῶν προφητῶν
οὐκ ἀκούουσιν, οὐδ᾽ ἐάν τις ἐκ νεκρῶν ἀναστῇ πεισθήσον-
ται.

1 Εἶπεν δὲ πρὸς τοὺς μαθητὰς αὐτοῦ Ἀνένδεκτόν ἐστιν
τοῦ τὰ σκάνδαλα μὴ ἐλθεῖν, πλὴν οὐαὶ δι᾽ οὗ ἔρχεται·
2 λυσιτελεῖ αὐτῷ εἰ λίθος μυλικὸς περίκειται περὶ τὸν τρά-
χηλον αὐτοῦ καὶ ἔρριπται εἰς τὴν θάλασσαν ἢ ἵνα σκανδα-
3 λίσῃ τῶν μικρῶν τούτων ἕνα. προσέχετε ἑαυτοῖς. ἐὰν
ἁμάρτῃ ὁ ἀδελφός σου ἐπιτίμησον αὐτῷ, καὶ ἐὰν μετανοή-
4 σῃ ἄφες αὐτῷ· καὶ ἐὰν ἑπτάκις·τῆς ἡμέρας ἁμαρτήσῃ εἰς
σὲ καὶ ἑπτάκις ἐπιστρέψῃ πρὸς σὲ λέγων Μετανοῶ, ἀφή-
5 σεις αὐτῷ. Καὶ εἶπαν οἱ ἀπόστολοι τῷ κυρίῳ
6 Πρόσθες ἡμῖν πίστιν. εἶπεν δὲ ὁ κύριος Εἰ ἔχετε πίστιν ὡς
κόκκον σινάπεως, ἐλέγετε ἂν τῇ συκαμίνῳ [ταύτῃ] Ἐκρι-
ζώθητι καὶ φυτεύθητι ἐν τῇ θαλάσσῃ· καὶ ὑπήκουσεν ἂν
7 ὑμῖν. Τίς δὲ ἐξ ὑμῶν δοῦλον ἔχων ἀροτριῶντα
ἢ ποιμαίνοντα, ὃς εἰσελθόντι ἐκ τοῦ ἀγροῦ ἐρεῖ αὐτῷ Εὐ-
8 θέως παρελθὼν ἀνάπεσε, ἀλλ᾽ οὐχὶ ἐρεῖ αὐτῷ Ἑτοίμα-
σον τί δειπνήσω, καὶ περιζωσάμενος διακόνει μοι ἕως
φάγω καὶ πίω, καὶ μετὰ ταῦτα φάγεσαι καὶ πίεσαι σύ;
9 μὴ ἔχει χάριν τῷ δούλῳ ὅτι ἐποίησεν τὰ διαταχθέντα;
10 οὕτως καὶ ὑμεῖς, ὅταν ποιήσητε πάντα τὰ διαταχθέντα
ὑμῖν, λέγετε ὅτι Δοῦλοι ἀχρεῖοί ἐσμεν, ὃ ὠφείλομεν

12 ὑπήντησαν | ἔστησαν

26 anguish. Besides there is a great chasm set between you
and us, so that those who want to go over from this side to you
27 cannot, and they cannot cross from your side to us.' And he
said, 'Then I beg you, father, to send him to my father's
28 house, for I have five brothers; let him warn them so that
29 they will not also come to this place of torture.' Abraham
answered, 'They have Moses and the prophets; let them
30 listen to them.' But he said, 'No! Father Abraham, but
if someone will go to them from the dead, they will repent!'
31 He answered, 'If they will not listen to Moses and the
prophets, they will not be convinced even if someone rises
from the dead!' "

17   And he said to his disciples,
"It is inevitable that hindrances should arise, but alas for
2 the man who causes them! He might better have a millstone
hung around his neck, and be thrown into the sea, than be a
3 hindrance to one of these humble people. Be on your guard!
If your brother wrongs you, remonstrate with him, and if he
4 repents, forgive him. And if he wrongs you seven times a
day, and seven times turns to you and says, 'I am sorry,'
you must forgive him."
5   The apostles said to the Lord,
"Give us more faith."
6   And the Lord said,
"If your faith is as big as a mustard seed, you could
have said to this mulberry tree, 'Be pulled up by the roots
and planted in the sea,' and it would have obeyed you!
7   "What man among you, if he has a servant ploughing or
keeping sheep, will say to him when he comes in from the
8 field, 'Come at once and sit down at the table,' instead of
saying to him, 'Get my supper ready, and dress yourself,
and wait on me while I eat and drink, and you can eat and
9 drink afterward'? Is he grateful to the slave for doing what
10 he has been ordered to do? So you also, when you do all you
have been ordered to do, must say, 'We are good-for-nothing
slaves! We have done only what we ought to have done!' "

ποιῆσαι πεποιήκαμεν.

11 Καὶ ἐγένετο ἐν τῷ πορεύεσθαι εἰς Ἰερουσαλὴμ καὶ
12 αὐτὸς διήρχετο διὰ μέσον Σαμαρίας καὶ Γαλιλαίας. Καὶ
εἰσερχομένου αὐτοῦ εἴς. τινα κώμην ⌈ἀπήντησαν⌉ δέκα
13 λεπροὶ ἄνδρες, οἳ ⌈ἀνέστησαν⌉ πόρρωθεν, καὶ αὐτοὶ ἦραν
14 φωνὴν λέγοντες Ἰησοῦ ἐπιστάτα, ἐλέησον ἡμᾶς. καὶ
ἰδὼν εἶπεν αὐτοῖς Πορευθέντες ἐπιδείξατε ἑαυτοὺς τοῖϲ
ἱερεῦϲιν. καὶ ἐγένετο ἐν τῷ ὑπάγειν αὐτοὺς ἐκαθαρίσθη-
15 σαν. εἷς δὲ ἐξ αὐτῶν, ἰδὼν ὅτι ἰάθη, ὑπέστρεψεν μετὰ
16 φωνῆς μεγάλης δοξάζων τὸν θεόν, καὶ ἔπεσεν ἐπὶ πρόσωπον
παρὰ τοὺς πόδας αὐτοῦ εὐχαριστῶν αὐτῷ· καὶ αὐτὸς ἦν
17 Σαμαρείτης. ἀποκριθεὶς δὲ ὁ Ἰησοῦς εἶπεν Οὐχ οἱ δέκα
18 ἐκαθαρίσθησαν; οἱ [δὲ] ἐννέα ποῦ; οὐχ εὑρέθησαν ὑποστρέ-
ψαντες δοῦναι δόξαν τῷ θεῷ εἰ μὴ ὁ ἀλλογενὴς οὗτος;
19 καὶ εἶπεν αὐτῷ Ἀναστὰς πορεύου· ἡ πίστις σου σέσω-
κέν σε.

20 Ἐπερωτηθεὶς δὲ ὑπὸ τῶν Φαρισαίων πότε ἔρχεται ἡ
βασιλεία τοῦ θεοῦ ἀπεκρίθη αὐτοῖς καὶ εἶπεν Οὐκ ἔρχε-
21 ται ἡ βασιλεία τοῦ θεοῦ μετὰ παρατηρήσεως, οὐδὲ ἐροῦ-
σιν Ἰδοὺ ὧδε ἤ Ἐκεῖ· ἰδοὺ γὰρ ἡ βασιλεία τοῦ θεοῦ
22 ἐντὸς ὑμῶν ἐστίν. Εἶπεν δὲ πρὸς τοὺς μαθητάς
Ἐλεύσονται ἡμέραι ὅτε ἐπιθυμήσετε μίαν τῶν ἡμερῶν τοῦ
23 υἱοῦ τοῦ ἀνθρώπου ἰδεῖν καὶ οὐκ ὄψεσθε. καὶ ἐροῦσιν ὑμῖν
Ἰδοὺ ⌈ἐκεῖ⌉ ἤ Ἰδοὺ ὧδε· μὴ [ἀπέλθητε μηδὲ] διώξητε.
24 ὥσπερ γὰρ ἡ ἀστραπὴ ἀστράπτουσα ἐκ τῆς ὑπὸ τὸν οὐρα-
νὸν εἰς τὴν ὑπ᾽ οὐρανὸν λάμπει, οὕτως ἔσται ὁ υἱὸς τοῦ
25 ἀνθρώπου ᵀ. πρῶτον δὲ δεῖ αὐτὸν πολλὰ παθεῖν καὶ ἀπο-
26 δοκιμασθῆναι ἀπὸ τῆς γενεᾶς ταύτης. καὶ καθὼς ἐγένετο
ἐν ταῖς ἡμέραις Νῶε, οὕτως ἔσται καὶ ἐν ταῖς ἡμέραις τοῦ
27 υἱοῦ τοῦ ἀνθρώπου· ἤσθιον, ἔπινον, ἐγάμουν, ἐγαμίζοντο,
ἄχρι ἧς ἡμέρας εἰϲῆλθεν Νῶε εἰϲ τὴν κιβωτόν, καὶ
28 ἦλθεν ὁ κατακλυσμὸς καὶ ἀπώλεσεν ⌈πάντας⌉. ὁμοίως

23 ἐκεῖ,   24 ἐν τῇ ἡμέρᾳ αὐτοῦ   27 ἅπαντας

11   On his way to Jerusalem, he passed through Samaria and
12 Galilee.   And as he was going into one village he met ten
  lepers, and they stood at a distance, and raising their voices,
13 said,
       "Jesus, Master, take pity on us!"
14   And when he saw them, he said to them,
       "Go and show yourselves to the priests."
15   And as they went they were cured.   But one of them,
  when he saw that he was cured, came back, loudly praising
16 God, and fell on his face at Jesus' feet, and thanked him.
17 He was a Samaritan.   And Jesus said,
       "Were not all ten cured?   Where are the other nine?
18 Was no one found to return and give thanks to God except
  this foreigner?"
19   And he said to him,
       "Stand up and go!   Your faith has cured you."
20   He was once asked by the Pharisees when the Kingdom
  of God would come, and he answered,
21   "The Kingdom of God is not coming visibly, and people
  will not say, 'Look!   Here it is!' or 'There it is!' for the
  Kingdom of God is within you."
22   And he said to his disciples,
       "The time will come when you will long to see one of the
  days of the Son of Man, and you will not be able to do so.
23 Men will say to you, 'Look!   There he is!' or, 'Look!   Here
24 he is!'   Do not go off in pursuit of him, for just as when the
  lightning flashes, it shines from one end of the sky to the
25 other, that will be the way with the Son of Man.   But first he
  must go through much suffering, and be refused by this age.
26 In the time of the Son of Man it will be just as it was in the
27 time of Noah.   People went on eating, drinking, marrying,
  and being married up to the very day that Noah got into the
28 ark and the flood came and destroyed them all.   Or as it was

καθὼς ἐγένετο ἐν ταῖς ἡμέραις Λώτ· ἤσθιον, ἔπινον, ἠγό-
29 ραζον, ἐπώλουν, ἐφύτευον, ᾠκοδόμουν· ᾗ δὲ ἡμέρᾳ ἐξῆλθεν
Λὼτ ἀπὸ Σοδόμων, ἔΒρεΖεν πῦρ κἀὶ θεῖον ἀπ᾽ οὐρανοῦ
30 κἀὶ ἀπώλεσεν ⌜πάντας⌝. κατὰ τὰ αὐτὰ ἔσται ᾗ ἡμέρᾳ ὁ
31 υἱὸς τοῦ ἀνθρώπου ἀποκαλύπτεται. ἐν ἐκείνῃ τῇ ἡμέρᾳ
ὃς ἔσται ἐπὶ τοῦ δώματος καὶ τὰ σκεύη αὐτοῦ ἐν τῇ οἰκίᾳ,
μὴ καταβάτω ἆραι αὐτά, καὶ ὁ ἐν ἀγρῷ ὁμοίως μὴ ἐπι-
32 στρεψάτω εἰς τὰ ὀπίσω. μνημονεύετε τῆς γυναικὸς Λώτ.
33 ὃς ἐὰν ζητήσῃ τὴν ψυχὴν αὐτοῦ περιποιήσασθαι ἀπολέσει
34 αὐτήν, ὃς δ᾽ ἂν ἀπολέσει ζωογονήσει αὐτήν. λέγω ὑμῖν,
ταύτῃ τῇ νυκτὶ ἔσονται δύο ἐπὶ κλίνης [μιᾶς], ὁ εἷς παρα-
35 λημφθήσεται καὶ ὁ ἕτερος ἀφεθήσεται· ἔσονται δύο ἀλή-
θουσαι ἐπὶ τὸ αὐτό, ἡ μία παραλημφθήσεται ἡ δὲ ἑτέρα
37 ἀφεθήσεται. καὶ ἀποκριθέντες λέγουσιν αὐτῷ Ποῦ, κύ-
ριε; ὁ δὲ εἶπεν αὐτοῖς Ὅπου τὸ σῶμα, ἐκεῖ καὶ οἱ ἀετοὶ
ἐπισυναχθήσονται.

1   Ἔλεγεν δὲ παραβολὴν αὐτοῖς πρὸς τὸ δεῖν πάντοτε
2 προσεύχεσθαι αὐτοὺς καὶ μὴ ἐνκακεῖν, λέγων Κριτής τις
ἦν ἔν τινι πόλει τὸν θεὸν μὴ φοβούμενος καὶ ἄνθρωπον
3 μὴ ἐντρεπόμενος. χήρα δὲ ἦν ἐν τῇ πόλει ἐκείνῃ καὶ
ἤρχετο πρὸς αὐτὸν λέγουσα Ἐκδίκησόν με ἀπὸ τοῦ ἀν-
4 τιδίκου μου. καὶ οὐκ ἤθελεν ἐπὶ χρόνον, μετὰ ταῦτα δὲ
εἶπεν ἐν ἑαυτῷ Εἰ καὶ τὸν θεὸν οὐ φοβοῦμαι οὐδὲ ἄν-
5 θρωπον ἐντρέπομαι, διά γε τὸ παρέχειν μοι κόπον τὴν
χήραν ταύτην ἐκδικήσω αὐτήν, ἵνα μὴ εἰς τέλος ἐρχομένη
6 ὑπωπιάζῃ με. Εἶπεν δὲ ὁ κύριος Ἀκούσατε τί ὁ κριτὴς
7 τῆς ἀδικίας λέγει· ὁ δὲ θεὸς οὐ μὴ ποιήσῃ τὴν ἐκδίκησιν
τῶν ἐκλεκτῶν αὐτοῦ τῶν βοώντων αὐτῷ ἡμέρας καὶ νυκτός,
8 καὶ μακροθυμεῖ ἐπ᾽ αὐτοῖς; λέγω ὑμῖν ὅτι ποιήσει τὴν ἐκ-
δίκησιν αὐτῶν ἐν τάχει. πλὴν ὁ υἱὸς τοῦ ἀνθρώπου ἐλ-
θὼν ἆρα εὑρήσει τὴν πίστιν ἐπὶ τῆς γῆς;
9   Εἶπεν δὲ καὶ πρός τινας τοὺς πεποιθότας ἐφ᾽ ἑαυτοῖς
ὅτι εἰσὶν δίκαιοι καὶ ἐξουθενοῦντας τοὺς λοιποὺς τὴν παρα-

in Lot's time; they went on eating, drinking, buying, selling,
29 planting, and building, but the day Lot left Sodom, it rained
30 fire and brimstone from heaven and destroyed them all.   It
will be like that on the day when the Son of Man appears.
31 A man who is on the housetop that day, with his goods in
the house, must not go down to get them, and a man in the
32 field, too, must not turn back.   Remember Lot's wife!
33 Whoever tries to preserve his life will lose it, and whoever
34 loses his life will preserve it.   I tell you, there will be two men
in the same bed that night; one will be taken and the other
35 left.   There will be two women grinding together; one
will be taken and the other left!"
37   They said to him,
        "Where will this be, Master?"
        And he said to them,
        "Wherever there is a dead body the vultures will flock!"
18   He gave them an illustration to show that they must
always pray and not give up, and he said,
2   "There was once in a city a judge who had no fear of God
3 and no respect for men.   There was a widow in the city and
she came to him and said, 'Protect me from my opponent.'
4 And he would not for a time, but afterward he said to himself,
5 'Though I have no fear of God nor respect for men, yet
because this widow bothers me, I will protect her, or she will
finally wear me out with her coming.' "
6   And the Master said,
7   "Listen to what this dishonest judge said!   Then will
not God provide protection for his chosen people, who cry
8 out to him day and night?   Is he slow to help them?   I tell
you, he will make haste to provide it!   But when the Son of
Man comes, will he find faith on earth?"
9   To some who were confident of their own uprightness,
and thought nothing of others, he used this illustration:

10 βολὴν ταύτην. Ἄνθρωποι δύο ἀνέβησαν εἰς τὸ ἱερὸν
11 προσεύξασθαι, ᵀ εἷς Φαρισαῖος καὶ ὁ ἕτερος τελώνης. ὁ
Φαρισαῖος σταθεὶς ⌐ταῦτα πρὸς ἑαυτὸν⌐ προσηύχετο Ὁ
θεός, εὐχαριστῶ σοι ὅτι οὐκ εἰμὶ ⌐ὥσπερ⌐ οἱ λοιποὶ τῶν
ἀνθρώπων, ἅρπαγες, ἄδικοι, μοιχοί, ἢ καὶ ὡς οὗτος ὁ τε-
12 λώνης· νηστεύω δὶς τοῦ σαββάτου, ἀποδεκατεύω πάντα
13 ὅσα κτῶμαι. ὁ δὲ τελώνης μακρόθεν ἑστὼς οὐκ ἤθελεν
οὐδὲ τοὺς ὀφθαλμοὺς ἐπᾶραι εἰς τὸν οὐρανόν, ἀλλ' ἔτυπτε
τὸ στῆθος ἑαυτοῦ λέγων Ὁ θεός, ἱλάσθητί μοι τῷ ἁμαρ-
14 τωλῷ. λέγω ὑμῖν, κατέβη οὗτος δεδικαιωμένος εἰς τὸν
οἶκον αὐτοῦ παρ' ἐκεῖνον· ὅτι πᾶς ὁ ὑψῶν ἑαυτὸν ταπει-
νωθήσεται, ὁ δὲ ταπεινῶν ἑαυτὸν ὑψωθήσεται.
15 Προσέφερον δὲ αὐτῷ καὶ τὰ βρέφη ἵνα αὐτῶν ἅπτηται·
16 ἰδόντες δὲ οἱ μαθηταὶ ἐπετίμων αὐτοῖς. ὁ δὲ Ἰησοῦς προσ-
εκαλέσατο [αὐτὰ] λέγων Ἄφετε τὰ παιδία ἔρχεσθαι πρός
με καὶ μὴ κωλύετε αὐτά, τῶν γὰρ τοιούτων ἐστὶν ἡ βασι-
17 λεία τοῦ θεοῦ. ἀμὴν λέγω ὑμῖν, ὃς ἂν μὴ δέξηται τὴν
βασιλείαν τοῦ θεοῦ ὡς παιδίον, οὐ μὴ εἰσέλθῃ εἰς αὐτήν.
18 Καὶ ἐπηρώτησέν τις αὐτὸν ἄρχων λέγων Διδάσκαλε
19 ἀγαθέ, τί ποιήσας ζωὴν αἰώνιον κληρονομήσω; εἶπεν δὲ
αὐτῷ ὁ Ἰησοῦς Τί με λέγεις ἀγαθόν; οὐδεὶς ἀγαθὸς εἰ
20 μὴ εἷς [ὁ] θεός. τὰς ἐντολὰς οἶδας Μὴ μοιχεύσῃς, Μὴ
φονεύσῃς, Μὴ κλέψῃς, Μὴ ψευδομαρτυρή-
21 σῃς, Τίμα τὸν πατέρα σου καὶ τὴν μητέρα. ὁ δὲ
22 εἶπεν Ταῦτα πάντα ἐφύλαξα ἐκ νεότητος. ἀκούσας δὲ ὁ
Ἰησοῦς εἶπεν αὐτῷ Ἔτι ἕν σοι λείπει· πάντα ὅσα ἔχεις
πώλησον καὶ διάδος πτωχοῖς, καὶ ἕξεις θησαυρὸν ἐν [τοῖς]
23 οὐρανοῖς, καὶ δεῦρο ἀκολούθει μοι. ὁ δὲ ἀκούσας ταῦτα
24 περίλυπος ἐγενήθη, ἦν γὰρ πλούσιος σφόδρα. Ἰδὼν δὲ
αὐτὸν [ὁ] Ἰησοῦς εἶπεν Πῶς δυσκόλως οἱ τὰ χρήματα
25 ἔχοντες εἰς τὴν βασιλείαν τοῦ θεοῦ εἰσπορεύονται· εὐκο-
πώτερον γάρ ἐστιν κάμηλον διὰ τρήματος βελόνης εἰσελ-
θεῖν ἢ πλούσιον εἰς τὴν βασιλείαν τοῦ θεοῦ εἰσελθεῖν.

10 ὁ   11 πρὸς ἑαυτὸν ταῦτα | ὡς

10   "Two men went up to the Temple to pray; one was a
11 Pharisee and the other a tax-collector. The Pharisee stood
up and uttered this prayer to himself: 'O God, I thank you
that I am not like other men, greedy, dishonest, or adulterous,
12 or like that tax-collector.   I fast two days in the week; I pay
13 tithes on everything I get.'   But the tax-collector stood at a
distance and would not even raise his eyes to heaven, but
struck his breast, and said, 'O God, have mercy on a sinner
14 like me!'   I tell you, it was he who went back to his house
with God's approval, and not the other.   For everyone who
exalts himself will be humbled, but the man who humbles
himself will be exalted."

15   People brought babies to him for him to touch them,
but the disciples, when they saw it, reproved them for it.
16 But Jesus called them up to him and said,
     "Let the children come to me and do not try to stop them,
17 for the Kingdom of God belongs to such as they.   I tell you,
whoever does not accept the Kingdom of God like a child will
not enter it at all."

18   A member of the council asked him,
     "Good master, what must I do to make sure of eternal
life?"

19   Jesus said to him,
     "Why do you call me good?   No one is good but God
20 himself.   You know the commandments, 'Do not commit
adultery, Do not kill, Do not steal, Do not bear false witness,
Honor your father and mother.' "

21   And he said,
     "I have obeyed all these commandments ever since I was
a child."

22   When Jesus heard this, he said to him,   •
     "There is one thing that you still lack.   Sell all that
you have, and divide the money among the poor, and then
you will have riches in heaven; and come back and be a
follower of mine."

23   But when he heard that, he was much cast down, for
24 he was very rich.   And when Jesus saw it, he said,
     "How hard it will be for those who have money to get
25 into the Kingdom of God!   It is easier for a camel to get
through the eye of a needle than for a rich man to get into the
Kingdom of God!"

²⁶
₂₇ εἶπαν δὲ οἱ ἀκούσαντες Καὶ τίς δύναται σωθῆναι; ὁ δὲ
εἶπεν Τὰ ἀδύνατα παρὰ ἀνθρώποις δυνατὰ παρὰ τῷ θεῷ
28 ἐστίν. Εἶπεν δὲ ὁ Πέτρος Ἰδοὺ ἡμεῖς ἀφέν-
29 τες τὰ ἴδια ἠκολουθήσαμέν σοι. ὁ δὲ εἶπεν αὐτοῖς Ἀμὴν
λέγω ὑμῖν ὅτι οὐδείς ἔστιν ὃς ἀφῆκεν οἰκίαν ἢ γυναῖκα ἢ
ἀδελφοὺς ἢ γονεῖς ἢ τέκνα εἵνεκεν τῆς βασιλείας τοῦ θεοῦ,
30 ὃς οὐχὶ μὴ ⌜λάβῃ⌝ πολλαπλασίονα ἐν τῷ καιρῷ τούτῳ
καὶ ἐν τῷ αἰῶνι τῷ ἐρχομένῳ ζωὴν αἰώνιον.

31 Παραλαβὼν δὲ τοὺς δώδεκα εἶπεν πρὸς αὐτούς Ἰδοὺ
ἀναβαίνομεν εἰς Ἰερουσαλήμ, καὶ τελεσθήσεται πάντα τὰ
γεγραμμένα διὰ τῶν προφητῶν τῷ υἱῷ τοῦ ἀνθρώπου·
32 παραδοθήσεται γὰρ τοῖς ἔθνεσιν καὶ ἐμπαιχθήσεται καὶ
33 ὑβρισθήσεται καὶ ἐμπτυσθήσεται, καὶ μαστιγώσαντες
ἀποκτενοῦσιν αὐτόν, καὶ τῇ ἡμέρᾳ τῇ τρίτῃ ἀναστήσε-
34 ται. Καὶ αὐτοὶ οὐδὲν τούτων συνῆκαν, καὶ ἦν τὸ ῥῆμα
τοῦτο κεκρυμμένον ἀπ᾽ αὐτῶν, καὶ οὐκ ἐγίνωσκον τὰ λεγό-
μενα.

35 Ἐγένετο δὲ ἐν τῷ ἐγγίζειν αὐτὸν εἰς Ἰερειχὼ τυφλός
36 τις ἐκάθητο παρὰ τὴν ὁδὸν ἐπαιτῶν. ἀκούσας δὲ ὄχλου
37 διαπορευομένου ἐπυνθάνετο τί ^Τ εἴη τοῦτο· ἀπήγγειλαν δὲ
38 αὐτῷ ὅτι Ἰησοῦς ὁ Ναζωραῖος παρέρχεται. καὶ ἐβόησεν
39 λέγων Ἰησοῦ υἱὲ Δαυείδ, ἐλέησόν με. καὶ οἱ προάγοντες
ἐπετίμων αὐτῷ ἵνα σιγήσῃ· αὐτὸς δὲ πολλῷ μᾶλλον ἔκρα-
40 ζεν Υἱὲ Δαυείδ, ἐλέησόν με. σταθεὶς δὲ Ἰησοῦς ἐκέ-
λευσεν αὐτὸν ἀχθῆναι πρὸς αὐτόν. ἐγγίσαντος δὲ αὐτοῦ
41 ἐπηρώτησεν αὐτόν Τί σοι θέλεις ποιήσω; ὁ δὲ εἶ-
42 πεν Κύριε, ἵνα ἀναβλέψω. καὶ ὁ Ἰησοῦς εἶπεν αὐτῷ
43 Ἀνάβλεψον· ἡ πίστις σου σέσωκέν σε. καὶ παραχρῆ-
μα ἀνέβλεψεν, καὶ ἠκολούθει αὐτῷ δοξάζων τὸν θεόν.
Καὶ πᾶς ὁ λαὸς ἰδὼν ἔδωκεν αἶνον τῷ θεῷ.

¹
₂ Καὶ εἰσελθὼν διήρχετο τὴν Ἰερειχώ. Καὶ ἰδοὺ ἀνὴρ
ὀνόματι καλούμενος Ζακχαῖος, καὶ αὐτὸς ἦν ἀρχιτελώνης
3 ⌜καὶ αὐτὸς⌝ πλούσιος· καὶ ἐζήτει ἰδεῖν τὸν Ἰησοῦν τίς ἐστιν,

30 ἀπολάβῃ   36 ἄν   2 καὶ ἦν

26   And those who heard it said,
      "Then who can be saved?"
27   And he said,
      "The things that are impossible for men are possible
for God!"
28   Peter said,
      "Here we have left home and followed you."
29   And he said to them,
      "I tell you, there is no one who has given up home or
wife or brothers or parents or children for the Kingdom of
30 God who will not receive many times more in this time, and
in the coming age eternal life."
31   And he took the Twelve aside and said to them,
      "See! we are going up to Jerusalem, and everything
written in the prophets about the Son of Man will be fulfilled.
32 For he will be handed over to the heathen, and ridiculed and
33 insulted and spat upon, and they will flog him and kill him,
and on the third day he will rise again."
34   And they did not understand any of this; the words
were obscure to them, and they did not know what he meant.
35   As he approached Jericho, a blind man happened to be
36 sitting by the roadside begging. And hearing a crowd going
37 by, he asked what it meant. They told him that Jesus of
38 Nazareth was coming by. And he shouted,
      "Jesus, you Son of David, take pity on me!"
39   And those who were in front reproved him and told him to
be quiet, but he cried out all the louder,
      "You Son of David, take pity on me!"
40   And Jesus stopped and ordered the man to be brought to
him. When he came up, Jesus asked him,
41   "What do you want me to do for you?"
      He answered,
      "Master, let me regain my sight!"
42   And Jesus said to him,
      "Regain your sight! Your faith has cured you!"
43   And he regained his sight immediately, and followed
Jesus, giving thanks to God. And all the people saw it and
praised God.
19   And he went into Jericho and was passing through it.
2 Now there was a man named Zaccheus, the principal tax-
3 collector, a rich man, who wanted to see who Jesus was, and

καὶ οὐκ ἠδύνατο ἀπὸ τοῦ ὄχλου ὅτι τῇ ἡλικίᾳ μικρὸς ἦν.
4 καὶ προδραμὼν εἰς τὸ ἔμπροσθεν ἀνέβη ἐπὶ συκομορέαν
5 ἵνα ἴδῃ αὐτόν, ὅτι ἐκείνης ἤμελλεν διέρχεσθαι. καὶ ὡς
ἦλθεν ἐπὶ τὸν τόπον, ἀναβλέψας [ὁ] Ἰησοῦς εἶπεν πρὸς
αὐτόν Ζακχαῖε, σπεύσας κατάβηθι, σήμερον γὰρ ἐν τῷ
6 οἴκῳ σου δεῖ με μεῖναι. καὶ σπεύσας κατέβη, καὶ ὑπεδέ-
7 ξατο αὐτὸν χαίρων. καὶ ἰδόντες πάντες διεγόγγυζον λέ-
γοντες ὅτι Παρὰ ἁμαρτωλῷ ἀνδρὶ εἰσῆλθεν καταλῦσαι.
8 σταθεὶς δὲ Ζακχαῖος εἶπεν πρὸς τὸν κύριον Ἰδοὺ τὰ
ἡμίσιά μου τῶν ὑπαρχόντων, κύριε, [τοῖς] πτωχοῖς δίδωμι,
9 καὶ εἴ τινός τι ἐσυκοφάντησα ἀποδίδωμι τετραπλοῦν. εἶπεν
δὲ πρὸς αὐτὸν [ὁ] Ἰησοῦς ὅτι Σήμερον σωτηρία τῷ οἴκῳ
τούτῳ ἐγένετο, καθότι καὶ αὐτὸς υἱὸς Ἀβραάμ [ἐστιν]·
10 ἦλθεν γὰρ ὁ υἱὸς τοῦ ἀνθρώπου ΖΗΤΗϹΑΙ καὶ σῶσαι τὸ
ἀπολωλός.

11 Ἀκουόντων δὲ αὐτῶν ταῦτα προσθεὶς εἶπεν παραβολὴν
διὰ τὸ ἐγγὺς εἶναι Ἰερουσαλὴμ αὐτὸν καὶ δοκεῖν αὐτοὺς ὅτι
παραχρῆμα μέλλει ἡ βασιλεία τοῦ θεοῦ ἀναφαίνεσθαι·
12 εἶπεν οὖν Ἄνθρωπός τις εὐγενὴς ἐπορεύθη εἰς χώραν
13 μακρὰν λαβεῖν ἑαυτῷ βασιλείαν καὶ ὑποστρέψαι. καλέσας
δὲ δέκα δούλους ἑαυτοῦ ἔδωκεν αὐτοῖς δέκα μνᾶς καὶ εἶπεν
14 πρὸς ⌐αὐτοὺς πραγματεύσασθαι⌐ ἐν ᾧ ἔρχομαι. Οἱ δὲ πο-
λῖται αὐτοῦ ἐμίσουν αὐτόν, καὶ ἀπέστειλαν πρεσβείαν
ὀπίσω αὐτοῦ λέγοντες Οὐ θέλομεν τοῦτον βασιλεῦσαι
15 ἐφ᾽ ἡμᾶς. Καὶ ἐγένετο ἐν τῷ ἐπανελθεῖν αὐτὸν λαβόντα
τὴν βασιλείαν καὶ εἶπεν φωνηθῆναι αὐτῷ τοὺς δούλους
τούτους οἷς δεδώκει τὸ ἀργύριον, ἵνα γνοῖ τί διεπραγματεύ-
16 σαντο. παρεγένετο δὲ ὁ πρῶτος λέγων Κύριε, ἡ μνᾶ
17 σου δέκα προσηργάσατο μνᾶς. καὶ εἶπεν αὐτῷ ⌐Εὖγε⌐,
ἀγαθὲ δοῦλε, ὅτι ἐν ἐλαχίστῳ πιστὸς ἐγένου, ἴσθι ἐξουσίαν
18 ἔχων ἐπάνω δέκα πόλεων. καὶ ἦλθεν ὁ δεύτερος λέγων Ἡ
19 μνᾶ σου, κύριε, ἐποίησεν πέντε μνᾶς. εἶπεν δὲ καὶ τού-
20 τῳ Καὶ σὺ ἐπάνω γίνου πέντε πόλεων. καὶ ὁ ἕτερος

13 αὐτούς Πραγματεύσασθε   17 Εὐ

he could not because of the crowd, for he was a small man.
4 So he ran on ahead and climbed up into a sycamore tree, to
5 see him, for Jesus was coming that way.   When Jesus reached
the place, he looked up and said to him,
"Zaccheus, come down quickly! for I must stay at your
house today."
6   And he came down quickly and welcomed him gladly.
7 And when they saw this, everyone complained, and said,
"He has gone to stay with an irreligious man!"
8   But Zaccheus stopped and said to the Master,
"See, Lord! I will give half my property to the poor,
and if I have defrauded anyone of anything, I will pay him
four times as much."
9   Jesus said to him,
"Salvation has come to this house today, for he too is a
10 descendant of Abraham.   For the Son of Man has come to
search for what was lost and to save it."
11   As they were listening to this, Jesus went on to give them
an illustration, because he was near Jerusalem and they
supposed that the Kingdom of God was immediately going to
12 appear.   So he said,
"A nobleman once went to a distant country to secure
13 his appointment to a kingdom and then return.   And he
called in ten of his slaves and gave them each twenty dollars
14 and told them to trade with it while he was gone.   But his
countrymen hated him, and they sent a delegation after him
15 to say, 'We do not want this man made king over us.'   And
when he had secured the appointment and returned, he
ordered the slaves to whom he had given the money to be
called in, so that he could find out how much they had made.
16 The first one came in and said, 'Your twenty dollars has
17 made two hundred, sir!'   And he said to him, 'Well done,
my excellent slave! You have proved trustworthy about a
very small amount, you shall be governor of ten towns.'
18 The second came in and said, 'Your twenty dollars has made
19 a hundred, sir!'   And he said to him, 'And you shall be
20 governor of five towns!'   And the other one came in and said,

ἦλθεν λέγων Κύριε, ἰδοὺ ἡ μνᾶ σου ἣν εἶχον ἀποκειμέ-
21 νην ἐν σουδαρίῳ· ἐφοβούμην γάρ σε ὅτι ἄνθρωπος αὐ-
στηρὸς εἶ, αἴρεις ὃ οὐκ ἔθηκας καὶ θερίζεις ὃ οὐκ ἔσπει-
22 ρας. λέγει αὐτῷ Ἐκ τοῦ στόματός σου κρίνω σε,
πονηρὲ δοῦλε· ᾔδεις ὅτι ἐγὼ ἄνθρωπος αὐστηρός εἰμι,
23 αἴρων ὃ οὐκ ἔθηκα καὶ θερίζων ὃ οὐκ ἔσπειρα; καὶ διὰ τί
οὐκ ἔδωκάς μου τὸ ἀργύριον ἐπὶ τράπεζαν; κἀγὼ ἐλθὼν
24 σὺν τόκῳ ἂν αὐτὸ ἔπραξα. καὶ τοῖς παρεστῶσιν εἶπεν
Ἄρατε ἀπ᾽ αὐτοῦ τὴν μνᾶν καὶ δότε τῷ τὰς δέκα μνᾶς
25
26 ἔχοντι· – καὶ εἶπαν αὐτῷ Κύριε, ἔχει δέκα μνᾶς· – λέγω
ὑμῖν ὅτι παντὶ τῷ ἔχοντι δοθήσεται, ἀπὸ δὲ τοῦ μὴ
27 ἔχοντος καὶ ὃ ἔχει ἀρθήσεται. Πλὴν τοὺς ἐχθρούς μου
τούτους τοὺς μὴ θελήσαντάς με βασιλεῦσαι ἐπ᾽ αὐτοὺς
28 ἀγάγετε ὧδε καὶ κατασφάξατε αὐτοὺς ἔμπροσθέν μου. Καὶ
εἰπὼν ταῦτα ἐπορεύετο ἔμπροσθεν ἀναβαίνων εἰς Ἱεροσό-
λυμα.

29 Καὶ ἐγένετο ὡς ἤγγισεν εἰς Βηθφαγὴ καὶ Βηθανιὰ
πρὸς τὸ ὄρος τὸ καλούμενον Ἐλαιῶν, ἀπέστειλεν δύο τῶν
30 μαθητῶν λέγων Ὑπάγετε εἰς τὴν κατέναντι κώμην, ἐν ᾗ
εἰσπορευόμενοι εὑρήσετε πῶλον δεδεμένον, ἐφ᾽ ὃν οὐδεὶς
πώποτε ἀνθρώπων ἐκάθισεν, καὶ λύσαντες αὐτὸν ἀγάγετε.
31 καὶ ἐάν τις ὑμᾶς ἐρωτᾷ Διὰ τί λύετε; οὕτως ἐρεῖτε
32 ὅτι Ὁ κύριος αὐτοῦ χρείαν ἔχει. ἀπελθόντες δὲ οἱ ἀπε-
33 σταλμένοι εὗρον καθὼς εἶπεν αὐτοῖς. λυόντων δὲ αὐτῶν
τὸν πῶλον εἶπαν οἱ κύριοι αὐτοῦ πρὸς αὐτούς Τί λύετε
34 τὸν πῶλον; οἱ δὲ εἶπαν ὅτι Ὁ κύριος αὐτοῦ χρείαν ἔχει.
35 καὶ ἤγαγον αὐτὸν πρὸς τὸν Ἰησοῦν, καὶ ἐπιρίψαντες αὐτῶν
36 τὰ ἱμάτια ἐπὶ τὸν πῶλον ἐπεβίβασαν τὸν Ἰησοῦν· πορευο-
μένου δὲ αὐτοῦ ὑπεστρώννυον τὰ ἱμάτια ἑαυτῶν ἐν τῇ
37 ὁδῷ. ἐγγίζοντος δὲ αὐτοῦ ἤδη πρὸς τῇ καταβάσει τοῦ
Ὄρους τῶν Ἐλαιῶν ἤρξαντο ἅπαν τὸ πλῆθος τῶν μαθητῶν
χαίροντες αἰνεῖν τὸν θεὸν φωνῇ μεγάλῃ περὶ πασῶν ὧν
38 εἶδον δυνάμεων, λέγοντες

38 ὁ v. ὁ ἐρχόμενος

'Here is your twenty dollars, sir. I have kept it put away
21 in a handkerchief, for I was afraid of you, for you are a stern
man. You pick up what you did not lay down, and reap
22 what you did not sow.' He said to him, 'Out of your own
mouth I will convict you, you wretched slave! You knew,
did you, that I was a stern man, and that I pick up what I did
23 not lay down, and harvest what I did not sow? Then why
did you not put my money in the bank, so that when I came
24 back I could have gotten it with interest?' And he said to
the bystanders, 'Take the twenty dollars away from him,
25 and give it to the man who has the two hundred!' They
26 said to him, 'He has two hundred, sir!'—'I tell you, the man
who has will have more given him, and from the man who has
27 nothing, even what he has will be taken away! But bring
those enemies of mine here who did not want me made king
over them, and slaughter them in my presence!' "

28   With these words he went on ahead of them, on his way
to Jerusalem.

29   When he was near Bethphage and Bethany by the hill
30 called the Mount of Olives, he sent two of his disciples and
said to them,

"Go to the village that lies in front of you, and as you
enter it you will find tied there a colt that has never been
31 ridden. Untie it and bring it here. And if anyone asks
you why you are untying it, you are to say, 'The Master
needs it.' "

32   And the messengers went and found it just as he had
33 told them. And as they were untying the colt, its owners
said to them,

"Why are you untying the colt?"

34   And they said,

"The Master needs it!"

35   And they brought it to Jesus. And they threw their
36 coats on the colt and mounted Jesus on it. And as he went
37 on, people spread their coats in the road. Just as he was
coming down the Mount of Olives and approaching the city,
the whole throng of his disciples began to praise God loudly
38 and joyfully, for all the wonders they had seen, and to say,

Εὐλογημένος Ⲅὁ ἐρχόμενος,
ὁ ᑴ βασιλεύς, ἐν ὀνόματι Κυρίου·
ἐν οὐρανῷ εἰρήνη
καὶ δόξα ἐν ὑψίστοις.

39 Καί τινες τῶν Φαρισαίων ἀπὸ τοῦ ὄχλου εἶπαν πρὸς αὐ-
40 τόν Διδάσκαλε, ἐπιτίμησον τοῖς μαθηταῖς σου. καὶ
ἀποκριθεὶς εἶπεν Λέγω Ⲅὑμῖν,ᑴ ἐὰν οὗτοι σιωπήσουσιν,
41 οἱ λίθοι κράξουσιν. Καὶ ὡς ἤγγισεν, ἰδὼν τὴν
42 πόλιν ἔκλαυσεν ἐπ᾿ αὐτήν, λέγων ὅτι Εἰ ἔγνως ἐν τῇ
ἡμέρᾳ ταύτῃ καὶ σὺ τὰ πρὸς εἰρήνην— νῦν δὲ ἐκρύ-
43 βη ἀπὸ ὀφθαλμῶν σου. ὅτι ἥξουσιν ἡμέραι ἐπὶ σὲ καὶ
Ⲅπαρεμβαλοῦσινᑴ οἱ ἐχθροί σου χάρακά σοι καὶ περικυκλώ-
44 σουσίν σε καὶ συνέξουσίν σε πάντοθεν, καὶ ἐδαφιοῦϹίΝ σε
καὶ τὰ ΤΕΚΝΑ ϹΟΥ ἐν σοί, καὶ οὐκ ἀφήσουσιν λίθον ἐπὶ
λίθον ἐν σοί, ἀνθ᾿ ὧν οὐκ ἔγνως τὸν καιρὸν τῆς ἐπισκοπῆς
45 σου. Καὶ εἰσελθὼν εἰς τὸ ἱερὸν ἤρξατο ἐκβάλ-
46 λειν τοὺς πωλοῦντας, λέγων αὐτοῖς Γέγραπται Καὶ ἔϹΤΑΙ
ὁ ΟἶΚΟϹ ΜΟΥ ΟἶΚΟϹ ΠΡΟϹΕΥΧῆϹ, ὑμεῖς δὲ αὐτὸν ἐποιή-
σατε ϹΠΗΛΑΙΟΝ ΛΗϹΤῶΝ.

47 Καὶ ἦν διδάσκων τὸ καθ᾿ ἡμέραν ἐν τῷ ἱερῷ· οἱ δὲ
ἀρχιερεῖς καὶ οἱ γραμματεῖς ἐζήτουν αὐτὸν ἀπολέσαι καὶ οἱ
48 πρῶτοι τοῦ λαοῦ, καὶ οὐχ ηὕρισκον τὸ τί ποιήσωσιν, ὁ
λαὸς γὰρ ἅπας ἐξεκρέματο αὐτοῦ ἀκούων.

1 Καὶ ἐγένετο ἐν μιᾷ τῶν ἡμερῶν διδάσκοντος αὐτοῦ τὸν
λαὸν ἐν τῷ ἱερῷ καὶ εὐαγγελιζομένου ἐπέστησαν οἱ ἀρχιε-
2 ρεῖς καὶ οἱ γραμματεῖς σὺν τοῖς πρεσβυτέροις, καὶ εἶπαν λέ-
γοντες πρὸς αὐτόν Εἰπὸν ἡμῖν ἐν ποίᾳ ἐξουσίᾳ ταῦτα ποι-
3 εῖς, ἢ τίς ἐστιν ὁ δούς σοι τὴν ἐξουσίαν ταύτην. ἀποκριθεὶς
δὲ εἶπεν πρὸς αὐτούς Ἐρωτήσω ὑμᾶς κἀγὼ λόγον, καὶ
4 εἴπατέ μοι Τὸ βάπτισμα Ἰωάνου ἐξ οὐρανοῦ ἦν ἢ ἐξ
5 ἀνθρώπων; οἱ δὲ συνελογίσαντο πρὸς ἑαυτοὺς λέγοντες
ὅτι Ἐὰν εἴπωμεν Ἐξ οὐρανοῦ, ἐρεῖ Διὰ τί οὐκ ἐπι-

40 ὑμῖν ὅτι   43 περιβαλοῦσιν

"Blessed is the king who comes in the Lord's name,
Peace be in heaven and glory on high!"

39 Some Pharisees in the crowd said to him,
"Master, reprove your disciples!"

40 And he answered,
"I tell you, if they keep silence, the stones will cry out!"

41 As he approached the city and saw it, he wept over it, and said,

42 "If you yourself only knew today the conditions of peace! 43 But as it is, they are hidden from you. For a time is coming upon you when your enemies will throw up earthworks about 44 you and surround you and shut you in on all sides, and they will throw you and your children within you to the ground, and they will not leave one stone upon another within you because you did not know when God visited you!"

45 Then he went into the Temple and proceeded to drive ◆46 out those who were selling things there, and he said to them,
"The Scripture says, 'And my house shall be a house of prayer,' but you have made it a robbers' den!"

47 Every day he taught in the Temple, and the high priests and scribes and the leading men of the people were trying to 48 destroy him, but they could not find any way to do it, for all the people hung upon his words.

20 One day as he was teaching the people in the Temple, and preaching the good news, the high priests and scribes came up 2 with the elders and said to him,
"Tell us what authority you have for doing as you do, or who gave you any such authority?"

3 He said to them,

4 "I will ask you a question too. Tell me, did John's baptism come from heaven or from men?"

5 And they argued with one another, and said,
"If we say 'From heaven,' he will say, 'Why did you not

6 στεύσατε αὐτῷ; ἐὰν δὲ εἴπωμεν Ἐξ ἀνθρώπων, ὁ λαὸς
ἅπας καταλιθάσει ἡμᾶς, πεπεισμένος γάρ ἐστιν Ἰωάνην
7
8 προφήτην εἶναι· καὶ ἀπεκρίθησαν μὴ εἰδέναι πόθεν. καὶ
ὁ Ἰησοῦς εἶπεν αὐτοῖς Οὐδὲ ἐγὼ λέγω ὑμῖν ἐν ποίᾳ ἐξου-
9 σίᾳ ταῦτα ποιῶ. Ἤρξατο δὲ πρὸς τὸν λαὸν
λέγειν τὴν παραβολὴν ταύτην Ἄνθρωπος ἐφΥΤΕΥϹΕΝ
ἀμπελῶνα, καὶ ἐξέδετο αὐτὸν γεωργοῖς, καὶ ἀπεδήμησεν
10 χρόνους ἱκανούς. καὶ καιρῷ ἀπέστειλεν πρὸς τοὺς γεωργοὺς
δοῦλον, ἵνα ἀπὸ τοῦ καρποῦ τοῦ ἀμπελῶνος δώσουσιν αὐτῷ·
11 οἱ δὲ γεωργοὶ ἐξαπέστειλαν αὐτὸν δείραντες κενόν. καὶ
προσέθετο ἕτερον πέμψαι δοῦλον· οἱ δὲ κἀκεῖνον δείραντες
12 καὶ ἀτιμάσαντες ἐξαπέστειλαν κενόν. καὶ προσέθετο τρίτον
13 πέμψαι· οἱ δὲ καὶ τοῦτον τραυματίσαντες ἐξέβαλον. εἶπεν
δὲ ὁ κύριος τοῦ ἀμπελῶνος Τί ποιήσω; πέμψω τὸν υἱόν
14 μου τὸν ἀγαπητόν· ἴσως τοῦτον ἐντραπήσονται. ἰδόντες
δὲ αὐτὸν οἱ γεωργοὶ διελογίζοντο πρὸς ἀλλήλους λέγον-
τες Οὗτός ἐστιν ὁ κληρονόμος· ἀποκτείνωμεν αὐτόν, ἵνα
15 ἡμῶν γένηται ἡ κληρονομία· καὶ ἐκβαλόντες αὐτὸν ἔξω
τοῦ ἀμπελῶνος ἀπέκτειναν. τί οὖν ποιήσει αὐτοῖς ὁ κύρι-
16 ος τοῦ ἀμπελῶνος; ἐλεύσεται καὶ ἀπολέσει τοὺς γεωργοὺς
τούτους, καὶ δώσει τὸν ἀμπελῶνα ἄλλοις. ἀκούσαντες δὲ
17 εἶπαν Μὴ γένοιτο. ὁ δὲ ἐμβλέψας αὐτοῖς εἶπεν Τί
οὖν ἐστὶν τὸ γεγραμμένον τοῦτο

ΛΙΘΟΝ ὂΝ ἀπεδοκίμαϹαΝ οἱ οἰκοδομοῦΝΤΕϹ,
οὗΤΟϹ ἐγενΗΘΗ εἰϹ κεφαλΗΝ γωνίαϹ;

18 πᾶς ὁ πεσὼν ἐπ’ ἐκεῖνον τὸν λίθον συνθλασθήσεται· ἐφ’ ὃν
19 δ’ ἂν πέσῃ, λικμήσει αὐτόν. Καὶ ἐζήτησαν
οἱ γραμματεῖς καὶ οἱ ἀρχιερεῖς ἐπιβαλεῖν ἐπ’ αὐτὸν τὰς
χεῖρας ἐν αὐτῇ τῇ ὥρᾳ, καὶ ἐφοβήθησαν τὸν λαόν, ἔγνω-
σαν γὰρ ὅτι πρὸς αὐτοὺς εἶπεν τὴν παραβολὴν ταύτην.
20 Καὶ παρατηρήσαντες ἀπέστειλαν ἐνκαθέτους ὑποκρινομέ-
νους ἑαυτοὺς δικαίους εἶναι, ἵνα ἐπιλάβωνται αὐτοῦ λόγου,
ὥστε παραδοῦναι αὐτὸν τῇ ἀρχῇ καὶ τῇ ἐξουσίᾳ τοῦ

27 ἐπηρώτων

6 believe him?' But if we say, 'From men,' all the people will stone us to death, for they are convinced that John was a prophet."

7 So they answered that they did not know where it came
8 from. And Jesus said to them,

"Nor will I tell you what authority I have for doing as I do."

9 Then he went on to give the people this illustration:

"A man once planted a vineyard, and leased it to tenants,
10 and went away for a long absence. At the proper time he sent a slave to the tenants to have them give him a share of the vintage, but the tenants beat him, and sent him back
11 empty-handed. And again he sent another slave, and they beat him also and mistreated him and sent him back empty-
12 handed. And again he sent a third, but they wounded him
13 too, and threw him outside. Then the owner of the vineyard said, 'What can I do? I will send them my dear son;
14 perhaps they will respect him.' But when the tenants saw him, they argued with one another, 'This is his heir! Let us
15 kill him, so that the property will belong to us!' So they drove him out of the vineyard and killed him. Now what
16 will the owner of the vineyard do to them? He will come and put those tenants to death, and give the vineyard to others."

When they heard this they said,

"Heaven forbid!"

17 He looked at them and said,

"Then what does this saying of Scripture mean,

" 'That stone which the builders rejected
Has become the cornerstone'?

18 Whoever falls on that stone will be shattered, but whoever it falls upon will be scattered like chaff."

19 And the scribes and high priests wanted to arrest him then and there, but they were afraid of the people, for they
20 knew that he had aimed this illustration at them. So they kept watch of him and set some spies who pretended to be honest men to fasten on something that he said, so that they might hand him over to the control and authority of the

342   ΚΑΤΑ ΛΟΥΚΑΝ

21 ἡγεμόνος. καὶ ἐπηρώτησαν αὐτὸν λέγοντες Διδάσκαλε,
οἴδαμεν ὅτι ὀρθῶς λέγεις καὶ διδάσκεις καὶ οὐ λαμβάνεις
πρόσωπον, ἀλλ' ἐπ' ἀληθείας τὴν ὁδὸν τοῦ θεοῦ διδάσκεις·
22,23 ἔξεστιν ἡμᾶς Καίσαρι φόρον δοῦναι ἢ οὔ; κατανοήσας δὲ
24 αὐτῶν τὴν πανουργίαν εἶπεν πρὸς αὐτούς Δείξατέ μοι δηνά-
ριον· τίνος ἔχει εἰκόνα καὶ ἐπιγραφήν; οἱ δὲ εἶπαν Καί-
25 σαρος. ὁ δὲ εἶπεν πρὸς αὐτούς Τοίνυν ἀπόδοτε τὰ Καί-
26 σαρος Καίσαρι καὶ τὰ τοῦ θεοῦ τῷ θεῷ. καὶ οὐκ ἴσχυσαν
ἐπιλαβέσθαι τοῦ ῥήματος ἐναντίον τοῦ λαοῦ, καὶ θαυμά-
σαντες ἐπὶ τῇ ἀποκρίσει αὐτοῦ ἐσίγησαν.

27   Προσελθόντες δέ τινες τῶν Σαδδουκαίων, οἱ λέγοντες
28 ἀνάστασιν μὴ εἶναι, ⌜ἐπηρώτησαν⌝ αὐτὸν λέγοντες Διδά-
σκαλε, Μωυσῆς ἔγραψεν ἡμῖν, ἐάν τινος ἀδελφὸς ἀπο-
θάνῃ ἔχων γυναῖκα, καὶ οὗτος ἄτεκνος ᾖ, ἵνα λάβῃ ὁ
ἀδελφὸς αὐτοῦ τὴν γυναῖκα καὶ ἐξαναστήσῃ σπέρμα
29 τῷ ἀδελφῷ αὐτοῦ. ἑπτὰ οὖν ἀδελφοὶ ἦσαν· καὶ ὁ πρῶ-
30 τος λαβὼν γυναῖκα ἀπέθανεν ἄτεκνος· καὶ ὁ δεύτερος
31 καὶ ὁ τρίτος ἔλαβεν αὐτήν, ὡσαύτως δὲ καὶ οἱ ἑπτὰ οὐ
32 κατέλιπον τέκνα καὶ ἀπέθανον· ὕστερον καὶ ἡ γυνὴ ἀπέ-
33 θανεν. ἡ γυνὴ οὖν ἐν τῇ ἀναστάσει τίνος αὐτῶν γίνεται
34 γυνή; οἱ γὰρ ἑπτὰ ἔσχον αὐτὴν γυναῖκα. καὶ εἶπεν αὐ-
τοῖς ὁ Ἰησοῦς Οἱ υἱοὶ τοῦ αἰῶνος τούτου γαμοῦσιν καὶ
35 γαμίσκονται, οἱ δὲ καταξιωθέντες τοῦ αἰῶνος ἐκείνου τυχεῖν
καὶ τῆς ἀναστάσεως τῆς ἐκ νεκρῶν οὔτε γαμοῦσιν οὔτε
36 ⌜γαμίζονται⌝· οὐδὲ γὰρ ἀποθανεῖν ἔτι δύνανται, ἰσάγγελοι
γάρ εἰσιν, καὶ υἱοί εἰσιν θεοῦ τῆς ἀναστάσεως υἱοὶ ὄντες.
37 ὅτι δὲ ἐγείρονται οἱ νεκροὶ καὶ Μωυσῆς ἐμήνυσεν ἐπὶ τῆς
βάτου, ὡς λέγει Κύριον τὸν θεὸν Ἀβραὰμ καὶ θεὸν
38 Ἰσαὰκ καὶ θεὸν Ἰακώβ· θεὸς δὲ οὐκ ἔστιν νεκρῶν ἀλλὰ
39 ζώντων, πάντες γὰρ αὐτῷ ζῶσιν. ἀποκριθέντες δέ τινες
40 τῶν γραμματέων εἶπαν Διδάσκαλε, καλῶς εἶπας· οὐκέτι
41 γὰρ ἐτόλμων ἐπερωτᾶν αὐτὸν οὐδέν.   Εἶπεν δὲ
πρὸς αὐτούς Πῶς λέγουσιν τὸν χριστὸν εἶναι Δαυεὶδ

21 governor.   And they asked him,

"Master, we know that you are right in what you say and teach, and that you show no favor, but teach the way of God 22 in sincerity.   Is it right for us to pay taxes to the emperor, or not?"

23   But he detected their trickery, and said to them,

24   "Show me a denarius.   Whose head and title does it bear?" They said,

"The emperor's."

25   He said to them,

"Then pay the emperor what belongs to the emperor and pay God what belongs to God!"

26   So they could not fasten on what he said before the people, and they were amazed at his answer, and said nothing more.

27   Then some of the Sadducees, who say that there is no resurrection, came up and asked him,

28   "Master, Moses made us a law that if a man's brother die leaving a wife but no children, the man should marry the 29 widow and raise up a family for his brother.   Now there were seven brothers.   And the eldest married a wife and died $^{30}_{31}$ childless.   And the second married her, and the third, and all the seven married her and died without leaving any child. 32 Afterward the woman died too.   Now at the resurrection, 33 which one's wife will the woman be?   For all seven of them married her."

34   Jesus said to them,

35   "The people of this world marry and are married, but those who are thought worthy to attain that other world and the resurrection from the dead, neither marry nor are married. 36 For they cannot die again; they are like the angels, and through sharing in the resurrection, they are sons of God. 37 But that the dead are raised to life, even Moses indicated in the passage about the bush, when he calls the Lord 'the God of Abraham, the God of Isaac, and the God of Jacob.' 38 He is not the God of dead men but of living, for all men are alive to him."

39   Some of the scribes replied,

"Master, that was a fine answer!"

40 For they did not dare to ask him any more questions.

41   But he said to them,

"How can they say that the Christ is a son of David?

42 υἱόν; αὐτὸς γὰρ Δαυεὶδ λέγει ἐν Βίβλῳ Ψαλμῶν
Εἶπεν Κύριος τῷ κυρίῳ μογ Κάθογ ἐκ Δεξιῶν μογ
43 ἕως ἂν θῶ τοὺς ἐχθρούς σογ ὑποπόδιον τῶν πο-
Δῶν σογ·
44 Δαυεὶδ οὖν αὐτὸν κύριον καλεῖ, καὶ πῶς αὐτοῦ υἱός ἐστιν;
45 Ἀκούοντος δὲ παντὸς τοῦ λαοῦ εἶπεν τοῖς μαθηταῖς
46 Προσέχετε ἀπὸ τῶν γραμματέων τῶν θελόντων περιπατεῖν
ἐν στολαῖς καὶ φιλούντων ἀσπασμοὺς ἐν ταῖς ἀγοραῖς
καὶ πρωτοκαθεδρίας ἐν ταῖς συναγωγαῖς καὶ πρωτοκλισί-
47 ας ἐν τοῖς δείπνοις, οἳ κατεσθίουσιν τὰς οἰκίας τῶν χη-
ρῶν καὶ προφάσει μακρὰ προσεύχονται· οὗτοι λήμψονται
1 περισσότερον κρίμα. Ἀναβλέψας δὲ εἶδεν τοὺς
βάλλοντας εἰς τὸ γαζοφυλάκιον τὰ δῶρα αὐτῶν πλουσίους.
2 εἶδεν δέ τινα χήραν πενιχρὰν βάλλουσαν ἐκεῖ λεπτὰ δύο,
3 καὶ εἶπεν Ἀληθῶς λέγω ὑμῖν ὅτι ἡ χήρα αὕτη ἡ πτωχὴ
4 πλεῖον πάντων ἔβαλεν· πάντες γὰρ οὗτοι ἐκ τοῦ περισ-
σεύοντος αὐτοῖς ἔβαλον εἰς τὰ δῶρα, αὕτη δὲ ἐκ τοῦ ὑστερή-
ματος αὐτῆς πάντα τὸν βίον ὃν εἶχεν ἔβαλεν.
5 Καί τινων λεγόντων περὶ τοῦ ἱεροῦ, ὅτι λίθοις καλοῖς
6 καὶ ἀναθήμασιν κεκόσμηται, εἶπεν Ταῦτα ἃ θεωρεῖτε,
ἐλεύσονται ἡμέραι ἐν αἷς οὐκ ἀφεθήσεται λίθος ἐπὶ λίθῳ
7 ὧδε ὃς οὐ καταλυθήσεται. ἐπηρώτησαν δὲ αὐτὸν λέγον-
τες Διδάσκαλε, πότε οὖν ταῦτα ἔσται, καὶ τί τὸ σημεῖ-
8 ον ὅταν μέλλῃ ταῦτα γίνεσθαι; ὁ δὲ εἶπεν Βλέπετε
μὴ πλανηθῆτε· πολλοὶ γὰρ ἐλεύσονται ἐπὶ τῷ ὀνόματί
μου λέγοντες Ἐγώ εἰμι καί Ὁ καιρὸς ἤγγικεν· μὴ πο-
9 ρευθῆτε ὀπίσω αὐτῶν. ὅταν δὲ ἀκούσητε πολέμους καὶ
ἀκαταστασίας, μὴ πτοηθῆτε· δεῖ γὰρ ταῦτα Γενέϲθαι
10 πρῶτον, ἀλλ᾽ οὐκ εὐθέως τὸ τέλος. Τότε ἔλεγεν αὐ-
τοῖς Ἐγερθήϲεται ἔθνος ἐπ᾽ ἔθνος καὶ βαϲιλεία ἐπὶ
11 βαϲιλείαν, σεισμοί τε μεγάλοι καὶ κατὰ τόπους ⌈λοιμοὶ καὶ
λιμοὶ⌉ ἔσονται, φόβηθρά τε καὶ ⌈ἀπ᾽⌉ οὐρανοῦ σημεῖα με-
12 γάλα⌉ ἔσται. πρὸ δὲ τούτων πάντων ἐπιβαλοῦσιν ἐφ᾽ ὑμᾶς

11 λιμοὶ καὶ λοιμοὶ | σημεῖα μεγάλα ἀπ᾽ οὐρανοῦ

42 For David himself says in the Book of Psalms,

     " 'The Lord has said to my lord, "Sit at my right hand,
43   Until I make your enemies a footstool for your feet!" '
44 David then calls him lord. So how can he be his son?"

45   While all the people were listening, he said to his disciples,
46   "Beware of the scribes who like to go about in long robes, and love to be saluted with respect in public places, and to have the front seats in the synagogues and the best places at
47 banquets—men who eat up widows' houses and to cover it up make long prayers! They will get all the heavier sentence!"

21   And looking up, he saw the rich people dropping their
2 gifts into the treasury.   And he saw a poor widow drop in two
3 coppers.   And he said,

     "I tell you, this poor widow has put in more than all
4 the rest. For they all gave from what they had to spare, but she in her want has put in all she had to live on."

5   When some spoke about the Temple and its decoration with costly stone and votive offerings, he said,

6   "As for all this that you are looking at, the time is coming when not one stone will be left here upon another that will not be torn down!"

7   Then they asked him,

     "Master, when will this happen, and what will be the sign that it is going to take place?"

8   And he said,

     "Take care not to be misled.   For many will come under my name, and say, 'I am he,' and 'The time is at hand.'   Do
9 not follow them.   But when you hear of wars and outbreaks, do not be alarmed.   These have to come first, but the end does not follow immediately."

10   Then he said to them,

     "Nation will rise in arms against nation, and kingdom
11 against kingdom.   There will be great earthquakes, and pestilence and famine here and there.   There will be horrors
12 and great signs in the sky.   But before all this, men will

τὰς χεῖρας αὐτῶν καὶ διώξουσιν, παραδιδόντες εἰς τὰς συνα-
γωγὰς καὶ φυλακάς, ἀπαγομένους ἐπὶ βασιλεῖς καὶ ἡγε-
13 μόνας ἕνεκεν τοῦ ὀνόματός μου· ἀποβήσεται ὑμῖν εἰς
14 μαρτύριον. θέτε οὖν ἐν ταῖς καρδίαις ὑμῶν μὴ προμελετᾶν
15 ἀπολογηθῆναι, ἐγὼ γὰρ δώσω ὑμῖν στόμα καὶ σοφίαν ᾗ οὐ
δυνήσονται ἀντιστῆναι ἢ ἀντειπεῖν ⌜ἅπαντες⌝ οἱ ἀντικεί-
16 μενοι ὑμῖν. παραδοθήσεσθε δὲ καὶ ὑπὸ γονέων καὶ ἀδελ-
φῶν καὶ συγγενῶν καὶ φίλων, καὶ θανατώσουσιν ἐξ ὑμῶν,
17 18 καὶ ἔσεσθε μισούμενοι ὑπὸ πάντων διὰ τὸ ὄνομά μου. καὶ
19 θρὶξ ἐκ τῆς κεφαλῆς ὑμῶν οὐ μὴ ἀπόληται. ἐν τῇ ὑπο-
20 μονῇ ὑμῶν κτήσεσθε τὰς ψυχὰς ὑμῶν. Ὅταν δὲ ἴδητε
κυκλουμένην ὑπὸ στρατοπέδων Ἰερουσαλήμ, τότε γνῶτε
21 ὅτι ἤγγικεν ἡ ἐρήμωσις αὐτῆς. τότε οἱ ἐν τῇ Ἰουδαίᾳ
φευγέτωσαν εἰς τὰ ὄρη, καὶ οἱ ἐν μέσῳ αὐτῆς ἐκχωρείτω-
σαν, καὶ οἱ ἐν ταῖς χώραις μὴ εἰσερχέσθωσαν εἰς αὐτήν,
22 ὅτι ἩΜΈΡΑΙ ἘΚΔΙΚΉΣΕΩΣ αὗταί εἰσιν τοῦ πλησθῆναι πάντα
23 τὰ γεγραμμένα. οὐαὶ ταῖς ἐν γαστρὶ ἐχούσαις καὶ ταῖς
θηλαζούσαις ἐν ἐκείναις ταῖς ἡμέραις· ἔσται γὰρ ἀνάγκη
24 μεγάλη ἐπὶ τῆς γῆς καὶ ὀργὴ τῷ λαῷ τούτῳ, καὶ πεσοῦνται
στόματι μαχαίρης καὶ αἰχμαλωτισθήσονται εἰς τὰ ἔθνη
πάντα, καὶ ἸΕΡΟΥΣΑΛῊΜ ἔσται ΠΑΤΟΥΜΈΝΗ ὙΠῸ ἘΘΝΩ͂Ν,
25 ἄχρι οὗ πληρωθῶσιν [καὶ ἔσονται] καιροὶ ἐθνῶν. καὶ
ἔσονται σημεῖα ἐν ἡλίῳ καὶ σελήνῃ καὶ ἄστροις, καὶ ἐπὶ
τῆς γῆς συνοχὴ ἘΘΝΩ͂Ν ἐν ἀπορίᾳ ἨΧΟΥ͂Σ ΘΑΛΆΣΣΗΣ καὶ
26 ΣΆΛΟΥ, ἀποψυχόντων ἀνθρώπων ἀπὸ φόβου καὶ προσδοκίας
τῶν ἐπερχομένων τῇ οἰκουμένῃ, ΑἹ γὰρ ΔΥΝΆΜΕΙΣ ΤΩ͂Ν
27 ΟὐΡΑΝΩ͂Ν ΣΑΛΕΥΘΉΣΟΝΤΑΙ. καὶ τότε ὄψονται ΤῸΝ ΥἹῸΝ ΤΟΥ͂
ἈΝΘΡΏΠΟΥ ἘΡΧΌΜΕΝΟΝ ἘΝ ΝΕΦΈΛῌ μετὰ δυνάμεως καὶ δό-
28 ξης πολλῆς. Ἀρχομένων δὲ τούτων γίνεσθαι ἀνακύψατε καὶ
ἐπάρατε τὰς κεφαλὰς ὑμῶν, διότι ἐγγίζει ἡ ἀπολύτρωσις
29 ὑμῶν. Καὶ εἶπεν παραβολὴν αὐτοῖς Ἴδετε
30 τὴν συκῆν καὶ πάντα τὰ δένδρα· ὅταν προβάλωσιν ἤδη,
βλέποντες ἀφ᾽ ἑαυτῶν γινώσκετε ὅτι ἤδη ἐγγὺς τὸ θέρος

15 πάντες

arrest you and persecute you, and hand you over to synagogues and prisons and have you brought before kings and
13 governors on my account. It will all lead to your testifying.
14 So make up your minds not to prepare your defense,
15 for I will give you such wisdom of utterance as none of your
16 opponents will be able to resist or dispute. You will be
betrayed even by your parents and brothers and kinsmen
17 and friends and they will put some of you to death, and you
18 will be hated by everyone because you bear my name. Yet
19 not a hair of your head will perish! It is by your endurance
20 that you will win your souls. But when you see Jerusalem
being surrounded by armies, then you must understand that
21 her devastation is at hand. Then those who are in Judea
must fly to the hills, those who are in the city must get out
of it, and those who are in the country must not go into it,
22 for those are the days of vengeance, when all that is written
23 in the Scriptures will be fulfilled. But alas for women who are
with child at that time, or who have babies, for there will be
24 great misery in the land and anger at this people. They will
fall by the edge of the sword, and be carried off as prisoners
among all nations, and Jerusalem will be trampled under foot
25 by the heathen, until the time of the heathen comes. There
will be signs too in sun, moon, and stars, and on earth dismay
among the heathen, bewildered at the roar of the sea and the
26 waves. Men will swoon with fear and foreboding of what
is to happen to the world, for the forces in the sky will shake.
27 Then they will see the Son of Man coming in a cloud with
28 great power and glory. But when this begins to happen, look
up and raise your heads, for your deliverance will be at hand."
29   And he gave them an illustration:
30   "See the fig tree and all the trees. As soon as they put
out their leaves, you see them and you know without being

31 ἐστίν· οὕτως καὶ ὑμεῖς, ὅταν ἴδητε ταῦτα γινόμενα, γινώ-
32 σκετε ὅτι ἐγγύς ἐστιν ἡ βασιλεία τοῦ θεοῦ. ἀμὴν λέγω
ὑμῖν ὅτι οὐ μὴ παρέλθῃ ἡ γενεὰ αὕτη ἕως [ἂν] πάντα γένη-
33 ται. ὁ οὐρανὸς καὶ ἡ γῆ παρελεύσονται, οἱ δὲ λόγοι μου
34 οὐ μὴ παρελεύσονται. Προσέχετε δὲ ἑαυτοῖς μή ποτε
βαρηθῶσιν αἱ καρδίαι ὑμῶν ἐν κρεπάλῃ καὶ μέθῃ καὶ μερί-
μναις βιωτικαῖς, καὶ ἐπιστῇ ἐφ᾽ ὑμᾶς ἐφνίδιος ἡ ἡμέρα
35 ἐκείνη ὡς παγίϲ· ἐπεισελεύσεται γὰρ ἐπὶ πάντας τοὺϲ
36 καθημένουϲ ἐπὶ πρόσωπον πάσης τῆϲ γῆϲ. ἀγρυπνεῖτε
δὲ ἐν παντὶ καιρῷ δεόμενοι ἵνα κατισχύσητε ἐκφυγεῖν ταῦτα
πάντα τὰ μέλλοντα γίνεσθαι, καὶ σταθῆναι ἔμπροσθεν τοῦ
υἱοῦ τοῦ ἀνθρώπου.

37 ⁹Ἦν δὲ τὰς ἡμέρας ⌜ἐν τῷ ἱερῷ διδάσκων⌝, τὰς δὲ νύκτας
ἐξερχόμενος ηὐλίζετο εἰς τὸ ὄρος τὸ καλούμενον Ἐλαιῶν·
38 καὶ πᾶς ὁ λαὸς ὤρθριζεν πρὸς αὐτὸν ἐν τῷ ἱερῷ ἀκούειν
αὐτοῦ.

1 ΗΓΓΙΖΕΝ δὲ ἡ ἑορτὴ τῶν ἀζύμων ἡ λεγομένη Πά-
2 σχα. Καὶ ἐζήτουν οἱ ἀρχιερεῖς καὶ οἱ γραμματεῖς τὸ πῶς
3 ἀνέλωσιν αὐτόν, ἐφοβοῦντο γὰρ τὸν λαόν. Εἰσ-
ῆλθεν δὲ Σατανᾶς εἰς Ἰούδαν τὸν καλούμενον Ἰσκαριώτην,
4 ὄντα ἐκ τοῦ ἀριθμοῦ τῶν δώδεκα· καὶ ἀπελθὼν συνελάλη-
σεν τοῖς ἀρχιερεῦσιν καὶ στρατηγοῖς τὸ πῶς αὐτοῖς παραδῷ
5 αὐτόν. καὶ ἐχάρησαν καὶ συνέθεντο αὐτῷ ἀργύριον δοῦναι.
6 καὶ ἐξωμολόγησεν, καὶ ἐζήτει εὐκαιρίαν τοῦ παραδοῦναι
αὐτὸν ἄτερ ὄχλου αὐτοῖς.

7 ⁹Ἦλθεν δὲ ἡ ἡμέρα τῶν ἀζύμων, ᾗ ἔδει θύεσθαι τὸ
8 πάσχα· καὶ ἀπέστειλεν Πέτρον καὶ Ἰωάνην εἰπών Πο-
9 ρευθέντες ἑτοιμάσατε ἡμῖν τὸ πάσχα ἵνα φάγωμεν. οἱ δὲ
10 εἶπαν αὐτῷ Ποῦ θέλεις ἑτοιμάσωμεν; ὁ δὲ εἶπεν αὐ-
τοῖς Ἰδοὺ εἰσελθόντων ὑμῶν εἰς τὴν πόλιν συναντήσει

37 διδάσκων ἐν τῷ ἱερῷ

31 told that summer is coming.   So when you see these things
happen, you must know that the Kingdom of God is at hand.
32 I tell you, it will all happen before the present generation
33 passes away.   Earth and sky will pass away, but my words
34 will not.   But take care that your hearts are not loaded down
with self-indulgence and drunkenness and worldly cares, and
35 that day takes you by surprise, like a trap.   For it will come
on all who are living anywhere on the face of the earth.
36 But you must be vigilant and always pray that you may
succeed in escaping all this that is going to happen, and in
standing in the presence of the Son of Man."

37   He would spend the days teaching in the Temple, but at
night he would go out of the city and stay on the hill called
38 the Mount of Olives. And in the morning all the people
would come to him in the Temple to listen to him.

22   Now the festival of Unleavened Bread, which is called the
2 Passover, was approaching.   And the high priests and the
scribes were casting about for a way to put him to death, for
they were afraid of the people.

3   But Satan entered into Judas, who was called Iscariot,
4 a member of the Twelve.   And he went off and discussed
with the high priests and captains of the Temple how he could
5 betray him to them.   And they were delighted and agreed
6 to pay him for it.   And he accepted their offer, and watched
for an opportunity to betray him to them without a disturb-
ance.

7   When the day of Unleavened Bread came, on which the
8 Passover lamb had to be sacrificed, Jesus sent Peter and John,
saying to them,

      "Go and make preparations for us to eat the Passover."
9   They said to him,
      "Where do you want us to prepare it?"
10   He said to them,
      "Just after you enter the city, you will meet a man

ὑμῖν ἄνθρωπος κεράμιον ὕδατος βαστάζων· ἀκολουθήσατε
11 αὐτῷ εἰς τὴν οἰκίαν εἰς ἣν εἰσπορεύεται. καὶ ἐρεῖτε τῷ οἰκο-
δεσπότῃ τῆς οἰκίας ᵀ Λέγει σοι ὁ διδάσκαλος Ποῦ ἐστὶν
τὸ κατάλυμα ὅπου τὸ πάσχα μετὰ τῶν μαθητῶν μου φάγω ;
12 κἀκεῖνος ὑμῖν δείξει ἀνάγαιον μέγα ἐστρωμένον· ἐκεῖ ἑτοι-
13 μάσατε. ἀπελθόντες δὲ εὗρον καθὼς εἰρήκει αὐτοῖς, καὶ
14 ἡτοίμασαν τὸ πάσχα.   Καὶ ὅτε ἐγένετο ἡ ὥρα,
15 ἀνέπεσεν καὶ οἱ ἀπόστολοι σὺν αὐτῷ. καὶ εἶπεν πρὸς
αὐτούς Ἐπιθυμίᾳ ἐπεθύμησα τοῦτο τὸ πάσχα φαγεῖν
16 μεθ᾽ ὑμῶν πρὸ τοῦ με παθεῖν· λέγω γὰρ ὑμῖν ὅτι οὐ
μὴ φάγω αὐτὸ ἕως ὅτου πληρωθῇ ἐν τῇ βασιλείᾳ τοῦ θε-
17 οῦ. καὶ δεξάμενος ποτήριον εὐχαριστήσας εἶπεν Λάβετε
18 τοῦτο καὶ διαμερίσατε εἰς ἑαυτούς· λέγω γὰρ ὑμῖν, οὐ μὴ
πίω ἀπὸ τοῦ νῦν ἀπὸ τοῦ γενήματος τῆς ἀμπέλου ἕως οὗ ἡ
19 βασιλεία τοῦ θεοῦ ἔλθῃ. καὶ λαβὼν ἄρτον εὐχαριστήσας
ἔκλασεν καὶ ἔδωκεν αὐτοῖς λέγων Τοῦτό ἐστιν τὸ σῶμά
μου ⟦τὸ ὑπὲρ ὑμῶν διδόμενον· τοῦτο ποιεῖτε εἰς τὴν ἐμὴν
20 ἀνάμνησιν. καὶ τὸ ποτήριον ὡσαύτως μετὰ τὸ δειπνῆσαι,
λέγων Τοῦτο τὸ ποτήριον ἡ καινὴ ΔΙΑΘΗΚΗ ἐν τῷ ΑΙΜΑΤΙ
21 μου, τὸ ὑπὲρ ὑμῶν ἐκχυννόμενον⟧. πλὴν ἰδοὺ ἡ χεὶρ τοῦ
22 παραδιδόντος με μετ᾽ ἐμοῦ ἐπὶ τῆς τραπέζης· ὅτι ὁ υἱὸς
μὲν τοῦ ἀνθρώπου κατὰ τὸ ὡρισμένον πορεύεται, πλὴν οὐαὶ
23 τῷ ἀνθρώπῳ ἐκείνῳ δι᾽ οὗ παραδίδοται. καὶ αὐτοὶ ἤρξαντο
συνζητεῖν πρὸς ἑαυτοὺς τὸ τίς ἄρα εἴη ἐξ αὐτῶν ὁ τοῦτο
24 μέλλων πράσσειν.   Ἐγένετο δὲ καὶ φιλονεικία
25 ἐν αὐτοῖς, τὸ τίς αὐτῶν δοκεῖ εἶναι μείζων. ὁ δὲ εἶπεν αὐ-
τοῖς Οἱ βασιλεῖς τῶν ἐθνῶν κυριεύουσιν αὐτῶν καὶ οἱ
26 ἐξουσιάζοντες αὐτῶν εὐεργέται καλοῦνται. ὑμεῖς δὲ οὐχ οὕ-
τως, ἀλλ᾽ ὁ μείζων ἐν ὑμῖν γινέσθω ὡς ὁ νεώτερος, καὶ ὁ
27 ἡγούμενος ὡς ὁ διακονῶν· τίς γὰρ μείζων, ὁ ἀνακείμενος ἢ
ὁ διακονῶν; οὐχὶ ὁ ἀνακείμενος; ἐγὼ δὲ ἐν μέσῳ ὑμῶν
28 εἰμὶ ὡς ὁ διακονῶν. Ὑμεῖς δέ ἐστε οἱ διαμεμενηκότες
29 μετ᾽ ἐμοῦ ἐν τοῖς πειρασμοῖς μου· κἀγὼ διατίθεμαι ὑμῖν,

11 λέγοντες

carrying a pitcher of water.   Follow him to the house to which
11 he goes, and say to the man of the house, 'Our Master says to
you, "Where is the room where I can eat the Passover supper
12 with my disciples?" '   And he will show you a large room
upstairs with the necessary furniture.   Make your prepara-
tions there."

13   So they went and found everything just as he had told
them, and they prepared the Passover supper.

14   When the time came, he took his place at the table, with
15 the apostles about him.   And he said to them,

"I have greatly desired to eat this Passover supper with
16 you before I suffer.   For I tell you, I will never eat one again
until it reaches its fulfilment in the Kingdom of God."

17   And when he was handed a cup, he thanked God, and
then said,

18   "Take this and share it among you, for I tell you, I will
not drink the product of the vine again until the Kingdom
of God comes."

19   And he took a loaf of bread and thanked God, and broke
it in pieces, and gave it to them, saying,

21   "This is my body.   Yet look!   The hand of the man
22 who is betraying me is beside me on the table!   For the Son
of Man is going his way, as it has been decreed, but alas for
the man by whom the Son of Man is betrayed!"

23   And they began to discuss with one another which of them
24 it was who was going to do this.   A dispute also arose among
them, as to which one of them ought to be considered the
25 greatest.   But he said to them,

"The kings of the heathen lord it over them, and their
26 authorities are given the title of Benefactor.   But you are
not to do so, but whoever is greatest among you must be
27 like the youngest, and the leader like a servant.   For which is
greater, the man at the table, or the servant who waits on him?
Is not the man at the table?   Yet I am like a servant among
28 you.   But it is you who have stood by me in my trials.

30 καθὼς διέθετό μοι ὁ πατήρ ⌜μου⌝ βασιλείαν, ἵνα ἔσθητε καὶ
πίνητε ἐπὶ τῆς τραπέζης μου ἐν τῇ βασιλείᾳ μου, καὶ
⌜καθῆσθε⌝ ἐπὶ θρόνων τὰς δώδεκα φυλὰς κρίνοντες τοῦ
31 Ἰσραήλ. Σίμων Σίμων, ἰδοὺ ὁ Σατανᾶς ἐξητήσατο ὑμᾶς
32 τοῦ σινιάσαι ὡς τὸν σῖτον· ἐγὼ δὲ ἐδεήθην περὶ σοῦ ἵνα
μὴ ἐκλίπῃ ἡ πίστις σου· καὶ σύ ποτε ἐπιστρέψας στήρισον
33 τοὺς ἀδελφούς σου. ὁ δὲ εἶπεν αὐτῷ Κύριε, μετὰ σοῦ
ἕτοιμός εἰμι καὶ εἰς φυλακὴν καὶ εἰς θάνατον πορεύεσθαι.
34 ὁ δὲ εἶπεν Λέγω σοι, Πέτρε, οὐ φωνήσει σήμερον ἀλέ-
35 κτωρ ἕως τρίς με ἀπαρνήσῃ εἰδέναι. Καὶ
εἶπεν αὐτοῖς Ὅτε ἀπέστειλα ὑμᾶς ἄτερ βαλλαντίου καὶ
πήρας καὶ ὑποδημάτων, μή τινος ὑστερήσατε; οἱ δὲ εἶπαν
36 Οὐθενός. εἶπεν δὲ αὐτοῖς Ἀλλὰ νῦν ὁ ἔχων βαλλάντιον
ἀράτω, ὁμοίως καὶ πήραν, καὶ ὁ μὴ ἔχων πωλησάτω τὸ
37 ἱμάτιον αὐτοῦ καὶ ἀγορασάτω μάχαιραν. λέγω γὰρ ὑμῖν
ὅτι τοῦτο τὸ γεγραμμένον δεῖ τελεσθῆναι ἐν ἐμοί, τό
Καὶ μετὰ ἀνόμων ἐλογίσθη· καὶ γὰρ τὸ περὶ ἐμοῦ
38 τέλος ἔχει. οἱ δὲ εἶπαν Κύριε, ἰδοὺ μάχαιραι ὧδε δύο. ὁ
δὲ εἶπεν αὐτοῖς Ἱκανόν ἐστιν.

39 Καὶ ἐξελθὼν ἐπορεύθη κατὰ τὸ ἔθος εἰς τὸ Ὄρος τῶν
40 Ἐλαιῶν· ἠκολούθησαν δὲ αὐτῷ [καὶ] οἱ μαθηταί. γενό-
μενος δὲ ἐπὶ τοῦ τόπου εἶπεν αὐτοῖς Προσεύχεσθε μὴ
41 εἰσελθεῖν εἰς πειρασμόν. καὶ αὐτὸς ἀπεσπάσθη ἀπ᾽ αὐ-
τῶν ὡσεὶ λίθου βολήν, καὶ θεὶς τὰ γόνατα προσηύχετο
42 λέγων Πάτερ, εἰ βούλει παρένεγκε τοῦτο τὸ ποτήριον
ἀπ᾽ ἐμοῦ· πλὴν μὴ τὸ θέλημά μου ἀλλὰ τὸ σὸν γινέσθω.
43 ⟦ὤφθη δὲ αὐτῷ ἄγγελος ⌜ἀπὸ τοῦ⌝ οὐρανοῦ ἐνισχύων αὐτόν.
44 καὶ γενόμενος ἐν ἀγωνίᾳ ἐκτενέστερον προσηύχετο· ⌜καὶ
ἐγένετο⌝ ὁ ἱδρὼς αὐτοῦ ὡσεὶ θρόμβοι αἵματος καταβαί-
45 νοντες ἐπὶ τὴν γῆν.⟧ καὶ ἀναστὰς ἀπὸ τῆς προσευχῆς ἐλ-
θὼν πρὸς τοὺς μαθητὰς εὗρεν κοιμωμένους αὐτοὺς ἀπὸ τῆς
46 λύπης, καὶ εἶπεν αὐτοῖς Τί καθεύδετε; ἀναστάντες προσ-

29 μου,   30 καθήσεσθε   43 ἀπ᾽   44 ἐγένετο δὲ

29 So just as my Father has conferred a kingdom on me, I confer
30 on you the right to eat and drink at my table in my kingdom,
and to sit on thrones and judge the twelve tribes of Israel!
31 O Simon, Simon!   Satan has obtained permission to sift all of
32 you like wheat, but I have prayed that your own faith may not
fail.   And afterward you yourself must turn and strengthen
your brothers."
33   Peter said to him,
"Master, I am ready to go to prison and to death with
you!"
34   But he said,
"I tell you, Peter, the cock will not crow today before
you deny three times that you know me!"
35   And he said to them,
"When I sent you out without any purse or bag or shoes,
was there anything you needed?"
They said,
"No, nothing."
36   He said to them,
"But now, if a man has a purse let him take it, and a
bag too.   And a man who has no sword must sell his coat
37 and buy one.   For I tell you that this saying of Scripture
must find its fulfilment in me: 'He was rated an outlaw.'
Yes, that saying about me is to be fulfilled!"
38   But they said,
"See, Master, here are two swords!"
And he said to them,
"Enough of this!"
39   And he went out of the city and up on the Mount of
Olives as he was accustomed to do, with his disciples
40 following him.   And when he reached the spot, he said to
them,
"Pray that you may not be subjected to trial."
41   And he withdrew about a stone's throw from them, and
42 kneeling down he prayed and said,
"Father, if you are willing, take this cup away from me.
But not my will but yours be done!"
45   When he got up from his prayer, he went to the disciples
46 and found them asleep from sorrow.   And he said to them,
"Why are you asleep?   Get up, and pray that you may
not be subjected to trial!"

47 εύχεσθε, ἵνα μὴ εἰσέλθητε εἰς πειρασμόν.   Ἔτι
αὐτοῦ λαλοῦντος ἰδοὺ ὄχλος, καὶ ὁ λεγόμενος Ἰούδας εἷς
τῶν δώδεκα προήρχετο αὐτούς, καὶ ἤγγισεν τῷ Ἰησοῦ
48 φιλῆσαι αὐτόν. Ἰησοῦς δὲ εἶπεν αὐτῷ   Ἰούδα, φιλήματι
49 τὸν υἱὸν τοῦ ἀνθρώπου παραδίδως ; ἰδόντες δὲ οἱ περὶ αὐ-
τὸν τὸ ἐσόμενον εἶπαν   Κύριε, εἰ πατάξομεν ἐν μαχαίρῃ ;
50 καὶ ἐπάταξεν εἷς τις ἐξ αὐτῶν τοῦ ἀρχιερέως τὸν δοῦλον καὶ
51 ἀφεῖλεν τὸ οὖς αὐτοῦ τὸ δεξιόν. ἀποκριθεὶς δὲ [ὁ] Ἰησοῦς
εἶπεν   Ἐᾶτε ἕως τούτου· καὶ ἁψάμενος τοῦ ὠτίου ἰάσατο
52 αὐτόν. εἶπεν δὲ Ἰησοῦς πρὸς τοὺς παραγενομένους ἐπ᾽ αὐ-
τὸν ἀρχιερεῖς καὶ στρατηγοὺς τοῦ ἱεροῦ καὶ πρεσβυτέρους
Ὡς ἐπὶ λῃστὴν ἐξήλθατε μετὰ μαχαιρῶν καὶ ξύλων ;
53 καθ᾽ ἡμέραν ὄντος μου μεθ᾽ ὑμῶν ἐν τῷ ἱερῷ οὐκ ἐξε-
τείνατε τὰς χεῖρας ἐπ᾽ ἐμέ· ἀλλ᾽ αὕτη ἐστὶν ὑμῶν ἡ ὥρα
καὶ ἡ ἐξουσία τοῦ σκότους.

54   Συλλαβόντες δὲ αὐτὸν ἤγαγον καὶ εἰσήγαγον εἰς τὴν
οἰκίαν τοῦ ἀρχιερέως· ὁ δὲ Πέτρος ἠκολούθει μακρόθεν.
55 περιαψάντων δὲ πῦρ ἐν μέσῳ τῆς αὐλῆς καὶ συνκαθισάν-
56 των ἐκάθητο ὁ Πέτρος μέσος αὐτῶν. ἰδοῦσα δὲ αὐτὸν
παιδίσκη τις καθήμενον πρὸς τὸ φῶς καὶ ἀτενίσασα αὐτῷ
57 εἶπεν   Καὶ οὗτος σὺν αὐτῷ ἦν· ὁ δὲ ἠρνήσατο λέ-
58 γων   Οὐκ οἶδα αὐτόν, γύναι. καὶ μετὰ βραχὺ ἕτερος
ἰδὼν αὐτὸν ἔφη   Καὶ σὺ ἐξ αὐτῶν εἶ· ὁ δὲ Πέτρος
59 ἔφη   Ἄνθρωπε, οὐκ εἰμί. καὶ διαστάσης ὡσεὶ ὥρας μιᾶς
ἄλλος τις διϊσχυρίζετο λέγων   Ἐπ᾽ ἀληθείας καὶ οὗτος
60 μετ᾽ αὐτοῦ ἦν, καὶ γὰρ Γαλιλαῖός ἐστιν· εἶπεν δὲ ὁ Πέ-
τρος   Ἄνθρωπε, οὐκ οἶδα ὃ λέγεις. καὶ παραχρῆμα ἔτι
61 λαλοῦντος αὐτοῦ ἐφώνησεν ἀλέκτωρ. καὶ στραφεὶς ὁ
κύριος ἐνέβλεψεν τῷ Πέτρῳ, καὶ ὑπεμνήσθη ὁ Πέτρος τοῦ
ῥήματος τοῦ κυρίου ὡς εἶπεν αὐτῷ ὅτι Πρὶν ἀλέκτορα
62 φωνῆσαι σήμερον ἀπαρνήσῃ με τρίς. [καὶ ἐξελθὼν ἔξω
63 ἔκλαυσεν πικρῶς.]   Καὶ οἱ ἄνδρες οἱ συνέχον-
64 τες αὐτὸν ἐνέπαιζον αὐτῷ δέροντες, καὶ περικαλύψαντες αὐ-

47 While he was still speaking, a crowd of people came
up, with the man called Judas, one of the Twelve, at their
48 head, and he stepped up to Jesus to kiss him. Jesus said
to him,

"Would you betray the Son of Man with a kiss?"

49 Those who were about him saw what was coming and said,
"Master, shall we use our swords?"

50 And one of them did strike at the high priest's slave and
51 cut his right ear off. But Jesus answered,
"Let me do this much!"

52 And he touched his ear and healed him. And Jesus
said to the high priests, captains of the Temple, and elders
who had come to take him,

"Have you come out with swords and clubs as though
53 I were a robber? When I was among you day after day
in the Temple you never laid a hand on me! But you choose
this hour, and the cover of darkness!"

54 Then they arrested him and led him away and took him
to the house of the high priest. And Peter followed at a
55 distance. And they kindled a fire in the middle of the
courtyard and sat about it, and Peter sat down among them.
56 A maid saw him sitting by the fire and looked at him and
said,

"This man was with him too."

57 But he denied it, and said,
"I do not know him."

58· Shortly after, a man saw him and said,
   · "You are one of them too!"
But Peter said,
"I am not!"

59 About an hour later, another man insisted,
"This man was certainly with him too, for he is a
Galilean!"

60 But Peter said,
"I do not know what you mean."

61 And immediately, just as he spoke, a cock crowed. And
the Lord turned and looked at Peter, and Peter remembered
the words the Lord had said to him—"Before the cock
62 crows today, you will disown me three times!" And he went
outside and wept bitterly.

63 The men who had Jesus in custody flogged him and made
64 sport of him, and they blindfolded him, and asked him,

τὸν ἐπηρώτων λέγοντες Προφήτευσον, τίς ἐστιν ὁ παίσας
65 σε; καὶ ἕτερα πολλὰ βλασφημοῦντες ἔλεγον εἰς αὐτόν.
66 Καὶ ὡς ἐγένετο ἡμέρα, συνήχθη τὸ πρεσβυτέριον τοῦ
λαοῦ, ἀρχιερεῖς τε καὶ γραμματεῖς, καὶ ἀπήγαγον αὐτὸν εἰς
67 τὸ συνέδριον αὐτῶν, λέγοντες Εἰ σὺ εἶ ὁ χριστός, εἰπὸν
68 ἡμῖν. εἶπεν δὲ αὐτοῖς Ἐὰν ὑμῖν εἴπω οὐ μὴ πιστεύσητε·
69 ἐὰν δὲ ἐρωτήσω οὐ μὴ ἀποκριθῆτε. ἀπὸ τοῦ νῦν δὲ ἔσται
ὁ υἱὸς τοῦ ἀνθρώπου καθήμενος ἐκ δεξιῶν τῆς
70 δυνάμεως τοῦ θεοῦ. εἶπαν δὲ πάντες Σὺ οὖν εἶ ὁ υἱὸς
τοῦ θεοῦ; ὁ δὲ πρὸς αὐτοὺς ἔφη Ὑμεῖς λέγετε ὅτι ἐγώ
71 ⸀εἰμι.⸃ οἱ δὲ εἶπαν Τί ἔτι ἔχομεν μαρτυρίας χρείαν; αὐτοὶ
1 γὰρ ἠκούσαμεν ἀπὸ τοῦ στόματος αὐτοῦ. Καὶ
ἀναστὰν ἅπαν τὸ πλῆθος αὐτῶν ἤγαγον αὐτὸν ἐπὶ τὸν
2 Πειλᾶτον. ἤρξαντο δὲ κατηγορεῖν αὐτοῦ λέγοντες Τοῦ-
τον εὕραμεν διαστρέφοντα τὸ ἔθνος ἡμῶν καὶ κωλύοντα
φόρους Καίσαρι διδόναι καὶ λέγοντα αὐτὸν χριστὸν βα-
3 σιλέα εἶναι. ὁ δὲ Πειλᾶτος ἠρώτησεν αὐτὸν λέγων Σὺ
εἶ ὁ βασιλεὺς τῶν Ἰουδαίων; ὁ δὲ ἀποκριθεὶς αὐτῷ ἔφη
4 Σὺ ⸀λέγεις.⸃ ὁ δὲ Πειλᾶτος εἶπεν πρὸς τοὺς ἀρχιερεῖς
καὶ τοὺς ὄχλους Οὐδὲν εὑρίσκω αἴτιον ἐν τῷ ἀνθρώπῳ
5 τούτῳ. οἱ δὲ ἐπίσχυον λέγοντες ὅτι Ἀνασείει τὸν λαὸν
διδάσκων καθ' ὅλης τῆς Ἰουδαίας, καὶ ἀρξάμενος ἀπὸ τῆς
6 Γαλιλαίας ἕως ὧδε. Πειλᾶτος δὲ ἀκούσας ἐπηρώτησεν εἰ
7 [ὁ] ἄνθρωπος Γαλιλαῖός ἐστιν, καὶ ἐπιγνοὺς ὅτι ἐκ τῆς
ἐξουσίας Ἡρῴδου ἐστὶν ἀνέπεμψεν αὐτὸν πρὸς Ἡρῴδην,
ὄντα καὶ αὐτὸν ἐν Ἰεροσολύμοις ἐν ταύταις ταῖς ἡμέ-
8 ραις. Ὁ δὲ Ἡρῴδης ἰδὼν τὸν Ἰησοῦν ἐχάρη λίαν, ἦν
γὰρ ἐξ ἱκανῶν χρόνων θέλων ἰδεῖν αὐτὸν διὰ τὸ ἀκούειν
περὶ αὐτοῦ, καὶ ἤλπιζέν τι σημεῖον ἰδεῖν ὑπ' αὐτοῦ γινό-
9 μενον. ἐπηρώτα δὲ αὐτὸν ἐν λόγοις ἱκανοῖς· αὐτὸς δὲ
10 οὐδὲν ἀπεκρίνατο αὐτῷ. ἱστήκεισαν δὲ οἱ ἀρχιερεῖς καὶ
11 οἱ γραμματεῖς εὐτόνως κατηγοροῦντες αὐτοῦ. ἐξουθενήσας
δὲ αὐτὸν ⸆ ὁ Ἡρῴδης σὺν τοῖς στρατεύμασιν αὐτοῦ καὶ ἐμ-

70 εἰμι; 3 λέγεις; 11 καὶ

"Show that you are a prophet! Who was it that struck
65 you?" And they said many other abusive things to him.
66   As soon as it was day, the elders of the people, the high
priests and scribes, assembled, and brought him before their
council, and said to him,
67   "If you are the Christ, tell us so."
      But he said to them,
68   "If I tell you, you will not believe me, and if I ask you
69 a question, you will not answer me. But from this time on,
the Son of Man will be seated at the right hand of God
Almighty!"
70   And they all said,
      "Are you the Son of God then?"
      And he said to them,
      "I.am, as you say!"
71   Then they said,
      "What do we want of testimony now? We have heard
it ourselves from his own mouth!"
23   Then they arose in a body and took him to Pilate, and
2 they made this charge against him:
      "Here is a man whom we have found misleading our
nation, and forbidding the payment of taxes to the emperor,
and claiming to be an anointed king himself."
3   And Pilate asked him,
      "Are you the king of the Jews?"
      He answered,
      "Yes."
4   And Pilate said to the high priests and the crowd,
      "I cannot find anything criminal about this man."
5   But they persisted and said,
      "He is stirring up the people all over Judea by his
teaching. He began in Galilee and he has come here."
6   When Pilate heard this, he asked if the man were a
7 Galilean, and learning that he belonged to Herod's jurisdic-
tion, he turned him over to Herod, for Herod was in Jerusalem
8 at that time. When Herod saw Jesus he was delighted, for
he had wanted for a long time to see him, because he had
heard about him and he hoped to see some wonder done by
9 him. And he questioned him at some length, but he made
10 him no answer. Meanwhile the high priests and the scribes
11 stood by and vehemently accused him. And Herod and his
guards made light of him and ridiculed him, and they put a

παίξας περιβαλὼν ἐσθῆτα λαμπρὰν ἀνέπεμψεν αὐτὸν τῷ
12 Πειλάτῳ. Ἐγένοντο δὲ φίλοι ὅ τε Ἡρῴδης καὶ ὁ Πειλᾶ-
τος ἐν αὐτῇ τῇ ἡμέρᾳ μετ' ἀλλήλων· προϋπῆρχον γὰρ ἐν
13 ἔχθρα ὄντες πρὸς αὐτούς.   Πειλᾶτος δὲ συνκα-
λεσάμενος τοὺς ἀρχιερεῖς καὶ τοὺς ἄρχοντας καὶ τὸν λαὸν
14 εἶπεν πρὸς αὐτούς Προσηνέγκατέ μοι τὸν ἄνθρωπον τοῦ-
τον ὡς ἀποστρέφοντα τὸν λαόν, καὶ ἰδοὺ ἐγὼ ἐνώπιον ὑμῶν
ἀνακρίνας οὐθὲν εὗρον ἐν τῷ ἀνθρώπῳ τούτῳ αἴτιον ὧν
15 κατηγορεῖτε κατ' αὐτοῦ. ἀλλ' οὐδὲ Ἡρῴδης, ἀνέπεμψεν
16 γὰρ αὐτὸν πρὸς ἡμᾶς· καὶ ἰδοὺ οὐδὲν ἄξιον θανάτου ἐστὶν
18 πεπραγμένον αὐτῷ· παιδεύσας οὖν αὐτὸν ἀπολύσω. ἀνέ-
κραγον δὲ πανπληθεὶ λέγοντες Αἶρε τοῦτον, ἀπόλυσον
19 δὲ ἡμῖν τὸν Βαραββᾶν· ὅστις ἦν διὰ στάσιν τινὰ γενο-
μένην ἐν τῇ πόλει καὶ φόνον βληθεὶς ἐν τῇ φυλακῇ.
20 πάλιν δὲ ὁ Πειλᾶτος προσεφώνησεν αὐτοῖς, θέλων ἀπολῦ-
21 σαι τὸν Ἰησοῦν. οἱ δὲ ἐπεφώνουν λέγοντες Σταύρου
22 σταύρου αὐτόν. ὁ δὲ τρίτον εἶπεν πρὸς αὐτούς Τί γὰρ
κακὸν ἐποίησεν οὗτος; οὐδὲν αἴτιον θανάτου εὗρον ἐν
23 αὐτῷ· παιδεύσας οὖν αὐτὸν ἀπολύσω. οἱ δὲ ἐπέκειντο
φωναῖς μεγάλαις αἰτούμενοι αὐτὸν ⌜σταυρωθῆναι⌝, καὶ
24 κατίσχυον αἱ φωναὶ αὐτῶν. καὶ Πειλᾶτος ἐπέκρινεν γενέ-
25 σθαι τὸ αἴτημα αὐτῶν· ἀπέλυσεν δὲ τὸν διὰ στάσιν καὶ
φόνον βεβλημένον εἰς φυλακὴν ὃν ᾐτοῦντο, τὸν δὲ Ἰησοῦν
παρέδωκεν τῷ θελήματι αὐτῶν.

26   Καὶ ὡς ⌜ἀπήγαγον⌝ αὐτόν, ἐπιλαβόμενοι Σίμωνά τινα
Κυρηναῖον ἐρχόμενον ἀπ' ἀγροῦ ἐπέθηκαν αὐτῷ τὸν σταυ-
27 ρὸν φέρειν ὄπισθεν τοῦ Ἰησοῦ. Ἠκολούθει δὲ αὐτῷ πολὺ
πλῆθος τοῦ λαοῦ καὶ γυναικῶν αἳ ἐκόπτοντο καὶ ἐθρήνουν
28 αὐτόν. στραφεὶς δὲ πρὸς αὐτὰς Ἰησοῦς εἶπεν Θυγατέ-
ρες Ἰερουσαλήμ, μὴ κλαίετε ἐπ' ἐμέ· πλὴν ἐφ' ἑαυτὰς
29 κλαίετε καὶ ἐπὶ τὰ τέκνα ὑμῶν, ὅτι ἰδοὺ ἔρχονται ἡμέραι
ἐν αἷς ἐροῦσιν Μακάριαι αἱ στεῖραι καὶ αἱ κοιλίαι αἳ
30 οὐκ ἐγέννησαν καὶ μαστοὶ οἳ οὐκ ἔθρεψαν. τότε ἄρξονται

23 σταυρῶσαι   26 ἀπῆγον

12 gorgeous robe on him and sent him back to Pilate. And Herod and Pilate became friends that day, for they had been at enmity before.

13   Pilate summoned the high priests and the leading members
14 of the council and the people, and said to them,

          "You brought this man before me charged with misˏ leading the people, and here I have examined him before you and not found him guilty of any of the things that you
15 accuse him of. Neither has Herod, for he has sent him back to us. You see he has done nothing to call for his death.
16 So I will teach him a lesson and let him go."

18   But they all shouted out,

          "Kill him, and release Barabbas for us!"

19   (He was a man who had been put in prison for a riot that
20 had taken place in the city and for murder.) But Pilate wanted to let Jesus go, and he called out to them again.
21 But they kept on shouting,

          "Crucify him! Crucify him!"

22   And he said to them a third time,

          "Why, what has he done that is wrong? I have found nothing about him to call for his death. So I will teach him a lesson and let him go."

23   But they persisted with loud outcries in demanding that
24 he be crucified, and their shouting won. And Pilate proˏ nounced sentence that what they asked for should be done.
25 He released the man they asked for, who had been put in prison for riot and murder, and handed Jesus over to their will.

26   As they led him away, they seized a man named Simon, from Cyrene, who was coming in from the country, and put
27 the cross on his back, for him to carry behind Jesus. He was followed by a great crowd of the people and of women who
28 were beating their breasts and lamenting him. But Jesus ˏturned to them and said,

          "Women of Jerusalem, do not weep for me but weep for
29 yourselves and for your children, for a time is coming when they will say, 'Happy are the childless women, and those who
30 have never borne or nursed children!' Then people will begin

λέγειν τοῖς ὄρεσιν Πέσατε ἐφ' ἡμᾶς, καὶ τοῖς Βου-
31 νοῖς Καλύψατε ἡμᾶς· ὅτι εἰ ἐν ᵀ ὑγρῷ ξύλῳ ταῦτα
32 ποιοῦσιν, ἐν τῷ ξηρῷ τί γένηται; Ἤγοντο δὲ καὶ ἕτεροι
33 κακοῦργοι δύο σὺν αὐτῷ ἀναιρεθῆναι. Καὶ ὅτε
ἦλθαν ἐπὶ τὸν τόπον τὸν καλούμενον Κρανίον, ἐκεῖ ἐσταύ-
ρωσαν αὐτὸν καὶ τοὺς κακούργους, ὃν μὲν ἐκ δεξιῶν ὃν δὲ
34 ἐξ ἀριστερῶν. ⟦ὁ δὲ Ἰησοῦς ἔλεγεν Πάτερ, ἄφες αὐτοῖς,
οὐ γὰρ οἴδασιν τί ποιοῦσιν.⟧ ΔΙΑΜΕΡΙΖΟΜΕΝΟΙ δὲ τὰ ἱΜΑ-
35 ΤΙΑ ΑΥΤΟΥ ἔΒΑΛΟΝ ΚΛΗΡΟΝ. καὶ ἱστήκει ὁ λαὸς θεω-
ρῶν. ἐΞΕΜΥΚΤΗΡΙΖΟΝ δὲ καὶ οἱ ἄρχοντες λέγοντες Ἄλ-
λους ἔσωσεν, σωσάτω ἑαυτόν, εἰ οὗτός ἐστιν ὁ χριστὸς τοῦ
36 θεοῦ, ὁ ἐκλεκτός. ἐνέπαιξαν δὲ αὐτῷ καὶ οἱ στρατιῶται
37 προσερχόμενοι, ὄΖΟΣ προσφέροντες αὐτῷ καὶ λέγοντες Εἰ
38 σὺ εἶ ὁ βασιλεὺς τῶν Ἰουδαίων, σῶσον σεαυτόν. ἦν δὲ
καὶ ἐπιγραφὴ ἐπ' αὐτῷ Ο ΒΑΣΙΛΕΥΣ ΤΩΝ ΙΟΥ-
39 ΔΑΙΩΝ ΟΥΤΟΣ. Εἷς δὲ τῶν κρεμασθέντων κακούργων
ἐβλασφήμει αὐτόν Οὐχὶ σὺ εἶ ὁ χριστός; σῶσον σεαυ-
40 τὸν καὶ ἡμᾶς. ἀποκριθεὶς δὲ ὁ ἕτερος ἐπιτιμῶν αὐτῷ
ἔφη Οὐδὲ φοβῇ σὺ τὸν θεόν, ὅτι ἐν τῷ αὐτῷ κρίματι εἶ;
41 καὶ ἡμεῖς μὲν δικαίως, ἄξια γὰρ ὧν ἐπράξαμεν ἀπολαμβά-
42 νομεν· οὗτος δὲ οὐδὲν ἄτοπον ἔπραξεν. καὶ ἔλεγεν Ἰη-
σοῦ, μνήσθητί μου ὅταν ἔλθῃς ⌈εἰς τὴν βασιλείαν⌉ σου.
43 καὶ εἶπεν αὐτῷ Ἀμήν σοι λέγω, σήμερον μετ' ἐμοῦ ἔσῃ
44 ἐν τῷ παραδείσῳ. Καὶ ἦν ἤδη ὡσεὶ ὥρα ἕκτη καὶ σκότος
45 ἐγένετο ἐφ' ὅλην τὴν γῆν ἕως ὥρας ἐνάτης τοῦ ἡλίου ἐκλεί-
46 ποντος, ἐσχίσθη δὲ τὸ καταπέτασμα τοῦ ναοῦ μέσον. καὶ
φωνήσας φωνῇ μεγάλῃ ὁ Ἰησοῦς εἶπεν Πάτερ, εἰς χεῖράς
ΣΟΥ ΠΑΡΑΤΙΘΕΜΑΙ ΤΟ ΠΝΕΥΜΑ ΜΟΥ· τοῦτο δὲ εἰπὼν ἐξέ-
47 πνευσεν. Ἰδὼν δὲ ὁ ἑκατοντάρχης τὸ γενόμενον ἐδόξαζεν
τὸν θεὸν λέγων Ὄντως ὁ ἄνθρωπος οὗτος δίκαιος ἦν.
48 καὶ πάντες οἱ συνπαραγενόμενοι ὄχλοι ἐπὶ τὴν θεωρίαν
ταύτην, θεωρήσαντες τὰ γενόμενα, τύπτοντες τὰ στήθη
49 ὑπέστρεφον. ἱΣΤΗΚΕΙΣΑΝ δὲ πάντες οἱ ΓΝΩΣΤΟΙ αὐτῷ

to say to the mountains, 'Fall on us!' and to the hills, 'Cover
31 us up!'   For if this is what they do when the wood is green,
 what will happen when it is dry?''
32   Two criminals were also led out to execution with him.
33   When they reached the place called the Skull, they cruci-
fied him there, with the criminals one at his right and one
at his left.   But Jesus said,
        "Father, forgive them, for they know not what they are
doing!"
34   And they divided up his clothes among them by drawing
35 lots for them, while the people stood looking on.   Even the
councilors jeered at him, and said,
        "He has saved others, let him save himself, if he is really
God's Christ, his Chosen One!"
36   The soldiers also made sport of him, coming up and
37 offering him sour wine, saying,
        "If you are the king of the Jews, save yourself!"
38 For there was a notice above his head, "This is the king of
the Jews!"
39   One of the criminals who were hanging there, abused
him, saying,
        "Are you not the Christ?   Save yourself and us too!"
40   But the other reproved him and said,
        "Have you no fear even of God when you are suffering
41 the same penalty?   And we are suffering it justly, for we are
only getting our deserts, but this man has done nothing
wrong."
42   And he said,
        "Jesus, remember me when you come into your kingdom!"
43   And he said to him,
        "I tell you, you will be in Paradise with me today!"
44   It was now about noon, and darkness came over the whole
45 country, and lasted until three in the afternoon, as the sun
was in eclipse.   And the curtain before the sanctuary was
46 torn in two.   Then Jesus gave a loud cry, and said,
        "Father, I intrust my spirit to your hands!"
        With these words he expired.
47   When the captain saw what had happened he praised
God, and said,
        "This man really must have been innocent!'
48   And all the crowds that had collected for the sight,
when they saw what happened, returned to the city beating
49 their breasts.   And all his acquaintances and the women

ἀπὸ μακρόθεν, καὶ ᵀ γυναῖκες αἱ συνακολουθοῦσαι αὐτῷ
ἀπὸ τῆς Γαλιλαίας, ὁρῶσαι ταῦτα.

50 Καὶ ἰδοὺ ἀνὴρ ὀνόματι Ἰωσὴφ βουλευτὴς ὑπάρχων,
51 ἀνὴρ ⌜ἀγαθὸς καὶ δίκαιος,—⌝ οὗτος οὐκ ἦν ⌜συνκατατεθει-
μένος⌝ τῇ βουλῇ καὶ τῇ πράξει αὐτῶν,— ἀπὸ Ἀριμαθαίας
πόλεως τῶν Ἰουδαίων, ὃς προσεδέχετο τὴν βασιλείαν τοῦ
52 θεοῦ, οὗτος προσελθὼν τῷ Πειλάτῳ ᾐτήσατο τὸ σῶμα τοῦ
53 Ἰησοῦ, καὶ καθελὼν ἐνετύλιξεν αὐτὸ σινδόνι, καὶ ἔθηκεν
αὐτὸν ἐν μνήματι λαξευτῷ οὗ οὐκ ἦν οὐδεὶς οὔπω κεί-
54 μενος. Καὶ ἡμέρα ἦν παρασκευῆς, καὶ σάββατον ἐπέφω-
55 σκεν. Κατακολουθήσασαι δὲ αἱ γυναῖκες, αἵτινες ἦσαν
συνεληλυθυῖαι ἐκ τῆς Γαλιλαίας αὐτῷ, ἐθεάσαντο τὸ μνη-
56 μεῖον καὶ ὡς ἐτέθη τὸ σῶμα αὐτοῦ, ὑποστρέψασαι δὲ ἡτοί-
μασαν ἀρώματα καὶ μύρα.

Καὶ τὸ μὲν σάββατον ἡσύχασαν κατὰ τὴν ἐντολήν,
1 τῇ δὲ μιᾷ τῶν σαββάτων ὄρθρου βαθέως ἐπὶ τὸ μνῆμα
2 ἦλθαν φέρουσαι ἃ ·ἡτοίμασαν ἀρώματα. εὗρον δὲ τὸν
3 λίθον ἀποκεκυλισμένον ἀπὸ τοῦ μνημείου, εἰσελθοῦσαι δὲ
4 οὐχ εὗρον τὸ σῶμα [τοῦ κυρίου Ἰησοῦ]. καὶ ἐγένετο ἐν
τῷ ἀπορεῖσθαι αὐτὰς περὶ τούτου καὶ ἰδοὺ ἄνδρες δύο
5 ἐπέστησαν αὐταῖς ἐν ἐσθῆτι ἀστραπτούσῃ. ἐμφόβων δὲ
γενομένων αὐτῶν καὶ κλινουσῶν τὰ πρόσωπα εἰς τὴν γῆν
εἶπαν πρὸς αὐτάς Τί ζητεῖτε τὸν ζῶντα μετὰ τῶν
6 νεκρῶν; [οὐκ ἔστιν ὧδε, ἀλλὰ ἠγέρθη.] μνήσθητε ὡς
7 ἐλάλησεν ὑμῖν ἔτι ὢν ἐν τῇ Γαλιλαίᾳ, λέγων τὸν υἱὸν τοῦ
ἀνθρώπου ὅτι δεῖ παραδοθῆναι εἰς χεῖρας ἀνθρώπων ἁμαρ-
τωλῶν καὶ σταυρωθῆναι καὶ τῇ τρίτῃ ἡμέρᾳ ἀναστῆναι.
8
9 καὶ ἐμνήσθησαν τῶν ῥημάτων αὐτοῦ, καὶ ὑποστρέψασαι
[ἀπὸ τοῦ μνημείου] ἀπήγγειλαν ταῦτα πάντα τοῖς ἕνδεκα
10 καὶ πᾶσιν τοῖς λοιποῖς. ἦσαν δὲ ἡ Μαγδαληνὴ Μαρία
καὶ Ἰωάνα καὶ Μαρία ἡ Ἰακώβου· καὶ αἱ λοιπαὶ σὺν αὐ-
11 ταῖς ἔλεγον πρὸς τοὺς ἀποστόλους ταῦτα. καὶ ἐφάνησαν
ἐνώπιον αὐτῶν ὡσεὶ λῆρος τὰ ῥήματα ταῦτα, καὶ ἠπίστουν

49 αἱ   50 ἀγαθός,- δίκαιος   51 συνκατατιθέμενος

who had come with him from Galilee, stood at a distance looking on.

50 Now there was a man named Joseph, a member of the
51 council, a good and upright man, who had not voted for the plan or action of the council. He came from the Jewish town
52 of Arimathea and lived in expectation of the Kingdom of
53 God. He went to Pilate and asked for Jesus' body. Then he took it down from the cross and wrapped it in linen and laid it in a tomb hewn in the rock, where no one had yet been
54 laid. It was the Preparation Day, and the Sabbath was
55 just beginning. The women who had come with Jesus from Galilee followed and saw the tomb and how his body was
56 put there. Then they went home, and prepared spices and perfumes.

On the Sabbath they rested in obedience to the command-
24 ment, but on the first day of the week, at early dawn, they went to the tomb, taking the spices they had prepared.
$\frac{2}{3}$ But they found the stone rolled back from the tomb, and when
4 they went inside they could not find the body. They were in great perplexity over this, when suddenly two men in dazzling
5 clothing stood beside them. The women were frightened and bowed their faces to the ground, but the men said to them,

"Why do you look among the dead for him who is alive?
6 Remember what he told you while he was still in Galilee,
7 when he said that the Son of Man must be handed over to wicked men and be crucified and rise again on the third day."

8 Then they remembered his words, and they went back
9 from the tomb and told all this to the eleven and all the
10 rest. They were Mary of Magdala and Joanna and Mary, the mother of James; the other women with them also told
11 this to the apostles. But the story seemed to them to be idle talk and they would not believe them.

12 αὐταῖς.   ['Ο δὲ Πέτρος ἀναστὰς ἔδραμεν ἐπὶ τὸ
μνημεῖον· καὶ παρακύψας βλέπει τὰ ὀθόνια μόνα· καὶ
ἀπῆλθεν πρὸς αὐτὸν θαυμάζων τὸ γεγονός.]
13 Καὶ ἰδοὺ δύο ἐξ αὐτῶν ἐν αὐτῇ τῇ ἡμέρᾳ ἦσαν πορευό-
μενοι εἰς κώμην ἀπέχουσαν σταδίους ἑξήκοντα ἀπὸ Ἰερου-
14 σαλήμ, ᾗ ὄνομα Ἐμμαούς, καὶ αὐτοὶ ὡμίλουν πρὸς ἀλλή-
15 λους περὶ πάντων τῶν συμβεβηκότων τούτων. καὶ ἐγένετο
ἐν τῷ ὁμιλεῖν αὐτοὺς καὶ συνζητεῖν [καὶ] αὐτὸς Ἰησοῦς
16 ἐγγίσας συνεπορεύετο αὐτοῖς, οἱ δὲ ὀφθαλμοὶ αὐτῶν ἐκρα-
17 τοῦντο τοῦ μὴ ἐπιγνῶναι αὐτόν. εἶπεν δὲ πρὸς αὐτούς
Τίνες οἱ λόγοι οὗτοι οὓς ἀντιβάλλετε πρὸς ἀλλήλους
18 περιπατοῦντες; καὶ ἐστάθησαν σκυθρωποί. ἀποκριθεὶς
δὲ εἷς ὀνόματι Κλεόπας εἶπεν πρὸς αὐτόν Σὺ μόνος
παροικεῖς Ἰερουσαλὴμ καὶ οὐκ ἔγνως τὰ γενόμενα ἐν
19 αὐτῇ ἐν ταῖς ἡμέραις ταύταις; καὶ εἶπεν αὐτοῖς Ποῖα;
οἱ δὲ εἶπαν αὐτῷ Τὰ περὶ Ἰησοῦ τοῦ Ναζαρηνοῦ, ὃς
ἐγένετο ἀνὴρ προφήτης δυνατὸς ἐν ἔργῳ καὶ λόγῳ ἐναντίον
20 τοῦ θεοῦ καὶ παντὸς τοῦ λαοῦ, ὅπως τε παρέδωκαν αὐτὸν οἱ
ἀρχιερεῖς καὶ οἱ ἄρχοντες ἡμῶν εἰς κρίμα θανάτου καὶ
21 ἐσταύρωσαν αὐτόν. ἡμεῖς δὲ ἠλπίζομεν ὅτι αὐτός ἐστιν ὁ
μέλλων λυτροῦσθαι τὸν Ἰσραήλ· ἀλλά γε καὶ σὺν πᾶσιν
τούτοις τρίτην ταύτην ἡμέραν ἄγει ἀφ᾽ οὗ ταῦτα ἐγένετο.
22 ἀλλὰ καὶ γυναῖκές τινες ἐξ ἡμῶν ἐξέστησαν ἡμᾶς, γενό-
23 μεναι ὀρθριναὶ ἐπὶ τὸ μνημεῖον καὶ μὴ εὑροῦσαι τὸ σῶμα
αὐτοῦ ἦλθαν λέγουσαι καὶ ὀπτασίαν ἀγγέλων ἑωρακέναι, οἳ
24 λέγουσιν αὐτὸν ζῆν. καὶ ἀπῆλθάν τινες τῶν σὺν ἡμῖν
ἐπὶ τὸ μνημεῖον, καὶ εὗρον οὕτως καθὼς αἱ γυναῖκες εἶπον,
25 αὐτὸν δὲ οὐκ εἶδον. καὶ αὐτὸς εἶπεν πρὸς αὐτούς Ὦ
ἀνόητοι καὶ βραδεῖς τῇ καρδίᾳ τοῦ πιστεύειν ἐπὶ πᾶσιν οἷς
26 ἐλάλησαν οἱ προφῆται· οὐχὶ ταῦτα ἔδει παθεῖν τὸν χρι-
27 στὸν καὶ εἰσελθεῖν εἰς τὴν δόξαν αὐτοῦ; καὶ ἀρξάμενος
ἀπὸ Μωυσέως καὶ ἀπὸ πάντων τῶν προφητῶν διερμήνευ-
28 σεν αὐτοῖς ἐν πάσαις ταῖς γραφαῖς τὰ περὶ ἑαυτοῦ. Καὶ

13 That same day two of them were going to a village called
14 Emmaus, about seven miles from Jerusalem, and they were
talking together about all these things that had happened.
15 And as they were talking and discussing them, Jesus himself
16 came up and went with them, but they were prevented from
17 recognizing him. And he said to them,

"What is all this that you are discussing with each other
on your way?"

18 They stopped sadly, and one of them named Cleopas
said to him,

"Are you the only visitor to Jerusalem who does not know
what has happened there lately?"

19 And he said,
"What is it?"
They said to him,

"About Jesus of Nazareth, who in the eyes of God and of
20 all the people was a prophet mighty in deed and word, and
how the high priests and the members of the council gave him
21 up to be sentenced to death, and had him crucified. But we
were hoping that he was to be the deliverer of Israel. Why,
22 besides all this, it is three days since it happened. But some
women of our number have astounded us. They went to the
23 tomb early this morning and could not find his body, but
came back and said that they had actually seen a vision of
24 angels who said that he was alive. Then some of our party
went to the tomb and found things just as the women had
said, but they did not see him."

25 Then he said to them,

"How foolish you are and how slow to believe, after all
26 that the prophets have said! Did not the Christ have to
suffer thus before entering upon his glory?"

27 And he began with Moses and all the prophets and ex-
plained to them the passages all through the Scriptures that

ἤγγισαν εἰς τὴν κώμην οὗ ἐπορεύοντο, καὶ αὐτὸς προσε-
29 ποιήσατο πορρώτερον πορεύεσθαι. καὶ παρεβιάσαντο
αὐτὸν λέγοντες Μεῖνον μεθ' ἡμῶν, ὅτι πρὸς ἑσπέραν
ἐστὶν καὶ κέκλικεν ἤδη ἡ ἡμέρα. καὶ εἰσῆλθεν τοῦ μεῖναι
30 σὺν αὐτοῖς. Καὶ ἐγένετο ἐν τῷ κατακλιθῆναι αὐτὸν
μετ' αὐτῶν λαβὼν τὸν ἄρτον εὐλόγησεν καὶ κλάσας ἐπε-
31 δίδου αὐτοῖς· αὐτῶν δὲ διηνοίχθησαν οἱ ὀφθαλμοὶ καὶ
ἐπέγνωσαν αὐτόν· καὶ αὐτὸς ἄφαντος ἐγένετο ἀπ' αὐτῶν.
32 καὶ εἶπαν πρὸς ἀλλήλους Οὐχὶ ἡ καρδία ἡμῶν καιομέ-
νη ἦν ᵀ ὡς ἐλάλει ἡμῖν ἐν τῇ ὁδῷ, ὡς διήνοιγεν ἡμῖν τὰς
33 γραφάς; Καὶ ἀναστάντες αὐτῇ τῇ ὥρᾳ ὑπέ-
στρεψαν εἰς Ἰερουσαλήμ, καὶ εὗρον ἠθροισμένους τοὺς
34 ἕνδεκα καὶ τοὺς σὺν αὐτοῖς, λέγοντας ὅτι ὄντως ἠγέρθη
35 ὁ κύριος καὶ ὤφθη Σίμωνι. καὶ αὐτοὶ ἐξηγοῦντο τὰ ἐν
τῇ ὁδῷ καὶ ὡς ἐγνώσθη αὐτοῖς ἐν τῇ κλάσει τοῦ ἄρ-
36 του. Ταῦτα δὲ αὐτῶν λαλούντων αὐτὸς ἔστη ἐν
37 μέσῳ αὐτῶν [καὶ λέγει αὐτοῖς Εἰρήνη ὑμῖν]. ⌜πτοηθέντες⌝
38 δὲ καὶ ἔμφοβοι γενόμενοι ἐδόκουν πνεῦμα θεωρεῖν. καὶ
εἶπεν αὐτοῖς Τί τεταραγμένοι ἐστέ, καὶ διὰ τί διαλο-
39 γισμοὶ ἀναβαίνουσιν ἐν τῇ καρδίᾳ ὑμῶν; ἴδετε τὰς χεῖράς
μου καὶ τοὺς πόδας μου ὅτι ἐγώ εἰμι αὐτός· ψηλαφήσατέ
με καὶ ἴδετε, ὅτι πνεῦμα σάρκα καὶ ὀστέα οὐκ ἔχει καθὼς
40 ἐμὲ θεωρεῖτε ἔχοντα. [καὶ τοῦτο εἰπὼν ἔδειξεν αὐτοῖς τὰς
41 χεῖρας καὶ τοὺς πόδας.] Ἔτι δὲ ἀπιστούντων αὐτῶν ἀπὸ
τῆς χαρᾶς καὶ θαυμαζόντων εἶπεν αὐτοῖς Ἔχετέ τι βρώ-
42 σιμον ἐνθάδε; οἱ δὲ ἐπέδωκαν αὐτῷ ἰχθύος ὀπτοῦ μέρος·
43
44 καὶ λαβὼν ἐνώπιον αὐτῶν ἔφαγεν. Εἶπεν δὲ
πρὸς αὐτούς Οὗτοι οἱ λόγοι μου οὓς ἐλάλησα πρὸς ὑμᾶς
ἔτι ὢν σὺν ὑμῖν, ὅτι δεῖ πληρωθῆναι πάντα τὰ γεγραμμένα
ἐν τῷ νόμῳ Μωυσέως καὶ τοῖς προφήταις καὶ Ψαλμοῖς
45 περὶ ἐμοῦ. τότε διήνοιξεν αὐτῶν τὸν νοῦν τοῦ συνιέναι
46 τὰς γραφάς. καὶ εἶπεν αὐτοῖς ὅτι οὕτως γέγραπται πα-

32 ἐν ἡμῖν   37 θροηθέντες

28 referred to himself. When they reached the village to which
29 they were going, he acted as though he were going on, but
they urged him not to, and said,

"Stay with us, for it is getting toward evening, and the
day is nearly over."

30   So he went in to stay with them. And when he took his
place with them at table, he took the bread and blessed it
31 and broke it in pieces and handed it to them. Then their
eyes were opened and they knew him, and he vanished from
32 them. And they said to each other,

"Did not our hearts glow when he was talking to us on
the road, and was explaining the Scriptures to us?"

33   And they got up immediately and went back to Jerusa-
34 lem, and found the eleven and their party all together, saying
that the Master had really risen and had been seen by Simon.
35 And they told what had happened on the road, and how they
had known him when he broke the bread in pieces.

36   While they were still talking of these things, he himself
37 stood among them. They were startled and panic stricken,
38 and thought they saw a ghost. But he said to them,

"Why are you so disturbed, and why do doubts arise in
39 your minds? Look at my hands and feet, for it is I myself!
Feel of me and see, for a ghost has not flesh and bones, as you
see I have."

41   But they could not yet believe it for sheer joy and they
were amazed. And he said to them,

"Have you anything here to eat?"

42   And they gave him a piece of broiled fish, and he took it
43 and ate it before their eyes.

44   Then he said to them,

"This is what I told you when I was still with you—that
everything that is written about me in the Law of Moses and
the Prophets and the Psalms must come true."

45   Then he opened their minds to the understanding of the
46 Scriptures, and said to them,

θεῖν τὸν χριστὸν καὶ ἀναστῆναι ἐκ νεκρῶν τῇ τρίτῃ ἡμέρᾳ,
47 καὶ κηρυχθῆναι ἐπὶ τῷ ὀνόματι αὐτοῦ μετάνοιαν ⌜εἰς⌝ ἄφε-
σιν ἁμαρτιῶν εἰς πάντα τὰ ⌜ἔθνη⌝, – ἀρξάμενοι ἀπὸ Ἰερου-
48
49 σαλήμ· ὑμεῖς⌝ μάρτυρες τούτων. καὶ ἰδοὺ ἐγὼ ἐξαποστέλλω
τὴν ἐπαγγελίαν τοῦ πατρός μου ἐφ᾽ ὑμᾶς· ὑμεῖς δὲ καθί-
σατε ἐν τῇ πόλει ἕως οὗ ἐνδύσησθε ἐξ ὕψους δύναμιν.
50   Ἐξήγαγεν δὲ αὐτοὺς ἕως πρὸς Βηθανίαν, καὶ ἐπάρας
51 τὰς χεῖρας αὐτοῦ εὐλόγησεν αὐτούς. καὶ ἐγένετο ἐν τῷ
εὐλογεῖν αὐτὸν αὐτοὺς διέστη ἀπ᾽ αὐτῶν ⟦καὶ ἀνεφέρετο εἰς
52 τὸν οὐρανόν⟧. καὶ αὐτοὶ ⟦προσκυνήσαντες αὐτὸν⟧ ὑπέ-
53 στρεψαν εἰς Ἰερουσαλὴμ μετὰ χαρᾶς μεγάλης, καὶ ἦσαν
διὰ παντὸς ἐν τῷ ἱερῷ εὐλογοῦντες τὸν θεόν.

47 καὶ | ἔθνη· ἀρξάμενοι ἀπὸ Ἰερουσαλὴμ ὑμεῖς

"The Scriptures said that the Christ should suffer as he
47 has done, and rise from the dead on the third day, and that
repentance leading to the forgiveness of sins should be
48 preached to all the heathen in his name. You are to be
49 witnesses to all this, beginning at Jerusalem. And I will
send down upon you what my Father has promised. Wait
here in the city until you are clothed with power from on
high."
50   And he led them out as far as Bethany. Then he lifted
51 up his hands and blessed them. And as he was blessing them,
52 he parted from them. And they went back with great joy
53 to Jerusalem, and were constantly in the Temple, blessing
God.

ΚΑΤΑ ΙΩΑΝΗΝ

1 ΕΝ ΑΡΧΗ ἦν ὁ λόγος, καὶ ὁ λόγος ἦν πρὸς τὸν θεόν,
2 καὶ θεὸς ἦν ὁ λόγος. Οὗτος ἦν ἐν ἀρχῇ
3 πρὸς τὸν θεόν. πάντα δι᾽ αὐτοῦ ἐγένετο, καὶ χωρὶς αὐτοῦ
4 ἐγένετο οὐδὲ ⌜ἕν. ὃ γέγονεν ἐν⌝ αὐτῷ ζωὴ ἦν, καὶ ἡ ζωὴ
5 ἦν τὸ φῶς τῶν ἀνθρώπων· καὶ τὸ φῶς ἐν τῇ σκοτίᾳ φαίνει,
6 καὶ ἡ σκοτία αὐτὸ οὐ κατέλαβεν. Ἐγένετο ἄνθρωπος
7 ἀπεσταλμένος παρὰ θεοῦ, ὄνομα αὐτῷ Ἰωάνης· οὗτος ἦλθεν
8 εἰς μαρτυρίαν, ἵνα μαρτυρήσῃ περὶ τοῦ φωτός, ἵνα πάντες
πιστεύσωσιν δι᾽ αὐτοῦ. οὐκ ἦν ἐκεῖνος τὸ φῶς, ἀλλ᾽ ἵνα
9 μαρτυρήσῃ περὶ τοῦ φωτός. ῏Ην τὸ φῶς τὸ ἀληθινὸν ὃ
10 φωτίζει πάντα ἄνθρωπον ἐρχόμενον εἰς τὸν κόσμον. ἐν
τῷ κόσμῳ ἦν, καὶ ὁ κόσμος δι᾽ αὐτοῦ ἐγένετο, καὶ ὁ κόσμος
11 αὐτὸν οὐκ ἔγνω. ⌜Εἰς⌝ τὰ ἴδια ἦλθεν, καὶ οἱ ἴδιοι αὐτὸν οὐ
12 παρέλαβον. ὅσοι δὲ ἔλαβον αὐτόν, ἔδωκεν αὐτοῖς ἐξουσίαν
τέκνα θεοῦ γενέσθαι, τοῖς πιστεύουσιν εἰς τὸ ὄνομα αὐτοῦ,
13 οἳ οὐκ ἐξ αἱμάτων οὐδὲ ἐκ θελήματος σαρκὸς οὐδὲ ἐκ θελή-
14 ματος ἀνδρὸς ἀλλ᾽ ἐκ θεοῦ ἐγεννήθησαν. Καὶ
ὁ λόγος σὰρξ ἐγένετο καὶ ἐσκήνωσεν ἐν ἡμῖν, καὶ ἐθεασά-
μεθα τὴν δόξαν αὐτοῦ, δόξαν ὡς μονογενοῦς παρὰ πατρός,
15 πλήρης χάριτος καὶ ἀληθείας (Ἰωάνης μαρτυρεῖ περὶ
αὐτοῦ καὶ κέκραγεν ⌜λέγων -- οὗτος ἦν ὁ εἰπών - Ὁ⌝ ὀπί-
σω μου ἐρχόμενος ἔμπροσθέν μου γέγονεν, ὅτι πρῶτός μου

3, 4 ἐν ὃ γέγονεν. ἐν   11 εἰς   15 λέγων Οὗτος ἦν ὃν εἶπον· ὁ
ν. λέγων Οὗτος ἦν ὃν εἶπον Ὁ

370

THE GOSPEL ACCORDING TO JOHN

1   In the beginning the Word existed.   The Word was with God, and the Word was divine.

2   It was he that was with God in the beginning.   Every-
3 thing came into existence through him, and apart from him
4 nothing came to be.   It was by him that life came into exist-
5 ence, and that life was the light of mankind.   The light is still shining in the darkness, for the darkness has never put it out.

6   There appeared a man by the name of John, with a
7 message from God.   He came to give testimony, to testify to the light, so that everyone might come to believe in it through
8 him.   He was not the light; he came to testify to the light.

9   The real light, which sheds light upon everyone, was just
10 coming into the world.   He came into the world, and though the world came into existence through him, the world did not
11 recognize him.   He came to his home, and his own family did
12 not welcome him.   But to all who did receive him and believe in him he gave the right to become children of God,
13 owing their birth not to nature nor to any human or physical impulse, but to God.

14   So the Word became flesh and blood and lived for a while among us, abounding in blessing and truth, and we saw the honor God had given him, such honor as an only son receives
15 from his father.   (John testified to him and cried out—for it was he who said it—"He who was to come after me is now ahead of me, for he existed before me!")

16 ἦν·) ὅτι ἐκ τοῦ πληρώματος αὐτοῦ ἡμεῖς πάντες ἐλάβο-
17 μεν, καὶ χάριν ἀντὶ χάριτος· ὅτι ὁ νόμος διὰ Μωυσέως
ἐδόθη, ἡ χάρις καὶ ἡ ἀλήθεια διὰ Ἰησοῦ Χριστοῦ ἐγέ-
18 νετο. θεὸν οὐδεὶς ἑώρακεν πώποτε· μονογενὴς θεὸς ὁ ὢν
εἰς τὸν κόλπον τοῦ πατρὸς ἐκεῖνος ἐξηγήσατο.

19 Καὶ αὕτη ἐστὶν ἡ μαρτυρία τοῦ Ἰωάνου ὅτε ἀπέστει-
λαν πρὸς αὐτὸν οἱ Ἰουδαῖοι ἐξ Ἱεροσολύμων ἱερεῖς καὶ
20 Λευείτας ἵνα ἐρωτήσωσιν αὐτόν Σὺ τίς εἶ; καὶ ὡμολόγη-
σεν καὶ οὐκ ἠρνήσατο, καὶ ὡμολόγησεν ὅτι Ἐγὼ οὐκ εἰμὶ
21 ὁ χριστός. καὶ ἠρώτησαν αὐτόν Τί ⌜οὖν; [σὺ] Ἠλείας⌝ εἶ;
καὶ λέγει Οὐκ εἰμί. Ὁ προφήτης εἶ σύ; καὶ ἀπεκρίθη
22 Οὔ. εἶπαν οὖν αὐτῷ Τίς εἶ; ἵνα ἀπόκρισιν δῶμεν τοῖς
23 πέμψασιν ἡμᾶς· τί λέγεις περὶ σεαυτοῦ; ἔφη Ἐγὼ
 φωνὴ βοῶντος ἐν τῇ ἐρήμῳ Εὐθύνατε τὴν ὁδὸν
24 Κυρίου, καθὼς εἶπεν Ἠσαίας ὁ προφήτης. Καὶ ἀπεσταλ-
25 μένοι ἦσαν ἐκ τῶν Φαρισαίων. καὶ ἠρώτησαν αὐτὸν καὶ
εἶπαν αὐτῷ Τί οὖν βαπτίζεις εἰ σὺ οὐκ εἶ ὁ χριστὸς οὐδὲ
26 Ἠλείας οὐδὲ ὁ προφήτης; ἀπεκρίθη αὐτοῖς ὁ Ἰωάνης
λέγων Ἐγὼ βαπτίζω ἐν ὕδατι· μέσος ὑμῶν στήκει ὃν
27 ὑμεῖς οὐκ οἴδατε, ὀπίσω μου ἐρχόμενος, οὗ οὐκ εἰμὶ [ἐγὼ]
28 ἄξιος ἵνα λύσω αὐτοῦ τὸν ἱμάντα τοῦ ὑποδήματος. Ταῦ-
τα ἐν Βηθανίᾳ ἐγένετο πέραν τοῦ Ἰορδάνου, ὅπου ἦν ὁ
29 Ἰωάνης βαπτίζων. Τῇ ἐπαύριον βλέπει τὸν
Ἰησοῦν ἐρχόμενον πρὸς αὐτόν, καὶ λέγει Ἴδε ὁ ἀμνὸς
30 τοῦ θεοῦ ὁ αἴρων τὴν ἁμαρτίαν τοῦ κόσμου. οὗτός ἐστιν
ὑπὲρ οὗ ἐγὼ εἶπον Ὀπίσω μου ἔρχεται ἀνὴρ ὃς ἔμπρο-
31 σθέν μου γέγονεν, ὅτι πρῶτός μου ἦν· κἀγὼ οὐκ ᾔδειν
αὐτόν, ἀλλ᾽ ἵνα φανερωθῇ τῷ Ἰσραὴλ διὰ τοῦτο ἦλθον
32 ἐγὼ ἐν ὕδατι βαπτίζων. Καὶ ἐμαρτύρησεν Ἰωάνης
λέγων ὅτι Τεθέαμαι τὸ πνεῦμα καταβαῖνον ὡς περιστε-
33 ρὰν ἐξ οὐρανοῦ, καὶ ἔμεινεν ἐπ᾽ αὐτόν· κἀγὼ οὐκ ᾔδειν
αὐτόν, ἀλλ᾽ ὁ πέμψας με βαπτίζειν ἐν ὕδατι ἐκεῖνός μοι
εἶπεν Ἐφ᾽ ὃν ἂν ἴδῃς τὸ πνεῦμα καταβαῖνον καὶ μένον

16   For from his abundance we have all had a share, and
17 received blessing after blessing.   For while the Law was
  given through Moses, blessing and truth came to us through
18 Jesus Christ.   No one has ever seen God; it is the divine
  Only Son, who leans upon his Father's breast, that has made
  him known.
19   Now this is the testimony that John gave when the Jews
  sent priests and Levites to him from Jerusalem to ask him who
20 he was.   He admitted—he made no attempt to deny it—he
21 admitted that he was not the Christ.   Then they asked him,
        "What are you then?   Are you Elijah?"
        He said,
        "No, I am not."
        "Are you the Prophet?"
        He answered,
        "No."
22   Then they said to him,
        "Who are you?   We must have some answer to give
  those who sent us here.   What have you to say for yourself?"
23   He said,
        "I am a voice of one shouting in the desert, 'Straighten
  the Lord's way!' as the prophet Isaiah said."
$^{24}_{25}$ Now the messengers were Pharisees.   And they asked him,
        "Then why are you baptizing people, if you are not the
  Christ, nor Elijah, nor the Prophet?"
26   "I am only baptizing in water," John answered, "But
  someone is standing among you of whom you do not know.
27 He is to come after me, and I am not worthy to undo his shoe!"
28   This took place at Bethany, on the farther side of the
  Jordan, where John was baptizing.
29   The next day he saw Jesus coming toward him, and
  he said,
        "There is God's lamb, who is to remove the world's sin!
30 This is the man of whom I spoke when I said, 'After me there
  is coming a man who is even now ahead of me, for he existed
31 before me.'   I did not know him, but it is in order that he may
  be made known to Israel that I have come and baptized people
  in water."
32   And John gave this testimony:
        "I saw the Spirit come down from heaven like a dove,
33 and it remained upon him.   I did not know him, but he who
  sent me to baptize in water said to me, 'The one on whom you
  see the Spirit come down and remain, is the one who is to

ἐπ᾽ αὐτόν, οὗτός ἐστιν ὁ βαπτίζων ἐν πνεύματι ἁγίῳ·
34 κἀγὼ ἑώρακα, καὶ μεμαρτύρηκα ὅτι οὗτός ἐστιν ὁ υἱὸς
τοῦ θεοῦ.

35 Τῇ ἐπαύριον πάλιν ἱστήκει Ἰωάνης καὶ ἐκ τῶν μαθη-
36 τῶν αὐτοῦ δύο, καὶ ἐμβλέψας τῷ Ἰησοῦ περιπατοῦντι
37 λέγει Ἴδε ὁ ἀμνὸς τοῦ θεοῦ. καὶ ἤκουσαν οἱ δύο ⌈μαθη-
38 ταὶ αὐτοῦ⌉ λαλοῦντος καὶ ἠκολούθησαν τῷ Ἰησοῦ. στρα-
φεὶς δὲ ὁ Ἰησοῦς καὶ θεασάμενος αὐτοὺς ἀκολουθοῦντας
λέγει αὐτοῖς Τί ζητεῖτε; οἱ δὲ εἶπαν αὐτῷ Ῥαββεί,
(ὃ λέγεται μεθερμηνευόμενον Διδάσκαλε,) ποῦ μένεις;
39 λέγει αὐτοῖς Ἔρχεσθε καὶ ὄψεσθε. ἦλθαν οὖν καὶ εἶδαν
ποῦ μένει, καὶ παρ᾽ αὐτῷ ἔμειναν τὴν ἡμέραν ἐκείνην·
40 ὥρα ἦν ὡς δεκάτη. Ἦν Ἀνδρέας ὁ ἀδελφὸς Σίμωνος
Πέτρου εἷς ἐκ τῶν δύο τῶν ἀκουσάντων παρὰ Ἰωάνου καὶ
41 ἀκολουθησάντων αὐτῷ· εὑρίσκει οὗτος πρῶτον τὸν ἀδελφὸν
τὸν ἴδιον Σίμωνα καὶ λέγει αὐτῷ Εὑρήκαμεν τὸν Μεσσίαν
42 (ὅ ἐστιν μεθερμηνευόμενον Χριστός). ἤγαγεν αὐτὸν πρὸς
τὸν Ἰησοῦν. ἐμβλέψας αὐτῷ ὁ Ἰησοῦς εἶπεν Σὺ εἶ
Σίμων ὁ υἱὸς Ἰωάνου, σὺ κληθήσῃ Κηφᾶς (ὃ ἑρμηνεύεται
43 Πέτρος). Τῇ ἐπαύριον ἠθέλησεν ἐξελθεῖν εἰς
τὴν Γαλιλαίαν. καὶ εὑρίσκει Φίλιππον καὶ λέγει αὐτῷ ὁ
44 Ἰησοῦς Ἀκολούθει μοι. ἦν δὲ ὁ Φίλιππος ἀπὸ Βηθ-
45 σαιδά, ἐκ τῆς πόλεως Ἀνδρέου καὶ Πέτρου. εὑρίσκει
Φίλιππος τὸν Ναθαναὴλ καὶ λέγει αὐτῷ Ὃν ἔγραψεν
Μωυσῆς ἐν τῷ νόμῳ καὶ οἱ προφῆται εὑρήκαμεν, Ἰησοῦν
46 υἱὸν τοῦ Ἰωσὴφ τὸν ἀπὸ Ναζαρέτ. καὶ εἶπεν αὐτῷ Να-
θαναήλ Ἐκ Ναζαρὲτ δύναταί τι ἀγαθὸν εἶναι; λέγει
47 αὐτῷ ὁ Φίλιππος Ἔρχου καὶ ἴδε. εἶδεν Ἰησοῦς τὸν
Ναθαναὴλ ἐρχόμενον πρὸς αὐτὸν καὶ λέγει περὶ αὐτοῦ Ἴδε
48 ἀληθῶς Ἰσραηλείτης ἐν ᾧ δόλος οὐκ ἔστιν. λέγει αὐτῷ
Ναθαναήλ Πόθεν με γινώσκεις; ἀπεκρίθη Ἰησοῦς καὶ
εἶπεν αὐτῷ Πρὸ τοῦ σε Φίλιππον φωνῆσαι ὄντα ὑπὸ τὴν
49 συκῆν εἶδόν σε. ἀπεκρίθη αὐτῷ Ναθαναήλ Ῥαββεί, σὺ

37 αὐτοῦ μαθηταί

34 baptize in the holy Spirit.' And I did see it, and I testify
that he is the Son of God."

35   Again the next day John was standing with two of his
36 disciples, and looking at Jesus as he passed, he said,

"There is God's lamb!"

37   The two disciples heard him say this, and they followed
38 Jesus. But Jesus turned, and seeing them following him
he said,

"What do you want?"

They said to him,

"Rabbi"—that is to say, Master—"Where are you
staying?"

39   He said to them,

"Come and you will see."

So they went and saw where he was staying, and they
spent the rest of the day with him. It was about four in the
afternoon.

40   Andrew, Simon Peter's brother, was one of the two who
41 heard what John said and followed Jesus. Andrew immedi-
ately sought out his own brother Simon and said to him,

"We have found the Messiah!"—that is to say, the
Christ.

42   He took him to Jesus. Jesus looked at him and said,

"You are Simon, son of John. You shall be called
Cephas"—that is, Peter, which means rock.

43   The next day Jesus decided to leave for Galilee. And
he sought out Philip and said to him,

"Come with me."

44   Now Philip came from Bethsaida, the town of Andrew
45 and Peter. Philip sought out Nathanael, and said to him,

"We have found the one about whom Moses wrote in the
Law and about whom the prophets wrote; it is Jesus, the
son of Joseph, who comes from Nazareth!"

46   Nathanael said to him,

"Can anything good come from Nazareth?"

Philip said to him,

"Come and see!"

47   Jesus saw Nathanael coming toward him, and he said
of him,

"Here is really an Israelite without any deceit in him!"

48   Nathanael said to him,

"How do you know me?"

Jesus answered,

"Before Philip called you, while you were still under that
fig tree, I saw you."

49   Nathanael answered,

50 εἶ ὁ υἱὸς τοῦ θεοῦ, σὺ βασιλεὺς εἶ τοῦ Ἰσραήλ. ἀπεκρίθη
Ἰησοῦς καὶ εἶπεν αὐτῷ Ὅτι εἶπόν σοι ὅτι εἶδόν σε ὑπο-
51 κάτω τῆς συκῆς πιστεύεις; μείζω τούτων ὄψῃ. καὶ λέγει
αὐτῷ Ἀμὴν ἀμὴν λέγω ὑμῖν, ὄψεσθε ΤΟΝ ΟΥΡΑΝΟΝ ἀνε-
ῳγότα καὶ ΤΟΥϹ ΑΓΓΕΛΟΥϹ ΤΟΥ ΘΕΟΥ ΑΝΑΒΑΙΝΟΝΤΑϹ καὶ
ΚΑΤΑΒΑΙΝΟΝΤΑϹ ἐπὶ τὸν υἱὸν τοῦ ἀνθρώπου.

1   Καὶ τῇ ⌜ἡμέρᾳ τῇ τρίτῃ⌝ γάμος ἐγένετο ἐν Κανὰ τῆς
2 Γαλιλαίας, καὶ ἦν ἡ μήτηρ τοῦ Ἰησοῦ ἐκεῖ· ἐκλήθη δὲ καὶ
3 ὁ Ἰησοῦς καὶ οἱ μαθηταὶ αὐτοῦ εἰς τὸν γάμον. καὶ ὑστερή-
σαντος οἴνου λέγει ἡ μήτηρ τοῦ Ἰησοῦ πρὸς αὐτόν Οἶνον
4 οὐκ ἔχουσιν. καὶ λέγει αὐτῇ ὁ Ἰησοῦς Τί ἐμοὶ καὶ σοί,
5 γύναι; οὔπω ἥκει ἡ ὥρα μου. λέγει ἡ μήτηρ αὐτοῦ τοῖς
6 διακόνοις Ὅτι ἂν λέγῃ ὑμῖν ποιήσατε. ἦσαν δὲ ἐκεῖ
λίθιναι ὑδρίαι ἓξ κατὰ τὸν καθαρισμὸν τῶν Ἰουδαίων κεί-
7 μεναι, χωροῦσαι ἀνὰ μετρητὰς δύο ἢ τρεῖς. λέγει αὐτοῖς
ὁ Ἰησοῦς Γεμίσατε τὰς ὑδρίας ὕδατος· καὶ ἐγέμισαν
8 αὐτὰς ἕως ἄνω. καὶ λέγει αὐτοῖς Ἀντλήσατε νῦν καὶ
9 φέρετε τῷ ἀρχιτρικλίνῳ· οἱ δὲ ἤνεγκαν. ὡς δὲ ἐγεύσατο
ὁ ἀρχιτρίκλινος τὸ ὕδωρ οἶνον γεγενημένον, καὶ οὐκ ᾔδει
πόθεν ἐστίν, οἱ δὲ διάκονοι ᾔδεισαν οἱ ἠντληκότες τὸ ὕδωρ,
10 φωνεῖ τὸν νυμφίον ὁ ἀρχιτρίκλινος καὶ λέγει αὐτῷ Πᾶς
ἄνθρωπος πρῶτον τὸν καλὸν οἶνον τίθησιν, καὶ ὅταν μεθυ-
σθῶσιν τὸν ἐλάσσω· σὺ τετήρηκας τὸν καλὸν οἶνον ἕως
11 ἄρτι. Ταύτην ἐποίησεν ἀρχὴν τῶν σημείων ὁ Ἰησοῦς ἐν
Κανὰ τῆς Γαλιλαίας καὶ ἐφανέρωσεν τὴν δόξαν αὐτοῦ, καὶ
ἐπίστευσαν εἰς αὐτὸν οἱ μαθηταὶ αὐτοῦ.

12   ΜΕΤΑ ΤΟΥΤΟ κατέβη εἰς Καφαρναοὺμ αὐτὸς καὶ ἡ
μήτηρ αὐτοῦ καὶ οἱ ἀδελφοὶ καὶ οἱ μαθηταὶ αὐτοῦ, καὶ
ἐκεῖ ἔμειναν οὐ πολλὰς ἡμέρας.

13   Καὶ ἐγγὺς ἦν τὸ πάσχα τῶν Ἰουδαίων, καὶ ἀνέβη εἰς

1 τρίτῃ ἡμέρᾳ

"Master, you are the Son of God! You are king of Israel!"

50   Jesus answered,

"Do you believe in me because I told you that I had seen you under that fig tree? You will see greater things than 51that!" And he said to him, "I tell you all, you will see heaven opened and God's angels going up and coming down upon the Son of Man!"

2   Two days later there was a wedding at Cana in Galilee, 2 and Jesus' mother was present. Jesus and his disciples 3 were also invited to the wedding. The wine gave out, and Jesus' mother said to him,

"They have no more wine!"

4   Jesus said to her,

"Do not try to direct me. It is not yet time for me to act."

5   His mother said to the servants,

"Do whatever he tells you."

6   Now there were six stone water jars standing there, for the ceremonial purification practiced by the Jews, each large 7 enough to hold twenty or thirty gallons. Jesus said to them,

"Fill these jars with water."

8   So they filled them full. And he said to them,

"Now draw some out and take it to the master of the feast."

9   And they did so. When the master of the feast tasted the water which had now turned into wine, without knowing where it had come from—though the servants who had drawn 10the water knew—he called the bridegroom and said to him,

"Everyone else serves his good wine first, and his poorer wine after people have drunk deeply, but you have kept back your good wine till now!"

11   This, the first of the signs of his mission, Jesus showed at Cana in Galilee. By it he showed his greatness, and his disciples believed in him.

12   After this Jesus went down to Capernaum with his mother, his brothers, and his disciples, and they stayed there for a few days.

13   Now the Jewish Passover was approaching, and Jesus

14 Ἱεροσόλυμα ὁ Ἰησοῦς. καὶ εὗρεν ἐν τῷ ἱερῷ τοὺς πω-
λοῦντας βόας καὶ πρόβατα καὶ περιστερὰς καὶ τοὺς κερ-
15 ματιστὰς καθημένους, καὶ ποιήσας φραγέλλιον ἐκ σχοινίων
πάντας ἐξέβαλεν ἐκ τοῦ ἱεροῦ τά τε πρόβατα καὶ τοὺς
βόας, καὶ τῶν κολλυβιστῶν ἐξέχεεν τὰ κέρματα καὶ τὰς
16 τραπέζας ⌈ἀνέτρεψεν⌉, καὶ τοῖς τὰς περιστερὰς πωλοῦσιν
εἶπεν Ἄρατε ταῦτα ἐντεῦθεν, μὴ ποιεῖτε τὸν οἶκον τοῦ
17 πατρός μου οἶκον ἐμπορίου. Ἐμνήσθησαν οἱ μαθηταὶ
αὐτοῦ ὅτι γεγραμμένον ἐστίν Ὁ ΖΗΛΟϹ ΤΟΥ ΟΙΚΟΥ ϹΟΥ
18 ΚΑΤΑΦΑΓΕΤΑΙ ΜΕ. Ἀπεκρίθησαν οὖν οἱ Ἰουδαῖοι καὶ
εἶπαν αὐτῷ Τί σημεῖον δεικνύεις ἡμῖν, ὅτι ταῦτα ποιεῖς;
19 ἀπεκρίθη Ἰησοῦς καὶ εἶπεν αὐτοῖς Λύσατε τὸν ναὸν τοῦ-
20 τον καὶ [ἐν] τρισὶν ἡμέραις ἐγερῶ αὐτόν. εἶπαν οὖν οἱ
Ἰουδαῖοι Τεσσεράκοντα καὶ ἓξ ἔτεσιν οἰκοδομήθη ὁ ναὸς
21 οὗτος, καὶ σὺ ἐν τρισὶν ἡμέραις ἐγερεῖς αὐτόν; ἐκεῖνος δὲ
22 ἔλεγεν περὶ τοῦ ναοῦ τοῦ σώματος αὐτοῦ. Ὅτε οὖν
ἠγέρθη ἐκ νεκρῶν, ἐμνήσθησαν οἱ μαθηταὶ αὐτοῦ ὅτι τοῦτο
ἔλεγεν, καὶ ἐπίστευσαν τῇ γραφῇ καὶ τῷ λόγῳ ὃν εἶπεν
ὁ Ἰησοῦς.

23 Ὡς δὲ ἦν ἐν τοῖς Ἱεροσολύμοις ἐν τῷ πάσχα ἐν τῇ
ἑορτῇ, πολλοὶ ἐπίστευσαν εἰς τὸ ὄνομα αὐτοῦ, θεωροῦντες
24 αὐτοῦ τὰ σημεῖα ἃ ἐποίει· αὐτὸς δὲ Ἰησοῦς οὐκ ἐπίστευεν
25 αὐτὸν αὐτοῖς διὰ τὸ αὐτὸν γινώσκειν πάντας καὶ ὅτι οὐ
χρείαν εἶχεν ἵνα τις μαρτυρήσῃ περὶ τοῦ ἀνθρώπου, αὐτὸς
γὰρ ἐγίνωσκεν τί ἦν ἐν τῷ ἀνθρώπῳ.

1 Ἦν δὲ ἄνθρωπος ἐκ τῶν Φαρισαίων, Νικόδημος ὄνομα
2 αὐτῷ, ἄρχων τῶν Ἰουδαίων· οὗτος ἦλθεν πρὸς αὐτὸν νυ-
κτὸς καὶ εἶπεν αὐτῷ Ῥαββεί, οἴδαμεν ὅτι ἀπὸ θεοῦ ἐλή-
λυθας διδάσκαλος· οὐδεὶς γὰρ δύναται ταῦτα τὰ σημεῖα
3 ποιεῖν ἃ σὺ ποιεῖς, ἐὰν μὴ ᾖ ὁ θεὸς μετ' αὐτοῦ. ἀπεκρίθη
Ἰησοῦς καὶ εἶπεν αὐτῷ Ἀμὴν ἀμὴν λέγω σοι, ἐὰν μή τις
γεννηθῇ ἄνωθεν, οὐ δύναται ἰδεῖν τὴν βασιλείαν τοῦ θεοῦ.
4 λέγει πρὸς αὐτὸν [ὁ] Νικόδημος Πῶς δύναται ἄνθρωπος

15 ἀνέστρεψεν

14 went up to Jerusalem. In the Temple he found the dealers
in cattle, sheep, and pigeons, and the money-changers
15 sitting at their tables. And he made a lash out of rope, and
drove them all, sheep and cattle, out of the Temple, and
scattered the money-changers' coins on the ground, and
16 overturned their tables. And he said to the pigeon-dealers,
"Take these things away! Do not turn my Father's
house into a market!"

17   His disciples remembered that the Scriptures said,
"My zeal for your house will consume me!"

18   Then the Jews addressed him and said,
"What sign have you to show us, for acting in this way?"

19   Jesus answered,
"Destroy this sanctuary, and I will raise it in three days!"

20   The Jews said,
"It has taken forty-six years to build this sanctuary,
and are you going to raise it in three days?"

21   But he was speaking of his body as the sanctuary. So
22 afterward when he had risen from the dead, his disciples
remembered that he had said this, and they believed the
passage of Scripture and what Jesus had said.

23   Now while he was in Jerusalem, at the Passover Festival,
many, when they saw the signs that he showed, came to believe
24 in him. But Jesus on his part would not trust himself to
25 them, for he knew them all, and had no need of anybody's
evidence about men, for he knew well what was in their hearts.

3   Among the Pharisees there was a man named Nicodemus,
2 a member of the Jewish Council. This man went to Jesus one
night, and said to him,
"Master, we know that you are a teacher who has come
from God, for no one can show the signs that you do, unless
God is with him."

3   Jesus answered him,
"I tell you, unless a man is born over again from above, he
can never see the Kingdom of God!"

4   Nicodemus said to him,

γεννηθῆναι γέρων ὤν; μὴ δύναται εἰς τὴν κοιλίαν τῆς μη-
5 τρὸς αὐτοῦ δεύτερον εἰσελθεῖν καὶ γεννηθῆναι; ἀπεκρί-
θη [ὁ] Ἰησοῦς Ἀμὴν ἀμὴν λέγω σοι, ἐὰν μή τις γεννηθῇ
ἐξ ὕδατος καὶ πνεύματος, οὐ δύναται εἰσελθεῖν εἰς τὴν βα-
6 σιλείαν τοῦ θεοῦ. τὸ γεγεννημένον ἐκ τῆς σαρκὸς σάρξ
ἐστιν, καὶ τὸ γεγεννημένον ἐκ τοῦ πνεύματος πνεῦμά ἐστιν.
7 μὴ θαυμάσῃς ὅτι εἶπόν σοι Δεῖ ὑμᾶς γεννηθῆναι ἄνωθεν.
8 τὸ πνεῦμα ὅπου θέλει πνεῖ, καὶ τὴν φωνὴν αὐτοῦ ἀκούεις,
ἀλλ' οὐκ οἶδας πόθεν ἔρχεται καὶ ποῦ ὑπάγει· οὕτως
9 ἐστὶν πᾶς ὁ γεγεννημένος ἐκ τοῦ πνεύματος. ἀπεκρίθη
Νικόδημος καὶ εἶπεν αὐτῷ Πῶς δύναται ταῦτα γενέσθαι;
10 ἀπεκρίθη Ἰησοῦς καὶ εἶπεν αὐτῷ Σὺ εἶ ὁ διδάσκαλος τοῦ
11 Ἰσραὴλ καὶ ταῦτα οὐ γινώσκεις; ἀμὴν ἀμὴν λέγω σοι ὅτι
ὃ οἴδαμεν λαλοῦμεν καὶ ὃ ἑωράκαμεν μαρτυροῦμεν, καὶ τὴν
12 μαρτυρίαν ἡμῶν οὐ λαμβάνετε. εἰ τὰ ἐπίγεια εἶπον ὑμῖν
καὶ οὐ πιστεύετε, πῶς ἐὰν εἴπω ὑμῖν τὰ ἐπουράνια πιστεύ-
13 σετε; καὶ οὐδεὶς ἀναβέβηκεν εἰς τὸν οὐρανὸν εἰ μὴ ὁ ἐκ
14 τοῦ οὐρανοῦ καταβάς, ὁ υἱὸς τοῦ ἀνθρώπου. καὶ καθὼς
Μωυσῆς ὕψωσεν τὸν ὄφιν ἐν τῇ ἐρήμῳ, οὕτως ὑψωθῆναι
15 δεῖ τὸν υἱὸν τοῦ ἀνθρώπου, ἵνα πᾶς ὁ πιστεύων ἐν αὐτῷ ἔχῃ
16 ζωὴν αἰώνιον.   Οὕτως γὰρ ἠγάπησεν ὁ θεὸς τὸν
κόσμον ὥστε τὸν υἱὸν τὸν μονογενῆ ἔδωκεν, ἵνα πᾶς ὁ
πιστεύων εἰς αὐτὸν μὴ ἀπόληται ἀλλὰ ἔχῃ ζωὴν αἰώνιον.
17 οὐ γὰρ ἀπέστειλεν ὁ θεὸς τὸν υἱὸν εἰς τὸν κόσμον ἵνα κρίνῃ
18 τὸν κόσμον, ἀλλ' ἵνα σωθῇ ὁ κόσμος δι' αὐτοῦ. ὁ πιστεύων
εἰς αὐτὸν οὐ κρίνεται. ὁ μὴ πιστεύων ἤδη κέκριται, ὅτι μὴ
πεπίστευκεν εἰς τὸ ὄνομα τοῦ μονογενοῦς υἱοῦ τοῦ θεοῦ.
19 αὕτη δέ ἐστιν ἡ κρίσις ὅτι τὸ φῶς ἐλήλυθεν εἰς τὸν κόσμον
καὶ ἠγάπησαν οἱ ἄνθρωποι μᾶλλον τὸ σκότος ἢ τὸ φῶς, ἦν
20 γὰρ αὐτῶν πονηρὰ τὰ ἔργα. πᾶς γὰρ ὁ φαῦλα πράσ-
σων μισεῖ τὸ φῶς καὶ οὐκ ἔρχεται πρὸς τὸ φῶς, ἵνα μὴ
21 ἐλεγχθῇ τὰ ἔργα αὐτοῦ· ὁ δὲ ποιῶν τὴν ἀλήθειαν ἔρχεται
πρὸς τὸ φῶς, ἵνα φανερωθῇ αὐτοῦ τὰ ἔργα ὅτι ἐν θεῷ

25 Ἰουδαίων

"How can a man be born when he is old?   Can he enter his mother's womb over again and be born?"

5   Jesus answered,

"I tell you, if a man does not owe his birth to water 6 and spirit, he cannot get into the Kingdom of God.   Whatever owes its birth to the physical is physical, and whatever 7 owes its birth to the Spirit is spiritual.   Do not wonder at my telling you that you must be born over again from above. 8 The wind blows wherever it pleases, and you hear the sound of it, but you do not know where it comes from or where it goes.   That is the way with everyone who owes his birth to the Spirit."

9   Nicodemus said to him,

"How can that be?"

10   Jesus answered,

"Are you the teacher of Israel and yet ignorant of this? 11 I tell you, we know what we are talking about and we have seen the things we testify to, yet you all reject our testimony. 12 If you will not believe the earthly things that I have told you, 13 how can you believe the heavenly things I have to tell?   Yet no one has gone up into heaven except the Son of Man who 14 came down from heaven.   And just as Moses in the desert lifted the serpent up in the air, the Son of Man must be lifted 15 up, so that everyone who believes in him may have eternal life."

16   For God loved the world so much that he gave his only Son, so that no one who believes in him should be lost, 17 but that they should all have eternal life.   For God did not send his Son into the world to pass judgment upon the world, 18 but that through him the world might be saved.   No one who believes in him has to come up for judgment.   Anyone who does not believe stands condemned already, for not believing 19 in God's only Son.   And the basis of the judgment is this, that the light has come into the world, and yet, because their actions were wicked, men have loved the darkness more than 20 the light.   For everyone who does wrong hates the light and will not come to it, for fear his actions will be exposed. 21 But everyone who is living the truth will come to the light, to show that his actions have been performed in dependence upon God.

ἐστὶν εἰργασμένα.

22 Μετὰ ταῦτα ἦλθεν ὁ Ἰησοῦς καὶ οἱ μαθηταὶ αὐτοῦ εἰς
τὴν Ἰουδαίαν γῆν, καὶ ἐκεῖ διέτριβεν μετ' αὐτῶν καὶ ἐβά-
23 πτιζεν. ἦν δὲ καὶ [ὁ] Ἰωάνης βαπτίζων ἐν Αἰνὼν ἐγγὺς τοῦ
Σαλείμ, ὅτι ὕδατα πολλὰ ἦν ἐκεῖ, καὶ παρεγίνοντο καὶ
24 ἐβαπτίζοντο· οὔπω γὰρ ἦν βεβλημένος εἰς τὴν φυλακὴν
25 Ἰωάνης. Ἐγένετο οὖν ζήτησις ἐκ τῶν μαθητῶν Ἰωάνου
26 μετὰ ⌜Ἰουδαίου⌝ περὶ καθαρισμοῦ. καὶ ἦλθαν πρὸς τὸν
Ἰωάνην καὶ εἶπαν αὐτῷ Ῥαββεί, ὃς ἦν μετὰ σοῦ πέραν
τοῦ Ἰορδάνου, ᾧ σὺ μεμαρτύρηκας, ἴδε οὗτος βαπτίζει καὶ
27 πάντες ἔρχονται πρὸς αὐτόν. ἀπεκρίθη Ἰωάνης καὶ εἶπεν
Οὐ δύναται ἄνθρωπος λαμβάνειν οὐδὲν ἐὰν μὴ ᾖ δεδομένον
28 αὐτῷ ἐκ τοῦ οὐρανοῦ. αὐτοὶ ὑμεῖς μοι μαρτυρεῖτε ὅτι εἶπον
[ἐγώ] Οὐκ εἰμὶ ἐγὼ ὁ χριστός, ἀλλ' ὅτι Ἀπεσταλμένος
29 εἰμὶ ἔμπροσθεν ἐκείνου. ὁ ἔχων τὴν νύμφην νυμφίος ἐστίν·
ὁ δὲ φίλος τοῦ νυμφίου, ὁ ἑστηκὼς καὶ ἀκούων αὐτοῦ, χαρᾷ
χαίρει διὰ τὴν φωνὴν τοῦ νυμφίου. αὕτη οὖν ἡ χαρὰ ἡ
30 ἐμὴ πεπλήρωται. ἐκεῖνον δεῖ αὐξάνειν, ἐμὲ δὲ ἐλαττοῦ-
31 σθαι.   Ὁ ἄνωθεν ἐρχόμενος ἐπάνω πάντων
ἐστίν. ὁ ὢν ἐκ τῆς γῆς ἐκ τῆς γῆς ἐστὶν καὶ ἐκ τῆς γῆς
λαλεῖ· ὁ ἐκ τοῦ οὐρανοῦ ἐρχόμενος ⌜ἐπάνω πάντων ἐστίν·
32 ὃ ἑώρακεν καὶ ἤκουσεν τοῦτο⌝ μαρτυρεῖ, καὶ τὴν μαρτυρίαν
33 αὐτοῦ οὐδεὶς λαμβάνει. ὁ λαβὼν αὐτοῦ τὴν μαρτυρίαν
34 ἐσφράγισεν ὅτι ὁ θεὸς ἀληθής ἐστιν. ὃν γὰρ ἀπέστειλεν
ὁ θεὸς τὰ ῥήματα τοῦ θεοῦ λαλεῖ, οὐ γὰρ ἐκ μέτρου δίδωσιν
35 τὸ πνεῦμα. ὁ πατὴρ ἀγαπᾷ τὸν υἱόν, καὶ πάντα δέδωκεν
36 ἐν τῇ χειρὶ αὐτοῦ. ὁ πιστεύων εἰς τὸν υἱὸν ἔχει ζωὴν
αἰώνιον· ὁ δὲ ἀπειθῶν τῷ υἱῷ οὐκ ὄψεται ζωήν, ἀλλ' ἡ ὀργὴ
τοῦ θεοῦ μένει ἐπ' αὐτόν.

1 ⌜Ὡς οὖν ἔγνω ὁ κύριος ὅτι ἤκουσαν οἱ Φαρισαῖοι ὅτι
Ἰησοῦς πλείονας μαθητὰς ποιεῖ καὶ βαπτίζει [ἢ] Ἰωά-
2 νης,⌝ — καίτοιγε Ἰησοῦς αὐτὸς οὐκ ἐβάπτιζεν ἀλλ' οἱ μα-

31, 32 ὃ ἑώρακεν καὶ ἤκουσεν   1 †...†

22   After this Jesus went into the country of Judea with
23 his disciples, and stayed there with them and baptized.
   John too was baptizing at Aenon, near Salim, for there
   was plenty of water there, and people came there and
24 were baptized.   For John had not yet been put in prison.
25 So a discussion arose between John's disciples and a Jew,
26 about purification.   And they went to John and said to
   him,
        "Master, the man who was with you across the Jordan,
   and to whom you yourself gave testimony, is baptizing, and
   everybody is going to him."
27   John answered,
        "A man cannot get anything unless it is given to him from
28 heaven.   You will bear me witness that I said, 'I am not the
29 Christ; I have been sent in advance of him.'   It is the bride-
   groom who has the bride; but the bridegroom's friend who
   stands outside and listens for his voice is very glad when he
   hears the bridegroom speak.   So this happiness of mine is
30 now complete.   He must grow greater and greater, but I
   less and less."
31   He who comes from above is above all others.   A son of
   earth belongs to earth and speaks of earth.   He who comes
32 from heaven is above all others.   It is to what he has seen and
   heard that he gives testimony, and yet no one accepts his
33 testimony.   Whoever does accept it has thereby acknowl-
34 edged that God is true.   For he whom God has sent speaks
   God's words, for God gives him his Spirit without measure.
35 The Father loves his Son, and has put everything in his hands.
36 Whoever believes in the Son possesses eternal life, but
   whoever disobeys the Son will not experience life, but will
   remain under the anger of God.
4   So when the Lord learned that the Pharisees had been told
   that he was gaining and baptizing more disciples than John—
2 though it was not Jesus himself who baptized them, but his dis-

3 θηταὶ αὐτοῦ, – ἀφῆκεν τὴν Ἰουδαίαν καὶ ἀπῆλθεν πάλιν
4 εἰς τὴν Γαλιλαίαν. Ἔδει δὲ αὐτὸν διέρχεσθαι διὰ τῆς Σα-
5 μαρίας. ἔρχεται οὖν εἰς πόλιν τῆς Σαμαρίας λεγομένην
Συχὰρ πλησίον τοῦ χωρίου ὃ ἔδωκεν Ἰακὼβ [τῷ] Ἰωσὴφ
6 τῷ υἱῷ αὐτοῦ· ἦν δὲ ἐκεῖ πηγὴ τοῦ Ἰακώβ. ὁ οὖν Ἰησοῦς
κεκοπιακὼς ἐκ τῆς ὁδοιπορίας ἐκαθέζετο οὕτως ἐπὶ τῇ
7 πηγῇ· ὥρα ἦν ὡς ἕκτη. ἔρχεται γυνὴ ἐκ τῆς Σαμαρίας ἀν-
8 τλῆσαι ὕδωρ. λέγει αὐτῇ ὁ Ἰησοῦς Δός μοι πεῖν· οἱ γὰρ
μαθηταὶ αὐτοῦ ἀπεληλύθεισαν εἰς τὴν πόλιν, ἵνα τροφὰς
9 ἀγοράσωσιν. λέγει οὖν αὐτῷ ἡ γυνὴ ἡ Σαμαρεῖτις Πῶς
σὺ Ἰουδαῖος ὢν παρ᾽ ἐμοῦ πεῖν αἰτεῖς γυναικὸς Σαμα-
ρείτιδος οὔσης; [οὐ γὰρ συνχρῶνται Ἰουδαῖοι Σαμαρείταις.]
10 ἀπεκρίθη Ἰησοῦς καὶ εἶπεν αὐτῇ Εἰ ᾔδεις τὴν δωρεὰν τοῦ
θεοῦ καὶ τίς ἐστιν ὁ λέγων σοι Δός μοι πεῖν, σὺ ἂν ᾔτη-
11 σας αὐτὸν καὶ ἔδωκεν ἄν σοι ὕδωρ ζῶν. λέγει αὐτῷᵀ Κύ-
ριε, οὔτε ἄντλημα ἔχεις καὶ τὸ φρέαρ ἐστὶν βαθύ·
12 πόθεν οὖν ἔχεις τὸ ὕδωρ τὸ ζῶν; μὴ σὺ μείζων εἶ τοῦ πα-
τρὸς ἡμῶν Ἰακώβ, ὃς ἔδωκεν ἡμῖν τὸ φρέαρ καὶ αὐτὸς ἐξ
αὐτοῦ ἔπιεν καὶ οἱ υἱοὶ αὐτοῦ καὶ τὰ θρέμματα αὐτοῦ;
13 ἀπεκρίθη Ἰησοῦς καὶ εἶπεν αὐτῇ Πᾶς ὁ πίνων ἐκ τοῦ
14 ὕδατος τούτου διψήσει πάλιν· ὃς δ᾽ ἂν πίῃ ἐκ τοῦ ὕδατος
οὗ ἐγὼ δώσω αὐτῷ, οὐ μὴ διψήσει εἰς τὸν αἰῶνα, ἀλλὰ τὸ
ὕδωρ ὃ δώσω αὐτῷ γενήσεται ἐν αὐτῷ πηγὴ ὕδατος ἀλλο-
15 μένου εἰς ζωὴν αἰώνιον. λέγει πρὸς αὐτὸν ἡ γυνὴ Κύριε,
δός μοι τοῦτο τὸ ὕδωρ, ἵνα μὴ διψῶ μηδὲ διέρχωμαι
16 ἐνθάδε ἀντλεῖν. λέγει αὐτῇ Ὕπαγε φώνησόν σου τὸν
17 ἄνδρα καὶ ἐλθὲ ἐνθάδε. ἀπεκρίθη ἡ γυνὴ καὶ εἶπεν [αὐ-
τῷ] Οὐκ ἔχω ἄνδρα. λέγει αὐτῇ ὁ Ἰησοῦς Καλῶς εἶπες
18 ὅτι Ἄνδρα οὐκ ἔχω· πέντε γὰρ ἄνδρας ἔσχες, καὶ νῦν
19 ὃν ἔχεις οὐκ ἔστιν σου ἀνήρ· τοῦτο ἀληθὲς εἴρηκας. λέγει
20 αὐτῷ ἡ γυνή Κύριε, θεωρῶ ὅτι προφήτης εἶ σύ. οἱ
πατέρες ἡμῶν ἐν τῷ ὄρει τούτῳ προσεκύνησαν· καὶ ὑμεῖς
λέγετε ὅτι ἐν Ἰεροσολύμοις ἐστὶν ὁ τόπος ὅπου προσκυ-

11 ἡ γυνή

³₄ ciples—he left Judea and went back again to Galilee.   Now he
⁵ had to pass through Samaria.   So he came to a town in
Samaria called Sychar, near the field that Jacob gave to his
⁶ son Joseph, and Jacob's spring was there.   So Jesus, tired
with his journey, sat down just as he was by the spring.   It
⁷ was about noon.   A Samaritan woman came to draw water.
Jesus said to her,

"Give me a drink."

⁸   For his disciples had gone into the town to buy some
⁹ food.   So the Samaritan woman said to him,

"How is it that a Jew like you asks a Samaritan woman
like me for a drink?"   For Jews have nothing to do with
¹⁰ Samaritans.   Jesus answered,

"If you knew what God has to give, and who it is that
said to you, 'Give me a drink,' you would have asked him,
and he would have given you living water."

¹¹   She said to him,

"You have nothing to draw water with, sir, and the well
¹² is deep.   Where can you get your living water?   Are you a
greater man than our forefather Jacob, who gave us this well,
and drank from it himself, with his sons and his flocks?"

¹³   Jesus answered,

¹⁴   "Anyone who drinks this water will be thirsty again, but
anyone who drinks the water that I will give him will never
be thirsty, but the water that I will give him will become a
spring of water within him, bubbling up for eternal life."

¹⁵   The woman said to him,

"Give me this water, sir, so that I may never be thirsty,
nor have to come all this way to draw water."

¹⁶   He said to her,

"Go and call your husband and come back here."

¹⁷   The woman answered,

"I have no husband."

Jesus said to her,

¹⁸   "You are right when you say you have no husband, for
you have had five husbands and the man you are now living
with is not your husband.   What you say is true."

¹⁹   The woman said to him,

²⁰   "I see that you are a prophet, sir.   Our forefathers
worshiped God on this mountain, and yet you Jews say that
the place where people must worship God is in Jerusalem."

21 νεῖν δεῖ. λέγει αὐτῇ ὁ Ἰησοῦς Πίστευέ μοι, γύναι, ὅτι
ἔρχεται ὥρα ὅτε οὔτε ἐν τῷ ὄρει τούτῳ οὔτε ἐν Ἰεροσολύ-
22 μοις προσκυνήσετε τῷ πατρί. ὑμεῖς προσκυνεῖτε ὃ οὐκ οἴ-
δατε, ἡμεῖς προσκυνοῦμεν ὃ οἴδαμεν, ὅτι ἡ σωτηρία ἐκ
23 τῶν Ἰουδαίων ἐστίν· ἀλλὰ ἔρχεται ὥρα καὶ νῦν ἐστίν, ὅτε
οἱ ἀληθινοὶ προσκυνηταὶ προσκυνήσουσιν τῷ πατρὶ ἐν πνεύ-
ματι καὶ ἀληθείᾳ, καὶ γὰρ ὁ πατὴρ τοιούτους ζητεῖ τοὺς
24 προσκυνοῦντας αὐτόν· πνεῦμα ὁ θεός, καὶ τοὺς προσκυνοῦν-
25 τας αὐτὸν ἐν πνεύματι καὶ ἀληθείᾳ δεῖ προσκυνεῖν. λέγει
αὐτῷ ἡ γυνή Οἶδα ὅτι Μεσσίας ἔρχεται, ὁ λεγόμενος
26 Χριστός· ὅταν ἔλθῃ ἐκεῖνος, ἀναγγελεῖ ἡμῖν ἅπαντα. λέγει
27 αὐτῇ ὁ Ἰησοῦς Ἐγώ εἰμι, ὁ λαλῶν σοι.   Καὶ
ἐπὶ τούτῳ ἦλθαν οἱ μαθηταὶ αὐτοῦ, καὶ ἐθαύμαζον ὅτι
μετὰ γυναικὸς ἐλάλει· οὐδεὶς μέντοι εἶπεν Τί ζητεῖς; ἤ
28 Τί λαλεῖς μετ᾽ αὐτῆς; ἀφῆκεν οὖν τὴν ὑδρίαν αὐτῆς ἡ
γυνὴ καὶ ἀπῆλθεν εἰς τὴν πόλιν καὶ λέγει τοῖς ἀνθρώποις
29 Δεῦτε ἴδετε ἄνθρωπον ὃς εἶπέ μοι πάντα ἃ ἐποίησα·
30 μήτι οὗτός ἐστιν ὁ χριστός; ἐξῆλθον ἐκ τῆς πόλεως καὶ
31 ἤρχοντο πρὸς αὐτόν.   Ἐν τῷ μεταξὺ ἠρώτων
32 αὐτὸν οἱ μαθηταὶ λέγοντες Ῥαββεί, φάγε. ὁ δὲ εἶπεν
αὐτοῖς Ἐγὼ βρῶσιν ἔχω φαγεῖν ἣν ὑμεῖς οὐκ οἴδατε.
33 ἔλεγον οὖν οἱ μαθηταὶ πρὸς ἀλλήλους Μή τις ἤνεγκεν
34 αὐτῷ φαγεῖν; λέγει αὐτοῖς ὁ Ἰησοῦς Ἐμὸν βρῶμά ἐστιν
ἵνα ποιήσω τὸ θέλημα τοῦ πέμψαντός με καὶ τελειώσω
35 αὐτοῦ τὸ ἔργον. οὐχ ὑμεῖς λέγετε ὅτι Ἔτι τετράμηνός
ἐστιν καὶ ὁ θερισμὸς ἔρχεται; ἰδοὺ λέγω ὑμῖν, ἐπάρατε
τοὺς ὀφθαλμοὺς ὑμῶν καὶ θεάσασθε τὰς χώρας ὅτι λευκαί
36 εἰσιν πρὸς θερισμόν· ἤδη ὁ θερίζων μισθὸν λαμβάνει
καὶ συνάγει καρπὸν εἰς ζωὴν αἰώνιον, ἵνα ὁ σπείρων ὁμοῦ
37 χαίρῃ καὶ ὁ θερίζων. ἐν γὰρ τούτῳ ὁ λόγος ἐστὶν ἀλη-
θινὸς ὅτι ἄλλος ἐστὶν ὁ σπείρων καὶ ἄλλος ὁ θερίζων·
38 ἐγὼ ἀπέστειλα ὑμᾶς θερίζειν ὃ οὐχ ὑμεῖς κεκοπιάκατε·
ἄλλοι κεκοπιάκασιν, καὶ ὑμεῖς εἰς τὸν κόπον αὐτῶν εἰσ-

21   Jesus said to her,
     "Believe me, the time is coming when you will worship
22 the Father neither on this mountain nor at Jerusalem. You
   worship something you know nothing about; we know what
23 we worship, for salvation comes from the Jews. But a time
   is coming—it is already here!—when the true worshipers
   will worship the Father in spirit and sincerity, for the Father
24 wants such worshipers. God is spirit, and his worshipers
   must worship him in spirit and in sincerity."
25   The woman said to him,
     "I know that the Messiah is coming—he who is called
   the Christ. When he comes, he will tell us everything!"
26   Jesus said to her,
     "I who am talking to you am he!"
27   Just then his disciples came back, and they were surprised
   to find him talking with a woman, yet no one of them asked
28 him what he wanted or why he was talking with her. So the
   woman left her pitcher and went back to the town, and said
   to the people,
29   "Come, here is a man who has told me everything I ever
   did! Do you suppose he is the Christ?"
30   The people left the town and went to him.
31   Meanwhile the disciples urged him, saying,
     "Master, eat something."
32   But he said to them,
     "I have food to eat of which you do not know."
33   So the disciples said to one another,
     "Do you suppose that someone has brought him some-
   thing to eat?"
34   Jesus said to them,
     "My food is doing the will of him who has sent me, and
35 finishing his work. Are you not saying, 'Four months more
   and the harvest will come'? Look, I tell you! Raise your
   eyes and see the fields, for they are white for harvesting.
36 The reaper is already being paid and gathering the harvest
   for eternal life, so that the sower may be glad with the
37 reaper. For here the saying holds good, 'One sows, another
38 reaps.' I have sent you to reap a harvest on which you have
   not worked. Other men have worked and you have profited
   by their work."

39 ἐληλύθατε.   Ἐκ δὲ τῆς πόλεως ἐκείνης πολ-
λοὶ ἐπίστευσαν εἰς αὐτὸν τῶν Σαμαρειτῶν διὰ τὸν λόγον
τῆς γυναικὸς μαρτυρούσης ὅτι Εἶπέν μοι πάντα ἃ ἐποί-
40 ησα. ὡς οὖν ἦλθον πρὸς αὐτὸν οἱ Σαμαρεῖται, ἠρώτων
αὐτὸν μεῖναι παρ᾽ αὐτοῖς· καὶ ἔμεινεν ἐκεῖ δύο ἡμέρας.
41 καὶ πολλῷ πλείους ἐπίστευσαν διὰ τὸν λόγον αὐτοῦ,
42 τῇ τε γυναικὶ ἔλεγον [ὅτι] Οὐκέτι διὰ τὴν ⌜σὴν λαλιὰν⌝
πιστεύομεν· αὐτοὶ γὰρ ἀκηκόαμεν, καὶ οἴδαμεν ὅτι οὗτός
ἐστιν ἀληθῶς ὁ σωτὴρ τοῦ κόσμου.

43   Μετὰ δὲ τὰς δύο ἡμέρας ἐξῆλθεν ἐκεῖθεν εἰς τὴν Γαλι-
44 λαίαν· αὐτὸς γὰρ Ἰησοῦς ἐμαρτύρησεν ὅτι προφήτης ἐν
45 τῇ ἰδίᾳ πατρίδι τιμὴν οὐκ ἔχει. ὅτε οὖν ἦλθεν εἰς τὴν
Γαλιλαίαν, ἐδέξαντο αὐτὸν οἱ Γαλιλαῖοι, πάντα ἑωρακότες
ὅσα ἐποίησεν ἐν Ἱεροσολύμοις ἐν τῇ ἑορτῇ, καὶ αὐτοὶ γὰρ
46 ἦλθον εἰς τὴν ἑορτήν.   Ἦλθεν οὖν πάλιν εἰς
τὴν Κανὰ τῆς Γαλιλαίας, ὅπου ἐποίησεν τὸ ὕδωρ
οἶνον. ⌜Καὶ ἦν⌝ τις βασιλικὸς οὗ ὁ υἱὸς ἠσθένει ἐν
47 Καφαρναούμ· οὗτος ἀκούσας ὅτι Ἰησοῦς ἥκει ἐκ τῆς
Ἰουδαίας εἰς τὴν Γαλιλαίαν ἀπῆλθεν πρὸς αὐτὸν καὶ
ἠρώτα ἵνα καταβῇ καὶ ἰάσηται αὐτοῦ τὸν υἱόν, ἤμελ-
48 λεν γὰρ ἀποθνήσκειν. εἶπεν οὖν ὁ Ἰησοῦς πρὸς αὐτόν
Ἐὰν μὴ σημεῖα καὶ τέρατα ἴδητε, οὐ μὴ ⌜πιστεύσητε.⌝
49 λέγει πρὸς αὐτὸν ὁ βασιλικός Κύριε, κατάβηθι πρὶν
50 ἀποθανεῖν τὸ παιδίον μου. λέγει αὐτῷ ὁ Ἰησοῦς Πο-
ρεύου· ὁ υἱός σου ζῇ. ἐπίστευσεν ὁ ἄνθρωπος τῷ λόγῳ
51 ὃν εἶπεν αὐτῷ ὁ Ἰησοῦς καὶ ἐπορεύετο. ἤδη δὲ αὐτοῦ
καταβαίνοντος οἱ δοῦλοι αὐτοῦ ὑπήντησαν αὐτῷ λέγοντες
52 ὅτι ὁ παῖς αὐτοῦ ζῇ. ἐπύθετο οὖν τὴν ὥραν παρ᾽ αὐτῶν
ἐν ᾗ κομψότερον ἔσχεν· εἶπαν οὖν αὐτῷ ὅτι Ἐχθὲς
53 ὥραν ἑβδόμην ἀφῆκεν αὐτὸν ὁ πυρετός. ἔγνω οὖν ὁ
πατὴρ ὅτι ἐκείνῃ τῇ ὥρᾳ ἐν ᾗ εἶπεν αὐτῷ ὁ Ἰησοῦς Ὁ
υἱός σου ζῇ, καὶ ἐπίστευσεν αὐτὸς καὶ ἡ οἰκία αὐτοῦ ὅλη.

42 λαλιάν σου   46 Ἦν δέ   48 πιστεύσητε;

39   Many of the Samaritans in that town came to believe in
him because of the testimony the woman gave when she said,
40 "He has told me everything I ever did!" So when the
Samaritans came to Jesus, they asked him to stay with them,
41 and he did stay there two days. And a great many more
42 believed because of what he said, and they said to the woman,
     "It is no longer because of your statement that we
believe, for we have heard him ourselves, and we know that
he is really the Savior of the world."

43   When the two days were over, Jesus went on to Galilee,
44 for he himself declared that a prophet is not honored in his
45 own country. So when he reached Galilee, the Galileans
welcomed him, for they had seen everything he had done in
Jerusalem, at the festival, for they too had gone to the festival.

46   So he came again to Cana in Galilee, where he had made
the water into wine. There was at Capernaum one of the
47 king's officials whose son was sick. When he heard that
Jesus had come back from Judea to Galilee, he went to him
and begged him to come down and cure his son, for he was at
48 the point of death. Jesus said to him,
     "Unless you see signs and marvels you will never believe!"
49   The official said to him,
     "Come down, sir, before my child is dead!"
50   Jesus said to him,
     "You can go home.   Your son is going to live."
     The man believed what Jesus said to him and went home.
51 While he was on the way, his slaves met him and told him
52 that his boy was going to live.   So he asked them at what time
he had begun to get better, and they said to him,
     "Yesterday at one o'clock the fever left him."
53   So the father knew that it was the very time when Jesus
had said to him "Your son is going to live."   And he and his

54 Τοῦτο [δὲ] πάλιν δεύτερον σημεῖον ἐποίησεν ὁ Ἰησοῦς
ἐλθὼν ἐκ τῆς Ἰουδαίας εἰς τὴν Γαλιλαίαν.

1 ΜΕΤΑ ΤΑΥΤΑ ἦν ἑορτὴ τῶν Ἰουδαίων, καὶ ἀνέβη
2 Ἰησοῦς εἰς Ἰεροσόλυμα. Ἔστιν δὲ ἐν τοῖς Ἰεροσολύ-
μοις ἐπὶ τῇ προβατικῇ κολυμβήθρα ἡ ἐπιλεγομένη
3 Ἐβραϊστὶ ⌜Βηθζαθά⌝, πέντε στοὰς ἔχουσα· ἐν ταύταις
κατέκειτο πλῆθος τῶν ἀσθενούντων, τυφλῶν, χωλῶν, ξη-
5 ρῶν. ἦν δέ τις ἄνθρωπος ἐκεῖ τριάκοντα [καὶ] ὀκτὼ ἔτη
6 ἔχων ἐν τῇ ἀσθενείᾳ αὐτοῦ· τοῦτον ἰδὼν ὁ Ἰησοῦς κατα-
κείμενον, καὶ γνοὺς ὅτι πολὺν ἤδη χρόνον ἔχει, λέγει
7 αὐτῷ Θέλεις ὑγιὴς γενέσθαι; ἀπεκρίθη αὐτῷ ὁ ἀσθενῶν
Κύριε, ἄνθρωπον οὐκ ἔχω ἵνα ὅταν ταραχθῇ τὸ ὕδωρ βάλῃ
με εἰς τὴν κολυμβήθραν· ἐν ᾧ δὲ ἔρχομαι ἐγὼ ἄλλος πρὸ
8 ἐμοῦ καταβαίνει. λέγει αὐτῷ ὁ Ἰησοῦς Ἔγειρε ἆρον
9 τὸν κράβαττόν σου καὶ περιπάτει. καὶ εὐθέως ἐγένετο
ὑγιὴς ὁ ἄνθρωπος, καὶ ἦρε τὸν κράβαττον αὐτοῦ καὶ περι-
επάτει. Ἦν δὲ σάββατον ἐν ἐκείνῃ τῇ ἡμέρᾳ.
10 ἔλεγον οὖν οἱ Ἰουδαῖοι τῷ τεθεραπευμένῳ Σάββατόν
11 ἐστιν, καὶ οὐκ ἔξεστίν σοι ἆραι τὸν κράβαττον. ὃς δὲ
ἀπεκρίθη αὐτοῖς Ὁ ποιήσας με ὑγιῆ ἐκεῖνός μοι εἶπεν
12 Ἆρον τὸν κράβαττόν σου καὶ περιπάτει. ἠρώτησαν αὐ-
τόν Τίς ἐστιν ὁ ἄνθρωπος ὁ εἰπών σοι Ἆρον καὶ περι-
13 πάτει; ὁ δὲ ἰαθεὶς οὐκ ᾔδει τίς ἐστιν, ὁ γὰρ Ἰησοῦς
14 ἐξένευσεν ὄχλου ὄντος ἐν τῷ τόπῳ. Μετὰ ταῦτα εὑρί-
σκει αὐτὸν [ὁ] Ἰησοῦς ἐν τῷ ἱερῷ καὶ εἶπεν αὐτῷ Ἴδε
ὑγιὴς γέγονας μηκέτι ἁμάρτανε, ἵνα μὴ χεῖρόν σοί τι
15 γένηται. ἀπῆλθεν ὁ ἄνθρωπος καὶ ⌜εἶπεν⌝ τοῖς Ἰου-
16 δαίοις ὅτι Ἰησοῦς ἐστιν ὁ ποιήσας αὐτὸν ὑγιῆ. καὶ διὰ
τοῦτο ἐδίωκον οἱ Ἰουδαῖοι τὸν Ἰησοῦν ὅτι ταῦτα ἐποίει
17 ἐν σαββάτῳ. ὁ δὲ ἀπεκρίνατο αὐτοῖς Ὁ πατήρ μου

2 Βηθσαιδά   15 ἀνήγγειλεν

54 whole household believed in Jesus. This second sign Jesus showed after coming back from Judea to Galilee.

5   After this there was a Jewish festival, and Jesus went 2 up to Jerusalem. Now there is in Jerusalem near the Sheep-gate a pool called in Hebrew Bethzatha, which has five 3 colonnades. In these there used to lie a great number of 5 people who were sick, blind, lame, or paralyzed. There was one man there who had been sick for thirty-eight years. 6 Jesus saw him lying there, and finding that he had been in this condition for a long time, he said to him,

        "Do you want to get well?"
7   The sick man answered,

        "I have nobody, sir, to put me into the pool when the water stirs, but while I am getting down someone else steps in ahead of me."
8   Jesus said to him,

        "Get up, pick up your mat, and walk!"
9   And the man was immediately cured, and he picked up his mat and walked.
10   Now it was the Sabbath. So the Jews said to the man who had been cured,

        "It is the Sabbath, and it is against the Law for you to carry your mat."
11   But he answered,

        "The man who cured me said to me, 'Pick up your mat and walk.' "
12   They asked him,

        "Who was it that said to you, 'Pick it up and walk'?"
13   But the man who had been cured did not know who it was, for as there was a crowd there, Jesus had left the place.
14 Afterward Jesus found him in the Temple, and said to him,

        "See! You are well again. Give up sin, or something worse may happen to you."
15   The man went and told the Jews that it was Jesus who had 16 cured him. This was why the Jews used to persecute Jesus, 17 because he did things like this on the Sabbath. But he answered them,

18 ἕως ἄρτι ἐργάζεται, κἀγὼ ἐργάζομαι. διὰ τοῦτο οὖν μᾶλ-
λον ἐζήτουν αὐτὸν οἱ Ἰουδαῖοι ἀποκτεῖναι ὅτι οὐ μόνον
ἔλυε τὸ σάββατον ἀλλὰ καὶ πατέρα ἴδιον ἔλεγε τὸν θεόν,
19 ἴσον ἑαυτὸν ποιῶν τῷ θεῷ. Ἀπεκρίνατο οὖν [ὁ Ἰησοῦς]
καὶ ἔλεγεν αὐτοῖς Ἀμὴν ἀμὴν λέγω ὑμῖν, οὐ δύναται ὁ
υἱὸς ποιεῖν ἀφ' ἑαυτοῦ οὐδὲν ἂν μή τι βλέπῃ τὸν πατέρα
ποιοῦντα· ἃ γὰρ ἂν ἐκεῖνος ποιῇ, ταῦτα καὶ ὁ υἱὸς ὁμοίως
20 ποιεῖ. ὁ γὰρ πατὴρ φιλεῖ τὸν υἱὸν καὶ πάντα δείκνυσιν
αὐτῷ ἃ αὐτὸς ποιεῖ, καὶ μείζονα τούτων δείξει αὐτῷ ἔργα,
21 ἵνα ὑμεῖς θαυμάζητε. ὥσπερ γὰρ ὁ πατὴρ ἐγείρει τοὺς
νεκροὺς καὶ ζωοποιεῖ, οὕτως καὶ ὁ υἱὸς οὓς θέλει ζωοποιεῖ.
22 οὐδὲ γὰρ ὁ πατὴρ κρίνει οὐδένα, ἀλλὰ τὴν κρίσιν πᾶσαν
23 δέδωκεν τῷ υἱῷ, ἵνα πάντες τιμῶσι τὸν υἱὸν καθὼς τιμῶσι
τὸν πατέρα. ὁ μὴ τιμῶν τὸν υἱὸν οὐ τιμᾷ τὸν πατέρα
24 τὸν πέμψαντα αὐτόν. Ἀμὴν ἀμὴν λέγω ὑμῖν ὅτι ὁ τὸν
λόγον μου ἀκούων καὶ πιστεύων τῷ πέμψαντί με ἔχει ζωὴν
αἰώνιον, καὶ εἰς κρίσιν οὐκ ἔρχεται ἀλλὰ μεταβέβηκεν ἐκ
25 τοῦ θανάτου εἰς τὴν ζωήν. ἀμὴν ἀμὴν λέγω ὑμῖν ὅτι
ἔρχεται ὥρα καὶ νῦν ἐστὶν ὅτε οἱ νεκροὶ ἀκούσουσιν τῆς
φωνῆς τοῦ υἱοῦ τοῦ θεοῦ καὶ οἱ ἀκούσαντες ζήσουσιν.
26 ὥσπερ γὰρ ὁ πατὴρ ἔχει ζωὴν ἐν ἑαυτῷ, οὕτως καὶ τῷ υἱῷ
27 ἔδωκεν ζωὴν ἔχειν ἐν ἑαυτῷ· καὶ ἐξουσίαν ἔδωκεν αὐτῷ
28 κρίσιν ποιεῖν, ὅτι υἱὸς ἀνθρώπου ἐστίν. μὴ θαυμάζετε
τοῦτο, ὅτι ἔρχεται ὥρα ἐν ᾗ πάντες οἱ ἐν τοῖς μνημείοις
29 ἀκούσουσιν τῆς φωνῆς αὐτοῦ καὶ ἐκπορεύσονται οἱ τὰ
ἀγαθὰ ποιήσαντες εἰς ἀνάστασιν ζωῆς, οἱ ᵀ τὰ φαῦλα πρά-
30 ξαντες εἰς ἀνάστασιν κρίσεως. Οὐ δύναμαι ἐγὼ ποιεῖν
ἀπ' ἐμαυτοῦ οὐδέν· καθὼς ἀκούω κρίνω, καὶ ἡ κρίσις ἡ ἐμὴ
δικαία ἐστίν, ὅτι οὐ ζητῶ τὸ θέλημα τὸ ἐμὸν ἀλλὰ τὸ
31 θέλημα τοῦ πέμψαντός με.   Ἐὰν ἐγὼ μαρτυρῶ
32 περὶ ἐμαυτοῦ, ἡ μαρτυρία μου οὐκ ἔστιν ἀληθής· ἄλλος
ἐστὶν ὁ μαρτυρῶν περὶ ἐμοῦ, καὶ οἶδα ὅτι ἀληθής ἐστιν
33 ἡ μαρτυρία ἣν μαρτυρεῖ περὶ ἐμοῦ. ὑμεῖς ἀπεστάλκατε

"My Father is still at work, and I work too."

18   On account of this the Jews were all the more eager to kill him, because he not only broke the Sabbath but actually called God his Father, thus putting himself on an equality
19 with God. So Jesus answered them,

"I tell you, the Son cannot do anything of his own accord, but only what he sees the Father doing. For whatever the
20 Father does, the Son also does. For the Father loves the Son and lets him see everything that he himself is doing, and he will let him see greater deeds than these, to make you
21 wonder. For just as the Father awakens the dead and brings them to life, the Son brings anyone he chooses to
22 life. For the Father passes judgment on no one, but he
23 has committed the judgment entirely to the Son, so that all men may honor the Son as they honor the Father. Whoever refuses to honor the Son refuses to honor the Father
24 who sent him. I tell you, whoever listens to my message and believes him who has sent me, possesses eternal life, and will not come to judgment, but has already passed
25 out of death into life. I tell you, the time is coming—it is here already!—when those who are dead will listen to the voice of the Son of God, and those who listen to it will live.
26 For just as the Father is self-existent, he has given self-
27 existence to the Son, and he has given him the authority to
28 act as judge, because he is a son of man. Do not be surprised at this, for the time is coming when all who are in their graves
29 will listen to his voice, and those who have done right will come out to resurrection and life, and those who have done wrong,
30 to resurrection and judgment. I cannot do anything of my own accord. I pass judgment just as I am told to do, and my judgment is just, for I am not seeking to do what I please, but what pleases him who has sent me.

31   "If I testify to myself, my testimony is not true. It is
32 someone else who testifies to me, and I know that the testi-
33 mony that he gives about me is true. You yourselves sent to

34 πρὸς Ἰωάνην, καὶ μεμαρτύρηκε τῇ ἀληθείᾳ· ἐγὼ δὲ οὐ
παρὰ ἀνθρώπου τὴν μαρτυρίαν λαμβάνω, ἀλλὰ ταῦτα λέγω
35 ἵνα ὑμεῖς σωθῆτε. ἐκεῖνος ἦν ὁ λύχνος ὁ καιόμενος καὶ
φαίνων, ὑμεῖς δὲ ἠθελήσατε ἀγαλλιαθῆναι πρὸς ὥραν ἐν
36 τῷ φωτὶ αὐτοῦ· ἐγὼ δὲ ἔχω τὴν μαρτυρίαν μείζω τοῦ
Ἰωάνου, τὰ γὰρ ἔργα ἃ δέδωκέν μοι ὁ πατὴρ ἵνα τελειώσω
αὐτά, αὐτὰ τὰ ἔργα ἃ ποιῶ, μαρτυρεῖ περὶ ἐμοῦ ὅτι ὁ
37 πατήρ με ἀπέσταλκεν, καὶ ὁ πέμψας με πατὴρ ἐκεῖνος
μεμαρτύρηκεν περὶ ἐμοῦ. οὔτε φωνὴν αὐτοῦ πώποτε ἀκη-
38 κόατε οὔτε εἶδος αὐτοῦ ἑωράκατε, καὶ τὸν λόγον αὐτοῦ
οὐκ ἔχετε ἐν ὑμῖν μένοντα, ὅτι ὃν ἀπέστειλεν ἐκεῖνος τού-
39 τῳ ὑμεῖς οὐ πιστεύετε. ἐραυνᾶτε τὰς γραφάς, ὅτι ὑμεῖς
δοκεῖτε ἐν αὐταῖς ζωὴν αἰώνιον ἔχειν· καὶ ἐκεῖναί εἰσιν αἱ
40 μαρτυροῦσαι περὶ ἐμοῦ· καὶ οὐ θέλετε ἐλθεῖν πρός με
41 ἵνα ζωὴν ἔχητε. Δόξαν παρὰ ἀνθρώπων οὐ λαμβάνω,
42 ἀλλὰ ἔγνωκα ὑμᾶς ὅτι τὴν ἀγάπην τοῦ θεοῦ οὐκ ἔχετε
43 ἐν ἑαυτοῖς. ἐγὼ ἐλήλυθα ἐν τῷ ὀνόματι τοῦ πατρός μου
καὶ οὐ λαμβάνετέ με· ἐὰν ἄλλος ἔλθῃ ἐν τῷ ὀνόματι τῷ
44 ἰδίῳ, ἐκεῖνον λήμψεσθε. πῶς δύνασθε ὑμεῖς πιστεῦσαι,
δόξαν παρ᾽ ἀλλήλων λαμβάνοντες, καὶ τὴν δόξαν τὴν παρὰ
45 τοῦ μόνου [θεοῦ] οὐ ζητεῖτε; μὴ δοκεῖτε ὅτι ἐγὼ κατηγο-
ρήσω ὑμῶν πρὸς τὸν πατέρα· ἔστιν ὁ κατηγορῶν ὑμῶν
46 Μωυσῆς, εἰς ὃν ὑμεῖς ἠλπίκατε. εἰ γὰρ ἐπιστεύετε Μωυ-
σεῖ, ἐπιστεύετε ἂν ἐμοί, περὶ γὰρ ἐμοῦ ἐκεῖνος ἔγρα-
47 ψεν. εἰ δὲ τοῖς ἐκείνου γράμμασιν οὐ πιστεύετε, πῶς τοῖς
ἐμοῖς ῥήμασιν ⌜πιστεύσετε⌝;

1   Μετὰ ταῦτα ἀπῆλθεν ὁ Ἰησοῦς πέραν τῆς θαλάσσης
2 τῆς Γαλιλαίας τῆς Τιβεριάδος. ἠκολούθει δὲ αὐτῷ ὄχλος
πολύς, ὅτι ἐθεώρουν τὰ σημεῖα ἃ ἐποίει ἐπὶ τῶν ἀσθενούν-
3 των. ἀνῆλθεν δὲ εἰς τὸ ὄρος Ἰησοῦς, καὶ ἐκεῖ ἐκάθητο
4 μετὰ τῶν μαθητῶν αὐτοῦ. ἦν δὲ ἐγγὺς ⌜τὸ πάσχα,⌝ ἡ
5 ἑορτὴ τῶν Ἰουδαίων. ἐπάρας οὖν τοὺς ὀφθαλμοὺς ὁ Ἰησοῦς

34 John, and he testified to the truth.   But the testimony that I
accept is not from any man; I only speak this that you
35 may be saved.   He was the lamp that burned and shone,
and you were ready to be gladdened for a while by his light.
36 But I have higher testimony than John's, for the things that
my Father has intrusted to me to accomplish, the very
things that I am doing, are proof that my Father has sent
37 me, and my Father who has sent me has thus borne witness
to me.   You have never heard his voice or seen his form,
38 and you do not keep his message in your hearts, for you do not
39 believe the messenger whom he has sent.   You pore over the
Scriptures, for you think that you will find eternal life in
40 them, and these very Scriptures testify to me, yet you refuse
41 to come to me for life.   I do not accept any honor from men,
42 but I know well that you have not the love of God in your
43 hearts.   I have come in my Father's name, and you refuse
to accept me.   If someone else comes in his own name you
44 will accept him.   Yet how can you believe in me, when
you accept honor from one another, instead of seeking the
45 honor that comes from the one God?   Do not suppose that
I will accuse you to the Father.   It is Moses that accuses you
46 —Moses, on whom you have fixed your hopes!   For if you
really believed Moses, you would believe me, for it was about
47 me that he wrote.   But if you refuse to believe what he wrote,
how are you ever to believe what I say?"

6   After this Jesus went to the other side of the Sea of
2 Galilee, or Tiberias, and a great crowd followed him, because
they could see the signs he showed in what he did for the sick.
3 But Jesus went up on the hill, and sat down there with his
4 disciples.   Now the Jewish festival of the Passover was at
5 hand.   So Jesus, raising his eyes and seeing that a great

καὶ θεασάμενος ὅτι πολὺς ὄχλος ἔρχεται πρὸς αὐτὸν λέγει
πρὸς Φίλιππον Πόθεν ἀγοράσωμεν ἄρτους ἵνα φάγωσιν
6 οὗτοι; τοῦτο δὲ ἔλεγεν πειράζων αὐτόν, αὐτὸς γὰρ ᾔδει
7 τί ἔμελλεν ποιεῖν. ἀπεκρίθη αὐτῷ Φίλιππος Διακοσίων
δηναρίων ἄρτοι οὐκ ἀρκοῦσιν αὐτοῖς ἵνα ἕκαστος βραχὺ
8 λάβῃ. λέγει αὐτῷ εἷς ἐκ τῶν μαθητῶν αὐτοῦ, Ἀνδρέας
9 ὁ ἀδελφὸς Σίμωνος Πέτρου Ἔστιν παιδάριον ὧδε ὃς
ἔχει πέντε ἄρτους κριθίνους καὶ δύο ὀψάρια· ἀλλὰ ταῦτα
10τί ἐστιν εἰς τοσούτους; εἶπεν ὁ Ἰησοῦς Ποιήσατε τοὺς
ἀνθρώπους ἀναπεσεῖν. ἦν δὲ χόρτος πολὺς ἐν τῷ τόπῳ.
ἀνέπεσαν ⌜οὖν οἱ ἄνδρες⌝ τὸν ἀριθμὸν ὡς πεντακισχίλιοι.
11ἔλαβεν οὖν τοὺς ἄρτους ὁ Ἰησοῦς καὶ εὐχαριστήσας διέ-
δωκεν τοῖς ἀνακειμένοις, ὁμοίως καὶ ἐκ τῶν ὀψαρίων ὅσον
12ἤθελον. ὡς δὲ ἐνεπλήσθησαν λέγει τοῖς μαθηταῖς αὐτοῦ
Συναγάγετε τὰ περισσεύσαντα κλάσματα, ἵνα μή τι ἀπό-
13ληται. συνήγαγον οὖν, καὶ ἐγέμισαν δώδεκα κοφίνους
κλασμάτων ἐκ τῶν πέντε ἄρτων τῶν κριθίνων ἃ ἐπερίσ-
14σευσαν τοῖς βεβρωκόσιν. Οἱ οὖν ἄνθρωποι
ἰδόντες ⌜ἃ ἐποίησεν σημεῖα⌝ ἔλεγον ὅτι Οὗτός ἐστιν
15ἀληθῶς ὁ προφήτης ὁ ἐρχόμενος εἰς τὸν κόσμον. Ἰησοῦς
οὖν γνοὺς ὅτι μέλλουσιν ἔρχεσθαι καὶ ἁρπάζειν αὐτὸν ἵνα
ποιήσωσιν βασιλέα ἀνεχώρησεν πάλιν εἰς τὸ ὄρος αὐτὸς
16μόνος. Ὡς δὲ ὀψία ἐγένετο κατέβησαν οἱ μα-
17θηταὶ αὐτοῦ ἐπὶ τὴν θάλασσαν, καὶ ἐμβάντες εἰς πλοῖον
ἤρχοντο πέραν τῆς θαλάσσης εἰς Καφαρναούμ. καὶ σκοτία
ἤδη ἐγεγόνει καὶ οὔπω ἐληλύθει ⌜πρὸς αὐτοὺς ὁ Ἰησοῦς⌝,
18
19ἥ τε θάλασσα ἀνέμου μεγάλου πνέοντος διεγείρετο. ἐλη-
λακότες οὖν ὡς σταδίους εἴκοσι πέντε ἢ τριάκοντα θεω-
ροῦσιν τὸν Ἰησοῦν περιπατοῦντα ἐπὶ τῆς θαλάσσης καὶ
20ἐγγὺς τοῦ πλοίου γινόμενον, καὶ ἐφοβήθησαν. ὁ δὲ λέγει
21αὐτοῖς Ἐγώ εἰμι, μὴ φοβεῖσθε. ἤθελον οὖν λαβεῖν
αὐτὸν εἰς τὸ πλοῖον, καὶ εὐθέως ἐγένετο τὸ πλοῖον ἐπὶ τῆς
γῆς εἰς ἣν ὑπῆγον.

crowd was coming up to him, said to Philip,

"Where can we buy food for these people to eat?"

6 Now he said this to test him, for he knew what he meant
7 to do. Philip answered,

"Two hundred dollars' worth of bread would not be
enough for each of them to have even a little."

8 Andrew, Simon Peter's brother, another of his disciples,
said to him,

9 "There is a boy here who has five barley loaves and a
couple of fish, but what is that among so many people?"

10 Jesus said,

"Make the people sit down."

There was plenty of grass there, so the men threw them-
11 selves down, about five thousand of them.   Then Jesus took
the loaves, and gave thanks, and distributed them among
the people who were resting on the ground, and in the same
12 way as much of the fish as they wanted.   When they were
satisfied, he said to his disciples,

"Pick up the pieces that are left, so that nothing may
be wasted."

13 So they picked them up, and they filled twelve baskets
with pieces of the five barley loaves that were left after the
people had eaten.

14 When the people saw the signs that he showed, they said,

"This is really the Prophet who was to come into the
world!"

15 So Jesus, seeing that they meant to come and carry him off
to make him king, retired again to the hill by himself.

16 But in the evening his disciples went down to the sea
17 and got into a boat and started across the sea for Capernaum.
By this time it was dark, and Jesus had not yet joined them;
18 a strong wind was blowing and the sea was growing rough.

19 When they had rowed three or four miles, they saw Jesus
walking on the sea and approaching the boat, and they were
20 terrified.   But he said to them,

"It is I; do not be afraid!"

21 Then as soon as they consented to take him into the
boat, the boat was at the shore they had been trying to reach.

22 Τῇ ἐπαύριον ὁ ὄχλος ὁ ἑστηκὼς πέραν τῆς θαλάσσης
⌜εἶδον⌝ ὅτι πλοιάριον ἄλλο οὐκ ἦν ἐκεῖ εἰ μὴ ἕν, καὶ ὅτι οὐ
συνεισῆλθεν τοῖς μαθηταῖς αὐτοῦ ὁ Ἰησοῦς εἰς τὸ πλοῖον
23 ἀλλὰ μόνοι οἱ μαθηταὶ αὐτοῦ ἀπῆλθον· ἀλλὰ ἦλθεν πλοῖα
ἐκ Τιβεριάδος ἐγγὺς τοῦ τόπου ὅπου ἔφαγον τὸν ἄρτον
24 εὐχαριστήσαντος τοῦ κυρίου. ὅτε⌝ οὖν εἶδεν ὁ ὄχλος ὅτι
Ἰησοῦς οὐκ ἔστιν ἐκεῖ οὐδὲ οἱ μαθηταὶ αὐτοῦ, ἐνέβησαν
αὐτοὶ εἰς τὰ πλοιάρια καὶ ἦλθον εἰς Καφαρναοὺμ ζητοῦν-
25 τες τὸν Ἰησοῦν. καὶ εὑρόντες αὐτὸν πέραν τῆς θαλάσσης
26 εἶπον αὐτῷ Ῥαββεί, πότε ὧδε γέγονας; ἀπεκρίθη αὐτοῖς
ὁ Ἰησοῦς καὶ εἶπεν Ἀμὴν ἀμὴν λέγω ὑμῖν, ζητεῖτέ με
οὐχ ὅτι εἴδετε σημεῖα ἀλλ' ὅτι ἐφάγετε ἐκ τῶν ἄρτων καὶ
27 ἐχορτάσθητε· ἐργάζεσθε μὴ τὴν βρῶσιν τὴν ἀπολλυμένην
ἀλλὰ τὴν βρῶσιν τὴν μένουσαν εἰς ζωὴν αἰώνιον, ἣν ὁ υἱὸς
τοῦ ἀνθρώπου ὑμῖν δώσει, τοῦτον γὰρ ὁ πατὴρ ἐσφράγι-
28 σεν ὁ θεός. εἶπον οὖν πρὸς αὐτόν Τί ποιῶμεν ἵνα ἐργα-
29 ζώμεθα τὰ ἔργα τοῦ θεοῦ; ἀπεκρίθη ὁ Ἰησοῦς καὶ εἶπεν
αὐτοῖς Τοῦτό ἐστιν τὸ ἔργον τοῦ θεοῦ ἵνα πιστεύητε εἰς
30 ὃν ἀπέστειλεν ἐκεῖνος. εἶπον οὖν αὐτῷ Τί οὖν ποιεῖς σὺ
31 σημεῖον, ἵνα ἴδωμεν καὶ πιστεύσωμέν σοι; τί ἐργάζῃ; οἱ
πατέρες ἡμῶν τὸ μάννα ἔφαγον ἐν τῇ ἐρήμῳ, καθώς ἐστιν
γεγραμμένον Ἄρτον ἐκ τοῦ ΟΥΡΑΝΟΥ ἔδωκεν αὐτοῖς
32 φαγεῖν. εἶπεν οὖν αὐτοῖς ὁ Ἰησοῦς Ἀμὴν ἀμὴν λέγω
ὑμῖν, οὐ Μωυσῆς ⌜ἔδωκεν⌝ ὑμῖν τὸν ἄρτον ἐκ τοῦ οὐρανοῦ,
ἀλλ' ὁ πατήρ μου δίδωσιν ὑμῖν τὸν ἄρτον ἐκ τοῦ οὐρανοῦ
33 τὸν ἀληθινόν· ὁ γὰρ ἄρτος τοῦ θεοῦ ἐστιν ὁ καταβαίνων
34 ἐκ τοῦ οὐρανοῦ καὶ ζωὴν διδοὺς τῷ κόσμῳ. εἶπον οὖν πρὸς
35 αὐτόν Κύριε, πάντοτε δὸς ἡμῖν τὸν ἄρτον τοῦτον. εἶπεν
αὐτοῖς ὁ Ἰησοῦς Ἐγώ εἰμι ὁ ἄρτος τῆς ζωῆς· ὁ ἐρχόμενος
πρὸς ἐμὲ οὐ μὴ πεινάσῃ, καὶ ὁ πιστεύων εἰς ἐμὲ οὐ μὴ
36 διψήσει πώποτε. ἀλλ' εἶπον ὑμῖν ὅτι καὶ ἑωράκατέ [με]
37 καὶ οὐ πιστεύετε. Πᾶν ὃ δίδωσίν μοι ὁ πατὴρ πρὸς ἐμὲ
38 ἥξει, καὶ τὸν ἐρχόμενον πρός με οὐ μὴ ἐκβάλω ἔξω, ὅτι

22 ἰδὼν ὅτι......κυρίου·— ὅτε   32 δέδωκεν

22 Next day the people who had stayed on the other side of the sea saw that there had been only one boat there, and that Jesus had not embarked in it with his disciples, but that 23 the disciples had gone away by themselves. But some boats from Tiberias landed near the place where they had eaten 24 the bread after the Lord had given thanks for it. So when the people saw that neither Jesus nor his disciples were any longer there, they got into the boats and went to Capernaum in 25 search of him. And when they had crossed the sea and found him, they said to him,

"When did you get here, Master?"

26 Jesus answered,

"I tell you, it is not because of the signs you have seen that you have come in search of me, but because you ate that 27 bread and had all you wanted of it. You must not work for the food that perishes, but for that which lasts for eternal life, which the Son of Man will give you, for God the Father has authorized him to do so."

28 Then they said to him,

"What must we do to carry out God's work?"

29 Jesus answered them,

"The work God has for you is to believe in the messenger that he has sent to you."

30 Then they said to him,

"Then what sign do you show for us to see and so come 31 to believe you? What work are you doing? Our forefathers in the desert had manna to eat; as the Scripture says, 'He gave them bread out of heaven to eat!'"

32 Jesus said to them,

"I tell you, Moses did not give you the bread out of heaven, but my Father gives you the true bread out of heaven, 33 for it is God's bread that comes down out of heaven and gives life to the world."

34 Then they said to him,

"Give us that bread always, sir!"

35 Jesus said to them,

"I am the bread that gives life. No one who comes to me will ever be hungry, and no one who believes in me will ever 36 be thirsty. But as I have told you, although you have seen 37 me, you will not believe. All that my Father gives to me will come to me, and I will never refuse anyone who comes

καταβέβηκα ἀπὸ τοῦ οὐρανοῦ οὐχ ἵνα ποιῶ τὸ θέλημα τὸ
39 ἐμὸν ἀλλὰ τὸ θέλημα τοῦ πέμψαντός με· τοῦτο δέ ἐστιν
τὸ θέλημα τοῦ πέμψαντός με ἵνα πᾶν ὃ δέδωκέν μοι μὴ
ἀπολέσω ἐξ αὐτοῦ ἀλλὰ ἀναστήσω αὐτὸ τῇ ἐσχάτῃ ἡμέρᾳ.
40 τοῦτο γάρ ἐστιν τὸ θέλημα τοῦ πατρός μου ἵνα πᾶς ὁ θεω-
ρῶν τὸν υἱὸν καὶ πιστεύων εἰς αὐτὸν ἔχῃ ζωὴν αἰώνιον, καὶ
41 ἀναστήσω αὐτὸν ἐγὼ τῇ ἐσχάτῃ ἡμέρᾳ.   Ἐγόγ-
γυζον οὖν οἱ Ἰουδαῖοι περὶ αὐτοῦ ὅτι εἶπεν Ἐγώ εἰμι
42 ὁ ἄρτος ὁ καταβὰς ἐκ τοῦ οὐρανοῦ, καὶ ἔλεγον ⌈Οὐχὶ⌉
οὗτός ἐστιν Ἰησοῦς ὁ υἱὸς Ἰωσήφ, οὗ ἡμεῖς οἴδαμεν τὸν
πατέρα καὶ τὴν μητέρα; πῶς νῦν λέγει ὅτι Ἐκ τοῦ οὐρα-
43 νοῦ καταβέβηκα; ἀπεκρίθη Ἰησοῦς καὶ εἶπεν αὐτοῖς Μὴ
44 γογγύζετε μετ' ἀλλήλων. οὐδεὶς δύναται ἐλθεῖν ⌈πρός με⌉
ἐὰν μὴ ὁ πατὴρ ὁ πέμψας με ἑλκύσῃ αὐτόν, κἀγὼ ἀνα-
45 στήσω αὐτὸν ἐν τῇ ἐσχάτῃ ἡμέρᾳ. ἔστιν γεγραμμένον ἐν
τοῖς προφήταις Καὶ ἔσονται πάντες διδακτοὶ θεοῦ·
πᾶς ὁ ἀκούσας παρὰ τοῦ πατρὸς καὶ μαθὼν ἔρχεται πρὸς
46 ἐμέ. οὐχ ὅτι τὸν πατέρα ἑώρακέν τις εἰ μὴ ὁ ὢν παρὰ [τοῦ]
47 θεοῦ, οὗτος ἑώρακεν τὸν πατέρα. ἀμὴν ἀμὴν λέγω ὑμῖν,
48 ὁ πιστεύων ἔχει ζωὴν αἰώνιον. ἐγώ εἰμι ὁ ἄρτος τῆς ζωῆς·
49 οἱ πατέρες ὑμῶν ἔφαγον ἐν τῇ ἐρήμῳ τὸ μάννα καὶ ἀπέ-
50 θανον· οὗτός ἐστιν ὁ ἄρτος ὁ ἐκ τοῦ οὐρανοῦ καταβαίνων
51 ἵνα τις ἐξ αὐτοῦ φάγῃ καὶ μὴ ⌈ἀποθάνῃ⌉· ἐγώ εἰμι ὁ
ἄρτος ὁ ζῶν ὁ ἐκ τοῦ οὐρανοῦ καταβάς· ἐάν τις φάγῃ
ἐκ τούτου τοῦ ἄρτου ζήσει εἰς τὸν αἰῶνα, καὶ ὁ ἄρτος
δὲ ὃν ἐγὼ δώσω ἡ σάρξ μου ἐστὶν ὑπὲρ τῆς τοῦ κόσμου
52 ζωῆς.   Ἐμάχοντο οὖν πρὸς ἀλλήλους οἱ Ἰου-
δαῖοι λέγοντες Πῶς δύναται οὗτος ἡμῖν δοῦναι τὴν σάρκα
53 [αὐτοῦ] φαγεῖν; εἶπεν οὖν αὐτοῖς [ὁ] Ἰησοῦς Ἀμὴν ἀμὴν
λέγω ὑμῖν, ἐὰν μὴ φάγητε τὴν σάρκα τοῦ υἱοῦ τοῦ ἀνθρώ-
που καὶ πίητε αὐτοῦ τὸ αἷμα, οὐκ ἔχετε ζωὴν ἐν ἑαυτοῖς.
54 ὁ τρώγων μου τὴν σάρκα καὶ πίνων μου τὸ αἷμα ἔχει ζωὴν
55 αἰώνιον, κἀγὼ ἀναστήσω αὐτὸν τῇ ἐσχάτῃ ἡμέρᾳ· ἡ γὰρ

42 Οὐχ   44 πρὸς ἐμέ

38 to me, for I have come down from heaven not to do what I
39 please but what pleases him who has sent me. And the
purpose of him who has sent me is this, that I should lose
nothing of all that he has given me, but should raise them to
40 life on the Last Day. For it is the purpose of my Father
that everyone who sees the Son and believes in him shall
have eternal life, and that I shall raise him to life on the
Last Day."

41   The Jews complained of him for saying, "I am the bread
42 that has come down out of heaven," and they said,

"Is he not Joseph's son, Jesus, whose father and mother
we know? How can he now say, 'I have come down out of
heaven'?"

43   Jesus answered,

44   "Do not complain to one another. No one can come to
me unless the Father who sent me draws him to me; then I
45 myself will raise him to life on the Last Day. In the prophets
it is written, 'And all men will be taught by God!' Everyone
who listens to the Father and learns from him will come to
46 me. Not that anyone has ever seen the Father, except him
47 who is from God; he has seen the Father. I tell you, whoever
48 believes already possesses eternal life. I am the bread that
49 gives life. Your forefathers in the desert ate the manna
50 and yet they died. But this bread that comes down out of
51 heaven is such that no one who eats it will ever die. I am this
living bread that has come down out of heaven. Whoever
eats this bread will live forever, and the bread that I will give
for the world's life is my own flesh!"

52   This led the Jews to dispute with one another. They
said,

"How can he give us his flesh to eat?"

53   Then Jesus said to them,

"I tell you, unless you eat the flesh of the Son of Man
54 and drink his blood, you have no self-existent life. Whoever
lives on my flesh and drinks my blood possesses eternal life,
55 and I will raise him to life on the Last Day. For my flesh is

σάρξ μου ἀληθής ἐστι βρῶσις, καὶ τὸ αἷμά μου ἀληθής
56 ἐστι πόσις. ὁ τρώγων μου τὴν σάρκα καὶ πίνων μου τὸ
57 αἷμα ἐν ἐμοὶ μένει κἀγὼ ἐν αὐτῷ. καθὼς ἀπέστειλέν με
ὁ ζῶν πατὴρ κἀγὼ ζῶ διὰ τὸν πατέρα, καὶ ὁ τρώγων με
58 κἀκεῖνος ζήσει δι' ἐμέ. οὗτός ἐστιν ὁ ἄρτος ὁ ἐξ οὐρανοῦ
καταβάς, οὐ καθὼς ἔφαγον οἱ πατέρες καὶ ἀπέθανον· ὁ τρώ-
59 γων τοῦτον τὸν ἄρτον ζήσει εἰς τὸν αἰῶνα. Ταῦτα εἶπεν
60 ἐν συναγωγῇ διδάσκων ἐν Καφαρναούμ.   Πολ-
λοὶ οὖν ἀκούσαντες ἐκ τῶν μαθητῶν αὐτοῦ εἶπαν Σκλη-
ρός ἐστιν ὁ λόγος οὗτος· τίς δύναται αὐτοῦ ἀκούειν;
61 εἰδὼς δὲ ὁ Ἰησοῦς ἐν ἑαυτῷ ὅτι γογγύζουσιν περὶ τούτου
οἱ μαθηταὶ αὐτοῦ εἶπεν αὐτοῖς Τοῦτο ὑμᾶς σκανδαλίζει;
62 ἐὰν οὖν θεωρῆτε τὸν υἱὸν τοῦ ἀνθρώπου ἀναβαίνοντα ὅπου
63 ἦν τὸ πρότερον; τὸ πνεῦμά ἐστιν τὸ ζωοποιοῦν, ἡ σὰρξ
οὐκ ὠφελεῖ οὐδέν· τὰ ῥήματα ἃ ἐγὼ λελάληκα ὑμῖν πνεῦμά
64 ἐστιν καὶ ζωή ἐστιν· ἀλλὰ εἰσὶν ἐξ ὑμῶν τινές οἳ οὐ πι-
στεύουσιν. Ἤιδει γὰρ ἐξ ἀρχῆς ὁ Ἰησοῦς τίνες εἰσὶν οἱ μὴ
65 πιστεύοντες καὶ τίς ἐστιν ὁ παραδώσων αὐτόν. καὶ ἔλεγεν
Διὰ τοῦτο εἴρηκα ὑμῖν ὅτι οὐδεὶς δύναται ἐλθεῖν πρός με
66 ἐὰν μὴ ᾖ δεδομένον αὐτῷ ἐκ τοῦ πατρός.   Ἐκ
τούτου πολλοὶ ἐκ τῶν μαθητῶν αὐτοῦ ἀπῆλθον εἰς τὰ ὀπί-
67 σω καὶ οὐκέτι μετ' αὐτοῦ περιεπάτουν. Εἶπεν οὖν ὁ Ἰησοῦς
68 τοῖς δώδεκα Μὴ καὶ ὑμεῖς θέλετε ὑπάγειν; ἀπεκρίθη αὐ-
τῷ Σίμων Πέτρος Κύριε, πρὸς τίνα ἀπελευσόμεθα; ῥήματα
69 ζωῆς αἰωνίου ἔχεις, καὶ ἡμεῖς πεπιστεύκαμεν καὶ ἐγνώκα-
70 μεν ὅτι σὺ εἶ ὁ ἅγιος τοῦ θεοῦ. ἀπεκρίθη αὐτοῖς ὁ Ἰησοῦς
Οὐκ ἐγὼ ὑμᾶς τοὺς δώδεκα ἐξελεξάμην; καὶ ἐξ ὑμῶν εἷς διά-
71 βολός ἐστιν. ἔλεγεν δὲ τὸν Ἰούδαν Σίμωνος Ἰσκαριώτου·
οὗτος γὰρ ἔμελλεν παραδιδόναι αὐτόν, εἷς ἐκ τῶν δώδεκα.

1   ΚΑΙ ΜΕΤΑ ΤΑΥΤΑ περιεπάτει [ὁ] Ἰησοῦς ἐν τῇ
50 ἀποθνήσκη

56 real food and my blood is real drink. Whoever lives on my flesh and drinks my blood remains united to me and I remain
57 united to him. Just as the living Father has sent me, and I live because of the Father, so he who lives on me will live
58 because of me. This is the bread that has come down out of heaven—not like that which your forefathers ate and yet died. Whoever lives on this bread will live forever."

59   Jesus said all this while he was teaching in the synagogue at Capernaum.

60   Many of his disciples on hearing it said,
        "This is a harsh teaching! Who can listen to it?"

61   But Jesus, knowing that his disciples were complaining about this, said to them,

62   "Does this stagger you? Then what if you see the Son
63 of Man go up where he was before? The Spirit is what gives life; flesh is of no use at all. The things that I have said to
64 you are spirit and they are life. Yet there are some of you who will not believe." For Jesus knew from the first who
65 would not believe, and who was going to betray him. And he added,
        "This is why I said to you, 'No one can come to me unless he is enabled to do so by the Father.' "

66   In consequence of this many of his disciples drew back
67 and would not go about with him any longer. So Jesus said to the Twelve,
        "Do you mean to go away too?"

68   Simon Peter answered,
        "To whom can we go, Lord? You have a message of
69 eternal life, and we believe and are satisfied that you are the Holy One of God."

70   Jesus answered them,
        "Did I not myself select all twelve of you? And even
71 of you, one is an informer." He meant Judas the son of Simon Iscariot, for he, though he was one of the Twelve, was going to betray him.

7   After this Jesus went from place to place in Galilee, for

Γαλιλαία, οὐ γὰρ ἤθελεν ἐν τῇ Ἰουδαίᾳ περιπατεῖν, ὅτι ἐζή-
2 τουν αὐτὸν οἱ Ἰουδαῖοι ἀποκτεῖναι. ἦν δὲ ἐγγὺς ἡ ἑορτὴ τῶν
3 Ἰουδαίων ἡ σκηνοπηγία. εἶπον οὖν πρὸς αὐτὸν οἱ ἀδελφοὶ
αὐτοῦ Μετάβηθι ἐντεῦθεν καὶ ὕπαγε εἰς τὴν Ἰουδαίαν,
ἵνα καὶ οἱ μαθηταί σου θεωρήσουσιν ⌜σοῦ⌝ τὰ ἔργα⌝ ἃ ποιεῖς·
4 οὐδεὶς γάρ τι ἐν κρυπτῷ ποιεῖ καὶ ζητεῖ ⌜αὐτὸς⌝ ἐν παρρη-
σίᾳ εἶναι· εἰ ταῦτα ποιεῖς, φανέρωσον σεαυτὸν τῷ κόσμῳ.
5
ᾧ οὐδὲ γὰρ οἱ ἀδελφοὶ αὐτοῦ ἐπίστευον εἰς αὐτόν. λέγει οὖν
αὐτοῖς ὁ Ἰησοῦς Ὁ καιρὸς ὁ ἐμὸς οὔπω πάρεστιν, ὁ δὲ
7 καιρὸς ὁ ὑμέτερος πάντοτέ ἐστιν ἕτοιμος. οὐ δύναται ὁ
κόσμος μισεῖν ὑμᾶς, ἐμὲ δὲ μισεῖ, ὅτι ἐγὼ μαρτυρῶ περὶ
8 αὐτοῦ ὅτι τὰ ἔργα αὐτοῦ πονηρά ἐστιν. ὑμεῖς ἀνάβητε
εἰς τὴν ἑορτήν· ἐγὼ ⌜οὔπω⌝ ἀναβαίνω εἰς τὴν ἑορτὴν ταύ-
9 την, ὅτι ὁ ἐμὸς καιρὸς οὔπω πεπλήρωται. ταῦτα δὲ
10 εἰπὼν ⌜αὐτοῖς⌝ ἔμεινεν ἐν τῇ Γαλιλαίᾳ. Ὡς
δὲ ἀνέβησαν οἱ ἀδελφοὶ αὐτοῦ εἰς τὴν ἑορτήν, τότε καὶ
11 αὐτὸς ἀνέβη, οὐ φανερῶς ἀλλὰ ὡς ἐν κρυπτῷ. οἱ οὖν
Ἰουδαῖοι ἐζήτουν αὐτὸν ἐν τῇ ἑορτῇ καὶ ἔλεγον Ποῦ
12 ἐστιν ἐκεῖνος; καὶ γογγυσμὸς περὶ αὐτοῦ ἦν πολὺς ἐν
τοῖς ὄχλοις· οἱ μὲν ἔλεγον ὅτι Ἀγαθός ἐστιν, ἄλλοι [δὲ]
13 ἔλεγον Οὔ, ἀλλὰ πλανᾷ τὸν ὄχλον. οὐδεὶς μέντοι
παρρησίᾳ ἐλάλει περὶ αὐτοῦ διὰ τὸν φόβον τῶν Ἰου-
δαίων.
14 Ἤδη δὲ τῆς ἑορτῆς μεσούσης ἀνέβη Ἰησοῦς εἰς τὸ
15 ἱερὸν καὶ ἐδίδασκεν. ἐθαύμαζον οὖν οἱ Ἰουδαῖοι λέγον-
16 τες Πῶς οὗτος γράμματα οἶδεν μὴ μεμαθηκώς; ἀπε-
κρίθη οὖν αὐτοῖς Ἰησοῦς καὶ εἶπεν Ἡ ἐμὴ διδαχὴ οὐκ ἔ-
17 στιν ἐμὴ ἀλλὰ τοῦ πέμψαντός με· ἐάν τις θέλῃ τὸ θέ-
λημα αὐτοῦ ποιεῖν, γνώσεται περὶ τῆς διδαχῆς πότερον ἐκ
18 τοῦ θεοῦ ἐστιν ἢ ἐγὼ ἀπ᾽ ἐμαυτοῦ λαλῶ. ὁ ἀφ᾽ ἑαυ-
τοῦ λαλῶν τὴν δόξαν τὴν ἰδίαν ζητεῖ· ὁ δὲ ζητῶν τὴν
δόξαν τοῦ πέμψαντος αὐτὸν οὗτος ἀληθής ἐστιν καὶ
19 ἀδικία ἐν αὐτῷ οὐκ ἔστιν. οὐ Μωυσῆς ⌜ἔδωκεν⌝ ὑμῖν τὸν

3 τὰ ἔργα σου   4 αὐτὸ   8 οὐκ   9 αὐτὸς

he would not do so in Judea, because the Jews were making
2 efforts to kill him. But the Jewish camping festival was
3 coming. So his brothers said to him,

"You ought to leave here and go to Judea, to let your
4 disciples also see the things you are doing. For no one acts
in secret when he desires to be publicly known. If you are
5 going to do these things, let the world see you." For even
6 his brothers did not believe in him. Then Jesus said to them,

"It is not yet time for me to act, but any time is suitable
7 for you. It is impossible for the world to hate you, but it
8 does hate me for testifying that its ways are wrong. As for
you, go up to the festival; I am not going up to this festival
as yet, for it is not quite time for me to go."

9   That was what he told them, and he stayed on in Galilee.
10   But after his brothers had gone up to the festival, then
Jesus went up also, not publicly, but as though he did not wish
11 to be observed. Now the Jews were looking for him at the
12 festival and asking where he was, and there was a great deal of
muttering about him among the crowds, some saying that he
was a good man, and others that he was not, but was imposing
13 on the people. But no one spoke of him in public, for fear
of the Jews.

14   But when the festival was half over, Jesus went up to the
15 Temple and began to teach. This astonished the Jews.

"How is it that this man knows his letters," they said,
"when he has never gone to school?"

16   So Jesus answered,

"My teaching is not my own; it comes from him who has
17 sent me. Anyone who resolves to do his will will know
whether my teaching comes from God, or originates with me.
18 Whoever speaks simply for himself is looking for honor for
himself, but whoever looks for honor for the person who has
sent him shows his sincerity; there is no dishonesty about
19 him. Was it not Moses who gave you the Law? Yet not

νόμον; καὶ οὐδεὶς ἐξ ὑμῶν ποιεῖ τὸν νόμον. τί με ζητεῖτε
20 ἀποκτεῖναι; ἀπεκρίθη ὁ ὄχλος Δαιμόνιον ἔχεις· τίς σε
21 ζητεῖ ἀποκτεῖναι; ἀπεκρίθη Ἰησοῦς καὶ εἶπεν αὐτοῖς Ἓν
22 ἔργον ἐποίησα καὶ πάντες θαυμάζετε. διὰ τοῦτο Μωυσῆς
δέδωκεν ὑμῖν τὴν περιτομήν,– οὐχ ὅτι ἐκ τοῦ Μωυσέως
ἐστὶν ἀλλ᾽ ἐκ τῶν πατέρων,– καὶ [ἐν] σαββάτῳ περιτέμνετε
23 ἄνθρωπον. εἰ περιτομὴν λαμβάνει [ὁ] ἄνθρωπος ἐν σαβ-
βάτῳ ἵνα μὴ λυθῇ ὁ νόμος Μωυσέως, ἐμοὶ χολᾶτε ὅτι
24 ὅλον ἄνθρωπον ὑγιῆ ἐποίησα ἐν σαββάτῳ; μὴ κρίνετε
25 κατ᾽ ὄψιν, ἀλλὰ τὴν δικαίαν κρίσιν κρίνετε.   Ἔ-
λεγον οὖν τινὲς ἐκ τῶν Ἱεροσολυμειτῶν Οὐχ οὗτός ἐστιν
26 ὃν ζητοῦσιν ἀποκτεῖναι; καὶ ἴδε παρρησίᾳ λαλεῖ καὶ
οὐδὲν αὐτῷ λέγουσιν· μή ποτε ἀληθῶς ἔγνωσαν οἱ ἄρχον-
27 τες ὅτι οὗτός ἐστιν ὁ χριστός; ἀλλὰ τοῦτον οἴδαμεν πόθεν
ἐστίν· ὁ δὲ χριστὸς ὅταν ἔρχηται οὐδεὶς γινώσκει πόθεν
28 ἐστίν. Ἔκραξεν οὖν ἐν τῷ ἱερῷ διδάσκων [ὁ] Ἰησοῦς καὶ
λέγων Κἀμὲ οἴδατε καὶ οἴδατε πόθεν εἰμί· καὶ ἀπ᾽ ἐμαυ-
τοῦ οὐκ ἐλήλυθα, ἀλλ᾽ ἔστιν ἀληθινὸς ὁ πέμψας με, ὃν
29 ὑμεῖς οὐκ οἴδατε· ἐγὼ οἶδα αὐτόν, ὅτι παρ᾽ αὐτοῦ εἰμὶ κἀ-
30 κεῖνός με ἀπέστειλεν. Ἐζήτουν οὖν αὐτὸν πιάσαι, καὶ
οὐδεὶς ἐπέβαλεν ἐπ᾽ αὐτὸν τὴν χεῖρα, ὅτι οὔπω ἐληλύθει
31 ἡ ὥρα αὐτοῦ. Ἐκ τοῦ ὄχλου δὲ πολλοὶ ἐπίστευσαν εἰς
αὐτόν, καὶ ἔλεγον Ὁ χριστὸς ὅταν ἔλθῃ μὴ πλείονα ση-
32 μεῖα ποιήσει ὧν οὗτος ἐποίησεν;   Ἤκουσαν
οἱ Φαρισαῖοι τοῦ ὄχλου γογγύζοντος περὶ αὐτοῦ ταῦτα, καὶ
ἀπέστειλαν οἱ ἀρχιερεῖς καὶ οἱ Φαρισαῖοι ὑπηρέτας ἵνα
33 πιάσωσιν αὐτόν. εἶπεν οὖν ὁ Ἰησοῦς Ἔτι χρόνον μικρὸν
34 μεθ᾽ ὑμῶν εἰμὶ καὶ ὑπάγω πρὸς τὸν πέμψαντά με. ζητή-
σετέ με, καὶ οὐχ εὑρήσετέ με, καὶ ὅπου εἰμὶ ἐγὼ ὑμεῖς οὐ
35 δύνασθε ἐλθεῖν. εἶπον οὖν οἱ Ἰουδαῖοι πρὸς ἑαυτούς Ποῦ
οὗτος μέλλει πορεύεσθαι ὅτι ἡμεῖς οὐχ εὑρήσομεν αὐτόν;
μὴ εἰς τὴν διασπορὰν τῶν Ἑλλήνων μέλλει πορεύεσθαι
36 καὶ διδάσκειν τοὺς Ἕλληνας; τίς ἐστιν ὁ λόγος οὗτος ὃν

one of you obeys the Law.   Why are you trying to kill me?"

20   The crowd answered,

"You must be possessed!   Who is trying to kill you?"

21   Jesus answered,

"I have done just one deed, and you are all astonished at 22 it.   Yet Moses gave you the rite of circumcision—not that it began with Moses but with your forefathers—and you 23 practice it even on the Sabbath.   But if a person undergoes circumcision on a Sabbath, to avoid breaking the Law of Moses, are you angry at me for making a man perfectly well 24 on a Sabbath?   You must not judge so externally; you must judge justly!"

25   Some of the people of Jerusalem said,

26   "Is not this the man they want to kill?   And here he is speaking publicly, and they say nothing to him!   Can the 27 authorities really have found that he is the Christ?   But then, we know where this man comes from, but when the Christ comes, no one will know where he is from."

28   So Jesus, as he was teaching in the Temple, cried out,

"You do know me and you do know where I come from, and I have not come of my own accord but someone who 29 is very real, whom you do not know, has sent me.   I do know him, because I come from him, and he has sent me here."

30   Then they tried to arrest him, and yet no one laid hands 31 on him, because he was not yet ready.   But many of the people believed in him, and said,

"Will the Christ show more signs when he comes than this man has shown?"

32   The Pharisees heard the people saying these things about him in whispers, and the high priests and the Pharisees sent 33 attendants to arrest him.   Jesus said,

"I am to be with you a little while longer, and then I am 34 going to him who has sent me.   You will look for me and you will not find me, and you will not be able to go where I shall be."

35   Then the Jews said to one another,

"Where is he going, that we shall not find him?   Is he going to our people scattered among the Greeks, and will he 36 teach the Greeks?   What does he mean by saying 'You

εἶπε   Ζητήσετέ με καὶ οὐχ εὑρήσετέ με καὶ ὅπου εἰμὶ
ἐγὼ ὑμεῖς οὐ δύνασθε ἐλθεῖν;

37   Ἐν δὲ τῇ ἐσχάτῃ ἡμέρᾳ τῇ μεγάλῃ τῆς ἑορτῆς ἱστή-
κει ὁ Ἰησοῦς, καὶ ἔκραξεν λέγων Ἐάν τις διψᾷ ἐρχέσθω
38 πρός με καὶ πινέτω. ὁ πιστεύων εἰς ἐμέ, καθὼς εἶπεν ἡ
γραφή, ποταμοὶ ἐκ τῆς κοιλίας αὐτοῦ ῥεύσουσιν ὕδα-
39 τος ζῶντος. Τοῦτο δὲ εἶπεν περὶ τοῦ πνεύματος ⌈οῦ⌉
ἔμελλον λαμβάνειν οἱ πιστεύσαντες εἰς αὐτόν· οὔπω
40 γὰρ ἦν πνεῦμα, ὅτι Ἰησοῦς οὔπω ἐδοξάσθη. Ἐκ τοῦ
ὄχλου οὖν ἀκούσαντες τῶν λόγων τούτων ἔλεγον [ὅτι] Οὗ-
41 τός ἐστιν ἀληθῶς ὁ προφήτης· ἄλλοι ἔλεγον Οὗτός
ἐστιν ὁ χριστός· οἱ δὲ ἔλεγον Μὴ γὰρ ἐκ τῆς Γαλιλαίας
42 ὁ χριστὸς ἔρχεται; οὐχ ἡ γραφὴ εἶπεν ὅτι ἐκ τοῦ ϲπέρ-
ματοϲ Δαϝείδ, καὶ ἀπὸ Βηθλεὲμ τῆς κώμης ὅπου ἦν
43 Δαυείδ, ἔρχεται ὁ χριστός; σχίσμα οὖν ἐγένετο ἐν τῷ
44 ὄχλῳ δι' αὐτόν. τινὲς δὲ ἤθελον ἐξ αὐτῶν πιάσαι αὐτόν,
45 ἀλλ' οὐδεὶς ἔβαλεν ἐπ' αὐτὸν τὰς χεῖρας.   Ἦλ-
θον οὖν οἱ ὑπηρέται πρὸς τοὺς ἀρχιερεῖς καὶ Φαρισαίους,
καὶ εἶπον αὐτοῖς ἐκεῖνοι Διὰ τί οὐκ ἠγάγετε αὐτόν;
46 ἀπεκρίθησαν οἱ ὑπηρέται Οὐδέποτε ἐλάλησεν οὕτως
47 ἄνθρωπος. ἀπεκρίθησαν οὖν [αὐτοῖς] οἱ Φαρισαῖοι Μὴ
48 καὶ ὑμεῖς πεπλάνησθε; μή τις ἐκ τῶν ἀρχόντων ἐπίστευ-
49 σεν εἰς αὐτὸν ἢ ἐκ τῶν Φαρισαίων; ἀλλὰ ὁ ὄχλος οὗτος
50 ὁ μὴ γινώσκων τὸν νόμον ἐπάρατοί εἰσιν. λέγει Νικόδη-
μος πρὸς αὐτούς, ὁ ἐλθὼν πρὸς αὐτὸν πρότερον, εἷς ὢν
51 ἐξ αὐτῶν Μὴ ὁ νόμος ἡμῶν κρίνει τὸν ἄνθρωπον ἐὰν
52 μὴ ἀκούσῃ πρῶτον παρ' αὐτοῦ καὶ γνῷ τί ποιεῖ; ἀπε-
κρίθησαν καὶ εἶπαν αὐτῷ Μὴ καὶ σὺ ἐκ τῆς Γαλιλαίας
εἶ; ἐραύνησον καὶ ἴδε ὅτι ἐκ τῆς Γαλιλαίας προφήτης
οὐκ ἐγείρεται.

12   Πάλιν οὖν αὐτοῖς ἐλάλησεν [ὁ] Ἰησοῦς λέγων Ἐγώ
εἰμι τὸ φῶς τοῦ κόσμου· ὁ ἀκολουθῶν μοι οὐ μὴ περι-

will look for me and you will not find me, and you will not be able to go where I shall be'?"

37 Now on the last day, the great day of the festival, Jesus stood up and cried out,

38 "If anyone is thirsty, let him come to me and drink. If anyone believes in me, streams of living water, as the Scripture says, shall flow forth from his heart."

39 He meant by this the Spirit which those who believed in him were to receive—for the Spirit had not yet come, because 40 Jesus had not yet been glorified. So some of the people, when they heard these words, said,

"This is certainly the Prophet!"

41 Others said,

"This is the Christ!"

But they rejoined,

42 "What! Is the Christ to come from Galilee? Do not the Scriptures say that the Christ is to spring from the descendants of David and to come from the village of Bethlehem where David lived?"

43 So the people were divided about him, and some of 44 them wanted to arrest him, yet no one laid hands on him.

45 The attendants went back to the high priests and Pharisees, and they said to the attendants,

"Why have you not brought him?"

46 The attendants answered,

"No man ever talked as he does!"

47 The Pharisees answered,

48 "Have you been imposed upon too? Have any of the 49 councilors or of the Pharisees believed in him? But these common people who do not know the Law are doomed!"

50 One of them, Nicodemus, who had previously gone to Jesus, said to them,

51 "Does our Law condemn the accused without first hearing what he has to say, and finding out what he has done?"

52 They answered,

"Are you from Galilee too? Study and you will find that no prophet is to appear from Galilee."

8 Then Jesus spoke to them again and said,

12 "I am the light of the world. Whoever follows me will

πατήσῃ ἐν τῇ σκοτίᾳ, ἀλλ᾽ ἕξει τὸ φῶς τῆς ζωῆς.
13 εἶπον οὖν αὐτῷ οἱ Φαρισαῖοι Σὺ περὶ σεαυτοῦ μαρτυ-
14 ρεῖς· ἡ μαρτυρία σου οὐκ ἔστιν ἀληθής. ἀπεκρίθη Ἰησοῦς
καὶ εἶπεν αὐτοῖς Κἂν ἐγὼ μαρτυρῶ περὶ ἐμαυτοῦ,
⸢ἀληθής ἐστιν ἡ μαρτυρία μου⸣, ὅτι οἶδα πόθεν ἦλθον
καὶ ποῦ ὑπάγω· ὑμεῖς δὲ οὐκ οἴδατε πόθεν ἔρχομαι
15 ἢ ποῦ ὑπάγω. ὑμεῖς κατὰ τὴν σάρκα κρίνετε, ἐγὼ οὐ
16 κρίνω οὐδένα. καὶ ἐὰν κρίνω δὲ ἐγώ, ἡ κρίσις ἡ ἐμὴ
ἀληθινή ἐστιν, ὅτι μόνος οὐκ εἰμί, ἀλλ᾽ ἐγὼ καὶ ὁ πέμ-
17 ψας με [πατήρ]. καὶ ἐν τῷ νόμῳ δὲ τῷ ὑμετέρῳ γέγρα-
18 πται ὅτι δύο ἀνθρώπων ἡ μαρτυρία ἀληθής ἐστιν. ἐγώ
εἰμι ὁ μαρτυρῶν περὶ ἐμαυτοῦ καὶ μαρτυρεῖ περὶ ἐμοῦ
19 ὁ πέμψας με πατήρ. ἔλεγον οὖν αὐτῷ Ποῦ ἐστὶν ὁ
πατήρ σου; ἀπεκρίθη Ἰησοῦς Οὔτε ἐμὲ οἴδατε οὔτε τὸν
πατέρα μου· εἰ ἐμὲ ᾔδειτε, καὶ τὸν πατέρα μου ἂν
20 ᾔδειτε. Ταῦτα τὰ ῥήματα ἐλάλησεν ἐν τῷ γαζοφυλακίῳ
διδάσκων ἐν τῷ ἱερῷ· καὶ οὐδεὶς ἐπίασεν αὐτόν, ὅτι οὔπω
ἐληλύθει ἡ ὥρα αὐτοῦ.

21 Εἶπεν οὖν πάλιν αὐτοῖς Ἐγὼ ὑπάγω καὶ ζητήσετέ
με, καὶ ἐν τῇ ἁμαρτίᾳ ὑμῶν ἀποθανεῖσθε· ὅπου ἐγὼ
22 ὑπάγω ὑμεῖς οὐ δύνασθε ἐλθεῖν. ἔλεγον οὖν οἱ Ἰου-
δαῖοι Μήτι ἀποκτενεῖ ἑαυτὸν ὅτι λέγει Ὅπου ἐγὼ ὑπά-
23 γω ὑμεῖς οὐ δύνασθε ἐλθεῖν; καὶ ἔλεγεν αὐτοῖς Ὑμεῖς
ἐκ τῶν κάτω ἐστέ, ἐγὼ ἐκ τῶν ἄνω εἰμί· ὑμεῖς ἐκ τού-
του τοῦ κόσμου ἐστέ, ἐγὼ οὐκ εἰμὶ ἐκ τοῦ κόσμου τού-
24 του. εἶπον οὖν ὑμῖν ὅτι ἀποθανεῖσθε ἐν ταῖς ἁμαρτίαις
ὑμῶν· ἐὰν γὰρ μὴ πιστεύσητε ὅτι ⸢ἐγώ εἰμι⸣, ἀποθανεῖσθε
25 ἐν ταῖς ἁμαρτίαις ὑμῶν. ἔλεγον οὖν αὐτῷ Σὺ τίς εἶ;
εἶπεν αὐτοῖς [ὁ] Ἰησοῦς Τὴν ἀρχὴν ὅτι καὶ λαλῶ ⸢ὑμῖν;⸣
26 πολλὰ ἔχω περὶ ὑμῶν λαλεῖν καὶ κρίνειν· ἀλλ᾽ ὁ πέμψας
με ἀληθής ἐστιν, κἀγὼ ἃ ἤκουσα παρ᾽ αὐτοῦ ταῦτα λαλῶ
27 εἰς τὸν κόσμον. οὐκ ἔγνωσαν ὅτι τὸν πατέρα αὐτοῖς

14 ἡ μαρτυρία μου ἀληθής ἐστιν   24 ἐγώ εἰμι   25 ὑμῖν.

not have to walk in darkness but will have the light of life."

13   The Pharisees said to him,

"You are testifying to yourself. Your testimony is not true."

14   Jesus answered,

"Even if I am testifying to myself, my testimony is true, for I know where I have come from and where I am going; but you do not know where I come from or where I am going.
15 You judge by material standards, but I am judging nobody.
16 But even if I do judge, my decision is just, because I am not
17 by myself, but the Father who sent me is with me. Why, in your own Law it is stated that the testimony of two
18 persons is valid. Here I am testifying to myself, and the Father who has sent me testifies to me."

19   Then they said to him,

"Where is your Father?"

Jesus answered,

"You do not know either me or my Father. If you knew me, you would know my Father too."

20   He said these things in the treasury, as he was teaching in the Temple, and no one arrested him, because he was not yet ready.

21   Then he said to them again,

"I am going away, and you will look for me, but you will die in the midst of your sin. You cannot come where I am going."

22   So the Jews said,

"Is he going to kill himself, and is that why he says, 'You cannot come where I am going'?"

23   He said to them,

"You are from below; I am from above. You belong to
24 this world; I do not belong to this world. That is why I said to you that you would die in the midst of your sins, for unless you believe that I am what I say, you will die in the midst of your sins."

25   They said to him,

"Who are you?"

Jesus said to them,

26   "Why do I even talk to you at all? I have a great deal to say about you and to condemn in you, yet he who sent me is truthful, and the things that I say to the world are things that I have learned from him."

27   They did not understand that he was speaking to them of
28 the Father. So Jesus said,

28 ἔλεγεν. εἶπεν οὖν ὁ Ἰησοῦς Ὅταν ὑψώσητε τὸν υἱὸν
τοῦ ἀνθρώπου, τότε γνώσεσθε ὅτι ⌜ἐγώ εἰμι⌝, καὶ ἀπ᾽ ἐ-
μαυτοῦ ποιῶ οὐδέν, ἀλλὰ καθὼς ἐδίδαξέν με ὁ πατὴρ
29 ταῦτα λαλῶ. καὶ ὁ πέμψας με μετ᾽ ἐμοῦ ἐστίν· οὐκ ἀ-
φῆκέν με μόνον, ὅτι ἐγὼ τὰ ἀρεστὰ αὐτῷ ποιῶ πάν-
30 τοτε. Ταῦτα αὐτοῦ λαλοῦντος πολλοὶ ἐπίστευσαν εἰς αὐ-
31 τόν. Ἔλεγεν οὖν ὁ Ἰησοῦς πρὸς τοὺς πεπι-
στευκότας αὐτῷ Ἰουδαίους Ἐὰν ὑμεῖς μείνητε ἐν τῷ λό-
32 γῳ τῷ ἐμῷ, ἀληθῶς μαθηταί μού ἐστε, καὶ γνώσεσθε
33 τὴν ἀλήθειαν, καὶ ἡ ἀλήθεια ἐλευθερώσει ὑμᾶς. ἀπεκρί-
θησαν πρὸς αὐτόν Σπέρμα Ἀβραάμ ἐσμεν καὶ οὐδενὶ
δεδουλεύκαμεν πώποτε· πῶς σὺ λέγεις ὅτι Ἐλεύθεροι
34 γενήσεσθε; ἀπεκρίθη αὐτοῖς [ὁ] Ἰησοῦς Ἀμὴν ἀμὴν
λέγω ὑμῖν ὅτι πᾶς ὁ ποιῶν τὴν ἁμαρτίαν δοῦλός ἐστιν
35 [τῆς ἁμαρτίας]· ὁ δὲ δοῦλος οὐ μένει ἐν τῇ οἰκίᾳ εἰς τὸν
36 αἰῶνα· ὁ υἱὸς μένει εἰς τὸν αἰῶνα. ἐὰν οὖν ὁ υἱὸς ὑμᾶς
37 ἐλευθερώσῃ, ὄντως ἐλεύθεροι ἔσεσθε. οἶδα ὅτι σπέρμα
Ἀβραάμ ἐστε· ἀλλὰ ζητεῖτέ με ἀποκτεῖναι, ὅτι ὁ λόγος
38 ὁ ἐμὸς οὐ χωρεῖ ἐν ὑμῖν. ἃ ἐγὼ ἑώρακα παρὰ τῷ πα-
τρὶ λαλῶ· καὶ ὑμεῖς οὖν ἃ ἠκούσατε παρὰ τοῦ πατρὸς
39 ποιεῖτε. ἀπεκρίθησαν καὶ εἶπαν αὐτῷ Ὁ πατὴρ ἡμῶν
Ἀβραάμ ἐστιν. λέγει αὐτοῖς [ὁ] Ἰησοῦς Εἰ τέκνα τοῦ
40 Ἀβραάμ ἐστε, τὰ ἔργα τοῦ Ἀβραὰμ ⌜ποιεῖτε⌝· νῦν δὲ
ζητεῖτέ με ἀποκτεῖναι, ἄνθρωπον ὃς τὴν ἀλήθειαν ὑμῖν
λελάληκα ἣν ἤκουσα παρὰ τοῦ θεοῦ· τοῦτο Ἀβραὰμ
41 οὐκ ἐποίησεν. ὑμεῖς ποιεῖτε τὰ ἔργα τοῦ πατρὸς ὑμῶν.
εἶπαν αὐτῷ Ἡμεῖς ἐκ πορνείας ⌜οὐκ ἐγεννήθημεν⌝· ἕνα
42 πατέρα ἔχομεν τὸν θεόν. εἶπεν αὐτοῖς [ὁ] Ἰησοῦς Εἰ
ὁ θεὸς πατὴρ ὑμῶν ἦν ἠγαπᾶτε ἂν ἐμέ, ἐγὼ γὰρ ἐκ τοῦ
θεοῦ ἐξῆλθον καὶ ἥκω· οὐδὲ γὰρ ἀπ᾽ ἐμαυτοῦ ἐλήλυθα,
43 ἀλλ᾽ ἐκεῖνός με ἀπέστειλεν. διὰ τί τὴν λαλιὰν τὴν ἐμὴν
οὐ γινώσκετε; ὅτι οὐ δύνασθε ἀκούειν τὸν λόγον τὸν ἐμόν.
44 ὑμεῖς ἐκ τοῦ πατρὸς τοῦ διαβόλου ἐστὲ καὶ τὰς ἐπιθυμίας

28 ἐγώ εἰμί   39 ἐποιεῖτε   41 οὐ γεγεννήμεθα

"When you lift the Son of Man up in the air, then you will know that I am what I say, and that I do nothing of my
29 own accord, but speak as the Father has instructed me.   And he who has sent me is with me; he has not left me alone, for I always do what pleases him."

30   As he said this, many believed in him.

31   So Jesus said to the Jews who had believed in him,

"If you abide by what I teach, you are really disciples
32 of mine, and you will know the truth and the truth will set you free."

33   They answered,

"We are descended from Abraham, and have never been anyone's slaves. How can you say to us, 'You will be set free'?"

34   Jesus answered,

"I tell you, everyone who commits sin is a slave to sin.
35 Now a slave does not belong to a household permanently;
36 but a son does.   So if the Son sets you free you will be really
37 free.   I know that you are descended from Abraham, yet you want to kill me, because there is no room in your hearts for
38 my teaching.   It is what I have seen in the presence of my Father that I tell, and it is what you have heard from your father that you do."

39   They answered,

"Our father is Abraham."

Jesus said to them,

"If you are Abraham's children, then do what Abraham
40 did.   But instead you are trying to kill me, a man who has told you the truth he has heard from God.   Abraham would
41 not have done that.   You are doing as your father does."

They said to him,

"We are not illegitimate children.   We have one father, God himself."

42   Jesus said to them,

"If God were your father, you would love me, for I have come from God.   I have not come of my own accord, but he
43 has sent me.   Why is it that you do not understand what I say?   It is because you cannot bear to listen to my message.
44 The devil is the father you are sprung from, and you want to

τοῦ πατρὸς ὑμῶν θέλετε ποιεῖν. ἐκεῖνος ἀνθρωποκτό-
νος ἦν ἀπ᾽ ἀρχῆς, καὶ ἐν τῇ ἀληθείᾳ οὐκ ἔστηκεν, ὅτι
οὐκ ἔστιν ἀλήθεια ἐν αὐτῷ. ὅταν λαλῇ τὸ ψεῦδος, ἐκ τῶν
45 ἰδίων λαλεῖ, ὅτι ψεύστης ἐστὶν καὶ ὁ πατὴρ αὐτοῦ. ἐγὼ
46 δὲ ὅτι τὴν ἀλήθειαν λέγω, οὐ πιστεύετέ μοι. τίς ἐξ ὑμῶν
ἐλέγχει με περὶ ἁμαρτίας; εἰ ἀλήθειαν λέγω, διὰ τί
47 ὑμεῖς οὐ πιστεύετέ μοι; ὁ ὢν ἐκ τοῦ θεοῦ τὰ ῥήματα τοῦ
θεοῦ ἀκούει· διὰ τοῦτο ὑμεῖς οὐκ ἀκούετε ὅτι ἐκ τοῦ θεοῦ
48 οὐκ ἐστέ. ἀπεκρίθησαν οἱ Ἰουδαῖοι καὶ εἶπαν αὐτῷ Οὐ
καλῶς λέγομεν ἡμεῖς ὅτι Σαμαρείτης εἶ σὺ καὶ δαιμόνιον
49 ἔχεις; ἀπεκρίθη Ἰησοῦς Ἐγὼ δαιμόνιον οὐκ ἔχω, ἀλλὰ
50 τιμῶ τὸν πατέρα μου, καὶ ὑμεῖς ἀτιμάζετέ με. ἐγὼ δὲ οὐ
51 ζητῶ τὴν δόξαν μου· ἔστιν ὁ ζητῶν καὶ κρίνων. Ἀμὴν
ἀμὴν λέγω ὑμῖν, ἐάν τις τὸν ἐμὸν λόγον τηρήσῃ, θάνατον
52 οὐ μὴ θεωρήσῃ εἰς τὸν αἰῶνα. εἶπαν αὐτῷ οἱ Ἰου-
δαῖοι Νῦν ἐγνώκαμεν ὅτι δαιμόνιον ἔχεις. Ἀβραὰμ ἀπέ-
θανεν καὶ οἱ προφῆται, καὶ σὺ λέγεις Ἐάν τις τὸν
λόγον μου τηρήσῃ, οὐ μὴ γεύσηται θανάτου εἰς τὸν
53 αἰῶνα· μὴ σὺ μείζων εἶ τοῦ πατρὸς ἡμῶν Ἀβραάμ, ὅστις
ἀπέθανεν; καὶ οἱ προφῆται ἀπέθανον· τίνα σεαυτὸν
54 ποιεῖς; ἀπεκρίθη Ἰησοῦς Ἐὰν ἐγὼ δοξάσω ἐμαυτόν, ἡ
δόξα μου οὐδέν ἐστιν· ἔστιν ὁ πατήρ μου ὁ δοξάζων με,
55 ὃν ὑμεῖς λέγετε ὅτι ⌈θεὸς ὑμῶν⌉ ἐστίν, καὶ οὐκ ἐγνώκατε
αὐτόν, ἐγὼ δὲ οἶδα αὐτόν· κἂν εἴπω ὅτι οὐκ οἶδα αὐ-
τόν, ἔσομαι ὅμοιος ὑμῖν ψεύστης· ἀλλὰ οἶδα αὐτὸν καὶ
56 τὸν λόγον αὐτοῦ τηρῶ. Ἀβραὰμ ὁ πατὴρ ὑμῶν ἠγαλ-
λιάσατο ἵνα ἴδῃ τὴν ἡμέραν τὴν ἐμήν, καὶ εἶδεν καὶ
57 ἐχάρη. εἶπαν οὖν οἱ Ἰουδαῖοι πρὸς αὐτόν Πεντήκοντα
58 ἔτη οὔπω ἔχεις καὶ Ἀβραὰμ ⌈ἑώρακας⌉; εἶπεν αὐτοῖς
Ἰησοῦς Ἀμὴν ἀμὴν λέγω ὑμῖν, πρὶν Ἀβραὰμ γενέσθαι
59 ἐγὼ εἰμί. ἦραν οὖν λίθους ἵνα βάλωσιν ἐπ᾽ αὐτόν·
Ἰησοῦς δὲ ἐκρύβη καὶ ἐξῆλθεν ἐκ τοῦ ἱεροῦ.
1   Καὶ παράγων εἶδεν ἄνθρωπον τυφλὸν ἐκ γενετῆς.

54 Θεὸς ἡμῶν   57 ἑώρακέν σε

carry out your father's wishes. He was a murderer from the
first, and he has nothing to do with the truth, for there is no
truth in him. When he tells a lie, he speaks in his true
45 character, for he is a liar and the father of them. But
46 because I tell the truth you will not believe me. Who among
you can prove me guilty of sin? But if I tell you the truth,
47 why do you refuse to believe me? Whoever is sprung from
God listens to God's words. The reason you refuse to listen
is that you are not sprung from God."

48   The Jews answered,

"Are we not right in saying that you are a Samaritan
and are possessed?"

49   Jesus answered,

"I am not possessed, but I have respect for my Father,
50 and you have no respect for me. But I do not seek honor for
myself; there is someone who seeks it for me, and is the judge
51 of it. I tell you, if anyone observes my teaching, he will never
experience death."

52   The Jews said to him,

"Now we are sure that you are possessed! Abraham is
dead and so are the prophets, and yet you say, 'If anyone
observes my teaching, he will never know what death is!'
53 Are you a greater man than our forefather Abraham? Yet
he is dead and the prophets are dead. What do you claim
to be?"

54   Jesus answered,

"If I show special honor to myself, such honor counts for
nothing. It is my Father who shows me honor. You say he
55 is your God, yet you have never come to know him. But
I know him. If I say I do not know him, I will be a liar like
yourselves. No! I do know him, and I am faithful to his
56 message. Your forefather Abraham exulted at the thought
of seeing my coming. He has seen it, and it has made
him glad."

57   The Jews said to him,

"You are not fifty years old, and have you seen
Abraham?"

58   Jesus said to them,

"I tell you, I existed before Abraham was born!"

59   At that, they picked up stones to throw at him, but
he disappeared and made his way out of the Temple.

9   As he passed along, he saw a man who had been blind

2 καὶ ἠρώτησαν αὐτὸν οἱ μαθηταὶ αὐτοῦ λέγοντες Ῥαββεί,
τίς ἥμαρτεν, οὗτος ἢ οἱ γονεῖς αὐτοῦ, ἵνα τυφλὸς γεννηθῇ;
3 ἀπεκρίθη Ἰησοῦς Οὔτε οὗτος ἥμαρτεν οὔτε οἱ γονεῖς
αὐτοῦ, ἀλλ᾽ ἵνα φανερωθῇ τὰ ἔργα τοῦ θεοῦ ἐν αὐτῷ.
4 ἡμᾶς δεῖ ἐργάζεσθαι τὰ ἔργα τοῦ πέμψαντός με ⌜ἕως⌝
ἡμέρα ἐστίν· ἔρχεται νὺξ ὅτε οὐδεὶς δύναται ἐργάζεσθαι.
5
6 ὅταν ἐν τῷ κόσμῳ ὦ, φῶς εἰμὶ τοῦ κόσμου. ταῦτα εἰπὼν
ἔπτυσεν χαμαὶ καὶ ἐποίησεν πηλὸν ἐκ τοῦ πτύσματος, καὶ
7 ⌜ἐπέθηκεν⌝ αὐτοῦ τὸν πηλὸν ἐπὶ τοὺς ὀφθαλμούς, καὶ
εἶπεν αὐτῷ Ὕπαγε νίψαι εἰς τὴν κολυμβήθραν τοῦ
Σιλωάμ (ὃ ἑρμηνεύεται Ἀπεσταλμένος). ἀπῆλθεν οὖν καὶ
8 ἐνίψατο, καὶ ἦλθεν βλέπων.   Οἱ οὖν γείτονες καὶ
οἱ θεωροῦντες αὐτὸν τὸ πρότερον ὅτι προσαίτης ἦν ἔλεγον
9 Οὐχ οὗτός ἐστιν ὁ καθήμενος καὶ προσαιτῶν; ἄλλοι ἔλε-
γον ὅτι Οὗτός ἐστιν· ἄλλοι ἔλεγον Οὐχί, ἀλλὰ ὅμοιος
10 αὐτῷ ἐστιν. ἐκεῖνος ἔλεγεν ὅτι Ἐγώ εἰμι. ἔλεγον οὖν
11 αὐτῷ Πῶς [οὖν] ἠνεῴχθησάν σου οἱ ὀφθαλμοί; ἀπε-
κρίθη ἐκεῖνος Ὁ ἄνθρωπος ὁ λεγόμενος Ἰησοῦς πηλὸν
ἐποίησεν καὶ ἐπέχρισέν μου τοὺς ὀφθαλμοὺς καὶ εἶπέν μοι
ὅτι Ὕπαγε εἰς τὸν Σιλωὰμ καὶ νίψαι· ἀπελθὼν οὖν καὶ
12 νιψάμενος ἀνέβλεψα. καὶ εἶπαν αὐτῷ Ποῦ ἐστιν ἐκεῖ-
13 νος; λέγει Οὐκ οἶδα.   Ἄγουσιν αὐτὸν πρὸς
14 τοὺς Φαρισαίους τόν ποτε τυφλόν. ἦν δὲ σάββατον ἐν ᾗ
ἡμέρᾳ τὸν πηλὸν ἐποίησεν ὁ Ἰησοῦς καὶ ἀνέῳξεν αὐτοῦ
15 τοὺς ὀφθαλμούς. πάλιν οὖν ἠρώτων αὐτὸν καὶ οἱ Φαρι-
σαῖοι πῶς ἀνέβλεψεν. ὁ δὲ εἶπεν αὐτοῖς Πηλὸν ἐπέθη-
κέν μου ἐπὶ τοὺς ὀφθαλμούς, καὶ ἐνιψάμην, καὶ βλέπω.
16 ἔλεγον οὖν ἐκ τῶν Φαρισαίων τινές Οὐκ ἔστιν οὗτος παρὰ
θεοῦ ὁ ἄνθρωπος, ὅτι τὸ σάββατον οὐ τηρεῖ. ἄλλοι [δὲ]
ἔλεγον Πῶς δύναται ἄνθρωπος ἁμαρτωλὸς τοιαῦτα ση-
17 μεῖα ποιεῖν; καὶ σχίσμα ἦν ἐν αὐτοῖς. λέγουσιν οὖν
τῷ τυφλῷ πάλιν Τί σὺ λέγεις περὶ αὐτοῦ, ὅτι ἠνέῳξέν
σου τοὺς ὀφθαλμούς; ὁ δὲ εἶπεν ὅτι Προφήτης ἐστίν.

4 ὡς   6 ἐπέχρισεν

2 from his birth. His disciples asked him,

"Master, for whose sin was this man born blind? For his own, or for that of his parents?"

3   Jesus answered,

"It was neither for his own sin nor for that of his parents, 4 but to let what God can do be illustrated in his case. We must carry on the work of him who has sent me while the daylight lasts. Night is coming, when no one can do any work. 5 As long as I am in the world, I am a light for the world."

6   As he said this he spat on the ground and made clay 7 with the saliva, and he put the clay on the man's eyes, and said to him,

"Go and wash them in the Pool of Siloam"—a name which means One who has been sent. So he went and washed them, and went home able to see.

8   Then his neighbors and people who had formerly seen him begging, said,

"Is not this the man who used to sit and beg?"

9   Some said,

"Yes! It is he!"

Others said,

"No! but he looks like him."

He himself said,

"I am the man."

10   So they said to him,

"Then how does it happen that you can see?"

11 *   He answered,

"The man they call Jesus made some clay and smeared it on my eyes, and said to me, 'Go to Siloam and wash them.' So I went and when I had washed them I could see."

12   They said to him,

"Where is he?"

He answered,

"I do not know."

13   They took the man who had been blind to the Pharisees. 14 Now it was on the Sabbath that Jesus had made the clay and 15 made him able to see. So once more the Pharisees asked him how he had become able to see, and he said to them,

"He put some clay on my eyes, and I washed them, and I can see."

16   Then some of the Pharisees said,

"This man does not come from God, for he does not keep the Sabbath."

But others said,

"How can a sinful man show such signs as this?"

17   And there was a division of opinion among them. So they asked the blind man again,

"What have you to say about him, because he has made you able to see?"

He said,

"He is a prophet!"

18 Οὐκ ἐπίστευσαν οὖν οἱ Ἰουδαῖοι περὶ αὐτοῦ ὅτι ἦν
τυφλὸς καὶ ἀνέβλεψεν, ἕως ὅτου ἐφώνησαν τοὺς γονεῖς
19 αὐτοῦ τοῦ ἀναβλέψαντος καὶ ἠρώτησαν αὐτοὺς λέγοντες
Οὗτός ἐστιν ὁ υἱὸς ὑμῶν, ὃν ὑμεῖς λέγετε ὅτι τυφλὸς ἐγεν-
20 νήθη; πῶς οὖν βλέπει ἄρτι; ἀπεκρίθησαν οὖν οἱ γονεῖς
αὐτοῦ καὶ εἶπαν Οἴδαμεν ὅτι οὗτός ἐστιν ὁ υἱὸς ἡμῶν
21 καὶ ὅτι τυφλὸς ἐγεννήθη· πῶς δὲ νῦν βλέπει οὐκ οἴδαμεν,
ἢ τίς ἤνοιξεν αὐτοῦ τοὺς ὀφθαλμοὺς ἡμεῖς οὐκ οἴδαμεν·
αὐτὸν ἐρωτήσατε, ἡλικίαν ἔχει, αὐτὸς περὶ ἑαυτοῦ λαλήσει.
22 ταῦτα εἶπαν οἱ γονεῖς αὐτοῦ ὅτι ἐφοβοῦντο τοὺς Ἰουδαίους,
ἤδη γὰρ συνετέθειντο οἱ Ἰουδαῖοι ἵνα ἐάν τις αὐτὸν ὁμολο-
23 γήσῃ Χριστόν, ἀποσυνάγωγος γένηται. διὰ τοῦτο οἱ
γονεῖς αὐτοῦ εἶπαν ὅτι Ἡλικίαν ἔχει, αὐτὸν ⌜ἐπερωτή-
24 σατε⌝. Ἐφώνησαν οὖν τὸν ἄνθρωπον ἐκ δευτέρου ὃς ἦν
τυφλὸς καὶ εἶπαν αὐτῷ Δὸς δόξαν τῷ θεῷ· ἡμεῖς οἴδα-
25 μεν ὅτι οὗτος ὁ ἄνθρωπος ἁμαρτωλός ἐστιν. ἀπεκρίθη
οὖν ἐκεῖνος Εἰ ἁμαρτωλός ἐστιν οὐκ οἶδα· ἓν οἶδα ὅτι
26 τυφλὸς ὢν ἄρτι βλέπω. εἶπαν οὖν αὐτῷ Τί ἐποίησέν
27 σοι; πῶς ἤνοιξέν σου τοὺς ὀφθαλμούς; ἀπεκρίθη αὐ-
τοῖς Εἶπον ὑμῖν ἤδη καὶ οὐκ ἠκούσατε· τί ᵀ πάλιν θέλετε
ἀκούειν; μὴ καὶ ὑμεῖς θέλετε αὐτοῦ μαθηταὶ γενέσθαι;
28 καὶ ἐλοιδόρησαν αὐτὸν καὶ εἶπαν Σὺ μαθητὴς εἶ ἐκείνου,
29 ἡμεῖς δὲ τοῦ Μωυσέως ἐσμὲν μαθηταί· ἡμεῖς οἴδαμεν ὅτι
Μωυσεῖ λελάληκεν ὁ θεός, τοῦτον δὲ οὐκ οἴδαμεν πόθεν
30 ἐστίν. ἀπεκρίθη ὁ ἄνθρωπος καὶ εἶπεν αὐτοῖς Ἐν τού-
τῳ γὰρ τὸ θαυμαστόν ἐστιν ὅτι ὑμεῖς οὐκ οἴδατε πόθεν
31 ἐστίν, καὶ ἤνοιξέν μου τοὺς ὀφθαλμούς. οἴδαμεν ὅτι ὁ
θεὸς ἁμαρτωλῶν οὐκ ἀκούει, ἀλλ' ἐάν τις θεοσεβὴς ᾖ καὶ
32 τὸ θέλημα αὐτοῦ ποιῇ τούτου ἀκούει. ἐκ τοῦ αἰῶνος οὐκ ἠ-
κούσθη ὅτι ἠνέῳξέν τις ὀφθαλμοὺς τυφλοῦ γεγεννημέ-
33 νου· εἰ μὴ ἦν οὗτος παρὰ θεοῦ, οὐκ ἠδύνατο ποιεῖν οὐδέν.
34 ἀπεκρίθησαν καὶ εἶπαν αὐτῷ Ἐν ἁμαρτίαις σὺ ἐγεννή-
θης ὅλος, καὶ σὺ διδάσκεις ἡμᾶς; καὶ ἐξέβαλον αὐτὸν

18 But the Jews would not believe that he had been blind and had become able to see until they summoned the parents
19 of the man who had been given his sight, and asked them,

"Is this your son, who you say was born blind? How is it that he can see now?"

20 His parents answered,

"We know that this is our son, and that he was born blind.
21 But we do not know how it is that he can see now, or who has made him able to see. You must ask him. He is grown up. Let him tell you about himself."

22 His parents said this because they were afraid of the Jews, for the Jews had already made an agreement that if anyone acknowledged Jesus as the Christ, he should be excluded from
23 the synagogues. That was why his parents said, "He is
24 grown up; you must ask him." So they again summoned the man who had been blind, and they said to him,

"Give God the praise. This man we know is a sinful man."

25 He answered,

"I do not know about his being a sinful man. All I know is that I was blind before and now I can see."

26 They said to him,

"What did he do to you? How did he make you able to see?"

27 He answered,

"I have already told you and you would not listen. Why do you want to hear it again? Do you want to become disciples of his too?"

28 Then they sneered at him, and said,

"You are a disciple of his yourself, but we are disciples
29 of Moses. We know that God spoke to Moses, but we do not know where this man came from."

30 The man answered,

"There is something very strange about this! You do not know where he came from, and yet he has made me able
31 to see! We know that God does not listen to sinful people, but if a man is devout and obeys God, God will listen to him.
32 It was never heard of in this world that anyone made a man
33 born blind able to see. If this man were not from God, he could not do anything."

34 They answered,

"You were born in utter sin, and are you trying to teach us?"

So they excluded him from the synagogue.

35 ἔξω.   Ἤκουσεν Ἰησοῦς ὅτι ἐξέβαλον αὐτὸν ἔξω,
καὶ εὑρὼν αὐτὸν εἶπεν Σὺ πιστεύεις εἰς τὸν υἱὸν τοῦ ἀνθρώ-
36 που; ⸢ἀπεκρίθη ἐκεῖνος [καὶ εἶπεν] Καὶ τίς ἐστιν⸣, κύριε, ἵνα
37 πιστεύσω εἰς αὐτόν; εἶπεν αὐτῷ ὁ Ἰησοῦς Καὶ ἑώρακας
38 αὐτὸν καὶ ὁ λαλῶν μετὰ σοῦ ἐκεῖνός ἐστιν. ὁ δὲ ἔφη Πι-
39 στεύω, κύριε· καὶ προσεκύνησεν αὐτῷ. καὶ εἶπεν ὁ Ἰησοῦς
Εἰς κρίμα ἐγὼ εἰς τὸν κόσμον τοῦτον ἦλθον, ἵνα οἱ μὴ
40 βλέποντες βλέπωσιν καὶ οἱ βλέποντες τυφλοὶ γένωνται.
Ἤκουσαν ἐκ τῶν Φαρισαίων ταῦτα οἱ μετ᾽ αὐτοῦ ὄντες, καὶ
41 εἶπαν αὐτῷ Μὴ καὶ ἡμεῖς τυφλοί ἐσμεν; εἶπεν αὐτοῖς [ὁ]
Ἰησοῦς Εἰ τυφλοὶ ἦτε, οὐκ ἂν εἴχετε ἁμαρτίαν· νῦν δὲ λέγε-
1 τε ὅτι Βλέπομεν· ἡ ἁμαρτία ὑμῶν μένει.   Ἀ-
μὴν ἀμὴν λέγω ὑμῖν, ὁ μὴ εἰσερχόμενος διὰ τῆς θύρας εἰς
τὴν αὐλὴν τῶν προβάτων ἀλλὰ ἀναβαίνων ἀλλαχόθεν
2 ἐκεῖνος κλέπτης ἐστὶν καὶ λῃστής· ὁ δὲ εἰσερχόμενος διὰ
3 τῆς θύρας ποιμήν ἐστιν τῶν προβάτων. τούτῳ ὁ θυρωρὸς
ἀνοίγει, καὶ τὰ πρόβατα τῆς φωνῆς αὐτοῦ ἀκούει, καὶ τὰ
4 ἴδια πρόβατα φωνεῖ κατ᾽ ὄνομα καὶ ἐξάγει αὐτά. ὅταν τὰ
ἴδια πάντα ἐκβάλῃ, ἔμπροσθεν αὐτῶν πορεύεται, καὶ τὰ
πρόβατα αὐτῷ ἀκολουθεῖ, ὅτι οἴδασιν τὴν φωνὴν αὐτοῦ·
5 ἀλλοτρίῳ δὲ οὐ μὴ ἀκολουθήσουσιν ἀλλὰ φεύξονται
ἀπ᾽ αὐτοῦ, ὅτι οὐκ οἴδασι τῶν ἀλλοτρίων τὴν φωνήν.
6 Ταύτην τὴν παροιμίαν εἶπεν αὐτοῖς ὁ Ἰησοῦς· ἐκεῖνοι δὲ
7 οὐκ ἔγνωσαν τίνα ἦν ἃ ἐλάλει αὐτοῖς.   Εἶπεν
οὖν πάλιν [ὁ] Ἰησοῦς Ἀμὴν ἀμὴν λέγω ὑμῖν, ἐγώ εἰμι ἡ
8 θύρα τῶν προβάτων. πάντες ὅσοι ἦλθον πρὸ ἐμοῦ κλέπται
εἰσὶν καὶ λῃσταί· ἀλλ᾽ οὐκ ἤκουσαν αὐτῶν τὰ πρόβατα.
9 ἐγώ εἰμι ἡ θύρα· δι᾽ ἐμοῦ ἐάν τις εἰσέλθῃ σωθήσεται καὶ
10 εἰσελεύσεται καὶ ἐξελεύσεται καὶ νομὴν εὑρήσει. ὁ κλέ-
πτης οὐκ ἔρχεται εἰ μὴ ἵνα κλέψῃ καὶ θύσῃ καὶ ἀπολέσῃ·
11 ἐγὼ ἦλθον ἵνα ζωὴν ἔχωσιν καὶ περισσὸν ἔχωσιν. Ἐγώ
εἰμι ὁ ποιμὴν ὁ καλός· ὁ ποιμὴν ὁ καλὸς τὴν ψυχὴν
12 αὐτοῦ τίθησιν ὑπὲρ τῶν προβάτων· ὁ μισθωτὸς καὶ οὐκ ὢν

35 Jesus learned that they had exluded him, and he found the man and said to him,

"Do you believe in the Son of Man?"

36 The man answered,

"Who is he, sir? Tell me, so that I may believe in him."

37 Jesus said to him,

"You have seen him already, and it is he who is now talking to you."

38 And he said,

"I believe, sir!" and he fell on his knees before him.

39 He said,

"I have come into this world to judge men, that those who cannot see may see, and that those who can see may become blind."

40 Some Pharisees who were present heard this, and they said to him,

"Then are we blind too?"

41 Jesus said to them,

"If you were blind, you would be guilty of no sin, but as it is, you say 'We can see'; so your sin continues.

10 "I tell you, any man who does not enter the sheepfold by the door, but climbs over at some other place, is a thief and
2 robber. But the man who enters by the door is the shepherd
3 of the flock. The watchman opens the door to him, and the sheep obey his voice, and he calls to his own sheep and leads
4 them out. When he gets his own flock all out, he goes in front of them, and the sheep follow him, because they know his
5 voice. But they will never follow a stranger but will run away from him, because they do not know the voices of strangers."

6 This was the figure Jesus used in speaking to them, but they did not understand what he meant by it.

7 So Jesus said again,

8 "I tell you, I am the door of the sheep. All who have come before me are thieves and robbers, but the sheep would
9 not obey them. I am the door. Whoever enters through me will be saved, and will pass in and out and find pasture.
10 A thief comes only to steal and kill and destroy; I have come to let them have life, and to let them have it in abundance.
11 I am the good shepherd. A good shepherd will give his life
12 for his sheep. A hired man who is not a shepherd and does

ποιμήν, οὗ οὐκ ἔστιν τὰ πρόβατα ἴδια, θεωρεῖ τὸν λύκον
ἐρχόμενον καὶ ἀφίησιν τὰ πρόβατα καὶ φεύγει,– καὶ ὁ
13 λύκος ἁρπάζει αὐτὰ καὶ σκορπίζει,– ὅτι μισθωτός ἐστιν
14 καὶ οὐ μέλει αὐτῷ περὶ τῶν προβάτων. ἐγώ εἰμι ὁ ποιμὴν
ὁ καλός, καὶ γινώσκω τὰ ἐμὰ καὶ γινώσκουσί με τὰ ἐμά,
15 καθὼς γινώσκει με ὁ πατὴρ κἀγὼ γινώσκω τὸν πατέρα, καὶ
16 τὴν ψυχήν μου τίθημι ὑπὲρ τῶν προβάτων. καὶ ἄλλα πρό-
βατα ἔχω ἃ οὐκ ἔστιν ἐκ τῆς αὐλῆς ταύτης· κἀκεῖνα δεῖ με
ἀγαγεῖν, καὶ τῆς φωνῆς μου ἀκούσουσιν, καὶ γενήσονται
17 μία ποίμνη, ΕΙΣ ΠΟΙΜΗΝ. διὰ τοῦτό με ὁ πατὴρ ἀγαπᾷ
ὅτι ἐγὼ τίθημι τὴν ψυχήν μου, ἵνα πάλιν λάβω αὐτήν.
18 οὐδεὶς ⌜ἦρεν⌝ αὐτὴν ἀπ᾽ ἐμοῦ, ἀλλ᾽ ἐγὼ τίθημι αὐτὴν ἀ-
π᾽ ἐμαυτοῦ. ἐξουσίαν ἔχω θεῖναι αὐτήν, καὶ ἐξουσίαν ἔχω
πάλιν λαβεῖν αὐτήν· ταύτην τὴν ἐντολὴν ἔλαβον παρὰ
19 τοῦ πατρός μου.   Σχίσμα πάλιν ἐγένετο ἐν
20 τοῖς Ἰουδαίοις διὰ τοὺς λόγους τούτους. ἔλεγον δὲ πολλοὶ
ἐξ αὐτῶν Δαιμόνιον ἔχει καὶ μαίνεται· τί αὐτοῦ ἀκούετε;
21 ἄλλοι ἔλεγον Ταῦτα τὰ ῥήματα οὐκ ἔστιν δαιμονιζομένου·
μὴ δαιμόνιον δύναται τυφλῶν ὀφθαλμοὺς ἀνοῖξαι;

22   Ἐγένετο τότε τὰ ἐνκαίνια ἐν τοῖς Ἱεροσολύμοις· χει-
23 μὼν ἦν, καὶ περιεπάτει [ὁ] Ἰησοῦς ἐν τῷ ἱερῷ ἐν τῇ
24 στοᾷ τοῦ Σολομῶνος. ⌜ἐκύκλωσαν⌝ οὖν αὐτὸν οἱ Ἰουδαῖοι
καὶ ἔλεγον αὐτῷ Ἕως πότε τὴν ψυχὴν ἡμῶν αἴρεις; εἰ
25 σὺ εἶ ὁ χριστός, εἰπὸν ἡμῖν παρρησίᾳ. ἀπεκρίθη αὐτοῖς
[ὁ] Ἰησοῦς Εἶπον ὑμῖν καὶ οὐ πιστεύετε· τὰ ἔργα ἃ ἐγὼ
ποιῶ ἐν τῷ ὀνόματι τοῦ πατρός μου ταῦτα μαρτυρεῖ περὶ
26 ἐμοῦ· ἀλλὰ ὑμεῖς οὐ πιστεύετε, ὅτι οὐκ ἐστὲ ἐκ τῶν προ-
27 βάτων τῶν ἐμῶν. τὰ πρόβατα τὰ ἐμὰ τῆς φωνῆς μου
ἀκούουσιν, κἀγὼ γινώσκω αὐτά, καὶ ἀκολουθοῦσίν μοι,
28 κἀγὼ δίδωμι αὐτοῖς ζωὴν αἰώνιον, καὶ οὐ μὴ ἀπόλωνται
εἰς τὸν αἰῶνα, καὶ οὐχ ἁρπάσει τις αὐτὰ ἐκ τῆς χειρός
29 μου. ὁ πατήρ μου ⌜ὃ δέδωκέν μοι πάντων μεῖζόν ἐστιν⌝,

18 αἴρει   24 ἐκύκλευσαν   29 ὅς...μείζων ἐστίν

not own the sheep, when he sees a wolf coming, will leave the
sheep and run away, and the wolf will carry them off and
13 scatter the flock.   For he is only a hired man, and does not
14 care about the sheep.   I am the good shepherd.   I know my
15 sheep and my sheep know me, just as the Father knows me
and I know the Father, and I am giving my life for my sheep.
16 I have other sheep too that do not belong to this fold.   I
must lead them too, and they will obey my voice, and they will
17 all become one flock, with one shepherd.   This is why the
Father loves me, because I am giving my life, but giving it
18 to take it back again.   No one has taken it from me, but I am
giving it of my own accord.   I have power to give it, and I
have power to take it back again.   These are the orders I have
received from my Father."

19   These words caused a fresh division of opinion among
20 the Jews.   Many of them said,
      "He is possessed and mad!   Why do you listen to him?"
21   Others said,
      "These are not the words of a man who is possessed.
Can a madman make blind men see?"

22   That was the time of the Rededication Festival at
23 Jerusalem.   It was winter time and Jesus was walking up
24 and down inside the Temple, in Solomon's Colonnade.   So
the Jews gathered around him and said to him,
      "How much longer are you going to keep us in suspense?
If you are really the Christ, tell us so frankly!"
25   Jesus answered,
      "I have told you so, and you will not believe it.   The
things I have been doing by my Father's authority are my
26 credentials, but you do not believe it because you do not
27 belong to my sheep.   My sheep listen to my voice, and I know
28 them and they follow me, and I give them eternal life, and they
shall never be lost, and no one shall tear them out of my hands.
29 What my Father has intrusted to me is of more importance

καὶ οὐδεὶς δύναται ἁρπάζειν ἐκ τῆς χειρὸς τοῦ πατρός.
30 ἐγὼ καὶ ὁ πατὴρ ἕν ἐσμεν. Ἐβάστασαν πάλιν λίθους οἱ
31
32 Ἰουδαῖοι ἵνα λιθάσωσιν αὐτόν. ἀπεκρίθη αὐτοῖς ὁ Ἰη-
σοῦς Πολλὰ ἔργα ⌈ἔδειξα ὑμῖν καλὰ⌉ ἐκ τοῦ πατρός· διὰ
33 ποῖον αὐτῶν ἔργον ἐμὲ λιθάζετε; ἀπεκρίθησαν αὐτῷ οἱ
Ἰουδαῖοι Περὶ καλοῦ ἔργου οὐ λιθάζομέν σε ἀλλὰ περὶ
βλασφημίας, καὶ ὅτι σὺ ἄνθρωπος ὢν ποιεῖς σεαυτὸν θεόν.
34 ἀπεκρίθη αὐτοῖς [ὁ] Ἰησοῦς Οὐκ ἔστιν γεγραμμένον ἐν
35 τῷ νόμῳ ὑμῶν ὅτι Ἐγὼ εἶπα Θεοί ἐστε; εἰ ἐκεί-
νους εἶπεν θεοὺς πρὸς οὓς ὁ λόγος τοῦ θεοῦ ἐγένετο, καὶ οὐ
36 δύναται λυθῆναι ἡ γραφή, ὃν ὁ πατὴρ ἡγίασεν καὶ ἀπέ-
στειλεν εἰς τὸν κόσμον ὑμεῖς λέγετε ὅτι Βλασφημεῖς,
37 ὅτι εἶπον Υἱὸς τοῦ θεοῦ εἰμί; εἰ οὐ ποιῶ τὰ ἔργα τοῦ
38 πατρός μου, μὴ πιστεύετέ μοι· εἰ δὲ ποιῶ, κἂν ἐμοὶ μὴ
πιστεύητε τοῖς ἔργοις πιστεύετε, ἵνα γνῶτε καὶ γινώσκητε
39 ὅτι ἐν ἐμοὶ ὁ πατὴρ κἀγὼ ἐν τῷ πατρί. Ἐζήτουν [οὖν]
⌈αὐτὸν πάλιν⌉ πιάσαι· καὶ ἐξῆλθεν ἐκ τῆς χειρὸς αὐτῶν.

40 Καὶ ἀπῆλθεν πάλιν πέραν τοῦ Ἰορδάνου εἰς τὸν τόπον
ὅπου ἦν Ἰωάνης τὸ πρῶτον βαπτίζων, καὶ ⌈ἔμενεν⌉ ἐκεῖ.
41 καὶ πολλοὶ ἦλθον πρὸς αὐτὸν καὶ ἔλεγον ὅτι Ἰωάνης
μὲν σημεῖον ἐποίησεν οὐδέν, πάντα δὲ ὅσα εἶπεν Ἰωάνης
42 περὶ τούτου ἀληθῆ ἦν. καὶ πολλοὶ ἐπίστευσαν εἰς αὐτὸν
ἐκεῖ.

1 Ἦν δέ τις ἀσθενῶν, Λάζαρος ἀπὸ Βηθανίας ἐκ τῆς
2 κώμης Μαρίας καὶ Μάρθας τῆς ἀδελφῆς αὐτῆς. ἦν δὲ
Μαριὰμ ἡ ἀλείψασα τὸν κύριον μύρῳ καὶ ἐκμάξασα τοὺς
πόδας αὐτοῦ ταῖς θριξὶν αὐτῆς, ἧς ὁ ἀδελφὸς Λάζαρος
3 ἠσθένει. ἀπέστειλαν οὖν αἱ ἀδελφαὶ πρὸς αὐτὸν λέγου-
4 σαι Κύριε, ἴδε ὃν φιλεῖς ἀσθενεῖ. ἀκούσας δὲ ὁ Ἰη-
σοῦς εἶπεν Αὕτη ἡ ἀσθένεια οὐκ ἔστιν πρὸς θάνατον
ἀλλ᾿ ὑπὲρ τῆς δόξης τοῦ θεοῦ ἵνα δοξασθῇ ὁ υἱὸς τοῦ
5 θεοῦ δι᾿ αὐτῆς. ἠγάπα δὲ ὁ Ἰησοῦς τὴν Μάρθαν καὶ
6 τὴν ἀδελφὴν αὐτῆς καὶ τὸν Λάζαρον. ὡς οὖν ἤκουσεν

32 καλὰ ἔδειξα ὑμῖν   39 [πάλιν] αὐτὸν   40 ἔμεινεν

than everything else, and no one can tear anything out of the
30 Father's hands.   The Father and I are one."
31   The Jews again picked up stones to stone him with.
32 Jesus answered,
      "I have let you see many good things from the Father;
   which of them do you mean to stone me for?"
33   The Jews answered,
      "We are not stoning you for doing anything good, but for
   your impious talk, and because you, a mere man, make
   yourself out to be God."
34   Jesus answered,
      "Is it not declared in your Law, 'I said, "You are
35 gods" '?   If those to whom God's message was addressed were
36 called gods—and the Scripture cannot be set aside—do you
   mean to say to me whom the Father has consecrated and
   made his messenger to the world, 'You are blasphemous,'
37 because I said, 'I am God's Son'?   If I am not doing the
38 things my Father does, do not believe me.   But if I am doing
   them, then even if you will not believe me, believe the things
   I do, in order that you may realize and learn that the Father
   is in union with me, and I am in union with the Father."
39   In consequence of this they again tried to arrest him,
   and he withdrew out of their reach.
40   He went across the Jordan again to the place where John
41 used to baptize at first, and there he stayed.   And people
   came to him in great numbers, and they said of him,
      "John did not show any sign in proof of his mission,
   but all that he said about this man was true."
42   And many became believers in him in that place.
11   Now a man named Lazarus was sick; he lived in Bethany,
2 the village of Mary and her sister Martha.   It was the Mary
   who poured perfume upon the Lord and wiped his feet with
3 her hair, whose brother Lazarus was sick.   So the sisters sent
4 word to Jesus: "Master, he whom you love is sick."   When
   Jesus received it he said,
      "This sickness is not to end in death, but is for the honor
   of God, that through it the Son of God may be honored."
5
6   Jesus loved Martha and her sister and Lazarus.   So
   when he heard that Lazarus was sick, he stayed on for

ὅτι ἀσθενεῖ, τότε μὲν ἔμεινεν ἐν ᾧ ἦν τόπῳ δύο ἡμέρας·
7 ἔπειτα μετὰ τοῦτο λέγει τοῖς μαθηταῖς Ἄγωμεν εἰς τὴν
8 Ἰουδαίαν πάλιν. λέγουσιν αὐτῷ οἱ μαθηταί Ῥαββεί,
νῦν ἐζήτουν σε λιθάσαι οἱ Ἰουδαῖοι, καὶ πάλιν ὑπάγεις
9 ἐκεῖ; ἀπεκρίθη Ἰησοῦς Οὐχὶ δώδεκα ὧραί εἰσιν τῆς ἡμέ-
ρας; ἐάν τις περιπατῇ ἐν τῇ ἡμέρᾳ, οὐ προσκόπτει, ὅτι τὸ
10 φῶς τοῦ κόσμου τούτου βλέπει· ἐὰν δέ τις περιπατῇ ἐν
τῇ νυκτί, προσκόπτει, ὅτι τὸ φῶς οὐκ ἔστιν ἐν αὐτῷ.
11 ταῦτα εἶπεν, καὶ μετὰ τοῦτο λέγει αὐτοῖς Λάζαρος ὁ φί-
λος ἡμῶν κεκοίμηται, ἀλλὰ πορεύομαι ἵνα ἐξυπνίσω αὐτόν.
12 εἶπαν οὖν οἱ μαθηταὶ αὐτῷ Κύριε, εἰ κεκοίμηται σωθή-
13 σεται. εἰρήκει δὲ ὁ Ἰησοῦς περὶ τοῦ θανάτου αὐτοῦ.
ἐκεῖνοι δὲ ἔδοξαν ὅτι περὶ τῆς κοιμήσεως τοῦ ὕπνου λέγει.
14 τότε οὖν εἶπεν αὐτοῖς ὁ Ἰησοῦς παρρησίᾳ Λάζαρος ἀπέ-
15 θανεν, καὶ χαίρω δι᾽ ὑμᾶς, ἵνα πιστεύσητε, ὅτι οὐκ ἤμην
16 ἐκεῖ· ἀλλὰ ἄγωμεν πρὸς αὐτόν. εἶπεν οὖν Θωμᾶς ὁ λεγό-
μενος Δίδυμος τοῖς συνμαθηταῖς Ἄγωμεν καὶ ἡμεῖς ἵνα
17 ἀποθάνωμεν μετ᾽ αὐτοῦ. Ἐλθὼν οὖν ὁ Ἰησοῦς
εὗρεν αὐτὸν τέσσαρας ἤδη ἡμέρας ἔχοντα ἐν τῷ μνημείῳ.
18 ἦν δὲ Βηθανία ἐγγὺς τῶν Ἱεροσολύμων ὡς ἀπὸ σταδίων
19 δεκαπέντε. πολλοὶ δὲ ἐκ τῶν Ἰουδαίων ἐληλύθεισαν πρὸς
τὴν Μάρθαν καὶ Μαριὰμ ἵνα παραμυθήσωνται αὐτὰς
20 περὶ τοῦ ἀδελφοῦ. ἡ οὖν Μάρθα ὡς ἤκουσεν ὅτι Ἰησοῦς
ἔρχεται ὑπήντησεν αὐτῷ· ⌈Μαριὰμ⌉ δὲ ἐν τῷ οἴκῳ ἐκαθέζετο.
21 εἶπεν οὖν ἡ Μάρθα πρὸς Ἰησοῦν ⌈Κύριε, εἰ⌉ ἧς ὧδε
22 οὐκ ἂν ἀπέθανεν ὁ ἀδελφός μου· καὶ νῦν οἶδα ὅτι ὅσα ἂν
23 αἰτήσῃ τὸν θεὸν δώσει σοι ὁ θεός. λέγει αὐτῇ ὁ Ἰησοῦς
24 Ἀναστήσεται ὁ ἀδελφός σου. λέγει αὐτῷ ἡ Μάρθα Οἶδα
ὅτι ἀναστήσεται ἐν τῇ ἀναστάσει ἐν τῇ ἐσχάτῃ ἡμέρᾳ.
25 εἶπεν αὐτῇ ὁ Ἰησοῦς Ἐγώ εἰμι ἡ ἀνάστασις καὶ ἡ ζωή·
26 ὁ πιστεύων εἰς ἐμὲ κἂν ἀποθάνῃ ζήσεται, καὶ πᾶς ὁ ζῶν
καὶ πιστεύων εἰς ἐμὲ οὐ μὴ ἀποθάνῃ εἰς τὸν αἰῶνα· πιστεύ-
27 εις τοῦτο; λέγει αὐτῷ Ναί, κύριε· ἐγὼ πεπίστευκα ὅτι

7 two days in the place where he was, and then afterward said to his disciples,

"Let us go back to Judea."

8   The disciples said to him,

"Master, the Jews have just been trying to stone you, and are you going back there again?"

9   Jesus answered,

"Is not the day twelve hours long?   If a man travels by day he will not stumble, for he can see the light of this world;
10 but if he travels at night he will stumble because he has no light."

11   He told them this, and then he added,

"Our friend Lazarus has fallen asleep, but I am going there to wake him."

12   The disciples said to him,

"Master, if he has fallen asleep he will recover."

13   Now Jesus had referred to his death.   But they supposed
14 that he meant a natural falling asleep.   So Jesus then told them plainly,

15   "Lazarus is dead, and for your sake I am glad that I was not there, so that you may learn to believe in me.   But let us go to him."

16   So Thomas the Twin said to his fellow-disciples,

"Let us go also, and die with him."

17   When Jesus arrived he found that Lazarus had been
18 buried for four days.   Now Bethany is only about two miles
19 from Jerusalem, and a number of Jews had come out to see Mary and Martha, to condole with them about their brother.
20 When Martha heard that Jesus was coming she went out to
21 meet him, but Mary remained at home.   Martha said to Jesus,

"Master, if you had been here, my brother would not have
22 died!   Even now I know that anything you ask God for, he will give you."

23   Jesus said to her,

"Your brother will rise."

24   Martha said to him,

"I know that he will rise at the resurrection, on the Last Day."

25   Jesus said to her,

"I myself am Resurrection and Life.   He who believes in
26 me will live on, even if he dies, and no one who is alive and believes in me will ever die.   Do you believe that?"

27   She said to him,

"Yes, Master, I do indeed believe that you are the

σὺ εἶ ὁ χριστὸς ὁ υἱὸς τοῦ θεοῦ ὁ εἰς τὸν κόσμον ἐρχόμενος.
28 καὶ τοῦτο εἰποῦσα ἀπῆλθεν καὶ ἐφώνησεν Μαριὰμ τὴν
ἀδελφὴν αὐτῆς λάθρα εἴπασα Ὁ διδάσκαλος πάρεστιν καὶ
29 φωνεῖ σε. ἐκείνη δὲ ὡς ἤκουσεν ἠγέρθη ταχὺ καὶ ἤρχετο
30 πρὸς αὐτόν· οὔπω δὲ ἐληλύθει ὁ Ἰησοῦς εἰς τὴν κώμην,
ἀλλ᾽ ἦν ἔτι ἐν τῷ τόπῳ ὅπου ὑπήντησεν αὐτῷ ἡ Μάρθα.
31 οἱ οὖν Ἰουδαῖοι οἱ ὄντες μετ᾽ αὐτῆς ἐν τῇ οἰκίᾳ καὶ παρα-
μυθούμενοι αὐτήν, ἰδόντες τὴν Μαριὰμ ὅτι ταχέως ἀνέστη
καὶ ἐξῆλθεν, ἠκολούθησαν αὐτῇ δόξαντες ὅτι ὑπάγει εἰς τὸ
32 μνημεῖον ἵνα κλαύσῃ ἐκεῖ. ἡ οὖν Μαριὰμ ὡς ἦλθεν ὅπου
ἦν Ἰησοῦς ἰδοῦσα αὐτὸν ἔπεσεν αὐτοῦ πρὸς τοὺς πόδας,
λέγουσα αὐτῷ Κύριε, εἰ ἦς ὧδε οὐκ ἄν μου ἀπέθανεν ὁ
33 ἀδελφός. Ἰησοῦς οὖν ὡς εἶδεν αὐτὴν κλαίουσαν καὶ τοὺς
συνελθόντας αὐτῇ Ἰουδαίους κλαίοντας ἐνεβριμήσατο τῷ
34 πνεύματι καὶ ἐτάραξεν ἑαυτόν, καὶ εἶπεν Ποῦ τεθείκατε
35 αὐτόν; λέγουσιν αὐτῷ Κύριε, ἔρχου καὶ ἴδε. ἐδάκρυ-
36 σεν ὁ Ἰησοῦς. ἔλεγον οὖν οἱ Ἰουδαῖοι Ἴδε πῶς ἐφίλει
37 αὐτόν. τινὲς δὲ ἐξ αὐτῶν εἶπαν Οὐκ ἐδύνατο οὗτος
ὁ ἀνοίξας τοὺς ὀφθαλμοὺς τοῦ τυφλοῦ ποιῆσαι ἵνα καὶ
38 οὗτος μὴ ἀποθάνῃ; Ἰησοῦς οὖν πάλιν ἐμβριμώμενος ἐν
ἑαυτῷ ἔρχεται εἰς τὸ μνημεῖον· ἦν δὲ σπήλαιον, καὶ λίθος
39 ἐπέκειτο ἐπ᾽ αὐτῷ. λέγει ὁ Ἰησοῦς Ἄρατε τὸν λίθον.
λέγει αὐτῷ ἡ ἀδελφὴ τοῦ τετελευτηκότος Μάρθα Κύ-
40 ριε, ἤδη ὄζει, τεταρταῖος γάρ ἐστιν. λέγει αὐτῇ ὁ Ἰη-
σοῦς Οὐκ εἶπόν σοι ὅτι ἐὰν πιστεύσῃς ὄψῃ τὴν δόξαν
41 τοῦ θεοῦ; ἦραν οὖν τὸν λίθον. ὁ δὲ Ἰησοῦς ἦρεν τοὺς
ὀφθαλμοὺς ἄνω καὶ εἶπεν Πάτερ, εὐχαριστῶ σοι ὅτι
42 ἤκουσάς μου, ἐγὼ δὲ ᾔδειν ὅτι πάντοτέ μου ἀκούεις·
ἀλλὰ διὰ τὸν ὄχλον τὸν περιεστῶτα εἶπον ἵνα πιστεύσωσιν
43 ὅτι σύ με ἀπέστειλας. καὶ ταῦτα εἰπὼν φωνῇ μεγάλῃ
44 ἐκραύγασεν Λάζαρε, δεῦρο ἔξω. ἐξῆλθεν ὁ τεθνηκὼς
δεδεμένος τοὺς πόδας καὶ τὰς χεῖρας κειρίαις, καὶ ἡ ὄψις
αὐτοῦ σουδαρίῳ περιεδέδετο. λέγει [ὁ] Ἰησοῦς αὐτοῖς

Christ, the Son of God, who was to come into the world."

28   With these words she went and called her sister Mary, whispering to her,

"Here is the Master, asking for you."

29   When she heard it she sprang up and went to him,
30 for Jesus had not yet come into the village, but was still at the
31 place where Martha had met him.   The Jews who were sitting with her in the house, condoling with her, when they saw Mary spring up and go out, supposed that she was going to
32 weep at the tomb, and followed her.   When Mary came where Jesus was and saw him, she fell at his feet, and said,

"Master, if you had been here, my brother would not have died!"

33   When Jesus saw her weep and the Jews who had come with her weeping too, repressing a groan, and yet showing great
34 agitation, he said,

"Where have you laid him?"

They answered,

"Come and see, Master."

35
36   Jesus shed tears.   So the Jews said,

"See how much he loved him!"

37   But some of them said,

"Could not this man, who opened the eyes of that blind man, have kept Lazarus from dying?"

38   Again repressing a groan, Jesus went to the tomb.   It
39 was a cave with a stone laid against the mouth of it.   Jesus said,

"Move the stone away."

The dead man's sister, Martha, said to him,

"Master, by this time he is decaying, for he has been dead four days."

40   Jesus said to her,

"Have I not promised you that if you will believe in me you will see the glory of God?"

41   So they moved the stone away.   And Jesus looked upward and said,

42   "Father, I thank you for listening to me, though I knew that you always listen to me.   But I have said this for the sake of the people that are standing around me that they may believe that you have made me your messenger."

43   After saying this he called out in a loud voice,

"Lazarus, come out!"

44   The dead man came out, bound hand and foot with wrappings, and with his face muffled with a handkerchief. Jesus said to them,

45 Λύσατε αὐτὸν καὶ ἄφετε αὐτὸν ὑπάγειν.   Πολ-
λοὶ οὖν ἐκ τῶν Ἰουδαίων, οἱ ἐλθόντες πρὸς τὴν Μαριὰμ
46 καὶ θεασάμενοι ⌈ὃ⌉ ἐποίησεν, ἐπίστευσαν εἰς αὐτόν· τινὲς
δὲ ἐξ αὐτῶν ἀπῆλθον πρὸς τοὺς Φαρισαίους καὶ εἶπαν
47 αὐτοῖς ἃ ἐποίησεν Ἰησοῦς.   Συνήγαγον οὖν οἱ
ἀρχιερεῖς καὶ οἱ Φαρισαῖοι συνέδριον, καὶ ἔλεγον Τί
48 ποιοῦμεν ὅτι οὗτος ὁ ἄνθρωπος πολλὰ ποιεῖ σημεῖα; ἐὰν
ἀφῶμεν αὐτὸν οὕτως, πάντες πιστεύσουσιν εἰς αὐτόν, καὶ
ἐλεύσονται οἱ Ῥωμαῖοι καὶ ἀροῦσιν ἡμῶν καὶ τὸν τόπον
49 καὶ τὸ ἔθνος.   εἷς δέ τις ἐξ αὐτῶν Καιάφας, ἀρχιερεὺς ὢν
τοῦ ἐνιαυτοῦ ἐκείνου, εἶπεν αὐτοῖς Ὑμεῖς οὐκ οἴδατε
50 οὐδέν, οὐδὲ λογίζεσθε ὅτι συμφέρει ὑμῖν ἵνα εἷς ἄνθρωπος
ἀποθάνῃ ὑπὲρ τοῦ λαοῦ καὶ μὴ ὅλον τὸ ἔθνος ἀπόλη-
51 ται.   Τοῦτο δὲ ἀφ᾽ ἑαυτοῦ οὐκ εἶπεν, ἀλλὰ ἀρχιερεὺς ὢν
τοῦ ἐνιαυτοῦ ἐκείνου ἐπροφήτευσεν ὅτι ἔμελλεν Ἰησοῦς
52 ἀποθνήσκειν ὑπὲρ τοῦ ἔθνους, καὶ οὐχ ὑπὲρ τοῦ ἔθνους
μόνον, ἀλλ᾽ ἵνα καὶ τὰ τέκνα τοῦ θεοῦ τὰ διεσκορπισμένα
53 συναγάγῃ εἰς ἕν.   Ἀπ᾽ ἐκείνης οὖν τῆς ἡμέρας ἐβουλεύ-
σαντο ἵνα ἀποκτείνωσιν αὐτόν.

54   Ὁ οὖν Ἰησοῦς οὐκέτι παρρησίᾳ περιεπάτει ἐν τοῖς Ἰου-
δαίοις, ἀλλὰ ἀπῆλθεν ἐκεῖθεν εἰς τὴν χώραν ἐγγὺς τῆς
ἐρήμου, εἰς Ἐφραὶμ λεγομένην πόλιν, κἀκεῖ ἔμεινεν μετὰ
55 τῶν μαθητῶν.   Ἦν δὲ ἐγγὺς τὸ πάσχα τῶν Ἰουδαίων,
καὶ ἀνέβησαν πολλοὶ εἰς Ἱεροσόλυμα ἐκ τῆς χώρας
56 πρὸ τοῦ πάσχα ἵνα ἁγνίσωσιν ἑαυτούς.   ἐζήτουν οὖν
τὸν Ἰησοῦν καὶ ἔλεγον μετ᾽ ἀλλήλων ἐν τῷ ἱερῷ ἑστη-
κότες Τί δοκεῖ ὑμῖν; ὅτι οὐ μὴ ἔλθῃ εἰς τὴν ἑορτήν;
57 δεδώκεισαν δὲ οἱ ἀρχιερεῖς καὶ οἱ Φαρισαῖοι ἐντολὰς
ἵνα ἐάν τις γνῷ ποῦ ἐστὶν μηνύσῃ, ὅπως πιάσωσιν αὐ-
τόν.

1   Ὁ οὖν Ἰησοῦς πρὸ ἓξ ἡμερῶν τοῦ πάσχα ἦλθεν εἰς
Βηθανίαν, ὅπου ἦν Λάζαρος, ὃν ἤγειρεν ἐκ νεκρῶν Ἰησοῦς.
2 ἐποίησαν οὖν αὐτῷ δεῖπνον ἐκεῖ, καὶ ἡ Μάρθα διηκόνει,

"Unbind him and let him go."

45 So it came about that many of the Jews who had come to visit Mary and saw what Jesus did, came to believe in him

46 but some of them went back to the Pharisees and told them what he had done.

47 Then the high priests and the Pharisees called a meeting of the council, and they said,

"What are we to do about the fact that this man is

48 showing so many signs? If we let him go on, everybody will believe in him, and then the Romans will come and put an end to our holy place and our people."

49 But one of them, Caiaphas, who was high priest that year, said to them,

50 "You know nothing about it. You do not realize that it is to your interest that one man should die for the people, instead of the whole nation being destroyed."

51 Now he was not self-moved in saying this, but as high priest for that year he was inspired to say that Jesus was to die

52 for the nation—and not only for the nation but also for the

53 purpose of uniting the scattered children of God. So from that day they planned to kill Jesus.

54 In consequence of this, Jesus did not appear in public among the Jews any longer, but he left that neighborhood and went to the district near the desert, to a town called Ephraim,

55 and stayed there with his disciples. Now the Jewish Passover Festival was approaching and many people went up from the country to Jerusalem before the Passover, to purify them-

56 selves. So they were looking for Jesus there, and saying to one another as they stood about the Temple,

"What do you think? Do you think he will not come to the festival at all?"

57 For the high priests and the Pharisees had given orders that anyone who found out where he was should let them know, so that they might arrest him.

12 Six days before the Passover Jesus came to Bethany, where Lazarus, whom he had raised from the dead, was living.

2 They gave a dinner for him there, and Martha waited on them,

3 ὁ δὲ Λάζαρος εἷς ἦν ἐκ τῶν ἀνακειμένων σὺν αὐτῷ· ἡ
οὖν Μαριὰμ λαβοῦσα λίτραν μύρου νάρδου πιστικῆς πολυ-
τίμου ἤλειψεν τοὺς πόδας [τοῦ] Ἰησοῦ καὶ ἐξέμαξεν ταῖς
θριξὶν αὐτῆς τοὺς πόδας αὐτοῦ· ἡ δὲ οἰκία ἐπληρώθη ἐκ
4 τῆς ὀσμῆς τοῦ μύρου. λέγει [δὲ] Ἰούδας ὁ Ἰσκαριώτης
5 εἷς τῶν μαθητῶν αὐτοῦ, ὁ μέλλων αὐτὸν παραδιδόναι Διὰ
τί τοῦτο τὸ μύρον οὐκ ἐπράθη τριακοσίων δηναρίων καὶ
6 ἐδόθη πτωχοῖς; εἶπεν δὲ τοῦτο οὐχ ὅτι περὶ τῶν πτωχῶν
ἔμελεν αὐτῷ ἀλλ᾽ ὅτι κλέπτης ἦν καὶ τὸ γλωσσόκο-
7 μον ἔχων τὰ βαλλόμενα ἐβάσταζεν. εἶπεν οὖν ὁ Ἰη-
σοῦς Ἄφες αὐτήν, ἵνα εἰς τὴν ἡμέραν τοῦ ἐνταφια-
8 σμοῦ μου τηρήσῃ αὐτό· τοὺς πτωχοὺς γὰρ πάντοτε ἔχετε
9 μεθ᾽ ἑαυτῶν, ἐμὲ δὲ οὐ πάντοτε ἔχετε. Ἔγνω
οὖν ὁ ὄχλος πολὺς ἐκ τῶν Ἰουδαίων ὅτι ἐκεῖ ἐστίν, καὶ
ἦλθαν οὐ διὰ τὸν Ἰησοῦν μόνον ἀλλ᾽ ἵνα καὶ τὸν Λά-
10 ζαρον ἴδωσιν ὃν ἤγειρεν ἐκ νεκρῶν. ἐβουλεύσαντο δὲ οἱ
11 ἀρχιερεῖς ἵνα καὶ τὸν Λάζαρον ἀποκτείνωσιν, ὅτι πολ-
λοὶ δι᾽ αὐτὸν ὑπῆγον τῶν Ἰουδαίων καὶ ἐπίστευον εἰς τὸν
Ἰησοῦν.

12 Τῇ ἐπαύριον ὁ ὄχλος πολὺς ὁ ἐλθὼν εἰς τὴν ἑορτήν,
13 ἀκούσαντες ὅτι ἔρχεται Ἰησοῦς εἰς Ἰεροσόλυμα, ἔλαβον
τὰ βαΐα τῶν φοινίκων καὶ ἐξῆλθον εἰς ὑπάντησιν αὐτῷ,
καὶ ἐκραύγαζον
Ὡσαννά,
εὐλογημένος ὁ ἐρχόμενος ἐν ὀνόματι Κυρίου,
καὶ ὁ βασιλεὺς τοῦ Ἰσραήλ.
14 εὑρὼν δὲ ὁ Ἰησοῦς ὀνάριον ἐκάθισεν ἐπ᾽ αὐτό, καθώς
ἐστιν γεγραμμένον
15 Μὴ φοβοῦ, θυγάτηρ Σιών·
ἰδοῦ ὁ βασιλεύς σου ἔρχεται,
καθήμενος ἐπὶ πῶλον ὄνου.
16 Ταῦτα οὐκ ἔγνωσαν αὐτοῦ οἱ μαθηταὶ τὸ πρῶτον, ἀλλ᾽ ὅ-
τε ἐδοξάσθη Ἰησοῦς τότε ἐμνήσθησαν ὅτι ταῦτα ἦν ἐπ᾽ αὐ-

3 while Lazarus was one of those at the table with him.   And
Mary took a pound of liquid spikenard perfume, very costly,
and poured it on Jesus' feet, and then wiped his feet with her
hair, and the whole house was filled with the fragrance of the
4 perfume.   But Judas Iscariot, one of his disciples, who was
going to betray him, said,
5   "Why was this perfume not sold for sixty dollars, and the
money given to the poor?"
6   But he did not say this because he cared about the poor,
but because he was a thief and when he had charge of the
7 purse he used to take what was put in it.   Jesus said,
        "Let her alone; let her keep it for the day of my funeral,
8 for you always have the poor among you, but you will not
always have me."
9   A great crowd of the Jews found out that he was there,
and they came not only to see Jesus but also to see Lazarus,
10 whom he had raised from the dead.   But the high priests
11 planned to kill Lazarus also, for because of him many of the
Jews were leaving them and becoming believers in Jesus.
12   On the following day the great throng that had come up to
13 the festival, hearing that Jesus was coming to Jerusalem, got
palm branches and went out to meet him, shouting,
        "Bless him!
        Bless him who comes in the Lord's name!
        Bless the king of Israel!"
14 And Jesus found a young ass and mounted it, in accordance
with the Scripture,
15   "Do not be afraid, Daughter of Zion!
        See, your king is coming
        Mounted on an ass's colt!"
16   His disciples did not understand this at the time but
after Jesus was glorified they remembered that this was said

17 τῷ γεγραμμένα καὶ ταῦτα ἐποίησαν αὐτῷ. Ἐμαρτύρει
   οὖν ὁ ὄχλος ὁ ὢν μετ᾽ αὐτοῦ ὅτε τὸν Λάζαρον ἐφώνησεν
18 ἐκ τοῦ μνημείου καὶ ἤγειρεν αὐτὸν ἐκ νεκρῶν. διὰ τοῦτο
   καὶ ὑπήντησεν αὐτῷ ὁ ὄχλος ὅτι ἤκουσαν τοῦτο αὐτὸν
19 πεποιηκέναι τὸ σημεῖον. οἱ οὖν Φαρισαῖοι εἶπαν πρὸς
   ἑαυτούς Θεωρεῖτε ὅτι οὐκ ὠφελεῖτε οὐδέν· ἴδε ὁ κόσμος
   ὀπίσω αὐτοῦ ἀπῆλθεν.

20   Ἦσαν δὲ Ἕλληνές τινες ἐκ τῶν ἀναβαινόντων ἵνα
21 προσκυνήσωσιν ἐν τῇ ἑορτῇ· οὗτοι οὖν προσῆλθαν Φι-
   λίππῳ τῷ ἀπὸ Βηθσαιδὰ τῆς Γαλιλαίας, καὶ ἠρώτων
22 αὐτὸν λέγοντες Κύριε, θέλομεν τὸν Ἰησοῦν ἰδεῖν. ἔρ-
   χεται ὁ Φίλιππος καὶ λέγει τῷ Ἀνδρέᾳ· ἔρχεται Ἀνδρέας
23 καὶ Φίλιππος καὶ λέγουσιν τῷ Ἰησοῦ. ὁ δὲ Ἰησοῦς
   ἀποκρίνεται αὐτοῖς λέγων Ἐλήλυθεν ἡ ὥρα ἵνα δοξασθῇ
24 ὁ υἱὸς τοῦ ἀνθρώπου. ἀμὴν ἀμὴν λέγω ὑμῖν, ἐὰν μὴ ὁ
   κόκκος τοῦ σίτου πεσὼν εἰς τὴν γῆν ἀποθάνῃ, αὐτὸς μόνος
25 μένει· ἐὰν δὲ ἀποθάνῃ, πολὺν καρπὸν φέρει. ὁ φιλῶν
   τὴν ψυχὴν αὐτοῦ ἀπολλύει αὐτήν, καὶ ὁ μισῶν τὴν ψυχὴν
   αὐτοῦ ἐν τῷ κόσμῳ τούτῳ εἰς ζωὴν αἰώνιον φυλάξει αὐτήν.
26 ἐὰν ἐμοί τις διακονῇ ἐμοὶ ἀκολουθείτω, καὶ ὅπου εἰμὶ
   ἐγὼ ἐκεῖ καὶ ὁ διάκονος ὁ ἐμὸς ἔσται· ἐάν τις ἐμοὶ
27 διακονῇ τιμήσει αὐτὸν ὁ πατήρ. νῦν ἡ ΨΥΧΉ ΜΟΥ ΤΕΤΆ-
   ΡΑΚΤΑΙ, καὶ τί εἴπω; πάτερ, σῶσόν με ἐκ τῆς ὥρας
   ταύτης. ἀλλὰ διὰ τοῦτο ἦλθον εἰς τὴν ὥραν ταύτην.
28 πάτερ, δόξασόν σου τὸ ὄνομα. ἦλθεν οὖν φωνὴ ἐκ τοῦ
29 οὐρανοῦ Καὶ ἐδόξασα καὶ πάλιν δοξάσω. ὁ [οὖν] ὄχλος
   ὁ ἑστὼς καὶ ἀκούσας ἔλεγεν βροντὴν γεγονέναι· ἄλλοι
30 ἔλεγον Ἄγγελος αὐτῷ λελάληκεν. ἀπεκρίθη καὶ εἶπεν
   Ἰησοῦς Οὐ δι᾽ ἐμὲ ἡ φωνὴ αὕτη γέγονεν ἀλλὰ δι᾽ ὑμᾶς.
31 νῦν κρίσις ἐστὶν τοῦ κόσμου τούτου, νῦν ὁ ἄρχων τοῦ
32 κόσμου τούτου ἐκβληθήσεται ἔξω· κἀγὼ ἂν ὑψωθῶ ἐκ
33 τῆς γῆς, πάντας ἑλκύσω πρὸς ἐμαυτόν. τοῦτο δὲ
   ἔλεγεν σημαίνων ποίῳ θανάτῳ ἤμελλεν ἀποθνήσκειν.

17 of him in Scripture and that they had done this to him. The crowd that had been with him when he called Lazarus out of the tomb and raised him from the dead bore witness to it. 18 That was why the crowd went out to meet him, because they 19 heard that he had showed that sign. So the Pharisees said to one another,

"You see, you cannot do anything! The whole world has run after him!"

20 There were some Greeks among those who had come up 21 to worship at the festival, and they went to Philip, who was from Bethsaida in Galilee, and made this request of him:

"Sir, we want to see Jesus."

22 Philip went and told Andrew, and Andrew and Philip 23 went to Jesus and told him. Jesus answered,

"The time has come for the Son of Man to be glorified. 24 I tell you, unless a grain of wheat falls on the ground and dies, it remains just one grain. But if it dies, it yields a great 25 harvest. Whoever loves his life loses it, and whoever hates 26 his life in this world will preserve it for eternal life. If anyone serves me, he must follow me, and wherever I am, my servant must be also. If anyone serves me, my Father 27 will show him honor. Now my heart is troubled; what can I say? Father, save me from this trial! And yet it was for 28 this very purpose that I have come to this trial. Father, honor your own name!"

Then there came a voice from heaven,

"I have honored it, and I will honor it again!"

29 The crowd of bystanders heard it and said it was thunder. Others said,

"An angel spoke to him!"

30 Jesus answered,

"It was not for my sake that the voice came, but for 31 yours. The judgment of this world is now in progress. 32 Its evil genius is now to be expelled, and if I am lifted up from the ground, I will draw all men to myself."

33 He said this to show the kind of death he was going to 34 die. The crowd answered,

34 ἀπεκρίθη οὖν αὐτῷ ὁ ὄχλος· Ἡμεῖς ἠκούσαμεν ἐκ τοῦ
νόμου ὅτι ὁ χριστὸς μένει εἰς τὸν αἰῶνα, καὶ πῶς λέγεις
σὺ ὅτι δεῖ ὑψωθῆναι τὸν υἱὸν τοῦ ἀνθρώπου; τίς ἐστιν
35 οὗτος ὁ υἱὸς τοῦ ἀνθρώπου; εἶπεν οὖν αὐτοῖς ὁ Ἰη-
σοῦς Ἔτι μικρὸν χρόνον τὸ φῶς ἐν ὑμῖν ἐστίν. περι-
πατεῖτε ὡς τὸ φῶς ἔχετε, ἵνα μὴ σκοτία ὑμᾶς καταλάβῃ,
καὶ ὁ περιπατῶν ἐν τῇ σκοτίᾳ οὐκ οἶδεν ποῦ ὑπάγει.
36 ὡς τὸ φῶς ἔχετε, πιστεύετε εἰς τὸ φῶς, ἵνα υἱοὶ φωτὸς
γένησθε.   Ταῦτα ἐλάλησεν Ἰησοῦς, καὶ ἀπελ-
37 θὼν ἐκρύβη ἀπ᾽ αὐτῶν. Τοσαῦτα δὲ αὐτοῦ σημεῖα πεποιη-
38 κότος ἔμπροσθεν αὐτῶν οὐκ ἐπίστευον εἰς αὐτόν, ἵνα ὁ
λόγος Ἡσαίου τοῦ προφήτου πληρωθῇ ὃν εἶπεν
        Κύριε, τίς ἐπίϲτεγϲεν τῇ ἀκοῇ ἡμῶν;
        καὶ ὁ βραχίων Κυρίογ τίνι ἀπεκαλΎφθΗ;
39 διὰ τοῦτο οὐκ ἠδύναντο πιστεύειν ὅτι πάλιν εἶπεν Ἡσαί-
ας
40   ΤετΎφλωκεν αὐτῶν τοὺϲ ὀφθαλμοὺϲ καὶ ἐπώ-
                ρωϲεν αὐτῶν τὴν καρδίαν,
      ἵνα μὴ ἴδωϲιν τοῖϲ ὀφθαλμοῖϲ καὶ νοΉϲωϲιν
                τῇ καρδίᾳ καὶ ϲτραφῶϲιν,
      καὶ ἰάϲομαι αὐτούϲ.
41 ταῦτα εἶπεν Ἡσαίας ὅτι εἶδεν τὴν δόξαν αὐτοῦ, καὶ ἐλά-
42 λησεν περὶ αὐτοῦ. Ὅμως μέντοι καὶ ἐκ τῶν ἀρχόντων
πολλοὶ ἐπίστευσαν εἰς αὐτόν, ἀλλὰ διὰ τοὺς Φαρισαίους
43 οὐχ ὡμολόγουν ἵνα μὴ ἀποσυνάγωγοι γένωνται, ἠγά-
πησαν γὰρ τὴν δόξαν τῶν ἀνθρώπων μᾶλλον ⌈ἤπερ⌉ τὴν
44 δόξαν τοῦ θεοῦ.   Ἰησοῦς δὲ ἔκραξεν καὶ εἶπεν
Ὁ πιστεύων εἰς ἐμὲ οὐ πιστεύει εἰς ἐμὲ ἀλλὰ εἰς ͵τὸν
45 πέμψαντά με, καὶ ὁ θεωρῶν ἐμὲ θεωρεῖ τὸν πέμψαν-
46 τά με. ἐγὼ φῶς εἰς τὸν κόσμον ἐλήλυθα, ἵνα πᾶς ὁ
47 πιστεύων εἰς ἐμὲ ἐν τῇ σκοτίᾳ μὴ μείνῃ. καὶ ἐάν τίς
μου ἀκούσῃ τῶν ῥημάτων καὶ μὴ φυλάξῃ, ἐγὼ οὐ κρίνω
αὐτόν, οὐ γὰρ ἦλθον ἵνα κρίνω τὸν κόσμον ἀλλ᾽ ἵνα

"We have heard from the Law that the Christ is to remain here forever. So how can you say that the Son of Man must be lifted up? Who is this Son of Man?"

35 Jesus said to them,

"You will have the light only a little while longer. Go on while you still have the light, so that darkness may not overtake you, for those who go about in the dark do not know 36 where they are going. While you have the light believe in the light, that you may become sons of light."

With these words Jesus went away, and disappeared 37 from them. But for all the signs he had shown among them, 38 they would not believe in him, in fulfilment of the saying of the prophet Isaiah,

"Lord, who has believed our account?

39 And to whom has the Lord's arm been unveiled?"

So they could not believe; for Isaiah says again,

40 "He has made their eyes blind and their minds dull,

To keep them from seeing with their eyes, and under-standing with their minds,

And turning to me to be cured."

41 Isaiah said this because he saw his glory; it was of him 42 that he spoke. Yet for all that, even among the members of the council, many came to believe in him, but on account of the Pharisees they would not acknowledge it, for fear of being 43 expelled from the synagogues, for they cared more for the approval of men than for the approval of God.

44 But Jesus cried loudly,

"Whoever believes in me, believes not in me but in him 45 who has sent me; and whoever sees me, sees him who has 46 sent me. I have come into the world as a light, so that no one 47 who believes in me may have to remain in darkness. If anyone hears my words and disregards them, it is not I that judge him, for I have not come to judge the world but to

48 σώσω τὸν κόσμον. ὁ ἀθετῶν ἐμὲ καὶ μὴ λαμβάνων τὰ
ῥήματά μου ἔχει τὸν κρίνοντα αὐτόν· ὁ λόγος ὃν ἐλά-
49 λησα ἐκεῖνος κρινεῖ αὐτὸν ἐν τῇ ἐσχάτῃ ἡμέρᾳ· ὅτι ἐγὼ
ἐξ ἐμαυτοῦ οὐκ ἐλάλησα, ἀλλ᾽ ὁ πέμψας με πατὴρ αὐ-
50 τός μοι ἐντολὴν δέδωκεν τί εἴπω καὶ τί λαλήσω. καὶ
οἶδα ὅτι ἡ ἐντολὴ αὐτοῦ ζωὴ αἰώνιός ἐστιν. ἃ οὖν ἐγὼ
λαλῶ, καθὼς εἴρηκέν μοι ὁ πατήρ, οὕτως λαλῶ.

1   ΠΡΟ ΔΕ ΤΗΣ ΕΟΡΤΗΣ τοῦ πάσχα εἰδὼς ὁ Ἰησοῦς
ὅτι ἦλθεν αὐτοῦ ἡ ὥρα ἵνα μεταβῇ ἐκ τοῦ κόσμου τούτου
πρὸς τὸν ⌜πατέρα ἀγαπήσας τοὺς ἰδίους τοὺς ἐν τῷ κόσμῳ
2 εἰς τέλος ἠγάπησεν αὐτούς. Καὶ⌝ δείπνου γινομένου, τοῦ δια-
βόλου ἤδη βεβληκότος εἰς τὴν καρδίαν ἵνα παραδοῖ αὐτὸν
3 Ἰούδας Σίμωνος Ἰσκαριώτης, εἰδὼς ὅτι πάντα ἔδωκεν
αὐτῷ ὁ πατὴρ εἰς τὰς χεῖρας, καὶ ὅτι ἀπὸ θεοῦ ἐξῆλθεν
4 καὶ πρὸς τὸν θεὸν ὑπάγει, ἐγείρεται ἐκ τοῦ δείπνου καὶ
τίθησιν τὰ ἱμάτια, καὶ λαβὼν λέντιον διέζωσεν ἑαυτόν·
5 εἶτα βάλλει ὕδωρ εἰς τὸν νιπτῆρα, καὶ ἤρξατο νίπτειν τοὺς
πόδας τῶν μαθητῶν καὶ ἐκμάσσειν τῷ λεντίῳ ᾧ ἦν
6 διεζωσμένος. ἔρχεται οὖν πρὸς Σίμωνα Πέτρον. λέγει αὐ-
7 τῷ Κύριε, σύ μου νίπτεις τοὺς πόδας; ἀπεκρίθη Ἰησοῦς
καὶ εἶπεν αὐτῷ Ὃ ἐγὼ ποιῶ σὺ οὐκ οἶδας ἄρτι, γνώσῃ
8 δὲ μετὰ ταῦτα. λέγει αὐτῷ Πέτρος Οὐ μὴ νίψῃς μου
τοὺς πόδας εἰς τὸν αἰῶνα. ἀπεκρίθη Ἰησοῦς αὐτῷ Ἐὰν
9 μὴ νίψω σε, οὐκ ἔχεις μέρος μετ᾽ ἐμοῦ. λέγει αὐτῷ
Σίμων Πέτρος Κύριε, μὴ τοὺς πόδας μου μόνον ἀλλὰ
10 καὶ τὰς χεῖρας καὶ τὴν κεφαλήν. λέγει αὐτῷ Ἰησοῦς Ὁ
λελουμένος οὐκ ἔχει χρείαν [εἰ μὴ τοὺς πόδας] νίψασθαι,
ἀλλ᾽ ἔστιν καθαρὸς ὅλος· καὶ ὑμεῖς καθαροί ἐστε, ἀλλ᾽ οὐχὶ
11 πάντες. ᾔδει γὰρ τὸν παραδιδόντα αὐτόν· διὰ τοῦτο
12 εἶπεν ὅτι Οὐχὶ πάντες καθαροί ἐστε. Ὅτε οὖν ἔνιψεν

1,2 πατέρα, – ἀγαπήσας.........αὐτούς, – και

48 save the world.   Whoever rejects me and refuses to accept
my teachings is not without his judge; the very message
49 I have given will be his judge on the Last Day, for I have not
spoken on my own account, but the Father who has sent me
has himself given me orders what to tell and what to say.
50 And I know his orders mean eternal life.   So whatever I say,
I say only as the Father has told me."

13   Before the Passover Festival began, Jesus knew that the
time had come for him to leave this world and go to the
Father, but he had loved those who were his own in the
2 world, and he loved them to the last.   So at supper—the
devil having by this time put the thought of betraying Jesus
3 into the mind of Judas Iscariot, Simon's son—Jesus, fully
aware that the Father had put everything into his hands,
and that he had come from God and was going back to God,
4 rose from the table, took off his outer clothing, and fastened
5 a towel about his waist.   Then he poured water into the
basin and began to wash the disciples' feet, wiping them with
6 the towel that was about his waist.   So he came to Simon
Peter.   He said to him,
        "Master, are you going to wash my feet?"
7   Jesus answered,
        "You cannot understand now what I am doing, but you
will learn by and by."
8   Peter said to him,
        "You shall never wash my feet!"
        Jesus answered,
        "You will have no share with me unless I wash you."
9   Simon Peter said to him,
        "Master, wash not only my feet but my hands and my
face too!"
10   Jesus said to him,
        "Anyone who has bathed only needs to have his feet
washed to be altogether clean.   And you are already clean—
11 though not all of you."   For he knew who was going to be-
tray him; that was why he said, "You are not all of you clean."

τοὺς πόδας αὐτῶν καὶ ἔλαβεν τὰ ἱμάτια αὐτοῦ καὶ ⌈ἀνέπε-
σεν, πάλιν⌉ εἶπεν αὐτοῖς Γινώσκετε τί πεποίηκα ὑμῖν;
13 ὑμεῖς φωνεῖτέ με Ὁ διδάσκαλος καί Ὁ κύριος, καὶ
14 καλῶς λέγετε, εἰμὶ γάρ. εἰ οὖν ἐγὼ ἔνιψα ὑμῶν τοὺς πόδας
ὁ κύριος καὶ ὁ διδάσκαλος, καὶ ὑμεῖς ὀφείλετε ἀλλήλων
15 νίπτειν τοὺς πόδας· ὑπόδειγμα γὰρ ἔδωκα ὑμῖν ἵνα καθὼς
16 ἐγὼ ἐποίησα ὑμῖν καὶ ὑμεῖς ποιῆτε. ἀμὴν ἀμὴν λέγω ὑμῖν,
οὐκ ἔστιν δοῦλος μείζων τοῦ κυρίου αὐτοῦ οὐδὲ ἀπόστολος
17 μείζων τοῦ πέμψαντος αὐτόν. εἰ ταῦτα οἴδατε, μακάριοί
18 ἐστε ἐὰν ποιῆτε αὐτά. οὐ περὶ πάντων ὑμῶν λέγω· ἐγὼ οἶδα
τίνας ἐξελεξάμην· ἀλλ' ἵνα ἡ γραφὴ πληρωθῇ Ὁ τρώ-
ΓΩΝ ΜΟΥ ΤῸΝ ἄΡΤΟΝ ἐΠῆΡΕΝ ἐΠ' ἐΜῈ ΤῊΝ ΠΤΕΡΝΑΝ
19 ΑΫΤΟῦ. ἀπ' ἄρτι λέγω ὑμῖν πρὸ τοῦ γενέσθαι, ἵνα πι-
20 στεύητε ὅταν γένηται ὅτι ⌈ἐγώ εἰμι⌉. ἀμὴν ἀμὴν λέγω
ὑμῖν, ὁ λαμβάνων ἄν τινα πέμψω ἐμὲ λαμβάνει, ὁ δὲ ἐμὲ
21 λαμβάνων λαμβάνει τὸν πέμψαντά με.   Ταῦτα
εἰπὼν Ἰησοῦς ἐταράχθη τῷ πνεύματι καὶ ἐμαρτύρησεν καὶ
εἶπεν Ἀμὴν ἀμὴν λέγω ὑμῖν ὅτι εἷς ἐξ ὑμῶν παραδώσει
22 με. ἔβλεπον εἰς ἀλλήλους οἱ μαθηταὶ ἀπορούμενοι περὶ
23 τίνος λέγει. ἦν ἀνακείμενος εἷς ἐκ τῶν μαθητῶν αὐτοῦ ἐν
24 τῷ κόλπῳ τοῦ Ἰησοῦ, ὃν ἠγάπα [ὁ] Ἰησοῦς· νεύει οὖν
τούτῳ Σίμων Πέτρος καὶ λέγει αὐτῷ Εἰπὲ τίς ἐστιν περὶ
25 οὗ λέγει. ἀναπεσὼν ἐκεῖνος οὕτως ἐπὶ τὸ στῆθος τοῦ
26 Ἰησοῦ λέγει αὐτῷ Κύριε, τίς ἐστιν; ἀποκρίνεται οὖν
[ὁ] Ἰησοῦς Ἐκεῖνός ἐστιν ᾧ ἐγὼ βάψω τὸ ψωμίον καὶ δώ-
σω αὐτῷ· βάψας οὖν [τὸ] ψωμίον λαμβάνει καὶ δίδωσιν
27 Ἰούδᾳ Σίμωνος Ἰσκαριώτου. καὶ μετὰ τὸ ψωμίον τότε
εἰσῆλθεν εἰς ἐκεῖνον ὁ Σατανᾶς. λέγει οὖν αὐτῷ Ἰησοῦς
28 Ὃ ποιεῖς ποίησον τάχειον. τοῦτο [δὲ] οὐδεὶς ἔγνω
29 τῶν ἀνακειμένων πρὸς τί εἶπεν αὐτῷ· τινὲς γὰρ ἐδόκουν,
ἐπεὶ τὸ γλωσσόκομον εἶχεν Ἰούδας, ὅτι λέγει αὐτῷ
Ἰησοῦς Ἀγόρασον ὧν χρείαν ἔχομεν εἰς τὴν ἑορτήν, ἢ
30 τοῖς πτωχοῖς ἵνα τι δῷ. λαβὼν οὖν τὸ ψωμίον ἐκεῖνος

12 ἀνέπεσεν πάλιν,   19 ἐγώ εἰμι

12   When he had washed their feet and put on his clothes and taken his place, he said to them again,

"Do you understand what I have been doing to you? 13 You call me Teacher and Master, and you are right, for 14 that is what I am. If I then, your Master and Teacher, have washed your feet, you ought to wash one another's feet 15 too. For I have set you an example, in order that you may 16 do what I have done to you. I tell you, no slave is superior to his master, and no messenger is greater than the man who 17 sends him. Now that you have this knowledge, you will be 18 blessed if you act upon it. I do not mean all of you; I know whom I have chosen; but let the Scripture be fulfilled:

" 'He who is eating my bread
Has raised his heel against me.'

19 From now on I will tell you things before they happen, so that when they do happen you may believe that I am what 20 I say. I assure you, whoever welcomes any messenger of mine welcomes me and whoever welcomes me welcomes him who has sent me."

21   After Jesus had said this he was greatly moved and said solemnly,

"I tell you, it is one of you that will betray me!"

22   The disciples looked at one another in doubt as to which 23 of them he meant. Next to Jesus, at his right at the table, 24 was one of his disciples whom Jesus especially loved. So Simon Peter nodded to him and said to him,

"Tell us whom he means."

25   He leaned back from where he lay, on Jesus' breast, and said to him,

"Master, who is it?"

26   Jesus answered,

"It is the one to whom I am going to give this piece of bread when I have dipped it in the dish." So he dipped the piece of bread and took it and gave it to Judas, Simon 27 Iscariot's son. After he took the bread, Satan took possession of him. Then Jesus said to him,

"Be quick about your business."

28   But no one else at the table knew what he meant by telling 29 him this, for some of them thought that as Judas had the purse Jesus meant to say to him, "Buy what we need for the 30 festival," or to have him give something to the poor. So immediately after taking the piece of bread he went out.

ἐξῆλθεν εὐθύς· ἦν δὲ νύξ.

31 Ὅτε οὖν ἐξῆλθεν λέγει Ἰησοῦς Νῦν ἐδοξάσθη ὁ
32 υἱὸς τοῦ ἀνθρώπου, καὶ ὁ θεὸς ἐδοξάσθη ἐν αὐτῷ· καὶ ὁ
θεὸς δοξάσει αὐτὸν ἐν αὐτῷ, καὶ εὐθὺς δοξάσει αὐτόν.
33 Τεκνία, ἔτι μικρὸν μεθ᾽ ὑμῶν εἰμί· ζητήσετέ με, καὶ καθὼς
εἶπον τοῖς Ἰουδαίοις ὅτι Ὅπου ἐγὼ ὑπάγω ὑμεῖς οὐ
34 δύνασθε ἐλθεῖν, καὶ ὑμῖν λέγω ἄρτι. ἐντολὴν καινὴν δί-
δωμι ὑμῖν ἵνα ἀγαπᾶτε ἀλλήλους, καθὼς ἠγάπησα ὑμᾶς
35 ἵνα καὶ ὑμεῖς ἀγαπᾶτε ἀλλήλους. ἐν τούτῳ γνώσονται
πάντες ὅτι ἐμοὶ μαθηταί ἐστε, ἐὰν ἀγάπην ἔχητε ἐν
36 ἀλλήλοις. Λέγει αὐτῷ Σίμων Πέτρος Κύριε,
ποῦ ὑπάγεις; ἀπεκρίθη Ἰησοῦς Ὅπου ὑπάγω οὐ δύνασαί
37 μοι νῦν ἀκολουθῆσαι, ἀκολουθήσεις δὲ ὕστερον. λέγει
αὐτῷ [ὁ] Πέτρος ⌜Κύριε, διὰ⌝ τί οὐ δύναμαί σοι ἀκολου-
38 θεῖν ἄρτι; τὴν ψυχήν μου ὑπὲρ σοῦ θήσω. ἀποκρίνεται
Ἰησοῦς Τὴν ψυχήν σου ὑπὲρ ἐμοῦ θήσεις; ἀμὴν ἀμὴν
λέγω σοι, οὐ μὴ ἀλέκτωρ φωνήσῃ ἕως οὗ ἀρνήσῃ με
1 τρίς. Μὴ ταρασσέσθω ὑμῶν ἡ καρδία· ⌜πι-
2 στεύετε εἰς τὸν θεόν, καὶ⌝ εἰς ἐμὲ πιστεύετε. ἐν τῇ οἰκίᾳ
τοῦ πατρός μου μοναὶ πολλαί εἰσιν· εἰ δὲ μή, εἶπον ἂν
3 ὑμῖν, ὅτι πορεύομαι ἑτοιμάσαι τόπον ὑμῖν· καὶ ἐὰν πορευθῶ
καὶ ἑτοιμάσω τόπον ὑμῖν, πάλιν ἔρχομαι καὶ παραλήμψο-
μαι ὑμᾶς πρὸς ἐμαυτόν, ἵνα ὅπου εἰμὶ ἐγὼ καὶ ὑμεῖς ἦτε.
⁴₅ καὶ ὅπου ἐγὼ ὑπάγω οἴδατε τὴν ὁδόν. Λέγει
αὐτῷ Θωμᾶς Κύριε, οὐκ οἴδαμεν ποῦ ὑπάγεις· πῶς οἴδα-
6 μεν τὴν ὁδόν; λέγει αὐτῷ Ἰησοῦς Ἐγώ εἰμι ἡ ὁδὸς καὶ ἡ
ἀλήθεια καὶ ἡ ζωή· οὐδεὶς ἔρχεται πρὸς τὸν πατέρα εἰ μὴ
7 δι᾽ ἐμοῦ. εἰ ἐγνώκειτέ με, καὶ τὸν πατέρα μου ἂν ᾔδειτε·
8 ἀπ᾽ ἄρτι γινώσκετε αὐτὸν καὶ ἑωράκατε ⊤. Λέ-
γει αὐτῷ Φίλιππος Κύριε, δεῖξον ἡμῖν τὸν πατέρα, καὶ
9 ἀρκεῖ ἡμῖν. λέγει αὐτῷ [ὁ] Ἰησοῦς ⌜Τοσοῦτον χρόνον⌝
μεθ᾽ ὑμῶν εἰμὶ καὶ οὐκ ἔγνωκάς με, Φίλιππε; ὁ ἑωρακὼς
ἐμὲ ἑώρακεν τὸν πατέρα· πῶς σὺ λέγεις Δεῖξον ἡμῖν τὸν

37 Διὰ   1 πιστεύετε, εἰς τὸν θεὸν καὶ   7 αὐτόν   9 Τοσούτῳ χρόνῳ

It was then night.

31   When he was gone, Jesus said,

"Now the Son of Man has been honored, and God has 32 been honored through him, and God will through himself 33 honor him; he will honor him immediately. My children, I am to be with you only a little longer. You will look for me, but, as I said to the Jews, 'Where I am going you cannot 34 follow,' I now say to you. I give you a new command: Love one another. Just as I have loved you, you must love 35 one another. By this they will all know that you are my disciples—by your love for one another."

Simon Peter said to him,

"Master, where are you going?"

36   Jesus answered,

"I am going where you cannot follow me now, but you will follow me later."

37   Peter said to him,

"Master, why cannot I follow you now? I will lay down my life for you."

38   Jesus answered,

"You will lay down your life for me? I tell you, before a cock crows, you will disown me thrice over!

14 "Your minds must not be troubled; you must believe in 2 God, and believe in me. There are many rooms in my Father's house; if there were not, I would have told you, 3 for I am going away to make ready a place for you. And if I go and make it ready, I will come back and take you with 4 me, so that you may be where I am. You know the way to the place where I am going."

5   Thomas said to him,

"Master, we do not know where you are going; how can we know the way?"

6   Jesus said to him,

"I am Way and Truth and Life. No one can come to the 7 Father except through me. If you knew me, you would know my Father also. From now on you do know him and you have seen him."

8   Philip said to him,

"Master, let us see the Father, and it will satisfy us."

9   Jesus said to him,

"Have I been with you so long, and yet you, Philip, have not recognized me? Whoever has seen me has seen the 10 Father. How can you say, 'Let us see the Father'? Do you

10 πατέρα; οὐ πιστεύεις ὅτι ἐγὼ ἐν τῷ πατρὶ καὶ ὁ πατὴρ ἐν
ἐμοί ἐστιν; τὰ ῥήματα ἃ ἐγὼ λέγω ὑμῖν ἀπ᾽ ἐμαυτοῦ οὐ
11 λαλῶ· ὁ δὲ πατὴρ ἐν ἐμοὶ μένων ποιεῖ τὰ ἔργα αὐτοῦ. πι-
στεύετέ μοι ὅτι ἐγὼ ἐν τῷ πατρὶ καὶ ὁ πατὴρ ἐν ἐμοί· εἰ
12 δὲ μή, διὰ τὰ ἔργα ⌜αὐτὰ⌝ πιστεύετε⌝. Ἀμὴν ἀμὴν λέγω
ὑμῖν, ὁ πιστεύων εἰς ἐμὲ .τὰ ἔργα ἃ ἐγὼ ποιῶ κἀκεῖνος
ποιήσει, καὶ μείζονα τούτων ποιήσει, ὅτι ἐγὼ πρὸς τὸν πα-
13 τέρα ⌜πορεύομαι⌝ καὶ ὅτι ἂν ⌜αἰτήσητε⌝ ἐν τῷ ὀνόματί μου
14 τοῦτο ποιήσω, ἵνα δοξασθῇ ὁ πατὴρ ἐν τῷ υἱῷ· ἐάν τι αἰτή-
15 σητέ [με] ἐν τῷ ὀνόματί μου ⌜τοῦτο⌝ ποιήσω.   Ἐὰν
16 ἀγαπᾶτέ με, τὰς ἐντολὰς τὰς ἐμὰς τηρήσετε· κἀγὼ ἐρω-
τήσω τὸν πατέρα καὶ ἄλλον παράκλητον δώσει ὑμῖν ἵνα
17 ⌜ᾖ μεθ᾽ ὑμῶν εἰς τὸν αἰῶνα⌝, τὸ πνεῦμα τῆς ἀληθείας, ὃ ὁ
κόσμος οὐ δύναται λαβεῖν, ὅτι οὐ θεωρεῖ αὐτὸ οὐδὲ γινώ-
σκει· ὑμεῖς γινώσκετε αὐτό, ὅτι παρ᾽ ὑμῖν μένει καὶ ἐν
18 ὑμῖν ⌜ἐστίν⌝. Οὐκ ἀφήσω ὑμᾶς ὀρφανούς, ἔρχομαι πρὸς
19 ὑμᾶς. ἔτι μικρὸν καὶ ὁ κόσμος με οὐκέτι θεωρεῖ, ὑμεῖς
20 δὲ θεωρεῖτέ με, ὅτι ἐγὼ ζῶ καὶ ὑμεῖς ζήσετε. ἐν ἐκείνῃ
τῇ ἡμέρᾳ ὑμεῖς γνώσεσθε ὅτι ἐγὼ ἐν τῷ πατρί μου καὶ ὑμεῖς
21 ἐν ἐμοὶ κἀγὼ ἐν ὑμῖν. ὁ ἔχων τὰς ἐντολάς μου καὶ τηρῶν
αὐτὰς ἐκεῖνός ἐστιν ὁ ἀγαπῶν με· ὁ δὲ ἀγαπῶν με ἀγαπη-
θήσεται ὑπὸ τοῦ πατρός μου, κἀγὼ ἀγαπήσω αὐτὸν καὶ
22 ἐμφανίσω αὐτῷ ἐμαυτόν.   Λέγει αὐτῷ Ἰούδας,
οὐχ ὁ Ἰσκαριώτης, Κύριε, τί γέγονεν ὅτι ἡμῖν μέλλεις
23 ἐμφανίζειν σεαυτὸν καὶ οὐχὶ τῷ κόσμῳ; ἀπεκρίθη Ἰησοῦς
καὶ εἶπεν αὐτῷ Ἐάν τις ἀγαπᾷ με τὸν λόγον μου τηρήσει,
καὶ ὁ πατήρ μου ἀγαπήσει αὐτόν, καὶ πρὸς αὐτὸν ἐλευσό-
24 μεθα καὶ μονὴν παρ᾽ αὐτῷ ποιησόμεθα. ὁ μὴ ἀγαπῶν με
τοὺς λόγους μου οὐ τηρεῖ· καὶ ὁ λόγος ὃν ἀκούετε οὐκ ἔ-
25 στιν ἐμὸς ἀλλὰ τοῦ πέμψαντός με πατρός.   Ταῦ-
26 τα λελάληκα ὑμῖν παρ᾽ ὑμῖν μένων· ὁ δὲ παράκλητος, τὸ
πνεῦμα τὸ ἅγιον ὃ πέμψει ὁ πατὴρ ἐν τῷ ὀνόματί μου,
ἐκεῖνος ὑμᾶς διδάξει πάντα καὶ ὑπομνήσει ὑμᾶς πάντα ἃ

11 αὐτοῦ | μοι 12 πορεύομαι, 13 αἰτῆτε 14 ἐγώ 16 μεθ᾽ ὑμῶν εἰς τὸν αἰῶνα ᾖ

not believe that I am in union with the Father and the Father is in union with me?   I am not the source of the words that I say to you, but the Father who is united with
11 me is doing these things himself.   You must believe that I am in union with the Father and that the Father is in union with me, or else you must believe because of the things
12 themselves.   I tell you, whoever believes in me will do such things as I do, and things greater yet, because I am
13 going to the Father.   Anything you ask for as followers of mine I will grant, so that the Father may be honored through
14 the Son.   I will grant anything you ask me for as my followers.

15   "If you really love me, you will observe my commands.
16 And I will ask the Father and he will give you another Helper
17 to be with you always.   It is the Spirit of Truth.   The world cannot obtain it, because it does not see it or recognize it; you recognize it because it stays with you and is within
18 you.   I am not going to leave you friendless.   I am coming
19 back to you.   In a little while the world will not see me any more, but you will still see me, because I shall live on,
20 and you will live on too.   When that day comes you will know that I am in union with my Father and you are with me and
21 I am with you.   It is he who has my commands and observes them that really loves me, and whoever loves me will be loved by my Father, and I will love him and show myself to him."
22   Judas (not Judas Iscariot), said to him,
       "Master, how does it happen that you are going to show yourself to us and not to the world?"
23   Jesus answered,
       "Anyone who loves me will observe my teaching, and my Father will love him and we will come to him and live with
24 him.   No one who does not love me will observe my teaching, and yet the teaching you are listening to is not mine but is that of him who has sent me.
25   "I have told you this while I am still staying with you,
26 but the Helper, the holy Spirit which the Father will send in my place, will teach you everything and remind you of

27 εἶπον ὑμῖν ἐγώ. Εἰρήνην ἀφίημι ὑμῖν, εἰρήνην τὴν ἐμὴν
δίδωμι ὑμῖν· οὐ καθὼς ὁ κόσμος δίδωσιν ἐγὼ δίδωμι ὑμῖν.
28 μὴ ταρασσέσθω ὑμῶν ἡ καρδία μηδὲ δειλιάτω. ἠκούσατε
ὅτι ἐγὼ εἶπον ὑμῖν 'Υπάγω καὶ ἔρχομαι πρὸς ὑμᾶς. εἰ
ἠγαπᾶτέ με ἐχάρητε ἄν, ὅτι πορεύομαι πρὸς τὸν πατέρα,
29 ὅτι ὁ πατὴρ μείζων μού ἐστιν. καὶ νῦν εἴρηκα ὑμῖν πρὶν
30 γενέσθαι, ἵνα ὅταν γένηται πιστεύσητε. οὐκέτι πολλὰ λα-
λήσω μεθ' ὑμῶν, ἔρχεται γὰρ ὁ τοῦ κόσμου ἄρχων· καὶ ἐν
31 ἐμοὶ οὐκ ἔχει οὐδέν, ἀλλ' ἵνα γνῷ ὁ κόσμος ὅτι ἀγαπῶ τὸν
πατέρα, καὶ καθὼς ἐντολὴν ἔδωκέν μοι ὁ πατὴρ οὕτως ποιῶ.
'Εγείρεσθε, ἄγωμεν ἐντεῦθεν.

1 'Εγώ εἰμι ἡ ἄμπελος ἡ ἀληθινή, καὶ ὁ πατήρ μου ὁ
2 γεωργός ἐστιν· πᾶν κλῆμα ἐν ἐμοὶ μὴ φέρον καρπὸν αἴρει
αὐτό, καὶ πᾶν τὸ καρπὸν φέρον καθαίρει αὐτὸ ἵνα καρπὸν
3 πλείονα φέρῃ. ἤδη ὑμεῖς καθαροί ἐστε διὰ τὸν λόγον ὃν
4 λελάληκα ὑμῖν· μείνατε ἐν ἐμοί, κἀγὼ ἐν ὑμῖν. καθὼς τὸ
κλῆμα οὐ δύναται καρπὸν φέρειν ἀφ' ἑαυτοῦ ἐὰν μὴ μένῃ
ἐν τῇ ἀμπέλῳ, οὕτως οὐδὲ ὑμεῖς ἐὰν μὴ ἐν ἐμοὶ μένητε.
5 ἐγώ εἰμι ἡ ἄμπελος, ὑμεῖς τὰ κλήματα. ὁ μένων ἐν ἐμοὶ
κἀγὼ ἐν αὐτῷ οὗτος φέρει καρπὸν πολύν, ὅτι χωρὶς ἐμοῦ
6 οὐ δύνασθε ποιεῖν οὐδέν. ἐὰν μή τις μένῃ ἐν ἐμοί, ἐβλήθη
ἔξω ὡς τὸ κλῆμα καὶ ἐξηράνθη, καὶ συνάγουσιν αὐτὰ καὶ
7 εἰς τὸ πῦρ βάλλουσιν καὶ καίεται. 'Εὰν μείνητε ἐν ἐμοὶ
καὶ τὰ ῥήματά μου ἐν ὑμῖν μείνῃ, ὃ ἐὰν θέλητε αἰτήσασθε
8 καὶ γενήσεται ὑμῖν· ἐν τούτῳ ἐδοξάσθη ὁ πατήρ μου ἵνα
9 καρπὸν πολὺν φέρητε καὶ ⌜γένησθε⌝ ἐμοὶ μαθηταί. καθὼς
ἠγάπησέν με ὁ πατήρ, κἀγὼ ὑμᾶς ⌜ἠγάπησα,⌝ μείνατε ἐν τῇ
10 ἀγάπῃ τῇ ἐμῇ. ἐὰν τὰς ἐντολάς μου τηρήσητε, μενεῖτε ἐν τῇ
ἀγάπῃ μου, καθὼς ἐγὼ τοῦ ⌜πατρὸς⌝ τὰς ἐντολὰς τετήρηκα καὶ
11 μένω αὐτοῦ ἐν τῇ ἀγάπῃ. Ταῦτα λελάληκα ὑμῖν ἵνα ἡ χα-
12 ρὰ ἡ ἐμὴ ἐν ὑμῖν ᾖ καὶ ἡ χαρὰ ὑμῶν πληρωθῇ. αὕτη ἐστὶν ἡ
ἐντολὴ ἡ ἐμὴ ἵνα ἀγαπᾶτε ἀλλήλους καθὼς ἠγάπησα ὑμᾶς·
13 μείζονα ταύτης ἀγάπην οὐδεὶς ἔχει, ἵνα τις τὴν ψυχὴν αὐ-

17 ἔσται   8 γενήσεσθε   9 ἠγάπησα·   10 πατρός μου

27 everything that I have told you.   I leave you peace; I give you my own peace.   I do not give it to you as the world 28 gives.   Your minds must not be troubled or afraid.   You have heard me say that I am going away and am coming back to you; if you loved me you would be glad that I am 29 going to the Father, for the Father is greater than I.   And I have told you of it now before it happens, in order that 30 when it happens you may believe in me.   I shall not talk much more with you, for the evil genius of the world is 31 coming.   He has no power over me, but he is coming that the world may know that I love the Father and am doing what he has commanded me to do.   Come, let us go away.

15   "I am the true vine, and my Father is the cultivator. 2 Any branch of mine that does not bear fruit he trims away, and he prunes every branch that bears fruit, to make it bear 3 more.   You are pruned already because of the teaching that 4 I have given you.   You must remain united to me and I will remain united to you.   Just as no branch can bear fruit by itself unless it remains united to the vine, you cannot unless 5 you remain united to me.   I am the vine, you are the branches.   Anyone who remains united to me, with me united to him, will be very fruitful, for you cannot do anything apart 6 from me.   Anyone who does not remain united to me is thrown away like a branch and withers up, and they gather 7 them and throw them into the fire and burn them.   If you remain united to me and my words remain in your hearts, 8 ask for whatever you please and you shall have it.   When you are very fruitful and show yourselves to be disciples of 9 mine, my Father is honored.   I have loved you just as the 10 Father has loved me.   You must retain my love.   If you keep my commands you will retain my love, just as I have observed 11 the Father's commands and retain his love.   I have told you all this so that you may have the happiness I have had, and 12 your happiness may be complete.   The command that I give 13 you is to love one another just as I have loved you.   No one can show greater love than by giving up his life for his

14 τοῦ θῇ ὑπὲρ τῶν φίλων αὐτοῦ. ὑμεῖς φίλοι μού ἐστε ἐὰν
15 ποιῆτε ⌜ἃ⌝ ἐγὼ ἐντέλλομαι ὑμῖν. οὐκέτι λέγω ὑμᾶς δούλους,
ὅτι ὁ δοῦλος οὐκ οἶδεν τί ποιεῖ αὐτοῦ ὁ κύριος· ὑμᾶς δὲ
εἴρηκα φίλους, ὅτι πάντα ἃ ἤκουσα παρὰ τοῦ πατρός μου
16 ἐγνώρισα ὑμῖν. οὐχ ὑμεῖς με ἐξελέξασθε, ἀλλ᾽ ἐγὼ ἐξελε-
ξάμην ὑμᾶς, καὶ ἔθηκα ὑμᾶς ἵνα ὑμεῖς ὑπάγητε καὶ καρπὸν
φέρητε καὶ ὁ καρπὸς ὑμῶν μένῃ, ἵνα ὅτι ἂν ⌜αἰτήσητε⌝
17 τὸν πατέρα ἐν τῷ ὀνόματί μου δῷ ὑμῖν.   Ταῦτα
18 ἐντέλλομαι ὑμῖν ἵνα ἀγαπᾶτε ἀλλήλους. Εἰ ὁ κόσμος
ὑμᾶς μισεῖ, γινώσκετε ὅτι ἐμὲ πρῶτον ὑμῶν μεμίσηκεν.
19 εἰ ἐκ τοῦ κόσμου ἦτε, ὁ κόσμος ἂν τὸ ἴδιον ἐφίλει· ὅτι δὲ
ἐκ τοῦ κόσμου οὐκ ἐστέ, ἀλλ᾽ ἐγὼ ἐξελεξάμην ὑμᾶς ἐκ τοῦ
20 κόσμου, διὰ τοῦτο μισεῖ ὑμᾶς ὁ κόσμος. μνημονεύετε τοῦ
λόγου οὗ ἐγὼ εἶπον ὑμῖν Οὐκ ἔστιν δοῦλος μείζων τοῦ
κυρίου αὐτοῦ· εἰ ἐμὲ ἐδίωξαν, καὶ ὑμᾶς διώξουσιν· εἰ τὸν
21 λόγον μου ἐτήρησαν, καὶ τὸν ὑμέτερον τηρήσουσιν. ἀλλὰ
ταῦτα πάντα ποιήσουσιν εἰς ὑμᾶς διὰ τὸ ὄνομά μου, ὅτι
22 οὐκ οἴδασιν τὸν πέμψαντά με. Εἰ μὴ ἦλθον καὶ ἐλάλησα
αὐτοῖς, ἁμαρτίαν οὐκ εἴχοσαν· νῦν δὲ πρόφασιν οὐκ ἔχου-
23 σιν περὶ τῆς ἁμαρτίας αὐτῶν. ὁ ἐμὲ μισῶν καὶ τὸν πατέρα
24 μου μισεῖ. εἰ τὰ ἔργα μὴ ἐποίησα ἐν αὐτοῖς ἃ οὐδεὶς ἄλλος
ἐποίησεν, ἁμαρτίαν οὐκ εἴχοσαν· νῦν δὲ καὶ ἑωράκασιν καὶ
25 μεμισήκασιν καὶ ἐμὲ καὶ τὸν πατέρα μου. ἀλλ᾽ ἵνα πληρωθῇ
ὁ λόγος ὁ ἐν τῷ νόμῳ αὐτῶν γεγραμμένος ὅτι ᾽ΕΜΊΣΗϹΆΝ
26 ΜΕ ΔΩΡΕΆΝ. Ὅταν ἔλθῃ ὁ παράκλητος ὃν ἐγὼ πέμψω
ὑμῖν παρὰ τοῦ πατρός, τὸ πνεῦμα τῆς ἀληθείας ὃ παρὰ
τοῦ πατρὸς ἐκπορεύεται, ἐκεῖνος μαρτυρήσει περὶ ἐμοῦ·
27 καὶ ὑμεῖς δὲ μαρτυρεῖτε, ὅτι ἀπ᾽ ἀρχῆς μετ᾽ ἐμοῦ ἐ-
1 στέ.   Ταῦτα λελάληκα ὑμῖν ἵνα μὴ σκανδα-
2 λισθῆτε. ἀποσυναγώγους ποιήσουσιν ὑμᾶς· ἀλλ᾽ ἔρχεται ὥρα
ἵνα πᾶς ὁ ἀποκτείνας [ὑμᾶς] δόξῃ λατρείαν προσφέρειν τῷ
3 θεῷ. καὶ ταῦτα ποιήσουσιν ὅτι οὐκ ἔγνωσαν τὸν πατέρα
4 οὐδὲ ἐμέ. ἀλλὰ ταῦτα λελάληκα ὑμῖν ἵνα ὅταν ἔλθῃ ἡ

14 ἃ   16 αἰτῆτε

14 friends. You are my friends if you do what I command
15 you to do. I do not call you slaves any longer, for a slave
does not know what his master is doing, but now I call you
friends, for I have made known to you everything that I have
16 learned from my Father. It was not you who chose me, it
is I who have chosen you, and appointed you to go and bear
fruit—fruit that shall be lasting, so that the Father may
grant you whatever you ask him for as my followers.

17   "What I command you to do is to love one another. If
18 the world hates you, remember that it hated me first. If you
19 belonged to the world, the world would love what was its own.
But it is because you do not belong to the world, but I have
selected you from the world, that the world hates you.
20 Remember what I said to you: No slave is greater than his
master. If they have persecuted me they will persecute you
too. If they have observed my teaching, they will observe
21 yours too. But they will do all this to you on my account,
22 because they do not understand who has sent me. If I
had not come and spoken to them, they would not have been
guilty of sin, but as it is, they have no excuse for their sin.
$^{23}_{24}$ Whoever hates me hates my Father also. If I had not done
things before them that no one else ever did they would not
be guilty of sin. But as it is, they have both seen and hated
25 both me and my Father. But the saying written in Law,
26 'They hated me without cause,' must be fulfilled. When the
Helper comes whom I will send to you from the Father—that
Spirit of Truth that comes from the Father—he will bear
27 testimony to me, and you must bear testimony too, because
you have been with me from the first.

16   "I have told you this to keep you from faltering.
2 They will exclude you from their synagogues; why, the time
is coming when anyone who kills you will think he is doing
3 religious service to God. They will do this because they do
4 not know the Father or me. But I have told you about these
things in order that when the time comes for them to happen,

ὥρα αὐτῶν μνημονεύητε αὐτῶν ὅτι ἐγὼ εἶπον ὑμῖν· ταῦτα
5 δὲ ὑμῖν ἐξ ἀρχῆς οὐκ εἶπον, ὅτι μεθ᾿ ὑμῶν ἤμην. νῦν δὲ
ὑπάγω πρὸς τὸν πέμψαντά με καὶ οὐδεὶς ἐξ ὑμῶν ἐρωτᾷ
6 με Ποῦ ὑπάγεις; ἀλλ᾿ ὅτι ταῦτα λελάληκα ὑμῖν ἡ λύπη
7 πεπλήρωκεν ὑμῶν τὴν καρδίαν. ἀλλ᾿ ἐγὼ τὴν ἀλήθειαν
λέγω ὑμῖν, συμφέρει ὑμῖν ἵνα ἐγὼ ἀπέλθω. ἐὰν γὰρ μὴ
ἀπέλθω, ὁ παράκλητος οὐ μὴ ἔλθῃ πρὸς ὑμᾶς· ἐὰν δὲ
8 πορευθῶ, πέμψω αὐτὸν πρὸς ὑμᾶς. ⸢Καὶ⸣ ἐλθὼν ἐκεῖνος
ἐλέγξει τὸν κόσμον περὶ ἁμαρτίας καὶ περὶ δικαιοσύνης
9 καὶ περὶ κρίσεως· περὶ ἁμαρτίας μέν, ὅτι οὐ πιστεύουσιν
10 εἰς ἐμέ· περὶ δικαιοσύνης δέ, ὅτι πρὸς τὸν πατέρα ὑπάγω
11 καὶ οὐκέτι θεωρεῖτέ με· περὶ δὲ κρίσεως, ὅτι ὁ ἄρχων τοῦ
12 κόσμου τούτου κέκριται. Ἔτι πολλὰ ἔχω ὑμῖν λέγειν,
13 ἀλλ᾿ οὐ δύνασθε βαστάζειν ἄρτι· ὅταν δὲ ἔλθῃ ἐκεῖνος, τὸ
πνεῦμα τῆς ἀληθείας, ὁδηγήσει ὑμᾶς ⸢εἰς τὴν ἀλήθειαν πᾶ-
σαν⸣, οὐ γὰρ λαλήσει ἀφ᾿ ἑαυτοῦ, ἀλλ᾿ ὅσα ⸢ἀκούει⸣ λαλήσει,
14 καὶ τὰ ἐρχόμενα ἀναγγελεῖ ὑμῖν. ἐκεῖνος ἐμὲ δοξάσει,
15 ὅτι ἐκ τοῦ ἐμοῦ λήμψεται καὶ ἀναγγελεῖ ὑμῖν. πάντα
ὅσα ἔχει ὁ πατὴρ ἐμά ἐστιν· διὰ τοῦτο εἶπον ὅτι ἐκ τοῦ
16 ἐμοῦ λαμβάνει καὶ ἀναγγελεῖ ὑμῖν. Μικρὸν
καὶ οὐκέτι θεωρεῖτέ με, καὶ πάλιν μικρὸν καὶ ὄψεσθέ με.
17 Εἶπαν οὖν ἐκ τῶν μαθητῶν αὐτοῦ πρὸς ἀλλήλους Τί
ἐστιν τοῦτο ὃ λέγει ἡμῖν Μικρὸν καὶ οὐ θεωρεῖτέ με,
καὶ πάλιν μικρὸν καὶ ὄψεσθέ με; καί Ὅτι ὑπάγω πρὸς
18 τὸν πατέρα; ἔλεγον οὖν Τί ἐστιν τοῦτο ὃ λέγει μικρόν;
19 οὐκ οἴδαμεν [τί λαλεῖ]. ἔγνω Ἰησοῦς ὅτι ἤθελον αὐτὸν
ἐρωτᾶν, καὶ εἶπεν αὐτοῖς Περὶ τούτου ζητεῖτε μετ᾿ ἀλ
λήλων ὅτι εἶπον Μικρὸν καὶ οὐ θεωρεῖτέ με, καὶ πάλιν
20 μικρὸν καὶ ὄψεσθέ με; ἀμὴν ἀμὴν λέγω ὑμῖν ὅτι κλαύσετε
καὶ θρηνήσετε ὑμεῖς, ὁ δὲ κόσμος χαρήσεται· ὑμεῖς λυπη-
21 θήσεσθε, ἀλλ᾿ ἡ λύπη ὑμῶν εἰς χαρὰν γενήσεται. ἡ γυνὴ
ὅταν τίκτῃ λύπην ἔχει, ὅτι ἦλθεν ἡ ὥρα αὐτῆς· ὅταν δὲ
γεννήσῃ τὸ παιδίον, οὐκέτι μνημονεύει τῆς θλίψεως διὰ

8 καὶ   13 ἐν τῇ ἀληθείᾳ πάσῃ | ἀκούσει

you may remember that I told you of them.   I did not tell you
5 this at first because I was still staying with you.   But now I
am going away to him who sent me, and not one of you asks me
6 where I am going, but your minds are full of sorrow because
7 I have told you this.   Yet it is only the truth when I tell you
that it is better for you that I should go away.   For if I do not
go, the Helper will not come to you, but if I go I will send him
8 to you.   When he comes, he will bring conviction to the
9 world about sin and uprightness and judgment; about sin,
10 as shown in their not believing in me; about uprightness,
as shown by my going away to the Father, where you can
11 no longer see me; and about judgment, as shown by the
12 condemnation of the evil genius of this world.   I have much
13 more to tell you, but you cannot take it in now, but when
the Spirit of Truth comes, he will guide you into the full truth,
for he will not speak for himself but will tell what he hears,
14 and will announce to you the things that are to come.   He
will do honor to me, for he will take what is mine and com-
15 municate it to you.   All that the Father has belongs to me.
That is why I said that he will take what is mine and com-
municate it to you.

16   "In a little while you will not see me any longer, and a
little while after, you will see me again."

17   Then some of his disciples said to one another,

        "What does he mean when he tells us, 'In a little while
you will not see me any longer, and a little while after, you
will see me again,' and 'Because I am going away to the
18 Father'?"   So they kept saying "What does he mean by
'In a little while'?   We do not know what he is talking
about."

19   Jesus saw that they wanted to ask him a question, and
he said to them,

        "Are you asking one another about my saying 'In a little
while you will not see me any longer, and a little while after,
20 you will see me again'?   I tell you, you will weep and wail
while the world will be happy; you will grieve, but your
21 grief will change to happiness.   When a woman is in labor
she is sorrowful, for her time has come; but when the child
is born, she forgets her pain in her joy that a human being

22τὴν χαρὰν ὅτι ἐγεννήθη ἄνθρωπος εἰς τὸν κόσμον. καὶ
ὑμεῖς οὖν νῦν μὲν λύπην ἔχετε· πάλιν δὲ ὄψομαι ὑμᾶς,
καὶ χαρήσεται ἡμῶν ἡ καρδία, καὶ τὴν χαρὰν ὑμῶν
23οὐδεὶς ⌈ἀρεῖ⌉ ἀφ᾽ ὑμῶν. καὶ ἐν ἐκείνῃ τῇ ἡμέρᾳ ἐμὲ
οὐκ ἐρωτήσετε ⌈οὐδέν·⌉ ἀμὴν ἀμὴν λέγω ὑμῖν, ἄν τι αἰτή-
24σητε τὸν πατέρα δώσει ὑμῖν ἐν τῷ ὀνόματί μου. ἕως ἄρτι
οὐκ ᾐτήσατε οὐδὲν ἐν τῷ ὀνόματί μου· αἰτεῖτε καὶ λήμψε-
25σθε, ἵνα ἡ χαρὰ ὑμῶν ᾖ πεπληρωμένη. Ταῦτα
ἐν παροιμίαις λελάληκα ὑμῖν· ἔρχεται ὥρα ὅτε οὐκέτι ἐν
παροιμίαις λαλήσω ὑμῖν ἀλλὰ παρρησίᾳ περὶ τοῦ πατρὸς
26ἀπαγγελῶ ὑμῖν. ἐν ἐκείνῃ τῇ ἡμέρᾳ ἐν τῷ ὀνόματί μου
αἰτήσεσθε, καὶ οὐ λέγω ὑμῖν ὅτι ἐγὼ ἐρωτήσω τὸν πατέρα
27περὶ ὑμῶν· αὐτὸς γὰρ ὁ πατὴρ φιλεῖ ὑμᾶς, ὅτι ὑμεῖς ἐμὲ
πεφιλήκατε καὶ πεπιστεύκατε ὅτι ἐγὼ παρὰ τοῦ πατρὸς
28ἐξῆλθον. ἐξῆλθον ἐκ τοῦ πατρὸς καὶ ἐλήλυθα εἰς τὸν
κόσμον· πάλιν ἀφίημι τὸν κόσμον καὶ πορεύομαι πρὸς
29τὸν πατέρα. Λέγουσιν οἱ μαθηταὶ αὐτοῦ Ἴδε νῦν ἐν
30παρρησίᾳ λαλεῖς, καὶ παροιμίαν οὐδεμίαν λέγεις. νῦν
οἴδαμεν ὅτι οἶδας πάντα καὶ οὐ χρείαν ἔχεις ἵνα τίς σε
31ἐρωτᾷ· ἐν τούτῳ πιστεύομεν ὅτι ἀπὸ θεοῦ ἐξῆλθες. ἀπε-
32κρίθη αὐτοῖς Ἰησοῦς Ἄρτι πιστεύετε; ἰδοὺ ἔρχεται ὥρα
καὶ ἐλήλυθεν ἵνα σκορπισθῆτε ἕκαστος εἰς τὰ ἴδια κἀμὲ
μόνον ἀφῆτε· καὶ οὐκ εἰμὶ μόνος, ὅτι ὁ πατὴρ μετ᾽ ἐμοῦ
33ἐστίν. ταῦτα λελάληκα ὑμῖν ἵνα ἐν ἐμοὶ εἰρήνην ἔχητε·
ἐν τῷ κόσμῳ θλίψιν ἔχετε, ἀλλὰ θαρσεῖτε, ἐγὼ νενίκηκα
τὸν κόσμον.
1　　Ταῦτα ἐλάλησεν Ἰησοῦς, καὶ ἐπάρας τοὺς ὀφθαλ-
μοὺς αὐτοῦ εἰς τὸν οὐρανὸν εἶπεν Πάτερ, ἐλήλυθεν ἡ
2ὥρα· δόξασόν σου τὸν υἱόν, ἵνα ὁ υἱὸς δοξάσῃ σέ, καθὼς
ἔδωκας αὐτῷ ἐξουσίαν πάσης σαρκός, ἵνα πᾶν ὃ δέδωκας
3αὐτῷ δώσει αὐτοῖς ζωὴν αἰώνιον. αὕτη δέ ἐστιν ἡ αἰώνιος
ζωὴ ἵνα γινώσκωσι σὲ τὸν μόνον ἀληθινὸν θεὸν καὶ ὃν
4ἀπέστειλας Ἰησοῦν Χριστόν. ἐγώ σε ἐδόξασα ἐπὶ τῆς

22 αἴρει　　　　23 οὐδέν.

22 has been brought into the world. So you, too, are sorrowful now; but I will see you again, and your hearts will be happy,
23 and no one will rob you of your happiness. When that time comes, you will not ask me any questions; I tell you, whatever you ask the Father for, he will give you as my followers.
24 Hitherto you have not asked for anything as my followers, but now ask, and you will receive, so that your happiness may be complete.

25   "I have said all this to you in figures, but a time is coming when I shall not do so any longer, but will tell you
26 plainly about the Father. When that time comes you will ask as my followers, and I do not promise to intercede
27 with the Father for you, for the Father loves you himself because you love me and believe that I have come from the
28 Father. I did come from the Father and enter the world. Now I am leaving the world again and going back to the Father."

29   His disciples said,

     "Why, now you are talking plainly and not speaking
30 figuratively at all. Now we know that you know everything and do not need to have anyone ask you questions. This makes us believe that you have really come from God."

31   Jesus answered,

32   "Now do you believe that? Why, a time is coming—it has already come!—when you will all be scattered to your homes and will leave me alone. And yet I am not alone,
33 for the Father is with me. I have told you all this, so that through me you may find peace. In the world you have trouble; but take courage! I have conquered the world."

17   When Jesus had said all this he raised his eyes to heaven and said,

     "Father, the time has come. Do honor to your son,
2 that your son may do honor to you, just as you have done in giving him power over all mankind, so that he may give
3 eternal life to all whom you have given him. And eternal life means knowing you as the only true God, and knowing
4 Jesus your messenger as Christ. I have done honor to you

5 γῆς, τὸ ἔργον τελειώσας ὃ δέδωκάς μοι ἵνα ποιήσω· καὶ
νῦν δόξασόν με σύ, πάτερ, παρὰ σεαυτῷ τῇ δόξῃ ⌈ᾗ⌉ εἶχον
6 πρὸ τοῦ τὸν κόσμον εἶναι παρὰ σοί.   Ἐφανέ-
ρωσά σου τὸ ὄνομα τοῖς ἀνθρώποις οὓς ἔδωκάς μοι ἐκ
τοῦ κόσμου. σοὶ ἦσαν κἀμοὶ αὐτοὺς ἔδωκας, καὶ τὸν
7 λόγον σου τετήρηκαν.   νῦν ἔγνωκαν ὅτι πάντα ὅσα
8 ⌈ἔδωκάς⌉ μοι παρὰ σοῦ εἰσίν· ὅτι τὰ ῥήματα ἃ ⌈ἔδωκάς⌉
μοι δέδωκα αὐτοῖς, καὶ αὐτοὶ ἔλαβον καὶ ἔγνωσαν ἀληθῶς
ὅτι παρὰ σοῦ ἐξῆλθον, καὶ ἐπίστευσαν ὅτι σύ με ἀπέστει-
9 λας. Ἐγὼ περὶ αὐτῶν ἐρωτῶ· οὐ περὶ τοῦ κόσμου ἐρωτῶ
10 ἀλλὰ περὶ ὧν δέδωκάς μοι, ὅτι σοί εἰσιν, καὶ τὰ ἐμὰ πάντα
11 σά ἐστιν καὶ τὰ σὰ ἐμά, καὶ δεδόξασμαι ἐν αὐτοῖς. καὶ οὐ-
κέτι εἰμὶ ἐν τῷ κόσμῳ, καὶ ⌈αὐτοὶ⌉ ἐν τῷ κόσμῳ εἰσίν, κἀγὼ
πρὸς σὲ ἔρχομαι. πάτερ ἅγιε, τήρησον αὐτοὺς ἐν τῷ
ὀνόματί σου ᾧ δέδωκάς μοι, ἵνα ὦσιν ἓν καθὼς ἡμεῖς.
12 Ὅτε ἤμην μετ' αὐτῶν ἐγὼ ἐτήρουν αὐτοὺς ἐν τῷ ὀνόματί
σου ᾧ δέδωκάς μοι, καὶ ἐφύλαξα, καὶ οὐδεὶς ἐξ αὐτῶν ἀπώ-
λετο εἰ μὴ ὁ υἱὸς τῆς ἀπωλείας, ἵνα ἡ γραφὴ πληρωθῇ.
13 νῦν δὲ πρὸς σὲ ἔρχομαι, καὶ ταῦτα λαλῶ ἐν τῷ κόσμῳ ἵνα
ἔχωσιν τὴν χαρὰν τὴν ἐμὴν πεπληρωμένην ἐν ἑαυτοῖς.
14 Ἐγὼ δέδωκα αὐτοῖς τὸν λόγον σου, καὶ ὁ κόσμος ἐμίσησεν
αὐτούς, ὅτι οὐκ εἰσὶν ἐκ τοῦ κόσμου καθὼς ἐγὼ οὐκ εἰμὶ
15 ἐκ τοῦ κόσμου. οὐκ ἐρωτῶ ἵνα ἄρῃς αὐτοὺς ἐκ τοῦ κό-
16 σμου ἀλλ' ἵνα τηρήσῃς αὐτοὺς ἐκ τοῦ πονηροῦ. ἐκ τοῦ
κόσμου οὐκ εἰσὶν καθὼς ἐγὼ οὐκ εἰμὶ ἐκ τοῦ κόσμου.
17 ἁγίασον αὐτοὺς ἐν τῇ ἀληθείᾳ· ὁ λόγος ὁ σὸς ἀλήθειά
18 ἐστιν. καθὼς ἐμὲ ἀπέστειλας εἰς τὸν κόσμον, κἀγὼ
19 ἀπέστειλα αὐτοὺς εἰς τὸν κόσμον· καὶ ὑπὲρ αὐτῶν [ἐγὼ]
ἁγιάζω ἐμαυτόν, ἵνα ὦσιν καὶ αὐτοὶ ἡγιασμένοι ἐν
20 ἀληθείᾳ.   Οὐ περὶ τούτων δὲ ἐρωτῶ μόνον,
ἀλλὰ καὶ περὶ τῶν πιστευόντων διὰ τοῦ λόγου αὐτῶν εἰς
21 ἐμέ, ἵνα πάντες ἓν ὦσιν, καθὼς σύ, πατήρ, ἐν ἐμοὶ κἀγὼ
ἐν σοί, ἵνα καὶ αὐτοὶ ἐν ἡμῖν ὦσιν, ἵνα ὁ κόσμος πιστεύῃ

5 ἦν   7 δέδωκάς   8 δέδωκας   11 οὗτοι

here on earth, by completing the work which you gave me to
5 do.   Now, Father, do such honor to me in your presence as
I had done me there before the world existed.

6   "I have revealed your real self to the men you gave me
from the world.   They were yours and you gave them to me,
7 and they have obeyed your message.   Now at last they know
8 that all that you have given me comes from you, for I have
given them the truths that you gave me, and they have
accepted them and been convinced that I came from you,
9 and they believe that you sent me.   I have a request to make
for them.   I make no request for the world, but only for those
10 whom you have given me, for they are yours—all that is mine
is yours and what is your is mine—and they have done me
11 honor.   Now I am to be no longer in this world, but they
are to remain in the world, while I return to you.   Holy
Father, keep them by your power which you gave me, so that
12 they may be one just as we are.   As long as I was with them
I kept them by your power which you gave me, and I pro-
tected them, and not one of them was lost (except the one who
was destined to be lost), so that what the Scripture says
13 might come true.   But now I am coming to you, and I say
this here in this world in order that they may have the
14 happiness that I feel fully realized in their own hearts.   I have
given them your message, and the world has come to hate
them, for they do not belong to the world any more than I
15 belong to the world.   I do not ask you to take them away from
16 the world, but to keep them from the evil one.   They do not
belong to the world any more than I belong to the world.
$^{17}_{18}$ Consecrate them by truth.   Your message is truth.   Just
as you sent me to the world, I have sent them to the world.
19 And it is for their sake that I consecrate myself, that they also
may be consecrated by the truth.

20   "It is not for them only that I make this request.   It is
also for those who through their message come to believe in
21 me.   Let them all be one.   Just as you, Father, are in union
with me and I am with you, let them be in union with us,

22 ὅτι σύ με ἀπέστειλας. κἀγὼ τὴν δόξαν ἣν δέδωκάς μοι
23 δέδωκα αὐτοῖς, ἵνα ὦσιν ἓν καθὼς ἡμεῖς ἕν, ἐγὼ ἐν αὐτοῖς
καὶ σὺ ἐν ἐμοί, ἵνα ὦσιν τετελειωμένοι εἰς ἕν, ἵνα γινώ-
σκῃ ὁ κόσμος ὅτι σύ με ἀπέστειλας καὶ ἠγάπησας αὐτοὺς
24 καθὼς ἐμὲ ἠγάπησας. Πατήρ, ὃ δέδωκάς μοι, θέλω ἵνα
ὅπου εἰμὶ ἐγὼ κἀκεῖνοι ὦσιν μετ᾽ ἐμοῦ, ἵνα θεωρῶσιν τὴν
δόξαν τὴν ἐμὴν ἣν ⌐δέδωκάς⌐ μοι, ὅτι ἠγάπησάς με πρὸ
25 καταβολῆς κόσμου. Πατὴρ δίκαιε, καὶ ὁ κόσμος σε οὐκ ἔ-
γνω, ἐγὼ δέ σε ἔγνων, καὶ οὗτοι ἔγνωσαν ὅτι σύ με
26 ἀπέστειλας, καὶ ἐγνώρισα αὐτοῖς τὸ ὄνομά σου καὶ γνω-
ρίσω, ἵνα ἡ ἀγάπη ἣν ἠγάπησάς με ἐν αὐτοῖς ᾖ κἀγὼ ἐν
αὐτοῖς.

1   Ταῦτα εἰπὼν Ἰησοῦς ἐξῆλθεν σὺν τοῖς μαθηταῖς αὐτοῦ
πέραν τοῦ Χειμάρρου τῶν Κέδρων ὅπου ἦν κῆπος, εἰς ὃν
2 εἰσῆλθεν αὐτὸς καὶ οἱ μαθηταὶ αὐτοῦ. ᾔδει δὲ καὶ Ἰούδας
ὁ παραδιδοὺς αὐτὸν τὸν τόπον, ὅτι πολλάκις συνήχθη
3 Ἰησοῦς ⌐ἐκεῖ μετὰ τῶν μαθητῶν αὐτοῦ⌐. ὁ οὖν Ἰούδας λα-
βὼν τὴν σπεῖραν καὶ ἐκ τῶν ἀρχιερέων καὶ [ἐκ] τῶν Φαρι-
σαίων ὑπηρέτας ἔρχεται ἐκεῖ μετὰ φανῶν καὶ λαμπάδων
4 καὶ ὅπλων. Ἰησοῦς οὖν εἰδὼς πάντα τὰ ἐρχόμενα ἐπ᾽ αὐ-
5 τὸν ἐξῆλθεν, καὶ λέγει αὐτοῖς Τίνα ζητεῖτε; ἀπεκρίθησαν
αὐτῷ Ἰησοῦν τὸν Ναζωραῖον. λέγει αὐτοῖς Ἐγώ εἰμιᵀ.
ἱστήκει δὲ καὶ Ἰούδας ὁ παραδιδοὺς αὐτὸν μετ᾽ αὐτῶν.
6 ὡς οὖν εἶπεν αὐτοῖς Ἐγώ εἰμι, ἀπῆλθαν εἰς τὰ ὀπίσω καὶ
7 ἔπεσαν χαμαί. πάλιν οὖν ἐπηρώτησεν αὐτοὺς Τίνα
8 ζητεῖτε; οἱ δὲ εἶπαν Ἰησοῦν τὸν Ναζωραῖον. ἀπεκρίθη
Ἰησοῦς Εἶπον ὑμῖν ὅτι ἐγώ εἰμι· εἰ οὖν ἐμὲ ζητεῖτε,
9 ἄφετε τούτους ὑπάγειν· ἵνα πληρωθῇ ὁ λόγος ὃν εἶπεν
ὅτι Οὓς δέδωκάς μοι οὐκ ἀπώλεσα ἐξ αὐτῶν οὐδένα.
10 Σίμων οὖν Πέτρος ἔχων μάχαιραν εἵλκυσεν αὐτὴν καὶ
ἔπαισεν τὸν τοῦ ἀρχιερέως δοῦλον καὶ ἀπέκοψεν αὐτοῦ τὸ
ὠτάριον τὸ δεξιόν. ἦν δὲ ὄνομα τῷ δούλῳ Μάλχος.

22 so that the world may believe that you sent me. I have given them the glory that you gave me, so that they may be 23 one just as we are, I in union with them and you with me, so that they may be perfectly unified, and the world may recognize that you sent me and that you love them just as you 24 loved me. Father, I wish to have those whom you have given me with me where I am, to see my glory that you have given 25 me, for you loved me before the creation of the world. Right-eous Father, though the world did not know you, I knew you, 26 and these men knew that you had sent me. I have made your self known to them and I will do so still, so that the love which you have had for me may be in their hearts, and I may be there also."

18 When Jesus had said this, he went out with his disciples to the other side of the Ravine of the Cedars where there was 2 a garden, and he went into it with his disciples. Judas who betrayed him also knew the place, for Jesus often met his 3 disciples there. So Judas got out the garrison and some attendants from the high priests and Pharisees, and came 4 there with lanterns, torches, and weapons. Then Jesus, as he knew everything that was going to happen to him, came forward and said to them,

"Whom are you looking for?"

5 They answered,

"Jesus of Nazareth."

He said to them,

"I am he."

Judas who betrayed him was standing among them. 6 When Jesus said to them, "I am he," they drew back and fell 7 to the ground. Then he asked them again,

"Whom are you looking for?"

They said,

"Jesus of Nazareth."

8 Jesus answered,

"I have told you that I am he, so if you are looking for me, 9 let these men go." This was to fulfil the saying he had uttered, "I have not lost one of those whom you have given me."

10 Then Simon Peter, who had a sword with him, drew it and struck at the high priest's slave and cut off his right ear.

11 εἶπεν οὖν ὁ Ἰησοῦς τῷ Πέτρῳ   Βάλε τὴν μάχαιραν εἰς
τὴν θήκην· τὸ ποτήριον ὃ δέδωκέν μοι ὁ πατὴρ οὐ μὴ πίω
αὐτό;

12   Ἡ οὖν σπεῖρα καὶ ὁ χιλίαρχος καὶ οἱ ὑπηρέται τῶν
13 Ἰουδαίων συνέλαβον τὸν Ἰησοῦν καὶ ἔδησαν αὐτὸν καὶ
ἤγαγον πρὸς Ἄνναν πρῶτον· ἦν γὰρ πενθερὸς τοῦ Καιάφα,
14 ὃς ἦν ἀρχιερεὺς τοῦ ἐνιαυτοῦ ἐκείνου· ἦν δὲ Καιάφας ὁ
συμβουλεύσας τοῖς Ἰουδαίοις ὅτι συμφέρει ἕνα ἄνθρωπον
15 ἀποθανεῖν ὑπὲρ τοῦ λαοῦ.   Ἠκολούθει δὲ τῷ
Ἰησοῦ Σίμων Πέτρος καὶ ἄλλος μαθητής. ὁ δὲ μαθητὴς
ἐκεῖνος ⌜ἦν γνωστὸς⌝ τῷ ἀρχιερεῖ, καὶ συνεισῆλθεν τῷ
16 Ἰησοῦ εἰς τὴν αὐλὴν τοῦ ἀρχιερέως, ὁ δὲ Πέτρος ἱστήκει
πρὸς τῇ θύρᾳ ἔξω. ἐξῆλθεν οὖν ὁ μαθητὴς ὁ ἄλλος ὁ
γνωστὸς τοῦ ἀρχιερέως καὶ εἶπεν τῇ θυρωρῷ καὶ εἰσήγαγεν
17 τὸν Πέτρον.   λέγει οὖν τῷ Πέτρῳ ἡ παιδίσκη ἡ θυρωρός
Μὴ καὶ σὺ ἐκ τῶν μαθητῶν εἶ τοῦ ἀνθρώπου τούτου;
18 λέγει ἐκεῖνος Οὐκ εἰμί. ἱστήκεισαν δὲ οἱ δοῦλοι καὶ οἱ
ὑπηρέται ἀνθρακιὰν πεποιηκότες, ὅτι ψύχος ἦν, καὶ ἐθερ-
μαίνοντο· ἦν δὲ καὶ ὁ Πέτρος μετ᾽ αὐτῶν ἑστὼς καὶ θερ-
19 μαινόμενος.   Ὁ οὖν ἀρχιερεὺς ἠρώτησεν τὸν
Ἰησοῦν περὶ τῶν μαθητῶν αὐτοῦ καὶ περὶ τῆς διδαχῆς
20 αὐτοῦ. ἀπεκρίθη αὐτῷ Ἰησοῦς Ἐγὼ παρρησίᾳ λελάληκα
τῷ κόσμῳ· ἐγὼ πάντοτε ἐδίδαξα ἐν συναγωγῇ καὶ ἐν τῷ
ἱερῷ, ὅπου πάντες οἱ Ἰουδαῖοι συνέρχονται, καὶ ἐν κρυπτῷ
21 ἐλάλησα οὐδέν· τί με ἐρωτᾷς; ἐρώτησον τοὺς ἀκηκοότας
22 τί ἐλάλησα αὐτοῖς· ἴδε οὗτοι οἴδασιν ἃ εἶπον ἐγώ. ταῦτα
δὲ αὐτοῦ εἰπόντος εἷς παρεστηκὼς τῶν ὑπηρετῶν ἔδωκεν
ῥάπισμα τῷ Ἰησοῦ εἰπών   Οὕτως ἀποκρίνῃ τῷ ἀρχιε-
23 ρεῖ; ἀπεκρίθη αὐτῷ Ἰησοῦς Εἰ κακῶς ἐλάλησα, μαρ-
τύρησον περὶ τοῦ κακοῦ· εἰ δὲ καλῶς, τί με δέρεις;
24 Ἀπέστειλεν οὖν αὐτὸν ὁ Ἄννας δεδεμένον πρὸς Καιάφαν
25 τὸν ἀρχιερέα.   Ἦν δὲ Σίμων Πέτρος ἑστὼς
καὶ θερμαινόμενος. εἶπον οὖν αὐτῷ Μὴ καὶ σὺ ἐκ τῶν μα-

15 γνωστὸς ἦν

11 The slave's name was Malchus. Then Jesus said to Peter, "Put your sword back into the sheath. Shall I not drink the cup which the Father has offered me?"

12 So the garrison and the colonel and the attendants of the
13 Jews seized Jesus and bound him, and they took him first to Annas. For he was the father-in-law of Caiaphas, who was
14 high priest that year. Now it was Caiaphas who had advised the Jews that it was to their interest that one man should die for the people.

15 But Simon Peter and another disciple followed Jesus. This other disciple was an acquaintance of the high priest, and he went on with Jesus into the high priest's courtyard,
16 while Peter stood outside at the door. So this other disciple, the acquaintance of the high priest, went out and spoke to the
17 woman at the door and brought Peter in. The maid at the door said to Peter,

"Are you also one of this man's disciples?"

He said,

"No, I am not."

18 As it was cold the slaves and attendants had made a charcoal fire, and stood about it warming themselves. And Peter also was among them, standing and warming himself.

19 Then the high priest questioned Jesus about his disciples
20 and his teaching. Jesus answered,

"I have spoken openly to the world. I have always taught in synagogues or in the Temple where all the Jews
21 meet together, and I have said nothing in secret. Why do you question me? Ask those who have heard me what it was that I said to them. They will know what I have said."

22 When he said this, one of the attendants who stood near struck him and said,

"Is that the way you answer the high priest?"

23 Jesus replied,

"If I have said anything wrong, testify to it; but if what I have said is true, why do you strike me?"

24 So Annas sent him over still bound to Caiaphas the high priest.

25 But Simon Peter still stood warming himself. So they said to him,

"Are you also one of his disciples?"

θητῶν αὐτοῦ εἶ; ἠρνήσατο ἐκεῖνος καὶ εἶπεν Οὐκ εἰμί.
26 λέγει εἷς ἐκ τῶν δούλων τοῦ ἀρχιερέως, συγγενὴς ὢν οὗ
ἀπέκοψεν Πέτρος τὸ ὠτίον Οὐκ ἐγώ σε εἶδον ἐν τῷ κήπῳ
27 μετ᾽ αὐτοῦ; πάλιν οὖν ἠρνήσατο Πέτρος· καὶ εὐθέως ἀλέ-
κτωρ ἐφώνησεν.

28 Ἄγουσιν οὖν τὸν Ἰησοῦν ἀπὸ τοῦ Καιάφα εἰς τὸ
πραιτώριον· ἦν δὲ πρωί· καὶ αὐτοὶ οὐκ εἰσῆλθον εἰς τὸ
πραιτώριον, ἵνα μὴ μιανθῶσιν ἀλλὰ φάγωσιν τὸ πάσχα.
29 ἐξῆλθεν οὖν ὁ Πειλᾶτος ἔξω πρὸς αὐτοὺς καί φησιν Τίνα
30 κατηγορίαν φέρετε τοῦ ἀνθρώπου τούτου; ἀπεκρίθησαν
καὶ εἶπαν αὐτῷ Εἰ μὴ ἦν οὗτος κακὸν ποιῶν, οὐκ ἄν σοι
31 παρεδώκαμεν αὐτόν. εἶπεν οὖν αὐτοῖς Πειλᾶτος Λάβετε
αὐτὸν ὑμεῖς, καὶ κατὰ τὸν νόμον ὑμῶν κρίνατε αὐτόν. εἶπον
αὐτῷ οἱ Ἰουδαῖοι Ἡμῖν οὐκ ἔξεστιν ἀποκτεῖναι οὐδένα·
32 ἵνα ὁ λόγος τοῦ Ἰησοῦ πληρωθῇ ὃν εἶπεν σημαίνων ποίῳ
33 θανάτῳ ἤμελλεν ἀποθνήσκειν. Εἰσῆλθεν οὖν
πάλιν εἰς τὸ πραιτώριον ὁ Πειλᾶτος καὶ ἐφώνησεν τὸν
Ἰησοῦν καὶ εἶπεν αὐτῷ Σὺ εἶ ὁ βασιλεὺς τῶν Ἰουδαίων;
34 ἀπεκρίθη Ἰησοῦς Ἀπὸ σεαυτοῦ σὺ τοῦτο λέγεις ἢ ἄλλοι
35 εἶπόν σοι περὶ ἐμοῦ; ἀπεκρίθη ὁ Πειλᾶτος Μήτι ἐγὼ
Ἰουδαῖός εἰμι; τὸ ἔθνος τὸ σὸν καὶ οἱ ἀρχιερεῖς παρέδωκάν
36 σε ἐμοί· τί ἐποίησας; ἀπεκρίθη Ἰησοῦς Ἡ βασιλεία ἡ
ἐμὴ οὐκ ἔστιν ἐκ τοῦ κόσμου τούτου· εἰ ἐκ τοῦ κόσμου
τούτου ἦν ἡ βασιλεία ἡ ἐμή, οἱ ὑπηρέται οἱ ἐμοὶ ἠγωνί-
ζοντο ἄν, ἵνα μὴ παραδοθῶ τοῖς Ἰουδαίοις· νῦν δὲ ἡ
37 βασιλεία ἡ ἐμὴ οὐκ ἔστιν ἐντεῦθεν. εἶπεν οὖν αὐτῷ ὁ
Πειλᾶτος Οὐκοῦν βασιλεὺς εἶ σύ; ἀπεκρίθη [ὁ] Ἰησοῦς
Σὺ λέγεις ὅτι βασιλεύς ⌐εἰμι.⌐ ἐγὼ εἰς τοῦτο γεγέννημαι
καὶ εἰς τοῦτο ἐλήλυθα εἰς τὸν κόσμον ἵνα μαρτυρήσω τῇ
ἀληθείᾳ· πᾶς ὁ ὢν ἐκ τῆς ἀληθείας ἀκούει μου τῆς φωνῆς.
38 λέγει αὐτῷ ὁ Πειλᾶτος Τί ἐστιν ἀλήθεια; Καὶ
τοῦτο εἰπὼν πάλιν ἐξῆλθεν πρὸς τοὺς Ἰουδαίους, καὶ λέγει
39 αὐτοῖς Ἐγὼ οὐδεμίαν εὑρίσκω ἐν αὐτῷ αἰτίαν· ἔστιν δὲ

37 εἰμι:

He denied it and said,
"No, I am not."

26   One of the high priests' slaves, a relative of the man whose ear Peter had cut off, said,
"Did I not see you with him in the garden?"

27   Peter again denied it, and at that moment a cock crowed.

28   Then they took Jesus from Caiaphas to the governor's house. It was early in the morning, and they would not go into the governor's house themselves, to avoid being ceremonially defiled and to be able to eat the Passover supper.

29 So Pilate came out to them, and said,
"What charge do you make against this man?"

30   They answered,
"If he were not a criminal, we would not have turned him over to you."

31   Pilate said to them,
"Take him yourselves, and try him by your law."
The Jews said to him,
"We have no authority to put anyone to death."

32   This was to fulfil what Jesus said when he declared how he was to die.

33   So Pilate went back into the governor's house and called Jesus and said to him,
"Are you the king of the Jews?"

34   Jesus answered,
"Did you think of that yourself, or have other people said it to you about me?"

35   Pilate answered,
"Do you take me for a Jew? Your own people and the high priests handed you over to me. What offense have you committed?"

36   Jesus answered,
"My kingdom is not a kingdom of this world. If my kingdom were a kingdom of this world, my men would have fought to keep me from being handed over to the Jews. But as it is, my kingdom has no such origin."

37   Pilate said to him,
"Then you are a king?"
Jesus answered,
"Yes, I am a king. It was for this that I was born and for this that I came to the world, to give testimony for truth. Everyone who is on the side of truth listens to my voice."

38   Pilate said to him,
"What is truth!"
With these words he went out again to the Jews, and said to them,

39   "I can find nothing to charge him with. But it is your

συνήθεια ὑμῖν ἵνα ἕνα ἀπολύσω ὑμῖν [ἐν] τῷ πάσχα·
βούλεσθε οὖν ἀπολύσω ὑμῖν τὸν βασιλέα τῶν Ἰουδαίων;
40 ἐκραύγασαν οὖν πάλιν λέγοντες Μὴ τοῦτον ἀλλὰ τὸν
Βαραββᾶν. ἦν δὲ ὁ Βαραββᾶς λῃστής.

1 Τότε οὖν ἔλαβεν ὁ Πειλᾶτος τὸν Ἰησοῦν καὶ ἐμαστί-
2 γωσεν. καὶ οἱ στρατιῶται πλέξαντες στέφανον ἐξ ἀκανθῶν
ἐπέθηκαν αὐτοῦ τῇ κεφαλῇ, καὶ ἱμάτιον πορφυροῦν περιέ-
3 βαλον αὐτόν, καὶ ἤρχοντο πρὸς αὐτὸν καὶ ἔλεγον Χαῖρε,
ὁ βασιλεὺς τῶν Ἰουδαίων· καὶ ἐδίδοσαν αὐτῷ ῥαπίσματα.
4 ⌜Καὶ ἐξῆλθεν⌝ πάλιν ⌜ἔξω ὁ Πειλᾶτος⌝ καὶ λέγει αὐτοῖς Ἴδε
ἄγω ὑμῖν αὐτὸν ἔξω, ἵνα γνῶτε ὅτι οὐδεμίαν αἰτίαν εὑρίσκω
5 ἐν αὐτῷ. ἐξῆλθεν οὖν [ὁ] Ἰησοῦς ἔξω, φορῶν τὸν ἀκάνθι-
νον στέφανον καὶ τὸ πορφυροῦν ἱμάτιον. καὶ λέγει αὐ-
6 τοῖς Ἰδοὺ ὁ ἄνθρωπος. ὅτε οὖν εἶδον αὐτὸν οἱ ἀρχιερεῖς
καὶ οἱ ὑπηρέται ἐκραύγασαν λέγοντες Σταύρωσον σταύ-
ρωσον. λέγει αὐτοῖς ὁ Πειλᾶτος Λάβετε αὐτὸν ὑμεῖς
καὶ σταυρώσατε, ἐγὼ γὰρ οὐχ εὑρίσκω ἐν αὐτῷ αἰτίαν.
7 ἀπεκρίθησαν αὐτῷ οἱ Ἰουδαῖοι Ἡμεῖς νόμον ἔχομεν,
καὶ κατὰ τὸν νόμον ὀφείλει ἀποθανεῖν, ὅτι υἱὸν θεοῦ
8 ἑαυτὸν ἐποίησεν. Ὅτε οὖν ἤκουσεν ὁ Πειλᾶτος τοῦτον
9 τὸν λόγον, μᾶλλον ἐφοβήθη, καὶ εἰσῆλθεν εἰς τὸ πραι-
τώριον πάλιν καὶ λέγει τῷ Ἰησοῦ Πόθεν εἶ σύ; ὁ δὲ
10 Ἰησοῦς ἀπόκρισιν οὐκ ἔδωκεν αὐτῷ. λέγει οὖν αὐτῷ ὁ
Πειλᾶτος Ἐμοὶ οὐ λαλεῖς; οὐκ οἶδας ὅτι ἐξουσίαν ἔχω
11 ἀπολῦσαί σε καὶ ἐξουσίαν ἔχω σταυρῶσαί σε; ἀπεκρίθη
αὐτῷ Ἰησοῦς Οὐκ εἶχες ἐξουσίαν κατ᾽ ἐμοῦ οὐδεμίαν εἰ μὴ
ἦν δεδομένον σοι ἄνωθεν· διὰ τοῦτο ὁ παραδούς μέ σοι
12 μείζονα ἁμαρτίαν ἔχει. ἐκ τούτου ὁ Πειλᾶτος ἐζήτει ἀπο-
λῦσαι αὐτόν· οἱ δὲ Ἰουδαῖοι ἐκραύγασαν λέγοντες Ἐὰν
τοῦτον ἀπολύσῃς, οὐκ εἶ φίλος τοῦ Καίσαρος· πᾶς ὁ
13 βασιλέα ἑαυτὸν ποιῶν ἀντιλέγει τῷ Καίσαρι. Ὁ οὖν
Πειλᾶτος ἀκούσας τῶν λόγων τούτων ἤγαγεν ἔξω τὸν
Ἰησοῦν, καὶ ἐκάθισεν ἐπὶ βήματος εἰς τόπον λεγόμενον

4 Ἐξῆλθεν | ὁ Πειλᾶτος ἔξω

custom to have me release one man for you at Passover time. Do you want me therefore to release the king of the Jews for you?"

40   Then they shouted back,

"No! Not him, but Barabbas!"

Now Barabbas was a robber.

19   Then Pilate took Jesus and had him flogged.   And the
2 soldiers made a wreath out of thorns and put it on his head, and
3 put a purple coat on him, and they marched up to him, saying,

"Long live the king of the Jews!"

4 each one giving him a blow.   And Pilate went outside again and said to the Jews,

"See!   I will bring him out to you, to show you that I can find nothing to charge him with."

5   So Jesus came out, still wearing the wreath of thorns and the purple coat.   And Pilate said to them,

"Here is the man!"

6   When the high priests and their attendants saw him, they shouted,

"Crucify him!   Crucify him!"

Pilate said to them,

"Take him yourselves and crucify him, for I can find nothing to charge him with."

7   The Jews answered,

"We have a law, and by our law he deserves death, for declaring himself to be a son of God."

8   When Pilate heard that, he was more frightened than
9 before and he went back into the governor's house and said to Jesus,

"Where do you come from?"

10   But Jesus made him no answer.   Then Pilate said to him,

"Do you refuse to speak to me?   Do you not know that it is in my power to release you or to crucify you?"

11   Jesus answered him,

"You would have no power at all over me, if it were not given to you from above.   So you are less guilty than the man who betrayed me to you."

12   This made Pilate try to find a way to let him go, but the Jews shouted,

"If you let him go, you are no friend of the emperor's! Anyone who calls himself a king utters treason against the emperor!"

13   When Pilate heard that, he brought Jesus out and had him sit in the judge's seat in the place they call the Stone

14 Λιθόστρωτον, Ἑβραϊστὶ δὲ Γαββαθά. ἦν δὲ παρα-
σκευὴ τοῦ πάσχα, ὥρα ἦν ὡς ἕκτη. καὶ λέγει τοῖς Ἰου-
15 δαίοις Ἴδε ὁ βασιλεὺς ὑμῶν. ἐκραύγασαν οὖν ἐκεῖνοι
Ἆρον ἆρον, σταύρωσον αὐτόν. λέγει αὐτοῖς ὁ Πειλᾶτος
Τὸν βασιλέα ὑμῶν σταυρώσω; ἀπεκρίθησαν οἱ ἀρχιερεῖς
16 Οὐκ ἔχομεν βασιλέα εἰ μὴ Καίσαρα. τότε οὖν παρέδωκεν
αὐτὸν αὐτοῖς ἵνα σταυρωθῇ.

17 Παρέλαβον οὖν τὸν Ἰησοῦν· καὶ βαστάζων αὐτῷ
τὸν σταυρὸν ἐξῆλθεν εἰς τὸν λεγόμενον Κρανίου Τόπον,
18 ὃ λέγεται Ἑβραϊστὶ ⌜Γολγοθᾶ⌝, ὅπου αὐτὸν ἐσταύρωσαν,
καὶ μετ᾿ αὐτοῦ ἄλλους δύο ἐντεῦθεν καὶ ἐντεῦθεν, μέσον δὲ
19 τὸν Ἰησοῦν. ἔγραψεν δὲ καὶ τίτλον ὁ Πειλᾶτος καὶ
ἔθηκεν ἐπὶ τοῦ σταυροῦ· ἦν δὲ γεγραμμένον ΙΗΣΟΥΣ
Ο ΝΑΖΩΡΑΙΟΣ Ο ΒΑΣΙΛΕΥΣ ΤΩΝ ΙΟΥΔΑΙΩΝ.
20 τοῦτον οὖν τὸν τίτλον πολλοὶ ἀνέγνωσαν τῶν Ἰουδαίων,
ὅτι ἐγγὺς ἦν ὁ τόπος τῆς πόλεως ὅπου ἐσταυρώθη ὁ
Ἰησοῦς· καὶ ἦν γεγραμμένον Ἑβραϊστί, Ῥωμαϊστί, Ἑλλη-
21 νιστί. ἔλεγον οὖν τῷ Πειλάτῳ οἱ ἀρχιερεῖς τῶν Ἰου-
δαίων Μὴ γράφε Ὁ βασιλεὺς τῶν Ἰουδαίων, ἀλλ᾿ ὅτι
22 ἐκεῖνος εἶπεν Βασιλεὺς τῶν Ἰουδαίων εἰμί. ἀπεκρίθη ὁ
Πειλᾶτος Ὃ γέγραφα γέγραφα.

23 Οἱ οὖν στρατιῶται ὅτε ἐσταύρωσαν τὸν Ἰησοῦν ἔλα-
βον τὰ ἱμάτια αὐτοῦ καὶ ἐποίησαν τέσσερα μέρη, ἑκάστῳ
στρατιώτῃ μέρος, καὶ τὸν χιτῶνα. ἦν δὲ ὁ χιτὼν ἄραφος,
24 ἐκ τῶν ἄνωθεν ὑφαντὸς δι᾿ ὅλου· εἶπαν οὖν πρὸς ἀλλή-
λους Μὴ σχίσωμεν αὐτόν, ἀλλὰ λάχωμεν περὶ αὐτοῦ
τίνος ἔσται· ἵνα ἡ γραφὴ πληρωθῇ

Διεμερίσαντο τὰ ἱμάτιά μου ἑαυτοῖς
καὶ ἐπὶ τὸν ἱματισμόν μου ἔβαλον κλῆρον.

25 Οἱ μὲν οὖν στρατιῶται ταῦτα ἐποίησαν· ἱστήκεισαν δὲ
παρὰ τῷ σταυρῷ τοῦ Ἰησοῦ ἡ μήτηρ αὐτοῦ καὶ ἡ ἀδελφὴ
τῆς μητρὸς αὐτοῦ, Μαρία ἡ τοῦ Κλωπᾶ καὶ Μαρία ἡ
26 Μαγδαληνή. Ἰησοῦς οὖν ἰδὼν τὴν μητέρα καὶ τὸν μαθητὴν

17 Γολγόθ

14 Platform, or in Hebrew, Gabbatha. It was the day of Preparation for the Passover, and it was about noon. And Pilate said to the Jews,

"There is your king!"

15   At that they shouted,

"Kill him! Kill him! Crucify him!"

Pilate said to them,

"Am I to crucify your king?"

The high priests answered,

"We have no king but the emperor!"

16   Then Pilate handed him over to them to be crucified.

17   So they took Jesus, and he went out carrying the cross by himself to a place called the Place of the Skull, or in He-
18 brew, Golgotha.   There they crucified him, with two others,
19 one on each side and Jesus in the middle.   Pilate wrote a plac-ard and put it on the cross; it read "Jesus the Nazarene,
20 the king of the Jews."   Many of the Jews read this placard, for the place where Jesus was crucified was near the city,
21 and it was written in Hebrew, Latin, and Greek.   So the Jewish high priests said to Pilate,

"Do not write 'The king of the Jews,' but write 'He said, I am king of the Jews.' "

22   Pilate answered,

"What I have written, I have written!"

23   When the soldiers had crucified Jesus, they took his clothes and divided them into four parts, one for each soldier, besides his shirt.   Now his shirt had no seam; it was woven in one
24 piece from top to bottom.   So they said to one another,

"Let us not tear it, but let us draw for it, to see who gets it."   This was to fulfil what the Scripture says:

"They divided my garments among them,
And for my clothing they cast lots."

25   This was what the soldiers did.   Near Jesus' cross stood his mother and her sister Mary, the daughter of Clopas, and
26 Mary of Magdala.   So Jesus, seeing his mother and the

παρεστῶτα ὃν ἠγάπα λέγει τῇ μητρί   Γύναι, ἴδε ὁ υἱός
27 σου· εἶτα λέγει τῷ μαθητῇ Ἴδε ἡ μήτηρ σου. καὶ ἀπ᾽ ἐκεί-
νης τῆς ὥρας ἔλαβεν ὁ μαθητὴς αὐτὴν εἰς τὰ ἴδια.
28   Μετὰ τοῦτο ⌈εἰδὼς ὁ Ἰησοῦς⌉ ὅτι ἤδη πάντα τετέλεσται
29 ἵνα τελειωθῇ ἡ γραφὴ λέγει   Διψῶ.   σκεῦος ἔκειτο ὄξους
μεστόν· σπόγγον οὖν μεστὸν τοῦ ὄζογς ὑσσώπῳ περιθέν-
30 τες προσήνεγκαν αὐτοῦ τῷ στόματι. ὅτε οὖν ἔλαβεν τὸ
ὄξος [ὁ] Ἰησοῦς εἶπεν Τετέλεσται, καὶ κλίνας τὴν κεφα-
31 λὴν παρέδωκεν τὸ πνεῦμα.   Οἱ οὖν Ἰουδαῖοι,
ἐπεὶ παρασκευὴ ἦν, ἵνα μὴ μείνῃ ἐπὶ τοῦ σταυροῦ τὰ σώ-
ματα ἐν τῷ σαββάτῳ, ἦν γὰρ μεγάλη ἡ ἡμέρα ⌈ἐκείνου⌉ τοῦ
σαββάτου, ἠρώτησαν τὸν Πειλᾶτον ἵνα κατεαγῶσιν αὐτῶν
32 τὰ σκέλη καὶ ἀρθῶσιν.   ἦλθον οὖν οἱ στρατιῶται, καὶ
τοῦ μὲν πρώτου κατέαξαν τὰ σκέλη καὶ τοῦ ἄλλου τοῦ
33 συνσταυρωθέντος αὐτῷ· ἐπὶ δὲ τὸν Ἰησοῦν ἐλθόντες, ὡς
εἶδον ἤδη αὐτὸν τεθνηκότα, οὐ κατέαξαν αὐτοῦ τὰ σκέλη,
34 ἀλλ᾽ εἷς τῶν στρατιωτῶν λόγχῃ αὐτοῦ τὴν πλευρὰν ἔνυξεν,
35 καὶ ἐξῆλθεν εὐθὺς αἷμα καὶ ὕδωρ. καὶ ὁ ἑωρακὼς μεμαρ-
τύρηκεν, καὶ ἀληθινὴ αὐτοῦ ἐστιν ἡ μαρτυρία, καὶ ἐκεῖνος
36 οἶδεν ὅτι ἀληθῆ λέγει, ἵνα καὶ ὑμεῖς πιστεύητε. ἐγένετο
γὰρ ταῦτα ἵνα ἡ γραφὴ πληρωθῇ ΟϹΤΟΥΝ ΟΥ ϹΥΝΤΡΙ-
37 ΒΗϹΕΤΑΙ ΑΥΤΟΥ. καὶ πάλιν ἑτέρα γραφὴ λέγει ΟΨΟΝ-
ΤΑΙ ΕΙϹ ΟΝ ΕΞΕΚΕΝΤΗϹΑΝ.
38   Μετὰ δὲ ταῦτα ἠρώτησεν τὸν Πειλᾶτον Ἰωσὴφ ἀπὸ
Ἀριμαθαίας, ὢν μαθητὴς [τοῦ] Ἰησοῦ κεκρυμμένος δὲ διὰ
τὸν φόβον τῶν Ἰουδαίων, ἵνα ἄρῃ τὸ σῶμα τοῦ Ἰησοῦ·
καὶ ἐπέτρεψεν ὁ Πειλᾶτος. ἦλθεν οὖν καὶ ἦρεν τὸ σῶμα
39 αὐτοῦ. ἦλθεν δὲ καὶ Νικόδημος, ὁ ἐλθὼν πρὸς αὐτὸν
νυκτὸς τὸ πρῶτον, φέρων ⌈ἕλιγμα⌉ σμύρνης καὶ ἀλόης ὡς
40 λίτρας ἑκατόν. ἔλαβον οὖν τὸ σῶμα τοῦ Ἰησοῦ καὶ
ἔδησαν αὐτὸ ὀθονίοις μετὰ τῶν ἀρωμάτων, καθὼς ἔθος
41 ἐστὶν τοῖς Ἰουδαίοις ἐνταφιάζειν. ἦν δὲ ἐν τῷ τόπῳ ὅπου
ἐσταυρώθη κῆπος, καὶ ἐν τῷ κήπῳ μνημεῖον καινόν, ἐν

28 Ἰησοῦς εἰδὼς   31 ἐκείνη   39 μίγμα

disciple whom he loved standing near, said to his mother,
"There is your son!"

27   Then he said to his disciple,
"There is your mother!"

And from that time his disciple took her into his home.

28   After that, Jesus, knowing that everything was now
finished, to fulfil the saying of Scripture, said,
"I am thirsty."

29   A bowl of sour wine was standing there. So they put a
sponge soaked in the wine on a pike and held it to his lips.

30 When Jesus had taken the wine, he said,
"It is finished!"

Then bowing his head he gave up his spirit.

31   As it was the day of Preparation for the Passover, in
order that the bodies might not be left on the crosses over the
Sabbath, for that Sabbath was an especially important one,
the Jews asked Pilate to have the men's legs broken and the

32 bodies removed. So the soldiers went and broke the legs of
the first man and then of the other who had been crucified

33 with him. But when they came to Jesus they saw that he

34 was dead already, and they did not break his legs, but one of
the soldiers thrust a lance into his side, and blood and water

35 immediately flowed out. The man who saw it testifies to it
—his testimony is true; he knows that he is telling the truth—

36 to lead you also to believe. For this happened to fulfil what
the Scripture says:
"Not one of its bones shall be broken."

37 Moreover, it says in another place,
"They will look at the man whom they pierced."

38   After this, Joseph, of Arimathea, who was a disciple of
Jesus, but a secret one, because of his fear of the Jews, asked
Pilate to let him remove Jesus' body, and Pilate gave him

39 permission. So Joseph went and took the body down. And
Nicodemus also, who had first come to Jesus at night, went,
taking a roll of myrrh and aloes weighing about a hundred

40 pounds. So they took Jesus' body, and wrapped it with the
spices in bandages, in the Jewish way of preparing bodies for

41 burial. There was a garden at the place where Jesus had
been crucified, and in the garden was a new tomb in which

42 ᾧ οὐδέπω οὐδεὶς ἦν τεθειμένος· ἐκεῖ οὖν διὰ τὴν παρα-
σκευὴν τῶν Ἰουδαίων, ὅτι ἐγγὺς ἦν τὸ μνημεῖον, ἔθηκαν
τὸν Ἰησοῦν.

1 Τῇ δὲ μιᾷ τῶν σαββάτων Μαρία ἡ Μαγδαληνὴ ἔρ-
χεται πρωὶ σκοτίας ἔτι οὔσης εἰς τὸ μνημεῖον, καὶ βλέπει
2 τὸν λίθον ἠρμένον ἐκ τοῦ μνημείου. τρέχει οὖν καὶ ἔρ-
χεται πρὸς Σίμωνα Πέτρον καὶ πρὸς τὸν ἄλλον μαθητὴν
ὃν ἐφίλει ὁ Ἰησοῦς, καὶ λέγει αὐτοῖς Ἦραν τὸν κύ-
ριον ἐκ τοῦ μνημείου, καὶ οὐκ οἴδαμεν ποῦ ἔθηκαν αὐ-
3 τόν.   Ἐξῆλθεν οὖν ὁ Πέτρος καὶ ὁ ἄλλος μα-
4 θητής, καὶ ἤρχοντο εἰς τὸ μνημεῖον. ἔτρεχον δὲ οἱ δύο
ὁμοῦ· καὶ ὁ ἄλλος μαθητὴς προέδραμεν τάχειον τοῦ
5 Πέτρου καὶ ἦλθεν πρῶτος εἰς τὸ μνημεῖον, καὶ παρακύψας
6 βλέπει κείμενα τὰ ὀθόνια, οὐ μέντοι εἰσῆλθεν. ἔρχεται
οὖν καὶ Σίμων Πέτρος ἀκολουθῶν αὐτῷ, καὶ εἰσῆλθεν εἰς
7 τὸ μνημεῖον· καὶ θεωρεῖ τὰ ὀθόνια κείμενα, καὶ τὸ σου-
δάριον, ὃ ἦν ἐπὶ τῆς κεφαλῆς αὐτοῦ, οὐ μετὰ τῶν ὀθονίων
8 κείμενον ἀλλὰ χωρὶς ἐντετυλιγμένον εἰς ἕνα τόπον· τότε
οὖν εἰσῆλθεν καὶ ὁ ἄλλος μαθητὴς ὁ ἐλθὼν πρῶτος εἰς τὸ
9 μνημεῖον, καὶ εἶδεν καὶ ἐπίστευσεν· οὐδέπω γὰρ ᾔδεισαν
10 τὴν γραφὴν ὅτι δεῖ αὐτὸν ἐκ νεκρῶν ἀναστῆναι. ἀπῆλθον
11 οὖν πάλιν πρὸς αὐτοὺς οἱ μαθηταί.   Μαρία δὲ
ἱστήκει πρὸς τῷ μνημείῳ ἔξω κλαίουσα. ὡς οὖν ἔκλαιεν
12 παρέκυψεν εἰς τὸ μνημεῖον, καὶ θεωρεῖ δύο ἀγγέλους ἐν
λευκοῖς καθεζομένους, ἕνα πρὸς τῇ κεφαλῇ καὶ ἕνα πρὸς
13 τοῖς ποσίν, ὅπου ἔκειτο τὸ σῶμα τοῦ Ἰησοῦ. καὶ λέγουσιν
αὐτῇ ἐκεῖνοι Γύναι, τί κλαίεις; λέγει αὐτοῖς ⌜ὅτι Ἦραν⌝
14 τὸν κύριόν μου, καὶ οὐκ οἶδα ποῦ ἔθηκαν αὐτόν. ταῦτα
εἰποῦσα ἐστράφη εἰς τὰ ὀπίσω, καὶ θεωρεῖ τὸν Ἰησοῦν
15 ἑστῶτα, καὶ οὐκ ᾔδει ὅτι Ἰησοῦς ἐστίν. λέγει αὐτῇ Ἰη-
σοῦς Γύναι, τί κλαίεις; τίνα ζητεῖς; ἐκείνη δοκοῦσα ὅτι
ὁ κηπουρός ἐστιν λέγει αὐτῷ Κύριε, εἰ σὺ ἐβάστασας
16 αὐτόν, εἰπέ μοι ποῦ ἔθηκας αὐτόν, κἀγὼ αὐτὸν ἀρῶ. λέγει

13 Ὅτι ἦραν

42 no one had yet been laid. So because it was the Jewish Preparation day, and the tomb was close by, they put Jesus there.

20   On the day after the Sabbath, very early in the morning while it was still dark, Mary of Magdala went to the tomb, 2 and she saw that the stone had been removed from it. So she ran away and went to Simon Peter and the other disciple who was dear to Jesus, and said to them,

"They have taken the Master out of the tomb, and we do not know where they have put him."

3   So Peter and the other disciple went out of the city and 4 started for the tomb. And they both ran, and the other 5 disciple ran faster than Peter and got to the tomb first. And he stooped down and saw the bandages lying on the ground, 6 but he did not go in. Then Simon Peter came up behind him, and he went inside the tomb, and saw the bandages lying on 7 the ground, and the handkerchief that had been over Jesus' face not on the ground with the bandages, but folded up by 8 itself. Then the other disciple who had reached the tomb first went inside too, and saw and was convinced. For they did not yet understand the statement of Scripture that he must 10 rise from the dead. So the disciples went back to their homes.

11   But Mary stood just outside the tomb, weeping. And as 12 she wept she looked down into the tomb, and saw two angels in white sitting where Jesus' body had been, one at his head 13 and one at his feet. And they said to her,

"Why are you weeping?"

She said to them,

"They have taken my Master away, and I do not know where they have put him."

14   As she said this she turned around and saw Jesus standing 15 there, but she did not know that it was he.   Jesus said to her,

"Why are you weeping? Who are you looking for?"

She, supposing that he was the gardener, said to him,

"If it was you, sir, that carried him away, tell me where you have put him, and I will take him away."

αὐτῇ Ἰησοῦς Μαριάμ. στραφεῖσα ἐκείνη λέγει αὐτῷ
17 Ἑβραϊστί Ῥαββουνεί (ὃ λέγεται Διδάσκαλε). λέγει
αὐτῇ Ἰησοῦς ⌈Μή μου ἅπτου⌉, οὔπω γὰρ ἀναβέβηκα πρὸς
τὸν πατέρα· πορεύου δὲ πρὸς τοὺς ἀδελφούς μου καὶ
εἰπὲ αὐτοῖς Ἀναβαίνω πρὸς τὸν πατέρα μου καὶ πατέρα
18 ὑμῶν καὶ θεόν μου καὶ θεὸν ὑμῶν. ἔρχεται Μαριὰμ ἡ
Μαγδαληνὴ ἀγγέλλουσα τοῖς μαθηταῖς ὅτι Ἑώρακα τὸν
κύριον καὶ ταῦτα εἶπεν αὐτῇ.

19   Οὔσης οὖν ὀψίας τῇ ἡμέρᾳ ἐκείνῃ τῇ μιᾷ σαββάτων,
καὶ τῶν θυρῶν κεκλεισμένων ὅπου ἦσαν οἱ μαθηταὶ διὰ τὸν
φόβον τῶν Ἰουδαίων, ἦλθεν ὁ Ἰησοῦς καὶ ἔστη εἰς τὸ
20 μέσον, καὶ λέγει αὐτοῖς Εἰρήνη ὑμῖν. καὶ τοῦτο εἰπὼν
ἔδειξεν καὶ τὰς χεῖρας καὶ τὴν πλευρὰν αὐτοῖς. ἐχάρησαν
21 οὖν οἱ μαθηταὶ ἰδόντες τὸν κύριον. εἶπεν οὖν αὐτοῖς [ὁ
Ἰησοῦς] πάλιν Εἰρήνη ὑμῖν· καθὼς ἀπέσταλκέν με ὁ
22 πατήρ, κἀγὼ πέμπω ὑμᾶς. καὶ τοῦτο εἰπὼν ἐνεφύσησεν
23 καὶ λέγει αὐτοῖς Λάβετε πνεῦμα ἅγιον· ἄν ⌈τινων⌉ ἀφῆτε
τὰς ἁμαρτίας ⌈ἀφέωνται⌉ αὐτοῖς· ἄν τινων⌉ κρατῆτε κεκρά-
τηνται.

24   Θωμᾶς δὲ εἷς ἐκ τῶν δώδεκα, ὁ λεγόμενος Δίδυμος,
25 οὐκ ἦν μετ' αὐτῶν ὅτε ἦλθεν Ἰησοῦς. ἔλεγον οὖν αὐτῷ
οἱ ἄλλοι μαθηταί Ἑωράκαμεν τὸν κύριον. ὁ δὲ εἶπεν
αὐτοῖς Ἐὰν μὴ ἴδω ἐν ταῖς χερσὶν αὐτοῦ τὸν τύπον τῶν
ἥλων καὶ βάλω τὸν δάκτυλόν μου εἰς τὸν τύπον τῶν ἥλων
καὶ βάλω μου τὴν χεῖρα εἰς τὴν πλευρὰν αὐτοῦ, οὐ μὴ
26 πιστεύσω.   Καὶ μεθ' ἡμέρας ὀκτὼ πάλιν ἦσαν
ἔσω οἱ μαθηταὶ αὐτοῦ καὶ Θωμᾶς μετ' αὐτῶν. ἔρχεται ὁ
Ἰησοῦς τῶν θυρῶν κεκλεισμένων, καὶ ἔστη εἰς τὸ μέσον
27 καὶ εἶπεν Εἰρήνη ὑμῖν. εἶτα λέγει τῷ Θωμᾷ Φέρε
τὸν δάκτυλόν σου ὧδε καὶ ἴδε τὰς χεῖράς μου, καὶ φέρε
τὴν χεῖρά σου καὶ βάλε εἰς τὴν πλευράν μου, καὶ μὴ γί-
28 νου ἄπιστος ἀλλὰ πιστός. ἀπεκρίθη Θωμᾶς καὶ εἶπεν
29 αὐτῷ Ὁ κύριός μου καὶ ὁ θεός μου. λέγει αὐτῷ [ὁ] Ἰη-

17 Μὴ ἅπτου μου   23 τινος...τινος | ἀφίονται

16   Jesus said to her,
          "Mary!"
      She turned and said to him in Hebrew,
      "Rabbouni!" which means Master.
17   Jesus said to her,
      "You must not cling to me, for I have not yet gone up to
      my Father, but go to my brothers and say to them, 'I am going
      up to my Father and your Father, to my God and your God.'"
18   Mary of Magdala went and declared to the disciples,
          "I have seen the Master!"
      and she told them that he had said this to her.
19   When it was evening on that first day after the Sabbath,
      and the doors of the house where the disciples met were locked
      for fear of the Jews, Jesus came in and stood among them
      and said to them,
          "Peace be with you!"
20 Then he showed them his hands and his side, and the disciples
21 were full of joy at seeing the Master. Jesus said to them again,
      "Peace be with you! Just as my Father sent me forth
      so I now send you."
22   As he said this he breathed upon them, and said,
23   "Receive the holy Spirit! If you forgive any men's sins,
      they are forgiven them, and if you fix any men's sins upon
      them, they will remain fixed."
24   But Thomas, one of the Twelve, who was called the
25 Twin, was not with them when Jesus came in. So the rest
      of the disciples said to him,
          "We have seen the Master!"
      But he said to them,
      "Unless I see the marks of the nails in his hands, and
      put my finger into the marks of the nails, and put my hand
      into his side, I will never believe it!"
26   A week after, the disciples were again in the house, and
      Thomas was with them. Although the doors were locked,
      Jesus came in and stood among them, and said,
          "Peace be with you!"
27   Then he said to Thomas,
      "Put your finger here and look at my hands, and take
      your hand and put it in my side, and be no longer unbelieving,
      but believe!"
28   Thomas answered him,
          "My Master and my God!"
29   Jesus said to him,

σοῦς Ὅτι ἑώρακάς με πεπίστευκας; μακάριοι οἱ μὴ
ἰδόντες καὶ πιστεύσαντες.

30 Πολλὰ μὲν οὖν καὶ ἄλλα σημεῖα ἐποίησεν ὁ Ἰησοῦς
ἐνώπιον τῶν μαθητῶνᵀ, ἃ οὐκ ἔστιν γεγραμμένα ἐν τῷ
31 βιβλίῳ τούτῳ· ταῦτα δὲ γέγραπται ἵνα πιστεύητε ὅτι Ἰη-
σοῦς ἐστιν ὁ χριστὸς ὁ υἱὸς τοῦ θεοῦ, καὶ ἵνα πιστεύοντες
ζωὴν ἔχητε ἐν τῷ ὀνόματι αὐτοῦ.

1 ΜΕΤΑ ΤΑΥΤΑ ἐφανέρωσεν ἑαυτὸν πάλιν Ἰησοῦς
τοῖς μαθηταῖς ἐπὶ τῆς θαλάσσης τῆς Τιβεριάδος· ἐφανέ-
2 ρωσεν δὲ οὕτως. Ἦσαν ὁμοῦ Σίμων Πέτρος καὶ Θω-
μᾶς ὁ λεγόμενος Δίδυμος καὶ Ναθαναὴλ ὁ ἀπὸ Κανὰ τῆς
Γαλιλαίας καὶ οἱ τοῦ Ζεβεδαίου καὶ ἄλλοι ἐκ τῶν μαθητῶν
3 αὐτοῦ δύο. λέγει αὐτοῖς Σίμων Πέτρος Ὑπάγω ἁλιεύειν·
λέγουσιν αὐτῷ Ἐρχόμεθα καὶ ἡμεῖς σὺν σοί. ἐξῆλθαν
καὶ ἐνέβησαν εἰς τὸ πλοῖον, καὶ ἐν ἐκείνῃ τῇ νυκτὶ ἐπίασαν
4 οὐδέν. πρωίας δὲ ἤδη γινομένης ἔστη Ἰησοῦς ⌜εἰς⌝ τὸν
αἰγιαλόν· οὐ μέντοι ᾔδεισαν οἱ μαθηταὶ ὅτι Ἰησοῦς ἐστιν.
5 λέγει οὖν αὐτοῖς Ἰησοῦς Παιδία, μή τι προσφάγιον ἔχε-
6 τε; ἀπεκρίθησαν αὐτῷ Οὔ. ὁ δὲ εἶπεν αὐτοῖς Βάλετε
εἰς τὰ δεξιὰ μέρη τοῦ πλοίου τὸ δίκτυον, καὶ εὑρήσετε.
ἔβαλον οὖν, καὶ οὐκέτι αὐτὸ ἑλκύσαι ἴσχυον ἀπὸ τοῦ πλή-
7 θους τῶν ἰχθύων. λέγει οὖν ὁ μαθητὴς ἐκεῖνος ὃν ἠγάπα
ὁ Ἰησοῦς τῷ Πέτρῳ Ὁ κύριός ἐστιν. Σίμων οὖν Πέτρος,
ἀκούσας ὅτι ὁ κύριός ἐστιν, τὸν ἐπενδύτην διεζώσατο, ἦν
8 γὰρ γυμνός, καὶ ἔβαλεν ἑαυτὸν εἰς τὴν θάλασσαν· οἱ δὲ
ἄλλοι μαθηταὶ τῷ πλοιαρίῳ ἦλθον, οὐ γὰρ ἦσαν μακρὰν
ἀπὸ τῆς γῆς ἀλλὰ ὡς ἀπὸ πηχῶν διακοσίων, σύροντες τὸ
9 δίκτυον τῶν ἰχθύων. Ὡς οὖν ἀπέβησαν εἰς τὴν γῆν βλέ-
πουσιν ἀνθρακιὰν κειμένην καὶ ὀψάριον ἐπικείμενον καὶ

30 αὐτοῦ   4 ἐπὶ

"Is it because you have seen me that you believe?
Blessed be those who have not seen me and yet believe!"

30   There were many other signs that Jesus showed before
31 his disciples which are not recorded in this book. But these
have been recorded so that you may believe that Jesus is the
Christ, the Son of God, and through believing you may have
life as his followers.

21   After this Jesus again showed himself to the disciples at
2 the Sea of Tiberias, and he did so in this way.   Simon Peter,
Thomas called the Twin, Nathanael, of Cana in Galilee,
the sons of Zebedee, and two other disciples of Jesus were all
3 together.   Simon Peter said to them,

"I am going fishing."

They said to him,

"We will go with you."

They went out and got into the boat, and that night they
4 caught nothing.   But just as day was breaking, Jesus stood
on the beach, though the disciples did not know that it was he.
5 So Jesus said to them,

"Children, have you any fish?"

They answered,

"No."

6   "Throw your net in on the right of the boat," he said to
them, "and you will find them."

They did so, and they could not haul it in for the quantity
7 of fish in it.   Then the disciple who was dear to Jesus said to
Peter,

"It is the Master!"

When Simon Peter heard that it was the Master, he put
on his clothes, for he had taken them off, and sprang into the
8 sea.   The rest of the disciples followed in the boat, for they
were not far from land, only about a hundred yards, dragging
9 in the net full of fish.   When they landed they saw a charcoal

10 ἄρτον. λέγει αὐτοῖς [ὁ] Ἰησοῦς Ἐνέγκατε ἀπὸ τῶν
11 ὀψαρίων ὧν ἐπιάσατε νῦν. ἀνέβη οὖν Σίμων Πέτρος καὶ
εἵλκυσεν τὸ δίκτυον εἰς τὴν γῆν μεστὸν ἰχθύων μεγάλων
ἑκατὸν πεντήκοντα τριῶν· καὶ τοσούτων ὄντων οὐκ ἐσχίσθη
12 τὸ δίκτυον. λέγει αὐτοῖς [ὁ] Ἰησοῦς Δεῦτε ἀριστήσατε.
οὐδεὶς ἐτόλμα τῶν μαθητῶν ἐξετάσαι αὐτόν Σὺ τίς εἶ;
13 εἰδότες ὅτι ὁ κύριός ἐστιν. ἔρχεται Ἰησοῦς καὶ λαμβάνει
14 τὸν ἄρτον καὶ δίδωσιν αὐτοῖς, καὶ τὸ ὀψάριον ὁμοίως. Τοῦ-
το ἤδη τρίτον ἐφανερώθη Ἰησοῦς τοῖς μαθηταῖς ἐγερθεὶς
ἐκ νεκρῶν.

15   Ὅτε οὖν ἠρίστησαν λέγει τῷ Σίμωνι Πέτρῳ ὁ Ἰη-
σοῦς Σίμων Ἰωάνου, ἀγαπᾷς με πλέον τούτων; λέγει
αὐτῷ Ναί, κύριε, σὺ οἶδας ὅτι φιλῶ σε. λέγει αὐτῷ
16 Βόσκε τὰ ἀρνία μου. λέγει αὐτῷ πάλιν δεύτερον Σίμων
Ἰωάνου, ἀγαπᾷς με; λέγει αὐτῷ Ναί, κύριε, σὺ οἶδας
ὅτι φιλῶ σε. λέγει αὐτῷ Ποίμαινε τὰ ⌈προβάτιά⌉ μου.
17 λέγει αὐτῷ τὸ τρίτον Σίμων Ἰωάνου, φιλεῖς με; ἐλυπήθη
ὁ Πέτρος ὅτι εἶπεν αὐτῷ τὸ τρίτον Φιλεῖς με; καὶ εἶπεν
αὐτῷ Κύριε, πάντα σὺ οἶδας, σὺ γινώσκεις ὅτι φιλῶ σε.
18 λέγει αὐτῷ Ἰησοῦς Βόσκε τὰ ⌈προβάτιά⌉ μου. ἀμὴν ἀμὴν
λέγω σοι, ὅτε ἦς νεώτερος, ἐζώννυες σεαυτὸν καὶ περιε-
πάτεις ὅπου ἤθελες· ὅταν δὲ γηράσῃς, ἐκτενεῖς τὰς χεῖράς
19 σου, καὶ ἄλλος ζώσει σε καὶ οἴσει ὅπου οὐ θέλεις. τοῦτο
δὲ εἶπεν σημαίνων ποίῳ θανάτῳ δοξάσει τὸν θεόν. καὶ
20 τοῦτο εἰπὼν λέγει αὐτῷ Ἀκολούθει μοι.   Ἐπι-
στραφεὶς ὁ Πέτρος βλέπει τὸν μαθητὴν ὃν ἠγάπα ὁ
Ἰησοῦς ἀκολουθοῦντα, ὃς καὶ ἀνέπεσεν ἐν τῷ δείπνῳ ἐπὶ τὸ
στῆθος αὐτοῦ καὶ εἶπεν Κύριε, τίς ἐστιν ὁ παραδιδούς σε;
21 τοῦτον οὖν ἰδὼν ὁ Πέτρος λέγει τῷ Ἰησοῦ Κύριε, οὗτος δὲ
22 τί; λέγει αὐτῷ ὁ Ἰησοῦς Ἐὰν αὐτὸν θέλω μένειν ἕως
23 ἔρχομαι, τί πρὸς σέ; σύ μοι ἀκολούθει Ἐξῆλθεν οὖν
οὗτος ὁ λόγος εἰς τοὺς ἀδελφοὺς ὅτι ὁ μαθητὴς ἐκεῖνος
οὐκ ἀποθνήσκει. οὐκ εἶπεν δὲ αὐτῷ ὁ Ἰησοῦς ὅτι οὐκ ἀ-

16 πρόβατα   17 πρόβατα

10fire burning, with a fish on it, and some bread.   Jesus said to them,

"Bring some of the fish you have just caught."

11   So Simon Peter got into the boat, and hauled the net ashore, full of large fish, a hundred and fifty-three of them, and 12though there were so many, the net was not torn.   Jesus said to them,

"Come and have breakfast."

None of the disciples dared to ask him who he was, for 13they knew it was the Master.   Jesus went and got the bread 14and gave it to them, and the fish also.   This was the third time that Jesus showed himself to his disciples, after he had risen from the dead.

15   When they had finished breakfast, Jesus said to Simon Peter,

"Simon, son of John, are you more devoted to me than these others?"

Peter said to him,

"Yes, Master, you know that I love you."

He said to him,

"Then feed my lambs!"

16   Again he said to him a second time,

"Simon, son of John, are you devoted to me?"

He said to him,

"Yes, Master, you know that I love you."

He said to him,

"Then tend my sheep!"

17   He said to him the third time,

"Simon, son of John, do you love me?"

Peter was hurt because the third time Jesus asked him if he loved him, and he answered,

"Master, you know everything, you can see that I love you."

Jesus said to him,

18   "Then feed my sheep!   I tell you, when you were young, you used to gird yourself and go where you pleased, but when you grow old, you will stretch out your hands and someone else will gird you and take you where you do not wish to go."

19   He said this to show the kind of death by which Peter was to honor God; and after he had said it he said to Peter, "Follow me!"

20   Peter turned and saw following them the disciple who was dear to Jesus, who at the supper leaned back on Jesus' breast and said, "Master, who is it that is going to betray you?" 21 When Peter saw him, he said to Jesus,

"But, Master, what about him?"

22   Jesus said to him,

"If I wish him to wait till I come, what does it matter to you?   You must follow me."

23   So the story spread among the brothers that this disciple was not going to die.   But Jesus did not tell him that he was

ποθνήσκει, ἀλλ᾽ Ἐὰν αὐτὸν θέλω μένειν ἕως ἔρχομαι,
τί πρὸς σέ;

24   Οὗτός ἐστιν ὁ μαθητὴς ὁ ᵀ μαρτυρῶν περὶ τούτων ⌐καὶ
ὁ⌐ γράψας ταῦτα, καὶ οἴδαμεν ὅτι ἀληθὴς αὐτοῦ ἡ μαρτυρία
ἐστίν.

25   Ἔστιν δὲ καὶ ἄλλα πολλὰ ἃ ἐποίησεν ὁ Ἰησοῦς, ἅτινα
ἐὰν γράφηται καθ᾽ ἕν, οὐδ᾽ αὐτὸν οἶμαι τὸν κόσμον χωρή-
σειν τὰ γραφόμενα βιβλία.

24 καὶ | [ὁ] καὶ

not going to die; he said, "If I wish him to wait till I come, what does it matter to you?"

24   It is this disciple who testifies to these things and who wrote them down, and we know that his testimony is true.

25   There are many other things that Jesus did, so many in fact that if they were all written out, I do not suppose that the world itself would hold the books that would be written.

ΠΡΑΞΕΙΣ ΑΠΟΣΤΟΛΩΝ

ΤΟΝ ΜΕΝ ΠΡΩΤΟΝ ΛΟΓΟΝ ἐποιησάμην περὶ
πάντων, ὦ Θεόφιλε, ὧν ἤρξατο Ἰησοῦς ποιεῖν τε καὶ
2 διδάσκειν ἄχρι ἧς ἡμέρας ἐντειλάμενος τοῖς ἀποστόλοις διὰ
3 πνεύματος ἁγίου οὓς ἐξελέξατο ἀνελήμφθη· οἷς καὶ παρέ-
στησεν ἑαυτὸν ζῶντα μετὰ τὸ παθεῖν αὐτὸν ἐν πολλοῖς
τεκμηρίοις, δι' ἡμερῶν τεσσεράκοντα ὀπτανόμενος αὐτοῖς
4 καὶ λέγων τὰ περὶ τῆς βασιλείας τοῦ θεοῦ. καὶ συναλι-
ζόμενος παρήγγειλεν αὐτοῖς ἀπὸ Ἱεροσολύμων μὴ χωρί-
ζεσθαι, ἀλλὰ περιμένειν τὴν ἐπαγγελίαν τοῦ πατρὸς ἣν
5 ἠκούσατέ μου· ὅτι Ἰωάνης μὲν ἐβάπτισεν ὕδατι, ὑμεῖς δὲ
ἐν πνεύματι βαπτισθήσεσθε ἁγίῳ οὐ μετὰ πολλὰς ταύτας
6 ἡμέρας. Οἱ μὲν οὖν συνελθόντες ἠρώτων αὐτὸν
λέγοντες Κύριε, εἰ ἐν τῷ χρόνῳ τούτῳ ἀποκαθιστάνεις τὴν
7 βασιλείαν τῷ Ἰσραήλ; εἶπεν πρὸς αὐτούς Οὐχ ὑμῶν
ἐστιν γνῶναι χρόνους ἢ καιροὺς οὓς ὁ πατὴρ ἔθετο ἐν τῇ
8 ἰδίᾳ ἐξουσίᾳ, ἀλλὰ λήμψεσθε δύναμιν ἐπελθόντος τοῦ ἁγίου
πνεύματος ἐφ' ὑμᾶς, καὶ ἔσεσθέ μου μάρτυρες ἔν τε Ἱερου-
σαλὴμ καὶ [ἐν] πάσῃ τῇ Ἰουδαίᾳ καὶ Σαμαρίᾳ καὶ ἕως
9 ἐσχάτου τῆς γῆς. καὶ ταῦτα εἰπὼν βλεπόντων αὐτῶν
ἐπήρθη, καὶ νεφέλη ὑπέλαβεν αὐτὸν ἀπὸ τῶν ὀφθαλμῶν
10 αὐτῶν. καὶ ὡς ἀτενίζοντες ἦσαν εἰς τὸν οὐρανὸν πορευο-
μένου αὐτοῦ, καὶ ἰδοὺ ἄνδρες δύο παριστήκεισαν αὐτοῖς ἐν

THE ACTS OF THE APOSTLES

1   In my first volume, Theophilus, I dealt with all that
2 Jesus did and taught from the beginning until the day when
    through the holy Spirit he gave the apostles he had chosen
3 their instructions, and was taken up to heaven. He had
    shown himself alive to them after he had suffered, in many
    convincing ways, appearing to them through forty days, and
4 telling them about the Kingdom of God. And once when he
    ate with them, he instructed them not to leave Jerusalem,
    but to wait for what the Father had promised.
5   "You have heard me speak of it," he said, "for John
    baptized people in water, but in a few days you will be
    baptized in the holy Spirit."
6   So those who were present asked him,
    "Master, is this the time when you are going to re-establish
    the kingdom for Israel?"
7   He said to them,
    "It is not for you to know times and dates which the
8 Father has fixed by his own authority, but you will be given
    power when the holy Spirit comes upon you, and you will be
    witnesses for me in Jerusalem and all over Judea and Samaria
    and to the very ends of the earth."
9   As he said this, he was caught up before their eyes and a
10 cloud took him up from their sight. And while they were
    gazing after him into the sky, two men dressed in white

11 ἐσθήσεσι λευκαῖς, οἳ καὶ εἶπαν Ἄνδρες Γαλιλαῖοι, τί ἑστή-
κατε βλέποντες εἰς τὸν οὐρανόν; οὗτος ὁ Ἰησοῦς ὁ ἀναλημ-
φθεὶς ἀφ᾽ ὑμῶν εἰς τὸν οὐρανὸν οὕτως ἐλεύσεται ὃν τρό-
12 πον ἐθεάσασθε αὐτὸν πορευόμενον εἰς τὸν οὐρανόν.   Τότε
ὑπέστρεψαν εἰς Ἰερουσαλὴμ ἀπὸ ὄρους τοῦ καλουμένου
Ἐλαιῶνος, ὅ ἐστιν ἐγγὺς Ἰερουσαλὴμ σαββάτου ἔχον
13 ὁδόν.   Καὶ ὅτε εἰσῆλθον, εἰς τὸ ὑπερῷον ἀνέβη-
σαν οὗ ἦσαν καταμένοντες, ὅ τε Πέτρος καὶ Ἰωάνης καὶ Ἰά-
κωβος καὶ Ἀνδρέας, Φίλιππος καὶ Θωμᾶς, Βαρθολομαῖος
καὶ Μαθθαῖος, Ἰάκωβος Ἀλφαίου καὶ Σίμων ὁ ζηλωτὴς
14 καὶ Ἰούδας Ἰακώβου. οὗτοι πάντες ἦσαν προσκαρτεροῦντες
ὁμοθυμαδὸν τῇ προσευχῇ σὺν γυναιξὶν καὶ Μαριὰμ τῇ
μητρὶ [τοῦ] Ἰησοῦ καὶ σὺν τοῖς ἀδελφοῖς αὐτοῦ.

15   ΚΑΙ ΕΝ ΤΑΙΣ ΗΜΕΡΑΙΣ ταύταις ἀναστὰς Πέτρος
ἐν μέσῳ τῶν ἀδελφῶν εἶπεν (ἦν τε ὄχλος ὀνομάτων ἐπὶ τὸ
16 αὐτὸ ὡς ἑκατὸν εἴκοσι) Ἄνδρες ἀδελφοί, ἔδει πληρωθῆναι
τὴν γραφὴν ἣν προεῖπε τὸ πνεῦμα τὸ ἅγιον διὰ στόματος
Δαυεὶδ περὶ Ἰούδα τοῦ γενομένου ὁδηγοῦ τοῖς συλλαβοῦσιν
17 Ἰησοῦν, ὅτι κατηριθμημένος ἦν ἐν ἡμῖν καὶ ἔλαχεν τὸν
18 κλῆρον τῆς διακονίας ταύτης. – Οὗτος μὲν οὖν ἐκτήσατο
χωρίον ἐκ μισθοῦ τῆς ἀδικίας, καὶ πρηνὴς γενόμενος
ἐλάκησεν μέσος, καὶ ἐξεχύθη πάντα τὰ σπλάγχνα αὐτοῦ.
19 καὶ γνωστὸν ἐγένετο πᾶσι τοῖς κατοικοῦσιν Ἰερουσαλήμ,
ὥστε κληθῆναι τὸ χωρίον ἐκεῖνο τῇ διαλέκτῳ αὐτῶν Ἀκελ-
20 δαμάχ, τοῦτ᾽ ἔστιν Χωρίον Αἵματος. – Γέγραπται γὰρ
ἐν Βίβλῳ Ψαλμῶν

Γενηθήτω ἡ ἔπαυλις ἀυτοῦ ἔρημος
καὶ μὴ ἔστω ὁ κατοικῶν ἐν ἀυτῇ,
καί

Τὴν ἐπισκοπὴν ἀυτοῦ λαβέτω ἕτερος.

5 εἰς

11 suddenly stood beside them, and said to them,

"Men of Galilee, why do you stand looking up into the sky? This very Jesus who has been caught up from you into heaven will come in just the way that you have seen him go up to heaven."

12 Then they went back to Jerusalem from the hill called the Olive-orchard, which is near Jerusalem, half a mile away.

13 When they entered the city they went to the upstairs room where they were staying. There were Peter, John, James and Andrew, Philip and Thomas, Bartholomew and Matthew, James, the son of Alpheus, Simon the Zealot, and 14 Judas, the son of James. They were all devoting themselves with one mind to prayer, with the women and Mary, Jesus' mother, and his brothers.

15 It was at that time that Peter got up among the brothers —there were about a hundred and twenty persons present— and said,

16 "Brothers, the prediction of the Scriptures had to come true that the holy Spirit uttered by the lips of David, about Judas, who acted as guide for the men that arrested Jesus— 17 for he was one of our number and a share in this ministry 18 of ours fell to his lot." (This man bought a piece of land with the money paid him for his treachery, and his body swelled up and burst open in the middle and all his vitals 19 poured out. This fact was well known to all the residents of Jerusalem, so that the piece of land came to be called in their 20 language Akeldamach, the bloody field.) "For in the Book of Psalms it is written,

" 'Let his estate be desolate, with no one to live on it,' "and

" 'Let someone else take his position.'

21 δεῖ οὖν τῶν συνελθόντων ἡμῖν ἀνδρῶν ἐν παντὶ χρόνῳ ᾧ
22 εἰσῆλθεν καὶ ἐξῆλθεν ἐφ᾿ ἡμᾶς ὁ κύριος Ἰησοῦς, ἀρξάμενος
ἀπὸ τοῦ βαπτίσματος Ἰωάνου ἕως τῆς ἡμέρας ἧς ἀνελήμ-
φθη ἀφ᾿ ἡμῶν, μάρτυρα τῆς ἀναστάσεως αὐτοῦ σὺν ἡμῖν
23 γενέσθαι ἕνα τούτων. καὶ ἔστησαν δύο, Ἰωσὴφ τὸν καλού-
μενον Βαρσαββᾶν, ὃς ἐπεκλήθη Ἰοῦστος, καὶ Μαθθίαν.
24 καὶ προσευξάμενοι εἶπαν Σὺ κύριε καρδιογνῶστα πάντων,
25 ἀνάδειξον ὃν ἐξελέξω, ἐκ τούτων τῶν δύο ἕνα, λαβεῖν τὸν
τόπον τῆς διακονίας ταύτης καὶ ἀποστολῆς, ἀφ᾿ ἧς παρέβη
26 Ἰούδας πορευθῆναι εἰς τὸν τόπον τὸν ἴδιον. καὶ ἔδωκαν
κλήρους αὐτοῖς, καὶ ἔπεσεν ὁ κλῆρος ἐπὶ Μαθθίαν, καὶ
συνκατεψηφίσθη μετὰ τῶν ἕνδεκα ἀποστόλων.

1 Καὶ ἐν τῷ συνπληροῦσθαι τὴν ἡμέραν τῆς πεντηκοστῆς
2 ἦσαν πάντες ὁμοῦ ἐπὶ τὸ αὐτό, καὶ ἐγένετο ἄφνω ἐκ τοῦ
οὐρανοῦ ἦχος ὥσπερ φερομένης πνοῆς βιαίας καὶ ἐπλήρω-
3 σεν ὅλον τὸν οἶκον οὗ ἦσαν καθήμενοι, καὶ ὤφθησαν αὐ-
τοῖς διαμεριζόμεναι γλῶσσαι ὡσεὶ πυρός, καὶ ἐκάθισεν
4 ἐφ᾿ ἕνα ἕκαστον αὐτῶν, καὶ ἐπλήσθησαν πάντες πνεύματος
ἁγίου, καὶ ἤρξαντο λαλεῖν ἑτέραις γλώσσαις καθὼς τὸ
5 πνεῦμα ἐδίδου ἀποφθέγγεσθαι αὐτοῖς. Ἦσαν
δὲ ⌜ἐν⌝ Ἰερουσαλὴμ κατοικοῦντες Ἰουδαῖοι, ἄνδρες εὐλαβεῖς
6 ἀπὸ παντὸς ἔθνους τῶν ὑπὸ τὸν οὐρανόν· γενομένης δὲ τῆς
φωνῆς ταύτης συνῆλθε τὸ πλῆθος καὶ συνεχύθη, ὅτι ἤκου-
7 σεν εἷς ἕκαστος τῇ ἰδίᾳ διαλέκτῳ λαλούντων αὐτῶν· ἐξί-
σταντο δὲ καὶ ἐθαύμαζον λέγοντες ⌜Οὐχὶ⌝ ἰδοὺ πάντες
8 οὗτοί εἰσιν οἱ λαλοῦντες Γαλιλαῖοι; καὶ πῶς ἡμεῖς ἀκούο-
μεν ἕκαστος τῇ ἰδίᾳ διαλέκτῳ ἡμῶν ἐν ᾗ ἐγεννήθημεν;
9 Πάρθοι καὶ Μῆδοι καὶ Ἐλαμεῖται, καὶ οἱ κατοικοῦντες τὴν
Μεσοποταμίαν, Ἰουδαίαν τε καὶ Καππαδοκίαν, Πόντον καὶ
10 τὴν Ἀσίαν, Φρυγίαν τε καὶ Παμφυλίαν, Αἴγυπτον καὶ τὰ
μέρη τῆς Λιβύης τῆς κατὰ Κυρήνην, καὶ οἱ ἐπιδημοῦντες
11 Ῥωμαῖοι, Ἰουδαῖοί τε καὶ προσήλυτοι, Κρῆτες καὶ Ἄραβες,

7 Οὐχ

21 "So one of the men who has been associated with us all
22 the time that the Lord Jesus moved about among us, from his
baptism by John to the time when he was caught up from us,
must join us as a witness to his resurrection."

23 Then they proposed two men, Joseph called Barsabbas,
24 who was known as Justus, and Matthias. And they prayed,
saying,

"Lord, you who know all hearts, show us which one of
25 these two you have chosen to take this place of service as an
apostle which Judas left to go where he belonged."

26 Then they drew lots between them, and the lot fell on
Matthias, and he was added to the eleven apostles.

2 On the day of the Harvest Festival, they were all meet-
2 ing together, when suddenly there came from the sky a
sound like a violent blast of wind, and it filled the whole
3 house where they were sitting. And they saw tongues like
4 flames separating and settling one on each of them, and they
were all filled with the holy Spirit and began to say in
foreign languages whatever the Spirit prompted them to
utter.

5 Now there were devout Jews from every nation under
6 heaven living in Jerusalem. And when this sound was heard,
the crowd gathered in great excitement, because each one
7 heard them speaking in his own language. They were amazed
and said in their astonishment,

"Are not all these men who are speaking Galileans?
8 Then how is it that each of us hears his own native tongue?
9 Parthians, Medes, Elamites, residents of Mesopotamia, of
10 Judea and Cappadocia, of Pontus and Asia, of Phrygia and
Pamphylia, of Egypt and the district of Africa about Cyrene,
11 visitors from Rome, Jews and proselytes, Cretans and Arabs

ἀκούομεν λαλούντων αὐτῶν ταῖς ἡμετέραις γλώσσαις τὰ
12 μεγαλεῖα τοῦ θεοῦ. ἐξίσταντο δὲ πάντες καὶ διηποροῦντο,
13 ἄλλος πρὸς ἄλλον λέγοντες Τί θέλει τοῦτο εἶναι; ἕτεροι
δὲ διαχλευάζοντες ἔλεγον ὅτι Γλεύκους μεμεστωμένοι
14 εἰσίν. Σταθεὶς δὲ ὁ Πέτρος σὺν τοῖς ἕνδεκα
ἐπῆρεν τὴν φωνὴν αὐτοῦ καὶ ἀπεφθέγξατο αὐτοῖς Ἄνδρες
Ἰουδαῖοι καὶ οἱ κατοικοῦντες Ἰερουσαλὴμ πάντες, τοῦτο
15 ὑμῖν γνωστὸν ἔστω καὶ ἐνωτίσασθε τὰ ῥήματά μου. οὐ
γὰρ ὡς ὑμεῖς ὑπολαμβάνετε οὗτοι μεθύουσιν, ἔστιν γὰρ
16 ὥρα τρίτη τῆς ἡμέρας, ἀλλὰ τοῦτό ἐστιν τὸ εἰρημένον διὰ
τοῦ προφήτου Ἰωήλ

17 Καὶ ἔσται ἐν ταῖς ἐσχάταις ἡμέραις, λέγει ὁ θεός,
ἐκχεῶ ἀπὸ τοῦ πνεύματός μου ἐπὶ πᾶσαν σάρκα,
καὶ προφητεύσουσιν οἱ υἱοὶ ὑμῶν καὶ αἱ θυγατέρες
ὑμῶν,
καὶ οἱ νεανίσκοι ὑμῶν ὁράσεις ὄψονται,
καὶ οἱ πρεσβύτεροι ὑμῶν ἐνυπνίοις ἐνυπνιασθή-
σονται·
18 καί γε ἐπὶ τοὺς δούλους μου καὶ ἐπὶ τὰς δούλας
μου
ἐν ταῖς ἡμέραις ἐκείναις ἐκχεῶ ἀπὸ τοῦ πνεύ-
ματός μου,
καὶ προφητεύσουσιν.
19 Καὶ δώσω τέρατα ἐν τῷ οὐρανῷ ἄνω
καὶ σημεῖα ἐπὶ τῆς γῆς κάτω,
αἷμα καὶ πῦρ καὶ ἀτμίδα καπνοῦ·
20 ὁ ἥλιος μεταστραφήσεται εἰς σκότος
καὶ ἡ σελήνη εἰς αἷμα
πρὶν ᵀ ἐλθεῖν ἡμέραν Κυρίου τὴν μεγάλην
καὶ ἐπιφανῆ.
21 Καὶ ἔσται πᾶς ὃς ἐὰν ἐπικαλέσηται τὸ ὄνομα
Κυρίου σωθήσεται.
22 Ἄνδρες Ἰσραηλεῖται, ἀκούσατε τοὺς λόγους τούτους. Ἰη-

—we all hear them tell in our native tongues the mighty deeds of God."

12 And they were all amazed and bewildered and said to one another,

"What can this mean?"

13 But others said derisively,

"They have had too much new wine!"

14 Then Peter stood up with the eleven around him, and raising his voice addressed them.

"Men of Judea," he said, "and all you residents of Jerusalem, let me explain this to you, and pay attention to
15 what I say.   These men are not drunk as you suppose, for it
16 is only nine in the morning.   But this is what was predicted by the prophet Joel,

17   " 'It will come about in the last days, God says,
That I will pour out my Spirit upon all mankind;
Your sons and daughters will become prophets,
Your young men will have visions,
And your old men will have dreams.

18 Even on my slaves, both men and women,
I will pour out my Spirit in those days,
And they will become prophets.

19 I will show wonders in the sky above,
And signs on the earth below,
Blood and fire and thick smoke.

20 The sun will turn to darkness,
And the moon to blood,
Before the coming of the great, splendid Day of the Lord.

21 Then everyone who calls on the name of the Lord will be saved.'

22 "Men of Israel, listen to what I say.   Jesus of Nazareth,

σοῦν τὸν Ναζωραῖον, ἄνδρα ἀποδεδειγμένον ἀπὸ τοῦ θεοῦ
εἰς ὑμᾶς δυνάμεσι καὶ τέρασι καὶ σημείοις οἷς ἐποίησεν
23 δι' αὐτοῦ ὁ θεὸς ἐν μέσῳ ὑμῶν, καθὼς αὐτοὶ οἴδατε, τοῦτον
τῇ ὡρισμένῃ βουλῇ καὶ προγνώσει τοῦ θεοῦ ἔκδοτον διὰ
24 χειρὸς ἀνόμων προσπήξαντες ἀνείλατε, ὃν ὁ θεὸς ἀνέστησεν
λύσας τὰς ὠδῖνας τοῦ θανάτου, καθότι οὐκ ἦν δυνατὸν
25 κρατεῖσθαι αὐτὸν ὑπ' αὐτοῦ· Δαυεὶδ γὰρ λέγει εἰς αὐτόν

Προορώμην τὸν κύριον ἐνώπιόν μου διὰ παντός,
ὅτι ἐκ δεξιῶν μού ἐστιν ἵνα μὴ σαλευθῶ.
26 Διὰ τοῦτο ηὐφράνθη μου ἡ καρδία καὶ ἠγαλλιάσατο
ἡ γλῶσσά μου,
ἔτι δὲ καὶ ἡ σάρξ μου κατασκηνώσει ἐπ' ἐλπίδι·
27 ὅτι οὐκ ἐνκαταλείψεις τὴν ψυχήν μου εἰς ᾅδην,
οὐδὲ δώσεις τὸν ὅσιόν σου ἰδεῖν διαφθοράν.
28 ἐγνώρισάς μοι ὁδοὺς ζωῆς,
πληρώσεις με εὐφροσύνης μετὰ τοῦ προσώπου
σου.

29 Ἄνδρες ἀδελφοί, ἐξὸν εἰπεῖν μετὰ παρρησίας πρὸς ὑμᾶς
περὶ τοῦ πατριάρχου Δαυείδ, ὅτι καὶ ἐτελεύτησεν καὶ
ἐτάφη καὶ τὸ μνῆμα αὐτοῦ ἔστιν ἐν ἡμῖν ἄχρι τῆς ἡμέρας
30 ταύτης· προφήτης οὖν ὑπάρχων, καὶ εἰδὼς ὅτι ὅρκῳ ὤμο-
σεν αὐτῷ ὁ θεὸς ἐκ καρποῦ τῆς ὀσφύος αὐτοῦ καθίσαι
31 ἐπὶ τὸν θρόνον αὐτοῦ, προιδὼν ἐλάλησεν περὶ τῆς ἀνα-
στάσεως τοῦ χριστοῦ ὅτι οὔτε ἐνκατελείφθη εἰς ᾅδην
32 οὔτε ἡ σὰρξ αὐτοῦ εἶδεν διαφθοράν. τοῦτον τὸν Ἰησοῦν
33 ἀνέστησεν ὁ θεός, οὗ πάντες ἡμεῖς ἐσμὲν μάρτυρες. τῇ
δεξιᾷ οὖν τοῦ θεοῦ ὑψωθεὶς τήν τε ἐπαγγελίαν τοῦ πνεύμα-
τος τοῦ ἁγίου λαβὼν παρὰ τοῦ πατρὸς ἐξέχεεν τοῦτο ὃ
34 ὑμεῖς [καὶ] βλέπετε καὶ ἀκούετε. οὐ γὰρ Δαυεὶδ ἀνέβη εἰς
τοὺς οὐρανούς, λέγει δὲ αὐτός

Εἶπεν Κύριος τῷ κυρίῳ μου   Κάθου ἐκ δεξιῶν
μου
35 ἕως ἂν θῶ τοὺς ἐχθρούς σου ὑποπόδιον τῶν
ποδῶν σου.

as you know, was a man whom God commended to you by the wonders, portents, and signs that God did right among
23 you through him. But you, by the fixed purpose and intention of God, handed him over to wicked men, and cruci-
24 fied and killed him. But God set aside the pain of death and
25 raised him up, for death could not control him. For David says of him,

" 'I constantly regarded the Lord before me,
   For he is at my right hand, so that I may not be displaced.
26 Therefore my heart is glad, and my tongue rejoices,
   And my body will still live in hope.
27 For you will not desert my soul in death,
   You will not let your Holy One see destruction.
28 You have made the ways of life known to me,
   And you will fill me with joy in your presence.'

29   "Brothers, one may say to you confidently of the patriarch David that he died and was buried, and his grave is here among
30 us to this very day. But as he was a prophet, and knew that God had promised him with an oath that he would put
31 one of his descendants upon his throne, he foresaw the resurrection of the Christ and told of it, for he was not
32 deserted in death and his body did not see destruction. This Jesus, God raised from the dead, and to his resurrection we
33 are all witnesses. So he has been exalted to God's right hand, and has received from his Father the promise of the holy Spirit and has poured out what you see and hear.

34   "For David did not go up to heaven, but he said,
   " 'The Lord said to my lord, Sit at my right hand,
35   Until I make your enemies your footstool.'

36 ἀσφαλῶς οὖν γινωσκέτω πᾶς οἶκος Ἰσραὴλ ὅτι καὶ κύριον
αὐτὸν καὶ χριστὸν ἐποίησεν ὁ θεός, τοῦτον τὸν Ἰησοῦν ὃν
37 ὑμεῖς ἐσταυρώσατε.   Ἀκούσαντες δὲ κατενύγησαν
τὴν καρδίαν, εἶπάν τε πρὸς τὸν Πέτρον καὶ τοὺς λοιποὺς
38 ἀποστόλους Τί ποιήσωμεν, ἄνδρες ἀδελφοί; Πέτρος δὲ
πρὸς αὐτούς Μετανοήσατε, καὶ βαπτισθήτω ἕκαστος ὑμῶν
ἐν τῷ ὀνόματι Ἰησοῦ Χριστοῦ εἰς ἄφεσιν τῶν ἁμαρτιῶν
ὑμῶν, καὶ λήμψεσθε τὴν δωρεὰν τοῦ ἁγίου πνεύματος·
39 ὑμῖν γάρ ἐστιν ἡ ἐπαγγελία καὶ τοῖς τέκνοις ὑμῶν καὶ πᾶσι
ΤΟΙC ΕΙC ΜΑΚΡᾺΝ ὅϹΟΥϹ ἂΝ ΠΡΟϹΚΑΛΈϹΗΤΑΙ ΚΎΡΙΟϹ
40 ὁ θεὸς ἡμῶν.   ἑτέροις τε λόγοις πλείοσιν διεμαρτύρατο, καὶ
παρεκάλει αὐτοὺς λέγων Σώθητε ἀπὸ τῆς γενεᾶς τῆς σκο-
41 λιᾶς ταύτης.   Οἱ μὲν οὖν ἀποδεξάμενοι τὸν λόγον αὐτοῦ
ἐβαπτίσθησαν, καὶ προσετέθησαν ἐν τῇ ἡμέρᾳ ἐκείνῃ ψυχαὶ
42 ὡσεὶ τρισχίλιαι. ἦσαν δὲ προσκαρτεροῦντες τῇ διδαχῇ τῶν
ἀποστόλων καὶ τῇ κοινωνίᾳ, τῇ κλάσει τοῦ ⌜ἄρτου⌝ καὶ ταῖς
43 προσευχαῖς.   Ἐγίνετο δὲ πάσῃ ψυχῇ φόβος,
πολλὰ δὲ τέρατα καὶ σημεῖα διὰ τῶν ἀποστόλων ἐγίνετο.
44 πάντες δὲ οἱ πιστεύσαντες ⌜ἐπὶ τὸ αὐτὸ⌝ εἶχον ἅπαντα κοινά,
45 καὶ τὰ κτήματα καὶ τὰς ὑπάρξεις ἐπίπρασκον καὶ διεμέριζον
46 αὐτὰ πᾶσιν καθότι ἄν τις χρείαν εἶχεν· καθ᾽ ἡμέραν τε
προσκαρτεροῦντες ὁμοθυμαδὸν ἐν τῷ ἱερῷ, κλῶντές τε
κατ᾽ οἶκον ἄρτον, μετελάμβανον τροφῆς ἐν ἀγαλλιάσει καὶ
47 ἀφελότητι καρδίας, αἰνοῦντες τὸν θεὸν καὶ ἔχοντες χάριν
πρὸς ὅλον τὸν λαόν. ὁ δὲ κύριος προσετίθει τοὺς σωζομέ-
1 νους καθ᾽ ἡμέραν ἐπὶ τὸ αὐτό.

   Πέτρος δὲ καὶ Ἰωάνης ἀνέβαινον εἰς τὸ ἱερὸν ἐπὶ τὴν
2 ὥραν τῆς προσευχῆς τὴν ἐνάτην, καί τις ἀνὴρ χωλὸς ἐκ
κοιλίας μητρὸς αὐτοῦ ὑπάρχων ἐβαστάζετο, ὃν ἐτίθουν
καθ᾽ ἡμέραν πρὸς τὴν θύραν τοῦ ἱεροῦ τὴν λεγομένην
Ὡραίαν τοῦ αἰτεῖν ἐλεημοσύνην παρὰ τῶν εἰσπορευομένων
3 εἰς τὸ ἱερόν, ὃς ἰδὼν Πέτρον καὶ Ἰωάνην μέλλοντας εἰσιέ-

42 ἄρτου,

36 "Therefore the whole nation of Israel must know beyond a doubt that God has declared this Jesus whom you crucified both Lord and Christ."

37 When they heard this, they were stung to the heart, and they said to Peter and the rest of the apostles,

"Brothers, what shall we do?"

38 Peter said to them,

"Repent, and be baptized every one of you in the name of Jesus Christ, in order to have your sins forgiven; then 39 you will receive the gift of the holy Spirit. For the promise of it belongs to you and your children, as well as to all those far away whom the Lord our God calls to him."

40 He said much more besides in giving his testimony, and exhorted them singing,

"Save yourselves from the crooked generation."

41 So they welcomed his message and were baptized, and 42 about three thousand people joined them that day. And they devoted themselves to the teaching and the society of the apostles, the breaking of bread, and the prayers.

43 Everyone felt a sense of awe, and many wonders and signs 44 were done by the apostles. The believers all shared every- 45 thing they had with one another, and sold their property and belongings, and divided the money with all the rest, 46 according to their special needs. Day after day they all went regularly to the Temple, they broke their bread together in their homes, and they ate their food with glad and simple 47 hearts, praising God and respected by all the people. And ev- ery day the Lord added people who were saved to their number.

3 Peter and John were on their way up to the Temple for 2 the three o'clock hour of prayer, when a man who had been lame from his birth was carried by. He used to be placed every day at what was known as the Beautiful Gate of the Temple, to beg from the people on their way into the Temple, 3 and when he saw Peter and John on the point of going into the

4 ναι εἰς τὸ ἱερὸν ἠρώτα ἐλεημοσύνην λαβεῖν. ἀτενίσας δὲ
Πέτρος εἰς αὐτὸν σὺν τῷ Ἰωάνῃ εἶπεν Βλέψον εἰς ἡμᾶς.
5 ὁ δὲ ἐπεῖχεν αὐτοῖς προσδοκῶν τι παρ' αὐτῶν λαβεῖν.
6 εἶπεν δὲ Πέτρος Ἀργύριον καὶ χρυσίον οὐχ ὑπάρχει μοι,
ὃ δὲ ἔχω τοῦτό σοι δίδωμι· ἐν τῷ ὀνόματι Ἰησοῦ Χριστοῦ
7 τοῦ Ναζωραίου περιπάτει. καὶ πιάσας αὐτὸν τῆς δεξιᾶς
χειρὸς ἤγειρεν αὐτόν· παραχρῆμα δὲ ἐστερεώθησαν αἱ
8 βάσεις αὐτοῦ καὶ τὰ σφυδρά, καὶ ἐξαλλόμενος ἔστη καὶ
περιεπάτει, καὶ εἰσῆλθεν σὺν αὐτοῖς εἰς τὸ ἱερὸν περιπατῶν
9 καὶ ἁλλόμενος καὶ αἰνῶν τὸν θεόν. καὶ εἶδεν πᾶς ὁ λαὸς
10 αὐτὸν περιπατοῦντα καὶ αἰνοῦντα τὸν θεόν, ἐπεγίνωσκον δὲ
αὐτὸν ὅτι οὗτος ἦν ὁ πρὸς τὴν ἐλεημοσύνην καθήμενος ἐπὶ
τῇ Ὡραίᾳ Πύλῃ τοῦ ἱεροῦ, καὶ ἐπλήσθησαν θάμβους καὶ
11 ἐκστάσεως ἐπὶ τῷ συμβεβηκότι αὐτῷ. Κρα-
τοῦντος δὲ αὐτοῦ τὸν Πέτρον καὶ τὸν Ἰωάνην συνέδραμεν
πᾶς ὁ λαὸς πρὸς αὐτοὺς ἐπὶ τῇ στοᾷ τῇ καλουμένῃ Σολομῶν-
12 τος ἔκθαμβοι. ἰδὼν δὲ ὁ Πέτρος ἀπεκρίνατο πρὸς τὸν λαόν
Ἄνδρες Ἰσραηλεῖται, τί θαυμάζετε ἐπὶ τούτῳ, ἢ ἡμῖν τί
ἀτενίζετε ὡς ἰδίᾳ δυνάμει ἢ εὐσεβείᾳ πεποιηκόσιν τοῦ περι-
13 πατεῖν αὐτόν; ὁ θεὸς Ἀβραὰμ καὶ Ἰσαὰκ καὶ Ἰακώβ,
ὁ θεὸς τῶν πατέρων ἡμῶν, ἐδόξασεν τὸν παῖδα αὐ-
τοῦ Ἰησοῦν, ὃν ὑμεῖς μὲν παρεδώκατε καὶ ἠρνήσασθε κατὰ
14 πρόσωπον Πειλάτου, κρίναντος ἐκείνου ἀπολύειν· ὑμεῖς δὲ
τὸν ἅγιον καὶ δίκαιον ἠρνήσασθε, καὶ ᾐτήσασθε ἄνδρα
15 φονέα χαρισθῆναι ὑμῖν, τὸν δὲ ἀρχηγὸν τῆς ζωῆς ἀπεκτεί-
νατε, ὃν ὁ θεὸς ἤγειρεν ἐκ νεκρῶν, οὗ ἡμεῖς μάρτυρές ἐσμεν.
16 καὶ τῇ πίστει τοῦ ὀνόματος αὐτοῦ τοῦτον ὃν θεωρεῖτε καὶ
οἴδατε ἐστερέωσεν τὸ ὄνομα αὐτοῦ, καὶ ἡ πίστις ἡ δι' αὐτοῦ
ἔδωκεν αὐτῷ τὴν ὁλοκληρίαν ταύτην ἀπέναντι πάντων
17 ὑμῶν. καὶ νῦν, ἀδελφοί, οἶδα ὅτι κατὰ ἄγνοιαν ἐπράξατε,
18 ὥσπερ καὶ οἱ ἄρχοντες ὑμῶν· ὁ δὲ θεὸς ἃ προκατήγγειλεν
διὰ στόματος πάντων τῶν προφητῶν παθεῖν τὸν χριστὸν
19 αὐτοῦ ἐπλήρωσεν οὕτως. μετανοήσατε οὖν καὶ ἐπιστρέψατε

44 ἦσαν ἐπὶ τὸ αὐτὸ καὶ

4 Temple he asked them to give him something. Peter fixed his eyes on him, as John did also, and said to him,

"Look at us!"

5 He looked at them, supposing that they were going to 6 give him something. But Peter said,

"I have no silver or gold, but I will give you what I have. In the name of Jesus Christ of Nazareth, walk!"

7 And he took him by the right hand and raised him up, 8 and his feet and ankles immediately became strong, and he sprang to his feet and began to walk, and he went into the Temple with them, walking, leaping, and praising God. 9 When all the people saw him walking about, praising God, 10 and recognized him as the man who used to sit and beg at the Beautiful Gate of the Temple, they were filled with wonder and astonishment at what had happened to him.

11 And as he still clung to Peter and John, all the people crowded about them in the utmost astonishment in what was 12 known as Solomon's Colonnade. When Peter saw this, he said to the people,

"Men of Israel, why are you so surprised at this? Why do you stare so at us, as though it were by some power or some 13 piety of ours that we had made him able to walk? The God of Abraham, Isaac, and Jacob, the God of our forefathers, has done this honor to his servant Jesus, whom you betrayed and disowned before Pilate, when he had decided to let him go. 14 But you disowned the Holy, Righteous One. You asked to 15 have a murderer released for you, and killed the very source of life. But God raised him from the dead, as we can testify. 16 It is his power that through faith in it has made this man whom you see and recognize strong again, and it is faith inspired by him that has given him the perfect health you all 17 see. Yet I know, brothers, that you did not know what you were doing, any more than the members of the council did; 18 but it was in this way that God fulfilled what he by all the 19 prophets foretold that his Christ must suffer. So repent and

20 πρὸς τὸ ἐξαλιφθῆναι ὑμῶν τὰς ἁμαρτίας, ὅπως ἂν ἔλθωσιν
   καιροὶ ἀναψύξεως ἀπὸ προσώπου τοῦ κυρίου καὶ ἀποστείλῃ
21 τὸν προκεχειρισμένον ὑμῖν χριστὸν Ἰησοῦν, ὃν δεῖ οὐρανὸν
   μὲν δέξασθαι ἄχρι χρόνων ἀποκαταστάσεως πάντων ὧν ἐλά-
   λησεν ὁ θεὸς διὰ στόματος τῶν ἁγίων ἀπ᾽ αἰῶνος αὐτοῦ
22 προφητῶν. Μωυσῆς μὲν εἶπεν ὅτι Προφήτην ὑμῖν ἀνα-
   ϲτήϲει Κύριοϲ ὁ θεὸϲ ἐκ τῶν ἀδελφῶν ὑμῶν ὡϲ ἐμέ·
   αὐτοῦ ἀκούϲεϲθε κατὰ πάντα ὅϲα ἂν λαλήϲῃ πρὸϲ
23 ὑμᾶϲ. ἔϲται δὲ πᾶϲα ψυχὴ ἥτιϲ ἂν μὴ ἀκούϲῃ τοῦ
   προφήτου ἐκείνου ἐξολεθρευθήϲεται ἐκ τοῦ λαοῦ.
24 καὶ πάντες δὲ οἱ προφῆται ἀπὸ Σαμουὴλ καὶ τῶν καθεξῆς
25 ὅσοι ἐλάλησαν καὶ κατήγγειλαν τὰς ἡμέρας ταύτας. ὑμεῖς
   ἐστὲ οἱ υἱοὶ τῶν προφητῶν καὶ τῆς διαθήκης ἧς ὁ θεὸς διέ-
   θετο πρὸς τοὺς πατέρας ⌜ὑμῶν⌝, λέγων πρὸς Ἀβραάμ Καὶ
   ἐν τῷ ϲπέρματί ϲου εὐλογηθήϲονται πᾶϲαι αἱ πα-
26 τριαὶ τῆϲ γῆϲ. ὑμῖν πρῶτον ἀναστήσας ὁ θεὸς τὸν παῖδα
   αὐτοῦ ἀπέστειλεν αὐτὸν εὐλογοῦντα ὑμᾶς ἐν τῷ ἀποστρέφειν
1 ἕκαστον ἀπὸ τῶν πονηριῶν [ὑμῶν]. Λαλούν-
   των δὲ αὐτῶν πρὸς τὸν λαὸν ἐπέστησαν αὐτοῖς οἱ ⌜ἀρχιερεῖς⌝
2 καὶ ὁ στρατηγὸς τοῦ ἱεροῦ καὶ οἱ Σαδδουκαῖοι, διαπονού-
   μενοι διὰ τὸ διδάσκειν αὐτοὺς τὸν λαὸν καὶ καταγγέλλειν
3 ἐν τῷ Ἰησοῦ τὴν ἀνάστασιν τὴν ἐκ νεκρῶν, καὶ ἐπέβαλον
   αὐτοῖς τὰς χεῖρας καὶ ἔθεντο εἰς τήρησιν εἰς τὴν αὔριον, ἦν
4 γὰρ ἑσπέρα ἤδη. πολλοὶ δὲ τῶν ἀκουσάντων τὸν λόγον ἐπί-
   στευσαν, καὶ ἐγενήθη ἀριθμὸς τῶν ἀνδρῶν ὡς χιλιάδες πέντε.
5 Ἐγένετο δὲ ἐπὶ τὴν αὔριον συναχθῆναι αὐτῶν τοὺς
   ἄρχοντας καὶ τοὺς πρεσβυτέρους καὶ τοὺς γραμματεῖς ἐν
6 Ἰερουσαλήμ (καὶ Ἄννας ὁ ἀρχιερεὺς καὶ Καιάφας καὶ
   Ἰωάννης καὶ Ἀλέξανδρος καὶ ὅσοι ἦσαν ἐκ γένους ἀρχιερα-
7 τικοῦ), καὶ στήσαντες αὐτοὺς ἐν τῷ μέσῳ ἐπυνθάνοντο Ἐν
   ποίᾳ δυνάμει ἢ ἐν ποίῳ ὀνόματι ἐποιήσατε τοῦτο ὑμεῖς;
8 τότε Πέτρος πλησθεὶς πνεύματος ἁγίου εἶπεν πρὸς αὐτούς
9 Ἄρχοντες τοῦ λαοῦ καὶ πρεσβύτεροι, εἰ ἡμεῖς σήμερον

25 ἡμῶν

turn to God, to have your sins wiped out, that happier times
20 may come from the presence of the Lord, and that he may
21 send Jesus, your destined Christ.   Yet he must remain in
heaven till the time for the universal reformation of which
God told in ancient times by the lips of his holy prophets.
22 Moses said, 'The Lord God will raise up a prophet for you
from among your brothers, as he raised me up.   You must
23 listen to everything that he tells you.   Anyone that will
not listen to that prophet will be annihilated from among
24 the people.'   Why, all the prophets from Samuel down, who
25 have spoken, have also foretold these days.   You are the
descendants of the prophets and the heirs of the agreement
that God made with your forefathers when he said to
Abraham, 'Through your posterity all the families of the
26 earth will be blessed.'   It was to you that God first sent his
servant after he had raised him from the dead, to bless you
by making every one of you turn from his wickedness.''

4   As they were talking to the people, the high priests,
the commander of the Temple, and the Sadducees came up
2 to them, greatly disturbed because they were teaching the
people and declaring that in the case of Jesus there had
3 been a resurrection from the dead.   They arrested them, and
as it was already evening, they shut them up until next
4 morning.   But many of those who had heard what they said
believed it, and the number of men grew to be about five
thousand.

5   On the next day the leading members of the council,
6 the elders, and the scribes met in Jerusalem, with Annas the
high priest, Caiaphas, John, Alexander, and all who belonged
7 to the high priest's family.   They had the apostles brought
before them and demanded of them,

"By what power or authority have men like you done
this?''

8   Then Peter, filled with the holy Spirit, said to them,
9   "Members of the council of the people and elders, if it

ἀνακρινόμεθα ἐπὶ εὐεργεσίᾳ ἀνθρώπου ἀσθενοῦς, ἐν τίνι
10 οὗτος σέσωσται, γνωστὸν ἔστω πᾶσιν ὑμῖν καὶ παντὶ τῷ
λαῷ Ἰσραὴλ ὅτι ἐν τῷ ὀνόματι Ἰησοῦ Χριστοῦ τοῦ Ναζω-
ραίου, ὃν ὑμεῖς ἐσταυρωσατε, ὃν ὁ θεὸς ἤγειρεν ἐκ νεκρῶν,
11 ἐν τούτῳ οὗτος παρέστηκεν ἐνώπιον ὑμῶν ὑγιής. οὗτός
ἐστιν ὁ λίθος ὁ ἐξογθενηθεὶϲ ΥΦ᾽ ὑμῶν ΤῶΝ ΟἰΚΟΔΟ-
12 ΜῶΝ, ὁ ΓΕΝΟΜΕΝΟϹ Εἰϲ ΚΕΦΑΛΗΝ ΓωΝΙΑϹ. καὶ οὐκ ἔστιν
ἐν ἄλλῳ οὐδενὶ ἡ σωτηρία, οὐδὲ γὰρ ὄνομά ἐστιν ἕτερον
ὑπὸ τὸν οὐρανὸν τὸ δεδομένον ἐν ἀνθρώποις ἐν ᾧ δεῖ σωθῆ-
13 ναι ἡμᾶς. Θεωροῦντες δὲ τὴν τοῦ Πέτρου παρρησίαν
καὶ Ἰωάνου, καὶ καταλαβόμενοι ὅτι ἄνθρωποι ἀγράμματοί
εἰσιν καὶ ἰδιῶται, ἐθαύμαζον, ἐπεγίνωσκόν τε αὐτοὺς ὅτι σὺν
14 τῷ Ἰησοῦ ἦσαν, τόν τε ἄνθρωπον βλέποντες σὺν αὐτοῖς
15 ἑστῶτα τὸν τεθεραπευμένον οὐδὲν εἶχον ἀντειπεῖν. κελεύ-
σαντες δὲ αὐτοὺς ἔξω τοῦ συνεδρίου ἀπελθεῖν συνέβαλλον
16 πρὸς ἀλλήλους λέγοντες Τί ποιήσωμεν τοῖς ἀνθρώποις
τούτοις; ὅτι μὲν γὰρ γνωστὸν σημεῖον γέγονεν δι᾽ αὐτῶν
πᾶσιν τοῖς κατοικοῦσιν Ἰερουσαλὴμ φανερόν, καὶ οὐ δυνά-
17 μεθα ἀρνεῖσθαι· ἀλλ᾽ ἵνα μὴ ἐπὶ πλεῖον διανεμηθῇ εἰς τὸν
λαόν, ἀπειλησώμεθα αὐτοῖς μηκέτι λαλεῖν ἐπὶ τῷ ὀνόματι
18 τούτῳ μηδενὶ ἀνθρώπων. καὶ καλέσαντες αὐτοὺς παρήγ-
γειλαν καθόλου μὴ φθέγγεσθαι μηδὲ διδάσκειν ἐπὶ τῷ
19 ὀνόματι [τοῦ] Ἰησοῦ. ὁ δὲ Πέτρος καὶ Ἰωάνης ἀποκρι-
θέντες εἶπαν πρὸς αὐτούς Εἰ δίκαιόν ἐστιν ἐνώπιον τοῦ
20 θεοῦ ὑμῶν ἀκούειν μᾶλλον ἢ τοῦ θεοῦ κρίνατε, οὐ δυνάμεθα
21 γὰρ ἡμεῖς ἃ εἴδαμεν καὶ ἠκούσαμεν μὴ λαλεῖν. οἱ δὲ
προσαπειλησάμενοι ἀπέλυσαν αὐτούς, μηδὲν εὑρίσκοντες
τὸ πῶς κολάσωνται αὐτούς, διὰ τὸν λαόν, ὅτι πάντες
22 ἐδόξαζον τὸν θεὸν ἐπὶ τῷ γεγονότι· ἐτῶν γὰρ ἦν πλειόνων
τεσσεράκοντα ὁ ἄνθρωπος ἐφ᾽ ὃν γεγόνει τὸ σημεῖον τοῦτο
23 τῆς ἰάσεως.   Ἀπολυθέντες δὲ ἦλθον πρὸς τοὺς
ἰδίους καὶ ἀπήγγειλαν ὅσα πρὸς αὐτοὺς οἱ ἀρχιερεῖς καὶ οἱ
24 πρεσβύτεροι εἶπαν. οἱ δὲ ἀκούσαντες ὁμοθυμαδὸν ἦραν

1 ἱερεῖς

is for benefiting a helpless man, and as to how he was cured,
10 that we are called to account here today, you and the people
of Israel must all know that it is through the power of Jesus
Christ of Nazareth whom you crucified but whom God
raised from the dead, that he stands here before you well.
11 He is the stone that you builders rejected, which has become
12 the cornerstone.   There is no salvation through anyone else,
for there is no one else in the world who has been named to
men as our only means of being saved."

13   They were amazed to see how outspoken Peter and
John were, and to find that they were uneducated, ordinary
men.   They recognized them as companions of Jesus,
14 and seeing the man who had been cured standing beside
15 them, they had nothing to say.   But they ordered them
out of the presence of the council and conferred together.
16 They said,

"What can we do with these men?   For it is plain to
everyone in Jerusalem that an extraordinary wonder has been
17 done by them.   We cannot deny that.   But to keep it from
spreading farther among the people, let us warn them to say
nothing to anyone else at all about this person."

18   So they called them in and ordered them not to speak
19 or teach at all about the name of Jesus.   But Peter and John
answered them,

"You must decide whether it is right in the sight of God
20 to obey you instead of him, for we cannot help telling of what
we have seen and heard."

21   But after further threats they let them go, as they could
find no way to punish them, on account of the people, for they
22 were all giving honor to God for what had happened, for the
man on whom this wonder of healing had been done was more
than forty years old.

23   After being released, they went back to their friends,
and told them what the high priests and the elders had said to
24 them.   When they heard it, with one impulse they all raised

φωνὴν πρὸς τὸν θεὸν καὶ εἶπαν Δέσποτα, σὺ ὁ ποιήϲαϲ
τὸν ογρανὸν καὶ τὴν ΓΗν καὶ τὴν θάλαϲϲαν καὶ
25 πάντα τὰ ἐν αγτοῖϲ, ⌜ὁ τοῦ πατρὸς ἡμῶν διὰ πνεύματος
ἁγίου στόματος⌝ Δαυεὶδ παιδός σου εἰπών
    "Ινα τί ἐφργαξαν ἔθνΗ
    καὶ λαοὶ ἐμελέτΗϲαν κενά;
26 παρέϲτΗϲαν οἱ Βαϲιλεῖϲ τῆϲ ΓΗϲ
    καὶ οἱ ἄρχοντεϲ ϲγνΗχθΗϲαν ἐπὶ τὸ αγτὸ
    κατὰ τογ κγρίογ καὶ κατὰ τογ χριϲτογ αγτογ.
27 ϲγνΗχθΗϲαν γὰρ ἐπ᾿ ἀληθείαϲ ἐν τῇ πόλει ταύτῃ ἐπὶ τὸν
ἅγιον παῖδά σου ᾿Ιησοῦν, ὃν ἔχριϲαϲ, ῾Ηρῴδης τε καὶ
28 Πόντιος Πειλᾶτος σὺν ἔθνεϲιν καὶ λαοῖϲ ᾿Ισραήλ, ποιῆσαι
29 ὅσα ἡ χείρ σου καὶ ἡ βουλὴ προώρισεν γενέσθαι. καὶ τὰ
νῦν, κύριε, ἔπιδε ἐπὶ τὰς ἀπειλὰς αὐτῶν, καὶ δὸς τοῖς δούλοις
30 σου μετὰ παρρησίας πάσης λαλεῖν τὸν λόγον σου, ἐν τῷ
τὴν χεῖρα ἐκτείνειν σε εἰς ἴασιν καὶ σημεῖα καὶ τέρατα
γίνεσθαι διὰ τοῦ ὀνόματος τοῦ ἁγίου παιδός σου ᾿Ιησοῦ.
31 καὶ δεηθέντων αὐτῶν ἐσαλεύθη ὁ τόπος ἐν ᾧ ἦσαν συνη-
γμένοι, καὶ ἐπλήσθησαν ἅπαντες τοῦ ἁγίου πνεύματος,
καὶ ἐλάλουν τὸν λόγον τοῦ θεοῦ μετὰ παρρησίας.

32   Τοῦ δὲ πλήθους τῶν πιστευσάντων ἦν καρδία καὶ ψυχὴ
μία, καὶ οὐδὲ εἷς τι τῶν ὑπαρχόντων αὐτῷ ἔλεγεν ἴδιον εἶναι,
33 ἀλλ᾿ ἦν αὐτοῖς πάντα κοινά. καὶ δυνάμει μεγάλῃ ἀπεδί-
δουν τὸ μαρτύριον οἱ ἀπόστολοι τοῦ κυρίου ᾿Ιησοῦ τῆς
34 ἀναστάσεως, χάρις τε μεγάλη ἦν ἐπὶ πάντας αὐτούς. οὐδὲ
γὰρ ἐνδεής τις ἦν ἐν αὐτοῖς· ὅσοι γὰρ κτήτορες χωρίων ἢ
οἰκιῶν ὑπῆρχον, πωλοῦντες ἔφερον τὰς τιμὰς τῶν πιπρα-
35 σκομένων καὶ ἐτίθουν παρὰ τοὺς πόδας τῶν ἀποστόλων·
36 διεδίδετο δὲ ἑκάστῳ καθότι ἄν τις χρείαν εἶχεν. ᾿Ιωσὴφ δὲ
ὁ ἐπικληθεὶς Βαρνάβας ἀπὸ τῶν ἀποστόλων, ὅ ἐστιν μεθερ-
μηνευόμενον Υἱὸς Παρακλήσεως, Λευείτης, Κύπριος τῷ
37 γένει, ὑπάρχοντος αὐτῷ ἀγροῦ πωλήσας ἤνεγκεν τὸ χρῆμα

their voices to God and said,

"Master, it was you who made heaven, earth, and sea,
25 and everything that is in them, and who said through the
holy Spirit by the lips of our forefather David, your servant,

" 'Why did the heathen rage,
And the peoples form vain designs?
26 The kings of the earth stood by,
And the rulers assembled
Against the Lord and against his Christ.'

27 For indeed they have assembled here in this city against your
holy servant Jesus, whom you had consecrated—Herod and
Pontius Pilate, with the heathen and the peoples of Israel,
28 to carry out what your hand and will had destined should
29 happen. And now, Lord, take note of their threats, and give
30 your slaves the power to utter your message fearlessly, when
you stretch out your hand to heal, and signs and wonders
are done by the power of your holy servant Jesus."

31 When they had prayed, the place where they were
gathered shook, and they were all filled with the holy Spirit,
and fearlessly uttered God's message.

32 There was but one heart and soul in the multitude who
had become believers, and not one of them claimed anything
that belonged to him as his own, but they shared everything
33 they had with one another. The apostles gave their testi-
mony to the resurrection of the Lord Jesus with great power,
34 and God's favor rested richly upon them. No one among
them was in any want, for any who owned lands or houses
35 would sell them and bring the proceeds of the sale and put
them at the disposal of the apostles; then they were shared
36 with everyone in proportion to his need. Joseph, a Levite,
and a native of Cyprus, whom the apostles had named
37 Barnabas, which means Son of Encouragement, sold a piece

καὶ ἔθηκεν παρὰ τοὺς πόδας τῶν ἀποστόλων.

1 Ἀνὴρ δέ τις Ἀνανίας ὀνόματι σὺν Σαπφείρῃ τῇ γυναικὶ
2 αὐτοῦ ἐπώλησεν κτῆμα καὶ ἐνοσφίσατο ἀπὸ τῆς τιμῆς,
συνειδυίης καὶ τῆς γυναικός, καὶ ἐνέγκας μέρος τι παρὰ
3 τοὺς πόδας τῶν ἀποστόλων ἔθηκεν. εἶπεν δὲ ὁ Πέτρος
Ἀνανία, διὰ τί ἐπλήρωσεν ὁ Σατανᾶς τὴν καρδίαν σου
ψεύσασθαί σε τὸ πνεῦμα τὸ ἅγιον καὶ νοσφίσασθαι ἀπὸ
4 τῆς τιμῆς τοῦ χωρίου; οὐχὶ μένον σοὶ ἔμενεν καὶ πραθὲν
ἐν τῇ σῇ ἐξουσίᾳ ὑπῆρχεν; τί ὅτι ἔθου ἐν τῇ καρδίᾳ σου
τὸ πρᾶγμα τοῦτο; οὐκ ἐψεύσω ἀνθρώποις ἀλλὰ τῷ θεῷ.
5 ἀκούων δὲ ὁ Ἀνανίας τοὺς λόγους τούτους πεσὼν ἐξέψυξεν·
6 καὶ ἐγένετο φόβος μέγας ἐπὶ πάντας τοὺς ἀκούοντας. ἀνα-
στάντες δὲ οἱ νεώτεροι συνέστειλαν αὐτὸν καὶ ἐξενέγκαντες
7 ἔθαψαν. Ἐγένετο δὲ ὡς ὡρῶν τριῶν διάστημα
8 καὶ ἡ γυνὴ αὐτοῦ μὴ εἰδυῖα τὸ γεγονὸς εἰσῆλθεν. ἀπε-
κρίθη δὲ πρὸς αὐτὴν Πέτρος Εἰπέ μοι, εἰ τοσούτου τὸ
9 χωρίον ἀπέδοσθε; ἡ δὲ εἶπεν Ναί, τοσούτου. ὁ δὲ Πέ-
τρος πρὸς αὐτήν Τί ὅτι συνεφωνήθη ὑμῖν πειράσαι τὸ
πνεῦμα Κυρίου; ἰδοὺ οἱ πόδες τῶν θαψάντων τὸν ἄνδρα
10 σου ἐπὶ τῇ θύρᾳ καὶ ἐξοίσουσίν σε. ἔπεσεν δὲ παραχρῆμα
πρὸς τοὺς πόδας αὐτοῦ καὶ ἐξέψυξεν· εἰσελθόντες δὲ οἱ
νεανίσκοι εὗρον αὐτὴν νεκράν, καὶ ἐξενέγκαντες ἔθαψαν
11 πρὸς τὸν ἄνδρα αὐτῆς. Καὶ ἐγένετο φόβος μέγας ἐφ᾽ ὅλην
τὴν ἐκκλησίαν καὶ ἐπὶ πάντας τοὺς ἀκούοντας ταῦτα.

12 Διὰ δὲ τῶν χειρῶν τῶν ἀποστόλων ἐγίνετο σημεῖα καὶ
τέρατα πολλὰ ἐν τῷ λαῷ· καὶ ἦσαν ὁμοθυμαδὸν πάντες ἐν
13 τῇ Στοᾷ Σολομῶντος· τῶν δὲ λοιπῶν οὐδεὶς ἐτόλμα κολ-
14 λᾶσθαι αὐτοῖς, ἀλλ᾽ ἐμεγάλυνεν αὐτοὺς ὁ λαός, μᾶλλον δὲ
προσετίθεντο πιστεύοντες τῷ κυρίῳ πλήθη ἀνδρῶν τε καὶ
15 γυναικῶν· ὥστε καὶ εἰς τὰς πλατείας ἐκφέρειν τοὺς ἀσθενεῖς
καὶ τιθέναι ἐπὶ κλιναρίων καὶ κραβάττων, ἵνα ἐρχομένου
16 Πέτρου κἂν ἡ σκιὰ ἐπισκιάσει τινὶ αὐτῶν. συνήρχετο δὲ

of land that belong to him, and brought the money and put
it at the disposal of the apostles.

5   But a man named Ananias, who, with his wife Sapphira,
2 had sold a piece of property, with his wife's connivance
appropriated some of the price received, and brought only a
3 part of it and put it at the disposal of the apostles. And
Peter said,

"Ananias, why has Satan taken such possession of your
heart that you should lie to the holy Spirit, by appropriating
4 part of the price of your land? As long as it was unsold
was it not yours, and after it was sold was not the money under
your control? How could you think of doing such a thing?
You did not lie to men but to God!"

5   When Ananias heard these words he fell down and
expired, and everyone who heard them spoken was appalled.
6 The younger men got up and wrapping him up carried him
7 out and buried him. About three hours later, his wife came
8 in, without having learned what had happened. Peter said
to her,

"Tell me, did you sell the land for such and such a sum?"
"Yes," she said, "that was it."

9   Peter said to her,

"How could you two agree to test the Spirit of the
Lord? There at the door are the footsteps of the men
who have buried your husband, and they will carry you
out."

10   She instantly fell down at his feet and expired. When
the young men came in they found her dead, and they carried
11 her out and buried her beside her husband. And the whole
12 church and all who heard this were appalled. They would
13 all meet together in Solomon's Colonnade. None of the
others dared to associate with them, but the people made
14 much of them, and men and women in increasing numbers
believed in the Lord and came over to their side.

Signs and wonders in great numbers continued to be done
15 among the people by their hands, so that people would carry
their sick right out into the streets, and lay them down on beds
and mats, to have at least Peter's shadow fall on some of them

καὶ τὸ πλῆθος τῶν πέριξ πόλεων Ἰερουσαλήμ, φέροντες
ἀσθενεῖς καὶ ὀχλουμένους ὑπὸ πνευμάτων ἀκαθάρτων, οἵτινες
ἐθεραπεύοντο ἅπαντες.

17 Ἀναστὰς δὲ ὁ ἀρχιερεὺς καὶ πάντες οἱ σὺν αὐτῷ, ἡ
18 οὖσα αἵρεσις τῶν Σαδδουκαίων, ἐπλήσθησαν ζήλου καὶ
ἐπέβαλον τὰς χεῖρας ἐπὶ τοὺς ἀποστόλους καὶ ἔθεντο αὐτοὺς
19 ἐν τηρήσει δημοσίᾳ. Ἄγγελος δὲ Κυρίου διὰ νυκτὸς ἤνοιξε
20 τὰς θύρας τῆς φυλακῆς ἐξαγαγών τε αὐτοὺς εἶπεν Πο-
ρεύεσθε καὶ σταθέντες λαλεῖτε ἐν τῷ ἱερῷ τῷ λαῷ πάντα
21 τὰ ῥήματα τῆς ζωῆς ταύτης. ἀκούσαντες δὲ εἰσῆλθον ὑπὸ
τὸν ὄρθρον εἰς τὸ ἱερὸν καὶ ἐδίδασκον. Παραγενόμενος δὲ
ὁ ἀρχιερεὺς καὶ οἱ σὺν αὐτῷ συνεκάλεσαν τὸ συνέδριον καὶ
πᾶσαν τὴν γερουσίαν τῶν υἱῶν Ἰσραήλ, καὶ ἀπέστειλαν
22 εἰς τὸ δεσμωτήριον ἀχθῆναι αὐτούς. οἱ δὲ παραγενόμενοι
ὑπηρέται οὐχ εὗρον αὐτοὺς ἐν τῇ φυλακῇ, ἀναστρέψαντες
23 δὲ ἀπήγγειλαν λέγοντες ὅτι Τὸ δεσμωτήριον εὕρομεν
κεκλεισμένον ἐν πάσῃ ἀσφαλείᾳ καὶ τοὺς φύλακας ἑστῶτας
24 ἐπὶ τῶν θυρῶν, ἀνοίξαντες δὲ ἔσω οὐδένα εὕρομεν. ὡς δὲ
ἤκουσαν τοὺς λόγους τούτους ὅ τε στρατηγὸς τοῦ ἱεροῦ καὶ
οἱ ἀρχιερεῖς, διηπόρουν περὶ αὐτῶν τί ἂν γένοιτο τοῦτο.
25 Παραγενόμενος δέ τις ἀπήγγειλεν αὐτοῖς ὅτι Ἰδοὺ οἱ
ἄνδρες οὓς ἔθεσθε ἐν τῇ φυλακῇ εἰσὶν ἐν τῷ ἱερῷ ἑστῶτες
26 καὶ διδάσκοντες τὸν λαόν. τότε ἀπελθὼν ὁ στρατηγὸς σὺν
τοῖς ὑπηρέταις ἦγεν αὐτούς, οὐ μετὰ βίας, ἐφοβοῦντο γὰρ
27 τὸν λαόν, μὴ λιθασθῶσιν· ἀγαγόντες δὲ αὐτοὺς ἔστησαν
ἐν τῷ συνεδρίῳ. καὶ ἐπηρώτησεν αὐτοὺς ὁ ἀρχιερεὺς
28 λέγων Παραγγελίᾳ παρηγγείλαμεν ὑμῖν μὴ διδάσκειν ἐπὶ
τῷ ὀνόματι τούτῳ, καὶ ἰδοὺ πεπληρώκατε τὴν Ἰερουσαλὴμ
τῆς διδαχῆς ὑμῶν, καὶ βούλεσθε ἐπαγαγεῖν ἐφ᾽ ἡμᾶς τὸ
29 αἷμα τοῦ ἀνθρώπου τούτου. ἀποκριθεὶς δὲ Πέτρος καὶ οἱ
ἀπόστολοι εἶπαν Πειθαρχεῖν δεῖ θεῷ μᾶλλον ἢ ἀνθρώποις.
30 ὁ θεὸς τῶν πατέρων ἡμῶν ἤγειρεν Ἰησοῦν, ὃν ὑμεῖς διεχει-
31 ρίσασθε κρεμάσαντες ἐπὶ ξύλου· τοῦτον ὁ θεὸς ἀρχηγὸν

32 ἐν αὐτῷ ʋ. ἐσμὲν αὐτῷ

16 as he went by. Even from the towns around Jerusalem crowds would come in bringing sick people and those who were troubled with foul spirits, and they were all cured.

17 This aroused the high priest and all his supporters, the
18 party of the Sadducees, and filled them with jealousy, and they arrested the apostles and put them in the common jail.

19 But an angel of the Lord opened the jail doors in the night and let them out, and said to them,

20 "Go, take your stand in the Temple, and tell the people all about this new life."

21 And they obeyed, and about daybreak went into the Temple and began to teach. The high priest and his party came over and called together the council and indeed the whole senate of the Israelites, and sent to the prison to
22 have the apostles brought in. But the attendants who went for them could not find them in the jail, and they came
23 back and reported,

"We found the prison securely locked up, with the sentries on duty at the doors, but on opening the doors we found no one inside."

24 When the commander of the Temple and the high priests heard this report, they were very much at a loss as to what
25 would come of it. Someone came over and reported to them,

"The men that you put in jail are standing right here in the Temple, teaching the people!"

26 Then the commander and his men went and brought them back, but without using violence, for they were
27 afraid of being stoned by the people. So they brought them before the council and the high priest questioned them.

28 "We strictly forbade you," he said, "to teach on this authority, and here you have filled Jerusalem with your teaching, and propose to hold us responsible for this man's death!"

29 Peter and the apostles answered,

30 "We must obey God rather than men. The God of our forefathers raised Jesus to life when you had hung him on a
31 tree and killed him. God took him up to his right hand

καὶ σωτῆρα ὕψωσεν τῇ δεξιᾷ αὐτοῦ, [τοῦ] δοῦναι μετάνοιαν
32 τῷ Ἰσραὴλ καὶ ἄφεσιν ἁμαρτιῶν· καὶ ἡμεῖς ⌈ἐσμὲν μάρ-
τυρες τῶν ῥημάτων ⌈τούτων, καὶ τὸ πνεῦμα τὸ ἅγιον ὃ⌉
33 ἔδωκεν ὁ θεὸς τοῖς πειθαρχοῦσιν αὐτῷ. οἱ δὲ ἀκούσαντες
34 διεπρίοντο καὶ ἐβούλοντο ἀνελεῖν αὐτούς. Ἀναστὰς δέ τις
ἐν τῷ συνεδρίῳ Φαρισαῖος ὀνόματι Γαμαλιήλ, νομοδιδά-
σκαλος τίμιος παντὶ τῷ λαῷ, ἐκέλευσεν ἔξω βραχὺ τοὺς
35 ἀνθρώπους ποιῆσαι, εἶπέν τε πρὸς αὐτούς Ἄνδρες Ἰσραη-
λεῖται, προσέχετε ἑαυτοῖς ἐπὶ τοῖς ἀνθρώποις τούτοις τί
36 μέλλετε πράσσειν. πρὸ γὰρ τούτων τῶν ἡμερῶν ἀνέστη
Θευδᾶς, λέγων εἶναί τινα ἑαυτόν, ᾧ προσεκλίθη ἀνδρῶν
ἀριθμὸς ὡς τετρακοσίων· ὃς ἀνῃρέθη, καὶ πάντες ὅσοι
37 ἐπείθοντο αὐτῷ διελύθησαν καὶ ἐγένοντο εἰς οὐδέν. μετὰ
τοῦτον ἀνέστη Ἰούδας ὁ Γαλιλαῖος ἐν ταῖς ἡμέραις τῆς
ἀπογραφῆς καὶ ἀπέστησε λαὸν ὀπίσω αὐτοῦ· κἀκεῖνος
ἀπώλετο, καὶ πάντες ὅσοι ἐπείθοντο αὐτῷ διεσκορπίσθη-
38 σαν. καὶ [τὰ] νῦν λέγω ὑμῖν, ἀπόστητε ἀπὸ τῶν ἀνθρώ-
πων τούτων καὶ ἄφετε αὐτούς· (ὅτι ἐὰν ᾖ ἐξ ἀνθρώπων
39 ἡ βουλὴ αὕτη ἢ τὸ ἔργον τοῦτο, καταλυθήσεται· εἰ δὲ ἐκ
θεοῦ ἐστίν, οὐ δυνήσεσθε καταλῦσαι αὐτούς·) μή ποτε καὶ
40 θεομάχοι εὑρεθῆτε. ἐπείσθησαν δὲ αὐτῷ, καὶ προσκαλε-
σάμενοι τοὺς ἀποστόλους δείραντες παρήγγειλαν μὴ λαλεῖν
41 ἐπὶ τῷ ὀνόματι τοῦ Ἰησοῦ καὶ ἀπέλυσαν. Οἱ μὲν οὖν
ἐπορεύοντο χαίροντες ἀπὸ προσώπου τοῦ συνεδρίου ὅτι
42 κατηξιώθησαν ὑπὲρ τοῦ ὀνόματος ἀτιμασθῆναι· πᾶσάν τε
ἡμέραν ἐν τῷ ἱερῷ καὶ κατ᾽ οἶκον οὐκ ἐπαύοντο διδάσκον-
τες καὶ εὐαγγελιζόμενοι τὸν χριστὸν Ἰησοῦν.

1 ΕΝ ΔΕ ΤΑΙΣ ΗΜΕΡΑΙΣ ταύταις πληθυνόντων τῶν
μαθητῶν ἐγένετο γογγυσμὸς τῶν Ἑλληνιστῶν πρὸς τοὺς
Ἑβραίους ὅτι παρεθεωροῦντο ἐν τῇ διακονίᾳ τῇ καθημερινῇ

as leader and savior, in order to give repentance and forgive-
32 ness of sins to Israel.   We and the holy Spirit which God has
given to those who obey him are witnesses to these things."
33   When they heard this, they were furious, and wanted to
34 kill them.   But a Pharisee named Gamaliel, a teacher of the
Law highly regarded by all the people, got up in the council
35 and ordered the men to be removed for a while, and then
said,

"Men of Israel, take care what you propose to do with
36 these men.   For some time ago Theudas appeared, claiming
to be a person of importance, and a group of men numbering
some four hundred joined him.   But he was killed and all his
37 followers were dispersed and disappeared.   After him, at the
time of the census, Judas of Galilee appeared, and raised a
following, but he too perished, and all his followers were
38 scattered.   So in the present case, I tell you, keep away from
these men and let them alone, for if this idea or movement is
39 of human origin, it will come to naught, but if it is from God,
you will not be able to stop it.   You may actually find
yourselves fighting God!"
40   They were convinced by him, and they called the apostles
in and had them flogged, and warned them not to speak about
41 the name of Jesus, and then let them go.   So they went out
from before the council, glad that they had been thought
42 worthy to bear disgrace for the sake of Jesus, and they did
not for a single day stop teaching and preaching in the
Temple and in private houses the good news of Jesus, the
Christ.
6   In those days, as the number of the disciples was increas-
ing, complaints were made by the Greek-speaking Jews against
the native Jews that their widows were being neglected in the

2 αἱ χῆραι αὐτῶν. προσκαλεσάμενοι δὲ οἱ δώδεκα τὸ πλῆ-
θος τῶν μαθητῶν εἶπαν Οὐκ ἀρεστόν ἐστιν ἡμᾶς καταλεί-
3 ψαντας τὸν λόγον τοῦ θεοῦ διακονεῖν τραπέζαις· ἐπισκέ-
ψασθε ⌜δέ⌝, ἀδελφοί, ἄνδρας ἐξ ὑμῶν μαρτυρουμένους ἑπτὰ
πλήρεις πνεύματος καὶ σοφίας, οὓς καταστήσομεν ἐπὶ τῆς
4 χρείας ταύτης· ἡμεῖς δὲ τῇ προσευχῇ καὶ τῇ διακονίᾳ τοῦ
5 λόγου προσκαρτερήσομεν. καὶ ἤρεσεν ὁ λόγος ἐνώπιον
παντὸς τοῦ πλήθους, καὶ ἐξελέξαντο Στέφανον, ἄνδρα
⌜πλήρη⌝ πίστεως καὶ πνεύματος ἁγίου, καὶ Φίλιππον καὶ
Πρόχορον καὶ Νικάνορα καὶ Τίμωνα καὶ Παρμενᾶν καὶ
6 Νικόλαον προσήλυτον Ἀντιοχέα, οὓς ἔστησαν ἐνώπιον τῶν
ἀποστόλων, καὶ προσευξάμενοι ἐπέθηκαν αὐτοῖς τὰς χεῖρας.
7 Καὶ ὁ λόγος τοῦ θεοῦ ηὔξανεν, καὶ ἐπληθύνετο ὁ ἀρι-
θμὸς τῶν μαθητῶν ἐν Ἰερουσαλὴμ σφόδρα, πολύς τε ὄχλος
τῶν ἱερέων ὑπήκουον τῇ πίστει.

8 Στέφανος δὲ πλήρης χάριτος καὶ δυνάμεως ἐποίει τέρατα
9 καὶ σημεῖα μεγάλα ἐν τῷ λαῷ. Ἀνέστησαν δέ τινες τῶν
ἐκ τῆς συναγωγῆς τῆς λεγομένης Λιβερτίνων καὶ Κυρη-
ναίων καὶ Ἀλεξανδρέων καὶ τῶν ἀπὸ Κιλικίας καὶ Ἀσίας
10 συνζητοῦντες τῷ Στεφάνῳ, καὶ οὐκ ἴσχυον ἀντιστῆναι τῇ
11 σοφίᾳ καὶ τῷ πνεύματι ᾧ ἐλάλει. τότε ὑπέβαλον ἄνδρας
λέγοντας ὅτι Ἀκηκόαμεν αὐτοῦ λαλοῦντος ῥήματα βλά-
12 σφημα εἰς Μωυσῆν καὶ τὸν θεόν· συνεκίνησάν τε τὸν λαὸν
καὶ τοὺς πρεσβυτέρους καὶ τοὺς γραμματεῖς, καὶ ἐπιστάντες
13 συνήρπασαν αὐτὸν καὶ ἤγαγον εἰς τὸ συνέδριον, ἔστησάν
τε μάρτυρας ψευδεῖς λέγοντας Ὁ ἄνθρωπος οὗτος οὐ παύε-
ται λαλῶν ῥήματα κατὰ τοῦ τόπου τοῦ ἁγίου [τούτου] καὶ
14 τοῦ νόμου, ἀκηκόαμεν γὰρ αὐτοῦ λέγοντος ὅτι Ἰησοῦς ὁ
Ναζωραῖος οὗτος καταλύσει τὸν τόπον τοῦτον καὶ ἀλλάξει
15 τὰ ἔθη ἃ παρέδωκεν ἡμῖν Μωυσῆς. καὶ ἀτενίσαντες εἰς
αὐτὸν πάντες οἱ καθεζόμενοι ἐν τῷ συνεδρίῳ εἶδαν τὸ πρόσ-
1 ωπον αὐτοῦ ὡσεὶ πρόσωπον ἀγγέλου. Εἶπεν

3 [δή]   5 πλήρης MSS

2 daily distribution of food. So the Twelve called in the whole body of disciples and said to them,

"It is not desirable that we should give up preaching 3 the word of God to keep accounts. You, brothers, must pick out from your number seven men of good standing, who are wise and full of the Spirit, and we will put them in charge 4 of this matter, while we devote ourselves to prayer and to delivering the message."

5 This plan met the approval of the whole body, and they selected Stephen, a man full of faith and of the holy Spirit, with Philip, Prochorus, Nicanor, Timon, Parmenas, and Nicholas of Antioch, who had been a convert to Judaism. 6 They brought these men before the apostles, and they prayed and laid their hands upon them.

7 So God's message continued to spread, the number of the disciples in Jerusalem increased rapidly, and a great many priests accepted the faith.

8 Stephen, greatly strengthened by God's favor, did remark- 9 able signs and wonders among the people. But members of the synagogue known as that of the Libyans, Cyreneans, and Alexandrians, and men from Cilicia and Asia undertook 10 to debate with Stephen, but they could not meet his wisdom 11 and the inspiration with which he spoke. So they instigated people to say,

"We have heard him use abusive language about Moses and about God."

12 They aroused the people, the elders, and the scribes, and they set upon him and seized him, and brought him before 13 the council. Then they brought forward false witnesses, who said,

"This man is constantly saying things against this holy 14 place and against the Law, for we have heard him say that Jesus of Nazareth will tear this place down and change the customs that have been handed down to us by Moses."

15 Everyone who sat in the council fixed his eyes on him, 7 and they saw that his face was like that of an angel. The high priest said,

2 δὲ ὁ ἀρχιερεύς Εἰ ταῦτα οὕτως ἔχει ; ὁ δὲ ἔφη Ἄνδρες
ἀδελφοὶ καὶ πατέρες, ἀκούσατε. Ὁ θεὸς τῆϲ ΔόΖηϲ
ὤφθη τῷ πατρὶ ἡμῶν Ἀβραὰμ ὄντι ἐν τῇ Μεσοποταμίᾳ
3 πρὶν ἢ κατοικῆσαι αὐτὸν ἐν Χαρράν, καὶ εἶπεν πρὸς
αὐτόν Ἔξελθε ἐκ τῆϲ ΓῆϹ ϲογ καὶ ᵀ τῆϲ ϲγΓΓενείαϲ
4 ϲογ, καὶ Δεῦρο εἰϲ τὴν ΓῆΝ ἣν ἄν ϲοι Δείξω· τότε ἐξελ-
θὼν ἐκ γῆς Χαλδαίων κατῴκησεν ἐν Χαρράν. κἀκεῖθεν μετὰ
5 τὸ ἀποθανεῖν τὸν πατέρα αὐτοῦ μετῴκισεν αὐτὸν εἰς τὴν γῆν
ταύτην εἰς ἣν ὑμεῖς νῦν κατοικεῖτε, καὶ ογκ ἔΔωκεν αὐτῷ
κληρονομίαν ἐν αὐτῇ ογΔὲ Βῆμα πΟΔόϹ, καὶ ἐπηγγείλατο
Δογναι αὐτῷ εἰϲ κατάϲχεϲιν αὐτὴν καὶ τῷ ϲπέρματι
6 αὐτογ μετ᾽ αὐτόν, οὐκ ὄντος αὐτῷ τέκνου. ἐλάλησεν δὲ
οὕτως ὁ θεὸς ὅτι ἔϲται τὸ ϲπέρμα αὐτογ πάροικον ἐν
Γῆ ἀλλοτρίᾳ, καὶ Δογλώϲογϲιν αὐτὸ καὶ κακώϲογϲιν
7 ἔτη τετρακόϲια· καὶ τὸ ἔθνοϲ ᾧ ἂν Δογλεγϲογϲιν
κρινῶ ἐγώ, ὁ θεὸς εἶπεν, καὶ μετὰ ταγτα ἐξελεγϲονται
8 καὶ λατρεγϲογϲίν μοι ἐν τῷ τόπῳ τογτῳ. καὶ ἔΔωκεν
αὐτῷ Διαθήκην περιτομῆϲ· καὶ οὕτως ἐγέννησεν τὸν
Ἰσαὰκ καὶ περιέτεμεν αὐτὸν τῇ ἡμέρᾳ τῇ ὀΓΔόῃ,
καὶ Ἰσαὰκ τὸν Ἰακώβ, καὶ Ἰακὼβ τοὺς δώδεκα πατριάρ-
9 χας. Καὶ οἱ πατριάρχαι Ζηλώϲαντεϲ τὸν Ἰωϲὴφ ἀπέ-
10 Δοντο εἰϲ Αἴγγπτον· καὶ ἦν ὁ θεὸς μετ᾽ αὐτογ, καὶ
ἐξείλατο αὐτὸν ἐκ πασῶν τῶν θλίψεων αὐτοῦ, καὶ ἔΔωκεν
αὐτῷ χάριν καὶ σοφίαν ἐναντίον Φαραὼ Βαϲιλέωϲ
Αἰγγπτογ, καὶ κατέϲτηϲεν αὐτὸν ἡΓογΜενον ἐπ᾽ Αἴ-
11 Γγπτον καὶ ᵀ ὅλον τὸν οἶκον αὐτογ. ἦλθεν Δὲ λιμὸϲ
ἐφ᾽ ὅλην τὴν Αἴγγπτον καὶ Χαναὰν καὶ θλίψιϲ
μεγάλη, καὶ οὐχ ηὕρισκον χορτάσματα οἱ πατέρες ἡμῶν·
12 ἀκογϲαϲ Δὲ Ἰακὼβ ὄντα ϲιτία εἰϲ Αἴγγπτον ἐξαπέ-
13 ϲτειλεν τοὺς πατέρας ἡμῶν πρῶτον· καὶ ἐν τῷ δευτέρῳ
ⸯἐΓνωρίϲθηⸯ Ἰωϲὴφ τοῖϲ ἀΔελφοῖϲ αὐτογ, καὶ φα-
14 νερὸν ἐγένετο τῷ Φαραὼ τὸ γένος Ἰωσήφ. ἀποστείλας δὲ
Ἰωσὴφ μετεκαλέσατο Ἰακὼβ τὸν πατέρα αὐτοῦ καὶ πᾶσαν

3 ἐκ   10 ἐφ᾽   13 ἀνεγνωρίσθη

"Is this so?"

2 He answered,

"Brothers and fathers, listen.   The glorious God appeared to our forefather Abraham when he was in Mesopotamia, 3 before he settled in Haran, and he said to him, 'Leave your country and your relatives and come to the country that I 4 will show you.'   So he left the country of the Chaldeans and went to live in Haran, and from there after the death of his father, God caused him to move into this country where 5 you now live.   He gave him no property in it, not a single foot, but he promised to give it to him and his posterity after him permanently, though he had no children at that time. 6 This was what God said: 'His descendants will be strangers, living in a foreign land, and they will be enslaved and misused 7 for four hundred years, and I will sentence the nation that has enslaved them,' God said, 'and afterward they will leave 8 that country and worship me on this spot.'   And he made the agreement of circumcision with him, and so Abraham became the father of Isaac and circumcised him on the eighth day, and Isaac became the father of Jacob, and Jacob of the 9 twelve patriarchs.   The patriarchs became jealous of Joseph and sold him into slavery in Egypt.   But God was with him, 10 and rescued him from all his troubles, and enabled him to win favor and to show wisdom when he stood before Pharaoh, king of Egypt, and he appointed him governor of Egypt and of 11 his whole household.   Then a famine spread all over Egypt and Canaan, and there was great suffering, and our forefathers 12 could not find any food.   But Jacob heard that there was food in Egypt, and he sent our forefathers on their first visit 13 there.   On their second visit, Joseph made himself known to his brothers, and Pharaoh learned of Joseph's parentage. 14 Then Joseph sent and invited his father Jacob and all his

15 τὴν συγγένειαν ἐν ψυχαῖς ἑβδομήκοντα πέντε, ⌐κατέβη
δὲ⌐ Ἰακὼβ [εἰς Αἴγυπτον]. καὶ ἐτελεύτησεν αὐτὸς καὶ
16 οἱ πατέρες ἡμῶν, καὶ μετετέθησαν εἰς Συχὲμ καὶ ἐτέθη-
σαν ἐν τῷ μνήματι ᾧ ὠνήσατο Ἀβραὰμ τιμῆς ἀργυρίου
17 παρὰ τῶν υἱῶν Ἐμμὼρ ἐν Συχέμ. Καθὼς δὲ ἤγγιζεν
ὁ χρόνος τῆς ἐπαγγελίας ἧς ὡμολόγησεν ὁ θεὸς τῷ Ἀβραάμ,
18 ηὔξησεν ὁ λαὸς καὶ ἐπληθύνθη ἐν Αἰγύπτῳ, ἄχρι οὗ
ἀνέστη βασιλεὺς ἕτερος ἐπ᾽ Αἴγυπτον, ὃς οὐκ ᾔδει
19 τὸν Ἰωσήφ. οὗτος κατασοφισάμενος τὸ γένος ἡμῶν
ἐκάκωσεν τοὺς πατέρας τοῦ ποιεῖν τὰ βρέφη ἔκθετα αὐτῶν
20 εἰς τὸ μὴ ζωογονεῖσθαι. ἐν ᾧ καιρῷ ἐγεννήθη Μωυσῆς, καὶ
ἦν ἀστεῖος τῷ θεῷ· ὃς ἀνετράφη μῆνας τρεῖς ἐν τῷ οἴκῳ
21 τοῦ πατρός· ἐκτεθέντος δὲ αὐτοῦ ἀνείλατο αὐτὸν ἡ θυγά-
22 τηρ Φαραὼ καὶ ἀνεθρέψατο αὐτὸν ἑαυτῇ εἰς υἱόν. καὶ
ἐπαιδεύθη Μωυσῆς πάσῃ σοφίᾳ Αἰγυπτίων, ἦν δὲ δυνατὸς
23 ἐν λόγοις καὶ ἔργοις αὐτοῦ. Ὡς δὲ ἐπληροῦτο αὐτῷ τεσσε-
ρακονταετὴς χρόνος, ἀνέβη ἐπὶ τὴν καρδίαν αὐτοῦ ἐπισκέ-
24 ψασθαι τοὺς ἀδελφοὺς αὐτοῦ τοὺς υἱοὺς Ἰσραήλ. καὶ
ἰδών τινα ἀδικούμενον ἠμύνατο καὶ ἐποίησεν ἐκδίκησιν τῷ
25 καταπονουμένῳ πατάξας τὸν Αἰγύπτιον. ἐνόμιζεν δὲ συ-
νιέναι τοὺς ἀδελφοὺς ὅτι ὁ θεὸς διὰ χειρὸς αὐτοῦ δίδωσιν
26 σωτηρίαν αὐτοῖς, οἱ δὲ οὐ συνῆκαν. τῇ τε ἐπιούσῃ ἡμέρᾳ
ὤφθη αὐτοῖς μαχομένοις καὶ συνήλλασσεν αὐτοὺς εἰς εἰρή-
νην εἰπών Ἄνδρες, ἀδελφοί ἐστε· ἵνα τί ἀδικεῖτε ἀλλήλους;
27 ὁ δὲ ἀδικῶν τὸν πλησίον ἀπώσατο αὐτὸν εἰπών Τίς σὲ
28 κατέστησεν ἄρχοντα καὶ δικαστὴν ἐφ᾽ ἡμῶν; μὴ ἀνε-
λεῖν με σὺ θέλεις ὃν τρόπον ἀνεῖλες ἐχθὲς τὸν Αἰ-
29 γύπτιον; ἔφυγεν δὲ Μωυσῆς ἐν τῷ λόγῳ τούτῳ,
καὶ ἐγένετο πάροικος ἐν γῇ Μαδιάμ, οὗ ἐγέννησεν υἱοὺς
30 δύο. Καὶ πληρωθέντων ἐτῶν τεσσεράκοντα ὤφθη αὐτῷ
ἐν τῇ ἐρήμῳ τοῦ ὄρους Σινὰ ἄγγελος ἐν φλογὶ πυρὸς
31 βάτου· ὁ δὲ Μωυσῆς ἰδὼν ἐθαύμασεν τὸ ὅραμα· προσερ-
32 χομένου δὲ αὐτοῦ κατανοῆσαι ἐγένετο φωνὴ Κυρίου Ἐγὼ

15 relatives, seventy-five in all, and Jacob came down to Egypt.
16 There he and our forefathers died, and they were carried back
   to Shechem, and laid in the tomb that Abraham had bought
17 for a sum of money from the sons of Hamor in Shechem.   As
   the time drew near for the fulfilment of the promise God had
   made to Abraham, the people became more and more numer-
18 ous in Egypt, until another king, who knew nothing about
19 Joseph, became ruler of Egypt.   He took advantage of our
   people and oppressed our forefathers, making them abandon
20 their infant children, so that they should not live.   It was
   at this time that Moses was born.   He was a wonderfully
   beautiful child, and for three months he was taken care of
21 in his father's house.   When he was abandoned, the daughter
   of Pharaoh adopted him and brought him up as her own son.
22 So Moses was educated in all the Egyptian culture; he was
23 strong in speech and action.   When he was forty years old,
   it occurred to him to visit his brothers, the descendants of
24 Israel.   Seeing one of them being imposed upon, he interfered
   and defended the man who was being ill treated, striking down
25 the Egyptian.   He supposed that his brothers would under-
   stand that God was using him as the means of delivering them,
26 but they did not.   The next day, he came across two of them
   fighting and tried to pacify them.   He said to them, 'You are
27 brothers.   Why should you injure each other?'   But the
   aggressor thrust him off, saying, 'Who made you our ruler
28 and judge?   Do you mean to kill me as you did that Egyptian
29 yesterday?'   At those words Moses fled, and went and lived
   for a time in Midian, and two sons were born to him there.
30 When forty years had passed, an angel appeared to him in the
31 desert of Mount Sinai, in the flame of a burning bush.   When
   Moses saw it he wondered at the sight, and when he went up
32 to see what it was, the voice of the Lord said, 'I am the God of

ὁ θεὸς τῶν πατέρων coy, ὁ θεὸς Ἀβραὰμ καὶ Ἰcαὰκ
καὶ Ἰακώβ.   ἔντρομος δὲ γενόμενος Μωυσῆς οὐκ ἐτόλμα
33 κατανοῆσαι.   εἶπεν δὲ αὐτῷ ὁ κύριος   Λῦcον τὸ ὑπό-
ΔΗΜΑ τῶν ποΔῶν coy, ὁ γὰρ τόπος ἐφ' ᾧ ἕcΤΗΚΑc γῆ
34 ἁγία ἐcΤίν.   ἰΔὼν εἶΔον τὴν κάκωcιν τοῦ λαοῦ μου
τοῦ ἐν Αἰγύπτῳ, καὶ τοῦ cΤεναγμοῦ αὐτοῦ ἤκουcα,
καὶ κατέβην ἐξελέcθαι αὐτούc· καὶ νῦν Δεῦρο ἀποcτεί-
35 λω cε εἰc Αἴγυπτον.   Τοῦτον τὸν Μωυσῆν, ὃν ἠρνήσαντο
εἰπόντες Τίc cὲ κατέcΤΗcεν ἄρχοντα καὶ Δικαcτήν,
τοῦτον ὁ θεὸς καὶ ἄρχοντα καὶ λυτρωτὴν ἀπέσταλκεν σὺν χει-
36 ρὶ ἀγγέλου τοῦ ὀφθέντος αὐτῷ ἐν τῇ βάτῳ.   οὗτος ἐξήγαγεν
αὐτοὺς ποιήσας Τέρατα καὶ cΗμεῖα ἐν Τῇ Αἰγύπτῳ καὶ ἐν
Ἐρυθρᾷ Θαλάσσῃ καὶ ἐν τῇ ἐρήμῳ ἔτη τεccεράκοντα.
37 οὗτός ἐcτιν ὁ Μωυσῆς ὁ εἴπας τοῖς υἱοῖς Ἰσραήλ Προ-
φήτΗν ὑμῖν ἀναcΤήcει ὁ θεὸς ἐκ τῶν ἀΔελφῶν ὑμῶν
38 ὡc ἐμέ.   οὗτός ἐcτιν ὁ γενόμενος ἐν τῇ ἐκκλησίᾳ ἐν τῇ
ἐρήμῳ μετὰ τοῦ ἀγγέλου τοῦ λαλοῦντος αὐτῷ ἐν τῷ ὄρει
Σινὰ καὶ τῶν πατέρων ἡμῶν, ὃς ἐδέξατο λόγια ζῶντα δοῦναι
39 ⌜ὑμῖν⌝, ᾧ οὐκ ἠθέλησαν ὑπήκοοι γενέσθαι οἱ πατέρες ἡμῶν
ἀλλὰ ἀπώσαντο καὶ ἐcτράφΗcαν ἐν ταῖς καρδίαις αὐτῶν
40 εἰc Αἴγυπτον, εἰπόντες τῷ Ἀαρών   Ποίηcον Ἡμῖν
θεοὺc οἳ προπορεύcονται Ἡμῶν· ὁ γὰρ Μωυcῆc
οὗτος, ὃc ἐξήγαγεν ἡμᾶc ἐκ γῆc Αἰγύπτου, οὐκ οἴ-
41 Δαμεν τί ἐγένετο αὐτῷ.   καὶ ἐμοcχοποίΗcαν ἐν ταῖς
ἡμέραις ἐκείναις καὶ ἀνήγαγον θυcίαν τῷ εἰδώλῳ, καὶ εὐ-
42 φραίνοντο ἐν τοῖς ἔργοις τῶν χειρῶν αὐτῶν.   ἔcτρεψεν δὲ
ὁ θεὸς καὶ παρέδωκεν αὐτοὺς λατρεύειν τῇ cΤρατιᾷ τοῦ
οὐρανοῦ, καθὼς γέγραπται ἐν Βίβλῳ τῶν προφητῶν
Μὴ cφάγια καὶ θυcίας προcΗνέγκατέ μοι
ἔτη τεccεράκοντα ἐν τῇ ἐρήμῳ, οἶκος Ἰcραήλ;
43   καὶ ἀνελάβετε τὴν cκΗνὴν τοῦ Μολόχ
καὶ τὸ ἄcτρον τοῦ θεοῦ Ῥομφά,
τοὺc τύπουc οὓc ἐποιήcατε προcκυνεῖν αὐτοῖς.
καὶ μετοικιῶ ὑμᾶc ἐπέκεινα Βαβυλῶνος.

your forefathers, the God of Abraham, Isaac, and Jacob.'
33 Moses was terrified and did not dare to look at it.   Then
the Lord said to him, 'Take off your shoes, for the place where
34 you are standing is holy ground.   I have certainly seen the op-
pression of my people in Egypt, and I have heard their groans,
and I have come down to save them.   So come! I will make
35 you my messenger to Egypt!'   The Moses whom they had
refused, saying to him, 'Who made you our ruler and judge?'
God sent both to rule and to deliver them, with the help of the
36 angel who had appeared to him in the bush.   It was he who
brought them out of Egypt, and did wonders and signs there,
37 and at the Red Sea, and for forty years in the desert.   This was
the Moses who said to the descendants of Israel, 'God will
raise up a prophet for you from among your brothers, just
38 as he raised me.'   It was he who with the congregation in
the desert went between the angel who spoke to him on
Mount Sinai and our forefathers, and received and com-
39 municated to you utterances that still live.   Yet our fore-
fathers would not listen to him, but thrust him off, and their
40 hearts turned back to Egypt, for they said to Aaron, 'Make
us gods to march in front of us, for as for this Moses, who
brought us out of Egypt, we do not know what has become of
41 him!'   They even made a calf in those days, and offered
sacrifice to their idol, and held a celebration over what their
42 own hands had made.   So God turned his back on them
and left them to worship the starry host, just as the Book of
the Prophets says,

"'Was it to me that you offered victims and sacrifices,
    O house of Israel,
Those forty years in the desert?
43 You took up the tent of Moloch and the star of your god
    Rompha,
The images you had made to worship!
So I will deport you beyond Babylon.'

44 Ἡ σκηνὴ τοῦ μαρτυρίου ἦν τοῖς πατράσιν ἡμῶν ἐν τῇ
ἐρήμῳ, καθὼς διετάξατο ὁ λαλῶν τῷ Μωυσῇ ποιῆσαι
45 αὐτὴν κατὰ τὸν τύπον ὃν ἑωράκει, ἣν καὶ εἰσήγαγον
διαδεξάμενοι οἱ πατέρες ἡμῶν μετὰ Ἰησοῦ ἐν τῇ κατα-
σχέσει τῶν ἐθνῶν ὧν ἐξῶσεν ὁ θεὸς ἀπὸ προσώπου τῶν
46 πατέρων ἡμῶν ἕως τῶν ἡμερῶν Δαυείδ· ὃς εὗρεν χάριν
ἐνώπιον τοῦ θεοῦ καὶ ᾐτήσατο εὑρεῖν σκήνωμα τῷ
47 ⸀θεῷ⸣ Ἰακώβ. Σολομῶν δὲ οἰκοδόμησεν αὐτῷ οἶκον.
48 ἀλλ᾽ οὐχ ὁ ὕψιστος ἐν χειροποιήτοις κατοικεῖ· καθὼς ὁ
προφήτης λέγει

49   Ὁ οὐρανός μοι θρόνος,
  ⸀καὶ ἡ⸣ γῆ ὑποπόδιον τῶν ποδῶν μου·
  ποῖον οἶκον οἰκοδομήσετέ μοι, λέγει Κύριος,
  ἢ τίς τόπος τῆς καταπαύσεώς μου;
50   οὐχὶ ἡ χείρ μου ἐποίησεν ταῦτα πάντα;
51 Σκληροτράχηλοι καὶ ἀπερίτμητοι ⸀καρδίαις⸣ καὶ τοῖς
ὠσίν, ὑμεῖς ἀεὶ τῷ πνεύματι τῷ ἁγίῳ ἀντιπίπτετε, ὡς
52 οἱ πατέρες ὑμῶν καὶ ὑμεῖς. τίνα τῶν προφητῶν οὐκ ἐδίωξαν
οἱ πατέρες ὑμῶν; καὶ ἀπέκτειναν τοὺς προκαταγγείλαντας
περὶ τῆς ἐλεύσεως τοῦ δικαίου οὗ νῦν ὑμεῖς προδόται καὶ
53 φονεῖς ἐγένεσθε, οἵτινες ἐλάβετε τὸν νόμον εἰς διαταγὰς
54 ἀγγέλων, καὶ οὐκ ἐφυλάξατε.   Ἀκούοντες δὲ
ταῦτα διεπρίοντο ταῖς καρδίαις αὐτῶν καὶ ἔβρυχον τοὺς
55 ὀδόντας ἐπ᾽ αὐτόν. ὑπάρχων δὲ πλήρης πνεύματος ἁγίου
ἀτενίσας εἰς τὸν οὐρανὸν εἶδεν δόξαν θεοῦ καὶ Ἰησοῦν ἑστῶτα
56 ἐκ δεξιῶν τοῦ θεοῦ, καὶ εἶπεν Ἰδοὺ θεωρῶ τοὺς οὐρανοὺς
διηνοιγμένους καὶ τὸν υἱὸν τοῦ ἀνθρώπου ἐκ δεξιῶν ἑστῶτα
57 τοῦ θεοῦ. κράξαντες δὲ φωνῇ μεγάλῃ συνέσχον τὰ ὦτα
58 αὐτῶν, καὶ ὥρμησαν ὁμοθυμαδὸν ἐπ᾽ αὐτόν, καὶ ἐκβαλόντες
ἔξω τῆς πόλεως ἐλιθοβόλουν. καὶ οἱ μάρτυρες ἀπέθεντο τὰ
ἱμάτια αὐτῶν παρὰ τοὺς πόδας νεανίου καλουμένου Σαύλου.
59 καὶ ἐλιθοβόλουν τὸν Στέφανον ἐπικαλούμενον καὶ λέγοντα
60 Κύριε Ἰησοῦ, δέξαι τὸ πνεῦμά μου· θεὶς δὲ τὰ γόνατα

46 †...†   49 ἡ δὲ

44 In the desert our forefathers had the Tent of the Testimony
built like the model Moses had seen, just as he who spoke
45 to him told him to make it.   This tent was handed down to
our forefathers and they brought it here with them when
under Joshua they dispossessed the nations that God drove
46 out before them, and it existed until the time of David.   He
won the approval of God and begged to be allowed to provide
47 a dwelling for the God of Jacob, and Solomon actually built
48 a house for him.   But the Most High does not live in buildings
made by human hands.   As the prophet says,

49   " 'The sky is my throne,
         And the earth a footstool for my feet.
         What house can you build for me?   says the Lord,
         Or what place is there where I can rest?
50   Was it not my hand that made it all?'

51 You stubborn people, with heathen hearts and ears, you are
always opposing the holy Spirit, just as your forefathers did!
52 Which of the prophets did your forefathers not persecute?
They killed the men who foretold the coming of the Righteous
53 One, whom you have now betrayed and killed—you who had
the Law given to you by angels, and did not obey it!"

54   When they heard that, they were enraged and ground
55 their teeth at him.   But he, full of the holy Spirit, looked up
to heaven and saw God's glory and Jesus standing at God's
56 right hand.   And he said,

         "Look! I can see heaven open, and the Son of Man
standing at God's right hand!"

57   But they uttered a great shout and stopped their ears,
58 and they rushed upon him all together, and dragged him out of
the city and stoned him, the witnesses throwing down their
59 clothes at the feet of a young man named Saul.   As they
stoned Stephen, he prayed,

         "Lord Jesus, receive my spirit!"
60   Then falling on his knees, he cried out,

ἔκραξεν φωνῇ μεγάλῃ Κύριε, μὴ στήσῃς αὐτοῖς ταύτην τὴν
1 ἁμαρτίαν· καὶ τοῦτο εἰπὼν ἐκοιμήθη.   Σαῦλος
δὲ ἦν συνευδοκῶν τῇ ἀναιρέσει αὐτοῦ.

Ἐγένετο δὲ ἐν ἐκείνῃ τῇ ἡμέρᾳ διωγμὸς μέγας ἐπὶ τὴν
ἐκκλησίαν τὴν ἐν Ἰεροσολύμοις· πάντες [δὲ] διεσπάρησαν
κατὰ τὰς χώρας τῆς Ἰουδαίας καὶ Σαμαρίας πλὴν τῶν
2 ἀποστόλων. συνεκόμισαν δὲ τὸν Στέφανον ἄνδρες εὐλα-
3 βεῖς καὶ ἐποίησαν κοπετὸν μέγαν ἐπ᾽ αὐτῷ. Σαῦλος δὲ
ἐλυμαίνετο τὴν ἐκκλησίαν κατὰ τοὺς οἴκους εἰσπορευόμε-
νος, σύρων τε ἄνδρας καὶ γυναῖκας παρεδίδου εἰς φυλακήν.

4   Οἱ μὲν οὖν διασπαρέντες διῆλθον εὐαγγελιζόμενοι τὸν
5 λόγον.   Φίλιππος δὲ κατελθὼν εἰς τὴν πόλιν τῆς Σαμα-
6 ρίας ἐκήρυσσεν αὐτοῖς τὸν χριστόν. προσεῖχον δὲ οἱ ὄχλοι
τοῖς λεγομένοις ὑπὸ τοῦ Φιλίππου ὁμοθυμαδὸν ἐν τῷ
7 ἀκούειν αὐτοὺς καὶ βλέπειν τὰ σημεῖα ἃ ἐποίει· πολλοὶ
γὰρ τῶν ἐχόντων πνεύματα ἀκάθαρτα βοῶντα φωνῇ με-
γάλῃ ἐξήρχοντο, πολλοὶ δὲ παραλελυμένοι καὶ χωλοὶ
8 ἐθεραπεύθησαν· ἐγένετο δὲ πολλὴ χαρὰ ἐν τῇ πόλει
9 ἐκείνῃ.   Ἀνὴρ δέ τις ὀνόματι Σίμων προϋπῆρχεν
ἐν τῇ πόλει μαγεύων καὶ ἐξιστάνων τὸ ἔθνος τῆς Σαμαρίας,
10 λέγων εἶναί τινα ἑαυτὸν μέγαν, ᾧ προσεῖχον πάντες ἀπὸ
μικροῦ ἕως μεγάλου λέγοντες Οὗτός ἐστιν ἡ Δύναμις τοῦ
11 θεοῦ ἡ καλουμένη Μεγάλη. προσεῖχον δὲ αὐτῷ διὰ τὸ
12 ἱκανῷ χρόνῳ ταῖς μαγίαις ἐξεστακέναι αὐτούς. ὅτε δὲ
ἐπίστευσαν τῷ Φιλίππῳ εὐαγγελιζομένῳ περὶ τῆς βασι-
λείας τοῦ θεοῦ καὶ τοῦ ὀνόματος Ἰησοῦ Χριστοῦ, ἐβαπτί-
13 ζοντο ἄνδρες τε καὶ γυναῖκες. ὁ δὲ Σίμων καὶ αὐτὸς ἐπί-
στευσεν, καὶ βαπτισθεὶς ἦν προσκαρτερῶν τῷ Φιλίππῳ,
θεωρῶν τε σημεῖα καὶ δυνάμεις μεγάλας γινομένας ἐξί-
14 στατο.   Ἀκούσαντες δὲ οἱ ἐν Ἰεροσολύμοις
ἀπόστολοι ὅτι δέδεκται ἡ Σαμαρία τὸν λόγον τοῦ θεοῦ
15 ἀπέστειλαν πρὸς αὐτοὺς Πέτρον καὶ Ἰωάνην, οἵτινες κατα-

"Lord, do not lay this sin up against them!"

8   With these words he fell asleep. And Saul entirely approved of his being put to death.

A great persecution of the church in Jerusalem broke out that day, and they were all scattered over Judea and Samaria
2 except the apostles. Some pious men buried Stephen and
3 loudly lamented him. But Saul harassed the church. He went into one house after another, and dragging out men and women, put them in prison.

4   Those who were scattered went from place to place
5 preaching the good news of the message. Philip reached the
6 city of Samaria, and proclaimed the Christ to them. When the people heard Philip and saw the signs that he showed
7 they were all interested in what he had to say, for with loud cries foul spirits came out of many who had been possessed by them, and many paralytics and lame people were cured.
8 So there was great rejoicing in that city.

9   There was a man named Simon in the town, who had been amazing the Samaritan people by practicing magic there,
10 and making great pretensions. Everyone there, high and low, made much of him, and said,

"He must be what is known as the Great Power of God!"

11   They made much of him because for a long time he had
12 amazed them with his magic. But when they believed Philip's preaching of the good news of the Kingdom of God and the name of Jesus Christ, men and women alike accepted
13 baptism. Even Simon himself believed and after his baptism attached himself to Philip, and he was amazed at seeing such signs and great wonders taking place.

14   When the apostles at Jerusalem heard that Samaria had accepted God's message, they sent Peter and John there.

βάντες προσηύξαντο περὶ αὐτῶν ὅπως λάβωσιν πνεῦμα
16 ἅγιον· οὐδέπω γὰρ ἦν ἐπ᾿ οὐδενὶ αὐτῶν ἐπιπεπτωκός, μόνον
δὲ βεβαπτισμένοι ὑπῆρχον εἰς τὸ ὄνομα τοῦ κυρίου Ἰησοῦ.
17 τότε ἐπετίθεσαν τὰς χεῖρας ἐπ᾿ αὐτούς, καὶ ἐλάμβανον
18 πνεῦμα ἅγιον. Ἰδὼν δὲ ὁ Σίμων ὅτι διὰ τῆς ἐπιθέσεως τῶν
χειρῶν τῶν ἀποστόλων δίδοται τὸ πνεῦμα προσήνεγκεν
19 αὐτοῖς χρήματα λέγων Δότε κἀμοὶ τὴν ἐξουσίαν ταύτην
20 ἵνα ᾧ ἐὰν ἐπιθῶ τὰς χεῖρας λαμβάνῃ πνεῦμα ἅγιον. Πέ-
τρος δὲ εἶπεν πρὸς αὐτόν Τὸ ἀργύριόν σου σὺν σοὶ εἴη
εἰς ἀπώλειαν, ὅτι τὴν δωρεὰν τοῦ θεοῦ ἐνόμισας διὰ χρημά-
21 των κτᾶσθαι. οὐκ ἔστιν σοι μερὶς οὐδὲ κλῆρος ἐν τῷ λόγῳ
τούτῳ, ἡ γὰρ κΑΡΔΊΑ σου ΟΥΚ ἜΣΤΙΝ ΕΥ̓ΘΕῖΑ ἜΝΑΝΤΙ ΤΟῦ
22 ΘΕΟῦ. μετανόησον οὖν ἀπὸ τῆς κακίας σου ταύτης, καὶ
δεήθητι τοῦ κυρίου εἰ ἄρα ἀφεθήσεταί σοι ἡ ἐπίνοια τῆς
23 καρδίας σου· εἰς γὰρ χολὴν ΠΙΚΡΊΑΣ καὶ ΣΎΝΔΕΣΜΟΝ ἀΔΙ-
24 ΚΊΑΣ ὁρῶ σε ὄντα. ἀποκριθεὶς δὲ ὁ Σίμων εἶπεν Δεήθητε
ὑμεῖς ὑπὲρ ἐμοῦ πρὸς τὸν κύριον ὅπως μηδὲν ἐπέλθῃ ἐπ᾿ ἐμὲ
25 ὧν εἰρήκατε. Οἱ μὲν οὖν διαμαρτυράμενοι καὶ
λαλήσαντες τὸν λόγον τοῦ κυρίου ὑπέστρεφον εἰς Ἱεροσό-
λυμα, πολλάς τε κώμας τῶν Σαμαρειτῶν εὐηγγελίζοντο.

26 Ἄγγελος δὲ Κυρίου ἐλάλησεν πρὸς Φίλιππον λέγων
Ἀνάστηθι καὶ πορεύου κατὰ μεσημβρίαν ἐπὶ τὴν ὁδὸν τὴν
καταβαίνουσαν ἀπὸ Ἱερουσαλὴμ εἰς Γάζαν· αὕτη ἐστὶν
27 ἔρημος. καὶ ἀναστὰς ἐπορεύθη, καὶ ἰδοὺ ἀνὴρ Αἰθίοψ
εὐνοῦχος δυνάστης Κανδάκης βασιλίσσης Αἰθιόπων, ὃς ἦν
ἐπὶ πάσης τῆς γάζης αὐτῆς, [ὃς] ἐληλύθει προσκυνήσων εἰς
28 Ἱερουσαλήμ, ἦν δὲ ὑποστρέφων καὶ καθήμενος ἐπὶ τοῦ
ἅρματος αὐτοῦ καὶ ἀνεγίνωσκεν τὸν προφήτην Ἡσαίαν.
29 εἶπεν δὲ τὸ πνεῦμα τῷ Φιλίππῳ Πρόσελθε καὶ κολλήθητι
30 τῷ ἅρματι τούτῳ. προσδραμὼν δὲ ὁ Φίλιππος ἤκουσεν
αὐτοῦ ἀναγινώσκοντος Ἡσαίαν τὸν προφήτην, καὶ εἶπεν
31 Ἆρά γε γινώσκεις ἃ ἀναγινώσκεις; ὁ δὲ εἶπεν Πῶς γὰρ

15 When they came, they prayed that the Samaritans might
16 receive the holy Spirit, for it had not yet come upon any of
   them; they had simply been baptized in the name of the
17 Lord Jesus.   Then they laid their hands on them, and they
18 received the holy Spirit.   But when Simon saw that the
   holy Spirit was imparted through the laying on of the apostles'
19 hands, he offered them money, saying,

   "Give me also this power to communicate the holy Spirit
   to anyone I lay my hands upon."

20   But Peter said to him,

   "Go to destruction with your money, for thinking you
21 could buy God's gift with it!   You have no share or part in
   this movement, for your heart is not honest in the sight of
22 God.   So repent of this wickedness of yours, and pray to the
   Lord, to see if you may not be forgiven for thinking of such
23 a thing.   For I see that you are a bitter poison and a bundle
   of iniquity!"

24   Simon answered,

   "You must pray to the Lord for me, that none of the
   things you have said may happen to me!"

25   After they had given their testimony and delivered the
   Lord's message, they went back to Jerusalem, telling the good
   news in many Samaritan villages on the way.

26   But an angel of the Lord said to Philip,

   "Get up and go south, by the road that runs from
   Jerusalem to Gaza."   (The town is now deserted.)

27   So he got up and went.   Now there was an Ethiopian
   eunuch, a member of the court of Candace, queen of Ethiopia,
   her chief treasurer, who had come up to Jerusalem to worship,
28 and was on his way home.   He was sitting in his car, reading
29 the prophet Isaiah.   Then the Spirit said to Philip,

   "Go up and stay by that car."

30   Philip ran up and heard him reading the prophet Isaiah,
   and he said to him,

   "Do you understand what you are reading?"

31   "Why, how can I," he answered, "unless someone explains

ἃν δυναίμην ἐὰν μή τις ὁδηγήσει με; παρεκάλεσέν τε τὸν
32 Φίλιππον ἀναβάντα καθίσαι σὺν αὐτῷ. ἡ δὲ περιοχὴ τῆς
γραφῆς ἣν ἀνεγίνωσκεν ἦν αὕτη
Ὡς πρόβατον ἐπὶ ϲφαγὴν ἤχθη,
καὶ ὡς ἀμνὸς ἐναντίον τοῦ ⌜κείροντοϲ⌝ αὐτὸν
ἄφωνος,
οὕτως οὐκ ἀνοίγει τὸ ϲτόμα αὐτοῦ.
33 Ἐν τῇ ταπεινώϲει ἡ κρίϲιϲ αὐτοῦ ἤρθη·
τὴν γενεὰν αὐτοῦ τίϲ διηγήϲεται;
ὅτι αἴρεται ἀπὸ τῆϲ γῆϲ ἡ ζωὴ αὐτοῦ.
34 ἀποκριθεὶς δὲ ὁ εὐνοῦχος τῷ Φιλίππῳ εἶπεν Δέομαί σου,
περὶ τίνος ὁ προφήτης λέγει τοῦτο; περὶ ἑαυτοῦ ἢ περὶ
35 ἑτέρου τινός; ἀνοίξας δὲ ὁ Φίλιππος τὸ στόμα αὐτοῦ καὶ
ἀρξάμενος ἀπὸ τῆς γραφῆς ταύτης εὐηγγελίσατο αὐτῷ τὸν
36 Ἰησοῦν. ὡς δὲ ἐπορεύοντο κατὰ τὴν ὁδόν, ἦλθον ἐπί τι
ὕδωρ, καί φησιν ὁ εὐνοῦχος Ἰδοὺ ὕδωρ· τί κωλύει με
38 βαπτισθῆναι; καὶ ἐκέλευσεν στῆναι τὸ ἅρμα, καὶ κατέ-
βησαν ἀμφότεροι εἰς τὸ ὕδωρ ὅ τε Φίλιππος καὶ ὁ εὐνοῦχος,
39 καὶ ἐβάπτισεν αὐτόν. ὅτε δὲ ἀνέβησαν ἐκ τοῦ ὕδατος,
πνεῦμα Κυρίου ἥρπασεν τὸν Φίλιππον, καὶ οὐκ εἶδεν αὐτὸν
οὐκέτι ὁ εὐνοῦχος, ἐπορεύετο γὰρ τὴν ὁδὸν αὐτοῦ χαίρων.
40 Φίλιππος δὲ εὑρέθη εἰς Ἄζωτον, καὶ διερχόμενος εὐηγγε-
λίζετο τὰς πόλεις πάσας ἕως τοῦ ἐλθεῖν αὐτὸν εἰς Και-
σαρίαν.

1 Ὁ δὲ Σαῦλος, ἔτι ἐνπνέων ἀπειλῆς καὶ φόνου εἰς τοὺς
2 μαθητὰς τοῦ κυρίου, προσελθὼν τῷ ἀρχιερεῖ ᾐτήσατο
παρ' αὐτοῦ ἐπιστολὰς εἰς Δαμασκὸν πρὸς τὰς συναγωγάς,
ὅπως ἐάν τινας εὕρῃ τῆς ὁδοῦ ὄντας, ἄνδρας τε καὶ γυναῖ-
3 κας, δεδεμένους ἀγάγῃ εἰς Ἰερουσαλήμ. Ἐν δὲ
τῷ πορεύεσθαι ἐγένετο αὐτὸν ἐγγίζειν τῇ Δαμασκῷ, ἐξέ-
4 φνης τε αὐτὸν περιήστραψεν φῶς ἐκ τοῦ οὐρανοῦ, καὶ πεσὼν

32 κείραντος

it to me?" And he invited Philip to get in and sit beside
32 him.   This was the passage of Scripture that he was reading:
"Like a sheep he was led away to be slaughtered,
And just as a lamb is dumb before its shearer,
He does not open his mouth.
33   His sentence ended in his humiliation.
Who will tell the story of his posterity?
For his life is perished from the earth."
34   "Tell me, of whom is the prophet speaking?" said the
eunuch to Philip. "Of himself, or of someone else?"
35   Then Philip began, and starting from this passage, he told
36 him the good news about Jesus.   As they went on along the
road, they came to some water, and the eunuch said,
"Here is some water!   What is there to prevent my being
baptized?"
38   So he ordered the car to stop, and Philip and the eunuch
both went down into the water, and Philip baptized him.
39 When they came up out of the water, the Spirit of the Lord
hurried Philip away, and the eunuch saw nothing more of
40 him.   Full of joy, he went on with his journey, while Philip
found himself at Ashdod and went on telling the good news in
all the towns all the way to Caesarea.
9   Now Saul, still breathing murderous threats against the
2 Lord's disciples, went to the high priest and asked him for
letters to the synagogues in Damascus, so that if he found
any men or women there who belonged to the Way, he might
3 bring them in chains to Jerusalem.   But on his journey, as
he was approaching Damascus, a sudden light flashed around

ἐπὶ τὴν γῆν ἤκουσεν φωνὴν λέγουσαν αὐτῷ Σαοὺλ Σαούλ,
5 τί με διώκεις; εἶπεν δέ Τίς εἶ, κύριε; ὁ δέ Ἐγώ εἰμι
6 Ἰησοῦς ὃν σὺ διώκεις· ἀλλὰ ἀνάστηθι καὶ εἴσελθε εἰς τὴν
7 πόλιν, καὶ λαληθήσεταί σοι ὅτι σε δεῖ ποιεῖν. οἱ δὲ
ἄνδρες οἱ συνοδεύοντες αὐτῷ ἱστήκεισαν ἐνεοί, ἀκούοντες
8 μὲν τῆς φωνῆς μηδένα δὲ θεωροῦντες. ἠγέρθη δὲ Σαῦλος
ἀπὸ τῆς γῆς, ἀνεῳγμένων δὲ τῶν ὀφθαλμῶν αὐτοῦ οὐδὲν
ἔβλεπεν· χειραγωγοῦντες δὲ αὐτὸν εἰσήγαγον εἰς Δαμα-
9 σκόν. καὶ ἦν ἡμέρας τρεῖς μὴ βλέπων, καὶ οὐκ ἔφαγεν
οὐδὲ ἔπιεν.
10 Ἦν δέ τις μαθητὴς ἐν Δαμασκῷ ὀνόματι Ἀνανίας,
καὶ εἶπεν πρὸς αὐτὸν ἐν ὁράματι ὁ κύριος Ἀνανία. ὁ δὲ
11 εἶπεν Ἰδοὺ ἐγώ, κύριε. ὁ δὲ κύριος πρὸς αὐτόν ⌐Ἀνάστα⌐
πορεύθητι ἐπὶ τὴν ῥύμην τὴν καλουμένην Εὐθεῖαν καὶ ζή-
τησον ἐν οἰκίᾳ Ἰούδα Σαῦλον ὀνόματι Ταρσέα, ἰδοὺ γὰρ
12 προσεύχεται, καὶ εἶδεν ἄνδρα [ἐν ὁράματι] Ἀνανίαν ὀνό-
ματι εἰσελθόντα καὶ ἐπιθέντα αὐτῷ [τὰς] χεῖρας ὅπως ἀνα-
13 βλέψῃ. ἀπεκρίθη δὲ Ἀνανίας Κύριε, ἤκουσα ἀπὸ πολλῶν
περὶ τοῦ ἀνδρὸς τούτου, ὅσα κακὰ τοῖς ἁγίοις σου ἐποίησεν
14 ἐν Ἰερουσαλήμ· καὶ ὧδε ἔχει ἐξουσίαν παρὰ τῶν ἀρχιερέων
15 δῆσαι πάντας τοὺς ἐπικαλουμένους τὸ ὄνομά σου. εἶπεν
δὲ πρὸς αὐτὸν ὁ κύριος Πορεύου, ὅτι σκεῦος ἐκλογῆς ἐστίν
μοι οὗτος τοῦ βαστάσαι τὸ ὄνομά μου ἐνώπιον [τῶν] ἐθνῶν
16 τε καὶ βασιλέων υἱῶν τε Ἰσραήλ, ἐγὼ γὰρ ὑποδείξω αὐτῷ
17 ὅσα δεῖ αὐτὸν ὑπὲρ τοῦ ὀνόματός μου παθεῖν. Ἀπῆλθεν
δὲ Ἀνανίας καὶ εἰσῆλθεν εἰς τὴν οἰκίαν, καὶ ἐπιθεὶς ἐπ᾽ αὐτὸν
τὰς χεῖρας εἶπεν Σαοὺλ ἀδελφέ, ὁ κύριος ἀπέσταλκέν με,
Ἰησοῦς ὁ ὀφθείς σοι ἐν τῇ ὁδῷ ᾗ ἤρχου, ὅπως ἀναβλέψῃς
18 καὶ πλησθῇς πνεύματος ἁγίου. καὶ εὐθέως ἀπέπεσαν αὐ-
τοῦ ἀπὸ τῶν ὀφθαλμῶν ὡς λεπίδες, ἀνέβλεψέν τε, καὶ ἀνα-
19 στὰς ἐβαπτίσθη, καὶ λαβὼν τροφὴν ἐνισχύθη.
Ἐγένετο δὲ μετὰ τῶν ἐν Δαμασκῷ μαθητῶν ἡμέρας
20 τινάς, καὶ εὐθέως ἐν ταῖς συναγωγαῖς ἐκήρυσσεν τὸν Ἰησοῦν

11 Ἀναστὰς

4 him from heaven, and he fell to the ground.   Then he heard
a voice saying to him,

"Saul!   Saul!   Why do you persecute me?"

5   "Who are you, sir?" he asked.

"I am Jesus, whom you are persecuting," said the voice.

6 "But get up and go into the city, and there you will be
told what you ought to do."

7   Saul's fellow-travelers stood speechless, for they heard
8 the voice but could not see anyone.   When Saul got up from
the ground and opened his eyes he could see nothing.   They
9 had to take him by the hand and lead him into Damascus, and
for three days he could not see, and neither ate nor drank.

10   There was at Damascus a disciple named Ananias, and
the Lord said to him in a vision,

"Ananias!"

And he answered,

"Yes, Lord!"

11   The Lord said to him,

"Get up and go to the street called the Straight Street,
and ask at the house of Judas for a man named Saul, from
12 Tarsus, for he is there praying.   He has had a vision and seen
a man named Ananias come in and lay his hands on him, to
restore his sight."

13   But Ananias answered,

"Lord, I have heard many people tell of this man, and the
14 harm he has done to your people in Jerusalem.   He is here
with authority to arrest everyone who calls upon your name."

15   The Lord said to him,

"Go!   This man is the means I have chosen for carrying
my name among the heathen and their kings, and among the
16 descendants of Israel.   For I am going to show him all he
will have to endure for my sake."

17   Ananias set out and went to the house, and there he laid
his hands upon Saul, and said to him,

"Saul, my brother, I have been sent by the Lord Jesus, who
appeared to you on the road by which you came, so that you
may regain your sight and be filled with the holy Spirit."

18   Something like scales immediately dropped from his
eyes, and his sight was restored, and he got up and was
19 baptized, and, after taking some food, regained his strength.

Saul stayed for some time with the disciples at Damascus,
20 and began at once to declare in the synagogues that Jesus was

21 ὅτι οὗτός ἐστιν ὁ υἱὸς τοῦ θεοῦ. ἐξίσταντο δὲ πάντες οἱ
ἀκούοντες καὶ ἔλεγον Οὐχ οὗτός ἐστιν ὁ πορθήσας ἐν
Ἰερουσαλὴμ τοὺς ἐπικαλουμένους τὸ ὄνομα τοῦτο, καὶ ὧδε
εἰς τοῦτο ἐληλύθει ἵνα δεδεμένους αὐτοὺς ἀγάγῃ ἐπὶ τοὺς
22 ἀρχιερεῖς; Σαῦλος δὲ μᾶλλον ἐνεδυναμοῦτο καὶ συνέχυννεν
Ἰουδαίους τοὺς κατοικοῦντας ἐν Δαμασκῷ, συνβιβάζων ὅτι
23 οὗτός ἐστιν ὁ χριστός. Ὡς δὲ ἐπληροῦντο ἡμέ-
ραι ἱκαναί, συνεβουλεύσαντο οἱ Ἰουδαῖοι ἀνελεῖν αὐτόν·
24 ἐγνώσθη δὲ τῷ Σαύλῳ ἡ ἐπιβουλὴ αὐτῶν. παρετηροῦντο
δὲ καὶ τὰς πύλας ἡμέρας τε καὶ νυκτὸς ὅπως αὐτὸν ἀνέλω-
25 σιν· λαβόντες δὲ οἱ μαθηταὶ αὐτοῦ νυκτὸς διὰ τοῦ τείχους
26 καθῆκαν αὐτὸν χαλάσαντες ἐν σφυρίδι. Παρα-
γενόμενος δὲ εἰς Ἰερουσαλὴμ ἐπείραζεν κολλᾶσθαι τοῖς
μαθηταῖς· καὶ πάντες ἐφοβοῦντο αὐτόν, μὴ πιστεύοντες
27 ὅτι ἐστὶν μαθητής. Βαρνάβας δὲ ἐπιλαβόμενος αὐτὸν ἤγα-
γεν πρὸς τοὺς ἀποστόλους, καὶ διηγήσατο αὐτοῖς πῶς ἐν
τῇ ὁδῷ εἶδεν τὸν κύριον καὶ ὅτι ἐλάλησεν αὐτῷ, καὶ πῶς ἐν
28 Δαμασκῷ ἐπαρρησιάσατο ἐν τῷ ὀνόματι Ἰησοῦ. καὶ ἦν
μετ᾽ αὐτῶν εἰσπορευόμενος καὶ ἐκπορευόμενος εἰς Ἰερου-
29 σαλήμ, παρρησιαζόμενος ἐν τῷ ὀνόματι τοῦ κυρίου, ἐλάλει
τε καὶ συνεζήτει πρὸς τοὺς Ἑλληνιστάς· οἱ δὲ ἐπεχείρουν
30 ἀνελεῖν αὐτόν. ἐπιγνόντες δὲ οἱ ἀδελφοὶ κατήγαγον αὐτὸν
εἰς Καισαρίαν καὶ ἐξαπέστειλαν αὐτὸν εἰς Ταρσόν.

31 Η ΜΕΝ ΟΥΝ ΕΚΚΛΗΣΙΑ καθ᾽ ὅλης τῆς Ἰουδαίας καὶ
Γαλιλαίας καὶ Σαμαρίας εἶχεν εἰρήνην οἰκοδομουμένη, καὶ
πορευομένη τῷ φόβῳ τοῦ κυρίου καὶ τῇ παρακλήσει τοῦ
ἁγίου πνεύματος ἐπληθύνετο.
32 Ἐγένετο δὲ Πέτρον διερχόμενον διὰ πάντων κατελ-
θεῖν καὶ πρὸς τοὺς ἁγίους τοὺς κατοικοῦντας Λύδδα.
33 εὗρεν δὲ ἐκεῖ ἄνθρωπόν τινα ὀνόματι Αἰνέαν ἐξ ἐτῶν ὀκτὼ

21 the Son of God. Everyone who heard him was astonished, and said,

"Is not he the man who made such havoc of the people in Jerusalem who call upon that name, and who came here especially for the purpose of arresting such persons and taking them before the high priests?"

22   But Saul grew more and more powerful, and bewildered the Jews who lived in Damascus by his proofs that Jesus was the Christ.

23   After some time had passed, the Jews made a plot to kill 24 him, but Saul found out about the plot. They watched the 25 city gates day and night, in order to kill him, but his disciples took him one night and let him down over the wall, lowering him in a basket.

26   When he reached Jerusalem he tried to join the disciples, and they were all afraid of him, for they could not believe 27 that he was really a disciple. But Barnabas got hold of him and introduced him to the apostles, and he told them how on his journey he had seen the Lord, and that he had spoken to him, and how boldly he had spoken for the cause of Jesus at 28 Damascus. After that, he associated with them freely in 29 Jerusalem, and spoke boldly for the Lord's cause, talking and debating with the Greek-speaking Jews. But they tried 30 to kill him. When the brothers found this out, they took him down to Caesarea, and sent him away to Tarsus.

31   So the church all over Judea, Galilee, and Samaria was at peace and became established. It lived in reverence for the Lord and, stimulated by the holy Spirit, it grew steadily in numbers.

32   As Peter was traveling about among them all, he happened 33 to visit God's people at Lydda. There he found a man named

34 κατακείμενον ἐπὶ κραβάττου, ὃς ἦν παραλελυμένος. καὶ
εἶπεν αὐτῷ ὁ Πέτρος Αἰνέα, ἰᾶταί σε Ἰησοῦς Χριστός·
35 ἀνάστηθι καὶ στρῶσον σεαυτῷ· καὶ εὐθέως ἀνέστη. καὶ
εἶδαν αὐτὸν πάντες οἱ κατοικοῦντες Λύδδα καὶ τὸν Σαρῶνα,
οἵτινες ἐπέστρεψαν ἐπὶ τὸν κύριον.
36 Ἐν Ἰόππῃ δέ τις ἦν μαθήτρια ὀνόματι Ταβειθά, ἣ
διερμηνευομένη λέγεται Δορκάς· αὕτη ἦν πλήρης ἔργων
37 ἀγαθῶν καὶ ἐλεημοσυνῶν ὧν ἐποίει. ἐγένετο δὲ ἐν ταῖς
ἡμέραις ἐκείναις ἀσθενήσασαν αὐτὴν ἀποθανεῖν· λούσαντες
38 δὲ ἔθηκαν ᵀ ἐν ὑπερῴῳ. ἐγγὺς δὲ οὔσης Λύδδας τῇ Ἰόππῃ
οἱ μαθηταὶ ἀκούσαντες ὅτι Πέτρος ἐστὶν ἐν αὐτῇ ἀπέστει-
λαν δύο ἄνδρας πρὸς αὐτὸν παρακαλοῦντες Μὴ ὀκνήσῃς
39 διελθεῖν ἕως ἡμῶν· ἀναστὰς δὲ Πέτρος συνῆλθεν αὐτοῖς·
ὃν παραγενόμενον ἀνήγαγον εἰς τὸ ὑπερῷον, καὶ παρέστη-
σαν αὐτῷ πᾶσαι αἱ χῆραι κλαίουσαι καὶ ἐπιδεικνύμεναι
χιτῶνας καὶ ἱμάτια ὅσα ἐποίει μετ' αὐτῶν οὖσα ἡ Δορκάς.
40 ἐκβαλὼν δὲ ἔξω πάντας ὁ Πέτρος καὶ θεὶς τὰ γόνατα
προσηύξατο, καὶ ἐπιστρέψας πρὸς τὸ σῶμα εἶπεν Ταβειθά,
ἀνάστηθι. ἡ δὲ ἤνοιξεν τοὺς ὀφθαλμοὺς αὐτῆς, καὶ ἰδοῦσα
41 τὸν Πέτρον ἀνεκάθισεν. δοὺς δὲ αὐτῇ χεῖρα ἀνέστησεν
αὐτήν, φωνήσας δὲ τοὺς ἁγίους καὶ τὰς χήρας παρέστησεν
42 αὐτὴν ζῶσαν. γνωστὸν δὲ ἐγένετο καθ' ὅλης Ἰόππης, καὶ
43 ἐπίστευσαν πολλοὶ ἐπὶ τὸν κύριον. Ἐγένετο δὲ ἡμέρας
ἱκανὰς μεῖναι ἐν Ἰόππῃ παρά τινι Σίμωνι βυρσεῖ.

1 Ἀνὴρ δέ τις ἐν Καισαρίᾳ ὀνόματι Κορνήλιος, ἑκατον-
2 τάρχης ἐκ σπείρης τῆς καλουμένης Ἰταλικῆς, εὐσεβὴς καὶ
φοβούμενος τὸν θεὸν σὺν παντὶ τῷ οἴκῳ αὐτοῦ, ποιῶν ἐλεη-
μοσύνας πολλὰς τῷ λαῷ καὶ δεόμενος τοῦ θεοῦ διὰ παντός,
3 εἶδεν ἐν ὁράματι φανερῶς ὡσεὶ περὶ ὥραν ἐνάτην τῆς ἡμέ-
ρας ἄγγελον τοῦ θεοῦ εἰσελθόντα πρὸς αὐτὸν καὶ εἰπόντα
4 αὐτῷ Κορνήλιε. ὁ δὲ ἀτενίσας αὐτῷ καὶ ἔμφοβος γενό-
μενος εἶπεν Τί ἐστιν, κύριε; εἶπεν δὲ αὐτῷ Αἱ προσευ-

37 αὐτὴν

Aeneas, a paralytic who had been bedridden for eight years.
4 Peter said to him,

"Aeneas, Jesus Christ cures you! Get up, and make your bed!"

5 And he got up immediately. And everybody who lived in Lydda and in Sharon saw him, and they turned to the Lord.

6 Among the disciples at Joppa there was a woman named Tabitha, which is in Greek Dorcas, that is, gazelle. She had 7 devoted herself to doing good and to acts of charity. Just at that time it happened that she had been taken ill and had died, and they had washed her body and laid her out in a room up- 8 stairs. As Joppa was near Lydda, the disciples heard that Peter was there, and they sent two men to him, urging him to come 9 over to them without delay. Peter went with them at once. When he arrived, they took him up to the room and all the widows stood around him crying and showing him the shirts and coats that Dorcas had made when she was still with them. 10 But Peter put them all out of the room. Then he knelt down and prayed, and then turning to the body he said,

"Tabitha, stand up!"

11 She opened her eyes, and seeing Peter, she sat up. He gave her his hand and raised her to her feet, and calling in the believers and the widows, he gave her back to them alive. 12 This became known all over Joppa, and many came to believe 13 in the Lord. So it came about that Peter stayed for some time in Joppa, at the house of a tanner named Simon.

0 There was at Caesarea a man named Cornelius, a captain 2 in what was known as the Italian regiment. He was a devout man, who feared God, as did all the members of his household. He was liberal in charities to the people, and always prayed 3 to God. One afternoon, about three o'clock, he had a vision, and distinctly saw an angel of God come into his room and say to him,

"Cornelius!"

4 He stared at him in terror, and said,

"What is it, sir?"

χαί σου καὶ αἱ ἐλεημοσύναι σου ἀνέβησαν εἰς μνημόσυνον
5 ἔμπροσθεν τοῦ θεοῦ· καὶ νῦν πέμψον ἄνδρας εἰς Ἰόππην
6 καὶ μετάπεμψαι Σίμωνά τινα ὃς ἐπικαλεῖται Πέτρος· οὗτος
ξενίζεται παρά τινι Σίμωνι βυρσεῖ, ᾧ ἐστιν οἰκία παρὰ θά-
7 λασσαν. ὡς δὲ ἀπῆλθεν ὁ ἄγγελος ὁ λαλῶν αὐτῷ, φωνήσας
δύο τῶν οἰκετῶν καὶ στρατιώτην εὐσεβῆ τῶν προσκαρτερούν-
8 των αὐτῷ καὶ ἐξηγησάμενος ἅπαντα αὐτοῖς ἀπέστειλεν
9 αὐτοὺς εἰς τὴν Ἰόππην.   Τῇ δὲ ἐπαύριον ὁδοι-
πορούντων ἐκείνων καὶ τῇ πόλει ἐγγιζόντων ἀνέβη Πέτρος
10 ἐπὶ τὸ δῶμα προσεύξασθαι περὶ ὥραν ἕκτην. ἐγένετο δὲ
πρόσπεινος καὶ ἤθελεν γεύσασθαι· παρασκευαζόντων δὲ
11 αὐτῶν ἐγένετο ἐπ' αὐτὸν ἔκστασις, καὶ θεωρεῖ τὸν οὐρανὸν
ἀνεῳγμένον καὶ καταβαῖνον σκεῦός τι ὡς ὀθόνην μεγάλην
12 τέσσαρσιν ἀρχαῖς καθιέμενον ἐπὶ τῆς γῆς, ἐν ᾧ ὑπῆρχεν
πάντα τὰ τετράποδα καὶ ἑρπετὰ τῆς γῆς καὶ πετεινὰ τοῦ
13 οὐρανοῦ. καὶ ἐγένετο φωνὴ πρὸς αὐτόν Ἀναστάς, Πέτρε,
14 θῦσον καὶ φάγε. ὁ δὲ Πέτρος εἶπεν Μηδαμῶς, κύριε, ὅτι
15 οὐδέποτε ἔφαγον πᾶν κοινὸν καὶ ἀκάθαρτον. καὶ φωνὴ
πάλιν ἐκ δευτέρου πρὸς αὐτόν Ἃ ὁ θεὸς ἐκαθάρισεν σὺ μὴ
16 κοίνου. τοῦτο δὲ ἐγένετο ἐπὶ τρίς, καὶ εὐθὺς ἀνελήμφθη τὸ
17 σκεῦος εἰς τὸν οὐρανόν.   Ὡς δὲ ἐν ἑαυτῷ διη-
πόρει ὁ Πέτρος τί ἂν εἴη τὸ ὅραμα ὃ εἶδεν, ἰδοὺ οἱ ἄνδρες
οἱ ἀπεσταλμένοι ὑπὸ τοῦ Κορνηλίου διερωτήσαντες τὴν
18 οἰκίαν τοῦ Σίμωνος ἐπέστησαν ἐπὶ τὸν πυλῶνα, καὶ φωνή-
σαντες ⌈ἐπύθοντο⌉ εἰ Σίμων ὁ ἐπικαλούμενος Πέτρος ἐν-
19 θάδε ξενίζεται. Τοῦ δὲ Πέτρου διενθυμουμένου περὶ τοῦ
ὁράματος εἶπεν τὸ πνεῦμα ᵀ Ἰδοὺ ἄνδρες ⌈δύο⌉ ζητοῦντές σε·
20 ἀλλὰ ἀναστὰς κατάβηθι καὶ πορεύου σὺν αὐτοῖς μηδὲν
21 διακρινόμενος, ὅτι ἐγὼ ἀπέσταλκα αὐτούς. καταβὰς δὲ Πέ-
τρος πρὸς τοὺς ἄνδρας εἶπεν Ἰδοὺ ἐγώ εἰμι ὃν ζητεῖτε· τίς
22 ἡ αἰτία δι' ἣν πάρεστε; οἱ δὲ εἶπαν Κορνήλιος ἑκατον-
τάρχης, ἀνὴρ δίκαιος καὶ φοβούμενος τὸν θεὸν μαρτυρού-
μενός τε ὑπὸ ὅλου τοῦ ἔθνους τῶν Ἰουδαίων, ἐχρηματίσθη

18 ἐπυνθάνοντο   19 αὐτῷ | [τρεῖς]

"Your prayers and charities," the angel answered,
5 "have gone up and been remembered before God. Now
send men to Joppa, for a man named Simon, who is also called
6 Peter. He is being entertained at the house of a tanner
named Simon, which is close to the sea."

7   When the angel who had spoken to him was gone, Cor-
nelius called two of his servants, and a devout soldier who
8 was one of his personal attendants, and after telling them
the whole story, sent them to Joppa.

9   The next day, while they were still on their way, and
were just getting near the town, Peter went up on the housetop
10 about noon to pray. He got very hungry, and wanted some-
thing to eat. While they were getting it ready, he fell into a
11 trance, and saw the sky opened and a thing like a great
sheet coming down, lowered to the ground by the four corners,
12 with all kinds of quadrupeds, reptiles, and wild birds in it.
13 And a voice came to him,

"Get up, Peter! Kill something and eat it!"
14   But Peter said,

"Never, sir! For I have never eaten anything that
was common and unclean."
15   The voice came to him again a second time,

"Do not call what God has cleansed unclean."
16   This happened three times; then the thing was taken
right up into the sky.

17   While Peter was still wondering what the vision he had
had could mean, the men whom Cornelius had sent had asked
18 the way to Simon's house and reached the door, and they
called out to ask if Simon who was called Peter was staying
19 there. As Peter was pondering over his vision, the Spirit
said to him,

20   "There are two men looking for you. Get up and go
down, and go with them without any hesitation, for I have
sent them."
21   Then Peter went down to see the men, and said to them,

"I am the man you are asking for. What is the reason for
your coming?"
22   They answered,

"Cornelius, who is a captain, and an upright and God-
fearing man, and who has a good reputation with the whole
Jewish nation, was directed by a holy angel to send for you

528 ΠΡΑΞΕΙΣ ΑΠΟΣΤΟΛΩΝ

ὑπὸ ἀγγέλου ἁγίου μεταπέμψασθαί σε εἰς τὸν οἶκον αὐτοῦ
23 καὶ ἀκοῦσαι ῥήματα παρὰ σοῦ. εἰσκαλεσάμενος οὖν αὐτοὺς
ἐξένισεν.   Τῇ δὲ ἐπαύριον ἀναστὰς ἐξῆλθεν σὺν
αὐτοῖς, καί τινες τῶν ἀδελφῶν τῶν ἀπὸ Ἰόππης συνῆλ-
24 θαν αὐτῷ. τῇ δὲ ἐπαύριον εἰσῆλθεν εἰς τὴν Καισαρίαν·
ὁ δὲ Κορνήλιος ἦν προσδοκῶν αὐτοὺς συνκαλεσάμενος τοὺς
25 συγγενεῖς αὐτοῦ καὶ τοὺς ἀναγκαίους φίλους. Ὡς δὲ ἐγέ-
νετο τοῦ εἰσελθεῖν τὸν Πέτρον, συναντήσας αὐτῷ ὁ Κορ-
26 νήλιος πεσὼν ἐπὶ τοὺς πόδας προσεκύνησεν. ὁ δὲ Πέτρος
ἤγειρεν αὐτὸν λέγων Ἀνάστηθι· καὶ ἐγὼ αὐτὸς ἄνθρωπός
27 εἰμι. καὶ συνομιλῶν αὐτῷ εἰσῆλθεν, καὶ εὑρίσκει συνελη-
28 λυθότας πολλούς, ἔφη τε πρὸς αὐτούς Ὑμεῖς ἐπίστασθε
ὡς ἀθέμιτόν ἐστιν ἀνδρὶ Ἰουδαίῳ κολλᾶσθαι ἢ προσέρχε-
σθαι ἀλλοφύλῳ· κἀμοὶ ὁ θεὸς ἔδειξεν μηδένα κοινὸν ἢ
29 ἀκάθαρτον λέγειν ἄνθρωπον· διὸ καὶ ἀναντιρήτως ἦλθον
μεταπεμφθείς. πυνθάνομαι οὖν τίνι λόγῳ μετεπέμψασθέ
30 με.   καὶ ὁ Κορνήλιος ἔφη Ἀπὸ τετάρτης ἡμέρας μέχρι
ταύτης τῆς ὥρας ἤμην τὴν ἐνάτην προσευχόμενος ἐν τῷ
οἴκῳ μου, καὶ ἰδοὺ ἀνὴρ ἔστη ἐνώπιόν μου ἐν ἐσθῆτι λαμ-
31 πρᾷ καί φησι Κορνήλιε, εἰσηκούσθη σου ἡ προσευχὴ καὶ
32 αἱ ἐλεημοσύναι σου ἐμνήσθησαν ἐνώπιον τοῦ θεοῦ· πέμψον
οὖν εἰς Ἰόππην καὶ μετακάλεσαι Σίμωνα ὃς ἐπικαλεῖται
Πέτρος· οὗτος ξενίζεται ἐν οἰκίᾳ Σίμωνος βυρσέως παρὰ
33 θάλασσαν. ἐξαυτῆς οὖν ἔπεμψα πρὸς σέ, σύ τε καλῶς
ἐποίησας παραγενόμενος. νῦν οὖν πάντες ἡμεῖς ἐνώπιον
τοῦ θεοῦ πάρεσμεν ἀκοῦσαι πάντα τὰ προστεταγμένα
34 σοι ὑπὸ τοῦ κυρίου. ἀνοίξας δὲ Πέτρος τὸ στόμα εἶπεν
Ἐπ᾽ ἀληθείας καταλαμβάνομαι ὅτι ΟΥΚ ΕCΤΙΝ ΠΡΟCΩΠΟ-
35 ΛΗΜΠΤΗC ὁ θεός, ἀλλ᾽ ἐν παντὶ ἔθνει ὁ φοβούμενος αὐ-
36 τὸν καὶ ἐργαζόμενος δικαιοσύνην δεκτὸς αὐτῷ ἐστίν. ΤΟΝ
ΛΟΓΟΝ ⌐ἀπέστειλεν τοῖς υἱοῖς⌐ Ἰσραὴλ εὐαγγελιζόμενος
εἰρήνην διὰ Ἰησοῦ Χριστοῦ· οὗτός ἐστιν πάντων κύριος.
37 ὑμεῖς οἴδατε τὸ⌐ γενόμενον ῥῆμα καθ᾽ ὅλης τῆς Ἰουδαίας,

36,37 ὃν ἀπέστειλεν......Χριστοῦ (οὗτος......κύριος) ὑμεῖς οἴδατε, τὸ

to come to his house, and to listen to what you have to say."

23   So Peter invited them in and entertained them. The next day he started off with them, accompanied by some of the
24 brothers from Joppa, and the day after, he reached Caesarea. Cornelius had invited in his relatives and his intimate friends
25 and was waiting for them. When Peter actually arrived, Cornelius met him and fell at his feet and made obeisance to
26 him. But Peter raised him to his feet, and said,

     "Get up! I am only human myself."

27   So he went in talking with him, and he found that many
28 people had gathered, and he said to them,

     "You know that it is against the Law for a Jew to as- sociate with a foreigner or to visit one; but God has taught
29 me not to call anyone common or unclean. That was why, when I was sent for, I came without any hesitation. And now I want to ask why you sent for me."

30   Cornelius answered,

     "Three days ago, just at this time of day, I was praying in my house about three o'clock, when a man in dazzling
31 clothing stood before me, and said, 'Cornelius, your prayer has been heard, and your charities have been recalled to mind
32 by God. So send to Joppa and invite Simon who is called Peter to come here. He is staying at the house of a tanner
33 named Simon, close to the sea.' So I sent for you immedi- ately, and you have very kindly come. Now we are all here in God's presence, to hear everything that the Lord has instructed you to say."

34   Then Peter began and said,

     "Now I really understand that God shows no partiality,
35 but welcomes the man of any nation who reveres him and
36 does what is right. He has sent his message to Israel's descendants, and made the good news of peace known to them
37 through Jesus Christ. He is Lord of us all. You know the

ἀρξάμενος ἀπὸ τῆς Γαλιλαίας μετὰ τὸ βάπτισμα ὃ ἐκήρυ-
38 ξεν Ἰωάνης, Ἰησοῦν τὸν ἀπὸ Ναζαρέθ, ὡς ἔχρισεν αὐτὸν
ὁ θεὸς πνεύματι ἁγίῳ καὶ δυνάμει, ὃς διῆλθεν εὐεργετῶν
καὶ ἰώμενος πάντας τοὺς καταδυναστευομένους ὑπὸ τοῦ
39 διαβόλου, ὅτι ὁ θεὸς ἦν μετ᾽ αὐτοῦ· καὶ ἡμεῖς μάρτυρες
πάντων ὧν ἐποίησεν ἔν τε τῇ χώρᾳ τῶν Ἰουδαίων καὶ
Ἰερουσαλήμ· ὃν καὶ ἀνεῖλαν κρεμάσαντες ἐπὶ ξύλου.
40 τοῦτον ὁ θεὸς ἤγειρεν τῇ τρίτῃ ἡμέρᾳ καὶ ἔδωκεν αὐτὸν
41 ἐμφανῆ γενέσθαι, οὐ παντὶ τῷ λαῷ ἀλλὰ μάρτυσι τοῖς
προκεχειροτονημένοις ὑπὸ τοῦ θεοῦ, ἡμῖν, οἵτινες συνεφά-
γομεν καὶ συνεπίομεν αὐτῷ μετὰ τὸ ἀναστῆναι αὐτὸν ἐκ
42 νεκρῶν· καὶ παρήγγειλεν ἡμῖν κηρύξαι τῷ λαῷ καὶ δια-
μαρτύρασθαι ὅτι οὗτός ἐστιν ὁ ὡρισμένος ὑπὸ τοῦ θεοῦ
43 κριτὴς ζώντων καὶ νεκρῶν. τούτῳ πάντες οἱ προφῆται
μαρτυροῦσιν, ἄφεσιν ἁμαρτιῶν λαβεῖν διὰ τοῦ ὀνόματος
44 αὐτοῦ πάντα τὸν πιστεύοντα εἰς αὐτόν. Ἔτι
λαλοῦντος τοῦ Πέτρου τὰ ῥήματα ταῦτα ἐπέπεσε τὸ πνεῦμα
45 τὸ ἅγιον ἐπὶ πάντας τοὺς ἀκούοντας τὸν λόγον. καὶ
ἐξέστησαν οἱ ἐκ περιτομῆς πιστοὶ ⌈οἳ⌉ συνῆλθαν τῷ Πέτρῳ,
ὅτι καὶ ἐπὶ τὰ ἔθνη ἡ δωρεὰ τοῦ πνεύματος τοῦ ἁγίου ἐκκέ-
46 χυται· ἤκουον γὰρ αὐτῶν λαλούντων γλώσσαις καὶ μεγα-
47 λυνόντων τὸν θεόν. τότε ἀπεκρίθη Πέτρος Μήτι τὸ ὕδωρ
δύναται κωλῦσαί τις τοῦ μὴ βαπτισθῆναι τούτους οἵτινες
48 τὸ πνεῦμα τὸ ἅγιον ἔλαβον ὡς καὶ ἡμεῖς; προσέταξεν
δὲ αὐτοὺς ἐν τῷ ὀνόματι Ἰησοῦ Χριστοῦ βαπτισθῆναι.
τότε ἠρώτησαν αὐτὸν ἐπιμεῖναι ἡμέρας τινάς.
1 Ἤκουσαν δὲ οἱ ἀπόστολοι καὶ οἱ ἀδελφοὶ οἱ ὄντες κατὰ
τὴν Ἰουδαίαν ὅτι καὶ τὰ ἔθνη ἐδέξαντο τὸν λόγον τοῦ θεοῦ.
2 Ὅτε δὲ ἀνέβη Πέτρος εἰς Ἰερουσαλήμ, διεκρίνοντο πρὸς
3 αὐτὸν οἱ ἐκ περιτομῆς λέγοντες ὅτι ⌈εἰσῆλθεν πρὸς ἄνδρας
4 ἀκροβυστίαν ἔχοντας καὶ συνέφαγεν⌉ αὐτοῖς. ἀρξάμενος
5 δὲ Πέτρος ἐξετίθετο αὐτοῖς καθεξῆς λέγων Ἐγὼ ἤμην ἐν
πόλει Ἰόππῃ προσευχόμενος καὶ εἶδον ἐν ἐκστάσει ὅραμα,

45 ὅσοι   3 Εἰσῆλθες πρὸς......καὶ συνέφαγες

story that has gone all over Judea, starting from Galilee after
the baptism that John proclaimed, about Jesus of Nazareth,
38 and how God endowed him with the power of the holy Spirit,
and he went about doing good and curing all who were in the
39 power of the devil, because God was with him. We are
witnesses of everything that he did in the country of the Jews
and in Jerusalem. Yet they hung him on a tree and killed
40 him. But God raised him to life on the third day and caused
41 him to be plainly seen, not by all the people, but by witnesses
whom God had designated beforehand, that is, by us, who ate
42 and drank with him after he had risen from the dead. He
also directed us to announce to the people and bear solemn
testimony that he is the one whom God has appointed to be
43 the judge of the living and the dead. It is of him that all the
prophets bear witness that everyone that believes in him
will have his sins forgiven through his name."

44   Before Peter had finished saying these words, the holy
45 Spirit fell on all who were listening to his message. The
Jewish believers who had come with Peter were amazed
because the gift of the holy Spirit had been showered upon
46 the heathen too, for they heard them speaking in foreign
languages and declaring the greatness of God. Then Peter
said,

47   "Can anyone refuse the use of water to baptize these
people when they have received the holy Spirit just as we
did?"

48   And he directed that they should be baptized in the
name of Jesus Christ. Then they asked him to stay on there
a few days.

11   The apostles and brothers all over Judea heard that the
2 heathen had also accepted God's message, and when Peter
returned to Jerusalem, the advocates of circumcision took
3 him to task, charging him with having visited and eaten with
4 men who were uncircumcised. Then Peter explained the
matter to them from beginning to end. He said,

5   "I was praying in the town of Joppa, and while in a trance

καταβαῖνον σκεῦός τι ὡς ὀθόνην μεγάλην τέσσαρσιν ἀρχαῖς
6 καθιεμένην ἐκ τοῦ οὐρανοῦ, καὶ ἦλθεν ἄχρι ἐμοῦ· εἰς ἣν
ἀτενίσας κατενόουν καὶ εἶδον τὰ τετράποδα τῆς γῆς καὶ
7 τὰ θηρία καὶ τὰ ἑρπετὰ καὶ τὰ πετεινὰ τοῦ οὐρανοῦ· ἤκουσα
δὲ καὶ φωνῆς λεγούσης μοι Ἀναστάς, Πέτρε, θῦσον καὶ
8 φάγε. εἶπον δέ Μηδαμῶς, κύριε, ὅτι κοινὸν ἢ ἀκάθαρτον
9 οὐδέποτε εἰσῆλθεν εἰς τὸ στόμα μου. ἀπεκρίθη δὲ ⌜ἐκ δευ-
τέρου φωνὴ⌝ ἐκ τοῦ οὐρανοῦ ˢΑ ὁ θεὸς ἐκαθάρισεν σὺ μὴ
10 κοίνου. τοῦτο δὲ ἐγένετο ἐπὶ τρίς, καὶ ἀνεσπάσθη πάλιν
11 ἅπαντα εἰς τὸν οὐρανόν. καὶ ἰδοὺ ἐξαυτῆς τρεῖς ἄνδρες
ἐπέστησαν ἐπὶ τὴν οἰκίαν ἐν ᾗ ⌜ἦμεν⌝, ἀπεσταλμένοι ἀπὸ
12 Καισαρίας πρός με. εἶπεν δὲ τὸ πνεῦμά μοι συνελθεῖν
αὐτοῖς μηδὲν διακρίναντα. ἦλθον δὲ σὺν ἐμοὶ καὶ οἱ ἓξ
ἀδελφοὶ οὗτοι, καὶ εἰσήλθομεν εἰς τὸν οἶκον τοῦ ἀνδρός.
13 ἀπήγγειλεν δὲ ἡμῖν πῶς εἶδεν τὸν ἄγγελον ἐν τῷ οἴκῳ αὐτοῦ
σταθέντα καὶ εἰπόντα Ἀπόστειλον εἰς Ἰόππην καὶ μετά-
14 πεμψαι Σίμωνα τὸν ἐπικαλούμενον Πέτρον, ὃς λαλήσει
ῥήματα πρὸς σὲ ἐν οἷς σωθήσῃ σὺ καὶ πᾶς ὁ οἶκός σου.
15 ἐν δὲ τῷ ἄρξασθαί με λαλεῖν ἐπέπεσεν τὸ πνεῦμα τὸ ἅγιον
16 ἐπ᾽ αὐτοὺς ὥσπερ καὶ ἐφ᾽ ἡμᾶς ἐν ἀρχῇ. ἐμνήσθην δὲ τοῦ
ῥήματος τοῦ κυρίου ὡς ἔλεγεν Ἰωάνης μὲν ἐβάπτισεν
17 ὕδατι ὑμεῖς δὲ βαπτισθήσεσθε ἐν πνεύματι ἁγίῳ. εἰ οὖν
τὴν ἴσην δωρεὰν ἔδωκεν αὐτοῖς ὁ θεὸς ὡς καὶ ἡμῖν πιστεύ-
σασιν ἐπὶ τὸν κύριον Ἰησοῦν Χριστόν, ἐγὼ τίς ἤμην δυνατὸς
18 κωλῦσαι τὸν θεόν; ἀκούσαντες δὲ ταῦτα ἡσύχασαν καὶ
ἐδόξασαν τὸν θεὸν λέγοντες Ἄρα καὶ τοῖς ἔθνεσιν ὁ θεὸς
τὴν μετάνοιαν εἰς ζωὴν ἔδωκεν.

19 Οἱ μὲν οὖν διασπαρέντες ἀπὸ τῆς θλίψεως τῆς γενομέ-
νης ἐπὶ Στεφάνῳ διῆλθον ἕως Φοινίκης καὶ Κύπρου καὶ
Ἀντιοχείας, μηδενὶ λαλοῦντες τὸν λόγον εἰ μὴ μόνον Ἰου-
20 δαίοις. Ἦσαν δέ τινες ἐξ αὐτῶν ἄνδρες Κύπριοι καὶ
Κυρηναῖοι, οἵτινες ἐλθόντες εἰς Ἀντιόχειαν ἐλάλουν καὶ

9 φωνὴ ἐκ δευτέρου   11 ἤμην

I had a vision. Something like a great sheet came down out
of the sky, lowered by its four corners. It came right down
6 to me, and when I looked at it, I saw in it quadrupeds, wild
7 animals, reptiles, and wild birds. And I heard a voice say to
8 me, 'Get up, Peter! Kill something and eat it!' But I said,
'Never, sir! For nothing that was common or unclean has
9 ever passed my lips.' Then the voice from heaven an-
swered again, 'Do not call what God has cleansed unclean!'
10 This happened three times; then it was all drawn back again
11 into the sky. Just at that moment three men, who had been
sent from Caesarea to find me, reached the house where we
12 were staying, and the Spirit told me not to hesitate to go
with them. These six brothers here also went with me, and
13 we went to the man's house. Then he told us how he had
seen the angel stand in his house and say, 'Send to Joppa for
14 a man named Simon who is also called Peter, and he will tell
you things that will save you and your whole household.'
15 When I began to speak to them, the holy Spirit fell upon
16 them just as it did upon us at the beginning, and I remembered
the saying of the Lord, 'John baptized in water, but you will
17 be baptized in the holy Spirit.' So if God had given them the
same gift that we received when we believed in the Lord Jesus
Christ, who was I, to be able to interfere with God?"
18   When they heard this, they made no further objection,
but they gave honor to God, and said,
        "Then God has given even the heathen repentance and
the hope of life!"
19   The fugitives from the persecution that had broken out
over Stephen went all the way to Phoenicia, Cyprus, and
20 Antioch, but they told the message to none but Jews. There
were some men from Cyprus and Cyrene among them, how-
ever, who when they reached Antioch spoke to the Greeks

πρὸς τοὺς Ἑλληνιστάς, εὐαγγελιζόμενοι τὸν κύριον Ἰησοῦν.
21 καὶ ἦν χεὶρ Κυρίου μετ᾽ αὐτῶν, πολύς τε ἀριθμὸς ὁ πιστεύ-
22 σας ἐπέστρεψεν ἐπὶ τὸν κύριον. Ἠκούσθη δὲ ὁ λόγος εἰς
τὰ ὦτα τῆς ἐκκλησίας τῆς οὔσης ἐν Ἰερουσαλὴμ περὶ
23 αὐτῶν, καὶ ἐξαπέστειλαν Βαρνάβαν ἕως Ἀντιοχείας· ὃς
παραγενόμενος καὶ ἰδὼν τὴν χάριν τὴν τοῦ θεοῦ ἐχάρη
καὶ παρεκάλει πάντας τῇ προθέσει τῆς καρδίας προσμένειν
24 [ἐν] τῷ κυρίῳ, ὅτι ἦν ἀνὴρ ἀγαθὸς καὶ πλήρης πνεύμα-
τος ἁγίου καὶ πίστεως. καὶ προσετέθη ὄχλος ἱκανὸς τῷ
25 κυρίῳ. ἐξῆλθεν δὲ εἰς Ταρσὸν ἀναζητῆσαι Σαῦλον, καὶ
26 εὑρὼν ἤγαγεν εἰς Ἀντιόχειαν. ἐγένετο δὲ αὐτοῖς καὶ ἐνι-
αυτὸν ὅλον συναχθῆναι ἐν τῇ ἐκκλησίᾳ καὶ διδάξαι ὄχλον
ἱκανόν, χρηματίσαι τε πρώτως ἐν Ἀντιοχείᾳ τοὺς μαθητὰς
Χριστιανούς.

27 ΕΝ ΤΑΥΤΑΙΣ ΔΕ ΤΑΙΣ ΗΜΕΡΑΙΣ κατῆλθον ἀπὸ
28 Ἰεροσολύμων προφῆται εἰς Ἀντιόχειαν· ἀναστὰς δὲ εἷς ἐξ
αὐτῶν ὀνόματι Ἄγαβος ⌜ἐσήμαινεν⌝ διὰ τοῦ πνεύματος λιμὸν
μεγάλην μέλλειν ἔσεσθαι ἐφ᾽ ὅλην τὴν οἰκουμένην· ἥτις
29 ἐγένετο ἐπὶ Κλαυδίου. τῶν δὲ μαθητῶν καθὼς εὐπορεῖτό τις
ὥρισαν ἕκαστος αὐτῶν εἰς διακονίαν πέμψαι τοῖς κατοικοῦσιν
30 ἐν τῇ Ἰουδαίᾳ ἀδελφοῖς· ὃ καὶ ἐποίησαν ἀποστείλαντες
πρὸς τοὺς πρεσβυτέρους διὰ χειρὸς Βαρνάβα καὶ Σαύλου.
1 Κατ᾽ ἐκεῖνον δὲ τὸν καιρὸν ἐπέβαλεν Ἡρῴδης ὁ βασι-
λεὺς τὰς χεῖρας κακῶσαί τινας τῶν ἀπὸ τῆς ἐκκλη-
2 σίας. ἀνεῖλεν δὲ Ἰάκωβον τὸν ἀδελφὸν Ἰωάνου μαχαίρῃ.
3 ἰδὼν δὲ ὅτι ἀρεστόν ἐστιν τοῖς Ἰουδαίοις προσέθετο συλ-
λαβεῖν καὶ Πέτρον, (ἦσαν δὲ ἡμέραι τῶν ἀζύμων,)
4 ὃν καὶ πιάσας ἔθετο εἰς φυλακήν, παραδοὺς τέσσαρσιν
τετραδίοις στρατιωτῶν φυλάσσειν αὐτόν, βουλόμενος μετὰ
5 τὸ πάσχα ἀναγαγεῖν αὐτὸν τῷ λαῷ. ὁ μὲν οὖν Πέτρος

28 ἐσήμανεν

21 also, and told them the good news about the Lord Jesus.   The
Lord's hand was with them, and there were a great many who
22 believed and turned to the Lord.   The news about them
came to the ears of the church in Jerusalem, and they sent
23 Barnabas all the way to Antioch.   When he reached there and
saw the favor God had shown them, he was delighted, and en-
couraged them all to be resolute and steadfast in their devotion
24 to the Lord, for he was an excellent man, full of the holy
Spirit and faith.   So a considerable number of people came
25 over to the Lord.   Then Barnabas went over to Tarsus to look
26 for Saul, and when he found him he brought him to Antioch.
The result was that for a whole year they met with the church,
and taught large numbers of people, and it was at Antioch
that the disciples first came to be known as Christians.

27   About that time some prophets from Jerusalem came
28 down to Antioch, and one of them named Agabus got up and
under the influence of the Spirit revealed the fact that there
was going to be a great famine all over the world.   This was
29 the famine that occurred in the reign of Claudius.   The
disciples determined to make up a contribution, each according
to his ability, and send it to the brothers who lived in Judea,
30 and this they did, sending it to the elders by Barnabas and Saul.

12   About that time King Herod laid violent hands upon
2 some who belonged to the church.   He had John's brother,
3 James, beheaded, and when he saw that this gratified the
Jews, he proceeded to arrest Peter too, at the time of the
4 festival of Unleavened Bread.   He had him seized and put
in jail, with four squads of soldiers to guard him, meaning
5 after the Passover to bring him out before the people.   So

ἐτηρεῖτο ἐν τῇ φυλακῇ· προσευχὴ δὲ ἦν ἐκτενῶς γινομένη
6 ὑπὸ τῆς ἐκκλησίας πρὸς τὸν θεὸν περὶ αὐτοῦ. Ὅτε δὲ
ἤμελλεν ⌜προσαγαγεῖν⌝ αὐτὸν ὁ Ἡρῴδης, τῇ νυκτὶ ἐκείνῃ ἦν
ὁ Πέτρος κοιμώμενος μεταξὺ δύο στρατιωτῶν δεδεμένος
ἁλύσεσιν δυσίν, φύλακές τε πρὸ τῆς θύρας ἐτήρουν τὴν
7 φυλακήν. καὶ ἰδοὺ ἄγγελος Κυρίου ἐπέστη, καὶ φῶς ἔλαμ-
ψεν ἐν τῷ οἰκήματι· πατάξας δὲ τὴν πλευρὰν τοῦ Πέτρου
ἤγειρεν αὐτὸν λέγων Ἀνάστα ἐν τάχει· καὶ ἐξέπεσαν
8 αὐτοῦ αἱ ἁλύσεις ἐκ τῶν χειρῶν. εἶπεν δὲ ὁ ἄγγελος
πρὸς αὐτόν Ζῶσαι καὶ ὑπόδησαι τὰ σανδάλιά σου· ἐποί-
ησεν δὲ οὕτως. καὶ λέγει αὐτῷ Περιβαλοῦ τὸ ἱμάτιόν σου
9 καὶ ἀκολούθει μοι· καὶ ἐξελθὼν ἠκολούθει, καὶ οὐκ ᾔδει
ὅτι ἀληθές ἐστιν τὸ γινόμενον διὰ τοῦ ἀγγέλου, ἐδόκει δὲ
10 ὅραμα βλέπειν. διελθόντες δὲ πρώτην φυλακὴν καὶ δευτέ-
ραν ἦλθαν ἐπὶ τὴν πύλην τὴν σιδηρᾶν τὴν φέρουσαν εἰς
τὴν πόλιν, ἥτις αὐτομάτη ἠνοίγη αὐτοῖς, καὶ ἐξελθόντες
προῆλθον ῥύμην μίαν, καὶ εὐθέως ἀπέστη ὁ ἄγγελος
11 ἀπ᾽ αὐτοῦ. καὶ ὁ Πέτρος ἐν ἑαυτῷ γενόμενος εἶπεν Νῦν
οἶδα ἀληθῶς ὅτι ἐξαπέστειλεν ⌜ὁ κύριος⌝ τὸν ἄγγελον αὐ-
τοῦ καὶ ἐξείλατό με ἐκ χειρὸς Ἡρῴδου καὶ πάσης τῆς
12 προσδοκίας τοῦ λαοῦ τῶν Ἰουδαίων. συνιδών τε ἦλθεν ἐπὶ
τὴν οἰκίαν τῆς Μαρίας τῆς μητρὸς Ἰωάνου τοῦ ἐπικαλουμένου
Μάρκου, οὗ ἦσαν ἱκανοὶ συνηθροισμένοι καὶ προσευχόμενοι.
13 κρούσαντος δὲ αὐτοῦ τὴν θύραν τοῦ πυλῶνος ⌜προσῆλθε⌝
14 παιδίσκη ὑπακοῦσαι ὀνόματι Ῥόδη, καὶ ἐπιγνοῦσα τὴν
φωνὴν τοῦ Πέτρου ἀπὸ τῆς χαρᾶς οὐκ ἤνοιξεν τὸν πυλῶνα,
εἰσδραμοῦσα δὲ ἀπήγγειλεν ἑστάναι τὸν Πέτρον πρὸ τοῦ
15 πυλῶνος. οἱ δὲ πρὸς αὐτὴν εἶπαν Μαίνῃ. ἡ δὲ διισχυρί-
ζετο οὕτως ἔχειν. οἱ δὲ ⌜ἔλεγον⌝ Ὁ ἄγγελός ἐστιν αὐτοῦ.
16 ὁ δὲ Πέτρος ἐπέμενεν κρούων· ἀνοίξαντες δὲ εἶδαν αὐτὸν καὶ
17 ἐξέστησαν. κατασείσας δὲ αὐτοῖς τῇ χειρὶ σιγᾶν διηγή-
σατο αὐτοῖς πῶς ὁ κύριος αὐτὸν ἐξήγαγεν ἐκ τῆς φυλακῆς,
εἶπέν τε Ἀπαγγείλατε Ἰακώβῳ καὶ τοῖς ἀδελφοῖς ταῦτα.

6 προαγαγεῖν   11 Κύριος   13 προῆλθε   15 εἶπαν

Peter was kept in the jail, but the church was praying earnestly
6 to God for him. The night before Herod was going to bring
him out, Peter was asleep between two soldiers, and fastened
with two chains, and watchmen were at the door, guarding
7 the jail, when an angel of the Lord stood at his side, and a
light shone in the room, and striking Peter on the side, he
woke him, and said to him,

"Get up quickly!"

8   The chains dropped from his hands, and the angel said
to him,

"Put on your belt and your sandals!"

And he did so. Then he said to him,

"Put on your coat and follow me!"

9   So he followed him out without knowing that what
the angel was doing was real, for he thought he was having a
10 vision. They passed the first guard and then the second,
and came to the iron gate that led into the city. It opened
to them of itself, and they passed out and went along one
11 street, when suddenly the angel left him. Then Peter
came to himself, and he said,

"Now I am certain that the Lord sent his angel and
rescued me from the power of Herod and all that the Jewish
people were expecting."

12   When he realized his situation, he went to the house
of Mary, the mother of John who was also called Mark, where
13 a number of people were gathered, praying. When he
knocked at the outer door, a maid named Rhoda came to
14 answer it, and when she recognized Peter's voice, in her joy
she did not stop to open the door, but ran in and told them
15 that Peter was standing outside. But they said to her,

"You are mad!"

But she insisted that it was so. Then they said,

"Then it is his guardian angel!"

16   But Peter kept on knocking. And when they opened
17 the door and saw him they were amazed. He motioned to
them to be quiet, and then related to them how the Lord had
brought him out of the prison.

"Tell all this to James and the brothers," he said.

18 καὶ ἐξελθὼν ἐπορεύθη εἰς ἕτερον τόπον. Γενομένης δὲ ἡμέ-
ρας ἦν τάραχος οὐκ ὀλίγος ἐν τοῖς στρατιώταις, τί ἄρα ὁ
19 Πέτρος ἐγένετο. Ἡρῴδης δὲ ἐπιζητήσας αὐτὸν καὶ μὴ εὑρὼν
ἀνακρίνας τοὺς φύλακας ἐκέλευσεν ἀπαχθῆναι, καὶ κατελθὼν
20 ἀπὸ τῆς Ἰουδαίας εἰς Καισαρίαν διέτριβεν.   Ἦν
δὲ θυμομαχῶν Τυρίοις καὶ Σιδωνίοις· ὁμοθυμαδὸν δὲ πα-
ρῆσαν πρὸς αὐτόν, καὶ πείσαντες Βλάστον τὸν ἐπὶ τοῦ
κοιτῶνος τοῦ βασιλέως ᾐτοῦντο εἰρήνην διὰ τὸ τρέφεσθαι
21 αὐτῶν τὴν χώραν ἀπὸ τῆς βασιλικῆς. τακτῇ δὲ ἡμέρᾳ
[ὁ] Ἡρῴδης ἐνδυσάμενος ἐσθῆτα βασιλικὴν καθίσας ἐπὶ
22 τοῦ βήματος ἐδημηγόρει πρὸς αὐτούς· ὁ δὲ δῆμος ἐπεφώνει
23 Θεοῦ φωνὴ καὶ οὐκ ἀνθρώπου. παραχρῆμα δὲ ἐπάταξεν αὐ-
τὸν ἄγγελος Κυρίου ἀνθ᾽ ὧν οὐκ ἔδωκεν τὴν δόξαν τῷ θεῷ,
24 καὶ γενόμενος σκωληκόβρωτος ἐξέψυξεν.   Ὁ δὲ
λόγος τοῦ ⌜κυρίου⌝ ηὔξανεν καὶ ἐπληθύνετο.
25   Βαρνάβας δὲ καὶ Σαῦλος ὑπέστρεψαν ⌜εἰς Ἰερουσαλὴμ
πληρώσαντες τὴν⌝ διακονίαν, συνπαραλαβόντες Ἰωάνην τὸν
ἐπικληθέντα Μάρκον.

1   Ἦσαν δὲ ἐν Ἀντιοχείᾳ κατὰ τὴν οὖσαν ἐκκλησίαν προ-
φῆται καὶ διδάσκαλοι ὅ τε Βαρνάβας καὶ Συμεὼν ὁ καλού-
μενος Νίγερ, καὶ Λούκιος ὁ Κυρηναῖος, Μαναήν τε Ἡρῴδου
2 τοῦ τετραάρχου σύντροφος καὶ Σαῦλος.   Λειτουργούντων
δὲ αὐτῶν τῷ κυρίῳ καὶ νηστευόντων εἶπεν τὸ πνεῦμα τὸ
ἅγιον Ἀφορίσατε δή μοι τὸν Βαρνάβαν καὶ Σαῦλον εἰς τὸ
3 ἔργον ὃ προσκέκλημαι αὐτούς. τότε νηστεύσαντες καὶ προσ-
ευξάμενοι καὶ ἐπιθέντες τὰς χεῖρας αὐτοῖς ἀπέλυσαν.
4   Αὐτοὶ μὲν οὖν ἐκπεμφθέντες ὑπὸ τοῦ ἁγίου πνεύματος
κατῆλθον εἰς Σελευκίαν, ἐκεῖθέν τε ἀπέπλευσαν εἰς Κύπρον,
5 καὶ γενόμενοι ἐν Σαλαμῖνι κατήγγελλον τὸν λόγον τοῦ θε-
οῦ ἐν ταῖς συναγωγαῖς τῶν Ἰουδαίων· εἶχον δὲ καὶ Ἰωάν-
6 νην ὑπηρέτην.   Διελθόντες δὲ ὅλην τὴν νῆσον
ἄχρι Πάφου εὗρον ἄνδρα τινὰ μάγον ψευδοπροφήτην Ἰου-

24 θεοῦ   25 † ἐξ Ἰερουσαλὴμ πληρώσαντες τὴν †

18   Then he left them and went somewhere else. But
when morning came, there was no little commotion among the
19 soldiers as to what could have become of Peter. Herod had
inquiries made for him, and when he could not find him, he
examined the guards and ordered them to be put to death.
Then he left Judea for Caesarea, and stayed there.
20   Herod was very angry with the people of Tyre and
Sidon. So they came before him in a body, and after winning
over Blastus, the king's chamberlain, they asked for a
reconciliation, because their country depended upon the
21 king's dominions for its food supply. So a day was fixed and
on it Herod, dressed in his robes of state, took his seat on the
22 throne, and made them an address, and the people shouted
in applause,
       "It is a god's voice, not a man's!"
23   But the angel of the Lord struck him down immediately,
because he did not give the honor to God; and he was eaten
24 by worms and died. But the Lord's message continued to
grow and spread.
25   When Barnabas and Saul had performed their mission
to Jerusalem, they went back, taking John who was called
Mark with them.
13   There were at Antioch in the church there a number of
prophets and teachers—Barnabas, Symeon who was called
Niger, Lucius the Cyrenian, Manaen, who had been brought
2 up with Herod the governor, and Saul. As they were engaged
in worshiping the Lord and in fasting, the holy Spirit said,
       "Set Barnabas and Saul apart for me, for the work to
which I have called them."
3   So after fasting and prayer, they laid their hands upon
them and let them go.
4   Being sent out in this way by the holy Spirit, they went
5 down to Seleucia and sailed from there to Cyprus. When
they reached Salamis, they proclaimed God's message in the
Jewish synagogues. They had John with them as their
assistant.
6   They went through the whole island as far as Paphos, and
there they came across a Jewish magician and false prophet

7 δαῖον ᾧ ὄνομα Βαριησοῦς, ὃς ἦν σὺν τῷ ἀνθυπάτῳ Σεργίῳ
Παύλῳ, ἀνδρὶ συνετῷ. οὗτος προσκαλεσάμενος Βαρνάβαν
8 καὶ Σαῦλον ἐπεζήτησεν ἀκοῦσαι τὸν λόγον τοῦ θεοῦ· ἀν-
θίστατο δὲ αὐτοῖς Ἐλύμας ὁ μάγος, οὕτως γὰρ μεθερμη-
νεύεται τὸ ὄνομα αὐτοῦ, ζητῶν διαστρέψαι τὸν ἀνθύπατον
9 ἀπὸ τῆς πίστεως. Σαῦλος δέ, ὁ καὶ Παῦλος, πλησθεὶς
10πνεύματος ἁγίου ἀτενίσας εἰς αὐτὸν εἶπεν ᾮ πλήρης παν-
τὸς δόλου καὶ πάσης ῥᾳδιουργίας, υἱὲ διαβόλου, ἐχθρὲ
πάσης δικαιοσύνης, οὐ παύσῃ διαστρέφων τὰς ὁδοὺς ⌜τοῦ
11κυρίου⌝ τὰς εὐθείας; καὶ νῦν ἰδοὺ χεὶρ Κυρίου ἐπὶ σέ, καὶ
ἔσῃ τυφλὸς μὴ βλέπων τὸν ἥλιον ἄχρι καιροῦ. ⌜παρα-
χρῆμα δὲ⌝ ἔπεσεν ἐπ' αὐτὸν ἀχλὺς καὶ σκότος, καὶ περιάγων
12ἐζήτει χειραγωγούς. τότε ἰδὼν ὁ ἀνθύπατος τὸ γεγονὸς ἐπί-
στευσεν ἐκπληττόμενος ἐπὶ τῇ διδαχῇ τοῦ κυρίου.

13 Ἀναχθέντες δὲ ἀπὸ τῆς Πάφου οἱ περὶ Παῦλον ἦλθον
εἰς Πέργην τῆς Παμφυλίας· Ἰωάνης δὲ ἀποχωρήσας
14ἀπ' αὐτῶν ὑπέστρεψεν εἰς Ἱεροσόλυμα. Αὐτοὶ δὲ διελ-
θόντες ἀπὸ τῆς Πέργης παρεγένοντο εἰς Ἀντιόχειαν τὴν
Πισιδίαν, καὶ ἐλθόντες εἰς τὴν συναγωγὴν τῇ ἡμέρᾳ τῶν
15σαββάτων ἐκάθισαν. μετὰ δὲ τὴν ἀνάγνωσιν τοῦ νόμου
καὶ τῶν προφητῶν ἀπέστειλαν οἱ ἀρχισυνάγωγοι πρὸς αὐ-
τοὺς λέγοντες Ἄνδρες ἀδελφοί, εἴ τις ἔστιν ἐν ὑμῖν λόγος
16παρακλήσεως πρὸς τὸν λαόν, λέγετε. ἀναστὰς δὲ Παῦλος
καὶ κατασείσας τῇ χειρὶ εἶπεν Ἄνδρες Ἰσραηλεῖται καὶ οἱ
17φοβούμενοι τὸν θεόν, ἀκούσατε. Ὁ θεὸς τοῦ λαοῦ τούτου
Ἰσραὴλ ἐξελέξατο τοὺς πατέρας ἡμῶν, καὶ τὸν λαὸν ὕψωσεν
ἐν τῇ παροικίᾳ ἐν γῇ Αἰγύπτου, καὶ μετὰ Βραχίονος
18ὑψηλοῦ ἐξήγαγεν αὐτοὺς ἐξ αὐτῆς, ⌜καί, ὡς τεσσερακον-
ταετῆ χρόνον ἐτροποφόρησεν αὐτοὺς ἐν τῇ ἐρήμῳ,
19καθελὼν⌝ ἔθνη ἑπτὰ ἐν γῇ Χαναὰν κατεκληρο-
20νόμησεν τὴν γῆν αὐτῶν ὡς ἔτεσι τετρακοσίοις καὶ πεντή-
κοντα. καὶ μετὰ ταῦτα ἔδωκεν κριτὰς ἕως Σαμουὴλ προ-
21φήτου. κἀκεῖθεν ᾐτήσαντο βασιλέα, καὶ ἔδωκεν αὐτοῖς

10 Κυρίου   11 παραχρῆμά τε   18 καὶ ὡς......ἐρήμῳ, καὶ καθελὼν

7 named Barjesus. He was attached to the governor, Sergius
Paulus, who was an intelligent man. He sent for Barnabas
8 and Saul and asked them to let him hear God's message. But
Elymas the magician—for that is the meaning of his name—
opposed them, and tried to keep the governor from accepting
9 the faith. But Saul, who was also called Paul, was filled
10 with the holy Spirit, and looked at him and said,

"You monster of underhandedness and cunning! You
son of the devil! You enemy of all that is right! Will you
never stop trying to make the Lord's straight paths crooked?
11 The Lord's hand is right upon you, and you will be blind and
unable even to see the sun for a time."

Instantly a mist of darkness fell upon him, and he groped
12 about for someone to lead him by the hand. Then the
governor, seeing what had happened, believed, and was
thunderstruck at the Lord's teaching.

13   Paul and his companions sailed from Paphos and went to
Perga in Pamphylia. There John left them and returned to
14 Jerusalem, but they went on from Perga and reached Antioch
near Pisidia. On the Sabbath they went to the synagogue
15 there and took seats. After the reading of the Law and the
Prophets, the leaders of the synagogue sent to them, saying,

"Brothers, if you have any appeal to make to the people,
proceed."

16   Then Paul got up, and motioning with his hand, said,
17   "Men of Israel, and you who reverence God, listen! The
God of this people of Israel chose our forefathers, and made
the people great during their stay in Egypt, and then with
18 uplifted hand led them out of Egypt. Then after he had
19 taken care of them for forty years in the desert, he destroyed
seven nations in Canaan, and settled them upon their land
20 for about four hundred and fifty years. After that he gave
them judges, down to the time of the prophet Samuel.
21 Then they demanded a king and for forty years God gave them

ὁ θεὸς τὸν Σαοὺλ υἱὸν Κείς, ἄνδρα ἐκ φυλῆς Βενιαμείν, ἔτη
22 τεσσεράκοντα· καὶ μεταστήσας αὐτὸν ἤγειρεν τὸν Δαυεὶδ
αὐτοῖς εἰς βασιλέα, ᾧ καὶ εἶπεν μαρτυρήσας ΕΫ̔ΡΟΝ
ΔΑΥΕΙΔ τὸν τοῦ Ἰεσσαί, [ΑΝΔΡΑ] ΚΑΤᾺ ΤῊΝ ΚΑΡΔΊΑΝ ΜΟΥ,
23 ὃς ποιήσει πάντα τὰ θελήματά μου. τούτου ὁ θεὸς ἀπὸ
τοῦ σπέρματος κατ᾽ ἐπαγγελίαν ἤγαγεν τῷ Ἰσραὴλ σωτῆρα
24 Ἰησοῦν, προκηρύξαντος Ἰωάνου πρὸ προσώπου τῆς εἰσόδου
25 αὐτοῦ βάπτισμα μετανοίας παντὶ τῷ λαῷ Ἰσραήλ. ὡς δὲ
ἐπλήρου Ἰωάνης τὸν δρόμον, ἔλεγεν Τί ἐμὲ ὑπονοεῖτε
⌜εἶναι⌝; οὐκ⌝ εἰμὶ ἐγώ· ἀλλ᾽ ἰδοὺ ἔρχεται μετ᾽ ἐμὲ οὗ οὐκ εἰμὶ
26 ἄξιος τὸ ὑπόδημα τῶν ποδῶν λῦσαι. Ἄνδρες ἀδελφοί, υἱοὶ
γένους Ἀβραὰμ καὶ οἱ ἐν ὑμῖν φοβούμενοι τὸν θεόν, ἡμῖν
27 ὁ λόγος τῆς σωτηρίας ταύτης ἐξαπεστάλη. οἱ γὰρ κατοι-
κοῦντες ἐν Ἰερουσαλὴμ καὶ οἱ ἄρχοντες αὐτῶν τοῦτον
ἀγνοήσαντες καὶ τὰς φωνὰς τῶν προφητῶν τὰς κατὰ πᾶν
28 σάββατον ἀναγινωσκομένας κρίναντες ἐπλήρωσαν, καὶ
μηδεμίαν αἰτίαν θανάτου εὑρόντες ⌜ᾐτήσαντο⌝ Πειλᾶτον
29 ἀναιρεθῆναι αὐτόν· ὡς δὲ ἐτέλεσαν πάντα τὰ ⌜περὶ αὐτοῦ
γεγραμμένα⌝, καθελόντες ἀπὸ τοῦ ξύλου ἔθηκαν εἰς μνη-
30 μεῖον. ὁ δὲ θεὸς ἤγειρεν αὐτὸν ἐκ νεκρῶν· ὃς ὤφθη ἐπὶ
31 ἡμέρας πλείους τοῖς συναναβᾶσιν αὐτῷ ἀπὸ τῆς Γαλιλαίας
εἰς Ἰερουσαλήμ, οἵτινες [νῦν] εἰσὶ μάρτυρες αὐτοῦ πρὸς τὸν
32 λαόν. καὶ ἡμεῖς ὑμᾶς εὐαγγελιζόμεθα τὴν πρὸς τοὺς
33 πατέρας ἐπαγγελίαν γενομένην ὅτι ταύτην ὁ θεὸς ἐκπεπλή-
ρωκεν τοῖς τέκνοις ⌜ἡμῶν⌝ ἀναστήσας Ἰησοῦν, ὡς καὶ ἐν τῷ
ψαλμῷ γέγραπται τῷ δευτέρῳ Υἱός ΜΟΥ Εἶ ΣΎ, ἐγὼ
34 ΣΉΜΕΡΟΝ ΓΕΓΈΝΝΗΚΆ ΣΕ. ὅτι δὲ ἀνέστησεν αὐτὸν ἐκ
νεκρῶν μηκέτι μέλλοντα ὑποστρέφειν εἰς διαφθοράν, οὕ-
τως εἴρηκεν ὅτι Δώσω ὙΜῖΝ ΤᾺ ὍΣΙΑ ΔΑΥΕΙΔ ΤᾺ ΠΙΣΤΆ.
35 διότι καὶ ἐν ἑτέρῳ λέγει ΟΥ̓ ΔΏΣΕΙΣ ΤῸΝ ὍΣΙΌΝ ΣΟΥ
36 ἸΔΕῖΝ ΔΙΑΦΘΟΡΆΝ· ΔΑΥΕΙΔ μὲν γὰρ ἰδίᾳ γενεᾷ ὑπηρετή-
σας τῇ τοῦ θεοῦ βουλῇ ἐκοιμήθη καὶ προσετέθη ΠΡῸΣ
37 ΤΟῪΣ ΠΑΤΈΡΑΣ ΑΥ̓ΤΟῪ καὶ εἶδεν διαφθοράν, ὃν δὲ ὁ θεὸς

25 εἶναι, οὐκ   28 ᾔτησαν τὸν   29 γεγραμμένα περὶ αὐτοῦ   33 †...†

22 Saul, the son of Kish, a man of the tribe of Benjamin.   Then
he removed him and raised David up to be their king, bearing
this testimony to him: 'I have found in David the son of
Jesse a man after my own heart, who will do all that I desire.'
23 It is from his descendants that God has brought to Israel
24 as he promised to do, a saviour in Jesus, in preparation for
.whose coming John had preached to all the people of Israel
25 baptism in token of repentance.   Toward the end of his
career, John said, 'What do you suppose that I am?   I am not
he!   No!   Someone is coming after me, the shoes on whose
26 feet I am not fit to untie!'   Brothers!   Descendants of the
house of Abraham, and those others among you who reverence
God!   It is to us that this message of salvation has been
27 sent.   For the people of Jerusalem and their leaders refused
to recognize him, and condemned him, thus fulfilling the
very utterances of the prophets which are read every Sabbath,
28 and though they could find no ground for putting him to
29 death, they demanded of Pilate that he be executed.   When
they had carried out everything that had been said about
him in the Scriptures, they took him down from the cross
30 and laid him in a tomb.   But God raised him from the dead,
31 and for many days he appeared to those who had come up to
Jerusalem with him from Galilee, and they are now witnesses
32 for him to the people.   So we now bring you the good news
33 that God has fulfilled to us, their children, the promise that
he made to our forefathers, by raising Jesus to life, just as the
Scripture says in the second psalm, 'You are my Son!   Today
34 I have become your Father!'   Now as evidence that he has
raised him from the dead, never again to return to decay, he
said this: 'I will fulfil to you my sacred promises to David.'
35 For in another psalm he says, 'You will not let your Holy One
36 undergo decay.'   Now David, after serving God's purposes
in his own generation, fell asleep and was laid among his
37 forefathers and did undergo decay, but he whom God raised

38 ἤγειρεν οὐκ εἶδεν διαφθοράν. Γνωστὸν οὖν ἔστω ὑμῖν,
ἄνδρες ἀδελφοί, ὅτι διὰ τούτου ὑμῖν ἄφεσις ἁμαρτιῶν καταγ-
39 γέλλεται, καὶ ἀπὸ πάντων ὧν οὐκ ἠδυνήθητε ἐν νόμῳ
Μωυσέως δικαιωθῆναι ἐν τούτῳ πᾶς ὁ πιστεύων δικαιοῦται.
40 βλέπετε οὖν μὴ ἐπέλθῃ τὸ εἰρημένον ἐν τοῖς προφήταις
41 Ἴδετε, οἱ καταφρονηταί, καὶ θαυμάσατε καὶ ἀφα-
νίϲθητε,
ὅτι ἔργον ἐργάζομαι ἐγὼ ἐν ταῖϲ ἡμέραιϲ ὑμῶν,
ἔργον ὃ οὐ μὴ πιϲτεύϲητε ἐάν τιϲ ἐκδιηγῆται
ὑμῖν.
42 ⌜Ἐξιόντων δὲ αὐτῶν παρεκάλουν εἰς τὸ μεταξὺ σάββατον
43 λαληθῆναι αὐτοῖς τὰ ῥήματα ταῦτα.⌝ λυθείσης δὲ τῆς
συναγωγῆς ἠκολούθησαν πολλοὶ τῶν Ἰουδαίων καὶ τῶν
σεβομένων προσηλύτων τῷ Παύλῳ καὶ τῷ Βαρνάβᾳ, οἵτινες
προσλαλοῦντες αὐτοῖς ἔπειθον· αὐτοὺς προσμένειν τῇ χάριτι
44 τοῦ θεοῦ. Τῷ ⌜δὲ⌝ ⌜ἐρχομένῳ⌝ σαββάτῳ σχε-
δὸν πᾶσα ἡ πόλις συνήχθη ἀκοῦσαι τὸν λόγον τοῦ ⌜θεοῦ⌝.
45 ἰδόντες δὲ οἱ Ἰουδαῖοι τοὺς ὄχλους ἐπλήσθησαν ζήλου καὶ
ἀντέλεγον τοῖς ὑπὸ Παύλου λαλουμένοις βλασφημοῦντες.
46 παρρησιασάμενοί τε ὁ Παῦλος καὶ ὁ Βαρνάβας εἶπαν
Ὑμῖν ἦν ἀναγκαῖον πρῶτον λαληθῆναι τὸν λόγον τοῦ θεοῦ·
⌜ἐπειδὴ⌝ ἀπωθεῖσθε αὐτὸν καὶ οὐκ ἀξίους κρίνετε ἑαυτοὺς
47 τῆς αἰωνίου ζωῆς, ἰδοὺ στρεφόμεθα εἰς τὰ ἔθνη· οὕτω γὰρ
ἐντέταλται ἡμῖν ὁ κύριος
Τέθεικά ϲε εἰϲ φῶϲ ἐθνῶν
τοῦ εἶναί ϲε εἰϲ ϲωτηρίαν ἕωϲ ἐϲχάτου τῆϲ γῆϲ.
48 ἀκούοντα δὲ τὰ ἔθνη ἔχαιρον καὶ ἐδόξαζον τὸν λόγον τοῦ
⌜θεοῦ⌝, καὶ ἐπίστευσαν ὅσοι ἦσαν τεταγμένοι εἰς ζωὴν
49 αἰώνιον· διεφέρετο δὲ ὁ λόγος τοῦ κυρίου δι᾽ ὅλης τῆς
50 χώρας. οἱ δὲ Ἰουδαῖοι παρώτρυναν τὰς σεβομένας γυναῖ-
κας τὰς εὐσχήμονας καὶ τοὺς πρώτους τῆς πόλεως καὶ
ἐπήγειραν διωγμὸν ἐπὶ τὸν Παῦλον καὶ Βαρνάβαν, καὶ
51 ἐξέβαλον αὐτοὺς ἀπὸ τῶν ὁρίων αὐτῶν. οἱ δὲ ἐκτιναξάμε-

42 †...†   44 τε | ἐχομένῳ | κυρίου   46 ἐπεὶ δὲ   48 κυρίου

38 to life did not undergo it. You must understand therefore, my brothers, that through him the forgiveness of your sins is
39 announced to you, and that through union with him everyone who believes is cleared of every charge of which the Law of
40 Moses could not clear you. Take care, therefore, that what is said in the prophets does not prove true of you:

41 " 'Look, you scoffers!   Then wonder and begone!
For I am doing something in your times
Which you will never believe even when it is related to you!' "

42   As they were going out, the people begged to have all this
43 said to them again on the following Sabbath, and after the congregation had broken up, many of the Jews and the devout converts to Judaism went away with Paul and Barnabas, and they talked with them, and urged them to rely on the favor of God.
44   The next Sabbath almost all the town gathered to hear
45 God's message.   But when the Jews saw the crowds, they were very jealous, and they contradicted what Paul said and
46 abused him.   Then Paul and Barnabas spoke out plainly, and said,

"God's message had to be told to you first, but since you thrust it off and judge yourselves unworthy of eternal life,
47 we now turn to the heathen.   For these are the orders the Lord has given us:

" 'I have made you a light for the heathen,
To be the means of salvation to the very ends of the earth!' "

48   When the heathen heard this they were delighted, and praised God's message, and all who were destined for eternal
49 life believed, and the Lord's message spread all over the
50 country.   But the Jews stirred up the well-to-do religious women and the leading men of the town, and they started a persecution against Paul and Barnabas, and drove them out

νοι τὸν κονιορτὸν τῶν ποδῶν ἐπ᾿ αὐτοὺς ἦλθον εἰς Ἰκόνιον,
52 ⸢οἵ τε⸣ μαθηταὶ ἐπληροῦντο χαρᾶς καὶ πνεύματος ἁγίου.

1 Ἐγένετο δὲ ἐν Ἰκονίῳ κατὰ τὸ αὐτὸ εἰσελθεῖν αὐτοὺς
εἰς τὴν συναγωγὴν τῶν Ἰουδαίων καὶ λαλῆσαι οὕτως ὥστε
2 πιστεῦσαι Ἰουδαίων τε καὶ Ἑλλήνων πολὺ πλῆθος. οἱ δὲ
ἀπειθήσαντες Ἰουδαῖοι ἐπήγειραν καὶ ἐκάκωσαν τὰς ψυχὰς
3 τῶν ἐθνῶν κατὰ τῶν ἀδελφῶν. ἱκανὸν μὲν οὖν χρόνον
διέτριψαν παρρησιαζόμενοι ἐπὶ τῷ κυρίῳ τῷ μαρτυροῦντι
τῷ λόγῳ τῆς χάριτος αὐτοῦ, διδόντι σημεῖα καὶ τέρατα
4 γίνεσθαι διὰ τῶν χειρῶν αὐτῶν. ἐσχίσθη δὲ τὸ πλῆθος
τῆς πόλεως, καὶ οἱ μὲν ἦσαν σὺν τοῖς Ἰουδαίοις οἱ δὲ σὺν
5 τοῖς ἀποστόλοις. ὡς δὲ ἐγένετο ὁρμὴ τῶν ἐθνῶν τε καὶ
Ἰουδαίων σὺν τοῖς ἄρχουσιν αὐτῶν ὑβρίσαι καὶ λιθοβολῆ-
6 σαι αὐτούς, συνιδόντες κατέφυγον εἰς τὰς πόλεις τῆς Λυ-
7 καονίας Λύστραν καὶ Δέρβην καὶ τὴν περίχωρον, κἀκεῖ
8 εὐαγγελιζόμενοι ἦσαν.   Καί τις ἀνὴρ ἀδύνατος
ἐν Λύστροις τοῖς ποσὶν ἐκάθητο, χωλὸς ἐκ κοιλίας μητρὸς
9 αὐτοῦ, ὃς οὐδέποτε περιεπάτησεν. οὗτος ἤκουεν τοῦ Παύ-
λου λαλοῦντος· ὃς ἀτενίσας αὐτῷ καὶ ἰδὼν ὅτι ἔχει πίστιν
10 τοῦ σωθῆναι εἶπεν μεγάλῃ φωνῇ Ἀνάστηθι ἐπὶ τοὺς πό-
11 δας σου ὀρθός· καὶ ἥλατο καὶ περιεπάτει. οἵ τε ὄχλοι
ἰδόντες ὃ ἐποίησεν Παῦλος ἐπῆραν τὴν φωνὴν αὐτῶν Λυ-
καονιστὶ λέγοντες Οἱ θεοὶ ὁμοιωθέντες ἀνθρώποις κατέ-
12 βησαν πρὸς ἡμᾶς, ἐκάλουν τε τὸν Βαρνάβαν Δία, τὸν δὲ
Παῦλον Ἑρμῆν ἐπειδὴ αὐτὸς ἦν ὁ ἡγούμενος τοῦ λόγου.
13 ὅ τε ἱερεὺς τοῦ Διὸς τοῦ ὄντος πρὸ τῆς πόλεως ταύρους
καὶ στέμματα ἐπὶ τοὺς πυλῶνας ἐνέγκας σὺν τοῖς ὄχλοις
14 ἤθελεν θύειν. ἀκούσαντες δὲ οἱ ἀπόστολοι Βαρνάβας καὶ
Παῦλος, διαρρήξαντες τὰ ἱμάτια ⸢ἑαυτῶν⸣ ἐξεπήδησαν
15 εἰς τὸν ὄχλον, κράζοντες καὶ λέγοντες Ἄνδρες, τί ταῦτα
ποιεῖτε; καὶ ἡμεῖς ὁμοιοπαθεῖς ἐσμὲν ὑμῖν ἄνθρωποι, εὐαγγε-
λιζόμενοι ὑμᾶς ἀπὸ τούτων τῶν ματαίων ἐπιστρέφειν ἐπὶ
θεὸν ζῶντα ΟϹ ΕΠΟΙΗϹΕΝ ΤΟΝ ΟΥΡΑΝΟΝ ΚΑΙ ΤΗΝ ΓΗΝ

52 οἱ δὲ   14 αὐτῶν

51 of their district. They shook off the dust from their feet
52 in protest, and went to Iconium. But the disciples continued
to be full of joy and of the holy Spirit.

14 At Iconium in the same way, they went to the Jewish
synagogue and spoke with such power that a great number of
2 both Jews and Greeks believed. But the Jews who refused
their message stirred up the heathen and poisoned their minds
3 against the brothers. They spent some time there, speaking
fearlessly and relying upon the Lord, who bore witness to his
gracious message by letting signs and wonders be done by
4 them. But the people of the town were divided, some siding
5 with the Jews and some with the apostles. And when there
was a movement on the part of both the heathen and the
6 Jews with the authorities to insult and stone them, and they
became aware of it, they made their escape to the Lycaonian
7 towns of Lystra and Derbe and the country around, and there
they went on preaching the good news.

8 In the streets of Lystra a man used to sit who had not
the use of his feet. He had been lame from his birth, and
9 had never been able to walk. He was listening to Paul as
he talked, when Paul looked at him and, seeing that he had
10 faith that he would be cured, said to him loudly,

"Stand on your feet!"

11 And he sprang up and began to walk. The crowds, seeing
what Paul had done, shouted in the Lycaonian language,

"The gods have come down to us in human form!"

12 They called Barnabas Zeus, and Paul, because he
13 was the principal speaker, Hermes. The priest of the
temple of Zeus that stood at the entrance to the town came
with crowds of people to the gates, bringing bulls and gar-
14 lands, meaning to offer sacrifice to them. But when the
apostles, Barnabas and Paul, heard of it, they rushed into the
15 crowd, tearing their clothes and shouting,

"Friends, why are you doing this? We are only human
beings like you, and we bring you the good news that you
should turn from these follies to a living God, who made

16 καὶ τΗΝ θάλαccαΝ καὶ πάΝτα τὰ ἐΝ αὐτοῖϲ· ὃς ἐν ταῖς
παρῳχημέναις γενεαῖς εἴασεν πάντα τὰ ἔθνη πορεύεσθαι
17 ταῖς ὁδοῖς αὐτῶν· καίτοι οὐκ ἀμάρτυρον αὐτὸν ἀφῆκεν
ἀγαθουργῶν, οὐρανόθεν ὑμῖν ὑετοὺς διδοὺς καὶ καιροὺς
καρποφόρους, ἐμπιπλῶν τροφῆς καὶ εὐφροσύνης τὰς καρ-
18 δίας ὑμῶν. καὶ ταῦτα λέγοντες μόλις κατέπαυσαν τοὺς
19 ὄχλους τοῦ μὴ θύειν αὐτοῖς. Ἐπῆλθαν δὲ ἀπὸ
Ἀντιοχείας καὶ Ἰκονίου Ἰουδαῖοι, καὶ πείσαντες τοὺς ὄχλους·
καὶ λιθάσαντες τὸν Παῦλον ἔσυρον ἔξω τῆς πόλεως, νομί-
20 ζοντες αὐτὸν τεθνηκέναι. κυκλωσάντων δὲ τῶν μαθητῶν
αὐτὸν ἀναστὰς εἰσῆλθεν εἰς τὴν πόλιν. καὶ τῇ ἐπαύριον
21 ἐξῆλθεν σὺν τῷ Βαρνάβᾳ εἰς Δέρβην. εὐαγγελισάμενοί
τε τὴν πόλιν ἐκείνην καὶ μαθητεύσαντες ἱκανοὺς ὑπέστρε-
ψαν εἰς τὴν Λύστραν καὶ εἰς Ἰκόνιον καὶ [εἰς] Ἀντιόχειαν,
22 ἐπιστηρίζοντες τὰς ψυχὰς τῶν μαθητῶν, παρακαλοῦντες
ἐμμένειν τῇ πίστει καὶ ὅτι διὰ πολλῶν θλίψεων δεῖ ἡμᾶς
23 εἰσελθεῖν εἰς τὴν βασιλείαν τοῦ θεοῦ. χειροτονήσαντες δὲ
αὐτοῖς κατ᾽ ἐκκλησίαν πρεσβυτέρους προσευξάμενοι μετὰ
νηστειῶν παρέθεντο αὐτοὺς τῷ κυρίῳ εἰς ὃν πεπιστεύκει-
24 σαν. καὶ διελθόντες τὴν Πισιδίαν ἦλθαν εἰς τὴν Παμ-
25 φυλίαν, καὶ λαλήσαντες ⌜ἐν Πέργῃ⌝ τὸν λόγον κατέβησαν
26 εἰς Ἀτταλίαν, κἀκεῖθεν ἀπέπλευσαν εἰς Ἀντιόχειαν, ὅθεν
ἦσαν παραδεδομένοι τῇ χάριτι τοῦ θεοῦ εἰς τὸ ἔργον ὃ
27 ἐπλήρωσαν. Παραγενόμενοι δὲ καὶ συναγαγόντες τὴν
ἐκκλησίαν ἀνήγγελλον ὅσα ἐποίησεν ὁ θεὸς μετ᾽ αὐτῶν
28 καὶ ὅτι ἤνοιξεν τοῖς ἔθνεσιν θύραν πίστεως. διέτριβον δὲ
χρόνον οὐκ ὀλίγον σὺν τοῖς μαθηταῖς.

1 ΚΑΙ ΤΙΝΕΣ ΚΑΤΕΛΘΟΝΤΕΣ ἀπὸ τῆς Ἰουδαίας
ἐδίδασκον τοὺς ἀδελφοὺς ὅτι Ἐὰν μὴ περιτμηθῆτε τῷ
2 ἔθει τῷ Μωυσέως, οὐ δύνασθε σωθῆναι. γενομένης δὲ

25 εἰς τὴν Πέργην

16 heaven and earth and sea and all that they contain. In ages
17 past he let all the heathen follow their own ways; though he
did not fail to give some evidence about himself, through his
kindnesses to you, in sending you rain from heaven and
fruitful seasons, giving you food and happiness to your
heart's content."

18   Even with these words they could hardly restrain the
people from offering sacrifice to them.

19   But some Jews came from Antioch and Iconium, and won
the people over, and they stoned Paul and dragged him out
20 of the town, thinking that he was dead. But the brothers
gathered about him, and he got up and re-entered the town.
21 The next day he went on with Barnabas to Derbe. They
proclaimed the good news in that town and made a number
of disciples. Then they returned to Lystra, Iconium, and
22 Antioch, reassuring the disciples and encouraging them to
stand by the faith and reminding them that we have to
undergo many hardships to get into the Kingdom of God.
23 They appointed elders for them in each church, and with
prayer and fasting they committed them to the Lord in whom
24 they had believed. Then they crossed Pisidia and entered
25 Pamphylia. They told their message in Perga, then went on to
26 Attalia, and from there they sailed back to Antioch, where they
had first been commended to God's favor for the work which
27 they had now finished. When they arrived there, they called
the church together, and reported how God had worked with
them, and how he had opened the way to faith for the heathen.
28 There they stayed for a long time with the disciples.

15   Some people came down from Judea and began to teach
the brothers that unless they were circumcised as Moses
2 prescribed, they could not be saved. This created a disturb-

στάσεως καὶ ζητήσεως οὐκ ὀλίγης τῷ Παύλῳ καὶ τῷ Βαρ-
νάβᾳ πρὸς αὐτοὺς ἔταξαν ἀναβαίνειν Παῦλον καὶ Βαρνά-
βαν καί τινας ἄλλους ἐξ αὐτῶν πρὸς τοὺς ἀποστόλους
καὶ πρεσβυτέρους εἰς Ἰερουσαλὴμ περὶ τοῦ ζητήματος
3 τούτου.   Οἱ μὲν οὖν προπεμφθέντες ὑπὸ τῆς
ἐκκλησίας διήρχοντο τήν τε Φοινίκην καὶ Σαμαρίαν ἐκδιη-
γούμενοι τὴν ἐπιστροφὴν τῶν ἐθνῶν, καὶ ἐποίουν χαρὰν
4 μεγάλην πᾶσι τοῖς ἀδελφοῖς. παραγενόμενοι δὲ εἰς Ἱερο-
σόλυμα παρεδέχθησαν ἀπὸ τῆς ἐκκλησίας καὶ τῶν ἀπο-
στόλων καὶ τῶν πρεσβυτέρων, ἀνήγγειλάν τε ὅσα ὁ θεὸς
5 ἐποίησεν μετ᾽ αὐτῶν. Ἐξανέστησαν δέ τινες τῶν ἀπὸ τῆς
αἱρέσεως τῶν Φαρισαίων πεπιστευκότες, λέγοντες ὅτι δεῖ
περιτέμνειν αὐτοὺς παραγγέλλειν τε τηρεῖν τὸν νόμον
Μωυσέως.

6 Συνήχθησάν τε οἱ ἀπόστολοι καὶ οἱ πρεσβύτεροι ἰδεῖν
7 περὶ τοῦ λόγου τούτου. Πολλῆς δὲ ζητήσεως γενομένης
ἀναστὰς Πέτρος εἶπεν πρὸς αὐτούς Ἄνδρες ἀδελφοί, ὑμεῖς
ἐπίστασθε ὅτι ἀφ᾽ ἡμερῶν ἀρχαίων ἐν ὑμῖν ἐξελέξατο
ὁ θεὸς διὰ τοῦ στόματός μου ἀκοῦσαι τὰ ἔθνη τὸν λόγον
8 τοῦ εὐαγγελίου καὶ πιστεῦσαι, καὶ ὁ καρδιογνώστης θεὸς
ἐμαρτύρησεν αὐτοῖς δοὺς τὸ πνεῦμα τὸ ἅγιον καθὼς
9 καὶ ἡμῖν, καὶ ⌜οὐθὲν⌝ διέκρινεν μεταξὺ ἡμῶν τε καὶ αὐτῶν,
10 τῇ πίστει καθαρίσας τὰς καρδίας αὐτῶν. νῦν οὖν τί πειρά-
ζετε τὸν θεόν, ἐπιθεῖναι ζυγὸν ἐπὶ τὸν τράχηλον τῶν
μαθητῶν ὃν οὔτε οἱ πατέρες ἡμῶν οὔτε ἡμεῖς ἰσχύσαμεν
11 βαστάσαι; ἀλλὰ διὰ τῆς χάριτος τοῦ κυρίου Ἰησοῦ πιστεύο-
12 μεν σωθῆναι καθ᾽ ὃν τρόπον κἀκεῖνοι. Ἐσίγησεν δὲ πᾶν
τὸ πλῆθος, καὶ ἤκουον Βαρνάβα καὶ Παύλου ἐξηγουμένων
ὅσα ἐποίησεν ὁ θεὸς σημεῖα καὶ τέρατα ἐν τοῖς ἔθνεσιν
13 δι᾽ αὐτῶν. Μετὰ δὲ τὸ σιγῆσαι αὐτοὺς ἀπεκρίθη Ἰάκωβος
14 λέγων Ἄνδρες ἀδελφοί, ἀκούσατέ μου. Συμεὼν ἐξηγή-
σατο καθὼς πρῶτον ὁ θεὸς ἐπεσκέψατο λαβεῖν ἐξ ἐθνῶν
15 λαὸν τῷ ὀνόματι αὐτοῦ. καὶ τούτῳ συμφωνοῦσιν οἱ λόγοι

9 οὐδὲν

ance and a serious discussion between Paul and Barnabas and them, and it was agreed that Paul and Barnabas and some others of their number should go up to Jerusalem to confer with the apostles and elders about this question.

3   The church saw them off upon their journey, and as they traveled through Phoenicia and Samaria they told of the con-version of the heathen, and caused great rejoicing among all the
4 brothers.   When they reached Jerusalem, they were welcomed by the church, the apostles, and the elders, and they reported
5 how God had worked with them.   But some members of the Pharisees' party who had become believers got up and said that such converts ought to be circumcised and told to obey the Law of Moses.

6   The apostles and elders had a meeting to look into this
7 matter. After a long discussion, Peter got up and said to them,
    "Brothers, you know that in the early days God chose that of you all I should be the one from whose lips the heathen should hear the message of the good news and believe it.
8 And God who knows men's hearts testified for them by giving
9 them the holy Spirit just as he had done to us, making no difference between us and them, but cleansing their hearts
10 by faith.   Then why do you now try to test God, by putting on the necks of these disciples a yoke that neither our fore-
11 fathers nor we have been able to bear?   Why, we believe that it is by the mercy of the Lord Jesus that we are saved just as they are."

12   This quieted the whole meeting, and they listened while Barnabas and Paul told of the signs and wonders which God
13 had done among the heathen through them.   When they finished James made this response:

14   "Brothers, listen to me.   Symeon has told how God first showed an interest in taking from among the heathen a

τῶν προφητῶν, καθὼς γέγραπται

16 Μετὰ ταῦτα ἀναστρέψω
καὶ ἀνοικοδομήϲω τὴν ϲκηνὴν Δαγεὶδ τὴν πε-
πτωκΥῖαν
καὶ τὰ κατεϲτραμμένα αΥτῆϲ ἀνοικοδομήϲω
καὶ ἀνορθώϲω αΥτήν,

17 ὅπωϲ ἂν ἐκζητήϲωϲιν οἱ κατάλοιποι τῶν ἀνθρώ-
πων τὸν κΥριον,
καὶ πάντα τὰ ἔθνη ἐφ᾽ οΥϲ ἐπικέκληται τὸ ὄνομά
μοΥ ἐπ᾽ αΥτοΥϲ,

18 λέγει ΚΥριοϲ ποιῶν ταΥτα γνωϲτὰ ἀπ᾽ αἰῶνοϲ.

19 διὸ ἐγὼ κρίνω μὴ παρενοχλεῖν τοῖς ἀπὸ τῶν ἐθνῶν ἐπιστρέ-
20 φουσιν ἐπὶ τὸν θεόν, ἀλλὰ ἐπιστεῖλαι αὐτοῖς τοῦ ἀπέχεσθαι
τῶν ἀλισγημάτων τῶν εἰδώλων καὶ τῆς πορνείας καὶ πνικτοῦ
21 καὶ τοῦ αἵματος· Μωυσῆς γὰρ ἐκ γενεῶν ἀρχαίων κατὰ πόλιν
τοὺς κηρύσσοντας αὐτὸν ἔχει ἐν ταῖς συναγωγαῖς κατὰ πᾶν
22 σάββατον ἀναγινωσκόμενος.   Τότε ἔδοξε τοῖς
ἀποστόλοις καὶ τοῖς πρεσβυτέροις σὺν ὅλῃ τῇ ἐκκλησίᾳ
ἐκλεξαμένους ἄνδρας ἐξ αὐτῶν πέμψαι εἰς Ἀντιόχειαν σὺν
τῷ Παύλῳ καὶ Βαρνάβᾳ, Ἰούδαν τὸν καλούμενον Βαρσαβ-
23 βᾶν καὶ Σίλαν, ἄνδρας ἡγουμένους ἐν τοῖς ἀδελφοῖς, γρά-
ψαντες διὰ χειρὸς αὐτῶν   Οἱ ἀπόστολοι καὶ οἱ πρεσβύτεροι
ἀδελφοὶ τοῖς κατὰ τὴν Ἀντιόχειαν καὶ Συρίαν καὶ Κιλικίαν
24 ἀδελφοῖς τοῖς ἐξ ἐθνῶν χαίρειν.   Ἐπειδὴ ἠκούσαμεν ὅτι
τινὲς ἐξ ἡμῶν ἐτάραξαν ὑμᾶς λόγοις ἀνασκευάζοντες τὰς
25 ψυχὰς ὑμῶν, οἷς οὐ διεστειλάμεθα, ἔδοξεν ἡμῖν γενομένοις
ὁμοθυμαδὸν ⌐ἐκλεξαμένοις⌐ ἄνδρας πέμψαι πρὸς ὑμᾶς σὺν
26 τοῖς ἀγαπητοῖς ἡμῶν Βαρνάβᾳ καὶ Παύλῳ, ἀνθρώποις
παραδεδωκόσι τὰς ψυχὰς αὐτῶν ὑπὲρ τοῦ ὀνόματος τοῦ
27 κυρίου ἡμῶν Ἰησοῦ Χριστοῦ.   ἀπεστάλκαμεν οὖν Ἰούδαν
καὶ Σίλαν, καὶ αὐτοὺς διὰ λόγου ἀπαγγέλλοντας τὰ αὐτά.
28 ἔδοξεν γὰρ τῷ πνεύματι τῷ ἁγίῳ καὶ ἡμῖν μηδὲν πλέον ἐπι-

25 ἐκλεξαμένους

15 people to bear his name.   And this agrees with the predictions
of the prophets which say,

16 " 'Afterward I will return, and rebuild David's fallen
dwelling.
I will rebuild its very ruins, and set it up again,

17   So that the rest of mankind may seek the Lord,
And all the heathen who are called by my name,

18   Says the Lord, who has been making this known from
of old.'

19 In my opinion, therefore, we ought not to put obstacles in
20 the way of those of the heathen who are turning to God, but
we should write to them to avoid anything that has been
contaminated by idols, immorality, the meat of strangled
21 animals, and the tasting of blood.   For Moses for generations
past has had his preachers in every town, and has been read
aloud in the synagogues every Sabbath."

22   Then the apostles and elders with the whole church
resolved to select representatives and send them with Paul
and Barnabas to Antioch.   They were Judas who was called
Barsabbas, and Silas, both leading men among the brothers.

23 They were the bearers of this letter: "The apostles and the
brothers who are elders send greeting to the brothers of

24 heathen birth in Antioch, Syria, and Cilicia.   As we have
heard that some of our number, without any instructions from
us, have disturbed you by their teaching and unsettled your

25 minds, we have unanimously resolved to select representatives
and send them to you with our dear brothers Barnabas and

26 Paul, who have risked their lives for the sake of our Lord

27 Jesus Christ.   So we send Judas and Silas to you, to give you

28 this same message by word of mouth.   For the holy Spirit
and we have decided not to lay upon you any burden but this

τίθεσθαι ὑμῖν βάρος πλὴν τούτων τῶν ἐπάναγκες, ἀπέχεσθαι
29 εἰδωλοθύτων καὶ αἵματος καὶ πνικτῶν καὶ πορνείας· ἐξ ὧν
διατηροῦντες ἑαυτοὺς εὖ πράξετε. Ἔρρωσθε.

30 Οἱ μὲν οὖν ἀπολυθέντες κατῆλθον εἰς Ἀντιόχειαν, καὶ
31 συναγαγόντες τὸ πλῆθος ἐπέδωκαν τὴν ἐπιστολήν· ἀνα-
32 γνόντες δὲ ἐχάρησαν ἐπὶ τῇ παρακλήσει. Ἰούδας τε καὶ
Σίλας, καὶ αὐτοὶ προφῆται ὄντες, διὰ λόγου πολλοῦ πα-
33 ρεκάλεσαν τοὺς ἀδελφοὺς καὶ ἐπεστήριξαν· ποιήσαντες
δὲ χρόνον ἀπελύθησαν μετ᾽ εἰρήνης ἀπὸ τῶν ἀδελφῶν
35 πρὸς τοὺς ἀποστείλαντας αὐτούς.   Παῦλος δὲ
καὶ Βαρνάβας διέτριβον ἐν Ἀντιοχείᾳ διδάσκοντες καὶ
εὐαγγελιζόμενοι μετὰ καὶ ἑτέρων πολλῶν τὸν λόγον τοῦ
κυρίου.

36 Μετὰ δέ τινας ἡμέρας εἶπεν πρὸς Βαρνάβαν Παῦλος
Ἐπιστρέψαντες δὴ ἐπισκεψώμεθα τοὺς ἀδελφοὺς κατὰ πό-
λιν πᾶσαν ἐν αἷς κατηγγείλαμεν τὸν λόγον τοῦ κυρίου, πῶς
37 ἔχουσιν. Βαρνάβας δὲ ἐβούλετο συνπαραλαβεῖν καὶ τὸν
38 Ἰωάνην τὸν καλούμενον Μάρκον· Παῦλος δὲ ἠξίου, τὸν ἀπο-
στάντα ἀπ᾽ αὐτῶν ἀπὸ Παμφυλίας καὶ μὴ συνελθόντα
39 αὐτοῖς εἰς τὸ ἔργον, μὴ συνπαραλαμβάνειν τοῦτον. ἐγένετο
δὲ παροξυσμὸς ὥστε ἀποχωρισθῆναι αὐτοὺς ἀπ᾽ ἀλλήλων,
τόν τε Βαρνάβαν παραλαβόντα τὸν Μάρκον ἐκπλεῦσαι εἰς
40 Κύπρον. Παῦλος δὲ ἐπιλεξάμενος Σίλαν ἐξῆλθεν παρα-
41 δοθεὶς τῇ χάριτι τοῦ κυρίου ὑπὸ τῶν ἀδελφῶν, διήρχετο
δὲ τὴν Συρίαν καὶ [τὴν] Κιλικίαν ἐπιστηρίζων τὰς ἐκκλη-
1 σίας.   Κατήντησεν δὲ καὶ εἰς Δέρβην καὶ εἰς
Λύστραν. καὶ ἰδοὺ μαθητής τις ἦν ἐκεῖ ὀνόματι Τιμόθεος,
2 υἱὸς γυναικὸς Ἰουδαίας πιστῆς πατρὸς δὲ Ἕλληνος, ὃς
ἐμαρτυρεῖτο ὑπὸ τῶν ἐν Λύστροις καὶ Ἰκονίῳ ἀδελφῶν·
3 τοῦτον ἠθέλησεν ὁ Παῦλος σὺν αὐτῷ ἐξελθεῖν, καὶ λαβὼν
περιέτεμεν αὐτὸν διὰ τοὺς Ἰουδαίους τοὺς ὄντας ἐν τοῖς
τόποις ἐκείνοις, ᾔδεισαν γὰρ ἅπαντες ὅτι Ἕλλην ὁ

29 indispensable one, that you avoid whatever has been sacrificed to idols, the tasting of blood and of the meat of animals that have been strangled, and immorality. You will do well to keep yourselves free from these things. Goodbye."

30 So the delegates went down to Antioch and gathered the
31 congregation together and delivered the letter; and when they read it they were delighted with the encouragement it
32 gave them. Judas and Silas were themselves prophets, and gave the brothers much encouragement and strength
33 by their words. After they had stayed some time, the brothers let them go, with a greeting to those who had sent them.

35 But Paul and Barnabas stayed on in Antioch and taught, and with many others preached the good news of the Lord's message.

36 Some time after, Paul said to Barnabas,

"Come, let us go back and revisit the brothers in each of the towns where we made the Lord's message known, to see how they are getting on."

37 Now Barnabas wanted to take John who was called Mark
38 with them. But Paul did not approve of taking with them a man who had deserted them in Pamphylia instead of going
39 on with them to their work. They differed so sharply about it that they separated, and Barnabas took Mark and sailed
40 for Cyprus. But Paul selected Silas and set out, the brothers
41 commending him to the Lord's favor. He traveled through Syria and Cilicia and strengthened the churches.

16 He went to Derbe and Lystra also. At Lystra there was a disciple named Timothy whose mother was a Jewish
2 Christian while his father was a Greek, and who was highly
3 thought of by the brothers in Lystra and Iconium. Paul wished to take this man on with him, and so on account of the Jews in that district he had him circumcised, for

4 πατὴρ αὐτοῦ ὑπῆρχεν. Ὡς δὲ διεπορεύοντο τὰς πόλεις,
παρεδίδοσαν αὐτοῖς φυλάσσειν τὰ δόγματα τὰ κεκριμένα
ὑπὸ τῶν ἀποστόλων καὶ πρεσβυτέρων τῶν ἐν Ἱεροσολύ-
5 μοις. Αἱ μὲν οὖν ἐκκλησίαι ἐστερεοῦντο τῇ
πίστει καὶ ἐπερίσσευον τῷ ἀριθμῷ καθ᾽ ἡμέραν.

6 Διῆλθον δὲ τὴν Φρυγίαν καὶ Γαλατικὴν χώραν, κωλυ-
θέντες ὑπὸ τοῦ ἁγίου πνεύματος λαλῆσαι τὸν λόγον ἐν τῇ
7 Ἀσίᾳ, ἐλθόντες δὲ κατὰ τὴν Μυσίαν ἐπείραζον εἰς τὴν
Βιθυνίαν πορευθῆναι καὶ οὐκ εἴασεν αὐτοὺς τὸ πνεῦμα
8 Ἰησοῦ· παρελθόντες δὲ τὴν Μυσίαν κατέβησαν εἰς Τρῳάδα.
9 καὶ ὅραμα διὰ νυκτὸς τῷ Παύλῳ ὤφθη, ἀνὴρ Μακεδών
τις ἦν ἑστὼς καὶ παρακαλῶν αὐτὸν καὶ λέγων Διαβὰς
10 εἰς Μακεδονίαν βοήθησον ἡμῖν. ὡς δὲ τὸ ὅραμα εἶδεν,
εὐθέως ἐζητήσαμεν ἐξελθεῖν εἰς Μακεδονίαν, συνβιβάζοντες
ὅτι προσκέκληται ἡμᾶς ὁ θεὸς εὐαγγελίσασθαι αὐτούς.

11 Ἀναχθέντες οὖν ἀπὸ Τρῳάδος εὐθυδρομήσαμεν εἰς Σαμο-
12 θρᾴκην, τῇ δὲ ἐπιούσῃ εἰς Νέαν Πόλιν, κἀκεῖθεν εἰς Φιλίπ-
πους, ἥτις ἐστὶν ⌈πρώτη τῆς μερίδος⌉ Μακεδονίας πόλις,
κολωνία. Ἦμεν δὲ ἐν ταύτῃ τῇ πόλει δια-
13 τρίβοντες ἡμέρας τινάς. τῇ τε ἡμέρᾳ τῶν σαββάτων ἐξήλ-
θομεν ἔξω τῆς πύλης παρὰ ποταμὸν οὗ ἐνομίζομεν προσ-
ευχὴν εἶναι, καὶ καθίσαντες ἐλαλοῦμεν ταῖς συνελθούσαις
14 γυναιξίν. καί τις γυνὴ ὀνόματι Λυδία, πορφυρόπωλις
πόλεως Θυατείρων σεβομένη τὸν θεόν, ἤκουεν, ἧς ὁ κύ-
ριος διήνοιξεν τὴν καρδίαν προσέχειν τοῖς λαλουμένοις ὑπὸ
15 Παύλου. ὡς δὲ ἐβαπτίσθη καὶ ὁ οἶκος αὐτῆς, παρεκάλε-
σεν λέγουσα Εἰ κεκρίκατέ με πιστὴν τῷ κυρίῳ εἶναι,
εἰσελθόντες εἰς τὸν οἶκόν μου μένετε· καὶ παρεβιάσατο
16 ἡμᾶς. Ἐγένετο δὲ πορευομένων ἡμῶν εἰς τὴν
προσευχὴν παιδίσκην τινὰ ἔχουσαν πνεῦμα πύθωνα ὑπαν-
τῆσαι ἡμῖν, ἥτις ἐργασίαν πολλὴν παρεῖχεν τοῖς κυρίοις
17 αὐτῆς μαντευομένη· αὕτη κατακολουθοῦσα [τῷ] Παύλῳ καὶ
ἡμῖν ἔκραζεν λέγουσα Οὗτοι οἱ ἄνθρωποι δοῦλοι τοῦ θεοῦ

12 †...†

4 they all knew that his father was a Greek.   As they traveled
on from one town to another, they passed on to the brothers
for their observance the decisions that had been reached by
5 the apostles and elders at Jerusalem.   So the churches became
stronger and stronger in the faith, and their numbers in
creased from day to day.

6   Thus they crossed Phrygia and Galatia.   The holy Spirit
7 prevented them from delivering the message in Asia, and when
they reached Mysia they tried to get into Bithynia, but the
8 Spirit of Jesus would not permit it, and they passed Mysia
9 and came down to Troas.   There Paul had a vision one
night; a Macedonian was standing appealing to him and
saying,

    "Come over to Macedonia and help us."

10   As soon as he had this vision, we made efforts to get on to
Macedonia, concluding that God had called us to tell them
the good news.

11   So we sailed from Troas, and ran a straight course to
12 Samothrace, and next day to Neapolis.   From there we went
to Philippi, a Roman garrison town, and the principal place
in that part of Macedonia.

13   In this town we stayed for some days.   On the Sabbath
we went outside the gates, to the bank of the river where we
supposed there was a praying place, and we sat down and
14 talked with the women who gathered there.   One of our
hearers was a woman named Lydia, a dealer in purple goods,
from the town of Thyatira.   She was a believer in God, and
the Lord touched her heart, and led her to accept Paul's
15 teaching.   When she and her household were baptized, she
appealed to us, and said,

    "If you are really convinced that I am a believer in the
Lord, come and stay at my house."   And she insisted upon
our coming.

16   Once as we were on our way to the praying place a slave-
girl met us who had the gift of ventriloquism and made her
17 masters a great deal of money by her fortune-telling.   This
girl would follow Paul and the rest of us, crying out,

τοῦ ὑψίστου εἰσίν, οἵτινες καταγγέλλουσιν ὑμῖν ὁδὸν σωτη-
18 ρίας. τοῦτο δὲ ἐποίει ἐπὶ πολλὰς ἡμέρας. διαπονηθεὶς
δὲ Παῦλος καὶ ἐπιστρέψας τῷ πνεύματι εἶπεν Παραγ-
γέλλω σοι ἐν ὀνόματι Ἰησοῦ Χριστοῦ ἐξελθεῖν ἀπ᾽ αὐτῆς·
19 καὶ ἐξῆλθεν αὐτῇ τῇ ὥρᾳ. ⌈Ἰδόντες δὲ⌉ οἱ κύριοι αὐτῆς ὅτι
ἐξῆλθεν ἡ ἐλπὶς τῆς ἐργασίας αὐτῶν ἐπιλαβόμενοι τὸν
Παῦλον καὶ τὸν Σίλαν εἵλκυσαν εἰς τὴν ἀγορὰν ἐπὶ τοὺς
20 ἄρχοντας, καὶ προσαγαγόντες αὐτοὺς τοῖς στρατηγοῖς εἶπαν
Οὗτοι οἱ ἄνθρωποι ἐκταράσσουσιν ἡμῶν τὴν πόλιν Ἰουδαῖοι
21 ὑπάρχοντες, καὶ καταγγέλλουσιν ἔθη ἃ οὐκ ἔξεστιν ἡμῖν
22 παραδέχεσθαι οὐδὲ ποιεῖν Ῥωμαίοις οὖσιν. καὶ συνεπέστη
ὁ ὄχλος κατ᾽ αὐτῶν, καὶ οἱ στρατηγοὶ περιρήξαντες αὐτῶν
23 τὰ ἱμάτια ἐκέλευον ῥαβδίζειν, ⌈πολλὰς δὲ⌉ ἐπιθέντες αὐτοῖς
πληγὰς ἔβαλον εἰς φυλακήν, παραγγείλαντες τῷ δεσμοφύ-
24 λακι ἀσφαλῶς τηρεῖν αὐτούς· ὃς παραγγελίαν τοιαύτην
λαβὼν ἔβαλεν αὐτοὺς εἰς τὴν ἐσωτέραν φυλακὴν καὶ τοὺς
25 πόδας ἠσφαλίσατο αὐτῶν εἰς τὸ ξύλον. Κατὰ δὲ τὸ μεσο-
νύκτιον Παῦλος καὶ Σίλας προσευχόμενοι ὕμνουν τὸν θεόν,
26 ἐπηκροῶντο δὲ αὐτῶν οἱ δέσμιοι· ἄφνω δὲ σεισμὸς ἐγένετο
μέγας ὥστε σαλευθῆναι τὰ θεμέλια τοῦ δεσμωτηρίου, ἠνεῴ-
χθησαν δὲ [παραχρῆμα] αἱ θύραι πᾶσαι, καὶ πάντων τὰ
27 δεσμὰ ἀνέθη. ἔξυπνος δὲ γενόμενος ὁ δεσμοφύλαξ καὶ
ἰδὼν ἀνεῳγμένας τὰς θύρας τῆς φυλακῆς σπασάμενος τὴν
μάχαιραν ἤμελλεν ἑαυτὸν ἀναιρεῖν, νομίζων ἐκπεφευγέναι
28 τοὺς δεσμίους. ἐφώνησεν δὲ Παῦλος μεγάλῃ φωνῇ λέγων
Μηδὲν πράξῃς σεαυτῷ κακόν, ἅπαντες γάρ ἐσμεν ἐνθάδε.
29 αἰτήσας δὲ φῶτα εἰσεπήδησεν, καὶ ἔντρομος γενόμενος προσ-
30 έπεσεν τῷ Παύλῳ καὶ Σίλᾳ, καὶ προαγαγὼν αὐτοὺς ἔξω
31 ἔφη Κύριοι, τί με δεῖ ποιεῖν ἵνα σωθῶ; οἱ δὲ εἶπαν
Πίστευσον ἐπὶ τὸν κύριον Ἰησοῦν, καὶ σωθήσῃ σὺ καὶ
32 ὁ οἶκός σου. καὶ ἐλάλησαν αὐτῷ τὸν λόγον τοῦ ⌈θεοῦ⌉ σὺν
33 πᾶσι τοῖς ἐν τῇ οἰκίᾳ αὐτοῦ. καὶ παραλαβὼν αὐτοὺς ἐν
ἐκείνῃ τῇ ὥρᾳ τῆς νυκτὸς ἔλουσεν ἀπὸ τῶν πληγῶν, καὶ

19 Καὶ ἰδόντες   23 πολλάς τε   32 κυρίου

"These men are slaves of the Most High God, and they are making known to you a way of salvation."

18   She did this for a number of days, until Paul, very much annoyed, turned and said to the spirit in her,

"In the name of Jesus Christ I order you to come out of her!" And it came out instantly.

19   But when her masters saw that their hopes of profits were gone, they seized Paul and Silas, dragged them to the
20 public square, to the authorities, and brought them before the chief magistrates.

"These men," they said, "are Jews, and they are making
21 a great disturbance in our town. They are advocating practices which it is against the law for us as Romans to adopt or observe."

22   The crowd also joined in the attack on them, and the
23 magistrates had them stripped and beaten. After beating them severely, they put them in jail, and gave the jailer orders
24 to keep close watch of them. He, having had such strict orders, put them into the inner cell, and fastened their feet in
25 the stocks. But about midnight, as Paul and Silas were pray-ing and singing hymns of praise to God, and the prisoners
26 were listening to them, suddenly there was such an earth-quake that the jail shook to its foundations; all the doors
27 flew open, and everybody's chains were unfastened. It woke up the jailer, and when he saw that the doors of the jail were open, he drew his sword and was just going to kill himself,
28 supposing that the prisoners had escaped. But Paul shouted out,

"Do not do yourself any harm! We are all here!"

29   Then he called for lights and rushed in, and fell trembling
30 at the feet of Paul and Silas. He led them out of the jail and said to them,

"Gentlemen, what must I do to be saved?"

31   "Believe in the Lord Jesus," they said, "and you and your household will be saved!"

32   Then they told God's message to him and to all the
33 members of his household. And right then in the night, he took them and washed their wounds, and he and all his

34 ἐβαπτίσθη αὐτὸς καὶ οἱ αὐτοῦ ἅπαντες παραχρῆμα, ἀναγα-
γών τε αὐτοὺς εἰς τὸν οἶκον παρέθηκεν τράπεζαν, καὶ ἠγαλ-
35 λιάσατο πανοικεὶ πεπιστευκὼς τῷ θεῷ. Ἡμέρας δὲ γενομέ-
νης ἀπέστειλαν οἱ στρατηγοὶ τοὺς ῥαβδούχους λέγοντες
36 Ἀπόλυσον τοὺς ἀνθρώπους ἐκείνους. ἀπήγγειλεν δὲ ὁ δε-
σμοφύλαξ τοὺς λόγους πρὸς τὸν Παῦλον, ὅτι Ἀπέσταλ-
καν οἱ στρατηγοὶ ἵνα ἀπολυθῆτε· νῦν οὖν ἐξελθόντες πορεύ-
37 εσθε ἐν εἰρήνῃ. ὁ δὲ Παῦλος ἔφη πρὸς αὐτούς Δείραντες
ἡμᾶς δημοσίᾳ ἀκατακρίτους, ἀνθρώπους Ῥωμαίους ὑπάρ-
χοντας, ἔβαλαν εἰς φυλακήν· καὶ νῦν λάθρᾳ ἡμᾶς ἐκβάλ-
λουσιν; οὐ γάρ, ἀλλὰ ἐλθόντες αὐτοὶ ἡμᾶς ἐξαγαγέτωσαν.
38 ἀπήγγειλαν δὲ τοῖς στρατηγοῖς οἱ ῥαβδοῦχοι τὰ ῥήματα
39 ταῦτα· ἐφοβήθησαν δὲ ἀκούσαντες ὅτι Ῥωμαῖοί εἰσιν, καὶ
ἐλθόντες παρεκάλεσαν αὐτούς, καὶ ἐξαγαγόντες ἠρώτων
40 ἀπελθεῖν ἀπὸ τῆς πόλεως. ἐξελθόντες δὲ ἀπὸ τῆς φυλακῆς
εἰσῆλθον πρὸς τὴν Λυδίαν, καὶ ἰδόντες παρεκάλεσαν τοὺς
ἀδελφοὺς καὶ ἐξῆλθαν.

1 Διοδεύσαντες δὲ τὴν Ἀμφίπολιν καὶ τὴν Ἀπολλωνίαν
ἦλθον εἰς Θεσσαλονίκην, ὅπου ἦν συναγωγὴ τῶν Ἰουδαίων.
2 κατὰ δὲ τὸ εἰωθὸς τῷ Παύλῳ εἰσῆλθεν πρὸς αὐτοὺς καὶ ἐπὶ
3 σάββατα τρία διελέξατο αὐτοῖς ἀπὸ τῶν γραφῶν, διανοί-
γων καὶ παρατιθέμενος ὅτι τὸν χριστὸν ἔδει παθεῖν καὶ
ἀναστῆναι ἐκ νεκρῶν, καὶ ὅτι οὗτός ἐστιν ⌜ὁ χριστός, ὁ
4 Ἰησοῦς⌝ ὃν ἐγὼ καταγγέλλω ὑμῖν. καί τινες ἐξ αὐτῶν
ἐπείσθησαν καὶ προσεκληρώθησαν τῷ Παύλῳ καὶ [τῷ] Σίλᾳ,
τῶν τε σεβομένων Ἑλλήνων πλῆθος πολὺ γυναικῶν τε
5 τῶν πρώτων οὐκ ὀλίγαι. Ζηλώσαντες δὲ οἱ Ἰουδαῖοι καὶ
προσλαβόμενοι τῶν ἀγοραίων ἄνδρας τινὰς πονηροὺς καὶ
ὀχλοποιήσαντες ἐθορύβουν τὴν πόλιν, καὶ ἐπιστάντες τῇ
οἰκίᾳ Ἰάσονος ἐζήτουν αὐτοὺς προαγαγεῖν εἰς τὸν δῆμον·
6 μὴ εὑρόντες δὲ αὐτοὺς ἔσυρον Ἰάσονα καί τινας ἀδελφοὺς
ἐπὶ τοὺς πολιτάρχας, βοῶντες ὅτι Οἱ τὴν οἰκουμένην
7 ἀναστατώσαντες οὗτοι καὶ ἐνθάδε πάρεισιν, οὓς ὑποδέ-

3 Χριστὸς Ἰησοῦς

34·household were baptized immediately.   Then he took them
up to his house and offered them food, and he and all his house-
35·hold were very happy over their new faith in God.   In the
morning the magistrates sent policemen with instructions to
36·let the men go.   The jailer reported this message to Paul,
saying,

"The magistrates have sent orders that you are to be
released.   So you can take your leave and go unmolested."

37   But Paul said to them,

"They had us beaten in public without giving us a trial,
and put us in jail, although we are Roman citizens!   And now
are they going to dismiss us secretly?   By no means!   Have
them come here themselves and take us out!"

38   The policemen delivered this message to the magistrates,
and they were alarmed when they heard that they were
39·Roman citizens, and came and conciliated them, and took
them out of the jail, and begged them to leave the town.
40·After leaving the jail they went to Lydia's house, and saw the
brothers and encouraged them.   Then they left the town.

17   After passing through Amphipolis and Apollonia, they
2·reached Thessalonica, where the Jews had a synagogue.   Paul
went to it as he was accustomed to do, and for three Sabbaths
3·he discussed the Scriptures with them, explaining them and
showing that the Christ had to suffer and rise from the dead.

"Jesus," he said, "of whom I am telling you, is the
Christ!"

4   He convinced some of them, and they joined Paul and
Silas, along with a great many devout Greeks and a number of
5·the principal women.   This offended the Jews and they
gathered some unprincipled loafers, formed a mob and started
a riot in the town.   They attacked Jason's house, to find
6·them and bring them out among the people.   As they could
not find them, they dragged Jason and some of the brothers
before the town magistrates, shouting,

"The men who have made trouble all over the world
7·have come here too, and Jason has taken them in.   They

δεκται Ἰάσων· καὶ οὗτοι πάντες ἀπέναντι τῶν δογμάτων
Καίσαρος πράσσουσι, βασιλέα ἕτερον λέγοντες εἶναι Ἰη-
8 σοῦν. ἐτάραξαν δὲ τὸν ὄχλον καὶ τοὺς πολιτάρχας ἀκούον-
9 τας ταῦτα, καὶ λαβόντες τὸ ἱκανὸν παρὰ τοῦ Ἰάσονος καὶ
10 τῶν λοιπῶν ἀπέλυσαν αὐτούς.   Οἱ δὲ ἀδελφοὶ
εὐθέως διὰ νυκτὸς ἐξέπεμψαν τόν τε Παῦλον καὶ τὸν Σίλαν
εἰς Βέροιαν, οἵτινες παραγενόμενοι εἰς τὴν συναγωγὴν τῶν
11 Ἰουδαίων ἀπῄεσαν· οὗτοι δὲ ἦσαν εὐγενέστεροι τῶν ἐν Θεσ-
σαλονίκῃ, οἵτινες ἐδέξαντο τὸν λόγον μετὰ πάσης προ-
θυμίας, [τὸ] καθ᾽ ἡμέραν ἀνακρίνοντες τὰς γραφὰς εἰ ἔχοι
12 ταῦτα οὕτως.   πολλοὶ μὲν οὖν ἐξ αὐτῶν ἐπίστευσαν, καὶ
τῶν Ἑλληνίδων γυναικῶν τῶν εὐσχημόνων καὶ ἀνδρῶν
13 οὐκ ὀλίγοι.   Ὡς δὲ ἔγνωσαν οἱ ἀπὸ τῆς Θεσσαλονίκης
Ἰουδαῖοι ὅτι καὶ ἐν τῇ Βεροίᾳ κατηγγέλη ὑπὸ τοῦ Παύλου
ὁ λόγος τοῦ θεοῦ, ἦλθον κἀκεῖ σαλεύοντες καὶ ταράσσοντες
14 τοὺς ὄχλους.   εὐθέως δὲ τότε τὸν Παῦλον ἐξαπέστειλαν οἱ
ἀδελφοὶ πορεύεσθαι ἕως ἐπὶ τὴν θάλασσαν· ὑπέμεινάν τε
15 ὅ τε Σίλας καὶ ὁ Τιμόθεος ἐκεῖ.   οἱ δὲ καθιστάνοντες τὸν
Παῦλον ἤγαγον ἕως Ἀθηνῶν, καὶ λαβόντες ἐντολὴν πρὸς
τὸν Σίλαν καὶ τὸν Τιμόθεον ἵνα ὡς τάχιστα ἔλθωσιν πρὸς
αὐτὸν ἐξῄεσαν.

16   Ἐν δὲ ταῖς Ἀθήναις ἐκδεχομένου αὐτοὺς τοῦ Παύλου,
παρωξύνετο τὸ πνεῦμα αὐτοῦ ἐν αὐτῷ θεωροῦντος κατείδω-
17 λον οὖσαν τὴν πόλιν.   διελέγετο μὲν οὖν ἐν τῇ συναγωγῇ
τοῖς Ἰουδαίοις καὶ τοῖς σεβομένοις καὶ ἐν τῇ ἀγορᾷ κατὰ
18 πᾶσαν ἡμέραν πρὸς τοὺς παρατυγχάνοντας.   τινὲς δὲ καὶ
τῶν Ἐπικουρίων καὶ Στωικῶν φιλοσόφων συνέβαλλον
αὐτῷ, καί τινες ἔλεγον   Τί ἂν θέλοι ὁ σπερμολόγος οὗτος
λέγειν;   οἱ δέ   Ξένων δαιμονίων δοκεῖ καταγγελεὺς εἶναι·
19 ὅτι τὸν Ἰησοῦν καὶ τὴν ἀνάστασιν εὐηγγελίζετο.   ἐπιλα-
βόμενοι δὲ αὐτοῦ ἐπὶ τὸν Ἄρειον Πάγον ἤγαγον, λέγοντες
Δυνάμεθα γνῶναι τίς ἡ καινὴ αὕτη [ἡ] ὑπὸ σοῦ λαλουμένη
20 διδαχή ; ξενίζοντα γάρ τινα εἰσφέρεις εἰς τὰς ἀκοὰς ἡμῶν·

all disobey the emperor's decrees, and claim that someone else called Jesus is king."

8 The crowd and the magistrates were very much excited 9 at hearing this, and they put Jason and the others under bonds before they let them go.

10 The brothers sent Paul and Silas away immediately, in the course of the following night, to Berea. On arriving 11 there they went to the Jewish synagogue. The Jews there were more high-minded than those at Thessalonica, and received the message with great eagerness and studied the Scriptures every day, to find out whether it was true. 12 Many of them became believers and so did no small number 13 of Greek women of position, and men too. But when the Jews at Thessalonica found out that God's message had been delivered at Berea by Paul, they came there too, to excite 14 and stir up the populace. Then the brothers immediately sent Paul off to the coast, while Silas and Timothy stayed 15 behind. The men who went with Paul took him all the way to Athens, and came back with instructions for Silas and Timothy to rejoin him as soon as possible.

16 While Paul waited for them at Athens, he was exasperated 17 to see how idolatrous the city was. He had discussions at the synagogue with the Jews and those who worshiped with them, and every day in the public square with any whom he hap- 18 pened to find. Some of the Epicurean and Stoic philosophers debated with him. Some of them said,

"What is this rag-picker trying to make out?"

Others said,

"He seems to be preaching some foreign deities."

This was because he was telling the good news of Jesus 19 and the resurrection. So they took him and brought him to the council of the Areopagus and said,

"May we know just what this new teaching of yours is? 20 Some of the things you tell us sound strange to us, and we

564 ΠΡΑΞΕΙΣ ΑΠΟΣΤΟΛΩΝ

21 βουλόμεθα οὖν γνῶναι τίνα θέλει ταῦτα εἶναι. Ἀθηναῖοι
δὲ πάντες καὶ οἱ ἐπιδημοῦντες ξένοι εἰς οὐδὲν ἕτερον ηὐ-
22 καίρουν ἢ λέγειν τι ἢ ἀκούειν τι καινότερον. σταθεὶς δε
Παῦλος ἐν μέσῳ τοῦ Ἀρείου Πάγου ἔφη Ἄνδρες Ἀθη-
ναῖοι, κατὰ πάντα ὡς δεισιδαιμονεστέρους ὑμᾶς θεωρῶ·
23 διερχόμενος γὰρ καὶ ἀναθεωρῶν τὰ σεβάσματα ὑμῶν εὗρον
καὶ βωμὸν ἐν ᾧ ἐπεγέγραπτο ΑΓΝΩΣΤΩ ΘΕΩ. ὃ οὖν
24 ἀγνοοῦντες εὐσεβεῖτε, τοῦτο ἐγὼ καταγγέλλω ὑμῖν. ὁ
θεὸς ὁ ΠΟΙΗϹΑϹ τὸν κόσμον καὶ πάντα τὰ ἐν αὐτῷ,
οὗτος ΟΥΡΑΝΟΥ καὶ ΓΗϹ ὑπάρχων κύριος οὐκ ἐν χειρο-
25 ποιήτοις ναοῖς κατοικεῖ οὐδὲ ὑπὸ χειρῶν ἀνθρωπίνων θερα-
πεύεται προσδεόμενός τινος, αὐτὸς ΔΙΔΟΥϹ πᾶσι ζωὴν καὶ
26 ΠΝΟΗΝ καὶ τὰ πάντα· ἐποίησέν τε ἐξ ἑνὸς πᾶν ἔθνος ἀν-
θρωπων κατοικεῖν ἐπὶ παντὸς προσώπου τῆς γῆς, ὁρίσας
προστεταγμένους καιροὺς καὶ τὰς ὁροθεσίας τῆς κατοικίας
27 αὐτῶν, ζητεῖν τὸν θεὸν εἰ ἄρα γε ψηλαφήσειαν αὐτὸν καὶ
εὕροιεν, καί γε οὐ μακρὰν ἀπὸ ἑνὸς ἑκάστου ἡμῶν ὑπάρ-
28 χοντα. ἐν αὐτῷ γὰρ ζῶμεν καὶ κινούμεθα καὶ ἐσμέν, ὡς
καί τινες τῶν καθ᾽ ⌜ὑμᾶς⌝ ποιητῶν εἰρήκασιν
          Τοῦ γὰρ καὶ γένος ἐσμέν.
29 γένος οὖν ὑπάρχοντες τοῦ θεοῦ οὐκ ὀφείλομεν νομίζειν
χρυσῷ ἢ ἀργύρῳ ἢ λίθῳ, χαράγματι τέχνης καὶ ἐνθυμήσεως
30 ἀνθρώπου, τὸ θεῖον εἶναι ὅμοιον. τοὺς μὲν οὖν χρόνους
τῆς ἀγνοίας ὑπεριδὼν ὁ θεὸς τὰ νῦν ἀπαγγέλλει τοῖς ἀνθρώ-
31 ποις πάντας πανταχοῦ μετανοεῖν, καθότι ἔστησεν ἡμέραν
ἐν ᾗ μέλλει ΚΡΙΝΕΙΝ ΤΗΝ ΟΙΚΟΥΜΕΝΗΝ ΕΝ ΔΙΚΑΙΟϹΥΝΗ
ἐν ἀνδρὶ ᾧ ὥρισεν, πίστιν παρασχὼν πᾶσιν ἀναστήσας
32 αὐτὸν ἐκ νεκρῶν. ἀκούσαντες δὲ ἀνάστασιν νεκρῶν οἱ
μὲν ἐχλεύαζον οἱ δὲ εἶπαν Ἀκουσόμεθά σου περὶ τούτου
33 καὶ πάλιν. οὕτως ὁ Παῦλος ἐξῆλθεν ἐκ μέσου αὐτῶν·
34 τινὲς δὲ ἄνδρες κολληθέντες αὐτῷ ἐπίστευσαν, ἐν οἷς καὶ
Διονύσιος [ὁ] Ἀρεοπαγίτης καὶ γυνὴ ὀνόματι Δάμαρις καὶ
ἕτεροι σὺν αὐτοῖς.

28 ἡμᾶς

want to know just what they mean."

21   For all Athenians and all visitors there from abroad used to spend all their time telling or listening to something new.

22   Then Paul stood up in the middle of the council and said, "Men of Athens, from every point of view I see that

23 you are extremely religious.   For as I was going about and looking at the things you worship, I even found an altar with this inscription: 'To an Unknown God.'   So it is what you already worship in ignorance that I am now telling you of.

24 God who created the world and all that is in it, since he is Lord of heaven and earth, does not live in temples built by

25 human hands, nor is he waited on by human hands as though he were in need of anything, for he himself gives all men life

26 and breath and everything.   From one forefather he has created every nation of mankind, and made them live all over the face of the earth, fixing their appointed times and the

27 limits of their lands, so that they might search for God, and perhaps grope for him and find him, though he is never far

28 from any of us.   For it is through union with him that we live and move and exist, as some of your poets have said,

    " 'For we are also his offspring.'

29 So if we are God's children we ought not to imagine that the divine nature is like gold or silver or stone, wrought by

30 human art and thought.   While God overlooked those times of ignorance, he now calls upon all men everywhere to repent,

31 since he has fixed a day on which he will justly judge the world through a man whom he has appointed, and whom he has guaranteed to all men by raising him from the dead."

32   When they heard of the resurrection of the dead, some of them sneered, but others said,

    "We should like to hear you again on this subject."

33   So Paul left the council.   Some persons joined him, how-

34 ever, and became believers, among them Dionysius, a member of the council, and a woman named Damaris, and some others.

1 Μετὰ ταῦτα χωρισθεὶς ἐκ τῶν Ἀθηνῶν ἦλθεν εἰς Κό-
2 ρινθον. καὶ εὑρών τινα Ἰουδαῖον ὀνόματι Ἀκύλαν, Ποντι-
κὸν τῷ γένει, προσφάτως ἐληλυθότα ἀπὸ τῆς Ἰταλίας καὶ
Πρίσκιλλαν γυναῖκα αὐτοῦ διὰ τὸ διατεταχέναι Κλαύδιον
χωρίζεσθαι πάντας τοὺς Ἰουδαίους ἀπὸ τῆς Ῥώμης, προσ-
3 ῆλθεν αὐτοῖς, καὶ διὰ τὸ ὁμότεχνον εἶναι ἔμενεν παρ' αὐ-
τοῖς καὶ ⌈ἠργάζοντο⌉, ἦσαν γὰρ σκηνοποιοὶ τῇ τέχνῃ.
4 διελέγετο δὲ ἐν τῇ συναγωγῇ κατὰ πᾶν σάββατον, ἔπειθέν
5 τε Ἰουδαίους καὶ Ἕλληνας.   Ὡς δὲ κατῆλθον
ἀπὸ τῆς Μακεδονίας ὅ τε Σίλας καὶ ὁ Τιμόθεος, συνείχετο
τῷ λόγῳ ὁ Παῦλος, διαμαρτυρόμενος τοῖς Ἰουδαίοις εἶναι
6 τὸν χριστὸν Ἰησοῦν. ἀντιτασσομένων δὲ αὐτῶν καὶ βλα-
σφημούντων ἐκτιναξάμενος τὰ ἱμάτια εἶπεν πρὸς αὐτούς
Τὸ αἷμα ὑμῶν ἐπὶ τὴν κεφαλὴν ὑμῶν· καθαρὸς ⌈ἐγώ· ἀπὸ⌉
7 τοῦ νῦν εἰς τὰ ἔθνη πορεύσομαι. καὶ μεταβὰς ἐκεῖθεν
ἦλθεν εἰς οἰκίαν τινὸς ὀνόματι Τιτίου Ἰούστου σεβομέ-
νου τὸν θεόν, οὗ ἡ οἰκία ἦν συνομοροῦσα τῇ συναγωγῇ.
8 Κρίσπος δὲ ὁ ἀρχισυνάγωγος ἐπίστευσεν τῷ κυρίῳ σὺν
ὅλῳ τῷ οἴκῳ αὐτοῦ, καὶ πολλοὶ τῶν Κορινθίων ἀκούοντες
9 ἐπίστευον καὶ ἐβαπτίζοντο. Εἶπεν δὲ ὁ κύριος ἐν νυκτὶ
δι' ὁράματος τῷ Παύλῳ Μὴ φοβοῦ, ἀλλὰ λάλει καὶ μὴ
10 σιωπήσῃς, διότι ἐγώ εἰμι μετὰ σοῦ καὶ οὐδεὶς ἐπιθήσεταί
σοι τοῦ κακῶσαί σε, διότι λαός ἐστί μοι πολὺς ἐν τῇ πόλει
11 ταύτῃ. Ἐκάθισεν δὲ ἐνιαυτὸν καὶ μῆνας ἓξ διδάσκων ἐν
12 αὐτοῖς τὸν λόγον τοῦ θεοῦ.   Γαλλίωνος δὲ ἀνθυ-
πάτου ὄντος τῆς Ἀχαίας κατεπέστησαν ⌈οἱ⌉ Ἰουδαῖοι ὁμοθυ-
13 μαδὸν⌉ τῷ Παύλῳ καὶ ἤγαγον αὐτὸν ἐπὶ τὸ βῆμα, λέγοντες
ὅτι Παρὰ τὸν νόμον ἀναπείθει οὗτος τοὺς ἀνθρώπους
14 σέβεσθαι τὸν θεόν. μέλλοντος δὲ τοῦ Παύλου ἀνοίγειν
τὸ στόμα εἶπεν ὁ Γαλλίων πρὸς τοὺς Ἰουδαίους Εἰ μὲν
ἦν ἀδίκημά τι ἢ ῥᾳδιούργημα πονηρόν, ὦ Ἰουδαῖοι, κατὰ
15 λόγον ἂν ἀνεσχόμην ὑμῶν· εἰ δὲ ζητήματά ἐστιν περὶ
λόγου καὶ ὀνομάτων καὶ νόμου τοῦ καθ' ὑμᾶς, ὄψεσθε αὐτοί·

3 ἠργάζετο   6 ἐγὼ ἀπὸ   12 ὁμοθυμαδὸν οἱ Ἰουδαῖοι

18 After this he left Athens and went to Corinth. There he
2 found a Jew named Aquila, a native of Pontus, who had
recently come from Italy with his wife Priscilla, because
Claudius had ordered all Jews to leave Rome. Paul went to
3 see them, and as they practiced the same trade, he stayed
with them, and they worked together, for they were tent-
4 makers. Every Sabbath he would preach in the synagogue,
and try to convince both Jews and Greeks.

5 By the time Silas and Timothy arrived from Macedonia,
Paul was absorbed in preaching the message, emphatically
6 assuring the Jews that Jesus was the Christ. But as they
contradicted and abused him, he shook his clothes in protest,
and said to them,

"Your blood be on your own heads! I am not to blame
for it! After this I will go to the heathen."

7 So he moved to the house of a worshiper of God named
8 Titius Justus, which was next door to the synagogue. But
Crispus, the leader of the synagogue, believed in the Lord,
and so did all his household, and many of the people of
9 Corinth heard Paul and believed and were baptized. One
night the Lord said to Paul in a vision,

"Do not be afraid! Go on speaking and do not give up,
10 for I am with you, and no one shall attack you or injure you,
for I have many people in this city."

11 So he settled there for a year and a half, and taught
them God's message.

12 When Gallio was governor of Greece the Jews made a
concerted attack upon Paul, and brought him before the
governor.

13 "This fellow," they said, "is trying to induce people
to worship God in ways that are against the law."

14 Before Paul could open his lips, Gallio said to the Jews,
"If some misdemeanor or rascality were involved, Jews,
15 you might reasonably expect me to listen to you. But as it
is only a question of words and titles and your own law, you

16 κριτὴς ἐγὼ τούτων οὐ βούλομαι εἶναι. καὶ ἀπήλασεν
17 αὐτοὺς ἀπὸ τοῦ βήματος. ἐπιλαβόμενοι δὲ πάντες Σωσθέ-
νην τὸν ἀρχισυνάγωγον ἔτυπτον ἔμπροσθεν τοῦ βήματος·
18 καὶ οὐδὲν τούτων τῷ Γαλλίωνι ἔμελεν. Ὁ δὲ
Παῦλος ἔτι προσμείνας ἡμέρας ἱκανὰς τοῖς ἀδελφοῖς ἀπο-
ταξάμενος ἐξέπλει εἰς τὴν Συρίαν, καὶ σὺν αὐτῷ Πρίσκιλλα
καὶ Ἀκύλας, κειράμενος ἐν Κενχρεαῖς τὴν κεφαλήν, εἶχεν
19 γὰρ εὐχήν. κατήντησαν δὲ εἰς Ἔφεσον, κἀκείνους κατέ-
λιπεν αὐτοῦ, αὐτὸς δὲ εἰσελθὼν εἰς τὴν συναγωγὴν διελέ-
20 ξατο τοῖς Ἰουδαίοις. ἐρωτώντων δὲ αὐτῶν ἐπὶ πλείονα
21 χρόνον μεῖναι οὐκ ἐπένευσεν, ἀλλὰ ἀποταξάμενος καὶ εἰπών
Πάλιν ἀνακάμψω πρὸς ὑμᾶς τοῦ θεοῦ θέλοντος ἀνήχθη
22 ἀπὸ τῆς Ἐφέσου, καὶ κατελθὼν εἰς Καισαρίαν, ἀναβὰς
καὶ ἀσπασάμενος τὴν ἐκκλησίαν, κατέβη εἰς Ἀντιόχειαν,
23 καὶ ποιήσας χρόνον τινὰ ἐξῆλθεν, διερχόμενος καθεξῆς
τὴν Γαλατικὴν χώραν καὶ Φρυγίαν, στηρίζων πάντας τοὺς
μαθητάς.
24   Ἰουδαῖος δέ τις Ἀπολλὼς ὀνόματι, Ἀλεξανδρεὺς τῷ
γένει, ἀνὴρ λόγιος, κατήντησεν εἰς Ἔφεσον, δυνατὸς ὢν ἐν
25 ταῖς γραφαῖς. οὗτος ἦν κατηχημένος τὴν ὁδὸν ⌐τοῦ κυρίου⌐,
καὶ ζέων τῷ πνεύματι ἐλάλει καὶ ἐδίδασκεν ἀκριβῶς τὰ περὶ
26 τοῦ Ἰησοῦ, ἐπιστάμενος μόνον τὸ βάπτισμα Ἰωάνου. οὗτός
τε ἤρξατο παρρησιάζεσθαι ἐν τῇ συναγωγῇ· ἀκούσαντες
δὲ αὐτοῦ Πρίσκιλλα καὶ Ἀκύλας προσελάβοντο αὐτὸν καὶ
27 ἀκριβέστερον αὐτῷ ἐξέθεντο τὴν ὁδὸν τοῦ θεοῦ. βουλο-
μένου δὲ αὐτοῦ διελθεῖν εἰς τὴν Ἀχαίαν προτρεψάμενοι
οἱ ἀδελφοὶ ἔγραψαν τοῖς μαθηταῖς ἀποδέξασθαι αὐτόν·
ὃς παραγενόμενος συνεβάλετο πολὺ τοῖς πεπιστευκόσιν
28 διὰ τῆς χάριτος· εὐτόνως γὰρ τοῖς Ἰουδαίοις διακατηλέγ-
χετο δημοσίᾳ ἐπιδεικνὺς διὰ τῶν γραφῶν εἶναι τὸν χριστὸν
1 Ἰησοῦν.   Ἐγένετο δὲ ἐν τῷ τὸν Ἀπολλὼ εἶναι

25 Κυρίου

must look after it yourselves. I refuse to decide such matters."
16 17   And he drove them away from the court. Then they
all seized Sosthenes, the leader of the synagogue, and beat
him in front of the court. But Gallio paid no attention to it.
18   Paul stayed some time longer, and then bade the brothers
goodbye and sailed for Syria, with Priscilla and Aquila, after
having his hair cut at Cenchreae, because of a vow he had
19 been under. When they reached Ephesus he left them there,
while he went to the synagogue and had a discussion with
20 the Jews. They asked him to stay longer, but he would not
21 consent. He bade them goodbye, saying,

"I will come back to you again if it is God's will."

22   Then he sailed from Ephesus. When he reached
Caesarea, he went up to Jerusalem and paid his respects to
23 the church, and then went on to Antioch. After spending
some time there, he started out again, and traveled system-
atically through Galatia and Phrygia, reassuring all the
disciples.

24   A Jew named Apollos, a native of Alexandria, came to
Ephesus. He was an eloquent man, skilful in the use of the
25 Scriptures. He had had some instruction about the Way of
the Lord, and glowing with the Spirit he talked and taught
painstakingly about Jesus, though he knew of no baptism but
26 John's. He spoke very confidently in the synagogue at first,
but when Priscilla and Aquila heard him, they took him home
27 and explained the Way of God to him more correctly. As
he wanted to cross to Greece, the brothers wrote to the
disciples there, urging them to welcome him. On his arrival
there he was of great service to those who through God's
28 favor had become believers, for he vigorously refuted the
Jews in public, and showed from the Scriptures that Jesus
was the Christ.

19   It was while Apollos was in Corinth that Paul, after

ἐν Κορίνθῳ Παῦλον διελθόντα τὰ ἀνωτερικὰ μέρη ἐλθεῖν
2 εἰς Ἔφεσον καὶ εὑρεῖν τινὰς μαθητάς, εἶπέν τε πρὸς αὐτούς
Εἰ πνεῦμα ἅγιον ἐλάβετε πιστεύσαντες; οἱ δὲ πρὸς αὐτόν
3 Ἀλλ᾽ οὐδ᾽ εἰ πνεῦμα ἅγιον ἔστιν ἠκούσαμεν. ⌜εἶπέν τε⌝ Εἰς
τί οὖν ἐβαπτίσθητε; οἱ δὲ εἶπαν Εἰς τὸ Ἰωάνου βάπτισμα.
4 εἶπεν δὲ Παῦλος Ἰωάνης ἐβάπτισεν βάπτισμα μετανοίας,
τῷ λαῷ λέγων εἰς τὸν ἐρχόμενον μετ᾽ αὐτὸν ἵνα πιστεύσω-
5 σιν, τοῦτ᾽ ἔστιν εἰς τὸν Ἰησοῦν. ἀκούσαντες δὲ ἐβαπτίσθη-
6 σαν εἰς τὸ ὄνομα τοῦ κυρίου Ἰησοῦ· καὶ ἐπιθέντος αὐτοῖς
τοῦ Παύλου χεῖρας ἦλθε τὸ πνεῦμα τὸ ἅγιον ἐπ᾽ αὐτούς,
7 ἐλάλουν τε γλώσσαις καὶ ἐπροφήτευον. ἦσαν δὲ οἱ πάντες
8 ἄνδρες ὡσεὶ δώδεκα.   Εἰσελθὼν δὲ εἰς τὴν συ-
ναγωγὴν ἐπαρρησιάζετο ἐπὶ μῆνας τρεῖς διαλεγόμενος καὶ
9 πείθων περὶ τῆς βασιλείας τοῦ θεοῦ. ὡς δέ τινες ἐσκλη-
ρύνοντο καὶ ἠπείθουν κακολογοῦντες τὴν ὁδὸν ἐνώπιον τοῦ
πλήθους, ἀποστὰς ἀπ᾽ αὐτῶν ἀφώρισεν τοὺς μαθητάς,
10 καθ᾽ ἡμέραν διαλεγόμενος ἐν τῇ σχολῇ Τυράννου. τοῦτο
δὲ ἐγένετο ἐπὶ ἔτη δύο, ὥστε πάντας τοὺς κατοικοῦντας τὴν
Ἀσίαν ἀκοῦσαι τὸν λόγον τοῦ κυρίου, Ἰουδαίους τε καὶ
11 Ἕλληνας.   Δυνάμεις τε οὐ τὰς τυχούσας ὁ θεὸς
12 ἐποίει διὰ τῶν χειρῶν Παύλου, ὥστε καὶ ἐπὶ τοὺς ἀσθενοῦν-
τας ἀποφέρεσθαι ἀπὸ τοῦ χρωτὸς αὐτοῦ σουδάρια ἢ σιμικίν-
θια καὶ ἀπαλλάσσεσθαι ἀπ᾽ αὐτῶν τὰς νόσους, τά τε πνεύ-
13 ματα τὰ πονηρὰ ἐκπορεύεσθαι. Ἐπεχείρησαν δέ τινες καὶ
τῶν περιερχομένων Ἰουδαίων ἐξορκιστῶν ὀνομάζειν ἐπὶ τοὺς
ἔχοντας τὰ πνεύματα τὰ πονηρὰ τὸ ὄνομα τοῦ κυρίου Ἰησοῦ
λέγοντες Ὁρκίζω ὑμᾶς τὸν Ἰησοῦν ὃν Παῦλος κηρύσσει.
14 ἦσαν δέ τινος Σκευᾶ Ἰουδαίου ἀρχιερέως ἑπτὰ υἱοὶ τοῦτο
15 ποιοῦντες. ἀποκριθὲν δὲ τὸ πνεῦμα τὸ πονηρὸν εἶπεν αὐ-
τοῖς Τὸν [μὲν] Ἰησοῦν γινώσκω καὶ τὸν Παῦλον ἐπίστα-
16 μαι, ὑμεῖς δὲ τίνες ἐστέ; καὶ ἐφαλόμενος ὁ ἄνθρωπος

3 ὁ δὲ εἶπεν

passing through the interior, reached Ephesus. Finding
2 some disciples there, he said to them,

"Did you receive the holy Spirit when you became
believers?"

"No," they said to him, "we never even heard that
there was a holy Spirit."

3   "How then were you baptized?" he asked.

"With John's baptism," they answered.

4   "John's baptism was a baptism in token of repentance,"
said Paul, "and he told the people to believe in him who was
to follow him, that is, in Jesus."

5   When they heard this, they were baptized in the name
6 of the Lord Jesus, and when Paul laid his hands on them, the
holy Spirit came on them, and they spoke in foreign tongues
7 and with prophetic inspiration. There were about twelve
of them in all.

8   He went to the synagogue there, and for three months
spoke confidently, holding discussions and trying to persuade
9 them about the Kingdom of God. But as some of them
were obstinate and refused to believe, finding fault with the
Way before the people, he left them, and withdrew the
disciples, and held daily discussions in the lecture-hall of
10 Tyrannus. This went on for two years, so that everyone
who lived in Asia, Greeks as well as Jews, heard the Lord's
message.

11   God did such extraordinary wonders by means of Paul
12 that people took to the sick handkerchiefs or aprons he had
used, and they were cured of their diseases, and the evil spirits
13 went out of them. Some Jews who went from place to place
casting out demons tried to use the name of the Lord Jesus
in the cases of people who had evil spirits in them, saying,

"I command you in the name of Jesus whom Paul
preaches!"

14   A Jewish high priest named Sceva had seven sons who
15 were doing this. But the evil spirit answered,

"I know Jesus, and I know of Paul, but who are you?"

16   And the man in whom the evil spirit was sprang at

ἐπ᾿ αὐτοὺς ἐν ᾧ ἦν τὸ πνεῦμα τὸ πονηρὸν κατακυριεύσας
ἀμφοτέρων ἴσχυσεν κατ᾿ αὐτῶν, ὥστε γυμνοὺς καὶ τετραυ-
17 ματισμένους ἐκφυγεῖν ἐκ τοῦ οἴκου ἐκείνου. τοῦτο δὲ
ἐγένετο γνωστὸν πᾶσιν Ἰουδαίοις τε καὶ Ἕλλησιν τοῖς
κατοικοῦσιν τὴν Ἔφεσον, καὶ ἐπέπεσεν φόβος ἐπὶ πάντας
αὐτούς, καὶ ἐμεγαλύνετο τὸ ὄνομα τοῦ κυρίου Ἰησοῦ.
18 πολλοί τε τῶν πεπιστευκότων ἤρχοντο ἐξομολογούμενοι καὶ
19 ἀναγγέλλοντες τὰς πράξεις αὐτῶν. ἱκανοὶ δὲ τῶν τὰ πε-
ρίεργα πραξάντων συνενέγκαντες τὰς βίβλους κατέκαιον
ἐνώπιον πάντων· καὶ συνεψήφισαν τὰς τιμὰς αὐτῶν καὶ
20 εὗρον ἀργυρίου μυριάδας πέντε. Οὕτως κατὰ κράτος τοῦ
κυρίου ὁ λόγος ηὔξανεν καὶ ἴσχυεν.

21 ΩΣ ΔΕ ΕΠΛΗΡΩΘΗ ταῦτα, ἔθετο ὁ Παῦλος ἐν τῷ
πνεύματι διελθὼν τὴν Μακεδονίαν καὶ Ἀχαίαν πορεύεσθαι
εἰς Ἱεροσόλυμα, εἰπὼν ὅτι Μετὰ τὸ γενέσθαι με ἐκεῖ δεῖ
22 με καὶ Ῥώμην ἰδεῖν. ἀποστείλας δὲ εἰς τὴν Μακεδονίαν
δύο τῶν διακονούντων αὐτῷ, Τιμόθεον καὶ Ἔραστον, αὐτὸς
23 ἐπέσχεν χρόνον εἰς τὴν Ἀσίαν. Ἐγένετο δὲ
κατὰ τὸν καιρὸν ἐκεῖνον τάραχος οὐκ ὀλίγος περὶ τῆς ὁδοῦ.
24 Δημήτριος γάρ τις ὀνόματι, ἀργυροκόπος, ποιῶν ναοὺς
[ἀργυροῦς] Ἀρτέμιδος παρείχετο τοῖς τεχνίταις οὐκ ὀλίγην
25 ἐργασίαν, οὓς συναθροίσας καὶ τοὺς περὶ τὰ τοιαῦτα ἐργά-
τας εἶπεν Ἄνδρες, ἐπίστασθε ὅτι ἐκ ταύτης τῆς ἐργασίας
26 ἡ εὐπορία ἡμῖν ἐστίν, καὶ θεωρεῖτε καὶ ἀκούετε ὅτι οὐ μόνον
Ἐφέσου ἀλλὰ σχεδὸν πάσης τῆς Ἀσίας ὁ Παῦλος οὗτος
πείσας μετέστησεν ἱκανὸν ὄχλον, λέγων ὅτι οὐκ εἰσὶν θεοὶ
27 οἱ διὰ χειρῶν γινόμενοι. οὐ μόνον δὲ τοῦτο κινδυνεύει
ἡμῖν τὸ μέρος εἰς ἀπελεγμὸν ἐλθεῖν, ἀλλὰ καὶ τὸ τῆς μεγά-
λης θεᾶς Ἀρτέμιδος ἱερὸν εἰς οὐθὲν λογισθῆναι, μέλλειν

34 ὡς | κράζοντες

them, and overpowered them all, with such violence that they
17 ran out of the house tattered and bruised. This came to
be known to everyone who lived in Ephesus, Greeks as well as
Jews, and great awe came over them all, and the name of the
18 Lord Jesus came to be held in high honor. Many who became
believers would come and confess and reveal their former
19 practices. A number of people who had practiced magic
brought out their books and burned them publicly. The
value of these was estimated and found to be ten thousand
20 dollars. So the Lord's message went on growing wonderfully
in influence and power.
21 After these events, Paul, under the Spirit's guidance,
resolved to go to Jerusalem, and to revisit Macedonia and
Greece on the way.

"After I have gone there," he said, "I must see Rome
also."
22 He sent two of his assistants, Timothy and Erastus, to
Macedonia, while he stayed on for a while in Asia.
23 Just at that time a great commotion arose about the
24 Way. A silversmith named Demetrius was making large
profits for his workmen by the manufacture of silver shrines
25 of Artemis. He got the workmen in that and similar trades
together, and said to them,

"Men, you know that this business is the source of our
26 prosperity, and you see and hear that not only in Ephesus but
almost all over Asia, this man Paul has persuaded and drawn
away numbers of people, telling them that gods made by
27 human hands are not gods at all. There is danger, therefore,
not only that this business of ours will be discredited, but also
that the temple of the great goddess Artemis will be neglected

τε καὶ καθαιρεῖσθαι τῆς μεγαλειότητος αὐτῆς, ἣν ὅλη
28 [ἡ] Ἀσία καὶ [ἡ] οἰκουμένη σέβεται. ἀκούσαντες δὲ καὶ
γενόμενοι πλήρεις θυμοῦ ἔκραζον λέγοντες Μεγάλη ἡ
29 Ἄρτεμις Ἐφεσίων. καὶ ἐπλήσθη ἡ πόλις τῆς συγχύσεως,
ὥρμησάν τε ὁμοθυμαδὸν εἰς τὸ θέατρον συναρπάσαντες
Γαῖον καὶ Ἀρίσταρχον Μακεδόνας, συνεκδήμους Παύλου.
30 Παύλου δὲ βουλομένου εἰσελθεῖν εἰς τὸν δῆμον οὐκ εἴων
31 αὐτὸν οἱ μαθηταί· τινὲς δὲ καὶ τῶν Ἀσιαρχῶν, ὄντες αὐτῷ
φίλοι, πέμψαντες πρὸς αὐτὸν παρεκάλουν μὴ δοῦναι ἑαυ-
32 τὸν εἰς τὸ θέατρον. ἄλλοι μὲν οὖν ἄλλο τι ἔκραζον, ἦν
γὰρ ἡ ἐκκλησία συνκεχυμένη, καὶ οἱ πλείους οὐκ ᾔδεισαν
33 τίνος ἕνεκα συνεληλύθεισαν. ἐκ δὲ τοῦ ὄχλου συνεβίβα-
σαν Ἀλέξανδρον προβαλόντων αὐτὸν τῶν Ἰουδαίων, ὁ δὲ
Ἀλέξανδρος κατασείσας τὴν χεῖρα ἤθελεν ἀπολογεῖσθαι
34 τῷ δήμῳ. ἐπιγνόντες δὲ ὅτι Ἰουδαῖός ἐστιν φωνὴ ἐγένετο
μία ἐκ πάντων ⌜ὡσεὶ⌝ ἐπὶ ὥρας δύο ⌜κραζόντων⌝ Μεγάλη ἡ
35 Ἄρτεμις Ἐφεσίων⌉. καταστείλας δὲ τὸν ὄχλον ὁ γραμ-
ματεύς φησιν Ἄνδρες Ἐφέσιοι, τίς γάρ ἐστιν ἀνθρώπων
ὃς οὐ γινώσκει τὴν Ἐφεσίων πόλιν νεωκόρον οὖσαν τῆς
36 μεγάλης Ἀρτέμιδος καὶ τοῦ διοπετοῦς; ἀναντιρήτων οὖν
ὄντων τούτων δέον ἐστὶν ὑμᾶς κατεσταλμένους ὑπάρχειν
37 καὶ μηδὲν προπετὲς πράσσειν. ἠγάγετε γὰρ τοὺς ἄνδρας
τούτους οὔτε ἱεροσύλους οὔτε βλασφημοῦντας τὴν θεὸν
38 ἡμῶν. εἰ μὲν οὖν Δημήτριος καὶ οἱ σὺν αὐτῷ τεχνῖται
ἔχουσιν πρός τινα λόγον, ἀγοραῖοι ἄγονται καὶ ἀνθύπατοί
39 εἰσιν, ἐγκαλείτωσαν ἀλλήλοις. εἰ δέ τι περαιτέρω ἐπιζη-
40 τεῖτε, ἐν τῇ ἐννόμῳ ἐκκλησίᾳ ἐπιλυθήσεται. καὶ γὰρ
κινδυνεύομεν ἐγκαλεῖσθαι στάσεως ⌜περὶ τῆς σήμερον μη-
δενὸς αἰτίου ὑπάρχοντος, περὶ οὗ οὐ δυνησόμεθα ἀποδοῦναι
λόγον περὶ τῆς συστροφῆς ταύτης⌉. καὶ ταῦτα εἰπὼν ἀπέ-
λυσεν τὴν ἐκκλησίαν.
1 Μετὰ δὲ τὸ παύσασθαι τὸν θόρυβον μεταπεμψάμενος

34 Μεγάλη ἡ Ἄρτεμις Ἐφεσίων   40 †...†

and the magnificence of her whom all Asia and the world worship will be a thing of the past!"

28 When they heard this, they became very angry, and cried,

"Great is Artemis of Ephesus!"

29 So the commotion spread all over the city, and by a common impulse the people rushed to the theater, dragging with them two Macedonians, Gaius and Aristarchus, Paul's
30 traveling companions. Paul wanted to go before the people
31 himself, but the disciples would not let him. Some of the religious authorities of Asia also, who were friends of his, sent to
32 him and begged him not to venture into the theater. Meanwhile the people were shouting, some one thing and some another, for the meeting was in confusion, and most of them had
33 no idea why they had come together. Some of the crowd called upon Alexander, as the Jews had pushed him to the front, and he made a gesture with his hand and was going to
34 speak to the people in their defense. But when they saw that he was a Jew, a great shout went up from them all, and they cried for two hours,

"Great is Artemis of Ephesus!"

35 At last the recorder quieted the mob and said,

"Men of Ephesus, who in the world does not know that the city of Ephesus is the guardian of the temple of the great Artemis, and of the stone that fell down from the sky?
36 So as these facts are undeniable, you must be calm, and not
37 do anything reckless. For you have brought these men here, though they have not been guilty of disloyalty nor uttered
38 any blasphemy against our goddess. If Demetrius and his fellow-craftsmen have a charge to bring against anyone, there are the courts and the governors; let them take legal action.
39 But if you require anything beyond that, it must be settled
40 before the regular assembly. For we are in danger of being charged with rioting in connection with today's events, though there is really nothing about this commotion that we will not be able to explain."

41 With these words he dismissed the assembly.

20 When the confusion was over, Paul sent for the disciples

ὁ Παῦλος τοὺς μαθητὰς καὶ παρακαλέσας ἀσπασάμενος
2 ἐξῆλθεν πορεύεσθαι εἰς Μακεδονίαν. διελθὼν δὲ τὰ μέρη
ἐκεῖνα καὶ παρακαλέσας αὐτοὺς λόγῳ πολλῷ ἦλθεν εἰς τὴν
3 Ἑλλάδα, ποιήσας τε μῆνας τρεῖς γενομένης ἐπιβουλῆς
αὐτῷ ὑπὸ τῶν Ἰουδαίων μέλλοντι ἀνάγεσθαι εἰς τὴν Συρίαν
4 ἐγένετο γνώμης τοῦ ὑποστρέφειν διὰ Μακεδονίας. συνεί-
πετο δὲ αὐτῷ Σώπατρος Πύρρου Βεροιαῖος, Θεσσαλονι-
κέων δὲ Ἀρίσταρχος καὶ Σέκουνδος, καὶ Γαῖος Δερβαῖος καὶ
5 Τιμόθεος, Ἀσιανοὶ δὲ Τύχικος καὶ Τρόφιμος· οὗτοι δὲ
6 ⌈προσελθόντες⌉ ἔμενον ἡμᾶς ἐν Τρῳάδι· ἡμεῖς δὲ ἐξεπλεύσα-
μεν μετὰ τὰς ἡμέρας τῶν ἀζύμων ἀπὸ Φιλίππων, καὶ ἤλθο-
μεν πρὸς αὐτοὺς εἰς τὴν Τρῳάδα ἄχρι ἡμερῶν πέντε, οὗ
7 διετρίψαμεν ἡμέρας ἑπτά. Ἐν δὲ τῇ μιᾷ τῶν
σαββάτων συνηγμένων ἡμῶν κλάσαι ἄρτον ὁ Παῦλος διε-
λέγετο αὐτοῖς, μέλλων ἐξιέναι τῇ ἐπαύριον, παρέτεινέν τε
8 τὸν λόγον μέχρι μεσονυκτίου. ἦσαν δὲ λαμπάδες ἱκαναὶ
9 ἐν τῷ ὑπερῴῳ οὗ ἦμεν συνηγμένοι· καθεζόμενος δέ τις
νεανίας ὀνόματι Εὔτυχος ἐπὶ τῆς θυρίδος, καταφερόμενος
ὕπνῳ βαθεῖ διαλεγομένου τοῦ ⌈Παύλου ἐπὶ πλεῖον, κατε-
νεχθεὶς⌉ ἀπὸ τοῦ ὕπνου ἔπεσεν ἀπὸ τοῦ τριστέγου κάτω καὶ
10 ἤρθη νεκρός. καταβὰς δὲ ὁ Παῦλος ἐπέπεσεν αὐτῷ καὶ
συνπεριλαβὼν εἶπεν ⌈Μὴ θορυβεῖσθε⌉, ἡ γὰρ ψυχὴ αὐτοῦ
11 ἐν αὐτῷ ἐστίν. ἀναβὰς δὲ [καὶ] κλάσας τὸν ἄρτον καὶ
γευσάμενος ἐφ᾽ ἱκανόν τε ὁμιλήσας ἄχρι αὐγῆς οὕτως
12 ἐξῆλθεν. ἤγαγον δὲ τὸν παῖδα ζῶντα, καὶ παρεκλήθησαν
13 οὐ μετρίως. Ἡμεῖς δὲ ⌈προελθόντες⌉ ἐπὶ τὸ
πλοῖον ἀνήχθημεν ἐπὶ τὴν Ἄσσον, ἐκεῖθεν μέλλοντες ἀνα-
λαμβάνειν τὸν Παῦλον, οὕτως γὰρ διατεταγμένος ἦν μέλ-
14 λων αὐτὸς πεζεύειν. ὡς δὲ συνέβαλλεν ἡμῖν εἰς τὴν Ἄσσον,
15 ἀναλαβόντες αὐτὸν ἤλθομεν εἰς Μιτυλήνην, κἀκεῖθεν ἀπο-
πλεύσαντες τῇ ἐπιούσῃ κατηντήσαμεν ἄντικρυς Χίου, τῇ
δὲ ⌈ἑτέρᾳ⌉ παρεβάλομεν εἰς Σάμον, τῇ δὲ ἐχομένῃ ἤλθομεν
16 εἰς Μίλητον· κεκρίκει γὰρ ὁ Παῦλος παραπλεῦσαι τὴν

5 προελθοντες   9 Παύλου, ἐπὶ πλεῖον κατενεχθεὶς   10 μη θορυβεῖσθαι

and encouraged them. Then he bade them goodbye and
2 started for Macedonia. After traveling through those
districts and giving the people a great deal of encouragement,
3 he went on to Greece where he stayed for three months. Just
as he was going to sail for Syria, the Jews made a plot against
him, and he made up his mind to return by way of Macedonia.
4 He was accompanied by Sopater of Berea, the son of Pyrrhus,
Aristarchus and Secundus, from Thessalonica, Gaius of
Derbe and Timothy, and Tychicus and Trophimus, from Asia.
5 They went on to Troas and waited for us there, while we sailed
6 from Philippi after the festival of Unleavened Bread, and
joined them at Troas five days later. There we stayed a week.
7   On the first day of the week, when we had met for the
breaking of bread, Paul addressed them, as he was going away
the next morning, and he prolonged his address until midnight.
8 There were a great many lamps in the upstairs room where
9 we met, and a young man named Eutychus, who was sitting
at the window, became very drowsy as Paul went on talking
and finally went fast asleep and fell from the third story
10 to the ground, and was picked up for dead. But Paul went
downstairs, and threw himself upon him, and put his arms
around him.
    "Do not be alarmed," he said, "he is still alive."
11   Then he went upstairs again, and broke the bread, and ate,
and after a long talk with them that lasted until daylight, he
12 went away. They took the boy home alive, and were
greatly comforted.
13   We had already gone on board the ship and sailed for
Assos, intending to take Paul on board there, for that was the
arrangement he had made, as he intended to travel there by
14 land. So when he met us at Assos, we took him on board
15 and went on to Mitylene. Sailing from there, we arrived off
Chios on the following day. On the next we crossed to
16 Samos, and on the next we reached Miletus. For Paul had

Ἔφεσον, ὅπως μὴ γένηται αὐτῷ χρονοτριβῆσαι ἐν τῇ Ἀσίᾳ,
ἔσπευδεν γὰρ εἰ δυνατὸν εἴη αὐτῷ τὴν ἡμέραν τῆς πεντη-
κοστῆς γενέσθαι εἰς Ἱεροσόλυμα.
17 Ἀπὸ δὲ τῆς Μιλήτου πέμψας εἰς Ἔφεσον μετεκαλέ-
18 σατο τοὺς πρεσβυτέρους τῆς ἐκκλησίας. ὡς δὲ παρεγένοντο
πρὸς αὐτὸν εἶπεν αὐτοῖς Ὑμεῖς ἐπίστασθε ἀπὸ πρώτης
ἡμέρας ἀφ' ἧς ἐπέβην εἰς τὴν Ἀσίαν πῶς μεθ' ὑμῶν τὸν
19 πάντα χρόνον ἐγενόμην, δουλεύων τῷ κυρίῳ μετὰ πάσης
ταπεινοφροσύνης καὶ δακρύων καὶ πειρασμῶν τῶν συμβάν-
20 των μοι ἐν ταῖς ἐπιβουλαῖς τῶν Ἰουδαίων· ὡς οὐδὲν ὑπε-
στειλάμην τῶν συμφερόντων τοῦ μὴ ἀναγγεῖλαι ὑμῖν καὶ
21 διδάξαι ὑμᾶς δημοσίᾳ καὶ κατ' οἴκους, διαμαρτυρόμενος
Ἰουδαίοις τε καὶ Ἕλλησιν τὴν εἰς θεὸν μετάνοιαν καὶ
22 πίστιν εἰς τὸν κύριον ἡμῶν Ἰησοῦν^Τ. καὶ νῦν ἰδοὺ δεδε-
μένος ἐγὼ τῷ πνεύματι πορεύομαι εἰς Ἱερουσαλήμ, τὰ ἐν
23 αὐτῇ συναντήσοντα ἐμοὶ μὴ εἰδώς, πλὴν ὅτι τὸ πνεῦμα τὸ
ἅγιον κατὰ πόλιν διαμαρτύρεταί μοι λέγον ὅτι δεσμὰ καὶ
24 θλίψεις με μένουσιν· ἀλλ' οὐδενὸς λόγου ποιοῦμαι τὴν
ψυχὴν τιμίαν ἐμαυτῷ ὡς ⌜τελειώσω⌝ τὸν δρόμον μου καὶ
τὴν διακονίαν ἣν ἔλαβον παρὰ τοῦ κυρίου Ἰησοῦ, διαμαρ-
25 τύρασθαι τὸ εὐαγγέλιον τῆς χάριτος τοῦ θεοῦ. καὶ νῦν
ἰδοὺ ἐγὼ οἶδα ὅτι οὐκέτι ὄψεσθε τὸ πρόσωπόν μου ὑμεῖς
26 πάντες ἐν οἷς διῆλθον κηρύσσων τὴν βασιλείαν· διότι μαρ-
τύρομαι ὑμῖν ἐν τῇ σήμερον ἡμέρᾳ ὅτι καθαρός εἰμι ἀπὸ
27 τοῦ αἵματος πάντων, οὐ γὰρ ὑπεστειλάμην τοῦ μὴ ἀναγ-
28 γεῖλαι πᾶσαν τὴν βουλὴν τοῦ θεοῦ ὑμῖν. προσέχετε ἑαυ-
τοῖς καὶ παντὶ τῷ ποιμνίῳ, ἐν ᾧ ὑμᾶς τὸ πνεῦμα τὸ ἅγιον
ἔθετο ἐπισκόπους, ποιμαίνειν ΤΗΝ ἐΚΚΛΗΣΙΑΝ ΤΟῪ ΘΕΟῪ,
29 ἫΝ ΠΕΡΙΕΠΟΙΗΣΑΤΟ διὰ τοῦ αἵματος τοῦ ⌜ἰδίου⌝. ἐγὼ
οἶδα ὅτι εἰσελεύσονται μετὰ τὴν ἄφιξίν μου λύκοι βαρεῖς
30 εἰς ὑμᾶς μὴ φειδόμενοι τοῦ ποιμνίου, καὶ ἐξ ὑμῶν [αὐτῶν]
ἀναστήσονται ἄνδρες λαλοῦντες διεστραμμένα τοῦ ἀπο
31 σπᾶν τοὺς μαθητὰς ὀπίσω ἑαυτῶν· διὸ γρηγορεῖτε, μνημο-

13 προσελθόντες   15 ἑσπέρᾳ   21 Χριστόν   24 τελειῶσαι   28 †...†

decided to sail past Ephesus, so that he would not have to lose any time in Asia, for he was hurrying to reach Jerusalem, if possible, by the day of the Harvest Festival.

17 From Miletus he sent to Ephesus for the elders of the
18 church. When they came, he said to them,

"You know well enough how I lived among you all the
19 time from the first day I set foot in Asia, and how I served the Lord most humbly and with tears, through all the trials
20 that I encountered because of the plots of the Jews. I never shrank from telling you anything that was for your good, nor
21 from teaching you in public or at your houses, but earnestly urged Greeks as well as Jews to turn to God in repentance
22 and to believe in our Lord Jesus. I am here now on my way to Jerusalem, for the Spirit compels me to go there, though
23 I do not know what will happen to me there, except that in every town I visit, the holy Spirit warns me that imprisonment
24 and persecution are awaiting me. But my life does not matter, if I can only finish my race and do the service intrusted to me by the Lord Jesus, of declaring the good news of God's
25 favor. Now I know perfectly well that none of you among whom I went about preaching the Kingdom of God will ever
26 see my face again. Therefore I declare to you today that I
27 am not responsible for the blood of any of you, for I have not shrunk from letting you know God's purpose without reserve.
28 Take care of yourselves and of the whole flock, of which the holy spirit has made you guardians, and be shepherds of the
29 church of God, which he got at the cost of his own life. I know that after I am gone savage wolves will get in among
30 you and will not spare the flock, and from your own number men will appear and teach perversions of the truth in order
31 to draw the disciples away after them. So you must be on

νεύοντες ὅτι τριετίαν νύκτα καὶ ἡμέραν οὐκ ἐπαυσάμην μετὰ
32 δακρύων νουθετῶν ἕνα ἕκαστον. καὶ τὰ νῦν παρατίθεμαι
ὑμᾶς τῷ ⌜κυρίῳ⌝ καὶ τῷ λόγῳ τῆς χάριτος αὐτοῦ τῷ δυναμένῳ
οἰκοδομῆσαι καὶ δοῦναι τὴν κληρονομίαν ἐν τοῖς ἡγια-
33 σμένοις πᾶσιν. ἀργυρίου ἢ χρυσίου ἢ ἱματισμοῦ οὐδενὸς
34 ἐπεθύμησα· αὐτοὶ γινώσκετε ὅτι ταῖς χρείαις μου καὶ τοῖς
35 οὖσι μετ' ἐμοῦ ὑπηρέτησαν αἱ χεῖρες αὗται. πάντα ὑπέδειξα
ὑμῖν ὅτι οὕτως κοπιῶντας δεῖ ἀντιλαμβάνεσθαι τῶν ἀσθε-
νούντων, μνημονεύειν τε τῶν λόγων τοῦ κυρίου Ἰησοῦ ὅτι
αὐτὸς εἶπεν Μακάριόν ἐστιν μᾶλλον διδόναι ἢ λαμβάνειν.
36 καὶ ταῦτα εἰπὼν θεὶς ːὰ γόνατα αὐτοῦ σὺν πᾶσιν αὐτοῖς
37 προσηύξατο. ἱκανὸς δὲ κλαυθμὸς ἐγένετο πάντων, καὶ
ἐπιπεσόντες ἐπὶ τὸν τράχηλον τοῦ Παύλου κατεφίλουν
38 αὐτόν, ὀδυνώμενοι μάλιστα ἐπὶ τῷ λόγῳ ᾧ εἰρήκει ὅτι
οὐκέτι μέλλουσιν τὸ πρόσωπον αὐτοῦ θεωρεῖν. προέπεμ-
πον δὲ αὐτὸν εἰς τὸ πλοῖον.

1   Ὡς δὲ ἐγένετο ἀναχθῆναι ⌜ἡμᾶς ἀποσπασθέντας ἀπ' αὐ-
τῶν,⌝ εὐθυδρομήσαντες ἤλθομεν εἰς τὴν Κῶ, τῇ δὲ ἑξῆς εἰς
2 τὴν Ῥόδον, κἀκεῖθεν εἰς Πάταρα· καὶ εὑρόντες πλοῖον
3 διαπερῶν εἰς Φοινίκην ἐπιβάντες ἀνήχθημεν. ἀναφάναντες
δὲ τὴν Κύπρον καὶ καταλιπόντες αὐτὴν εὐώνυμον ἐπλέομεν
εἰς Συρίαν, καὶ κατήλθομεν εἰς Τύρον, ἐκεῖσε γὰρ τὸ πλοῖον
4 ἦν ἀποφορτιζόμενον τὸν γόμον. ἀνευρόντες δὲ τοὺς μαθη-
τὰς ἐπεμείναμεν αὐτοῦ ἡμέρας ἑπτά, οἵτινες τῷ Παύλῳ
ἔλεγον διὰ τοῦ πνεύματος μὴ ἐπιβαίνειν εἰς Ἰεροσόλυμα.
5 ὅτε δὲ ἐγένετο ⌜ἐξαρτίσαι ἡμᾶς⌝ τὰς ἡμέρας, ἐξελθόντες
ἐπορευόμεθα προπεμπόντων ἡμᾶς πάντων σὺν γυναιξὶ καὶ
τέκνοις ἕως ἔξω τῆς πόλεως, καὶ θέντες τὰ γόνατα ἐπὶ
6 τὸν αἰγιαλὸν προσευξάμενοι ἀπησπασάμεθα ἀλλήλους, καὶ
ἐνέβημεν εἰς τὸ πλοῖον, ἐκεῖνοι δὲ ὑπέστρεψαν εἰς τὰ
7 ἴδια.   Ἡμεῖς δὲ τὸν πλοῦν διανύσαντες ἀπὸ
Τύρου κατηντήσαμεν εἰς Πτολεμαΐδα, καὶ ἀσπασάμενοι
8 τοὺς ἀδελφοὺς ἐμείναμεν ἡμέραν μίαν παρ' αὐτοῖς. τῇ δὲ

32 θεῶ   1 ἡμᾶς, ἀποσπασθέντες ἀπ' αυτῶν

your guard and remember that for three years, night and day,
I never stopped warning each one of you, even with tears.
32 Now I commit you to the Lord, and to the message of his
favor, which will build you up and give you a place among
33 those whom God has consecrated. I have never coveted
34 anyone's gold or silver or clothes. You know well enough
that these hands of mine provided for my needs and my
35 companions. I showed you in every way that by hard work
like that we must help those who are weak and remember
the words of the Lord Jesus, for he said, 'It makes one
happier to give than to be given to.' "

36   With these words, he knelt down with them all and
37 prayed. They all wept aloud, and throwing their arms about
38 Paul's neck they kissed him affectionately, for they were
especially saddened at his saying that they would never see
his face again. Then they accompanied him to the ship.

21   When the parting was over and we had sailed, we made a
straight run to Cos and the next day to Rhodes and from
2 there to Patara. There we found a ship bound for Phoenicia,
3 and we went on board and sailed on it. After sighting Cyprus
and leaving it on our left, we sailed for Syria, and put in at
4 Tyre, for the ship was to unload her cargo there. So we
looked up the disciples there and stayed a week with them.
Instructed by the Spirit, they warned Paul not to set foot in
5 Jerusalem. But when our time was up, we left there and went
on, and all of them with their wives and children escorted us
out of the town. There we knelt down on the beach and
6 prayed; then we bade one another goodbye, and we went on
board the ship, and they went home.

7   After making the run from Tyre, we landed at Ptolemais,
where we greeted the brothers and spent a day with them.

ἐπαύριον ἐξελθόντες ἤλθαμεν εἰς Καισαρίαν, καὶ εἰσελ-
θόντες εἰς τὸν οἶκον Φιλίππου τοῦ εὐαγγελιστοῦ ὄντος ἐκ
9 τῶν ἑπτὰ ἐμείναμεν παρ' αὐτῷ. τούτῳ δὲ ἦσαν θυγατέρες
10 τέσσαρες παρθένοι προφητεύουσαι. Ἐπιμενόντων δὲ ἡμέ-
ρας πλείους κατῆλθέν τις ἀπὸ τῆς Ἰουδαίας προφήτης
11 ὀνόματι Ἄγαβος, καὶ ἐλθὼν πρὸς ἡμᾶς καὶ ἄρας τὴν ζώνην
τοῦ Παύλου δήσας ἑαυτοῦ τοὺς πόδας καὶ τὰς χεῖρας εἶπεν
Τάδε λέγει τὸ πνεῦμα τὸ ἅγιον Τὸν ἄνδρα οὗ ἐστὶν ἡ
ζώνη αὕτη οὕτως δήσουσιν ἐν Ἰερουσαλὴμ οἱ Ἰουδαῖοι καὶ
12 παραδώσουσιν εἰς χεῖρας ἐθνῶν. ὡς δὲ ἠκούσαμεν ταῦτα,
παρεκαλοῦμεν ἡμεῖς τε καὶ οἱ ἐντόπιοι τοῦ μὴ ἀναβαίνειν
13 αὐτὸν εἰς Ἰερουσαλήμ. τότε ἀπεκρίθη [ὁ] Παῦλος Τί
ποιεῖτε κλαίοντες καὶ συνθρύπτοντές μου τὴν καρδίαν; ἐγὼ
γὰρ οὐ μόνον δεθῆναι ἀλλὰ καὶ ἀποθανεῖν εἰς Ἰερουσαλὴμ
14 ἑτοίμως ἔχω ὑπὲρ τοῦ ὀνόματος τοῦ κυρίου Ἰησοῦ. μὴ
πειθομένου δὲ αὐτοῦ ἡσυχάσαμεν εἰπόντες Τοῦ κυρίου τὸ
θέλημα γινέσθω.

15 Μετὰ δὲ τὰς ἡμέρας ταύτας ἐπισκευασάμενοι ἀνεβαίνο-
16 μεν εἰς Ἱεροσόλυμα· συνῆλθον δὲ καὶ τῶν μαθητῶν ἀπὸ
Καισαρίας σὺν ἡμῖν, ἄγοντες παρ' ᾧ ξενισθῶμεν Μνάσωνί
17 τινι Κυπρίῳ, ἀρχαίῳ μαθητῇ. Γενομένων δὲ ἡμῶν εἰς
18 Ἱεροσόλυμα ἀσμένως ἀπεδέξαντο ἡμᾶς οἱ ἀδελφοί. τῇ δὲ
ἐπιούσῃ εἰσῄει ὁ Παῦλος σὺν ἡμῖν πρὸς Ἰάκωβον, πάντες
19 τε παρεγένοντο οἱ πρεσβύτεροι. καὶ ἀσπασάμενος αὐτοὺς
ἐξηγεῖτο καθ' ἓν ἕκαστον ὧν ἐποίησεν ὁ θεὸς ἐν τοῖς ἔθνεσιν
20 διὰ τῆς διακονίας αὐτοῦ. οἱ δὲ ἀκούσαντες ἐδόξαζον τὸν
θεόν, εἶπάν τε αὐτῷ Θεωρεῖς, ἀδελφέ, πόσαι μυριάδες
εἰσὶν ἐν τοῖς Ἰουδαίοις τῶν πεπιστευκότων, καὶ πάντες
21 ζηλωταὶ τοῦ νόμου ὑπάρχουσιν· κατηχήθησαν δὲ περὶ σοῦ
ὅτι ἀποστασίαν διδάσκεις ἀπὸ Μωυσέως τοὺς κατὰ τὰ ἔθνη
πάντας Ἰουδαίους, λέγων μὴ περιτέμνειν αὐτοὺς τὰ τέκνα
22 μηδὲ τοῖς ἔθεσιν περιπατεῖν. τί οὖν ἐστίν; πάντως ἀκού-

5 ἡμᾶς ἐξαρτίσαι

8 The next day we left there and went on to Caesarea, where we
went to the house of Philip the missionary, who was one of the
9 Seven, and stayed with him. He had four unmarried
10 daughters who had the gift of prophecy. We spent a number
of days there, and in the course of them a prophet named
11 Agabus came down from Judea. He came to see us and took
Paul's belt and bound his own feet and hands with it, and
said,

"This is what the holy Spirit says: 'The Jews at
Jerusalem will bind the man who owns this belt like this, and
will hand him over to the heathen!' "

12   When we heard this, we and the people there begged
13 him not to go up to Jerusalem. Then Paul answered,

"What do you mean by crying and breaking my heart?
I am ready not only to be bound at Jerusalem but to die
there for the sake of the Lord Jesus."

14   So as he would not yield, we gave up urging him, and said,
"The Lord's will be done!"

15   After those days we made our preparations and started for
16 Jerusalem. Some of the disciples from Caesarea went with us
and took us to the house of Mnason, a man from Cyprus, one
17 of the early disciples, to spend the night. When we reached
Jerusalem, the brothers there gave us a hearty welcome.
18 On the next day we went with Paul to see James, and all the
19 elders came in. Paul greeted them warmly and gave a
detailed account of what God had done among the heathen
20 through his efforts. They praised God when they heard it,
and they said to him,

"You see, brother, how many thousand believers there
are among the Jews, all of them zealous upholders of the Law.
21 They have been told that you teach all Jews who live among
the heathen to turn away from Moses, and that you tell them
not to circumcise their children nor to observe the old customs.
22 What then? They will be sure to hear that you have come.

23 σονται ὅτι ἐλήλυθας. τοῦτο οὖν ποίησον ὅ σοι λέγομεν·
εἰσὶν ἡμῖν ἄνδρες τέσσαρες εὐχὴν ἔχοντες ⌜ἀφ'⌝ ἑαυτῶν.
24 τούτους παραλαβὼν ἁγνίσθητι σὺν αὐτοῖς καὶ δαπάνησον
ἐπ' αὐτοῖς ἵνα ξυρήσονται τὴν κεφαλήν, καὶ γνώσονται
πάντες ὅτι ὧν κατήχηνται περὶ σοῦ οὐδὲν ἔστιν, ἀλλὰ
25 στοιχεῖς καὶ αὐτὸς φυλάσσων τὸν νόμον. περὶ δὲ τῶν
πεπιστευκότων ἐθνῶν ἡμεῖς ⌜ἀπεστείλαμεν⌝ κρίναντες φυ-
λάσσεσθαι αὐτοὺς τό τε εἰδωλόθυτον καὶ αἷμα καὶ πνικτὸν
26 καὶ πορνείαν. τότε ὁ Παῦλος παραλαβὼν τοὺς ἄνδρας τῇ
ἐχομένῃ ἡμέρᾳ σὺν αὐτοῖς ἁγνισθεὶς εἰσήει εἰς τὸ ἱερόν,
διαγγέλλων τὴν ἐκπλήρωσιν ΤⲰΝ ΗΜΕΡⲰΝ ΤΟΥ ἁΓΝΙϹΜΟΥ
ἕως οὗ προσηνέχθη ὑπὲρ ἑνὸς ἑκάστου αὐτῶν ἡ προσφορά.

27 Ὡς δὲ ἔμελλον αἱ ἑπτὰ ἡμέραι συντελεῖσθαι, οἱ ἀπὸ
τῆς Ἀσίας Ἰουδαῖοι θεασάμενοι αὐτὸν ἐν τῷ ἱερῷ συνέχεον
28 πάντα τὸν ὄχλον καὶ ἐπέβαλαν ἐπ' αὐτὸν τὰς χεῖρας, κρά-
ζοντες Ἄνδρες Ἰσραηλεῖται, βοηθεῖτε· οὗτός ἐστιν ὁ
ἄνθρωπος ὁ κατὰ τοῦ λαοῦ καὶ τοῦ νόμου καὶ τοῦ τόπου
τούτου πάντας πανταχῇ διδάσκων, ἔτι τε καὶ Ἕλληνας
εἰσήγαγεν εἰς τὸ ἱερὸν καὶ κεκοίνωκεν τὸν ἅγιον τόπον
29 τοῦτον. ἦσαν γὰρ προεωρακότες Τρόφιμον τὸν Ἐφέσιον
ἐν τῇ πόλει σὺν αὐτῷ, ὃν ἐνόμιζον ὅτι εἰς τὸ ἱερὸν εἰσήγα-
30 γεν ὁ Παῦλος. ἐκινήθη τε ἡ πόλις ὅλη καὶ ἐγένετο συν-
δρομὴ τοῦ λαοῦ, καὶ ἐπιλαβόμενοι τοῦ Παύλου εἷλκον
αὐτὸν ἔξω τοῦ ἱεροῦ, καὶ εὐθέως ἐκλείσθησαν αἱ θύραι.
31 Ζητούντων τε αὐτὸν ἀποκτεῖναι ἀνέβη φάσις τῷ χιλιάρχῳ
32 τῆς σπείρης ὅτι ὅλη συνχύννεται Ἰερουσαλήμ, ὃς ἐξαυτῆς
⌜παραλαβὼν⌝ στρατιώτας καὶ ἑκατοντάρχας κατέδραμεν
ἐπ' αὐτούς, οἱ δὲ ἰδόντες τὸν χιλίαρχον καὶ τοὺς στρατιώ-
33 τας ἐπαύσαντο τύπτοντες τὸν Παῦλον. τότε ἐγγίσας ὁ
χιλίαρχος ἐπελάβετο αὐτοῦ καὶ ἐκέλευσε δεθῆναι ἁλύσεσι
34 δυσί, καὶ ἐπυνθάνετο τίς εἴη καὶ τί ἐστιν πεποιηκώς· ἄλλοι
δὲ ἄλλο τι ἐπεφώνουν ἐν τῷ ὄχλῳ· μὴ δυναμένου δὲ αὐτοῦ
γνῶναι τὸ ἀσφαλὲς διὰ τὸν θόρυβον ἐκέλευσεν ἄγεσθαι

23 ἐφ'   25 ἐπεστείλαμεν   32 λαβὼν

23 So do what we tell you. We have four men here who are
24 under a vow. Join them, undergo the rites of purification
with them, and pay their expenses so that they can have
their heads shaved. Then everybody will understand that
there is no truth in the stories about you, but that you yourself
25 observe the Law. As for the heathen who have become
believers, we have written them our decision that they must
avoid anything that has been contaminated by idols, the
tasting of blood, the meat of strangled animals, and immo-
rality."

26   Then Paul joined the men and went through the rites
of purification with them and the next day went to the
Temple to give notice of the time when, upon the offering of
the sacrifice for each one of them, their days of purification
would be over.

27   The seven days were almost over when the Jews from Asia
caught sight of him in the Temple, and stirred up all the
28 crowd and seized him, shouting,
    "Men of Israel, help! This is the man who teaches
everybody everywhere against our people and the Law and
this place, and besides he has actually brought Greeks into the
Temple and desecrated this sacred place."

29   For they had previously seen Trophimus of Ephesus with
him in the city, and they supposed that Paul had brought
30 him into the Temple. The whole city was thrown into confu-
sion, and the people hurried together, and seized Paul and
dragged him outside of the Temple, the gates of which were
31 immediately shut. They were trying to kill him when the
news reached the colonel of the regiment that all Jerusalem
32 was in a tumult. He immediately got some officers and men
and hurried down among them, and when they saw the colonel
33 and the soldiers they stopped beating Paul. Then the colo-
nel came up and arrested him, and ordered him to be bound
with two chains, and then inquired who he was and what he
34 had been doing. Some of the crowd shouted one thing and
some another, and as he could not find out the facts on
account of the confusion, he ordered him to be taken into

35 αὐτὸν εἰς τὴν παρεμβολήν. ὅτε δὲ ἐγένετο ἐπὶ τοὺς ἀνα-
βαθμούς, συνέβη βαστάζεσθαι αὐτὸν ὑπὸ τῶν στρατιωτῶν
36 διὰ τὴν βίαν τοῦ ὄχλου, ἠκολούθει γὰρ τὸ πλῆθος τοῦ λαοῦ
37 κράζοντες Αἶρε αὐτόν. Μέλλων τε εἰσάγε-
σθαι εἰς τὴν παρεμβολὴν ὁ Παῦλος λέγει τῷ χιλιάρχῳ
Εἰ ἔξεστίν μοι εἰπεῖν τι πρὸς σέ; ὁ δὲ ἔφη Ἑλληνιστὶ
38 γινώσκεις; οὐκ ἄρα σὺ εἶ ὁ Αἰγύπτιος ὁ πρὸ τούτων τῶν
ἡμερῶν ἀναστατώσας καὶ ἐξαγαγὼν εἰς τὴν ἔρημον τοὺς
39 τετρακισχιλίους ἄνδρας τῶν σικαρίων; εἶπεν δὲ ὁ Παῦλος
Ἐγὼ ἄνθρωπος μέν εἰμι Ἰουδαῖος, Ταρσεὺς τῆς Κιλικίας,
οὐκ ἀσήμου πόλεως πολίτης· δέομαι δέ σου, ἐπίτρεψόν μοι
40 λαλῆσαι πρὸς τὸν λαόν. ἐπιτρέψαντος δὲ αὐτοῦ ὁ Παῦλος
ἑστὼς ἐπὶ τῶν ἀναβαθμῶν κατέσεισε τῇ χειρὶ τῷ λαῷ,
πολλῆς δὲ ⌜σιγῆς γενομένης⌝ προσεφώνησεν τῇ Ἐβραΐδι
1 διαλέκτῳ λέγων Ἄνδρες ἀδελφοὶ καὶ πατέρες, ἀκούσατέ
2 μου τῆς πρὸς ὑμᾶς νυνὶ ἀπολογίας. – ἀκούσαντες δὲ ὅτι
τῇ Ἐβραΐδι διαλέκτῳ προσεφώνει αὐτοῖς μᾶλλον παρέσχον
3 ἡσυχίαν. καί φησιν— Ἐγώ εἰμι ἀνὴρ Ἰουδαῖος, γεγεννημέ-
νος ἐν Ταρσῷ τῆς Κιλικίας, ἀνατεθραμμένος δὲ ἐν τῇ πόλει
ταύτῃ παρὰ τοὺς πόδας Γαμαλιήλ, πεπαιδευμένος κατὰ
ἀκρίβειαν τοῦ πατρῴου νόμου, ζηλωτὴς ὑπάρχων τοῦ θεοῦ
4 καθὼς πάντες ὑμεῖς ἐστε σήμερον, ὃς ταύτην τὴν ὁδὸν
ἐδίωξα ἄχρι θανάτου, δεσμεύων καὶ παραδιδοὺς εἰς φυλακὰς
5 ἄνδρας τε καὶ γυναῖκας, ὡς καὶ ὁ ἀρχιερεὺς μαρτυρεῖ μοι
καὶ πᾶν τὸ πρεσβυτέριον· παρ᾽ ὧν καὶ ἐπιστολὰς δεξάμε-
νος πρὸς τοὺς ἀδελφοὺς εἰς Δαμασκὸν ἐπορευόμην ἄξων
καὶ τοὺς ἐκεῖσε ὄντας δεδεμένους εἰς Ἰερουσαλὴμ ἵνα τιμω-
6 ρηθῶσιν. Ἐγένετο δέ μοι πορευομένῳ καὶ ἐγγίζοντι τῇ
Δαμασκῷ περὶ μεσημβρίαν ἐξαίφνης ἐκ τοῦ οὐρανοῦ περια-
7 στράψαι φῶς ἱκανὸν περὶ ἐμέ, ἔπεσά τε εἰς τὸ ἔδαφος καὶ
ἤκουσα φωνῆς λεγούσης μοι Σαούλ Σαούλ, τί με διώκεις;
8 ἐγὼ δὲ ἀπεκρίθην Τίς εἶ, κύριε; εἶπέν τε πρὸς ἐμέ
9 Ἐγώ εἰμι Ἰησοῦς ὁ Ναζωραῖος ὃν σὺ διώκεις. οἱ δὲ σὺν

35 the barracks. When Paul got to the steps, he was actually carried by the soldiers, on account of the violence of the mob,
36 for the mass of people followed them shouting,

"Kill him!"

37   Just as they were going to take him into the barracks, Paul said to the colonel,

"May I say something to you?"

38   "Do you know Greek?" the colonel asked. "Are you not the Egyptian who some time ago raised the four thousand cut-throats and led them out into the desert?"

39   "I am a Jew," Paul answered, "from Tarsus, in Cilicia, a citizen of no insignificant city. I beg you to let me speak to the people."

40   He gave him permission, and Paul standing on the steps made a gesture to the people, and when they had become quiet he spoke to them in Hebrew.

22   "Brothers and fathers," he said, "listen to what I have to say in my defense."

2   When they heard him speak to them in Hebrew, they became even more quiet, and he said,

3   "I am a Jew, and I was born in Tarsus in Cilicia, but was brought up here in this city, and thoroughly educated under the teaching of Gamaliel in the Law of our forefathers. I was
4 zealous for God, just as all of you are today. I persecuted this Way even to the death, and bound both men and women
5 and put them in prison, as the high priest and the whole council will bear me witness. In fact, they gave me letters to the brothers in Damascus and I went there to bind those who were there and bring them back to Jerusalem to be
6 punished. But on my way, as I was approaching Damascus, suddenly about noon, a blaze of light flashed around me from
7 heaven, and I fell upon the ground and heard a voice say to
8 me, 'Saul! Saul! Why do you persecute me?' I answered, 'Who are you, sir?' 'I am Jesus of Nazareth,' he said,
9 'whom you are persecuting.' The men who were with me

ἐμοὶ ὄντες τὸ μὲν φῶς ἐθεάσαντο τὴν δὲ φωνὴν οὐκ ἤκουσαν
10 τοῦ λαλοῦντός μοι. εἶπον δέ Τί ποιήσω, κύριε; ὁ δὲ κύ-
ριος εἶπεν πρός με ᾿Αναστὰς πορεύου εἰς Δαμασκόν, κἀκεῖ
11 σοι λαληθήσεται περὶ πάντων ὧν τέτακταί σοι ποιῆσαι. ὡς
δὲ ⸢οὐκ ἐνέβλεπον⸣ ἀπὸ τῆς δόξης τοῦ φωτὸς ἐκείνου, χειρα-
γωγούμενος ὑπὸ τῶν συνόντων μοι ἦλθον εἰς Δαμασκόν.
12 ᾿Ανανίας δέ τις ἀνὴρ εὐλαβὴς κατὰ τὸν νόμον, μαρτυρούμε-
13 νος ὑπὸ πάντων τῶν κατοικούντων ᾿Ιουδαίων, ἐλθὼν πρὸς
ἐμὲ καὶ ἐπιστὰς εἶπέν μοι Σαοὺλ ἀδελφέ, ἀνάβλεψον·
14 κἀγὼ αὐτῇ τῇ ὥρᾳ ἀνέβλεψα εἰς αὐτόν. ὁ δὲ εἶπεν ῾Ο
θεὸς τῶν πατέρων ἡμῶν προεχειρίσατό σε γνῶναι τὸ θέλημα
αὐτοῦ καὶ ἰδεῖν τὸν δίκαιον καὶ ἀκοῦσαι φωνὴν ἐκ τοῦ στό-
15 ματος αὐτοῦ, ὅτι ἔσῃ μάρτυς αὐτῷ πρὸς πάντας ἀνθρώπους
16 ὧν ἑώρακας καὶ ἤκουσας. καὶ νῦν τί μέλλεις; ἀναστὰς
βάπτισαι καὶ ἀπόλουσαι τὰς ἁμαρτίας σου ἐπικαλεσάμενος
17 τὸ ὄνομα αὐτοῦ. ᾿Εγένετο δέ μοι ὑποστρέψαντι εἰς ᾿Ιερου-
σαλὴμ καὶ προσευχομένου μου ἐν τῷ ἱερῷ γενέσθαι με ἐν
8 ἐκστάσει καὶ ἰδεῖν αὐτὸν λέγοντά μοι Σπεῦσον καὶ ἔξελθε
ἐν τάχει ἐξ ᾿Ιερουσαλήμ, διότι οὐ παραδέξονταί σου μαρ-
19 τυρίαν περὶ ἐμοῦ. κἀγὼ εἶπον Κύριε, αὐτοὶ ἐπίστανται
ὅτι ἐγὼ ἤμην φυλακίζων καὶ δέρων κατὰ τὰς συναγωγὰς
20 τοὺς πιστεύοντας ἐπὶ σέ· καὶ ὅτε ἐξεχύννετο τὸ αἷμα Στε-
φάνου τοῦ μάρτυρός σου, καὶ αὐτὸς ἤμην ἐφεστὼς καὶ
συνευδοκῶν καὶ φυλάσσων τὰ ἱμάτια τῶν ἀναιρούντων
21 αὐτόν. καὶ εἶπεν πρός με Πορεύου, ὅτι ἐγὼ εἰς ἔθνη
22 μακρὰν ⸢ἐξαποστελῶ⸣ σε. ῞Ηκουον δὲ αὐτοῦ
ἄχρι τούτου τοῦ λόγου καὶ ἐπῆραν τὴν φωνὴν αὐτῶν λέ-
γοντες Αἶρε ἀπὸ τῆς γῆς τὸν τοιοῦτον, οὐ γὰρ καθῆκεν
23 αὐτὸν ζῆν. κραυγαζόντων τε αὐτῶν καὶ ῥιπτούντων τὰ
24 ἱμάτια καὶ κονιορτὸν βαλλόντων εἰς τὸν ἀέρα ἐκέλευσεν
ὁ χιλίαρχος εἰσάγεσθαι αὐτὸν εἰς τὴν παρεμβολήν, εἴπας
μάστιξιν ἀνετάζεσθαι αὐτὸν ἵνα ἐπιγνῷ δι᾿ ἣν αἰτίαν οὕ-
25 τως ἐπεφώνουν αὐτῷ. ὡς δὲ προέτειναν αὐτὸν τοῖς ἱμᾶσιν

11 οὐδὲν ἔβλεπον   21 ἀποστελῶ

saw the light, but they did not hear the voice of the one who
10 was speaking to me. Then I said, 'What am I to do, sir?'
The Lord said to me, 'Get up and go into Damascus. There
11 you will be told of all you are destined to do.' As I could not
see, because of the dazzling light, my companions had to lead
12 me by the hand, and so I reached Damascus. There a man
named Ananias, a devout observer of the Law, highly
13 respected by all the Jews who lived there, came to see me,
and standing by my side, said to me, 'Saul, my brother,
regain your sight!' Then instantly I regained my sight and
14 looked at him, and he said, 'The God of our forefathers has
appointed you to learn his will and to see his Righteous One
15 and hear him speak, for you shall be his witness before all men
16 of what you have seen and heard. And now, why do you
delay? Get up and be baptized, and wash away your sins,
17 calling on his name.' After I had returned to Jerusalem,
one day when I was praying in the Temple, I fell into a trance,
18 and saw him saying to me, 'Make haste and leave Jerusalem
at once, for they will not accept your evidence about me.'
19 And I said, 'Lord, they know that I used to go through one
synagogue after another, and to imprison and flog those who
20 believed in you, and when the blood of your witness Stephen
was being shed, I stood by and approved it, and took charge
21 of the clothes of the men who killed him.' But he said to me,
'Go! I will send you far away to the heathen.' "

22   They had listened to him until he said that, but then they
shouted,

"Kill him and get him out of the world! A creature like
that ought not to be allowed to live!"

23   As they were shouting and throwing their clothes about
24 and flinging dust into the air, the colonel ordered Paul brought
into the barracks, and gave directions that he should be exam-
ined under the lash, so that he might find out why they made
25 such an outcry against him. But when they had strapped

εἶπεν πρὸς τὸν ἑστῶτα ἑκατόνταρχον ὁ Παῦλος Εἰ ἄνθρω-
πον Ῥωμαῖον καὶ ἀκατάκριτον ἔξεστιν ὑμῖν μαστίζειν;
26 ἀκούσας δὲ ὁ ἑκατοντάρχης προσελθὼν τῷ χιλιάρχῳ ἀπήγ-
γειλεν λέγων Τί μέλλεις ποιεῖν; ὁ γὰρ ἄνθρωπος οὗτος
27 Ῥωμαῖός ἐστιν. προσελθὼν δὲ ὁ χιλίαρχος εἶπεν αὐτῷ
28 Λέγε μοι, σὺ Ῥωμαῖος εἶ; ὁ δὲ ἔφη Ναί. ἀπεκρίθη δὲ
ὁ χιλίαρχος Ἐγὼ πολλοῦ κεφαλαίου τὴν πολιτείαν ταύτην
ἐκτησάμην. ὁ δὲ Παῦλος ἔφη Ἐγὼ δὲ καὶ γεγέννημαι.
29 εὐθέως οὖν ἀπέστησαν ἀπ᾽ αὐτοῦ οἱ μέλλοντες αὐτὸν ἀνε-
τάζειν· καὶ ὁ χιλίαρχος δὲ ἐφοβήθη ἐπιγνοὺς ὅτι Ῥωμαῖός
ἐστιν καὶ ὅτι αὐτὸν ἦν δεδεκώς.

30 Τῇ δὲ ἐπαύριον βουλόμενος γνῶναι τὸ ἀσφαλὲς τὸ τί
κατηγορεῖται ὑπὸ τῶν Ἰουδαίων ἔλυσεν αὐτόν, καὶ ἐκέλευ-
σεν συνελθεῖν τοὺς ἀρχιερεῖς καὶ πᾶν τὸ συνέδριον, καὶ
1 καταγαγὼν τὸν Παῦλον ἔστησεν εἰς αὐτούς. ἀτενίσας δὲ
⌜Παῦλος τῷ συνεδρίῳ⌝ εἶπεν Ἄνδρες ἀδελφοί, ἐγὼ πάσῃ
συνειδήσει ἀγαθῇ πεπολίτευμαι τῷ θεῷ ἄχρι ταύτης τῆς
2 ἡμέρας. ὁ δὲ ἀρχιερεὺς Ἀνανίας ἐπέταξεν τοῖς παρεστῶ-
3 σιν αὐτῷ τύπτειν αὐτοῦ τὸ στόμα. τότε ὁ Παῦλος πρὸς
αὐτὸν εἶπεν Τύπτειν σε μέλλει ὁ θεός, τοῖχε κεκονιαμένε·
καὶ σὺ κάθῃ κρίνων με κατὰ τὸν νόμον, καὶ παρανομῶν κε-
4 λεύεις με τύπτεσθαι; οἱ δὲ παρεστῶτες εἶπαν Τὸν ἀρχι-
5 ερέα τοῦ θεοῦ λοιδορεῖς; ἔφη τε ὁ Παῦλος Οὐκ ᾔδειν,
ἀδελφοί, ὅτι ἐστὶν ἀρχιερεύς· γέγραπται γὰρ ὅτι Ἄρχοντα
6 τοῦ λαοῦ ϲοy οyκ ἐρεῖϲ κακῶϲ. Γνοὺς δὲ ὁ Παῦλος
ὅτι τὸ ἓν μέρος ἐστὶν Σαδδουκαίων τὸ δὲ ἕτερον Φαρισαίων
ἔκραζεν ἐν τῷ συνεδρίῳ Ἄνδρες ἀδελφοί, ἐγὼ Φαρισαῖός
εἰμι, υἱὸς Φαρισαίων· περὶ ἐλπίδος καὶ ἀναστάσεως νεκρῶν
7 ⌜κρίνομαι. τοῦτο δὲ αὐτοῦ ⌜λαλοῦντος⌝ ⌜ἐγένετο⌝ στάσις
τῶν Φαρισαίων καὶ Σαδδουκαίων, καὶ ἐσχίσθη τὸ πλῆθος.
8 Σαδδουκαῖοι ꓔ γὰρ λέγουσιν μὴ εἶναι ἀνάστασιν μήτε ἄγγε-
λον μήτε πνεῦμα, Φαρισαῖοι δὲ ὁμολογοῦσιν τὰ ἀμφό-
9 τερα. ἐγένετο δὲ κραυγὴ μεγάλη, καὶ ἀναστάντες τινὲς

1 τῷ συνεδρίῳ ὁ Παῦλος   6 ἐγὼ   7 εἰπόντος | ἐπέπεσεν   8 μὲν

him up, Paul said to the officer who was standing near,

"Is it legal for you to flog a Roman citizen, and without giving him a trial?"

26   Upon hearing this, the officer went to the colonel and reported it.

"What do you propose to do?" he said.   "This man is a Roman citizen."

27   Then the colonel came to Paul and said,

"Tell me, are you a Roman citizen?"

"Yes," he said.

28   "I had to pay a large sum for my citizenship," said the colonel.

"But I am a citizen by birth," said Paul.

29   Then the men who had been going to examine him immediately left him, and the colonel himself was alarmed to find that Paul was a Roman citizen and that he had had him bound.

30   The next day, as he wished to find out the real reason why the Jews denounced him, he had him unbound and ordered the high priests and the whole council to assemble,

23 and took Paul down and brought him before them.   Paul looked steadily at the council and said,

"Brothers, I have done my duty to God with a perfectly clear conscience up to this very day."

2   At this the high priest Ananias ordered the people who were standing nearest to him to strike him on the mouth.

3 Then Paul said to him,

"God will strike you, you white-washed wall! Do you sit there to try me by the Law, and order them to strike me in violation of the Law?"

4   But the people who stood near him said,

"Do you mean to insult God's high priest?"

5   "I did not know, brothers," said Paul, "that he was high priest, for the Scripture says, 'You shall not say anything against any ruler of your people.' "

6   Knowing that part of them were Sadducees and part of them Pharisees, Paul called out in the council,

"Brothers, I am a Pharisee, and the son of Pharisees! It is for my hope for the resurrection of the dead that I am on trial!"

7   When he said that, a dispute arose between the Pharisees

8 and the Sadducees, and the meeting was divided. For the Sadducees hold that there is no resurrection and that there are no angels or spirits, while the Pharisees believe in all

9 three. So there was a great uproar, and some scribes of the

τῶν γραμματέων τοῦ μέρους τῶν Φαρισαίων διεμάχοντο
λέγοντες Οὐδὲν κακὸν εὑρίσκομεν ἐν τῷ ἀνθρώπῳ τούτῳ·
10 εἰ δὲ πνεῦμα ἐλάλησεν αὐτῷ ἢ ἄγγελος—. Πολλῆς δὲ
γινομένης στάσεως φοβηθεὶς ὁ χιλίαρχος μὴ διασπασθῇ
ὁ Παῦλος ὑπ᾽ αὐτῶν ἐκέλευσεν τὸ στράτευμα καταβὰν
ἁρπάσαι αὐτὸν ἐκ μέσου αὐτῶν, ἄγειν ᵀ εἰς τὴν παρεμβο-
11 λήν.   Τῇ δὲ ἐπιούσῃ νυκτὶ ἐπιστὰς αὐτῷ ὁ κύριος
εἶπεν Θάρσει, ὡς γὰρ διεμαρτύρω τὰ περὶ ἐμοῦ εἰς Ἰερουσα-
12 λὴμ οὕτω σε δεῖ καὶ εἰς Ῥώμην μαρτυρῆσαι.   Γε-
νομένης ⌈δὲ⌉ ἡμέρας ποιήσαντες συστροφὴν οἱ Ἰουδαῖοι
ἀνεθεμάτισαν ἑαυτοὺς λέγοντες μήτε φαγεῖν μήτε πεῖν
13 ἕως οὗ ἀποκτείνωσιν τὸν Παῦλον. ἦσαν δὲ πλείους
τεσσεράκοντα οἱ ταύτην τὴν συνωμοσίαν ποιησάμενοι·
14 οἵτινες προσελθόντες τοῖς ἀρχιερεῦσιν καὶ τοῖς πρεσβυτέ-
ροις εἶπαν Ἀναθέματι ἀνεθεματίσαμεν ἑαυτοὺς μηδενὸς
15 γεύσασθαι ἕως οὗ ἀποκτείνωμεν τὸν Παῦλον. νῦν οὖν
ὑμεῖς ἐμφανίσατε τῷ χιλιάρχῳ σὺν τῷ συνεδρίῳ ὅπως
καταγάγῃ αὐτὸν εἰς ὑμᾶς ὡς μέλλοντας διαγινώσκειν
ἀκριβέστερον τὰ περὶ αὐτοῦ· ἡμεῖς δὲ πρὸ τοῦ ἐγγίσαι
16 αὐτὸν ἕτοιμοί ἐσμεν τοῦ ἀνελεῖν αὐτόν. Ἀκούσας δὲ ὁ υἱὸς
τῆς ἀδελφῆς Παύλου τὴν ἐνέδραν παραγενόμενος καὶ
εἰσελθὼν εἰς τὴν παρεμβολὴν ἀπήγγειλεν τῷ Παύλῳ.
17 προσκαλεσάμενος δὲ ὁ Παῦλος ἕνα τῶν ἑκατονταρχῶν
ἔφη Τὸν νεανίαν τοῦτον ἄπαγε πρὸς τὸν χιλίαρχον, ἔχει
18 γὰρ ἀπαγγεῖλαί τι αὐτῷ. ὁ μὲν οὖν παραλαβὼν αὐτὸν
ἤγαγεν πρὸς τὸν χιλίαρχον καί φησιν Ὁ δέσμιος Παῦλος
προσκαλεσάμενός με ἠρώτησεν τοῦτον τὸν ⌈νεανίαν⌉ ἀγα-
19 γεῖν πρὸς σέ, ἔχοντά τι λαλῆσαί σοι. ἐπιλαβόμενος δὲ
τῆς χειρὸς αὐτοῦ ὁ χιλίαρχος καὶ ἀναχωρήσας κατ᾽ ἰδίαν
20 ἐπυνθάνετο Τί ἐστιν ὃ ἔχεις ἀπαγγεῖλαί μοι; εἶπεν δὲ
ὅτι Οἱ Ἰουδαῖοι συνέθεντο τοῦ ἐρωτῆσαί σε ὅπως αὔριον
τὸν Παῦλον καταγάγῃς εἰς τὸ συνέδριον ὡς μέλλων τι
21 ἀκριβέστερον πυνθάνεσθαι περὶ αὐτοῦ· σὺ οὖν μὴ πεισθῇς

10 τε   12 τε   18 νεανίσκον

Pharisees' party got up and insisted,

"We find nothing wrong with this man. Suppose some spirit or angel really spoke to him!"

10 As the dispute was becoming, violent, the colonel began to be afraid that they would tear Paul in pieces, and ordered the soldiers to go down and get him away from them and bring him into the barracks.

11 On the following night the Lord stood beside him and said,

"Courage! For just as you have testified for me in Jerusalem, you must testify in Rome also."

12 In the morning, the Jews made a conspiracy and took an
13 oath not to eat or drink till they had killed Paul. There
14 were more than forty of them involved in this plot, and they went to the high priests and elders and said to them,

"We have taken a solemn oath not to touch anything to
15 eat till we have killed Paul. Now you and the council must suggest to the colonel that he should have Paul brought down to you, as though you meant to look into his case more carefully, and we will be ready to kill him before he gets down."

16 But Paul's nephew heard of the plot, and he came and
17 got into the barracks, and told Paul. Paul called one of the officers and said to him,

"Take this young man to the colonel, for he has something to tell him."

18 So he took him to the colonel, and said,

"The prisoner Paul called me to him and asked me to bring this young man to you, as he has something to say to you."

19 So the colonel took him by the arm and stepping aside where they could be alone, asked,

"What is it that you have to tell me?"

20 "The Jews," he answered, "have agreed to ask you to bring Paul down to the council tomorrow, with the intention
21 of having a fuller inquiry made into his case. But do not

αὐτοῖς, ἐνεδρεύουσιν γὰρ αὐτὸν ἐξ αὐτῶν ἄνδρες πλείους
τεσσεράκοντα, οἵτινες ἀνεθεμάτισαν ἑαυτοὺς μήτε φαγεῖν
μήτε πεῖν ἕως οὗ ἀνέλωσιν αὐτόν, καὶ νῦν εἰσιν ἕτοιμοι
22 προσδεχόμενοι τὴν ἀπὸ σοῦ ἐπαγγελίαν.   ὁ μὲν οὖν χιλί-
αρχος ἀπέλυσε τὸν νεανίσκον παραγγείλας μηδενὶ ἐκλαλῆ-
23 σαι ὅτι ταῦτα ἐνεφάνισας πρὸς ἐμέ.   Καὶ προσκαλεσάμενός
τινας δύο τῶν ἑκατονταρχῶν εἶπεν Ἑτοιμάσατε στρατιώ-
τας διακοσίους ὅπως πορευθῶσιν ἕως Καισαρίας, καὶ ἱππεῖς
ἑβδομήκοντα καὶ δεξιολάβους διακοσίους, ἀπὸ τρίτης ὥρας
24 τῆς νυκτός,   κτήνη τε παραστῆσαι ἵνα ἐπιβιβάσαντες τὸν
25 Παῦλον διασώσωσι πρὸς Φήλικα τὸν ἡγεμόνα, γράψας
26 ἐπιστολὴν ἔχουσαν τὸν τύπον τοῦτον   Κλαύδιος Λυσίας
27 τῷ κρατίστῳ ἡγεμόνι Φήλικι χαίρειν.   Τὸν ἄνδρα τοῦτον
συλλημφθέντα ὑπὸ τῶν Ἰουδαίων καὶ μέλλοντα ἀναιρεῖσθαι
ὑπ᾽ αὐτῶν ἐπιστὰς σὺν τῷ στρατεύματι ἐξειλάμην, μαθὼν
28 ὅτι Ῥωμαῖός ἐστιν, βουλόμενός τε ἐπιγνῶναι τὴν αἰτίαν
δι᾽ ἣν ἐνεκάλουν αὐτῷ [κατήγαγον εἰς τὸ συνέδριον αὐτῶν]·
29 ὃν εὗρον ἐγκαλούμενον περὶ ζητημάτων τοῦ νόμου αὐτῶν,
30 μηδὲν δὲ ἄξιον θανάτου ἢ δεσμῶν ἔχοντα ἔγκλημα.   μηνυ-
θείσης δέ μοι ἐπιβουλῆς εἰς τὸν ἄνδρα ἔσεσθαι ἐξαυτῆς
ἔπεμψα πρὸς σέ, παραγγείλας καὶ τοῖς κατηγόροις λέγειν
31 πρὸς αὐτὸν ἐπὶ σοῦ.   Οἱ μὲν οὖν στρατιῶται
κατὰ τὸ διατεταγμένον αὐτοῖς ἀναλαβόντες τὸν Παῦλον
32 ἤγαγον διὰ νυκτὸς εἰς τὴν Ἀντιπατρίδα· τῇ δὲ ἐπαύριον
ἐάσαντες τοὺς ἱππεῖς ἀπέρχεσθαι σὺν αὐτῷ ὑπέστρεψαν
33 εἰς τὴν παρεμβολήν· οἵτινες εἰσελθόντες εἰς τὴν Καισαρίαν
καὶ ἀναδόντες τὴν ἐπιστολὴν τῷ ἡγεμόνι παρέστησαν καὶ
34 τὸν Παῦλον αὐτῷ.   ἀναγνοὺς δὲ καὶ ἐπερωτήσας ἐκ ποίας
35 ἐπαρχείας ἐστὶν καὶ πυθόμενος ὅτι ἀπὸ Κιλικίας   Διακού-
σομαί σου, ἔφη, ὅταν καὶ οἱ κατήγοροί σου παραγένωνται·
κελεύσας ἐν τῷ πραιτωρίῳ ⌜τοῦ⌝ Ἡρῴδου φυλάσσεσθαι
αὐτόν.

1   Μετὰ δὲ πέντε ἡμέρας κατέβη ὁ ἀρχιερεὺς Ἀνανίας

35 τῷ

let them persuade you, for more than forty of them are lying in wait for him, and they have taken an oath not to eat or drink till they have killed him. They are all ready now, and are only waiting to get your promise."

22 So the colonel sent the youth away, directing him not to
23 tell anyone that he had given him this information. Then he called in two of his officers and said to them,

"Get two hundred men ready to march to Caesarea, with seventy mounted men and two hundred spearmen, by nine
24 o'clock tonight." They were also to provide horses for Paul to ride, so that they might take him in safety to Felix,
25 the governor, to whom he wrote a letter to this effect:
26 "Claudius Lysias sends greetings to his Excellency Felix,
27 the governor. This man had been seized by the Jews and they were just going to kill him when I came upon them with my men and rescued him, as I had learned that he was a Roman
28 citizen. As I wanted to learn what charge they made against
29 him, I had him brought before their council, and found that their accusations had to do with questions about their Law, but that he was not charged with anything that would call
30 for his death or imprisonment. As I have been informed that a plot against him is brewing, I am sending him on to you at once, and directing his accusers to present their charges against him before you."

31 Then the soldiers took Paul, as they had been ordered
32 to do, and escorted him as far as Antipatris that night. The next day, they returned to the barracks, leaving the mounted
33 men to go on with him, and they on reaching Caesarea delivered the letter to the governor and handed Paul over to
34 him. After reading the letter, he asked Paul what province he belonged to, and when he learned that he was from Cilicia,
35 he said,

"I will hear your case as soon as your accusers arrive."

And he gave orders that he should be kept in Herod's palace.

24 Five days later, the high priest Ananias came down with

μετὰ πρεσβυτέρων τινῶν καὶ ῥήτορος Τερτύλλου τινός,
2 οἵτινες ἐνεφάνισαν τῷ ἡγεμόνι κατὰ τοῦ Παύλου. κλη-
θέντος δὲ [αὐτοῦ] ἤρξατο κατηγορεῖν ὁ Τέρτυλλος λέ-
γων Πολλῆς εἰρήνης τυγχάνοντες διὰ σοῦ καὶ διορθωμάτων
3 γινομένων τῷ ἔθνει τούτῳ διὰ τῆς σῆς προνοίας πάντῃ τε
καὶ πανταχοῦ ἀποδεχόμεθα, κράτιστε Φῆλιξ, μετὰ πάσης
4 εὐχαριστίας. ἵνα δὲ μὴ ἐπὶ πλεῖόν σε ἐνκόπτω, παρακαλῶ
5 ἀκοῦσαί σε ἡμῶν συντόμως τῇ σῇ ἐπιεικίᾳ. εὑρόντες γὰρ
τὸν ἄνδρα τοῦτον λοιμὸν καὶ κινοῦντα στάσεις πᾶσι τοῖς
Ἰουδαίοις τοῖς κατὰ τὴν οἰκουμένην πρωτοστάτην τε τῆς
6 τῶν Ναζωραίων αἱρέσεως, ὃς καὶ τὸ ἱερὸν ἐπείρασεν βεβη-
8 λῶσαι, ὃν καὶ ἐκρατήσαμεν, παρ' οὗ δυνήσῃ αὐτὸς ἀνα-
κρίνας περὶ πάντων τούτων ἐπιγνῶναι ὧν ἡμεῖς κατηγοροῦ-
9 μεν αὐτοῦ. συνεπέθεντο δὲ καὶ οἱ Ἰουδαῖοι φάσκοντες
10 ταῦτα οὕτως ἔχειν. Ἀπεκρίθη τε ὁ Παῦλος νεύσαντος αὐτῷ
τοῦ ἡγεμόνος λέγειν Ἐκ πολλῶν ἐτῶν ὄντα σε κριτὴν τῷ
ἔθνει τούτῳ ἐπιστάμενος εὐθύμως τὰ περὶ ἐμαυτοῦ ἀπολο-
11 γοῦμαι, δυναμένου σου ἐπιγνῶναι, ὅτι οὐ πλείους εἰσίν μοι
ἡμέραι δώδεκα ἀφ' ἧς ἀνέβην προσκυνήσων εἰς Ἱερου-
12 σαλήμ, καὶ οὔτε ἐν τῷ ἱερῷ εὗρόν με πρός τινα διαλεγό-
μενον ἢ ἐπίστασιν ποιοῦντα ὄχλου οὔτε ἐν ταῖς συναγωγαῖς
13 οὔτε κατὰ τὴν πόλιν, οὐδὲ παραστῆσαι δύνανταί σοι περὶ
14 ὧν νυνὶ κατηγοροῦσίν μου. ὁμολογῶ δὲ τοῦτό σοι ὅτι
κατὰ τὴν ὁδὸν ἣν λέγουσιν αἵρεσιν οὕτως λατρεύω τῷ πα-
τρῴῳ θεῷ, πιστεύων πᾶσι τοῖς κατὰ τὸν νόμον καὶ τοῖς
15 ἐν τοῖς προφήταις γεγραμμένοις, ἐλπίδα ἔχων εἰς τὸν θεόν, ἣν
καὶ αὐτοὶ οὗτοι προσδέχονται, ἀνάστασιν μέλλειν ἔσεσθαι
16 δικαίων τε καὶ ἀδίκων· ἐν τούτῳ καὶ αὐτὸς ἀσκῶ ἀπρόσ-
κοπον συνείδησιν ἔχειν πρὸς τὸν θεὸν καὶ τοὺς ἀνθρώπους
17 διὰ παντός. δι' ἐτῶν δὲ πλειόνων ἐλεημοσύνας ποιήσων εἰς
18 τὸ ἔθνος μου παρεγενόμην καὶ προσφοράς, ἐν αἷς εὗρόν με
ἡγνισμένον ἐν τῷ ἱερῷ, οὐ μετὰ ὄχλου οὐδὲ μετὰ θορύβου,
19 τινὲς δὲ ἀπὸ τῆς Ἀσίας Ἰουδαῖοι, οὓς ἔδει ἐπὶ σοῦ παρεῖναι

some of the elders and an attorney named Tertullus, and
they presented their case against Paul before the governor.
2 When Paul had been summoned, Tertullus began the prosecu-
tion.

"Your Excellency Felix," he said, "since through your
efforts we enjoy perfect peace, and through your foresight
3 this nation is securing needed reforms, we always and every-
4 where acknowledge this with profound gratitude. But—not
to detain you too long—I beg you to be kind enough to give
5 us a brief hearing. For we have found this man a pest and
a disturber of the peace among Jews all over the world. He
6 is a ringleader of the Nazarene sect, and actually tried to
8 desecrate the Temple, but we caught him. If you will
examine him yourself you will be able to find out from him
all about the things we charge him with."

9   The Jews also joined in these charges, and said that the
10 statement was true. The governor made a sign to Paul to
speak, and he answered,

"As I know that for many years you have acted as judge
11 for this nation, I cheerfully undertake my defense, for it is
not more than twelve days ago, as you can easily satisfy
12 yourself, that I went up to worship at Jerusalem, and they
have never found me debating with anyone in the Temple,
or creating a disturbance among the people in the synagogues
13 or about the city, and they cannot sustain the charges they
14 have just made against me. I admit that in worshiping the
God of my forefathers I follow the way of life that they call a
sect, but I believe everything that is taught in the Law or
15 written in the prophets, and I have the same hope in God
that they themselves hold, that there is to be a resurrection
16 of the upright and the wicked. Therefore I strive always to
17 have a clear conscience before God and men. After an
absence of several years, I had come to bring charitable
donations for my nation, and to offer sacrifice. I had under-
gone the rites of purification and was occupied with these
matters when they found me in the Temple, with no crowd or
18 disturbance at all. But there were some Jews from Asia
19 who ought to be here before you and to present their charges

20 καὶ κατηγορεῖν εἴ τι ἔχοιεν πρὸς ἐμέ,– ἢ αὐτοὶ οὗτοι εἰπά-
21 τωσαν τί εὗρον ἀδίκημα στάντος μου ἐπὶ τοῦ συνεδρίου ἢ
περὶ μιᾶς ταύτης φωνῆς ἧς ἐκέκραξα ἐν αὐτοῖς ἑστὼς ὅτι
Περὶ ἀναστάσεως νεκρῶν ἐγὼ κρίνομαι σήμερον ἐφ' ὑμῶν.
22 Ἀνεβάλετο δὲ αὐτοὺς ὁ Φῆλιξ, ἀκριβέστερον εἰδὼς τὰ
περὶ τῆς ὁδοῦ, εἴπας "Οταν Λυσίας ὁ χιλίαρχος καταβῇ
23 διαγνώσομαι τὰ καθ' ὑμᾶς· διαταξάμενος τῷ ἑκατοντάρ-
χῃ τηρεῖσθαι αὐτὸν ἔχειν τε ἄνεσιν καὶ μηδένα κωλύειν
24 τῶν ἰδίων αὐτοῦ ὑπηρετεῖν αὐτῷ.   Μετὰ δὲ
ἡμέρας τινὰς παραγενόμενος ὁ Φῆλιξ σὺν Δρουσίλλῃ τῇ
ἰδίᾳ γυναικὶ οὔσῃ Ἰουδαίᾳ μετεπέμψατο τὸν Παῦλον καὶ
25 ἤκουσεν αὐτοῦ περὶ τῆς εἰς Χριστὸν Ἰησοῦν πίστεως. δια-
λεγομένου δὲ αὐτοῦ περὶ δικαιοσύνης καὶ ἐγκρατείας καὶ τοῦ
κρίματος τοῦ μέλλοντος ἔμφοβος γενόμενος ὁ Φῆλιξ ἀπεκρί-
θη Τὸ νῦν ἔχον πορεύου, καιρὸν δὲ μεταλαβὼν μετακαλέσο-
26 μαί σε· ἅμα καὶ ἐλπίζων ὅτι χρήματα δοθήσεται [αὐτῷ]
ὑπὸ τοῦ Παύλου· διὸ καὶ πυκνότερον αὐτὸν μεταπεμπόμενος
27 ὡμίλει αὐτῷ.   Διετίας δὲ πληρωθείσης ἔλαβεν
διάδοχον ὁ Φῆλιξ Πόρκιον Φῆστον· θέλων τε χάριτα καταθέ-
σθαι τοῖς Ἰουδαίοις ὁ Φῆλιξ κατέλιπε τὸν Παῦλον δεδεμένον.

1   Φῆστος οὖν ἐπιβὰς τῇ ⌜ἐπαρχείᾳ⌝ μετὰ τρεῖς ἡμέρας
2 ἀνέβη εἰς Ἰεροσόλυμα ἀπὸ Καισαρίας, ἐνεφάνισάν τε αὐτῷ
οἱ ἀρχιερεῖς καὶ οἱ πρῶτοι τῶν Ἰουδαίων κατὰ τοῦ Παύλου,
3 καὶ παρεκάλουν αὐτὸν αἰτούμενοι χάριν κατ' αὐτοῦ ὅπως
μεταπέμψηται αὐτὸν εἰς Ἰερουσαλήμ, ἐνέδραν ποιοῦντες
4 ἀνελεῖν αὐτὸν κατὰ τὴν ὁδόν. ὁ μὲν οὖν Φῆστος ἀπεκρίθη
τηρεῖσθαι τὸν Παῦλον εἰς Καισαρίαν, ἑαυτὸν δὲ μέλλειν
5 ἐν τάχει ἐκπορεύεσθαι· Οἱ οὖν ἐν ὑμῖν, φησίν, δυνατοὶ
συνκαταβάντες εἴ τί ἐστιν ἐν τῷ ἀνδρὶ ἄτοπον κατηγορεί-
6 τωσαν αὐτοῦ.   Διατρίψας δὲ ἐν αὐτοῖς ἡμέρας
οὐ πλείους ὀκτὼ ἢ δέκα, καταβὰς εἰς Καισαρίαν, τῇ
ἐπαύριον καθίσας ἐπὶ τοῦ βήματος ἐκέλευσεν τὸν Παῦλον

1 ἐπαρχείῳ

20 if they have any to make against me. Or let these men
themselves tell what they found wrong in me when I appeared
21 before the council—unless it was the one thing I shouted out
as I stood among them—'It is on the question of the resur-
rection of the dead that I am here on trial before you
today!'"

22   Then Felix, who was somewhat well informed about the
Way, adjourned the trial, telling them,

"When Lysias, the colonel, comes down here, I will decide
your case."

23   He ordered the officer to keep Paul in custody, but to
allow him some liberty, and not to prevent his friends from
looking after him.

24   Some days later Felix came with his wife Drusilla, who
was a Jewess, and sent for Paul and heard what he had to say
25 about faith in Christ Jesus. But as he talked of uprightness,
self-control, and the coming judgment, Felix became alarmed,
and said,

"You may go for the present. I will find time later to
send for you."

26   At the same time he hoped to get money from Paul,
and for that reason he used to send for him very often and
talk with him.

27   But when two whole years had passed, Felix was suc-
ceeded by Porcius Festus, and as he wanted to gratify the
Jews, Felix left Paul in prison.

25   Three days after his arrival in the province, Festus went
2 up from Caesarea to Jerusalem, and the high priests and
3 Jewish leaders presented their charges against Paul, and
begged him as a favor to order Paul to come to Jerusalem,
4 plotting to kill him on the way. Festus answered that Paul
was being kept in custody at Caesarea, and that he himself
was going there soon.

5   "So have your principal men go down with me," he said,
"and present charges against the man, if there is anything
wrong with him."

6   After staying only eight or ten days there, he went down
to Caesarea, and the next day took his seat on the bench,

7 ἀχθῆναι. παραγενομένου δὲ αὐτοῦ περιέϲτησαν αὐτὸν οἱ
ἀπὸ Ἱεροσολύμων καταβεβηκότες Ἰουδαῖοι, πολλὰ καὶ
βαρέα αἰτιώματα καταφέροντες ἃ οὐκ ἴσχυον ἀποδεῖξαι,
8 τοῦ Παύλου ἀπολογουμένου ὅτι Οὔτε εἰς τὸν νόμον τῶν
Ἰουδαίων οὔτε εἰς τὸ ἱερὸν οὔτε εἰς Καίσαρά τι ἥμαρτον.
9 ὁ Φῆστος δὲ θέλων τοῖς Ἰουδαίοις χάριν καταθέσθαι ἀπο-
κριθεὶς τῷ Παύλῳ εἶπεν Θέλεις εἰς Ἱεροσόλυμα ἀναβὰς
10 ἐκεῖ περὶ τούτων κριθῆναι ἐπ᾿ ἐμοῦ ; εἶπεν δὲ ὁ Παῦλος
Ἑστὼς ἐπὶ τοῦ βήματος Καίσαρός εἰμι, οὗ με δεῖ κρίνεσθαι.
Ἰουδαίους οὐδὲν ἠδίκηκα, ὡς καὶ σὺ κάλλιον ἐπιγινώσκεις.
11 εἰ μὲν οὖν ἀδικῶ καὶ ἄξιον θανάτου πέπραχά τι, οὐ παραι-
τοῦμαι τὸ ἀποθανεῖν· εἰ δὲ οὐδὲν ἔστιν ὧν οὗτοι κατηγοροῦσίν
μου, οὐδείς με δύναται αὐτοῖς χαρίσασθαι· Καίσαρα ἐπικα-
12 λοῦμαι. τότε ὁ Φῆστος συνλαλήσας μετὰ τοῦ συμβουλίου
ἀπεκρίθη Καίσαρα ἐπικέκλησαι, ἐπὶ Καίσαρα πορεύσῃ.

13   Ἡμερῶν δὲ διαγενομένων τινῶν Ἀγρίππας ὁ βασιλεὺς
καὶ Βερνίκη κατήντησαν εἰς Καισαρίαν ⌜ἀσπασάμενοι⌝ τὸν
14 Φῆστον. ὡς δὲ πλείους ἡμέρας διέτριβον ἐκεῖ, ὁ Φῆστος
τῷ βασιλεῖ ἀνέθετο τὰ κατὰ τὸν Παῦλον λέγων   Ἀνήρ
15 τίς ἐστιν καταλελιμμένος ὑπὸ Φήλικος δέσμιος, περὶ οὗ
γενομένου μου εἰς Ἱεροσόλυμα ἐνεφάνισαν οἱ ἀρχιερεῖς
καὶ οἱ πρεσβύτεροι τῶν Ἰουδαίων, αἰτούμενοι κατ᾿ αὐτοῦ
16 καταδίκην· πρὸς οὓς ἀπεκρίθην ὅτι οὐκ ἔστιν ἔθος Ῥω-
μαίοις χαρίζεσθαί τινα ἄνθρωπον πρὶν ἢ ὁ κατηγορού-
μενος κατὰ πρόσωπον ἔχοι τοὺς κατηγόρους τόπον ⌜τε⌝
17 ἀπολογίας λάβοι περὶ τοῦ ἐγκλήματος. συνελθόντων οὖν
ἐνθάδε ἀναβολὴν μηδεμίαν ποιησάμενος τῇ ἑξῆς καθίσας
18 ἐπὶ τοῦ βήματος ἐκέλευσα ἀχθῆναι τὸν ἄνδρα· περὶ οὗ
σταθέντες οἱ κατήγοροι οὐδεμίαν αἰτίαν ἔφερον ὧν ἐγὼ
19 ὑπενόουν ⌜πονηρῶν⌝, ζητήματα δέ τινα περὶ τῆς ἰδίας δεισι-
δαιμονίας εἶχον πρὸς αὐτὸν καὶ περί τινος Ἰησοῦ τεθνηκό-
20 τος, ὃν ἔφασκεν ὁ Παῦλος ζῆν. ἀπορούμενος δὲ ἐγὼ τὴν
περὶ τούτων ζήτησιν ἔλεγον εἰ βούλοιτο πορεύεσθαι εἰς

13 †...†   16 δὲ   18 πονηράν

7 and ordered Paul brought in. When he came, the Jews who had come down from Jerusalem surrounded him, and made a number of serious charges against him, which they could 8 not substantiate. Paul said in his own defense,

"I have committed no offense against the Jewish Law or the Temple or the emperor."

9   Then Festus, wishing to gratify the Jews, said to Paul, "Will you go up to Jerusalem and be tried there before me on these charges?"

"I am standing before the emperor's court, where I ought to be tried. I have done the Jews no wrong, as you 11 can easily see. If I am guilty and have done anything that deserves death, I do not refuse to die; but if there is no truth in the charges that these men make against me, no one can give me up to them; I appeal to the emperor."

12   Then Festus after conferring with the council answered, "You have appealed to the emperor, and to the emperor you shall go!"

13   Some time after, King Agrippa and Bernice came to 14 Caesarea on a state visit to Festus, and as they stayed there several days, Festus laid Paul's case before the king.

"There is a man here," he said, "who was left in prison 15 by Felix, and when I was at Jerusalem the Jewish high priests and elders presented their case against him, and asked 16 for his conviction. I told them that it was not the Roman custom to give anybody up until the accused met his accusers face to face and had a chance to defend himself against their 17 accusations. So they came back here with me and the next day without losing any time I took my seat on the 18 bench and ordered the man brought in. But when his accusers got up, they did not charge him with any such crimes 19 as I had expected. Their differences with him were about their own religion and about a certain Jesus who had died 20 but who Paul said was alive. I was at a loss as to how to investigate such matters, and I asked him if he would like to

21 Ἰεροσόλυμα κἀκεῖ κρίνεσθαι περὶ τούτων. τοῦ δὲ Παύλου
ἐπικαλεσαμένου τηρηθῆναι αὐτὸν εἰς τὴν τοῦ Σεβαστοῦ
διάγνωσιν, ἐκέλευσα τηρεῖσθαι αὐτὸν ἕως οὗ ἀναπέμψω αὐ-
22 τὸν πρὸς Καίσαρα. Ἀγρίππας δὲ πρὸς τὸν Φῆστον Ἐβου-
λόμην καὶ αὐτὸς τοῦ ἀνθρώπου ἀκοῦσαι. Αὔριον, φησίν,
23 ἀκούσῃ αὐτοῦ. Τῇ οὖν ἐπαύριον ἐλθόντος τοῦ
Ἀγρίππα καὶ τῆς Βερνίκης μετὰ πολλῆς φαντασίας καὶ
εἰσελθόντων εἰς τὸ ἀκροατήριον σύν τε χιλιάρχοις καὶ
ἀνδράσιν τοῖς κατ᾽ ἐξοχὴν τῆς πόλεως καὶ κελεύσαντος τοῦ
24 Φήστου ἤχθη ὁ Παῦλος. καί φησιν ὁ Φῆστος Ἀγρίππα
βασιλεῦ καὶ πάντες οἱ συνπαρόντες ἡμῖν ἄνδρες, θεωρεῖτε
τοῦτον περὶ οὗ ἅπαν τὸ πλῆθος τῶν Ἰουδαίων ⌜ἐνέτυχέν⌝ μοι
ἔν τε Ἰεροσολύμοις καὶ ἐνθάδε, βοῶντες μὴ δεῖν αὐτὸν ζῆν
25 μηκέτι. ἐγὼ δὲ κατελαβόμην μηδὲν ἄξιον αὐτὸν θανάτου
πεπραχέναι, αὐτοῦ δὲ τούτου ἐπικαλεσαμένου τὸν Σεβαστὸν
26 ἔκρινα πέμπειν. περὶ οὗ ἀσφαλές τι γράψαι τῷ κυρίῳ
οὐκ ἔχω· διὸ προήγαγον αὐτὸν ἐφ᾽ ὑμῶν καὶ μάλιστα ἐπὶ
σοῦ, βασιλεῦ Ἀγρίππα, ὅπως τῆς ἀνακρίσεως γενομένης
27 σχῶ τί γράψω· ἄλογον γάρ μοι δοκεῖ πέμποντα δέσμιον
1 μὴ καὶ τὰς κατ᾽ αὐτοῦ αἰτίας σημᾶναι. Ἀγρίππας δὲ πρὸς
τὸν Παῦλον ἔφη Ἐπιτρέπεταί σοι ⌜ὑπὲρ⌝ σεαυτοῦ λέγειν.
2 τότε ὁ Παῦλος ἐκτείνας τὴν χεῖρα ἀπελογεῖτο Περὶ πάν-
των ὧν ἐγκαλοῦμαι ὑπὸ Ἰουδαίων, βασιλεῦ Ἀγρίππα,
ἥγημαι ἐμαυτὸν μακάριον ἐπὶ σοῦ μέλλων σήμερον ἀπολο-
3 γεῖσθαι, μάλιστα γνώστην ὄντα σε πάντων τῶν κατὰ
Ἰουδαίους ἐθῶν τε καὶ ζητημάτων· διὸ δέομαι μακροθύμως
4 ἀκοῦσαί μου. Τὴν μὲν οὖν βίωσίν μου ἐκ νεότητος τὴν
ἀπ᾽ ἀρχῆς γενομένην ἐν τῷ ἔθνει μου ἔν τε Ἰεροσολύμοις
5 ἴσασι πάντες Ἰουδαῖοι, προγινώσκοντές με ἄνωθεν, ἐὰν
θέλωσι μαρτυρεῖν, ὅτι κατὰ τὴν ἀκριβεστάτην αἵρεσιν τῆς
ἡμετέρας θρησκείας ἔζησα Φαρισαῖος. καὶ νῦν ἐπ᾽ ἐλπίδι
τῆς εἰς τοὺς πατέρας ἡμῶν ἐπαγγελίας γενομένης ὑπὸ
7 τοῦ θεοῦ ἕστηκα κρινόμενος, εἰς ἣν τὸ δωδεκάφυλον ἡμῶν

21 go to Jerusalem and be tried on these charges there. But Paul appealed to have his case reserved for his Majesty's decision, and I have ordered him kept in custody until I can send him to the emperor."

22   "I should like to hear the man myself," Agrippa said to Festus.

"You shall hear him tomorrow," Festus answered.

23   So the next day, Agrippa and Bernice came with great pomp and went into the audience-room attended by officers and the leading citizens of the town, and at the command of
24 Festus Paul was brought in. Then Festus said,

"King Agrippa and all who are present, you see here the man about whom the whole Jewish people have applied to me both at Jerusalem and here, clamoring that he ought not
25 to live any longer. I could not find that he had done anything for which he deserved death, but as he appealed to his Majesty
26 I decided to send him to him. Yet I have nothing definite to write to our sovereign about him. So I have brought him before you all, and especially before you, King Agrippa, in order to get from your examination of him something to put
27 in writing. For it seems to me absurd to send a prisoner on, without stating the charges against him."

26   Then Agrippa said to Paul,

"You are at liberty to speak in your own defense."

So Paul stretched out his hand and began his defense.

2   "I think myself fortunate, King Agrippa," said he, "that it is before you that I am to defend myself today against all
3 the things the Jews charge me with, especially because you are so familiar with all the Jewish customs and questions.
4 I beg you, therefore, to listen to me with patience. The way I lived from my youth up, spending my early life among my own nation and at Jerusalem, is well known to all Jews,
5 for they have known from the first, if they are willing to give evidence, that I was a Pharisee and my life was that of the
6 strictest sect of our religion. Even now it is for my hope in the promise that God made to our forefathers that I stand
7 here on trial, the promise in the hope of seeing which fulfilled

ἐν ἐκτενείᾳ νύκτα καὶ ἡμέραν λατρεῦον ἐλπίζει ⸀καταν-
τῆσαι⸀· περὶ ἧς ἐλπίδος ἐγκαλοῦμαι ὑπὸ Ἰουδαίων, βασι-
8 λεῦ· τί ἄπιστον κρίνεται παρ' ὑμῖν εἰ ὁ θεὸς νεκροὺς
9 ἐγείρει; Ἐγὼ μὲν οὖν ἔδοξα ἐμαυτῷ πρὸς τὸ ὄνομα
10 Ἰησοῦ τοῦ Ναζωραίου δεῖν πολλὰ ἐναντία πρᾶξαι· ὃ καὶ
ἐποίησα ἐν Ἱεροσολύμοις, καὶ ⸀πολλούς τε⸀ τῶν ἁγίων ἐγὼ
ἐν φυλακαῖς κατέκλεισα τὴν παρὰ τῶν ἀρχιερέων ἐξουσίαν
11 λαβών, ἀναιρουμένων τε αὐτῶν κατήνεγκα ψῆφον, καὶ
κατὰ πάσας τὰς συναγωγὰς πολλάκις τιμωρῶν αὐτοὺς
ἠνάγκαζον βλασφημεῖν, περισσῶς τε ἐμμαινόμενος αὐτοῖς
12 ἐδίωκον ἕως καὶ εἰς τὰς ἔξω πόλεις. Ἐν οἷς πορευόμενος
εἰς τὴν Δαμασκὸν μετ' ἐξουσίας καὶ ἐπιτροπῆς τῆς τῶν
13 ἀρχιερέων ἡμέρας μέσης κατὰ τὴν ὁδὸν εἶδον, βασιλεῦ,
οὐρανόθεν ὑπὲρ τὴν λαμπρότητα τοῦ ἡλίου περιλάμψαν με
14 φῶς καὶ τοὺς σὺν ἐμοὶ πορευομένους· πάντων τε καταπε-
σόντων ἡμῶν εἰς τὴν γῆν ἤκουσα φωνὴν λέγουσαν πρός
με τῇ Ἑβραΐδι διαλέκτῳ Σαοὺλ Σαούλ, τί με διώκεις;
15 σκληρόν σοι πρὸς κέντρα λακτίζειν. ἐγὼ δὲ εἶπα Τίς εἶ,
κύριε; ὁ δὲ κύριος εἶπεν Ἐγώ εἰμι Ἰησοῦς ὃν σὺ διώκεις·
16 ἀλλὰ ἀνάστηθι καὶ ϹΤΗΘΙ ἐπὶ ΤΟΥϹ ΠΟΔΑϹ ϹΟΥ· εἰς τοῦτο
γὰρ ὤφθην σοι, προχειρίσασθαί σε ὑπηρέτην καὶ μάρτυρα ὧν
17 τε εἶδές με ὧν τε ὀφθήσομαί σοι, ἐΞΑΙΡΟΎΜΕΝΌϹ ϹΕ ἐκ
τοῦ λαοῦ καὶ ἐκ ΤΩΝ ἐΘΝΩΝ, ΕἸϹ ΟὟϹ ἐγὼ ἀΠΟϹΤΈΛΛΩ
18 ϹΕ ἀΝΟἾΞΑΙ ὈΦΘΑΛΜΟΎϹ αὐτῶν, τοῦ ἐπιστρέψαι ἀπὸ ϹΚΌ-
ΤΟΥϹ ΕἸϹ ΦΩϹ καὶ τῆς ἐξουσίας τοῦ Σατανᾶ ἐπὶ τὸν θεόν,
τοῦ λαβεῖν αὐτοὺς ἄφεσιν ἁμαρτιῶν καὶ ΚΛΗΡΟΝ ἐν ΤΟἿϹ
19 ἩΓΙΑϹΜΈΝΟΙϹ πίστει τῇ εἰς ἐμέ. Ὅθεν, βασιλεῦ Ἀγρίππα,
20 οὐκ ἐγενόμην ἀπειθὴς τῇ οὐρανίῳ ὀπτασίᾳ, ἀλλὰ τοῖς ἐν
Δαμασκῷ πρῶτόν τε καὶ Ἱεροσολύμοις, πᾶσάν τε τὴν χώ-
ραν τῆς Ἰουδαίας, καὶ τοῖς ἔθνεσιν ἀπήγγελλον μετανοεῖν
καὶ ἐπιστρέφειν ἐπὶ τὸν θεόν, ἄξια τῆς μετανοίας ἔργα
21 πράσσοντας. ἕνεκα τούτων με Ἰουδαῖοι συλλαβόμενοι ἐν
22 τῷ ἱερῷ ἐπειρῶντο διαχειρίσασθαι. ἐπικουρίας οὖν τυχὼν

7 καταντήσειν   10 πολλοὺς

our twelve tribes serve God zealously night and day. It is about this hope, your Majesty, that I am accused by some 8 Jews. Why do you think it incredible that God should raise 9 the dead? I once thought it my duty vigorously to oppose 10 the cause of Jesus of Nazareth. That was what I did at Jerusalem when on the authority of the high priests I put many of God's people in prison. When they were put to 11 death, I cast my vote against them, and many a time in all the synagogues I had them punished, and tried to force them to say impious things. In my mad rage against them I 12 even pursued them to distant towns. I was once going to Damascus on this business, authorized and commissioned 13 by the high priests, when on the road at noon, your Majesty, I saw a light from heaven brighter than the sun flash around 14 me and my fellow-travelers. We all fell to the ground, and I heard a voice say to me in Hebrew, 'Saul! Saul! Why do you persecute me? You cannot kick against the goad!' 15 'Who are you, sir?' said I. The Lord said, 'I am Jesus, 16 whom you are persecuting. But get up and stand on your feet, for I have appeared to you for the express purpose of appointing you to serve me and to testify to what you have 17 seen and to the visions you will have of me. I will save you from your people and from the heathen, to whom I will send 18 you to open their eyes and turn them from darkness to light and from Satan's control to God, so that they may have their sins forgiven and have a place among those who are conse- 19 crated through faith in me.' Therefore, King Agrippa, I did 20 not disobey that heavenly vision, but first to the people of Damascus and Jerusalem and then all over Judea, and even to the heathen I preached that they must repent and turn to 21 God and live as men who have repented should. That is why the Jews seized me in the Temple and tried to kill me.

τῆς ἀπὸ τοῦ θεοῦ ἄχρι τῆς ἡμέρας ταύτης ἔστηκα μαρτυρό-
μενος μικρῷ τε καὶ μεγάλῳ, οὐδὲν ἐκτὸς λέγων ὧν τε οἱ προ-
23 φῆται ἐλάλησαν μελλόντων γίνεσθαι καὶ Μωυσῆς, εἰ παθη-
τὸς ὁ χριστός, εἰ πρῶτος ἐξ ἀναστάσεως νεκρῶν φῶς μέλλει
24 καταγγέλλειν τῷ τε λαῷ καὶ τοῖς ἔθνεσιν.   Ταῦ-
τα δὲ αὐτοῦ ἀπολογουμένου ὁ Φῆστος μεγάλῃ τῇ φωνῇ φη-
σίν   Μαίνῃ, Παῦλε· τὰ πολλά σε γράμματα εἰς μανίαν
25 περιτρέπει.   ὁ δὲ Παῦλος   Οὐ μαίνομαι, φησίν, κράτιστε
Φῆστε, ἀλλὰ ἀληθείας καὶ σωφροσύνης ῥήματα ἀποφθέγ-
26 γομαι.   ἐπίσταται γὰρ περὶ τούτων ὁ βασιλεύς, πρὸς ὃν ⌐
παρρησιαζόμενος λαλῶ· λανθάνειν γὰρ ⌐αὐτὸν⌐ τούτων οὐ
πείθομαι οὐθέν, οὐ γάρ ἐστιν ἐν γωνίᾳ πεπραγμένον τοῦτο.
27 πιστεύεις, βασιλεῦ Ἀγρίππα, τοῖς προφήταις; οἶδα ὅτι
28 πιστεύεις.   ὁ δὲ Ἀγρίππας πρὸς τὸν Παῦλον   Ἐν ὀλίγῳ
29 ⌐με πείθεις Χριστιανὸν ποιῆσαι⌐.   ὁ δὲ Παῦλος   Εὐξαίμην
ἂν τῷ θεῷ καὶ ἐν ὀλίγῳ καὶ ἐν μεγάλῳ οὐ μόνον σὲ
ἀλλὰ καὶ πάντας τοὺς ἀκούοντάς μου σήμερον γενέσθαι
τοιούτους ὁποῖος καὶ ἐγώ εἰμι παρεκτὸς τῶν δεσμῶν τού-
30 των.   Ἀνέστη τε ὁ βασιλεὺς καὶ ὁ ἡγεμὼν ἥ
31 τε Βερνίκη καὶ οἱ συνκαθήμενοι αὐτοῖς, καὶ ἀναχωρήσαν-
τες ἐλάλουν πρὸς ἀλλήλους λέγοντες ὅτι   Οὐδὲν θανάτου
32 ἢ δεσμῶν ⌐ἄξιον⌐ πρασσει ὁ ἄνθρωπος οὗτος.   Ἀγρίππας
δὲ τῷ Φήστῳ ἔφη   Ἀπολελύσθαι ἐδύνατο ὁ ἄνθρωπος
οὗτος εἰ μὴ ἐπεκέκλητο Καίσαρα.

1   Ὡς δὲ ἐκρίθη τοῦ ἀποπλεῖν ἡμᾶς εἰς τὴν Ἰταλίαν,
παρεδίδουν τόν τε Παῦλον καί τινας ἑτέρους δεσμώτας
2 ἑκατοντάρχῃ ὀνόματι Ἰουλίῳ σπείρης Σεβαστῆς.   ἐπιβάν-
τες δὲ πλοίῳ Ἀδραμυντηνῷ μέλλοντι πλεῖν εἰς τοὺς κατὰ
τὴν Ἀσίαν τόπους ἀνήχθημεν, ὄντος σὺν ἡμῖν Ἀριστάρχου
3 Μακεδόνος Θεσσαλονικέως· τῇ τε ἑτέρᾳ κατήχθημεν εἰς
Σιδῶνα, φιλανθρώπως τε ὁ Ἰούλιος τῷ Παύλῳ χρησάμενος
ἐπέτρεψεν πρὸς τοὺς φίλους πορευθέντι ἐπιμελείας τυχεῖν.

26 καὶ | αὐτόν τι   28 †...†   31 ἄξιόν τι

22 To this day I have had God's help, and I stand here to testify
to high and low alike, without adding a thing to what Moses
23 and the prophets declared would happen, if the Christ was to
suffer and by being the first to rise from the dead was to
proclaim the light to our people and to the heathen."

24   As he said this in his defense, Festus called out,
        "You are raving, Paul! Your great learning is driving
you mad!"

25   "I am not raving, your Excellency Festus," said Paul,
26 "I am telling the sober truth. The king knows about this, and
I can speak to him with freedom. I do not believe that he
27 missed any of this, for it did not happen in a corner! King
Agrippa, do you believe the prophets? I know that you
do!"

28   "You are in a hurry to persuade me and make a Christian
of me!" Agrippa said to Paul.

29   "In a hurry or not," said Paul, "I would to God that
not only you, but all who hear me today, might be what I
am—except for these chains!"

30   Then the king rose, with the governor and Bernice and
31 those who had sat with them, and after leaving the room,
in talking the matter over together, they said,
        "This man has not done anything to deserve death or
imprisonment."

32   "He might have been set at liberty," said Agrippa to
Festus, "if he had not appealed to the emperor."

27   When it was decided that we were to sail for Italy, Paul
and some other prisoners were turned over to an officer of the
2 Imperial regiment, named Julius. We went on board an
Adramyttian ship bound for the ports of Asia, and put to sea.
We had a Macedonian from Thessalonica, named Aristarchus,
3 with us. The next day we put in at Sidon, and Julius kindly
allowed Paul to go and see his friends and be taken care of.

4 κἀκεῖθεν ἀναχθέντες ὑπεπλεύσαμεν τὴν Κύπρον διὰ τὸ
5 τοὺς ἀνέμους εἶναι ἐναντίους, τό τε πέλαγος τὸ κατὰ τὴν
Κιλικίαν καὶ Παμφυλίαν διαπλεύσαντες κατήλθαμεν εἰς
6 Μύρρα τῆς Λυκίας. Κἀκεῖ εὑρὼν ὁ ἑκατοντάρχης πλοῖον
Ἀλεξανδρινὸν πλέον εἰς τὴν Ἰταλίαν ἐνεβίβασεν ἡμᾶς εἰς
7 αὐτό. ἐν ἱκαναῖς δὲ ἡμέραις βραδυπλοοῦντες καὶ μόλις
γενόμενοι κατὰ τὴν Κνίδον, μὴ προσεῶντος ἡμᾶς τοῦ ἀνέ-
8 μου, ὑπεπλεύσαμεν τὴν Κρήτην κατὰ Σαλμώνην, μόλις τε
παραλεγόμενοι αὐτὴν ἤλθομεν εἰς τόπον τινὰ καλούμενον
9 Καλοὺς Λιμένας, ᾧ ἐγγὺς ἦν πόλις Λασέα. Ἱκα-
νοῦ δὲ χρόνου διαγενομένου καὶ ὄντος ἤδη ἐπισφαλοῦς
τοῦ πλοὸς διὰ τὸ καὶ τὴν νηστείαν ἤδη παρεληλυθέναι,
10 παρῄνει ὁ Παῦλος λέγων αὐτοῖς Ἄνδρες, θεωρῶ ὅτι μετὰ
ὕβρεως καὶ πολλῆς ζημίας οὐ μόνον τοῦ φορτίου καὶ
τοῦ πλοίου ἀλλὰ καὶ τῶν ψυχῶν ἡμῶν μέλλειν ἔσεσθαι
11 τὸν πλοῦν. ὁ δὲ ἑκατοντάρχης τῷ κυβερνήτῃ καὶ τῷ
ναυκλήρῳ μᾶλλον ἐπείθετο ἢ τοῖς ὑπὸ Παύλου λεγομένοις.
12 ἀνευθέτου δὲ τοῦ λιμένος ὑπάρχοντος πρὸς παραχειμασίαν
οἱ πλείονες ἔθεντο βουλὴν ἀναχθῆναι ἐκεῖθεν, εἴ πως δύ-
ναιντο καταντήσαντες εἰς Φοίνικα παραχειμάσαι, λιμένα
13 τῆς Κρήτης βλέποντα κατὰ λίβα καὶ κατὰ χῶρον. Ὑπο-
πνεύσαντος δὲ νότου δόξαντες τῆς προθέσεως κεκρατηκέναι
14 ἄραντες ἆσσον παρελέγοντο τὴν Κρήτην. μετ' οὐ πολὺ
δὲ ἔβαλεν κατ' αὐτῆς ἄνεμος τυφωνικὸς ὁ καλούμενος
15 Εὐρακύλων· συναρπασθέντος δὲ τοῦ πλοίου καὶ μὴ δυναμέ-
16 νου ἀντοφθαλμεῖν τῷ ἀνέμῳ ἐπιδόντες ἐφερόμεθα. νησίον
δέ τι ὑποδραμόντες καλούμενον Καῦδα ἰσχύσαμεν μόλις
17 περικρατεῖς γενέσθαι τῆς σκάφης, ἣν ἄραντες βοηθείαις
ἐχρῶντο ὑποζωννύντες τὸ πλοῖον· φοβούμενοί τε μὴ εἰς τὴν
Σύρτιν ἐκπέσωσιν, χαλάσαντες τὸ σκεῦος, οὕτως ἐφέροντο.
18 σφοδρῶς δὲ χειμαζομένων ἡμῶν τῇ ἑξῆς ἐκβολὴν ἐποιοῦντο,
19 καὶ τῇ τρίτῃ αὐτόχειρες τὴν σκευὴν τοῦ πλοίου ἔριψαν.
20 μήτε δὲ ἡλίου μήτε ἄστρων ἐπιφαινόντων ἐπὶ πλείονας

4 Putting to sea from there, we sailed under the lee of Cyprus,
5 as the wind was against us, and after traversing the Cilician
6 and Pamphylian waters, we reached Myra in Lycia.   There
the officer found an Alexandrian ship bound for Italy, and put
7 us on board.   For a number of days we made slow progress
and had some difficulty in arriving off Cnidus.   Then as the
wind kept us from going on, we sailed under the lee of Crete,
8 off Cape Salmone, and with difficulty coasted along it and
reached a place called Fair Havens, near the town of Lasea.
9   As a great deal of time had now passed, and navigation
had become dangerous, for the autumn fast was already over,
Paul began to warn them.
10   "Gentlemen," he said, "I see that this voyage is likely to
end in disaster and heavy loss, not only to ship and cargo
but to our own lives also."
11   But the officer was more influenced by the pilot and the
12 captain than by what Paul had to say, and as the harbor was
not fit to winter in, the majority favored putting to sea again,
in the hope of being able to reach and winter in Phoenix, a
harbor in Crete facing west-south-west and west-north-west.
13 When a moderate south wind sprang up, thinking their object
was within reach, they weighed anchor, and ran close along the
14 coast of Crete.   But very soon a violent wind which they call
15 a Northeaster, rushed down from it.   The ship was caught by
it and could not face the wind, so we gave way and let her
16 run before it.   As we passed under the lee of a small island
called Cauda, we managed with great difficulty to secure the
17 ship's boat.   After hoisting it on board, they used ropes to
brace the ship, and as they were afraid of being cast on the
Syrtis banks, they lowered the sail, and let the ship drift.
18 The next day, as the storm continued to be violent, they
19 began to throw the cargo overboard, and on the next, they
20 threw the ship's tackle overboard with their own hands.   For
a number of days neither the sun nor the stars were visible

ἡμέρας, χειμῶνός τε οὐκ ὀλίγου ἐπικειμένου, λοιπὸν περιη-
21 ρεῖτο ἐλπὶς πᾶσα τοῦ σῴζεσθαι ἡμᾶς. Πολλῆς τε ἀσιτίας
ὑπαρχούσης τότε σταθεὶς ὁ Παῦλος ἐν μέσῳ αὐτῶν εἶπεν
Ἔδει μέν, ὦ ἄνδρες, πειθαρχήσαντάς μοι μὴ ἀνάγεσθαι
ἀπὸ τῆς Κρήτης κερδῆσαί τε τὴν ὕβριν ταύτην καὶ τὴν
22 ζημίαν. καὶ τὰ νῦν παραινῶ ὑμᾶς εὐθυμεῖν, ἀποβολὴ γὰρ
23 ψυχῆς οὐδεμία ἔσται ἐξ ὑμῶν πλὴν τοῦ πλοίου· παρέστη
γάρ μοι ταύτῃ τῇ νυκτὶ τοῦ θεοῦ οὗ εἰμί, ᾧ καὶ λατρεύω,
24 ἄγγελος λέγων Μὴ φοβοῦ, Παῦλε· Καίσαρί σε δεῖ παρα-
στῆναι, καὶ ἰδοὺ κεχάρισταί σοι ὁ θεὸς πάντας τοὺς πλέον-
25 τας μετὰ σοῦ. διὸ εὐθυμεῖτε, ἄνδρες· πιστεύω γὰρ τῷ θεῷ
26 ὅτι οὕτως ἔσται καθ' ὃν τρόπον λελάληταί μοι. εἰς νῆσον
27 δέ τινα δεῖ ἡμᾶς ἐκπεσεῖν. Ὡς δὲ τεσσαρεσκαι-
δεκάτη νὺξ ἐγένετο διαφερομένων ἡμῶν ἐν τῷ Ἀδρίᾳ, κατὰ
μέσον τῆς νυκτὸς ὑπενόουν οἱ ναῦται ⌐προσάγειν⌐ τινὰ αὐτοῖς
28 χώραν. καὶ βολίσαντες εὗρον ὀργυιὰς εἴκοσι, βραχὺ δὲ
διαστήσαντες καὶ πάλιν βολίσαντες εὗρον ὀργυιὰς δεκα-
29 πέντε· φοβούμενοί τε μή που κατὰ τραχεῖς τόπους ἐκπέ-
σωμεν ἐκ πρύμνης ῥίψαντες ἀγκύρας τέσσαρας ηὔχοντο
30 ἡμέραν γενέσθαι. Τῶν δὲ ναυτῶν ζητούντων φυγεῖν ἐκ
τοῦ πλοίου καὶ χαλασάντων τὴν σκάφην εἰς τὴν θάλασσαν
προφάσει ὡς ἐκ πρῴρης ἀγκύρας μελλόντων ἐκτείνειν,
31 εἶπεν ὁ Παῦλος τῷ ἑκατοντάρχῃ καὶ τοῖς στρατιώταις
Ἐὰν μὴ οὗτοι μείνωσιν ἐν τῷ πλοίῳ, ὑμεῖς σωθῆναι οὐ
32 δύνασθε. τότε ἀπέκοψαν οἱ στρατιῶται τὰ σχοινία τῆς
33 σκάφης καὶ εἴασαν αὐτὴν ἐκπεσεῖν. Ἄχρι δὲ οὗ ἡμέρα
ἤμελλεν γίνεσθαι παρεκάλει ὁ Παῦλος ἅπαντας μεταλα-
βεῖν τροφῆς λέγων Τεσσαρεσκαιδεκάτην σήμερον ἡμέραν
προσδοκῶντες ἄσιτοι διατελεῖτε, μηθὲν προσλαβόμενοι·
34 διὸ παρακαλῶ ὑμᾶς μεταλαβεῖν τροφῆς, τοῦτο γὰρ πρὸς
τῆς ὑμετέρας σωτηρίας ὑπάρχει· οὐδενὸς γὰρ ὑμῶν θρὶξ
35 ἀπὸ τῆς κεφαλῆς ἀπολεῖται. εἴπας δὲ ταῦτα καὶ λαβὼν

27 προσαχεῖν

and the storm continued to rage, until at last we gave up all
21 hope of being saved.   Then, when they had gone a long time
without food, Paul got up among them, and said,

"Gentlemen, you ought to have listened to me and not to
have sailed from Crete and incurred this disaster and loss.
22 Even now, I beg you to keep up your courage, for there will be
23 no loss of life among you, but only of the ship.   For last night
an angel of the God I belong to and serve stood before me
24 and said, 'Do not be afraid, Paul!   You must stand before
the emperor, and see!   God has given you the lives of all the
25 people who are on the ship with you.'   So keep up your
courage, gentlemen!   For I have faith in God that it will be
26 just as I was told.   But we are to be stranded on some island."

27   It was the fourteenth night of the storm, and we were
drifting through the Adriatic when about midnight the
28 sailors began to suspect that there was land ahead.   On taking
soundings, they found a depth of twenty fathoms, and a little
later, taking soundings again, they found a depth of fifteen.
29 Then as they were afraid we might go on the rocks, they
dropped four anchors from the stern and waited anxiously
30 for daylight.   The sailors wanted to escape from the ship,
and actually lowered the boat into the sea, pretending that
31 they were going to run out anchors from the bow, but Paul
said to the officers and the soldiers,

"You cannot be saved unless these men stay on board."

32   Then the soldiers cut the ropes that held the boat and
33 let it drift away.   Until daybreak Paul kept urging them all
to take something to eat.

"For fourteen days," he said, "you have been constantly
34 on the watch, without taking anything to eat.   I beg you
to eat something; it is necessary for your safety.   For not
one of you will lose even a hair of his head."

35   With these words he took some bread and after thanking

ἄρτον εὐχαρίστησεν τῷ θεῷ ἐνώπιον πάντων καὶ κλάσας
36 ἤρξατο ἐσθίειν. εὔθυμοι δὲ γενόμενοι πάντες καὶ αὐτοὶ
37 προσελάβοντο τροφῆς. ἤμεθα δὲ αἱ πᾶσαι ψυχαὶ ἐν τῷ
38 πλοίῳ ⌜ὡς⌝ ἑβδομήκοντα ἔξ. κορεσθέντες δὲ τροφῆς ἐκού-
φιζον τὸ πλοῖον ἐκβαλλόμενοι τὸν σῖτον εἰς τὴν θάλασσαν.
39 Ὅτε δὲ ἡμέρα ἐγένετο; τὴν γῆν οὐκ ἐπεγίνωσκον, κόλπον
δέ τινα κατενόουν ἔχοντα αἰγιαλὸν εἰς ὃν ἐβουλεύοντο εἰ
40 δύναιντο ⌜ἐκσῶσαι⌝ τὸ πλοῖον. καὶ τὰς ἀγκύρας περιελόν-
τες εἴων εἰς τὴν θάλασσαν, ἅμα ἀνέντες τὰς ζευκτηρίας τῶν
πηδαλίων, καὶ ἐπάραντες τὸν ἀρτέμωνα τῇ πνεούσῃ κατεῖ-
41 χον εἰς τὸν αἰγιαλόν. περιπεσόντες δὲ εἰς τόπον διθά-
λασσον ἐπέκειλαν τὴν ναῦν, καὶ ἡ μὲν πρῷρα ἐρείσασα
ἔμεινεν ἀσάλευτος, ἡ δὲ πρύμνα ἐλύετο ὑπὸ τῆς βίας.
42 Τῶν δὲ στρατιωτῶν βουλὴ ἐγένετο ἵνα τοὺς δεσμώτας
43 ἀποκτείνωσιν, μή τις ἐκκολυμβήσας διαφύγῃ· ὁ δὲ ἑκατον-
τάρχης βουλόμενος διασῶσαι τὸν Παῦλον ἐκώλυσεν αὐτοὺς
τοῦ βουλήματος, ἐκέλευσέν τε τοὺς δυναμένους κολυμβᾶν
44 ἀπορίψαντας πρώτους ἐπὶ τὴν γῆν ἐξιέναι, καὶ τοὺς λοι-
ποὺς οὓς μὲν ἐπὶ σανίσιν οὓς δὲ ἐπί τινων τῶν ἀπὸ τοῦ
πλοίου· καὶ οὕτως ἐγένετο πάντας διασωθῆναι ἐπὶ τὴν γῆν.
1 Καὶ διασωθέντες τότε ἐπέγνωμεν ὅτι Μελιτήνη ἡ
2 νῆσος καλεῖται. οἵ τε βάρβαροι παρεῖχαν οὐ τὴν τυχοῦ-
σαν φιλανθρωπίαν ἡμῖν, ἅψαντες γὰρ πυρὰν προσελάβοντο
πάντας ἡμᾶς διὰ τὸν ὑετὸν τὸν ἐφεστῶτα καὶ διὰ τὸ ψῦχος.
3 συστρέψαντος δὲ τοῦ Παύλου φρυγάνων τι πλῆθος καὶ
ἐπιθέντος ἐπὶ τὴν πυράν, ἔχιδνα ἀπὸ τῆς θέρμης ἐξελθοῦσα
4 ..αθῆψε τῆς χειρὸς αὐτοῦ. ὡς δὲ εἶδαν οἱ βάρβαροι κρεμά-
μενον τὸ θηρίον ἐκ τῆς χειρὸς αὐτοῦ, πρὸς ἀλλήλους ἔλεγον
Πάντως φονεύς ἐστιν ὁ ἄνθρωπος οὗτος ὃν διασωθέντα ἐκ
5 τῆς θαλάσσης ἡ δίκη ζῆν οὐκ εἴασεν. ὁ μὲν οὖν ἀποτινά-
6 ξας τὸ θηρίον εἰς τὸ πῦρ ἔπαθεν οὐδὲν κακόν· οἱ δὲ προσε-
δόκων αὐτὸν μέλλειν πίμπρασθαι ἢ καταπίπτειν ἄφνω
νεκρόν. ἐπὶ πολὺ δὲ αὐτῶν προσδοκώντων καὶ θεωρούντων

37 διακόσιαι   39 ἐξῶσαι

God for it before them all, he broke *it* in pieces and began to
36 eat it.   This raised the spirits of all of them, and they took
37 something to eat.   There were about seventy-six of us on
38 board.   When they had had enough to eat, they threw the
39 wheat into the sea, in order to lighten the ship.   When
daylight came they could not recognize the coast, but they
saw a bay with a beach and determined to run the ship
40 ashore there if possible.   So they cast off the anchors and left
them in the sea, at the same time they undid the lashings of
the steering oars, and hoisting the foresail to the wind, they
41 made for the beach.   But they struck a shoal and ran the ship
aground.   The bow struck and could not be moved, while
42 the stern began to break up under the strain.   The soldiers
proposed to kill the prisoners, for fear some of them might
43 swim ashore and escape, but the officer wanted to save Paul,
and so he prevented them from doing this, and ordered all who
44 could swim to jump overboard first and get to land, and the
rest to follow on planks or other pieces of wreckage.   So they
all got safely to land.
28   After our escape we learned that the island was called
2 Malta.   The natives showed us remarkable kindness, for
they made a fire and welcomed us, because of the rain that
3 had come on and the cold.   Paul gathered a bundle of sticks
and put them on the fire, when a viper crawled out of them
4 because of the heat and fastened on his hand.   When the
natives saw the creature hanging from his hand, they said
to one another,

"This man is undoubtedly a murderer, for though he has
been saved from the sea, justice will not let him live."

5   But he only shook the creature off into the fire and was
6 unharmed.   They expected to see him swell up or suddenly fall
dead, but after waiting a long time and seeing nothing

μηδὲν ἄτοπον εἰς αὐτὸν γινόμενον, μεταβαλόμενοι ἔλεγον
7 αὐτὸν εἶναι θεόν.   Ἐν δὲ τοῖς περὶ τὸν τόπον
ἐκεῖνον ὑπῆρχεν χωρία τῷ πρώτῳ τῆς νήσου ὀνόματι Πο-
πλίῳ, ὃς ἀναδεξάμενος ἡμᾶς ⌜ἡμέρας τρεῖς⌝ φιλοφρόνως
8 ἐξένισεν. ἐγένετο δὲ τὸν πατέρα τοῦ Ποπλίου πυρετοῖς
καὶ δυσεντερίῳ συνεχόμενον κατακεῖσθαι, πρὸς ὃν ὁ Παῦλος
εἰσελθὼν καὶ προσευξάμενος ἐπιθεὶς τὰς χεῖρας αὐτῷ ἰάσατο
9 αὐτόν. τούτου δὲ γενομένου [καὶ] οἱ λοιποὶ οἱ ἐν τῇ νήσῳ
10 ἔχοντες ἀσθενείας προσήρχοντο καὶ ἐθεραπεύοντο, οἳ καὶ
πολλαῖς τιμαῖς ἐτίμησαν ἡμᾶς καὶ ἀναγομένοις ἐπέθεντο
τὰ πρὸς τὰς χρείας.

11   Μετὰ δὲ τρεῖς μῆνας ἀνήχθημεν ἐν πλοίῳ παρακεχει-
μακότι ἐν τῇ νήσῳ Ἀλεξανδρινῷ, παρασήμῳ Διοσκούροις.
12 καὶ καταχθέντες εἰς Συρακούσας ἐπεμείναμεν ἡμέρας
13 τρεῖς, ὅθεν περιελόντες κατηντήσαμεν εἰς Ῥήγιον. καὶ
μετὰ μίαν ἡμέραν ἐπιγενομένου νότου δευτεραῖοι ἤλθο-
14 μεν εἰς Ποτιόλους, οὗ εὑρόντες ἀδελφοὺς παρεκλήθημεν
παρ' αὐτοῖς ἐπιμεῖναι ἡμέρας ἑπτά· καὶ οὕτως εἰς τὴν Ῥώ-
15 μην ἤλθαμεν. κἀκεῖθεν οἱ ἀδελφοὶ ἀκούσαντες τὰ περὶ
ἡμῶν ἦλθαν εἰς ἀπάντησιν ἡμῖν ἄχρι Ἀππίου Φόρου καὶ
Τριῶν Ταβερνῶν, οὓς ἰδὼν ὁ Παῦλος εὐχαριστήσας τῷ θεῷ
16 ἔλαβε θάρσος.   Ὅτε δὲ εἰσήλθαμεν εἰς Ῥώμην,
ἐπετράπη τῷ Παύλῳ μένειν καθ' ἑαυτὸν σὺν τῷ φυλάσ-
σοντι αὐτὸν στρατιώτῃ.

17   Ἐγένετο δὲ μετὰ ἡμέρας τρεῖς συνκαλέσασθαι αὐτὸν
τοὺς ὄντας τῶν Ἰουδαίων πρώτους· συνελθόντων δὲ αὐτῶν
ἔλεγεν πρὸς αὐτούς   Ἐγώ, ἄνδρες ἀδελφοί, οὐδὲν ἐναντίον
ποιήσας τῷ λαῷ ἢ τοῖς ἔθεσι τοῖς πατρῴοις δέσμιος ἐξ
Ἱεροσολύμων παρεδόθην εἰς τὰς χεῖρας τῶν Ῥωμαίων,
18 οἵτινες ἀνακρίναντές με ἐβούλοντο ἀπολῦσαι διὰ τὸ μηδε-
19 μίαν αἰτίαν θανάτου ὑπάρχειν ἐν ἐμοί· ἀντιλεγόντων δὲ
τῶν Ἰουδαίων ἠναγκάσθην ἐπικαλέσασθαι Καίσαρα, οὐχ ὡς

7 τρεῖς ἡμέρας

unusual happen to him, they changed their minds and said that he was a god.

7   The governor of the island, whose name was Publius, had estates in that part of the island, and he welcomed us and en-
8 tertained us hospitably for three days.   Publius' father hap-pened to be sick in bed with fever and dysentery, and Paul went to see him and after praying laid his hands on him and
9 cured him.   After that, the other sick people on the island
10 came and were cured.   They made us many presents, and when we sailed, they provided us with everything that we needed.

11   Three months later, we sailed on an Alexandrian ship named the Dioscuri, which had wintered at the island.
12 We put in at Syracuse and stayed there three days, then we
13 weighed anchor and reached Rhegium.   A day later, a south wind sprang up and the following day we arrived at Puteoli.
14 There we found some of the brothers, and they urged us to
15 spend a week with them.   Then we went on to Rome.   The brothers there had had news of our coming, and came as far as Appius' Forum and Three Taverns to meet us, and when Paul saw them he thanked God and was greatly encouraged.

16   When we reached Rome, Paul was given permission to live by himself, with a soldier to guard him.

17   Three days later, he invited the leading Jews to come to see him, and when they came he said to them,

    "Brothers, I have done nothing against our people, or the customs of our forefathers, yet I was turned over to the
18 Romans as a prisoner at Jerusalem.   They examined me and were ready to let me go, as I was innocent of any crime that
19 deserved death.   But the Jews objected, and I was obliged to appeal to the emperor—not that I had any charge to make

20 τοῦ ἔθνους μου ἔχων τι κατηγορεῖν. διὰ ταύτην οὖν τὴν
αἰτίαν παρεκάλεσα ὑμᾶς ἰδεῖν καὶ προσλαλῆσαι, εἵνεκεν
γὰρ τῆς ἐλπίδος τοῦ Ἰσραὴλ τὴν ἅλυσιν ταύτην περίκειμαι.
21 οἱ δὲ πρὸς αὐτὸν εἶπαν Ἡμεῖς οὔτε γράμματα περὶ σοῦ
ἐδεξάμεθα ἀπὸ τῆς Ἰουδαίας, οὔτε παραγενόμενός τις τῶν
ἀδελφῶν ἀπήγγειλεν ἢ ἐλάλησέν τι περὶ σοῦ πονηρόν.
22 ἀξιοῦμεν δὲ παρὰ σοῦ ἀκοῦσαι ἃ φρονεῖς, περὶ μὲν γὰρ
τῆς αἱρέσεως ταύτης γνωστὸν ἡμῖν ἐστὶν ὅτι πανταχοῦ
23 ἀντιλέγεται.   Ταξάμενοι δὲ αὐτῷ ἡμέραν ἦλθαν
πρὸς αὐτὸν εἰς τὴν ξενίαν πλείονες, οἷς ἐξετίθετο διαμαρτυ-
ρόμενος τὴν βασιλείαν τοῦ θεοῦ πείθων τε αὐτοὺς περὶ τοῦ
Ἰησοῦ ἀπό τε τοῦ νόμου Μωυσέως καὶ τῶν προφητῶν ἀπὸ
24 πρωὶ ἕως ἑσπέρας. Καὶ οἱ μὲν ἐπείθοντο τοῖς λεγομένοις
25 οἱ δὲ ἠπίστουν, ἀσύμφωνοι δὲ ὄντες πρὸς ἀλλήλους
ἀπελύοντο, εἰπόντος τοῦ Παύλου ῥῆμα ἓν ὅτι Καλῶς
τὸ πνεῦμα τὸ ἅγιον ἐλάλησεν διὰ Ἡσαίου τοῦ προφήτου
26 πρὸς τοὺς πατέρας ὑμῶν λέγων

Πορεύθητι πρὸς τὸν λαὸν τοῦτον καὶ εἰπόν
Ἀκοῇ ἀκούσετε καὶ οὐ μὴ συνῆτε,
καὶ βλέποντες βλέψετε καὶ οὐ μὴ ἴδητε·
27   ἐπαχύνθη γὰρ ἡ καρδία τοῦ λαοῦ τούτου,
καὶ τοῖς ὠσὶν βαρέως ἤκουσαν,
καὶ τοὺς ὀφθαλμοὺς αὐτῶν ἐκάμμυσαν·
μή ποτε ἴδωσιν τοῖς ὀφθαλμοῖς
καὶ τοῖς ὠσὶν ἀκούσωσιν
καὶ τῇ καρδίᾳ συνῶσιν καὶ ἐπιστρέψωσιν,
καὶ ἰάσομαι αὐτούς.
28 γνωστὸν οὖν ὑμῖν ἔστω ὅτι τοῖς ἔθνεσιν ἀπεστάλη τοῦτο
τὸ σωτήριον τοῦ θεοῦ· αὐτοὶ καὶ ἀκούσονται.
30 Ἐνέμεινεν δὲ διετίαν ὅλην ἐν ἰδίῳ μισθώματι, καὶ ἀπε-
31 δέχετο πάντας τοὺς εἰσπορευομένους πρὸς αὐτόν, κηρύσσων
τὴν βασιλείαν τοῦ θεοῦ καὶ διδάσκων τὰ περὶ τοῦ κυρίου
Ἰησοῦ Χριστοῦ μετὰ πάσης παρρησίας ἀκωλύτως.

20 against my own nation.   That is why I asked to see you and speak with you, for it is on account of Israel's hope that I have to wear this chain."

21   "We have had no letters about you from Judea," they answered, "and none of the brothers who have come here has 22 reported or said anything against you.   But we want to hear you state your views, for as far as this sect is concerned, we understand that everywhere it is denounced."

23   So they fixed a day, and came in even larger numbers to the place where he was staying, and from morning till night he explained to them the Kingdom of God and gave his testimony, trying to convince them about Jesus from the Law 24 of Moses and the Prophets.   Some of them were convinced 25 by what he said, but others would not believe.   As they could not agree among themselves, they started to leave, when Paul added one last word.

"The holy Spirit put it finely," he said, "when it said to your forefathers through the prophet Isaiah,

26   " 'Go to this Nation and say to them,
       "You will listen, and listen, and never understand,
       And you will look, and look, and never see!
27   For this nation's mind has grown dull,
       And they hear faintly with their ears,
       And they have shut their eyes,
       So as never to see with their eyes,
       And hear with their ears,
       And understand with their minds, and turn back,
       And let me cure them!" '

28   "Understand then that this message of God's salvation has been sent to the heathen.   They will listen to it!"

30   So he stayed for two full years in rented lodgings of his 31 own, and welcomed everybody who came to see him, preaching the Kingdom of God to them and teaching about the Lord Jesus Christ openly and unhindered.

ΠΡΟΣ ΡΩΜΑΙΟΥΣ

1 ΠΑΥΛΟΣ δοῦλος ⌜Ἰησοῦ Χριστοῦ⌝, κλητὸς ἀπόστολος,
2 ἀφωρισμένος εἰς εὐαγγέλιον θεοῦ ὃ προεπηγγείλατο διὰ
3 τῶν προφητῶν αὐτοῦ ἐν γραφαῖς ἁγίαις περὶ τοῦ υἱοῦ
αὐτοῦ, τοῦ γενομένου ἐκ σπέρματος Δαυεὶδ κατὰ σάρκα,
4 τοῦ ὁρισθέντος υἱοῦ θεοῦ ἐν δυνάμει κατὰ πνεῦμα ἁγιωσύ-
νης ἐξ ἀναστάσεως νεκρῶν, Ἰησοῦ Χριστοῦ τοῦ κυρίου
5 ἡμῶν, δι᾽ οὗ ἐλάβομεν χάριν καὶ ἀποστολὴν εἰς ὑπα-
κοὴν πίστεως ἐν πᾶσιν τοῖς ἔθνεσιν ὑπὲρ τοῦ ὀνόματος
6 αὐτοῦ, ἐν οἷς ἐστὲ καὶ ὑμεῖς κλητοὶ Ἰησοῦ Χριστοῦ,
7 πᾶσιν τοῖς οὖσιν ἐν Ῥώμῃ ἀγαπητοῖς θεοῦ, κλητοῖς ἁγίοις·
χάρις ὑμῖν καὶ εἰρήνη ἀπὸ θεοῦ πατρὸς ἡμῶν καὶ κυρίου
Ἰησοῦ Χριστοῦ.

8 Πρῶτον μὲν εὐχαριστῶ τῷ θεῷ μου διὰ Ἰησοῦ
Χριστοῦ περὶ πάντων ὑμῶν, ὅτι ἡ πίστις ὑμῶν καταγγέλ-
9 λεται ἐν ὅλῳ τῷ κόσμῳ. μάρτυς γάρ μού ἐστιν ὁ θεός,
ᾧ λατρεύω ἐν τῷ πνεύματί μου ἐν τῷ εὐαγγελίῳ τοῦ
10 υἱοῦ αὐτοῦ, ὡς ἀδιαλείπτως μνείαν ὑμῶν ποιοῦμαι πάν-
τοτε ἐπὶ τῶν προσευχῶν μου, δεόμενος εἴ πως ἤδη ποτὲ
εὐοδωθήσομαι ἐν τῷ θελήματι τοῦ θεοῦ ἐλθεῖν πρὸς ὑμᾶς.
11 ἐπιποθῶ γὰρ ἰδεῖν ὑμᾶς, ἵνα τι μεταδῶ χάρισμα ὑμῖν
12 πνευματικὸν εἰς τὸ στηριχθῆναι ὑμᾶς, τοῦτο δέ ἐστιν
συνπαρακληθῆναι ἐν ὑμῖν διὰ τῆς ἐν ἀλλήλοις πίστεως

1 Χριστοῦ Ἰησοῦ

618

THE LETTER TO THE ROMANS

1   Paul, a slave of Jesus Christ, called as an apostle, set
2 apart to declare God's good news which he promised long ago
3 through his prophets in the holy Scriptures, about his Son,
4 who was physically descended from David, and decisively
  declared Son of God in his holiness of spirit, by being raised
5 from the dead—Jesus Christ our Lord, through whom we have
  received God's favor and been commissioned in his name to
6 urge obedience and faith upon all the heathen, including you
7 who have been called to belong to Jesus Christ—to all those
  in Rome whom God loves, who are called to be his people;
  God our Father and the Lord Jesus Christ bless you and give
  you peace.
8   First I thank my God through Jesus Christ about you all,
  because the news of your faith is spreading all over the world.
9 As God is my witness, whom I serve in my spirit in spreading
  the good news of his Son, I never fail to mention you when
10 I pray, and to ask that somehow by God's will I may some day
11 at last succeed in reaching you.   For I long to see you, to
  convey to you some spiritual gift that will strengthen you;
12 in other words, that you and I may be mutually encouraged

13 ὑμῶν τε καὶ ἐμοῦ. οὐ θέλω δὲ ὑμᾶς ἀγνοεῖν, ἀδελφοί, ὅτι
πολλάκις προεθέμην ἐλθεῖν πρὸς ὑμᾶς, καὶ ἐκωλύθην ἄχρι
τοῦ δεῦρο, ἵνα τινὰ καρπὸν σχῶ καὶ ἐν ὑμῖν καθὼς
14 καὶ ἐν τοῖς λοιποῖς ἔθνεσιν.   Ἕλλησίν
τε καὶ βαρβάροις, σοφοῖς τε καὶ ἀνοήτοις ὀφειλέτης εἰμί·
15 οὕτω τὸ κατ᾽ ἐμὲ πρόθυμον καὶ ὑμῖν τοῖς ἐν Ῥώμῃ εὐαγ-
16 γελίσασθαι. οὐ γὰρ ἐπαισχύνομαι τὸ εὐαγγέλιον, δύναμις
γὰρ θεοῦ ἐστὶν εἰς σωτηρίαν παντὶ τῷ πιστεύοντι, Ἰουδαίῳ
17 τε [πρῶτον] καὶ Ἕλληνι· δικαιοσύνη γὰρ θεοῦ ἐν αὐτῷ
ἀποκαλύπτεται ἐκ πίστεως εἰς πίστιν, καθὼς γέγραπται
Ὁ δὲ δίκαιος ἐκ πίστεως ζήσεται.

18   Ἀποκαλύπτεται γὰρ ὀργὴ θεοῦ ἀπ᾽ οὐρανοῦ ἐπὶ
πᾶσαν ἀσέβειαν καὶ ἀδικίαν ἀνθρώπων τῶν τὴν ἀλήθειαν
19 ἐν ἀδικίᾳ κατεχόντων, διότι τὸ γνωστὸν τοῦ θεοῦ φανερόν
20 ἐστιν ἐν αὐτοῖς, ὁ θεὸς γὰρ αὐτοῖς ἐφανέρωσεν. τὰ
γὰρ ἀόρατα αὐτοῦ ἀπὸ κτίσεως κόσμου τοῖς ποιήμασιν
νοούμενα καθορᾶται, ἥ τε ἀΐδιος αὐτοῦ δύναμις καὶ
21 θειότης, εἰς τὸ εἶναι αὐτοὺς ἀναπολογήτους, διότι γνόντες
τὸν θεὸν οὐχ ὡς θεὸν ἐδόξασαν ἢ ηὐχαρίστησαν, ἀλλὰ
ἐματαιώθησαν ἐν τοῖς διαλογισμοῖς αὐτῶν καὶ ἐσκοτίσθη
22 ἡ ἀσύνετος αὐτῶν καρδία· φάσκοντες εἶναι σοφοὶ ἐμω-
23 ράνθησαν, καὶ ἤλλαξαν τὴν δόξαν τοῦ ἀφθάρτου θεοῦ
ἐν ὁμοιώματι εἰκόνος φθαρτοῦ ἀνθρώπου καὶ πετεινῶν
24 καὶ τετραπόδων καὶ ἑρπετῶν.   Διὸ παρέδωκεν
αὐτοὺς ὁ θεὸς ἐν ταῖς ἐπιθυμίαις τῶν καρδιῶν αὐτῶν
εἰς ἀκαθαρσίαν τοῦ ἀτιμάζεσθαι τὰ σώματα αὐτῶν ἐν
25 αὐτοῖς, οἵτινες μετήλλαξαν τὴν ἀλήθειαν τοῦ θεοῦ ἐν τῷ
ψεύδει, καὶ ἐσεβάσθησαν καὶ ἐλάτρευσαν τῇ κτίσει παρὰ
τὸν κτίσαντα, ὅς ἐστιν εὐλογητὸς εἰς τοὺς αἰῶνας· ἀμήν.
26 Διὰ τοῦτο παρέδωκεν αὐτοὺς ὁ θεὸς εἰς πάθη ἀτιμίας·
αἵ τε γὰρ θήλειαι αὐτῶν μετήλλαξαν τὴν φυσικὴν χρῆσιν
27 εἰς τὴν παρὰ φύσιν, ὁμοίως τε καὶ οἱ ἄρσενες ἀφέντες τὴν
φυσικὴν χρῆσιν τῆς θηλείας ἐξεκαύθησαν ἐν τῇ ὀρέξει

29 κακίᾳ πονηρίᾳ πλεονεξίᾳ ν. πονηρίᾳ κακίᾳ πλεονεξίᾳ

13 by one another's faith.   I want you to understand, brothers,
that I have often intended to come to see you (though thus
far I have been prevented) in order to produce some results
among you, as well as among the rest of the heathen.   I owe
14 a debt both to Greeks and to foreigners, to the cultivated and
15 the uncultivated.   So, for my part, I am eager to preach the
16 good news to you at Rome also.   For I am not ashamed of
the good news, for it is God's power for the salvation of
everyone who has faith, of the Jew first and then of the Greek.
17 In it God's way of uprightness is disclosed through faith and
for faith, just as the Scripture says, "The upright will have
life because of his faith."

18   For God's anger is breaking forth from heaven against
all the impiety and wickedness of the men who in their
19 wickedness are suppressing the truth.   For all that can be
known of God is clearly before them; God has shown it to
20 them.   Ever since the creation of the world, his invisible
nature—his eternal power and divine character—have been
clearly perceptible through what he has made.   So they
21 have no excuse, for, though they knew God, they have not
honored him as God or given thanks to him, but they have
indulged in futile speculations, until their stupid minds have
22 become dark.   They called themselves wise, but they have
23 turned into fools, and for the splendor of the immortal God
they have substituted images in the form of mortal man,
birds, animals, and reptiles.

24   So God abandoned them, with their heart's cravings, to
25 impurity, and let them degrade their own bodies.   For they
had exchanged the truth of God for what was false, and
worshiped and served what he had created, instead of the
26 Creator, who is blessed forever!   Amen.   That is why God
has abandoned them to degrading passions.   Their women
have exchanged their natural function for one that is
27 unnatural, and men too in the same way have disregarded
the natural function of women and been consumed with

αὐτῶν εἰς ἀλλήλους ἄρσενες ἐν ἄρσεσιν, τὴν ἀσχημο-
σύνην κατεργαζόμενοι καὶ τὴν ἀντιμισθίαν ἣν ἔδει τῆς
28 πλάνης αὐτῶν ἐν αὐτοῖς ἀπολαμβάνοντες. Καὶ καθὼς
οὐκ ἐδοκίμασαν τὸν θεὸν ἔχειν ἐν ἐπιγνώσει, παρέδω-
κεν αὐτοὺς ὁ θεὸς εἰς ἀδόκιμον νοῦν, ποιεῖν τὰ μὴ καθή-
29 κοντα, πεπληρωμένους πάσῃ ἀδικίᾳ ⌜πονηρίᾳ πλεονεξίᾳ
κακίᾳ⌝, μεστοὺς φθόνου φόνου ἔριδος δόλου κακοηθίας,
30 ψιθυριστάς, καταλάλους, θεοστυγεῖς, ὑβριστάς, ὑπερηφά-
νους, ἀλαζόνας, ἐφευρετὰς κακῶν, γονεῦσιν ἀπειθεῖς,
31 ἀσυνέτους, ἀσυνθέτους, ἀστόργους, ἀνελεήμονας· οἵτινες
32 τὸ δικαίωμα τοῦ θεοῦ ⌜ἐπιγνόντες⌝, ⌜ὅτι οἱ τὰ τοιαῦτα
πράσσοντες ἄξιοι θανάτου εἰσίν, οὐ μόνον αὐτὰ ποιοῦσιν
ἀλλὰ καὶ συνευδοκοῦσιν τοῖς⌝ πράσσουσιν.

1   Διὸ ἀναπολόγητος εἶ, ὦ ἄνθρωπε πᾶς ὁ κρίνων· ἐν ᾧ
γὰρ κρίνεις τὸν ἕτερον, σεαυτὸν κατακρίνεις, τὰ γὰρ αὐτὰ
2 πράσσεις ὁ κρίνων· οἴδαμεν ⌜δὲ⌝ ὅτι τὸ κρίμα τοῦ θεοῦ
ἐστὶν κατὰ ἀλήθειαν ἐπὶ τοὺς τὰ τοιαῦτα πράσσοντας.
3 λογίζῃ δὲ τοῦτο, ὦ ἄνθρωπε ὁ κρίνων τοὺς τὰ τοιαῦτα
πράσσοντας καὶ ποιῶν αὐτά, ὅτι σὺ ἐκφεύξῃ τὸ κρίμα τοῦ
4 θεοῦ; ἢ τοῦ πλούτου τῆς χρηστότητος αὐτοῦ καὶ τῆς ἀνο-
χῆς καὶ τῆς μακροθυμίας καταφρονεῖς, ἀγνοῶν ὅτι τὸ
5 χρηστὸν τοῦ θεοῦ εἰς μετάνοιάν σε ἄγει; κατὰ δὲ τὴν
σκληρότητά σου καὶ ἀμετανόητον καρδίαν θησαυρίζεις
σεαυτῷ ὀργὴν ἐν ἡμέρᾳ ὀργῆς καὶ ἀποκαλύψεως δικαιο-
6 κρισίας τοῦ θεοῦ, ὃς ἀποδώσει ἑκάστῳ κατὰ τὰ ἔργα
7 αὐτοῦ· τοῖς μὲν καθ᾽ ὑπομονὴν ἔργου ἀγαθοῦ δόξαν καὶ
8 τιμὴν καὶ ἀφθαρσίαν ζητοῦσιν ζωὴν αἰώνιον· τοῖς δὲ ἐξ
ἐριθίας καὶ ἀπειθοῦσι τῇ ἀληθείᾳ πειθομένοις δὲ τῇ ἀδικίᾳ
9 ὀργὴ καὶ θυμός, θλῖψις καὶ στενοχωρία, ἐπὶ πᾶσαν ψυχὴν
ἀνθρώπου τοῦ κατεργαζομένου τὸ κακόν, Ἰουδαίου τε πρῶ-
10 τον καὶ Ἕλληνος· δόξα δὲ καὶ τιμὴ καὶ εἰρήνη παντὶ τῷ
11 ἐργαζομένῳ τὸ ἀγαθόν, Ἰουδαίῳ τε πρῶτον καὶ Ἕλληνι· οὐ
12 γάρ ἐστιν προσωπολημψία παρὰ τῷ θεῷ.   Ὅσοι

32 ἐπιγινώσκοντες | †...†   2 γὰρ

passion for one another, men with men, acting indecently, and experiencing in their own persons the inevitable penalty of
28 their mistake. And just as they refused to recognize God any longer, God has abandoned them to unworthy im-
29 pulses and indecent conduct. They revel in every kind of wrongdoing, wickedness, greed, and depravity. They are full
30 of envy, murder, quarreling, deceit, and ill-nature. They are gossips, slanderers, abhorrent to God, insolent, overbearing,
31 boastful, ingenious in evil, undutiful, conscienceless, treacher-
32 ous, unloving, and unpitying. They know God's decree that those who act in this way deserve to die, yet they not only do it, but applaud any who do.

2 Therefore you have no excuse, my friend, whoever you are, if you pose as a judge, for when you pass judgment on someone else, you are condemning yourself, for you, who sit in judgment,
2 do the very same things yourself. We know that God's judg- ment rightfully falls upon those who do such things as these.
3 And do you suppose, my friend, who sit in judgment upon those who do such things and yet do them yourself, that you
4 will escape the judgment of God? Do you think so lightly of his wealth of kindness, forbearance, and patience, and fail to
5 see that God's kindness ought to induce you to repent? But in your obstinacy and impenitence you are storing up wrath for yourself on the Day of Wrath, when the justice of God
6 will burst forth. For he will pay every man for what he has
7 done. Those who by persistently doing right strive for glory,
8 honor, and immortality will have eternal life, but self- seeking people who are disloyal to the truth and responsive
9 only to what is wrong will experience anger and fury, crushing distress and anguish, every human soul of them that actually
10 does what is wrong—the Jew first, and the Greek also; but there will be glory, honor, and peace for everyone who does
11 right, the Jew first, and the Greek also, for God shows no partiality.

γὰρ ἀνόμως ἥμαρτον, ἀνόμως καὶ ἀπολοῦνται· καὶ ὅσοι ἐν
13 νόμῳ ἥμαρτον, διὰ νόμου κριθήσονται· οὐ γὰρ οἱ ἀκροαταὶ
νόμου δίκαιοι παρὰ [τῷ] θεῷ, ἀλλ᾽ οἱ ποιηταὶ νόμου δικαιω-
14 θήσονται. ὅταν γὰρ ἔθνη τὰ μὴ νόμον ἔχοντα φύσει τὰ
τοῦ νόμου ποιῶσιν, οὗτοι νόμον μὴ ἔχοντες ἑαυτοῖς εἰσὶν
15 νόμος· οἵτινες ἐνδείκνυνται τὸ ἔργον τοῦ νόμου γραπτὸν ἐν
ταῖς καρδίαις αὐτῶν, συνμαρτυρούσης αὐτῶν τῆς συνειδή-
σεως καὶ μεταξὺ ἀλλήλων τῶν λογισμῶν κατηγορούντων ἢ
16 καὶ ἀπολογουμένων, ἐν ⌜ᾗ ἡμέρᾳ⌝ ⌜κρίνει⌝ ὁ θεὸς τὰ κρυπτὰ
τῶν ἀνθρώπων κατὰ τὸ εὐαγγέλιόν μου διὰ ⌜Χριστοῦ Ἰησοῦ⌝.
17   Εἰ δὲ σὺ Ἰουδαῖος ἐπονομάζῃ καὶ ἐπαναπαύῃ νόμῳ καὶ
18 καυχᾶσαι ἐν θεῷ καὶ γινώσκεις τὸ θέλημα καὶ δοκιμάζεις
19 τὰ διαφέροντα κατηχούμενος ἐκ τοῦ νόμου, πέποιθάς τε
20 σεαυτὸν ὁδηγὸν εἶναι τυφλῶν, φῶς τῶν ἐν σκότει, παιδευ-
τὴν ἀφρόνων, διδάσκαλον νηπίων, ἔχοντα τὴν μόρφωσιν
21 τῆς γνώσεως καὶ τῆς ἀληθείας ἐν τῷ νόμῳ,— ὁ οὖν διδά-
σκων ἕτερον σεαυτὸν οὐ διδάσκεις; ὁ κηρύσσων μὴ κλέπτειν
22 κλέπτεις; ὁ λέγων μὴ μοιχεύειν μοιχεύεις; ὁ βδελυσσό-
23 μενος τὰ εἴδωλα ἱεροσυλεῖς; ὃς ἐν νόμῳ καυχᾶσαι, διὰ τῆς
24 παραβάσεως τοῦ νόμου τὸν θεὸν ἀτιμάζεις; τὸ γὰρ ὄνομα
ΤΟΥ ΘΕΟΥ ΔΙ᾽ ὙΜᾶΣ ΒΛΑΣΦΗΜΕῖΤΑΙ ἘΝ ΤΟῖΣ ἜΘΝΕΣΙΝ,
25 καθὼς γέγραπται. περιτομὴ μὲν γὰρ ὠφελεῖ ἐὰν νόμον
πράσσῃς· ἐὰν δὲ παραβάτης νόμου ᾖς, ἡ περιτομή σου
26 ἀκροβυστία γέγονεν. ἐὰν οὖν ἡ ἀκροβυστία τὰ δικαιώ-
ματα τοῦ νόμου φυλάσσῃ, οὐχ ἡ ἀκροβυστία αὐτοῦ εἰς
27 περιτομὴν λογισθήσεται; καὶ κρινεῖ ἡ ἐκ φύσεως ἀκρο-
βυστία τὸν νόμον τελοῦσα σὲ τὸν διὰ γράμματος καὶ
28 περιτομῆς παραβάτην νόμου. οὐ γὰρ ὁ ἐν τῷ φανερῷ
Ἰουδαῖός ἐστιν, οὐδὲ ἡ ἐν τῷ φανερῷ ἐν σαρκὶ περιτομή·
29 ἀλλ᾽ ὁ ἐν τῷ κρυπτῷ Ἰουδαῖος, καὶ περιτομὴ καρδίας ἐν
πνεύματι οὐ γράμματι, οὗ ὁ ἔπαινος οὐκ ἐξ ἀνθρώπων
1 ἀλλ᾽ ἐκ τοῦ θεοῦ.   Τί οὖν τὸ περισσὸν τοῦ Ἰου-
2 δαίου, ἢ τίς ἡ ὠφελία τῆς περιτομῆς; πολὺ κατὰ πάντα

16 ἡμέρᾳ ᾗ v. ἡμέρᾳ ὅτε | κρινεῖ | Ἰησοῦ Χριστοῦ

12   All who sin without having the Law will perish without regard to the Law, and all who sin under the Law will be
13 judged by the Law. For merely hearing the Law read does not make a man upright in the sight of God; men must obey
14 the Law to be made upright. When heathen who have no Law instinctively obey what the Law demands, even though
15 they have no law they are a law to themselves, for they show that what the Law demands is written on their hearts, and their consciences will testify for them, and with their thoughts
16 they will either accuse or perhaps defend themselves, on that Day when, as the good news I preach teaches, God through Christ Jesus judges what men have kept secret.

17   Suppose you call yourself a Jew, and rely on law, and
18 boast about God, and can understand his will, and from hear-
19 ing the Law read can tell what is right, and you are sure that you can guide the blind, enlighten people who are in the dark,
20 train the foolish, teach the young, since you have knowledge
21 and truth formulated in the Law—why, then, will you teach others and refuse to teach yourself? Will you preach
22 against stealing, and yet steal yourself? Will you warn men against adultery, and yet practice it yourself? Will you pretend to detest idols, and yet rob their temples?
23 Will you boast of the Law and yet dishonor God by breaking
24 it? For, as the Scripture says, the very name of God is
25 abused among the heathen, because of you! Circumcision will help you only if you observe the Law; but if you are a
26 law-breaker, you might as well be uncircumcised. So if people who are uncircumcised observe the requirements of the Law, will they not be treated as though they were circum-
27 cised? And if, although they are physically uncircumcised, they obey the Law, they will condemn you, who break the Law, although you have it in writing, and are circumcised.
28 For the real Jew is not the man who is one outwardly, and the real circumcision is not something physical and external.
29 The real Jew is the man who is one inwardly, and real circum-cision is a matter of the heart, a spiritual, not a literal, thing. Such a man receives his praise not from men, but from God.
3   What advantage is there then in being a Jew, and what is
2 the use of circumcision? A great deal, from every point of

τρόπον. πρῶτον μὲν [γὰρ] ὅτι ἐπιστεύθησαν τὰ λόγια
3 τοῦ θεοῦ. τί γάρ; εἰ ἠπίστησάν τινες, μὴ ἡ ἀπιστία
4 αὐτῶν τὴν πίστιν τοῦ θεοῦ καταργήσει; μὴ γένοιτο· γινέ-
σθω δὲ ὁ θεὸς ἀληθής, πᾶc δὲ ἄνθρωποc ψεύcτηc,
καθάπερ γέγραπται

Ὅπωc ἂν Δικαιωθῆc ἐν τοῖc λόγοιc coy
καὶ νικήcειc ἐν τῷ κρίνεcθαί cε.

5 εἰ δὲ ἡ ἀδικία ἡμῶν θεοῦ δικαιοσύνην συνίστησιν, τί
ἐροῦμεν; μὴ ἄδικος ὁ θεὸς ὁ ἐπιφέρων τὴν ὀργήν; κατὰ
6 ἄνθρωπον λέγω. μὴ γένοιτο· ἐπεὶ πῶς κρινεῖ ὁ θεὸς τὸν
7 κόσμον; εἰ ⌈δὲ⌉ ἡ ἀλήθεια τοῦ θεοῦ ἐν τῷ ἐμῷ ψεύσματι
ἐπερίσσευσεν εἰς τὴν δόξαν αὐτοῦ, τί ἔτι κἀγὼ ὡς ἁμαρ-
8 τωλὸς κρίνομαι, καὶ μὴ καθὼς βλασφημούμεθα [καὶ] καθώς
φασίν τινες ἡμᾶς λέγειν ὅτι Ποιήσωμεν τὰ κακὰ ἵνα ἔλθῃ
τὰ ἀγαθά; ὧν τὸ κρίμα ἔνδικόν ἐστιν.

9 Τί οὖν; προεχόμεθα; οὐ πάντως, προῃτιασάμεθα γὰρ
Ἰουδαίους τε καὶ Ἕλληνας πάντας ὑφ᾽ ἁμαρτίαν εἶναι,
10 καθὼς γέγραπται ὅτι
Οὐκ ἔcτιν Δίκαιοc οὐδὲ εἷc,
11 οὐκ ἔcτιν ⌈cyνίων, οὐκ ἔcτιν⌉ ⌈ἐκzητῶν⌉ τὸν
θεόν·
12 πάντεc ἐξέκλιναν, ἅμα ἠχρεώθηcαν·
οὐκ ἔcτιν ᵀ ποιῶν ⌈χρηcτότητα, οὐκ ἔcτιν ἕωc
ἑνόc.
13 τάφοc ἀνεῳγμένοc ὁ λάρυγξ αὐτῶν,
ταῖc γλώccαιc αὐτῶν ἐδολιοῦcαν,
ἰὸc ἀcπίδων ὑπὸ τὰ χείλη αὐτῶν,
14 ὧν τὸ cτόμα ᵀ ἀρᾶc καὶ πικρίαc γέμει·
15 ὀξεῖc οἱ πόδεc αὐτῶν ἐκχέαι αἷμα,
16 cύντριμμα καὶ ταλαιπωρία ἐν ταῖc ὁδοῖc αὐτῶν,
17 καὶ ὁδὸν εἰρήνηc οὐκ ἔγνωcαν.
18 οὐκ ἔcτιν φόβοc θεοῦ ἀπέναντι τῶν
ὀφθαλμῶν αὐτῶν.

7 γάρ   11 ὁ συνίων, οὐκ ἔστιν ὁ | ζητῶν   12 ὁ | χρηστότητα ἕως   14 αὐτῶν

view. In the first place, the Jews were intrusted with the
3 utterances of God. What if some of them have shown a lack
of faith? Can their lack of it nullify the faithfulness of God?
4 By no means! God must prove true, though every man be
false; as the Scripture says,

> "That you may be shown to be right in what you say,
> And win your case when you go into court."

5 But if our wrongdoing brings out the uprightness of God,
what are we to say? Is it wrong in God (I am putting it in
6 ordinary human terms) to inflict punishment? By no means,
7 for then how could he judge the world? But, you say, if a
falsehood of mine has brought great honor to God by bringing
8 out his truthfulness, why am I tried for being a sinner? And
why not say, as people abuse us for saying and charge us with
saying, "Let us do evil that good may come out of it"? Such
people will be condemned as they deserve!

9   What does this mean? Are we Jews at a disadvantage?
Not at all. We have already charged Jews and Greeks all
10 alike with being under the control of sin. As the Scripture says,

> "There is not a single man who is upright,
11   No one understands, no one searches for God.
12   All have turned away, they are one and all worthless,
> No one does right, not a single one!
13   Their throats are like open graves,
> They use their tongues to deceive;
> The venom of asps is behind their lips,
14   And their mouths are full of bitter curses.
15   Their feet are swift when it comes to shedding blood,
16   Ruin and wretchedness mark their paths,
17   They do not know the way of peace.
18   There is no reverence for God before their eyes!"

19 Οἴδαμεν δὲ ὅτι ὅσα ὁ νόμος λέγει τοῖς ἐν τῷ νόμῳ λαλεῖ,
ἵνα πᾶν στόμα φραγῇ καὶ ὑπόδικος γένηται πᾶς ὁ κόσμος
20 τῷ θεῷ· διότι ἐξ ἔργων νόμου ΟΥ ΔΙΚΑΙΩΘΉϹΕΤΑΙ ΠᾶϹΑ
ϹΆΡΖ ΕΝΏΠΙΟΝ ΑΎΤΟΥ͂, διὰ γὰρ νόμου ἐπίγνωσις ἁμαρτίας.
21 νυνὶ δὲ χωρὶς νόμου δικαιοσύνη θεοῦ πεφανέρωται, μαρτυ-
22 ρουμένη ὑπὸ τοῦ νόμου καὶ τῶν προφητῶν, δικαιοσύνη δὲ
θεοῦ διὰ πίστεως ['Ιησοῦ] Χριστοῦ, εἰς πάντας τοὺς πιστεύ-
23 οντας, οὐ γάρ ἐστιν διαστολή. πάντες γὰρ ἥμαρτον καὶ
24 ὑστεροῦνται τῆς δόξης τοῦ θεοῦ, δικαιούμενοι δωρεὰν τῇ
αὐτοῦ χάριτι διὰ τῆς ἀπολυτρώσεως τῆς ἐν Χριστῷ Ἰησοῦ·
25 ὃν προέθετο ὁ θεὸς ἱλαστήριον διὰ ᵀ πίστεως ἐν τῷ
αὐτοῦ αἵματι εἰς ἔνδειξιν τῆς δικαιοσύνης αὐτοῦ διὰ τὴν
26 πάρεσιν τῶν προγεγονότων ἁμαρτημάτων ἐν τῇ ἀνοχῇ τοῦ
θεοῦ, πρὸς τὴν ἔνδειξιν τῆς δικαιοσύνης αὐτοῦ ἐν τῷ νῦν
καιρῷ, εἰς τὸ εἶναι αὐτὸν δίκαιον καὶ δικαιοῦντα τὸν ἐκ
27 πίστεως Ἰησοῦ.   Ποῦ οὖν ἡ καύχησις; ἐξε-
κλείσθη. διὰ ποιου νόμου; τῶν ἔργων; οὐχί, ἀλλὰ διὰ
28 νόμου πίστεως. λογιζόμεθα ⌜γὰρ⌝ δικαιοῦσθαι πίστει ἄν-
29 θρωπον χωρὶς ἔργων νόμου. ἢ Ἰουδαίων ὁ θεὸς ⌜μόνον⌝;
30 οὐχὶ καὶ ἐθνῶν; ναὶ καὶ ἐθνῶν, εἴπερ εἷς ὁ θεός, ὃς δικαιώσει
περιτομὴν ἐκ πίστεως καὶ ἀκροβυστίαν διὰ τῆς πίστεως.
31 νόμον οὖν καταργοῦμεν διὰ τῆς πίστεως; μὴ γένοιτο, ἀλλὰ
νόμον ἱστάνομεν.

1   Τί οὖν ἐροῦμεν ᵀ Ἀβραὰμ τὸν προπάτορα ἡμῶν κατὰ
2 σάρκα; εἰ γὰρ Ἀβραὰμ ἐξ ἔργων ἐδικαιώθη, ἔχει καύχημα·
3 ἀλλ' οὐ πρὸς θεόν, τί γὰρ ἡ γραφὴ λέγει; ΕΠΊϹΤΕΥ-
ϹΕΝ ΔῈ ΑΒΡΑᾺΜ ΤΩ͂ ΘΕΩ͂, ΚΑῚ ΕΛΟΓΊϹΘΗ ΑΎΤΩ͂ ΕΙϹ
4 ΔΙΚΑΙΟϹΎΝΗΝ. τῷ δὲ ἐργαζομένῳ ὁ μισθὸς οὐ λογίζεται
5 κατὰ χάριν ἀλλὰ κατὰ ὀφείλημα· τῷ δὲ μὴ ἐργαζομένῳ,
πιστεύοντι δὲ ἐπὶ τὸν δικαιοῦντα τὸν ἀσεβῆ, λογίζεται ἡ
6 πίστις αὐτοῦ εἰς δικαιοσύνην, καθάπερ καὶ Δαυεὶδ λέγει
τὸν μακαρισμὸν τοῦ ἀνθρώπου ᾧ ὁ θεὸς λογίζεται δικαι-
οσύνην χωρὶς ἔργων

25 τῆς   28 οὖν   29 μόνων   1 εὑρηκέναι

19 Now we know that everything the Law says is addressed to those under its authority, so that every mouth may be shut, 20 and the whole world be made accountable to God.   For no human being can be made upright in the sight of God by observing the Law.   All that the Law can do is to make men 21 conscious of sin.   But now God's way of uprightness has been disclosed without any reference to law, though the Law and 22 the Prophets bear witness to it.   It is God's way of uprightness and comes through having faith in Jesus Christ, and it is 23 for all who have faith, without distinction.   For all men sin 24 and come short of the glory of God, but by his mercy they are made upright for nothing, by the deliverance secured through 25 Christ Jesus.   For God showed him publicly dying as a sacrifice of reconciliation to be taken advantage of through faith.   This was to vindicate his own justice (for in his 26 forbearance, God passed over men's former sins)—to vindicate his justice at the present time, and show that he is upright himself, and that he makes those who have faith in Jesus upright also.

27   Then what becomes of our boasting?   It is shut out. On what principle?   What a man does?   No, but whether a 28 man has faith.   For we hold that a man is made upright by faith; the observance of the Law has nothing to do with it. 29 Does God belong to the Jews alone?   Does he not belong to the heathen too?   Of course he belongs to the heathen too; 30 there is but one God, and he will make the circumcised upright on the ground of their faith and the uncircumcised 31 upright because of theirs.   Is this using faith to overthrow law?   Far from it.   This confirms the Law.

4   Then what are we to say about our ancestor Abraham? 2 For if he was made upright by what he did, it is something to 3 be proud of.   But not to be proud of before God, for what does the Scripture say?   "Abraham had faith in God, and it was 4 credited to him as uprightness."   Now paying a workman 5 is not considered a favor, but an obligation, but a man who has no work to offer, but has faith in him who can make the ungodly upright, has his faith credited to him as upright- 6 ness.   So David himself says of the happiness of those to whom God credits uprightness without any reference to their actions,

7 Μακάριοι ὧν ἀφέθηϲαν αἱ ἀνομίαι καὶ ὧν
ἐπεκαλύφθηϲαν αἱ ἁμαρτίαι,
8 μακάριοϲ ἀνὴρ ⌜οὗ⌝ οὐ μὴ λογίϲηται Κύριοϲ
ἁμαρτίαν.
9 ὁ μακαρισμὸς οὖν οὗτος ἐπὶ τὴν περιτομὴν ἢ καὶ ἐπὶ τὴν
ἀκροβυστίαν; λέγομεν γάρ ᾿Ελογίϲθη τῷ ᾿Αβραὰμ ἡ
10 πίϲτιϲ εἰϲ Δικαιοϲύνην. πῶς οὖν ἐλογίσθη; ἐν περιτομῇ
ὄντι ἢ ἐν ἀκροβυστίᾳ; οὐκ ἐν περιτομῇ ἀλλ' ἐν ἀκρο-
11 βυστίᾳ· καὶ ϲΗΜΕῖΟΝ ἔλαβεν ⌜περιτομῆϲ⌝, σφραγῖδα τῆς
δικαιοσύνης τῆς πίστεως τῆς ἐν τῇ ἀκροβυϲτίᾳ, εἰς τὸ εἶναι
αὐτὸν πατέρα πάντων τῶν πιστευόντων δι' ἀκροβυστίας,
12 εἰς τὸ λογισθῆναι αὐτοῖς [τὴν] δικαιοσύνην, καὶ πατέρα
περιτομῆς τοῖς οὐκ ἐκ περιτομῆς μόνον ἀλλὰ ⌜καὶ τοῖς⌝
στοιχοῦσιν τοῖς ἴχνεσιν τῆς ἐν ἀκροβυστίᾳ πίστεως τοῦ
13 πατρὸς ἡμῶν ᾿Αβραάμ.   Οὐ γὰρ διὰ νόμου ἡ
ἐπαγγελία τῷ ᾿Αβραὰμ ἢ τῷ σπέρματι αὐτοῦ, τὸ κληρο-
νόμον αὐτὸν εἶναι κόσμου, ἀλλὰ διὰ δικαιοσύνης πίστεως·
14 εἰ γὰρ οἱ ἐκ νόμου κληρονόμοι, κεκένωται ἡ πίστις καὶ
15 κατήργηται ἡ ἐπαγγελία· ὁ γὰρ νόμος ὀργὴν κατεργάζεται,
16 οὗ δὲ οὐκ ἔστιν νόμος, οὐδὲ παράβασις.   Διὰ
τοῦτο ἐκ πίστεως, ἵνα κατὰ χάριν, εἰς τὸ εἶναι βεβαίαν τὴν
ἐπαγγελίαν παντὶ τῷ σπέρματι, οὐ τῷ ἐκ τοῦ νόμου μόνον
ἀλλὰ καὶ τῷ ἐκ πίστεως ᾿Αβραάμ, (ὅς ἐστιν πατὴρ πάντων
17 ἡμῶν, καθὼς γέγραπται ὅτι Πατέρα πολλῶν ἐθνῶν τέ-
θεικά ϲε,) κατέναντι οὗ ἐπίστευσεν θεοῦ τοῦ ζωοποιοῦντος
18 τοὺς νεκροὺς καὶ καλοῦντος τὰ μὴ ὄντα ὡς ὄντα· ὃς παρ' ἐλ-
πίδα ἐπ' ἐλπίδι ἐπίστευσεν εἰς τὸ γενέσθαι αὐτὸν πατέρα
πολλῶν ἐθνῶν κατὰ τὸ εἰρημένον Οὕτωϲ ἔϲται τὸ
19 ϲπέρμα ϲου· καὶ μὴ ἀσθενήσας τῇ πίστει κατενόησεν
τὸ ἑαυτοῦ σῶμα [ἤδη] νενεκρωμένον, ἑκατονταετής που
20 ὑπάρχων, καὶ τὴν νέκρωσιν τῆς μήτρας Σάρρας, εἰς δὲ τὴν
ἐπαγγελίαν τοῦ θεοῦ οὐ διεκρίθη τῇ ἀπιστίᾳ ἀλλὰ ἐνεδυ-
21 ναμώθη τῇ πίστει, δοὺς δόξαν τῷ θεῷ καὶ πληροφορηθεὶς

8 ῷ   11 περιτομήν   12 †...†

7 "Happy are they whose violations of the Law have been forgiven, whose sins are covered up!

8 Happy is the man whose sin the Lord will take no account of!"

9 Does this happiness apply to those who are circumcised, or to those who are uncircumcised as well? What we say is, Abraham's faith was credited to him as uprightness.

10 In what circumstances? Was it after he was circumcised,

11 or before? Not after he was circumcised, but before; and he was afterward given the mark of circumcision as the stamp of God's acknowledgment of the uprightness based on faith that was his before he was circumcised, so that he should be the forefather of all who, without being circumcised, have

12 faith and so are credited with uprightness, and the forefather of those circumcised persons who not only share his circumcision but follow our forefather Abraham's example in the faith he had before he was circumcised.

13 For the promise made to Abraham and his descendants that the world should belong to him did not come to him or his descendants through the Law, but through the uprightness

14 that resulted from his faith. For if it is the adherents of the Law who are to possess it, faith is nullified and the promise

15 amounts to nothing! For the Law only brings down God's wrath; where there is no law, there is no violation of it.

16 That is why it all turns upon faith; it is to make it a matter of God's favor, so that the promise may hold good for all Abraham's descendants, not only those who are adherents of the Law but also those who share the faith of Abraham.

17 For he is the father of all of us; as the Scripture says, "I have made you the father of many nations." The promise is guaranteed in the very sight of God in whom he had faith, who can bring the dead to life and call into being what

18 does not exist. Abraham, hoping against hope, had faith, and so became the father of many nations, in fulfilment of the

19 Scripture, "So countless shall your descendants be." His faith did not weaken, although he realized that his own body was worn out, for he was about a hundred years old, and that

20 Sarah was past bearing children. He did not incredulously

21 question God's promise, but his faith gave him power and he

22 ὅτι ὃ ἐπήγγελται δυνατός ἐστιν καὶ ποιῆσαι. διὸ [καὶ]
23 ἐλογίϲθη αὐτῷ εἰϲ Δικαιοϲύνην. Οὐκ ἐγράφη
24 δὲ δι᾽ αὐτὸν μόνον ὅτι ἐλογίϲθη αὐτῷ, ἀλλὰ καὶ δι᾽ ἡμᾶς
οἷς μέλλει λογίζεσθαι, τοῖς πιστεύουσιν ἐπὶ τὸν ἐγείραντα
25 Ἰησοῦν τὸν κύριον ἡμῶν ἐκ νεκρῶν, ὃς παρεΔόθη Διὰ τὰ
παραπτώματα ἡμῶν καὶ ἠγέρθη διὰ τὴν δικαίωσιν ἡμῶν.

1 Δικαιωθέντες οὖν ἐκ πίστεως εἰρήνην ἔχωμεν πρὸς τὸν
2 θεὸν διὰ τοῦ κυρίου ἡμῶν Ἰησοῦ Χριστοῦ, δι᾽ οὗ καὶ τὴν
προσαγωγὴν ἐσχήκαμεν [τῇ πίστει] εἰς τὴν χάριν ταύτην
ἐν ᾗ ἑστήκαμεν, καὶ καυχώμεθα ἐπ᾽ ἐλπίδι τῆς δόξης τοῦ
3 θεοῦ· οὐ μόνον δέ, ἀλλὰ καὶ ⌜καυχώμεθα⌝ ἐν ταῖς θλίψε-
4 σιν, εἰδότες ὅτι ἡ θλῖψις ὑπομονὴν κατεργάζεται, ἡ δὲ
5 ὑπομονὴ δοκιμήν, ἡ δὲ δοκιμὴ ἐλπίδα, ἡ δὲ ἐλπὶϲ οὐ κα-
ταιϲχύνει. ὅτι ἡ ἀγάπη τοῦ θεοῦ ἐκκέχυται ἐν ταῖς καρ-
6 δίαις ἡμῶν διὰ πνεύματος ἁγίου τοῦ δοθέντος ἡμῖν· ⌜εἴ γε⌝
Χριστὸς ὄντων ἡμῶν ἀσθενῶν ἔτι κατὰ καιρὸν ὑπὲρ ἀσε-
7 βῶν ἀπέθανεν. μόλις γὰρ ὑπὲρ δικαίου τις ἀποθανεῖται·
ὑπὲρ γὰρ τοῦ ἀγαθοῦ τάχα τις καὶ τολμᾷ ἀποθανεῖν·
8 συνίστησιν δὲ τὴν ἑαυτοῦ ἀγάπην εἰς ἡμᾶς ὁ θεὸς • ὅτι
ἔτι ἁμαρτωλῶν ὄντων ἡμῶν Χριστὸς ὑπὲρ ἡμῶν ἀπέθανεν.
9 πολλῷ οὖν μᾶλλον δικαιωθέντες νῦν ἐν τῷ αἵματι αὐ-
10 τοῦ σωθησόμεθα δι᾽ αὐτοῦ ἀπὸ τῆς ὀργῆς. εἰ γὰρ ἐχθροὶ
ὄντες κατηλλάγημεν τῷ θεῷ διὰ τοῦ θανάτου τοῦ υἱοῦ
αὐτοῦ, πολλῷ μᾶλλον καταλλαγέντες σωθησόμεθα ἐν τῇ
11 ζωῇ αὐτοῦ· οὐ μόνον δέ, ἀλλὰ καὶ καυχώμενοι ἐν τῷ
θεῷ διὰ τοῦ κυρίου ἡμῶν Ἰησοῦ [Χριστοῦ], δι᾽ οὗ νῦν
τὴν καταλλαγὴν ἐλάβομεν.

12 Διὰ τοῦτο ὥσπερ δι᾽ ἑνὸς ἀνθρώπου ἡ ἁμαρτία εἰς
τὸν κόσμον εἰσῆλθεν καὶ διὰ τῆς ἁμαρτίας ὁ θάνατος, καὶ
οὕτως εἰς πάντας ἀνθρώπους ὁ θάνατος διῆλθεν ἐφ᾽ ᾧ
13 πάντες ἥμαρτον—. ἄχρι γὰρ νόμου ἁμαρτία ἦν ἐν
14 κόσμῳ, ἁμαρτία δὲ οὐκ ἐλλογᾶται μὴ ὄντος νόμου, ἀλλὰ

praised God in the full assurance that God was able to do
22 what he had promised. That was why it was credited to
him as uprightness.

23   It was not on his account alone that these words, "it was
24 credited to him," were written, but also on ours, for it is to
be credited also to us who have faith in him who raised from
25 the dead our Lord Jesus, who was given up to death to make
up for our offenses, and raised to life to make us upright.

5   So as we have been made upright by faith, let us live in
2 peace with God through our Lord Jesus Christ, by whom we
have been introduced through faith to the favor of God that
we now enjoy, and let us glory in our hope of sharing the
3 glory of God. More than that, we ought to glory in our
4 troubles, for we know that trouble produces endurance, and
5 endurance, character, and character, hope, and hope will not
disappoint us. For, through the holy Spirit that has been
6 given us, God's love has flooded our hearts. For when we
were still helpless, at the decisive moment Christ died for us
7 godless men. Why, a man will hardly give his life for an
upright person, though perhaps for a really good man some
8 may be brave enough to die. But God proves his love for us
by the fact that Christ died for us when we were still sinners.
9 So if we have already been made upright by the shedding of his
blood, it is far more certain that through him we shall be saved
10 from God's anger! If, when we were God's enemies, we were
reconciled to him through the death of his Son, it is far more
certain that now that we are reconciled we shall be saved
11 through sharing in his life! More than that, we actually
glory in God through our Lord Jesus Christ, to whom we owe
our reconciliation.

12   It is just like the way in which through one man sin came
into the world, and death followed sin, and so death spread
13 to all men, because all men sinned. It is true sin was in the
world before the Law was given, and men are not charged with

ἐβασίλευσεν ὁ θάνατος ἀπὸ Ἀδὰμ μέχρι Μωυσέως καὶ ἐπὶ
τοὺς μὴ ἁμαρτήσαντας ἐπὶ τῷ ὁμοιώματι τῆς παραβάσεως
15 Ἀδάμ, ὅς ἐστιν τύπος τοῦ μέλλοντος.   Ἀλλ' οὐχ ὡς
τὸ παράπτωμα, οὕτως [καὶ] τὸ χάρισμα· εἰ γὰρ τῷ τοῦ
ἑνὸς παραπτώματι οἱ πολλοὶ ἀπέθανον, πολλῷ μᾶλλον
ἡ χάρις τοῦ θεοῦ καὶ ἡ δωρεὰ ἐν χάριτι τῇ τοῦ ἑνὸς ἀν-
θρώπου Ἰησοῦ Χριστοῦ εἰς τοὺς πολλοὺς ἐπερίσσευσεν.
16 καὶ οὐχ ὡς δι' ἑνὸς ἁμαρτήσαντος τὸ δώρημα· τὸ μὲν γὰρ
κρίμα ἐξ ἑνὸς εἰς κατάκριμα, τὸ δὲ χάρισμα ἐκ πολλῶν
17 παραπτωμάτων εἰς δικαίωμα. εἰ γὰρ ⌈τῷ τοῦ⌉ ἑνὸς παρα-
πτώματι ὁ θάνατος ἐβασίλευσεν διὰ τοῦ ἑνός, πολλῷ μᾶλ-
λον οἱ τὴν περισσείαν τῆς χάριτος καὶ [τῆς δωρεᾶς] τῆς
δικαιοσύνης λαμβάνοντες ἐν ζωῇ βασιλεύσουσιν διὰ τοῦ
18 ἑνὸς ⌈Ἰησοῦ Χριστοῦ⌉.   Ἄρα οὖν ὡς δι' ἑνὸς παρα-
πτώματος εἰς πάντας ἀνθρώπους εἰς κατάκριμα, οὕτως καὶ
δι' ἑνὸς δικαιώματος εἰς πάντας ἀνθρώπους εἰς δικαίωσιν
19 ζωῆς· ὥσπερ γὰρ διὰ τῆς παρακοῆς τοῦ ἑνὸς ἀνθρώπου
ἁμαρτωλοὶ κατεστάθησαν οἱ πολλοί, οὕτως καὶ διὰ τῆς
ὑπακοῆς τοῦ ἑνὸς δίκαιοι κατασταθήσονται οἱ πολλοί.
20 νόμος δὲ παρεισῆλθεν ἵνα πλεονάσῃ τὸ παράπτωμα· οὗ δὲ
21 ἐπλεόνασεν ἡ ἁμαρτία, ὑπερεπερίσσευσεν ἡ χάρις, ἵνα
ὥσπερ ἐβασίλευσεν ἡ ἁμαρτία ἐν τῷ θανάτῳ, οὕτως καὶ
ἡ χάρις βασιλεύσῃ διὰ δικαιοσύνης εἰς ζωὴν αἰώνιον διὰ
Ἰησοῦ Χριστοῦ τοῦ κυρίου ἡμῶν.

1   Τί οὖν ἐροῦμεν; ἐπιμένωμεν τῇ ἁμαρτίᾳ, ἵνα ἡ χάρις
2 πλεονάσῃ; μὴ γένοιτο· οἵτινες ἀπεθάνομεν τῇ ἁμαρτίᾳ,
3 πῶς ἔτι ζήσομεν ἐν αὐτῇ; ἢ ἀγνοεῖτε ὅτι ὅσοι ἐβαπτί-
σθημεν εἰς Χριστὸν [Ἰησοῦν] εἰς τὸν θάνατον αὐτοῦ
4 ἐβαπτίσθημεν; συνετάφημεν οὖν αὐτῷ διὰ τοῦ βαπτίσμα-
τος εἰς τὸν θάνατον, ἵνα ὥσπερ ἠγέρθη Χριστὸς ἐκ νεκρῶν
διὰ τῆς δόξης τοῦ πατρός, οὕτως καὶ ἡμεῖς ἐν καινότητι
5 ζωῆς περιπατήσωμεν. εἰ γὰρ σύμφυτοι γεγόναμεν τῷ
ὁμοιώματι τοῦ θανάτου αὐτοῦ, ἀλλὰ καὶ τῆς ἀναστάσεως

17 ἐν | Χριστοῦ Ἰησοῦ

14 sin where there is no law.   Still death reigned from Adam to
Moses, even over those who had not sinned as Adam had,
in the face of an express command.   So Adam foreshadowed
15 the one who was to come.   But there is no comparison
between God's gift and that offense.   For if one man's offense
made the mass of mankind die, God's mercy and his gift given
through the favor of the one man Jesus Christ have far more
16 powerfully affected mankind.   Nor is there any comparison
between the gift and the effects of that one man's sin.   That
sentence arose from the act of one man, and was for condem-
17 nation; but God's gift arose out of many offenses and results
in acquittal.   For if that one man's offense made death reign
through that one man, all the more will those who receive
God's overflowing mercy and gift of uprightness live and
reign through the one individual Jesus Christ.
18   So as one offense meant condemnation for all men, just
19 so one righteous act means acquittal and life for all men.   For
just as that one man's disobedience made the mass of mankind
sinners, so this one's obedience will make the mass of them
20 upright.   Then law slipped in, and multiplied the offense.
But greatly as sin multiplied, God's mercy has far surpassed
21 it, so that just as sin had reigned through death, mercy might
reign through uprightness and bring eternal life through
Jesus Christ our Lord.
6   Then what shall we conclude?   Are we to continue to sin
2 to increase the spread of mercy?   Certainly not!   When we
3 have died to sin, how can we live in it any longer?   Do you
not know that all of us who have been baptized into union
4 with Christ Jesus have been baptized into his death?   Through
baptism we have been buried with him in death, so that just
as he was raised from the dead through the Father's glory,
5 we too may live a new life.   For if we have grown into union
with him by undergoing a death like his, of course we shall

6 ἐσόμεθα· τοῦτο γινώσκοντες ὅτι ὁ παλαιὸς ἡμῶν ἄνθρω-
πος συνεσταυρώθη, ἵνα καταργηθῇ τὸ σῶμα τῆς ἁμαρτίας,
7 τοῦ μηκέτι δουλεύειν ἡμᾶς τῇ ἁμαρτίᾳ, ὁ γὰρ ἀποθανὼν
8 δεδικαίωται ἀπὸ τῆς ἁμαρτίας. εἰ δὲ ἀπεθάνομεν σὺν
9 Χριστῷ, πιστεύομεν ὅτι καὶ συνζήσομεν αὐτῷ· εἰδότες
ὅτι Χριστὸς ἐγερθεὶς ἐκ νεκρῶν οὐκέτι ἀποθνήσκει, θάνατος
10 αὐτοῦ οὐκέτι κυριεύει· ὁ γὰρ ἀπέθανεν, τῇ ἁμαρτίᾳ ἀπέ-
11 θανεν ἐφάπαξ· ὁ δὲ ζῇ, ζῇ τῷ θεῷ. οὕτως καὶ ὑμεῖς λογί-
ζεσθε ἑαυτοὺς εἶναι νεκροὺς μὲν τῇ ἁμαρτίᾳ ζῶντας δὲ τῷ
12 θεῷ ἐν Χριστῷ Ἰησοῦ. Μὴ οὖν βασιλευέτω
ἡ ἁμαρτία ἐν τῷ θνητῷ ὑμῶν σώματι εἰς τὸ ὑπακούειν
13 ταῖς ἐπιθυμίαις αὐτοῦ, μηδὲ παριστάνετε τὰ μέλη ὑμῶν
ὅπλα ἀδικίας τῇ ἁμαρτίᾳ, ἀλλὰ παραστήσατε ἑαυτοὺς
τῷ θεῷ ὡσεὶ ἐκ νεκρῶν ζῶντας καὶ τὰ μέλη ὑμῶν ὅπλα
14 δικαιοσύνης τῷ θεῷ· ἁμαρτία γὰρ ὑμῶν οὐ κυριεύσει,
15 οὐ γὰρ ἐστε ὑπὸ νόμον ἀλλὰ ὑπὸ χάριν. Τί
οὖν; ἁμαρτήσωμεν ὅτι οὐκ ἐσμὲν ὑπὸ νόμον ἀλλὰ ὑπὸ
16 χάριν; μὴ γένοιτο· οὐκ οἴδατε ὅτι ᾧ παριστάνετε ἑαυτοὺς
δούλους εἰς ὑπακοήν, δοῦλοί ἐστε ᾧ ὑπακούετε, ἤτοι ἁμαρ-
17 τίας εἰς θάνατον ἢ ὑπακοῆς εἰς δικαιοσύνην; χάρις δὲ τῷ
θεῷ ὅτι ἦτε δοῦλοι τῆς ἁμαρτίας ὑπηκούσατε δὲ ἐκ καρ-
18 δίας εἰς ὃν παρεδόθητε τύπον διδαχῆς, ἐλευθερωθέντες δὲ
19 ἀπὸ τῆς ἁμαρτίας ἐδουλώθητε τῇ δικαιοσύνῃ· ἀνθρώπινον
λέγω διὰ τὴν ἀσθένειαν τῆς σαρκὸς ὑμῶν· ὥσπερ γὰρ πα-
ρεστήσατε τὰ μέλη ὑμῶν δοῦλα τῇ ἀκαθαρσίᾳ καὶ τῇ
ἀνομίᾳ [εἰς τὴν ἀνομίαν], οὕτω νῦν παραστήσατε τὰ μέλη
20 ὑμῶν δοῦλα τῇ δικαιοσύνῃ εἰς ἁγιασμόν· ὅτε γὰρ δοῦλοι
21 ἦτε τῆς ἁμαρτίας, ἐλεύθεροι ἦτε τῇ δικαιοσύνῃ. τίνα οὖν
καρπὸν εἴχετε τότε ἐφ᾽ οἷς νῦν ἐπαισχύνεσθε; τὸ γὰρ
22 τέλος ἐκείνων θάνατος νυνὶ δέ, ἐλευθερωθέντες ἀπὸ τῆς
ἁμαρτίας δουλωθέντες δὲ τῷ θεῷ, ἔχετε τὸν καρπὸν ὑμῶν
23 εἰς ἁγιασμόν, τὸ δὲ τέλος ζωὴν αἰώνιον. τὰ γὰρ ὀψώνια
τῆς ἁμαρτίας θάνατος, τὸ δὲ χάρισμα τοῦ θεοῦ ζωὴ αἰώνιος

6 do so by being raised to life like him, for we know that our
old self was crucified with him, to do away with our sinful
body, so that we might not be enslaved to sin any longer;
7 for when a man is dead he is free from the claims of sin.
8 If we have died with Christ, we believe that we shall also live
9 with him, for we know that Christ, once raised from the dead,
10 will never die again; death has no more hold on him.   For
when he died, he became once for all dead to sin; the life he
11 now lives is a life in relation to God.   So you also must think
of yourselves as dead to sin but alive to God, through union
with Christ Jesus.

12   So sin must not reign over your mortal bodies, and make
13 you obey their cravings, and you must not offer the parts of
your bodies to sin as the instruments of wrong, but offer your-
selves to God as men brought back from death to life, and
offer the parts of your bodies to him as instruments of upright-
14 ness.   For sin must no longer control you, for you live not
under law but under mercy.

15   What follows, then?   Are we to sin, because we live not
16 under law but under mercy?   Certainly not!   Do you not
know that when you submit to being someone's slaves, and
obeying him, you are the slaves of the one whom you obey,
whether your slavery is to sin, and leads to death, or is to
17 obedience, and leads to uprightness?   But, thank God!
though you were once slaves of sin, you have become obedient
from your hearts to the standard of teaching that you received,
18 and so you have been freed from sin, and made slaves of
19 uprightness.   I use these familiar human terms because of the
limitations of your nature.   For just as you before gave up the
parts of your bodies in slavery to vice and greater and greater
license, you must now give them up in slavery to uprightness,
20 which leads to consecration.   For when you were slaves of sin,
21 you were free as far as uprightness was concerned.   What
good did you get from doing the things you are now ashamed
22 of?   Why, they result in death!   But now that you have been
freed from sin and have become slaves of God, the benefit you
23 get is consecration, and the final result is eternal life.   For
the wages sin pays is death, but the gift God gives is eternal

ἐν Χριστῷ Ἰησοῦ τῷ κυρίῳ ἡμῶν.

1 *Ἢ ἀγνοεῖτε, ἀδελφοί, γινώσκουσιν γὰρ νόμον λαλῶ,
ὅτι ὁ νόμος κυριεύει τοῦ ἀνθρώπου ἐφ' ὅσον χρόνον ζῇ;
2 ἡ γὰρ ὕπανδρος γυνὴ τῷ ζῶντι ἀνδρὶ δέδεται νόμῳ· ἐὰν δὲ
ἀποθάνῃ ὁ ἀνήρ, κατήργηται ἀπὸ τοῦ νόμου τοῦ ἀνδρός.
3 ἄρα οὖν ζῶντος τοῦ ἀνδρὸς μοιχαλὶς χρηματίσει ἐὰν γένη-
ται ἀνδρὶ ἑτέρῳ· ἐὰν δὲ ἀποθάνῃ ὁ ἀνήρ, ἐλευθέρα ἐστὶν
ἀπὸ τοῦ νόμου, τοῦ μὴ εἶναι αὐτὴν μοιχαλίδα γενομένην
4 ἀνδρὶ ἑτέρῳ. ὥστε, ἀδελφοί μου, καὶ ὑμεῖς ἐθανατώθητε
τῷ νόμῳ διὰ τοῦ σώματος τοῦ χριστοῦ, εἰς τὸ γενέσθαι
ὑμᾶς ἑτέρῳ, τῷ ἐκ νεκρῶν ἐγερθέντι ἵνα καρποφορήσωμεν
5 τῷ θεῷ. ὅτε γὰρ ἦμεν ἐν τῇ σαρκί, τὰ παθήματα τῶν
ἁμαρτιῶν τὰ διὰ τοῦ νόμου ἐνηργεῖτο ἐν τοῖς μέλεσιν ἡμῶν
6 εἰς τὸ καρποφορῆσαι τῷ θανάτῳ· νυνὶ δὲ κατηργήθημεν
ἀπὸ τοῦ νόμου, ἀποθανόντες ἐν ᾧ κατειχόμεθα, ὥστε δου-
λεύειν [ἡμᾶς] ἐν καινότητι πνεύματος καὶ οὐ παλαιότητι
7 γράμματος.   Τί οὖν ἐροῦμεν; ὁ νόμος ἁμαρτία;
μὴ γένοιτο· ἀλλὰ τὴν ἁμαρτίαν οὐκ ἔγνων εἰ μὴ διὰ
νόμου, τήν τε γὰρ ἐπιθυμίαν οὐκ ᾔδειν εἰ μὴ ὁ νόμος
8 ἔλεγεν Οὐκ ἐπιθυμήσεις· ἀφορμὴν δὲ λαβοῦσα ἡ
ἁμαρτία διὰ τῆς ἐντολῆς κατειργάσατο ἐν ἐμοὶ πᾶσαν ἐπι-
9 θυμίαν, χωρὶς γὰρ νόμου ἁμαρτία νεκρά. ἐγὼ δὲ ἔζων
χωρὶς νόμου ποτέ· ἐλθούσης δὲ τῆς ἐντολῆς ἡ ἁμαρτία
10 ἀνέζησεν, ἐγὼ δὲ ἀπέθανον, καὶ εὑρέθη μοι ἡ ἐντολὴ ἡ εἰς
11 ζωὴν αὕτη εἰς θάνατον· ἡ γὰρ ἁμαρτία ἀφορμὴν λαβοῦσα
διὰ τῆς ἐντολῆς ἐξηπάτησέν με καὶ δι' αὐτῆς ἀπέκτεινεν.
12 ὥστε ὁ μὲν νόμος ἅγιος, καὶ ἡ ἐντολὴ ἁγία καὶ δικαία καὶ
13 ἀγαθή.   Τὸ οὖν ἀγαθὸν ἐμοὶ ἐγένετο θάνατος;
μὴ γένοιτο· ἀλλὰ ἡ ἁμαρτία, ἵνα φανῇ ἁμαρτία διὰ τοῦ
ἀγαθοῦ μοι κατεργαζομένη θάνατον· ἵνα γένηται καθ' ὑπερ-
14 βολὴν ἁμαρτωλὸς ἡ ἁμαρτία διὰ τῆς ἐντολῆς. οἴδαμεν
γὰρ ὅτι ὁ νόμος πνευματικός ἐστιν· ἐγὼ δὲ σάρκινός εἰμι,
15 πεπραμένος ὑπὸ τὴν ἁμαρτίαν. ὃ γὰρ κατεργάζομαι οὐ

life through union with Christ Jesus our Lord.

7   Do you not know, brothers—for I am speaking to men who know what law is—that law governs a man only as long 2 as he lives? For a married woman is bound by law to her husband while he lives, but if he dies, the marriage law no 3 longer applies to her. So if she marries another man while her husband is alive, she is called an adulteress, but if her husband dies, she is free from that law, and can marry someone 4 else without being an adulteress. So you, in turn, my brothers, in the body of Christ have become dead as far as the Law is concerned, so that you may belong to another husband, who was raised from the dead in order that we might bear fruit 5 for God. For when we were living mere physical lives the sinful passions, awakened by the Law, operated through the 6 organs of our bodies to make us bear fruit for death. But now the Law no longer applies to us; we have died to what once controlled us, so that we can now serve in the new Spirit, not under the old letter.

7   Then what shall we conclude? That the Law is sin? Certainly not! Yet, if it had not been for the Law, I should never have learned what sin was; I should not have known what it was to covet if the Law had not said, "You must not 8 covet." That command gave sin an opening, and it led me to all sorts of covetous ways, for sin is lifeless without law. 9 I was once alive and without law, but when the command 10 came, sin awoke and then I died; and the command that should have meant life in my case proved to mean death. 11 The command gave sin an opening and sin deceived me and 12 killed me with it. So the Law itself is holy, and each command is holy, just, and good.

13   Did what was good, then, prove the death of me? Certainly not! It was sin that did so, so that it might be recognized as sin, because even through something that was good it effected my death, so that through the command it 14 might appear how immeasurably sinful sin was. We know that the Law is spiritual, but I am physical, sold into slavery

γινώσκω· οὐ γὰρ ὃ θέλω τοῦτο πράσσω, ἀλλ᾽ ὃ μισῶ
16 τοῦτο ποιῶ. εἰ δὲ ὃ οὐ θέλω τοῦτο ποιῶ, σύνφημι τῷ
17 νόμῳ ὅτι καλός. Νυνὶ δὲ οὐκέτι ἐγὼ κατεργάζομαι αὐτὸ
18 ἀλλὰ ἡ ἐνοικοῦσα ἐν ἐμοὶ ἁμαρτία. οἶδα γὰρ ὅτι οὐκ οἰ-
κεῖ ἐν ἐμοί, τοῦτ᾽ ἔστιν ἐν τῇ σαρκί μου, ἀγαθόν· τὸ γὰρ
19 θέλειν παράκειταί μοι, τὸ δὲ κατεργάζεσθαι τὸ καλὸν οὔ· οὐ
γὰρ ὃ θέλω ποιῶ ἀγαθόν, ἀλλὰ ὃ οὐ θέλω κακὸν τοῦτο
20 πράσσω. εἰ δὲ ὃ οὐ θέλω ᵀ τοῦτο ποιῶ, οὐκέτι ἐγὼ κατερ-
21 γάζομαι αὐτὸ ἀλλὰ ἡ οἰκοῦσα ἐν ἐμοὶ ἁμαρτία. Εὑρίσκω
ἄρα τὸν νόμον τῷ θέλοντι ἐμοὶ ποιεῖν τὸ καλὸν ὅτι ἐμοὶ τὸ
22 κακὸν παράκειται· συνήδομαι γὰρ τῷ νόμῳ τοῦ θεοῦ κατὰ
23 τὸν ἔσω ἄνθρωπον, βλέπω δὲ ἕτερον νόμον ἐν τοῖς μέλεσίν
μου ἀντιστρατευόμενον τῷ νόμῳ τοῦ νοός μου καὶ αἰχμα-
λωτίζοντά με [ἐν] τῷ ∙νόμῳ τῆς ἁμαρτίας τῷ ὄντι ἐν τοῖς
24 μέλεσίν μου. ταλαίπωρος ἐγὼ ἄνθρωπος· τίς με ῥύσεται
25 ἐκ τοῦ σώματος τοῦ θανάτου τούτου; ⌜χάρις [δὲ]⌝ τῷ θεῷ
διὰ Ἰησοῦ Χριστοῦ τοῦ κυρίου ἡμῶν. ἄρα οὖν αὐτὸς ἐγὼ
τῷ μὲν νοῒ δουλεύω νόμῳ θεοῦ, τῇ δὲ σαρκὶ νόμῳ ἁμαρ-
1 τίας. Οὐδὲν ἄρα νῦν κατάκριμα τοῖς ἐν Χριστῷ
2 Ἰησοῦ· ὁ γὰρ νόμος τοῦ πνεύματος τῆς ζωῆς ἐν Χριστῷ
Ἰησοῦ ἠλευθέρωσέν ⌜σε⌝ ἀπὸ τοῦ νόμου τῆς ἁμαρτίας καὶ
3 τοῦ θανάτου. τὸ γὰρ ἀδύνατον τοῦ νόμου, ἐν ᾧ ἠσθένει
διὰ τῆς σαρκός, ὁ θεὸς τὸν ἑαυτοῦ υἱὸν πέμψας ἐν ὁμοιώ-
ματι σαρκὸς ἁμαρτίας καὶ περὶ ἁμαρτίας κατέκρινε τὴν
4 ἁμαρτίαν ἐν τῇ σαρκί, ἵνα τὸ δικαίωμα τοῦ νόμου πληρω-
θῇ ἐν ἡμῖν τοῖς μὴ κατὰ σάρκα περιπατοῦσιν ἀλλὰ κατὰ
5 πνεῦμα· οἱ γὰρ κατὰ σάρκα ὄντες τὰ τῆς σαρκὸς φρονοῦσιν,
6 οἱ δὲ κατὰ πνεῦμα τὰ τοῦ πνεύματος. τὸ γὰρ φρόνημα
τῆς σαρκὸς θάνατος, τὸ δὲ φρόνημα τοῦ πνεύματος ζωὴ
7 καὶ εἰρήνη· διότι τὸ φρόνημα τῆς σαρκὸς ἔχθρα εἰς θεόν,
τῷ γὰρ νόμῳ τοῦ θεοῦ οὐχ ὑποτάσσεται, οὐδὲ γὰρ δύναται·
8 οἱ δὲ ἐν σαρκὶ ὄντες θεῷ ἀρέσαι οὐ δύνανται. Ὑμεῖς δὲ
9 οὐκ ἐστὲ ἐν σαρκὶ ἀλλὰ ἐν πνεύματι, εἴπερ πνεῦμα θεοῦ

20 ἐγὼ   25 εὐχαριστῶ   2 †με†   11 τὸ ἐνοικοῦν αὐτοῦ πνεῦμα

15 to sin.   I do not understand what I am doing, for I do not do
16 what I want to do; I do things that I hate.   But if I do what I
17 do not want to do, I acknowledge that the Law is right.   In
reality, it is not I that do these things; it is sin, which has
18 possession of me.   For I know that nothing good resides in
me, that is, in my physical self; I can will, but I cannot do,
19 what is right.   I do not do the good things that I want to do;
20 I do the wrong things that I do not want to do.   But if I do
the things that I do not want to do, it is not I that am acting,
21 it is sin, which has possession of me.   I find the law to be that
22 I who want to do right am dogged by what is wrong.   My
23 inner nature agrees with the divine law, but all through my
body I see another principle in conflict with the law of my
reason, which makes me a prisoner to that law of sin that runs
24 through my body.   What a wretched man I am!   Who can
25 save me from this doomed body?   Thank God! it is done
through Jesus Christ our Lord!   So mentally I am a slave
to God's law, but physically to the law of sin.

8   So there is no condemnation any more for those who are
2 in union with Christ Jesus.   For the life-giving law of the
Spirit through Christ Jesus has freed you from the Law of sin
3 and death.   For though it was impossible for the Law to do it,
hampered as it was by our physical limitations, God, by send-
ing his own Son in our sinful physical form, as a sin-offering,
put his condemnation upon sin through his physical nature,
4 so that the requirement of the Law might be fully met in our
case, since we live not on the physical but on the spiritual
5 plane.   People who are controlled by the physical think of
what is physical, and people who are controlled by the
6 spiritual think of what is spiritual.   For to be physically
minded means death, but to be spiritually minded means life
7 and peace.   For to be physically minded means hostility to
8 God, for it refuses to obey God's law, indeed it cannot obey it.
9 Those who are physical cannot please God.   But you are not
physical but spiritual, if God's Spirit has really taken posses-

οἰκεῖ ἐν ὑμῖν. εἰ δέ τις πνεῦμα Χριστοῦ οὐκ ἔχει, οὗτος
10 οὐκ ἔστιν αὐτοῦ. εἰ δὲ Χριστὸς ἐν ὑμῖν, τὸ μὲν σῶμα
νεκρὸν διὰ ἁμαρτίαν, τὸ δὲ πνεῦμα ζωὴ διὰ δικαιοσύνην.
11 εἰ δὲ τὸ πνεῦμα τοῦ ἐγείραντος τὸν Ἰησοῦν ἐκ νεκρῶν οἰκεῖ
ἐν ὑμῖν, ὁ ἐγείρας ἐκ νεκρῶν Χριστὸν Ἰησοῦν ζωοποιήσει
[καὶ] τὰ θνητὰ σώματα ὑμῶν διὰ ⌐τοῦ ἐνοικοῦντος αὐτοῦ
πνεύματος⌐ ἐν ὑμῖν.
12 Ἄρα οὖν, ἀδελφοί, ὀφειλέται ἐσμέν, οὐ τῇ σαρκὶ τοῦ
13 κατὰ σάρκα ζῆν, εἰ γὰρ κατὰ σάρκα ζῆτε μέλλετε ἀπο-
θνήσκειν, εἰ δὲ πνεύματι τὰς πράξεις τοῦ σώματος θανα-
14 τοῦτε ζήσεσθε. ὅσοι γὰρ πνεύματι θεοῦ ἄγονται, οὗτοι
15 υἱοὶ θεοῦ εἰσίν. οὐ γὰρ ἐλάβετε πνεῦμα δουλείας πάλιν εἰς
φόβον, ἀλλὰ ἐλάβετε πνεῦμα ⌐υἱοθεσίας, ἐν ᾧ κράζομεν
16 Ἀββά ὁ πατήρ· αὐτὸ⌐ τὸ πνεῦμα συνμαρτυρεῖ τῷ πνεύ-
17 ματι ἡμῶν ὅτι ἐσμὲν τέκνα θεοῦ. εἰ δὲ τέκνα, καὶ κληρο-
νόμοι· κληρονόμοι μὲν θεοῦ, συνκληρονόμοι δὲ Χριστοῦ,
18 εἴπερ συνπάσχομεν ἵνα καὶ συνδοξασθῶμεν.   Λο-
γίζομαι γὰρ ὅτι οὐκ ἄξια τὰ παθήματα τοῦ νῦν καιροῦ
19 πρὸς τὴν μέλλουσαν δόξαν ἀποκαλυφθῆναι εἰς ἡμᾶς. ἡ
γὰρ ἀποκαραδοκία τῆς κτίσεως τὴν ἀποκάλυψιν τῶν υἱῶν
20 τοῦ θεοῦ ἀπεκδέχεται· τῇ γὰρ ματαιότητι ἡ κτίσις ὑπε-
τάγη, οὐχ ἑκοῦσα ἀλλὰ διὰ τὸν ὑποτάξαντα, ἐφ' ἐλπίδι
21 ὅτι καὶ αὐτὴ ἡ κτίσις ἐλευθερωθήσεται ἀπὸ τῆς δουλείας
τῆς φθορᾶς εἰς τὴν ἐλευθερίαν τῆς δόξης τῶν τέκνων τοῦ
22 θεοῦ. οἴδαμεν γὰρ ὅτι πᾶσα ἡ κτίσις συνστενάζει καὶ
23 συνωδίνει ἄχρι τοῦ νῦν· οὐ μόνον δέ, ἀλλὰ καὶ αὐτοὶ
τὴν ἀπαρχὴν τοῦ πνεύματος ἔχοντες [ἡμεῖς] καὶ αὐτοὶ ἐν
ἑαυτοῖς στενάζομεν, υἱοθεσίαν ἀπεκδεχόμενοι τὴν ἀπο-
24 λύτρωσιν τοῦ σώματος· ἡμῶν. τῇ γὰρ ἐλπίδι ἐσώθημεν·
ἐλπὶς δὲ βλεπομένη οὐκ ἔστιν ἐλπίς, ὃ γὰρ βλέπει ⌐τίς
25 ἐλπίζει⌐; εἰ δὲ ὃ οὐ βλέπομεν ἐλπίζομεν, δι' ὑπομονῆς
26 ἀπεκδεχόμεθα.   Ὡσαύτως δὲ καὶ τὸ πνεῦμα
συναντιλαμβάνεται τῇ ἀσθενείᾳ ἡμῶν· τὸ γὰρ τί προσ-

15,16 υἱοθεσίας· ἐν......πατήρ, αὐτὸ   24 τις, τί καὶ ἐλπίζει v. τίς καὶ ὑπομενει

sion of you; for unless a man has Christ's spirit, he does not
10 belong to Christ.   But if Christ is in your hearts, though
your bodies are dead in consequence of sin, your spirits have
11 life in consequence of uprightness.   If the Spirit of him who
raised Jesus from the dead has taken possession of you, he
who raised Christ Jesus from the dead will also give your
mortal bodies life through his Spirit that has taken possession
of you.

12   So, brothers, we are under obligations, but not to the
13 physical nature, to live under its control, for if you live under
the control of the physical you will die, but if, by means of the
14 Spirit, you put the body's doings to death, you will live.   For
15 all who are guided by God's Spirit are God's sons.   It is not
a consciousness of servitude that has been imparted to you,
to fill you with fear again, but the consciousness of adoption
as sons, which makes us cry. "Abba!" that is, Father.
16 The Spirit itself testifies with our spirits that we are God's
17 children, and if children, heirs also; heirs of God, and fellow-
heirs with Christ, if we really share his sufferings in order to
share his glory too.

18   For I consider what we suffer now not to be compared
19 with the glory that is to burst upon us.   For creation is
waiting with eager longing for the sons of God to be disclosed.
20 For it was not the fault of creation that it was frustrated;
it was by the will of him who condemned it to that, and in the
21 hope that creation itself would be set free from its bondage
to decay, and have the glorious freedom of the children of
22 God.   We know that all creation has been groaning in agony
23 together until now.   More than that, we ourselves, though
we have in the Spirit a foretaste of the future, groan to our-
selves as we wait to be declared God's sons, through the
24 redemption of our bodies.   It was in this hope that we were
saved.   But a hope that can be seen is not a hope, for who
25 hopes for what he sees?   But when we hope for something
that we do not see, we wait persistently for it.

26   In the same way the Spirit helps us in our weakness, for

ευξώμεθα καθὸ δεῖ οὐκ οἴδαμεν, ἀλλὰ αὐτὸ τὸ πνεῦμα
27 ὑπερεντυγχάνει στεναγμοῖς ἀλαλήτοις, ὁ δὲ ἐραυνῶν τὰς
καρδίας οἶδεν τί τὸ φρόνημα τοῦ πνεύματος, ὅτι κατὰ θεὸν
28 ἐντυγχάνει ὑπὲρ ἁγίων. οἴδαμεν δὲ ὅτι τοῖς ἀγαπῶσι τὸν
θεὸν πάντα συνεργεῖ [ὁ θεὸς] εἰς ἀγαθόν, τοῖς κατὰ πρό-
29 θεσιν κλητοῖς οὖσιν. ὅτι οὓς προέγνω, καὶ προώρισεν
συμμόρφους τῆς εἰκόνος τοῦ υἱοῦ αὐτοῦ, εἰς τὸ εἶναι αὐτὸν
30 πρωτότοκον ἐν πολλοῖς ἀδελφοῖς· οὓς δὲ προώρισεν, τού-
τους καὶ ἐκάλεσεν· καὶ οὓς ἐκάλεσεν, τούτους καὶ ἐδικαίωσεν·
31 οὓς δὲ ἐδικαίωσεν, τούτους καὶ ἐδόξασεν.   Τί
οὖν ἐροῦμεν πρὸς ταῦτα; εἰ ὁ θεὸς ὑπὲρ ἡμῶν, τίς
32 καθ᾽ ἡμῶν; ὅς γε τοῦ ἰδίου υἱοῦ οὐκ ἐφείσατο, ἀλλὰ ὑπὲρ
ἡμῶν πάντων παρέδωκεν αὐτόν, πῶς οὐχὶ καὶ σὺν αὐτῷ τὰ
33 πάντα ἡμῖν χαρίσεται; τίς ἐγκαλέσει κατὰ ἐκλεκτῶν θεοῦ;
34 θεὸς ὁ ΔΙΚΑΙῶΝ· τίς ὁ ΚΑΤΑΚΡΙΝῶΝ; Χριστὸς ['Ιησοῦς]
ὁ ἀποθανών, μᾶλλον δὲ ἐγερθεὶς [ἐκ νεκρῶν], ὅς ἐστιν
35 ἐΝ ΔεΞιᾷ τοῦ θεοῦ, ὃς καὶ ἐντυγχάνει ὑπὲρ ἡμῶν· τίς
ἡμᾶς χωρίσει ἀπὸ τῆς ἀγάπης τοῦ ⌈χριστοῦ⌉; θλίψις ἢ
στενοχωρία ἢ διωγμὸς ἢ λιμὸς ἢ γυμνότης ἢ κίνδυνος ἢ
36 μάχαιρα; καθὼς γέγραπται ὅτι
    Ἕνεκεν coῦ θαΝατοΎμεθα ὅλΗΝ τὴΝ ἡμέραΝ,
    ἐλοΓίcθΗμεΝ ὡс πρόΒατα cφαΓῆc.
37 ἀλλ᾽ ἐν τούτοις πᾶσιν ὑπερνικῶμεν διὰ τοῦ ἀγαπήσαντος
38 ἡμᾶς. πέπεισμαι γὰρ ὅτι οὔτε θάνατος οὔτε ζωὴ οὔτε
ἄγγελοι οὔτε ἀρχαὶ οὔτε ἐνεστῶτα οὔτε μέλλοντα οὔτε
39 δυνάμεις οὔτε ὕψωμα οὔτε βάθος οὔτε τις κτίσις ἑτέρα
δυνήσεται ἡμᾶς χωρίσαι ἀπὸ τῆς ἀγάπης τοῦ θεοῦ τῆς
ἐν Χριστῷ Ἰησοῦ τῷ κυρίῳ ἡμῶν.

1 Ἀλήθειαν λέγω ἐν Χριστῷ, οὐ ψεύδομαι, συνμαρτυ-
2 ρούσης μοι τῆς συνειδήσεώς μου ἐν πνεύματι ἁγίῳ, ὅτι
λύπη μοί ἐστιν μεγάλη καὶ ἀδιάλειπτος ὀδύνη τῇ καρδίᾳ
3 μου· ηὐχόμην γὰρ ἀνάθεμα εἶναι αὐτὸς ἐγὼ ἀπὸ τοῦ χριστοῦ

35 θεοῦ

we do not know how to pray as we should, but the Spirit
27 itself pleads for us with inexpressible yearnings, and he who
searches our hearts knows what the Spirit means, for it pleads
28 for God's people in accordance with his will. We know that
in everything God works with those who love him, whom
he has called in accordance with his purpose, to bring about
29 what is good. For those whom he had marked out from the
first he predestined to be made like his Son, so that he should
30 be the eldest of many brothers; and those whom he has pre-
destined he calls, and those whom he calls he makes upright,
and those whom he makes upright he glorifies.

31   Then what shall we conclude from this? If God is for us,
32 who can be against us? Will not he who did not spare his
own Son, but gave him up for us all, with that gift give us
33 everything? Who can bring any accusation against those
whom God has chosen?   God pronounces them upright;
34 who can condemn them? Christ Jesus who died, or rather
who was raised from the dead, is at God's right hand, and
35 actually pleads for us. Who can separate us from Christ's
love? Can trouble or misfortune or persecution or hunger or
36 destitution or danger or the sword? As the Scripture says,

"For your sake we are being put to death all day long,
We are treated like sheep to be slaughtered."

37 But in all these things we are more than victorious through
38 him who loved us. For I am convinced that neither death nor
life nor angels nor their hierarchies nor the present nor the
39 future nor any supernatural forces either of height or depth
nor anything else in creation will be able to separate us from
the love God has shown in Christ Jesus our Lord!

9   I am telling the truth as a Christian, it is no falsehood,
for my conscience under the holy Spirit's influence bears me
2 witness in it, when I say that I am greatly pained and my
3 heart is constantly distressed, for I could wish myself accursed

ὑπὲρ τῶν ἀδελφῶν μου τῶν συγγενῶν μου κατὰ σάρκα,
4 οἵτινές εἰσιν Ἰσραηλεῖται, ὧν ἡ υἱοθεσία καὶ ἡ δόξα καὶ αἱ
διαθῆκαι καὶ ἡ νομοθεσία καὶ ἡ λατρεία καὶ αἱ ἐπαγγελίαι,
5 ὧν οἱ πατέρες, καὶ ἐξ ὧν ὁ χριστὸς τὸ κατὰ ⌜σάρκα, ὁ ὢν ἐπὶ
6 πάντων, θεὸς⌝ εὐλογητὸς εἰς τοὺς αἰῶνας· ἀμήν. Οὐχ οἷον
δὲ ὅτι ἐκπέπτωκεν ὁ λόγος τοῦ θεοῦ. οὐ γὰρ πάντες οἱ ἐξ
7 Ἰσραήλ, οὗτοι Ἰσραήλ· οὐδ᾽ ὅτι εἰσὶν σπέρμα Ἀβραάμ,
πάντες τέκνα, ἀλλ᾽ Ἐν Ἰσαὰκ κληθήσεταί σοι σπέρμα.
8 τοῦτ᾽ ἔστιν, οὐ τὰ τέκνα τῆς σαρκὸς ταῦτα τέκνα τοῦ θεοῦ,
9 ἀλλὰ τὰ τέκνα τῆς ἐπαγγελίας λογίζεται εἰς σπέρμα· ἐπαγ-
γελίας γὰρ ὁ λόγος οὗτος Κατὰ τὸν καιρὸν τοῦτον
10 ἐλεύσομαι καὶ ἔσται τῇ Σάρρᾳ υἱός. οὐ μόνον δέ, ἀλλὰ
καὶ Ῥεβέκκα ἐξ ἑνὸς κοίτην ἔχουσα, Ἰσαὰκ τοῦ πατρὸς
11 ἡμῶν· μήπω γὰρ γεννηθέντων μηδὲ πραξάντων τι ἀγαθὸν
ἢ φαῦλον, ἵνα ἡ κατ᾽ ἐκλογὴν πρόθεσις τοῦ θεοῦ μένῃ,
12 οὐκ ἐξ ἔργων ἀλλ᾽ ἐκ τοῦ καλοῦντος, ἐρρέθη αὐτῇ ὅτι Ὁ
13 μείζων δουλεύσει τῷ ἐλάσσονι· ⌜καθάπερ⌝ γέγραπται
Τὸν Ἰακὼβ ἠγάπησα, τὸν δὲ Ἠσαῦ ἐμίσησα.
14 Τί οὖν ἐροῦμεν; μὴ ἀδικία παρὰ τῷ θεῷ; μὴ γένοιτο·
15 τῷ Μωυσεῖ γὰρ λέγει Ἐλεήσω ὃν ἂν ἐλεῶ, καὶ οἰκτει-
16 ρήσω ὃν ἂν οἰκτείρω. ἄρα οὖν οὐ τοῦ θέλοντος οὐδὲ τοῦ
17 τρέχοντος, ἀλλὰ τοῦ ἐλεῶντος θεοῦ. λέγει γὰρ ἡ γραφὴ τῷ
Φαραὼ ὅτι Εἰς αὐτὸ τοῦτο ἐξήγειρά σε ὅπως ἐνδείξω-
μαι ἐν σοὶ τὴν δύναμίν μου, καὶ ὅπως διαγγελῇ
18 τὸ ὄνομά μου ἐν πάσῃ τῇ γῇ. ἄρα οὖν ὃν θέλει ἐλεεῖ,
19 ὃν δὲ θέλει σκληρύνει.   Ἐρεῖς μοι οὖν Τί
20 ἔτι μέμφεται; τῷ γὰρ βουλήματι αὐτοῦ τίς ἀνθέστηκεν;   ὦ
ἄνθρωπε, μενοῦνγε σὺ τίς εἶ ὁ ἀνταποκρινόμενος τῷ θεῷ;
μὴ ἐρεῖ τὸ πλάσμα τῷ πλάσαντι Τί με ἐποίησας οὕτως;
21 ἢ οὐκ ἔχει ἐξουσίαν ὁ κεραμεὺς τοῦ πηλοῦ ἐκ τοῦ αὐτοῦ
φυράματος ποιῆσαι ὃ μὲν εἰς τιμὴν σκεῦος, ὃ δὲ εἰς ἀτιμίαν;
22 εἰ δὲ θέλων ὁ θεὸς ἐνδείξασθαι τὴν ὀργὴν καὶ γνωρίσαι
τὸ δυνατὸν αὐτοῦ ἤνεγκεν ἐν πολλῇ μακροθυμίᾳ σκεύη

5 σάρκα· ὁ ὢν ἐπὶ πάντων θεὸς   13 καθὼς

and cut off from Christ for the sake of my brothers, my natural
4 kindred. For they are Israelites, and to them belong the
rights of sonship, God's glorious presence, the divine agree-
5 ments and legislation, the Temple service, the promises, and
the patriarchs, and from them physically Christ came—God
6 who is over all be blessed forever! Amen. Not that God's
message has failed. For not everybody who is descended
7 from Israel really belongs to Israel, nor are they all children
of Abraham because they are descended from him, but he was
told, "The line of Isaac will be called your descendants."
8 That is to say, it is not his physical descendants who are
children of God, but his descendants born in fulfilment of the
9 promise who are considered his true posterity. For this is
what the promise said: "When I come back at this time next
10 year, Sarah will have a son." And that is not all, for there
was Rebecca too, when she was about to bear children to our
11 forefather Isaac. For before the children were born or had
done anything either good or bad, in order to carry out God's
purpose of selection, which depends not on what men do but
12 on his calling them, she was told, "The elder will be the
13 younger's slave." As the Scripture says, "I loved Jacob,
but I hated Esau."

14   What do we conclude? That God is guilty of injustice?
15 By no means. He said to Moses, "I will have mercy on the
man on whom I choose to have mercy, and take pity on
16 the man on whom I choose to take pity." So it depends
not on human will or exertion, but on the mercy of God.
17 The Scripture says to Pharaoh, "I have raised you to your
position for the very purpose of displaying my power in
dealing with you, and making my name known all over the
18 world." So he has mercy on anyone he pleases, and hardens
the heart of anyone he pleases.

19   "Why, then," you will ask, "does he still find fault?
20 For who can resist his will?" On the contrary, who are you,
my friend, to answer back to God? Can a thing that is
molded say to its maker, "Why did you make me like this?"
21 Has not the potter with his clay the right to make from
the same lump one thing for exalted uses and another for
22 menial ones? Then what if God, though he wanted to dis-
play his anger and show his power, has shown great pa-

²³ ὀρΓῆς κατηρτισμένα εἰς ἀπώλειαν, ἵνα γνωρίσῃ τὸν πλοῦ-
τον τῆς δόξης αὐτοῦ ἐπὶ σκεύη ἐλέους, ἃ προητοίμασεν
²⁴ εἰς δόξαν, οὓς καὶ ἐκάλεσεν ἡμᾶς οὐ μόνον ἐξ Ἰουδαίων
²⁵ ἀλλὰ καὶ ἐξ ἐθνῶν—; ὡς καὶ ἐν τῷ Ὡσηὲ λέγει

Καλέσω τὸν ΟΥ λαόν ΜΟΥ λαόν ΜΟΥ
καὶ τὴν ΟΥΚ ἨΓΑΠΗΜΕΝΗΝ ἨΓΑΠΗΜΕΝΗΝ·
²⁶   καὶ ἔσται ἐν τῷ τόπῳ ΟΥ ἐρρέθη [ΑΥΤΟῖС] ΟΥ
λαός ΜΟΥ ὑμεῖс,
ἐκεῖ κληθήсονται ΥἱΟὶ θεΟΥ Ζῶντοс.
²⁷ Ἡσαίας δὲ κράζει ὑπὲρ τοῦ Ἰσραὴλ   Ἐὰν ᾖ ὁ ἀριθμὸс
τῶν Υἱῶν Ἰсραὴλ ὡс ἡ ἄμμΟс τῆс θαλάссηс, τὸ
²⁸ ὑπόλιμμα сωθήсεται· λόΓον Γὰρ сυντελῶν καὶ
²⁹ сυντέμνων ποιήсει Κύριος ἐπὶ τῆс Γῆс.   καὶ καθὼς
προείρηκεν Ἡσαίας
Εἰ μὴ Κύριος Σαβαὼθ ἐΓκατέλιπεν ἡμῖν сπέρμα,
ὡс Σόδομα ἂν ἐΓενήθημεν καὶ ὡс Γόμορρα ἂν
ὡμοιώθημεν.
³⁰ Τί οὖν ἐροῦμεν; ὅτι ἔθνη τὰ μὴ διώκοντα δικαιοσύνην
κατέλαβεν δικαιοσύνην, δικαιοσύνην δὲ τὴν ἐκ πίστεως·
³¹ Ἰσραὴλ δὲ διώκων νόμον δικαιοσύνης εἰς νόμον οὐκ ἔφθασεν.
³² διὰ τί; ὅτι οὐκ ἐκ πίστεως ἀλλ᾽ ὡς ἐξ ⌜ἔργων⌝ προσέκοψαν
³³ τῷ λίθῳ τΟΥ προσκόμματοс, καθὼς γέγραπται
ἸδΟΥ τίθημι ἐν Σιὼν λίθον προσκόμματΟс καὶ
πέτραν σκανδάλΟΥ,
καὶ ὁ πιστεύων ἐπ᾽ ΑΥτῷ ΟΥ καταισχυνθήσεται.
¹   Ἀδελφοί, ἡ μὲν εὐδοκία τῆς ἐμῆς καρδίας καὶ ἡ δέησις
² πρὸς τὸν θεὸν ὑπὲρ αὐτῶν εἰς σωτηρίαν.   μαρτυρῶ γὰρ
αὐτοῖς ὅτι ζῆλον θεοῦ ἔχουσιν· ἀλλ᾽ οὐ κατ᾽ ἐπίγνωσιν,
³ ἀγνοοῦντες γὰρ τὴν τοῦ θεοῦ δικαιοσύνην, καὶ τὴν ἰδίαν
ζητοῦντες στῆσαι, τῇ δικαιοσύνῃ τοῦ θεοῦ οὐχ ὑπετάγησαν·
⁴ τέλος γὰρ νόμου Χριστὸς εἰς δικαιοσύνην παντὶ τῷ πιστεύ-
⁵ οντι.   Μωυσῆς γὰρ γράφει ὅτι τὴν δικαιοσύνην τὴν ἐκ νόμου
⁶ ὁ ποιήσας ἄνθρωπος ΖΗСεται ἐν αὐτῇ.   ἡ δὲ ἐκ πί-

32 ἔργων,

tience toward the objects of his anger, already ripe for de-
23 struction, so as to show all the wealth of his glory in dealing
with the objects of his mercy, whom he has prepared from the
24 beginning to share his glory, including us whom he has called
not only from among the Jews but from among the heathen?
25 Just as he says in Hosea,
"I will call a people that was not mine, my people,
And her who was not beloved, my beloved,
26 And in the very place where they were told, 'You are no
people of mine,'
They shall be called sons of the living God."
27   And Isaiah cries out about Israel, "Although the sons of
Israel are as numerous as the sand of the sea, only a remnant
28 of them will be saved, for the Lord will execute his sentence
29 rigorously and swiftly on the earth." As Isaiah foretold,
"If the Lord of Hosts had not left us children,
We would have been like Sodom, and have resembled
Gomorrah!"
30   Then what do we conclude? That heathen who were not
striving for uprightness attained it, that is, an uprightness
31 which was produced by faith; while Israel, straining after a
32 law that should bring uprightness, did not come up to it. And
why? Because they did not seek it through faith, but
through doing certain things. They stumbled over that
33 stone that makes people stumble, as the Scripture says,
"See, I will put a stone on Zion to make people stumble, and
a rock to trip over,
But no one who has faith in it will be disappointed."
10   Brothers, my heart is full of good will toward them;
2 my prayer to God is that they may be saved. I can testify
to their sincere devotion to God, but it is not an intelligent
3 devotion. For in their ignorance of God's way of upright-
ness and in the attempt to set up one of their own, they
4 refused to conform to God's way of uprightness. For
Christ marks the termination of law, so that now anyone
5 who has faith may attain uprightness. Moses wrote that
anyone who carried out the uprightness the Law prescribed

στεως δικαιοσύνη οὕτως λέγει Μὴ εἴπῃς ἐν τῇ καρδίᾳ
σου Τίς ἀναβήσεται εἰς τὸν οὐρανόν; τοῦτ᾽ ἔστιν
7 Χριστὸν καταγαγεῖν· ἤ Τίς καταβήσεται εἰς τὴν ἄ-
8 Βγссоν; τοῦτ᾽ ἔστιν Χριστὸν ἐκ νεκρῶν ἀναγαγεῖν. ἀλλὰ τί
λέγει; Ἐγγύс ϲοΥ τὸ ῥῆμά ἐϲτιν, ἐν τῷ ϲτόματί
ϲοΥ καὶ ἐν τῇ καρΔίᾳ ϲοΥ· τοῦτ᾽ ἔστιν τὸ ῥῆμα τῆς πί-
9 στεως ὃ κηρύσσομεν. ὅτι ἐὰν ὁμολογήσῃς ⌜τὸ ῥῆμα ἐν τῷ
ϲτόματί ϲοΥ ὅτι ΚΥΡΙΟϹ ΙΗϹΟΥϹ⌝, καὶ πιστεύσῃς ἐν
τῇ καρΔίᾳ ϲοΥ ὅτι ὁ θεὸς αὐτὸν ἤγειρεν ἐκ νεκρῶν, σωθήσῃ·
10 καρδίᾳ γὰρ πιστεύεται εἰς δικαιοσύνην, στόματι δὲ ὁμολο-
11 γεῖται εἰς σωτηρίαν· λέγει γὰρ ἡ γραφή Πᾶϲ ὁ πιϲτεΥωΝ
12 ἐπ᾽ αΥτῷ ΟΥ καταιϲχΥνθΗϲεται. οὐ γάρ ἐστιν διαστολὴ
Ἰουδαίου τε καὶ Ἕλληνος, ὁ γὰρ αὐτὸς κύριος πάντων,
13 πλουτῶν εἰς πάντας τοὺς ἐπικαλουμένους αὐτόν· Πᾶϲ γὰρ
ὃϲ ἂν ἐπικαλέϲΗται τὸ ὄνομα ΚΥρίΟΥ ϲωθΗϲεται.
14 Πῶς οὖν ἐπικαλέσωνται εἰς ὃν οὐκ ἐπίστευσαν; πῶς δὲ πι-
στεύσωσιν οὗ οὐκ ἤκουσαν; πῶς δὲ ἀκούσωσιν χωρὶς κηρύσ-
15 σοντος; πῶς δὲ κηρύξωσιν ἐὰν μὴ ἀποσταλῶσιν; ⌜καθάπερ⌝
γέγραπται Ὡϲ ὡραῖοι οἱ πόΔεϲ τῶν εΥαγγελιζομέ-
16 νωΝ ἀγαθά.   Ἀλλ᾽ οὐ πάντες ὑπήκουσαν τῷ
εὐαγγελίῳ· Ἡσαίας γὰρ λέγει ΚΥριε, τίϲ ἐπίϲτεΥϲεΝ
17 τῇ ἀκοῇ ΗμῶΝ; ἄρα ἡ πίστις ἐξ ἀκοῆς, ἡ δὲ ἀκοὴ διὰ
18 ῥήματος Χριστοῦ. ἀλλὰ λέγω, μὴ οὐκ ἤκουσαν; μενοῦνγε
Εἰϲ πᾶϲαΝ τΗΝ ΓΗΝ ἐξΗλθεΝ ὁ φθόΓΓοϲ αΥτῶν,
καὶ εἰϲ τὰ πέρατα τΗϲ οἰκοΥμέΝΗϲ τὰ ῥΗματα
αΥτῶN.
19 ἀλλὰ λέγω, μὴ Ἰσραὴλ οὐκ ἔγνω; πρῶτος Μωυσῆς λέγει
Ἐγὼ παραζΗλώϲω ὑμᾶϲ ἐπ᾽ ΟΥκ ἔθΝει,
ἐπ᾽ ἔθΝει ἀϲΥΝέτῳ παροργιῶ ὑμᾶϲ.
20 Ἡσαίας δὲ ἀποτολμᾷ καὶ λέγει
ΕΥρέθΗΝ ᵀ τοῖϲ ἐμὲ μὴ ζΗτοΥϲιΝ,
ἐμφανὴϲ ἐγεΝόμΗΝ ᵀ τοῖϲ ἐμὲ μὴ ἐπερωτῶϲιΝ.
21 πρὸς δὲ τὸν Ἰσραὴλ λέγει Ὅλην τὴν ΗμέρΑΝ ἐξεπέ-

9 ἐν τῷ στόματί σου κύριον Ἰησοῦν   15 καθὼς   20 ἐν | ἐν

6 would find life through it. But this is what the uprightness that springs from faith says: "Do not say to yourself, 'Who 7 will go up to heaven?' " that is, to bring Christ down; or " 'Who will go down into the depths?' " that is, to bring Christ 8 up from the dead. No! This is what it says: "God's message is close to you, on your lips and in your mind"—that 9 is, the message about faith that we preach. For if with your lips you acknowledge the message that Jesus is Lord, and with your mind you believe that God raised him from the dead, you 10 will be saved. For with their minds men believe and are made upright, and with their lips they make the acknowledgment 11 and are saved. For the Scripture says, "No one who has 12 faith in him will be disappointed." There is no distinction between Jew and Greek, for they all have the same Lord, 13 and he is generous to all who call upon him. For everyone 14 who calls upon the name of the Lord will be saved. But how are they to call upon him if they have not believed in him? And how are they to believe him if they have never heard him? And how are they to hear unless someone 15 preaches to them? And how are men to preach unless they are sent to do it? As the Scripture says, "How welcome is the coming of those who bring good news!"

16   It is true, they have not all accepted the good news, for Isaiah says, "Lord, who has believed what we have told?" 17 So faith comes from hearing what is told, and that hearing 18 comes through the message about Christ. But I ask, had they no opportunity to hear it? On the contrary,

> "Their voices have gone all over the earth,
> And their words to the ends of the world."

19 But I ask again, did Israel fail to understand? Why, to begin with, Moses said,

> "I will make you jealous of what is no nation at all,
> I will exasperate you at a senseless nation."

20 Then Isaiah broke out boldly and said,

> "I have been found by men who were not looking for me,
> "I have shown myself to men who were not questioning me."

21 But of Israel he said,

ταϲα τὰϲ χεῖράϲ μου πρὸϲ λαὸν ἀπειθοῦντα καὶ
1 ἀντιλέροντα.   Λέγω οὖν, μὴ ἀπώσατο ὁ
θεὸϲ τὸν λαὸν αὐτοῦ; μὴ γένοιτο· καὶ γὰρ ἐγὼ Ἰσρα-
ηλείτης εἰμί, ἐκ σπέρματος Ἀβραάμ, φυλῆς Βενιαμείν.
2 οὐκ ἀπώσατο ὁ θεὸϲ τὸν λαὸν αὐτοῦ ὃν προέγνω.
ἢ οὐκ οἴδατε ἐν Ἠλείᾳ τί λέγει ἡ γραφή, ὡς ἐντυγχάνει
3 τῷ θεῷ κατὰ τοῦ Ἰσραήλ; Κύριε, τοὺϲ προφήταϲ ϲου
ἀπέκτειναν, τὰ θυϲιαϲτήριά ϲου κατέϲκαψαν,
κἀγὼ ὑπελείφθην μόνοϲ, καὶ ζητοῦϲιν τὴν
4 ψυχήν μου. ἀλλὰ τί λέγει αὐτῷ ὁ χρηματισμός; Κα-
τέλιπον ἐμαυτῷ ἑπτακιϲχιλίουϲ ἄνΔραϲ, οἵτινεϲ
5 οὐκ ἔκαμψαν ρόνυ τῇ Βάαλ. οὕτως οὖν καὶ ἐν τῷ
6 νῦν καιρῷ λίμμα κατ' ἐκλογὴν χάριτος γέγονεν· εἰ δὲ χά-
ριτι, οὐκέτι ἐξ ἔργων, ἐπεὶ ἡ χάρις οὐκέτι γίνεται χάρις.
7 τί οὖν; ὃ ἐπιζητεῖ Ἰσραήλ, τοῦτο οὐκ ἐπέτυχεν, ἡ δὲ
8 ἐκλογὴ ἐπέτυχεν· οἱ δὲ λοιποὶ ἐπωρώθησαν, καθάπερ γέγρα-
πται Ἔδωκεν αὐτοῖϲ ὁ θεὸϲ πνεῦμα κατανύξεωϲ,
ὀφθαλμοὺϲ τοῦ μὴ βλέπειν καὶ ὦτα τοῦ μὴ ἀκού-
9 ειν, ἕως τῆϲ ϲήμερον ἡμέραϲ.   καὶ Δαυεὶδ λέγει
    Γενηθήτω ἡ τράπεζα αὐτῶν εἰϲ παρίΔα καὶ εἰϲ
θήραν
    καὶ εἰϲ ϲκάνΔαλον καὶ εἰϲ ἀνταπόΔομα αὐτοῖϲ,
10   ϲκοτιϲθήτωϲαν οἱ ὀφθαλμοὶ αὐτῶν τοῦ μὴ
βλέπειν,
    καὶ τὸν νῶτον αὐτῶν Διὰ παντὸϲ ϲύνκαμψον.
11 Λέγω οὖν, μὴ ἔπταισαν ἵνα πέσωσιν; μὴ γένοιτο· ἀλλὰ
τῷ αὐτῶν παραπτώματι ἡ σωτηρία τοῖς ἔθνεσιν, εἰς τὸ
12 παραζηλῶϲαι αὐτούς. εἰ δὲ τὸ παράπτωμα αὐτῶν πλοῦ-
τος κόσμου καὶ τὸ ἥττημα αὐτῶν πλοῦτος ἐθνῶν, πόσῳ
μᾶλλον τὸ πλήρωμα αὐτῶν.
13   Ὑμῖν δὲ λέγω τοῖς ἔθνεσιν. ἐφ' ὅσον μὲν οὖν εἰμὶ ἐγὼ
14 ἐθνῶν ἀπόστολος, τὴν διακονίαν μου δοξάζω, εἴ πως παρα-
15 ζηλώσω μου τὴν σάρκα καὶ σώσω τινὰς ἐξ αὐτῶν. εἰ γὰρ
ἡ ἀποβολὴ αὐτῶν καταλλαγὴ κόσμου, τίς ἡ πρόσλημψις εἰ

"All day long I have held out my hands to a disobedient
and obstinate people."

11   I ask then, has God repudiated his people?   By no means.
Why, I am an Israelite myself, I am descended from Abraham,
2 and I belong to the tribe of Benjamin.   God has not repudi-
ated his people, which he had marked out from the first.
Do you not know what the Scripture says in speaking of
3 Elijah, how he appealed to God against Israel?   "Lord,
they have killed your prophets, they have demolished your
altars, I am the only one left and they are trying to take my
4 life."   But what is God's reply?   "I have left myself seven
5 thousand men who have never knelt to Baal!"   So too at the
present time there is a remnant selected by God's mercy.
6 But if it is by his mercy, it is not for anything they have done.
7 Otherwise, his mercy would not be mercy at all.   What
follows?   Israel failed to get what it sought, but those whom
8 God selected got it.   The rest became callous; as the Scrip-
ture says, "God has thrown them into a state of spiritual
insensibility, with eyes that cannot see and ears that can-
9 not hear, that has lasted down to this day."   And David
said

"Let their feasting prove a snare and a trap to them,
Their ruin and their retribution.

10   Let their eyes be darkened, so that they cannot see;
Make their backs bend forever under their burden!"

11   I ask then, has their stumbling led to their absolute ruin?
By no means.   Through their false step salvation has gone to
12 the heathen, so as to make the Israelites jealous.   But if their
false step has so enriched the world, and their defeat has so
enriched the heathen, how much more good the addition of
their full number will do!

13   But it is to you who are of the heathen that I am speaking.
So far then as I am an apostle to the heathen, I make the
14 most of my ministry, in the hope of making my countrymen
15 jealous, and thus saving some of them.   For if their rejection
has meant the reconciling of the world, what can the accept-

16 μὴ ζωὴ ἐκ νεκρῶν; εἰ δὲ ἡ ἀπαρχὴ ἁγία, καὶ τὸ φύραμα·
17 καὶ εἰ ἡ ῥίζα ἁγία, καὶ οἱ κλάδοι.   Εἰ δέ τινες
τῶν κλάδων ἐξεκλάσθησαν, σὺ δὲ ἀγριέλαιος ὢν ἐνεκεν-
τρίσθης ἐν αὐτοῖς καὶ συνκοινωνὸς τῆς ῥίζης τῆς πιότητος
18 τῆς ἐλαίας ἐγένου, μὴ κατακαυχῶ τῶν κλάδων· εἰ δὲ κατα-
καυχᾶσαι, οὐ σὺ τὴν ῥίζαν βαστάζεις ἀλλὰ ἡ ῥίζα σέ.
19 ἐρεῖς οὖν Ἐξεκλάσθησαν κλάδοι ἵνα ἐγὼ ἐνκεντρισθῶ.
20 καλῶς· τῇ ἀπιστίᾳ ἐξεκλάσθησαν, σὺ δὲ τῇ πίστει ἕστη-
21 κας. μὴ ὑψηλὰ φρόνει, ἀλλὰ φοβοῦ· εἰ γὰρ ὁ θεὸς τῶν
κατὰ φύσιν κλάδων οὐκ ἐφείσατο, οὐδὲ σοῦ φείσεται.
22 ἴδε οὖν χρηστότητα καὶ ἀποτομίαν θεοῦ· ἐπὶ μὲν τοὺς
πεσόντας ἀποτομία, ἐπὶ δὲ σὲ χρηστότης θεοῦ, ἐὰν ἐπι-
23 μένῃς τῇ χρηστότητι, ἐπεὶ καὶ σὺ ἐκκοπήσῃ. κἀκεῖνοι
δέ, ἐὰν μὴ ἐπιμένωσι τῇ ἀπιστίᾳ, ἐνκεντρισθήσονται· δυνα-
24 τὸς γάρ ἐστιν ὁ θεὸς πάλιν ἐνκεντρίσαι αὐτούς. εἰ γὰρ σὺ
ἐκ τῆς κατὰ φύσιν ἐξεκόπης ἀγριελαίου καὶ παρὰ φύσιν
ἐνεκεντρίσθης εἰς καλλιέλαιον, πόσῳ μᾶλλον οὗτοι οἱ κατὰ
25 φύσιν ἐνκεντρισθήσονται τῇ ἰδίᾳ ἐλαίᾳ.   Οὐ
γὰρ θέλω ὑμᾶς ἀγνοεῖν, ἀδελφοί, τὸ μυστήριον τοῦτο, ἵνα
μὴ ἦτε ⌜ἐν⌝ ἑαυτοῖς φρόνιμοι, ὅτι πώρωσις ἀπὸ μέρους τῷ
Ἰσραὴλ γέγονεν ἄχρι οὗ τὸ πλήρωμα τῶν ἐθνῶν εἰσέλθῃ,
26 καὶ οὕτως πᾶς Ἰσραὴλ σωθήσεται· καθὼς γέγραπται
Ἥξει ἐκ Σιὼν ὁ ῥυόμενος,
ἀποστρέψει ἀσεβείας ἀπὸ Ἰακώβ.
27   καὶ αὕτη αὐτοῖς ἡ παρ' ἐμοῦ διαθήκη,
ὅταν ἀφέλωμαι τὰς ἁμαρτίας αὐτῶν.
28 κατὰ μὲν τὸ εὐαγγέλιον ἐχθροὶ δι' ὑμᾶς, κατὰ δὲ τὴν ἐκλο-
29 γὴν ἀγαπητοὶ διὰ τοὺς πατέρας· ἀμεταμέλητα γὰρ τὰ
30 χαρίσματα καὶ ἡ κλῆσις τοῦ θεοῦ. ὥσπερ γὰρ ὑμεῖς ποτὲ
ἠπειθήσατε τῷ θεῷ, ⌜νῦν⌝ δὲ ἠλεήθητε τῇ τούτων ἀπειθίᾳ,
31 οὕτως καὶ οὗτοι νῦν ἠπείθησαν τῷ ὑμετέρῳ ἐλέει ἵνα καὶ
32 αὐτοὶ νῦν ἐλεηθῶσιν· συνέκλεισεν γὰρ ὁ θεὸς τοὺς πάντας
33 εἰς ἀπειθίαν ἵνα τοὺς πάντας ἐλεήσῃ. *Ω βάθος πλούτου

25 παρ'   30 νυνὶ

16 ance of them mean but life from the dead? If the first hand-
ful of dough is consecrated, the whole mass is, and if the
root of a tree is consecrated, so are its branches.

17   If some of the branches have been broken off, and you
who were only a wild olive shoot have been grafted in, in place
of them, and made to share the richness of the olive's root,
18 you must not look down upon the branches. If you do,
remember that you do not support the root; the root supports
you.

19   "But," you will say, "branches were broken off so that
I could be grafted in!"

20   That is true; but it was for their want of faith that
they were broken off, and it is through your faith that you
stand where you do. You ought not to feel proud; you
21 ought to be afraid, for if God did not spare the natural
22 branches, he will not spare you. Observe then the goodness
and the severity of God—severity to those who have fallen,
but goodness to you, provided you abide by his goodness, for
23 otherwise you in your turn will be pruned away. Those
others too, if they do not cling to their unbelief, will be grafted
24 in, for God has the power to graft them in again. For if
you were cut from a wild olive and unnaturally grafted upon
a cultivated one, how much easier it will be to graft them
upon the olive to which they properly belong!

25   For to keep you from thinking too well of yourselves,
brothers, I do not want you to miss this secret, that only
partial insensibility has come upon Israel, to last until all the
26 heathen have come in, and then all Israel will be saved, just
as the Scripture says,

     "The deliverer will come from Zion,
      He will drive all ungodliness away from Jacob,
27   And this will be my agreement with them,
      When I take away their sins."

28 From the point of view of the good news they are treated as
enemies of God on your account; but from the point of
view of God's choice, they are dear to him because of their
29 forefathers, for God does not change his mind about those
30 to whom he gives his blessings or sends his call. For just as
you once disobeyed God, but now have had mercy shown you
31 because they disobeyed, so they are now disobedient in order
that they in turn may experience the same mercy as you.
32 For God has made all men prisoners of disobedience so as to
33 have mercy upon them all. How inexhaustible God's

καὶ σοφίας καὶ γνώσεως θεοῦ· ὡς ἀνεξεραύνητα τὰ κρί-
ματα αὐτοῦ καὶ ἀνεξιχνίαστοι αἱ ὁδοὶ αὐτοῦ.

34 Τίς γὰρ ἔγνω νοῦν Κυρίου ; ἢ τίς ϲύμβουλος αὐτοῦ
ἐγένετο ;
35 ἢ τίς προέδωκεν αὐτῷ, καὶ ἀνταποδοθήϲεται αὐτῷ ;
36 ὅτι ἐξ αὐτοῦ καὶ δι᾽ αὐτοῦ καὶ εἰς αὐτὸν τὰ πάντα· αὐτῷ
ἡ δόξα εἰς τοὺς αἰῶνας· ἀμήν.

1 Παρακαλῶ οὖν ὑμᾶς, ἀδελφοί, διὰ τῶν οἰκτιρμῶν τοῦ
θεοῦ παραστῆσαι τὰ σώματα ὑμῶν θυσίαν ζῶσαν ἁγίαν
2 ⌜τῷ θεῷ εὐάρεστον⌝, τὴν λογικὴν λατρείαν ὑμῶν· καὶ μὴ
⌜συνσχηματίζεσθε τῷ αἰῶνι τούτῳ, ἀλλὰ μεταμορφοῦσθε⌝
τῇ ἀνακαινώσει τοῦ νοός, εἰς τὸ δοκιμάζειν ὑμᾶς τί τὸ θέ-
λημα τοῦ θεοῦ, τὸ ἀγαθὸν καὶ εὐάρεστον καὶ τέλειον.
3 Λέγω γὰρ διὰ τῆς χάριτος τῆς δοθείσης μοι παντὶ τῷ
ὄντι ἐν ὑμῖν μὴ ὑπερφρονεῖν παρ᾽ ὃ δεῖ φρονεῖν, ἀλλὰ
φρονεῖν εἰς τὸ σωφρονεῖν, ἑκάστῳ ὡς ὁ θεὸς ἐμέρισεν μέ-
4 τρον πίστεως. καθάπερ γὰρ ἐν ἑνὶ σώματι ⌜πολλὰ μέλη⌝
5 ἔχομεν, τὰ δὲ μέλη πάντα οὐ τὴν αὐτὴν ἔχει πρᾶξιν, οὕτως
οἱ πολλοὶ ἓν σῶμά ἐσμεν ἐν Χριστῷ, τὸ δὲ καθ᾽ εἷς ἀλλή-
6 λων μέλη. Ἔχοντες δὲ χαρίσματα κατὰ τὴν χάριν τὴν
δοθεῖσαν ἡμῖν διάφορα, εἴτε προφητείαν κατὰ τὴν ἀνα-
7 λογίαν τῆς πίστεως, εἴτε διακονίαν ἐν τῇ διακονίᾳ, εἴτε ὁ
8 διδάσκων ἐν τῇ διδασκαλίᾳ, εἴτε ὁ παρακαλῶν ἐν τῇ παρα-
κλήσει, ὁ μεταδιδοὺς ἐν ἁπλότητι, ὁ προϊστάμενος ἐν
9 σπουδῇ, ὁ ἐλεῶν ἐν ἱλαρότητι. ἡ ἀγάπη ἀνυπόκριτος.
10 ἀποστυγοῦντες τὸ πονηρόν, κολλώμενοι τῷ ἀγαθῷ· τῇ
φιλαδελφίᾳ εἰς ἀλλήλους φιλόστοργοι, τῇ τιμῇ ἀλλήλους
11 προηγούμενοι, τῇ σπουδῇ μὴ ὀκνηροί, τῷ πνεύματι ζέοντες,
12 τῷ κυρίῳ δουλεύοντες, τῇ ἐλπίδι χαίροντες, τῇ θλίψει ὑπο-
13 μένοντες, τῇ προσευχῇ προσκαρτεροῦντες, ταῖς χρείαις τῶν
14 ἁγίων κοινωνοῦντες, τὴν φιλοξενίαν διώκοντες. εὐλογεῖτε
15 τοὺς διώκοντας, εὐλογεῖτε καὶ μὴ καταρᾶσθε. χαίρειν μετὰ

1 εὐάρεστον τῷ θεῷ   2 συνσχηματίζεσθαι......μεταμορφοῦσθαι   4 μέλη πολλά

resources, wisdom, and knowledge are! How unfathomable his decisions are, and how untraceable his ways!

34 "Who has ever known the Lord's thoughts, or advised him?

35 "Or who has advanced anything to him, for which he will have to be repaid?"

36 For from him everything comes; through him everything exists; and in him everything ends! Glory to him forever! Amen.

12 I appeal to you, therefore, brothers, by this mercy of God, to offer your bodies in a living sacrifice that will be holy 2 and acceptable to God; that is your rational worship. You must not adopt the customs of this world but by your new attitude of mind be transformed so that you can find out what God's will is—what is good, pleasing, and perfect.

3 By the favor that God has shown me, I would tell every one of you not to think too highly of himself, but to think reasonably, judging himself by the degree of faith God has 4 allowed him. For just as there are many parts united in our human bodies, and the parts do not all have the same 5 function, so, many as we are, we form one body through union with Christ, and we are individually parts of one 6 another. We have gifts that differ with the favor that God has shown us, whether it is that of preaching, differing with the 7 measure of our faith, or of practical service, differing in the 8 field of service, or the teacher who exercises his gift in teaching, the speaker, in his exhortation, the giver of charity, with generosity, the office-holder, with devotion, the one who does 9 acts of mercy, with cheerfulness. Your love must be genuine. 10 Hate what is wrong, and hold to what is right. Be affectionate in your love for the brotherhood, eager to show 11 one another honor, not wanting in devotion, but on fire 12 with the Spirit. Serve the Lord. Be happy in your hope, 13 steadfast in time of trouble, persistent in prayer. Supply the needs of God's people, be unfailing in hospitality. 14 Bless your persecutors; bless them; do not curse them.

16 χαιρόντων, ᵀ κλαίειν μετὰ κλαιόντων. τὸ αὐτὸ εἰς ἀλλή-
λους φρονοῦντες, μὴ τὰ ὑψηλὰ φρονοῦντες ἀλλὰ τοῖς τα-
πεινοῖς συναπαγόμενοι. Μὴ ΓΙΝΕCΘΕ ΦΡΟΝΙΜΟΙ ΠΑΡ᾿ ἑΑΥ-
17 ΤΟῖC. μηδενὶ κακὸν ἀντὶ κακοῦ ἀποδιδόντες· ΠΡΟΝΟΟΎ-
18 ΜΕΝΟΙ ΚΑΛΑ ἐΝΏΠΙΟΝ ΠΆΝΤΩΝ ἈΝΘΡΏΠΩΝ· εἰ δυνατόν,
19 τὸ ἐξ ὑμῶν μετὰ πάντων ἀνθρώπων εἰρηνεύοντες· μὴ ἑαυτοὺς
ἐκδικοῦντες, ἀγαπητοί, ἀλλὰ δότε τόπον τῇ ὀργῇ, γέγραπται
γάρ ᾿ΕΜΟΙ ἐΚΔΊΚΗCΙC, ἐΓῺ ἈΝΤΑΠΟΔΏCΩ, λέγει Κύριος.
20 ἈΛΛΑ ἐᾺΝ ΠΕΙΝᾷ ὁ ἐΧΘΡΌC COΥ, ΨώΜΙΖΕ ΑΥ̓ΤΌΝ· ἐᾺΝ
ΔΙΨᾷ, ΠΌΤΙΖΕ ΑΥ̓ΤΌΝ· ΤΟΥ̂ΤΟ ΓᾺΡ ΠΟΙΩ̂Ν ἌΝΘΡΑΚΑC ΠΥΡῸC
21 CΩΡΕΎCΕΙC ἐΠῚ ΤῊΝ ΚΕΦΑΛῊΝ ΑΥ̓ΤΟΥ̂. μὴ νικῶ ὑπὸ τοῦ
1 κακοῦ, ἀλλὰ νίκα ἐν τῷ ἀγαθῷ τὸ κακόν.   Πᾶσα
ψυχὴ ἐξουσίαις ὑπερεχούσαις ὑποτασσέσθω, οὐ γὰρ ἔστιν
ἐξουσία εἰ μὴ ὑπὸ θεοῦ, αἱ δὲ οὖσαι ὑπὸ θεοῦ τεταγμέναι
2 εἰσίν· ὥστε ὁ ἀντιτασσόμενος τῇ ἐξουσίᾳ τῇ τοῦ θεοῦ
διαταγῇ ἀνθέστηκεν, οἱ δὲ ἀνθεστηκότες ἑαυτοῖς κρίμα
3 λήμψονται. οἱ γὰρ ἄρχοντες οὐκ εἰσὶν φόβος τῷ ⌐ἀγαθῷ
ἔργῳ⌐ ἀλλὰ τῷ κακῷ. θέλεις δὲ μὴ φοβεῖσθαι τὴν ἐξου-
4 σίαν; τὸ ἀγαθὸν ποίει, καὶ ἕξεις ἔπαινον ἐξ αὐτῆς· θεοῦ
γὰρ διάκονός ἐστιν σοὶ εἰς τὸ ἀγαθόν. ἐὰν δὲ τὸ κακὸν
ποιῇς, φοβοῦ· οὐ γὰρ εἰκῇ τὴν μάχαιραν φορεῖ· θεοῦ
γὰρ διάκονός ἐστιν, ἔκδικος εἰς ὀργὴν τῷ τὸ κακὸν πράσ-
5 σοντι. διὸ ἀνάγκη ὑποτάσσεσθαι, οὐ μόνον • διὰ τὴν
6 ὀργὴν ἀλλὰ καὶ διὰ τὴν συνείδησιν, διὰ τοῦτο γὰρ καὶ
φόρους τελεῖτε, λειτουργοὶ γὰρ θεοῦ εἰσὶν εἰς αὐτὸ τοῦτο
7 προσκαρτεροῦντες. ἀπόδοτε πᾶσι τὰς ὀφειλάς, τῷ τὸν
φόρον τὸν φόρον, τῷ τὸ τέλος τὸ τέλος, τῷ τὸν φόβον
8 τὸν φόβον, τῷ τὴν τιμὴν τὴν τιμήν.   Μηδενὶ
μηδὲν ὀφείλετε, εἰ μὴ τὸ ἀλλήλους ἀγαπᾶν· ὁ γὰρ ἀγαπῶν
9 τὸν ἕτερον νόμον πεπλήρωκεν. τὸ γάρ ΟΥ̓ ΜΟΙΧΕΎCΕΙC,
ΟΥ̓ ΦΟΝΕΎCΕΙC, ΟΥ̓ ΚΛΈΨΕΙC, ΟΥ̓Κ ἐΠΙΘΥΜΉCΕΙC, καὶ
εἴ τις ἑτέρα ἐντολή, ἐν ⌐τῷ λόγῳ τούτῳ⌐ ἀνακεφαλαιοῦται,
[ἐν τῷ] ᾿ΑΓΑΠΉCΕΙC ΤῸΝ ΠΛΗCΊΟΝ COΥ ὩC CΕΑΥΤΌΝ.

15 καὶ   3 †...†   9 τούτῳ τῷ λόγῳ

15 Rejoice with those who rejoice, weep with those who weep.
16 Live in harmony with one another. Do not be too ambi-
17 tious, but accept humble tasks. Do not be conceited. Do
not pay anyone back with evil for evil. See that you are
18 above reproach in the eyes of everyone. If possible, for your
19 part, live peaceably with everybody. Do not take your
revenge, dear friends, but leave room for God's anger, for the
Scripture says, "Vengeance belongs to me; I will pay them
20 back, says the Lord." No! If your enemy is hungry, feed
him! If he is thirsty, give him something to drink! For if
21 you do, you will heap burning coals upon his head! Do not
be conquered by evil, but conquer evil with good.
13   Everyone must obey the authorities that are over him,
for no authority can exist without the permission of God;
2 the existing authorities have been established by him, so
that anyone who resists the authorities sets himself in opposi-
tion to what God has ordained, and those who oppose him will
3 bring down judgment upon themselves. The man who does
right has nothing to fear from the magistrates, as the wrong-
doer has. If you want to have no fear of the authorities, do
4 right, and they will commend you for it, for they are God's
agents to do you good. But if you do wrong you may well
be afraid, for they do not carry swords for nothing. They are
5 God's servants, to execute his wrath upon wrongdoers. You
must obey them, therefore, not only to escape God's wrath,
6 but as a matter of principle, just as you pay your taxes; they
7 are God's ministers, devoting themselves to this service. Pay
them all what is due them—tribute to the man entitled to
receive it, taxes to the man entitled to receive them, respect
to the man entitled to it, and honor to the man entitled to it.
8 Owe nobody anything—except the duty of mutual love, for
9 whoever loves his fellow-men has fully satisfied the Law. For
the commandments, "You must not commit adultery, You
must not murder, You must not steal, You must not
covet," and any other commandments there are, are all
summed up in one saying, "You must love your neighbor as

10 ἡ ἀγάπη τῷ πλησίον κακὸν οὐκ ἐργάζεται· πλήρωμα οὖν
11 νόμου ἡ ἀγάπη.   Καὶ τοῦτο εἰδότες τὸν καιρόν,
ὅτι ὥρα ἤδη ⌜ὑμᾶς⌝ ἐξ ὕπνου ἐγερθῆναι, νῦν γὰρ ἐγγύ-
12 τερον ἡμῶν ἡ σωτηρία ἢ ὅτε ἐπιστεύσαμεν. ἡ νὺξ προέ-
κοψεν, ἡ δὲ ἡμέρα˙ ἤγγικεν. ἀποθώμεθα οὖν τὰ ἔργα τοῦ
13 σκότους, ἐνδυσώμεθα [δὲ] τὰ ὅπλα τοῦ φωτός. ὡς ἐν
ἡμέρᾳ εὐσχημόνως περιπατήσωμεν, μὴ κώμοις καὶ μέθαις,
14 μὴ κοίταις καὶ ἀσελγείαις, μὴ ⌜ἔριδι καὶ ζήλῳ⌝. ἀλλὰ
ἐνδύσασθε τὸν ⌜κύριον Ἰησοῦν Χριστόν⌝, καὶ τῆς σαρκὸς
πρόνοιαν μὴ ποιεῖσθε εἰς ἐπιθυμίας.
1   Τὸν δὲ ἀσθενοῦντα τῇ πίστει προσλαμβάνεσθε, μὴ εἰς
2 διακρίσεις διαλογισμῶν. ὃς μὲν πιστεύει φαγεῖν πάντα, ὁ
3 δὲ ἀσθενῶν λάχανα ἐσθίει. ὁ ἐσθίων τὸν μὴ ἐσθίοντα μὴ
ἐξουθενείτω, ὁ δὲ μὴ ἐσθίων τὸν ἐσθίοντα μὴ κρινέτω, ὁ
4 θεὸς γὰρ αὐτὸν προσελάβετο. σὺ τίς εἶ ὁ κρίνων ἀλλό-
τριον οἰκέτην; τῷ ἰδίῳ κυρίῳ στήκει ἢ πίπτει· σταθήσεται
5 δέ, δυνατεῖ γὰρ ὁ κύριος στῆσαι αὐτόν. ὃς μὲν [γὰρ] κρίνει
ἡμέραν παρ᾽ ἡμέραν, ὃς δὲ κρίνει πᾶσαν ἡμέραν· ἕκαστος
6 ἐν τῷ ἰδίῳ νοῒ πληροφορείσθω· ὁ φρονῶν τὴν ἡμέραν
κυρίῳ φρονεῖ. καὶ ὁ ἐσθίων κυρίῳ ἐσθίει, εὐχαριστεῖ γὰρ
τῷ θεῷ· καὶ ὁ μὴ ἐσθίων κυρίῳ οὐκ ἐσθίει, καὶ εὐχαριστεῖ
7 τῷ θεῷ.   Οὐδεὶς γὰρ ἡμῶν ἑαυτῷ ζῇ, καὶ οὐδεὶς ἑαυτῷ
8 ἀποθνήσκει· ἐάν τε γὰρ ζῶμεν, τῷ κυρίῳ ζῶμεν, ἐάν τε
ἀποθνήσκωμεν, τῷ κυρίῳ ἀποθνήσκομεν. ἐάν τε οὖν ζῶμεν
9 ἐάν τε ἀποθνήσκωμεν, τοῦ κυρίου ἐσμέν. εἰς τοῦτο γὰρ
Χριστὸς ἀπέθανεν καὶ ἔζησεν ἵνα καὶ νεκρῶν καὶ ζώντων
10 κυριεύσῃ. Σὺ δὲ τί κρίνεις τὸν ἀδελφόν σου; ἢ καὶ σὺ τί
ἐξουθενεῖς τὸν ἀδελφόν σου; πάντες γὰρ παραστησόμεθα
11 τῷ βήματι τοῦ θεοῦ· γέγραπται γάρ

Ζῶ ἐγώ, λέγει Κύριος, ὅτι ἐμοὶ κάμψει πᾶν γόνυ
καὶ πᾶσα γλῶσσα ἐξομολογήσεται τῷ θεῷ.

12 ἄρα [οὖν] ἕκαστος ἡμῶν περὶ ἑαυτοῦ λόγον δώσει [τῷ
13 θεῷ].   Μηκέτι οὖν ἀλλήλους κρίνωμεν· ἀλλὰ

9 τούτῳ τῷ λόγῳ   15 καὶ   3 †...†

10 you do yourself." Love never wrongs a neighbor, and so love fully satisfies the Law.

11   All this especially, because you know this critical time and that it is time for you to wake from your sleep, for our salvation is nearer to us now than when we first believed.

12 The night is nearly over; the day is at hand. So let us throw aside the deeds of darkness, and put on the armor of

13 light. Let us live honorably, as in the light of day, not in carousing and drunkenness, or in immorality and indecency,

14 or in quarreling and jealousy. But clothe yourselves with the Lord Jesus Christ, and do not think about gratifying your physical cravings.

14   Treat people who are overscrupulous in their faith

2 like brothers; do not criticize their views. One man's faith allows him to eat anything, while the overscrupulous man

3 eats nothing but vegetables. The man who will eat anything must not look down on the man who abstains from some things, and the man who abstains from them must not criticize the one who does not, for God has accepted him.

4 Who are you to criticize someone else's servant? It is for his own master to say whether he succeeds or fails; and he will

5 succeed, for the Master can make him do so. One man thinks one day better than another, while another thinks them all alike. Everybody must be fully convinced in his own mind.

6 The man who observes the day does it in the Lord's honor. The man who eats does it in the Lord's honor, for he gives God thanks, and the man who abstains does it in the Lord's

7 honor, and gives him thanks. None of us lives only to himself, and none of us dies only to himself; if we live, we are responsible to the Lord, and if we die, we are responsible to

8 him; so whether we live or die, we belong to the Lord.

9 For Christ died and returned to life for the very purpose of

10 being Lord of both the dead and the living. What business have you to criticize your brother? What business have you to look down upon your brother? We shall all have

11 to stand before God for judgment. For the Scripture says,
"As surely as I live, says the Lord, every knee will bend before me,

And every tongue will make its confession to God."

12 So each one of us must give an account of himself to God.

13   Therefore let us not criticize one another any more.

τοῦτο κρίνατε μᾶλλον, τὸ μὴ τιθέναι ⌜πρόσκομμα τῷ
14 ἀδελφῷ ἢ⌝ σκάνδαλον. οἶδα καὶ πέπεισμαι ἐν κυρίῳ
Ἰησοῦ ὅτι οὐδὲν κοινὸν δι' ἑαυτοῦ· εἰ μὴ τῷ λογιζομένῳ
15 τι κοινὸν εἶναι, ἐκείνῳ κοινόν. εἰ γὰρ διὰ βρῶμα ὁ ἀδελφός
σου λυπεῖται, οὐκέτι κατὰ ἀγάπην περιπατεῖς. μὴ τῷ βρώ-
16 ματί σου ἐκεῖνον ἀπόλλυε ὑπὲρ οὗ Χριστὸς ἀπέθανεν. μὴ
17 βλασφημείσθω οὖν ὑμῶν τὸ ἀγαθόν. οὐ γάρ ἐστιν ἡ
βασιλεία τοῦ θεοῦ βρῶσις καὶ πόσις, ἀλλὰ δικαιοσύνη καὶ
18 εἰρήνη καὶ χαρὰ ἐν πνεύματι ἁγίῳ· ὁ γὰρ ἐν τούτῳ δουλεύων
τῷ χριστῷ εὐάρεστος τῷ θεῷ καὶ δόκιμος τοῖς ἀνθρώποις.
19 ἄρα οὖν τὰ τῆς εἰρήνης ⌜διώκωμεν⌝ καὶ τὰ τῆς οἰκοδομῆς
20 τῆς εἰς ἀλλήλους· μὴ ἕνεκεν βρώματος κατάλυε τὸ ἔργον
τοῦ θεοῦ. πάντα μὲν καθαρά, ἀλλὰ κακὸν τῷ ἀνθρώπῳ τῷ
21 διὰ προσκόμματος ἐσθίοντι. καλὸν τὸ μὴ φαγεῖν κρέα μηδὲ
22 πεῖν οἶνον μηδὲ ἐν ᾧ ὁ ἀδελφός σου προσκόπτει· σὺ πίστιν
ἣν ἔχεις κατὰ σεαυτὸν ἔχε ἐνώπιον τοῦ θεοῦ. μακάριος
23 ὁ μὴ κρίνων ἑαυτὸν ἐν ᾧ δοκιμάζει· ὁ δὲ διακρινόμενος ἐὰν
φάγῃ κατακέκριται, ὅτι οὐκ ἐκ πίστεως· πᾶν δὲ ὃ οὐκ ἐκ
1 πίστεως ἁμαρτία ἐστίν.   Ὀφείλομεν δὲ ἡμεῖς οἱ
δυνατοὶ τὰ ἀσθενήματα τῶν ἀδυνάτων βαστάζειν, καὶ μὴ
2 ἑαυτοῖς ἀρέσκειν. ἕκαστος ἡμῶν τῷ πλησίον ἀρεσκέτω εἰς
3 τὸ ἀγαθὸν πρὸς οἰκοδομήν· καὶ γὰρ ὁ χριστὸς οὐχ ἑαυτῷ
ἤρεσεν· ἀλλὰ καθὼς γέγραπται ΟἹ ὈΝΕΙΔΙϹΜΟῚ ΤῶΝ ὈΝΕΙ-
4 ΔΙΖΌΝΤΩΝ ϹΈ ἘΠΈΠΕϹΑΝ ἘΠ' ἘΜΈ. ὅσα γὰρ προεγράφη,
[πάντα] εἰς τὴν ἡμετέραν διδασκαλίαν ἐγράφη, ἵνα διὰ τῆς
ὑπομονῆς καὶ διὰ τῆς παρακλήσεως τῶν γραφῶν τὴν ἐλπίδα
5 ἔχωμεν⌝. ὁ δὲ θεὸς τῆς ὑπομονῆς καὶ τῆς παρακλήσεως
δῴη ὑμῖν τὸ αὐτὸ φρονεῖν ἐν ἀλλήλοις κατὰ ⌜Χριστὸν
6 Ἰησοῦν⌝, ἵνα ὁμοθυμαδὸν ἐν ἑνὶ στόματι δοξάζητε τὸν θεὸν
καὶ πατέρα τοῦ κυρίου ἡμῶν Ἰησοῦ Χριστοῦ.

7   Διὸ προσλαμβάνεσθε ἀλλήλους, καθὼς καὶ ὁ χριστὸς
8 προσελάβετο ⌜ἡμᾶς⌝, εἰς δόξαν τοῦ θεοῦ. λέγω γὰρ Χρι-
στὸν διάκονον ⌜γεγενῆσθαι⌝ περιτομῆς ὑπὲρ ἀληθείας θεοῦ,

19 διώκομεν   4 τῆς παρακλήσεως   5 Ἰησοῦν Χριστόν   7 ὑμᾶς   8 γενέσθαι

You must resolve instead never to put any hindrance or obsta-
14 cle in your brother's way.   I know and as a follower of the
Lord Jesus I am convinced that nothing is unclean in itself;
a thing is unclean only to the man who regards it as unclean.
15 For if your brother's feelings are hurt by what you eat, your
life is not governed by love.   You must not, by what you eat,
16 ruin a man for whom Christ died.   The thing you have a right
17 to do must not become a cause of reproach.   The Kingdom
of God is not a matter of what we eat or drink, but of upright-
ness, peace, and happiness through the possession of the holy
18 Spirit.   Whoever serves Christ in that way pleases God and
19 gains the approval of men.   Let us, therefore, keep before us
whatever will contribute to peace and the development of one
20 another.   You must not, just for the sake of food, undo the
work of God.   It is true, everything is clean, but it is wrong
for a man to hurt the consciences of others by what he eats.
21 The right thing to do is to eat no meat at all and to drink no
wine or do anything else if it hurts your brother's conscience.
22 For your part, you must keep the faith you have to yourself,
as between God and you.   He is a happy man who has no fault
to find with himself in following the course that he approves,
23 but the man who has misgivings about eating, and then eats,
is thereby condemned, for he is not following his convictions,
and anything that does not rest on conviction is wrong.
15   It is the duty of us who are strong to put up with the
weaknesses of those who are immature, and not just suit
2 ourselves.   Everyone of us must try to please his neighbor,
3 to do him good, and help in his development.   Christ did
not please himself, but as the Scripture says, "The reproaches
4 of those who reproach you have fallen on me."   For every-
thing that was written in earlier times was written for our
instruction, so that by being steadfast and through the
encouragement the Scriptures give, we might hold our hope
5 fast.   May God, from whom steadfastness and encourage-
ment come, give you such harmony with one another, in
6 following the example of Christ Jesus, that you may praise
the God and Father of our Lord Jesus Christ with one
accord and one voice.
7   Therefore, treat one another like brothers, in God's honor,
8 just as Christ has treated you.   I hold that Christ has
become an agent of circumcision to show God's truthfulness

9 εἰς τὸ βεβαιῶσαι τὰς ἐπαγγελίας τῶν πατέρων, τὰ δὲ
ἔθνη ὑπὲρ ἐλέους δοξάσαι τὸν θεόν· καθὼς γέγραπται Διὰ
τοῦτο ἐξομολογήϲομαί ϲοι ἐν ἔθνεϲι, καὶ τῷ
10 ὀνόματί ϲου ψαλῶ. καὶ πάλιν λέγει Εὐφράνθητε,
11 ἔθνη, μετὰ τοῦ λαοῦ αὐτοῦ. καὶ πάλιν
Αἰνεῖτε, πάντα τὰ ἔθνη, τὸν κύριον,
καὶ ἐπαινεϲάτωϲαν αὐτὸν πάντεϲ οἱ λαοί.
12 καὶ πάλιν Ἡσαίας λέγει
Ἔϲται ἡ ῥίζα τοῦ Ἰεϲϲαί,
καὶ ὁ ἀνιϲτάμενοϲ ἄρχειν ἐθνῶν·
ἐπ᾽ αὐτῷ ἔθνη ἐλπιοῦϲιν.
13 ὁ δὲ θεὸς τῆς ἐλπίδος πληρώσαι ὑμᾶς πάσης χαρᾶς καὶ
εἰρήνης ἐν τῷ πιστεύειν, εἰς τὸ περισσεύειν ὑμᾶς ἐν τῇ
ἐλπίδι ἐν δυνάμει πνεύματος ἁγίου.
14 Πέπεισμαι δέ, ἀδελφοί μου, καὶ αὐτὸς ἐγὼ περὶ ὑμῶν,
ὅτι καὶ αὐτοὶ μεστοί ἐστε ἀγαθωσύνης, πεπληρωμένοι
πάσης τῆς γνώσεως, δυνάμενοι καὶ ἀλλήλους νουθετεῖν.
15 τολμηροτέρως δὲ ἔγραψα ὑμῖν ἀπὸ μέρους, ὡς ἐπαναμι-
μνήσκων ὑμᾶς, διὰ τὴν χάριν τὴν δοθεῖσάν μοι ἀπὸ τοῦ
16 θεοῦ εἰς τὸ εἶναί με λειτουργὸν Χριστοῦ Ἰησοῦ εἰς τὰ
ἔθνη, ἱερουργοῦντα τὸ εὐαγγέλιον τοῦ θεοῦ, ἵνα γένηται ἡ
προσφορὰ τῶν ἐθνῶν εὐπρόσδεκτος, ἡγιασμένη ἐν πνεύ-
17 ματι ἁγίῳ. ἔχω οὖν [τὴν] καύχησιν ἐν Χριστῷ Ἰησοῦ τὰ
18 πρὸς τὸν θεόν· οὐ γὰρ ⌈τολμήσω⌉ τι λαλεῖν ὧν οὐ κατειρ-
γάσατο Χριστὸς δι᾽ ἐμοῦ εἰς ὑπακοὴν ἐθνῶν, λόγῳ καὶ
19 ἔργῳ, ἐν δυνάμει σημείων καὶ τεράτων, ἐν δυνάμει πνεύματος
[ἁγίου]· ὥστε με ἀπὸ Ἰερουσαλὴμ καὶ κύκλῳ μέχρι τοῦ
20 Ἰλλυρικοῦ πεπληρωκέναι τὸ εὐαγγέλιον τοῦ χριστοῦ, οὕτως
δὲ φιλοτιμούμενον εὐαγγελίζεσθαι οὐχ ὅπου ὠνομάσθη
21 Χριστός, ἵνα μὴ ἐπ᾽ ἀλλότριον θεμέλιον οἰκοδομῶ, ἀλλὰ
καθὼς γέγραπται
⌈Ὄψονται οἷϲ οὐκ ἀνηγγέλη περὶ αὐτοῦ⌉,
καὶ οἳ οὐκ ἀκηκόαϲιν ϲυνήϲουϲιν.

18 τολμῶ   21 Οἷς οὐκ ἀνηγγέλη περὶ αὐτοῦ ὄψονται

9 in carrying out the promises made to our forefathers, and causing the heathen to praise God for his mercy; as the Scripture says,

> "I will give thanks to you for this among the heathen,
> And sing in honor of your name."

10 And again,

> "Rejoice, you heathen, with his people!"

11 And again,

> "Praise the Lord, all you heathen,
> And let all nations sing his praises."

12 Again Isaiah says,

> "The descendant of Jesse will come,
> The one who is to rise to rule the heathen;
> The heathen will set their hopes on him."

13 May God, the source of hope, fill you with perfect happiness and peace in your faith, so that you may have overflowing hope through the power of the holy Spirit.

14   For my part, as far as you are concerned, my brothers, I am convinced that you are already full of goodness of heart, endowed with perfect knowledge, and well qualified to instruct 15 one another.   But, just to refresh your memories, I have written you pretty boldly on some points, because of the 16 favor God has shown me in making me a minister of Christ Jesus among the heathen, to act as a priest of God's good news, to see that the heathen are an acceptable sacrifice, conse- 17 crated by the holy Spirit.   So as a follower of Christ Jesus 18 I have reason to be proud of my work for God.   For I will venture to speak only of what Christ has accomplished through me in winning the heathen to obedience, by word 19 and action, by the force of signs and marvels, and by the power of the holy Spirit, with the result that I have completed the preaching of the good news of Christ all the way from 20 Jerusalem around to Illyricum.   In all this it has been my ambition to preach the good news only where Christ's name was unknown, so as not to build on foundations other men 21 had laid.   As the Scripture says,

> "They who have never been told of him will see,
> And they who have never heard will understand!"

22 Διὸ καὶ ἐνεκοπτόμην τὰ πολλὰ τοῦ ἐλθεῖν πρὸς ὑμᾶς·
23 νυνὶ δὲ μηκέτι τόπον ἔχων ἐν τοῖς κλίμασι τούτοις, ἐπιπό-
24 θειαν δὲ ἔχων τοῦ ἐλθεῖν πρὸς ὑμᾶς ἀπὸ ἱκανῶν ἐτῶν, ὡς
ἂν πορεύωμαι εἰς τὴν Σπανίαν, ἐλπίζω γὰρ διαπορευόμενος
θεάσασθαι ὑμᾶς καὶ ὑφ᾽ ὑμῶν προπεμφθῆναι ἐκεῖ ἐὰν ὑμῶν
25 πρῶτον ἀπὸ μέρους ἐμπλησθῶ,— νυνὶ δὲ πορεύομαι εἰς
26 Ἰερουσαλὴμ διακονῶν τοῖς ἁγίοις. ηὐδόκησαν γὰρ Μακε-
δονία καὶ Ἀχαία κοινωνίαν τινὰ ποιήσασθαι εἰς τοὺς πτω-
27 χοὺς τῶν ἁγίων τῶν ἐν Ἰερουσαλήμ. ηὐδόκησαν γάρ, καὶ
ὀφειλέται εἰσὶν αὐτῶν· εἰ γὰρ τοῖς πνευματικοῖς αὐτῶν
ἐκοινώνησαν τὰ ἔθνη, ὀφείλουσιν καὶ ἐν τοῖς σαρκικοῖς
28 λειτουργῆσαι αὐτοῖς. τοῦτο οὖν ἐπιτελέσας, καὶ σφραγι-
σάμενος αὐτοῖς τὸν καρπὸν τοῦτον, ἀπελεύσομαι δι᾽ ὑμῶν
29 εἰς Σπανίαν· οἶδα δὲ ὅτι ἐρχόμενος πρὸς ὑμᾶς ἐν πληρώ-
30 ματι εὐλογίας Χριστοῦ ἐλεύσομαι.   Παρακαλῶ
δὲ ὑμᾶς [, ἀδελφοί,] διὰ τοῦ κυρίου ἡμῶν Ἰησοῦ Χριστοῦ
καὶ διὰ τῆς ἀγάπης τοῦ πνεύματος συναγωνίσασθαί μοι ἐν
31 ταῖς προσευχαῖς ὑπὲρ ἐμοῦ πρὸς τὸν θεόν, ἵνα ῥυσθῶ ἀπὸ
τῶν ἀπειθούντων ἐν τῇ Ἰουδαίᾳ καὶ ἡ διακονία μου ἡ εἰς
32 Ἰερουσαλὴμ εὐπρόσδεκτος τοῖς ἁγίοις γένηται, ἵνα ἐν χαρᾷ
⌈ἐλθὼν πρὸς ὑμᾶς διὰ θελήματος ⌈θεοῦ⌉ συναναπαύσωμαι
33 ὑμῖν. ὁ δὲ θεὸς τῆς εἰρήνης μετὰ πάντων ὑμῶν· ἀμήν.

1 Συνίστημι δὲ ὑμῖν Φοίβην τὴν ἀδελφὴν ἡμῶν, οὖσαν
2 [καὶ] διάκονον τῆς ἐκκλησίας τῆς ἐν Κενχρεαῖς, ἵνα ⌈προσ-
δέξησθε αὐτὴν⌉ ἐν κυρίῳ ἀξίως τῶν ἁγίων, καὶ παραστῆτε
αὐτῇ ἐν ᾧ ἂν ὑμῶν χρῄζῃ πράγματι, καὶ γὰρ αὐτὴ προ-
στάτις πολλῶν ἐγενήθη καὶ ἐμοῦ αὐτοῦ.

3 Ἀσπάσασθε Πρίσκαν καὶ Ἀκύλαν τοὺς συνεργούς μου
4 ἐν Χριστῷ Ἰησοῦ, οἵτινες ὑπὲρ τῆς ψυχῆς μου τὸν ἑαυτῶν
τράχηλον ὑπέθηκαν, οἷς οὐκ ἐγὼ μόνος εὐχαριστῶ ἀλλὰ καὶ
5 πᾶσαι αἱ ἐκκλησίαι τῶν ἐθνῶν, καὶ τὴν κατ᾽ οἶκον αὐτῶν
ἐκκλησίαν. ἀσπάσασθε Ἐπαίνετον τὸν ἀγαπητόν μου, ὅς
6 ἐστιν ἀπαρχὴ τῆς Ἀσίας εἰς Χριστόν. ἀσπάσασθε Μαρίαν,

32 ἔλθω πρὸς......θεοῦ καὶ | †...†   2 αὐτὴν προσδέξησθε

22 This is why I have so often been prevented from coming
23 to see you. But now there is no more work for me in this part
of the world, and as I have had a great desire for many years
24 to come to see you, when I go to Spain I hope to see you on
my way there, and to have you see me off on my journey,
25 after I have enjoyed being with you for a while. Just now
I am starting for Jerusalem, to take help to God's people.
26 For Macedonia and Greece have determined to make a
contribution for the poor among God's people in Jerusalem.
27 They determined to do it, and they really are indebted to
them, for if the heathen have shared their spiritual blessings,
23 they ought to do them a service in material ways. So when
I have finished this matter, and seen this contribution safely
into their possession, I will start for Spain, and come to
29 you on the way, and I know that when I do come to see you,
I will come with Christ's fullest blessing.

30 I beg you, brothers, for the sake of our Lord Jesus Christ,
and of the love that the Spirit inspires, join me in most
31 earnest prayer to God for me. Pray that I may escape from
those in Judea who are disobedient, and that the help I am
taking to Jerusalem may be well received by God's people,
32 so that, if it is God's will, I may come with a glad heart to see
33 you and enjoy a visit with you. God who gives peace be
with you all! Amen.

16 I want to introduce to you our sister Phoebe, who is a
2 helper in the church at Cenchreae. Welcome her as a
Christian, as God's people should welcome one another, and
give her whatever help she may need from you. For she has
herself been a protector of many, including myself.

3 Remember me to Prisca and Aquila, my fellow-workers
4 in the cause of Christ Jesus, who risked their necks to save my
life. Not only I but also all the churches among the heathen
5 thank them. Remember me also to the church that meets
at their house. Remember me to my dear Epaenetus, who
6 was the first man in Asia to turn to Christ. Remember me

7 ἥτις πολλὰ ἐκοπίασεν εἰς ὑμᾶς. ἀσπάσασθε Ἀνδρόνικον
καὶ Ἰουνίαν τοὺς συγγενεῖς μου καὶ συναιχμαλώτους μου,
οἵτινές εἰσιν ἐπίσημοι ἐν τοῖς ἀποστόλοις, οἳ καὶ πρὸ ἐμοῦ
8 γέγοναν ἐν Χριστῷ. ἀσπάσασθε Ἀμπλιᾶτον τὸν ἀγα-
9 πητόν μου ἐν κυρίῳ. ἀσπάσασθε Οὐρβανὸν τὸν συνεργὸν
10 ἡμῶν ἐν Χριστῷ καὶ Στάχυν τὸν ἀγαπητόν μου. ἀσπά-
σασθε Ἀπελλῆν τὸν δόκιμον ἐν Χριστῷ. ἀσπάσασθε
11 τοὺς ἐκ τῶν Ἀριστοβούλου. ἀσπάσασθε Ἡρῳδίωνα τὸν
συγγενῆ μου. ἀσπάσασθε τοὺς ἐκ τῶν Ναρκίσσου τοὺς
12 ὄντας ἐν κυρίῳ. ἀσπάσασθε Τρύφαιναν καὶ Τρυφῶσαν τὰς
κοπιώσας ἐν κυρίῳ. ἀσπάσασθε Περσίδα τὴν ἀγαπητήν,
13 ἥτις πολλὰ ἐκοπίασεν ἐν κυρίῳ. ἀσπάσασθε Ῥοῦφον τὸν
14 ἐκλεκτὸν ἐν κυρίῳ καὶ τὴν μητέρα αὐτοῦ καὶ ἐμοῦ. ἀσπά-
σασθε Ἀσύνκριτον, Φλέγοντα, Ἑρμῆν, Πατρόβαν, Ἑρμᾶν,
15 καὶ τοὺς σὺν αὐτοῖς ἀδελφούς. ἀσπάσασθε Φιλόλογον
καὶ Ἰουλίαν, Νηρέα καὶ τὴν ἀδελφὴν αὐτοῦ, καὶ Ὀλυμπᾶν,
16 καὶ τοὺς σὺν αὐτοῖς πάντας ἁγίους. Ἀσπάσασθε ἀλλή-
λους ἐν φιλήματι ἁγίῳ. Ἀσπάζονται ὑμᾶς αἱ ἐκκλησίαι
πᾶσαι τοῦ χριστοῦ.

17 Παρακαλῶ δὲ ὑμᾶς, ἀδελφοί, σκοπεῖν τοὺς τὰς διχο-
στασίας καὶ τὰ σκάνδαλα παρὰ τὴν διδαχὴν ἣν ὑμεῖς ἐμά-
18 θετε ποιοῦντας, καὶ ἐκκλίνετε ἀπ᾽ αὐτῶν· οἱ γὰρ τοιοῦτοι
τῷ κυρίῳ ἡμῶν Χριστῷ οὐ δουλεύουσιν ἀλλὰ τῇ ἑαυτῶν
κοιλίᾳ, καὶ διὰ τῆς χρηστολογίας καὶ εὐλογίας ἐξαπατῶσι
19 τὰς καρδίας τῶν ἀκάκων. ἡ γὰρ ὑμῶν ὑπακοὴ εἰς πάντας
ἀφίκετο· ἐφ᾽ ὑμῖν οὖν χαίρω, θέλω δὲ ὑμᾶς σοφοὺς [μὲν]
20 εἶναι εἰς τὸ ἀγαθόν, ἀκεραίους δὲ εἰς τὸ κακόν. ὁ δὲ θεὸς
τῆς εἰρήνης συντρίψει τὸν Σατανᾶν ὑπὸ τοὺς πόδας ὑμῶν
ἐν τάχει.

Ἡ χάρις τοῦ κυρίου ἡμῶν Ἰησοῦ ᵀ μεθ᾽ ὑμῶν.

21 Ἀσπάζεται ὑμᾶς Τιμόθεος ὁ συνεργός [μου], καὶ
Λούκιος καὶ Ἰάσων καὶ Σωσίπατρος οἱ συγγενεῖς μου.
22 ἀσπάζομαι ὑμᾶς ἐγὼ Τέρτιος ὁ γράψας τὴν ἐπιστολὴν ἐν

20 Χριστοῦ

7 to Mary, who has worked so hard for you. Remember me to Andronicus and Junias, my fellow-countrymen, who went to prison with me. They are noted men among the missionaries,
8 and they became Christians before I did. Remember me to
9 Ampliatus, my dear Christian friend. Remember me to Urbanus, our fellow-worker in Christ's cause, and to my dear
10 Stachys. Remember me to that veteran Christian, Apelles. Remember me to those who belong to the household of
11 Aristobulus. Remember me to my fellow-countryman, Herodion. Remember me to the Christians in the household
12 of Narcissus. Remember me to Tryphaena and Tryphosa, those hard workers in the Lord's cause. Remember me to
13 my dear Persis, who has worked so hard for the Lord. Remember me to Rufus, that eminent Christian, and to his
14 mother, who has been a mother to me. Remember me to Asyncritus, Phlègon, Hermes, Patrobas, Hermas, and the
15 brothers who meet with them. Remember me to Philologus and Julia, to Nereus and his sister, and to Olympas, and all
16 God's people who meet with them. Greet one another with a sacred kiss. All the churches of Christ wish to be remembered to you.
17   I beg you, brothers, to be on the watch for those who introduce divisions and difficulties, in opposition to the
18 instruction that you were given, and to avoid them. Such men are not serving our Lord Christ, but their own base passions, and with their plausible and flattering talk they
19 deceive simple-minded people. Everyone has heard of your obedience, and I am very happy about you, but I want you to be wise about what is good and guileless about what is bad.
20 And God, who is the source of peace, will soon crush Satan under your feet.
     The blessing of our Lord Jesus be with you.
21   My fellow-worker, Timothy, wishes to be remembered to you, and so do Lucius, Jason, and Sosipater, my fellow-
22 countrymen. I, Tertius, who write this letter, wish to be

23 κυρίῳ. ἀσπάζεται ὑμᾶς Γαῖος ὁ ξένος μου καὶ ὅλης τῆς ἐκκλησίας. ἀσπάζεται ὑμᾶς Ἔραστος ὁ οἰκονόμος τῆς πόλεως καὶ Κούαρτος ὁ ἀδελφός.

25 Τῷ δὲ δυναμένῳ ὑμᾶς στηρίξαι κατὰ τὸ εὐαγγέλιόν μου καὶ τὸ κήρυγμα Ἰησοῦ Χριστοῦ, κατὰ ἀποκάλυψιν μυστη-
26 ρίου χρόνοις αἰωνίοις σεσιγημένου φανερωθέντος δὲ νῦν διά τε γραφῶν προφητικῶν κατ᾽ ἐπιταγὴν τοῦ αἰωνίου θεοῦ εἰς ὑπακοὴν πίστεως εἰς πάντα τὰ ἔθνη γνωρισθέντος,
27 μόνῳ σοφῷ θεῷ διὰ Ἰησοῦ Χριστοῦ [ᾧ] ἡ δόξα εἰς τοὺς αἰῶνας· ἀμήν.

23 remembered to you as a fellow-Christian. My host, Gaius, the host of the whole church, wishes to be remembered to you. Erastus, the city-treasurer, and our brother Quartus wish to be remembered to you.

25   To him who can make you strong by the good news I bring and the preaching about Jesus Christ, through the disclosure
26 of the secret kept back for long ages but now revealed, and at the command of the eternal God made known through the writings of the prophets to all the heathen, to lead them to
27 obedience and faith—to the one wise God be glory forever through Jesus Christ.   Amen.

ΠΡΟΣ ΚΟΡΙΝΘΙΟΥΣ Α

1 ΠΑΥΛΟΣ κλητὸς ἀπόστολος ⌜Ἰησοῦ Χριστοῦ⌝ διὰ
2 θελήματος θεοῦ καὶ Σωσθένης ὁ ἀδελφὸς τῇ ἐκκλησίᾳ
τοῦ θεοῦ τῇ οὔσῃ ἐν Κορίνθῳ, ἡγιασμένοις ἐν Χριστῷ
Ἰησοῦ, κλητοῖς ἁγίοις, σὺν πᾶσιν τοῖς ἐπικαλουμένοις τὸ
ὄνομα τοῦ κυρίου ἡμῶν Ἰησοῦ Χριστοῦ ἐν παντὶ τόπῳ
3 αὐτῶν καὶ ἡμῶν· χάρις ὑμῖν καὶ εἰρήνη ἀπὸ θεοῦ πατρὸς
ἡμῶν καὶ κυρίου Ἰησοῦ Χριστοῦ.

4 Εὐχαριστῶ τῷ θεῷ πάντοτε περὶ ὑμῶν ἐπὶ τῇ χάριτι
5 τοῦ θεοῦ τῇ δοθείσῃ ὑμῖν ἐν Χριστῷ Ἰησοῦ, ὅτι ἐν παντὶ
ἐπλουτίσθητε ἐν αὐτῷ, ἐν παντὶ λόγῳ καὶ πάσῃ γνώσει,
6 καθὼς τὸ μαρτύριον τοῦ χριστοῦ ἐβεβαιώθη ἐν ὑμῖν,
7 ὥστε ὑμᾶς μὴ ὑστερεῖσθαι ἐν μηδενὶ χαρίσματι, ἀπεκδε-
χομένους τὴν ἀποκάλυψιν τοῦ κυρίου ἡμῶν Ἰησοῦ Χριστοῦ·
8 ὃς καὶ βεβαιώσει ὑμᾶς ἕως τέλους ἀνεγκλήτους ἐν τῇ ἡμέρᾳ
9 τοῦ κυρίου ἡμῶν Ἰησοῦ [Χριστοῦ]. πιστὸς ὁ θεὸς δι᾽ οὗ
ἐκλήθητε εἰς κοινωνίαν τοῦ υἱοῦ αὐτοῦ Ἰησοῦ Χριστοῦ τοῦ
κυρίου ἡμῶν.

10 Παρακαλῶ δὲ ὑμᾶς, ἀδελφοί, διὰ τοῦ ὀνόματος τοῦ
κυρίου ἡμῶν Ἰησοῦ Χριστοῦ ἵνα τὸ αὐτὸ λέγητε πάντες,
καὶ μὴ ᾖ ἐν ὑμῖν σχίσματα, ἦτε δὲ κατηρτισμένοι ἐν τῷ
11 αὐτῷ νοῒ καὶ ἐν τῇ αὐτῇ γνώμῃ. ἐδηλώθη γάρ μοι περὶ
ὑμῶν, ἀδελφοί μου, ὑπὸ τῶν Χλόης ὅτι ἔριδες ἐν ὑμῖν εἰσίν.
12 λέγω δὲ τοῦτο ὅτι ἕκαστος ὑμῶν λέγει Ἐγὼ μέν εἰμι
Παύλου, Ἐγὼ δὲ Ἀπολλώ, Ἐγὼ δὲ Κηφᾶ, Ἐγὼ δὲ
13 Χριστοῦ. μεμέρισται ὁ ⌜χριστός.⌝ μὴ Παῦλος ἐσταυρώθη

1 Χριστοῦ Ἰησοῦ   13 χριστός;

672

THE FIRST LETTER TO THE CORINTHIANS

1'   Paul, by the will of God called as an apostle of Jesus
2 Christ, and our brother Sosthenes, to the church of God at
Corinth, to those who are consecrated by union with Christ
Jesus, and called as God's people, like all those anywhere
who call on the name of Jesus Christ, their Lord as well as
3 ours; God our Father and the Lord Jesus Christ bless you and
give you peace.

4   I am always thanking God about you, for the blessing
5 God has given you through Christ Jesus. For you have grown
rich in everything through union with him—in power of
6 expression and in capacity for knowledge. So your experience
7 has confirmed the testimony that I bore to Christ, and there is
no gift that you lack even while you are waiting for our Lord
8 Jesus Christ to reappear, and at the Day of our Lord Jesus
9 Christ he will insure your complete vindication. God can be
depended on, and it was he who called you to this fellowship
with his Son, Jesus Christ our Lord.

10   But I urge you all, brothers, for the sake of our Lord Jesus
Christ, to agree in what you say, and not to allow factions
11 among you, but to be perfectly united in mind and judgment.
For I have been informed, my brothers, by Chloe's people, that
12 quarrels are going on among you. What I mean is this, that
one of you says, "I am a follower of Paul," another, "And I,
of Apollos," another, "And I, of Cephas," and another, "And
13 I, of Christ!" Christ has been divided up! But was it Paul

14 ⌜ὑπὲρ⌝ ὑμῶν, ἢ εἰς τὸ ὄνομα Παύλου ἐβαπτίσθητε; εὐχα-
ριστῶ ⊤ ὅτι οὐδένα ὑμῶν ἐβάπτισα εἰ μὴ Κρίσπον καὶ
15 Γάιον, ἵνα μή τις εἴπῃ ὅτι εἰς τὸ ἐμὸν ὄνομα ἐβαπτίσθητε·
16 ἐβάπτισα δὲ καὶ τὸν Στεφανᾶ οἶκον· λοιπὸν οὐκ οἶδα εἴ
17 τινα ἄλλον ἐβάπτισα. οὐ γὰρ ἀπέστειλέν με Χριστὸς
βαπτίζειν ἀλλὰ εὐαγγελίζεσθαι, οὐκ ἐν σοφίᾳ λόγου, ἵνα
μὴ κενωθῇ ὁ σταυρὸς τοῦ χριστοῦ.

18 Ὁ λόγος γὰρ ὁ τοῦ σταυροῦ τοῖς μὲν ἀπολλυμένοις
μωρία ἐστίν, τοῖς δὲ σωζομένοις ἡμῖν δύναμις θεοῦ ἐστίν.
19 γέγραπται γάρ

ΑΠΟΛΩ ΤΗΝ CΟΦΙΑΝ ΤΩΝ CΟΦΩΝ,
ΚΑΙ ΤΗΝ CΥΝΕCΙΝ ΤΩΝ CΥΝΕΤΩΝ ἈΘΕΤΗCΩ.

20 ΠΟΥ CΟΦΟC; ΠΟΥ ΓΡΑΜΜΑΤΕΥC; ΠΟΥ συνζητητὴς
τοῦ αἰῶνος τούτου; οὐχὶ ἐμώρανεν ὁ θεὸς ΤΗΝ CΟΦΙΑΝ
21 τοῦ κόσμου; ἐπειδὴ γὰρ ἐν τῇ σοφίᾳ τοῦ θεοῦ οὐκ ἔγνω
ὁ κόσμος διὰ τῆς σοφίας τὸν θεόν, εὐδόκησεν ὁ θεὸς διὰ
22 τῆς μωρίας τοῦ κηρύγματος σῶσαι τοὺς πιστεύοντας. ἐπει-
δὴ καὶ Ἰουδαῖοι σημεῖα αἰτοῦσιν καὶ Ἕλληνες σοφίαν ζητοῦ-
23 σιν· ἡμεῖς δὲ κηρύσσομεν Χριστὸν ἐσταυρωμένον, Ἰουδαίοις
24 μὲν σκάνδαλον ἔθνεσιν δὲ μωρίαν, αὐτοῖς δὲ τοῖς κλητοῖς,
Ἰουδαίοις τε καὶ Ἕλλησιν, Χριστὸν θεοῦ δύναμιν καὶ θεοῦ
25 σοφίαν. ὅτι τὸ μωρὸν τοῦ θεοῦ σοφώτερον τῶν ἀνθρώ-
πων ἐστίν, καὶ τὸ ἀσθενὲς τοῦ θεοῦ ἰσχυρότερον τῶν
26 ἀνθρώπων.   Βλέπετε γὰρ τὴν κλῆσιν ὑμῶν,
ἀδελφοί, ὅτι οὐ πολλοὶ σοφοὶ κατὰ σάρκα, οὐ πολλοὶ
27 δυνατοί, οὐ πολλοὶ εὐγενεῖς· ἀλλὰ τὰ μωρὰ τοῦ κόσμου
ἐξελέξατο ὁ θεός, ἵνα καταισχύνῃ τοὺς σοφούς, καὶ τὰ
ἀσθενῆ τοῦ κόσμου ἐξελέξατο ὁ θεός, ἵνα καταισχύνῃ τὰ
28 ἰσχυρά, καὶ τὰ ἀγενῆ τοῦ κόσμου καὶ τὰ ἐξουθενημένα
ἐξελέξατο ὁ θεός, [καὶ] τὰ μὴ ὄντα, ἵνα τὰ ὄντα καταρ-
29 γήσῃ, ὅπως μὴ καυχήσηται πᾶσα σὰρξ ἐνώπιον τοῦ θεοῦ.
30 ἐξ αὐτοῦ δὲ ὑμεῖς ἐστὲ ἐν Χριστῷ Ἰησοῦ, ὃς ἐγενήθη σοφία
ἡμῖν ἀπὸ ⌜θεοῦ, δικαιοσύνη⌝ τε καὶ ἁγιασμὸς καὶ ἀπολύ-

13 περὶ   14 τῷ θεῷ   30 θεοῦ δικαιοσύνη

who was crucified for you? Or were you baptized in the
14 name of Paul? I am thankful that I never baptized any of
15 you except Crispus and Gaius, so that no one could say that
16 you were baptized in my name. And I did baptize the
members of the household of Stephanas too; I do not know
17 whether I baptized anyone else besides. For Christ did not
send me to baptize, but to preach the good news—but not with
fine language, or the cross of Christ might seem an empty
thing.
18   For to those who are on the way to destruction, the story
of the cross is nonsense, but to us who are to be saved, it
19 means all the power of God. For the Scripture says,
   "I will destroy the wisdom of the wise,
      And I will thwart the shrewdness of the shrewd!"
20   Where now is your philosopher? Your scribe? Your
reasoner of today? Has not God made a fool of the world's
wisdom?
21   For since in God's providence the world with all its
wisdom did not come to know God, God chose, through the
folly of the gospel message, to save those who had faith in him.
22 For Jews insist upon miracles, and Greeks demand philosophy,
23 but we proclaim a Christ who was crucified—an idea that is
24 revolting to Jews and absurd to the heathen, but to those
whom God has called, whether they are Jews or Greeks, a
25 Christ who is God's power and God's wisdom. For God's
folly is beyond the wisdom of men, and God's weakness is
beyond their strength.
26   For consider, brothers, what happened when God called
you. Not many of you were what men call wise, not many
27 of you were influential, not many were of high birth. But
it was what the world calls foolish that God chose to put the
wise to shame with, and it was what the world calls weak that
28 God chose to shame its strength with, and it was what the
world calls low and insignificant and unreal that God chose
29 to nullify its realities, so that in his presence no human
30 being might have anything to boast of. But you are his
children, through your union with Christ Jesus, whom God
has made our wisdom—our uprightness and consecration and

31 τρωσις, ἵνα καθὼς γέγραπται ὁ καγχώμενος ἐν Κυρίῳ καγχάσθω.

1 Κἀγὼ ἐλθὼν πρὸς ὑμᾶς, ἀδελφοί, ἦλθον οὐ καθ᾽ ὑπερο-
χὴν λόγου ἢ σοφίας καταγγέλλων ὑμῖν τὸ ⌈μυστήριον⌉ τοῦ
2 θεοῦ, οὐ γὰρ ἔκρινά τι εἰδέναι ἐν ὑμῖν εἰ μὴ Ἰησοῦν Χριστὸν
3 καὶ τοῦτον ἐσταυρωμένον· κἀγὼ ἐν ἀσθενείᾳ καὶ ἐν φόβῳ
4 καὶ ἐν τρόμῳ πολλῷ ἐγενόμην πρὸς ὑμᾶς, καὶ ὁ λόγος μου
καὶ τὸ κήρυγμά μου οὐκ ἐν πιθοῖς σοφίας λόγοις ἀλλ᾽ ἐν
5 ἀποδείξει πνεύματος καὶ δυνάμεως, ἵνα ἡ πίστις ὑμῶν μὴ ᾖ
6 ἐν σοφίᾳ ἀνθρώπων ἀλλ᾽ ἐν δυνάμει θεοῦ. Σοφίαν
δὲ λαλοῦμεν ἐν τοῖς τελείοις, σοφίαν δὲ οὐ τοῦ αἰῶνος
τούτου οὐδὲ τῶν ἀρχόντων τοῦ αἰῶνος τούτου τῶν καταργου-
7 μένων· ἀλλὰ λαλοῦμεν θεοῦ σοφίαν ἐν μυστηρίῳ, τὴν
ἀποκεκρυμμένην, ἣν προώρισεν ὁ θεὸς πρὸ τῶν αἰώνων εἰς
8 δόξαν ἡμῶν· ἣν οὐδεὶς τῶν ἀρχόντων τοῦ αἰῶνος τούτου
ἔγνωκεν, εἰ γὰρ ἔγνωσαν, οὐκ ἂν τὸν κύριον τῆς δόξης
9 ἐσταύρωσαν· ἀλλὰ καθὼς γέγραπται
Ἃ ὀφθαλμὸς ογκ εἶδεν καὶ οϒϲ ογκ ἤκογϲεν
καὶ ἐπὶ καρδίαν ἀνθρώπου ογκ ἀνέβη,
ὅϲα ἡτοίμαϲεν ὁ θεὸϲ τοῖϲ ἀγαπῶϲιν αϒτόν.
10 ἡμῖν ⌈γὰρ⌉ ἀπεκάλυψεν ὁ θεὸς διὰ τοῦ πνεύματος, τὸ γὰρ
11 πνεῦμα πάντα ἐραυνᾷ, καὶ τὰ βάθη τοῦ θεοῦ. τίς γὰρ οἶδεν
ἀνθρώπων τὰ τοῦ ἀνθρώπου εἰ μὴ τὸ πνεῦμα τοῦ ἀνθρώπου
τὸ ἐν αὐτῷ; οὕτως καὶ τὰ τοῦ θεοῦ οὐδεὶς ἔγνωκεν εἰ μὴ
12 τὸ πνεῦμα τοῦ θεοῦ. ἡμεῖς δὲ οὐ τὸ πνεῦμα τοῦ κόσμου
ἐλάβομεν ἀλλὰ τὸ πνεῦμα τὸ ἐκ τοῦ θεοῦ, ἵνα εἰδῶμεν τὰ
13 ὑπὸ τοῦ θεοῦ χαρισθέντα ἡμῖν· ἃ καὶ λαλοῦμεν οὐκ ἐν
διδακτοῖς ἀνθρωπίνης σοφίας λόγοις, ἀλλ᾽ ἐν διδακτοῖς
14 πνεύματος, ⌈πνευματικοῖς⌉ πνευματικὰ συνκρίνοντες. ψυ-
χικὸς δὲ ἄνθρωπος οὐ δέχεται τὰ τοῦ πνεύματος τοῦ θεοῦ,
μωρία γὰρ αὐτῷ ἐστιν, καὶ οὐ δύναται γνῶναι, ὅτι πνευμα-
15 τικῶς ἀνακρίνεται· ὁ δὲ πνευματικὸς ἀνακρίνει ⌈μὲν⌉ πάντα,
16 αὐτὸς δὲ ὑπ᾽ οὐδενὸς ἀνακρίνεται. τίς γὰρ ἔγνω νοϒν

1 μαρτύριον   10 δὲ   13 πνευματικῶς   15 [τὰ]

31 redemption, so that, as the Scripture says, "Let him who would boast, boast of the Lord!"

2   So when I came to you, brothers, I did not come and tell you the secret purpose of God in superior, philosophical
2 language, for I resolved, while I was with you, to forget
3 everything but Jesus Christ and his crucifixion. For my part, I came among you in weakness and with a great deal of
4 fear and trembling, and my teaching and message were not put in plausible, philosophical language, but they were
5 attended with convincing spiritual power, so that your faith might rest, not on human philosophy, but on the power of God.

6   Yet there is a wisdom that we impart when we are with people who have a mature faith, but it is not what this world calls wisdom, nor what the authorities of this world, doomed
7 as they are to pass away, would call so.   But it is a mysterious, divine wisdom that we impart, hitherto kept secret, and
8 destined by God before the world began for our glory.   It is a wisdom unknown to any of the authorities of this world, for otherwise they would never have crucified our glorious Lord.
9 But, as the Scripture says, there are things
        "Which no eye ever saw and no ear ever heard,
          And never occurred to the human mind,
          Which God has provided for those who love him."
10 For God revealed them to us through his Spirit, for the Spirit fathoms everything, even the depths of God himself.
11 For what human being can understand a man's thoughts, except the man's own spirit within him? Just so no one
12 understands the thoughts of God but the Spirit of God.   But the Spirit we have received is not that of the world, but the Spirit that comes from God, which we have to make us realize
13 the blessings God has given us.   These disclosures we impart, not in the set phrases of human philosophy, but in words the
14 Spirit teaches, giving spiritual truth a spiritual form.   A material man will not accept what the Spirit of God offers.   It seems mere folly to him, and he cannot understand it,
15 because it takes spiritual insight to see its true value.   But the spiritual man is alive to all true values, but his own true value
16 no unspiritual man can see.   For who has ever known the

Κγρίογ, ὃc cγνΒιΒάcει αγτόν; ἡμεῖς δὲ νοῦν Χριστοῦ
1 ἔχομεν.   Κἀγώ, ἀδελφοί, οὐκ ἠδυνήθην λαλῆσαι
ὑμῖν ὡς πνευματικοῖς ἀλλ᾽ ὡς σαρκίνοις, ὡς νηπίοις ἐν
2 Χριστῷ. γάλα ὑμᾶς ἐπότισα, οὐ βρῶμα, οὔπω γὰρ ἐδύ-
νασθε.

3   Ἀλλ᾽ οὐδὲ [ἔτι] νῦν δύνασθε, ἔτι γὰρ σαρκικοί ἐστε.
ὅπου γὰρ ἐν ὑμῖν ζῆλος καὶ ἔρις, οὐχὶ σαρκικοί ἐστε καὶ
4 κατὰ ἄνθρωπον περιπατεῖτε; ὅταν γὰρ λέγῃ τις Ἐγὼ μέν
εἰμι Παύλου, ἕτερος δέ Ἐγὼ Ἀπολλώ, οὐκ ἄνθρωποί
5 ἐστε; τί οὖν ἐστιν Ἀπολλώς; τί δέ ἐστιν Παῦλος; διά-
κονοι δι᾽ ὧν ἐπιστεύσατε, καὶ ἑκάστῳ ὡς ὁ κύριος ἔδωκεν.
6 ἐγὼ ἐφύτευσα, Ἀπολλὼς ἐπότισεν, ἀλλὰ ὁ θεὸς ηὔξανεν·
7 ὥστε οὔτε ὁ φυτεύων ἐστίν τι οὔτε ὁ ποτίζων, ἀλλ᾽ ὁ
8 αὐξάνων θεός. ὁ φυτεύων δὲ καὶ ὁ ποτίζων ἕν εἰσιν,
ἕκαστος δὲ τὸν ἴδιον μισθὸν λήμψεται κατὰ τὸν ἴδιον κόπον,
9 θεοῦ γάρ ἐσμεν συνεργοί· θεοῦ γεώργιον, θεοῦ οἰκοδομή
10 ἐστε.   Κατὰ τὴν χάριν τοῦ θεοῦ τὴν δοθεῖσάν
μοι ὡς σοφὸς ἀρχιτέκτων θεμέλιον ἔθηκα, ἄλλος δὲ ἐποικο-
11 δομεῖ. ἕκαστος δὲ βλεπέτω πῶς ἐποικοδομεῖ· θεμέλιον
γὰρ ἄλλον οὐδεὶς δύναται θεῖναι παρὰ τὸν κείμενον, ὅς
12 ἐστιν Ἰησοῦς Χριστός· εἰ δέ τις ἐποικοδομεῖ ἐπὶ τὸν θε-
μέλιον ⌜χρυσίον,⌝ ἀργύριον, λίθους τιμίους, ξύλα, χόρτον,
13 καλάμην, ἑκάστου τὸ ἔργον φανερὸν γενήσεται, ἡ γὰρ
ἡμέρα δηλώσει· ὅτι ἐν πυρὶ ἀποκαλύπτεται, καὶ ἑκάστου τὸ
14 ἔργον ὁποῖόν ἐστιν τὸ πῦρ αὐτὸ δοκιμάσει. εἴ τινος τὸ
15 ἔργον μενεῖ ὃ ἐποικοδόμησεν, μισθὸν λήμψεται· εἴ τινος τὸ
ἔργον κατακαήσεται, ζημιωθήσεται, αὐτὸς δὲ σωθήσεται,
16 οὕτως δὲ ὡς διὰ πυρός.   Οὐκ οἴδατε ὅτι ναὸς
17 θεοῦ ἐστὲ καὶ τὸ πνεῦμα τοῦ θεοῦ ⌜ἐν ὑμῖν οἰκεῖ⌝; εἴ τις
τὸν ναὸν τοῦ θεοῦ φθείρει, φθερεῖ τοῦτον ὁ θεός· ὁ γὰρ
ναὸς τοῦ θεοῦ ἅγιός ἐστιν, οἵτινές ἐστε ὑμεῖς.

18   Μηδεὶς ἑαυτὸν ἐξαπατάτω· εἴ τις δοκεῖ σοφὸς εἶναι ἐν
ὑμῖν ἐν τῷ αἰῶνι τούτῳ, μωρὸς γενέσθω, ἵνα γένηται σοφός,

12 χρυσίον καὶ   16 οἰκεῖ ἐν ὑμῖν

Lord's thoughts, so that he can instruct him?   But we share
the thoughts of Christ.

3   So, for my part, brothers, I could not treat you as spiritual
persons; I had to treat you just as creatures of flesh and blood,
2 as babies in Christian living.   I fed you with milk, not solid
food, for you were not ready for it.

3   Why, you are not ready for it now, for you are still
worldly.   For when there are still jealousy and quarrels
among you, are you not worldly and living on a merely human
4 level?   For when one man says, "I am a follower of Paul,"
and another, "I am a follower of Apollos," are you not
5 simply human?   What is Apollos?   Or what is Paul?   Just
servants through whom you came to have faith, as the Lord
6 gave each of us opportunity.   I did the planting, Apollos
the watering, but it was God who made the plants grow.
7 So neither the planter nor the waterer counts for anything,
8 but only God who makes the plants grow.   The planter and
the waterer are all one, though each of us will be paid for his
9 own work.   For we are fellow-laborers for God, and you
are God's farm, God's building.

10   Like an expert builder, I laid a foundation, as God
commissioned me to do, and now someone else is building
11 upon it.   But let everyone be careful how he does so.   For
no one can lay any other foundation than the one that is laid,
12 that is, Jesus Christ himself.   And whether one uses gold
or silver or costly stone in building on the foundation, or wood
13 or hay or straw, the quality of everyone's work will appear, for
the Day will show it.   For the Day will break in fire, and the
14 fire will test the quality of everyone's work.   If what a man has
built on the foundation stands the test, he will have his pay.   If
15 a man's work is burned up, he must stand the loss, though he
himself will be saved, but as one who has passed through the fire.

16   Do you not know that you are God's temple and that
17 God's Spirit makes its home in you?   If anyone destroys the
temple of God, God will destroy him.   For the temple of God
is sacred, and that is what you are.

18   Let no one of you deceive himself.   If any one of you
imagines that he is wiser than the rest of you, in what this
world calls wisdom, he had better become a fool, so as to

19 ἡ γὰρ σοφία τοῦ κόσμου ούτου μωρία παρὰ τῷ θεῷ ἐστίν·
γέγραπται γάρ ῾Ο Δραccόμενοc τοὺc cοφοὺc ἐν τῇ πα-
20 νουργίᾳ αὐτῶν· καὶ πάλιν Κύριοc γινώcκει τοὺc Δια-
21 λογιcμοὺc τῶν σοφῶν ὅτι εἰcὶν μάταιοι. ὥστε μηδεὶς
22 καυχάσθω ἐν ἀνθρώποις· πάντα γὰρ ὑμῶν ἐστίν, εἴτε Παῦ-
λος εἴτε Ἀπολλὼς εἴτε Κηφᾶς εἴτε κόσμος εἴτε ζωὴ εἴτε
23 θάνατος εἴτε ἐνεστῶτα εἴτε μέλλοντα, πάντα ὑμῶν, ὑμεῖς
1 δὲ Χριστοῦ, Χριστὸς δὲ θεοῦ. Οὕτως ἡμᾶς λογι-
ζέσθω ἄνθρωπος ὡς ὑπηρέτας Χριστοῦ καὶ οἰκονόμους
2 μυστηρίων θεοῦ. ὧδε λοιπὸν ζητεῖται ἐν τοῖς οἰκονόμοις
3 ἵνα πιστός τις εὑρεθῇ. ἐμοὶ δὲ εἰς ἐλάχιστόν ἐστιν ἵνα
ὑφ᾽ ὑμῶν ἀνακριθῶ ἢ ὑπὸ ἀνθρωπίνης ἡμέρας· ἀλλ᾽ οὐδὲ
4 ἐμαυτὸν ἀνακρίνω· οὐδὲν γὰρ ἐμαυτῷ σύνοιδα, ἀλλ᾽ οὐκ ἐν
5 τούτῳ δεδικαίωμαι, ὁ δὲ ἀνακρίνων με κύριός ἐστιν. ὥστε
μὴ πρὸ καιροῦ τι κρίνετε, ἕως ἂν ἔλθῃ ὁ κύριος, ὃς καὶ
φωτίσει τὰ κρυπτὰ τοῦ σκότους καὶ φανερώσει τὰς βουλὰς
τῶν καρδιῶν, καὶ τότε ὁ ἔπαινος γενήσεται ἑκάστῳ ἀπὸ
6 τοῦ θεοῦ. Ταῦτα δέ, ἀδελφοί, μετεσχημάτισα
εἰς ἐμαυτὸν καὶ Ἀπολλὼν δι᾽ ὑμᾶς, ἵνα ἐν ἡμῖν μάθητε τό
Μὴ ὑπὲρ ἃ γέγραπται, ἵνα μὴ εἷς ὑπὲρ τοῦ ἑνὸς φυσιοῦ-
7 σθε κατὰ τοῦ ἑτέρου. τίς γάρ σε διακρίνει; τί δὲ ἔχεις ὃ
οὐκ ἔλαβες; εἰ δὲ καὶ ἔλαβες, τί καυχᾶσαι ὡς μὴ λαβών;
8 ἤδη κεκορεσμένοι ἐστέ; ἤδη ἐπλουτήσατε; χωρὶς ἡμῶν
ἐβασιλεύσατε; καὶ ὄφελόν γε ἐβασιλεύσατε, ἵνα καὶ ἡμεῖς
9 ὑμῖν συνβασιλεύσωμεν. δοκῶ γάρ, ὁ θεὸς ἡμᾶς τοὺς
ἀποστόλους ἐσχάτους ⌈ἀπέδειξεν⌉ ὡς ἐπιθανατίους, ὅτι θέα-
τρον ἐγενήθημεν τῷ κόσμῳ καὶ ἀγγέλοις καὶ ἀνθρώποις.
10 ἡμεῖς μωροὶ διὰ Χριστόν, ὑμεῖς δὲ φρόνιμοι ἐν Χριστῷ·
ἡμεῖς ἀσθενεῖς, ὑμεῖς δὲ ἰσχυροί· ὑμεῖς ἔνδοξοι, ἡμεῖς δὲ
11 ἄτιμοι. ἄχρι τῆς ἄρτι ὥρας καὶ πεινῶμεν καὶ διψῶμεν καὶ
12 γυμνιτεύομεν καὶ κολαφιζόμεθα καὶ ἀστατοῦμεν καὶ κοπι-
ῶμεν ἐργαζόμενοι ταῖς ἰδίαις χερσίν· λοιδορούμενοι εὐλο-
13 γοῦμεν, διωκόμενοι ἀνεχόμεθα, δυσφημούμενοι παρακα-

9 ἀπέδειξεν,

19 become really wise.   For this world's wisdom is foolishness
to God.   For the Scripture says, "He who catches the wise
20 with their own cunning," and "The Lord knows that the
21 deliberations of the wise are fruitless."   So no one should
22 boast about men.   For it all belongs to you—Paul, Apollos,
Cephas, the world, life, death, the present, the future—all
23 of it belongs to you.   But you belong to Christ, and Christ
belongs to God.

4   The right way for a man to think of us is as Christ's
servants, and managers authorized to distribute the secret
2 truths of God.   Now further, what is always demanded of
3 managers is that they can be depended on.   I for my part
care very little about being examined by you or by any
human court.   I do not even offer myself for investiga-
4 tion.   For while my conscience does not trouble me at all,
that does not prove that I am innocent.   It is the Lord who
5 must examine me.   Do not form any premature judgments,
therefore, but wait until the Lord comes back.   For he will
light up the darkness that now hides things and show what the
motives in people's minds are, and then everyone will get
from God the praise he deserves.
6   Now, brothers, for your benefit I have applied all this only
to Apollos and myself, by using us as illustrations to teach you
the old lesson, "Never go beyond the letter," and to keep
any of you from boasting of one teacher at the expense of
7 another.   For who sees anything special in you?   And what
have you got that you have not been given?   But if it has
been given you, why do you boast as though it had not been?
8 Are you satisfied already?   Have you become rich already?
Have you entered your kingdom without waiting for us?   I
wish you had entered it, so that we might share it with
9 you!   For it seems to me, God has exhibited us apostles at
the very end of the procession, like the men condemned to
die in the arena.   For we have become a spectacle to the
10 whole universe, angels as well as men.   We are made fools of,
for the sake of Christ, while you are men of sense, through
being united with him.   We are weak, you are strong.   You
11 are distinguished, we are despised.   To this day we have
gone hungry, thirsty, and shabby; we have had rough usage,
12 we have had no home, we have worked with our hands for a
13 living.   When people abuse us, we bless them, when they
persecute us, we put up with it, when they slander us, we

λοῦμεν· ὡς περικαθάρματα τοῦ κόσμου ἐγενήθημεν, πάντων
14 περίψημα, ἕως ἄρτι.　　　　　　Οὐκ ἐντρέπων ὑμᾶς γράφω
15 ταῦτα, ἀλλ' ὡς τέκνα μου ἀγαπητὰ νουθετῶν· ἐὰν γὰρ
μυρίους παιδαγωγοὺς ἔχητε ἐν Χριστῷ, ἀλλ' οὐ πολλοὺς
πατέρας, ἐν γὰρ Χριστῷ Ἰησοῦ διὰ τοῦ εὐαγγελίου ἐγὼ
16 ὑμᾶς ἐγέννησα. παρακαλῶ οὖν ὑμᾶς, μιμηταί μου γί-
17 νεσθε. Διὰ τοῦτο ᵀ ἔπεμψα ὑμῖν Τιμόθεον, ὅς ἐστίν μου
τέκνον ἀγαπητὸν καὶ πιστὸν ἐν κυρίῳ, ὃς ὑμᾶς ἀναμνήσει
τὰς ὁδούς μου τὰς ἐν Χριστῷ [Ἰησοῦ], καθὼς πανταχοῦ ἐν
18 πάσῃ ἐκκλησίᾳ διδάσκω.　　　　 Ὡς μὴ ἐρχομένου δέ
19 μου πρὸς ὑμᾶς ἐφυσιώθησάν τινες· ἐλεύσομαι δὲ ταχέως
πρὸς ὑμᾶς, ἐὰν ὁ κύριος θελήσῃ, καὶ γνώσομαι οὐ τὸν
20 λόγον τῶν πεφυσιωμένων ἀλλὰ τὴν δύναμιν, οὐ γὰρ ἐν
21 λόγῳ ἡ βασιλεία τοῦ θεοῦ ἀλλ' ἐν δυνάμει. τί θέλετε; ἐν
ῥάβδῳ ἔλθω πρὸς ὑμᾶς, ἢ ἐν ἀγάπῃ πνεύματί τε πραΰ-
τητος;

1 Ὅλως ἀκούεται ἐν ὑμῖν πορνεία, καὶ τοιαύτη πορνεία
ἥτις οὐδὲ ἐν τοῖς ἔθνεσιν, ὥστε γυναῖκά τινα τοῦ πατρὸς
2 ἔχειν. καὶ ὑμεῖς πεφυσιωμένοι ἐστέ, καὶ οὐχὶ μᾶλλον
ἐπενθήσατε, ἵνα ἀρθῇ ἐκ μέσου ὑμῶν ὁ τὸ ἔργον τοῦτο
3 πράξας; Ἐγὼ μὲν γάρ, ἀπὼν τῷ σώματι παρὼν δὲ τῷ
πνεύματι, ἤδη κέκρικα ὡς παρὼν τὸν οὕτως τοῦτο κατεργα-
4 σάμενον ἐν τῷ ὀνόματι τοῦ κυρίου [ἡμῶν] Ἰησοῦ, συνα-
χθέντων ὑμῶν καὶ τοῦ ἐμοῦ πνεύματος σὺν τῇ δυνάμει τοῦ
5 κυρίου ἡμῶν Ἰησοῦ, παραδοῦναι τὸν τοιοῦτον τῷ Σατανᾷ
εἰς ὄλεθρον τῆς σαρκός, ἵνα τὸ πνεῦμα σωθῇ ἐν τῇ ἡμέρᾳ
6 τοῦ κυρίουᵀ. Οὐ καλὸν τὸ καύχημα ὑμῶν. οὐκ οἴδατε ὅτι
7 μικρὰ ζύμη ὅλον τὸ φύραμα ζυμοῖ; ἐκκαθάρατε τὴν πα-
λαιὰν ζύμην, ἵνα ἦτε νέον φύραμα, καθώς ἐστε ἄζυμοι.
8 καὶ γὰρ τὸ πάσχα ἡμῶν ἐτύθη Χριστός· ὥστε ἑορτάζωμεν,
μὴ ἐν ζύμῃ ⌜παλαιᾷ μηδὲ⌝ ἐν ζύμῃ κακίας καὶ πονηρίας,
9 ἀλλ' ἐν ἀζύμοις εἰλικρινίας καὶ ἀληθείας.　　　 Ἔγραψα

17 αὐτὸ　　　 5 Ἰησοῦ　　　 8 παλαιᾷ, μὴ

try to conciliate them. We have come to be like the scum of the earth, the dregs of the world, and we are so now.

14 I do not write this to you to make you ashamed, but to
15 instruct you as my dear children. For no matter how many guides you may have in the Christian life, you will not have many fathers, for in this matter of union with Christ,
16 I became your father, through preaching the good news to you.
17 So I urge you, follow my example. This is why I have sent Timothy to you. He is a dear child of mine, in the service of the Lord, and one on whom you can depend, and he will help you to keep in mind my methods in the service of Christ Jesus, which I follow everywhere in every church.

18 Some of you seem to think that I am not coming to
19 visit you, and are putting on airs about it. But I am coming very soon to see you, if the Lord is willing, and then I will find out, not what these conceited people have to say, but what
20 they can actually do. For the kingdom of God is not a matter
21 of words but of power. Which will you have? Shall I come to you with a stick, or in a loving and gentle spirit?

5 Immorality is actually notorious among you, and immorality of a kind unknown even among the heathen—that
2 a man has taken his father's wife. And can you put on airs, instead of being overwhelmed with grief at having to expel
3 from your number the man who has done this? For my part, though I have been absent from you in person, I have been present with you in spirit, and as thus present I have already passed judgment upon the man who has done this, and
4 meeting with you, in spirit, with the power of our Lord Jesus,
5 by the authority of our Lord Jesus I have handed the man over to Satan, for his physical destruction, in order that his spirit
6 may be saved on the Day of the Lord. Certainly this is nothing for you to boast of. Do you not know that a little
7 yeast will affect all the dough? You must clean out the old yeast and become fresh dough, free from the old as you really are. For our Passover lamb is already sacrificed; it
8 is Christ himself. So let us keep the festival, not with old yeast nor with the yeast of vice and wickedness, but with the unleavened bread of purity and truth.

10 ὑμῖν ἐν τῇ ἐπιστολῇ μὴ συναναμίγνυσθαι πόρνοις, οὐ πάν-
τως τοῖς πόρνοις τοῦ κόσμου τούτου ἢ τοῖς πλεονέκταις καὶ
ἅρπαξιν ἢ εἰδωλολάτραις, ἐπεὶ ὠφείλετε ἄρα ἐκ τοῦ κόσμου
11 ἐξελθεῖν. νῦν δὲ ἔγραψα ὑμῖν μὴ συναναμίγνυσθαι ἐάν τις
ἀδελφὸς ὀνομαζόμενος ᾖ πόρνος ἢ πλεονέκτης ἢ εἰδωλο-
λάτρης ἢ λοίδορος ἢ μέθυσος ἢ ἅρπαξ, τῷ τοιούτῳ μηδὲ
12 συνεσθίειν. τί γάρ μοι τοὺς ἔξω κρίνειν; οὐχὶ τοὺς ἔσω
13 ὑμεῖς κρίνετε, τοὺς δὲ ἔξω ὁ θεὸς κρίνει; ἘΞΑΡΑΤΕ ΤῸΝ
ΠΟΝΗΡῸΝ ἘΞ ὙΜῶΝ ΑὙΤῶΝ.

1   Τολμᾷ τις ὑμῶν πρᾶγμα ἔχων πρὸς τὸν ἕτερον κρί-
2 νεσθαι ἐπὶ τῶν ἀδίκων, καὶ οὐχὶ ἐπὶ τῶν ἁγίων ; ἢ οὐκ οἴδατε
ὅτι οἱ ἅγιοι τὸν κόσμον ⌜κρινοῦσιν⌝; καὶ εἰ ἐν ὑμῖν κρίνεται
3 ὁ κόσμος, ἀνάξιοί ἐστε κριτηρίων ἐλαχίστων ; οὐκ οἴδατε
4 ὅτι ἀγγέλους κρινοῦμεν, μήτιγε βιωτικά ; βιωτικὰ μὲν οὖν
κριτήρια ἐὰν ἔχητε, τοὺς ἐξουθενημένους ἐν τῇ ἐκκλησίᾳ,
5 τούτους καθίζετε ; πρὸς ἐντροπὴν ὑμῖν λέγω. οὕτως
οὐκ ἔνι ἐν ὑμῖν οὐδεὶς σοφὸς ὃς δυνήσεται διακρῖναι ἀνὰ
6 μέσον τοῦ ἀδελφοῦ αὐτοῦ, ἀλλὰ ἀδελφὸς μετὰ ἀδελφοῦ
7 κρίνεται, καὶ τοῦτο ἐπὶ ἀπίστων ; ἤδη μὲν οὖν ὅλως ἥττημα
ὑμῖν ἐστὶν ὅτι κρίματα ἔχετε μεθ᾽ ἑαυτῶν· διὰ τί οὐχὶ
8 μᾶλλον ἀδικεῖσθε ; διὰ τί οὐχὶ μᾶλλον ἀποστερεῖσθε ; ἀλλὰ
9 ὑμεῖς ἀδικεῖτε καὶ ἀποστερεῖτε, καὶ τοῦτο ἀδελφούς. ἢ
οὐκ οἴδατε ὅτι ἄδικοι θεοῦ βασιλείαν οὐ κληρονομήσουσιν ;
Μὴ πλανᾶσθε· οὔτε πόρνοι οὔτε εἰδωλολάτραι οὔτε μοιχοὶ
10 οὔτε μαλακοὶ οὔτε ἀρσενοκοῖται οὔτε κλέπται οὔτε πλεο-
νέκται, οὐ μέθυσοι, οὐ λοίδοροι, οὐχ ἅρπαγες βασιλείαν
11 θεοῦ κληρονομήσουσιν. Καὶ ταῦτά τινες ἦτε· ἀλλὰ ἀπε-
λούσασθε, ἀλλὰ ἡγιάσθητε, ἀλλὰ ἐδικαιώθητε ἐν τῷ ὀνό-
ματι τοῦ κυρίου [ἡμῶν] Ἰησοῦ Χριστοῦ καὶ ἐν τῷ πνεύματι
τοῦ θεοῦ ἡμῶν.

12   Πάντα μοι ἔξεστιν· ἀλλ᾽ οὐ πάντα συμφέρει. πάντα
μοι ἔξεστιν· ἀλλ᾽ οὐκ ἐγὼ ἐξουσιασθήσομαι ὑπό τινος.
13 τὰ βρώματα τῇ κοιλίᾳ, καὶ ἡ κοιλία τοῖς βρώμασιν· ὁ δὲ

2 κρίνουσιν

9   I wrote you in my letter not to associate with immoral
10 people—not that you are to have nothing whatever to do with
the immoral people of the world, any more than with its
greedy and grasping people or its idolaters, for then you would
11 have to leave the world altogether.   What I meant was that
you are not to associate with anyone who is supposed to be a
Christian brother, and yet is immoral or greedy or idolatrous
or abusive or drunken or grasping—with such a person you
12 must not even eat.   For what have I to do with judging
outsiders?   Is it not your part to judge those who are inside
13 the church, and God's, to judge those who are outside?
Drive the wrongdoer out from among you.

6   When one of you has a disagreement with his neighbor,
does he dare to bring the matter before a heathen court,
2 instead of laying it before God's people?   Do you not
know that God's people are to be the judges of the world?
And if the world is to come before you for judgment, are you
3 unfit to decide the most trivial cases?   Do you not know that
we are to be the judges of angels, to say nothing of ordinary
4 matters?   If then you have ordinary matters to be settled,
will you submit them for judgment to men who are nothing
5 in the church?   I ask it to shame you.   Has it come to this,
that there is not a single wise man among you who could
6 settle a disagreement between one brother and another, but
one brother has to go to law with another, and before un-
7 believers too?   Having lawsuits with one another at all
means your utter failure, to begin with.   Why not rather be
8 wronged?   Why not rather be robbed?   But it is you who
9 wrong and rob others, and your own brothers at that!   Do
you not know that wrongdoers will not have any share in
God's kingdom?   Do not let anyone mislead you.   People
who are immoral or idolaters or adulterers or sensual or
10 given to unnatural vice or thieves or greedy—drunkards,
11 abusive people, robbers—will not have any share in God's
kingdom.   Some of you used to be like that; but you have
washed it all away, you have been consecrated, you have
become upright, by the power of our Lord Jesus Christ and
through the Spirit of our God.

12   I may do anything I please, but not everything I may
do is good for me.   I may do anything I please; but I am not
13 going to let anything master me.   It is true, food is meant
for the stomach, and the stomach for the food, but God will

θεὸς καὶ ταύτην καὶ ταῦτα καταργήσει. τὸ δὲ σῶμα οὐ τῇ
14 πορνείᾳ ἀλλὰ τῷ κυρίῳ, καὶ ὁ κύριος τῷ σώματι· ὁ δὲ θεὸς
καὶ τὸν κύριον ἤγειρεν καὶ ἡμᾶς ⌜ἐξεγερεῖ⌝ διὰ τῆς δυνάμεως
15 αὐτοῦ. οὐκ οἴδατε ὅτι τὰ σώματα ὑμῶν μέλη Χριστοῦ
ἐστίν; ἄρας οὖν τὰ μέλη τοῦ χριστοῦ ποιήσω πόρνης μέλη;
16 μὴ γένοιτο. ἢ οὐκ οἴδατε ὅτι ὁ κολλώμενος τῇ πόρνῃ ἓν
σῶμά ἐστιν; Ἔϲονται γάρ, φησίν, οἱ Δγο εἰϲ ϲάρκα
17 μίαν. ὁ δὲ κολλώμενος τῷ κυρίῳ ἓν πνεῦμά ἐστιν.
18 φεύγετε τὴν πορνείαν· πᾶν ἁμάρτημα ὃ ἐὰν ποιήσῃ ἄνθρω-
πος ἐκτὸς τοῦ σώματός ἐστιν, ὁ δὲ πορνεύων εἰς τὸ ἴδιον
19 σῶμα ἁμαρτάνει. ἢ οὐκ οἴδατε ὅτι τὸ σῶμα ὑμῶν ναὸς
τοῦ ἐν ὑμῖν ⌜ἁγίου πνεύματός ἐστιν⌝, οὗ ἔχετε ἀπὸ θεοῦ;
20 καὶ οὐκ ἐστὲ ἑαυτῶν, ἠγοράσθητε γὰρ τιμῆς· δοξάσατε δὴ
τὸν θεὸν ἐν τῷ σώματι ὑμῶν.

1   Περὶ δὲ ὧν ἐγράψατε, καλὸν ἀνθρώπῳ γυναικὸς μὴ
2 ἅπτεσθαι· διὰ δὲ τὰς πορνείας ἕκαστος τὴν ἑαυτοῦ γυναῖκα
3 ἐχέτω, καὶ ἑκάστη τὸν ἴδιον ἄνδρα ἐχέτω. τῇ γυναικὶ ὁ
ἀνὴρ τὴν ὀφειλὴν ἀποδιδότω, ὁμοίως δὲ καὶ ἡ γυνὴ τῷ
4 ἀνδρί. ἡ γυνὴ τοῦ ἰδίου σώματος οὐκ ἐξουσιάζει ἀλλὰ ὁ
ἀνήρ· ὁμοίως δὲ καὶ ὁ ἀνὴρ τοῦ ἰδίου σώματος οὐκ ἐξου-
5 σιάζει ἀλλὰ ἡ γυνή. μὴ ἀποστερεῖτε ἀλλήλους, εἰ μήτι
[ἂν] ἐκ συμφώνου πρὸς καιρὸν ἵνα σχολάσητε τῇ προσευχῇ
καὶ πάλιν ἐπὶ τὸ αὐτὸ ἦτε, ἵνα μὴ πειράζῃ ὑμᾶς ὁ Σατανᾶς
6 διὰ τὴν ἀκρασίαν [ὑμῶν]. τοῦτο δὲ λέγω κατὰ συνγνώμην,
7 οὐ κατ᾽ ἐπιταγήν. θέλω δὲ πάντας ἀνθρώπους εἶναι ὡς
καὶ ἐμαυτόν· ἀλλὰ ἕκαστος ἴδιον ἔχει χάρισμα ἐκ θεοῦ, ὁ
μὲν οὕτως, ὁ δὲ οὕτως.

8   Λέγω δὲ τοῖς ἀγάμοις καὶ ταῖς χήραις, καλὸν αὐτοῖς ἐὰν
9 μείνωσιν ὡς κἀγώ· εἰ δὲ οὐκ ἐγκρατεύονται, γαμησάτωσαν,
10 κρεῖττον γάρ ἐστιν ⌜γαμεῖν⌝ ἢ πυροῦσθαι. Τοῖς δὲ γεγαμη-
κόσιν παραγγέλλω, οὐκ ἐγὼ ἀλλὰ ὁ κύριος, γυναῖκα ἀπὸ ἀν-
11 δρὸς μὴ χωρισθῆναι,— ἐὰν δὲ καὶ χωρισθῇ, μενέτω ἄγαμος
ἢ τῷ ἀνδρὶ καταλλαγήτω,— καὶ ἄνδρα γυναῖκα μὴ ἀφιέναι.

14 ἐξήγειρεν   19 πνεύματος ἁγίου ἐστίν   9 γαμῆσαι

put an end to both of them.   But the body is not meant for immorality, but for the service of the Lord, and the Lord is 14 for the body to serve.   And as God raised the Lord to life, he 15 will raise us also by his power.   Do you not know that your bodies are parts of Christ's body?   Am I then to take away from Christ parts of his body and make them parts of a 16 prostitute's?   Never!   Or do you not know that a man who has to do with a prostitute makes one body with her? For "The two," says the Scripture, "shall become physically 17 one."   But whoever is united with the Lord is one with him 18 in spirit.   Fly from immorality!   Any other sin a man commits is something outside his body, but the immoral man 19 sins against his own body.   Or do you not know that your body is a temple of the holy Spirit that is within you, which you have received from God?   Besides, you are not your own; 20 you have been bought and paid for.   Therefore, honor God with your bodies.

7   As to the matters of which you wrote me, it is an excellent 2 thing for a man to remain unmarried.   But there is so much immorality that every man had better have a wife of his own, 3 and every woman a husband of her own.   The husband must give his wife what is due her, and the wife must do the 4 same by her husband.   A wife cannot do as she likes with her own person; it is her husband's; and in the same way a husband cannot do as he likes with his own person; it is his 5 wife's.   You must not refuse each other what is due, unless you agree to do so for a while, to devote yourselves to prayer, and then to come together again, so that Satan may not 6 tempt you through your lack of self-control.   But I mean 7 this as a concession, not a command.   I should like to have everyone be just as I am myself; but each one has his own special gift from God, one of one kind, and one of another.

8   To all who are unmarried and to widows, I would say this: It is an excellent thing if they can remain single as I am. 9 But if they cannot control themselves, let them marry. For it is better to marry than to be on fire with passion. 10 To those already married my instructions are—and they are not mine, but the Lord's—that a wife is not to separate from 11 her husband.   If she does separate, she must remain single or else become reconciled to him.   And a husband must not

12 Τοῖς δὲ λοιποῖς λέγω ἐγώ, οὐχ ὁ κύριος· εἴ τις ἀδελφὸς
γυναῖκα ἔχει ἄπιστον, καὶ αὕτη συνευδοκεῖ οἰκεῖν μετ' αὐ-
13 τοῦ, μὴ ἀφιέτω αὐτήν· καὶ γυνὴ ἥτις ἔχει ἄνδρα ἄπιστον,
καὶ οὗτος συνευδοκεῖ οἰκεῖν μετ' αὐτῆς, μὴ ἀφιέτω τὸν
14 ἄνδρα. ἡγίασται γὰρ ὁ ἀνὴρ ὁ ἄπιστος ἐν τῇ γυναικί, καὶ
ἡγίασται ἡ γυνὴ ἡ ἄπιστος ἐν τῷ ἀδελφῷ· ἐπεὶ ἄρα τὰ
15 τέκνα ὑμῶν ἀκάθαρτά ἐστιν, νῦν δὲ ἅγιά ἐστιν. εἰ δὲ ὁ
ἄπιστος χωρίζεται, χωριζέσθω· οὐ δεδούλωται ὁ ἀδελφὸς
ἢ ἡ ἀδελφὴ ἐν τοῖς τοιούτοις, ἐν δὲ εἰρήνῃ κέκληκεν
16 ⌜ὑμᾶς⌝ ὁ θεός. τί γὰρ οἶδας, γύναι, εἰ τὸν ἄνδρα σώσεις;
17 ἢ τί οἶδας, ἄνερ, εἰ τὴν γυναῖκα σώσεις;   Εἰ
μὴ ἑκάστῳ ὡς ⌜μεμέρικεν⌝ ὁ κύριος, ἕκαστον ὡς κέκληκεν
ὁ θεός, οὕτως περιπατείτω· καὶ οὕτως ἐν ταῖς ἐκκλησίαις
18 πάσαις διατάσσομαι. περιτετμημένος τις ἐκλήθη; μὴ
ἐπισπάσθω· ἐν ἀκροβυστίᾳ κέκληταί τις; μὴ περιτεμνέσθω.
19 ἡ περιτομὴ οὐδέν ἐστιν, καὶ ἡ ἀκροβυστία οὐδέν ἐστιν,
20 ἀλλὰ τήρησις ἐντολῶν θεοῦ. ἕκαστος ἐν τῇ κλήσει ᾗ
21 ἐκλήθη ἐν ταύτῃ μενέτω. δοῦλος ἐκλήθης; μή σοι με-
λέτω· ἀλλ' εἰ καὶ δύνασαι ἐλεύθερος γενέσθαι, μᾶλλον
22 χρῆσαι. ὁ γὰρ ἐν κυρίῳ κληθεὶς δοῦλος ἀπελεύθερος
κυρίου ἐστίν· ὁμοίως ὁ ἐλεύθερος κληθεὶς δοῦλός ἐστιν
23 Χριστοῦ. τιμῆς ἠγοράσθητε· μὴ γίνεσθε δοῦλοι ἀνθρώ-
24 πων. ἕκαστος ἐν ᾧ ἐκλήθη, ἀδελφοί, ἐν τούτῳ μενέτω
παρὰ θεῷ.

25   Περὶ δὲ τῶν παρθένων ἐπιταγὴν κυρίου οὐκ ἔχω, γνώμην
26 δὲ δίδωμι ὡς ἠλεημένος ὑπὸ κυρίου πιστὸς εἶναι. Νο-
μίζω οὖν τοῦτο καλὸν ὑπάρχειν διὰ τὴν ἐνεστῶσαν ἀνάγκην,
27 ὅτι καλὸν ἀνθρώπῳ τὸ οὕτως εἶναι. δέδεσαι γυναικί; μὴ
28 ζήτει λύσιν· λέλυσαι ἀπὸ γυναικός; μὴ ζήτει γυναῖκα· ἐὰν
δὲ καὶ γαμήσῃς, οὐχ ἥμαρτες. καὶ ἐὰν γήμῃ [ἡ] παρθένος,
οὐχ ἥμαρτεν. θλῖψιν δὲ τῇ σαρκὶ ἕξουσιν οἱ τοιοῦτοι,
29 ἐγὼ δὲ ὑμῶν φείδομαι. Τοῦτο δέ φημι, ἀδελφοί, ὁ καιρὸς
συνεσταλμένος ⌜ἐστίν· τὸ λοιπὸν⌝ ἵνα καὶ οἱ ἔχοντες γυναῖκας

15 ἡμᾶς   17 ἐμέρισεν   29 ἐστὶν τὸ λοιπόν,

12 divorce his wife. To other people I would say, though not as Christ's command, if a Christian has a wife who is not a believer, and she is willing to live with him, he must not 13 divorce her, and a woman who has a husband who is not a believer, but is willing to live with her, must not divorce her 14 husband. For the husband who is not a believer is consecrated through union with his wife, and the woman who is not a believer is consecrated through union with her Christian husband, for otherwise your children would be unblest, but, 15 as it is, they are consecrated. But if the one who is not a believer wishes to separate, let the separation take place. In such cases the brother or sister is not a slave; God has called 16 you to live in peace. For how do you wives know whether you will save your husbands? Or how do you husbands know whether you will save your wives?

17 Only, everyone must continue in the station which the Lord has appointed for him, and in which he was when God's call came to him. This is the rule I make in all the churches. 18 If a man was circumcised when he was called, he must not try to alter it. If a man was uncircumcised when he was called, 19 he must not have himself circumcised. Being circumcised or being uncircumcised does not make any difference; all that 20 matters is keeping God's commands. Everyone ought to 21 remain in the station in which he was called. If you were a slave when you were called, never mind. Even if you can gain your freedom, make the most of your present condition 22 instead. For a slave who has been called to union with the Lord is a freedman of the Lord, just as a free man who has 23 been called is a slave of Christ. You have been bought and paid for; you must not let yourselves become slaves to men. 24 Brothers, everyone must remain in fellowship with God in the station in which he was called.

25 About unmarried women I have no command of the Lord to give you, but I will give you my opinion as that of one on whom through the Lord's mercy you can depend.

26. This, then, is my opinion in view of the present distress —that it is a good thing for a man to remain just as he is. 27 If you are united to a wife, do not seek to be released. If you 28 are not, do not seek a wife. But if you do marry, there is no sin in that. And if a girl marries, it is no sin. But those who marry will have worldly trouble, which I would like to spare 29 you. But this I do say, brothers. The appointed time has grown very short. From this time on those who have wives

30 ὡς μὴ ἔχοντες ὦσιν, καὶ οἱ κλαίοντες ὡς μὴ κλαίοντες, καὶ
οἱ χαίροντες ὡς μὴ χαίροντες, καὶ οἱ ἀγοράζοντες ὡς μὴ
31 κατέχοντες, καὶ οἱ χρώμενοι τὸν κόσμον ὡς μὴ καταχρώ-
32 μενοι· παράγει γὰρ τὸ σχῆμα τοῦ κόσμου τούτου. θέλω
δὲ ὑμᾶς ἀμερίμνους εἶναι. ὁ ἄγαμος μεριμνᾷ τὰ τοῦ
33 κυρίου, πῶς ἀρέσῃ τῷ κυρίῳ· ὁ δὲ γαμήσας μεριμνᾷ τὰ
τοῦ κόσμου, πῶς ἀρέσῃ τῇ γυναικί, καὶ μεμέρισται. καὶ ἡ
34 γυνὴ ἡ ἄγαμος καὶ ἡ παρθένος μεριμνᾷ τὰ τοῦ κυρίου, ἵνα
ᾖ ἁγία [καὶ] τῷ σώματι καὶ τῷ πνεύματι· ἡ δὲ γαμήσασα
35 μεριμνᾷ τὰ τοῦ κόσμου, πῶς ἀρέσῃ τῷ ἀνδρί. τοῦτο δὲ
πρὸς τὸ ὑμῶν αὐτῶν σύμφορον λέγω, οὐχ ἵνα βρόχον ὑμῖν
ἐπιβάλω, ἀλλὰ πρὸς τὸ εὔσχημον καὶ εὐπάρεδρον τῷ κυρίῳ
36 ἀπερισπάστως. Εἰ δέ τις ἀσχημονεῖν ἐπὶ τὴν
παρθένον αὐτοῦ νομίζει ἐὰν ᾖ ὑπέρακμος, καὶ οὕτως ὀφείλει
γίνεσθαι, ὃ θέλει ποιείτω· οὐχ ἁμαρτάνει· γαμείτωσαν.
37 ὃς δὲ ἕστηκεν ἐν τῇ καρδίᾳ αὐτοῦ ἑδραῖος, μὴ ἔχων ἀνάγκην,
ἐξουσίαν δὲ ἔχει περὶ τοῦ ἰδίου θελήματος, καὶ τοῦτο κέκρι-
κεν ἐν τῇ ἰδίᾳ καρδίᾳ, τηρεῖν τὴν ἑαυτοῦ παρθένον, καλῶς
38 ποιήσει· ὥστε καὶ ὁ γαμίζων τὴν ⌈ἑαυτοῦ παρθένον⌉ καλῶς
39 ⌈ποιεῖ⌉, καὶ ὁ μὴ γαμίζων κρεῖσσον ποιήσει. Γυ-
νὴ δέδεται ἐφ᾽ ὅσον χρόνον ζῇ ὁ ἀνὴρ αὐτῆς· ἐὰν δὲ κοι-
μηθῇ ὁ ἀνήρ, ἐλευθέρα ἐστὶν ᾧ θέλει γαμηθῆναι, μόνον ἐν
40 κυρίῳ· μακαριωτέρα δέ ἐστιν ἐὰν οὕτως μείνῃ, κατὰ τὴν
ἐμὴν γνώμην, δοκῶ ⌈γὰρ⌉ κἀγὼ πνεῦμα θεοῦ ἔχειν.

1 Περὶ δὲ τῶν εἰδωλοθύτων, οἴδαμεν ὅτι πάντες γνῶσιν
2 ἔχομεν. ἡ γνῶσις φυσιοῖ, ἡ δὲ ἀγάπη οἰκοδομεῖ. εἴ τις
3 δοκεῖ ἐγνωκέναι τι, οὔπω ἔγνω καθὼς δεῖ γνῶναι· εἰ δέ
4 τις ἀγαπᾷ τὸν θεόν, οὗτος ἔγνωσται ὑπ᾽ αὐτοῦ. Περὶ τῆς
βρώσεως οὖν τῶν εἰδωλοθύτων οἴδαμεν ὅτι οὐδὲν εἴδωλον ἐν
5 κόσμῳ, καὶ ὅτι οὐδεὶς θεὸς εἰ μὴ εἷς. καὶ γὰρ εἴπερ εἰσὶν
λεγόμενοι θεοὶ εἴτε ἐν οὐρανῷ εἴτε ἐπὶ γῆς, ὥσπερ εἰσὶν
6 θεοὶ πολλοὶ καὶ κύριοι πολλοί, [ἀλλ᾽] ἡμῖν εἷς θεὸς ὁ

38 παρθένον ἑαυτοῦ | ποιήσει   40 δὲ

30 should live as though they had none, and those who mourn
as though they did not mourn, and those who are glad as
though they were not glad, and those who buy anything as
31 though they did not own it, and those who mix in the world,
as though they were not absorbed in it.   For the present
32 shape of the world is passing away.   I want you to be free
from all anxiety.   An unmarried man is concerned about the
33 Lord's work, and how he can please the Lord.   A married
man is concerned about worldly affairs, and how he can
34 please his wife, and so his interests are divided.   An unmarried
woman or a girl is concerned about the Lord's work, so as to
be consecrated in body and spirit, but the woman who
marries is concerned with worldly affairs, and how she can
35 please her husband.   It is for your benefit that I say this,
not to put a halter on you, but to promote good order, and to
secure your undivided devotion to the Lord.

36   But if a man thinks he is not acting properly toward
the girl to whom he is engaged, if his passions are too strong
and that is what ought to be done, let him do as he pleases;
37 it is no sin; let them be married.   But a man who has
definitely made up his mind, under no constraint of passion
but with full self-control, and who has decided in his own
38 mind to keep her as she is, will be doing what is right.   So
the man who marries her does what is right, and the man who
refrains from doing so does even better.

39   A wife is bound to her husband as long as he lives.   If
her husband dies, she is free to marry anyone she pleases so
40 long as he is a Christian.   But she will be happier, in my
judgment, if she remains as she is, and I think I have God's
spirit as well as other people.

8   About food that has been offered to idols, it is true, as you
say, that we all have some knowledge on that matter.
Knowledge gives people airs; love is what builds up character.
2 If a man thinks he has acquired some knowledge, he does
3 not yet know it as well as he ought to know it.   But if one
4 loves God, one is known by him.   As to eating things, then,
that have been offered to idols, we all know that no idol has
5 any real existence, and that there is no God but one.   For
supposing there are so-called gods in heaven or on earth—and
6 indeed there are plenty of such gods and lords—yet for us there

πατήρ, ἐξ οὗ τὰ πάντα καὶ ἡμεῖς εἰς αὐτόν, καὶ εἷς κύριος
Ἰησοῦς Χριστός, δι᾽ ⌈οὗ⌉ τὰ πάντα καὶ ἡμεῖς δι᾽ αὐτοῦ.
7 Ἀλλ᾽ οὐκ ἐν πᾶσιν ἡ γνῶσις· τινὲς δὲ τῇ συνηθείᾳ ἕως
ἄρτι τοῦ εἰδώλου ὡς εἰδωλόθυτον ἐσθίουσιν, καὶ ἡ συνεί-
8 δησις αὐτῶν ἀσθενὴς οὖσα μολύνεται. βρῶμα δὲ ἡμᾶς
οὐ παραστήσει τῷ θεῷ· οὔτε ἐὰν μὴ φάγωμεν, ὑστερού-
9 μεθα, οὔτε ἐὰν φάγωμεν, περισσεύομεν. βλέπετε δὲ μή
πως ἡ ἐξουσία ὑμῶν αὕτη πρόσκομμα γένηται τοῖς ἀσθε-
10 νέσιν. ἐὰν γάρ τις ἴδῃ [σὲ] τὸν ἔχοντα γνῶσιν ἐν εἰδωλίῳ
κατακείμενον, οὐχὶ ἡ συνείδησις αὐτοῦ ἀσθενοῦς ὄντος οἰκο-
11 δομηθήσεται εἰς τὸ τὰ εἰδωλόθυτα ἐσθίειν; ἀπόλλυται γὰρ
ὁ ἀσθενῶν ἐν τῇ σῇ γνώσει, ὁ ἀδελφὸς δι᾽ ὃν Χριστὸς
12 ἀπέθανεν. οὕτως δὲ ἁμαρτάνοντες εἰς τοὺς ἀδελφοὺς καὶ
τύπτοντες αὐτῶν τὴν συνείδησιν ἀσθενοῦσαν εἰς Χριστὸν
13 ἁμαρτάνετε. διόπερ εἰ βρῶμα σκανδαλίζει τὸν ἀδελφόν
μου, οὐ μὴ φάγω κρέα εἰς τὸν αἰῶνα, ἵνα μὴ τὸν ἀδελφόν
μου σκανδαλίσω.

1 Οὐκ εἰμὶ ἐλεύθερος; οὐκ εἰμὶ ἀπόστολος; οὐχὶ Ἰησοῦν
τὸν κύριον ἡμῶν ἑόρακα; οὐ τὸ ἔργον μου ὑμεῖς ἐστὲ ἐν
2 κυρίῳ; εἰ ἄλλοις οὐκ εἰμὶ ἀπόστολος, ἀλλά γε ὑμῖν εἰμί,
ἡ γὰρ σφραγίς μου τῆς ἀποστολῆς ὑμεῖς ἐστὲ ἐν κυ-
3 ρίῳ. Ἡ ἐμὴ ἀπολογία τοῖς ἐμὲ ἀνακρίνουσίν
4 ἐστιν αὕτη. μὴ οὐκ ἔχομεν ἐξουσίαν φαγεῖν καὶ πεῖν;
5 μὴ οὐκ ἔχομεν ἐξουσίαν ἀδελφὴν γυναῖκα περιάγειν, ὡς καὶ
οἱ λοιποὶ ἀπόστολοι καὶ οἱ ἀδελφοὶ τοῦ κυρίου καὶ Κηφᾶς;
6 ἢ μόνος ἐγὼ καὶ Βαρνάβας οὐκ ἔχομεν ἐξουσίαν μὴ ἐργά-
7 ζεσθαι; τίς στρατεύεται ἰδίοις ὀψωνίοις ποτέ; τίς φυτεύει
ἀμπελῶνα καὶ τὸν καρπὸν αὐτοῦ οὐκ ἐσθίει; [ἢ] τίς ποι-
μαίνει ποίμνην καὶ ἐκ τοῦ γάλακτος τῆς ποίμνης οὐκ ἐσθίει;
8 Μὴ κατὰ ἄνθρωπον ταῦτα λαλῶ, ἢ καὶ ὁ νόμος ταῦτα οὐ
9 λέγει; ἐν γὰρ τῷ Μωυσέως νόμῳ γέγραπται Οὐ ⌈φι-
μώσεις⌉ βοῦν ἀλοῶντα. μὴ τῶν βοῶν μέλει τῷ θεῷ,
10 ἢ δι᾽ ἡμᾶς πάντως λέγει; δι᾽ ἡμᾶς γὰρ ἐγράφη, ὅτι ὀφείλει

6 ὃν   9 κημώσεις

is just one God, the Father, who is the source of all things, and for whom we live, and just one Lord, Jesus Christ, through whom everything was made and through whom we live.

7 But it is not everyone that has this knowledge; for some, through being long accustomed to idols, still eat meat that has been sacrificed to them as really offered to an idol, and their
8 consciences, being oversensitive, are troubled. But food is not going to affect our standing with God. We are none the
9 worse if we do not eat it, and none the better if we do. But you must take care that this right of yours does not prove
10 a hindrance to the overscrupulous. For if somebody sees you, who have this knowledge, attending a dinner in an idol's temple, will not he, with his sensitive conscience,
11 be led to eat meat that is offered to idols? For this over-scrupulous brother, for whom Christ died, is ruined by what
12 you call your knowledge. But in sinning against your brothers in this way and wounding their too scrupulous con-
13 sciences, you are really sinning against Christ. Therefore, if what I eat makes my brother fall, I will never eat meat again, rather than make my brother fall.

9   Am I not free? Am I not an apostle? Have I not seen Jesus our Lord? Are you not the product of my work in the
2 Lord's service? If I am not an apostle to other people, I certainly am one to you, for you yourselves, in your relation to the Lord, are the certificate of my apostleship.

3   My answer to those who want to investigate me is this:
4 Have we not a right to our food and drink? Have we not a
5 right to take a Christian wife about with us, like the rest of the
6 apostles and the Lord's brothers and Cephas? Or is it only Barnabas and I that have no right to give up working for a
7 living? What soldier ever pays his expenses out of his own pay? Who plants a vineyard and does not eat any of the grapes? Who tends a flock and does not get any of the milk?
8 Am I saying only what men say? Does not the Law say so
9 too? For in the Law of Moses it reads, "You shall not muzzle an ox that is treading out the grain." Is it about the oxen
10 that God is concerned? Is he not clearly speaking in our interest? Of course this law was written in our interest,

ἐπ' ἐλπίδι ὁ ἀροτριῶν ἀροτριᾶν, καὶ ὁ ἀλοῶν ἐπ' ἐλπίδι
11 τοῦ μετέχειν. Εἰ ἡμεῖς ὑμῖν τὰ πνευματικὰ ἐσπείραμεν,
12 μέγα εἰ ἡμεῖς ὑμῶν τὰ σαρκικὰ θερίσομεν; εἰ ἄλλοι τῆς
ὑμῶν ἐξουσίας μετέχουσιν, οὐ μᾶλλον ἡμεῖς; ἀλλ' οὐκ ἐχρη-
σάμεθα τῇ ἐξουσίᾳ ταύτῃ, ἀλλὰ πάντα στέγομεν ἵνα μή
13 τινα ἐνκοπὴν δῶμεν τῷ εὐαγγελίῳ τοῦ χριστοῦ. οὐκ οἴδατε
ὅτι οἱ τὰ ἱερὰ ἐργαζόμενοι τὰ ἐκ τοῦ ἱεροῦ ἐσθίουσιν, οἱ
τῷ θυσιαστηρίῳ παρεδρεύοντες τῷ θυσιαστηρίῳ συνμερί-
14 ζονται; οὕτως καὶ ὁ κύριος διέταξεν τοῖς τὸ εὐαγγέλιον
15 καταγγέλλουσιν ἐκ τοῦ εὐαγγελίου ζῆν. ἐγὼ δὲ οὐ κέχρη-
μαι οὐδενὶ τούτων. Οὐκ ἔγραψα δὲ ταῦτα ἵνα οὕτως γένηται
ἐν ἐμοί, καλὸν γάρ μοι μᾶλλον ἀποθανεῖν ἢ - τὸ καύχη-
16 μά μου οὐδεὶς κενώσει. ἐὰν γὰρ εὐαγγελίζωμαι, οὐκ ἔστιν
μοι καύχημα, ἀνάγκη γάρ μοι ἐπίκειται· οὐαὶ γάρ μοί
17 ἐστιν ἐὰν μὴ ⌐εὐαγγελίσωμαι⌐. εἰ γὰρ ἑκὼν τοῦτο πράσσω,
18 μισθὸν ἔχω· εἰ δὲ ἄκων, οἰκονομίαν πεπίστευμαι. τίς οὖν
μού ἐστιν ὁ μισθός; ἵνα εὐαγγελιζόμενος ἀδάπανον θήσω
τὸ εὐαγγέλιον, εἰς τὸ μὴ καταχρήσασθαι τῇ ἐξουσίᾳ μου ἐν
19 τῷ εὐαγγελίῳ. Ἐλεύθερος γὰρ ὢν ἐκ πάντων
20 πᾶσιν ἐμαυτὸν ἐδούλωσα, ἵνα τοὺς πλείονας κερδήσω· καὶ
ἐγενόμην τοῖς Ἰουδαίοις ὡς Ἰουδαῖος, ἵνα Ἰουδαίους κερ-
δήσω· τοῖς ὑπὸ νόμον ὡς ὑπὸ νόμον, μὴ ὢν αὐτὸς ὑπὸ
21 νόμον, ἵνα τοὺς ὑπὸ νόμον κερδήσω· τοῖς ἀνόμοις ὡς
ἄνομος, μὴ ὢν ἄνομος θεοῦ ἀλλ' ἔννομος Χριστοῦ, ἵνα
22 κερδανῶ τοὺς ἀνόμους· ἐγενόμην τοῖς ἀσθενέσιν ἀσθενής,
ἵνα τοὺς ἀσθενεῖς κερδήσω· τοῖς πᾶσιν γέγονα πάντα, ἵνα
23 πάντως τινὰς σώσω. πάντα δὲ ποιῶ διὰ τὸ εὐαγγέλιον,
24 ἵνα συνκοινωνὸς αὐτοῦ γένωμαι. Οὐκ οἴδατε
ὅτι οἱ ἐν σταδίῳ τρέχοντες πάντες μὲν τρέχουσιν, εἷς δὲ
λαμβάνει τὸ βραβεῖον; οὕτως τρέχετε ἵνα καταλάβητε.
25 πᾶς δὲ ὁ ἀγωνιζόμενος πάντα ἐγκρατεύεται, ἐκεῖνοι μὲν
οὖν ἵνα φθαρτὸν στέφανον λάβωσιν, ἡμεῖς δὲ ἄφθαρτον.
26 ἐγὼ τοίνυν οὕτως τρέχω ὡς οὐκ ἀδήλως, οὕτως πυκτεύω ὡς

16 εὐαγγελίζωμαι

because the plowman ought to plow, and the thresher to
11 thresh, in the expectation of sharing in the crop.   If it was
we who sowed the spiritual seed among you, is it too much if
12 we reap material benefits from you?   If others enjoy such
rights over you, have we not a still better claim?   But, you
say, we have never availed ourselves of this right.   No, we
will stand anything rather than put any hindrance in the way
13 of the good news of the Christ.   Do you not know that those
who do the work about the Temple get their living from the
Temple, and those who attend to the altar divide the sacrifices
14 with the altar?   In just that way the Lord directed that those
who preach the good news should get their living from it.
15 But I have not availed myself of any of these rights.   And
I am not writing this now so that I may become an illustration
of this; I had rather die than do that.   No one shall deprive
16 me of this boast of mine.   As far as preaching the good news
is concerned, that is nothing for me to boast of, for I cannot
17 help doing it.   For I am ruined if I do not preach.   For if I do
it of my own accord, I have my pay, but if I do it because I
must, it is still a responsibility that I am charged with.
18 What pay then do I get?   Why, that in my preaching I can
offer the good news without cost, and so not take full
advantage of my rights as a preacher.
19   Though I am free from anyone's control, I have made
20 myself everyone's slave, so as to win over all the more.   To
the Jews I have become like a Jew, to win Jews over; to men
under the Law I have become like a man under the Law,
though I am not myself under the Law, so as to win over those
21 who are under the Law.   To those who have no law I have
become like a man without any law—though I am not without
the law of God, but under the law of Christ—so as to win
22 over those who are without any law.   To the overscrupulous
I have become overscrupulous, so as to win the overscrupulous;
I have become everything to everybody, so as by all means
23 to save some of them.   And I do it all for the sake of the
good news, so that I may share in its blessings along with the
rest.
24   Do you not know that in a race the runners all compete,
but only one wins the prize?   That is the way you must run,
25 so as to win.   Any man who enters an athletic contest
goes into strict training, to win a wreath that will soon wither,
26 but the one we compete for will never wither.   So that is the
way I run, unswervingly.   That is the way I fight, not punch-

27 οὐκ ἀέρα δέρων· ἀλλὰ ὑπωπιάζω μου τὸ σῶμα καὶ δουλα-
γωγῶ, μή πως ἄλλοις κηρύξας αὐτὸς ἀδόκιμος γένωμαι.

1 Οὐ θέλω γὰρ ὑμᾶς ἀγνοεῖν, ἀδελφοί, ὅτι οἱ πατέρες
ἡμῶν πάντες ὑπὸ τὴν νεφέλην ἦσαν καὶ πάντες διὰ τῆς
2 θαλάσσης διῆλθον, καὶ πάντες εἰς τὸν Μωυσῆν ⌜ἐβαπτί-
3 σαντο⌝ ἐν τῇ νεφέλῃ καὶ ἐν τῇ θαλάσσῃ, καὶ πάντες [τὸ
4 αὐτὸ] πνευματικὸν βρῶμα ἔφαγον καὶ πάντες τὸ αὐτὸ
πνευματικὸν ἔπιον πόμα, ἔπινον γὰρ ἐκ πνευματικῆς ἀκο-
5 λουθούσης πέτρας, ἡ πέτρα δὲ ἦν ὁ χριστός· ἀλλ᾽ οὐκ ἐν
τοῖς πλείοσιν αὐτῶν ηὐδόκησεν ὁ θεός, κατεστρώθηϲαν
6 γὰρ ἐν τῇ ἐρήμῳ.   Ταῦτα δὲ τύποι ἡμῶν
ἐγενήθησαν, εἰς τὸ μὴ εἶναι ἡμᾶς ἐπιθυμητὰϲ κακῶν,
7 καθὼς κἀκεῖνοι ἐπεθύμηϲαν. μηδὲ εἰδωλολάτραι γίνεσθε,
καθώς τινες αὐτῶν· ὥσπερ γέγραπται Ἐκάθιϲεν ὁ λαὸϲ
8 φαγεῖν καὶ πεῖν, καὶ ἀνέϲτηϲαν παίζειν. μηδὲ πορ-
νεύωμεν, καθώς τινες αὐτῶν ἐπόρνευσαν, καὶ ἔπεσαν ᵀ μιᾷ
9 ἡμέρᾳ εἴκοσι τρεῖς χιλιάδες. μηδὲ ἐκπειράζωμεν τὸν κύριον,
καθώς τινες αὐτῶν ⌜ἐπείρασαν⌝, καὶ ὑπὸ τῶν ὄφεων ἀπώλ-
10 λυντο. μηδὲ γογγύζετε, καθάπερ τινὲς αὐτῶν ἐγόγγυσαν,
11 καὶ ἀπώλοντο ὑπὸ τοῦ ὀλοθρευτοῦ. ταῦτα δὲ τυπικῶς
συνέβαινεν ἐκείνοις, ἐγράφη δὲ πρὸς νουθεσίαν ἡμῶν, εἰς
12 οὓς τὰ τέλη τῶν αἰώνων κατήντηκεν.   Ὥστε ὁ
13 δοκῶν ἑστάναι βλεπέτω μὴ πέσῃ. πειρασμὸς ὑμᾶς οὐκ εἴ-
ληφεν εἰ μὴ ἀνθρώπινος· πιστὸς δὲ ὁ θεός, ὃς οὐκ ἐάσει
⌜ὑμᾶς πειρασθῆναι⌝ ὑπὲρ ὃ δύνασθε, ἀλλὰ ποιήσει σὺν τῷ
πειρασμῷ καὶ τὴν ἔκβασιν τοῦ δύνασθαι ὑπενεγκεῖν.

14 Διόπερ, ἀγαπητοί μου, φεύγετε ἀπὸ τῆς εἰδωλολατρίας.
15 ὡς φρονίμοις λέγω· κρίνατε ὑμεῖς ὅ φημι. Τὸ ποτήριον
16 τῆς εὐλογίας ὃ εὐλογοῦμεν, οὐχὶ κοινωνία ἐστὶν τοῦ αἵματος
τοῦ χριστοῦ; τὸν ἄρτον ὃν κλῶμεν, οὐχὶ κοινωνία τοῦ
17 σώματος τοῦ χριστοῦ ἐστίν; ὅτι εἷς ἄρτος, ἓν σῶμα οἱ
πολλοί ἐσμεν, οἱ γὰρ πάντες ἐκ τοῦ ἑνὸς ἄρτου μετέχομεν.
18 βλέπετε τὸν Ἰσραὴλ κατὰ σάρκα· ⌜οὐχ⌝ οἱ ἐσθίοντες τὰς

2 ἐβαπτίσθησαν   8 ἐν   9 ἐξεπείρασαν   13 πειρασθῆναι ὑμᾶς   18 οὐχὶ

27ing the air.   But I beat and bruise my body and make it my
slave, so that after I have called others to the contest I may
not be disqualified myself.

10   For I would not have you forget, brothers, that though
our forefathers were all protected by the cloud, and all passed
2 safely through the sea, and in the cloud and the sea all, as it
3 were, accepted baptism as followers of Moses, and all ate the
4 same supernatural food and drank the same supernatural
drink—for they used to drink from a supernatural rock which
5 attended them, and the rock was really Christ—still most of
them disappointed God, for they were struck down in the desert.
6   Now these things happened to warn us, so that we should
7 not long for what is evil as they did.   You must not become
idolaters, like some of them, for the Scripture says, "The
8 people sat down to eat and drink and got up to dance."   Let
us not practice immorality, like some of them, twenty-three
9 thousand of whom fell dead in one day.   Let us not try the
Lord's patience too far, as some of them did, for they were
10killed for it by the snakes.   You must not grumble, as some of
them did, for they were destroyed for it by the destroying
11angel.   These things happened to them as a warning to
others, but they were written down to instruct us, in whose
days the ages have reached their climax.
12   So the man who thinks he can stand must be on his guard
13against a fall.   It is no superhuman temptation that you have
had.   And God can be depended on not to let you be tried
beyond your strength, but when temptation comes, to give
you a way out of it, so that you can withstand it.
14   Therefore, my dear brothers, have nothing to do with
15the worship of idols.   I appeal to your good sense.   Make
16up your minds about what I say.   Does not the consecrated
cup which we bless mean that in drinking it we share in the
blood of Christ?   Does not the bread that we break mean
17 that in eating it we share in the body of Christ?   Because
there is one loaf, we, many as we are, are one body, for we all
18 share the one loaf.   Think of the Israelites' practices.   Do

19 θυσίας κοινωνοὶ τοῦ θυσιαστηρίου εἰσίν; τί οὖν φημί; ὅτι
20 εἰδωλόθυτόν. τί ἐστιν, ἢ ὅτι εἴδωλόν τί ἐστιν; ἀλλ᾽ ὅτι ἃ
θύουσιν [τὰ ἔθνη], Δαιμονίοιc καὶ ογ θεῷ θγογcιν, οὐ
21 θέλω δὲ ὑμᾶς κοινωνοὺς τῶν δαιμονίων γίνεσθαι. οὐ δύνα-
σθε ποτήριον Κυρίου πίνειν καὶ ποτήριον δαιμονίων· οὐ δύνα-
σθε τραπέζης Κγρίογ μετέχειν καὶ τραπέζης δαιμονίων.
22 ἢ παραζηλογμεν τὸν κγριον; μὴ ἰσχυρότεροι αὐτοῦ
23 ἐσμέν; Πάντα ἔξεστιν· ἀλλ᾽ οὐ πάντα συμ-
24 φέρει. πάντα ἔξεστιν· ἀλλ᾽ οὐ πάντα οἰκοδομεῖ. μηδεὶς
25 τὸ ἑαυτοῦ ζητείτω ἀλλὰ τὸ τοῦ ἑτέρου. Πᾶν
τὸ ἐν μακέλλῳ πωλούμενον ἐσθίετε μηδὲν ἀνακρίνοντες διὰ
26 τὴν συνείδησιν, τογ κγρίογ γὰρ ἡ γῆ καὶ τὸ πλήρωμα
27 αγτῆc. εἴ τις καλεῖ ὑμᾶς τῶν ἀπίστων καὶ θέλετε πορεύ-
εσθαι, πᾶν τὸ παρατιθέμενον ὑμῖν ἐσθίετε μηδὲν ἀνακρί-
28 νοντες διὰ τὴν συνείδησιν· ἐὰν δέ τις ὑμῖν εἴπῃ Τοῦτο
ἱερόθυτόν ἐστιν, μὴ ἐσθίετε δι᾽ ἐκεῖνον τὸν μηνύσαντα καὶ
29 τὴν συνείδησιν· συνείδησιν δὲ λέγω οὐχὶ τὴν ἑαυτοῦ ἀλλὰ
τὴν τοῦ ἑτέρου· ἵνα τί γὰρ ἡ ἐλευθερία μου κρίνεται ὑπὸ
30 ἄλλης συνειδήσεως; εἰ ἐγὼ χάριτι μετέχω, τί βλασφημοῦ-
31 μαι ὑπὲρ οὗ ἐγὼ εὐχαριστῶ; Εἴτε οὖν ἐσθίετε
εἴτε πίνετε εἴτε τι ποιεῖτε, πάντα εἰς δόξαν θεοῦ ποιεῖτε.
32 ἀπρόσκοποι καὶ Ἰουδαίοις γίνεσθε καὶ Ἕλλησιν καὶ τῇ
33 ἐκκλησίᾳ τοῦ θεοῦ, καθὼς κἀγὼ πάντα πᾶσιν ἀρέσκω, μὴ
ζητῶν τὸ ἐμαυτοῦ σύμφορον ἀλλὰ τὸ τῶν πολλῶν, ἵνα
1 σωθῶσιν. μιμηταί μου γίνεσθε, καθὼς κἀγὼ Χριστοῦ.
2 Ἐπαινῶ δὲ ὑμᾶς ὅτι πάντα μου μέμνησθε καὶ καθὼς
3 παρέδωκα ὑμῖν τὰς παραδόσεις κατέχετε. Θέλω δὲ ὑμᾶς
εἰδέναι ὅτι παντὸς ἀνδρὸς ἡ κεφαλὴ ⌜ὁ χριστός⌝ ἐστιν,
κεφαλὴ δὲ γυναικὸς ὁ ἀνήρ, κεφαλὴ δὲ τοῦ χριστοῦ ὁ θεός.
4 πᾶς ἀνὴρ προσευχόμενος ἢ προφητεύων κατὰ κεφαλῆς
5 ἔχων καταισχύνει τὴν κεφαλὴν αὐτοῦ· πᾶσα δὲ γυνὴ προσ-
ευχομένη ἢ προφητεύουσα ἀκατακαλύπτῳ τῇ κεφαλῇ κα-
ταισχύνει τὴν κεφαλὴν ⌜αὐτῆς⌝, ἓν γάρ ἐστιν καὶ τὸ αὐτὸ

3 Χριστός   5 ἑαυτῆς

not those who eat what is sacrificed have fellowship at the
19 sacrificial altar?   What am I saying then?   That there is any
such thing as being offered to an idol, or any such thing as
20 an idol?   No, but that what the heathen sacrifice they offer
to demons and not to God, and I do not want you to have
21 fellowship with demons.   You cannot drink the cup of the
Lord and the cup of demons.   You cannot eat at the table
22 of the Lord and at the table of demons.   Or are we trying
to arouse the Lord to jealousy?   Are we stronger than he is?
23   We are free to do anything, but not everything is good
for us.   We are free to do anything, but not everything builds
24 up character.   No one should look after his own advantage
but after that of his neighbor.
25   Eat anything for sale in the meat market without
26 raising any question, as far as conscience is concerned, for the
27 earth and everything in it belong to the Lord.   If one of the
unbelievers invites you to dinner, and you wish to go, eat
whatever is served, without raising any question, as far as
28 conscience is concerned.   But if someone says to you, "This
meat has been offered in sacrifice," let it alone, on account of
29 the man who told you and his conscientious scruples; his
scruples, I say, not yours.   For why should my liberty of
30 action be limited by another's scruples?   If I give thanks
for what I eat, why should I be denounced for eating what
I give thanks over?
31   So whether you are eating or drinking or doing anything
32 else, do it all to the honor of God.   You must not be
hindrances to Jews or Greeks or to the church of God either,
33 just as I for my part try to please everyone in all I do, not
aiming at my own advantage, but at that of people generally,
11 in order that they may be saved.   Follow my example in this,
as I am following Christ's.
2   I appreciate your always remembering me, and your
standing by the things I passed on to you, just as you received
3 them.   But I want you to understand that Christ is the
head of every man, while a woman's head is her husband,
4 and Christ's head is God.   Any man who offers prayer or
explains the will of God with anything on his head disgraces
5 his head, and any woman who offers prayer or explains the
will of God bareheaded disgraces her head, for it is just as

6 τῇ ἐξυρημένῃ. εἰ γὰρ οὐ κατακαλύπτεται γυνή, καὶ κειρά-
σθω· εἰ δὲ αἰσχρὸν γυναικὶ τὸ κείρασθαι ἢ ξυρᾶσθαι, κατα-
7 καλυπτέσθω. ἀνὴρ μὲν γὰρ οὐκ ὀφείλει κατακαλύπτεσθαι
τὴν κεφαλήν, εἰκὼν καὶ δόξα θεοῦ ὑπάρχων· ἡ γυνὴ δὲ
8 δόξα ἀνδρός ἐστιν. οὐ γάρ ἐστιν ἀνὴρ ἐκ γυναικός, ἀλλὰ
9 γυνὴ ἐξ ἀνδρός· καὶ γὰρ οὐκ ἐκτίσθη ἀνὴρ διὰ τὴν γυναῖκα,
10 ἀλλὰ γυνὴ διὰ τὸν ἄνδρα. διὰ τοῦτο ὀφείλει ἡ γυνὴ
11 ἐξουσίαν ἔχειν ἐπὶ τῆς κεφαλῆς διὰ τοὺς ἀγγέλους. πλὴν
οὔτε γυνὴ χωρὶς ἀνδρὸς οὔτε ἀνὴρ χωρὶς γυναικὸς ἐν
12 κυρίῳ· ὥσπερ γὰρ ἡ γυνὴ ἐκ τοῦ ἀνδρός, οὕτως καὶ ὁ
13 ἀνὴρ διὰ τῆς γυναικός· τὰ δὲ πάντα ἐκ τοῦ θεοῦ. ἐν ὑμῖν
αὐτοῖς κρίνατε· πρέπον ἐστὶν γυναῖκα ἀκατακάλυπτον τῷ
14 θεῷ προσεύχεσθαι; οὐδὲ ἡ φύσις αὐτὴ διδάσκει ὑμᾶς ὅτι
15 ἀνὴρ μὲν ἐὰν κομᾷ, ἀτιμία αὐτῷ ἐστίν, γυνὴ δὲ ἐὰν κομᾷ,
δόξα αὐτῇ ἐστίν; ὅτι ἡ κόμη ἀντὶ περιβολαίου δέδοται
16 αὐτῇ. Εἰ δέ τις δοκεῖ φιλόνεικος εἶναι, ἡμεῖς τοιαύτην
συνήθειαν οὐκ ἔχομεν, οὐδὲ αἱ ἐκκλησίαι τοῦ θεοῦ.
17 Τοῦτο δὲ ⌜παραγγέλλων οὐκ ἐπαινῶ⌝ ὅτι οὐκ εἰς τὸ
18 κρεῖσσον ἀλλὰ εἰς τὸ ἧσσον συνέρχεσθε. πρῶτον μὲν γὰρ
συνερχομένων ὑμῶν ἐν ἐκκλησίᾳ ἀκούω σχίσματα ἐν ὑμῖν
19 ὑπάρχειν, καὶ μέρος τι πιστεύω. δεῖ γὰρ καὶ αἱρέσεις ἐν
ὑμῖν εἶναι, ἵνα [καὶ] οἱ δόκιμοι φανεροὶ γένωνται ἐν ὑμῖν.
20 Συνερχομένων οὖν ὑμῶν ἐπὶ τὸ αὐτὸ οὐκ ἔστιν κυριακὸν
21 δεῖπνον φαγεῖν, ἕκαστος γὰρ τὸ ἴδιον δεῖπνον προλαμβάνει
22 ἐν τῷ φαγεῖν, καὶ ὃς μὲν πεινᾷ, ὃς δὲ μεθύει. μὴ γὰρ
οἰκίας οὐκ ἔχετε εἰς τὸ ἐσθίειν καὶ πίνειν; ἢ τῆς ἐκκλησίας
τοῦ θεοῦ καταφρονεῖτε, καὶ καταισχύνετε τοὺς μὴ ἔχοντας;
23 τί εἴπω ὑμῖν; ἐπαινέσω ὑμᾶς; ἐν τούτῳ οὐκ ἐπαινῶ. ἐγὼ
γὰρ παρέλαβον ἀπὸ τοῦ κυρίου, ὃ καὶ παρέδωκα ὑμῖν, ὅτι
ὁ κύριος Ἰησοῦς ἐν τῇ νυκτὶ ᾗ παρεδίδετο ἔλαβεν ἄρτον
24 καὶ εὐχαριστήσας ἔκλασεν καὶ εἶπεν Τοῦτό μού ἐστιν τὸ
σῶμα τὸ ὑπὲρ ὑμῶν· τοῦτο ποιεῖτε εἰς τὴν ἐμὴν ἀνάμνησιν.
25 ὡσαύτως καὶ τὸ ποτήριον μετὰ τὸ δειπνῆσαι, λέγων Τοῦτο

17 παραγγέλλω οὐκ ἐπαινῶν

6 though she had her head shaved. For if a woman will not
wear a veil, let her cut off her hair too. But if it is a disgrace
for a woman to have her hair cut off or her head shaved, let
7 her wear a veil. For a man ought not to wear anything on
his head, for he is the image of God and reflects his glory;
8 while woman is the reflection of man's glory. For man
9 was not made from woman, but woman from man, and man
10 was not created for woman, but woman was for man. That
is why she ought to wear upon her head something to symbol-
ize her subjection, on account of the angels, if of nobody
11 else. But in union with the Lord, woman is not independ-
12 ent of man nor man of woman. For just as woman was
made from man, man is born of woman, and it all really
13 comes from God. Judge for yourselves. Is it proper
for a woman to offer prayer to God with nothing on her
14 head? Does not nature itself teach you that for a man to
15 wear his hair long is degrading, but a woman's long hair is
16 her pride? For her hair is given her as a covering. But if
anyone is disposed to be contentious about it, I for my part
recognize no other practice in worship than this, and neither
do the churches of God.

17   But while I am on this subject, I cannot approve of
your meetings, because they are doing you more harm than
18 good. For, in the first place, when you meet as a congrega-
tion, I hear that you divide into sets, and in a measure I
19 believe it. Doubtless there must be parties among you,
20 if those who are right are to be recognized among you. So
when you hold your meetings it is not the Lord's Supper that
21 you eat, for each of you hurries to get his own supper and eat
22 it, and one goes hungry while another gets drunk. Have you
no houses to eat and drink in? Or do you mean to show your
contempt for the church of God, and to humiliate those who
have nothing? What can I say to you? Can I approve of you?
23 Not in this matter certainly. For I myself received from
the Lord the account that I passed on to you, that the Lord
24 Jesus the night he was betrayed took some bread and gave
thanks for it and then broke it in pieces, saying, "This is my
25 body which takes your place. Do this in memory of me." He
took the cup, too, after supper, in the same way, saying, "This

τὸ ποτήριον ἡ καινὴ ΔιαθΗΚΗ ἐστὶν ἐν τῷ ἐμῷ αἵΜατι·
τοῦτο ποιεῖτε, ὁσάκις ἐὰν πίνητε, εἰς τὴν ἐμὴν ἀνάμνησιν.
26 ὁσάκις γὰρ ἐὰν ἐσθίητε τὸν ἄρτον τοῦτον καὶ τὸ ποτήριον
πίνητε, τὸν θάνατον τοῦ κυρίου καταγγέλλετε, ἄχρι οὗ ἔλθῃ.
27 ὥστε ὃς ἂν ἐσθίῃ τὸν ἄρτον ἢ πίνῃ τὸ ποτήριον τοῦ κυρίου
ἀναξίως, ἔνοχος ἔσται τοῦ σώματος καὶ τοῦ αἵματος τοῦ
28 κυρίου. δοκιμαζέτω δὲ ἄνθρωπος ἑαυτόν, καὶ οὕτως ἐκ τοῦ
29 ἄρτου ἐσθιέτω καὶ ἐκ τοῦ ποτηρίου πινέτω· ὁ γὰρ ἐσθίων
καὶ πίνων κρίμα ἑαυτῷ ἐσθίει καὶ πίνει μὴ διακρίνων τὸ
30 σῶμα. διὰ τοῦτο ἐν ὑμῖν πολλοὶ ἀσθενεῖς καὶ ἄρρωστοι
31 καὶ κοιμῶνται ἱκανοί. εἰ δὲ ἑαυτοὺς διεκρίνομεν, οὐκ ἂν
32 ἐκρινόμεθα· κρινόμενοι δὲ ὑπὸ τοῦ κυρίου παιδευόμεθα,
33 ἵνα μὴ σὺν τῷ κόσμῳ κατακριθῶμεν. ὥστε, ἀδελφοί μου,
34 συνερχόμενοι εἰς τὸ φαγεῖν ἀλλήλους ἐκδέχεσθε. εἴ τις
πεινᾷ, ἐν οἴκῳ ἐσθιέτω, ἵνα μὴ εἰς κρίμα συνέρχησθε. Τὰ
δὲ λοιπὰ ὡς ἂν ἔλθω διατάξομαι.

1   Περὶ δὲ τῶν πνευματικῶν, ἀδελφοί, οὐ θέλω ὑμᾶς
2 ἀγνοεῖν. Οἴδατε ⌜ὅτι ὅτε⌝ ἔθνη ἦτε πρὸς τὰ εἴδωλα τὰ
3 ἄφωνα ὡς ἂν ἤγεσθε ἀπαγόμενοι. διὸ γνωρίζω ὑμῖν ὅτι
οὐδεὶς ἐν πνεύματι θεοῦ λαλῶν λέγει   ΑΝΑΘΕΜΑ ΙΗ-
ΣΟΥΣ, καὶ οὐδεὶς δύναται εἰπεῖν   ΚΥΡΙΟΣ ΙΗΣΟΥΣ εἰ
4 μὴ ἐν πνεύματι ἁγίῳ.   Διαιρέσεις δὲ χαρισμά-
5 των εἰσίν, τὸ δὲ αὐτὸ πνεῦμα· καὶ διαιρέσεις διακονιῶν εἰσίν,
6 καὶ ὁ αὐτὸς κύριος· καὶ διαιρέσεις ἐνεργημάτων εἰσίν,
7 ⌜καὶ ὁ⌝ αὐτὸς θεός, ὁ ἐνεργῶν τὰ πάντα ἐν πᾶσιν. ἑκάστῳ
δὲ δίδοται ἡ φανέρωσις τοῦ πνεύματος πρὸς τὸ συμφέρον.
8 ᾧ μὲν γὰρ διὰ τοῦ πνεύματος δίδοται λόγος σοφίας, ἄλλῳ
9 δὲ λόγος γνώσεως κατὰ τὸ αὐτὸ πνεῦμα, ἑτέρῳ πίστις ἐν
τῷ αὐτῷ πνεύματι, ἄλλῳ δὲ χαρίσματα ἰαμάτων ἐν τῷ ἑνὶ
10 πνεύματι, ἄλλῳ δὲ ἐνεργήματα δυνάμεων, ἄλλῳ [δὲ] προ-
φητεία, ἄλλῳ [δὲ] διακρίσεις πνευμάτων, ἑτέρῳ γένη γλωσ-
11 σῶν, ἄλλῳ δὲ ἑρμηνία γλωσσῶν· πάντα δὲ ταῦτα ἐνεργεῖ τὸ

2 †...†   6 ὁ δὲ

cup is the new agreement ratified by my blood. Whenever
26 you drink it, do so in memory of me." For until the Lord
comes back, every time you eat this bread and drink from the
27 cup, you proclaim his death. Hence anyone who eats the bread
or drinks from the Lord's cup in a way that is unworthy of
it will be guilty of profaning the body and the blood of the
28 Lord. A man should examine himself, and only when he has
done so should he eat the bread or drink from the cup. For
29 anyone who eats and drinks, eats and drinks a judgment
30 upon himself if he does not recognize the body. This is why
many of you are sick and ill and a number have fallen asleep.
31 But if we recognized our own condition, we would not incur
32 this judgment. But since we do incur it, we are disciplined
by the Lord, so that we may not be condemned along with the
33 world. So, my brothers, when you come together to eat, wait
34 for one another. If anyone is hungry, let him eat at home,
so that your meetings may not bring down a judgment upon
you. The details I will settle when I come.

12   About spiritual gifts, brothers, I do not want you to be
2 misinformed. You know that when you were heathen you
would stray off, as impulse directed, to idols that could not
3 speak. Therefore, I must tell you that no one who is speaking
under the influence of the Spirit of God ever says, "Curse
Jesus!" and no one can say, "Jesus is Lord!" without being
under the influence of the holy Spirit.

4
5   Endowments vary, but the Spirit is the same, and forms
6 of service vary, but it is the same Lord who is served, and
activities vary, but God who produces them all in us all is the
7 same. Each one is given his spiritual illumination for the
8 common good. One man receives through the Spirit the power
to speak wisely, another, by the same Spirit, receives the power
9 to express knowledge, another, from his union with the same
Spirit receives faith, another, by one and the same Spirit,
10 the ability to cure the sick, another, the working of wonders,
another, inspiration in preaching, another, the power of dis-
tinguishing the true Spirit from false ones, another, various
ecstatic utterances, and another, the ability to explain them.

ἓν καὶ τὸ αὐτὸ πνεῦμα, διαιροῦν ἰδίᾳ ἑκάστῳ καθὼς βού-
12 λεται.   Καθάπερ γὰρ τὸ σῶμα ἕν ἐστιν καὶ μέλη
πολλὰ ἔχει, πάντα δὲ τὰ μέλη τοῦ σώματος πολλὰ ὄντα ἕν
13 ἐστιν σῶμα, οὕτως καὶ ὁ χριστός· καὶ γὰρ ἐν ἑνὶ πνεύματι
ἡμεῖς πάντες εἰς ἓν σῶμα ἐβαπτίσθημεν, εἴτε Ἰουδαῖοι εἴτε
Ἕλληνες, εἴτε δοῦλοι εἴτε ἐλεύθεροι, καὶ πάντες ἓν πνεῦμα
14 ἐποτίσθημεν. καὶ γὰρ τὸ σῶμα οὐκ ἔστιν ἓν μέλος ἀλλὰ
15 πολλά. ἐὰν εἴπῃ ὁ πούς Ὅτι οὐκ εἰμὶ χείρ, οὐκ εἰμὶ ἐκ
τοῦ σώματος, οὐ παρὰ τοῦτο οὐκ ἔστιν ἐκ τοῦ σώματος·
16 καὶ ἐὰν εἴπῃ τὸ οὖς Ὅτι οὐκ εἰμὶ ὀφθαλμός, οὐκ εἰμὶ ἐκ
τοῦ σώματος, οὐ παρὰ τοῦτο οὐκ ἔστιν ἐκ τοῦ σώματος·
17 εἰ ὅλον τὸ σῶμα ὀφθαλμός, ποῦ ἡ ἀκοή; εἰ ὅλον ἀκοή,
18 ποῦ ἡ ὄσφρησις; ⌜νῦν⌝ δὲ ὁ θεὸς ἔθετο τὰ μέλη, ἓν ἕκαστον
19 αὐτῶν, ἐν τῷ σώματι καθὼς ἠθέλησεν. εἰ δὲ ἦν [τὰ] πάντα
20 ἓν μέλος, ποῦ τὸ σῶμα; νῦν δὲ πολλὰ ᵀ μέλη, ἓν δὲ σῶμα.
21 οὐ δύναται [δὲ] ὁ ὀφθαλμὸς εἰπεῖν τῇ χειρί Χρείαν σου
οὐκ ἔχω, ἢ πάλιν ἡ κεφαλὴ τοῖς ποσίν Χρείαν ὑμῶν
22 οὐκ ἔχω· ἀλλὰ πολλῷ μᾶλλον τὰ δοκοῦντα μέλη τοῦ
23 σώματος ἀσθενέστερα ὑπάρχειν ἀναγκαῖά ἐστιν, καὶ ἃ
δοκοῦμεν ἀτιμότερα εἶναι τοῦ σώματος, τούτοις τιμὴν περισ-
σοτέραν περιτίθεμεν, καὶ τὰ ἀσχήμονα ἡμῶν εὐσχημοσύνην
24 περισσοτέραν ἔχει, τὰ δὲ εὐσχήμονα ἡμῶν οὐ χρείαν ἔχει.
ἀλλὰ ὁ θεὸς συνεκέρασεν τὸ σῶμα, τῷ ὑστερουμένῳ περισ-
25 σοτέραν δοὺς τιμήν, ἵνα μὴ ᾖ σχίσμα ἐν τῷ σώματι, ἀλλὰ
26 τὸ αὐτὸ ὑπὲρ ἀλλήλων μεριμνῶσι τὰ μέλη. καὶ εἴτε
πάσχει ἓν μέλος, συνπάσχει πάντα τὰ μέλη· εἴτε δοξάζεται
27 μέλος, συνχαίρει . πάντα τὰ μέλη. ὑμεῖς δέ ἐστε σῶμα
28 Χριστοῦ καὶ μέλη ἐκ μέρους. Καὶ οὓς μὲν ἔθετο ὁ θεὸς ἐν
τῇ ἐκκλησίᾳ πρῶτον ἀποστόλους, δεύτερον προφήτας, τρίτον
διδασκάλους, ἔπειτα δυνάμεις, ἔπειτα χαρίσματα ἰαμάτων,
29 ἀντιλήμψεις, κυβερνήσεις, γένη γλωσσῶν. μὴ πάντες
ἀπόστολοι; μὴ πάντες προφῆται; μὴ πάντες διδάσκαλοι;
30 μὴ πάντες δυνάμεις; μὴ πάντες χαρίσματα ἔχουσιν ἰαμά-

18 νυνὶ   20 μὲν

11 These are all produced by one and the same Spirit, and apportioned to each of us just as the Spirit chooses.

12   For just as the body is one and yet has many parts, and all the parts of the body, many as they are, form one body, 13 so it is with Christ.   For we have all—Jews or Greeks, slaves or free men—been baptized in one spirit to form one body, 14 and we have all been saturated with one Spirit.   For the body 15 does not consist of one part but of many.   If the foot says, "As I am not a hand, I am not a part of the body," that does 16 not make it any less a part of the body.   And if the ear says, "As I am not an eye, I am not a part of the body," that does 17 not make it any less a part of the body.   If all the body were eye, how would we hear?   If it were all ear, how could we 18 have a sense of smell?   As it is, God has arranged the parts, 19 every one of them in the body as he wished them to be.   If 20 they were all one part, where would the body be?   As it is, 21 there are many parts, but one body.   The eye cannot say to the hand, "I do not need you," or the head to the feet, 22 "I do not need you."   On the contrary, the parts of the body that are considered most delicate are indispensable, 23 and the parts of it that we think common, we dress with especial care, and our unpresentable parts receive especial 24 attention which our presentable parts do not need.   God has so adjusted the body and given such especial distinction to its 25 inferior parts that there is no clash in the body, but its parts 26 all alike care for one another.   If one part suffers, all the parts share its sufferings.   If a part has honor done it, all the parts 27 enjoy it too.   Now you are Christ's body, and individually 28 parts of it.   And God has placed people in the church, first as apostles, second as inspired preachers, third as teachers, then wonder-workers; then come ability to cure the sick, helpful- 29 ness, administration, ecstatic speaking.   Is everyone an apostle?   Is everyone an inspired preacher?   Is everyone a 30 teacher?   Is everyone a wonder-worker?   Is everyone able

των; μὴ πάντες γλώσσαις λαλοῦσιν; μὴ πάντες διερμη-
31 νεύουσιν; ζηλοῦτε δὲ τὰ χαρίσματα τὰ μείζονα.

1 Καὶ ἔτι καθ᾽ ὑπερβολὴν ὁδὸν ὑμῖν δείκνυμι. Ἐὰν ταῖς
γλώσσαις τῶν ἀνθρώπων λαλῶ καὶ τῶν ἀγγέλων, ἀγάπην
δὲ μὴ ἔχω, γέγονα χαλκὸς ἠχῶν ἢ κύμβαλον ἀλαλάζον.
2 κἂν ἔχω προφητείαν καὶ εἰδῶ τὰ μυστήρια πάντα καὶ
πᾶσαν τὴν γνῶσιν, κἂν ἔχω πᾶσαν τὴν πίστιν ὥστε ὄρη
3 μεθιστάνειν, ἀγάπην δὲ μὴ ἔχω, οὐθέν εἰμι. κἂν ψωμίσω
πάντα τὰ ὑπάρχοντά μου, κἂν παραδῶ τὸ σῶμά μου, ἵνα
4 καυχήσωμαι, ἀγάπην δὲ μὴ ἔχω, οὐδὲν ὠφελοῦμαι. Ἡ
ἀγάπη μακροθυμεῖ, χρηστεύεται, ἡ ἀγάπη οὐ ζηλοῖ, οὐ περ-
5 περεύεται, οὐ φυσιοῦται, οὐκ ἀσχημονεῖ, οὐ ζητεῖ ⌜τὰ⌝
6 ἑαυτῆς, οὐ παροξύνεται, ΟΥ ΛΟΓΙΖΕΤΑΙ τὸ ΚΑΚΟΝ, οὐ χαίρει
7 ἐπὶ τῇ ἀδικίᾳ, συνχαίρει δὲ τῇ ἀληθείᾳ· πάντα στέγει,
8 πάντα πιστεύει, πάντα ἐλπίζει, πάντα ὑπομένει. Ἡ
ἀγάπη οὐδέποτε πίπτει. εἴτε δὲ ⌜προφητεῖαι, καταργη-
θήσονται⌝· εἴτε γλῶσσαι, παύσονται· εἴτε γνῶσις, καταργη-
9 θήσεται. ἐκ μέρους γὰρ γινώσκομεν καὶ ἐκ μέρους προ-
10 φητεύομεν· ὅταν δὲ ἔλθῃ τὸ τέλειον, τὸ ἐκ μέρους καταρ-
11 γηθήσεται. ὅτε ἤμην νήπιος, ἐλάλουν ὡς νήπιος, ἐφρό-
νουν ὡς νήπιος, ἐλογιζόμην ὡς νήπιος· ὅτε γέγονα ἀνήρ,
12 κατήργηκα τὰ τοῦ νηπίου. βλέπομεν γὰρ ἄρτι δι᾽ ἐσόπ-
τρου ἐν αἰνίγματι, τότε δὲ πρόσωπον πρὸς πρόσωπον·
ἄρτι γινώσκω ἐκ μέρους, τότε δὲ ἐπιγνώσομαι καθὼς
13 καὶ ἐπεγνώσθην. νυνὶ δὲ μένει πίστις, ἐλπίς, ἀγάπη·
τὰ τρία ταῦτα, μείζων δὲ τούτων ἡ ἀγάπη.

1 Διώκετε τὴν ἀγάπην, ζηλοῦτε δὲ τὰ πνευματικά, μᾶλλον
2 δὲ ἵνα προφητεύητε. ὁ γὰρ λαλῶν γλώσσῃ οὐκ ἀνθρώποις
λαλεῖ ἀλλὰ θεῷ, οὐδεὶς γὰρ ἀκούει, πνεύματι δὲ λαλεῖ
3 μυστήρια· ὁ δὲ προφητεύων ἀνθρώποις λαλεῖ οἰκοδομὴν καὶ
4 παράκλησιν καὶ παραμυθίαν. ὁ λαλῶν γλώσσῃ ἑαυτὸν
5 οἰκοδομεῖ· ὁ δὲ προφητεύων ἐκκλησίαν οἰκοδομεῖ. θέλω
δὲ πάντας ὑμᾶς λαλεῖν γλώσσαις, μᾶλλον δὲ ἵνα προφη-

5 τὸ μὴ   8 προφητεία, καταργηθήσεται

to cure the sick? Can everyone speak ecstatically? Can
34 everyone explain what it means? But you must cultivate
the higher endowments.

13   I will show you a far better way. If I can speak the
languages of men and even of angels, but have no love, I am
2 only a noisy gong or a clashing cymbal. If I am inspired to
preach and know all the secret truths and possess all knowl-
edge, and if I have such perfect faith that I can move moun-
3 tains, but have no love, I am nothing. Even if I give away
everything I own, and give myself up, but do it in pride, not
4 love, it does me no good. Love is patient and kind. Love is
5 not envious or boastful. It does not put on airs. It is not
rude. It does not insist on its rights. It does not become
6 angry. It is not resentful. It is not happy over injustice,
7 it is only happy with truth. It will bear anything, believe
8 anything, hope for anything, endure anything. Love will
never die out. If there is inspired preaching, it will pass
away. If there is ecstatic speaking, it will cease. If there
9 is knowledge, it will pass away. For our knowledge is imper-
10 fect and our preaching is imperfect. But when perfection
11 comes, what is imperfect will pass away. When I was a
child, I talked like a child, I thought like a child, I reasoned
12 like a child. When I became a man, I put aside my childish
ways. For now we are looking at a dim reflection in a mirror,
but then we shall see face to face. Now my knowledge is
imperfect, but then I shall know as fully as God knows me.
13 So faith, hope, and love endure. These are the great three,
and the greatest of them is love.

14   You must pursue love, while you are cultivating the
spiritual endowments, and especially inspired preaching.
2 For anyone who speaks ecstatically is speaking not to men
but to God, for no one can understand him, though by the
3 Spirit he is uttering secret truths. But the inspired preacher
does his fellow-men good and encourages and comforts them.
4 Anyone who speaks ecstatically does himself good, but the in-
5 spired preacher does a congregation good. I want you all to
speak ecstatically, but I especially want you to be inspired to

τεύητε· μείζων δὲ ὁ προφητεύων ἢ ὁ λαλῶν γλώσσαις,
ἐκτὸς εἰ μὴ διερμηνεύῃ, ἵνα ἡ ἐκκλησία οἰκοδομὴν λάβῃ.
6 νῦν δέ, ἀδελφοί, ἐὰν ἔλθω πρὸς ὑμᾶς γλώσσαις λαλῶν, τί
ὑμᾶς ὠφελήσω, ἐὰν μὴ ὑμῖν λαλήσω ἢ ἐν ἀποκαλύψει ἢ ἐν
7 γνώσει ἢ ἐν προφητείᾳ ἢ ἐν διδαχῇ; ὅμως τὰ ἄψυχα
φωνὴν διδόντα, εἴτε αὐλὸς εἴτε κιθάρα, ἐὰν διαστολὴν τοῖς
φθόγγοις μὴ δῷ, πῶς γνωσθήσεται τὸ αὐλούμενον ἢ τὸ
8 κιθαριζόμενον; καὶ γὰρ ἐὰν ἄδηλον ⌜σάλπιγξ φωνὴν⌝ δῷ,
9 τίς παρασκευάσεται εἰς πόλεμον; οὕτως καὶ ὑμεῖς διὰ τῆς
γλώσσης ἐὰν μὴ εὔσημον λόγον δῶτε, πῶς γνωσθήσεται τὸ
10 λαλούμενον; ἔσεσθε γὰρ εἰς ἀέρα λαλοῦντες. τοσαῦτα εἰ
11 τύχοι γένη φωνῶν εἰσὶν ἐν κόσμῳ, καὶ οὐδὲν ἄφωνον· ἐὰν
οὖν μὴ εἰδῶ τὴν δύναμιν τῆς φωνῆς, ἔσομαι τῷ λαλοῦντι
12 βάρβαρος καὶ ὁ λαλῶν ἐν ἐμοὶ βάρβαρος. οὕτως καὶ ὑμεῖς,
ἐπεὶ ζηλωταί ἐστε πνευμάτων, πρὸς τὴν οἰκοδομὴν τῆς
13 ἐκκλησίας ζητεῖτε ἵνα περισσεύητε. Διὸ ὁ λαλῶν γλώσσῃ
14 προσευχέσθω ἵνα διερμηνεύῃ. ἐὰν [γὰρ] προσεύχωμαι
γλώσσῃ, τὸ πνεῦμά μου προσεύχεται, ὁ δὲ νοῦς μου ἄκαρ-
15 πός ἐστιν. τί οὖν ἐστίν; προσεύξομαι τῷ πνεύματι, προσ-
εύξομαι δὲ καὶ τῷ νοΐ· ψαλῶ τῷ πνεύματι, ψαλῶ [δὲ] καὶ
16 τῷ νοΐ· ἐπεὶ ἐὰν εὐλογῇς [ἐν] πνεύματι, ὁ ἀναπληρῶν τὸν
τόπον τοῦ ἰδιώτου πῶς ἐρεῖ τό Ἀμήν ἐπὶ τῇ σῇ εὐχα-
17 ριστίᾳ; ἐπειδὴ τί λέγεις οὐκ οἶδεν· σὺ μὲν γὰρ καλῶς εὐ-
18 χαριστεῖς, ἀλλ᾽ ὁ ἕτερος οὐκ οἰκοδομεῖται. εὐχαριστῶ τῷ
19 θεῷ, πάντων ὑμῶν μᾶλλον ⌜γλώσσαις⌝ λαλῶ· ἀλλὰ ἐν ἐκκλη-
σίᾳ θέλω πέντε λόγους τῷ νοΐ μου λαλῆσαι, ἵνα καὶ ἄλλους
20 κατηχήσω, ἢ μυρίους λόγους ἐν γλώσσῃ. Ἀδελ-
φοί, μὴ παιδία γίνεσθε ταῖς φρεσίν, ἀλλὰ τῇ κακίᾳ νηπιά-
21 ζετε, ταῖς δὲ φρεσὶν τέλειοι γίνεσθε. ἐν τῷ νόμῳ γέγραπται
ὅτι Ἐν ἑτερογλώσσοις καὶ ἐν χείλεσιν ἑτέρων
λαλήσω τῷ λαῷ τούτῳ, καὶ οὐδ᾽ οὕτως εἰσακού-
22 σονταί μου, λέγει Κύριος. ὥστε αἱ γλῶσσαι εἰς σημεῖόν
εἰσιν οὐ τοῖς πιστεύουσιν ἀλλὰ τοῖς ἀπίστοις, ἡ δὲ προφη-

8 φωνὴν σάλπιγξ   18 γλώσσῃ

preach. The man who is inspired to preach is more useful than the one who speaks ecstatically—unless he can explain what he says so that it may do the church some good.

6 But as it is, brothers, if I come back to you and speak ecstatically, what good will I do you, unless I have some revelation or special knowledge or message or teaching to give 7 you? Even inanimate things, like the flute or the harp, may produce sound, but if there is no difference in the notes, how 8 can you tell what is being played? If the bugle does not 9 sound a clear call, who will prepare for battle? So if you in your ecstatic speaking utter words no one can understand, how will people know what you are saying? You will be talk- 10 ing to the empty air! There are probably ever so many different languages in the world, each with its own meaning. 11 So if I do not know the meaning of the language, I shall seem to the man who is speaking to be a foreigner, and he will seem 12 to me to be one too. So since you are ambitious for spiritual endowments, you must try to excel in them in ways that will 13 do good to the church. Therefore, the man who can speak ecstatically should pray for the power to explain what he says. 14 For if I pray ecstatically, it is my spirit that prays, but my 15 mind is helping nobody. Then what am I to do? I will sing ecstatically, but I will sing intelligently too. I will sing 16 ecstatically, but I will sing intelligently too. For if you utter blessings in ecstatic speech, how is an ordinary man to say Amen to your thanksgiving? For he does not know what 17 you are saying. You are giving thanks well enough, but it 18 is doing him no good. Thank God, I speak in ecstasy more 19 than any of you. But in public worship I would rather say five words with my understanding so as to instruct others also than ten thousand words in an ecstasy.

20 Brothers, you must not be children mentally. In evil be 21 babies, but mentally be mature. In the Law it says, "By men of strange languages and by the lips of foreigners I will speak to this nation, and not even then will they listen to me, says 22 the Lord." So this ecstatic speaking is meant as a sign not to those who believe but to unbelievers, but inspired preaching

23 τεία οὐ τοῖς ἀπίστοις ἀλλὰ τοῖς πιστεύουσιν. Ἐὰν οὖν
συνέλθῃ ἡ ἐκκλησία ὅλη ἐπὶ τὸ αὐτὸ καὶ πάντες λαλῶσιν
γλώσσαις, εἰσέλθωσιν δὲ ἰδιῶται ἢ ἄπιστοι, οὐκ ἐροῦσιν
24 ὅτι μαίνεσθε; ἐὰν δὲ πάντες προφητεύωσιν, εἰσέλθῃ δέ τις
ἄπιστος ἢ ἰδιώτης, ἐλέγχεται ὑπὸ πάντων, ἀνακρίνεται ὑπὸ
25 πάντων, τὰ κρυπτὰ τῆς καρδίας αὐτοῦ φανερὰ γίνεται, καὶ οὕ-
τως πεσὼν ἐπὶ πρόσωπον ΠΡΟCΚΥΝΗCΕΙ τῷ θεῷ, ἀπαγγέλ-
26 λων ὅτι ῎Οντως ὁ θεὸς ἐν ὑμῖν ἐστίν.   Τί
οὖν ἐστίν, ἀδελφοί; ὅταν συνέρχησθε, ἕκαστος ψαλμὸν
ἔχει, διδαχὴν ἔχει, ἀποκάλυψιν ἔχει, γλῶσσαν ἔχει, ἑρμη-
27 νίαν ἔχει· πάντα πρὸς οἰκοδομὴν γινέσθω. εἴτε γλώσσῃ
τις λαλεῖ, κατὰ δύο ἢ τὸ πλεῖστον τρεῖς, καὶ ἀνὰ μέρος,
28 καὶ εἷς διερμηνευέτω· ἐὰν δὲ μὴ ᾖ ⌐διερμηνευτής⌐, σιγάτω
29 ἐν ἐκκλησίᾳ, ἑαυτῷ δὲ λαλείτω καὶ τῷ θεῷ. προφῆται δὲ
30 δύο ἢ τρεῖς λαλείτωσαν, καὶ οἱ ἄλλοι διακρινέτωσαν· ἐὰν
31 δὲ ἄλλῳ ἀποκαλυφθῇ καθημένῳ, ὁ πρῶτος σιγάτω. δύ-
νασθε γὰρ καθ᾽ ἕνα πάντες προφητεύειν, ἵνα πάντες μανθά-
32 νωσιν καὶ πάντες ⌐παρακαλῶνται, (καὶ πνεύματα προφητῶν
33 προφήταις ὑποτάσσεται, οὐ γάρ ἐστιν ἀκαταστασίας ὁ θεὸς
ἀλλὰ εἰρήνης,) ὡς ἐν πάσαις ταῖς ἐκκλησίαις τῶν ἁγίων.

34   Αἱ⌐ γυναῖκες ἐν ταῖς ἐκκλησίαις σιγάτωσαν, οὐ γὰρ
ἐπιτρέπεται αὐταῖς λαλεῖν· ἀλλὰ ὑποτασσέσθωσαν, καθὼς
35 καὶ ὁ νόμος λέγει. εἰ δέ τι ⌐μανθάνειν⌐ θέλουσιν, ἐν οἴκῳ
τοὺς ἰδίους ἄνδρας ἐπερωτάτωσαν, αἰσχρὸν γάρ ἐστιν γυ-
36 ναικὶ λαλεῖν ἐν ἐκκλησίᾳ. ῍Η ἀφ᾽ ὑμῶν ὁ λόγος τοῦ θεοῦ
37 ἐξῆλθεν, ἢ εἰς ὑμᾶς μόνους κατήντησεν;   Εἴ
τις δοκεῖ προφήτης εἶναι ἢ πνευματικός, ἐπιγινωσκέτω ἃ
38 γράφω ὑμῖν ὅτι κυρίου ἐστὶν ἐντολή· εἰ δέ τις ἀγνοεῖ,
39 ⌐ἀγνοεῖται⌐. ὥστε, ἀδελφοί μου, ζηλοῦτε τὸ προφητεύειν,
40 καὶ τὸ λαλεῖν μὴ κωλύετε γλώσσαις· πάντα δὲ εὐσχημόνως
καὶ κατὰ τάξιν γινέσθω.

1   Γνωρίζω δὲ ὑμῖν, ἀδελφοί, τὸ εὐαγγέλιον ὃ εὐηγγελι-

28 ἑρμηνευτής   31-34 παρακαλῶνται, καὶ...εἰρήνης. ῾Ως...ἁγίων, αἱ   35 μαθεῖν   38 ἀγνοείτω

23 is a sign not to unbelievers but to those who believe.   Hence, if the whole church assembles and they all speak ecstatically, and ordinary people or unbelievers come in, will they not 24 say that you are mad?   But if they are all inspired to preach and some unbeliever or outsider comes in, he is convinced 25 of his sin by them all, he is called to account by them all, the secrets of his heart are exposed, and he will fall down on his face and worship God, and declare that God is really among you.

26   Then what is the right course, brothers?   When you meet together, suppose every one of you has a song, a teaching, a revelation, an ecstatic utterance, or an explanation of one; 27 it must all be for the good of all.   If there is any ecstatic speaking, let it be limited to two or three people at the most, and have one speak at a time and someone explain what he 28 says.   But if there is no one to explain it, have him keep 29 quiet in church, and talk to himself and to God.   And let two or three who are inspired to preach speak, while the rest weigh 30 what is said; and if anything is revealed to another who is 31 seated, the one who is speaking must stop.   For in this way you can all preach one after another, as you are inspired 32 to, so that everyone may be instructed and stimulated, for 33 the spirits of prophets will give way to prophets, for God is not a God of disorder but of peace.

34   As in all the churches of God's people, women are to keep quiet in church, for they are not allowed to speak. They must take a subordinate place, just as the Law says. 35 If they want to find out about anything, they should ask their husbands at home, for it is disgraceful for a woman 36 to speak in church.   Did God's message start from you Corinthians?   Or are you the only people it has reached?

37   If anyone claims to be inspired to preach, or to have any other spiritual endowment, let him understand that what I 38 am now writing you is a command from the Lord.   If anyone 39 pays no attention to it, pay no attention to him.   So, my brothers, set your hearts on being inspired to preach, and yet 40 do not hinder people from speaking ecstatically.   But let everything be done in a proper and orderly way.

15   Now I want to remind you, brothers, of the form in which I

2 σάμην ὑμῖν, ὃ καὶ παρελάβετε, ἐν ᾧ καὶ ἑστήκατε, δι' οὗ
καὶ σώζεσθε, τίνι λόγῳ εὐηγγελισάμην ὑμῖν, εἰ κατέχετε,
3 ἐκτὸς εἰ μὴ εἰκῇ ἐπιστεύσατε. παρέδωκα γὰρ ὑμῖν ἐν
πρώτοις, ὃ καὶ παρέλαβον, ὅτι Χριστὸς ἀπέθανεν ὑπὲρ τῶν
4 ἁμαρτιῶν ἡμῶν κατὰ τὰς γραφάς, καὶ ὅτι ἐτάφη, καὶ ὅτι
5 ἐγήγερται τῇ ἡμέρᾳ τῇ τρίτῃ κατὰ τὰς γραφάς, καὶ ὅτι
6 ὤφθη Κηφᾷ, ⌈εἶτα⌉ τοῖς δώδεκα· ἔπειτα ὤφθη ἐπάνω
πεντακοσίοις ἀδελφοῖς ἐφάπαξ, ἐξ ὧν οἱ πλείονες μένουσιν
7 ἕως ἄρτι, τινὲς δὲ ἐκοιμήθησαν· ἔπειτα ὤφθη Ἰακώβῳ,
8 ⌈εἶτα⌉ τοῖς ἀποστόλοις πᾶσιν· ἔσχατον δὲ πάντων ὡσπερεὶ
9 τῷ ἐκτρώματι ὤφθη κἀμοί. Ἐγὼ γάρ εἰμι ὁ ἐλάχιστος
τῶν ἀποστόλων, ὃς οὐκ εἰμὶ ἱκανὸς καλεῖσθαι ἀπόστολος,
10 διότι ἐδίωξα τὴν ἐκκλησίαν τοῦ θεοῦ· χάριτι δὲ θεοῦ εἰμὶ ὅ
εἰμι, καὶ ἡ χάρις αὐτοῦ ἡ εἰς ἐμὲ οὐ κενὴ ἐγενήθη, ἀλλὰ
περισσότερον αὐτῶν πάντων ἐκοπίασα, οὐκ ἐγὼ δὲ ἀλλὰ
11 ἡ χάρις τοῦ θεοῦ ᵀ σὺν ἐμοί. εἴτε οὖν ἐγὼ εἴτε ἐκεῖνοι,
οὕτως κηρύσσομεν καὶ οὕτως ἐπιστεύσατε.

12   Εἰ δὲ Χριστὸς κηρύσσεται ὅτι ἐκ νεκρῶν ἐγήγερται,
πῶς λέγουσιν ἐν ὑμῖν τινὲς ὅτι ἀνάστασις νεκρῶν οὐκ ἔστιν;
13 εἰ δὲ ἀνάστασις νεκρῶν οὐκ ἔστιν, οὐδὲ Χριστὸς ἐγήγερται·
14 εἰ δὲ Χριστὸς οὐκ ἐγήγερται, κενὸν ἄρα ᵀ τὸ κήρυγμα
15 ἡμῶν, κενὴ καὶ ἡ πίστις ⌈ἡμῶν⌉, εὑρισκόμεθα δὲ καὶ ψευδο-
μάρτυρες τοῦ θεοῦ, ὅτι ἐμαρτυρήσαμεν κατὰ τοῦ θεοῦ ὅτι
ἤγειρεν τὸν χριστόν, ὃν οὐκ ἤγειρεν εἴπερ ἄρα νεκροὶ
16 οὐκ ἐγείρονται. εἰ γὰρ νεκροὶ οὐκ ἐγείρονται, οὐδὲ Χριστὸς
17 ἐγήγερται· εἰ δὲ Χριστὸς οὐκ ἐγήγερται, ματαία ἡ πίστις
18 ὑμῶν [ἐστίν], ἔτι ἐστὲ ἐν ταῖς ἁμαρτίαις ὑμῶν. ἄρα καὶ οἱ
19 κοιμηθέντες ἐν Χριστῷ ἀπώλοντο. εἰ ἐν τῇ ζωῇ ταύτῃ ἐν
Χριστῷ ἠλπικότες ἐσμὲν μόνον, ἐλεεινότεροι πάντων ἀν-
20 θρώπων ἐσμέν.   Νυνὶ δὲ Χριστὸς ἐγήγερται ἐκ
21 νεκρῶν, ἀπαρχὴ τῶν κεκοιμημένων. ἐπειδὴ γὰρ δι' ἀνθρώ-
22 που θάνατος, καὶ δι' ἀνθρώπου ἀνάστασις νεκρῶν· ὥσπερ
γὰρ ἐν τῷ Ἀδὰμ πάντες ἀποθνῄσκουσιν, οὕτως καὶ ἐν τῷ

presented to you the good news I brought, which you accepted
2 and have stood by, and through which you are to be saved,
3 if you hold on, unless your faith has been all for nothing.   For
I passed on to you, as of first importance, the account I had
received, that Christ died for our sins, as the Scriptures fore-
4 told, that he was buried, that on the third day he was raised
5 from the dead, as the Scriptures foretold, and that he was seen
6 by Cephas, and then by the Twelve. After that he was seen by
more than five hundred brothers at one time, most of whom
7 are still alive, although some of them have fallen asleep.   Then
8 he was seen by James, then by all the apostles, and finally he
9 was seen by me also, as though I were born at the wrong time.
For I am the least important of the apostles, and am not fit to
be called an apostle, because I once persecuted God's church.
10 But by God's favor I have become what I am, and the favor
he showed me has not gone for nothing, but I have worked
harder than any of them, although it was not really I but the
11 favor God showed me.   But whether it was I or they, this
is what we preach, and this is what you believed.
12   Now if what we preach about Christ is that he was raised
from the dead, how can some of you say that there is no such
13 thing as a resurrection of the dead?   If there is no resurrec-
14 tion of the dead, then Christ was not raised, and if Christ
was not raised, there is nothing in our message; there is nothing
15 in our faith either, and we are found guilty of misrepresenting
God, for we have testified that he raised Christ, when he did
16 not do it, if it is true that the dead are never raised.   For if
17 the dead are never raised, Christ was not raised; and if Christ
was not raised, your faith is a delusion; you are still under
18 the control of your sins.   Yes, and those who have fallen
19 asleep in trust in Christ have perished.   If we have centered
our hopes on Christ in this life, and that is all, we are the most
pitiable people in the world.
20   But the truth is, Christ was raised from the dead, the first
21 to be raised of those who have fallen asleep.   For since
it was through a man that we have death, it is through
22 a man also that we have the raising of the dead.   For just as
because of their relation to Adam all men die, so because of
their relation to Christ they will all be brought to life again.

23 χριστῷ πάντες ζωοποιηθήσονται. Ἕκαστος δὲ ἐν τῷ ἰδίῳ
τάγματι· ἀπαρχὴ Χριστός, ἔπειτα οἱ τοῦ χριστοῦ ἐν τῇ
24 παρουσίᾳ αὐτοῦ· εἶτα τὸ τέλος, ὅταν παραδιδῷ τὴν βασι-
λείαν τῷ θεῷ καὶ πατρί, ὅταν καταργήσῃ πᾶσαν ἀρχὴν καὶ
25 πᾶσαν ἐξουσίαν καὶ δύναμιν, δεῖ γὰρ αὐτὸν βασιλεύειν
ἄχρι οὗ θῇ πάντας τογϲ ἐχθρογϲ ὑπὸ τογϲ πόδαϲ αὐτοῦ.
26
27 ἔσχατος ἐχθρὸς καταργεῖται ὁ θάνατος, πάντα γὰρ ὑπέ-
ταΖεν ὑπὸ τογϲ πόδαϲ αγτογ. ὅταν δὲ εἴπῃ ⌐ὅτι πάντα⌐
ὑποτέτακται, δῆλον ὅτι ἐκτὸς τοῦ ὑποτάξαντος αὐτῷ τὰ
28 πάντα. ὅταν δὲ ὑποταγῇ αὐτῷ τὰ πάντα, τότε [καὶ] αὐτὸς
ὁ υἱὸς ὑποταγήσεται τῷ ὑποτάξαντι αὐτῷ τὰ πάντα, ἵνα ᾖ
29 ὁ θεὸς πάντα ἐν πᾶσιν.   Ἐπεὶ τί ποιήσουσιν οἱ
βαπτιζόμενοι ὑπὲρ τῶν νεκρῶν; εἰ ὅλως νεκροὶ οὐκ ἐγεί-
30 ρονται, τί καὶ βαπτίζονται ὑπὲρ αὐτῶν; τί καὶ ἡμεῖς κιν-
31 δυνεύομεν πᾶσαν ὥραν; καθ᾽ ἡμέραν ἀποθνήσκω, νὴ τὴν
ὑμετέραν καύχησιν, ἀδελφοί, ἣν ἔχω ἐν Χριστῷ Ἰησοῦ τῷ
32 κυρίῳ ἡμῶν. εἰ κατὰ ἄνθρωπον ἐθηριομάχησα ἐν Ἐφέσῳ,
τί μοι τὸ ὄφελος, εἰ νεκροὶ οὐκ ἐγείρονται, φάγωμεν
33 καὶ πίωμεν, αγριον γὰρ ἀποθνήϲκομεν. μὴ πλα-
34 νᾶσθε· φθείρουσιν ἤθη χρηστὰ ὁμιλίαι κακαί· ἐκνήψατε
δικαίως καὶ μὴ ἁμαρτάνετε, ἀγνωσίαν γὰρ θεοῦ τινὲς
ἔχουσιν· πρὸς ἐντροπὴν ὑμῖν λαλῶ.

35   Ἀλλὰ ἐρεῖ τις Πῶς ἐγείρονται οἱ νεκροί, ποίῳ δὲ
36 σώματι ἔρχονται; ἄφρων, σὺ ὃ σπείρεις οὐ ζωοποιεῖται
37 ἐὰν μὴ ἀποθάνῃ· καὶ ὃ σπείρεις, οὐ τὸ σῶμα τὸ γενησό-
μενον σπείρεις ἀλλὰ γυμνὸν κόκκον εἰ τύχοι σίτου ἤ τινος
38 τῶν λοιπῶν· ὁ δὲ θεὸς δίδωσιν αὐτῷ σῶμα καθὼς ἠθέλη-
39 σεν, καὶ ἑκάστῳ τῶν σπερμάτων ἴδιον σῶμα. οὐ πᾶσα
σὰρξ ἡ αὐτὴ σάρξ, ἀλλὰ ἄλλη μὲν ἀνθρώπων, ἄλλη δὲ
40 σὰρξ κτηνῶν, ἄλλη δὲ σὰρξ πτηνῶν, ἄλλη δὲ ἰχθύων. καὶ
σώματα ἐπουράνια, καὶ σώματα ἐπίγεια· ἀλλὰ ἑτέρα μὲν ἡ
41 τῶν ἐπουρανίων δόξα, ἑτέρα δὲ ἡ τῶν ἐπιγείων. ἄλλη
δόξα ἡλίου, καὶ ἄλλη δόξα σελήνης, καὶ ἄλλη δόξα ἀστέ-

27 Πάντα

23 But each in his own turn; Christ first, and then at Christ's
24 coming those who belong to him.   After that will come the
end, when he will turn over the kingdom to God his Father,
bringing to an end all other government, authority, and power,
25 for he must retain the kingdom until he puts all his enemies
26 under his feet.   The last enemy to be overthrown will be
27 death, for everything is to be reduced to subjection and put
under Christ's feet.   But when it says that everything is
subject to him, he is evidently excepted who reduced it all
to subjection to him.   And when everything is reduced to
28 subjection to him, then the Son himself will also become
subject to him who has reduced everything to subjection to
him, so that God may be everything to everyone.

29   Otherwise, what do people mean by having themselves
baptized on behalf of their dead?   If the dead do not rise at
all, why do they have themselves baptized on their behalf?
30 Why do we ourselves run such risks every hour?   By the
31 very pride I take in you, brothers, through our union with
32 Christ Jesus our Lord, I face death every day.   From the
human point of view, what good is it to me that I have fought
wild animals here in Ephesus?   If the dead do not rise at all,
33 "Let us eat and drink, for we will be dead tomorrow!"   Do
34 not be misled.   Bad company ruins character.   Return to
your sober sense as you ought, and stop sinning, for some of
you are utterly ignorant about God.   To your shame I say so.

35   But someone will say, "How can the dead rise?   What
36 kind of a body will they have when they come back?"   You
foolish man, the very seed you sow never comes to life without
37 dying first; and when you sow it, it has not the form it is
going to have, but is a naked kernel, perhaps of wheat or
38 something else; and God gives it just such a form as he
39 pleases, so that each kind of seed has a form of its own.   Flesh
is not all alike; men have one kind, animals another, birds
40 another, and fish another.   There are heavenly bodies, and
there are earthly bodies, but the beauty of the heavenly bodies
is of one kind, and the beauty of the earthly bodies is of
41 another.   The sun has one kind of beauty, and the moon

716 ΠΡΟΣ ΚΟΡΙΝΘΙΟΥΣ Α

42 ρων, ἀστὴρ γὰρ ἀστέρος διαφέρει ἐν δόξῃ. οὕτως καὶ ἡ
ἀνάστασις τῶν νεκρῶν. σπείρεται ἐν φθορᾷ, ἐγείρεται ἐν
43 ἀφθαρσίᾳ· σπείρεται ἐν ἀτιμίᾳ, ἐγείρεται ἐν δόξῃ· σπεί-
44 ρεται ἐν ἀσθενείᾳ, ἐγείρεται ἐν δυνάμει· σπείρεται σῶμα
ψυχικόν, ἐγείρεται σῶμα πνευματικόν. Εἰ ἔστιν σῶμα ψυ-
45 χικόν, ἔστιν καὶ πνευματικόν. οὕτως καὶ γέγραπται Ἐγέ-
ΝΕΤΟ ὁ πρῶτος ἄνθρωπος Ἀδὰμ εἰς ψυχὴν ζῶσαν·
46 ὁ ἔσχατος Ἀδὰμ εἰς πνεῦμα ζωοποιοῦν. ἀλλ᾽ οὐ πρῶτον
τὸ πνευματικὸν ἀλλὰ τὸ ψυχικόν, ἔπειτα τὸ πνευματικόν.
47 ὁ πρῶτος ἄνθρωπος ἐκ ΓΗΣ χοϊκός, ὁ δεύτερος ἄνθρωπος
48 ἐξ οὐρανοῦ. οἷος ὁ χοϊκός, τοιοῦτοι καὶ οἱ χοϊκοί, καὶ οἷος
49 ὁ ἐπουράνιος, τοιοῦτοι καὶ οἱ ἐπουράνιοι· καὶ καθὼς ἐφορέ-
σαμεν τὴν εἰκόνα τοῦ χοϊκοῦ, ⌜φορέσωμεν⌝ καὶ τὴν εἰκόνα
50 τοῦ ἐπουρανίου. Τοῦτο δέ φημι, ἀδελφοί, ὅτι σὰρξ καὶ
αἷμα βασιλείαν θεοῦ κληρονομῆσαι οὐ δύναται, οὐδὲ ἡ
51 φθορὰ τὴν ἀφθαρσίαν κληρονομεῖ. ἰδοὺ μυστήριον ὑμῖν
λέγω· πάντες οὐ κοιμηθησόμεθα πάντες δὲ ἀλλαγησόμεθα,
52 ἐν ἀτόμῳ, ἐν ῥιπῇ ὀφθαλμοῦ, ἐν τῇ ἐσχάτῃ σάλπιγγι·
σαλπίσει γάρ, καὶ οἱ νεκροὶ ἐγερθήσονται ἄφθαρτοι, καὶ
53 ἡμεῖς ἀλλαγησόμεθα. δεῖ γὰρ τὸ φθαρτὸν τοῦτο ἐνδύ-
σασθαι ἀφθαρσίαν καὶ τὸ θνητὸν τοῦτο ἐνδύσασθαι ἀθα-
54 νασίαν. ὅταν δὲ ᵀ τὸ θνητὸν τοῦτο ἐνδύσηται [τὴν] ἀθα-
νασίαν, τότε γενήσεται ὁ λόγος ὁ γεγραμμένος Κατε-
55 πόθη ὁ θάνατος εἰς νῖκος. ποῦ σου, θάνατε, τὸ
56 νῖκος ; ποῦ σου, θάνατε, τὸ κέντρον ; τὸ δὲ κέντρον
τοῦ θανάτου ἡ ἁμαρτία, ἡ δὲ δύναμις τῆς ἁμαρτίας ὁ
57 νόμος· τῷ δὲ θεῷ χάρις τῷ διδόντι ἡμῖν τὸ νῖκος διὰ
58 τοῦ κυρίου ἡμῶν Ἰησοῦ Χριστοῦ. Ὥστε, ἀδελφοί μου
ἀγαπητοί, ἑδραῖοι γίνεσθε, ἀμετακίνητοι, περισσεύοντες ἐν
τῷ ἔργῳ τοῦ κυρίου πάντοτε, εἰδότες ὅτι ὁ κόπος ὑμῶν
οὐκ ἔστιν κενὸς ἐν κυρίῳ.

1 Περὶ δὲ τῆς λογίας τῆς εἰς τοὺς ἁγίους, ὥσπερ διέταξα

49 φορέσομεν   54 τὸ φθαρτὸν τοῦτο ἐνδύσηται ἀφθαρσίαν καὶ

another, and the stars another; why, one star differs from
42 another in beauty. It is so with the resurrection of the
dead. The body is sown in decay, it is raised free from
43 decay. It is sown in humiliation, it is raised in splendor.
44 It is sown in weakness, it is raised in strength. It is a
physical body that is sown, it is a spiritual body that is raised.
If there is a physical body, there is a spiritual body also.
45 This is also what the Scripture says: "The first man Adam
became a living creature." The last Adam has become a life-
46 giving Spirit. It is not the spiritual that comes first, but the
47 physical, and then the spiritual. The first man is of the
48 dust of the earth; the second man is from heaven. Those
who are of the earth are like him who was of the earth, and
49 those who are of heaven are like him who is from heaven, and
as we have been like the man of the earth, let us also be
50 like the man from heaven. But I can tell you this, brothers:
flesh and blood cannot share in the Kingdom of God, and
51 decay will not share in what is imperishable. I will tell you a
52 secret. We shall not all fall asleep, but we shall all be changed,
in a moment, in the twinkling of an eye, at the sound of the
last trumpet. For the trumpet will sound, and the dead will
53 be raised free from decay, and we shall be changed. For this
perishable nature must put on the imperishable, and this
54 mortal nature must put on immortality. And when this
mortal nature puts on immortality, then what the Scripture
says will come true—"Death has been triumphantly
55 destroyed. Where, Death, is your victory? Where, Death,
56 is your sting?" Sin is the sting of death, and it is the Law
57 that gives sin its power. But thank God! He gives us
58 victory through our Lord Jesus Christ. So, my dear brothers,
be firm and unmoved, and always devote yourselves to the
Lord's work, for you know that through the Lord your labor
is not thrown away.

16   About the collection for God's people, I want you to do

ταῖς ἐκκλησίαις τῆς Γαλατίας, οὕτως καὶ ὑμεῖς ποιήσατε.
2 κατὰ μίαν σαββάτου ἕκαστος ὑμῶν παρ᾽ ἑαυτῷ τιθέτω
θησαυρίζων ὅτι ἐὰν ⌜εὐοδῶται⌝, ἵνα μὴ ὅταν ἔλθω τότε
3 λογίαι γίνωνται. ὅταν δὲ παραγένωμαι, οὓς ἐὰν δοκιμά-
σητε δι᾽ ἐπιστολῶν, τούτους πέμψω ἀπενεγκεῖν τὴν χάριν
4 ὑμῶν εἰς Ἰερουσαλήμ· ἐὰν δὲ ἄξιον ᾖ τοῦ κἀμὲ πορεύεσθαι,
5 σὺν ἐμοὶ πορεύσονται.   Ἐλεύσομαι δὲ πρὸς
ὑμᾶς ὅταν Μακεδονίαν διέλθω, Μακεδονίαν γὰρ διέρχομαι,
6 πρὸς ὑμᾶς δὲ τυχὸν καταμενῶ ἢ ᵀ παραχειμάσω, ἵνα ὑμεῖς
7 με προπέμψητε οὗ ἐὰν πορεύωμαι. οὐ θέλω γὰρ ὑμᾶς
ἄρτι ἐν παρόδῳ ἰδεῖν, ἐλπίζω γὰρ χρόνον τινὰ ἐπιμεῖναι
8 πρὸς ὑμᾶς, ἐὰν ὁ κύριος ἐπιτρέψῃ. ἐπιμένω δὲ ἐν Ἐφέσῳ
9 ἕως τῆς πεντηκοστῆς· θύρα γάρ μοι ἀνέῳγεν μεγάλη καὶ
10 ἐνεργής, καὶ ἀντικείμενοι πολλοί.   Ἐὰν δὲ ἔλθῃ
Τιμόθεος, βλέπετε ἵνα ἀφόβως γένηται πρὸς ὑμᾶς, τὸ γὰρ
11 ἔργον Κυρίου ἐργάζεται ὡς ⌜ἐγώ⌝· μή τις οὖν αὐτὸν ἐξουθε-
νήσῃ. προπέμψατε δὲ αὐτὸν ἐν εἰρήνῃ, ἵνα ἔλθῃ πρός με,
12 ἐκδέχομαι γὰρ αὐτὸν μετὰ τῶν ἀδελφῶν.   Περὶ
δὲ Ἀπολλὼ τοῦ ἀδελφοῦ, πολλὰ παρεκάλεσα αὐτὸν
ἵνα ἔλθῃ πρὸς ὑμᾶς μετὰ τῶν ἀδελφῶν· καὶ πάντως
οὐκ ἦν θέλημα ἵνα νῦν ἔλθῃ, ἐλεύσεται δὲ ὅταν εὐκαι-
13 ρήσῃ.   Γρηγορεῖτε, στήκετε ἐν τῇ πίστει,
14 ἀνδρίζεσθε, κραταιοῦσθε. πάντα ὑμῶν ἐν ἀγάπῃ γινέ-
15 σθω.   Παρακαλῶ δὲ ὑμᾶς, ἀδελφοί· οἴδατε τὴν
οἰκίαν Στεφανᾶ, ὅτι ἐστὶν ἀπαρχὴ τῆς Ἀχαίας καὶ εἰς
16 διακονίαν τοῖς ἁγίοις ἔταξαν ἑαυτούς· ἵνα καὶ ὑμεῖς ὑπο-
τάσσησθε τοῖς τοιούτοις καὶ παντὶ τῷ συνεργοῦντι καὶ
17 κοπιῶντι. χαίρω δὲ ἐπὶ τῇ παρουσίᾳ Στεφανᾶ καὶ Φορ-
τουνάτου καὶ Ἀχαϊκοῦ, ὅτι τὸ ⌜ὑμέτερον⌝ ὑστέρημα οὗτο
18 ἀνεπλήρωσαν, ἀνέπαυσαν γὰρ τὸ ἐμὸν πνεῦμα καὶ τὸ ὑμῶν.
ἐπιγινώσκετε οὖν τοὺς τοιούτους.
19   Ἀσπάζονται ὑμᾶς αἱ ἐκκλησίαι τῆς Ἀσίας. ἀσπά-
ζεται ὑμᾶς ἐν κυρίῳ πολλὰ Ἀκύλας καὶ Πρίσκα σὺν

2 εὐοδωθῇ   6 καί   10 κἀγώ   17 ὑμῶν

2 as I told the churches of Galatia to do.   On the first of every
week each of you is to put aside and store up whatever he
gains, so that money will not have to be collected after I come.
3 When I come I will send whatever persons you authorize
4 with credentials, to carry your gift to Jerusalem.   And if it
seems worth while for me to go myself, they can go with me.
5   I will come to you after passing through Macedonia, for
6 I am going through Macedonia, and I will probably stay
some time with you, or even pass the winter, so that you
7 may start me off for wherever I may be going.   For I do not
want to see you now just in passing, for I hope to spend some
8 time with you if the Lord permits it.   But I shall stay in
9 Ephesus until the Harvest Festival, for I have a great and
promising opportunity here, as well as many opponents.
10   If Timothy reaches you, put him at his ease among you,
11 for he is devoted to the Lord's work, just as I am. So no
one is to slight him.   But see him off cordially when he comes
back to me, for I am expecting him with the other brothers.
12   As for our brother Apollos, I have often urged him to visit
you with the other brothers, and he is quite unwilling to come
now, but he will come when he has a good opportunity.
13   Be on the watch.   Stand firm in your faith.   Act like
14 men.   Show yourselves strong.   Do everything with love.
15   Now I urge you, brothers—you know that the family of
Stephanas was the first to be converted in Greece, and that
they have devoted themselves to the service of God's people—
16 I want you to enlist under such leaders, and under anyone who
17 joins with you and works hard.   And I am glad that
Stephanas, Fortunatus, and Achaicus have come here, for they
18 have made up for your absence.   They have cheered my
heart, and yours too.   You should appreciate such men.
19   The churches of Asia wish to be remembered to you.

20 τῇ κατ᾽ οἶκον αὐτῶν ἐκκλησίᾳ. ἀσπάζονται ὑμᾶς οἱ ἀδελφοὶ πάντες. Ἀσπάσασθε ἀλλήλους ἐν φιλήματι 21 ἁγίῳ.   Ὁ ἀσπασμὸς τῇ ἐμῇ χειρὶ Παύλου. 22 εἴ τις οὐ φιλεῖ τὸν κύριον, ἤτω ἀνάθεμα. Μαρὰν ἀθά. 23 ἡ χάρις τοῦ κυρίου Ἰησοῦ μεθ᾽ ὑμῶν. ἡ ἀγάπη μου 24 μετὰ πάντων ὑμῶν ἐν Χριστῷ Ἰησοῦ.

Aquila and Prisca, with the congregation that meets at their
20 house, send you their special Christian greetings. All the
brothers wish to be remembered to you. Greet one another
with a sacred kiss.

21   This farewell I, Paul, add in my own hand. A curse
22 upon anyone who has no love for the Lord. Lord, come
23 quickly! The blessing of the Lord Jesus be with you!
24 My love be with you all through Christ Jesus.

ΠΡΟΣ ΚΟΡΙΝΘΙΟΥΣ Β

1   ΠΑΥΛΟΣ ἀπόστολος Χριστοῦ Ἰησοῦ διὰ θελήματος
θεοῦ καὶ Τιμόθεος ὁ ἀδελφὸς τῇ ἐκκλησίᾳ τοῦ θεοῦ τῇ
οὔσῃ ἐν Κορίνθῳ, σὺν τοῖς ἁγίοις πᾶσιν τοῖς οὖσιν ἐν
2 ὅλῃ τῇ Ἀχαΐᾳ· χάρις ὑμῖν καὶ εἰρήνη ἀπὸ θεοῦ πατρὸς
ἡμῶν καὶ κυρίου Ἰησοῦ Χριστοῦ.

3   Εὐλογητὸς ὁ θεὸς καὶ πατὴρ τοῦ κυρίου ἡμῶν Ἰησοῦ
Χριστοῦ, ὁ πατὴρ τῶν οἰκτιρμῶν καὶ θεὸς πάσης παρα-
4 κλήσεως, ὁ παρακαλῶν ἡμᾶς ἐπὶ πάσῃ τῇ θλίψει ἡμῶν,
εἰς τὸ δύνασθαι ἡμᾶς παρακαλεῖν τοὺς ἐν πάσῃ θλίψει
διὰ τῆς παρακλήσεως ἧς παρακαλούμεθα αὐτοὶ ὑπὸ τοῦ
5 θεοῦ. ὅτι καθὼς περισσεύει τὰ παθήματα τοῦ χριστοῦ
εἰς ἡμᾶς, οὕτως διὰ τοῦ χριστοῦ περισσεύει καὶ ἡ παρά-
6 κλησις ἡμῶν. ⌜εἴτε δὲ θλιβόμεθα, ὑπὲρ τῆς ὑμῶν παρα-
κλήσεως καὶ σωτηρίας· εἴτε παρακαλούμεθα, ὑπὲρ τῆς
ὑμῶν παρακλήσεως τῆς ἐνεργουμένης ἐν ὑπομονῇ τῶν
7 αὐτῶν παθημάτων ὧν καὶ ἡμεῖς πάσχομεν, καὶ ἡ ἐλπὶς
ἡμῶν βεβαία ὑπὲρ ὑμῶν·⌝ εἰδότες ὅτι ὡς κοινωνοί ἐστε
8 τῶν παθημάτων, οὕτως καὶ τῆς παρακλήσεως. Οὐ γὰρ
θέλομεν ὑμᾶς ἀγνοεῖν, ἀδελφοί, ⌜ὑπὲρ⌝ τῆς θλίψεως ἡμῶν
τῆς γενομένης ἐν τῇ Ἀσίᾳ, ὅτι καθ᾿ ὑπερβολὴν ὑπὲρ
δύναμιν ἐβαρήθημεν, ὥστε ἐξαπορηθῆναι ἡμᾶς καὶ τοῦ
9 ζῆν· ἀλλὰ αὐτοὶ ἐν ἑαυτοῖς τὸ ἀπόκριμα τοῦ θανάτου

6,7 εἴτε δὲ θλιβόμεθα, ὑπὲρ τῆς ὑμῶν παρακλήσεως τῆς ἐνεργουμένης ἐν ὑπομονῇ
ὧν αὐτῶν παθημάτων ὧν καὶ ἡμεῖς πάσχομεν, καὶ ἡ ἐλπὶς ἡμῶν βεβαία ὑπὲρ ὑμῶν·
ἴτε παρακαλούμεθα, ὑπὲρ τῆς ὑμῶν παρακλήσεως καὶ σωτηρίας·   8 περὶ

THE SECOND LETTER TO THE CORINTHIANS

1   Paul, by God's will an apostle of Christ Jesus, and
Timothy our brother, to the church of God that is at Corinth,
2 and all God's people all over Greece; God our Father and the
Lord Jesus Christ bless you and give you peace.

3   Blessed be the God and Father of our Lord Jesus Christ,
the merciful Father, and the God always ready to comfort!
4 He comforts me in all my trouble, so that I can comfort people
who are in any trouble with the comfort with which I myself
5 am comforted by God.   For if I have a liberal share of Christ's
sufferings, through Christ I have a liberal share of comfort
6 too.   If I am in trouble, it is to bring you comfort and
salvation, and if I am comforted, it is for the sake of the
comfort which you experience when you steadfastly endure
7 such sufferings as I also have to bear.   My hopes for you
are unshaken.   For I know that just as surely as you share
8 my sufferings, just so surely you will share my comfort.   For
I do not want you, brothers, to misunderstand the distress
that I experienced in Asia, for I was so utterly and unendur-
9 ably crushed, that I actually despaired of life itself.   Why, I
felt in my heart that the end must be death.   That was to

ἐσχήκαμεν, ἵνα μὴ πεποιθότες ὦμεν ἐφ' ἑαυτοῖς ἀλλ' ἐπὶ
10 τῷ θεῷ τῷ ἐγείροντι τοὺς νεκρούς· ὃς ἐκ τηλικούτου
θανάτου ἐρύσατο ἡμᾶς καὶ ῥύσεται, εἰς ὃν ἠλπίκαμεν [ὅτι]
11 καὶ ἔτι ῥύσεται, συνυπουργούντων καὶ ὑμῶν ὑπὲρ ἡμῶν
τῇ δεήσει, ἵνα ἐκ πολλῶν προσώπων τὸ εἰς ἡμᾶς χάρισμα
διὰ πολλῶν εὐχαριστηθῇ ὑπὲρ ἡμῶν.

12 Ἡ γὰρ καύχησις ἡμῶν αὕτη ἐστίν, τὸ μαρτύριον
τῆς συνειδήσεως ἡμῶν, ὅτι ἐν ἁγιότητι καὶ εἰλικρινίᾳ τοῦ
θεοῦ, [καὶ] οὐκ ἐν σοφίᾳ σαρκικῇ ἀλλ' ἐν χάριτι θεοῦ,
ἀνεστράφημεν ἐν τῷ κόσμῳ, περισσοτέρως δὲ πρὸς
13 ὑμᾶς· οὐ γὰρ ἄλλα γράφομεν ὑμῖν ἀλλ' ἢ ἃ ἀναγινώ-
σκετε ἢ καὶ ἐπιγινώσκετε, ἐλπίζω δὲ ὅτι ἕως τέλους ἐπι-
14 γνώσεσθε, καθὼς καὶ ἐπέγνωτε ἡμᾶς ἀπὸ μέρους, ὅτι
καύχημα ὑμῶν ἐσμὲν καθάπερ καὶ ὑμεῖς ἡμῶν ἐν τῇ
ἡμέρᾳ τοῦ κυρίου ἡμῶν Ἰησοῦ.

15 Καὶ ταύτῃ τῇ πεποιθήσει ἐβουλόμην πρότερον πρὸς
16 ὑμᾶς ἐλθεῖν, ἵνα δευτέραν ⌜χαρὰν⌝ σχῆτε, καὶ δι' ὑμῶν
διελθεῖν εἰς Μακεδονίαν, καὶ πάλιν ἀπὸ Μακεδονίας ἐλθεῖν
πρὸς ὑμᾶς καὶ ὑφ' ὑμῶν προπεμφθῆναι εἰς τὴν Ἰουδαίαν.
17 τοῦτο οὖν βουλόμενος μήτι ἄρα τῇ ἐλαφρίᾳ ἐχρησάμην;
ἢ ἃ βουλεύομαι κατὰ σάρκα βουλεύομαι, ἵνα ᾖ παρ' ἐμοὶ
18 τό Ναί ναὶ καὶ τό Οὔ οὔ; πιστὸς δὲ ὁ θεὸς ὅτι
19 ὁ λόγος ἡμῶν ὁ πρὸς ὑμᾶς οὐκ ἔστιν Ναί καὶ Οὔ· ὁ
τοῦ θεοῦ γὰρ υἱὸς Χριστὸς Ἰησοῦς ὁ ἐν ὑμῖν δι' ἡμῶν
κηρυχθείς, δι' ἐμοῦ καὶ Σιλουανοῦ καὶ Τιμοθέου, οὐκ ἐγέ-
20 νετο Ναί καὶ Οὔ, ἀλλὰ Ναί ἐν αὐτῷ γέγονεν· ὅσαι γὰρ
ἐπαγγελίαι θεοῦ, ἐν αὐτῷ τό Ναί· διὸ καὶ δι' αὐτοῦ
21 τό Ἀμήν τῷ θεῷ πρὸς δόξαν δι' ἡμῶν. ὁ δὲ βεβαιῶν
22 ἡμᾶς σὺν ὑμῖν εἰς Χριστὸν καὶ χρίσας ἡμᾶς θεός, [ὁ] καὶ
σφραγισάμενος ἡμᾶς καὶ δοὺς τὸν ἀρραβῶνα τοῦ πνεύ-
23 ματος ἐν ταῖς καρδίαις ἡμῶν. Ἐγὼ δὲ μάρτυρα
τὸν θεὸν ἐπικαλοῦμαι ἐπὶ τὴν ἐμὴν ψυχήν, ὅτι φειδόμενος
24 ὑμῶν οὐκέτι ἦλθον εἰς Κόρινθον. οὐχ ὅτι κυριεύομεν ὑμῶν

15 χάριν

keep me from relying on myself instead of on God, who can
10 even raise the dead.   So deadly was the peril from which he
saved me, as he will save me again!   It is on him that I have
11 set my hope that he will save me again.   You must help me
by your prayers, so that many will give thanks to God on
my behalf for the blessing granted me in answer to many
prayers.
12   For my boast is what my conscience tells me, that my
relations to the world and still more to you have been marked
by pure motives and godly sincerity, not by worldly shrewd-
13 ness but by the favor of God.   For what I am writing to you
is only what you can read and understand, and I hope that you
14 will understand it fully, as some of you have come to under-
stand me, and that you will understand that you have a right
to be proud of me, as I have of you, on the Day of our Lord
Jesus.
15   It was because I was sure of this that I wanted to come
to see you before going anywhere else, to give you a double
16 pleasure; I was going to visit you on my way to Macedonia,
and then to come back to you from Macedonia and have you
17 see me off for Judea.   Was it vacillating of me to want to do
that?   Do I make my plans like a worldly man, ready to say
18 "Yes" and "No" in the same breath?   As surely as God can
be relied on, there has been no equivocation about our
19 message to you.   The Son of God, Christ Jesus, whom we
proclaimed among you, Silvanus, Timothy, and I, you have
not found wavering between "Yes" and "No."   With him
20 it has always been "Yes," for to all the promises of God he
supplies the "Yes" that confirms them.   That is why we
utter the "Amen" through him, when we give glory to God.
21 But it is God who guarantees us and you to Christ; he has
22 anointed us and put his seal upon us and given us his Spirit
in our hearts, as his guaranty.
23   But upon my soul I call God to witness that it is simply
24 to spare you that I have stayed away from Corinth.   Not that

τῆς πίστεως, ἀλλὰ συνεργοί ἐσμεν τῆς χαρᾶς ὑμῶν, τῇ
1 γὰρ πίστει ἑστήκατε. ἔκρινα ⌜γὰρ⌝ ἐμαυτῷ τοῦτο, τὸ μὴ
2 πάλιν ἐν λύπῃ πρὸς ὑμᾶς ἐλθεῖν· εἰ γὰρ ἐγὼ λυπῶ ὑμᾶς,
3 καὶ τίς ὁ εὐφραίνων με εἰ μὴ ὁ λυπούμενος ἐξ ἐμοῦ; καὶ
ἔγραψα τοῦτο αὐτὸ ἵνα μὴ ἐλθὼν λύπην σχῶ ἀφ' ὧν ἔδει
με χαίρειν, πεποιθὼς ἐπὶ πάντας ὑμᾶς ὅτι ἡ ἐμὴ χαρὰ
4 πάντων ὑμῶν ἐστίν. ἐκ γὰρ πολλῆς θλίψεως καὶ συνοχῆς
καρδίας ἔγραψα ὑμῖν διὰ πολλῶν δακρύων, οὐχ ἵνα λυπη-
θῆτε, ἀλλὰ τὴν ἀγάπην ἵνα γνῶτε ἣν ἔχω περισσοτέρως
5 εἰς ὑμᾶς.   Εἰ δέ τις λελύπηκεν, οὐκ ἐμὲ λελύ-
πηκεν, ἀλλὰ ἀπὸ μέρους ἵνα μὴ ἐπιβαρῶ πάντας ὑμᾶς.
6 ἱκανὸν τῷ τοιούτῳ ἡ ἐπιτιμία αὕτη ἡ ὑπὸ τῶν πλειόνων,
7 ὥστε τοὐναντίον ᵀ ὑμᾶς χαρίσασθαι καὶ παρακαλέσαι, μή
8 πως τῇ περισσοτέρᾳ λύπῃ καταποθῇ ὁ τοιοῦτος.   διὸ
9 παρακαλῶ ὑμᾶς κυρῶσαι εἰς αὐτὸν ἀγάπην· εἰς τοῦτο
γὰρ καὶ ἔγραψα ἵνα γνῶ τὴν δοκιμὴν ὑμῶν, ⌜εἰ⌝ εἰς
10 πάντα ὑπήκοοί ἐστε. ᾧ δέ τι χαρίζεσθε, κἀγώ· καὶ γὰρ
ἐγὼ ὃ κεχάρισμαι, εἴ τι κεχάρισμαι, δι' ὑμᾶς ἐν προσώ-
11 πῳ Χριστοῦ, ἵνα μὴ πλεονεκτηθῶμεν ὑπὸ τοῦ Σατανᾶ,
12 οὐ γὰρ αὐτοῦ τὰ νοήματα ἀγνοοῦμεν.   Ἐλθὼν
δὲ εἰς τὴν Τρῳάδα εἰς τὸ εὐαγγέλιον τοῦ χριστοῦ, καὶ
13 θύρας μοι ἀνεῳγμένης ἐν κυρίῳ, οὐκ ἔσχηκα ἄνεσιν τῷ
πνεύματί μου τῷ μὴ εὑρεῖν με Τίτον τὸν ἀδελφόν μου,
14 ἀλλὰ ἀποταξάμενος αὐτοῖς ἐξῆλθον εἰς Μακεδονίαν.   Τῷ
δὲ θεῷ χάρις τῷ πάντοτε θριαμβεύοντι ἡμᾶς ἐν τῷ χρι-
στῷ καὶ τὴν ὀσμὴν τῆς γνώσεως αὐτοῦ φανεροῦντι δι' ἡμῶν
15 ἐν παντὶ τόπῳ· ὅτι Χριστοῦ εὐωδία ἐσμὲν τῷ θεῷ ἐν
16 τοῖς σῳζομένοις καὶ ἐν τοῖς ἀπολλυμένοις, οἷς μὲν ὀσμὴ
ἐκ θανάτου εἰς θάνατον, οἷς δὲ ὀσμὴ ἐκ ζωῆς εἰς ζωήν.
17 καὶ πρὸς ταῦτα τίς ἱκανός; οὐ γάρ ἐσμεν ὡς οἱ πολλοὶ
καπηλεύοντες τὸν λόγον τοῦ θεοῦ, ἀλλ' ὡς ἐξ εἰλικρινίας,
ἀλλ' ὡς ἐκ θεοῦ κατέναντι θεοῦ ἐν Χριστῷ λαλοῦμεν.

1   Ἀρχόμεθα πάλιν ἑαυτοὺς συνιστάνειν; ἢ μὴ χρῄζομεν

1 δὲ   7 μᾶλλον   9 ἢ

we are the masters of you and your faith; we are working with
you to make you happy, for in your faith you stand firm
enough.

2   For I made up my mind not to make you another painful
2 visit.   For if I hurt your feelings, who is there to cheer me up
3 but the man whose feelings I hurt?   This is what I said in my
letter, so that I might avoid coming and having my feelings
hurt by the very people who might have been expected to
• make me happy, for I felt sure about you all, that what made
4 me happy would make you all happy.   For I was in great
trouble and distress of mind when I wrote you, and I shed
many tears as I did it, yet it was not to hurt your feelings, but
to make you realize the extraordinary affection I have for you.

5   But if anyone has hurt anybody's feelings, it is not so
much mine, as yours, or at least those of some of you, not to
6 be too hard upon all of you.   For that individual, this censure
7 by the majority of you is punishment enough, and so you must
now turn around and forgive and comfort him, or he may be
8 overwhelmed by his remorse.   So I beg you to restore him
9 to his place in your affections.   For that is why I wrote you—
to find out how you would stand the test, and see if you would
10 obey me absolutely.   When you forgive a man, I forgive
him too.   For anything I had to forgive has been forgiven
11 on your account, and as in the very presence of Christ, to keep
Satan from getting the better of us.   For we know what
he is after.

12   When I went to Troas to preach the good news of the
Christ there, I found a good opening for the Lord's work,
13 but my mind could not rest because I did not find my brother
Titus there.   So I said goodbye to them and went on to
14 Macedonia.   But thank God! he always leads me in his
triumphal train, through Christ, and spreads the perfume of
knowledge of him everywhere through me as his censer-bearer.
15 Yes, I am the fragrance of Christ to God, diffused among
those who are being saved and those who are perishing alike;
16 to the one, a deathly, deadly odor, to the other a vital, life-
17 giving one.   Who is qualified for this task?   I am!   For
I am no peddler of God's message, like most men, but like a
man of sincerity, commissioned by God and in his presence,
in union with Christ I utter his message.

3   Am I falling into self-recommendation again?   Do I, like

ὥς τινες συστατικῶν ἐπιστολῶν πρὸς ὑμᾶς ἢ ἐξ ὑμῶν;
2 ἡ ἐπιστολὴ ἡμῶν ὑμεῖς ἐστε, ἐνγεγραμμένη ἐν ταῖς καρ-
δίαις ἡμῶν, γινωσκομένη καὶ ἀναγινωσκομένη ὑπὸ πάντων
3 ἀνθρώπων· φανερούμενοι ὅτι ἐστὲ ἐπιστολὴ Χριστοῦ δια-
κονηθεῖσα ὑφ᾽ ἡμῶν, ᵀ ἐΝΓΕΓΡΑΜΜΕΝΗ οὐ μέλανι ἀλλὰ
πνεύματι θεοῦ ζῶντος, οὐκ ἐν ΠΛΑΞῚΝ ΛΙΘΊΝΑΙΣ ἀλλ᾽ ἐν
⌐ΠΛΑΞῚΝ ΚΑΡΔΊΑΙΣ ΣΑΡΚΊΝΑΙΣ⌐.

4 Πεποίθησιν δὲ τοιαύτην ἔχομεν διὰ τοῦ χριστοῦ πρὸς
5 τὸν ⌐θεόν.⌐ οὐχ ὅτι ἀφ᾽ ἑαυτῶν ἱκανοί ⌐ἐσμεν⌐ λογίσασθαί
6 τι ὡς ἐξ αὑτῶν, ἀλλ᾽ ἡ ἱκανότης ἡμῶν ἐκ τοῦ θεοῦ, ὃς καὶ
ἱκάνωσεν ἡμᾶς διακόνους καινῆς διαθήκης, οὐ γράμματος
ἀλλὰ πνεύματος, τὸ γὰρ γράμμα ἀποκτείνει, τὸ δὲ
7 πνεῦμα ζωοποιεῖ. Εἰ δὲ ἡ διακονία τοῦ θανάτου
ἐν γράμμασιν ἐντετυπωμένη λίθοις ἐγενήθη ἐν δόξῃ, ὥστε
μὴ δύνασθαι ἀτενίσαι τοὺς υἱοὺς Ἰσραὴλ εἰς τὸ πρόσωπον
ΜωΣΈωΣ διὰ τὴΝ ΔΌΞΑΝ τοῦ προΣώπου αὐτοῦ τὴν
8 καταργουμένην, πῶς οὐχὶ μᾶλλον ἡ διακονία τοῦ πνεύματος
9 ἔσται ἐν δόξῃ; εἰ γὰρ ⌐ἡ διακονία⌐ τῆς κατακρίσεως δόξα,
πολλῷ μᾶλλον περισσεύει ἡ διακονία τῆς δικαιοσύνης δόξῃ.
10 καὶ γὰρ οὐ ΔΕΔΌΞΑΣΤΑΙ τὸ ΔΕΔΟΞΑΣΜΈΝΟΝ ἐν τούτῳ
11 τῷ μέρει εἵνεκεν τῆς ὑπερβαλλούσης δόξης· εἰ γὰρ τὸ κα-
ταργούμενον διὰ δόξης, πολλῷ μᾶλλον τὸ μένον ἐν δό-
12 ξῃ. Ἔχοντες οὖν τοιαύτην ἐλπίδα πολλῇ παρ-
13 ρησίᾳ χρώμεθα, καὶ οὐ καθάπερ ΜωΣῆΣ ἐτίθει κά-
λυμμα ἐπὶ τὸ πρόΣωπον αὐτοῦ, πρὸς τὸ μὴ ἀτενίσαι
14 τοὺς υἱοὺς Ἰσραὴλ εἰς τὸ τέλος τοῦ καταργουμένου. ἀλλὰ
ἐπωρώθη τὰ νοήματα αὐτῶν. ἄχρι γὰρ τῆς σήμερον
ἡμέρας τὸ αὐτὸ κάλυμμα ἐπὶ τῇ ἀναγνώσει τῆς παλαιᾶς
διαθήκης μένει μὴ ἀνακαλυπτόμενον, ὅτι ἐν Χριστῷ κα-
15 ταργεῖται, ἀλλ᾽ ἕως σήμερον ἡνίκα ἂν ἀναγινώσκηται
16 Μωυσῆς κάλυμμα ἐπὶ τὴν καρδίαν αὐτῶν κεῖται· ἩΝΊΚΑ
⌐Δὲ ἐάΝ⌐ ἐπιΣτρέψῃ πρὸΣ ΚΎΡΙΟΝ, περιαιρεῖται τὸ
17 κάλυμμα. ὁ δὲ κύριος τὸ πνεῦμά ἐστιν· οὗ δὲ τὸ πνεῦμα

καὶ | †...† 4 θεόν, 5 ἐσμεν, 9 τῇ διακονίᾳ 16 δ᾽ ἂν

some people, need letters of recommendation to you or from
2 you?   You are my recommendations, written on my heart,
3 for everybody to read and understand. You show that you
are a letter from Christ delivered by me, written not in ink,
but in the Spirit of the living God, and not on tablets of stone,
but on the human heart.

4   Such is the confidence that I have through Christ in my
5 relations to God. Not that I am of myself qualified to claim
anything as originating with me.   My qualification is from
6 God, and he has qualified me to serve him in the interests of
a new agreement, not in writing but of spirit.   For what is
written kills, but the Spirit gives life.

7   But if the religion of death, carved in letters of stone,
was ushered in with such splendor, so that the Israelites
could not look at Moses' face on account of the brightness
8 that was fading from it, why should not the religion of the
9 Spirit he attended with much greater splendor? If there
was splendor in the religion of condemnation, the religion of
10 uprightness must far surpass it in splendor.   For in com-
parison with its surpassing splendor, what was splendid has
11 come to have no splendor at all.   For if what faded away
came with splendor, how much more splendid what is perma-
nent must be!

12   So since I have such a hope, I speak with great frankness,
13 not like Moses, who used to wear a veil over his face, to keep
the Israelites from gazing at the fading of the splendor from it.
14 Their minds were dulled. For to this day, that same veil
remains unlifted, when they read the old agreement, for only
15 through union with Christ is it removed.   Why, to this day,
16 whenever Moses is read, a veil hangs over their minds, but
"whenever a man turns to the Lord, the veil is removed."
17 Now the Lord here means the Spirit, and wherever the

18 ⌜Κυρίου⌝, ἐλευθερία. ἡμεῖς δὲ πάντες ἀνακεκαλυμμένῳ
προσώπῳ τὴν Δόξαν Κυρίου κατοπτριζόμενοι τὴν αὐτὴν
εἰκόνα μεταμορφούμεθα ἀπὸ δόξης εἰς δόξαν, ⌜καθάπερ⌝
1 ἀπὸ κυρίου πνεύματος.   Διὰ τοῦτο, ἔχοντες
τὴν διακονίαν ταύτην καθὼς ἠλεήθημεν, οὐκ ἐγκακοῦμεν,
2 ἀλλὰ ἀπειπάμεθα τὰ κρυπτὰ τῆς αἰσχύνης, μὴ περιπα-
τοῦντες ἐν πανουργίᾳ μηδὲ δολοῦντες τὸν λόγον τοῦ
θεοῦ, ἀλλὰ τῇ φανερώσει τῆς ἀληθείας συνιστάνοντες
ἑαυτοὺς πρὸς πᾶσαν συνείδησιν ἀνθρώπων ἐνώπιον τοῦ
3 θεοῦ. εἰ δὲ καὶ ἔστιν κεκαλυμμένον τὸ εὐαγγέλιον ἡμῶν,
4 ἐν τοῖς ἀπολλυμένοις ἐστὶν κεκαλυμμένον, ἐν οἷς ὁ θεὸς
τοῦ αἰῶνος τούτου ἐτύφλωσεν τὰ νοήματα τῶν ἀπίστων
εἰς τὸ μὴ αὐγάσαι τὸν φωτισμὸν τοῦ εὐαγγελίου τῆς
5 δόξης τοῦ χριστοῦ, ὅς ἐστιν εἰκὼν τοῦ θεοῦ. οὐ γὰρ
ἑαυτοὺς κηρύσσομεν ἀλλὰ ⌜Χριστὸν Ἰησοῦν⌝ κύριον,
6 ἑαυτοὺς δὲ δούλους ὑμῶν διὰ ⌜Ἰησοῦν⌝. ὅτι ὁ θεὸς ὁ εἰπών
Ἐκ σκότους φῶς λάμψει, ὃς ἔλαμψεν ἐν ταῖς καρδίαις
ἡμῶν πρὸς φωτισμὸν τῆς γνώσεως τῆς δόξης τοῦ θεοῦ
ἐν προσώπῳ Χριστοῦ.

7   Ἔχομεν δὲ τὸν θησαυρὸν τοῦτον ἐν ὀστρακίνοις
σκεύεσιν, ἵνα ἡ ὑπερβολὴ τῆς δυνάμεως ᾖ τοῦ θεοῦ καὶ
8 μὴ ἐξ ἡμῶν· ἐν παντὶ θλιβόμενοι ἀλλ' οὐ στενοχωρούμε-
9 νοι, ἀπορούμενοι ἀλλ' οὐκ ἐξαπορούμενοι, διωκόμενοι
ἀλλ' οὐκ ἐγκαταλειπόμενοι, καταβαλλόμενοι ἀλλ' οὐκ ἀ-
10 πολλύμενοι, πάντοτε τὴν νέκρωσιν τοῦ Ἰησοῦ ἐν τῷ
σώματι περιφέροντες, ἵνα καὶ ἡ ζωὴ τοῦ Ἰησοῦ ἐν τῷ
11 σώματι ἡμῶν φανερωθῇ· ἀεὶ γὰρ ἡμεῖς οἱ ζῶντες εἰς
θάνατον παραδιδόμεθα διὰ Ἰησοῦν, ἵνα καὶ ἡ ζωὴ τοῦ
12 Ἰησοῦ φανερωθῇ ἐν τῇ θνητῇ σαρκὶ ἡμῶν. ὥστε ὁ θά-
13 νατος ἐν ἡμῖν ἐνεργεῖται, ἡ δὲ ζωὴ ἐν ὑμῖν. ἔχοντες
δὲ τὸ αὐτὸ πνεῦμα τῆς πίστεως, κατὰ τὸ γεγραμμέ-
νον Ἐπίστευσα, Διὸ ἐλάλησα, καὶ ἡμεῖς πιστεύομεν,
14 διὸ καὶ λαλοῦμεν, εἰδότες ὅτι ὁ ἐγείρας τὸν [κύριον] Ἰησοῦν

17 †...†   18 καθώσπερ   5 Ἰησοῦν Χριστὸν | Ἰησοῦ

18 Spirit of the Lord is, there is freedom.   And all of us, reflecting the splendor of the Lord in our unveiled faces, are being changed into likeness to him, from one degree of splendor to another, for this comes from the Lord who is the Spirit.

4   So since by the mercy of God I am engaged in this 2 service, I never lose heart.   I disown disgraceful, underhanded ways.   I refuse to practice cunning or to tamper with God's message.   It is by the open statement of the truth that I would commend myself to every human conscience in the sight 3 of God.   If the meaning of my preaching of the good news is veiled at all, it is so only in the case of those who are on 4 the way to destruction.   In their case, the god of this world has blinded the minds of the unbelievers, to keep the light of the good news of the glorious Christ, the likeness of 5 God, from dawning upon them.   For it is not myself but Christ Jesus that I am proclaiming as Lord; I am only 6 a slave of yours for Jesus' sake.   For God who said, "Let light shine out of darkness," has shone in my heart, to give me the light of the knowledge of God's glory, that is on the face of Christ.

7   But I have this treasure in a mere earthen jar, to show 8 that its amazing power belongs to God and not to me.   I am hard pressed on every side, but never cut off: perplexed, but 9 not driven to despair; routed, but not abandoned; struck 10 down, but not destroyed; never free from the danger of being put to death like Jesus, so that in my body the life of Jesus also 11 may be seen.   For every day I live I am being given up to death for Jesus' sake, so that the life of Jesus may be visible in 12 my mortal nature.   So it is death that operates in my case, but 13 life that operates in yours.   In the same spirit of faith as his who said, "I believed, and so I spoke," I too believe, and so 14 I speak, sure that he who raised the Lord Jesus from the

καὶ ἡμᾶς σὺν Ἰησοῦ ἐγερεῖ καὶ παραστήσει σὺν ὑμῖν.
15 τὰ γὰρ πάντα δι' ὑμᾶς, ἵνα ἡ χάρις πλεονάσασα διὰ
τῶν πλειόνων τὴν εὐχαριστίαν περισσεύσῃ εἰς τὴν δόξαν
16 τοῦ θεοῦ.   Διὸ οὐκ ἐγκακοῦμεν, ἀλλ' εἰ καὶ ὁ ἔξω
ἡμῶν ἄνθρωπος διαφθείρεται, ἀλλ' ὁ ἔσω ἡμῶν ἀνακαι-
17 νοῦται ἡμέρᾳ καὶ ἡμέρᾳ. τὸ γὰρ παραυτίκα ἐλαφρὸν τῆς
θλίψεως ᵀ καθ' ὑπερβολὴν εἰς ὑπερβολὴν αἰώνιον βάρος
18 δόξης κατεργάζεται ἡμῖν, μὴ σκοπούντων ἡμῶν τὰ
βλεπόμενα ἀλλὰ τὰ μὴ βλεπόμενα, τὰ γὰρ βλεπόμενα
1 πρόσκαιρα, τὰ δὲ μὴ βλεπόμενα αἰώνια. οἴδαμεν γὰρ ὅτι
ἐὰν ἡ ἐπίγειος ἡμῶν οἰκία τοῦ σκήνους καταλυθῇ, οἰκο-
δομὴν ἐκ θεοῦ ἔχομεν οἰκίαν ἀχειροποίητον αἰώνιον ἐν τοῖς
2 οὐρανοῖς. καὶ γὰρ ἐν τούτῳ στενάζομεν, τὸ οἰκητήριον
3 ἡμῶν τὸ ἐξ οὐρανοῦ ἐπενδύσασθαι ἐπιποθοῦντες, ⌈εἴ γε⌉
4 καὶ ἐνδυσάμενοι οὐ γυμνοὶ εὑρεθησόμεθα. καὶ γὰρ
οἱ ὄντες ἐν τῷ σκήνει στενάζομεν βαρούμενοι ἐφ' ᾧ οὐ
θέλομεν ἐκδύσασθαι ἀλλ' ἐπενδύσασθαι, ἵνα καταποθῇ
5 τὸ θνητὸν ὑπὸ τῆς ζωῆς. ὁ δὲ κατεργασάμενος ἡμᾶς
εἰς αὐτὸ τοῦτο θεός, ὁ δοὺς ἡμῖν τὸν ἀρραβῶνα τοῦ πνεύ-
6 ματος.   Θαρροῦντες οὖν πάντοτε καὶ εἰδότες
ὅτι ἐνδημοῦντες ἐν τῷ σώματι ἐκδημοῦμεν ἀπὸ τοῦ
7 κυρίου, διὰ πίστεως γὰρ περιπατοῦμεν οὐ διὰ εἴδους,—
8 θαρροῦμεν δὲ καὶ εὐδοκοῦμεν μᾶλλον ἐκδημῆσαι ἐκ τοῦ
9 σώματος καὶ ἐνδημῆσαι πρὸς τὸν κύριον· διὸ καὶ φιλοτι-
μούμεθα, εἴτε ἐνδημοῦντες εἴτε ἐκδημοῦντες, εὐάρεστοι
10 αὐτῷ εἶναι. τοὺς γὰρ πάντας ἡμᾶς φανερωθῆναι δεῖ ἔμ-
προσθεν τοῦ βήματος τοῦ χριστοῦ, ἵνα κομίσηται ἕκαστος
τὰ διὰ τοῦ σώματος πρὸς ἃ ἔπραξεν, εἴτε ἀγαθὸν εἴτε
φαῦλον.

11   Εἰδότες οὖν τὸν φόβον τοῦ κυρίου ἀνθρώπους πείθο-
μεν, θεῷ δὲ πεφανερώμεθα· ἐλπίζω δὲ καὶ ἐν ταῖς συνει-
12 δήσεσιν ὑμῶν πεφανερῶσθαι. οὐ πάλιν ἑαυτοὺς συνι-
στάνομεν ὑμῖν, ἀλλὰ ἀφορμὴν διδόντες ὑμῖν καυχήματος

17 ἡμῶν   3 εἴ περ

dead will raise me also like Jesus, and bring me side by side
15 with you into his presence. For it is all for your benefit, in
order that as God's favor reaches greater and greater numbers,
it may result in more and more thanksgiving in praise of God.
16   So I never lose heart. Though my outer nature is
17 wasting away, my inner is being renewed every day. For this
slight, momentary trouble is piling up for me an eternal
18 blessedness beyond all comparison, because I keep my eyes
not on what is seen but what is unseen. For what is seen is
5 transitory, but what is unseen is eternal. For I know that
if this earthly tent that I live in is taken down, God will
provide me a building in heaven to live in, not built by human
2 hands but eternal. This makes me sigh with longing to put
3 on my heavenly dwelling, for if I do, I shall never find myself
4 disembodied. For I who am still in my tent sigh with anxiety,
because I do not want to be stripped of it, but to put on the
other over it, so that what is only mortal may be absorbed
5 in life. It is God himself who has prepared me for this
change, and he has given me the Spirit as his guaranty.
6   So I am confident. I know well that as long as I am at
7 home in the body I am away from the Lord (for I have to guide
8 my steps by faith, not by what is seen)—yet I am confident,
and I prefer to leave my home in the body and make my
9 home with the Lord. So whether I am at home or away
10 from it, it is my ambition to please him. For we must all
appear in our true characters before the tribunal of the
Christ, each to be repaid with good or evil for the life he has
lived in the body.
11   It is with this knowledge of what the fear of the Lord
means that I appeal to men. My true character is perfectly
12 plain to God, and I hope to your consciences too. I am
not trying to recommend myself to you again. I am giving

ὑπὲρ ἡμῶν, ἵνα ἔχητε πρὸς τοὺς ἐν προσώπῳ καυχωμέ-
13 νους καὶ μὴ ἐν καρδίᾳ. εἴτε γὰρ ἐξέστημεν, θεῷ· εἴτε
14 σωφρονοῦμεν, ὑμῖν. ἡ γὰρ ἀγάπη τοῦ χριστοῦ συνέχει
ἡμᾶς, κρίναντας τοῦτο ὅτι εἷς ὑπὲρ πάντων ἀπέθανεν·
15 ἄρα οἱ πάντες ἀπέθανον· καὶ ὑπὲρ πάντων ἀπέθανεν ἵνα
οἱ ζῶντες μηκέτι ἑαυτοῖς ζῶσιν ἀλλὰ τῷ ὑπὲρ αὐτῶν
16 ἀποθανόντι καὶ ἐγερθέντι. Ὥστε ἡμεῖς ἀπὸ
τοῦ νῦν οὐδένα οἴδαμεν κατὰ σάρκα· εἰ καὶ ἐγνώκαμεν
17 κατὰ σάρκα Χριστόν, ἀλλὰ νῦν οὐκέτι γινώσκομεν. ὥστε
εἴ τις ἐν Χριστῷ, καινὴ κτίσις· τὰ ἀρχαῖα παρῆλθεν, ἰδοὺ
18 γέγονεν καινά· τὰ δὲ πάντα ἐκ τοῦ θεοῦ τοῦ καταλλά-
ξαντος ἡμᾶς ἑαυτῷ διὰ Χριστοῦ καὶ δόντος ἡμῖν τὴν
19 διακονίαν τῆς καταλλαγῆς, ὡς ὅτι θεὸς ἦν ἐν Χριστῷ
κόσμον καταλλάσσων ἑαυτῷ, μὴ λογιζόμενος αὐτοῖς τὰ
παραπτώματα αὐτῶν, καὶ θέμενος ἐν ἡμῖν τὸν λόγον τῆς
20 καταλλαγῆς. Ὑπὲρ Χριστοῦ οὖν πρεσβεύομεν
ὡς τοῦ θεοῦ παρακαλοῦντος δι' ἡμῶν· δεόμεθα ὑπὲρ
21 Χριστοῦ, καταλλάγητε τῷ θεῷ. τὸν μὴ γνόντα ἁμαρτίαν
ὑπὲρ ἡμῶν ἁμαρτίαν ἐποίησεν, ἵνα ἡμεῖς γενώμεθα δι-
1 καιοσύνη θεοῦ ἐν αὐτῷ. Συνεργοῦντες δὲ καὶ παρακαλοῦ-
μεν μὴ εἰς κενὸν τὴν χάριν τοῦ θεοῦ δέξασθαι ὑμᾶς·
2 λέγει γάρ

Καιρῷ Δεκτῷ ἐπήκογcά coy
καὶ ἐν ἡμέρᾳ cωτηρίαc ἐβοήθηcά coι·

ἰδοὺ νῦν καιρὸς εὐπρόcΔεκτοc, ἰδοὺ νῦν ἡμέρα cωτη-
3 ρίαc· μηδεμίαν ἐν μηδενὶ διδόντες προσκοπήν, ἵνα μὴ
4 μωμηθῇ ἡ διακονία, ἀλλ' ἐν παντὶ συνιστάνοντες ἑαυ-
τοὺς ὡς θεοῦ διάκονοι· ἐν ὑπομονῇ πολλῇ, ἐν θλίψεσιν,
5 ἐν ἀνάγκαις, ἐν στενοχωρίαις, ἐν πληγαῖς, ἐν φυλακαῖς,
ἐν ἀκαταστασίαις, ἐν κόποις, ἐν ἀγρυπνίαις, ἐν νηστείαις,
6 ἐν ἁγνότητι, ἐν γνώσει, ἐν μακροθυμίᾳ, ἐν χρηστότητι,
7 ἐν πνεύματι ἁγίῳ, ἐν ἀγάπῃ ἀνυποκρίτῳ, ἐν λόγῳ ἀληθείας,
ἐν δυνάμει θεοῦ· διὰ τῶν ὅπλων τῆς δικαιοσύνης τῶν
8 δεξιῶν καὶ ἀριστερῶν, διὰ δόξης καὶ ἀτιμίας, διὰ δυσφη-

you cause to be proud of me, to use in answering men who
pride themselves on external advantages and not on sincerity
13 of heart.   For if I was out of my senses, as they say, it was
between God and me; and if I am in my right mind, it is for
14 your good.   It is Christ's love that controls me, for I have
become convinced that as one has died for all, all have died,
15 and he died for all that those who live might no longer live
for themselves, but for him who died for them and rose again.
16   So from that time on, I have estimated nobody at what
he seemed to be outwardly; even though I once estimated
17 Christ in that way, I no longer do so.   So if anyone is in
union with Christ, he is a new being; the old state of things
18 has passed away; there is a new state of things.   All this
comes from God, who through Christ has reconciled me to
himself, and has commissioned me to proclaim this recon-
19 ciliation—how God through Christ reconciled the world to
himself, refusing to count men's offenses against them, and
intrusted me with the message of reconciliation.
20   It is for Christ, therefore, that I am an envoy, seeing that
God makes his appeal through me.   On Christ's behalf I beg
21 you to be reconciled to God.   He made him who knew nothing
of sin to be sin, for our sake, so that through union with him
we might become God's uprightness.

6   As God's fellow-worker, I appeal to you, too, not to
2 accept the favor of God and then waste it.   For he says,
      "I have listened to you at a welcome time,
         And helped you on a day of deliverance!"
Now the welcome time has come!   This is the day of
3 deliverance!   I put no obstacle in anyone's path, so that no
4 fault may be found with my work.   On the contrary, as a
servant of God I try in every way to commend myself to
5 them, through my great endurance in troubles, difficulties,
hardships, beatings, imprisonments, riots, labors, sleepless
6 nights, and hunger, through my purity of life, my knowledge,
my patience, my kindness, my holiness of spirit, my genuine
7 love, the truth of my teaching, and the power of God; with the
8 weapons of uprightness for the right hand and the left, in

9 μίας καὶ εὐφημίας· ὡς πλάνοι καὶ ἀληθεῖς, ὡς ἀγνοούμενοι
καὶ ἐπιγινωσκόμενοι, ὡς ἀποθηΗΝCΚΟΝΤΕC καὶ ἰδοὺ ΖΩ-
10 ΜΕΝ, ὡς ΠΑΙΔΕΓΌΜΕΝΟΙ καὶ ΜΗ θΑΝΑΤΟΥΜΕΝΟΙ, ὡς λυ-
πούμενοι ἀεὶ δὲ χαίροντες, ὡς πτωχοὶ πολλοὺς δὲ πλουτί-
ζοντες, ὡς μηδὲν ἔχοντες καὶ πάντα κατέχοντες.

11   Τὸ στόμα ἡμῶν ἀνέῳγεν πρὸς ὑμᾶς, Κορίνθιοι, ἡ
12 καρδία ἡμῶν ΠΕΠΛΆΤΥΝΤΑΙ· οὐ στενοχωρεῖσθε ἐν ἡμῖν,
13 στενοχωρεῖσθε δὲ ἐν τοῖς σπλάγχνοις ὑμῶν· τὴν δὲ
αὐτὴν ἀντιμισθίαν, ὡς τέκνοις λέγω, πλατύνθητε καὶ
14 ὑμεῖς.   Μὴ γίνεσθε ἑτεροζυγοῦντες ἀπίστοις· τίς
γὰρ μετοχὴ δικαιοσύνῃ καὶ ἀνομίᾳ, ἢ τίς κοινωνία φωτὶ
15 πρὸς σκότος; τίς δὲ συμφώνησις Χριστοῦ πρὸς Βελίαρ,
16 ἢ τίς μερὶς ⌜πιστῷ⌝ μετὰ ἀπίστου; τίς δὲ συνκατάθεσις
ναῷ θεοῦ μετὰ εἰδώλων; ἡμεῖς γὰρ ναὸς θεοῦ ἐσμὲν
ζῶντος· καθὼς εἶπεν ὁ θεὸς ὅτι

     ᾿ΕΝΟΙΚΉCΩ ἐν ΑΥ̓ΤΟῖC ΚΑῚ ἐΝΠΕΡΙΠΑΤΉCΩ,
          ΚΑῚ ἜCΟΜΑΙ ΑΥ̓ΤΩ̂Ν θΕΌC, ΚΑῚ ΑΥ̓ΤΟῚ ἜCΟΝΤΑΊ
                         ΜΟΥ ΛΑΌC.

17   διὸ ἐΖΈΛθΑΤΕ ἐκ ΜΈCΟΥ ΑΥ̓ΤΩ̂Ν,
          ΚΑῚ ἀφΟΡΊCθΗΤΕ, ΛΈΓΕΙ ΚΎΡΙΟC,
     ΚΑῚ ἀΚΑθΆΡΤΟΥ ΜΗ ἅΠΤΕCθΕ·
          ΚἀΓῺ ΕἰCΔΈΖΟΜΑΙ ὙΜᾶC·

18   ΚΑῚ ἜCΟΜΑΙ ὑΜῖΝ ΕἰC ΠΑΤΈΡΑ,
          ΚΑῚ ὑΜΕῖC ἜCΕCθΈ ΜΟΙ ΕἰC ΥἹΟΎC ΚΑῚ θΥΓΑΤΈΡΑC,
               ΛΈΓΕΙ ΚΎΡΙΟC ΠΑΝΤΟΚΡΆΤΩΡ.

1 ταύτας οὖν ἔχοντες τὰς ἐπαγγελίας, ἀγαπητοί, καθαρίσω-
μεν ἑαυτοὺς ἀπὸ παντὸς μολυσμοῦ σαρκὸς καὶ πνεύματος,
2 ἐπιτελοῦντες ἁγιωσύνην ἐν φόβῳ θεοῦ.   Χω-
ρήσατε ἡμᾶς· οὐδένα ἠδικήσαμεν, οὐδένα ἐφθείραμεν,
3 οὐδένα ἐπλεονεκτήσαμεν. πρὸς κατάκρισιν οὐ λέγω,
προείρηκα γὰρ ὅτι ἐν ταῖς καρδίαις ἡμῶν ἐστὲ εἰς
4 τὸ συναποθανεῖν καὶ συνζῆν. πολλή μοι παρρησία
πρὸς ὑμᾶς, πολλή μοι καύχησις ὑπὲρ ὑμῶν· πεπλή-

                         15 πιστοῦ

honor or dishonor, in praise or blame; considered an impostor,
9 when I am true, obscure, when I am well known, at the
point of death, yet here I am alive, punished, but not dead
10 yet, pained, when I am always glad, poor, when I make
many others rich, penniless, when really I own everything.

11   I have kept nothing back from you, men of Corinth; I
12 have opened my heart to you.   It is not I that am cramping
13 you, it is your own affections.   To pay me back, I tell you,
my children, you must open your hearts, too.

14   Do not get into close and incongruous relations with
unbelievers.   What partnership can uprightness have with
15 iniquity, or what can light have to do with darkness?   How
can Christ agree with Belial?   Or what has a believer in
16 common with an unbeliever?   What bargain can a temple of
God make with idols?   For we are a temple of the living God,
just as God said,

"I will live in them and move among them,
And I will be their God and they will be my people."
17 Therefore,

"Come out from them,
And separate from them, says the Lord,
And touch nothing that is unclean.
Then I will welcome you,
18   I will become a father to you,
And you shall become my sons and daughters,
Says the Lord Almighty."

7 So since we have promises like these, dear friends, let us
cleanse ourselves of everything that can defile body or
spirit, and by reverence for God make our consecration
complete.

2   Make room for me in your hearts.   I have not wronged
3 or harmed or got the better of anybody.   I do not mean this
as a reflection upon you, for as I said before, you will always
4 have a place in my heart whether I live or die.   I have the
greatest confidence in you.   I take the greatest pride in you.

ρωμαι τῇ παρακλήσει, ὑπερπερισσεύομαι τῇ χαρᾷ ἐπὶ
5 πάσῃ τῇ θλίψει ἡμῶν. Καὶ γὰρ ἐλθόντων
ἡμῶν εἰς Μακεδονίαν οὐδεμίαν ἔσχηκεν ἄνεσιν ἡ σὰρξ
ἡμῶν, ἀλλ᾽ ἐν παντὶ θλιβόμενοι—ἔξωθεν μάχαι, ἔσωθεν
6 φόβοι—. ἀλλ᾽ ὁ παρακαλῶν τοὺς ταπεινοὺς παρεκάλεσεν
7 ἡμᾶς ὁ θεὸς ἐν τῇ παρουσίᾳ Τίτου· οὐ μόνον δὲ ἐν τῇ
παρουσίᾳ αὐτοῦ, ἀλλὰ καὶ ἐν τῇ παρακλήσει ᾗ παρεκλή-
θη ἐφ᾽ ὑμῖν, ἀναγγέλλων ἡμῖν τὴν ὑμῶν ἐπιπόθησιν, τὸν
ὑμῶν ὀδυρμόν, τὸν ὑμῶν ζῆλον ὑπὲρ ἐμοῦ, ὥστε με
8 μᾶλλον χαρῆναι. ὅτι εἰ καὶ ἐλύπησα ὑμᾶς ἐν τῇ ἐπι-
στολῇ, οὐ μεταμέλομαι· εἰ καὶ μετεμελόμην, (⌐βλέπω⌐
ὅτι ἡ ἐπιστολὴ ἐκείνη εἰ καὶ πρὸς ὥραν ἐλύπησεν ὑμᾶς,)
9 νῦν χαίρω, οὐχ ὅτι ἐλυπήθητε, ἀλλ᾽ ὅτι ἐλυπήθητε εἰς
μετάνοιαν, ἐλυπήθητε γὰρ κατὰ θεόν, ἵνα ἐν μηδενὶ ζη-
10 μιωθῆτε ἐξ ἡμῶν. ἡ γὰρ κατὰ θεὸν λύπη μετάνοιαν εἰς
σωτηρίαν ἀμεταμέλητον ἐργάζεται· ἡ δὲ τοῦ κόσμου λύπη
11 θάνατον κατεργάζεται. ἰδοὺ γὰρ αὐτὸ τοῦτο τὸ κατὰ
θεὸν λυπηθῆναι πόσην κατειργάσατο ὑμῖν σπουδήν, ἀλλὰ
ἀπολογίαν, ἀλλὰ ἀγανάκτησιν, ἀλλὰ φόβον, ἀλλὰ ἐπι-
πόθησιν, ἀλλὰ ζῆλον, ἀλλὰ ἐκδίκησιν· ἐν. παντὶ συνε-
12 στήσατε ἑαυτοὺς ἁγνοὺς εἶναι τῷ πράγματι. ἄρα εἰ καὶ
ἔγραψα ὑμῖν, οὐχ ἕνεκεν τοῦ ἀδικήσαντος, [ἀλλ᾽] οὐδὲ
ἕνεκεν τοῦ ἀδικηθέντος, ἀλλ᾽ ἕνεκεν τοῦ φανερωθῆναι
τὴν σπουδὴν ὑμῶν τὴν ὑπὲρ ἡμῶν πρὸς ὑμᾶς ἐνώπιον τοῦ
13 θεοῦ. διὰ τοῦτο παρακεκλήμεθα. Ἐπὶ δὲ τῇ
παρακλήσει ἡμῶν περισσοτέρως μᾶλλον ἐχάρημεν ἐπὶ
τῇ χαρᾷ Τίτου, ὅτι ἀναπέπαυται τὸ πνεῦμα αὐτοῦ ἀπὸ
14 πάντων ὑμῶν· ὅτι εἴ τι αὐτῷ ὑπὲρ ὑμῶν κεκαύχημαι, οὐ
κατῃσχύνθην, ἀλλ᾽ ὡς πάντα ἐν ἀληθείᾳ ἐλαλήσαμεν ὑμῖν,
οὕτως καὶ ἡ καύχησις ἡμῶν ᵀ ἐπὶ Τίτου ἀλήθεια ἐγενήθη.
15 καὶ τὰ σπλάγχνα αὐτοῦ περισσοτέρως εἰς ὑμᾶς ἐστιν
ἀναμιμνησκομένου τὴν πάντων ὑμῶν ὑπακοήν, ὡς μετὰ
16 φόβου καὶ τρόμου ἐδέξασθε αὐτόν. Χαίρω ὅτι ἐν παντὶ

8 †...†   14 ἡ

I am fully comforted. After all my trouble, I am overjoyed.
5   For even when I reached Macedonia, my poor human
nature could get no relief—there was trouble at every turn;
6 fighting without, and fear within.   But God, who comforts
7 the downcast, comforted me by the coming of Titus, and not
only by his coming, but by the comfort you had given him,
for he told me how you longed to see me, how sorry you were,
and how you took my part, which made me happier still.
8 For even if I did hurt your feelings with that letter, I cannot
regret it; even if I did regret it, when I saw that the letter
9 had hurt your feelings perhaps for a while, I am glad of
it now; not because you had your feelings hurt, but because
having them hurt led you to repent, for you took it as God
meant you to do, so that you should not lose anything at all
10 through me.   For the pain that God approves results in a
repentance that leads to salvation and leaves no regrets;
11 but the world's pain results in death.   See how earnest this
God-given pain has made you! how eager to clear yourselves,
how indignant, how alarmed, how eager to see me, how
zealous, how avenging!   At every point you have proved that
12 you are clear of this matter. So although I did write to you,
it was not on account of the offender, nor of the injured man,
but in the sight of God to reveal to you your devotion to me.
13 That is why I am so comforted.
      With all my own comfort, I was still more overjoyed at
the gladness of Titus, for his mind has been set at rest by
14 you all.   If I did express some pride in you to him, I have
had no reason to be ashamed of it, but just as all I said to you
was true, my boasting before Titus has also proved true.
15 His heart goes out all the more to you, as he recalls how you
all obeyed him, and with what reverence and trembling you

θαρρῶ ἐν ὑμῖν.

1 Γνωρίζομεν δὲ ὑμῖν, ἀδελφοί, τὴν χάριν τοῦ θεοῦ τὴν
2 δεδομένην ἐν ταῖς ἐκκλησίαις τῆς Μακεδονίας, ὅτι ἐν πολ-
λῇ δοκιμῇ θλίψεως ἡ περισσεία τῆς χαρᾶς αὐτῶν καὶ ἡ
κατὰ βάθους πτωχεία αὐτῶν ἐπερίσσευσεν εἰς τὸ πλοῦτος
3 τῆς ἁπλότητος αὐτῶν· ὅτι κατὰ δύναμιν, μαρτυρῶ, καὶ
4 παρὰ δύναμιν, αὐθαίρετοι μετὰ πολλῆς παρακλήσεως δεό-
μενοι ἡμῶν, τὴν χάριν καὶ τὴν κοινωνίαν τῆς διακονίας τῆς
5 εἰς τοὺς ἁγίους,— καὶ οὐ καθὼς ἠλπίσαμεν ἀλλ᾽ ἑαυτοὺς
6 ἔδωκαν πρῶτον τῷ κυρίῳ καὶ ἡμῖν διὰ θελήματος θεοῦ, εἰς
τὸ παρακαλέσαι ἡμᾶς Τίτον ἵνα καθὼς προενήρξατο οὕτως
7 καὶ ἐπιτελέσῃ εἰς ὑμᾶς καὶ τὴν χάριν ταύτην· ἀλλ᾽ ὥσπερ
ἐν παντὶ περισσεύετε, πίστει καὶ λόγῳ καὶ γνώσει καὶ
πάσῃ σπουδῇ καὶ τῇ ἐξ ⌜ἡμῶν ἐν ὑμῖν⌝ ἀγάπῃ, ἵνα
8 καὶ ἐν ταύτῃ τῇ χάριτι περισσεύητε.   Οὐ
κατ᾽ ἐπιταγὴν λέγω, ἀλλὰ διὰ τῆς ἑτέρων σπουδῆς καὶ τὸ
9 τῆς ὑμετέρας ἀγάπης γνήσιον δοκιμάζων· γινώσκετε γὰρ
τὴν χάριν τοῦ κυρίου ἡμῶν Ἰησοῦ [Χριστοῦ], ὅτι δι᾽ ὑμᾶς
ἐπτώχευσεν πλούσιος ὤν, ἵνα ὑμεῖς τῇ ἐκείνου πτωχείᾳ
10 πλουτήσητε.   καὶ γνώμην ἐν τούτῳ δίδωμι· τοῦτο γὰρ
ὑμῖν συμφέρει, οἵτινες οὐ μόνον τὸ ποιῆσαι ἀλλὰ καὶ τὸ
11 θέλειν προενήρξασθε ἀπὸ πέρυσι· νυνὶ δὲ καὶ τὸ ποιῆσαι
ἐπιτελέσατε, ὅπως καθάπερ ἡ προθυμία τοῦ θέλειν οὕτως
12 καὶ τὸ ἐπιτελέσαι ἐκ τοῦ ἔχειν. εἰ γὰρ ἡ προθυμία πρό-
13 κειται, καθὸ ἐὰν ἔχῃ εὐπρόσδεκτος, οὐ καθὸ οὐκ ἔχει. οὐ
14 γὰρ ἵνα ἄλλοις ἄνεσις, ὑμῖν ⌜θλίψις· ἀλλ᾽ ἐξ ἰσότητος⌝ ἐν
τῷ νῦν καιρῷ τὸ ὑμῶν περίσσευμα εἰς τὸ ἐκείνων ὑστέρη-
μα, ἵνα καὶ τὸ ἐκείνων περίσσευμα γένηται εἰς τὸ ὑμῶν ὑστέ-
15 ρημα, ὅπως γένηται ἰσότης· καθὼς γέγραπται Ὁ τὸ πολὺ
ΟΥΚ ΕΠΛΕΟΝΑΣΕΝ, ΚΑΙ Ὁ ΤΟ ΟΛΙΓΟΝ ΟΥΚ ΗΛΑΤΤΟ-
16 ΝΗΣΕΝ.   Χάρις δὲ τῷ θεῷ τῷ διδόντι τὴν αὐτὴν
17 σπουδὴν ὑπὲρ ὑμῶν ἐν τῇ καρδίᾳ Τίτου, ὅτι τὴν μὲν παρά-
κλησιν ἐδέξατο, σπουδαιότερος δὲ ὑπάρχων αὐθαίρετος

7 ὑμῶν ἐν ἡμῖν   13 θλίψις, ἀλλ᾽ ἐξ ἰσότητος·

16 received him. I am glad that I can feel perfect confidence in you.

8   I must tell you, brothers, how the favor of God has
2 been shown in the churches of Macedonia, for in spite of a severe ordeal of trouble, their extraordinary gladness, combined with their extreme poverty, has overflowed in a
3 wealth of generosity. For they have given to the utmost of
4 their ability, as I can bear them witness, and beyond it, and begged me most earnestly, of their own accord, to let
5 them share in the support of God's people. They did far more than I hoped, for first in obedience to God's will,
6 they gave themselves to the Lord, and to me. This has led me to urge Titus to complete the arrangements he had formerly begun among you for this gracious undertaking.
7 Just as you excel in everything else—faith, expression, knowledge, perfect devotion, and the love we have awakened in you—you must excel in this generous undertaking too.

8   I do not mean this as a command. I only want to test the
9 genuineness of your love by the devotion of others. You know how gracious the Lord Jesus Christ was. Though he was rich, he became poor for your sake, in order that by his
10 poverty you might become rich. But I will tell you what I think about it. For this is the best way to deal with you, for you were the first not only to do anything about this, but
11 to want to do anything, and that was last year. Now finish doing it, so that your readiness to undertake it may be equaled by the way you finish it up, as well as your means permit.
12 If a man is willing to give, the value of his gift is in its propor-
13 tion to what he has, not to what he has not. I do not mean
14 to be easy upon others and hard upon you, but to equalize the burden, and in the present situation to have your plenty make up for what they need, so that some day their plenty may make up for what you need, and so things may be made
15 equal—as the Scripture says, "The man who got much did not have too much, and the man who got little did not have too little."

16   Thank God, he puts the same devotion to you that I feel
17 into Titus' heart, for he has responded to my appeal, but he

18 ἐξῆλθεν πρὸς ὑμᾶς. συνεπέμψαμεν δὲ μετ᾽ αὐτοῦ τὸν
ἀδελφὸν οὗ ὁ ἔπαινος ἐν τῷ εὐαγγελίῳ διὰ πασῶν τῶν
19 ἐκκλησιῶν,— οὐ μόνον δὲ ἀλλὰ καὶ χειροτονηθεὶς ὑπὸ τῶν
ἐκκλησιῶν συνέκδημος ἡμῶν ἐν τῇ χάριτι ταύτῃ τῇ διακο-
νουμένῃ ὑφ᾽ ἡμῶν πρὸς τὴν τοῦ κυρίου δόξαν καὶ προ-
20 θυμίαν ἡμῶν,— στελλόμενοι τοῦτο μή τις ἡμᾶς μωμήσηται
21 ἐν τῇ ἀδρότητι ταύτῃ τῇ διακονουμένῃ ὑφ᾽ ἡμῶν, ΠΡΟΝΟΟΥ-
ΜΕΝ γὰρ ΚΑΛΑ οὐ μόνον ἐνώπιον Κγρίογ ἀλλα καὶ
22 ἐνώπιον ἀνθρώπων. συνεπέμψαμεν δὲ αὐτοῖς τὸν ἀδελ-
φὸν ἡμῶν ὃν ἐδοκιμάσαμεν ἐν πολλοῖς πολλάκις σπου-
δαῖον ὄντα, νυνὶ δὲ πολὺ σπουδαιότερον πεποιθήσει πολλῇ
23 τῇ εἰς ὑμᾶς. εἴτε ὑπὲρ Τίτου, κοινωνὸς ἐμὸς καὶ εἰς ὑμᾶς
συνεργός· εἴτε ἀδελφοὶ ἡμῶν, ἀπόστολοι ἐκκλησιῶν, δόξα
24 Χριστοῦ. Τὴν οὖν ἔνδειξιν τῆς ἀγάπης ὑμῶν καὶ ἡμῶν
καυχήσεως ὑπὲρ ὑμῶν εἰς αὐτοὺς ⌜ἐνδείξασθε⌝ εἰς πρόσωπον
1 τῶν ἐκκλησιῶν. Περὶ μὲν γὰρ τῆς διακονίας
τῆς εἰς τοὺς ἁγίους περισσόν μοί ἐστιν τὸ γράφειν ὑμῖν,
2 οἶδα γὰρ τὴν προθυμίαν ὑμῶν ἣν ὑπὲρ ὑμῶν καυχῶμαι
Μακεδόσιν ὅτι Ἀχαία παρεσκεύασται ἀπὸ πέρυσι, καὶ τὸ
3 ὑμῶν ζῆλος ἠρέθισε τοὺς πλείονας. ἔπεμψα δὲ τοὺς ἀδελ-
φούς, ἵνα μὴ τὸ καύχημα ἡμῶν τὸ ὑπὲρ ὑμῶν κενωθῇ ἐν
τῷ μέρει τούτῳ, ἵνα καθὼς ἔλεγον παρεσκευασμένοι ἦτε,
4 μή πως ἐὰν ἔλθωσιν σὺν ἐμοὶ Μακεδόνες καὶ εὕρωσιν ὑμᾶς
ἀπαρασκευάστους καταισχυνθῶμεν ἡμεῖς, ἵνα μὴ λέγωμεν
5 ὑμεῖς, ἐν τῇ ὑποστάσει ταύτῃ. ἀναγκαῖον οὖν ἡγησάμην
παρακαλέσαι τοὺς ἀδελφοὺς ἵνα προέλθωσιν εἰς ὑμᾶς καὶ
προκαταρτίσωσι τὴν προεπηγγελμένην εὐλογίαν ὑμῶν, ταύ-
την ἑτοίμην εἶναι οὕτως ὡς εὐλογίαν καὶ μὴ ὡς πλεονε-
6 ξίαν. Τοῦτο δέ, ὁ σπείρων φειδομένως φειδο-
μένως καὶ θερίσει, καὶ ὁ σπείρων ἐπ᾽ εὐλογίαις ἐπ᾽ εὐλο-
7 γίαις καὶ θερίσει. ἕκαστος καθὼς προῄρηται τῇ καρδίᾳ,
μὴ ἐκ λύπης ἢ ἐξ ἀνάγκης, ἱλαρὸν γὰρ ΔΟΤΗΝ ἀγαπᾷ
8 ὁ θεός. δυνατεῖ δὲ ὁ θεὸς πᾶσαν χάριν περισσεῦσαι εἰς

24 ἐνδεικνύμενοι

goes to you really of his own accord, he is so devoted to you.
18 I am sending with him his brother, who is famous in all the
19 churches for his work in spreading the good news. What is
more, he has been appointed by the churches to travel with
me in the interests of this generous undertaking, which I am
superintending to honor the Lord and to show our readiness
20 to help. I mean to have no one able to find any fault with
21 the way I handle this munificence. I intend to do what is
22 right not only in the Lord's sight but in the eyes of men. I
send with them another brother of ours whose devotion we
have often tested in many ways, which is now greater than
23 ever, because of his perfect confidence in you. So as far as
Titus is concerned, he is my partner and comrade in my work
for you, while these brothers of ours represent the churches,
24 and are a credit to Christ. So you must give proof to them
before all the churches of your love, and justify my pride in
you.

9   It is really unnecessary for me to write to you about this
2 fund for your fellow-Christians, for I know how willing you are
to help in it; I boast of you for it to the people in Macedonia,
telling them that Greece has been ready since last year, and
3 your enthusiasm has been a stimulus to most of them. But
I send the brothers so that our pride in you may not have a
fall in this matter, but you may be all ready as I have told
4 them you will; for if some people from Macedonia come
with me, and find that you are not ready, it will humiliate
me—to say nothing of you—for having expressed such
5 confidence. So I have thought it necessary to ask these
brothers to go on to you ahead of me, to arrange in advance
for this gift you have promised, so as to have it ready, like
an expression of your good-will, not of your avarice.

6   Remember this: The man who sows sparingly will reap
sparingly, and the man who sows generously will reap gener-
7 ously. Everyone must give what he has made up his mind
to give, not reluctantly or under compulsion; God loves a man
8 who is glad to give. God is able to provide you with every

744   ΠΡΟΣ ΚΟΡΙΝΘΙΟΥΣ Β

ὑμᾶς, ἵνα ἐν παντὶ πάντοτε πᾶσαν αὐτάρκειαν ἔχοντες
9 περισσεύητε εἰς πᾶν ἔργον ἀγαθόν· (καθὼς γέγραπται
   Ἐϲκόρπιϲεν, ἔδωκεν τοῖϲ πένηϲιν,
   ἡ Δικαιοϲύνη αὐτοῦ μένει εἰϲ τὸν αἰῶνα·
10 ὁ δὲ ἐπιχορηγῶν ϲπέρμα τῷ ϲπείροντι καὶ ἄρτον εἰϲ
   Βρῶϲιν χορηγήσει καὶ πληθυνεῖ τὸν σπόρον ὑμῶν καὶ
11 αὐξήσει τὰ γενήματα τῆϲ Δικαιοϲύνηϲ ὑμῶν·) ἐν
   παντὶ πλουτιζόμενοι εἰς πᾶσαν ἁπλότητα, ἥτις κατεργάζε-
12 ται δι᾽ ἡμῶν εὐχαριστίαν ⌜τῷ θεῷ⌝,— ὅτι ἡ διακονία τῆς
   λειτουργίας ταύτης οὐ μόνον ἐστὶν προσαναπληροῦσα τὰ
   ὑστερήματα τῶν ἁγίων, ἀλλὰ καὶ περισσεύουσα διὰ πολλῶν
13 εὐχαριστιῶν τῷ θεῷ,— διὰ τῆς δοκιμῆς τῆς διακονίας ταύ-
   της δοξάζοντες τὸν θεὸν ἐπὶ τῇ ὑποταγῇ τῆς ὁμολογίας
   ὑμῶν εἰς τὸ εὐαγγέλιον τοῦ χριστοῦ καὶ ἁπλότητι τῆς
14 κοινωνίας εἰς αὐτοὺς καὶ εἰς πάντας, καὶ αὐτῶν δεήσει
   ὑπὲρ ὑμῶν ἐπιποθούντων ὑμᾶς διὰ τὴν ὑπερβάλλουσαν
15 χάριν τοῦ θεοῦ ἐφ᾽ ὑμῖν. Χάρις τῷ θεῷ ἐπὶ τῇ ἀνεκδιη-
   γήτῳ αὐτοῦ δωρεᾷ.

1   Αὐτὸς δὲ ἐγὼ Παῦλος παρακαλῶ ὑμᾶς διὰ τῆς πραΰ-
   τητος καὶ ἐπιεικίας τοῦ χριστοῦ, ὃς κατὰ πρόσωπον μὲν
2 ταπεινὸς ἐν ὑμῖν, ἀπὼν δὲ θαρρῶ εἰς ὑμᾶς· δέομαι δὲ τὸ
   μὴ παρὼν θαρρῆσαι τῇ πεποιθήσει ᾗ λογίζομαι τολμῆσαι
   ἐπί τινας τοὺς λογιζομένους ἡμᾶς ὡς κατὰ σάρκα περιπα-
3 τοῦντας. Ἐν σαρκὶ γὰρ περιπατοῦντες οὐ κατὰ σάρκα
4 στρατευόμεθα,— τὰ γὰρ ὅπλα τῆς στρατείας ἡμῶν οὐ σαρ-
   κικὰ ἀλλὰ δυνατὰ τῷ θεῷ πρὸς καθαίρεσιν ὀχυρωμάτων,—
5 λογισμοὺς καθαιροῦντες καὶ πᾶν ὕψωμα ἐπαιρόμενον κατὰ
   τῆς γνώσεως τοῦ θεοῦ, καὶ αἰχμαλωτίζοντες πᾶν νόημα εἰς
6 τὴν ὑπακοὴν τοῦ χριστοῦ, καὶ ἐν ἑτοίμῳ ἔχοντες ἐκδικῆσαι
7 πᾶσαν παρακοήν, ὅταν πληρωθῇ ὑμῶν ἡ ὑπακοή. Τὰ
   κατὰ πρόσωπον βλέπετε. εἴ τις πέποιθεν ἑαυτῷ Χριστοῦ
   εἶναι, τοῦτο λογιζέσθω πάλιν ἐφ᾽ ἑαυτοῦ ὅτι καθὼς αὐτὸς
8 Χριστοῦ οὕτως καὶ ἡμεῖς. ⌜ἐάν τε⌝ γὰρ περισσότερόν τι

11 θεοῦ   8 ἐάν

blessing in abundance so that you will always have enough
for every situation, and ample means for every good enter-
9 prise: as the Scripture says,

> "He scatters his gifts to the poor;
> His uprightness will never be forgotten."

10 He who supplies the sower with seed and so with bread to eat
will supply you with seed, and multiply it and enlarge the
11 harvest of your uprightness.   You will grow rich in every way,
so that through me you can show perfect liberality that will
12 make men thank God for it.   For the rendering of this
service does more than supply the wants of God's people;
13 it results in a wealth of thanksgiving to God.   The way
you stand the test of this service must do honor to God,
through your fidelity to what you profess as to the good news
of Christ, and through the liberality of your contributions
14 for them and for all others; then they will long for you and
pray for you, because of the extraordinary favor God has
15 shown you.   Thank God for his indescribable gift!

10   I appeal to you personally, by the gentleness and for-
bearance of Christ—the Paul who is so humble when face to
face with you, but so bold in dealing with you when he is far
2 away!   I beg you not to make me take as bold an attitude
when I come, as I count on taking toward some people who
3 suspect me of acting from worldly motives.   For though I
do live an earthly life, I am not carrying on an earthly war,
4 for the weapons I use are not earthly ones, but divinely strong
5 for destroying fortresses.   I destroy arguments and every
obstacle that is raised against the knowledge of God, and
6 I take captive every thought and make it obey Christ, and
am prepared to punish any trace of disobedience when you
7 have made your obedience perfectly clear.   You look at
things externally.   If anyone is sure he belongs to Christ,
let him think again and understand that I belong to Christ
8 just as much as he.   For suppose I do boast a little too

καυχήσωμαι περὶ τῆς ἐξουσίας ἡμῶν, ἧς ἔδωκεν ὁ κύριος
εἰς οἰκοδομὴν καὶ οὐκ εἰς καθαίρεσιν ὑμῶν, οὐκ αἰσχυνθή-
9 σομαι, ἵνα μὴ δόξω ὡς ἂν ἐκφοβεῖν ὑμᾶς διὰ τῶν ἐπιστο-
10 λῶν· ὅτι Αἱ ἐπιστολαὶ μέν, ⌜φησίν⌝, βαρεῖαι καὶ ἰσχυραί,
ἡ δὲ παρουσία τοῦ σώματος ἀσθενὴς καὶ ὁ λόγος ἐξουθε-
11 νημένος. τοῦτο λογιζέσθω ὁ τοιοῦτος, ὅτι οἷοί ἐσμεν τῷ
λόγῳ δι᾽ ἐπιστολῶν ἀπόντες, τοιοῦτοι καὶ παρόντες τῷ
12 ἔργῳ. Οὐ γὰρ τολμῶμεν ἐνκρῖναι ἢ συνκρῖναι ἑαυτούς
τισιν τῶν ἑαυτοὺς συνιστανόντων· ἀλλὰ αὐτοὶ ἐν ἑαυτοῖς
ἑαυτοὺς μετροῦντες καὶ συνκρίνοντες ἑαυτοὺς ἑαυτοῖς οὐ
13 συνιᾶσιν. ἡμεῖς δὲ οὐκ εἰς τὰ ἄμετρα καυχησόμεθα, ἀλλὰ
κατὰ τὸ μέτρον τοῦ κανόνος οὗ ἐμέρισεν ἡμῖν ὁ θεὸς
14 μέτρου, ἐφικέσθαι ἄχρι καὶ ὑμῶν· ⌜οὐ γὰρ ὡς μὴ ἐφικνού-
μενοι εἰς ὑμᾶς ὑπερεκτείνομεν ἑαυτούς,⌝ ἄχρι γὰρ καὶ ὑμῶν
15 ἐφθάσαμεν ἐν τῷ εὐαγγελίῳ τοῦ χριστοῦ·— οὐκ εἰς τὰ
ἄμετρα καυχώμενοι ἐν ἀλλοτρίοις κόποις, ἐλπίδα δὲ ἔχοντες
αὐξανομένης τῆς πίστεως ὑμῶν ἐν ὑμῖν μεγαλυνθῆναι κατὰ
16 τὸν κανόνα ἡμῶν εἰς περισσείαν, εἰς τὰ ὑπερέκεινα ὑμῶν
εὐαγγελίσασθαι, οὐκ ἐν ἀλλοτρίῳ κανόνι εἰς τὰ ἕτοιμα
17 καυχήσασθαι. Ὁ δὲ καγχώμενος ἐν Κυρίῳ καγχάσθω·
18 οὐ γὰρ ὁ ἑαυτὸν συνιστάνων, ἐκεῖνός ἐστιν δόκιμος, ἀλλὰ
ὃν ὁ κύριος συνίστησιν.

1 Ὄφελον ἀνείχεσθέ μου μικρόν τι ἀφροσύνης· ἀλλὰ καὶ
2 ἀνέχεσθέ μου. ζηλῶ γὰρ ὑμᾶς θεοῦ ζήλῳ, ἡρμοσάμην
γὰρ ὑμᾶς ἑνὶ ἀνδρὶ παρθένον ἁγνὴν παραστῆσαι τῷ χριστῷ·
3 φοβοῦμαι δὲ μή πως, ὡς ὁ ὄφις ἐξηπάτησεν Εὕαν ἐν τῇ
πανουργίᾳ αὐτοῦ, φθαρῇ τὰ νοήματα ὑμῶν ἀπὸ τῆς ἁπλό-
4 τητος [καὶ τῆς ἁγνότητος] τῆς εἰς ⌜τὸν χριστόν⌝. εἰ μὲν
γὰρ ὁ ἐρχόμενος ἄλλον Ἰησοῦν κηρύσσει ὃν οὐκ ἐκη-
ρύξαμεν, ἢ πνεῦμα ἕτερον λαμβάνετε ὃ οὐκ ἐλάβετε, ἢ
εὐαγγέλιον ἕτερον ὃ οὐκ ἐδέξασθε, καλῶς ⌜ἀνέχεσθε⌝.
5 λογίζομαι γὰρ μηδὲν ὑστερηκέναι τῶν ὑπερλίαν ἀποστό-
6 λων· εἰ δὲ καὶ ἰδιώτης τῷ λόγῳ, ἀλλ᾽ οὐ τῇ γνώσει, ἀλλ᾽ ἐν

10 φασίν   14 ὡς γὰρ μὴ......ἑαυτούς;   3 Χριστόν   4 ἀνείχεσθε

much of my authority—which the Lord gave me to build you
9 up, not to pull you down—I will not have to blush for it.   I
10 do not want to seem to scare you with my letters.   For
they say, "His letters are impressive and telling, but his
personal appearance is insignificant and as a speaker he
11 amounts to nothing."   Such people had better understand that
when I arrive and take action I will do just as I say I will in
12 my letters when I am far away.   I do not indeed venture to
class or compare myself with certain individuals who approve
of themselves.   But when they measure themselves by one
another and compare themselves with one another, they do
13 not show good sense.   But my boasting will not be extrava-
gant, nor exceed the limits God has allowed me, which reach
14 all the way to you.   It is no strain for me to do this, as it
might be for people who had never got so far, for I was the
first to come all the way to you with the good news of the
15 Christ.   I do not indulge in extravagant boasts over work
done by others, but I do hope that as your faith increases,
16 my influence may be immensely enlarged through you, and
I may preach the gospel in the lands beyond you without
having to boast over work already done in another's field.
17 But let the man who boasts, boast about the Lord.   For it
18 is not the man who approves of himself who is really approved;
it is the man of whom the Lord Approves.

11   I wish you would put up with a little folly from me.
2 Do put up with it!   I feel a divine jealousy about you, for I
betrothed you to Christ, to present you as a pure bride to her
3 one husband.   But I am afraid that just as the serpent by his
cunning deceived Eve, your thoughts will be led astray from
4 their single-hearted fidelity to Christ.   For when somebody
comes along and preaches another Jesus than the one I
preached, or you receive a different spirit from the one you
received or a different gospel from the one you accepted, you
5 put up with it well enough!   For I think that I am not in the
6 least inferior to these superfine apostles of yours.   Even if
I have no particular gifts in speaking, I am not wanting in

7 παντὶ φανερώσαντες ἐν πᾶσιν εἰς ὑμᾶς.   Ἢ
ἁμαρτίαν ἐποίησα ἐμαυτὸν ταπεινῶν ἵνα ὑμεῖς ὑψωθῆτε,
ὅτι δωρεὰν τὸ τοῦ θεοῦ εὐαγγέλιον εὐηγγελισάμην ὑμῖν;
8 ἄλλας ἐκκλησίας ἐσύλησα λαβὼν ὀψώνιον πρὸς τὴν ὑμῶν
9 διακονίαν, καὶ παρὼν πρὸς ὑμᾶς καὶ ὑστερηθεὶς οὐ κατε-
νάρκησα οὐθενός· τὸ γὰρ ὑστέρημά μου προσανεπλήρω-
σαν οἱ ἀδελφοὶ ἐλθόντες ἀπὸ Μακεδονίας· καὶ ἐν παντὶ
10 ἀβαρῆ ἐμαυτὸν ὑμῖν ἐτήρησα καὶ τηρήσω. ἔστιν ἀλήθεια
Χριστοῦ ἐν ἐμοὶ ὅτι ἡ καύχησις αὕτη οὐ φραγήσεται εἰς
11 ἐμὲ ἐν τοῖς κλίμασι τῆς Ἀχαίας. διὰ τί; ὅτι οὐκ ἀγαπῶ
12 ὑμᾶς; ὁ θεὸς οἶδεν.   Ὁ δὲ ποιῶ καὶ ποιήσω,
ἵνα ἐκκόψω τὴν ἀφορμὴν τῶν θελόντων ἀφορμήν, ἵνα ἐν ᾧ
13 καυχῶνται εὑρεθῶσιν καθὼς καὶ ἡμεῖς.   οἱ γὰρ τοιοῦτοι
ψευδαπόστολοι, ἐργάται δόλιοι, μετασχηματιζόμενοι εἰς
14 ἀποστόλους Χριστοῦ· καὶ οὐ θαῦμα, αὐτὸς γὰρ ὁ Σατανᾶς
15 μετασχηματίζεται εἰς ἄγγελον φωτός· οὐ μέγα οὖν εἰ καὶ
οἱ διάκονοι αὐτοῦ μετασχηματίζονται ὡς διάκονοι δικαιο-
σύνης, ὧν τὸ τέλος ἔσται κατὰ τὰ ἔργα αὐτῶν.

16   Πάλιν λέγω, μή τίς με δόξῃ ἄφρονα εἶναι·— εἰ δὲ
μήγε, κἂν ὡς ἄφρονα δέξασθέ με, ἵνα κἀγὼ μικρόν τι καυ-
17 χήσωμαι· ὃ λαλῶ οὐ κατὰ κύριον λαλῶ, ἀλλ᾽ ὡς ἐν ἀφρο-
18 σύνῃ, ἐν ταύτῃ τῇ ὑποστάσει τῆς καυχήσεως. ἐπεὶ πολλοὶ
19 καυχῶνται κατὰ [τὴν] σάρκα, κἀγὼ καυχήσομαι. ἡδέως
20 γὰρ ἀνέχεσθε τῶν ἀφρόνων φρόνιμοι ὄντες· ἀνέχεσθε γὰρ
εἴ τις ὑμᾶς καταδουλοῖ, εἴ τις κατεσθίει, εἴ τις λαμβάνει,
21 εἴ τις ἐπαίρεται, εἴ τις εἰς πρόσωπον ὑμᾶς δέρει.   κατὰ
ἀτιμίαν λέγω, ὡς ὅτι ἡμεῖς ἠσθενήκαμεν· ἐν ᾧ δ᾽ ἄν τις
22 τολμᾷ, ἐν ἀφροσύνῃ λέγω, τολμῶ κἀγώ. Ἑβραῖοί εἰσιν;
κἀγώ. Ἰσραηλεῖταί εἰσιν; κἀγώ. σπέρμα Ἀβραάμ εἰσιν;
23 κἀγώ. διάκονοι Χριστοῦ εἰσίν; παραφρονῶν λαλῶ, ὑπὲρ
ἐγώ· ἐν κόποις περισσοτέρως, ἐν φυλακαῖς περισσοτέρως,
24 ἐν πληγαῖς ὑπερβαλλόντως, ἐν θανάτοις πολλάκις· ὑπὸ
25 Ἰουδαίων πεντάκις τεσσεράκοντα παρὰ μίαν ἔλαβον, τρὶς

1 δὲ οὐ

knowledge. Why, I have always made that perfectly clear in my dealings with you.

7 Do you think that I did wrong in degrading myself to uplift you, because I preached God's good news to you without 8 any compensation? I robbed other churches, letting them 9 pay me so that I could work for you! And when I was with you and wanted money, I did not burden any of you, for when the brothers came from Macedonia they supplied what I needed. So I kept myself, as I shall always do, from being a 10 burden to you in any way. By the truth of Christ that is in me, this boast of mine shall not be silenced anywhere in 11 Greece. And why? Because I do not love you? God knows I do.

12 And I shall go on doing as I do, so as to cut the ground from under those who want to make out that in their boasted 13 apostleship they work on the same terms that I do. Such men are sham apostles, dishonest workmen, masquerading as 14 apostles of Christ. And no wonder, for even Satan himself 15 masquerades as a shining angel. So it is nothing strange if his servants also masquerade as servants of uprightness. But their doom will fit their actions.

16 I repeat, no one should think me a fool, but if you do, show me at least the patience you would show a fool, and let 17 me have my little boast like the others. When I boast in this reckless way, I do not say what I am saying for the Lord, 18 but as a fool would talk. Since many are so human as to 19 boast, I will do it also. For you like to put up with fools, 20 you are so wise yourselves! For you put up with it if a man makes you his slaves, or lives on you, or takes you in, or puts 21 on airs, or gives you a slap in the face. To my shame I must admit that I was too weak for that sort of thing. But whatever anyone else dares to boast of—I am playing the part of 22 a fool—I will dare to boast of too. If they are Hebrews, so am I! If they are Israelites, so am I! If they are descended 23 from Abraham, so am I! If they are Christian workers—I am talking like a madman!—I am a better one! with far greater labors, far more imprisonments, vastly worse beatings, and in 24 frequent danger of death. Five times I have been given one 25 less than forty lashes, by the Jews. I have been beaten three

ἐραβδίσθην, ἅπαξ ἐλιθάσθην, τρὶς ἐναυάγησα, νυχθήμερον
26 ἐν τῷ βυθῷ πεποίηκα· ὁδοιπορίαις πολλάκις, κινδύνοις
ποταμῶν, κινδύνοις λῃστῶν, κινδύνοις ἐκ γένους, κινδύνοις
ἐξ ἐθνῶν, κινδύνοις ἐν πόλει, κινδύνοις ἐν ἐρημίᾳ, κινδύνοις
27 ἐν θαλάσσῃ, κινδύνοις ἐν ψευδαδέλφοις, κόπῳ καὶ μόχθῳ,
ἐν ἀγρυπνίαις πολλάκις, ἐν λιμῷ καὶ δίψει, ἐν νηστείαις
28 πολλάκις, ἐν ψύχει καὶ γυμνότητι· χωρὶς τῶν παρεκτὸς ἡ
ἐπίστασίς μοι ἡ καθ᾽ ἡμέραν, ἡ μέριμνα πασῶν τῶν ἐκκλη-
29 σιῶν. τίς ἀσθενεῖ, καὶ οὐκ ἀσθενῶ; τίς σκανδαλίζεται,
30 καὶ οὐκ ἐγὼ πυροῦμαι; εἰ καυχᾶσθαι δεῖ, τὰ τῆς ἀσθε-
31 νείας [μου] καυχήσομαι. ὁ θεὸς καὶ πατὴρ τοῦ κυρίου
Ἰησοῦ οἶδεν, ὁ ὢν εὐλογητὸς εἰς τοὺς αἰῶνας, ὅτι οὐ ψεύ-
32 δομαι. ἐν Δαμασκῷ ὁ ἐθνάρχης Ἀρέτα τοῦ βασιλέως
33 ἐφρούρει τὴν πόλιν Δαμασκηνῶν πιάσαι με, καὶ διὰ
θυρίδος ἐν σαργάνῃ ἐχαλάσθην διὰ τοῦ τείχους καὶ ἐξέ-
1 φυγον τὰς χεῖρας αὐτοῦ. Καυχᾶσθαι ⌜δεῖ· οὐ⌝
συμφέρον μέν, ἐλεύσομαι δὲ εἰς ὀπτασίας καὶ ἀποκαλύψεις
2 Κυρίου. οἶδα ἄνθρωπον ἐν Χριστῷ πρὸ ἐτῶν δεκατεσσά-
ρων,— εἴτε ἐν σώματι οὐκ οἶδα, εἴτε ἐκτὸς τοῦ σώματος
οὐκ οἶδα, ὁ θεὸς οἶδεν,— ἁρπαγέντα τὸν τοιοῦτον ἕως τρίτου
3 οὐρανοῦ. καὶ οἶδα τὸν τοιοῦτον ἄνθρωπον,— εἴτε ἐν σώματι
4 εἴτε χωρὶς τοῦ σώματος [οὐκ οἶδα,] ὁ θεὸς οἶδεν,— ὅτι
ἡρπάγη εἰς τὸν παράδεισον καὶ ἤκουσεν ἄρρητα ῥήματα ἃ
5 οὐκ ἐξὸν ἀνθρώπῳ λαλῆσαι. ὑπὲρ τοῦ τοιούτου καυχή-
σομαι, ὑπὲρ δὲ ἐμαυτοῦ οὐ καυχήσομαι εἰ μὴ ἐν ταῖς ἀσθε-
6 νείαις. ἐὰν γὰρ θελήσω καυχήσασθαι, οὐκ ἔσομαι ἄφρων,
ἀλήθειαν γὰρ ἐρῶ· φείδομαι δέ, μή τις εἰς ἐμὲ λογίσηται
7 ὑπὲρ ὃ βλέπει με ἢ ἀκούει ἐξ ⌜ἐμοῦ, καὶ τῇ ὑπερβολῇ τῶν
ἀποκαλύψεων. διὸ ἵνα μὴ ὑπεραίρωμαι, ἐδόθη μοι σκόλοψ
τῇ σαρκί, ἄγγελος Σατανᾶ, ἵνα με κολαφίζῃ, ἵνα μὴ
8 ὑπεραίρωμαι.⌝ ὑπὲρ τούτου τρὶς τὸν κύριον παρεκάλεσα
9 ἵνα ἀποστῇ ἀπ᾽ ἐμοῦ· καὶ εἴρηκέν μοι Ἀρκεῖ σοι ἡ χάρις
μου· ἡ γὰρ δύναμις ἐν ἀσθενείᾳ τελεῖται. Ἡ-

times by the Romans, I have been stoned once, I have been shipwrecked three times, a night and a day I have been 26 adrift at sea; with my frequent journeys, in danger from rivers, danger from robbers, danger from my own people, danger from the heathen, danger in the city, danger in the 27 desert, danger at sea, danger from false brothers, through toil and hardship, through many a sleepless night, through hunger and thirst, often without food, and exposed to cold. 28 And besides everything else, the thing that burdens me every 29 day is my anxiety about all the churches.   Who is weak without my being weak?   Whose conscience is hurt without 30 my being fired with indignation?   If there must be boasting, 31 I will boast of the things that show my weakness!   The God and Father of the Lord Jesus Christ, he who is forever blessed, 32 knows that I am telling the truth.   When I was at Damascus, the governor under King Aretas had the gates of Damascus 33 watched in order to catch me, but I was lowered in a basket from a window in the wall, and got out of his clutches.

12   I have to boast.   There is nothing to be gained by it, but I will go on to visions and revelations given me by the 2 Lord.   I know of a man fourteen years ago—whether in the body or out of it, I do not know, God knows—being actually 3 caught up to the third heaven.   And I know that this man— I do not know whether it was in the body or out of it, God 4 knows—was caught up into Paradise, and heard things that 5 must not be told, which no human being can repeat.   On this man's account I am ready to boast, but about myself I will 6 boast only of my weaknesses.   Though if I do choose to boast, I will not be such a fool, for I will only be telling the truth. But I will refrain from it, for I do not want anyone to be influenced by the wonderful character of these revelations to think more of me than is justified by my words or conduct. 7 So to keep me from being too much elated a bitter physical affliction was sent to me, a very messenger of Satan, to harass 8 me, to keep me from being too much elated.   Three times I have prayed to the Lord about this, begging that it might 9 leave me, and he said to me, "My favor is enough for you, for only where there is weakness is perfect strength developed."

διστα οὖν μᾶλλον καυχήσομαι ἐν ταῖς ἀσθενείαις, ἵνα
10 ἐπισκηνώσῃ ἐπ᾽ ἐμὲ ἡ δύναμις τοῦ χριστοῦ. διὸ εὐδοκῶ
ἐν ἀσθενείαις, ἐν ὕβρεσιν, ἐν ἀνάγκαις, ἐν ⸀διωγμοῖς καὶ⸣
στενοχωρίαις, ὑπὲρ Χριστοῦ· ὅταν γὰρ ἀσθενῶ, τότε
δυνατός εἰμι.

11 Γέγονα ἄφρων· ὑμεῖς με ἠναγκάσατε· ἐγὼ γὰρ ὤφειλον
ὑφ᾽ ὑμῶν συνίστασθαι. οὐδὲν ⸀γὰρ⸣ ὑστέρησα τῶν ὑπερ-
12 λίαν ἀποστόλων, εἰ καὶ οὐδέν εἰμι· τὰ μὲν σημεῖα τοῦ
ἀποστόλου κατειργάσθη ἐν ὑμῖν ἐν πάσῃ ὑπομονῇ, ση-
13 μείοις [τε] καὶ τέρασιν καὶ δυνάμεσιν. τί γάρ ἐστιν ὃ
ἡσσώθητε ὑπὲρ τὰς λοιπὰς ἐκκλησίας, εἰ μὴ ὅτι αὐτὸς
ἐγὼ οὐ κατενάρκησα ὑμῶν; χαρίσασθέ μοι τὴν ἀδικίαν
14 ταύτην.   Ἰδοὺ τρίτον τοῦτο ἑτοίμως ἔχω ἐλθεῖν
πρὸς ὑμᾶς, καὶ οὐ καταναρκήσω· οὐ γὰρ ζητῶ τὰ ὑμῶν
ἀλλὰ ὑμᾶς, οὐ γὰρ ὀφείλει τὰ τέκνα τοῖς γονεῦσιν θησαυ-
15 ρίζειν, ἀλλὰ οἱ γονεῖς τοῖς τέκνοις. ἐγὼ δὲ ἥδιστα δαπα-
νήσω καὶ ἐκδαπανηθήσομαι ὑπὲρ τῶν ψυχῶν ⸀ὑμῶν. εἰ
16 περισσοτέρως ὑμᾶς ἀγαπῶ, ἧσσον ἀγαπῶμαι;⸣ Ἔστω
δέ, ἐγὼ οὐ κατεβάρησα ὑμᾶς· ἀλλὰ ὑπάρχων πανοῦργος
17 δόλῳ ὑμᾶς ἔλαβον. μή τινα ὧν ἀπέσταλκα πρὸς ὑμᾶς,
18 δι᾽ αὐτοῦ ἐπλεονέκτησα ὑμᾶς; παρεκάλεσα Τίτον καὶ συνα-
πέστειλα τὸν ἀδελφόν· μήτι ἐπλεονέκτησεν ὑμᾶς Τίτος;
οὐ τῷ αὐτῷ πνεύματι περιεπατήσαμεν; οὐ τοῖς αὐτοῖς
19 ἴχνεσιν;   Πάλαι δοκεῖτε ὅτι ὑμῖν ἀπολογού-
μεθα; κατέναντι θεοῦ ἐν Χριστῷ λαλοῦμεν. τὰ δὲ πάντα,
20 ἀγαπητοί, ὑπὲρ τῆς ὑμῶν οἰκοδομῆς, φοβοῦμαι γὰρ μή
πως ἐλθὼν οὐχ οἵους θέλω εὕρω ὑμᾶς, κἀγὼ εὑρεθῶ ὑμῖν
οἷον οὐ θέλετε, μή πως ἔρις, ζῆλος, θυμοί, ἐριθίαι, κατα-
21 λαλιαί, ψιθυρισμοί, φυσιώσεις, ἀκαταστασίαι· μὴ πάλιν
ἐλθόντος μου ταπεινώσῃ με ὁ θεός μου πρὸς ὑμᾶς, καὶ
πενθήσω πολλοὺς τῶν προημαρτηκότων καὶ μὴ μετα-
νοησάντων ἐπὶ τῇ ἀκαθαρσίᾳ καὶ πορνείᾳ καὶ ἀσελγείᾳ ᾗ
1 ἔπραξαν.   Τρίτον τοῦτο ἔρχομαι πρὸς ὑμᾶς·

10 οιωγμοῖς, ἐν   11 γάρ τι   15 ὑμῶν, εἰ περισσοτέρως ὑμᾶς ἀγαπῶν ἧσσον ἀγαπῶμαι.

So I am perfectly willing to boast of all my weakness, so
10 that the strength of Christ may shelter me. That is why
I am pleased with weaknesses, insults, hardships, persecutions,
and difficulties, when they are endured for Christ's sake, for
it is when I am weak that I am strong.

11 I have been making a fool of myself, but you forced me
to do it, when you ought to have been expressing your
approval of me. For I am not a bit inferior to your superfine
12 apostles, even if I am nobody! The signs that mark a true
apostle were most patiently shown when I was among you,
13 in signs, wonders, and marvels. For what is there in which
the other churches had the better of you, except in the fact
that I would not permit myself to be a burden to you?
You must forgive me that wrong!

14 Here it is the third time that I have been ready to come to
see you, and I do not intend to be a burden to you now; for it
is not your money but yourselves that I want; for children
are not expected to lay up money for their parents, but parents
15 for their children. And I will be glad to spend all I have and
all I am for your sake. Are you going to love me the less for
16 loving you so intensely? But granting that I did not burden
you myself, I was clever about it, you say, and took you in
17 by a trick. Yet did I make anything out of you by anybody
18 that I sent to you? I asked Titus to go and I sent his brother
with him. Did Titus make anything out of you? Did not
he and I act in the same spirit, and take the very same
steps?

19 Have you been supposing all along that it is before you
I have been defending myself? It is in the sight of God and
as a follower of Christ that I have been speaking. But it is all
20 to do you good, dear friends, for I am afraid that perhaps
when I come I may find you not as I want to find you, and that
you may find me not as you want to find me. I am afraid
that perhaps there may be quarreling, jealousy, bad feeling,
21 rivalry, slander, gossip, conceit, and disorder, and that when I
come back my God may humiliate me before you, and I may
have to mourn over many who have kept on in their old sins
and have never repented of the impurity, immorality, and
sensuality in which they have indulged.

13 This will be my third visit to you. Any charge must be

ἐπὶ ϲτόΜατοϲ Δύο ΜαρτύρωΝ καὶ τριῶΝ ϲταθήϲεται
2 πᾶΝ ῥῆΜα. προείρηκα καὶ προλέγω ὡς παρὼν τὸ δεύτερον
καὶ ἀπὼν νῦν τοῖς προημαρτηκόσιν καὶ τοῖς λοιποῖς πᾶσιν,
3 ὅτι ἐὰν ἔλθω εἰς τὸ πάλιν οὐ φείσομαι, ἐπεὶ δοκιμὴν
ζητεῖτε τοῦ ἐν ἐμοὶ λαλοῦντος χριστοῦ· ὃς εἰς ὑμᾶς
4 οὐκ ἀσθενεῖ ἀλλὰ δυνατεῖ ἐν ὑμῖν, καὶ γὰρ ἐσταυρώθη ἐξ
ἀσθενείας, ἀλλὰ ζῇ ἐκ δυνάμεως θεοῦ. καὶ γὰρ ἡμεῖς
ἀσθενοῦμεν ⌜ἐν⌝ αὐτῷ, ἀλλὰ ζήσομεν σὺν αὐτῷ ἐκ δυνάμεως
5 θεοῦ [εἰς ὑμᾶς]. Ἑαυτοὺς πειράζετε εἰ ἐστὲ ἐν τῇ πίστει,
ἑαυτοὺς δοκιμάζετε· ἢ οὐκ ἐπιγινώσκετε ἑαυτοὺς ὅτι ⌜Ἰη-
6 σοῦς Χριστὸς⌝ ἐν ὑμῖν; εἰ μήτι ἀδόκιμοί ἐστε. ἐλπίζω δὲ
7 ὅτι γνώσεσθε ὅτι ἡμεῖς οὐκ ἐσμὲν ἀδόκιμοι. εὐχόμεθα δὲ
πρὸς τὸν θεὸν μὴ ποιῆσαι ὑμᾶς κακὸν μηδέν, οὐχ ἵνα ἡμεῖς
δόκιμοι φανῶμεν, ἀλλ' ἵνα ὑμεῖς τὸ καλὸν ποιῆτε, ἡμεῖς δὲ
8 ὡς ἀδόκιμοι ὦμεν. οὐ γὰρ δυνάμεθά τι κατὰ τῆς ἀλη-
9 θείας, ἀλλὰ ὑπὲρ τῆς ἀληθείας. χαίρομεν γὰρ ὅταν ἡμεῖς
ἀσθενῶμεν, ὑμεῖς δὲ δυνατοὶ ἦτε· τοῦτο καὶ εὐχόμεθα, τὴν
10 ὑμῶν κατάρτισιν. Διὰ τοῦτο ταῦτα ἀπὼν γράφω, ἵνα
παρὼν μὴ ἀποτόμως χρήσωμαι κατὰ τὴν ἐξουσίαν ἣν ὁ
κύριος ἔδωκέν μοι, εἰς οἰκοδομὴν καὶ οὐκ εἰς καθαίρεσιν.
11   Λοιπόν, ἀδελφοί, χαίρετε, καταρτίζεσθε, παρακαλεῖσθε,
τὸ αὐτὸ φρονεῖτε, εἰρηνεύετε, καὶ ὁ θεὸς τῆς ἀγάπης καὶ
12 εἰρήνης ἔσται μεθ' ὑμῶν. Ἀσπάσασθε ἀλλήλους ἐν ἁγίῳ
φιλήματι. Ἀσπάζονται ὑμᾶς οἱ ἅγιοι πάντες.
13   Ἡ χάρις τοῦ κυρίου Ἰησοῦ [Χριστοῦ] καὶ ἡ ἀγάπη
τοῦ θεοῦ καὶ ἡ κοινωνία τοῦ ἁγίου πνεύματος μετὰ πάντων
ὑμῶν.

4 σὺν   5 Χριστὸς Ἰησοῦς

2 sustained by the evidence of two or three witnesses. Those who have kept on in their old sins and all the rest I have warned, and I warn them now while I am still away, as I did on my second visit, that if I come back I will spare nobody—
3 since you demand proof that Christ really speaks through me. He is not weak in dealing with you. On the contrary, right
4 among you he exhibits his power. Even if he was crucified through weakness, by the power of God he is alive. For we are weak as he was, but you will find that by the power of
5 God we will be alive as he is. It is yourselves you must test, to see whether you are holding to the faith. It is yourselves you must examine. Do you not know that Jesus Christ is
6 within you? Unless you fail to stand the test! I hope you
7 will see that I do not fail to stand it. But I pray to God that you may not do wrong—not to prove me equal to the test, but that you should do right even if I fail to stand it.
8 For I cannot do anything against the truth, but only for it.
9 I am glad to be weak, if you are strong! That is what I pray
10 for—the perfecting of your characters. That is why I write this while I am away from you, so that when I come, I may not have to be harsh in my use of the authority the Lord has given me, for it was to build you up, not to pull you down.
11   Now brothers, goodbye! Be what you ought to be, listen to my appeal, agree with one another, live in peace,
12 and God the source of love and peace will be with you.
13 Greet one another with a sacred kiss. All God's people wish to be remembered to you.
14   The blessing of the Lord Jesus Christ, the love of God and the participation in the holy Spirit be with you all.

ΠΡΟΣ ΓΑΛΑΤΑΣ

1 ΠΑΥΛΟΣ ἀπόστολος, οὐκ ἀπ᾽ ἀνθρώπων οὐδὲ δι᾽ ἀν-
θρώπου ἀλλὰ διὰ Ἰησοῦ Χριστοῦ καὶ θεοῦ πατρὸς τοῦ
2 ἐγείραντος αὐτὸν ἐκ νεκρῶν, καὶ οἱ σὺν ἐμοὶ πάντες
3 ἀδελφοί, ταῖς ἐκκλησίαις τῆς Γαλατίας· χάρις ὑμῖν καὶ
εἰρήνη ἀπὸ θεοῦ πατρὸς ⌐ἡμῶν καὶ κυρίου⌐ Ἰησοῦ Χριστοῦ,
4 τοῦ δόντος ἑαυτὸν ⌐ὑπὲρ⌐ τῶν ἁμαρτιῶν ἡμῶν ὅπως ἐξέ-
ληται ἡμᾶς ἐκ τοῦ αἰῶνος τοῦ ἐνεστῶτος πονηροῦ κατὰ τὸ
5 θέλημα τοῦ θεοῦ καὶ πατρὸς ἡμῶν, ᾧ ἡ δόξα εἰς τοὺς
αἰῶνας τῶν αἰώνων· ἀμήν.

6 Θαυμάζω ὅτι οὕτως ταχέως μετατίθεσθε ἀπὸ τοῦ καλέ-
7 σαντος ὑμᾶς ἐν χάριτι Χριστοῦ εἰς ἕτερον εὐαγγέλιον, ὃ
οὐκ ἔστιν ἄλλο· εἰ μή τινές εἰσιν οἱ ταράσσοντες ὑμᾶς καὶ
8 θέλοντες μεταστρέψαι τὸ εὐαγγέλιον τοῦ χριστοῦ. ἀλλὰ
καὶ ἐὰν ἡμεῖς ἢ ἄγγελος ἐξ οὐρανοῦ εὐαγγελίσηται [ὑμῖν]
9 παρ᾽ ὃ εὐηγγελισάμεθα ὑμῖν, ἀνάθεμα ἔστω. ὡς προειρή-
καμεν, καὶ ἄρτι πάλιν λέγω, εἴ τις ὑμᾶς εὐαγγελίζεται
παρ᾽ ὃ παρελάβετε, ἀνάθεμα ἔστω.

10 Ἄρτι γὰρ ἀνθρώπους πείθω ἢ τὸν θεόν; ἢ ζητῶ ἀνθρώ-
ποις ἀρέσκειν; εἰ ἔτι ἀνθρώποις ἤρεσκον, Χριστοῦ δοῦλος
11 οὐκ ἂν ἤμην. γνωρίζω ⌐γὰρ⌐ ὑμῖν, ἀδελφοί, τὸ εὐαγγέλιον τὸ
12 εὐαγγελισθὲν ὑπ᾽ ἐμοῦ ὅτι οὐκ ἔστιν κατὰ ἄνθρωπον· οὐδὲ
γὰρ ἐγὼ παρὰ ἀνθρώπου παρέλαβον αὐτό, ⌐οὔτε⌐ ἐδιδάχθην,
13 ἀλλὰ δι᾽ ἀποκαλύψεως Ἰησοῦ Χριστοῦ.   Ἠκού-
σατε γὰρ τὴν ἐμὴν ἀναστροφήν ποτε ἐν τῷ Ἰουδαϊσμῷ, ὅτι
καθ᾽ ὑπερβολὴν ἐδίωκον τὴν ἐκκλησίαν τοῦ θεοῦ καὶ ἐπόρ-

3 καὶ κυρίου [ἡμῶν]   4 περὶ

THE LETTER TO THE GALATIANS

1   Paul, an apostle not from men nor sent by any man, but by
Jesus Christ and God the Father who raised him from the dead
2 —and all the brothers who are here with me, to the churches
3 of Galatia; blessing and peace to you from God our Father
4 and the Lord Jesus Christ, who to save us from the present
wicked world gave himself for our sins at the will of our God
5 and Father. To him be glory forever and ever! Amen.
6   I am amazed that you are so quickly turning away from
him who called you by the mercy of Christ, to some different
7 good news—not that there is any other, only that there are
some people who are trying to unsettle you and want to turn
8 the good news of the Christ around. But even if we or an
angel from heaven preach to you good news that contradicts
the good news we have preached to you, a curse upon him!
9 We have said it before, and I repeat it now—if anyone is
preaching to you good news that contradicts the good news
you have already received, a curse upon him!
10   Is that appealing to men's weaknesses, or to God? Is
that trying to suit men? If I were still doing that, I would
11 be no slave of Christ. For I tell you plainly, brothers, that
12 the good news that I preached is not a human affair. I did not
receive it from any man, and I was not taught it, but it came
to me through a revelation of Jesus Christ.
13   You have heard of my former conduct when I was
attached to the Jewish religion—how furiously I used to

14 θουν αὐτήν, καὶ προέκοπτον ἐν τῷ Ἰουδαϊσμῷ ὑπὲρ πολ-
λοὺς συνηλικιώτας ἐν τῷ γένει μου, περισσοτέρως ζηλωτὴς
15 ὑπάρχων τῶν πατρικῶν μου παραδόσεων. Ὅτε δὲ εὐδόκησεν
[ὁ θεὸς] ὁ ἀφορίσας με ἐκ κοιλίας ΜΗΤΡΟΣ ΜΟΥ καὶ κα-
16 λέσας διὰ τῆς χάριτος αὐτοῦ ἀποκαλύψαι τὸν υἱὸν αὐτοῦ
ἐν ἐμοὶ ἵνα εὐαγγελίζωμαι αὐτὸν ἐν τοῖς ἔθνεσιν, εὐθέως οὐ
17 προσανεθέμην σαρκὶ καὶ αἵματι, οὐδὲ ἀνῆλθον εἰς Ἱερο-
σόλυμα πρὸς τοὺς πρὸ ἐμοῦ ἀποστόλους, ἀλλὰ ἀπῆλθον εἰς
18 Ἀραβίαν, καὶ πάλιν ὑπέστρεψα εἰς Δαμασκόν. Ἔπειτα
μετὰ τρία ἔτη ἀνῆλθον εἰς Ἱεροσόλυμα ἱστορῆσαι Κηφᾶν,
19 καὶ ἐπέμεινα πρὸς αὐτὸν ἡμέρας δεκαπέντε· ἕτερον δὲ
τῶν ἀποστόλων οὐκ εἶδον, εἰ μὴ Ἰάκωβον τὸν ἀδελφὸν
20 τοῦ κυρίου. ἃ δὲ γράφω ὑμῖν, ἰδοὺ ἐνώπιον τοῦ θεοῦ ὅτι
21 οὐ ψεύδομαι. ἔπειτα ἦλθον εἰς τὰ κλίματα τῆς Συρίας
22 καὶ [τῆς] Κιλικίας. ἤμην δὲ ἀγνοούμενος τῷ προσώπῳ
23 ταῖς ἐκκλησίαις τῆς Ἰουδαίας ταῖς ἐν Χριστῷ, μόνον δὲ
ἀκούοντες ἦσαν ὅτι Ὁ διώκων ἡμᾶς ποτὲ νῦν εὐαγγελί-
24 ζεται τὴν πίστιν ἥν ποτε ἐπόρθει, καὶ ἐδόξαζον ἐν ἐμοὶ
1 τὸν θεόν. Ἔπειτα διὰ δεκατεσσάρων ἐτῶν πάλιν ἀνέβην
εἰς Ἱεροσόλυμα μετὰ Βαρνάβα, συνπαραλαβὼν καὶ Τίτον·
2 ἀνέβην δὲ κατὰ ἀποκάλυψιν· καὶ ἀνεθέμην αὐτοῖς τὸ εὐαγ-
γέλιον ὃ κηρύσσω ἐν τοῖς ἔθνεσιν, κατ' ἰδίαν δὲ τοῖς
3 δοκοῦσιν, μή πως εἰς κενὸν τρέχω ἢ ἔδραμον. ἀλλ' οὐδὲ
4 Τίτος ὁ σὺν ἐμοί, Ἕλλην ὤν, ἠναγκάσθη περιτμηθῆναι· διὰ
δὲ τοὺς παρεισάκτους ψευδαδέλφους, οἵτινες παρεισῆλθον
κατασκοπῆσαι τὴν ἐλευθερίαν ἡμῶν ἣν ἔχομεν ἐν Χριστῷ
5 Ἰησοῦ, ἵνα ἡμᾶς καταδουλώσουσιν,—. οἷς οὐδὲ πρὸς ὥραν
εἴξαμεν τῇ ὑποταγῇ, ἵνα ἡ ἀλήθεια τοῦ εὐαγγελίου δια-
6 μείνῃ πρὸς ὑμᾶς. ἀπὸ δὲ τῶν δοκούντων εἶναί τι — ὁποῖοί
ποτε ἦσαν οὐδέν μοι διαφέρει — πρόσωπον [ὁ] θεὸς ἀνθρώ-
που οὐ λαμβάνει — ἐμοὶ γὰρ οἱ δοκοῦντες οὐδὲν προσανέ-
7 θεντο, ἀλλὰ τοὐναντίον ἰδόντες ὅτι πεπίστευμαι τὸ εὐαγ-
8 γέλιον τῆς ἀκροβυστίας καθὼς Πέτρος τῆς περιτομῆς, ὁ

14 persecute the church of God and ravage it, and how I surpassed many of my own age among my people In my devotion to Judaism, I was so fanatically devoted to what my forefathers
15 had handed down.   And when God, who had set me apart
16 from my birth and had called me in his mercy, saw fit to reveal his Son to me, so that I might preach the good news about him to the heathen, immediately, instead of consulting with any
17 human being, or going up to Jerusalem to see those who had been apostles before me, I went off to Arabia, and on my
18 return came back to Damascus.   Then three years later I went up to Jerusalem, to become acquainted with Cephas, and I
19 spent two weeks with him; but I did not see any other
20 apostle, except James, the Lord's brother.   (In writing you
21 this, I call God to witness that I am telling the truth!)
22 After that, I went to the districts of Syria and Cilicia.   I was still personally unknown to the Christian churches of Judea;
23 they only heard people say, "The man who once persecuted us is now preaching the good news of the faith he tried to
24 destroy," and they praised God for me.   Then, fourteen
2 years later, I went up to Jerusalem again, with Barnabas, and
2 took Titus also with me.   It was in obedience to a revelation that I went.   I laid before them the good news that I preach to the heathen, presenting it privately to the leaders, for fear
3 my efforts might be or might have been futile.   But they did not insist that even my companion Titus, although he was
4 a Greek, should be circumcised, to gratify the false brothers who had been smuggled in, who sneaked in to spy upon the freedom we enjoy in Christ Jesus, so as to reduce us to slavery
5 again.   But we did not submit to them for a moment, in order
6 that the truth of the good news might remain yours.   Those who were regarded as the leaders—what they once were makes no difference to me; God shows no partiality—the lead-
7 ers contributed nothing new to me.   On the contrary, when they saw that I had been intrusted with the good news for the heathen, just as Peter had been intrusted with it

γὰρ ἐνεργήσας Πέτρῳ εἰς ἀποστολὴν τῆς περιτομῆς ἐνήρ-
9 γησεν καὶ ἐμοὶ εἰς τὰ ἔθνη, καὶ γνόντες τὴν χάριν τὴν
δοθεῖσάν μοι, Ἰάκωβος καὶ Κηφᾶς καὶ Ἰωάνης, οἱ δο-
κοῦντες στύλοι εἶναι, δεξιὰς ἔδωκαν ἐμοὶ καὶ Βαρνάβᾳ
κοινωνίας, ἵνα ἡμεῖς εἰς τὰ ἔθνη, αὐτοὶ δὲ εἰς τὴν περι-
10 τομήν· μόνον τῶν πτωχῶν ἵνα μνημονεύωμεν, ὃ καὶ ἐσπού-
11 δασα αὐτὸ τοῦτο ποιῆσαι. Ὅτε δὲ ἦλθεν Κηφᾶς εἰς
Ἀντιόχειαν, κατὰ πρόσωπον αὐτῷ ἀντέστην, ὅτι κατε-
12 γνωσμένος ἦν· πρὸ τοῦ γὰρ ἐλθεῖν τινὰς ἀπὸ Ἰακώβου
μετὰ τῶν ἐθνῶν συνήσθιεν· ὅτε δὲ ἦλθον, ὑπέστελλεν καὶ
13 ἀφώριζεν ἑαυτόν, φοβούμενος τοὺς ἐκ περιτομῆς. καὶ
συνυπεκρίθησαν αὐτῷ [καὶ] οἱ λοιποὶ Ἰουδαῖοι, ὥστε καὶ
14 Βαρνάβας συναπήχθη αὐτῶν τῇ ὑποκρίσει· ἀλλ' ὅτε εἶδον
ὅτι οὐκ ὀρθοποδοῦσιν πρὸς τὴν ἀλήθειαν τοῦ εὐαγγελίου,
εἶπον τῷ Κηφᾷ ἔμπροσθεν πάντων Εἰ σὺ Ἰουδαῖος ὑπάρ-
χων ἐθνικῶς καὶ ⌜οὐκ⌝ Ἰουδαϊκῶς ζῇς, πῶς τὰ ἔθνη ἀναγ-
15 κάζεις Ἰουδαΐζειν; Ἡμεῖς φύσει Ἰουδαῖοι καὶ
16 οὐκ ἐξ ἐθνῶν ἁμαρτωλοί, εἰδότες δὲ ὅτι οὐ δικαιοῦται ἄν-
θρωπος ἐξ ἔργων νόμου ἐὰν μὴ διὰ πίστεως Χριστοῦ
Ἰησοῦ, καὶ ἡμεῖς εἰς ⌜Χριστὸν Ἰησοῦν⌝ ἐπιστεύσαμεν, ἵνα
δικαιωθῶμεν ἐκ πίστεως Χριστοῦ καὶ οὐκ ἐξ ἔργων νόμου,
17 ὅτι ἐξ ἔργων νόμου ΟΥ ΔΙΚΑΙΩΘΗΣΕΤΑΙ ΠΑΣΑ ΣΑΡΞ. εἰ δὲ
ζητοῦντες δικαιωθῆναι ἐν Χριστῷ εὑρέθημεν καὶ αὐτοὶ
ἁμαρτωλοί, ἆρα Χριστὸς ἁμαρτίας διάκονος; μὴ γένοιτο·
18 εἰ γὰρ ἃ κατέλυσα ταῦτα πάλιν οἰκοδομῶ, παραβάτην
19 ἐμαυτὸν συνιστάνω. ἐγὼ γὰρ διὰ νόμου νόμῳ ἀπέθανον
20 ἵνα θεῷ ζήσω· Χριστῷ συνεσταύρωμαι· ζῶ δὲ οὐκέτι ἐγώ,
ζῇ δὲ ἐν ἐμοὶ Χριστός· ὃ δὲ νῦν ζῶ ἐν σαρκί, ἐν πίστει ζῶ
τῇ τοῦ υἱοῦ τοῦ θεοῦ τοῦ ἀγαπήσαντός με καὶ παραδόντος
21 ἑαυτὸν ὑπὲρ ἐμοῦ. Οὐκ ἀθετῶ τὴν χάριν τοῦ θεοῦ· εἰ γὰρ
διὰ νόμου δικαιοσύνη, ἆρα Χριστὸς δωρεὰν ἀπέθανεν.
1 Ὦ ἀνόητοι Γαλάται, τίς ὑμᾶς ἐβάσκανεν, οἷς κατ' ὀ-
2 φθαλμοὺς Ἰησοῦς Χριστὸς προεγράφη ἐσταυρωμένος; τοῦτο

14 οὐχ MSS   16 Ἰησοῦν Χριστὸν

8 for the Jews—for he who actuated Peter to be an apostle
9 to the Jews also actuated me to be one to the heathen—
and when they recognized the favor God had shown me,
James, Cephas, and John, who were regarded as pillars of the
10 church, pledged Barnabas and me their co-operation, with the
understanding that we should work among the heathen and
they among the Jews. Only, we were to remember the poor,
11 and that I have taken pains to do. But when Cephas came to
Antioch, I opposed him to his face, for his own conduct con-
12 demned him. For until some people came from James, he used
to eat with the heathen, but after they came, he began to draw
back and hold aloof, for fear of the party of circumcision.
13 The other Jewish Christians followed his example in concealing
their real views, so that even Barnabas was carried away by
14 their pose. But when I saw that they were not straightfor-
ward about the truth of the good news, I said to Cephas, right
before them all, "If you live like a heathen and not like a Jew,
though you are a Jew yourself, why should you try to make
the heathen live like Jews?"
15 We who are Jews by birth, and not sinful heathen,
16 but who know that a man is not made upright by doing what
the Law commands, but by faith in Christ Jesus—even we
believed in Christ Jesus, so as to be made upright by faith in
Christ and not by doing what the Law commands—for by
doing what the Law commands no one can be made upright.
17 If through our efforts to be made upright through Christ, we
have ourselves been proved as much "sinners" as the heathen,
18 does that make Christ encourage sin? By no means. I
really convict myself of wrongdoing when I start to rebuild
19 what I tore down. For it is through the Law that I have
20 become dead to the Law, so that I may live for God. I have
been crucified with Christ, and it is no longer I that live, but
Christ that lives in me. The life I am now living in the body
I am living by faith in the Son of God who loved me and gave
21 himself for me. I refuse to nullify the mercy of God. For if
uprightness could be secured through law, then Christ died
for nothing!
3   You senseless Galatians! Who has bewitched you, when
you had Jesus Christ shown crucified right before your eyes?

μόνον θέλω μαθεῖν ἀφ᾽ ὑμῶν, ἐξ ἔργων νόμου τὸ πνεῦμα
3 ἐλάβετε ἢ ἐξ ἀκοῆς πίστεως; οὕτως ἀνόητοί ἐστε; ἐναρξά-
4 μενοι πνεύματι νῦν σαρκὶ ἐπιτελεῖσθε; τοσαῦτα ἐπάθετε
5 εἰκῇ; εἴ γε καὶ εἰκῇ. ὁ οὖν ἐπιχορηγῶν ὑμῖν τὸ πνεῦμα
καὶ ἐνεργῶν δυνάμεις ἐν ὑμῖν ἐξ ἔργων νόμου ἢ ἐξ ἀκοῆς
6 πίστεως; καθὼς Ἀβραὰμ ἐπίϲτεγϲεν τῷ θεῷ, καὶ ἐλο-
ΓίϲθΗ ἀγτῷ εἰϲ ΔικαιοϲγνΗν.

7 Γινώσκετε ἄρα ὅτι οἱ ἐκ πίστεως, οὗτοι υἱοί εἰσιν
8 Ἀβραάμ. προϊδοῦσα δὲ ἡ γραφὴ ὅτι ἐκ πίστεως δικαιοῖ τὰ
ἔθνη ὁ θεὸς προευηγγελίσατο τῷ Ἀβραὰμ ὅτι ἘνεγλοΓΗ-
9 θΗϲονται ἐν ϲοὶ πάντα τὰ ἔθνΗ. ὥστε οἱ ἐκ πίστε-
10 ως εὐλογοῦνται σὺν τῷ πιστῷ Ἀβραάμ. Ὅσοι
γὰρ ἐξ ἔργων νόμου εἰσὶν ὑπὸ κατάραν εἰσίν, γέγραπται γὰρ
ὅτι Ἐπικατάρατοϲ πᾶϲ ὃϲ ογκ ἐμμένει πᾶϲιν τοῖϲ
ΓεΓραμμένοιϲ ἐν τῷ Βιβλίῳ τογ νόμογ τογ ποιΗϲαι
11 ἀγτά. ὅτι δὲ ἐν νόμῳ οὐδεὶς δικαιοῦται παρὰ τῷ θεῷ
12 δῆλον, ὅτι Ὁ Δίκαιοϲ ἐκ πίϲτεωϲ ζΗϲεται, ὁ δὲ νό-
μος οὐκ ἔστιν ἐκ πίστεως, ἀλλ᾽ Ὁ ποιΗϲαϲ ἀγτὰ ζΗϲεται
13 ἐν ἀγτοῖϲ. Χριστὸς ἡμᾶς ἐξηγόρασεν ἐκ τῆς κατάρας
τοῦ νόμου γενόμενος ὑπὲρ ἡμῶν κατάρα, ὅτι γέγραπται
14 Ἐπικατάρατοϲ πᾶϲ ὁ κρεμάμενοϲ ἐπὶ ξγλογ, ἵνα
εἰς τὰ ἔθνη ἡ εὐλογία τοῦ Ἀβραὰμ γένηται ἐν ⌐Ἰησοῦ
Χριστῷ⌐, ἵνα τὴν ἐπαγγελίαν τοῦ πνεύματος λάβωμεν
15 διὰ τῆς πίστεως. Ἀδελφοί, κατὰ ἄνθρωπον
λέγω· ὅμως ἀνθρώπου κεκυρωμένην διαθήκην οὐδεὶς ἀθετεῖ
16 ἢ ἐπιδιατάσσεται. τῷ δὲ Ἀβραὰμ ἐρρέθησαν αἱ ἐπαγ-
γελίαι καὶ τῷ ϲπέρματι αὐτοῦ· οὐ λέγει Καὶ τοῖς
σπέρμασιν, ὡς ἐπὶ πολλῶν, ἀλλ᾽ ὡς ἐφ᾽ ἑνός Καὶ τῷ
17 ϲπέρματί ϲογ, ὅς ἐστιν Χριστός. τοῦτο δὲ λέγω· δια-
θήκην προκεκυρωμένην ὑπὸ τοῦ θεοῦ ὁ μετὰ τετρακόσια
καὶ τριάκοντα ἔτη γεγονὼς νόμος οὐκ ἀκυροῖ, εἰς τὸ καταρ-
18 γῆσαι τὴν ἐπαγγελίαν. εἰ γὰρ ἐκ νόμου ἡ κληρονομία,
οὐκέτι ἐξ ἐπαγγελίας· τῷ δὲ Ἀβραὰμ δι᾽ ἐπαγγελίας

14 Χριστῷ Ἰησοῦ

2 This is all I want to ask you: Did you receive the Spirit through doing what the Law commands, or through believing
3 the message you heard? Are you so senseless? Did you
4 begin with the Spirit only to end now with the flesh? Have you gone through so much, all for nothing?—if it really is for
5 nothing! When he supplies you with the Spirit and works wonders among you, is it because you do what the Law commands, or because you believe the message you heard?
6 Just as Abraham had faith in God and it was credited to him as uprightness.

7   So you see, the real descendants of Abraham are the men
8 of faith. The Scripture foresaw that God would accept the heathen as upright in consequence of their faith, and preached the good news in advance to Abraham in the words, "All
9 the heathen will be blessed through you." So the men of faith share the blessing of Abraham and his faith.

10   For there is a curse upon all who rely on obedience to the Law, for the Scripture says, "Cursed be anyone who does not stand by everything that is written in the Book of the Law
11 and obey it." That no one is accepted as upright by God for obeying the Law is evident because "the upright will have
12 life because of his faith," and the Law has nothing to do with faith; it teaches that it is the man who does these things
13 that will find life by doing them. Christ ransomed us from the Law's curse by taking our curse upon himself (for the Scripture says, "Cursed be anyone who is hung on a tree")
14 in order that the blessing given to Abraham might through Jesus Christ reach the heathen, so that through faith we might receive the promised Spirit.

15   To take an illustration, brothers, from daily life: even a human agreement, once ratified, no one annuls or alters.
16 Now the promises were made to Abraham and his line. It does not say, "and to your lines," in the plural, but in the
17 singular, "and to your line," that is, Christ. My point is this: An agreement already ratified by God cannot be annuled and its promise canceled by the Law, which arose
18 four hundred and thirty years later. If our inheritance rests on the Law, it has nothing to do with the promise. Yet it was as a promise that God bestowed it upon Abraham.

19 κεχάρισται ὁ θεός.   Τί οὖν ὁ νόμος; τῶν παρα-
βάσεων χάριν προσετέθη, ἄχρις ⌜ἂν⌝ ἔλθῃ τὸ σπέρμα ᾧ
20 ἐπήγγελται, διαταγεὶς δι' ἀγγέλων ἐν χειρὶ μεσίτου· ὁ δὲ
21 μεσίτης ἑνὸς οὐκ ἔστιν, ὁ δὲ θεὸς εἷς ἐστίν. ὁ οὖν νόμος
κατὰ τῶν ἐπαγγελιῶν [τοῦ θεοῦ]; μὴ γένοιτο· εἰ γὰρ ἐδόθη
νόμος ὁ δυνάμενος ζῳοποιῆσαι, ὄντως ⌜ἐν νόμῳ ἂν ἦν⌝ ἡ
22 δικαιοσύνη. ἀλλὰ συνέκλεισεν ἡ γραφὴ τὰ πάντα ὑπὸ
ἁμαρτίαν ἵνα ἡ ἐπαγγελία ἐκ πίστεως Ἰησοῦ Χριστοῦ
δοθῇ τοῖς πιστεύουσιν.

23   Πρὸ τοῦ δὲ ἐλθεῖν τὴν πίστιν ὑπὸ νόμον ἐφρουρούμεθα
συνκλειόμενοι εἰς τὴν μέλλουσαν πίστιν ἀποκαλυφθῆναι.
24 ὥστε ὁ νόμος παιδαγωγὸς ἡμῶν γέγονεν εἰς Χριστόν, ἵνα
25 ἐκ πίστεως δικαιωθῶμεν· ἐλθούσης δὲ τῆς πίστεως οὐκέτι
26 ὑπὸ παιδαγωγόν ἐσμεν.   Πάντες γὰρ υἱοὶ θεοῦ
27 ἐστε διὰ τῆς πίστεως ἐν Χριστῷ Ἰησοῦ. ὅσοι γὰρ εἰς
28 Χριστὸν ἐβαπτίσθητε, Χριστὸν ἐνεδύσασθε· οὐκ ἔνι Ἰου-
δαῖος οὐδὲ Ἕλλην, οὐκ ἔνι δοῦλος οὐδὲ ἐλεύθερος, οὐκ ἔνι
ἄρσεν καὶ θῆλυ· πάντες γὰρ ὑμεῖς εἷς ἐστε ἐν Χριστῷ
29 Ἰησοῦ. εἰ δὲ ὑμεῖς Χριστοῦ, ἄρα τοῦ Ἀβραὰμ σπέρμα
1 ἐστέ, κατ' ἐπαγγελίαν κληρονόμοι.   Λέγω δέ,
ἐφ' ὅσον χρόνον ὁ κληρονόμος νήπιός ἐστιν, οὐδὲν διαφέρει
2 δούλου κύριος πάντων ὤν, ἀλλὰ ὑπὸ ἐπιτρόπους ἐστὶ καὶ
3 οἰκονόμους ἄχρι τῆς προθεσμίας τοῦ πατρός. οὕτως καὶ
ἡμεῖς, ὅτε ἦμεν νήπιοι, ὑπὸ τὰ στοιχεῖα τοῦ κόσμου ἤμεθα
4 δεδουλωμένοι· ὅτε δὲ ἦλθεν τὸ πλήρωμα τοῦ χρόνου, ἐξα-
πέστειλεν ὁ θεὸς τὸν υἱὸν αὐτοῦ, γενόμενον ἐκ γυναικός,
5 γενόμενον ὑπὸ νόμον, ἵνα τοὺς ὑπὸ νόμον ἐξαγοράσῃ, ἵνα
6 τὴν υἱοθεσίαν ἀπολάβωμεν.   Ὅτι δέ ἐστε υἱοί,
ἐξαπέστειλεν ὁ θεὸς τὸ πνεῦμα τοῦ υἱοῦ αὐτοῦ εἰς τὰς
7 καρδίας ἡμῶν, κρᾶζον Ἀββά ὁ πατήρ. ὥστε οὐκέτι εἶ
δοῦλος ἀλλὰ υἱός· εἰ δὲ υἱός, καὶ κληρονόμος διὰ θεοῦ.

8   Ἀλλὰ τότε μὲν οὐκ εἰδότες θεὸν ἐδουλεύσατε τοῖς
9 φύσει μὴ οὖσι θεοῖς· νῦν δὲ γνόντες θεόν, μᾶλλον δὲ

19 οὗ   21 ἐκ νόμου ἦν [ἂν]

19 Then what about the Law? It was a later addition, designed to produce transgressions, until the descendant to which the promise was made should come, and it was enacted 20 by means of angels, through an intermediary; though an intermediary implies more than one party, while God is but 21 one. Is the Law then contrary to God's promises? By no means. For if a law had been given that could have brought 22 life, uprightness would really have come through law. But the Scripture describes all mankind as the prisoners of sin, so that the promised blessing might on the ground of faith in Jesus Christ be given to those who have faith.

23 But before this faith came, we were kept shut up under the Law, in order to obtain the faith that was to be revealed. 24 So the Law has been our attendant on our way to Christ, so 25 that we might be made upright through faith. But now that faith has come, we are no longer in the charge of the attendant. 26 For in Christ Jesus you are all sons of God through your 27 faith. For all of you who have been baptized into union 28 with Christ have clothed yourselves with Christ. There is no room for "Jew" and "Greek"; there is no room for "slave" and "freeman"; there is no room for "male" and "female"; 29 for in union with Christ Jesus you are all one. And if you belong to Christ, then you are true descendants of Abraham and his heirs under the promise.

4 I mean this: As long as the heir is a minor, he is no better than a slave, although he is the owner of all the 2 property, but he is under guardians and trustees until the time 3 fixed by his father. So when we were minors, we were slaves 4 to material ways of looking at things, but when the proper time came, God sent his Son, born of a woman, and made 5 subject to law, to ransom those who were subject to law, so that we might receive adoption.

6 And because you are sons, God has sent into our hearts the spirit of his Son, with the cry, "Abba!" that is, Father. 7 So you are no longer a slave, but a son; and if a son, then an heir, made so by God.

8 But formerly, in your ignorance of God, you were slaves 9 to gods that really did not exist, but now that you know

γνωσθέντες ὑπὸ θεοῦ, πῶς ἐπιστρέφετε πάλιν ἐπὶ τὰ
ἀσθενῆ καὶ πτωχὰ στοιχεῖα, οἷς πάλιν ἄνωθεν ⌜δουλεῦσαι⌝
10 θέλετε; ἡμέρας παρατηρεῖσθε καὶ μῆνας καὶ καιροὺς καὶ
11 ἐνιαυτούς. φοβοῦμαι ὑμᾶς μή πως εἰκῇ κεκοπίακα εἰς ὑμᾶς.
12 Γίνεσθε ὡς ἐγώ, ὅτι κἀγὼ ὡς ὑμεῖς, ἀδελφοί, δέομαι
13 ὑμῶν. οὐδέν με ἠδικήσατε· οἴδατε δὲ ὅτι δι᾽ ἀσθένειαν
14 τῆς σαρκὸς εὐηγγελισάμην ὑμῖν τὸ πρότερον, καὶ τὸν
πειρασμὸν ὑμῶν ἐν τῇ σαρκί μου οὐκ ἐξουθενήσατε οὐδὲ
ἐξεπτύσατε, ἀλλὰ ὡς ἄγγελον θεοῦ ἐδέξασθέ με, ὡς
15 Χριστὸν Ἰησοῦν. ποῦ οὖν ὁ μακαρισμὸς ὑμῶν; μαρτυρῶ
γὰρ ὑμῖν ὅτι εἰ δυνατὸν τοὺς ὀφθαλμοὺς ὑμῶν ἐξορύξαντες
16 ἐδώκατέ μοι. ὥστε ἐχθρὸς ὑμῶν γέγονα ἀληθεύων ὑμῖν;
17 ζηλοῦσιν ὑμᾶς οὐ καλῶς, ἀλλὰ ἐκκλεῖσαι ὑμᾶς θέλουσιν,
18 ἵνα αὐτοὺς ζηλοῦτε. καλὸν δὲ ζηλοῦσθαι ἐν καλῷ πάντοτε,
19 καὶ μὴ μόνον ἐν τῷ παρεῖναί με πρὸς ὑμᾶς, ⌜τεκνία⌝ μου,
οὓς πάλιν ὠδίνω μέχρις οὗ μορφωθῇ Χριστὸς ἐν ὑμῖν·
20 ἤθελον δὲ παρεῖναι πρὸς ὑμᾶς ἄρτι, καὶ ἀλλάξαι τὴν
φωνήν μου, ὅτι ἀποροῦμαι ἐν ὑμῖν.

21 Λέγετέ μοι, οἱ ὑπὸ νόμον θέλοντες εἶναι, τὸν νόμον
22 οὐκ ἀκούετε; γέγραπται γὰρ ὅτι Ἀβραὰμ δύο υἱοὺς ἔσχεν,
23 ἕνα ἐκ τῆς παιδίσκης καὶ ἕνα ἐκ τῆς ἐλευθέρας· ἀλλ᾽ ὁ
[μὲν] ἐκ τῆς παιδίσκης κατὰ σάρκα γεγέννηται, ὁ δε ἐκ τῆς
24 ἐλευθέρας ⌜δι᾽⌝ ἐπαγγελίας. ἅτινά ἐστιν ἀλληγορούμενα·
αὗται γάρ εἰσιν δύο διαθῆκαι, μία μὲν ἀπὸ ὄρους Σινά, εἰς
25 δουλείαν γεννῶσα, ἥτις ἐστὶν Ἄγαρ, τὸ ⌜δὲ Ἄγαρ⌝ Σινὰ
ὄρος ἐστὶν ἐν τῇ Ἀραβίᾳ, συνστοιχεῖ δὲ τῇ νῦν Ἱερου-
26 σαλήμ, δουλεύει γὰρ μετὰ τῶν τέκνων αὐτῆς· ἡ δὲ ἄνω
27 Ἰερουσαλὴμ ἐλευθέρα ἐστίν, ἥτις ἐστὶν μήτηρ ἡμῶν·
γέγραπται γάρ

ΕΥ̓ΦΡΆΝΘΗΤΙ, CΤΕΙ͂ΡΑ Ὴ ΟΥ̓ ΤΊΚΤΟΥCΑ·
ῬΑ͂ΖΟΝ ΚΑὶ ΒΌΗCΟΝ, Ὴ ΟΥ̓Κ ὨΔΊΝΟΥCΑ·
ῸΤΙ ΠΟΛΛᾺ ΤᾺ ΤΈΚΝΑ ΤΗ͂C ἘΡΉΜΟΥ ΜΑ͂ΛΛΟΝ Ὴ
ΤΗ͂C ἘΧΟΎCΗC ΤῸΝ ἌΝΔΡΑ.

9 δουλεύειν   19 τέκνα   23 διὰ τῆς   25 γὰρ

God, or rather have come to be known by him, how can you turn back to the old, crude notions, so poor and weak, and 10 wish to become slaves to them again? You are observing 11 days, months, seasons, and years! I begin to be afraid that perhaps the labor I spent on you was wasted.

12   Take my position, I beg you, brothers, just as I once took 13 yours! You took no advantage of me then; though you know that it was because of an illness that I preached the good news 14 to you that first time; and yet what must have tried you in my physical condition, you did not scorn and despise, but you welcomed me like an angel of God, like Christ Jesus 15 himself. What has become of that satisfaction of yours? For I can bear witness that you would have torn out your 16 very eyes, if you could, and given them to me! Have I turned 17 into an enemy to you, by telling you the truth? These men are making much of you, but not with honorable intentions. They want to shut you out, so that you will have to make 18 much of them. But it is a finer thing to be made much of honestly and constantly—not just when I can be with you, 19 my children—you for whom I am enduring a mother's pains 20 again, until Christ is formed in you. I wish I could be with you now, and use a different tone with you, for I do not know which way to turn about you.

21   Tell me this, you who want to be subject to law: Will 22 you not listen to the Law? For the Scripture says that Abraham had two sons, one by the slave-girl, and one by the 23 free woman. But the child of the slave-girl was born in the ordinary course of nature, while the child of the free woman 24 was born in fulfilment of the promise. This is an allegorical utterance. For the women are two agreements, one coming from Mount Sinai, bearing children that are to be slaves; 25 that is, Hagar (and Hagar means Mount Sinai, in Arabia), and corresponds to the present Jerusalem, for Jerusalem is in 26 slavery with her children. But the Jerusalem above is 27 free, and she is our mother. For the Scripture says,

"Rejoice, childless woman, who bear no children,
 Break into shouting, you who have no birthpains!
 For the desolate woman has more children than the married
    one!"

28 ⌐ἡμεῖς δέ, ἀδελφοί, κατὰ Ἰσαὰκ ἐπαγγελίας τέκνα ἐσμέν
29 ἀλλ' ὥσπερ τότε ὁ κατὰ σάρκα γεννηθεὶς ἐδίωκε τὸν κατὰ
30 πνεῦμα, οὕτως καὶ νῦν. ἀλλὰ τί λέγει ἡ γραφή; Ἐκ-
Βαλε τὴν παιδίσκην καὶ τὸν γίὸν αὐτῆς, οὐ γὰρ μὴ
κληρονομήσει ὁ γίὸς τῆς παιδίσκης μετὰ τοῦ γίοῦ
31 τῆς ἐλευθέρας. διό, ἀδελφοί, οὐκ ἐσμὲν παιδίσκης τέκνα
ἀλλὰ τῆς ἐλευθέρας.

1 ⌐Τῇ ἐλευθερίᾳ ἡμᾶς Χριστὸς ἠλευθέρωσεν⌐· στήκετε
οὖν καὶ μὴ πάλιν ζυγῷ δουλείας ἐνέχεσθε. —
2 Ἴδε ἐγὼ Παῦλος λέγω ὑμῖν ὅτι ἐὰν περιτέμνησθε
3 Χριστὸς ὑμᾶς οὐδὲν ὠφελήσει. μαρτύρομαι δὲ πάλιν
παντὶ ἀνθρώπῳ περιτεμνομένῳ ὅτι ὀφειλέτης ἐστὶν ὅλον
4 τὸν νόμον ποιῆσαι. κατηργήθητε ἀπὸ Χριστοῦ οἵτινες ἐν
5 νόμῳ δικαιοῦσθε, τῆς χάριτος ἐξεπέσατε. ἡμεῖς γὰρ πνεύ-
6 ματι ἐκ πίστεως ἐλπίδα δικαιοσύνης ἀπεκδεχόμεθα. ἐν γὰρ
Χριστῷ [Ἰησοῦ] οὔτε περιτομή τι ἰσχύει οὔτε ἀκροβυστία,
7 ἀλλὰ πίστις δι' ἀγάπης ἐνεργουμένη. Ἐτρέχετε
8 καλῶς· τίς ὑμᾶς ἐνέκοψεν ἀληθείᾳ μὴ πείθεσθαι; ἡ
9 πεισμονὴ οὐκ ἐκ τοῦ καλοῦντος ὑμᾶς. μικρὰ ζύμη ὅλον
10 τὸ φύραμα ζυμοῖ. ἐγὼ πέποιθα εἰς ὑμᾶς ἐν κυρίῳ ὅτι
οὐδὲν ἄλλο φρονήσετε· ὁ δὲ ταράσσων ὑμᾶς βαστάσει τὸ
11 κρίμα, ὅστις ἐὰν ᾖ. Ἐγὼ δέ, ἀδελφοί, εἰ περιτομὴν ἔτι
κηρύσσω, τί ἔτι διώκομαι; ἄρα κατήργηται τὸ σκάνδαλον
12 τοῦ σταυροῦ. Ὄφελον καὶ ἀποκόψονται οἱ ἀναστατοῦντες
ὑμᾶς.

13 Ὑμεῖς γὰρ ἐπ' ἐλευθερίᾳ ἐκλήθητε, ἀδελφοί· μόνον
μὴ τὴν ἐλευθερίαν εἰς ἀφορμὴν τῇ σαρκί, ἀλλὰ διὰ τῆς
14 ἀγάπης δουλεύετε ἀλλήλοις· ὁ γὰρ πᾶς νόμος ἐν ἑνὶ λόγῳ
πεπλήρωται, ἐν τῷ Ἀγαπήσεις τὸν πλησίον σου ὡς
15 σεαυτόν. εἰ δὲ ἀλλήλους δάκνετε καὶ κατεσθίετε, βλέ-
16 πετε μὴ ὑπ' ἀλλήλων ἀναλωθῆτε. Λέγω δέ,
πνεύματι περιπατεῖτε καὶ ἐπιθυμίαν σαρκὸς οὐ μὴ τελέ-
17 σητε. ἡ γὰρ σὰρξ ἐπιθυμεῖ κατὰ τοῦ πνεύματος, τὸ δὲ

28 Now we, brothers, are like Isaac, children born in fulfil-
29 ment of the promise.   But just as then the child born in the
ordinary course of nature persecuted the one born through the
30 influence of the Spirit, so it is today.   Yet what does the
Scripture say?   "Drive the slave-girl and her son away,
for the slave-girl's son shall not share the inheritance with the
31 son of the free woman."   So, brothers, we are children not of
a slave but of one who is free.

5   This is the freedom with which Christ has freed us.   So
stand firm in it, and do not get under a yoke of slavery again.
2   Why, I, Paul, tell you that if you let yourselves be
3 circumcised, Christ can do nothing for you.   I insist again
to any man who lets himself be circumcised, that he is under
4 obligation to obey the whole Law.   You people who propose
to be made upright by law have finished with Christ;   you
5 have lost your hold upon God's favor.   But we, by the
Spirit, through faith wait for the uprightness we hope for.   For
6 in union with Christ Jesus, neither circumcision nor the want
of it counts for anything, but only faith acting through love.
7   You were making such progress!   Who has stopped your
8 obeying the truth?   That kind of persuasion never came
9 from him who called you!   A little yeast will make all the
10 dough rise.   I am confident in the Lord that you will not take
a different view.   The man who is unsettling you will have
11 to pay the penalty for it, no matter who he is.   And I,
brothers, if I am still preaching circumcision, why am I still
being persecuted?   If that is the case, the cross has ceased
12 to be an obstacle, I suppose!   I wish the people who are
upsetting you would go on, and mutilate themselves!
13   For you, brothers, have been called to freedom; only do
not make your freedom an excuse for the physical, but in love
14 be slaves to one another.   For the whole Law is summed up
in one saying: "You must love your neighbor as you do
15 yourself."   But if you bite one another and eat one another,
take care, or you will be destroyed by one another.
16   I mean this: Live by the Spirit, and then you will not
17 indulge your physical cravings.   For the physical cravings

πνεῦμα κατὰ τῆς σαρκός, ταῦτα γὰρ ἀλλήλοις ἀντίκειται,
18 ἵνα μὴ ἃ ἐὰν θέλητε ταῦτα ποιῆτε. εἰ δὲ πνεύματι ἄγε-
19 σθε, οὐκ ἐστὲ ὑπὸ νόμον. φανερὰ δέ ἐστιν τὰ ἔργα τῆς
20 σαρκός, ἅτινά ἐστιν πορνεία, ἀκαθαρσία, ἀσέλγεια, εἰδω-
λολατρία, φαρμακία, ἔχθραι, ⌈ἔρις, ζῆλος,⌉ θυμοί, ἐριθίαι,
21 διχοστασίαι, αἱρέσεις, φθόνοι, μέθαι, κῶμοι, καὶ τὰ ὅμοια
τούτοις, ἃ προλέγω ὑμῖν καθὼς ᵀ προεῖπον ὅτι οἱ τὰ
τοιαῦτα πράσσοντες βασιλείαν θεοῦ οὐ κληρονομήσουσιν.
22 ὁ δὲ καρπὸς τοῦ πνεύματός ἐστιν ἀγάπη, χαρά, εἰρήνη,
23 μακροθυμία, χρηστότης, ἀγαθωσύνη, πίστις, πραΰτης,
24 ἐγκράτεια· κατὰ τῶν τοιούτων οὐκ ἔστιν νόμος. οἱ δὲ τοῦ
χριστοῦ Ἰησοῦ τὴν σάρκα ἐσταύρωσαν σὺν τοῖς παθή-
25 μασιν καὶ ταῖς ἐπιθυμίαις.   Εἰ ζῶμεν πνεύματι,
26 πνεύματι καὶ στοιχῶμεν.   μὴ γινώμεθα κενόδοξοι, ἀλλή-
1 λους προκαλούμενοι, ⌈ἀλλήλοις⌉ φθονοῦντες.   Ἀδελφοί,
ἐὰν καὶ προλημφθῇ ἄνθρωπος ἔν τινι παραπτώματι, ὑμεῖς
οἱ πνευματικοὶ καταρτίζετε τὸν τοιοῦτον ἐν πνεύματι πραΰ-
2 τητος, σκοπῶν σεαυτόν, μὴ καὶ σὺ πειρασθῇς.   Ἀλλήλων
τὰ βάρη βαστάζετε, καὶ οὕτως ἀναπληρώσατε τὸν· νόμον
3 τοῦ χριστοῦ. εἰ γὰρ δοκεῖ τις εἶναί τι μηδὲν ὤν, φρενα-
4 πατᾷ ἑαυτόν· τὸ δὲ ἔργον ἑαυτοῦ δοκιμαζέτω [ἕκαστος],
καὶ τότε εἰς ἑαυτὸν μόνον τὸ καύχημα ἕξει καὶ οὐκ εἰς
5 τὸν ἕτερον, ἕκαστος γὰρ τὸ ἴδιον φορτίον βαστάσει.
6 Κοινωνείτω δὲ ὁ κατηχούμενος τὸν λόγον τῷ κατηχοῦντι
7 ἐν πᾶσιν ἀγαθοῖς.   Μὴ πλανᾶσθε, θεὸς οὐ
μυκτηρίζεται· ὃ γὰρ ἐὰν σπείρῃ ἄνθρωπος, τοῦτο καὶ
8 θερίσει· ὅτι ὁ σπείρων εἰς τὴν σάρκα ἑαυτοῦ ἐκ τῆς
σαρκὸς θερίσει φθοράν, ὁ δὲ σπείρων εἰς τὸ πνεῦμα ἐκ
9 τοῦ πνεύματος θερίσει ζωὴν αἰώνιον. τὸ δὲ καλὸν ποιοῦν-
τες μὴ ἐνκακῶμεν, καιρῷ γὰρ ἰδίῳ θερίσομεν μὴ ἐκλυό-
10 μενοι. Ἄρα οὖν ὡς καιρὸν ἔχωμεν, ἐργαζώμεθα τὸ
ἀγαθὸν πρὸς πάντας, μάλιστα δὲ πρὸς τοὺς οἰκείους τῆς
πίστεως.

20 ἔρεις, ζῆλοι,   21 και   26 ἀλλήλους

are against the Spirit, and the cravings of the Spirit are against
the physical; the two are in opposition, so that you cannot
18 do anything you please.   But if you are guided by the
19 Spirit, you are not subject to law.   The things our physical
nature does are clear enough—immorality, impurity, licen-
20 tiousness, idolatry, sorcery, enmity, quarreling, jealousy,
21 anger, selfishness, dissension, party-spirit, envy, drunkenness,
carousing, and the like.   I warn you as I did before that
people who do such things will have no share in the Kingdom
22 of God.   But what the Spirit produces is love, joy, peace,
23 patience, kindness, goodness, faithfulness, gentleness, self-
24 control.   There is no law against such things!   Those who
belong to Jesus the Christ have crucified the physical nature
with its propensities and cravings.
25   If we live by the Spirit, let us be guided by the Spirit.
26 Let us not in our vanity challenge one another or envy one
6 another.   But if a man is caught doing something wrong,
brothers, you are spiritual, and you must set him right, in a
spirit of gentleness.   Think of yourself, for you may be
2 tempted too.   Bear one another's burdens, and in that way
3 carry out the law of the Christ.   For if anyone thinks he is
somebody when he is really nobody, he is deceiving himself.
4 Every man ought to test his own work, and then whatever
satisfaction he has will be with reference to himself, and not in
5 comparison with someone else.   For everyone will have to
carry his own load.
6   Those who are taught the message must share all their
7 goods with their teacher.   Do not be deceived.   God is not
8 to be sneered at.   A man will reap just what he sows.   The
man who sows to gratify his physical cravings will reap
destruction from them, and the man who sows to benefit the
9 spirit will reap eternal life from the Spirit.   Let us not get
tired of doing right, for at the proper time we shall reap, if we
10 do not give out.   So then whenever we have an opportunity,
let us do good to all men, especially to those who belong to the
family of the faith.

11 Ἴδετε ⌈πηλίκοις⌉ ὑμῖν γράμμασιν ἔγραψα τῇ ἐμῇ χειρί.
12 Ὅσοι θέλουσιν εὐπροσωπῆσαι ἐν σαρκί, οὗτοι ἀναγκά-
ζουσιν ὑμᾶς περιτέμνεσθαι, μόνον ἵνα τῷ σταυρῷ τοῦ
13 χριστοῦ ['Ιησοῦ] — μὴ διώκωνται· οὐδὲ γὰρ οἱ ⌈περιτεμνό-
μενοι⌉ αὐτοὶ νόμον φυλάσσουσιν, ἀλλὰ θέλουσιν ὑμᾶς
περιτέμνεσθαι ἵνα ἐν τῇ ὑμετέρᾳ σαρκὶ καυχήσωνται.
14 ἐμοὶ δὲ μὴ γένοιτο καυχᾶσθαι εἰ μὴ ἐν τῷ σταυρῷ τοῦ
κυρίου ἡμῶν 'Ιησοῦ Χριστοῦ, δι' οὗ ἐμοὶ κόσμος ἐσταύ-
15 ρωται κἀγὼ κόσμῳ. οὔτε γὰρ περιτομή τι ἔστιν οὔτε
16 ἀκροβυστία, ἀλλὰ καινὴ κτίσις. καὶ ὅσοι τῷ κανόνι
τούτῳ στοιχήσουσιν, εἰρήνη ἐπ' αὐτοὺς καὶ ἔλεος, καὶ
ἐπὶ τὸν Ἰσραὴλ τοῦ θεοῦ.
17 Τοῦ λοιποῦ κόπους μοι μηδεὶς παρεχέτω, ἐγὼ γὰρ
τὰ στίγματα τοῦ 'Ιησοῦ ἐν τῷ σώματί μου βαστάζω.
18 Ἡ χάρις τοῦ κυρίου [ἡμῶν] 'Ιησοῦ Χριστοῦ μετὰ τοῦ
πνεύματος ὑμῶν, ἀδελφοί· ἀμήν.

11 ἡλίκοις   13 περιτετμημένοι

11   See what large letters I make, when I write to you with
12 my own hand!   These men who are trying to force you to let
yourselves be circumcised want to present a good appearance
externally, to save themselves from having to stand persecu-
13 tion for the cross of Jesus the Christ.   Why, even those who
let themselves be circumcised do not observe the Law them-
selves!   But they want you to let yourselves be circumcised
14 so that they can boast of that physical fact about you!   But
I never want to boast of anything but the cross of our Lord
Jesus Christ, on which the world has been crucified to me
15 and I have been to the world.   For neither circumcision nor
the want of it is of any importance, but only a new creation.
16 Peace and mercy be on all who will follow this rule, and on the
true Israel of God.
17   Let nobody interfere with me after this, for I bear on
my body the scars that mark me as a slave of Jesus.
18   The blessing of our Lord Jesus Christ be with your
spirit, brothers.   Amen.

ΠΡΟΣ ΕΦΕΣΙΟΥΣ

1 ΠΑΥΛΟΣ ἀπόστολος Χριστοῦ Ἰησοῦ διὰ θελήματος
θεοῦ τοῖς ἁγίοις τοῖς οὖσιν [ἐν Ἐφέσῳ] καὶ πιστοῖς
2 ἐν Χριστῷ Ἰησοῦ· χάρις ὑμῖν καὶ εἰρήνη ἀπὸ θεοῦ πα-
τρὸς ἡμῶν καὶ κυρίου Ἰησοῦ Χριστοῦ.

3 Εὐλογητὸς ὁ θεὸς καὶ πατὴρ τοῦ κυρίου ἡμῶν Ἰησοῦ
Χριστοῦ, ὁ εὐλογήσας ἡμᾶς ἐν πάσῃ εὐλογίᾳ πνευματικῇ
4 ἐν τοῖς ἐπουρανίοις ἐν Χριστῷ, καθὼς ἐξελέξατο ἡμᾶς
ἐν αὐτῷ πρὸ καταβολῆς κόσμου, εἶναι ἡμᾶς ἁγίους καὶ
5 ἀμώμους κατενώπιον αὐτοῦ ἐν ἀγάπῃ, προορίσας ἡμᾶς
εἰς υἱοθεσίαν διὰ Ἰησοῦ Χριστοῦ εἰς αὐτόν, κατὰ τὴν εὐδο-
6 κίαν τοῦ θελήματος αὐτοῦ, εἰς ἔπαινον δόξης τῆς χάριτος
7 αὐτοῦ ἧς ἐχαρίτωσεν ἡμᾶς ἐν τῷ ἠγαπημένῳ, ἐν ᾧ ἔχο-
μεν τὴν ἀπολύτρωσιν διὰ τοῦ αἵματος αὐτοῦ, τὴν ἄφεσιν
8 τῶν παραπτωμάτων, κατὰ τὸ πλοῦτος τῆς χάριτος αὐτοῦ
9 ἧς ἐπερίσσευσεν εἰς ἡμᾶς ἐν πάσῃ σοφίᾳ καὶ φρονή-
σει γνωρίσας ἡμῖν τὸ μυστήριον τοῦ θελήματος αὐτοῦ,
10 κατὰ τὴν εὐδοκίαν αὐτοῦ ἣν προέθετο ἐν αὐτῷ εἰς οἰκο-
νομίαν τοῦ πληρώματος τῶν καιρῶν, ἀνακεφαλαιώσασθαι
τὰ πάντα ἐν τῷ χριστῷ, τὰ ἐπὶ τοῖς οὐρανοῖς καὶ τὰ ἐπὶ
11 τῆς γῆς· ἐν αὐτῷ, ἐν ᾧ καὶ ἐκληρώθημεν προορισθέν-
τες κατὰ πρόθεσιν τοῦ τὰ πάντα ἐνεργοῦντος κατὰ τὴν
12 βουλὴν τοῦ θελήματος αὐτοῦ, εἰς τὸ εἶναι ἡμᾶς εἰς
ἔπαινον δόξης αὐτοῦ τοὺς προηλπικότας ἐν τῷ χριστῷ·
13 ἐν ᾧ καὶ ὑμεῖς ἀκούσαντες τὸν λόγον τῆς ἀληθείας, τὸ
εὐαγγέλιον τῆς σωτηρίας ὑμῶν, ἐν ᾧ καὶ πιστεύσαντες

THE LETTER TO THE EPHESIANS

1   Paul, by God's will an apostle of Jesus Christ, to God's
2 people who are steadfast in Christ Jesus; God our Father
and the Lord Jesus Christ bless you and give you peace.
3   Blessed be the God and Father of our Lord Jesus Christ,
who through Christ has blessed us with every spiritual blessing
4 in the heavenly realm.   Through him he chose us out before
the creation of the world, to be consecrated and above reproach
5 in his sight in love.   He foreordained us to become his sons
6 through Jesus Christ, in fulfilment of his generous purpose,
so that we might praise the splendid blessing which he has
7 given us through his beloved Son.   It is through union with
him and through his blood that we have been delivered and our
8 offenses forgiven, in the abundance of his mercy which he
9 has lavished upon us.   He has given us perfect insight into
his secret purpose and understanding of it, in following out the
10 design he planned to carry out in Christ, and in arranging,
when the time should have fully come, that everything in
11 heaven and on earth should be unified in Christ—the Christ
through whom it is our lot to have been predestined by the
design of him who in everything carries out the purpose of his
12 will, to win praise for his glory, by having been the first to
13 believe in Christ.   You also have heard the message of the
truth, the good news of your salvation, and believed in him,

14 ἐσφραγίσθητε τῷ πνεύματι τῆς ἐπαγγελίας τῷ ἁγίῳ, ⌜ὅ⌝ ἐστιν ἀρραβὼν τῆς κληρονομίας ἡμῶν, εἰς ἀπολύτρωσιν τῆς περιποιήσεως, εἰς ἔπαινον τῆς δόξης αὐτοῦ.

15 Διὰ τοῦτο κἀγώ, ἀκούσας τὴν καθ᾽ ὑμᾶς πίστιν ἐν τῷ κυρίῳ Ἰησοῦ καὶ τὴν εἰς πάντας τοὺς ἁγίους, 16 οὐ παύομαι εὐχαριστῶν ὑπὲρ ὑμῶν μνείαν ποιούμε- 17 νος ἐπὶ τῶν προσευχῶν μου, ἵνα ὁ θεὸς τοῦ κυρίου ἡμῶν Ἰησοῦ Χριστοῦ, ὁ πατὴρ τῆς δόξης, ⌜δῴη⌝ ὑμῖν πνεῦμα σοφίας καὶ ἀποκαλύψεως ἐν ἐπιγνώσει αὐτοῦ, 18 πεφωτισμένους τοὺς ὀφθαλμοὺς τῆς καρδίας [ὑμῶν] εἰς τὸ εἰδέναι ὑμᾶς τίς ἐστιν ἡ ἐλπὶς τῆς κλήσεως αὐτοῦ, τίς ὁ πλοῦτος τῆς δόξης τῆς κληρονομίας αὐτοῦ ἐν τοῖς 19 ἁγίοις, καὶ τί τὸ ὑπερβάλλον μέγεθος τῆς δυνάμεως αὐτοῦ εἰς ἡμᾶς τοὺς πιστεύοντας κατὰ τὴν ἐνέργειαν τοῦ κράτους 20 τῆς ἰσχύος αὐτοῦ ἣν ⌜ἐνήργηκεν⌝ ἐν τῷ χριστῷ ἐγείρας αὐτὸν ἐκ νεκρῶν, καὶ καθίσας ἐν δεξιᾷ αὐτοῦ ἐν τοῖς 21 ἐπουρανίοις ὑπεράνω πάσης ἀρχῆς καὶ ἐξουσίας καὶ δυνά- μεως καὶ κυριότητος καὶ παντὸς ὀνόματος ὀνομαζομένου οὐ 22 μόνον ἐν τῷ αἰῶνι τούτῳ ἀλλὰ καὶ ἐν τῷ μέλλοντι· καὶ πάντα ὑπέταξεν ὑπὸ τοὺς πόδας αὐτοῦ, καὶ αὐτὸν 23 ἔδωκεν κεφαλὴν ὑπὲρ πάντα τῇ ἐκκλησίᾳ, ἥτις ἐστὶν τὸ σῶμα αὐτοῦ, τὸ πλήρωμα τοῦ τὰ πάντα ἐν πᾶσιν πληρου- 1 μένου. καὶ ὑμᾶς ὄντας νεκροὺς τοῖς παραπτώμασιν καὶ 2 ταῖς ἁμαρτίαις ὑμῶν, ἐν αἷς ποτὲ περιεπατήσατε κατὰ τὸν αἰῶνα τοῦ κόσμου τούτου, κατὰ τὸν ἄρχοντα τῆς ἐξουσίας τοῦ ἀέρος, τοῦ πνεύματος τοῦ νῦν ἐνεργοῦντος 3 ἐν τοῖς υἱοῖς τῆς ἀπειθίας· ἐν οἷς καὶ ἡμεῖς πάντες ἀνεστράφημέν ποτε ἐν ταῖς ἐπιθυμίαις τῆς σαρκὸς ἡμῶν, ποιοῦντες τὰ θελήματα τῆς σαρκὸς καὶ τῶν δια- νοιῶν, καὶ ἤμεθα τέκνα φύσει ὀργῆς ὡς καὶ οἱ λοιποί· — 4 ὁ δὲ θεὸς πλούσιος ὢν ἐν ἐλέει, διὰ τὴν πολλὴν ἀγάπην 5 αὐτοῦ ἣν ἠγάπησεν ἡμᾶς, καὶ ὄντας ἡμᾶς νεκροὺς τοῖς παραπτώμασιν συνεζωοποίησεν ⊤ τῷ χριστῷ,— χάριτί ἐστε

14 ὅς   17 δῴη v. δῶ   20 ἐνήργησεν

and through union with him you have been marked with the
14 seal of the holy Spirit that was promised, which is the guar-
anty of our inheritance, so that we may get full possession
of it, and praise his glory for it.

15   This is why I, for my part, since I have heard of the faith
in the Lord Jesus that prevails among you and among all
16 God's people, never cease to thank God for you when I men-
17 tion you in my prayers that the God of our Lord Jesus
Christ, the glorious Father, may grant you the Spirit of
wisdom and revelation through the knowledge of himself,
18 enlightening the eyes of your mind so that you may know
what the hope is to which he calls you, and how gloriously rich
19 his inheritance is among God's people, and how surpassingly
great his power is for us who believe; like the mighty strength
20 he exerted in raising Christ from the dead, and seating him at
21 his right hand in heaven, far above all hierarchies, authori-
ties, powers, and dominions, and all titles that can be bestowed
22 not only in this world but in the world to come. He has put
everything under his feet and made him the indisputable head
23 of the church, which is his body, filled by him who fills every-
2 thing everywhere. You also were dead because of the offenses
2 and sins in the midst of which you once lived under the
control of the present age of the world, and the master-spirit
3 of the air, who is still at work among the disobedient. We all
lived among them once, indulging our physical cravings and
obeying the impulses of our lower nature and its thoughts,
and by nature we were doomed to God's wrath like other men.
4 But God is so rich in mercy that because of the great love
5 he had for us, he made us, dead as we were through our
offenses, live again with the Christ. It is by his mercy that you

6 σεσωσμένοι,— καὶ συνήγειρεν καὶ συνεκάθισεν ἐν τοῖς
7 ἐπουρανίοις ἐν Χριστῷ Ἰησοῦ, ἵνα ἐνδείξηται ἐν τοῖς
αἰῶσιν τοῖς ἐπερχομένοις τὸ ὑπερβάλλον πλοῦτος τῆς
χάριτος αὐτοῦ ἐν χρηστότητι ἐφ᾽ ἡμᾶς ἐν Χριστῷ Ἰησοῦ.
8 τῇ γὰρ χάριτί ἐστε σεσωσμένοι διὰ πίστεως· καὶ τοῦτο
9 οὐκ ἐξ ὑμῶν, θεοῦ τὸ δῶρον· οὐκ ἐξ ἔργων, ἵνα μή τις
10 καυχήσηται. αὐτοῦ γάρ ἐσμεν ποίημα, κτισθέντες ἐν
Χριστῷ Ἰησοῦ ἐπὶ ἔργοις ἀγαθοῖς οἷς προητοίμασεν ὁ
θεὸς ἵνα ἐν αὐτοῖς περιπατήσωμεν.

11 Διὸ μνημονεύετε ὅτι ποτὲ ὑμεῖς τὰ ἔθνη ἐν σαρκί, οἱ
λεγόμενοι ἀκροβυστία ὑπὸ τῆς λεγομένης περιτομῆς ἐν
12 σαρκὶ χειροποιήτου,— ὅτι ἦτε τῷ καιρῷ ἐκείνῳ χωρὶς
Χριστοῦ, ἀπηλλοτριωμένοι τῆς πολιτείας τοῦ Ἰσραὴλ καὶ
ξένοι τῶν διαθηκῶν τῆς ἐπαγγελίας, ἐλπίδα μὴ ἔχοντες
13 καὶ ἄθεοι ἐν τῷ κόσμῳ. νυνὶ δὲ ἐν Χριστῷ Ἰησοῦ ὑμεῖς οἵ
ποτε ὄντες ΜΑΚΡΑΝ ἐγενήθητε ΕΓΓΥC ἐν τῷ αἵματι τοῦ
14 χριστοῦ. Αὐτὸς γάρ ἐστιν ἡ ΕΙΡΗΝΗ ἡμῶν, ὁ ποιήσας τὰ
ἀμφότερα ἓν καὶ τὸ μεσότοιχον τοῦ φραγμοῦ λύσας, τὴν
15 ἔχθραν ἐν τῇ σαρκὶ αὐτοῦ, τὸν νόμον τῶν ἐντολῶν ἐν
δόγμασιν καταργήσας, ἵνα τοὺς δύο κτίσῃ ἐν αὑτῷ εἰς ἕνα
16 καινὸν ἄνθρωπον ποιῶν εἰρήνην, καὶ ἀποκαταλλάξῃ τοὺς
ἀμφοτέρους ἐν ἑνὶ σώματι τῷ θεῷ διὰ τοῦ σταυροῦ ἀπο-
17 κτείνας τὴν ἔχθραν ἐν αὐτῷ· καὶ ἐλθὼν ΕΥΗΓΓΕΛΙCΑΤΟ
ΕΙΡΗΝΗΝ ὑμῖν ΤΟΙC ΜΑΚΡΑΝ ΚΑΙ ΕΙΡΗΝΗΝ ΤΟΙC ΕΓΓΥC·
18 ὅτι δι᾽ αὐτοῦ ἔχομεν τὴν προσαγωγὴν οἱ ἀμφότεροι ἐν
19 ἑνὶ πνεύματι πρὸς τὸν πατέρα. Ἄρα οὖν οὐκέτι ἐστὲ ξένοι
καὶ πάροικοι, ἀλλὰ ἐστὲ συνπολῖται τῶν ἁγίων καὶ οἰκεῖοι
20 τοῦ θεοῦ, ἐποικοδομηθέντες ἐπὶ τῷ θεμελίῳ τῶν ἀποστό-
λων καὶ προφητῶν, ὄντος ἀκρογωνιαίου αὐτοῦ Χριστοῦ
21 Ἰησοῦ, ἐν ᾧ πᾶσα οἰκοδομὴ συναρμολογουμένη αὔξει
22 εἰς ναὸν ἅγιον ἐν κυρίῳ, ἐν ᾧ καὶ ὑμεῖς συνοικοδομεῖσθε
εἰς κατοικητήριον τοῦ θεοῦ ἐν πνεύματι.

1 Τούτου χάριν ἐγὼ Παῦλος ὁ δέσμιος τοῦ χριστοῦ

5 ἐν

6 have been saved.   And he raised us with Christ, and through
our union with Christ Jesus made us sit down with him in
7 heaven, to show the incomparable wealth of his mercy through-
out the ages to come by his goodness to us through Christ Jesus.
8 For it is by his mercy that you have been saved through faith.
It is not by your own action, it is the gift of God. It has not
9 been earned, so that no one can boast of it.   For he has made
10 us, creating us through our union with Christ Jesus for the
life of goodness which God had predestined us to live.

11   So remember that you were once physically heathen, and
called uncircumcised by those who called themselves circum-
12 cised, though only physically, by human hands.   At that time
you had no connection with Christ, you were aliens to the
commonwealth of Israel, and strangers to the agreements
about God's promise; with no hope and no God in all the
13 world.   But now through your union with Christ you who
were once far away have through the blood of Christ been
14 brought near. For he is himself our peace. He has united the
two divisions, and broken down the barrier that kept us apart,
15 and through his human nature put an end to the feud between
us, and abolished the Law with its rules and regulations, in
order to make peace and create out of the two parties one
16 new man by uniting them with himself, and to kill the feud
between them with his cross and in one body reconcile them
17 both to God with it.   He came with the good news of peace
18 for you who were far away and for those who were near; for
it is through him that we both with one Spirit are now able to
19 approach the Father. So you are no longer foreigners or
strangers, but you are fellow-citizens of God's people and
20 members of his family.   You are built upon the apostles and
prophets as your foundation, and Christ Jesus himself is the
21 cornerstone.   Through him every part of the building is
closely united and grows into a temple sacred through its
22 relation to the Lord, and you are yourselves built up into a
dwelling for God through the Spirit.

3   This is why I, Paul, whom Jesus the Christ has made a

2 Ἰησοῦ ὑπὲρ ὑμῶν τῶν ἐθνῶν,— εἴ γε ἠκούσατε τὴν οἰκο-
νομίαν τῆς χάριτος τοῦ θεοῦ τῆς δοθείσης μοι εἰς ὑμᾶς,
3 [ὅτι] κατὰ ἀποκάλυψιν ἐγνωρίσθη μοι τὸ μυστήριον, καθὼς
4 προέγραψα ἐν ὀλίγῳ, πρὸς ὃ δύνασθε ἀναγινώσκοντες νοῆ-
5 σαι τὴν σύνεσίν μου ἐν τῷ μυστηρίῳ τοῦ χριστοῦ, ὃ ἑτέραις
γενεαῖς οὐκ ἐγνωρίσθη τοῖς υἱοῖς τῶν ἀνθρώπων ὡς νῦν
ἀπεκαλύφθη τοῖς ἁγίοις ἀποστόλοις αὐτοῦ καὶ προφήταις
6 ἐν πνεύματι, εἶναι τὰ ἔθνη συνκληρονόμα καὶ σύνσωμα
καὶ συνμέτοχα τῆς ἐπαγγελίας ἐν Χριστῷ Ἰησοῦ διὰ τοῦ
7 εὐαγγελίου, οὗ ἐγενήθην διάκονος κατὰ τὴν δωρεὰν τῆς
χάριτος τοῦ θεοῦ τῆς δοθείσης μοι κατὰ τὴν ἐνέργειαν τῆς
8 δυνάμεως αὐτοῦ — ἐμοὶ τῷ ἐλαχιστοτέρῳ πάντων ἁγίων
ἐδόθη ἡ χάρις αὕτη — τοῖς ἔθνεσιν εὐαγγελίσασθαι τὸ
9 ἀνεξιχνίαστον πλοῦτος τοῦ χριστοῦ, καὶ φωτίσαι ᵀ τίς ἡ
οἰκονομία τοῦ μυστηρίου τοῦ ἀποκεκρυμμένου ἀπὸ τῶν
10 αἰώνων ἐν τῷ θεῷ τῷ τὰ πάντα κτίσαντι, ἵνα γνωρισθῇ νῦν
ταῖς ἀρχαῖς καὶ ταῖς ἐξουσίαις ἐν τοῖς ἐπουρανίοις διὰ τῆς
11 ἐκκλησίας ἡ πολυποίκιλος σοφία τοῦ θεοῦ, κατὰ πρόθεσιν
τῶν αἰώνων ἣν ἐποίησεν ἐν τῷ χριστῷ Ἰησοῦ τῷ κυρίῳ
12 ἡμῶν, ἐν ᾧ ἔχομεν τὴν παρρησίαν καὶ προσαγωγὴν ἐν
13 πεποιθήσει διὰ τῆς πίστεως αὐτοῦ. Διὸ αἰτοῦμαι μὴ
ἐνκακεῖν ἐν ταῖς θλίψεσίν μου ὑπὲρ ὑμῶν, ἥτις ἐστὶν δόξα
14 ὑμῶν.   Τούτου χάριν κάμπτω τὰ γόνατά μου
15 πρὸς τὸν πατέρα, ἐξ οὗ πᾶσα πατριὰ ἐν οὐρανοῖς καὶ ἐπὶ
16 γῆς ὀνομάζεται, ἵνα δῷ ὑμῖν κατὰ τὸ πλοῦτος τῆς δόξης
αὐτοῦ δυνάμει κραταιωθῆναι διὰ τοῦ πνεύματος αὐτοῦ εἰς
17 τὸν ἔσω ἄνθρωπον, κατοικῆσαι τὸν χριστὸν διὰ τῆς πίστεως
ἐν ταῖς καρδίαις ὑμῶν ἐν ἀγάπῃ· ἐρριζωμένοι καὶ τεθεμε-
18 λιωμένοι, ἵνα ἐξισχύσητε καταλαβέσθαι σὺν πᾶσιν τοῖς
ἁγίοις τί τὸ πλάτος καὶ μῆκος καὶ ⌜ὕψος καὶ βάθος⌝,
19 γνῶναί τε τὴν ὑπερβάλλουσαν τῆς γνώσεως ἀγάπην τοῦ
χριστοῦ, ἵνα ⌜πληρωθῆτε εἰς⌝ πᾶν τὸ πλήρωμα τοῦ θεοῦ.
20   Τῷ δὲ δυναμένῳ ὑπὲρ πάντα ποιῆσαι ὑπερεκπερισσοῦ

9 πάντας   18 βάθος καὶ ὕψος   19 πληρωθῇ

2 prisoner for the sake of you heathen—if at least you have heard how I dealt with the mercy of God that was given me 3 for you, and how the secret was made known to me by 4 revelation, as I have just briefly written.   As you read that, you will be able to understand the insight I have into the 5 secret of the Christ (which in past ages was not disclosed to mankind as fully as it has now been revealed through the 6 Spirit to his holy apostles and prophets) that through union with Christ Jesus the heathen are fellow-heirs with the Jews, belong to the same body and share the promise with them, 7 through the good news for which I became a worker by virtue of the gift of God's mercy which by the exercise of his 8 power he has given me.   To me, the very least of all his people, this favor has been given, of preaching to the heathen 9 the inexhaustible wealth of the Christ, and making clear how the secret purpose is to be worked out which has been 10 hidden away for ages in God the creator of all things, so that the many-sided wisdom of God may now through the church 11 be made known to the rulers and authorities in heaven, fulfilling the eternal purpose which God carried out in Christ Jesus 12 our Lord.   Through union with him and through faith in him, 13 we have courage to approach God with confidence.   So I ask that what I am having to suffer for your sake may not make me lose heart, for it does you honor.

14
15   For this reason I kneel before the Father from whom 16 every family in heaven or on earth takes its name, and beg him out of his wealth of glory to strengthen you mightily 17 through his Spirit in your inner nature and through your faith to let Christ in his love make his home in your hearts. Your roots must be deep and your foundations strong, so that 18 you and all God's people may be strong enough to grasp what 19 breadth, length, height, and depth mean, and to understand Christ's love, so far beyond our understanding, so that you 20 may be filled with the very fulness of God.   To him who by the exertion of his power within us can do unutterably more

ὧν αἰτούμεθα ἢ νοοῦμεν κατὰ τὴν δύναμιν τὴν ἐνεργου-
21 μένην ἐν ἡμῖν, αὐτῷ ἡ δόξα ἐν τῇ ἐκκλησίᾳ καὶ ἐν Χριστῷ
Ἰησοῦ εἰς πάσας τὰς γενεὰς τοῦ αἰῶνος τῶν αἰώνων· ἀμήν.

1 Παρακαλῶ οὖν ὑμᾶς ἐγὼ ὁ δέσμιος ἐν κυρίῳ ἀξίως
2 περιπατῆσαι τῆς κλήσεως ἧς ἐκλήθητε, μετὰ πάσης τα-
πεινοφροσύνης καὶ πραΰτητος, μετὰ μακροθυμίας, ἀνε-
3 χόμενοι ἀλλήλων ἐν ἀγάπῃ, σπουδάζοντες τηρεῖν τὴν
4 ἑνότητα τοῦ πνεύματος ἐν τῷ συνδέσμῳ τῆς εἰρήνης· ἐν
σῶμα καὶ ἓν πνεῦμα, καθὼς [καὶ] ἐκλήθητε ἐν μιᾷ ἐλπίδι
5 τῆς κλήσεως ὑμῶν· εἷς κύριος, μία πίστις, ἓν βάπτισμα·
6 εἷς θεὸς καὶ πατὴρ πάντων, ὁ ἐπὶ πάντων καὶ διὰ πάντων
7 καὶ ἐν πᾶσιν. Ἑνὶ δὲ ἑκάστῳ ἡμῶν ἐδόθη [ἡ] χάρις κατὰ
8 τὸ μέτρον τῆς δωρεᾶς τοῦ χριστοῦ. διὸ λέγει

Ἀναβὰς εἰς ὕψος ᾐχμαλώτευσεν αἰχμαλωσίαν,
[καὶ] ἔδωκεν δόματα τοῖς ἀνθρώποις.

9 τὸ δὲ Ἀνέβη τί ἐστιν εἰ μὴ ὅτι καὶ κατέβη ⌐ εἰς τὰ
10 κατώτερα μέρη τῆς γῆς; ὁ καταβὰς αὐτός ἐστιν καὶ ὁ
ἀναβὰς ὑπεράνω πάντων τῶν οὐρανῶν, ἵνα πληρώσῃ τὰ
11 πάντα. καὶ αὐτὸς ἔδωκεν τοὺς μὲν ἀποστόλους, τοὺς δὲ
προφήτας, τοὺς δὲ εὐαγγελιστάς, τοὺς δὲ ποιμένας καὶ
12 διδασκάλους, πρὸς τὸν καταρτισμὸν τῶν ἁγίων εἰς ἔργον
13 διακονίας, εἰς οἰκοδομὴν τοῦ σώματος τοῦ χριστοῦ, μέχρι
καταντήσωμεν οἱ πάντες εἰς τὴν ἑνότητα τῆς πίστεως καὶ
τῆς ἐπιγνώσεως τοῦ υἱοῦ τοῦ θεοῦ, εἰς ἄνδρα τέλειον, εἰς
14 μέτρον ἡλικίας τοῦ πληρώματος τοῦ χριστοῦ, ἵνα μηκέτι
ὦμεν νήπιοι, κλυδωνιζόμενοι καὶ περιφερόμενοι παντὶ
ἀνέμῳ τῆς διδασκαλίας ἐν τῇ κυβίᾳ τῶν ἀνθρώπων ἐν
15 πανουργίᾳ πρὸς τὴν μεθοδίαν τῆς πλάνης, ἀληθεύοντες δὲ
ἐν ἀγάπῃ αὐξήσωμεν εἰς αὐτὸν τὰ πάντα, ὅς ἐστιν ἡ
16 κεφαλή, Χριστός, ἐξ οὗ πᾶν τὸ σῶμα συναρμολογούμενον
καὶ συνβιβαζόμενον διὰ πάσης ἁφῆς τῆς ἐπιχορηγίας
κατ᾽ ἐνέργειαν ἐν μέτρῳ ἑνὸς ἑκάστου ⌐μέρους τὴν αὔξησιν
τοῦ σώματος ποιεῖται εἰς οἰκοδομὴν ἑαυτοῦ ἐν ἀγάπῃ.

9 πρῶτον   16 μέλους

21 than all we ask or imagine, be glory through the church and through Christ Jesus through all generations forever and ever. Amen.

4   So I, the prisoner for the Lord's sake, appeal to you to 2 live lives worthy of the summons you have received; with perfect humility and gentleness, with patience, bearing with 3 one another lovingly.   Make every effort to maintain the 4 unity of the Spirit through the tie of peace.   There is but one body and one Spirit, just as there is but one hope that be- 5 longs to the call you received.   There is but one Lord, one 6 faith, one baptism, one God and Father of all, who is above 7 us all, pervades us all, and is within us all.   But each one of 8 us has been given mercy in Christ's generous measure.   So it says,

"When he went up on high, he led a host of captives,
And gave gifts to mankind."

9 What does "he went up" mean, except that he had first gone 10 down to the under parts of the earth?   It is he who went down who has also gone up above all the heavens, to fill the universe. 11 And he has given us some men as apostles, some as prophets, 12 some as missionaries, some as pastors and teachers, in order to fit his people for the work of service, for building the body 13 of Christ, until we all attain unity in faith, and in the knowl- edge of the Son of God, and reach mature manhood, and that 14 full measure of development found in Christ.   We must not be babies any longer, blown about and swung around by every wind of doctrine through the trickery of men with their 15 ingenuity in inventing error.   We must lovingly hold to the truth and grow up into perfect union with him who is the 16 head—Christ himself.   For it is under his control that the whole system, adjusted and united by each ligament of its equipment, develops in proportion to the functioning of each particular part, and so builds itself up through love.

17 Τοῦτο οὖν λέγω καὶ μαρτύρομαι ἐν κυρίῳ, μηκέτι ὑμᾶς
περιπατεῖν καθὼς καὶ τὰ ἔθνη περιπατεῖ ἐν ματαιότητι τοῦ
18 νοὸς αὐτῶν, ἐσκοτωμένοι τῇ διανοίᾳ ὄντες, ἀπηλλοτριω-
μένοι τῆς ζωῆς τοῦ θεοῦ, διὰ τὴν ἄγνοιαν τὴν οὖσαν ἐν
19 αὐτοῖς, διὰ τὴν πώρωσιν τῆς καρδίας αὐτῶν, οἵτινες ἀπηλ-
γηκότες ἑαυτοὺς παρέδωκαν τῇ ἀσελγείᾳ εἰς ἐργασίαν
20 ἀκαθαρσίας πάσης ἐν πλεονεξίᾳ. Ὑμεῖς δὲ οὐχ οὕτως
21 ἐμάθετε τὸν χριστόν, εἴ γε αὐτὸν ἠκούσατε καὶ ἐν αὐτῷ
22 ἐδιδάχθητε, ⌜καθὼς ἔστιν ἀλήθεια ἐν⌝ τῷ Ἰησοῦ, ἀποθέσθαι
ὑμᾶς κατὰ τὴν προτέραν ἀναστροφὴν τὸν παλαιὸν ἄνθρω-
πον τὸν φθειρόμενον κατὰ τὰς ἐπιθυμίας τῆς ἀπάτης,
23/24 ἀνανεοῦσθαι δὲ τῷ πνεύματι τοῦ νοὸς ὑμῶν, καὶ ἐνδύσα-
σθαι τὸν καινὸν ἄνθρωπον τὸν κατὰ θεὸν κτισθέντα ἐν
δικαιοσύνῃ καὶ ὁσιότητι τῆς ἀληθείας.
25 Διὸ ἀποθέμενοι τὸ ψεῦδος λαλεῖτε ἀλήθειαν ἕκαστος
μετὰ τοῦ πλησίον αὐτοῦ, ὅτι ἐσμὲν ἀλλήλων μέλη.
26 ὀργίζεσθε καὶ μὴ ἁμαρτάνετε· ὁ ἥλιος μὴ ἐπιδυέτω
27 ἐπὶ παροργισμῷ ὑμῶν, μηδὲ δίδοτε τόπον τῷ διαβόλῳ.
28 ὁ κλέπτων μηκέτι κλεπτέτω, μᾶλλον δὲ κοπιάτω ἐργαζόμε-
νος ταῖς ⌜χερσὶν τὸ ἀγαθόν, ἵνα ἔχῃ μεταδιδόναι τῷ χρεί-
29 αν ἔχοντι. πᾶς λόγος σαπρὸς ἐκ τοῦ στόματος ὑμῶν μὴ
ἐκπορευέσθω, ἀλλὰ εἴ τις ἀγαθὸς πρὸς οἰκοδομὴν τῆς
30 χρείας, ἵνα δῷ χάριν τοῖς ἀκούουσιν. καὶ μὴ λυπεῖτε τὸ
πνεῦμα τὸ ἅγιον τοῦ θεοῦ, ἐν ᾧ ἐσφραγίσθητε εἰς ἡμέ-
31 ραν ἀπολυτρώσεως. πᾶσα πικρία καὶ θυμὸς καὶ ὀργὴ καὶ
κραυγὴ καὶ βλασφημία ἀρθήτω ἀφ' ὑμῶν σὺν πάσῃ κακίᾳ.
32 γίνεσθε [δὲ] εἰς ἀλλήλους χρηστοί, εὔσπλαγχνοι, χαρι-
ζόμενοι ἑαυτοῖς καθὼς καὶ ὁ θεὸς ἐν Χριστῷ ἐχαρίσατο
1 ⌜ὑμῖν⌝. γίνεσθε οὖν μιμηταὶ τοῦ θεοῦ, ὡς τέκνα ἀγαπητά,
2 καὶ περιπατεῖτε ἐν ἀγάπῃ, καθὼς καὶ ὁ χριστὸς ἠγάπησεν
ὑμᾶς καὶ παρέδωκεν ἑαυτὸν ὑπὲρ ⌜ὑμῶν⌝ προσφορὰν καὶ
3 θυσίαν τῷ θεῷ εἰς ὀσμὴν εὐωδίας. Πορνεία
δὲ καὶ ἀκαθαρσία πᾶσα ἢ πλεονεξία μηδὲ ὀνομαζέσθω ἐν

1 καθώς ἐστιν ἀληθείᾳ, ἐν   28 ἰδίαις   32 ἡμῖν   2 ἡμῶν

17   So what I mean and insist upon in the Lord's name is this: You must no longer live like the heathen, with their frivolity 18 of mind and darkened understanding. They are estranged from the life of God because of the ignorance that exists among 19 them and their obstinacy of heart, for they have become callous, and abandoned themselves to sensuality, greedily 20 practicing every kind of vice. That is not the way you have 21 been taught what Christ means, at least if you have really become acquainted with him and been instructed in him, and in union with him have been taught the truth as it is 22 found in Jesus. You must lay aside with your former habits your old self which is going to ruin through its deceptive 23 passions. You must adopt a new attitude of mind, and put 24 on the new self which has been created in likeness to God, with the uprightness and holiness that belong to the truth.

25   So you must lay aside falsehood and each tell his neighbor 26 the truth, for we are parts of one another. Be angry, but do 27 not sin. The sun must not go down upon your anger; you 28 must not give the devil a chance. The man who stole must not steal any more; he must work with his hands at honest toil instead, so as to have something to share with those who 29 are in need. No bad word must ever pass your lips, but only words that are good and suited to improve the occasion, so 30 that they will be a blessing to those who hear them. You must not offend God's holy Spirit, with which you have been 31 marked for the Day of Redemption. You must give up all bitterness, rage, anger, and loud, abusive talk, and all spite. 32 You must be kind to one another, you must be tender-hearted, and forgive one another just as God through Christ has 5 forgiven you. So follow God's example, like his dear children, 2 and lead loving lives, just as Christ loved you and gave himself for you, as a fragrant offering and sacrifice to God.

3   But immorality or any form of vice or greed must not be

4 ὑμῖν, καθὼς πρέπει ἁγίοις, καὶ αἰσχρότης καὶ μωρολογία
ἢ εὐτραπελία, ἃ οὐκ ἀνῆκεν, ἀλλὰ μᾶλλον εὐχαριστία.
5 τοῦτο γὰρ ἴστε γινώσκοντες ὅτι πᾶς πόρνος ἢ ἀκάθαρτος
ἢ πλεονέκτης, ὅ ἐστιν εἰδωλολάτρης, οὐκ ἔχει κληρονομίαν
6 ἐν τῇ βασιλείᾳ τοῦ χριστοῦ καὶ θεοῦ. Μηδεὶς
ὑμᾶς ἀπατάτω κενοῖς λόγοις, διὰ ταῦτα γὰρ ἔρχεται ἡ ὀργὴ
7 τοῦ θεοῦ ἐπὶ τοὺς υἱοὺς τῆς ἀπειθίας. μὴ οὖν γίνεσθε
8 συνμέτοχοι αὐτῶν· ἦτε γάρ ποτε σκότος, νῦν δὲ φῶς ἐν
9 κυρίῳ· ὡς τέκνα φωτὸς περιπατεῖτε, ὁ γὰρ καρπὸς τοῦ
φωτὸς ἐν πάσῃ ἀγαθωσύνῃ καὶ δικαιοσύνῃ καὶ ἀληθείᾳ,
¹⁰ δοκιμάζοντες τί ἐστιν εὐάρεστον τῷ κυρίῳ· καὶ μὴ συνκοι-
¹¹
νωνεῖτε τοῖς ἔργοις τοῖς ἀκάρποις τοῦ σκότους, μᾶλλον δὲ
12 καὶ ἐλέγχετε, τὰ γὰρ κρυφῇ γινόμενα ὑπ' αὐτῶν αἰσχρόν
13 ἐστιν καὶ λέγειν· τὰ δὲ πάντα ἐλεγχόμενα ὑπὸ τοῦ φωτὸς
14 φανεροῦται, πᾶν γὰρ τὸ φανερούμενον φῶς ἐστιν. διὸ
λέγει
      Ἔγειρε, ὁ καθεύδων,
      καὶ ἀνάστα ἐκ τῶν νεκρῶν,
      καὶ ἐπιφαύσει σοι ὁ χριστός.

15   Βλέπετε οὖν ἀκριβῶς πῶς περιπατεῖτε, μὴ ὡς ἄσοφοι
16 ἀλλ' ὡς σοφοί, ἐξαγοραζόμενοι τὸν καιρόν, ὅτι αἱ ἡμέραι
17 πονηραί εἰσιν. διὰ τοῦτο μὴ γίνεσθε ἄφρονες, ἀλλὰ
18 συνίετε τί τὸ θέλημα τοῦ κυρίου· καὶ ΜΗ ΜΕΘΥϹΚΕϹΘΕ
ΟΙΝΩ, ἐν ᾧ ἐστιν ἀσωτία, ἀλλὰ πληροῦσθε ἐν πνεύματι,
19 λαλοῦντες ἑαυτοῖς ᵀ ψαλμοῖς καὶ ὕμνοις καὶ ᾠδαῖς πνευμα-
τικαῖς, ᾄδοντες καὶ ψάλλοντες τῇ καρδίᾳ ὑμῶν τῷ κυρίῳ,
20 εὐχαριστοῦντες πάντοτε ὑπὲρ πάντων ἐν ὀνόματι τοῦ κυρίου
21 ἡμῶν Ἰησοῦ Χριστοῦ τῷ θεῷ καὶ πατρί, ὑποτασσόμενοι
22 ἀλλήλοις ἐν φόβῳ Χριστοῦ.   Αἱ γυναῖκες τοῖς
23 ἰδίοις ἀνδράσιν ᵀ ὡς τῷ κυρίῳ, ὅτι ⌈ἀνήρ ἐστιν κεφαλὴ⌉ τῆς
γυναικὸς ὡς καὶ ὁ χριστὸς κεφαλὴ τῆς ἐκκλησίας, αὐτὸς
24 σωτὴρ τοῦ σώματος. ἀλλὰ ὡς ἡ ἐκκλησία ὑποτάσσεται
τῷ χριστῷ, οὕτως καὶ αἱ γυναῖκες τοῖς ἀνδράσιν ἐν παντί.

19 ἐν   22 ὑποτασσέσθωσαν   23 ἀνὴρ κεφαλή ἐστιν

so much as mentioned among you; that would not be becom-
4 ing in God's people.   There must be no indecency or foolish
or scurrilous talk—all that is unbecoming.   There should
5 be thanksgiving instead.   For you may be sure that no one
who is immoral, or impure, or greedy for gain (for that is idol-
atry) can have any share in the Kingdom of Christ and God.
6   Whatever anyone may say in the way of worthless argu-
ments to deceive you, these are the things that are bringing
7 God's anger down upon the disobedient.   Therefore have
8 nothing to do with them.   For once you were sheer darkness,
but now, as Christians, you are light itself.   You must live
9 like children of light, for light leads to perfect goodness,
10 uprightness, and truth; you must make sure what pleases the
11 Lord. Have nothing to do with the profitless doings of the
12 darkness; expose them instead.   For while it is degrading
13 even to mention their secret practices, yet when anything
is exposed by the light, it is made visible, and anything that
14 is made visible is light.   So it says,
            "Wake up, sleeper!
            Rise from the dead,
            And Christ will dawn upon you!"
15   Be very careful, then, about the way you live.   Do not act
16 thoughtlessly, but like sensible men, and make the most of
17 your opportunity, for these are evil times. So do not be
18 foolish, but understand what the Lord's will is.   Do not get
drunk on wine, for that is profligacy, but be filled with the
19 Spirit, and speak to one another in psalms, hymns, and sacred
20 songs.   Sing praise to the Lord with all your hearts; always
give thanks for everything to God our Father, as followers of
21 our Lord Jesus Christ, and subordinate yourselves to one an-
other out of reverence to Christ.
22   You married women must subordinate yourselves to your
23 husbands, as you do to the Lord, for a husband is the head of
his wife, just as Christ is the head of the church, which is his
24 body, and is saved by him.   Just as the church is in subjection
to Christ, so married women must be, in everything, to their

25 Οἱ ἄνδρες, ἀγαπᾶτε τὰς γυναῖκας, καθὼς καὶ ὁ χριστὸς
ἠγάπησεν τὴν ἐκκλησίαν καὶ ἑαυτὸν παρέδωκεν ὑπὲρ αὐτῆς,
26 ἵνα αὐτὴν ἁγιάσῃ καθαρίσας τῷ λουτρῷ τοῦ ὕδατος ἐν
27 ῥήματι, ἵνα παραστήσῃ αὐτὸς ἑαυτῷ ἔνδοξον τὴν ἐκκλησίαν,
μὴ ἔχουσαν σπίλον ἢ ῥυτίδα ἤ τι τῶν τοιούτων, ἀλλ᾿ ἵνα
28 ᾖ ἁγία καὶ ἄμωμος. οὕτως ὀφείλουσιν [καὶ] οἱ ἄνδρες ἀγα-
πᾶν τὰς ἑαυτῶν γυναῖκας ὡς τὰ ἑαυτῶν σώματα· ὁ ἀγαπῶν
29 τὴν ἑαυτοῦ γυναῖκα ἑαυτὸν ἀγαπᾷ, οὐδεὶς γάρ ποτε τὴν
ἑαυτοῦ σάρκα ἐμίσησεν, ἀλλὰ ἐκτρέφει καὶ θάλπει αὐτήν,
30 καθὼς καὶ ὁ χριστὸς τὴν ἐκκλησίαν, ὅτι μέλη ἐσμὲν τοῦ σώμα-
31 τος αὐτοῦ. ἀντὶ τούτου καταλείψει ἄνθρωπος [τὸν]
πατέρα καὶ [τὴν] μητέρα καὶ προσκολληθήσεται
⌜πρὸς τὴν γυναῖκα⌝ αὐτοῦ, καὶ ἔσονται οἱ δύο εἰς
32 σάρκα μίαν. τὸ μυστήριον τοῦτο μέγα ἐστίν, ἐγὼ δὲ λέγω
33 εἰς Χριστὸν καὶ [εἰς] τὴν ἐκκλησίαν. πλὴν καὶ ὑμεῖς οἱ
καθ᾿ ἕνα ἕκαστος τὴν ἑαυτοῦ γυναῖκα οὕτως ἀγαπάτω ὡς
1 ἑαυτόν, ἡ δὲ γυνὴ ἵνα φοβῆται τὸν ἄνδρα. Τὰ
τέκνα, ὑπακούετε τοῖς γονεῦσιν ὑμῶν [ἐν κυρίῳ], τοῦτο γάρ
2 ἐστιν δίκαιον· τίμα τὸν πατέρα σου καὶ τὴν μητέρα,
3 ἥτις ἐστὶν ἐντολὴ ⌜πρώτη ἐν ἐπαγγελίᾳ, ἵνα⌝ εὖ σοι
4 γένηται καὶ ἔσῃ μακροχρόνιος ἐπὶ τῆς γῆς. Καὶ οἱ
πατέρες, μὴ παροργίζετε τὰ τέκνα ὑμῶν, ἀλλὰ ἐκτρέφετε
5 αὐτὰ ἐν παιδείᾳ καὶ νουθεσίᾳ Κυρίου. Οἱ
δοῦλοι, ὑπακούετε τοῖς κατὰ σάρκα κυρίοις μετὰ φόβου
καὶ τρόμου ἐν ἁπλότητι τῆς καρδίας ὑμῶν ὡς τῷ χριστῷ,
6 μὴ κατ᾿ ὀφθαλμοδουλίαν ὡς ἀνθρωπάρεσκοι ἀλλ᾿ ὡς δοῦ-
7 λοι Χριστοῦ ποιοῦντες τὸ θέλημα τοῦ θεοῦ, ἐκ ψυχῆς
μετ᾿ εὐνοίας δουλεύοντες, ὡς τῷ κυρίῳ καὶ οὐκ ἀνθρώποις,
8 εἰδότες ὅτι ἕκαστος, ἐάν τι ποιήσῃ ἀγαθόν, τοῦτο κομί-
9 σεται παρὰ κυρίου, εἴτε δοῦλος εἴτε ἐλεύθερος. Καὶ οἱ
κύριοι, τὰ αὐτὰ ποιεῖτε πρὸς αὐτούς, ἀνιέντες τὴν ἀπει-
λήν, εἰδότες ὅτι καὶ αὐτῶν καὶ ὑμῶν ὁ κύριός ἐστιν ἐν
οὐρανοῖς, καὶ προσωπολημψία οὐκ ἔστιν παρ᾿ αὐτῷ.

31 τῇ γυναικὶ   2 πρώτη, ἐν ἐπαγγελίᾳ ἵνα

25 husbands. You who are husbands must love your wives,
26 just as Christ loved the church and gave himself for her, to
consecrate her, after cleansing her with the bath in water
27 through her confession of him, in order to bring the church
to himself in all her beauty, without a flaw or a wrinkle or
anything of the kind, but to be consecrated and faultless.
28 That is the way husbands ought to love their wives—as if they
were their own bodies; a man who loves his wife is really
29 loving himself, for no one ever hates his own person, but he
feeds it and takes care of it, just as Christ does with the
30 church, for we are parts of his body. Therefore a man
31 must leave his father and mother and attach himself to his
32 wife, and they must become one. This is a great secret, but
33 I understand it of Christ and the church. But each one of
you must love his wife just as he loves himself, and the wife,
too, must respect her husband.

6   Children, as Christians obey your parents, for that is right.
2 "You must honor your father and mother"—that is the first
3 commandment accompanied with a promise—"so that you
4 may prosper and have a long life on earth." You fathers,
too, must not irritate your children, but you must bring them
up with Christian training and instruction.

5   You who are slaves, obey your earthly masters, in
reverence and awe, with sincerity of heart, as you would the
6 Christ, not with mere external service, as though you had
only men to please, but like slaves of Christ, carrying out the
7 will of God. Do your duties heartily and willingly, as though
8 it were for the Lord, not for men, for you know that everyone,
slave or free, will be rewarded by the Lord for his good
9 conduct. You who are masters, too, must treat your slaves
in the same way, and cease to threaten them, for you know
that their Master and yours is in heaven, and that he will
show no partiality.

10 Τοῦ λοιποῦ ⌈ἐνδυναμοῦσθε⌉ ἐν κυρίῳ καὶ ἐν τῷ κράτει
11 τῆς ἰσχύος αὐτοῦ. ἐνδύσασθε τὴν πανοπλίαν τοῦ θεοῦ
πρὸς τὸ δύνασθαι ὑμᾶς στῆναι πρὸς τὰς μεθοδίας τοῦ
12 διαβόλου· ὅτι οὐκ ἔστιν ⌈ἡμῖν⌉ ἡ πάλη πρὸς αἷμα καὶ
σάρκα, ἀλλὰ πρὸς τὰς ἀρχάς, πρὸς τὰς ἐξουσίας, πρὸς
τοὺς κοσμοκράτορας τοῦ σκότους τούτου, πρὸς τὰ πνευμα-
13 τικὰ τῆς πονηρίας ἐν τοῖς ἐπουρανίοις. διὰ τοῦτο ἀνα-
λάβετε τὴν πανοπλίαν τοῦ θεοῦ, ἵνα δυνηθῆτε ἀντιστῆ-
ναι ἐν τῇ ἡμέρᾳ τῇ πονηρᾷ καὶ ἅπαντα κατεργασάμενοι
14 στῆναι. στῆτε οὖν ΠΕΡΙΖΩΣΆΜΕΝΟΙ ΤῊΝ ὈΣΦῪΝ ὑμῶν
ἐν ἀληθείᾳ, καὶ ἐΝΔΥΣΆΜΕΝΟΙ ΤῸΝ ΘΏΡΑΚΑ ΤῆΣ ΔΙΚΑΙΟ-
15 ΣΎΝΗΣ, καὶ ὑποδησάμενοι ΤΟῪΣ ΠΌΔΑΣ ἘΝ ἙΤΟΙΜΑΣΊᾼ
16 ΤΟῦ ΕὐΑΓΓΕΛΊΟΥ ΤῆΣ ΕἸΡΉΝΗΣ, ἐν πᾶσιν ἀναλαβόντες
τὸν θυρεὸν τῆς πίστεως, ἐν ᾧ δυνήσεσθε πάντα τὰ βέλη
17 τοῦ πονηροῦ [τὰ] πεπυρωμένα σβέσαι· καὶ ΤῊΝ ΠΕΡΙ-
ΚΕΦΑΛΑΊΑΝ ΤΟῦ ΣΩΤΗΡΊΟΥ δέξασθε, καὶ ΤῊΝ ΜΆΧΑΙΡΑΝ
18 ΤΟῦ ΠΝΕΎΜΑΤΟΣ, ὅ ἐστιν ῬῆΜΑ ΘΕΟῦ, διὰ πάσης προσ-
ευχῆς καὶ δεήσεως, προσευχόμενοι ἐν παντὶ καιρῷ ἐν
πνεύματι, καὶ εἰς αὐτὸ ἀγρυπνοῦντες ἐν πάσῃ προσκαρ-
19 τερήσει καὶ δεήσει περὶ πάντων τῶν ἁγίων, καὶ ὑπὲρ
ἐμοῦ, ἵνα μοι δοθῇ λόγος ἐν ἀνοίξει τοῦ στόματός μου,
ἐν παρρησίᾳ γνωρίσαι τὸ μυστήριον [τοῦ εὐαγγελίου]
20 ὑπὲρ οὗ πρεσβεύω ἐν ἁλύσει, ἵνα ἐν αὐτῷ παρρησιάσω-
μαι ὡς δεῖ με λαλῆσαι.

21 Ἵνα δὲ ⌈εἰδῆτε καὶ ὑμεῖς⌉ τὰ κατ᾽ ἐμέ, τί πράσσω,
πάντα γνωρίσει ὑμῖν Τύχικος ὁ ἀγαπητὸς ἀδελφὸς καὶ
22 πιστὸς διάκονος ἐν κυρίῳ, ὃν ἔπεμψα πρὸς ὑμᾶς εἰς
αὐτὸ τοῦτο ἵνα γνῶτε τὰ περὶ ἡμῶν καὶ παρακαλέσῃ τὰς
καρδίας ὑμῶν.

23 Εἰρήνη τοῖς ἀδελφοῖς καὶ ἀγάπη μετὰ πίστεως ἀπὸ
24 θεοῦ πατρὸς καὶ κυρίου Ἰησοῦ Χριστοῦ. Ἡ χάρις μετὰ
πάντων τῶν ἀγαπώντων τὸν κύριον ἡμῶν Ἰησοῦν Χριστὸν
ἐν ἀφθαρσίᾳ.

10 δυναμοῦσθε   12 ὑμῖν   21 καὶ ὑμεῖς εἰδῆτε

10   Henceforth you must grow strong through union with
11 the Lord and through his mighty strength.   You must put
on God's armor, so as to be able to stand up against the devil's
12 stratagems.   For we have to struggle, not with enemies of
flesh and blood, but with the hierarchies, the authorities,
the master-spirits of this dark world, the spirit-forces of evil
13 on high.   So you must take God's armor, so that when the
evil day comes you will be able to make a stand, and when
14 it is all over to hold your ground.   Stand your ground, then,
with the belt of truth around your waist, and put on upright-
15 ness as your coat of mail, and on your feet put the readiness
16 the good news of peace brings.   Besides all these, take faith
for your shield, for with it you will be able to put out all the
17 flaming missiles of the evil one, and take salvation for your
helmet, and for your sword the Spirit, which is the voice of
18 God.   Use every kind of prayer and entreaty, and at every
opportunity pray in the Spirit.   Be on the alert about it;
19 devote yourselves constantly to prayer for all God's people
and for me, that when I open my lips I may be given a mes-
sage, so that I may boldly make known the secret of the good
20 news, for the sake of which I am an envoy, and in prison.
Pray that, when I tell it, I may have the courage to speak
as I ought.

21   In order that you also may know how I am, our dear
brother Tychicus, a faithful helper in the Lord's service, will
22 tell you all about it.   That is the very reason I am sending
him, to let you know how I am, and to cheer your hearts.
23   God our Father and the Lord Jesus Christ give the
24 brothers peace and love, with faith.   God's blessing be with
all who have an unfailing love for our Lord Jesus Christ.

ΠΡΟΣ ΦΙΛΙΠΠΗΣΙΟΥΣ

1 ΠΑΥΛΟΣ ΚΑΙ ΤΙΜΟΘΕΟΣ δοῦλοι Χριστοῦ Ἰησοῦ
πᾶσιν τοῖς ἁγίοις ἐν Χριστῷ Ἰησοῦ τοῖς οὖσιν ἐν Φιλίπ-
2 ποις σὺν ἐπισκόποις καὶ διακόνοις· χάρις ὑμῖν καὶ εἰρήνη
ἀπὸ θεοῦ πατρὸς ἡμῶν καὶ κυρίου Ἰησοῦ Χριστοῦ.

3 Εὐχαριστῶ τῷ θεῷ μου ἐπὶ πάσῃ τῇ μνείᾳ ὑμῶν
4 πάντοτε ἐν πάσῃ δεήσει μου ὑπὲρ πάντων ὑμῶν, μετὰ
5 χαρᾶς τὴν δέησιν ποιούμενος, ἐπὶ τῇ κοινωνίᾳ ὑμῶν εἰς τὸ
6 εὐαγγέλιον ἀπὸ τῆς πρώτης ἡμέρας ἄχρι τοῦ νῦν, πεποιθὼς
αὐτὸ τοῦτο ὅτι ὁ ἐναρξάμενος ἐν ὑμῖν ἔργον ἀγαθὸν ἐπι-
7 τελέσει ἄχρι ἡμέρας ⌐Ἰησοῦ Χριστοῦ⌐· καθώς ἐστιν δίκαιον
ἐμοὶ τοῦτο φρονεῖν ὑπὲρ πάντων ὑμῶν, διὰ τὸ ἔχειν με ἐν
τῇ καρδίᾳ ὑμᾶς, ἔν τε τοῖς δεσμοῖς μου καὶ ἐν τῇ ἀπολογίᾳ
καὶ βεβαιώσει τοῦ εὐαγγελίου συνκοινωνούς μου τῆς χά-
8 ριτος πάντας ὑμᾶς ὄντας· μάρτυς γάρ μου ὁ θεός, ὡς ἐπι-
9 ποθῶ πάντας ὑμᾶς ἐν σπλάγχνοις Χριστοῦ Ἰησοῦ. καὶ
τοῦτο προσεύχομαι ἵνα ἡ ἀγάπη ὑμῶν ἔτι μᾶλλον καὶ
10 μᾶλλον ⌐περισσεύῃ⌐ ἐν ἐπιγνώσει καὶ πάσῃ αἰσθήσει, εἰς
τὸ δοκιμάζειν ὑμᾶς τὰ διαφέροντα, ἵνα ἦτε εἰλικρινεῖς καὶ
11 ἀπρόσκοποι εἰς ἡμέραν Χριστοῦ, πεπληρωμένοι καρπὸν
δικαιοσύνης τὸν διὰ Ἰησοῦ Χριστοῦ εἰς δόξαν καὶ ἔπαινον
θεοῦ.

12 Γινώσκειν δὲ ὑμᾶς βούλομαι, ἀδελφοί, ὅτι τὰ κατ᾽ ἐμὲ
13 μᾶλλον εἰς προκοπὴν τοῦ εὐαγγελίου ἐλήλυθεν, ὥστε
τοὺς δεσμούς μου φανεροὺς ἐν Χριστῷ γενέσθαι ἐν ὅλῳ
14 τῷ πραιτωρίῳ καὶ τοῖς λοιποῖς πᾶσιν, καὶ τοὺς πλείο-

6 Χριστοῦ Ἰησοῦ   9 περισσεύσῃ

THE LETTER TO THE PHILIPPIANS

1   Paul and Timothy, slaves of Christ Jesus, to all God's people in union with Christ Jesus who are in Philippi, with 2 the superintendents and assistants; God our Father and the Lord Jesus Christ bless you and give you peace.

3/4   I never think of you without thanking my God, and always 5 whenever I pray for you all I do it with joy, over your co- operation in the good news from the day you first received it 6 until now. For I am certain that he who has begun the good 7 work in you will finish it for the Day of Jesus Christ. And I have a right to feel in this way about you all, because both when I am in prison and when I am defending and vindicating our right to preach the good news, I have you in my heart as 8 all sharing that privilege with me. For God is my witness how I yearn for you all with the affection of Christ Jesus 9 himself. And it is my prayer that your love may grow richer 10 and richer in knowledge and perfect insight, so that you may have a sense of what is vital, and may be men of transparent character and blameless life, in preparation for the Day of 11 Christ, with your lives filled with the fruits which uprightness produces through Jesus Christ, to the honor and praise of God.

12   Now I want to assure you, brothers, that what has happened to me has actually resulted in furthering the preach- 13 ing of the good news. Thus it is generally known throughout the Imperial Guard and elsewhere that it is for the sake of 14 Christ that I am in prison, and so most of the Christian broth-

νας τῶν ἀδελφῶν ἐν κυρίῳ πεποιθότας τοῖς δεσμοῖς μου
περισσοτέρως τολμᾶν ἀφόβως τὸν λόγον τοῦ θεοῦ λα-
15 λεῖν.   Τινὲς μὲν καὶ διὰ φθόνον καὶ ἔριν, τινὲς
16 δὲ καὶ δι᾽ εὐδοκίαν τὸν χριστὸν κηρύσσουσιν· οἱ μὲν ἐξ
ἀγάπης, εἰδότες ὅτι εἰς ἀπολογίαν τοῦ εὐαγγελίου κεῖμαι,
17 οἱ δὲ ἐξ ἐριθίας ⌜τὸν χριστὸν⌝ καταγγέλλουσιν, οὐχ ἁγνῶς,
18 οἰόμενοι θλίψιν ἐγείρειν τοῖς δεσμοῖς μου. τί γάρ; πλὴν
ὅτι παντὶ τρόπῳ, εἴτε προφάσει εἴτε ἀληθείᾳ, Χριστὸς
καταγγέλλεται, καὶ ἐν τούτῳ χαίρω· ἀλλὰ καὶ χαρήσομαι,
19 οἶδα ⌜γὰρ⌝ ὅτι τοῦτό μοι ἀποβήσεται εἰς σωτηρίαν διὰ
τῆς ὑμῶν δεήσεως καὶ ἐπιχορηγίας τοῦ πνεύματος Ἰησοῦ
20 Χριστοῦ, κατὰ τὴν ἀποκαραδοκίαν καὶ ἐλπίδα μου ὅτι ἐν
οὐδενὶ αἰσχυνθήσομαι, ἀλλ᾽ ἐν πάσῃ παρρησίᾳ ὡς πάν-
τοτε καὶ νῦν μεγαλυνθήσεται Χριστὸς ἐν τῷ σώματί μου,
21 εἴτε διὰ ζωῆς εἴτε διὰ θανάτου.   Ἐμοὶ γὰρ
22 τὸ ζῆν Χριστὸς καὶ τὸ ἀποθανεῖν κέρδος. εἰ δὲ τὸ ζῆν
ἐν σαρκί, τοῦτό μοι καρπὸς ⌜ἔργου,— καὶ τί αἱρήσομαι⌝ οὐ
23 γνωρίζω· συνέχομαι δὲ ἐκ τῶν δύο, τὴν ἐπιθυμίαν ἔχων
εἰς τὸ ἀναλῦσαι καὶ σὺν Χριστῷ εἶναι, πολλῷ γὰρ μᾶλλον
24 κρεῖσσον, τὸ δὲ ⌜ἐπιμένειν⌝ τῇ σαρκὶ ἀναγκαιότερον δι᾽ ὑμᾶς.
25 καὶ τοῦτο πεποιθὼς οἶδα ὅτι μενῶ καὶ παραμενῶ πᾶσιν
26 ὑμῖν εἰς τὴν ὑμῶν προκοπὴν καὶ χαρὰν τῆς πίστεως, ἵνα τὸ
καύχημα ὑμῶν περισσεύῃ ἐν Χριστῷ Ἰησοῦ ἐν ἐμοὶ διὰ
27 τῆς ἐμῆς παρουσίας πάλιν πρὸς ὑμᾶς.   Μό-
νον ἀξίως τοῦ εὐαγγελίου τοῦ χριστοῦ πολιτεύεσθε, ἵνα
εἴτε ἐλθὼν καὶ ἰδὼν ὑμᾶς εἴτε ἀπὼν ἀκούω τὰ περὶ ὑμῶν,
ὅτι στήκετε ἐν ἑνὶ πνεύματι, μιᾷ ψυχῇ συναθλοῦντες τῇ
28 πίστει τοῦ εὐαγγελίου, καὶ μὴ πτυρόμενοι ἐν μηδενὶ ὑπὸ
τῶν ἀντικειμένων (ἥτις ἐστὶν αὐτοῖς ἔνδειξις ἀπωλείας,
29 ὑμῶν δὲ σωτηρίας, καὶ τοῦτο ἀπὸ θεοῦ, ὅτι ὑμῖν ἐχαρίσθη
τὸ ὑπὲρ Χριστοῦ, οὐ μόνον τὸ εἰς αὐτὸν πιστεύειν ἀλλὰ
30 καὶ τὸ ὑπὲρ αὐτοῦ πάσχειν), τὸν αὐτὸν ἀγῶνα ἔχοντες
οἷον εἴδετε ἐν ἐμοὶ καὶ νῦν ἀκούετε ἐν ἐμοί.

17 Χριστὸν   19 δὲ   22 ἔργου, καὶ τί αἱρήσομαι;   24 ἐπιμεῖναι

ers have been exceedingly encouraged by my imprisonment to declare God's message without any fear of the consequences.

15 Some of them, it is true, are actually preaching the Christ from jealousy and partisanship, but there are others who are 16 doing it out of good-will. These latter do it from love for me, for they know that God has put me where I am to defend our 17 right to preach the good news. But the others are preaching the Christ not sincerely but for their own ends, imagining that they are making my imprisonment harder to bear.

18 But what difference does it make? All that matters is that, in one way or another, from false motives or honest ones, Christ is being made known; I am glad of that. Yes, and I 19 expect to be glad, for I know that through your prayers and the help of the Spirit of Jesus Christ, all this will turn out 20 for my highest welfare, for I eagerly and confidently hope that I shall never disgrace myself but that this time as always hitherto, living or dying, I shall do Christ credit by my unfailing courage.

21 For, as I see it, living means Christ and dying something 22 even better. But if living on here means having my labor 23 bear fruit, I cannot tell which to choose. I am undecided between the two, for I long to depart and be with Christ, for 24 that is far, far better, and yet your needs make it very neces- 25 sary for me to stay on here. I am convinced of this, and so I know that I shall stay on and serve you all, to help you to 26 develop and to be glad in your faith. So you will find in me fresh cause for Christian exultation, through having me with you again.

27 Whatever happens, show yourselves citizens worthy of the good news of the Christ, so that whether I come and see you or am kept away and only hear news of you, I may know that you are standing firm with one spirit, one purpose, fight- 28 ing side by side for faith in the good news. Never for a moment falter before your opponents, for your fearlessness will be a sure sign for them of their coming destruction, but to you it will be an omen, from God himself, of your deliverance. 29 For you have been granted the privilege not only of trusting 30 in Christ but of suffering for him. Take your part in the same struggle that you have seen me engage in and that you hear I am still keeping up.

1 Εἴ τις οὖν παράκλησις ἐν Χριστῷ, εἴ τι παραμύθιον
ἀγάπης, εἴ τις κοινωνία πνεύματος, εἴ τις σπλάγχνα καὶ
2 οἰκτιρμοί, πληρώσατέ μου τὴν χαρὰν ἵνα τὸ αὐτὸ φρονῆτε,
τὴν αὐτὴν ἀγάπην ἔχοντες, σύνψυχοι, τὸ ⌈ἓν⌉ φρονοῦντες,
3 μηδὲν κατ' ἐριθίαν μηδὲ κατὰ κενοδοξίαν, ἀλλὰ τῇ ταπεινο-
4 φροσύνῃ ἀλλήλους ἡγούμενοι ὑπερέχοντας ἑαυτῶν, μὴ τὰ
ἑαυτῶν ⌈ἕκαστοι⌉ σκοποῦντες, ἀλλὰ καὶ τὰ ⌈ἑτέρων⌉ ἕκα-
5 στοι. τοῦτο⌉ φρονεῖτε ἐν ὑμῖν ὃ καὶ ἐν Χριστῷ Ἰησοῦ,
6 ὃς ἐν μορφῇ θεοῦ ὑπάρχων οὐχ ἁρπαγμὸν ἡγήσατο τὸ
7 εἶναι ἴσα θεῷ, ἀλλὰ ἑαυτὸν ἐκένωσεν μορφὴν δούλου
λαβών, ἐν ὁμοιώματι ἀνθρώπων γενόμενος· καὶ σχήματι
8 εὑρεθεὶς ὡς ἄνθρωπος ἐταπείνωσεν ἑαυτὸν γενόμενος ὑπή-
9 κοος μέχρι θανάτου, θανάτου δὲ σταυροῦ· διὸ καὶ ὁ θεὸς
αὐτὸν ὑπερύψωσεν, καὶ ἐχαρίσατο αὐτῷ τὸ ὄνομα τὸ ὑπὲρ
10 πᾶν ὄνομα, ἵνα ἐν τῷ ὀνόματι Ἰησοῦ ΠΑΝ ΓΟΝΥ ΚΑΜΨΗ
11 ἐπουρανίων καὶ ἐπιγείων καὶ καταχθονίων, ΚΑΙ ΠΑΣΑ
ΓΛῶΣΣΑ ἐΞΟΜΟΛΟΓΗΣΗΤΑΙ ὅτι ΚΥΡΙΟΣ ΙΗΣΟΥΣ ΧΡΙ-
ΣΤΟΣ εἰς δόξαν ΘΕΟΥ πατρός.

12 Ὥστε, ἀγαπητοί μου, καθὼς πάντοτε ὑπηκούσατε, μὴ
[ὡς] ἐν τῇ παρουσίᾳ μου μόνον ἀλλὰ νῦν πολλῷ μᾶλλον
ἐν τῇ ἀπουσίᾳ μου, μετὰ φόβου καὶ τρόμου τὴν ἑαυτῶν
13 σωτηρίαν κατεργάζεσθε, θεὸς γάρ ἐστιν ὁ ἐνεργῶν ἐν
ὑμῖν καὶ τὸ θέλειν καὶ τὸ ἐνεργεῖν ὑπὲρ τῆς εὐδοκίας·
14,15 πάντα ποιεῖτε χωρὶς γογγυσμῶν καὶ διαλογισμῶν· ἵνα
γένησθε ἄμεμπτοι καὶ ἀκέραιοι, ΤΕΚΝΑ ΘΕΟΥ ΑΜΩΜΑ ΜΕΣΟΝ
ΓΕΝΕΑΣ ΣΚΟΛΙΑΣ ΚΑΙ ΔΙΕΣΤΡΑΜΜΕΝΗΣ, ἐν οἷς φαί-
16 νεσθε ὡς φωστῆρες ἐν κόσμῳ λόγον ζωῆς ἐπέχοντες,
εἰς καύχημα ἐμοὶ εἰς ἡμέραν Χριστοῦ, ὅτι οὐκ εἰς κενὸν
17 ἔδραμον οὐδὲ εἰς ΚΕΝΟΝ ἐκοπίασα. Ἀλλὰ εἰ καὶ σπέν-
δομαι ἐπὶ τῇ θυσίᾳ καὶ λειτουργίᾳ τῆς πίστεως ὑμῶν,
18 χαίρω καὶ συνχαίρω πᾶσιν ὑμῖν· τὸ δὲ αὐτὸ καὶ ὑμεῖς
χαίρετε καὶ συνχαίρετέ μοι.

19 Ἐλπίζω δὲ ἐν κυρίῳ Ἰησοῦ Τιμόθεον ταχέως πέμψαι

2 αὐτὸ   4 ἕκαστος   4,5 ἑτέρων. ἕκαστοι τοῦτο

2   So by whatever appeal there is in our relation to Christ, by
whatever incentive there is in love, by whatever participation
2 there is in the Spirit, whatever affection and sympathy, make
me perfectly happy by living in harmony, with the same
3 attitude of love, with the same feeling and purpose.   Do not
act for selfish ends or from vanity, but modestly treat one
4 another as your superiors.   Do not take account of your
5 own interests, but of the interests of others as well.   Have
6 the same attitude that Christ Jesus had.   Though he
possessed the nature of God, he did not grasp at equality with
7 God, but laid it aside to take on the nature of a slave and
8 become like other men.   When he had assumed human form,
he still further humbled himself and carried his obedience so
9 far as to die, and to die upon the cross.   That is why God has
so greatly exalted him, and given him the name above all
10 others, so that in the name of Jesus everyone should kneel, in
11 heaven and on earth and in the underworld, and everyone
should acknowledge Jesus Christ as Lord, and thus glorify
God the Father.

12   So, my dear friends, as you have always been obedient,
with reverence and awe make every effort to insure your sal-
vation, not simply as though I were with you, but all the more
13 because I am away.   For it is God who in his good-will is at
14 work in your hearts, inspiring your will and your action.   Do
15 everything without any grumbling or disputing, so that you
will be blameless and honest, faultless children of God in the
midst of a crooked and perverted age, in which you appear
16 like stars in a dark world, offering men the message of life.
Then I will have reason to boast of you on the Day of Christ,
17 because my exertion and labor have not been wasted.   Even
if my life is to be poured out as a libation as you offer your
faith in a service of sacrifice to God, I am glad to have it so,
18 and I congratulate you upon it, just as you must be glad and
congratulate me.

19   I hope, with the help of the Lord Jesus, to send Timothy

20 ὑμῖν, ἵνα κἀγὼ εὐψυχῶ γνοὺς τὰ περὶ ὑμῶν. οὐδένα
γὰρ ἔχω ἰσόψυχον ὅστις γνησίως τὰ περὶ ὑμῶν μεριμνήσει,
21 οἱ πάντες γὰρ τὰ ἑαυτῶν ζητοῦσιν, οὐ τὰ ⌈Χριστοῦ Ἰησοῦ⌉.
22 τὴν δὲ δοκιμὴν αὐτοῦ γινώσκετε, ὅτι ὡς πατρὶ τέκνον σὺν
23 ἐμοὶ ἐδούλευσεν εἰς τὸ εὐαγγέλιον. Τοῦτον μὲν οὖν
ἐλπίζω πέμψαι ὡς ἂν ἀφίδω τὰ περὶ ἐμὲ ἐξαυτῆς·
24 πέποιθα δὲ ἐν κυρίῳ ὅτι καὶ αὐτὸς ταχέως ἐλεύσομαι.
25 ἀναγκαῖον δὲ ἡγησάμην Ἐπαφρόδιτον τὸν ἀδελφὸν καὶ
συνεργὸν καὶ συνστρατιώτην μου, ὑμῶν δὲ ἀπόστολον καὶ
26 λειτουργὸν τῆς χρείας μου, πέμψαι πρὸς ὑμᾶς, ἐπειδὴ
ἐπιποθῶν ἦν ⌈πάντας ὑμᾶς [ἰδεῖν]⌉, καὶ ἀδημονῶν διότι
27 ἠκούσατε ὅτι ἠσθένησεν. καὶ γὰρ ἠσθένησεν παραπλήσιον
θανάτου· ἀλλὰ ὁ θεὸς ἠλέησεν αὐτόν, οὐκ αὐτὸν δὲ μόνον
28 ἀλλὰ καὶ ἐμέ, ἵνα μὴ λύπην ἐπὶ λύπην σχῶ. σπουδαιοτέρως
οὖν ἔπεμψα αὐτὸν ἵνα ἰδόντες αὐτὸν πάλιν χαρῆτε κἀγὼ
29 ἀλυπότερος ὦ. προσδέχεσθε οὖν αὐτὸν ἐν κυρίῳ μετὰ
30 πάσης χαρᾶς, καὶ τοὺς τοιούτους ἐντίμους ἔχετε, ὅτι διὰ
τὸ ἔργον ⌈Κυρίου⌉ μέχρι θανάτου ἤγγισεν, παραβολευσά-
μενος τῇ ψυχῇ ἵνα ἀναπληρώσῃ τὸ ὑμῶν ὑστέρημα τῆς
πρός με λειτουργίας.

1 Τὸ λοιπόν, ἀδελφοί μου, χαίρετε ἐν κυρίῳ. τὰ αὐτὰ
γράφειν ὑμῖν ἐμοὶ μὲν οὐκ ὀκνηρόν, ὑμῖν δὲ ἀσφαλές.—
2 Βλέπετε τοὺς κύνας, βλέπετε τοὺς κακοὺς ἐργάτας,
3 βλέπετε τὴν κατατομήν. ἡμεῖς γάρ ἐσμεν ἡ περιτομή,
οἱ πνεύματι θεοῦ λατρεύοντες καὶ καυχώμενοι ἐν Χριστῷ
4 Ἰησοῦ καὶ οὐκ ἐν σαρκὶ πεποιθότες, καίπερ ἐγὼ ἔχων
πεποίθησιν καὶ ἐν σαρκί. Εἴ τις δοκεῖ ἄλλος
5 πεποιθέναι ἐν σαρκί, ἐγὼ μᾶλλον· περιτομῇ ὀκταήμερος,
ἐκ γένους Ἰσραήλ, φυλῆς Βενιαμείν, Ἑβραῖος ἐξ Ἑβραίων,
6 κατὰ νόμον Φαρισαῖος, κατὰ ζῆλος διώκων τὴν ἐκκλησίαν,
7 κατὰ δικαιοσύνην τὴν ἐν νόμῳ γενόμενος ἄμεμπτος. Ἀλ-
λὰ ἅτινα ἦν μοι κέρδη, ταῦτα ἥγημαι διὰ τὸν χριστὸν
8 ζημίαν. ἀλλὰ μὲν οὖν γε καὶ ἡγοῦμαι πάντα ζημίαν εἶναι

21 Ἰησοῦ Χριστοῦ   26 ὑμᾶς πάντας   30 Χριστοῦ

to you soon, so that I, too, may be cheered by having news
20 about you.   For I have no one like him who would take such
21 a real interest in you.   For they are all looking out for their
22 own interests, not for those of Jesus Christ.   But you know his
    character, and how like a son helping his father he has
    worked like a slave with me in preaching the good news.
23 So I hope to send him to you just as soon as I can see how my
24 case is going to turn out.   I trust the Lord to enable me to
25 come to you myself before long.   But I feel that I must send
    back to you Epaphroditus, my brother, fellow-laborer, and
26 fellow-soldier, whom you sent to look after my needs.   For he
    has been longing to see you all, and has been greatly distressed
27 because you heard that he was sick.   For he was sick,
    and nearly died, but God took pity on him, and not only on
    him, but on me, to save me from having one sorrow after
28 another.   So I am all the more eager to send him, so that
    you may have the pleasure of seeing him again, and I may
29 feel more relieved.   So give him a hearty Christian welcome,
30 and value men like him very highly, for he came near dying
    for the Lord's work, and risked his life to make up for what
    was lacking in the service you have done me.

3   Now, my brothers, goodbye, and the Lord be with you.
    I do not mind writing the same thing over and over to you;
    it is necessary for your safety.

2   Look out for those dogs, those mischief-makers, with their
3 amputation!   We are the true circumcision, who worship
    God by his Spirit, priding ourselves only on Christ Jesus, and
4 not relying on physical advantages, though I at least am
    entitled to rely on them.

       If anyone thinks he can rely on his physical advantages,
5 still more can I!   I was circumcised when I was eight days old.
    I am a descendant of Israel.   I belong to the tribe of
    Benjamin.   I am a Hebrew, and the son of Hebrews.   As
6 to the Law, I was a Pharisee; as to my zeal, I was a persecutor
    of the church; and by the Law's standard of uprightness, no
7 fault could be found with me.   But for the sake of Christ
8 I have come to count my former gains as loss.   Why, I count

διὰ τὸ ὑπερέχον τῆς γνώσεως Χριστοῦ Ἰησοῦ τοῦ κυρίου
μου δι᾽ ὃν τὰ πάντα ἐζημιώθην, καὶ ἡγοῦμαι σκύβαλα ἵνα
9 Χριστὸν κερδήσω καὶ εὑρεθῶ ἐν αὐτῷ, μὴ ἔχων᾽ ἐμὴν
δικαιοσύνην τὴν ἐκ νόμου ἀλλὰ τὴν διὰ πίστεως Χριστοῦ,
10 τὴν ἐκ θεοῦ δικαιοσύνην ἐπὶ τῇ πίστει, τοῦ γνῶναι αὐτὸν
καὶ τὴν δύναμιν τῆς ἀναστάσεως αὐτοῦ καὶ κοινωνίαν
παθημάτων αὐτοῦ, συμμορφιζόμενος τῷ θανάτῳ αὐτοῦ,
11 εἴ πως καταντήσω εἰς τὴν ἐξανάστασιν τὴν ἐκ νεκρῶν.
12 οὐχ ὅτι ἤδη ἔλαβον ἢ ἤδη τετελείωμαι, διώκω δὲ εἰ καὶ
καταλάβω, ἐφ᾽ ᾧ καὶ κατελήμφθην ὑπὸ Χριστοῦ [Ἰησοῦ].
13 ἀδελφοί, ἐγὼ ἐμαυτὸν ⌜οὔπω⌝ λογίζομαι κατειληφέναι· ἐν
δέ, τὰ μὲν ὀπίσω ἐπιλανθανόμενος τοῖς δὲ ἔμπροσθεν
14 ἐπεκτεινόμενος, κατὰ σκοπὸν διώκω εἰς τὸ βραβεῖον τῆς
15 ἄνω κλήσεως τοῦ θεοῦ ἐν Χριστῷ Ἰησοῦ. Ὅσοι οὖν
τέλειοι, τοῦτο φρονῶμεν· καὶ εἴ τι ἑτέρως φρονεῖτε, καὶ
16 τοῦτο ὁ θεὸς ὑμῖν ἀποκαλύψει· πλὴν εἰς ὃ ἐφθάσαμεν,
17 τῷ αὐτῷ στοιχεῖν.   Συνμιμηταί μου γίνεσθε,
ἀδελφοί, καὶ σκοπεῖτε τοὺς οὕτω περιπατοῦντας καθὼς
18 ἔχετε τύπον ἡμᾶς· πολλοὶ γὰρ περιπατοῦσιν οὓς πολλά-
κις ἔλεγον ὑμῖν, νῦν δὲ καὶ κλαίων λέγω, τοὺς ἐχθροὺς
19 τοῦ σταυροῦ τοῦ χριστοῦ, ὧν τὸ τέλος ἀπώλεια, ὧν ὁ θεὸς
ἡ κοιλία καὶ ἡ δόξα ἐν τῇ αἰσχύνῃ αὐτῶν, οἱ τὰ ἐπίγεια
20 φρονοῦντες. ἡμῶν γὰρ τὸ πολίτευμα ἐν οὐρανοῖς ὑπάρχει,
ἐξ οὗ καὶ σωτῆρα ἀπεκδεχόμεθα κύριον Ἰησοῦν Χριστόν,
21 ὃς μετασχηματίσει τὸ σῶμα τῆς ταπεινώσεως ἡμῶν σύμ-
μορφον τῷ σώματι τῆς δόξης αὐτοῦ κατὰ τὴν ἐνέργειαν
τοῦ δύνασθαι αὐτὸν καὶ ὑποτάξαι αὐτῷ τὰ πάντα.

1   Ὥστε, ἀδελφοί μου ἀγαπητοὶ καὶ ἐπιπόθητοι, χαρὰ
καὶ στέφανός μου,· οὕτως στήκετε ἐν κυρίῳ, ἀγαπη-
2 τοί ⌜. Εὐοδίαν παρακαλῶ καὶ Συντύχην παρα-
3 καλῶ τὸ αὐτὸ φρονεῖν ἐν κυρίῳ. ναὶ ἐρωτῶ καὶ σέ,
γνήσιε ⌜σύνζυγε⌝, συνλαμβάνου αὐταῖς, αἵτινες ἐν τῷ
εὐαγγελίῳ συνήθλησάν μοι μετὰ καὶ Κλήμεντος καὶ

13 οὐ   1 μου   3 Σύνζυγε

everything as loss compared with the supreme advantage of knowing Christ Jesus my Lord.   For his sake I have lost
9 everything, and think it rubbish, in order to gain Christ and be known to be united to him, with any uprightness I may have not based on law but coming through faith in Christ—the
10 uprightness that comes from God through faith.   I want to know him in the power of resurrection, and to share his suffer-
11 ings and even his death, in the hope of attaining resurrection
12 from the dead.   Not that I have secured it yet, or already reached perfection, but I am pressing on to see if I can capture
13 it, because I have been captured by Jesus Christ.   Brothers, I do not consider that I have captured it yet, only, forgetting
14 what is behind me, and straining toward what lies ahead, I am pressing toward the goal, for the prize to which God through
15 Christ Jesus calls us upward.   Let as many of us therefore as are mature have this attitude.   If you have any different atti-
16 tude, God will make this clear to you.   Only, we must live up to what we have already attained.
17   Follow my example, brothers, all of you, and notice those
18 who follow the pattern we have set you.   For there are many who live, as I have often told you, and tell you now with tears,
19 like enemies of the cross of Christ.   They are doomed to de- struction: their appetites are their god; they glory in their
20 shame; they are absorbed in earthly matters.   But the com- monwealth to which we belong is in heaven, and from it we are eagerly awaiting the coming of a savior, the Lord Jesus Christ.
21 He will make our poor bodies over to resemble his glorious body, by exerting the power he has to subject everything to himself.
4   So, my dear brothers whom I so long to see, my joy and pride, stand firm in the Lord, dear friends.
2   I appeal to Euodia and I appeal to Syntyche to agree
3 together, as Christians.   And I beg you, my true comrade, help them, for they toiled at my side in spreading the good

τῶν λοιπῶν συνεργῶν μου, ὧν τὰ ὀνόματα ἐν ΒίΒλῳ
4 ζωΗΣ.   Χαίρετε ἐν κυρίῳ πάντοτε· πάλιν ἐρῶ,
5 χαίρετε. τὸ ἐπιεικὲς ὑμῶν γνωσθήτω πᾶσιν ἀνθρώποις.
6 ὁ κύριος ἐγγύς· μηδὲν μεριμνᾶτε, ἀλλ' ἐν παντὶ τῇ
προσευχῇ καὶ τῇ δεήσει μετ' εὐχαριστίας τὰ αἰτήματα
7 ὑμῶν γνωριζέσθω πρὸς τὸν θεόν· καὶ ἡ εἰρήνη τοῦ θεοῦ ἡ
ὑπερέχουσα πάντα νοῦν φρουρήσει τὰς καρδίας ὑμῶν καὶ
8 τὰ νοήματα ὑμῶν ἐν Χριστῷ Ἰησοῦ.   Τὸ λοι-
πόν, ἀδελφοί, ὅσα ἐστὶν ἀληθῆ, ὅσα σεμνά, ὅσα δίκαια,
ὅσα ἁγνά, ὅσα προσφιλῆ, ὅσα εὔφημα, εἴ τις ἀρετὴ καὶ
9 εἴ τις ἔπαινος, ταῦτα λογίζεσθε· ἃ καὶ ἐμάθετε καὶ πα-
ρελάβετε καὶ ἠκούσατε καὶ εἴδετε ἐν ἐμοί, ταῦτα πράσ-
σετε· καὶ ὁ θεὸς τῆς εἰρήνης ἔσται μεθ' ὑμῶν.

10   Ἐχάρην δὲ ἐν κυρίῳ μεγάλως ὅτι ἤδη ποτὲ ἀνεθά-
λετε τὸ ὑπὲρ ἐμοῦ φρονεῖν, ἐφ' ᾧ καὶ ἐφρονεῖτε ἠκαι-
11 ρεῖσθε δέ. οὐχ ὅτι καθ' ὑστέρησιν λέγω, ἐγὼ γὰρ ἔμαθον
12 ἐν οἷς εἰμὶ αὐτάρκης εἶναι· οἶδα καὶ ταπεινοῦσθαι, οἶδα
καὶ περισσεύειν· ἐν παντὶ καὶ ἐν πᾶσιν μεμύημαι, καὶ
χορτάζεσθαι καὶ πεινᾶν, καὶ περισσεύειν καὶ ὑστερεῖσθαι·
13
14 πάντα ἰσχύω ἐν τῷ ἐνδυναμοῦντί με. πλὴν καλῶς ἐποιή-
15 σατε συνκοινωνήσαντές μου τῇ θλίψει. οἴδατε δὲ καὶ
ὑμεῖς, Φιλιππήσιοι, ὅτι ἐν ἀρχῇ τοῦ εὐαγγελίου, ὅτε
ἐξῆλθον ἀπὸ Μακεδονίας, οὐδεμία μοι ἐκκλησία ἐκοινώνη-
σεν εἰς λόγον δόσεως καὶ λήμψεως εἰ μὴ ὑμεῖς μόνοι,
16 ὅτι καὶ ἐν Θεσσαλονίκῃ καὶ ἅπαξ καὶ δὶς εἰς τὴν χρείαν
17 μοι ἐπέμψατε. οὐχ ὅτι ἐπιζητῶ τὸ δόμα, ἀλλὰ ἐπιζητῶ
18 τὸν καρπὸν τὸν πλεονάζοντα εἰς λόγον ὑμῶν. ἀπέχω
δὲ πάντα καὶ περισσεύω· πεπλήρωμαι δεξάμενος παρὰ
Ἐπαφροδίτου τὰ παρ' ὑμῶν, ὀςΜΗΝ εΥωΔίΑς, θυσίαν
19 δεκτήν, εὐάρεστον τῷ θεῷ. ὁ δὲ θεός μου πληρώσει
πᾶσαν χρείαν ὑμῶν κατὰ τὸ πλοῦτος αὐτοῦ ἐν δόξῃ ἐν
20 Χριστῷ Ἰησοῦ. τῷ δὲ θεῷ καὶ πατρὶ ἡμῶν ἡ δόξα
εἰς τοὺς αἰῶνας τῶν αἰώνων· ἀμήν.

21   Ἀσπάσασθε πάντα ἅγιον ἐν Χριστῷ Ἰησοῦ. Ἀσπα-

news, with Clement and the rest of my fellow-workers, whose names are in the book of life.

4 Goodbye, and the Lord be with you always. Again I
5 say, goodbye. Let all men see your forbearing spirit. The
6 Lord is coming soon. Have no anxiety about anything, but make all your wants known to God in prayer and entreaty,
7 and with thanksgiving. Then, through your union with Christ Jesus, the peace of God, so far above any human thought, will guard your minds and thoughts.

8 Now, brothers, let your minds dwell on what is true, what is worthy, what is right, what is pure, what is amiable, what is kindly—on everything that is excellent or praiseworthy.
9 Do the things that you learned, received, and heard from me, and that you saw me do. Then God who gives peace will be with you.

10 I was very glad, as a Christian, to have your interest in me revive again after so long; for you have always been inter-
11 ested, but you have had no opportunity to show it. Not that I have anything to complain of, for I have learned how to be
12 contented with the condition I am in. I know how to live humbly and I know how to enjoy plenty. I have learned the secret, in any and all conditions, of being well-fed and of going
13 hungry, of having plenty and of going without. I can do
14 anything through him who gives me strength. But it was
15 very kind of you to share my difficulties. And you at Philippi know as well as I do, that in the early days of the good news, after I left Macedonia, no church but yours went
16 into partnership and opened an account with me. Even when I was at Thessalonica you sent money more than once
17 for my needs. Not that I want your gifts, but I want you to
18 have the profits that will accumulate to your credit. You have paid me in full, and more too. I am fully supplied with what I have received from you through Epaphroditus. It is like fragrant incense, just such a sacrifice as God welcomes
19 and approves. My God will gloriously supply all your needs with his wealth, through your union with Christ Jesus.
20 Glory to our God and Father forever and ever. Amen.

21 Remember me to all my fellow-Christians. The brothers

22 ζονται ὑμᾶς οἱ σὺν ἐμοὶ ἀδελφοί. ἀσπάζονται ὑμᾶς πάντες
οἱ ἅγιοι, μάλιστα δὲ οἱ ἐκ τῆς Καίσαρος οἰκίας.

23 Ἡ χάρις τοῦ κυρίου Ἰησοῦ Χριστοῦ μετὰ τοῦ πνεύ-
ματος ὑμῶν.

22 who are with me wish to be remembered to you. All God's people wish to be remembered to you, especially those who belong to the emperor's household.

23   The blessing of our Lord Jesus Christ be with your spirits.

ΠΡΟΣ ΚΟΛΑΣΣΑΕΙΣ

1 ΠΑΥΛΟΣ ἀπόστολος Χριστοῦ Ἰησοῦ διὰ θελήματος
2 θεοῦ καὶ Τιμόθεος ὁ ἀδελφὸς τοῖς ἐν Κολοσσαῖς ἁγίοις
καὶ πιστοῖς ἀδελφοῖς ἐν Χριστῷ· χάρις ὑμῖν καὶ εἰρήνη
ἀπὸ θεοῦ πατρὸς ἡμῶν.

3 Εὐχαριστοῦμεν τῷ θεῷ πατρὶ τοῦ κυρίου ἡμῶν Ἰησοῦ
4 [Χριστοῦ] πάντοτε ⌐περὶ⌐ ὑμῶν προσευχόμενοι, ἀκούσαντες
τὴν πίστιν ὑμῶν ἐν Χριστῷ Ἰησοῦ καὶ τὴν ἀγάπην [ἣν
5 ἔχετε] εἰς πάντας τοὺς ἁγίους διὰ τὴν ἐλπίδα τὴν ἀποκει-
μένην ὑμῖν ἐν τοῖς οὐρανοῖς, ἣν προηκούσατε ἐν τῷ λόγῳ
6 τῆς ἀληθείας τοῦ εὐαγγελίου τοῦ παρόντος εἰς ὑμᾶς, καθὼς
καὶ ἐν παντὶ τῷ κόσμῳ ἐστὶν καρποφορούμενον καὶ αὐξανό-
μενον καθὼς καὶ ἐν ὑμῖν, ἀφ᾽ ἧς ἡμέρας ἠκούσατε καὶ
7 ἐπέγνωτε τὴν χάριν τοῦ θεοῦ ἐν ἀληθείᾳ· καθὼς ἐμά-
θετε ἀπὸ Ἐπαφρᾶ τοῦ ἀγαπητοῦ συνδούλου ἡμῶν, ὅς
8 ἐστιν πιστὸς ὑπὲρ ⌐ἡμῶν⌐ διάκονος τοῦ χριστοῦ, ὁ καὶ
9 δηλώσας ἡμῖν τὴν ὑμῶν ἀγάπην ἐν πνεύματι. Διὰ
τοῦτο καὶ ἡμεῖς, ἀφ᾽ ἧς ἡμέρας ἠκούσαμεν, οὐ παυόμεθα
ὑπὲρ ὑμῶν προσευχόμενοι καὶ αἰτούμενοι ἵνα πληρωθῆτε
τὴν ἐπίγνωσιν τοῦ θελήματος αὐτοῦ ἐν πάσῃ σοφίᾳ
10 καὶ συνέσει πνευματικῇ, περιπατῆσαι ἀξίως τοῦ κυρίου
εἰς πᾶσαν ἀρεσκίαν ἐν παντὶ ἔργῳ ἀγαθῷ καρποφο-
11 ροῦντες καὶ αὐξανόμενοι τῇ ἐπιγνώσει τοῦ θεοῦ, ἐν
πάσῃ δυνάμει δυναμούμενοι κατὰ τὸ κράτος τῆς δόξης
αὐτοῦ εἰς πᾶσαν ὑπομονὴν καὶ μακροθυμίαν μετὰ χαρᾶς,
12 εὐχαριστοῦντες τῷ ⊤ πατρὶ τῷ ἱκανώσαντι ⌐ὑμᾶς⌐ εἰς τὴν

3 ὑπὲρ   7 ὑμῶν   12 θεῷ | ἡμᾶς

THE LETTER TO THE COLOSSIANS

1   Paul, by God's will an apostle of Christ Jesus, and our
2 brother Timothy, to the devoted and steadfast Christian
brothers in Colossae; God our Father bless you and give
you peace.
3   We never pray for you without thanking God, the Father
4 of our Lord Jesus Christ, for what we have heard of your faith
in Christ Jesus, and of the love you have for all God's people,
5 and for the hope of what is stored up for you in heaven.
You first heard of it long ago when the true message of the
6 gospel came among you, to thrive and bear its fruit among
you, as it does all over the world, from the time when you first
7 heard about the mercy of God, and really came to know it,
in the form in which Epaphras, my dear fellow-slave, taught
8 it to you. He is my faithful representative as a servant of
Christ, and it is he who has told me of the love the Spirit has
9 awakened in you. That is why, from the day I first heard
of it, I have never given up praying for you and asking God
to fill you, through full spiritual wisdom and insight, with a
10 clear knowledge of what his will is, so that the lives you live
may be worthy of your Master and wholly pleasing to him,
and you may be fruitful in all kinds of good deeds, and may
11 grow into fuller knowledge of God. Then, so mighty is his
majesty, he will nerve you perfectly with strength for the
cheerful exercise of endurance and forbearance in every
12 situation, and you will thank the Father who has entitled you

13 μερίδα τοῦ κλήρου τῶν ἁγίων ἐν τῷ φωτί, ὃς ἐρύσατο
ἡμᾶς ἐκ τῆς ἐξουσίας τοῦ σκότους καὶ μετέστησεν εἰς
14 τὴν βασιλείαν τοῦ υἱοῦ τῆς ἀγάπης αὐτοῦ, ἐν ᾧ ⸀ἔχομεν⸀
15 τὴν ἀπολύτρωσιν, τὴν ἄφεσιν τῶν ἁμαρτιῶν· ὅς ἐστιν
εἰκὼν τοῦ θεοῦ τοῦ ἀοράτου, πρωτότοκος πάσης κτίσεως,
16 ὅτι ἐν αὐτῷ ἐκτίσθη τὰ πάντα ἐν τοῖς οὐρανοῖς καὶ ἐπὶ
τῆς γῆς, τὰ ὁρατὰ καὶ τὰ ἀόρατα, εἴτε θρόνοι εἴτε
κυριότητες εἴτε ἀρχαὶ εἴτε ἐξουσίαι· τὰ πάντα δι᾽ αὐτοῦ
17 καὶ εἰς αὐτὸν ἔκτισται· καὶ αὐτὸς ἔστιν πρὸ πάντων
18 καὶ τὰ πάντα ἐν αὐτῷ συνέστηκεν, καὶ αὐτός ἐστιν
ἡ κεφαλὴ τοῦ σώματος, τῆς ἐκκλησίας· ὅς ἐστιν [ἡ]
ἀρχή, πρωτότοκος ἐκ τῶν νεκρῶν, ἵνα γένηται ἐν πᾶσιν
19 αὐτὸς πρωτεύων, ὅτι ἐν αὐτῷ εὐδόκησεν πᾶν τὸ πλήρω-
20 μα κατοικῆσαι καὶ δι᾽ αὐτοῦ ἀποκαταλλάξαι τὰ πάντα
εἰς αὐτόν, εἰρηνοποιήσας διὰ τοῦ αἵματος τοῦ σταυροῦ
αὐτοῦ, [δι᾽ αὐτοῦ] εἴτε τὰ ἐπὶ τῆς γῆς εἴτε τὰ ἐν τοῖς
21 οὐρανοῖς· καὶ ὑμᾶς ποτὲ ὄντας ἀπηλλοτριωμένους καὶ
22 ἐχθροὺς τῇ διανοίᾳ ἐν τοῖς ἔργοις τοῖς πονηροῖς,— νυνὶ
δὲ ⸀ἀποκατήλλαξεν⸀ ἐν τῷ σώματι τῆς σαρκὸς αὐτοῦ διὰ
τοῦ θανάτου,— παραστῆσαι ὑμᾶς ἁγίους καὶ ἀμώμους
23 καὶ ἀνεγκλήτους κατενώπιον αὐτοῦ, εἴ γε ἐπιμένετε τῇ
πίστει τεθεμελιωμένοι καὶ ἑδραῖοι καὶ μὴ μετακινούμενοι
ἀπὸ τῆς ἐλπίδος τοῦ εὐαγγελίου οὗ ἠκούσατε, τοῦ κη-
ρυχθέντος ἐν πάσῃ κτίσει τῇ ὑπὸ τὸν οὐρανόν, οὗ
ἐγενόμην ἐγὼ Παῦλος διάκονος.

24 Νῦν χαίρω ἐν τοῖς παθήμασιν ὑπὲρ ὑμῶν, καὶ ἀντα-
ναπληρῶ τὰ ὑστερήματα τῶν θλίψεων τοῦ χριστοῦ ἐν
τῇ σαρκί μου ὑπὲρ τοῦ σώματος αὐτοῦ, ὅ ἐστιν ἡ ἐκ-
25 κλησία, ἧς ἐγενόμην ἐγὼ διάκονος κατὰ τὴν οἰκονομίαν
τοῦ θεοῦ τὴν δοθεῖσάν μοι εἰς ὑμᾶς πληρῶσαι τὸν
26 λόγον τοῦ θεοῦ, τὸ μυστήριον τὸ ἀποκεκρυμμένον ἀπὸ
τῶν αἰώνων καὶ ἀπὸ τῶν γενεῶν,— νῦν δὲ ἐφανερώθη
27 τοῖς ἁγίοις αὐτοῦ, οἷς ἠθέλησεν ὁ θεὸς γνωρίσαι τί τὸ

14 ἔσχομεν   22 ἀποκατηλλάγητε

13 to share the lot of God's people in the realm of light.   He has
rescued us from the dominion of darkness, and has transferred
14 us into the realm of his dear Son, by whom we have been ran-
15 somed from captivity through having our sins forgiven.   He
is a likeness of the unseen God, born before any creature,
16 for it was through him that everything was created in heaven
and on earth, the seen and the unseen, angelic thrones,
dominions, principalities, authorities—all things were created
17 through him and for him.   He existed before all things and
18 he sustains and embraces them all.   He is the head of the
church, it is his body; for he is the beginning, the firstborn
from among the dead—that he might come to stand first in
19 everything.   For all the divine fulness chose to dwell in him
and through him to reconcile to God all things on earth or in
20 heaven, making this peace through his blood shed on the cross.
21 And it has brought you, who were once estranged from him,
hostile in attitude and engaged in doing wrong (though now he
22 has reconciled you through dying in his human body) in holi-
ness, and free from reproach or blame, into God's presence
23 —if at least you continue firm and steadfast in the exercise
of faith, and never shift from the hope held out in the good
news to which you listened, which has been preached all
over the world, and for which I, Paul, became a worker.
24   At present I am glad to be suffering in your interest, and
I am making up in my own person what is lacking in Christ's
25 sufferings for the church, which is his body.   In it, by divine
appointment, I became a worker, that I might preach among
26 you the message of God in its fulness—that secret, hidden
from the ages and generations, but now disclosed to those
27 who are consecrated to him, to whom God has chosen to make

πλοῦτος τῆς δόξης τοῦ μυστηρίου τούτου ἐν τοῖς ἔθνεσιν,
28 ⌈ὅ⌉ ἐστιν Χριστὸς ἐν ὑμῖν, ἡ ἐλπὶς τῆς δόξης· ὃν ἡμεῖς
καταγγέλλομεν νουθετοῦντες πάντα ἄνθρωπον καὶ διδά-
σκοντες πάντα ἄνθρωπον ἐν πάσῃ σοφίᾳ, ἵνα παραστή-
29 σωμεν πάντα ἄνθρωπον τέλειον ἐν Χριστῷ· εἰς ὃ καὶ
κοπιῶ ἀγωνιζόμενος κατὰ τὴν ἐνέργειαν αὐτοῦ τὴν ἐνερ-
1 γουμένην ἐν ἐμοὶ ἐν δυνάμει.   Θέλω γὰρ ὑμᾶς
εἰδέναι ἡλίκον ἀγῶνα ἔχω ὑπὲρ ὑμῶν καὶ τῶν ἐν
Λαοδικίᾳ καὶ ὅσοι οὐχ ἑόρακαν τὸ πρόσωπόν μου ἐν
2 σαρκί, ἵνα παρακληθῶσιν αἱ καρδίαι αὐτῶν, συνβιβα-
σθέντες ἐν ἀγάπῃ καὶ εἰς πᾶν πλοῦτος τῆς πληροφορίας
τῆς συνέσεως, εἰς ἐπίγνωσιν τοῦ μυστηρίου τοῦ ⌈θεοῦ,
3 Χριστοῦ⌉, ἐν ᾧ εἰσὶν πάντες οἱ θηϲαυροὶ τῆϲ ϲοφίαϲ
4 καὶ γνώσεως ἀπόκρυφοι. Τοῦτο λέγω ἵνα μηδεὶς ὑμᾶς
5 παραλογίζηται ἐν πιθανολογίᾳ. εἰ γὰρ καὶ τῇ σαρκὶ
ἄπειμι, ἀλλὰ τῷ πνεύματι σὺν ὑμῖν εἰμί, χαίρων καὶ
βλέπων ὑμῶν τὴν τάξιν καὶ τὸ στερέωμα τῆς εἰς Χριστὸν
πίστεως ὑμῶν.

6   Ὡς οὖν παρελάβετε τὸν χριστὸν Ἰησοῦν τὸν κύριον,
7 ἐν αὐτῷ περιπατεῖτε, ἐρριζωμένοι καὶ ἐποικοδομούμενοι
ἐν αὐτῷ καὶ βεβαιούμενοι τῇ πίστει καθὼς ἐδιδάχθητε, πε-
8 ρισσεύοντες [ἐν αὐτῇ] ἐν εὐχαριστίᾳ.   Βλέ-
πετε μή τις ⌈ὑμᾶς ἔσται⌉ ὁ συλαγωγῶν διὰ τῆς φιλοσοφί-
ας καὶ κενῆς ἀπάτης κατὰ τὴν παράδοσιν τῶν ἀνθρώ-
πων, κατὰ τὰ στοιχεῖα τοῦ κόσμου καὶ οὐ κατὰ Χριστόν·
9 ὅτι ἐν αὐτῷ κατοικεῖ πᾶν τὸ πλήρωμα τῆς θεότητος
10 σωματικῶς, καὶ ἐστὲ ἐν αὐτῷ πεπληρωμένοι, ὅς ἐστιν
11 ἡ κεφαλὴ πάσης ἀρχῆς καὶ ἐξουσίας, ἐν ᾧ καὶ περιε-
τμήθητε περιτομῇ ἀχειροποιήτῳ ἐν τῇ ἀπεκδύσει τοῦ
σώματος τῆς σαρκός, ἐν τῇ περιτομῇ τοῦ χριστοῦ,
12 συνταφέντες αὐτῷ ἐν τῷ βαπτίσματι, ἐν ᾧ καὶ συνη-
γέρθητε διὰ τῆς πίστεως τῆς ἐνεργείας τοῦ θεοῦ τοῦ
13 ἐγείραντος αὐτὸν ἐκ νεκρῶν· καὶ ὑμᾶς νεκροὺς ὄν-

27 ὅς   2 †...†   8 ἔσται ὑμᾶς

known among the heathen how glorious this mystery of
28 Christ in you, the promise of glorification, really is.   And in
spreading the news of him, we warn everyone and teach every-
one all our wisdom, in order to bring everyone to Christian
29 perfection.   That is what I am working for, fighting with all
the energy with which he so mightily endows me.

2   For I want you to know what a fight I am putting up for
you and for our brothers in Laodicea, and for all who do not
2 know me personally, that your hearts may be cheered.   I
want you to be united by love, and to have all the benefit of
assured knowledge in coming to know Christ—that divine
3 mystery in which all treasures of wisdom and knowledge are
4 to be found.   What I mean is, let nobody mislead you by
5 specious arguments.   For though I am absent from you in
person I am with you in spirit, and I am glad to observe your
harmony and the solidity of your faith in Christ.

6   So just as you once accepted the Christ, Jesus, as your
7 Lord, you must live in vital union with him.   You must be
rooted and built up in him and made strong in faith, just as
you were taught to be, overflowing with it in your gratitude.

8   Take care that nobody exploits you through the preten-
sions of philosophy, guided by human tradition, following
material ways of looking at things, instead of following Christ.
9 For it is in him that all the fulness of God's nature lives
10 embodied, and in union with him you too are filled with it.
He is the head of all your principalities and dominions.
11 Through your relation to him you have received, not a
physical circumcision, but a circumcision effected by Christ,
12 in stripping you of your material nature, when in your baptism
you were buried with him, and raised to life with him through
your faith in the power of God who raised him from the dead.

τας τοῖς παραπτώμασιν καὶ τῇ ἀκροβυστίᾳ τῆς σαρκὸς
ὑμῶν, συνεζωοποίησεν ⌜ὑμᾶς⌝ σὺν ⌜αὐτῷ· χαρισάμενος
14 ἡμῖν πάντα τὰ παραπτώματα, ἐξαλείψας τὸ καθ᾽ ἡμῶν
χειρόγραφον τοῖς δόγμασιν ὃ ἦν ὑπεναντίον ἡμῖν,⌝ καὶ
αὐτὸ ἦρκεν ἐκ τοῦ μέσου προσηλώσας αὐτὸ τῷ σταυρῷ·
15 ἀπεκδυσάμενος τὰς ἀρχὰς καὶ τὰς ἐξουσίας ἐδειγμάτισεν
16 ἐν παρρησίᾳ θριαμβεύσας αὐτοὺς ἐν αὐτῷ.   Μὴ
οὖν τις ὑμᾶς κρινέτω ἐν βρώσει ⌜καὶ⌝ ἐν πόσει ἢ ἐν
17 μέρει ἑορτῆς ἢ νεομηνίας ἢ σαββάτων, ⌜ἅ⌝ ἐστιν σκιὰ
18 τῶν μελλόντων, τὸ δὲ σῶμα τοῦ χριστοῦ. μηδεὶς
ὑμᾶς καταβραβευέτω ⌜θέλων ἐν ταπεινοφροσύνῃ καὶ θρη-
σκείᾳ τῶν ἀγγέλων, ἃ ἑόρακεν ἐμβατεύων⌝, εἰκῇ φυσιού-
19 μενος ὑπὸ τοῦ νοὸς τῆς σαρκὸς αὐτοῦ, καὶ οὐ κρατῶν
τὴν κεφαλήν, ἐξ οὗ πᾶν τὸ σῶμα διὰ τῶν ἀφῶν καὶ συν-
δέσμων ἐπιχορηγούμενον καὶ συνβιβαζόμενον αὔξει τὴν
αὔξησιν τοῦ θεοῦ.

20   Εἰ ἀπεθάνετε σὺν Χριστῷ ἀπὸ τῶν στοιχείων τοῦ
21 κόσμου, τί ὡς ζῶντες ἐν κόσμῳ δογματίζεσθε Μὴ ἅψῃ
22 μηδὲ γεύσῃ μηδὲ θίγῃς,   ἅ ἐστιν πάντα εἰς φθορὰν
τῇ ἀποχρήσει, κατὰ τὰ ἐντάλματα καὶ Διδασκαλίας
23 τῶν ἀνθρώπων; ἅτινά ἐστιν λόγον μὲν ἔχοντα σο-
φίας ἐν ἐθελοθρησκίᾳ καὶ ταπεινοφροσύνῃ ⌜[καὶ] ἀφει-
δίᾳ σώματος, οὐκ ἐν τιμῇ τινὶ πρὸς πλησμονὴν τῆς
1 σαρκός⌝.   Εἰ οὖν συνηγέρθητε τῷ χριστῷ, τὰ
ἄνω ζητεῖτε, οὗ ὁ χριστός ἐστιν ἐν Δεξιᾷ τοῦ θεοῦ
2 καθήμενος· τὰ ἄνω φρονεῖτε, μὴ τὰ ἐπὶ τῆς γῆς,
3 ἀπεθάνετε γάρ, καὶ ἡ ζωὴ ὑμῶν κέκρυπται σὺν τῷ
4 χριστῷ ἐν τῷ θεῷ· ὅταν ὁ χριστὸς φανερωθῇ, ἡ ζωὴ
⌜ἡμῶν⌝ τότε καὶ ὑμεῖς σὺν αὐτῷ φανερωθήσεσθε ἐν
δόξῃ.

5   Νεκρώσατε οὖν τὰ μέλη τὰ ἐπὶ τῆς γῆς, πορνείαν,
ἀκαθαρσίαν, πάθος, ἐπιθυμίαν κακήν, καὶ τὴν πλεονεξίαν
6 ἥτις ἐστὶν εἰδωλολατρία, δι᾽ ἃ ἔρχεται ἡ ὀργὴ τοῦ θεοῦ·

13 ἡμᾶς | αὐτῷ, χαρισάμενος......ἡμῖν· 16 ἢ 17 ὅ 18 †...† 23 †...† 4 ὑμῶν

13 Yes, you who were dead through your misdeeds and physically
uncircumcised, God raised to life with Christ. He forgave
14 us all our misdeeds, canceled the bond which stood against us,
with its requirements, and put it out of our way when he nailed
15 it to the cross. He disarmed the principalities and dominions
and displayed them openly, triumphing over them through him.
16   So no one can call you to account for what you eat or
drink, or do about annual or monthly feasts or Sabbaths.
17 That was all only the shadow of something that was to follow;
18 the reality is found in Christ. No one can put you in the
wrong by persisting in studied humility and the worship of
angels, being absorbed in the visions he has seen, and ground-
19 lessly conceited over his mere human mind. Such people
lose their connection with the head, from which the whole
body through its ligaments and sinews must be governed
and united if it is to grow in the divine way.
20   If you have died with Christ to material ways of looking
at things, why do you act as though you still belonged to the
21 world, and submit to rules like "You must not handle,"
22 "You must not taste," "You must not touch"—referring
to things that are all meant to be used up and destroyed?
23 This is to follow mere human rules and regulations. Such
practices pass for wisdom, with their self-imposed devotions,
their self-humiliation, and their ascetic discipline, but they
carry with them no real distinction, they are really only a
catering to the flesh.
3   If, then, you have been raised to life with Christ, set your
hearts on the things that are where Christ is, above, seated at
2 God's right hand. Fix your thoughts on the things that are
3 above, not on those that are on earth. For you have died,
4 and your life now lies hidden with Christ in God. When
Christ, who is our true life, shall make his appearance, then
you also will appear glorified with him.
5   So treat as dead your physical nature, as far as immoral-
ity, impurity, passion, evil desire, and greed are concerned;
6 for it is really idolatry. It is on account of these things that

7 ἐν οἷς καὶ ὑμεῖς περιεπατήσατέ ποτε ὅτε ἐζῆτε ἐν
8 τούτοις· νυνὶ δὲ ἀπόθεσθε καὶ ὑμεῖς τὰ πάντα, ὀργήν,
θυμόν, κακίαν, βλασφημίαν, αἰσχρολογίαν ἐκ τοῦ
9 στόματος ὑμῶν· μὴ ψεύδεσθε εἰς ἀλλήλους· ἀπεκ-
δυσάμενοι τὸν παλαιὸν ἄνθρωπον σὺν ταῖς πράξεσιν
10 αὐτοῦ, καὶ ἐνδυσάμενοι τὸν νέον τὸν ἀνακαινούμενον εἰς
11 ἐπίγνωσιν ΚΑΤ᾽ ΕΙΚΟΝΑ ΤΟῦ ΚΤΙϹΑΝΤΟϹ αὐτόν, ὅπου
οὐκ ἔνι Ἕλλην καὶ Ἰουδαῖος, περιτομὴ καὶ ἀκροβυστία,
βάρβαρος, Σκύθης, δοῦλος, ἐλεύθερος, ἀλλὰ πάντα καὶ
12 ἐν πᾶσιν Χριστός.   Ἐνδύσασθε οὖν ὡς ἐκλε-
κτοὶ τοῦ θεοῦ, ⌈ἅγιοι καὶ⌉ ἠγαπημένοι, σπλάγχνα οἰκτιρ-
μοῦ, χρηστότητα, ταπεινοφροσύνην, πραΰτητα, μακρο-
13 θυμίαν, ἀνεχόμενοι ἀλλήλων καὶ χαριζόμενοι ἑαυτοῖς
ἐάν τις πρός τινα ἔχῃ μομφήν· καθὼς καὶ ὁ ⌈κύριος⌉
14 ἐχαρίσατο ὑμῖν οὕτως καὶ ὑμεῖς· ἐπὶ πᾶσι δὲ τούτοις
15 τὴν ἀγάπην, ὅ ἐστιν σύνδεσμος τῆς τελειότητος. καὶ ἡ
εἰρήνη τοῦ χριστοῦ βραβευέτω ἐν ταῖς καρδίαις ὑμῶν,
εἰς ἣν καὶ ἐκλήθητε ἐν [ἑνὶ] σώματι· καὶ εὐχάριστοι
16 γίνεσθε. ὁ λόγος τοῦ ⌈χριστοῦ⌉ ἐνοικείτω ἐν ὑμῖν
πλουσίως ἐν πάσῃ σοφίᾳ· διδάσκοντες καὶ νουθετοῦντες
ἑαυτοὺς ψαλμοῖς, ὕμνοις, ᾠδαῖς πνευματικαῖς ἐν ᵀ χάριτι,
17 ᾄδοντες ἐν ταῖς καρδίαις ὑμῶν τῷ θεῷ· καὶ πᾶν ὅτι
ἐὰν ποιῆτε ἐν λόγῳ ἢ ἐν ἔργῳ, πάντα ἐν ὀνόματι κυρίου
Ἰησοῦ, εὐχαριστοῦντες τῷ θεῷ πατρὶ δι᾽ αὐτοῦ.
18   Αἱ γυναῖκες, ὑποτάσσεσθε τοῖς ἀνδράσιν, ὡς ἀνῆκεν
19 ἐν κυρίῳ. Οἱ ἄνδρες, ἀγαπᾶτε τὰς γυναῖκας καὶ μὴ
20 πικραίνεσθε πρὸς αὐτάς.   Τὰ τέκνα, ὑπακούετε
τοῖς γονεῦσιν κατὰ πάντα, τοῦτο γὰρ εὐάρεστόν ἐστιν
21 ἐν κυρίῳ. Οἱ πατέρες, μὴ ἐρεθίζετε τὰ τέκνα ὑμῶν,
22 ἵνα μὴ ἀθυμῶσιν.   Οἱ δοῦλοι, ὑπακούετε κατὰ
πάντα τοῖς κατὰ σάρκα κυρίοις, μὴ ἐν ⌈ὀφθαλμο-
δουλίαις⌉, ὡς ἀνθρωπάρεσκοι, ἀλλ᾽ ἐν ἁπλότητι καρδίας,
23 φοβούμενοι τὸν κύριον. ὃ ἐὰν ποιῆτε, ἐκ ψυχῆς ἐργά-

---

12 ἅγιοι,   13 χριστὸς   16 κυρίου | τῇ   22 ὀφθαλμοδουλίᾳ

7 God's anger is coming. And you once practiced them as others
8 do, when you lived that old earthly life. But now you too
must put them all aside—anger, rage, spite, rough, abusive
9 talk—these must be banished from your lips. You must not
lie to one another. For you have stripped off your old self
10 with its ways and have put on that new self newly made in
11 the likeness of its Creator, to know him fully. Here, what
matters is not "Greek" and "Jew," the circumcised and the
uncircumcised, barbarian, Scythian, slave, freeborn, but
Christ is everything and in us all.

12   As persons chosen by God, then, consecrated and dearly
loved, you must clothe yourselves with tenderness of heart,
13 kindness, humility, gentleness, forbearance. You must bear
with one another and forgive one another, if anyone has reason
to be offended with anyone else. Just as the Lord has
14 forgiven you, so you must forgive. And over all these put on
love, which completes them and fastens them all together.
15 Let the ruling principle in your hearts be Christ's peace, for
in becoming members of one body you have been called under
16 its sway. And you must be thankful. Let the message of
Christ live in your hearts in all its wealth of wisdom. Teach
it to one another and train one another in it with thankfulness,
with psalms, hymns, and sacred songs, and sing to God with
17 all your hearts. And whatever you have to say or do, do
it all as followers of the Lord Jesus, and offer your thanks-
giving to God the Father through him.

18   You married women must subordinate yourselves to your
19 husbands, for that is your duty as Christians. You who are
husbands must love your wives and not be harsh to them.

20   Children, always obey your parents, for that is commend-
21 able in Christians. Fathers, do not irritate your children,
or they may lose heart.

22   You who are slaves must always obey your earthly
masters, not with mere external service, as though you had
only men to please, but with sincerity of heart, because you
23 fear the Lord. Work at everything you do with all your

24 ζεσθε, ὡς τῷ κυρίῳ καὶ οὐκ ἀνθρώποις, εἰδότες ὅτι ἀπὸ κυρίου ἀπολήμψεσθε τὴν ἀνταπόδοσιν τῆς κληρονομίας· 25 τῷ κυρίῳ Χριστῷ δουλεύετε· ὁ γὰρ ἀδικῶν κομίσεται 1 ὃ ἠδίκησεν, καὶ οὐκ ἔστιν προσωπολημψία. Οἱ κύριοι, τὸ δίκαιον καὶ τὴν ἰσότητα τοῖς δούλοις παρέχεσθε, εἰδότες ὅτι καὶ ὑμεῖς ἔχετε κύριον ἐν οὐρανῷ.

2 Τῇ προσευχῇ προσκαρτερεῖτε, γρηγοροῦντες ἐν αὐτῇ 3 ἐν εὐχαριστίᾳ, προσευχόμενοι ἅμα καὶ περὶ ἡμῶν, ἵνα ὁ θεὸς ἀνοίξῃ ἡμῖν θύραν τοῦ λόγου, λαλῆσαι τὸ μυστή- 4 ριον τοῦ χριστοῦ, δι᾿ ὃ καὶ δέδεμαι, ἵνα φανερώσω αὐτὸ 5 ὡς δεῖ με λαλῆσαι. Ἐν σοφίᾳ περιπατεῖτε πρὸς τοὺς 6 ἔξω, τὸν καιρὸν ἐξαγοραζόμενοι. ὁ λόγος ὑμῶν πάντοτε ἐν χάριτι, ἅλατι ἠρτυμένος, εἰδέναι πῶς δεῖ ὑμᾶς ἑνὶ ἑκάστῳ ἀποκρίνεσθαι.

7 Τὰ κατ᾿ ἐμὲ πάντα γνωρίσει ὑμῖν Τύχικος ὁ ἀγαπητὸς ἀδελφὸς καὶ πιστὸς διάκονος καὶ σύνδουλος ἐν κυρίῳ, 8 ὃν ἔπεμψα πρὸς ὑμᾶς εἰς αὐτὸ τοῦτο ἵνα γνῶτε τὰ 9 περὶ ἡμῶν καὶ παρακαλέσῃ τὰς καρδίας ὑμῶν, σὺν Ὀνησίμῳ τῷ πιστῷ καὶ ἀγαπητῷ ἀδελφῷ, ὅς ἐστιν ἐξ ὑμῶν· πάντα ὑμῖν γνωρίσουσιν τὰ ὧδε.

10 Ἀσπάζεται ὑμᾶς Ἀρίσταρχος ὁ συναιχμάλωτός μου, καὶ Μάρκος ὁ ἀνεψιὸς Βαρνάβα, (περὶ οὗ ἐλάβετε ἐντο- 11 λάς, ἐὰν ἔλθῃ πρὸς ὑμᾶς δέξασθε αὐτόν,) καὶ Ἰησοῦς ὁ λεγόμενος Ἰοῦστος, οἱ ὄντες ἐκ περιτομῆς, οὗτοι μόνοι συνεργοὶ εἰς τὴν βασιλείαν τοῦ θεοῦ, οἵτινες 12 ἐγενήθησάν μοι παρηγορία. ἀσπάζεται ὑμᾶς Ἐπαφρᾶς ὁ ἐξ ὑμῶν, δοῦλος Χριστοῦ Ἰησοῦ, πάντοτε ἀγωνιζόμενος ὑπὲρ ὑμῶν ἐν ταῖς προσευχαῖς, ἵνα σταθῆτε τέλειοι καὶ πεπληροφορημένοι ἐν παντὶ θελήματι τοῦ θεοῦ. 13 μαρτυρῶ γὰρ αὐτῷ ὅτι ἔχει πολὺν πόνον ὑπὲρ ὑμῶν 14 καὶ τῶν ἐν Λαοδικίᾳ καὶ τῶν ἐν Ἱερᾷ Πόλει. ἀσπά- ζεται ὑμᾶς Λουκᾶς ὁ ἰατρὸς ὁ ἀγαπητὸς καὶ Δημᾶς. 15 Ἀσπάσασθε τοὺς ἐν Λαοδικίᾳ ἀδελφοὺς καὶ Νύμφαν καὶ

24 hearts, as work done not for men only but for the Lord, for you know that it is from him that you are to receive that inheritance which is to be your reward.   Think of Christ as the master you are working for.   For the man who wrongs anyone will

25 be paid back for the wrong he has done; there will be no exceptions.

4 tions.   You who are masters must treat your slaves justly and fairly, and remember that you have a Master too, in heaven.

2   Be persistent in prayer and wide awake about it when you

3 give thanks.   Pray for me too, that God may give me an opening for the message, and let me tell the secret of Christ

4 on account of which I am kept in prison until I can make clear

5 to the authorities why I cannot help telling it.   Use wisdom in dealing with outsiders, making the most of your opportunities.

6 Always put your message attractively, and yet pointedly, and be prepared to give every inquirer a fitting answer.

7   Our dear brother Tychicus, my faithful helper and fellow-

8 servant in the Lord's work, will tell you all about me.   I am sending him to you for the express purpose of letting you know

9 my circumstances, and of cheering your hearts.   And with him I send my dear, faithful brother Onesimus who is one of your own number.   They will tell you all about matters here.

10   Aristarchus, my fellow-prisoner, wishes to be remembered to you, and so does Barnabas' cousin Mark.   (About him you have had instructions; if he comes to see you, make him

11 welcome.)   So also does Jesus who is called Justus.   They are the only ones among the converts from Judaism who have worked with me for the reign of God who have proved a com-

12 fort to me.   Epaphras, one of your own number, a slave of Christ Jesus, wishes to be remembered to you.   He is always standing up for you in his prayers that you may stand fast, like men of mature convictions, whatever God's will for you

13 may be.   I can testify how anxious he is about you and the

14 brothers in Laodicea and Hierapolis.   Our dear Luke, the

15 doctor, and Demas wish to be remembered to you.   Remember me to the brothers in Laodicea and to Nympha and the

16 τὴν κατ᾽ οἶκον αὐτῆς ἐκκλησίαν. καὶ ὅταν ἀναγνωσθῇ παρ᾽ ὑμῖν ἡ ἐπιστολή, ποιήσατε ἵνα καὶ ἐν τῇ Λαοδι- κέων ἐκκλησίᾳ ἀναγνωσθῇ, καὶ τὴν ἐκ Λαοδικίας ἵνα 17 καὶ ὑμεῖς ἀναγνῶτε. καὶ εἴπατε Ἀρχίππῳ Βλέπε τὴν διακονίαν ἣν παρέλαβες ἐν κυρίῳ, ἵνα αὐτὴν πληροῖς.
18 Ὁ ἀσπασμὸς τῇ ἐμῇ χειρὶ Παύλου. μνημονεύετέ μου τῶν δεσμῶν. ἡ χάρις μεθ᾽ ὑμῶν.

16 church that meets at her house.   When this letter has been read to you, have it read to the church at Laodicea also, and 17 see that you read the letter that is coming from there.   And tell Archippus, "See that you perform the Christian service you have been assigned."

18   This farewell is in my own hand, from Paul.   Remember that I am in prison.   God bless you.

ΠΡΟΣ ΘΕΣΣΑΛΟΝΙΚΕΙΣ Α

1 ΠΑΥΛΟΣ ΚΑΙ ΣΙΛΟΥΑΝΟΣ ΚΑΙ ΤΙΜΟΘΕΟΣ τῇ
ἐκκλησίᾳ Θεσσαλονικέων ἐν θεῷ πατρὶ καὶ κυρίῳ Ἰησοῦ
Χριστῷ· χάρις ὑμῖν καὶ εἰρήνη.

2 Εὐχαριστοῦμεν τῷ θεῷ πάντοτε περὶ πάντων ὑμῶν
μνείαν ποιούμενοι ἐπὶ τῶν προσευχῶν ἡμῶν, ἀδιαλείπτως
3 μνημονεύοντες ὑμῶν τοῦ ἔργου τῆς πίστεως καὶ τοῦ
κόπου τῆς ἀγάπης καὶ τῆς ὑπομονῆς τῆς ἐλπίδος τοῦ
κυρίου ἡμῶν Ἰησοῦ Χριστοῦ ἔμπροσθεν τοῦ θεοῦ καὶ
4 πατρὸς ἡμῶν, εἰδότες, ἀδελφοὶ ἠγαπημένοι ὑπὸ [τοῦ]
5 θεοῦ, τὴν ἐκλογὴν ὑμῶν, ὅτι τὸ εὐαγγέλιον ἡμῶν οὐκ ἐγε-
νήθη εἰς ὑμᾶς ἐν λόγῳ μόνον ἀλλὰ καὶ ἐν δυνάμει καὶ
ἐν πνεύματι ἁγίῳ καὶ πληροφορίᾳ πολλῇ, καθὼς οἴδατε
6 οἷοι ἐγενήθημεν ┬ ὑμῖν δι᾽ ὑμᾶς· καὶ ὑμεῖς μιμηταὶ ἡμῶν
ἐγενήθητε καὶ τοῦ κυρίου, δεξάμενοι τὸν λόγον ἐν θλίψει
7 πολλῇ μετὰ χαρᾶς πνεύματος ἁγίου, ὥστε γενέσθαι ὑμᾶς
⌜τύπον⌝ πᾶσιν τοῖς πιστεύουσιν ἐν τῇ Μακεδονίᾳ καὶ ἐν
8 τῇ Ἀχαίᾳ. ἀφ᾽ ὑμῶν γὰρ ἐξήχηται ὁ λόγος τοῦ κυρίου
οὐ μόνον ἐν τῇ Μακεδονίᾳ καὶ Ἀχαίᾳ, ἀλλ᾽ ἐν παντὶ
τόπῳ ἡ πίστις ὑμῶν ἡ πρὸς τὸν θεὸν ἐξελήλυθεν, ὥστε
9 μὴ χρείαν ἔχειν ἡμᾶς λαλεῖν τι· αὐτοὶ γὰρ περὶ ⌜ἡμῶν⌝
ἀπαγγέλλουσιν ὁποίαν εἴσοδον ἔσχομεν πρὸς ὑμᾶς, καὶ
πῶς ἐπεστρέψατε πρὸς τὸν θεὸν ἀπὸ τῶν εἰδώλων δου-
10 λεύειν θεῷ ζῶντι καὶ ἀληθινῷ, καὶ ἀναμένειν τὸν υἱὸν
αὐτοῦ ἐκ τῶν οὐρανῶν, ὃν ἤγειρεν ἐκ [τῶν] νεκρῶν,
Ἰησοῦν τὸν ῥυόμενον ἡμᾶς ἐκ τῆς ὀργῆς τῆς ἐρχομένης.

5 ἐν   7 τύπους   9 ὑμῶν

THE FIRST LETTER TO THE THESSALONIANS

1   Paul, Silvanus, and Timothy to the Thessalonian church in union with God the Father and the Lord Jesus Christ; God bless you and give you peace.

2   We always thank God for you all when we mention you 3 in our prayers, for we can never forget before our God and Father your energetic faith, your loving service, and your 4 unwavering expectation of our Lord Jesus Christ. For we know, brothers whom God so loves, that he has chosen you, 5 for our preaching of the good news did not come to you as mere words but with power and the holy Spirit and full conviction—you know the kind of life we lived among you for your 6 good. And you followed the example set by us and by the Lord, for though our message brought you great trouble, you 7 welcomed it with joy inspired by the holy Spirit, so that you set an example to all the believers in Macedonia and Greece. 8 For the Lord's message has rung out from you not only over Macedonia and Greece, but the story of your belief in God has gone everywhere, so that we never need to mention it. 9 For when people speak of us, they tell what a welcome you gave us, and how you turned from idols to God, to serve a true 10 and living God, and to wait for the coming from heaven of his Son, whom he raised from the dead—Jesus, our deliverer from God's coming wrath.

1 Αὐτοὶ γὰρ οἴδατε, ἀδελφοί, τὴν εἴσοδον ἡμῶν τὴν πρὸς
2 ὑμᾶς ὅτι οὐ κενὴ γέγονεν, ἀλλὰ προπαθόντες καὶ ὑβρισθέν-
τες καθὼς οἴδατε ἐν Φιλίπποις ἐπαρρησιασάμεθα ἐν τῷ
θεῷ ἡμῶν λαλῆσαι πρὸς ὑμᾶς τὸ εὐαγγέλιον τοῦ θεοῦ ἐν
3 πολλῷ ἀγῶνι. ἡ γὰρ παράκλησις ἡμῶν οὐκ ἐκ πλάνης
4 οὐδὲ ἐξ ἀκαθαρσίας οὐδὲ ἐν δόλῳ, ἀλλὰ καθὼς δεδοκι-
μάσμεθα ὑπὸ τοῦ θεοῦ πιστευθῆναι τὸ εὐαγγέλιον οὕτως
λαλοῦμεν, οὐχ ὡς ἀνθρώποις ἀρέσκοντες ἀλλὰ θεῷ τῷ
5 ΔΟΚΙΜΑΖΟΝΤΙ ΤΑΣ ΚΑΡΔΙΑΣ ἡμῶν. οὔτε γάρ ποτε ἐν λόγῳ
κολακίας ἐγενήθημεν, καθὼς οἴδατε, οὔτε προφάσει πλεο-
6 νεξίας, θεὸς μάρτυς, οὔτε ζητοῦντες ἐξ ἀνθρώπων δόξαν,
7 οὔτε ἀφ' ὑμῶν οὔτε ἀπ' ἄλλων, δυνάμενοι ἐν βάρει εἶναι
ὡς Χριστοῦ ἀπόστολοι· ἀλλὰ ἐγενήθημεν νήπιοι ἐν μέσῳ
8 ὑμῶν, ὡς ἐὰν τροφὸς θάλπῃ τὰ ἑαυτῆς τέκνα· οὕτως
ὀμειρόμενοι ὑμῶν ηὐδοκοῦμεν μεταδοῦναι ὑμῖν οὐ μόνον τὸ
εὐαγγέλιον τοῦ θεοῦ ἀλλὰ καὶ τὰς ἑαυτῶν ψυχάς, διότι
9 ἀγαπητοὶ ἡμῖν ἐγενήθητε· μνημονεύετε γάρ, ἀδελφοί, τὸν
κόπον ἡμῶν καὶ τὸν μόχθον· νυκτὸς καὶ ἡμέρας ἐργαζό-
μενοι πρὸς τὸ· μὴ ἐπιβαρῆσαί τινα ὑμῶν ἐκηρύξαμεν εἰς
10 ὑμᾶς τὸ εὐαγγέλιον τοῦ θεοῦ. ὑμεῖς μάρτυρες καὶ ὁ θεός,
ὡς ὁσίως καὶ δικαίως καὶ ἀμέμπτως ὑμῖν τοῖς πιστεύουσιν
11 ἐγενήθημεν, καθάπερ οἴδατε ὡς ἕνα ἕκαστον ὑμῶν ὡς
12 πατὴρ τέκνα ἑαυτοῦ παρακαλοῦντες ὑμᾶς καὶ παραμυθού-
μενοι καὶ μαρτυρόμενοι, εἰς τὸ περιπατεῖν ὑμᾶς ἀξίως τοῦ
θεοῦ τοῦ ⌜καλοῦντος⌝ ὑμᾶς εἰς τὴν ἑαυτοῦ βασιλείαν καὶ
δόξαν.

13 Καὶ διὰ τοῦτο καὶ ἡμεῖς εὐχαριστοῦμεν τῷ θεῷ ἀδια-
λείπτως, ὅτι παραλαβόντες λόγον ἀκοῆς παρ' ἡμῶν τοῦ
θεοῦ ἐδέξασθε οὐ λόγον ἀνθρώπων ἀλλὰ καθὼς ἀληθῶς
ἐστὶν λόγον θεοῦ, ὃς καὶ ἐνεργεῖται ἐν ὑμῖν τοῖς πιστεύ-
14 ουσιν. ὑμεῖς γὰρ μιμηταὶ ἐγενήθητε, ἀδελφοί, τῶν ἐκ-
κλησιῶν τοῦ θεοῦ τῶν οὐσῶν ἐν τῇ Ἰουδαίᾳ ἐν Χριστῷ
Ἰησοῦ, ὅτι τὰ αὐτὰ ἐπάθετε καὶ ὑμεῖς ὑπὸ τῶν ἰδίων

12 καλέσαντος

2   You know yourselves, brothers, that our visit to you was
2 far from ineffectual.   We had just been through ill-treatment
  and insults at Philippi, as you remember, but, in the face of
  great opposition, we took courage by the help of our God, and
3 told you God's good news.   For our appeal does not rest on a
  delusion, nor spring from any impure motive; there is no
4 fraud about it.   God has thought us fit to be intrusted with
  the good news, and so we tell it, making no effort to please
5 men, but to please God, who tests our hearts.   We never
  used flattery, as you know, or found pretexts for making
6 money, as God is our witness.   We never sought praise from
  men, either from you or anyone else, though as Christ's
7 apostles we might have stood on our dignity.   We were
  children when we were with you; we were like a mother nurs-
8 ing her children.   That was the kind of affection we had
  for you, which made us ready to share with you not only
  God's good news but our own lives too, because you were so
9 dear to us.   You remember, brothers, how we toiled and
  labored.   We worked night and day, when we preached the
  good news to you, in order not to be a burden to any of you.
10 You will testify, and God will, how pure and upright and irre-
11 proachable our relations were with you who believed.   You
  know how, like a father with his children, we used to urge,
12 encourage, and implore you to make your lives worthy of God
  who invites you into his kingdom and his glory.

13   We for our part constantly thank God for another reason
  too—because when you received God's message from our
  lips, you welcomed it not as the message of men but as the
  message of God, as it really is, which does its work in the hearts
14 of you believers.   For you, brothers, followed the example of
  God's churches in Judea that are in union with Christ Jesus,
  for you in your turn had to bear the same ill-treatment from

15 συμφυλετῶν καθὼς καὶ αὐτοὶ ὑπὸ τῶν Ἰουδαίων, τῶν καὶ
τὸν κύριον ἀποκτεινάντων Ἰησοῦν καὶ τοὺς προφήτας καὶ
ἡμᾶς ἐκδιωξάντων, καὶ θεῷ μὴ ἀρεσκόντων, καὶ πᾶσιν
16 ἀνθρώποις ἐναντίων, κωλυόντων ἡμᾶς τοῖς ἔθνεσιν λα-
λῆσαι ἵνα σωθῶσιν, εἰς τὸ ἀναπληρῶσαι αὐτῶν τὰς
ἁμαρτίας πάντοτε. ⌜ἔφθασεν⌝ δὲ ἐπ᾽ αὐτοὺς ἡ ὀργὴ εἰς
τέλος.

17 Ἡμεῖς δέ, ἀδελφοί, ἀπορφανισθέντες ἀφ᾽ ὑμῶν πρὸς
καιρὸν ὥρας, προσώπῳ οὐ καρδίᾳ, περισσοτέρως ἐσπουδά-
σαμεν τὸ πρόσωπον ὑμῶν ἰδεῖν ἐν πολλῇ ἐπιθυμίᾳ.
18 διότι ἠθελήσαμεν ἐλθεῖν πρὸς ὑμᾶς, ἐγὼ μὲν Παῦλος
19 καὶ ἅπαξ καὶ δίς, καὶ ἐνέκοψεν ἡμᾶς ὁ Σατανᾶς. τίς
γὰρ ἡμῶν ἐλπὶς ἢ χαρὰ ἢ στέφανος καυχήσεως— ἢ οὐχὶ
καὶ ὑμεῖς— ἔμπροσθεν τοῦ κυρίου ἡμῶν Ἰησοῦ ἐν τῇ
20 αὐτοῦ παρουσίᾳ; ὑμεῖς γάρ ἐστε ἡ δόξα ἡμῶν καὶ ἡ
1 χαρά.   Διὸ μηκέτι στέγοντες ηὐδοκήσαμεν
2 καταλειφθῆναι ἐν Ἀθήναις μόνοι, καὶ ἐπέμψαμεν Τιμό-
θεον, τὸν ἀδελφὸν ἡμῶν καὶ ⌜διάκονον τοῦ θεοῦ⌝ ἐν τῷ
εὐαγγελίῳ τοῦ χριστοῦ, εἰς τὸ στηρίξαι ὑμᾶς καὶ παρα-
3 καλέσαι ὑπὲρ τῆς πίστεως ὑμῶν τὸ μηδένα σαίνεσθαι
ἐν ταῖς θλίψεσιν ταύταις. αὐτοὶ γὰρ οἴδατε ὅτι εἰς τοῦτο
4 κείμεθα· καὶ γὰρ ὅτε πρὸς ὑμᾶς ἦμεν, προελέγομεν ὑμῖν
ὅτι μέλλομεν θλίβεσθαι, καθὼς καὶ ἐγένετο καὶ οἴδατε.
5 διὰ τοῦτο κἀγὼ μηκέτι στέγων ἔπεμψα εἰς τὸ γνῶναι τὴν
⌜πίστιν ὑμῶν⌝, μή πως ἐπείρασεν ὑμᾶς ὁ πειράζων καὶ
6 εἰς κενὸν γένηται ὁ κόπος ἡμῶν. Ἄρτι δὲ ἐλθόντος
Τιμοθέου πρὸς ἡμᾶς ἀφ᾽ ὑμῶν καὶ εὐαγγελισαμένου ἡμῖν
τὴν πίστιν καὶ τὴν ἀγάπην ὑμῶν, καὶ ὅτι ἔχετε μνείαν
ἡμῶν ἀγαθὴν πάντοτε ἐπιποθοῦντες ἡμᾶς ἰδεῖν καθάπερ
7 καὶ ἡμεῖς ὑμᾶς, διὰ τοῦτο παρεκλήθημεν, ἀδελφοί,
ἐφ᾽ ὑμῖν ἐπὶ πάσῃ τῇ ἀνάγκῃ καὶ θλίψει ἡμῶν διὰ τῆς
8 ὑμῶν πίστεως, ὅτι νῦν ζῶμεν ἐὰν ὑμεῖς στήκετε ἐν κυρίῳ.
9 τίνα γὰρ εὐχαριστίαν δυνάμεθα τῷ θεῷ ἀνταποδοῦναι περὶ

16 ἔφθακεν   2 συνεργὸν [τοῦ θεοῦ]   5 ὑμῶν πίστιν

15 your neighbors as they did from the Jews, who killed the
Lord Jesus and persecuted the prophets and us; who displease
16 God, and in their hostility to all mankind try to keep us from
speaking to the heathen so that they may be saved, so as
always to fill up the measure of their sins.   But God's wrath
has overtaken them at last!

17   For our part, brothers, when we were separated from you
for a little while—in person, though not in spirit—we were
18 extremely eager and longed intensely to see you.   For we
resolved to come to see you—I, Paul, did so again and again—
19 but Satan held us back.   For what hope or happiness shall
we have or what prize to be proud of in the presence of our
20 Lord Jesus when he comes, except you?   You are our pride
and our joy.

3   So when I could not bear it any longer, I made up my
2 mind to stay behind alone at Athens, and I sent my brother
Timothy, a servant of God in preaching the good news of the
Christ, to strengthen you in your faith and encourage you
3 not to be led astray, any of you, in all these troubles.   You
4 know yourselves that this is what we must expect, for when
we were with you, we told you before hand that we were
5 going to have trouble, and it came true, as you know.   That
was why, when I could not bear it any longer, I sent to find
out about your faith, for I was afraid that the tempter might
6 have tempted you and all our labor might be lost.   But now
that Timothy has just come back to me from you, and brought
me good news of your faith and love, and told me how kindly
you think of me and that you long to see me just as much as
7 I long to see you, I feel encouraged, brothers, about you, in
8 spite of all my distress and trouble, at your faith, for now I
9 can really live, since you are standing firm in the Lord.   For
how can I thank God enough for you, for all the happiness

ὑμῶν ἐπὶ πάσῃ τῇ χαρᾷ ᾗ χαίρομεν δι' ὑμᾶς ἔμπροσθεν
10 τοῦ θεοῦ ἡμῶν, νυκτὸς καὶ ἡμέρας ὑπερεκπερισσοῦ δεό-
μενοι εἰς τὸ ἰδεῖν ὑμῶν τὸ πρόσωπον καὶ καταρτίσαι τὰ
11 ὑστερήματα τῆς πίστεως ὑμῶν;   Αὐτὸς δὲ ὁ
θεὸς καὶ πατὴρ ἡμῶν καὶ ὁ κύριος ἡμῶν Ἰησοῦς κατευ-
12 θύναι τὴν ὁδὸν ἡμῶν πρὸς ὑμᾶς· ὑμᾶς δὲ ὁ κύριος πλεο-
νάσαι καὶ περισσεύσαι τῇ ἀγάπῃ εἰς ἀλλήλους καὶ εἰς
13 πάντας, καθάπερ καὶ ἡμεῖς εἰς ὑμᾶς, εἰς τὸ στηρίξαι ὑμῶν
τὰς καρδίας ⌜ἀμέμπτους⌝ ἐν ἁγιωσύνῃ ἔμπροσθεν τοῦ θεοῦ
καὶ πατρὸς ἡμῶν ἐν τῇ παρουσίᾳ τοῦ κυρίου ἡμῶν Ἰησοῦ
μετὰ πάντων τῶν ἁγίων αὐτοῦ.ᵀ

1 ⌜Λοιπόν⌝, ἀδελφοί, ἐρωτῶμεν ὑμᾶς καὶ παρακαλοῦ-
μεν· ἐν κυρίῳ Ἰησοῦ, [ἵνα] καθὼς παρελάβετε παρ' ἡ-
μῶν τὸ πῶς δεῖ ὑμᾶς περιπατεῖν καὶ ἀρέσκειν θεῷ,
2 καθὼς καὶ περιπατεῖτε,– ἵνα περισσεύητε μᾶλλον. οἴδατε
γὰρ τίνας παραγγελίας ἐδώκαμεν ὑμῖν διὰ τοῦ κυρίου
3 Ἰησοῦ.   Τοῦτο γάρ ἐστιν θέλημα τοῦ θεοῦ,
ὁ ἁγιασμὸς ὑμῶν, ἀπέχεσθαι ὑμᾶς ἀπὸ τῆς πορνείας,
4 εἰδέναι ἕκαστον ὑμῶν τὸ ἑαυτοῦ σκεῦος κτᾶσθαι ἐν ἁγια-
5 σμῷ καὶ τιμῇ, μὴ ἐν πάθει ἐπιθυμίας καθάπερ καὶ τὰ
6 ἔθνη τὰ ΜΗ ΕἰΔΟΤΑ ΤΟΝ ΘΕΟΝ, τὸ μὴ ὑπερβαίνειν καὶ
πλεονεκτεῖν ἐν τῷ πράγματι τὸν ἀδελφὸν αὐτοῦ, διότι
ἔκδικος ΚΥριος περὶ πάντων τούτων, καθὼς καὶ προεί-
7 παμεν ὑμῖν καὶ διεμαρτυράμεθα. οὐ γὰρ ἐκάλεσεν ἡμᾶς ὁ
8 θεὸς ἐπὶ ἀκαθαρσίᾳ ἀλλ' ἐν ἁγιασμῷ. τοιγαροῦν ὁ ἀθε-
τῶν οὐκ ἄνθρωπον ἀθετεῖ ἀλλὰ τὸν θεὸν τὸν ΔιΔΟΝΤΑ ΤΟ
9 ΠΝΕῩΜΑ ΑΥΤΟῩ τὸ ἅγιον εἰς ῩΜᾶΣ.   Περὶ δὲ
τῆς φιλαδελφίας οὐ χρείαν ἔχετε γράφειν ὑμῖν, αὐτοὶ
γὰρ ὑμεῖς θεοδίδακτοί ἐστε εἰς τὸ ἀγαπᾶν ἀλλήλους·
10 καὶ γὰρ ποιεῖτε αὐτὸ εἰς πάντας τοὺς ἀδελφοὺς [τοὺς] ἐν
ὅλῃ τῇ Μακεδονίᾳ.   Παρακαλοῦμεν δὲ ὑμᾶς,
11 ἀδελφοί, περισσεύειν μᾶλλον, καὶ φιλοτιμεῖσθαι ἡσυχά-
ζειν καὶ πράσσειν τὰ ἴδια καὶ ἐργάζεσθαι ταῖς χερσὶν

13 ἀμέμπτως | ἀμήν.   1 Λοιπὸν οὖν

10 you make me feel in the presence of our God, as I pray night and day with intense earnestness that I may see your faces and supply what is lacking in your faith?

11   May our God and Father himself and our Lord Jesus open
12 my way to you! May the Lord make your love for one another
13 and for all men wide and full like my love for you, so that your hearts may be strong and faultlessly pure in the sight of our God and Father, when our Lord Jesus appears with all his saints!

4   Now, brothers, we ask and entreat you, in the name of the Lord Jesus, to live as you learned from us that you must live, to please God—as indeed you are doing, only do it more and
2 more.   For you remember what instructions we gave you on the authority of the Lord Jesus.

3   It is God's will that you should be consecrated, that you
4 abstain from immorality, that each of you learn to take a wife
5 for himself from pure and honorable motives, not to gratify
6 his passion, like the heathen who know nothing of God.   No one is to wrong or defraud his brother in this matter, for the Lord avenges all such things, as we told you before, in the most
7 solemn terms.   God has not called us to an unclean life, but
8 to a pure one.   So whoever disregards this is not disregarding man, but God, who gives you his holy Spirit.

9   You do not need to have anyone write to you about brotherly love, for you have yourselves been taught by God
10 to love one another, and you are doing it to all the brothers all over Macedonia.

    But we do entreat you, brothers, to surpass yourselves
11 in striving to live quietly and mind your own affairs, and work

12 ὑμῶν, καθὼς ὑμῖν παρηγγείλαμεν, ἵνα περιπατῆτε εὐσχη-
μόνως πρὸς τοὺς ἔξω καὶ μηδενὸς χρείαν ἔχητε.

13 Οὐ θέλομεν δὲ ὑμᾶς ἀγνοεῖν, ἀδελφοί, περὶ τῶν
κοιμωμένων, ἵνα μὴ λυπῆσθε καθὼς καὶ οἱ λοιποὶ οἱ μὴ
14 ἔχοντες ἐλπίδα. εἰ γὰρ πιστεύομεν ὅτι Ἰησοῦς ἀπέθανεν
καὶ ἀνέστη, οὕτως καὶ ὁ θεὸς τοὺς κοιμηθέντας διὰ τοῦ
15 Ἰησοῦ ἄξει σὺν αὐτῷ. Τοῦτο γὰρ ὑμῖν λέγομεν ἐν
λόγῳ κυρίου, ὅτι ἡμεῖς οἱ ζῶντες οἱ περιλειπόμενοι εἰς
τὴν παρουσίαν τοῦ κυρίου οὐ μὴ φθάσωμεν τοὺς κοιμη-
16 θέντας· ὅτι αὐτὸς ὁ κύριος ἐν κελεύσματι, ἐν φωνῇ
ἀρχαγγέλου καὶ ἐν σάλπιγγι θεοῦ, καταβήσεται ἀπ᾿ οὐ-
ρανοῦ, καὶ οἱ νεκροὶ ἐν Χριστῷ ἀναστήσονται πρῶτον,
17 ἔπειτα ἡμεῖς οἱ ζῶντες οἱ περιλειπόμενοι ἅμα σὺν αὐτοῖς
ἁρπαγησόμεθα ἐν νεφέλαις εἰς ἀπάντησιν τοῦ κυρίου εἰς
18 ἀέρα· καὶ οὕτως πάντοτε σὺν κυρίῳ ἐσόμεθα. Ὥστε
παρακαλεῖτε ἀλλήλους ἐν τοῖς λόγοις τούτοις.

1 Περὶ δὲ τῶν χρόνων καὶ τῶν καιρῶν, ἀδελφοί, οὐ
2 χρείαν ἔχετε ὑμῖν γράφεσθαι, αὐτοὶ γὰρ ἀκριβῶς οἴδατε
ὅτι ἡμέρα Κυρίου ὡς κλέπτης ἐν νυκτὶ οὕτως ἔρχεται.
3 ὅταν ⌐λέγωσιν Εἰρήνη καὶ ἀσφάλεια, τότε αἰφνί-
διος αὐτοῖς ἐπίσταται ὄλεθρος ὥσπερ ἡ ὠδὶν τῇ ἐν
4 γαστρὶ ἐχούσῃ, καὶ οὐ μὴ ἐκφύγωσιν. ὑμεῖς δέ, ἀδελ-
φοί, οὐκ ἐστὲ ἐν σκότει, ἵνα ἡ ἡμέρα ὑμᾶς ὡς ⌐κλέπτας⌐
5 καταλάβῃ, πάντες γὰρ ὑμεῖς υἱοὶ φωτός ἐστε καὶ υἱοὶ
6 ἡμέρας. Οὐκ ἐσμὲν νυκτὸς οὐδὲ σκότους· ἄρα οὖν μὴ
καθεύδωμεν ὡς οἱ λοιποί, ἀλλὰ γρηγορῶμεν καὶ νήφωμεν.
7 οἱ γὰρ καθεύδοντες νυκτὸς καθεύδουσιν, καὶ οἱ μεθυσκό-
8 μενοι νυκτὸς μεθύουσιν· ἡμεῖς δὲ ἡμέρας ὄντες νήφωμεν,
ἐνδυσάμενοι θώρακα πίστεως καὶ ἀγάπης καὶ περικε-
9 φαλαίαν ἐλπίδα σωτηρίας· ὅτι οὐκ ἔθετο ⌐ἡμᾶς ὁ θεὸς⌐
εἰς ὀργὴν ἀλλὰ εἰς περιποίησιν σωτηρίας διὰ τοῦ κυρίου
10 ἡμῶν Ἰησοῦ [Χριστοῦ], τοῦ ἀποθανόντος ⌐περὶ⌐ ἡμῶν
ἵνα εἴτε γρηγορῶμεν εἴτε καθεύδωμεν ἅμα σὺν αὐτῷ ζήσω-

3 δὲ   4 κλέπτης   9 ὁ θεὸς ἡμᾶς   10 ὑπὲρ

12 with your hands, as we directed you, so that you may have the respect of the outsiders, and not be dependent upon anybody.

13   We do not want you to be under any misapprehension, brothers, about those who are falling asleep. You must
14 not grieve for them, as others do who have no hope. For if we believe that Jesus died and rose again, then by means of Jesus God will bring back with him those who have fallen
15 asleep. For we can assure you, on the Lord's own authority, that those of us who will still be living when the Lord comes will have no advantage over those who have fallen asleep.
16 For the Lord himself, at the summons, when the archangel calls and God's trumpet sounds, will come down from heaven,
17 and first those who died in union with Christ will rise; then those of us who are still living will be caught up with them on clouds into the air to meet the Lord, and so we shall be
18 with the Lord forever. Therefore, encourage one another with this truth.

5   But as to times and dates, brothers, you do not need to
2 have anyone write to you, for you yourselves know perfectly well that the Day of the Lord is to come like a thief in the
3 night. When people say, "What peace and security!" then suddenly destruction will be upon them, like birth-pains upon a woman about to give birth to a child, and there will be
4 no escape. But you are not in darkness, brothers, so that
5 that Day should surprise you like thieves. You all belong to the light and the day. We have nothing to do with night or
6 with darkness. So we must not sleep like other men, but we
7 must be vigilant and composed. For those who sleep sleep at
8 night and those who get drunk do so at night, but we who belong to the day must be composed, wearing faith and love for a coat of mail, and helmeted with the hope of salvation.
9 For God has not destined us for his wrath, but to gain salva-
10 tion through our Lord Jesus Christ, who died for us so that whether we are still alive or fall asleep we may live with him.

11 μεν.   Διὸ παρακαλεῖτε ἀλλήλους καὶ οἰκοδομεῖτε εἷς τὸν ἕνα, καθὼς καὶ ποιεῖτε.

12   Ἐρωτῶμεν δὲ ὑμᾶς, ἀδελφοί, εἰδέναι τοὺς κοπιῶντας ἐν ὑμῖν καὶ προϊσταμένους ὑμῶν ἐν κυρίῳ καὶ νουθετοῦντας 13 ὑμᾶς, καὶ ἡγεῖσθαι αὐτοὺς ⌜ὑπερεκπερισσοῦ⌝ ἐν ἀγάπῃ διὰ 14 τὸ ἔργον αὐτῶν. εἰρηνεύετε ἐν ἑαυτοῖς.   Παρακαλοῦμεν δὲ ὑμᾶς, ἀδελφοί, νουθετεῖτε τοὺς ἀτάκτους, παραμυθεῖσθε τοὺς ὀλιγοψύχους, ἀντέχεσθε τῶν ἀσθενῶν, μακροθυμεῖτε 15 πρὸς πάντας.   ὁρᾶτε μή τις κακὸν ἀντὶ κακοῦ τινὶ ἀπο-δῷ, ἀλλὰ πάντοτε τὸ ἀγαθὸν διώκετε ᵀ εἰς ἀλλήλους καὶ
16
17 εἰς πάντας.   Πάντοτε χαίρετε, ἀδιαλείπτως προσεύχεσθε, 18 ἐν παντὶ εὐχαριστεῖτε· τοῦτο γὰρ θέλημα θεοῦ ἐν Χριστῷ
19
20 Ἰησοῦ εἰς ὑμᾶς.   τὸ πνεῦμα μὴ σβέννυτε, προφητείας μὴ 21 ἐξουθενεῖτε· πάντα [δὲ] δοκιμάζετε, τὸ καλὸν κατέχετε,
22
23 ἀπὸ παντὸς εἴδους πονηροῦ ἀπέχεσθε.   Αὐτὸς δὲ ὁ θεὸς τῆς εἰρήνης ἁγιάσαι ὑμᾶς ὁλοτελεῖς, καὶ ὁλόκληρον ὑμῶν τὸ πνεῦμα καὶ ἡ ψυχὴ καὶ τὸ σῶμα ἀμέμπτως ἐν τῇ παρουσίᾳ τοῦ κυρίου ἡμῶν Ἰησοῦ Χριστοῦ τηρηθείη. 24 πιστὸς ὁ καλῶν ὑμᾶς, ὃς καὶ ποιήσει.

25   Ἀδελφοί, προσεύχεσθε [καὶ] περὶ ἡμῶν.

26   Ἀσπάσασθε τοὺς ἀδελφοὺς πάντας ἐν φιλήματι 27 ἁγίῳ.   Ἐνορκίζω ὑμᾶς τὸν κύριον ἀναγνωσθῆναι τὴν ἐπιστολὴν πᾶσιν τοῖς ᵀ ἀδελφοῖς.

28   Ἡ χάρις τοῦ κυρίου ἡμῶν Ἰησοῦ Χριστοῦ μεθ᾽ ὑμῶν.

13 ὑπερεκπερισσῶς   15 καὶ   27 ἁγίοις

11 Therefore encourage one another and strengthen one another, just as you are doing.

12 We beg you, brothers, to respect those who work with you and who lead you in the service of the Lord, and teach you.

13 Hold them in the highest esteem and affection for what they
14 do. Live at peace with one another. We beg, you brothers, warn the idlers, cheer up the despondent, keep hold of the
15 weak, be patient with everybody. Take care that none of you ever pays back evil for evil, but always try to treat one
16 another and everybody with kindness. Always be joyful.
17
18 Never give up praying. Thank God whatever happens. For
19 this is what God through Christ Jesus wants you to do. Do
20 not stifle the Spirit. Do not disregard the utterances it
21
22 inspires, but test them all, retaining what is good and avoiding every kind of evil.

23 May God himself, the giver of peace, consecrate you through and through. Spirit, soul, and body, may you be kept sound, and be found irreproachable when our Lord Jesus
24 Christ comes. He who calls you can be relied on, and he will do this.

25 Brothers, pray for us.

26
27 Greet all the brothers with a sacred kiss. I charge you in the Lord's name to have this letter read to all the brothers.

28 The blessing of our Lord Jesus Christ be with you.

ΠΡΟΣ ΘΕΣΣΑΛΟΝΙΚΕΙΣ Β

1   ΠΑΥΛΟΣ ΚΑΙ ΣΙΛΟΥΑΝΟΣ ΚΑΙ ΤΙΜΟΘΕΟΣ τῇ
ἐκκλησίᾳ Θεσσαλονικέων ἐν θεῷ πατρὶ ἡμῶν καὶ κυρίῳ
2 Ἰησοῦ Χριστῷ· χάρις ὑμῖν καὶ εἰρήνη ἀπὸ θεοῦ πατρὸς
καὶ κυρίου Ἰησοῦ Χριστοῦ.

3   Εὐχαριστεῖν ὀφείλομεν τῷ θεῷ πάντοτε περὶ ὑμῶν,
ἀδελφοί, καθὼς ἄξιόν ἐστιν, ὅτι ὑπεραυξάνει ἡ πίστις
ὑμῶν καὶ πλεονάζει ἡ ἀγάπη ἑνὸς ἑκάστου πάντων ὑμῶν
4 εἰς ἀλλήλους, ὥστε αὐτοὺς ἡμᾶς ἐν ὑμῖν ἐνκαυχᾶσθαι ἐν
ταῖς ἐκκλησίαις τοῦ θεοῦ ὑπὲρ τῆς ὑπομονῆς ὑμῶν καὶ
πίστεως ἐν πᾶσιν τοῖς διωγμοῖς ὑμῶν καὶ ταῖς θλίψεσιν
5 αἷς ⌜ἀνέχεσθε⌝, ἔνδειγμα τῆς δικαίας κρίσεως τοῦ θεοῦ, εἰς
τὸ καταξιωθῆναι ὑμᾶς τῆς βασιλείας τοῦ θεοῦ, ὑπὲρ ἧς
6 καὶ πάσχετε, εἴπερ δίκαιον παρὰ θεῷ ἀνταποδοῦναι τοῖς
7 θλίβουσιν ὑμᾶς θλίψιν καὶ ὑμῖν τοῖς θλιβομένοις ἄνεσιν
μεθ᾽ ἡμῶν ἐν τῇ ἀποκαλύψει τοῦ κυρίου Ἰησοῦ ἀπ᾽ οὐρανοῦ
8 μετ᾽ ἀγγέλων δυνάμεως αὐτοῦ ἐν πυρὶ φλογός, διδόντος
ἐκδίκησιν τοῖς μὴ εἰδόσι θεὸν καὶ τοῖς μὴ ὑπακού-
9 ουσιν τῷ εὐαγγελίῳ τοῦ κυρίου ἡμῶν Ἰησοῦ, οἵτινες δίκην
τίσουσιν ὄλεθρον αἰώνιον ἀπὸ προσώπου τοῦ κυρίου
10 καὶ ἀπὸ τῆς δόξης τῆς ἰσχύος αὐτοῦ, ὅταν ἔλθῃ
ἐνδοξασθῆναι ἐν τοῖς ἁγίοις αὐτοῦ καὶ θαυμασθῆναι
ἐν πᾶσιν τοῖς πιστεύσασιν, ὅτι ⌜ἐπιστεύθη⌝ τὸ μαρτύριον
11 ἡμῶν ἐφ᾽ ὑμᾶς, ἐν τῇ ἡμέρᾳ ἐκείνῃ.   Εἰς ὃ καὶ
προσευχόμεθα πάντοτε περὶ ὑμῶν, ἵνα ὑμᾶς ἀξιώσῃ τῆς
κλήσεως ὁ θεὸς ἡμῶν καὶ πληρώσῃ πᾶσαν εὐδοκίαν ἀγα-

4 ἐνέχεσθε   10 †...†

832

THE SECOND LETTER TO THE THESSALONIANS

1   Paul, Silvanus, and Timothy to the Thessalonian church
in union with God our Father and the Lord Jesus Christ;
2 God the Father and the Lord Jesus Christ bless you and give
you peace.
3   We always have to thank God for you, brothers, as it is
right that we should, because your faith is growing so wonder-
fully and the love of every one of you for one another is increas-
4 ing.   As a result, we ourselves speak of you with pride in the
churches of God for your steadfastness and faith in the face
of all the persecutions and troubles you are having to endure.
5 This is a proof of God's justice in judging, and it is to prove
you worthy of the Kingdom of God, for the sake of which you
6 are suffering, since God considers it only just to repay with
7 suffering those who are making you suffer and to give rest
to you who are suffering and to us, when our Lord Jesus ap-
8 pears from heaven, with his mighty angels in a blaze of fire,
and takes vengeance on the godless who will not listen to the
9 good news of our Lord Jesus. They will be punished with
eternal ruin and exclusion from the presence of the Lord and
10 his glorious might, when on that Day he comes to be honored
in his people, and wondered at in all who believe in him—
because our testimony has been confirmed in you.
11   To this end we always pray for you too, asking our God
to find you worthy of the call he has given you, and by his
power to fulfil every desire you may have for goodness, and

834   ΠΡΟΣ ΘΕΣΣΑΛΟΝΙΚΕΙΣ Β

12 θωσύνης καὶ ἔργον πίστεως ἐν δυνάμει, ὅπως ἐΝΔΟΞΑϹΘῇ
τὸ ὄΝΟΜΑ τοῦ κυρίου ἡμῶν Ἰησοῦ ἐΝ ῨΜῖΝ, καὶ ὑμεῖς
ἐν αὐτῷ, κατὰ τὴν χάριν τοῦ θεοῦ ἡμῶν καὶ κυρίου Ἰησοῦ
Χριστοῦ.

1   Ἐρωτῶμεν δὲ ὑμᾶς, ἀδελφοί, ὑπὲρ τῆς παρουσίας τοῦ
κυρίου [ἡμῶν] Ἰησοῦ Χριστοῦ καὶ ἡμῶν ἐπισυναγωγῆς
2 ἐπ' αὐτόν, εἰς τὸ μὴ ταχέως σαλευθῆναι ὑμᾶς ἀπὸ τοῦ νοὸς
μηδὲ θροεῖσθαι μήτε διὰ πνεύματος μήτε διὰ λόγου μήτε
δι' ἐπιστολῆς ὡς δι' ἡμῶν, ὡς ὅτι ἐνέστηκεν ἡ ἡμέρα τοῦ
3 ⌜κυρίου.⌝ μή τις ὑμᾶς ἐξαπατήσῃ κατὰ μηδένα τρόπον·
ὅτι ἐὰν μὴ ἔλθῃ ἡ ἀποστασία πρῶτον καὶ ἀποκαλυφθῇ
4 ὁ ἄνθρωπος τῆς ⌜ἀνομίας⌝, ὁ υἱὸς τῆς ἀπωλείας, ὁ ἀντι-
κείμενος καὶ ῨΠΕΡΑΙΡΟΜΕΝΟϹ ἐπὶ πάΝΤΑ λεγόμενον
ΘΕὸΝ ἢ σέβασμα, ὥστε αὐτὸν εἰϲ τὸΝ ναὸΝ τοῦ ΘΕΟῦ
5 ΚΑΘίϹΑι, ἀποδεικνύντα ἑαυτὸν ὅτι ἔστιν θεός—. Οὐ
μνημονεύετε ὅτι ἔτι ὢν πρὸς ὑμᾶς ταῦτα ἔλεγον ὑμῖν;
6 καὶ νῦν τὸ κατέχον οἴδατε, εἰς τὸ ἀποκαλυφθῆναι αὐτὸν
7 ἐν τῷ αὐτοῦ καιρῷ· τὸ γὰρ μυστήριον ἤδη ἐνεργεῖται τῆς
ἀνομίας· μόνον ὁ κατέχων ἄρτι ἕως ἐκ μέσου γένηται.
8 καὶ τότε ἀποκαλυφθήσεται ὁ ἄΝΟΜΟϹ, ὃν ὁ κύριος [Ἰη-
σοῦς] ⌜ἀΝΕλΕῖ⌝ τῷ ΠΝΕῠΜΑΤΙ τοῦ ϹΤΟΜΑΤΟϹ ΑῨΤΟῦ
9 καὶ καταργήσει τῇ ἐπιφανείᾳ τῆς παρουσίας αὐτοῦ, οὗ
ἐστὶν ἡ παρουσία κατ' ἐνέργειαν τοῦ Σατανᾶ ἐν πάσῃ
10 δυνάμει καὶ σημείοις καὶ τέρασιν ψεύδους καὶ ἐν πάσῃ
ἀπάτῃ ἀδικίας τοῖς ἀπολλυμένοις, ἀνθ' ὧν τὴν ἀγάπην
11 τῆς ἀληθείας οὐκ ἐδέξαντο εἰς τὸ σωθῆναι αὐτούς· καὶ
διὰ τοῦτο πέμπει αὐτοῖς ὁ θεὸς ἐνέργειαν πλάνης εἰς τὸ
12 πιστεῦσαι αὐτοὺς τῷ ψεύδει, ἵνα κριθῶσιν ⌜πάντες⌝ οἱ μὴ
πιστεύσαντες τῇ ἀληθείᾳ ἀλλὰ εὐδοκήσαντες τῇ ἀδικίᾳ.

13   Ἡμεῖς δὲ ὀφείλομεν εὐχαριστεῖν τῷ θεῷ πάντοτε
περὶ ὑμῶν, ἀδελφοὶ ἨΓΑΠΗΜΕΝΟΙ ῨΠὸ ΚῨΡίΟῨ, ὅτι εἵ-
λατο ὑμᾶς ὁ θεὸς ⌜ἀπ' ἀρχῆς⌝ εἰς σωτηρίαν ἐν ἁγιασμῷ
14 πνεύματος καὶ πίστει ἀληθείας, εἰς ὃ ἐκάλεσεν ὑμᾶς διὰ

2 κυρίου.—   3 ἁμαρτίας   8 ἀναλοῖ   12 ἅπαντες   13 ἀπαρχὴν

12 every effort of your faith, so that the name of our Lord Jesus
may be glorified in you and you in him, by the blessing of our
God and the Lord Jesus Christ.

2   As to the coming of our Lord Jesus Christ, brothers, and
2 our assembling to meet him, we beg you not to let your minds
be too easily unsettled or wrought up, by any message of the
Spirit or any utterance or letter purporting to be from me, to
3 the effect that the Day of the Lord has already come.   You
must not let anyone deceive you at all.   For that is not until
the rebellion takes place and the embodiment of disobedience
4 makes his appearance—he who is doomed to destruction, the
adversary of every being that is called a god or an object of
worship, and so overbearing toward them as to enter God's
sanctuary and take his seat there, proclaiming himself to be
5 God—do you not remember that when I was with you, I used
6 to tell you this? So now you know what it is that is holding
him back from making his appearance before the appointed
7 time arrives. For disobedience is already secretly at work, but
only until he who is now holding it in check is gotten out of the
8 way. Then the embodiment of disobedience will make his
appearance, and the Lord Jesus will destroy him with the
breath of his mouth and annihilate him by his appearance and
9 arrival. The other's appearance, by the contrivance of
Satan, will be full of power and pretended signs and wonders,
10 and full of wicked deception for men who are going to destruc-
tion, because they refused to love the truth and be saved.
11 This is why God sends upon them a misleading influence, to
12 make them believe what is false, so that all who have refused
to believe the truth but have preferred disobedience may be
condemned.

13   We always have to thank God for you, brothers whom the
Lord so loves, because God chose you from the beginning to
be saved through consecration by the Spirit and through
14 faith in the truth, and called you to it through our preaching

τοῦ εὐαγγελίου ἡμῶν, εἰς περιποίησιν δόξης τοῦ κυρίου
15 ἡμῶν Ἰησοῦ Χριστοῦ. Ἄρα οὖν, ἀδελφοί, στήκετε, καὶ
κρατεῖτε τὰς παραδόσεις ἃς ἐδιδάχθητε εἴτε διὰ λόγου
16 εἴτε δι' ἐπιστολῆς ἡμῶν. Αὐτὸς δὲ ὁ κύριος ἡμῶν Ἰησοῦς
Χριστὸς καὶ [ὁ] θεὸς ὁ πατὴρ ἡμῶν, ὁ ἀγαπήσας ἡμᾶς
καὶ δοὺς παράκλησιν αἰωνίαν καὶ ἐλπίδα ἀγαθὴν ἐν
17 χάριτι, παρακαλέσαι ὑμῶν τὰς καρδίας καὶ στηρίξαι ἐν
παντὶ ἔργῳ καὶ λόγῳ ἀγαθῷ.

1		Τὸ λοιπὸν προσεύχεσθε, ἀδελφοί, περὶ ἡμῶν, ἵνα
ὁ λόγος τοῦ κυρίου τρέχῃ καὶ δοξάζηται καθὼς καὶ πρὸς
2 ὑμᾶς, καὶ ἵνα ῥυσθῶμεν ἀπὸ τῶν ἀτόπων καὶ πονηρῶν
3 ἀνθρώπων, οὐ γὰρ πάντων ἡ πίστις.		Πιστὸς
δέ ἐστιν ὁ κύριος, ὃς στηρίξει ὑμᾶς καὶ φυλάξει ἀπὸ τοῦ
4 πονηροῦ. πεποίθαμεν δὲ ἐν κυρίῳ ἐφ' ὑμᾶς, ὅτι ἃ πα-
5 ραγγέλλομεν [καὶ] ποιεῖτε καὶ ποιήσετε. Ὁ δὲ κύριος
κατευθύναι ὑμῶν τὰς καρδίας εἰς τὴν ἀγάπην τοῦ θεοῦ
καὶ εἰς τὴν ὑπομονὴν τοῦ χριστοῦ.

6		Παραγγέλλομεν δὲ ὑμῖν, ἀδελφοί, ἐν ὀνόματι τοῦ
κυρίου ᵀ Ἰησοῦ Χριστοῦ στέλλεσθαι ὑμᾶς ἀπὸ παντὸς
ἀδελφοῦ ἀτάκτως περιπατοῦντος καὶ μὴ κατὰ τὴν παρά-
7 δοσιν ἣν ⌜παρελάβετε⌝ παρ' ἡμῶν. αὐτοὶ γὰρ οἴδατε
πῶς δεῖ μιμεῖσθαι ἡμᾶς, ὅτι οὐκ ἠτακτήσαμεν ἐν ὑμῖν
8 οὐδὲ δωρεὰν ἄρτον ἐφάγομεν παρά τινος, ἀλλ' ἐν κόπῳ
καὶ μόχθῳ νυκτὸς καὶ ἡμέρας ἐργαζόμενοι πρὸς τὸ μὴ
9 ἐπιβαρῆσαί τινα ὑμῶν· οὐχ ὅτι οὐκ ἔχομεν ἐξουσίαν,
ἀλλ' ἵνα ἑαυτοὺς τύπον δῶμεν ὑμῖν εἰς τὸ μιμεῖσθαι ἡμᾶς.
10 καὶ γὰρ ὅτε ἦμεν πρὸς ὑμᾶς, τοῦτο παρηγγέλλομεν ὑμῖν,
11 ὅτι εἴ τις οὐ θέλει ἐργάζεσθαι μηδὲ ἐσθιέτω. ἀκούομεν
γάρ τινας περιπατοῦντας ἐν ὑμῖν ἀτάκτως, μηδὲν ἐργα-
12 ζομένους ἀλλὰ περιεργαζομένους· τοῖς δὲ τοιούτοις πα-
ραγγέλλομεν καὶ παρακαλοῦμεν ἐν κυρίῳ Ἰησοῦ Χριστῷ
ἵνα μετὰ ἡσυχίας ἐργαζόμενοι τὸν ἑαυτῶν ἄρτον ἐσθίω-
13 σιν. Ὑμεῖς δέ, ἀδελφοί, μὴ ἐνκακήσητε καλοποιοῦντες.

6 ἡμῶν | παρελάβοσαν

of the good news, so that you may share in the glory of our
15 Lord Jesus Christ. So stand firm, brothers, and hold fast
to the instructions you have received from us, whether by
16 letter or by word of mouth. May our Lord Jesus Christ
himself and God our Father, who has loved us and kindly
given us unfailing encouragement and a well-founded hope,
17 encourage you and strengthen you to do and say everything
that is right.

3   Now, brothers, pray for us, that the Lord's message may
2 spread rapidly and gloriously as it did among you, and that
we may be saved from unjust and wicked men; for not every-
body has faith.

3   But the Lord is to be relied on, and he will give you
4 strength and protect you from the evil one. We have faith in
you through the Lord that you are doing and will keep doing
5 what we direct you to do. May the Lord guide your hearts
into a sense of God's love and into a steadfastness like
Christ's.

6   We charge you, brothers, in the name of the Lord Jesus
Christ, to keep away from any brother who lives in idleness,
7 instead of following the teaching you received from us. For
you know yourselves what you must do to follow my example,
8 for I was not idle when I was with you; I did not eat anybody's
bread without paying for it, but with toil and labor I worked
9 night and day, in order not to be a burden to any of you. Not
that I had not a right to my support, but to give you in my own
10 conduct an example to imitate. When I was with you, I gave
you this rule: "If anyone refuses to work, give him nothing to
11 eat!" For we hear that some of you are living in idleness, mere
12 busybodies, not doing any work. Now with the authority
of the Lord Jesus Christ we charge and exhort such people
to keep quiet and do their work and earn their own living.
13 But you, brothers, must not get tired of doing right. If

14 εἰ δέ τις οὐχ ὑπακούει τῷ λόγῳ ἡμῶν διὰ τῆς ἐπιστολῆς,
τοῦτον σημειοῦσθε, μὴ συναναμίγνυσθαι αὐτῷ, ἵνα ἐν-
15 τραπῇ· καὶ μὴ ὡς ἐχθρὸν ἡγεῖσθε, ἀλλὰ νουθετεῖτε
16 ὡς ἀδελφόν. Αὐτὸς δὲ ὁ κύριος τῆς εἰρήνης δῴη ὑμῖν
τὴν εἰρήνην διὰ παντὸς ἐν παντὶ τρόπῳ. ὁ κύριος μετὰ
πάντων ὑμῶν.

17　Ὁ ἀσπασμὸς τῇ ἐμῇ χειρὶ Παύλου, ὅ ἐστιν σημεῖον ἐν
18 πάσῃ ἐπιστολῇ· οὕτως γράφω. ἡ χάρις τοῦ κυρίου ἡμῶν
Ἰησοῦ Χριστοῦ μετὰ πάντων ὑμῶν.

14 anyone refuses to obey what we have said in this letter,
mark the man and do not have anything to do with him, to
15 make him feel ashamed.   Do not look upon him as an enemy
16 but warn him as a brother.   And may the Lord of peace
himself always give you peace in every way.   The Lord be
with you all.

17   This greeting is in my own hand, Paul's; it is the mark in
18 every letter of mine.   This is the way I write.   The blessing
of our Lord Jesus Christ be with you all.

ΠΡΟΣ ΤΙΜΟΘΕΟΝ Α

1 ΠΑΥΛΟΣ ἀπόστολος Χριστοῦ Ἰησοῦ κατ᾽ ἐπιταγὴν
θεοῦ σωτῆρος ἡμῶν καὶ Χριστοῦ Ἰησοῦ τῆς ἐλπίδος ἡμῶν
2 Τιμοθέῳ γνησίῳ τέκνῳ ἐν πίστει· χάρις, ἔλεος, εἰρήνη
ἀπὸ θεοῦ πατρὸς καὶ Χριστοῦ Ἰησοῦ τοῦ κυρίου ἡμῶν.

3 Καθὼς παρεκάλεσά σε προσμεῖναι ἐν Ἐφέσῳ, πορευό-
μενος εἰς Μακεδονίαν, ἵνα παραγγείλῃς τισὶν μὴ ἑτεροδι-
4 δασκαλεῖν μηδὲ προσέχειν μύθοις καὶ γενεαλογίαις ἀπε-
ράντοις, αἵτινες ἐκζητήσεις παρέχουσι μᾶλλον ἢ οἰκονο-
5 μίαν θεοῦ τὴν ἐν πίστει,— τὸ δὲ τέλος τῆς παραγγελίας
ἐστὶν ἀγάπη ἐκ καθαρᾶς καρδίας καὶ συνειδήσεως ἀγαθῆς
6 καὶ πίστεως ἀνυποκρίτου, ὧν τινὲς ἀστοχήσαντες ἐξετρά-
7 πησαν εἰς ματαιολογίαν, θέλοντες εἶναι νομοδιδάσκαλοι,
μὴ νοοῦντες μήτε ἃ λέγουσιν μήτε περὶ τίνων διαβε-
8 βαιοῦνται. Οἴδαμεν δὲ ὅτι καλὸς ὁ νόμος ἐάν τις αὐτῷ
9 νομίμως χρῆται, εἰδὼς τοῦτο ὅτι δικαίῳ νόμος οὐ κεῖται,
ἀνόμοις δὲ καὶ ἀνυποτάκτοις, ἀσεβέσι καὶ ἁμαρτωλοῖς,
ἀνοσίοις καὶ βεβήλοις, πατρολῴαις καὶ μητρολῴαις, ἀνδρο-
10 φόνοις, πόρνοις, ἀρσενοκοίταις, ἀνδραποδισταῖς, ψεύσταις,
ἐπιόρκοις, καὶ εἴ τι ἕτερον τῇ ὑγιαινούσῃ διδασκαλίᾳ ἀντί-
11 κειται, κατὰ τὸ εὐαγγέλιον τῆς δόξης τοῦ μακαρίου θεοῦ,
12 ὃ ἐπιστεύθην ἐγώ. Χάριν ἔχω τῷ ⌐ἐνδυναμώ-
σαντί⌐ με Χριστῷ Ἰησοῦ τῷ κυρίῳ ἡμῶν, ὅτι πιστόν με

12 ἐνδυναμοῦντί

THE FIRST LETTER TO TIMOTHY

1   Paul, an apostle of Christ Jesus by order of God our Savior
2 and of Jesus Christ our hope, to Timothy, my true child in
faith; God the Father and Christ Jesus our Lord bless you
and be merciful to you, and give you peace.

3   As I asked you to do when I was on my way to Macedonia,
stay on in Ephesus in order to warn certain people there not
4 to teach strange views nor to devote themselves to fictions
and interminable pedigrees; such things lead to controversy
instead of the divine system which operates through faith.
5 The aim of your instruction must be love that springs from a
pure heart and from a good conscience and from a sincere faith.
6 Some people have failed in these things and been diverted into
7 fruitless talk.　They would like to be teachers of law although
they do not understand the words they use or the matters
they insist upon.

8   I agree that the Law is excellent—provided it is legiti-
9 mately used, with the understanding that law is not intended
for upright men but for the lawless and disorderly, the godless
and irreligious, the irreverent and profane, men who kill their
10 fathers or mothers, murderers, immoral people, men sexually
perverted, kidnapers, liars, perjurers, or whatever else is
11 contrary to sound teaching, as set forth in the glorious good
news of the blessed God with which I have been intrusted.

12   I thank Christ Jesus our Lord who has given me the
strength for it, for thinking me trustworthy and putting me

13 ἡγήσατο θέμενος εἰς διακονίαν, τὸ πρότερον ὄντα βλάσφη-
μον καὶ διώκτην καὶ ὑβριστήν· ἀλλὰ ἠλεήθην, ὅτι ἀγνοῶν
14 ἐποίησα ἐν ἀπιστίᾳ, ὑπερεπλεόνασεν δὲ ἡ χάρις τοῦ κυρίου
ἡμῶν μετὰ πίστεως καὶ ἀγάπης τῆς ἐν Χριστῷ Ἰησοῦ.
15 πιστὸς ὁ λόγος καὶ πάσης ἀποδοχῆς ἄξιος, ὅτι Χριστὸς
Ἰησοῦς ἦλθεν εἰς τὸν κόσμον ἁμαρτωλοὺς σῶσαι· ὧν
16 πρῶτός εἰμι ἐγώ, ἀλλὰ διὰ τοῦτο ἠλεήθην, ἵνα ἐν ἐμοὶ
πρώτῳ ἐνδείξηται ⌜Χριστὸς Ἰησοῦς⌝ τὴν ἅπασαν μακροθυ-
μίαν, πρὸς ὑποτύπωσιν τῶν μελλόντων πιστεύειν ἐπ᾽ αὐτῷ
17 εἰς ζωὴν αἰώνιον.   Τῷ δὲ βασιλεῖ τῶν αἰώνων, ἀφθάρτῳ,
ἀοράτῳ, μόνῳ θεῷ, τιμὴ καὶ δόξα εἰς τοὺς αἰῶνας τῶν
18 αἰώνων· ἀμήν.   Ταύτην τὴν παραγγελίαν πα-
ρατίθεμαί σοι, τέκνον Τιμόθεε, κατὰ τὰς προαγούσας ἐπὶ
σὲ προφητείας, ἵνα ⌜στρατεύῃ⌝ ἐν αὐταῖς τὴν καλὴν στρα-
19 τείαν, ἔχων πίστιν καὶ ἀγαθὴν συνείδησιν, ἥν τινες ἀπωσά-
20 μενοι περὶ τὴν πίστιν ἐναυάγησαν· ὧν ἐστιν Ὑμέναιος
καὶ Ἀλέξανδρος, οὓς παρέδωκα τῷ Σατανᾷ ἵνα παιδευθῶσι
μὴ βλασφημεῖν.

1   Παρακαλῶ οὖν πρῶτον πάντων ποιεῖσθαι δεήσεις,
προσευχάς, ἐντεύξεις, εὐχαριστίας, ὑπὲρ πάντων ἀνθρώπων,
2 ὑπὲρ βασιλέων καὶ πάντων τῶν ἐν ὑπεροχῇ ὄντων, ἵνα
ἤρεμον καὶ ἡσύχιον βίον διάγωμεν ἐν πάσῃ εὐσεβείᾳ καὶ
3 σεμνότητι.   τοῦτο καλὸν καὶ ἀπόδεκτον ἐνώπιον τοῦ σω-
4 τῆρος ἡμῶν θεοῦ ὃς πάντας ἀνθρώπους θέλει σωθῆναι καὶ
5 εἰς ἐπίγνωσιν ἀληθείας ἐλθεῖν.   Εἷς γὰρ θεός, εἷς καὶ
μεσίτης θεοῦ καὶ ἀνθρώπων ἄνθρωπος Χριστὸς Ἰησοῦς,
6 ὁ δοὺς ἑαυτὸν ἀντίλυτρον ὑπὲρ πάντων, τὸ μαρτύριον
7 καιροῖς ἰδίοις· εἰς ὃ ἐτέθην ἐγὼ κῆρυξ καὶ ἀπόστολος, —
ἀλήθειαν λέγω, οὐ ψεύδομαι, — διδάσκαλος ἐθνῶν ἐν πίστει
8 καὶ ἀληθείᾳ.   Βούλομαι οὖν προσεύχεσθαι τοὺς
ἄνδρας ἐν παντὶ τόπῳ, ἐπαίροντας ὁσίους χεῖρας χωρὶς
9 ὀργῆς καὶ ⌜διαλογισμῶν⌝.   Ὡσαύτως γυναῖκας ἐν κα-
ταστολῇ ⌜κοσμίῳ⌝ μετὰ αἰδοῦς καὶ σωφροσύνης κοσμεῖν

16 Ἰησοῦς Χριστός   18 στρατεύσῃ   8 διαλογισμοῦ   9 κοσμίως

13 into his service, though I once used to abuse, persecute, and
insult him.   But he had mercy on me, because I had acted in
14 ignorance and unbelief, and the blessing of our Lord has been
given me in the greatest abundance, together with faith and
15 love that union with Christ Jesus brings.   It is a trustworthy
saying, entitled to the fullest acceptance, that Christ Jesus
came into the world to save sinners.   And I am the foremost
16 of them, but God had mercy on me in order that in my case
as the foremost, Christ Jesus might display his perfect
patience, as an example to those who would later believe in
17 him and find eternal life.   To the eternal King, immortal
and invisible, the one God, be honor and glory forever
and ever!   Amen.
18   These are the instructions that I intrust to you, my
son Timothy, and they are in accordance with the predictions
made long ago about you.   Fight the good fight with their
19 aid, keeping hold of faith and a good conscience.   For some
20 people have let that go and have had their faith ruined, like
Hymenaeus and Alexander, whom I turned over to Satan,
to be taught not to blaspheme.
2   First of all, then, I urge that entreaties, prayers, petitions,
2 and thanksgivings be offered for all men, for emperors, and all
who are in authority, so that we may live tranquil, quiet lives,
3 with perfect piety and probity.   It is right to do this, and it
4 pleases God our Savior, who wants all men to be saved and to
come to know the truth.
5   For there is but one God, and one intermediary between
6 God and men—the man Christ Jesus, who gave himself as a
ransom for all men.   This is what was testified to at the
7 proper times, and I was appointed a herald and apostle of it
—I am telling the truth, I am not lying—to teach the heathen
faith and truth.
8   I want the men everywhere to offer prayer, lifting to
heaven hands that are holy, without any angry disputes.
9 Women for their part are to dress modestly and sensibly in

ἑαυτάς, μὴ ἐν πλέγμασιν καὶ ⌜χρυσίῳ⌝ ἢ μαργαρίταις ἢ
10 ἱματισμῷ πολυτελεῖ, ἀλλ᾽ ὃ πρέπει γυναιξὶν ἐπαγγελ-
11 λομέναις θεοσέβειαν, δι᾽ ἔργων ἀγαθῶν. Γυνὴ ἐν ἡσυ-
12 χίᾳ μανθανέτω ἐν πάσῃ ὑποταγῇ· διδάσκειν δὲ γυναικὶ
οὐκ ἐπιτρέπω, οὐδὲ αὐθεντεῖν ἀνδρός, ἀλλ᾽ εἶναι ἐν ἡσυ-
13
14 χίᾳ. Ἀδὰμ γὰρ πρῶτος ἐπλάσθη, εἶτα Εὔα· καὶ Ἀδὰμ
οὐκ ἠπατήθη, ἡ δὲ γυνὴ ἐξαπατηθεῖσα ἐν παραβάσει γέγο-
15 νεν. σωθήσεται δὲ διὰ τῆς τεκνογονίας, ἐὰν μείνωσιν ἐν
1 πίστει καὶ ἀγάπῃ καὶ ἁγιασμῷ μετὰ σωφροσύνης. πιστὸς
ὁ λόγος. Εἴ τις ἐπισκοπῆς ὀρέγεται, καλοῦ ἔρ-
2 γου ἐπιθυμεῖ. δεῖ οὖν τὸν ἐπίσκοπον ἀνεπίλημπτον εἶναι,
μιᾶς γυναικὸς ἄνδρα, νηφάλιον, σώφρονα, κόσμιον, φιλό-
3 ξενον, διδακτικόν, μὴ πάροινον, μὴ πλήκτην, ἀλλὰ ἐπιεικῆ,
4 ἄμαχον, ἀφιλάργυρον, τοῦ ἰδίου οἴκου καλῶς προϊστάμενον,
5 τέκνα ἔχοντα ἐν ὑποταγῇ μετὰ πάσης σεμνότητος· (εἰ δέ
τις τοῦ ἰδίου οἴκου προστῆναι οὐκ οἶδεν, πῶς ἐκκλησίας
6 θεοῦ ἐπιμελήσεται;) μὴ νεόφυτον, ἵνα μὴ τυφωθεὶς εἰς
7 κρίμα ἐμπέσῃ τοῦ διαβόλου. δεῖ δὲ καὶ μαρτυρίαν καλὴν
ἔχειν ἀπὸ τῶν ἔξωθεν, ἵνα μὴ εἰς ὀνειδισμὸν ἐμπέσῃ καὶ
8 παγίδα τοῦ διαβόλου. Διακόνους ὡσαύτως σεμνούς, μὴ
διλόγους, μὴ οἴνῳ πολλῷ προσέχοντας, μὴ αἰσχροκερδεῖς,
9 ἔχοντας τὸ μυστήριον τῆς πίστεως ἐν καθαρᾷ συνειδήσει.
10 καὶ οὗτοι δὲ δοκιμαζέσθωσαν πρῶτον, εἶτα διακονείτωσαν
11 ἀνέγκλητοι ὄντες. γυναῖκας ὡσαύτως σεμνάς, μὴ διαβό-
12 λους, νηφαλίους, πιστὰς ἐν πᾶσιν. διάκονοι ἔστωσαν
μιᾶς γυναικὸς ἄνδρες, τέκνων καλῶς προϊστάμενοι καὶ τῶν
13 ἰδίων οἴκων· οἱ γὰρ καλῶς διακονήσαντες βαθμὸν ἑαυτοῖς
καλὸν περιποιοῦνται καὶ πολλὴν παρρησίαν ἐν πίστει τῇ
14 ἐν Χριστῷ Ἰησοῦ. Ταῦτά σοι γράφω, ἐλπί-
15 ζων ἐλθεῖν [πρὸς σὲ] ἐν τάχει, ἐὰν δὲ βραδύνω, ἵνα εἰδῇς
πῶς δεῖ ἐν οἴκῳ θεοῦ ἀναστρέφεσθαι, ἥτις ἐστὶν ἐκκλησία
16 θεοῦ ζῶντος, στύλος καὶ ἑδραίωμα τῆς ἀληθείας· καὶ
ὁμολογουμένως μέγα ἐστὶν τὸ τῆς εὐσεβείας μυστήριον·

11 9 χρυσῷ

proper clothes, not adorning themselves by braiding their hair
10 or with gold or pearls or expensive clothing, but, as is appro-
priate for women who profess to be religious, with good actions.
11   Women must listen quietly in church and be perfectly
12 submissive.   I do not allow women to teach or to domineer
13 over men; they must keep quiet.   For Adam was formed
14 first, and then Eve; and it was not Adam who was deceived,
15 it was the woman who was deluded and fell into sin.   But
they will be saved through motherhood, if they continue to
have faith and to be loving and holy, and sensible as well.
3 This is a trustworthy saying.

    Whoever aspires to the office of superintendent sets his
2 heart on a fine work.   A superintendent must be a man above
reproach, only once married, temperate, sensible, a man of
3 good behavior, hospitable, able to teach; not addicted to
drink or pugnacious, but a man of moderation and peace,
4 not avaricious, managing his own house well, and keeping
5 his children under control and perfectly respectful—for if a
man does not know how to conduct his own household, how
6 can he look after a church of God?   He must not be a new
convert, or he may grow conceited and incur criticism from
7 slanderous people.   He must also be a man of good standing
with outsiders, or he may get into disgrace and be entrapped
8 by the slanderers.   Assistants, in turn, must be serious,
straightforward men, not addicted to wine or dishonest gain,
9 but holding the divine truth of the faith with a clear con-
10 science.   They should first be tested, and afterward, if there
is no fault to be found with them, they can serve as assistants.
11 Their wives too must be serious, not gossips; they must be
12 temperate, and perfectly trustworthy.   The assistants must
be only once married, and manage their children and their
13 households well.   For those who do good service as assistants
gain a good standing for themselves and great confidence in
their faith in Christ Jesus.
14   I hope to come to you soon, but I am writing you all this
15 so that if I am delayed, you may know how we are to conduct
ourselves in the household of God, for it is the church of the
16 living God, the pillar and foundation of the truth.   No one
can deny the profundity of the divine truth of our religion!

Ὃς ἐφανερώθη ἐν σαρκί,
ἐδικαιώθη ἐν πνεύματι,
ὤφθη ἀγγέλοις,
ἐκηρύχθη ἐν ἔθνεσιν,
ἐπιστεύθη ἐν κόσμῳ,
ἀνελήμφθη ἐν δόξῃ.

1 Τὸ δὲ πνεῦμα ῥητῶς λέγει ὅτι ἐν ὑστέροις καιροῖς
ἀποστήσονταί τινες τῆς πίστεως, προσέχοντες πνεύμασι
2 πλάνοις καὶ διδασκαλίαις δαιμονίων ἐν ὑποκρίσει ψευδο-
3 λόγων, κεκαυστηριασμένων τὴν ἰδίαν συνείδησιν, ⌜κωλυ-
όντων γαμεῖν, ἀπέχεσθαι⌝ βρωμάτων ἃ ὁ θεὸς ἔκτισεν εἰς
μετάλημψιν μετὰ εὐχαριστίας τοῖς πιστοῖς καὶ ἐπεγνωκόσι
4 τὴν ἀλήθειαν. ὅτι πᾶν κτίσμα θεοῦ καλόν, καὶ οὐδὲν ἀπό-
5 βλητον μετὰ εὐχαριστίας λαμβανόμενον, ἁγιάζεται γὰρ
6 διὰ λόγου θεοῦ καὶ ἐντεύξεως.   Ταῦτα ὑποτιθέ-
μενος τοῖς ἀδελφοῖς καλὸς ἔσῃ διάκονος Χριστοῦ Ἰησοῦ,
ἐντρεφόμενος τοῖς λόγοις τῆς πίστεως καὶ τῆς καλῆς διδα-
7 σκαλίας ᾗ ⌜παρηκολούθηκας⌝, τοὺς δὲ βεβήλους καὶ γραώ-
8 δεις μύθους παραιτοῦ. γύμναζε δὲ σεαυτὸν πρὸς εὐσέβειαν·
ἡ γὰρ σωματικὴ γυμνασία πρὸς ὀλίγον ἐστὶν ὠφέλιμος,
ἡ δὲ εὐσέβεια πρὸς πάντα ὠφέλιμός ἐστιν, ἐπαγγελίαν
9 ἔχουσα ζωῆς τῆς νῦν καὶ τῆς μελλούσης. πιστὸς ὁ
10 λόγος καὶ πάσης ἀποδοχῆς ἄξιος, εἰς τοῦτο γὰρ κοπιῶμεν
καὶ ⌜ἀγωνιζόμεθα⌝, ὅτι ⌜ἠλπίκαμεν⌝ ἐπὶ θεῷ ζῶντι, ὅς
ἐστιν σωτὴρ πάντων ἀνθρώπων, μάλιστα πιστῶν.

11
12 Παράγγελλε ταῦτα καὶ δίδασκε. μηδείς σου τῆς νεό-
τητος καταφρονείτω, ἀλλὰ τύπος γίνου τῶν πιστῶν ἐν
13 λόγῳ, ἐν ἀναστροφῇ, ἐν ἀγάπῃ, ἐν πίστει, ἐν ἁγνίᾳ. ἕως
ἔρχομαι πρόσεχε τῇ ἀναγνώσει, τῇ παρακλήσει, τῇ διδα-
14 σκαλίᾳ. μὴ ἀμέλει τοῦ ἐν σοὶ χαρίσματος, ὃ ἐδόθη σοι
διὰ προφητείας μετὰ ἐπιθέσεως τῶν χειρῶν τοῦ πρεσβυ-
15 τερίου. ταῦτα μελέτα, ἐν τούτοις ἴσθι, ἵνα σου ἡ προ-
16 κοπὴ φανερὰ ᾖ πᾶσιν· ἔπεχε σεαυτῷ καὶ τῇ διδασκαλίᾳ·

3 †...†   7 παρηκολούθησας   10 ὀνειδιζόμεθα | ἠλπίσαμεν

"He was revealed in flesh,
He was vindicated by the Spirit,
He was seen by the angels,
He was proclaimed among the heathen,
He was believed in throughout the world,
He was taken up into glory."

4   The Spirit distinctly says that in later times some will turn away from the faith, and devote their attention to deceitful
2 spirits and the things that demons teach through the pre-
3 tensions of liars—men with seared consciences who forbid people to marry and insist on abstinence from certain kinds of food that God created for men who believe and understand
4 the truth to enjoy and give thanks for.   For everything God has created is good, and nothing need be refused, provided it
5 is accepted with thanksgiving, for then it is consecrated by prayer and the Scripture used in it.
6   If you point this out to the brothers, you will be a good servant of Christ Jesus, living on the principles of the faith
7 and the excellent teaching you have had.   But let worldly fictions and old wives' tales alone.   Train yourself for the
8 religious life.   Physical training is of some service, but religion is of service in every way, for it carries with it the
9 promise of life here and hereafter.   This is a trustworthy
10 saying, entitled to the fullest acceptance.   It is for this that we toil and struggle, for we have fixed our hopes on the living God, the Savior of all men, especially those who believe.
11
12   This is what you must urge and teach.   Let no one look down on you because you are young, but set those who believe an example in speech, conduct, love, faith, and purity.
13 Until I come, devote yourself to the public reading of Scrip-
14 ture, preaching, and teaching.   Do not neglect the gift you have, that was given you with predictions of your work, when
15 the elders laid their hands upon you.   Cultivate these things, devote yourself to them, so that everyone will see your
16 progress.   Look out for yourself and for your teaching.

ἐπίμενε αὐτοῖς· τοῦτο γὰρ ποιῶν καὶ σεαυτὸν σώσεις καὶ
τοὺς ἀκούοντάς σου.

1 Πρεσβυτέρῳ μὴ ἐπιπλήξῃς, ἀλλὰ παρακάλει ὡς πα-
2 τέρα, νεωτέρους ὡς ἀδελφούς, πρεσβυτέρας ὡς μητέρας,
3 νεωτέρας ὡς ἀδελφὰς ἐν πάσῃ ἁγνίᾳ. Χήρας τίμα τὰς
4 ὄντως χήρας. εἰ δέ τις χήρα τέκνα ἢ ἔκγονα ἔχει, μανθα-
νέτωσαν πρῶτον τὸν ἴδιον οἶκον εὐσεβεῖν καὶ ἀμοιβὰς ἀπο-
διδόναι τοῖς προγόνοις, τοῦτο γάρ ἐστιν ἀπόδεκτον ἐνώπιον
5 τοῦ θεοῦ· ἡ δὲ ὄντως χήρα καὶ μεμονωμένη ἤλπικεν ἐπὶ
⌜τὸν⌝ θεὸν⌝ καὶ προσμένει ταῖς δεήσεσιν καὶ ταῖς προσευ-
6 χαῖς νυκτὸς καὶ ἡμέρας· ἡ δὲ σπαταλῶσα ζῶσα τέθνηκεν.
7
8 καὶ ταῦτα παράγγελλε, ἵνα ἀνεπίλημπτοι ὦσιν· εἰ δέ τις
τῶν ἰδίων καὶ μάλιστα οἰκείων οὐ ⌜προνοεῖ⌝, τὴν πίστιν
9 ἤρνηται καὶ ἔστιν ἀπίστου χείρων. Χήρα καταλεγέσθω
μὴ ἔλαττον ἐτῶν ἑξήκοντα γεγονυῖα, ἑνὸς ἀνδρὸς γυνή,
10 ἐν ἔργοις καλοῖς μαρτυρουμένη, εἰ ἐτεκνοτρόφησεν, εἰ
ἐξενοδόχησεν, εἰ ἁγίων πόδας ἔνιψεν, εἰ θλιβομένοις
11 ἐπήρκεσεν, εἰ παντὶ ἔργῳ ἀγαθῷ ἐπηκολούθησεν. νεωτέ-
ρας δὲ χήρας παραιτοῦ· ὅταν γὰρ καταστρηνιάσωσιν τοῦ
12 χριστοῦ, γαμεῖν θέλουσιν, ἔχουσαι κρίμα ὅτι τὴν πρώτην
13 πίστιν ἠθέτησαν· ἅμα δὲ καὶ ἀργαὶ μανθάνουσιν, περι-
ερχόμεναι τὰς οἰκίας, οὐ μόνον δὲ ἀργαὶ ἀλλὰ καὶ φλύαροι
14 καὶ περίεργοι, λαλοῦσαι τὰ μὴ δέοντα. βούλομαι οὖν
νεωτέρας γαμεῖν, τεκνογονεῖν, οἰκοδεσποτεῖν, μηδεμίαν
15 ἀφορμὴν διδόναι τῷ ἀντικειμένῳ λοιδορίας χάριν· ἤδη γάρ
16 τινες ἐξετράπησαν ὀπίσω τοῦ Σατανᾶ. εἴ τις πιστὴ ἔχει
χήρας, ⌜ἐπαρκείτω⌝ αὐταῖς, καὶ μὴ βαρείσθω ἡ ἐκκλησία,
17 ἵνα ταῖς ὄντως χήραις ἐπαρκέσῃ. Οἱ καλῶς
προεστῶτες πρεσβύτεροι διπλῆς τιμῆς ἀξιούσθωσαν, μά-
18 λιστα οἱ κοπιῶντες ἐν λόγῳ καὶ διδασκαλίᾳ· λέγει γὰρ ἡ
γραφή ΒΟΥΝ ἀλοῶντα ΟΥ ΦΙΜΩΣΕΙΣ· καί Ἄξιος ὁ ἐρ-
19 γάτης τοῦ μισθοῦ αὐτοῦ. κατὰ πρεσβυτέρου κατηγορίαν
μὴ παραδέχου, ἐκτὸς εἰ μὴ ἐπὶ Δ́ΥΟ Ἢ ΤΡΙΩΝ ΜΑΡΤΥΡΩΝ·

5 Κύριον   8 προνοεῖται   16 ἐπαρκείσθω

Persevere in your work, for if you do you will save both yourself and those who listen to you.

5 Never reprove an older man, but appeal to him as to a 2 father. Treat younger men like brothers, older women like mothers, younger ones like sisters, with absolute purity. 3 Look after widows who are really dependent. If a widow 4 has children or grandchildren, let them learn first to show piety in the treatment of their own families, and to return the care of those who brought them up, for that is what God 5 approves. But a woman who is really a widow, and has no children, has fixed her hope on God, and devotes herself to 6 prayers and entreaties night and day. A widow who gives 7 herself up to pleasure is dead while she is still alive. Insist upon these points, so that people may be irreproachable. 8 Whoever fails to provide for his own relatives, and particularly for members of his own family, has disowned the faith and is 9 worse than an unbeliever. No one under sixty years of age should be put on the list of widows. A widow must have been 10 married but once, and have a good reputation for Christian service, such as bringing up children, being hospitable to strangers, washing the feet of God's people, helping people in 11 distress, or devoting herself to any form of doing good. Do not put young women on the list of widows, for when their youthful vigor comes between them and Christ, they want to 12 marry, and become guilty of breaking their previous pledge. 13 Besides, as they go about from house to house they learn to be idle, and not only idle but gossips and busybodies, and 14 talk of things they ought not to mention. So I would have young women marry and have children and keep house and 15 avoid giving our opponents any excuse for abusing us. For 16 some widows have already turned aside to follow Satan. Any Christian woman who has widowed relatives should look after them, and relieve the church, so that it can look after widows who are really dependent.

17 Elders who do their duties well should be considered as deserving twice as much as they get, particularly those who 18 work at preaching and teaching. For the Scripture says, "You must not muzzle an ox when it is treading out the 19 grain," and the workman deserves his wages. Do not listen to an accusation made against an elder, unless it is supported

20 τοὺς [δὲ] ἁμαρτάνοντας ἐνώπιον πάντων ἔλεγχε, ἵνα καὶ οἱ
21 λοιποὶ φόβον ἔχωσιν. Διαμαρτύρομαι ἐνώπιον τοῦ θεοῦ
καὶ Χριστοῦ Ἰησοῦ καὶ τῶν ἐκλεκτῶν ἀγγέλων, ἵνα ταῦτα
φυλάξῃς χωρὶς προκρίματος, μηδὲν ποιῶν κατὰ πρόσ-
22 κλισιν. Χεῖρας ταχέως μηδενὶ ἐπιτίθει, μηδὲ κοινώνει
23 ἁμαρτίαις ἀλλοτρίαις· σεαυτὸν ἁγνὸν τήρει. Μηκέτι ὑδρο-
πότει, ἀλλὰ οἴνῳ ὀλίγῳ χρῶ διὰ τὸν στόμαχον καὶ τὰς
24 πυκνάς σου ἀσθενείας. Τινῶν ἀνθρώπων αἱ ἁμαρτίαι
πρόδηλοί εἰσιν, προάγουσαι εἰς κρίσιν, τισὶν δὲ καὶ ἐπα-
25 κολουθοῦσιν· ὡσαύτως καὶ τὰ ἔργα τὰ καλὰ πρόδηλα, καὶ
1 τὰ ἄλλως ἔχοντα κρυβῆναι οὐ δύνανται.   Ὅσοι
εἰσὶν ὑπὸ ζυγὸν δοῦλοι, τοὺς ἰδίους δεσπότας πάσης τιμῆς
ἀξίους ἡγείσθωσαν, ἵνα μὴ τὸ ὄνομα τοῦ θεοῦ καὶ ἡ δι-
2 δασκαλία βλασφημῆται. οἱ δὲ πιστοὺς ἔχοντες δεσπότας
μὴ καταφρονείτωσαν, ὅτι ἀδελφοί εἰσιν· ἀλλὰ μᾶλλον
δουλευέτωσαν, ὅτι πιστοί εἰσιν καὶ ⌜ἀγαπητοὶ οἱ⌝ τῆς εὐερ-
γεσίας ἀντιλαμβανόμενοι.

3   Ταῦτα δίδασκε καὶ παρακάλει. εἴ τις ἑτεροδιδασκαλεῖ
καὶ μὴ προσέρχεται ὑγιαίνουσι λόγοις, τοῖς τοῦ κυρίου
ἡμῶν Ἰησοῦ Χριστοῦ, καὶ τῇ κατ᾽ εὐσέβειαν διδασκαλίᾳ,
4 τετύφωται, μηδὲν ἐπιστάμενος, ἀλλὰ νοσῶν περὶ ζητήσεις
καὶ λογομαχίας, ἐξ ὧν γίνεται φθόνος, ἔρις, βλασφημίαι,
5 ὑπόνοιαι πονηραί, διαπαρατριβαὶ διεφθαρμένων ἀνθρώπων
τὸν νοῦν καὶ ἀπεστερημένων τῆς ἀληθείας, νομιζόντων πο-
6 ρισμὸν εἶναι τὴν εὐσέβειαν. ἔστιν δὲ πορισμὸς μέγας ἡ
7 εὐσέβεια μετὰ αὐταρκείας· οὐδὲν γὰρ εἰσηνέγκαμεν εἰς τὸν
8 κόσμον, ⌜ὅτι οὐδὲ⌝ ἐξενεγκεῖν τι δυνάμεθα· ἔχοντες δὲ ⌜δια-
9 τροφὰς⌝ καὶ σκεπάσματα, τούτοις ἀρκεσθησόμεθα. οἱ δὲ
βουλόμενοι πλουτεῖν ἐμπίπτουσιν εἰς πειρασμὸν καὶ πα-
γίδα καὶ ἐπιθυμίας πολλὰς ἀνοήτους καὶ βλαβεράς, αἵτινες
10 βυθίζουσι τοὺς ἀνθρώπους εἰς ὄλεθρον καὶ ἀπώλειαν· ῥίζα
γὰρ πάντων τῶν κακῶν ἐστιν ἡ φιλαργυρία, ἧς τινὲς ὀρε-
γόμενοι ἀπεπλανήθησαν ἀπὸ τῆς πίστεως καὶ ἑαυτοὺς

2 ἀγαπητοί, οἱ   7 †...†   8 διατροφὴν

20 by two or three witnesses. Those who are found guilty you
21 must reprove publicly, as a warning to others.   I charge you
before God and Christ Jesus and the chosen angels to observe
these rules without any discrimination, and to be perfectly
22 impartial.   Never ordain anyone hastily; do not make your-
self responsible for the sins of others; keep your life pure.
23 Stop drinking nothing but water; take a little wine for the
good of your digestion and for your frequent attacks of illness.
24 Some men's sins are perfectly evident, and lead them right on
to judgment, but there are others whose sins only dog their
25 steps.   Good deeds too are evident enough, or when they are
not, they cannot be wholly concealed.

6   All who are under the yoke of slavery must treat their
masters with the greatest respect, so that the name of God
2 and our teaching may not be abused.   Those who have Chris-
tian masters must not think lightly of them because they
are brothers; they must serve them all the more faithfully,
because those who benefit by it are believers and hence dear
to them.

3   These are the things you must teach and preach.   Anyone
who teaches different views and does not agree with the whole-
some instruction which comes from our Lord Jesus Christ
4 and with religious teaching is a conceited, ignorant person,
with a morbid craving for speculations and arguments which
5 result only in envy, quarreling, abuse, base suspicions, and
mutual irritation between people of depraved minds, who are
lost to the truth and think of religion only as a means of gain.
6 And religion with contentment is a great means of gain.
7 For we bring nothing into the world, and we can take nothing
8 out of it.   If we have food and clothing we will be satisfied.
9 But men who want to get rich fall into temptations and snares
and many foolish, harmful cravings, that plunge people into
10 destruction and ruin.   For love of money is the root of all
the evils, and in their eagerness to get rich, some men wander
away from the faith and pierce themselves to the heart with
many a pang.

11 περιέπειραν ὀδύναις πολλαῖς.   Σὺ δέ, ὦ ἄν-
θρωπε ᵀ θεοῦ, ταῦτα φεῦγε· δίωκε δὲ δικαιοσύνην, εὐσέ-
12 βειαν, πίστιν, ἀγάπην, ὑπομονήν, πραϋπαθίαν. ἀγωνίζου
τὸν καλὸν ἀγῶνα τῆς πίστεως, ἐπιλαβοῦ τῆς αἰωνίου ζωῆς,
εἰς ἣν ἐκλήθης καὶ ὡμολόγησας τὴν καλὴν ὁμολογίαν ἐνώ-
13 πιον πολλῶν μαρτύρων. παραγγέλλω σοι ἐνώπιον τοῦ
θεοῦ τοῦ ζωογονοῦντος τὰ πάντα καὶ ⌐Χριστοῦ Ἰησοῦ⌐ τοῦ
μαρτυρήσαντος ἐπὶ Ποντίου Πειλάτου τὴν καλὴν ὁμο-
14 λογίαν, τηρῆσαί σε τὴν ἐντολὴν ἄσπιλον ἀνεπίλημπτον
15 μέχρι τῆς ἐπιφανείας τοῦ κυρίου ἡμῶν Ἰησοῦ Χριστοῦ, ἣν
καιροῖς ἰδίοις δείξει ὁ μακάριος καὶ μόνος δυνάστης, ὁ
16 βασιλεὺς τῶν βασιλευόντων καὶ κύριος τῶν κυριευόντων, ὁ
μόνος ἔχων ἀθανασίαν, φῶς οἰκῶν ἀπρόσιτον, ὃν εἶδεν
οὐδεὶς ἀνθρώπων οὐδὲ ἰδεῖν δύναται· ᾧ τιμὴ καὶ κράτος
17 αἰώνιον· ἀμήν.   Τοῖς πλουσίοις ἐν τῷ νῦν αἰῶνι
παράγγελλε μὴ ⌐ὑψηλοφρονεῖν⌐ μηδὲ ἠλπικέναι ἐπὶ πλού-
του ἀδηλότητι, ἀλλ' ἐπὶ ᵀ θεῷ τῷ παρέχοντι ἡμῖν πάντα
18 πλουσίως εἰς ἀπόλαυσιν, ἀγαθοεργεῖν, πλουτεῖν ἐν ἔργοις
19 καλοῖς, εὐμεταδότους εἶναι, κοινωνικούς, ἀποθησαυρίζοντας
ἑαυτοῖς θεμέλιον καλὸν εἰς τὸ μέλλον, ἵνα ἐπιλάβωνται τῆς
20 ὄντως ζωῆς.   Ὦ Τιμόθεε, τὴν παραθήκην φύ-
λαξον, ἐκτρεπόμενος τὰς βεβήλους κενοφωνίας καὶ ἀντιθέ-
21 σεις τῆς ψευδωνύμου γνώσεως, ἥν τινες ἐπαγγελλόμενοι
περὶ τὴν πίστιν ἠστόχησαν.
  Ἡ χάρις μεθ' ὑμῶν.

11 τοῦ   13 Ἰησοῦ Χριστοῦ   17 ὑψηλὰ φρονεῖν | τῷ

11 But you, man of God, must fly from these things. Strive for uprightness, godliness, faith, love, steadfastness, gentle-
12 ness. Take part in the great contest of faith! Take hold of eternal life, to which God called you, when before many wit-
13 nesses you made the great profession of faith. Before God who maintains all life, and before Christ Jesus who in testifying be-
14 fore Pontius Pilate made his great profession, I charge you to keep his command stainless and irreproachable until the ap-
15 pearance of our Lord Jesus Christ, which will be brought about in his own time by the blessed, only Sovereign, the King of
16 kings and Lord of lords, who alone possesses immortality and dwells in unapproachable light, whom no man has ever seen or can see. To him be honor and eternal dominion. Amen.
17 Charge the rich of this world not to be arrogant, nor to set their hopes on such an uncertain thing as riches, but on God who richly provides us with everything for our enjoy-
18 ment. Charge them to do good, to be rich in good deeds,
19 open-handed and generous, storing up a valuable treasure for themselves for the future, so as to grasp the life that is life indeed.
20 Timothy, guard what has been intrusted to you. Keep away from the worldly, empty phrases and contradictions of
21 what they falsely call knowledge, through professing which some people have made a failure of the faith. God bless you all.

ΠΡΟΣ ΤΙΜΟΘΕΟΝ Β

1 ΠΑΥΛΟΣ ἀπόστολος Χριστοῦ Ἰησοῦ διὰ θελήματος
2 θεοῦ κατ᾽ ἐπαγγελίαν ζωῆς τῆς ἐν Χριστῷ Ἰησοῦ Τιμοθέῳ
ἀγαπητῷ τέκνῳ· χάρις, ἔλεος, εἰρήνη ἀπὸ θεοῦ πατρὸς καὶ
⌜Χριστοῦ Ἰησοῦ⌝ τοῦ κυρίου ἡμῶν.

3 Χάριν ἔχω τῷ θεῷ, ᾧ λατρεύω ἀπὸ προγόνων ἐν κα-
θαρᾷ συνειδήσει, ὡς ἀδιάλειπτον ἔχω τὴν περὶ σοῦ μνείαν
4 ἐν ταῖς δεήσεσίν μου, νυκτὸς καὶ ἡμέρας ἐπιποθῶν σε ἰδεῖν,
5 μεμνημένος σου τῶν δακρύων, ἵνα χαρᾶς πληρωθῶ ὑπόμνη-
σιν λαβὼν τῆς ἐν σοὶ ἀνυποκρίτου πίστεως, ἥτις ἐνῴκησεν
πρῶτον ἐν τῇ μάμμῃ σου Λωΐδι καὶ τῇ μητρί σου Εὐνίκῃ,
6 πέπεισμαι δὲ ὅτι καὶ ἐν σοί. δι᾽ ἣν αἰτίαν ἀναμιμνήσκω
σε ἀναζωπυρεῖν τὸ χάρισμα τοῦ θεοῦ, ὅ ἐστιν ἐν σοὶ διὰ
7 τῆς ἐπιθέσεως τῶν χειρῶν μου· οὐ γὰρ ἔδωκεν ἡμῖν ὁ θεὸς
πνεῦμα δειλίας, ἀλλὰ δυνάμεως καὶ ἀγάπης καὶ σωφρο-
8 νισμοῦ. μὴ οὖν ἐπαισχυνθῇς τὸ μαρτύριον τοῦ κυρίου
ἡμῶν μηδὲ ἐμὲ τὸν δέσμιον αὐτοῦ, ἀλλὰ συνκακοπάθησον
9 τῷ εὐαγγελίῳ κατὰ δύναμιν θεοῦ, τοῦ σώσαντος ἡμᾶς καὶ
καλέσαντος κλήσει ἁγίᾳ, οὐ κατὰ τὰ ἔργα ἡμῶν ἀλλὰ κατὰ
ἰδίαν πρόθεσιν καὶ χάριν, τὴν δοθεῖσαν ἡμῖν ἐν Χριστῷ
10 Ἰησοῦ πρὸ χρόνων αἰωνίων, φανερωθεῖσαν δὲ νῦν διὰ τῆς
ἐπιφανείας τοῦ σωτῆρος ἡμῶν Χριστοῦ Ἰησοῦ, καταργή-
σαντος μὲν τὸν θάνατον φωτίσαντος δὲ ζωὴν καὶ ἀφθαρ-
11 σίαν διὰ τοῦ εὐαγγελίου, εἰς ὃ ἐτέθην ἐγὼ κῆρυξ καὶ ἀπό-
12 στολος καὶ διδάσκαλος. δι᾽ ἣν αἰτίαν καὶ ταῦτα πάσχω,
ἀλλ᾽ οὐκ ἐπαισχύνομαι, οἶδα γὰρ ᾧ πεπίστευκα, καὶ πέ-

2 κυρίου Ἰησοῦ Χριστοῦ

THE SECOND LETTER TO TIMOTHY

1   Paul, by God's will an apostle of Christ Jesus in fulfilment of the promise of that life which is found in union
2 with Christ Jesus, to my dear child Timothy, God the Father and Christ Jesus our Lord bless you and be merciful to you and give you peace.
3   I thank God, whom I, like my forefathers, worship with a clear conscience, when I remember you, as I constantly do,
4 in my prayers.   When I remember the tears you shed I long night and day to see you again, and have the perfect happiness
5 of being reminded of your genuine faith, a faith that was seen first in your grandmother Lois and in your mother
6 Eunice; I am sure it is in you also.   For this reason I would remind you to rekindle the divine gift that you received when
7 I laid my hands upon you.   For the Spirit God has given us is a spirit not of timidity but of power, love, and self-discipline.
8 So you must not be ashamed to testify to our Lord, nor be ashamed of me who am in prison for his sake, but join with me in suffering for the good news, through the power of God.
9 He saved us and called us to a consecrated life, not for anything we had done, but of his own accord and out of the mercy which he bestowed upon us ages ago through Christ
10 Jesus, which has now been revealed through the appearance of our Savior Christ Jesus.   He has taken away the power of death and brought life and immortality to light through
11 the good news, of which I have been appointed a herald,
12 apostle, and teacher.   This is why I am suffering as I am, but I am not ashamed of it, for I know whom I have trusted and

856 ΠΡΟΣ ΤΙΜΟΘΕΟΝ Β

πεισμαι ὅτι δυνατός ἐστιν τὴν παραθήκην μου φυλάξαι
13 εἰς ἐκείνην τὴν ἡμέραν. ὑποτύπωσιν ἔχε ὑγιαινόντων
λόγων ⌜ὧν⌝ παρ᾽ ἐμοῦ ἤκουσας ἐν πίστει καὶ ἀγάπῃ τῇ ἐν
14 Χριστῷ Ἰησοῦ· τὴν καλὴν παραθήκην φύλαξον διὰ πνεύ-
15 ματος ἁγίου τοῦ ἐνοικοῦντος ἐν ἡμῖν.   Οἶδας
τοῦτο ὅτι ἀπεστράφησάν με πάντες οἱ ἐν τῇ Ἀσίᾳ, ὧν
16 ἐστιν Φύγελος καὶ Ἑρμογένης. δῴη ἔλεος ὁ κύριος τῷ
Ὀνησιφόρου οἴκῳ, ὅτι πολλάκις με ἀνέψυξεν, καὶ τὴν
17 ἅλυσίν μου οὐκ ἐπαισχύνθη· ἀλλὰ γενόμενος ἐν Ῥώμῃ
18 σπουδαίως ἐζήτησέν με καὶ εὗρεν·— δῴη αὐτῷ ὁ κύριος
εὑρεῖν ἔλεος παρὰ κυρίου ἐν ἐκείνῃ τῇ ἡμέρᾳ·— καὶ ὅσα ἐν
Ἐφέσῳ διηκόνησεν, βέλτιον σὺ γινώσκεις.

1   Σὺ οὖν, τέκνον μου, ἐνδυναμοῦ ἐν τῇ χάριτι τῇ ἐν
2 Χριστῷ Ἰησοῦ, καὶ ἃ ἤκουσας παρ᾽ ἐμοῦ διὰ πολλῶν μαρ-
τύρων, ταῦτα παράθου πιστοῖς ἀνθρώποις, οἵτινες ἱκανοὶ
3 ἔσονται καὶ ἑτέρους διδάξαι. συνκακοπάθησον ὡς καλὸς
4 στρατιώτης Χριστοῦ Ἰησοῦ. οὐδεὶς στρατευόμενος ἐμπλέ-
κεται ταῖς τοῦ βίου πραγματίαις, ἵνα τῷ στρατολογήσαντι
5 ἀρέσῃ· ἐὰν δὲ καὶ ἀθλῇ τις, οὐ στεφανοῦται ἐὰν μὴ νομί-
6 μως ἀθλήσῃ· τὸν κοπιῶντα γεωργὸν δεῖ πρῶτον τῶν καρ-
7 πῶν μεταλαμβάνειν. νόει ὃ λέγω· δώσει γάρ σοι ὁ κύριος
8 σύνεσιν ἐν πᾶσιν. μνημόνευε Ἰησοῦν Χριστὸν ἐγηγερ-
μένον ἐκ νεκρῶν, ἐκ σπέρματος Δαυείδ, κατὰ τὸ εὐαγ-
9 γέλιόν μου· ἐν ᾧ κακοπαθῶ μέχρι δεσμῶν ὡς κακοῦργος.
10 ἀλλὰ ὁ λόγος τοῦ θεοῦ οὐ δέδεται· διὰ τοῦτο πάντα ὑπο-
μένω διὰ τοὺς ἐκλεκτούς, ἵνα καὶ αὐτοὶ σωτηρίας τύχωσιν
11 τῆς ἐν Χριστῷ Ἰησοῦ μετὰ δόξης αἰωνίου. πιστὸς ὁ
12 λόγος· εἰ γὰρ συναπεθάνομεν, καὶ συνζήσομεν· εἰ ὑπο-
μένομεν, καὶ συνβασιλεύσομεν· εἰ ἀρνησόμεθα, κἀκεῖνος
13 ἀρνήσεται ἡμᾶς· εἰ ἀπιστοῦμεν, ἐκεῖνος πιστὸς μένει, ἀρνή-
14 σασθαι γὰρ ἑαυτὸν οὐ δύναται.   Ταῦτα ὑπο-
μίμνησκε, διαμαρτυρόμενος ἐνώπιον τοῦ ⌜θεοῦ⌝, μὴ λογο-
μαχεῖν, ἐπ᾽ οὐδὲν χρήσιμον, ἐπὶ καταστροφῇ τῶν ἀκουόν-

13 †...†   II 14 κυρίου

I am sure that he is able to guard what I have intrusted to him
13 for that Day. As your example in wholesome instruction,
keep before you what you learned from me, in the faith and
14 love that come through union with Christ Jesus. Guard that
splendid trust through the holy Spirit that lives in our hearts.
15   You know that everyone in the province of Asia has
16 deserted me, including Phygelus and Hermogenes. May
the Lord show mercy to the household of Onesiphorus, for he
often cheered me and was not ashamed of my being in prison.
17 Why, when he arrived in Rome, he took pains to inquire for
18 me and found me. The Lord grant that he may be shown
mercy by the Lord on that Day! And you know well enough
how he helped me at Ephesus.

2   So you, my son, must find strength in the blessing that
2 comes through Christ Jesus. The things you learned from me
before many witnesses you must commit to trustworthy men
3 who will be capable of teaching others. Share my hardships
4 like a good soldier of Christ Jesus. Anyone who is in the
army keeps from being involved in business affairs, so as to
5 please the officer who enlisted him. No one who competes
in the games is awarded a crown unless he obeys the rules.
6 The farmer who does the work ought to be the first to have
7 some of the produce. Think over what I say. For the
8 Lord will help you to understand it perfectly. Remember
Jesus Christ as risen from the dead, and descended from
9 David, as I preach the good news, for the sake of which I
even suffer imprisonment as a criminal. But God's message
10 is not imprisoned! For that reason I am ready to submit to
anything for the sake of those whom God has chosen, so that
they too may gain the salvation that comes through Christ
11 Jesus and brings eternal glory. How true those words are!
12 "If we have died with him, we will live with him! If we
endure, we will reign with him! If we disown him, he will
13 also disown us! If we are unfaithful, he will remain faithful,
for he cannot be false to himself!"

14   Remind men of these things. Charge them before God
to avoid idle arguments which do no one any good and only
15 bring destruction on those who listen to them. Do your best

858   ΠΡΟΣ ΤΙΜΟΘΕΟΝ Β

15 των. σπούδασον σεαυτὸν δόκιμον παραστῆσαι τῷ θεῷ,
ἐργάτην ἀνεπαίσχυντον, ὀρθοτομοῦντα τὸν λόγον τῆς ἀλη-
16 θείας. τὰς δὲ βεβήλους κενοφωνίας περιίστασο· ἐπὶ
17 πλεῖον γὰρ προκόψουσιν ἀσεβείας, καὶ ὁ λόγος αὐτῶν ὡς
γάγγραινα νομὴν ἕξει· ὧν ἐστιν Ὑμέναιος καὶ Φίλητος,
18 οἵτινες περὶ τὴν ἀλήθειαν ἠστόχησαν, λέγοντές ᵀ ἀνά-
στασιν ἤδη γεγονέναι, καὶ ἀνατρέπουσιν τήν τινων
19 πίστιν. ὁ μέντοι στερεὸς θεμέλιος τοῦ· θεοῦ ἕστηκεν,
ἔχων τὴν σφραγῖδα ταύτην Ἔγνω Κύριος τοὺς ὄντας
αὐτοῦ, καί Ἀποστήτω ἀπὸ ἀδικίας πᾶς ὁ ὀνομάζων
20 τὸ ὄνομα Κυρίου. ἐν μεγάλῃ δὲ οἰκίᾳ οὐκ ἔστιν μόνον
σκεύη χρυσᾶ καὶ ἀργυρᾶ ἀλλὰ καὶ ξύλινα καὶ ὀστράκινα,
21 καὶ ἃ μὲν εἰς τιμὴν ἃ δὲ εἰς ἀτιμίαν· ἐὰν οὖν τις ἐκκαθάρῃ
ἑαυτὸν ἀπὸ τούτων, ἔσται σκεῦος εἰς τιμήν, ἡγιασμένον,
εὔχρηστον τῷ δεσπότῃ, εἰς πᾶν ἔργον ἀγαθὸν ἡτοιμασμέ-
22 νον. τὰς δὲ νεωτερικὰς ἐπιθυμίας φεῦγε, δίωκε δὲ δικαιο-
σύνην, πίστιν, ἀγάπην, εἰρήνην μετὰ ᵀ τῶν ἐπικαλουμένων
23 τὸν κύριον ἐκ καθαρᾶς καρδίας. τὰς δὲ μωρὰς καὶ ἀπαι-
24 δεύτους ζητήσεις παραιτοῦ, εἰδὼς ὅτι γεννῶσι μάχας· δοῦ-
λον δὲ κυρίου οὐ δεῖ μάχεσθαι, ἀλλὰ ἤπιον εἶναι πρὸς
25 πάντας, διδακτικόν, ἀνεξίκακον, ἐν πραΰτητι παιδεύοντα
τοὺς ἀντιδιατιθεμένους, μή ποτε ⌐δῴη⌐ αὐτοῖς ὁ θεὸς μετά-
26 νοιαν εἰς ἐπίγνωσιν ἀληθείας, καὶ ἀνανήψωσιν ἐκ τῆς τοῦ
διαβόλου παγίδος, ἐζωγρημένοι ὑπ᾽ αὐτοῦ εἰς τὸ ἐκείνου
θέλημα.

1   Τοῦτο δὲ γίνωσκε ὅτι ἐν ἐσχάταις ἡμέραις ἐνστήσονται
2 καιροὶ χαλεποί· ἔσονται γὰρ οἱ ἄνθρωποι φίλαυτοι, φιλάρ-
γυροι, ἀλαζόνες, ὑπερήφανοι, βλάσφημοι, γονεῦσιν ἀπει-
3 θεῖς, ἀχάριστοι, ἀνόσιοι, ἄστοργοι, ἄσπονδοι, διάβολοι,
4 ἀκρατεῖς, ἀνήμεροι, ἀφιλάγαθοι, προδόται, προπετεῖς, τε-
5 τυφωμένοι, φιλήδονοι μᾶλλον ἢ φιλόθεοι, ἔχοντες μόρ-
φωσιν εὐσεβείας τὴν δὲ δύναμιν αὐτῆς ἠρνημένοι· καὶ
6 τούτους ἀποτρέπου. ἐκ τούτων γάρ εἰσιν οἱ ἐνδύνοντες

18 τὴν   22 πάντων   25 δῴη

to win God's approval as a workman who has nothing to be
16 ashamed of, but rightly shapes the message of truth. Leave
worldly, empty phrases alone, for they lead people deeper
17 and deeper into godlessness, and their teaching spreads like
18 a cancer; men like Hymenaeus and Philetus, who have missed
the truth and say that the resurrection has taken place
19 already, thus undermining people's faith. Yet God's solid
foundation stands unshaken, bearing this inscription, "The
Lord knows those who belong to him," and "Everyone who
20 uses the name of the Lord must give up evil." In any large
house there are not only gold and silver dishes but also wooden
and earthen ones, some for great occasions and some for ordi-
21 nary use. So if a man will cleanse himself from these things, he
will be put to great uses, consecrated and used by the master
22 of the house himself, and ready for any good use. Fly from
the cravings of youth, and go in pursuit of uprightness, faith,
love, and peace, in company with those who call upon the
23 Lord with pure hearts. Avoid foolish, crude speculations; you
24 know they only lead to quarrels, and a slave of the Lord must
not quarrel, but treat everyone kindly; he must be persuasive
25 and unresentful, correcting his opponents with gentleness;
for God may possibly let them repent and acknowledge the
26 truth, and they may yet return to their senses and escape
from the toils of the devil, who has caught them to make
them do his will.

3   Understand this, that in the last days there are going
2 to be hard times. People will be selfish, avaricious, boastful,
3 arrogant, abusive, undutiful, ungrateful, irreverent, unfeel-
ing, irreconcilable, slanderous, with no self-control, brutal,
4 with no love for what is good, treacherous, reckless, conceited,
5 caring more for pleasure than for God, keeping up the forms of
6 religion, but resisting its influence. Avoid such people. They
are the kind of men who make their way into people's houses

εἰς τὰς οἰκίας καὶ αἰχμαλωτίζοντες γυναικάρια σεσωρευ-
7 μένα ἁμαρτίαις, ἀγόμενα ἐπιθυμίαις ποικίλαις, πάντοτε
μανθάνοντα καὶ μηδέποτε εἰς ἐπίγνωσιν ἀληθείας ἐλθεῖν
8 δυνάμενα. ὃν τρόπον δὲ Ἰαννῆς καὶ Ἰαμβρῆς ἀντέστησαν
Μωυσεῖ, οὕτως καὶ οὗτοι ἀνθίστανται τῇ ἀληθείᾳ, ἄνθρω-
ποι κατεφθαρμένοι τὸν νοῦν, ἀδόκιμοι περὶ τὴν πίστιν.
9 ἀλλ' οὐ προκόψουσιν ἐπὶ πλεῖον, ἡ γὰρ ἄνοια αὐτῶν ἔκδη-
10 λος ἔσται πᾶσιν, ὡς καὶ ἡ ἐκείνων ἐγένετο. Σὺ δὲ ⌜παρηκο-
λούθησάς⌝ μου τῇ διδασκαλίᾳ, τῇ ἀγωγῇ, τῇ προθέσει, τῇ
11 πίστει, τῇ μακροθυμίᾳ, τῇ ἀγάπῃ, τῇ ὑπομονῇ, τοῖς διω-
γμοῖς, τοῖς παθήμασιν, οἷά μοι ἐγένετο ἐν Ἀντιοχείᾳ, ἐν
Ἰκονίῳ, ἐν Λύστροις, οἵους διωγμοὺς ὑπήνεγκα· καὶ ἐκ πάν-
12 των με ἐρύσατο ὁ κύριος. καὶ πάντες δὲ οἱ θέλοντες ζῆν
13 εὐσεβῶς ἐν Χριστῷ Ἰησοῦ διωχθήσονται· πονηροὶ δὲ ἄν-
θρωποι καὶ γόητες προκόψουσιν ἐπὶ τὸ χεῖρον, πλανῶντες
14 καὶ πλανώμενοι. σὺ δὲ μένε ἐν οἷς ἔμαθες καὶ ἐπιστώ-
15 θης, εἰδὼς παρὰ τίνων ἔμαθες, καὶ ὅτι ἀπὸ βρέφους ἱερὰ
γράμματα οἶδας, τὰ δυνάμενά σε σοφίσαι εἰς σωτηρίαν
16 διὰ πίστεως τῆς ἐν Χριστῷ Ἰησοῦ· πᾶσα γραφὴ θεόπνευ-
στος καὶ ὠφέλιμος πρὸς διδασκαλίαν, πρὸς ἐλεγμόν, πρὸς
17 ἐπανόρθωσιν, πρὸς παιδείαν τὴν ἐν δικαιοσύνῃ, ἵνα ἄρτιος
ᾖ ὁ τοῦ θεοῦ ἄνθρωπος, πρὸς πᾶν ἔργον ἀγαθὸν ἐξηρτι-
1 σμένος. Διαμαρτύρομαι ἐνώπιον τοῦ θεοῦ καὶ
Χριστοῦ Ἰησοῦ, τοῦ μέλλοντος ⌜κρίνειν⌝ ζῶντας καὶ νε-
κρούς, καὶ τὴν ἐπιφάνειαν αὐτοῦ καὶ τὴν βασιλείαν αὐτοῦ·
2 κήρυξον τὸν λόγον, ἐπίστηθι εὐκαίρως ἀκαίρως, ἔλεγξον,
⌜ἐπιτίμησον, παρακάλεσον⌝, ἐν πάσῃ μακροθυμίᾳ καὶ δι-
3 δαχῇ. ἔσται γὰρ καιρὸς ὅτε τῆς ὑγιαινούσης διδασκαλίας
οὐκ ἀνέξονται, ἀλλὰ κατὰ τὰς ἰδίας ἐπιθυμίας ἑαυτοῖς
4 ἐπισωρεύσουσιν διδασκάλους κνηθόμενοι τὴν ἀκοήν, καὶ
ἀπὸ μὲν τῆς ἀληθείας τὴν ἀκοὴν ἀποστρέψουσιν, ἐπὶ δὲ
5 τοὺς μύθους ἐκτραπήσονται. σὺ δὲ νῆφε ἐν πᾶσιν, κακο-
πάθησον, ἔργον ποίησον εὐαγγελιστοῦ, τὴν διακονίαν σου

10 παρηκολούθηκάς   1 κρῖναι   2 παρακάλεσον, ἐπιτίμησον

and make captives of poor, weak women, loaded down with
7 their sins and under the control of all sorts of impulses, always
8 ready to learn but never able to comprehend the truth.   Just
as Jannes and Jambres opposed Moses, these people in turn
oppose the truth; they are men of depraved minds and
9 counterfeit faith.   But they will not make much progress for
everyone will perceive their folly, just as they did that of those
10 others.   But you have closely followed my teaching, my
conduct, my aim, my faith, my patience, my love, my
11 steadfastness, my persecutions, my sufferings—the things that
happened to me at Antioch, Iconium, and Lystra, the persecu-
tions I endured; yet the Lord brought me safely out of them
12 all.   But everyone who wants to live a godly life as a follower
13 of Christ Jesus will be persecuted, and bad men and impostors
will go on from bad to worse, deceiving others and deceived
14 themselves.   But you must stand by what you have learned
and been convinced of, and remember from whom you
15 learned it, and how from childhood you have known the
Scriptures which can give you the wisdom that through faith
16 in Christ Jesus leads to salvation.   All Scripture is divinely
inspired, and useful in teaching, in reproof, in correcting
17 faults, and in training in uprightness, so that the man of God
will be adequate, and equipped for any good work.

4   I charge you in the sight of God and Christ Jesus who is to
judge the living and the dead, and by his appearing and his
2 kingdom, preach the message; be at it in season and out of
season; convince, reprove, exhort people, with perfect
3 patience and willingness to teach.   For a time will come when
they will not listen to wholesome instruction, but will over-
whelm themselves with teachers to suit their whims and tickle
4 their fancies, and they will turn from listening to the truth
5 and wander off after fictions.   But you must always be
composed; do not shrink from hardship; do your work as a
missionary, and your whole duty as a minister.

6 πληροφόρησον. Ἐγὼ γὰρ ἤδη σπένδομαι, καὶ
7 ὁ καιρὸς τῆς ἀναλύσεώς μου ἐφέστηκεν. τὸν καλὸν
ἀγῶνα ἠγώνισμαι, τὸν δρόμον τετέλεκα, τὴν πίστιν τετή-
8 ρηκα· λοιπὸν ἀπόκειταί μοι ὁ τῆς δικαιοσύνης στέφανος,
ὃν ἀποδώσει μοι ὁ κύριος ἐν ἐκείνῃ τῇ ἡμέρᾳ, ὁ δίκαιος
κριτής, οὐ μόνον δὲ ἐμοὶ ἀλλὰ καὶ πᾶσιν τοῖς ἠγαπηκόσι
τὴν ἐπιφάνειαν αὐτοῦ.

9
10 Σπούδασον ἐλθεῖν πρός με ταχέως· Δημᾶς γάρ με
⌐ἐγκατέλειπεν⌐ ἀγαπήσας τὸν νῦν αἰῶνα, καὶ ἐπορεύθη εἰς
Θεσσαλονίκην, Κρήσκης εἰς Γαλατίαν, Τίτος εἰς Δαλμα-
11 τίαν· Λουκᾶς ἐστιν μόνος μετ᾽ ἐμοῦ. Μάρκον ἀναλαβὼν
ἄγε μετὰ σεαυτοῦ, ἔστιν γάρ μοι εὔχρηστος εἰς διακονίαν,
12
13 Τύχικον δὲ ἀπέστειλα εἰς Ἔφεσον. τὸν φελόνην, ὃν
⌐ἀπέλειπον⌐ ἐν Τρῳάδι παρὰ Κάρπῳ, ἐρχόμενος φέρε, καὶ
14 τὰ βιβλία, μάλιστα τὰς μεμβράνας. Ἀλέξανδρος ὁ
χαλκεὺς πολλά μοι κακὰ ἐνεδείξατο·— ἀποδώσει αὐτῷ
15 ὁ κύριος κατὰ τὰ ἔργα αὐτοῦ·— ὃν καὶ σὺ φυλάσσου,
16 λίαν γὰρ ἀντέστη τοῖς ἡμετέροις λόγοις. Ἐν τῇ πρώτῃ
μου ἀπολογίᾳ οὐδείς μοι παρεγένετο, ἀλλὰ πάντες με
17 ⌐ἐγκατέλειπον⌐·— μὴ αὐτοῖς λογισθείη·— ὁ δὲ κύριός μοι
παρέστη καὶ ἐνεδυνάμωσέν με, ἵνα δι᾽ ἐμοῦ τὸ κήρυγμα
πληροφορηθῇ καὶ ἀκούσωσιν πάντα τὰ ἔθνη, καὶ ἐρύσθην
18 ἐκ στόματος λέοντος. ῥύσεταί με ὁ κύριος ἀπὸ παντὸς
ἔργου πονηροῦ καὶ σώσει εἰς τὴν βασιλείαν αὐτοῦ τὴν
ἐπουράνιον· ᾧ ἡ δόξα εἰς τοὺς αἰῶνας τῶν αἰώνων, ἀμήν.

19 Ἄσπασαι Πρίσκαν καὶ Ἀκύλαν καὶ τὸν Ὀνησιφόρου
20 οἶκον. Ἔραστος ἔμεινεν ἐν Κορίνθῳ, Τρόφι-
21 μον δὲ ⌐ἀπέλειπον⌐ ἐν Μιλήτῳ ἀσθενοῦντα. Σπούδασον
πρὸ χειμῶνος ἐλθεῖν. Ἀσπάζεταί σε Εὔβου-
λος καὶ Πούδης καὶ Λίνος καὶ Κλαυδία καὶ οἱ ἀδελφοὶ
[πάντες].

22 Ὁ κύριος ᵀ μετὰ τοῦ πνεύματός σου. ἡ χάρις μεθ᾽ ὑ-
μῶν.

10 ἐγκατέλιπεν   13 ἀπέλιπον   16 ἐγκατέλιπον   20 ἀπέλιπον   22 Ἰησοῦς

6   My life is already being poured out, and the time has come
7 for my departure.   I have had a part in the great contest,
8 I have run my race, I have preserved the faith.   Now the
crown of uprightness awaits me, which the Lord, the upright
judge, will award me on that Day, and not only me but also
all who have loved and hoped for his appearing.

9
10   Do your best to come to me soon, for Demas has deserted
me for love of the present world, and has gone to Thessalonica.
11 Crescens has gone to Galatia, and Titus to Dalmatia.   No one
but Luke is with me.   Get Mark and bring him with you,
12 for he is of great assistance to me, and I have sent Tychicus
13 to Ephesus.   When you come, bring the cloak that I left with
Carpus at Troas, and the books, especially the parchments.
14 Alexander, the metal-worker, did me a great deal of harm.
15 The Lord will repay him for what he did.   You too must be
on your guard against him, for he vehemently opposed my
16 teaching.   At my first appearance in court no one came to
help me; everybody deserted me.   May it not be laid up
17 against them!   But the Lord stood by me, and gave me
strength, so that I might make a full presentation of the
message and let all the heathen hear it.   So I was saved from
18 the jaws of the lion.   The Lord will rescue me from any harm
and bring me safely to his heavenly kingdom.   To him be
glory forever and ever.   Amen.

19   Remember me to Prisca and Aquila, and to the members
20 of the household of Onesiphorus.   Erastus stayed in Corinth.
21 I left Trophimus sick at Miletus.   Do your best to come
before winter.
    Eubulus wishes to be remembered to you, and so do
Pudens, Linus, Claudia, and all the brothers.

22   The Lord be with your spirit.   God bless you all.

ΠΡΟΣ ΤΙΤΟΝ

1 ΠΑΥΛΟΣ δοῦλος θεοῦ, ἀπόστολος δὲ ⌜Ἰησοῦ Χριστοῦ⌝
κατὰ πίστιν ἐκλεκτῶν θεοῦ καὶ ἐπίγνωσιν ἀληθείας τῆς
2 κατ᾽ εὐσέβειαν ἐπ᾽ ἐλπίδι ζωῆς αἰωνίου, ἣν ἐπηγγείλατο
3 ὁ ἀψευδὴς θεὸς πρὸ χρόνων αἰωνίων ἐφανέρωσεν δὲ και-
ροῖς ἰδίοις, τὸν λόγον αὐτοῦ ἐν κηρύγματι ὃ ἐπιστεύθην
4 ἐγὼ κατ᾽ ἐπιταγὴν τοῦ σωτῆρος ἡμῶν θεοῦ, Τίτῳ γνησίῳ
τέκνῳ κατὰ κοινὴν πίστιν· χάρις καὶ εἰρήνη ἀπὸ θεοῦ
πατρὸς καὶ Χριστοῦ Ἰησοῦ τοῦ σωτῆρος ἡμῶν.

5 Τούτου χάριν ⌜ἀπέλειπόν⌝ σε ἐν Κρήτῃ ἵνα τὰ λεί-
ποντα ἐπιδιορθώσῃ, καὶ καταστήσῃς κατὰ πόλιν πρεσβυ-
6 τέρους, ὡς ἐγώ σοι διεταξάμην, εἴ τίς ἐστιν ἀνέγκλητος,
μιᾶς γυναικὸς ἀνήρ, τέκνα ἔχων πιστά, μὴ ἐν κατηγορίᾳ
7 ἀσωτίας ἢ ἀνυπότακτα. δεῖ γὰρ τὸν ἐπίσκοπον ἀνέγκλη-
τον εἶναι ὡς θεοῦ οἰκονόμον, μὴ αὐθάδη, μὴ ὀργίλον, μὴ
8 πάροινον, μὴ πλήκτην, μὴ αἰσχροκερδῆ, ἀλλὰ φιλό-
ξενον, φιλάγαθον, σώφρονα, δίκαιον, ὅσιον, ἐγκρατῆ,
9 ἀντεχόμενον τοῦ κατὰ τὴν διδαχὴν πιστοῦ λόγου, ἵνα
δυνατὸς ᾖ καὶ παρακαλεῖν ἐν τῇ διδασκαλίᾳ τῇ ὑγιαινούσῃ
10 καὶ τοὺς ἀντιλέγοντας ἐλέγχειν. Εἰσὶν γὰρ
πολλοὶ ἀνυπότακτοι, ματαιολόγοι καὶ φρεναπάται, μά-
11 λιστα οἱ ἐκ τῆς περιτομῆς, οὓς δεῖ ἐπιστομίζειν, οἵτινες
ὅλους οἴκους ἀνατρέπουσιν διδάσκοντες ἃ μὴ δεῖ αἰσχροῦ
12 κέρδους χάριν. εἶπέν τις ἐξ αὐτῶν, ἴδιος αὐτῶν προφήτης,
Κρῆτες ἀεὶ ψεῦσται, κακὰ θηρία, γαστέρες ἀργαί·
13 ἡ μαρτυρία αὕτη ἐστὶν ἀληθής. δι᾽ ἣν αἰτίαν ἔλεγχε

1 Χριστοῦ ⌜Ἰησοῦ⌝   5 ἀπέλιπόν

THE LETTER TO TITUS

1   Paul, a slave of God, and an apostle of Jesus Christ, to
arouse faith in those whom God has chosen, and the com-
2 prehension of religious truth, in the hope of eternal life, which
3 God who never lies promised ages ago and revealed at the
proper time in his message, through the preaching with which
I have been intrusted at the command of God our Savior,
4 to Titus, my true child in our common faith; God our
Father and Christ Jesus our Savior bless you and give you
peace.
5   I left you behind in Crete expressly to correct what defects
there were, and to appoint elders in each town, as I directed
6 you—men of irreproachable character, who have been married
only once, whose children are Christians, free from any sus-
7 picion of profligacy or disobedience. For as God's overseer
a superintendent must be irreproachable, not arrogant or
quick-tempered or given to drink or pugnacious or addicted
8 to dishonest gain, but hospitable, a lover of goodness, sensible,
upright, of holy life, self-controlled, standing by the message
9 that can be relied on, just as he was taught it, so that he may be
qualified both to encourage others with wholesome teaching
and to show the error of those who oppose him.
10   For there are many undisciplined people, who deceive
themselves with their empty talk, especially those of the party
11 of circumcision. They must be silenced, for such men upset
whole households by teaching things they ought not to teach,
12 for the sake of dishonest gain. It was a Cretan, a prophet of
their own, who said,

    "Cretans are always liars, savage brutes, lazy gluttons,"
13 and that statement is true. Therefore correct them rigorously,

14 αὐτοὺς ἀποτόμως, ἵνα ὑγιαίνωσιν [ἐν] τῇ πίστει, μὴ προσέ-
χοντες Ἰουδαϊκοῖς μύθοις καὶ ἐντολαῖς ἀνθρώπων ἀπο-
15 στρεφομένων τὴν ἀλήθειαν. πάντα καθαρὰ τοῖς καθαροῖς·
τοῖς δὲ μεμιαμμένοις καὶ ἀπίστοις οὐδὲν καθαρόν, ἀλλὰ
16 μεμίανται αὐτῶν καὶ ὁ νοῦς καὶ ἡ συνείδησις. θεὸν ὁμο-
λογοῦσιν εἰδέναι, τοῖς δὲ ἔργοις ἀρνοῦνται, βδελυκτοὶ ὄντες
καὶ ἀπειθεῖς καὶ πρὸς πᾶν ἔργον ἀγαθὸν ἀδόκιμοι.

1 Σὺ δὲ λάλει ἃ πρέπει τῇ ὑγιαινούσῃ διδασκαλίᾳ.
2 Πρεσβύτας νηφαλίους εἶναι, σεμνούς, σώφρονας, ὑγιαί-
3 νοντας τῇ πίστει, τῇ ἀγάπῃ, τῇ ὑπομονῇ. πρεσβύτιδας
ὡσαύτως ἐν καταστήματι ἱεροπρεπεῖς, μὴ ⸢διαβόλους
4 μηδὲ⸣ οἴνῳ πολλῷ δεδουλωμένας, καλοδιδασκάλους, ἵνα
5 σωφρονίζωσι τὰς νέας φιλάνδρους εἶναι, φιλοτέκνους, σώ-
φρονας, ἁγνάς, οἰκουργούς, ἀγαθάς, ὑποτασσομένας τοῖς
ἰδίοις ἀνδράσιν, ἵνα μὴ ὁ λόγος τοῦ θεοῦ βλασφημῆται.
6
7 τοὺς νεωτέρους ὡσαύτως παρακάλει σωφρονεῖν· περὶ πάντα
σεαυτὸν παρεχόμενος τύπον καλῶν ⸢ἔργων, ἐν τῇ διδασκα-
8 λίᾳ ἀφθορίαν⸣, σεμνότητα, λόγον ὑγιῆ ἀκατάγνωστον, ἵνα
ὁ ἐξ ἐναντίας ἐντραπῇ μηδὲν ἔχων λέγειν περὶ ἡμῶν φαῦ-
9 λον. δούλους ἰδίοις δεσπόταις ὑποτάσσεσθαι ἐν πᾶσιν,
10 εὐαρέστους εἶναι, μὴ ⸢ἀντιλέγοντας, μὴ⸣ νοσφιζομένους,
ἀλλὰ πᾶσαν ⸢πίστιν ἐνδεικνυμένους ἀγαθήν⸣, ἵνα τὴν
διδασκαλίαν τὴν τοῦ σωτῆρος ἡμῶν θεοῦ κοσμῶσιν ἐν
11 πᾶσιν.   Ἐπεφάνη γὰρ ἡ χάρις τοῦ θεοῦ σωτή-
12 ριος πᾶσιν ἀνθρώποις παιδεύουσα ἡμᾶς, ἵνα ἀρνησάμενοι
τὴν ἀσέβειαν καὶ τὰς κοσμικὰς ἐπιθυμίας σωφρόνως καὶ
13 δικαίως καὶ εὐσεβῶς ζήσωμεν ἐν τῷ νῦν αἰῶνι, προσδεχό-
μενοι τὴν μακαρίαν ἐλπίδα καὶ ἐπιφάνειαν τῆς δόξης τοῦ
14 μεγάλου θεοῦ καὶ σωτῆρος ⸢ἡμῶν⸣ ⸢Χριστοῦ Ἰησοῦ⸣, ὃς
ἔδωκεν ἑαυτὸν ὑπὲρ ἡμῶν ἵνα λυτρώσηται ἡμᾶς ἀπὸ πά-
CHC ἀνομίας καὶ καθαρίςῃ ἑαυτῷ λαὸν περιούςιον,
15 ζηλωτὴν καλῶν ἔργων.   Ταῦτα λάλει καὶ παρα-

3 διαβόλους, μὴ   7 ἔργων ἐν τῇ διδασκαλίᾳ, ἀφθορίαν   9,10 ἀντιλέγοντας μηδὲ
10 ἐνδεικνυμένους ἀγάπην   13 ἡμῶν, | Ἰησοῦ Χριστοῦ

14 to make them have a healthy faith and not study Jewish fictions or commands given by men who reject the truth.

.15 To the pure everything is pure, but to the evil-minded and unbelieving nothing is pure, but their very minds and con-

16 sciences are unclean. They profess to know God, but they disown him by what they do; they are detestable, disobedient men, worthless for any good purpose.

2   But you must teach people the things that properly

2 belong to wholesome teaching. Teach the older men to be temperate, serious, and sensible—men of vigorous faith, love,

3 and steadfastness. Teach the older women, too, to be reverent in their behavior, and not to gossip or be slaves of

4 drink, but to be teachers of what is right, so as to train the

5 younger women to be loving wives and mothers, and to be sensible, pure-minded, domestic, kind, and submissive to their husbands, so as not to bring reproach on God's message.

⁶₇ Urge the younger men, too, to be sensible. In every way set them an example of good conduct yourself. Teach with

8 sincerity and seriousness, and present a wholesome, unobjec- tionable message, so that your opponent may be put to shame

9 at finding nothing bad to say about us. Tell slaves always to obey their masters and try to please them, not to oppose

10 them or steal from them, but to show such perfect good faith as to do credit to the teaching about God our Savior, by everything they do.

11   For God's mercy has appeared with salvation for all

12 men, training us to renounce godless ways and worldly passions, and live serious, upright, and godly lives in this

13 world, while we wait for the fulfilment of our blessed hope in the glorious appearing of our great God and Savior Christ

14 Jesus. He gave himself for us, to free us from all wickedness and purify for himself a people of his own, eager to do right.

15   This is what you must teach and urge and insist upon

κάλει καὶ ἔλεγχε μετὰ πάσης ἐπιταγῆς· μηδείς σου περι-
1 φρονείτω. Ὑπομίμνησκε αὐτοὺς ἀρχαῖς ἐξουσίαις ὑπο-
τάσσεσθαι πειθαρχεῖν, πρὸς πᾶν ἔργον ἀγαθὸν ἑτοίμους εἶ-
2 ναι, μηδένα βλασφημεῖν, ἀμάχους εἶναι, ἐπιεικεῖς, πᾶσαν
3 ἐνδεικνυμένους πραΰτητα πρὸς πάντας ἀνθρώπους. Ἦμεν
γάρ ποτε καὶ ἡμεῖς ἀνόητοι, ἀπειθεῖς, πλανώμενοι, δου-
λεύοντες ἐπιθυμίαις καὶ ἡδοναῖς ποικίλαις, ἐν κακίᾳ καὶ
4 φθόνῳ διάγοντες, στυγητοί, μισοῦντες ἀλλήλους. ὅτε δὲ
ἡ χρηστότης καὶ ἡ φιλανθρωπία ἐπεφάνη τοῦ σωτῆρος
5 ἡμῶν θεοῦ, οὐκ ἐξ ἔργων τῶν ἐν δικαιοσύνῃ ἃ ἐποιήσαμεν
ἡμεῖς ἀλλὰ κατὰ τὸ αὐτοῦ ἔλεος ἔσωσεν ἡμᾶς διὰ λουτροῦ
6 παλινγενεσίας καὶ ἀνακαινώσεως πνεύματος ἁγίου, οὗ ἐξέ-
χεεν ἐφ᾽ ἡμᾶς πλουσίως διὰ Ἰησοῦ Χριστοῦ τοῦ σωτῆρος
7 ἡμῶν, ἵνα δικαιωθέντες τῇ ἐκείνου χάριτι κληρονόμοι γενη-
8 θῶμεν κατ᾽ ἐλπίδα ζωῆς αἰωνίου. Πιστὸς ὁ λόγος, καὶ
περὶ τούτων βούλομαί σε διαβεβαιοῦσθαι, ἵνα φροντίζωσιν
καλῶν ἔργων προΐστασθαι οἱ πεπιστευκότες θεῷ. Ταῦτά
9 ἐστιν καλὰ καὶ ὠφέλιμα τοῖς ἀνθρώποις· μωρὰς δὲ ζητή-
σεις καὶ γενεαλογίας καὶ ἔριν καὶ μάχας νομικὰς περι-
10 ίστασο, εἰσὶν γὰρ ἀνωφελεῖς καὶ μάταιοι. αἱρετικὸν ἄνθρω-
11 πον μετὰ μίαν καὶ δευτέραν νουθεσίαν παραιτοῦ, εἰδὼς
ὅτι ἐξέστραπται ὁ τοιοῦτος καὶ ἁμαρτάνει, ὢν αὐτο-
κατάκριτος.

12   Ὅταν πέμψω Ἀρτεμᾶν πρὸς σὲ ἢ Τύχικον, σπούδασον
ἐλθεῖν πρός με εἰς Νικόπολιν, ἐκεῖ γὰρ κέκρικα παρα-
13 χειμάσαι. Ζηνᾶν τὸν νομικὸν καὶ Ἀπολλὼν σπουδαίως
14 πρόπεμψον, ἵνα μηδὲν αὐτοῖς ⌜λείπῃ⌝. Μανθανέτωσαν
δὲ καὶ οἱ ἡμέτεροι καλῶν ἔργων προΐστασθαι εἰς τὰς
ἀναγκαίας χρείας, ἵνα μὴ ὦσιν ἄκαρποι.

15   Ἀσπάζονταί σε οἱ μετ᾽ ἐμοῦ πάντες. Ἄσπασαι
τοὺς φιλοῦντας ἡμᾶς ἐν πίστει.

Ἡ χάρις μετὰ πάντων ὑμῶν.

3 with full authority. No one is to look down on you. Remind
men to accept and obey the constituted authorities, to be
2 ready for any useful service, to abuse nobody, to be peaceable
3 and reasonable, showing perfect gentleness to everyone. For
we ourselves were once without understanding, disobedient,
deluded, enslaved to all kinds of passions and pleasures.
Our minds were full of malice and envy. Men hated us and
4 we hated one another. But when the goodness and kindness
5 of God our Savior were revealed, he saved us, nor for any
upright actions we had performed, but from his own mercy,
through the bath of regeneration and renewal by the holy
6 Spirit, which he has poured out upon us abundantly through
7 Jesus Christ our Savior, so that we might be made upright
through his mercy and become possessors of eternal life in
8 fulfilment of our hope. This is a trustworthy teaching, and
I want you to insist on these things, so that those who believe
in God may make it their business to do good. All this is
9 right and beneficial to mankind. But have nothing to do
with foolish controversies, pedigrees, strife, and wrangles
10 about the Law, for they are profitless and futile. If a man is
inclined to a sect, after warning him once or twice, have
11 nothing more to do with him. You may be sure that a man
of that kind is corrupt and sinful, for his own actions condemn
him.

12   When I send Artemas or Tychicus to you, do your best to
come to me at Nicopolis, for I have decided to settle there for
13 the winter. Do all you can to help Zenas the expert in the
Law and Apollos on with their journey, and see that they have
14 everything they need. Have our people learn to make it
their business to do good, so as to meet these pressing demands
and not live unfruitful lives.

15   All who are with me wish to be remembered to you.
Remember me to all believers who love me. God bless
you all.

ΠΡΟΣ ΦΙΛΗΜΟΝΑ

1 ΠΑΥΛΟΣ δέσμιος Χριστοῦ Ἰησοῦ καὶ Τιμόθεος ὁ
2 ἀδελφὸς Φιλήμονι τῷ ἀγαπητῷ καὶ συνεργῷ ἡμῶν καὶ
Ἀπφίᾳ τῇ ἀδελφῇ καὶ Ἀρχίππῳ τῷ συνστρατιώτῃ ἡμῶν
3 καὶ τῇ κατ' οἶκόν σου ἐκκλησίᾳ· χάρις ὑμῖν καὶ εἰρήνη
ἀπὸ θεοῦ πατρὸς ἡμῶν καὶ κυρίου Ἰησοῦ Χριστοῦ.
4 Εὐχαριστῶ τῷ θεῷ μου πάντοτε μνείαν σου ποιούμενος
5 ἐπὶ τῶν προσευχῶν μου, ἀκούων σου τὴν ἀγάπην καὶ τὴν
πίστιν ἣν ἔχεις ⌜εἰς⌝ τὸν κύριον Ἰησοῦν καὶ εἰς πάντας τοὺς
6 ἁγίους, ὅπως ἡ κοινωνία τῆς πίστεώς σου ἐνεργὴς γένηται
ἐν ἐπιγνώσει παντὸς ἀγαθοῦ [τοῦ] ἐν ⌜ἡμῖν⌝ εἰς Χριστόν·
7 χαρὰν γὰρ πολλὴν ἔσχον καὶ παράκλησιν ἐπὶ τῇ ἀγάπῃ
σου, ὅτι τὰ σπλάγχνα τῶν ἁγίων ἀναπέπαυται διὰ σοῦ,
8 ἀδελφέ. Διό, πολλὴν ἐν Χριστῷ παρρησίαν
9 ἔχων ἐπιτάσσειν σοι τὸ ἀνῆκον, διὰ τὴν ἀγάπην μᾶλλον
παρακαλῶ, τοιοῦτος ὢν ὡς Παῦλος ⌜πρεσβύτης⌝ ⌜νυνὶ⌝ δὲ
10 καὶ δέσμιος Χριστοῦ Ἰησοῦ,– παρακαλῶ σε περὶ τοῦ
11 ἐμοῦ τέκνου, ὃν ἐγέννησα ἐν τοῖς δεσμοῖς Ὀνήσιμον, τόν
12 ποτέ σοι ἄχρηστον νυνὶ δὲ ⊤ σοὶ καὶ ἐμοὶ εὔχρηστον, ὃν
13 ἀνέπεμψά σοι αὐτόν, τοῦτ' ἔστιν τὰ ἐμὰ σπλάγχνα· ὃν
ἐγὼ ἐβουλόμην πρὸς ἐμαυτὸν κατέχειν, ἵνα ὑπὲρ σοῦ μοι
14 διακονῇ ἐν τοῖς δεσμοῖς τοῦ εὐαγγελίου, χωρὶς δὲ τῆς
σῆς γνώμης οὐδὲν ἠθέλησα ποιῆσαι, ἵνα μὴ ὡς κατὰ
15 ἀνάγκην τὸ ἀγαθόν σου ᾖ ἀλλὰ κατὰ ἑκούσιον. τάχα
γὰρ διὰ τοῦτο ἐχωρίσθη πρὸς ὥραν ἵνα αἰώνιον αὐτὸν
16 ἀπέχῃς, οὐκέτι ὡς δοῦλον ἀλλὰ ὑπὲρ δοῦλον, ἀδελφὸν

5 πρὸς 6 ὑμῖν 9 †...† | νῦν 11 καὶ

THE LETTER TO PHILEMON

1   Paul, a prisoner for Jesus Christ, and brother Timothy,
2 to our dear fellow-worker Philemon, and our sister Apphia,
and our fellow-soldier Archippus, and the church that meets
3 in your house; God our Father and the Lord Jesus Christ
bless you and give you peace.

4   I never mention you in my prayers without thanking my
5 God for what I hear of the love and faith you have in the
6 Lord Jesus and all his people, and I pray that through coming
to know every good thing about us as Christians they may
7 effectually share your faith.   I have been greatly pleased and
encouraged over your love, for the hearts of God's people have
been cheered, my brother, by you.

8   So although as a Christian I feel quite free to order you to
9 do what ought to be done, I prefer to appeal to you in the name
of love, simply as what I am—Paul, no less an envoy of Christ
10 Jesus, though now a prisoner for him.   I appeal to you for my
child Onesimus, whose father I have become here in prison.
11 Once you found him useless, but now he has become useful to
12 you and to me, and now that I send him back to you, it is like
13 sending my very heart. I would have liked to keep him
with me, to wait on me in your place while I am in prison for
14 the good news, but I do not wish to do anything without your
consent, so that your kindness might be voluntary, and not
15 have the appearance of compulsion.   For perhaps this is why
you and he were parted for a while, that you might have him
16 back forever, not as a slave any longer but more than a slave,

ἀγαπητόν, μάλιστα ἐμοί, πόσῳ δὲ μᾶλλον σοὶ καὶ ἐν
17 σαρκὶ καὶ ἐν κυρίῳ. εἰ οὖν με ἔχεις κοινωνόν, προσ-
18 λαβοῦ αὐτὸν ὡς ἐμέ. εἰ δέ τι ἠδίκησέν σε ἢ ὀφείλει,
19 τοῦτο ἐμοὶ ἐλλόγα· ἐγὼ Παῦλος ἔγραψα τῇ ἐμῇ χειρί,
ἐγὼ ἀποτίσω· ἵνα μὴ λεγω σοι ὅτι καὶ σεαυτόν μοι προσ-
20 οφείλεις. ναί, ἀδελφέ, ἐγώ σου ὀναίμην ἐν κυρίῳ· ἀνά-
παυσόν μου τὰ σπλάγχνα ἐν Χριστῷ.
21 Πεποιθὼς τῇ ὑπακοῇ σου ἔγραψά σοι, εἰδὼς ὅτι καὶ
22 ὑπὲρ ἃ λέγω ποιήσεις. ἅμα δὲ καὶ ἑτοίμαζέ μοι ξενίαν,
ἐλπίζω γὰρ ὅτι διὰ τῶν προσευχῶν ὑμῶν χαρισθήσομαι
ὑμῖν.
23 Ἀσπάζεταί σε Ἐπαφρᾶς ὁ συναιχμάλωτός μου ἐν
24 Χριστῷ Ἰησοῦ, Μάρκος, Ἀρίσταρχος, Δημᾶς, Λουκᾶς,
οἱ συνεργοί μου.
25 Ἡ χάρις τοῦ κυρίου ᵀ Ἰησοῦ Χριστοῦ μετὰ τοῦ πνεύ-
ματος ὑμῶν.

25 ἡμῶν

a dear brother—dear especially to me, but how much dearer
17 to you, both as a man and as a Christian!   So if you regard
18 me as a comrade, welcome him as you would me.   And if he
has caused you any loss or owes you anything, charge it to my
19 account.   I, Paul, write this with my own hand: I will repay
it—not to mention the fact that you owe me your very self
20 besides.   Come, brother, let me make something out of you,
in a Christian sense!   Cheer my heart as a Christian.

21   I write you in full reliance upon your obedience; I know
22 that you will do even more than I ask.   And get ready to
entertain me too, for I hope that I shall be restored to you,
in answer to your prayers.

23   Epaphras, my fellow-prisoner for Christ Jesus, wishes to
24 be remembered to you, and so do my fellow-workers, Mark,
Aristarchus, Demas, and Luke.

25   The blessing of the Lord Jesus Christ be with your
spirits.

ΠΡΟΣ ΕΒΡΑΙΟΥΣ

1 ΠΟΛΥΜΕΡΩΣ ΚΑΙ ΠΟΛΥΤΡΟΠΩΣ πάλαι ὁ θεὸς
2 λαλήσας τοῖς πατράσιν ἐν τοῖς προφήταις ἐπ᾽ ἐσχάτου
τῶν ἡμερῶν τούτων ἐλάλησεν ἡμῖν ἐν υἱῷ, ὃν ἔθηκεν
3 κληρονόμον πάντων, δι᾽ οὗ καὶ ἐποίησεν τοὺς αἰῶνας· ὃς
ὢν ἀπαύγασμα τῆς δόξης καὶ χαρακτὴρ τῆς ὑποστάσεως
αὐτοῦ, φέρων τε τὰ πάντα τῷ ῥήματι τῆς δυνάμεως αὐ-
τοῦ, καθαρισμὸν τῶν ἁμαρτιῶν ποιησάμενος ἐκάθισεν ἐν
4 δεξιᾷ τῆς μεγαλωσύνης ἐν ὑψηλοῖς, τοσούτῳ κρείττων
γενόμενος τῶν ἀγγέλων ὅσῳ διαφορώτερον παρ᾽ αὐτοὺς
5 κεκληρονόμηκεν ὄνομα.   Τίνι γὰρ εἶπέν ποτε
τῶν ἀγγέλων
    Υἱός μου εἶ σύ, ἐγὼ σήμερον γεγέννηκά σε,
καὶ πάλιν
    Ἐγὼ ἔσομαι αὐτῷ εἰς πατέρα, καὶ αὐτὸς ἔσται
                              μοι εἰς υἱόν;
6 ὅταν δὲ πάλιν εἰσαγάγῃ τὸν πρωτότοκον εἰς τὴν οἰκου-
μένην, λέγει
    Καὶ προσκυνησάτωσαν αὐτῷ πάντες ἄγγελοι
                              θεοῦ.
7 καὶ πρὸς μὲν τοὺς ἀγγέλους λέγει
    Ὁ ποιῶν τοὺς ἀγγέλους αὐτοῦ πνεύματα,
    καὶ τοὺς λειτουργοὺς αὐτοῦ πυρὸς φλόγα·
8 πρὸς δὲ τὸν υἱόν

THE LETTER TO THE HEBREWS

1   It was little by little and in different ways that God spoke
2 in old times to our forefathers through the prophets, but in
   these latter days he has spoken to us in a Son, whom he had
   destined to possess everything, and through whom he had
3 made the world.   He is the reflection of God's glory, and the
   representation of his being, and bears up the universe by his
   mighty word. He has effected man's purification from sin, and
   has taken his seat on high at the right hand of God's Majesty,
4 showing himself to be as much greater than the angels as his
5 title is superior to theirs.   For to what angel did God ever say,
       "You are my Son!   I have today become your Father"?
   Or again,
       "I will become his Father, and he shall become my Son"?
6 But of the time when he is to bring his firstborn Son back
   to the world he says,
            "And let all God's angels bow before him."
7 In speaking of the angels he says,
                "He who changes his angels into winds,
                 And his attendants into blazing fire!"
8 But of the Son he says,

Ὁ θρόνος ⌜coy⌝ ὁ θεὸc εἰc τὸν αἰῶνα [τοῦ αἰῶνος],
καὶ ἡ ῥάβΔοc τῆς εὐθύτητος ῥάβΔοc τᾶc Βαcι-
λείαc αὐτοῦ⌝.

9 ἨΓάΠΗCαc ΔικαιοσύνΗΝ καὶ ἐμίcΗCαc ἀνομίαν·
Διὰ τοῦτο ἔχρισέν cε ὁ θεόc, ὁ θεόc coy, ἔλαιον
ἀΓαλλιάcεωc παρὰ τοὺc μετόχουc coy·

10 καὶ
Cὺ κατ' ἀρχάc, κύριε, τὴν ΓῆΝ ἐθεμελίωcαc,
καὶ ἔρΓα τῶν χειρῶν coy εἰcιν οἱ οὐρανοί·

11 αὐτοὶ ἀπολοῦνται, cὺ Δὲ Διαμένειc·
καὶ πάντεc ὡc ἱμάτιον παλαιωθήcονται,

12 καὶ ὡcεὶ περιβόλαιον ἑλίξειc αὐτούc,
ὡς ἱμάτιον καὶ ἀλλαΓήcονται·
cὺ Δὲ ὁ αὐτὸc εἶ, καὶ τὰ ἔτΗ coy οὐκ ἐκλεί-
ΨΟΥCΙΝ.

13 πρὸς τίνα δὲ τῶν ἀγγέλων εἴρηκέν ποτε
Κάθου ἐκ Δεξιῶν μου
ἕωc ἂν θῶ τοὺc ἐχθρούc coy ὑποπόΔιον τῶν
ποΔῶν coy;

14 οὐχὶ πάντες εἰσὶν λειτουργικὰ πνεύματα εἰς διακονίαν
ἀποστελλόμενα διὰ τοὺς μέλλοντας κληρονομεῖν σωτη-

1 ρίαν;   Διὰ τοῦτο δεῖ περισσοτέρως προσέχειν
2 ἡμᾶς τοῖς ἀκουσθεῖσιν, μή ποτε παραρυῶμεν. εἰ γὰρ
ὁ δι' ἀγγέλων λαληθεὶς λόγος ἐγένετο βέβαιος, καὶ πᾶσα
παράβασις καὶ παρακοὴ ἔλαβεν ἔνδικον μισθαποδοσίαν,
3 πῶς ἡμεῖς ἐκφευξόμεθα τηλικαύτης ἀμελήσαντες σωτη-
ρίας, ἥτις, ἀρχὴν λαβοῦσα λαλεῖσθαι διὰ τοῦ κυρίου,
4 ὑπὸ τῶν ἀκουσάντων εἰς ἡμᾶς ἐβεβαιώθη, συνεπιμαρ-
τυροῦντος τοῦ θεοῦ σημείοις τε καὶ τέρασιν καὶ ποικίλαις
δυνάμεσιν καὶ πνεύματος ἁγίου μερισμοῖς κατὰ τὴν
αὐτοῦ θέλησιν;
5 Οὐ γὰρ ἀγγέλοις ὑπέταξεν τὴν οἰκουμένην τὴν μέλ-
6 λουσαν, περὶ ἧς λαλοῦμεν· διεμαρτύρατο δέ πού τις

8 σου, ὁ θεός, εἰς......βασιλείας σου

"God is your throne forever and ever!
And a righteous scepter is the scepter of his kingdom!
9 You have loved right and hated wrong!
That is why God, your God, has anointed you with exhila-
rating oil beyond all your comrades."
10 And
"You, Lord, in the beginning founded the earth,
And the sky is the work of your hands!
11 They will perish, but you continue!
And they will all wear out like a coat,
12 And you will fold them up like a mantle,
And change them as one changes his coat.
But you are always the same, and your years will have no
end!"
13   But to what angel did he ever say,
          "Sit at my right hand,
            Until I make your enemies a footstool for you"?
14   Are not the angels all spirits in service, whom he sends on
his errands for the good of those who are destined to possess
salvation?
2   This is why we must give the very closest attention to the
message we have heard, to keep from ever losing our hold
2 upon it.   For if the message delivered by angels proved to be
authentic, and every violation or neglect of it led to a corre-
3 sponding penalty, how can we escape if we pay no attention
to such a salvation as this?   It was first proclaimed by the
Lord himself, and it was guaranteed to us by those who heard
4 him, while God himself corroborated their testimony with
signs, portents, and various wonders, and by impartations of
the holy Spirit when he saw fit.
5   For it was not for angels that he destined the control
6 of that world to be, that we are speaking of.   For someone
has somewhere solemnly declared,

λέγων

Τί ἐστιν ἄνθρωπος ὅτι μιμνήσκη αῦτοῦ,
ἢ γίὸς ἀνθρώπου ὅτι ἐπισκέπτη αὐτόν;
7 ἡλάττωσας αῦτὸν Βραχύ τι παρ' ἀγγέλους,
Δόξη καὶ τιμῆ ἐστεφάνωσας αὐτόν,
[καὶ κατέστησας αῦτὸν ἐπὶ τὰ ἔργα τῶν χειρῶν
σου,]
8 πάντα ὑπέταξας ὑποκάτω τῶν ποδῶν αὐτοῦ·
ἐν τῷ γὰρ ὑποτάξαι [αὐτῷ] τὰ πάντα οὐδὲν ἀφῆκεν
αὐτῷ ἀνυπότακτον. νῦν δὲ οὔπω ὁρῶμεν αὐτῷ τὰ πάν-
9 τα ὑποτεταγμένα· τὸν δὲ Βραχύ τι παρ' ἀγγέλους
ἡλαττωμένον βλέπομεν Ἰησοῦν διὰ τὸ πάθημα τοῦ
θανάτου Δόξη καὶ τιμῆ ἐστεφανωμένον, ὅπως χάριτι
10 θεοῦ ὑπὲρ παντὸς γεύσηται θανάτου. Ἔπρεπεν γὰρ αὐτῷ,
δι' ὃν τὰ πάντα καὶ δι' οὗ τὰ πάντα, πολλοὺς υἱοὺς
εἰς δόξαν ἀγαγόντα τὸν ἀρχηγὸν τῆς σωτηρίας αὐτῶν
11 διὰ παθημάτων τελειῶσαι. ὅ τε γὰρ ἁγιάζων καὶ οἱ
ἁγιαζόμενοι ἐξ ἑνὸς πάντες· δι' ἣν αἰτίαν οὐκ ἐπαισχύ-
12 νεται ἀδελφοὺς αὐτοὺς καλεῖν, λέγων
Ἀπαγγελῶ τὸ ὄνομά σου τοῖς ἀδελφοῖς μου,
ἐν μέσῳ ἐκκλησίας ὑμνήσω σε·
13 καὶ πάλιν
Ἐγὼ ἔσομαι πεποιθὼς ἐπ' αὐτῷ·
καὶ πάλιν
Ἰδοὺ ἐγὼ καὶ τὰ παιδία ἅ μοι ἔδωκεν ὁ θεός.
14 ἐπεὶ οὖν τὰ παιδία κεκοινώνηκεν αἵματος καὶ σαρκός,
καὶ αὐτὸς παραπλησίως μετέσχεν τῶν αὐτῶν, ἵνα διὰ
τοῦ θανάτου καταργήσῃ τὸν τὸ κράτος ἔχοντα τοῦ θανά-
15 του, τοῦτ' ἔστι τὸν διάβολον, καὶ ἀπαλλάξῃ τούτους,
ὅσοι φόβῳ θανάτου διὰ παντὸς τοῦ ζῆν ἔνοχοι ἦσαν
16 δουλείας. οὐ γὰρ δή που ἀγγέλων ἐπιλαμβάνεται, ἀλλὰ
17 σπέρματος Ἀβραὰμ ἐπιλαμβάνεται. ὅθεν ὤφειλεν
κατὰ πάντα τοῖς ἀδελφοῖς ὁμοιωθῆναι, ἵνα ἐλεήμων
γένηται καὶ πιστὸς ἀρχιερεὺς τὰ πρὸς τὸν θεόν, εἰς

"What is man? for you think of him;
  Or any man? for you care for him.
7 You made him for a little while inferior to angels;
  Yet you have crowned him with glory and honor,
  And you have put him in charge of the works of your hands!
8 You have put everything under his feet!"
       In thus making everything subject to man, God left
9 nothing that was not subjected to him.   But we do not as yet
see everything made subject to him, but we do see Jesus, who
was "made for a little while inferior to angels, crowned with
glory and honor" because he suffered death, so that by the
favor of God he might taste the bitterness of death on behalf of
10 every human being.   For it was appropriate that he who is
the great First Cause of the universe should, in guiding his
many children to his glorious salvation, make their leader
11 in it fully qualified through what he suffered.   For both he who
  purifies them and they who are purified spring from one source.
12 That is why he is not ashamed to call them brothers, and say,
  "I will tell your name to my brothers,
  In the midst of the congregation I will sing your praise";
13 and again   "I will put my trust in God";
  and again,
    "Here I am with the children that God has given me."
14   Therefore since these children referred to have the same
  mortal nature, Jesus also shared it, like them, in order that
  by his death he might dethrone the lord of death, the devil,
15 and free from their slavery men who had always lived in fear
16 of death.   For of course it was not angels but the descendants
17 of Abraham that he came to help.   And so he had to be made
  like his brothers in every respect, so that he might prove a
  compassionate high priest as well as one faithful in his service

18 τὸ ἱλάσκεσθαι τὰς ἁμαρτίας τοῦ λαοῦ· ἐν ᾧ γὰρ
πέπονθεν αὐτὸς πειρασθείς, δύναται τοῖς πειραζομένοις
βοηθῆσαι.

1 Ὅθεν, ἀδελφοὶ ἅγιοι, κλήσεως ἐπουρανίου μέτοχοι,
κατανοήσατε τὸν ἀπόστολον καὶ ἀρχιερέα τῆς ὁμολογίας
2 ἡμῶν Ἰησοῦν, πιστὸν ὄντα τῷ ποιήσαντι αὐτὸν ὡς καὶ
3 Μωυϲῆϲ ἐν [ὅλῳ] τῷ οἴκῳ ἀὐτοῦ. πλείονος γὰρ
οὗτος δόξης παρὰ Μωυσῆν ἠξίωται καθ᾽ ὅσον πλείονα
4 τιμὴν ἔχει τοῦ οἴκου ὁ κατασκευάσας αὐτόν· πᾶς γὰρ
οἶκος κατασκευάζεται ὑπό τινος, ὁ δὲ πάντα κατασκευάσας
5 θεός. καὶ Μωυϲῆϲ μὲν πιϲτὸϲ ἐν ὅλῳ τῷ οἴκῳ
ἀὐτοῦ ὡϲ θεράπων εἰϲ μαρτύριον τῶν λαληθηϲομένων,
6 Χριστὸς δὲ ὡς υἱὸς ἐπὶ τὸν οἶκον ἀὐτοῦ· οὗ οἶκός ἐσμεν
ἡμεῖς, ἐὰν τὴν παρρησίαν καὶ τὸ καύχημα τῆς ἐλπίδος
7 ⸢μέχρι τέλους βεβαίαν⸣ κατάσχωμεν. Διό, καθὼς
λέγει τὸ πνεῦμα τὸ ⸢ἅγιον

ϹΉΜΕΡΟΝ ἐὰν τῆϲ φωνῆϲ ἀὐτοῦ ἀκούϲΗΤΕ,
8 ΜῊ ϲΚΛΗΡΎΝΗΤΕ τὰϲ καρΔίαϲ ὑμῶν ὡϲ ἐν τῷ
παραπικραϲμῷ,
κατὰ τὴν ἡΜέραν τοῦ πειραϲΜοῦ ἐν τῇ ἐρήΜῳ,
9 οὗ ἐπείραϲαν οἱ πατέρεϲ ὑμῶν ἐν ΔοκιΜαϲίᾳ
10 καὶ εἶΔον τὰ ἔρΓα Μου τεϲϲεράκοντα ἔτΗ·
Διὸ προϲώχθιϲα τῇ Γενεᾷ ταύτῃ
καὶ εἶπον Ἀεὶ πλανῶνται τῇ καρΔίᾳ·
ἀὐτοὶ Δὲ οὐκ ἔΓνωϲαν τὰϲ ὁΔούϲ Μου·
11 ὡϲ ὤΜοϲα ἐν τῇ ὀρΓῇ Μου
Εἰ εἰϲελεύϲονται εἰϲ τὴν κατάπαυϲίν Μου·⸣
12 βλέπετε, ἀδελφοί, μή ποτε ἔσται ἔν τινι ὑμῶν καρδία
πονηρὰ ἀπιστίας ἐν τῷ ἀποστῆναι ἀπὸ θεοῦ ζῶντος,
13 ἀλλὰ παρακαλεῖτε ἑαυτοὺς καθ᾽ ἑκάστην ἡμέραν, ἄχρις
οὗ τό Ϲήμερον καλεῖται, ἵνα μὴ ϲΚΛΗΡΥΝΘῇ ⸢τις ἐξ
14 ὑμῶν⸣ ἀπάτῃ τῆς ἁμαρτίας· μέτοχοι γὰρ τοῦ χριστοῦ
γεγόναμεν, ἐάνπερ τὴν ἀρχὴν τῆς ὑποστάσεως μέχρι

7 11 ἅγιον,......μου. 13 ἐξ ὑμῶν τις

18 to God, in order to forgive the people's sins. For because he has himself been tempted in what he has suffered he is able to help others who are in trial.

3   Therefore, my fellow-Christians, who have likewise heard the heavenly invitation, observe how faithful Jesus, the 2 commissioner and high priest of our religion, has been to the God who appointed him, just as Moses was, in all the house of 3 God. For Jesus is entitled to as much more honor than Moses as the builder of a house is than the house he builds. 4 For every house has a builder, and the builder of the universe 5 is God. Now the faithfulness of Moses in all the house of God was that of a servant, in faithfully repeating what he was 6 told to say; but Christ's faithfulness was that of a son set over the house of God. And we are that house, if we keep up our courage and our triumphant hope to the very end.

7   Therefore, as the holy Spirit says,
  "If you hear his voice today,
8 Do not harden your hearts as your forefathers provoked
     me by doing,
  As in that time of trial in the desert,
9 Where your forefathers put my doings to the proof for forty
     years,
  Though they saw them all the time.
10 That was why I was angry with that generation,
  And I said, 'Their minds are always wandering,
  And they have never found my paths.'
11 But as I made oath in my anger,
  They shall never be admitted to my Rest!"

12 See to it, my brothers, that no one of you has a wicked, unbelieving heart, that turns away from the ever-living God, 13 but encourage one another every day, as long as we can still speak of Today, so that no one of you may have his heart 14 hardened by the pleasantness of sin. For we are true partners with Christ if we really keep the conviction that

15 τέλους βεβαίαν κατάσχωμεν. ἐν τῷ λέγεσθαι

ϹΉΜΕΡΟΝ ἐὰν ΤῆϹ ΦωΝῆϹ ΑΥ̓ΤΟΥ̑ ⌜ἀΚΟΎϹΗΤΕ,⌝
ΜῊ ϹΚΛΗΡΎΝΗΤΕ ΤᾺϹ ΚΑΡΔΊΑϹ ὙΜῶΝ ὡϹ ἐΝ Τῷ
ΠΑΡΑΠΙΚΡΑϹΜῷ.

16 τίνες γὰρ ἀκούσαντες ΠΑΡΕΠΊΚΡΑΝΑΝ; ἀλλ᾽ οὐ πάντες
17 οἱ ἐξελθόντες ἐξ Αἰγύπτου διὰ Μωυσέως; τίσιν δὲ προσ-
ώχθιϹΕΝ ΤΕϹϹΕΡΆΚΟΝΤΑ ἔΤΗ; οὐχὶ τοῖς ἁμαρτήσασιν,
18 ὧν τὰ Κῶλα ἔΠΕϹΕΝ ἐΝ Τῇ ἐΡΉΜῳ; τίσιν δὲ ὬΜΟϹΕΝ
ΜῊ ΕἰϹΕΛΕΎϹΕϹΘΑΙ ΕἰϹ ΤῊΝ ΚΑΤΆΠΑΥϹΙΝ ΑΥ̓ΤΟΥ̑ εἰ μὴ
19 τοῖς ἀπειθήσασιν; καὶ βλέπομεν ὅτι οὐκ ἠδυνήθησαν
1 εἰσελθεῖν δι᾽ ἀπιστίαν. φοβηθῶμεν οὖν μή ποτε κατα-
λειπομένης ἐπαγγελίας εἰϹΕΛΘΕῖΝ ΕἰϹ ΤῊΝ ΚΑΤΆΠΑΥϹΙΝ
2 ΑΥ̓ΤΟΥ̑ δοκῇ τις ἐξ ὑμῶν ὑστερηκέναι· καὶ γάρ ἐσμεν
εὐηγγελισμένοι καθάπερ κἀκεῖνοι, ἀλλ᾽ οὐκ ὠφέλησεν
ὁ λόγος τῆς ἀκοῆς ἐκείνους, ⌜μὴ ⌜συνκεκερασμένους⌝ τῇ
3 πίστει τοῖς ἀκούσασιν⌝. Εἰσερχόμεθα ⌜γὰρ⌝ εἰς [τῂν]
κατάπαυσιν οἱ πιστεύσαντες, καθὼς εἴρηκεν

'Ωϲ ὬΜΟϹΑ ἐΝ Τῇ ὈΡΓῇ ΜΟΥ
Εἰ ΕἰϹΕΛΕΎϹΟΝΤΑΙ ΕἰϹ ΤῊΝ ΚΑΤΆΠΑΥϹΊΝ ΜΟΥ,

καίτοι τῶν ἔργων ἀπὸ καταβολῆς κόσμου γενηθέντων,
4 εἴρηκεν γάρ που περὶ τῆς ἑβδόμης οὕτως Καὶ ΚΑΤΈ-
ΠΑΥϹΕΝ ὁ ΘΕὸϹ ἐΝ Τῇ ἡΜΈΡᾼ Τῇ ἑΒΔΌΜῌ ἀΠὸ
5 ΠΆΝΤωΝ ΤῶΝ ἔΡΓωΝ ΑΥ̓ΤΟΥ̑, καὶ ἐν τούτῳ πάλιν Εἰ
6 ΕἰϹΕΛΕΎϹΟΝΤΑΙ ΕἰϹ ΤῊΝ ΚΑΤΆΠΑΥϹΊΝ ΜΟΥ. ἐπεὶ οὖν
ἀπολείπεται τινὰς εἰσελθεῖν εἰς αὐτήν, καὶ οἱ πρότερον
7 εὐαγγελισθέντες οὐκ εἰϹῆΛΘΟΝ δι᾽ ἀπείθειαν, πάλιν
τινὰ ὁρίζει ἡμέραν, ϹΉΜΕΡΟΝ, ἐν Δαυεὶδ λέγων μετὰ
τοσοῦτον χρόνον, καθὼς ⌜προείρηται⌝,

ϹΉΜΕΡΟΝ ἐὰν ΤῆϹ ΦωΝῆϹ ΑΥ̓ΤΟΥ̑ ἀΚΟΎϹΗΤΕ,
ΜῊ ϹΚΛΗΡΎΝΗΤΕ ΤᾺϹ ΚΑΡΔΊΑϹ ὙΜῶΝ·

8 εἰ γὰρ αὐτοὺς 'Ιησοῦς κατέπαυσεν, οὐκ ἂν περὶ ἄλλης
9 ἐλάλει μετὰ ταῦτα ἡμέρας. ἄρα ἀπολείπεται σαββα-
10 τισμὸς τῷ λαῷ τοῦ θεοῦ· ὁ γὰρ εἰϹΕΛΘὼΝ ΕἰϹ ΤῊΝ

15 ἀκούσητε,–   2 †...† | συνκεκερασμένος

15 we had at first unshaken to the very end. So while we can
still speak of Today, if you hear him speak, do not harden
16 your hearts, as they provoked him by doing. For who was
it that heard him speak and yet provoked him? Was it not
all those who had escaped from Egypt under Moses' leader-
17 ship? And who was it with whom God was angry forty whole
years? Was it not with those who had sinned, who dropped
18 dead in the desert? And who was it to whom God made
oath that they should not be admitted to his Rest, if it was
19 not to those who had disobeyed him? So we see that it was
their unbelief that kept them from being admitted to it.
4 We ought therefore to fear that when the promise of admission
to his Rest is still open, some one of you may be found to have
2 failed to reach it. For we have had good news preached to
us, just as they did, but the message they heard did them no
good because they did not agree through faith with what they
3 heard. For we who have believed are admitted to that Rest,
of which he said,

> "As I made oath in my anger,
>   They shall never be admitted to my Rest!"

And yet God's work was finished at the creation of the world,
4 for he says somewhere of the seventh day,

> "On the seventh day God rested after all his work,"

5 while here he says again,

> "They shall never be admitted to my Rest!"

6 Since then it is still true that somebody will be admitted
to it, and those who had a gospel preached to them before
7 were not admitted because of their disobedience, he again
fixes a new Today, saying long afterward through David, as
already quoted,

> "If you hear his voice today,
>   Do not harden your hearts!"

8 For if Joshua had really brought them rest God would not
9 afterward have spoken of another day. So there must still be
10 a promised Sabbath of Rest for God's people. For all who are

κατάπαυcιν αϒτοϒ καὶ αὐτὸς κατέπαυcεν ἀπὸ τῶν
11 ἔργων αϒτοϒ ὥσπερ ἀπὸ τῶν ἰδίων ὁ θεόc. Σπου-
δάσωμεν οὖν εἰcελθεῖν εἰc ἐκείνην τὴν κατάπαυcιν,
ἵνα μὴ ἐν τῷ αὐτῷ τις ὑποδείγματι πέσῃ τῆς ἀπει-
12 θείας. Ζῶν γὰρ ὁ λόγος τοῦ θεοῦ καὶ ἐνεργὴς καὶ
τομώτερος ὑπὲρ πᾶσαν μάχαιραν δίστομον καὶ διικνού-
μενος ἄχρι μερισμοῦ ψυχῆς καὶ πνεύματος, ἁρμῶν τε καὶ
μυελῶν, καὶ κριτικὸς ἐνθυμήσεων καὶ ἐννοιῶν καρδίας·
13 καὶ οὐκ ἔστιν κτίσις ἀφανὴς ἐνώπιον αὐτοῦ, πάντα δὲ
γυμνὰ καὶ τετραχηλισμένα τοῖς ὀφθαλμοῖς αὐτοῦ, πρὸς
14 ὃν ἡμῖν ὁ λόγος.   Ἔχοντες οὖν ἀρχιερέα
μέγαν διεληλυθότα τοὺς οὐρανούς, Ἰησοῦν τὸν υἱὸν τοῦ
15 θεοῦ, κρατῶμεν τῆς ὁμολογίας· οὐ γὰρ ἔχομεν ἀρχιερέα
μὴ δυνάμενον συνπαθῆσαι ταῖς ἀσθενείαις ἡμῶν, πεπει-
ρασμένον δὲ κατὰ πάντα καθ' ὁμοιότητα χωρὶς ἁμαρτίας.
16 προσερχώμεθα οὖν μετὰ παρρησίας τῷ θρόνῳ τῆς χάρι-
τος, ἵνα λάβωμεν ἔλεος καὶ χάριν εὕρωμεν εἰς εὔκαιρον
βοήθειαν.

1   Πᾶς γὰρ ἀρχιερεὺς ἐξ ἀνθρώπων λαμβανόμενος ὑπὲρ
ἀνθρώπων καθίσταται τὰ πρὸς τὸν θεόν, ἵνα προσφέρῃ
2 δῶρά [τε] καὶ θυσίας ὑπὲρ ἁμαρτιῶν, μετριοπαθεῖν
δυνάμενος τοῖς ἀγνοοῦσι καὶ πλανωμένοις ἐπεὶ καὶ αὐτὸς
3 περίκειται ἀσθένειαν, καὶ δι' αὐτὴν ὀφείλει, καθὼς περὶ
τοῦ λαοῦ, οὕτως καὶ περὶ ἑαυτοῦ προσφέρειν περὶ
4 ἁμαρτιῶν. καὶ οὐχ ἑαυτῷ τις λαμβάνει τὴν τιμήν, ἀλλὰ
5 καλούμενος ὑπὸ τοῦ θεοῦ, καθώσπερ καὶ Ἀαρών. Οὕτως
καὶ ὁ χριστὸς οὐχ ἑαυτὸν ἐδόξασεν γενηθῆναι ἀρχιερέα,
ἀλλ' ὁ λαλήσας πρὸς αὐτόν

Υἱόc μοϒ εἶ cϒ, ἐγὼ cήμερον γεγέννηκά cε·
6 καθὼς καὶ ἐν ἑτέρῳ λέγει

Σϒ ἱερεϒc εἰc τὸν αἰῶνα κατὰ τὴν τάξιν Μελ-
χιcεδέκ.

7 ὃς ἐν ταῖς ἡμέραις τῆς σαρκὸς αὐτοῦ, δεήσεις τε καὶ

IV 3 οὖν   7 προείρηκεν

admitted to God's Rest rest after their work, just as God did
11 after his.   Let us, therefore, make every effort to be admitted
to that Rest, so that none of us may fail through such dis-
12 obedience as theirs.   For the message of God is a living and
active force, sharper than any double-edged sword, piercing
through soul and spirit, and joints and marrow, and keen in
13 judging the thoughts and purposes of the mind.   No being
created can escape God's sight, but everything is bare and
helpless before the eyes of him with whom we have to
reckon.

14   Since then we have in Jesus, the Son of God, a great
high priest who has gone up into heaven, let us keep firm hold
15 of our religion.   For our high priest is not one who is incapable
of sympathy with our weaknesses, but he has been tempted
in every way just as we have, without committing any sin.
16 So let us come with courage to God's throne of grace to
receive his forgiveness and find him responsive when we need
his help.

5   For every high priest who is chosen from among men is
appointed to represent his fellow-men in their relations with
2 God, and to offer gifts and sin-offerings.   He can sympathize
with the ignorant and misguided because he is himself subject
3 to weakness, and on this account he is obliged to offer sacrifices
4 for sin, not only for the people but for himself as well.   And
no one takes the office upon himself, but men assume it only
5 when called to it by God, as Aaron was.   So even Christ did
not claim for himself the dignity of the high priesthood, but he
was appointed to it by him who said to him,

    "You are my Son!   I have today become your Father!"
6 For he says in another passage,

    "You are a priest forever of the priesthood of Melchizedek."
7 For Jesus in his life on earth offered prayers and entreaties,

ἱκετηρίας πρὸς τὸν δυνάμενον σώζειν αὐτὸν ἐκ θανάτου
μετὰ κραυγῆς ἰσχυρᾶς καὶ δακρύων προσενέγκας καὶ
8 εἰσακουσθεὶς ἀπὸ τῆς εὐλαβείας, καίπερ ὢν υἱός, ἔμαθεν
9 ἀφ᾽ ὧν ἔπαθεν τὴν ὑπακοήν, καὶ τελειωθεὶς ἐγένετο
πᾶσιν τοῖς ὑπακούουσιν αὐτῷ αἴτιος cωτηρίαc αἰωνίου,
10προσαγορευθεὶς ὑπὸ τοῦ θεοῦ ἀρχιερεὺς κατὰ τὴν τάξιν
Μελχιcεδέκ.

11   Περὶ οὗ πολὺς ἡμῖν ὁ λόγος καὶ δυσερμήνευτος
12λέγειν, ἐπεὶ νωθροὶ γεγόνατε ταῖς ἀκοαῖς· καὶ γὰρ
ὀφείλοντες εἶναι διδάσκαλοι διὰ τὸν χρόνον, πάλιν
χρείαν ἔχετε τοῦ διδάσκειν ὑμᾶς τινὰ τὰ στοιχεῖα τῆς
ἀρχῆς τῶν λογίων τοῦ θεοῦ, καὶ γεγόνατε χρείαν ἔχοντες
13γάλακτος, ᵀ οὐ στερεᾶς τροφῆς. πᾶς γὰρ ὁ μετέχων
γάλακτος ἄπειρος λόγου δικαιοσύνης, νήπιος γάρ ἐστιν·
14τελείων δέ ἐστιν ἡ στερεὰ τροφή, τῶν διὰ τὴν ἕξιν τὰ
αἰσθητήρια γεγυμνασμένα ἐχόντων πρὸς διάκρισιν καλοῦ
1 τε καὶ κακοῦ. Διὸ ἀφέντες τὸν τῆς ἀρχῆς τοῦ χριστοῦ
λόγον ἐπὶ τὴν τελειότητα φερώμεθα, μὴ πάλιν θεμέλιον
καταβαλλόμενοι μετανοίας ἀπὸ νεκρῶν ἔργων, καὶ πίστεως
2 ἐπὶ θεόν, βαπτισμῶν ⸢διδαχὴν⸣ ἐπιθέσεώς τε χειρῶν,
3 ἀναστάσεως ᵀ νεκρῶν καὶ κρίματος αἰωνίου. καὶ τοῦτο
4 ποιήσομεν ἐάνπερ ἐπιτρέπῃ ὁ θεός. Ἀδύνατον γὰρ τοὺς
ἅπαξ ⸢φωτισθέντας⸣ γευσαμένους τε τῆς δωρεᾶς τῆς
ἐπουρανίου καὶ μετόχους γενηθέντας πνεύματος ἁγίου
5 καὶ καλὸν γευσαμένους θεοῦ ῥῆμα δυνάμεις τε μέλλοντος
6 αἰῶνος, καὶ παραπεσόντας, πάλιν ἀνακαινίζειν εἰς μετά-
νοιαν, ἀνασταυροῦντας ἑαυτοῖς τὸν υἱὸν τοῦ θεοῦ καὶ
7 παραδειγματίζοντας. Γῆ γὰρ ἡ πιοῦσα τὸν ἐπ᾽ αὐτῆς
ἐρχόμενον πολλάκις ὑετόν, καὶ τίκτουσα βοτάνην εὔθετον
ἐκείνοις δι᾽ οὓς καὶ γεωργεῖται, μεταλαμβάνει εὐλογίας
8 ἀπὸ τοῦ θεοῦ· ἐκφέρουcα δὲ ἀκάνθαc καὶ τριβόλουc
ἀδόκιμος καὶ κατάραc ἐγγύς, ἧς τὸ τέλος εἰς καῦ-
9 σιν.   Πεπείσμεθα δὲ περὶ ὑμῶν, ἀγαπητοί,

12 καὶ   2 διδαχῆς | τε   4 φωτισθέντας,

crying aloud with tears, to him who was able to save him from
8 death, and because of his piety his prayer was heard. And
although he was a son, he learned to obey, through what he
9 suffered, and when he was fully qualified, he became a source
10 of unending salvation for all who obey him, since God pro-
nounced him a high priest of the priesthood of Melchizedek.
11   I have much to say to you about this, but it is difficult
to make it clear to you, because you have become so slow of
12 apprehension. For although from the length of your Chris-
tian experience you ought to be teaching others, you actually
need someone to teach you over again the very elements of
Christian truth, and you have come to need milk instead
13 of solid food. For anyone who is limited to milk is un-
acquainted with Christian teaching, for he is only an infant.
14 But full-grown men have a right to solid food, for their
faculties are trained by practice to distinguish right and
6 wrong. Let us therefore leave elementary Christian teaching
alone and advance toward maturity. We must not be always
relaying foundations, of repentance for wrongdoing, and of
2 faith in God, with the teaching of baptism and the laying
on of hands, the resurrection of the dead and final judgment.
3
4 And we will advance if God permits it. For it is impossible
to arouse people to a fresh repentance when they have once
for all come into the light and had a taste of the gift from
5 heaven, and shared in the holy Spirit and felt the goodness
of the word of God and the strong influences of the coming age,
6 and yet have fallen back, for they crucify the Son of God on
7 their own account, and hold him up to contempt. Ground
that drinks in frequent showers and produces vegetation
that is of use to those for whom it is cultivated receives
8 God's blessing. But if it yields thorns and thistles, it is
thought worthless and almost cursed, and it will finally be
burned.
9   But about you, dear friends, even though we say this,

τὰ κρείσσονα καὶ ἐχόμενα σωτηρίας, εἰ καὶ οὕτως λαλοῦ-
10 μεν· οὐ γὰρ ἄδικος ὁ θεὸς ἐπιλαθέσθαι τοῦ ἔργου ὑμῶν
καὶ τῆς ἀγάπης ἧς ἐνεδείξασθε εἰς τὸ ὄνομα αὐτοῦ,
11 διακονήσαντες τοῖς ἁγίοις καὶ διακονοῦντες. ἐπιθυμοῦμεν
δὲ ἕκαστον ὑμῶν τὴν αὐτὴν ἐνδείκνυσθαι σπουδὴν πρὸς
12 τὴν πληροφορίαν τῆς ἐλπίδος ἄχρι τέλους, ἵνα μὴ νωθροὶ
γένησθε, μιμηταὶ δὲ τῶν διὰ πίστεως καὶ μακροθυμίας
13 κληρονομούντων τὰς ἐπαγγελίας.   Τῷ γὰρ
Ἀβραὰμ ἐπαγγειλάμενος ὁ θεός, ἐπεὶ κατ᾽ οὐδενὸς εἶχεν
14 μείζονος ὀμόσαι, ὬΜΟϹΕΝ ΚΑΘ᾽ ἑΑΥΤΟῦ, λέγων Εἰ ΜΗΝ
ΕΥΛΟΓꞶΝ ΕΥΛΟΓΗϹꞶ ϹΕ ΚΑὶ ΠΛΗΘΥΝꞶΝ ΠΛΗΘΥΝꞶ
15 ϹΕ· καὶ οὕτως μακροθυμήσας ἐπέτυχεν τῆς ἐπαγγελίας.
16 ἄνθρωποι γὰρ κατὰ τοῦ μείζονος ὀμνύουσιν, καὶ πάσης
17 αὐτοῖς ἀντιλογίας πέρας εἰς βεβαίωσιν ὁ ὅρκος· ἐν ᾧ
περισσότερον βουλόμενος ὁ θεὸς ἐπιδεῖξαι τοῖς κληρο-
νόμοις τῆς ἐπαγγελίας τὸ ἀμετάθετον τῆς βουλῆς αὐτοῦ
18 ἐμεσίτευσεν ὅρκῳ, ἵνα διὰ δύο πραγμάτων ἀμεταθέτων,
ἐν οἷς ἀδύνατον ψεύσασθαι ᵀ θεόν, ἰσχυρὰν παράκλησιν
ἔχωμεν οἱ καταφυγόντες κρατῆσαι τῆς προκειμένης ἐλ-
19 πίδος· ἣν ὡς ἄγκυραν ἔχομεν τῆς ψυχῆς, ἀσφαλῆ τε
καὶ βεβαίαν καὶ εἰϹΕΡΧΟΜΕΝΗΝ εἰϹ Τὸ ἐϹꞶΤΕΡΟΝ ΤΟῦ
20 ΚΑΤΑΠΕΤΑϹΜΑΤΟϹ, ὅπου πρόδρομος ὑπὲρ ἡμῶν εἰσῆλ-
θεν Ἰησοῦς, ΚΑΤὰ ΤὴΝ ΤΆΞΙΝ ΜΕΛΧΙϹΕΔὲΚ ἀρχιερεὺς
γενόμενος εἰϹ ΤὸΝ ΑἰꞶΝΑ.
1   Οὗτος γὰρ ὁ ΜΕΛΧΙϹΕΔέΚ, ΒΑϹΙΛΕὺϹ ϹΑΛΉΜ, ἱΕΡΕὺϹ
ΤΟῦ ΘΕΟῦ ΤΟῦ ὙΨΊϹΤΟΥ, ⌜ὁ⌝ ϹΥΝΑΝΤΉϹΑϹ Ἀ ΒΡΑὰΜ
ὙΠΟϹΤΡΈΦΟΝΤΙ ἀπὸ ΤῆϹ ΚΟΠῆϹ ΤꞶΝ ΒΑϹΙΛΈꞶΝ καὶ
2 ΕΥΛΟΓΉϹΑϹ ΑὙΤΌΝ, ᾧ καὶ ΔΕΚΆΤΗΝ ἀπὸ ΠΆΝΤꞶΝ
ἐμέρισεν Ἀβραάμ, πρῶτον μὲν ἑρμηνευόμενος Βασιλεὺς
Δικαιοσύνης ἔπειτα δὲ καὶ ΒΑϹΙΛΕὺϹ ϹΑΛΉΜ, ὅ ἐστιν
3 βασιλεὺς Εἰρήνης, ἀπάτωρ, ἀμήτωρ, ἀγενεαλόγητος,
μήτε ἀρχὴν ἡμερῶν μήτε ζωῆς τέλος ἔχων, ἀφωμοιω-
μένος δὲ τῷ υἱῷ τοῦ θεοῦ, μένει ἱΕΡΕὺϹ εἰϹ Τὸ

18 τὸν   1 ὃς MSS

10 we are sure of better things that promise salvation. For God
is not so unjust as to forget the work you have done and the
love you have showed for his cause, in giving help to your
11 fellow-Christians as you still do. But we want each of you
to exhibit this same earnestness to the very end with regard
12 to your confidence in your hope, so that you may never grow
careless, but may learn to follow the example of those who
through their faith and endurance are the possessors of God's
promises.

13   For when God made his promise to Abraham, since there
was no one greater for him to make oath by, he did so by
14 himself, and said,
    "I will certainly bless you richly, and greatly increase your
15 numbers." And so after waiting patiently, he received
16 what God had promised him. For men make oath by some-
thing greater than themselves, and they accept an oath as
17 settling finally any disagreement they may have. Therefore,
God in his desire to make it perfectly clear to those to whom
he made his promise, that his purpose was unalterable, bound
18 himself with an oath, so that by these two unalterable things,
which make it impossible for God to break his promise, we
who have taken refuge with him may be greatly encouraged to
19 seize upon the hope that is offered to us. This hope is like an
anchor for our souls. It reaches up secure and strong into the
20 sanctuary behind the heavenly curtain, where Jesus has gone
ahead of us, and become forever a high priest of the priesthood
of Melchizedek.

7   For this man Melchizedek, king of Salem and priest of the
Most High God, who met Abraham as he was on his way back
2 from defeating the kings, and gave him his blessing, to whom
Abraham apportioned one tenth of all the spoil, who is first,
as his name shows, king of righteousness and then king of
3 Salem, which means king of peace—with no father or mother
or ancestry, and with no beginning to his days nor end to his
life, but like no one but the Son of God, continues as priest
forever.

4 διηνεκές.   Θεωρεῖτε δὲ πηλίκος οὗτος ᾧ ᵀ Δε-
κάτην Ἀβραὰμ ἔδωκεν ἐκ τῶν ἀκροθινίων ὁ πατριάρ-
5 χης. καὶ οἱ μὲν ἐκ τῶν υἱῶν Λευεὶ τὴν ἱερατίαν λαμβά-
νοντες ἐντολὴν ἔχουσιν ἀποδεκατοῖν τὸν λαὸν κατὰ τὸν
νόμον, τοῦτ᾽ ἔστιν τοὺς ἀδελφοὺς αὐτῶν, καίπερ ἐξελη-
6 λυθότας ἐκ τῆς ὀσφύος Ἀβραάμ· ὁ δὲ μὴ γενεαλογού-
μενος ἐξ αὐτῶν δεδεκάτωκεν Ἀβραάμ, καὶ τὸν ἔχοντα
7 τὰς ἐπαγγελίας εὐλόγηκεν. χωρὶς δὲ πάσης ἀντιλογίας
8 τὸ ἔλαττον ὑπὸ τοῦ κρείττονος εὐλογεῖται. καὶ ὧδε μὲν
Δεκάτας ἀποθνήσκοντες ἄνθρωποι λαμβάνουσιν, ἐκεῖ δὲ
9 μαρτυρούμενος ὅτι ζῇ. καὶ ὡς ἔπος εἰπεῖν, δι᾽ Ἀβραὰμ
10 καὶ Λευεὶς ὁ. δεκάτας λαμβάνων δεδεκάτωται, ἔτι γὰρ
ἐν τῇ ὀσφύϊ τοῦ πατρὸς ἦν ὅτε ϹΥΝΗΝΤΗϹΕΝ ΑΥΤῼ
11 Μελχιϲεδέκ.   Εἰ μὲν οὖν τελείωσις διὰ τῆς
Λευειτικῆς ἱερωσύνης ἦν, ὁ λαὸς γαρ ἐπ᾽ αὐτῆς νενομο-
θέτηται, τίς ἔτι χρεία κατὰ τὴν τάξιν Μελχιϲεδέκ
ἕτερον ἀνίστασθαι ἱερέα καὶ οὐ κατὰ τὴν τάξιν
12 Ἀαρὼν λέγεσθαι; μετατιθεμένης γὰρ τῆς ἱερωσύνης
13 ἐξ ἀνάγκης καὶ νόμου μετάθεσις γίνεται. ἐφ᾽ ὃν γὰρ λέ-
γεται ταῦτα φυλῆς ἑτέρας μετέσχηκεν, ἀφ᾽ ἧς οὐδεὶς
14 προσέσχηκεν τῷ θυσιαστηρίῳ· πρόδηλον γὰρ ὅτι ἐξ
Ἰούδα ἀνατέταλκεν ὁ κύριος ἡμῶν, εἰς ἣν φυλὴν περὶ
15 ἱερέων οὐδὲν Μωυσῆς ἐλάλησεν. Καὶ περισσότερον ἔτι
κατάδηλόν ἐστιν, εἰ κατὰ τὴν ὁμοιότητα Μελχιϲεδέκ
16 ἀνίσταται ἱερεὺς ἕτερος, ὃς οὐ κατὰ νόμον ἐντολῆς
σαρκίνης γέγονεν ἀλλὰ κατὰ δύναμιν ζωῆς ἀκαταλύτου,
17 μαρτυρεῖται γὰρ ὅτι Ϲὺ ἱερεὺϲ εἰϲ τὸν αἰῶνα
18 κατὰ τὴν τάξιν Μελχιϲεδέκ. ἀθέτησις μὲν γὰρ γί-
νεται προαγούσης ἐντολῆς διὰ τὸ αὐτῆς ἀσθενὲς καὶ
19 ἀνωφελές, οὐδὲν γὰρ ἐτελείωσεν ὁ νόμος, ἐπεισαγωγὴ
20 δὲ κρείττονος ἐλπίδος, δι᾽ ἧς ἐγγίζομεν τῷ θεῷ. Καὶ
καθ᾽ ὅσον οὐ χωρὶς ὀρκωμοσίας, (οἱ μὲν γὰρ χωρὶς
21 ὀρκωμοσίας εἰσὶν ἱερεῖς γεγονότες, ὁ δὲ μετὰ ὀρκωμοσίας

4 καὶ

4   Now see how great this man must have been to have the
5 patriarch Abraham give him a tenth of the spoil. Those of
the descendants of Levi who are appointed to the priesthood
are directed by the Law to collect tithes from the people, that
is, from their own brothers, although they are descended from
6 Abraham like themselves. But this man, whose ancestry is
not connected with theirs, collected tithes from Abraham
himself, and gave his blessing to the man who had received
7 the promises from God. But, beyond any doubt, it is the
8 inferior that is blessed by the superior. In the one case,
mortal men collect tithes; but in the other, one who, it is
9 intimated, lives on. In one way of putting it, Levi himself,
the collector of the tithes, through Abraham paid him tithes,
10 for none of Abraham's posterity was yet begotten at the
time of his meeting with Melchizedek.

11   Now if anything final had been really accomplished
through the Levitical priesthood, for even the giving of the
Law was based upon it, what further need would there have
been of appointing a different priest of the priesthood of
Melchizedek, instead of choosing one of the priesthood of
12 Aaron? For when there is a change in the priesthood, a
13 change necessarily takes place in the Law as well. For he of
whom all this was said was related to a tribe no member of
14 which ever officiated at the altar. For it is perfectly clear
that our Lord sprang from the tribe of Judah, with reference
15 to which Moses said nothing at all about priests. The point
is still more clear in view of the fact that the appointment of
16 the new priest resembles that of Melchizedek, for he is
appointed not for possessing any legal physical qualifications,
17 but by virtue of a life that cannot end. For the psalm bears
witness,
"You are a priest forever, of the priesthood of Melchizedek!"
18 So an earlier regulation is abrogated because it was poor and
19 ineffective (for there was nothing final about the Law), and a
better hope begins to dawn, through which we may approach
20 God. And in proportion as Jesus was not appointed priest
22 without God's making oath to it, the agreement which he
21 guarantees is better than the old one, for God took no oath
in appointing the old priests, but he made oath to his appoint-

διὰ τοῦ λέγοντος πρὸς αὐτόν Ὤμοϲεν Κύριοϲ, καὶ ογ
22 μεταμεληθήϲεται, Ϲγ ἱερεγϲ εἰϲ τὸν αἰῶνα,) κατὰ
τοσοῦτο καὶ κρείττονος διαθήκης γέγονεν ἔγγυος Ἰη-
23 σοῦς. Καὶ οἱ μὲν πλείονές εἰσιν γεγονότες ἱερεῖς διὰ
24 τὸ θανάτῳ κωλύεσθαι παραμένειν· ὁ δὲ διὰ τὸ μένειν
αὐτὸν εἰϲ τὸν αἰῶνα ἀπαράβατον ἔχει τὴν ἱερωσύ-
25 νην· ὅθεν καὶ σώζειν εἰς τὸ παντελὲς δύναται τοὺς
προσερχομένους δι᾽ αὐτοῦ τῷ θεῷ, πάντοτε ζῶν εἰς τὸ
26 ἐντυγχάνειν ὑπὲρ αὐτῶν.   Τοιοῦτος γὰρ ἡμῖν
[καὶ] ἔπρεπεν ἀρχιερεύς, ὅσιος, ἄκακος, ἀμίαντος, κεχω-
ρισμένος ἀπὸ τῶν ἁμαρτωλῶν, καὶ ὑψηλότερος τῶν
27 οὐρανῶν γενόμενος· ὃς οὐκ ἔχει καθ᾽ ἡμέραν ἀνάγκην,
ὥσπερ οἱ ἀρχιερεῖς, πρότερον ὑπὲρ τῶν ἰδίων ἁμαρτιῶν
θυσίας ἀναφέρειν, ἔπειτα τῶν τοῦ λαοῦ· (τοῦτο γὰρ
28 ἐποίησεν ἐφάπαξ ἑαυτὸν ⌜ἀνενέγκας⌝·) ὁ νόμος γὰρ ἀνθρώ-
πους καθίστησιν ἀρχιερεῖς ἔχοντας ἀσθένειαν, ὁ λόγος
δὲ τῆς ὁρκωμοσίας τῆς μετὰ τὸν νόμον γίόν, εἰϲ τὸν
αἰῶνα τετελειωμένον.

1   Κεφάλαιον δὲ ἐπὶ τοῖς λεγομένοις, τοιοῦτον ἔχομεν
ἀρχιερέα, ὃς ἐκάθιϲεν ἐν δεξιᾷ τοῦ θρόνου τῆς μεγα-
2 λωσύνης ἐν τοῖς οὐρανοῖς, τῶν ἁγίων λειτουργὸς καὶ
τῆϲ ϲκηνῆϲ τῆς ἀληθινῆς, ἣν ἔπηξέν ὁ κύριοϲ,
3 οὐκ ἄνθρωπος. πᾶς γὰρ ἀρχιερεὺς εἰς τὸ προσφέρειν
δῶρά τε καὶ θυσίας καθίσταται· ὅθεν ἀναγκαῖον ἔχειν
4 τι καὶ τοῦτον ὃ προσενέγκῃ. εἰ μὲν οὖν ἦν ἐπὶ γῆς,
οὐδ᾽ ἂν ἦν ἱερεύς, ὄντων τῶν προσφερόντων κατὰ νόμον
5 τὰ δῶρα· (οἵτινες ὑποδείγματι καὶ σκιᾷ λατρεύουσιν τῶν
ἐπουρανίων, καθὼς κεχρημάτισται Μωυσῆς μέλλων ἐπι-
τελεῖν τὴν σκηνήν, Ὅρα γάρ, φησίν, ποιήϲειϲ πάντα
κατὰ τὸν τγπον τὸν δειχθέντα ϲοι ἐν τῷ ὄρει·)
6 ⌜νῦν⌝ δὲ διαφορωτέρας τέτυχεν λειτουργίας, ὅσῳ καὶ
κρείττονός ἐστιν διαθήκης μεσίτης, ἥτις ἐπὶ κρείττοσιν
7 ἐπαγγελίαις νενομοθέτηται. εἰ γὰρ ἡ πρώτη ἐκείνη ἦν

27 προσενέγκας   6 νυνὶ

ment, when he said to him,

"The Lord has sworn it and he will not change:
You are a priest forever!"

23 The old priests too had to be numerous, because death pre-
24 vented their continuing in office. But he continues forever,
25 and so his priesthood is untransferable. Therefore, he is
forever able to save all who come to God through him, be-
cause he always lives and intercedes for them forever.

26   Such a high priest we needed—godly, blameless,
unstained, removed from sinful men and raised above the very
27 heavens; who does not need, as the old high priests did, to offer
sacrifices every day, first for his own sins and then for those
of the people—for this last he has done once for all, in offering
28 up himself. For the Law appoints to the high priesthood
men full of imperfection; but this utterance about the
making of the oath, which came long after the Law, appoints
a son, fully qualified to be high priest forever.

8   Now the main point in what I am saying is this: We
have such a high priest as this, and he has taken his seat in
2 heaven at the right hand of God's Majesty, to officiate as
priest in the sanctuary and in that true tent of worship which
3 not man but the Lord himself set up. But every high priest
is appointed to offer gifts and sacrifices, and so this high priest
4 also must have some sacrifice to offer. Further, if he were
still on earth, he would not be a priest at all, for there are
priests enough provided to offer the gifts the Law prescribes—
5 though the service they engage in is only a shadow and
imitation of that in heaven. For when Moses was going to
make the tent of worship he was warned, "Be sure to make it
all just like the pattern you were shown on the mountain."
6 But, as it is, the priestly service to which Christ has been
appointed is as much better than the old as the agreement
established by him and the promises on which it is based are
7 superior to the former ones. For if that first agreement

8 ἄμεμπτος, οὐκ ἂν δευτέρας ἐζητεῖτο τόπος· μεμφόμενος
γὰρ ⌈αὐτοὺς⌉ λέγει
    Ἰδοὺ Ἡμέραι ἔρχονται, λέγει Κύριος,
    καὶ ϲυντελέϲω ἐπὶ τὸν οἶκον Ἰϲραὴλ καὶ
        ἐπὶ τὸν οἶκον Ἰούδα Διαθήκην καινήν,
9   οὐ κατὰ τὴν Διαθήκην ἣν ἐποίηϲα τοῖϲ πα-
                    τράϲιν αὐτῶν
    ἐν ἡμέρᾳ ἐπιλαβομένου μου τῆϲ χειρὸϲ αὐτῶν
        ἐξαγαγεῖν αὐτοὺϲ ἐκ γῆϲ Αἰγύπτου,
    ὅτι αὐτοὶ οὐκ ἐνέμειναν ἐν τῇ Διαθήκῃ μου,
    κἀγὼ ἠμέληϲα αὐτῶν, λέγει Κύριοϲ.
10 ὅτι αὕτη ἡ Διαθήκη ἣν Διαθήϲομαι τῷ οἴκῳ
                    Ἰϲραήλ
    μετὰ τὰϲ ἡμέραϲ ἐκείναϲ, λέγει Κύριοϲ,
    Διδοὺϲ νόμουϲ μου εἰϲ τὴν Διάνοιαν αὐτῶν,
    καὶ ἐπὶ ⌈καρδίαϲ⌉ αὐτῶν ἐπιγράψω αὐτούϲ,
    καὶ ἔϲομαι αὐτοῖϲ εἰϲ θεόν
    καὶ αὐτοὶ ἔϲονταί μοι εἰϲ λαόν.
11 καὶ οὐ μὴ Διδάξωϲιν ἕκαϲτοϲ τὸν πολίτην αὐτοῦ
    καὶ ἕκαϲτοϲ τὸν ἀδελφὸν αὐτοῦ, λέγων Γνῶθι
                    τὸν κύριον,
    ὅτι πάντεϲ εἰδήϲουϲίν με
    ἀπὸ μικροῦ ἕωϲ μεγάλου αὐτῶν.
12 ὅτι ἵλεωϲ ἔϲομαι ταῖϲ ἀδικίαιϲ αὐτῶν,
    καὶ τῶν ἁμαρτιῶν αὐτῶν οὐ μὴ μνηϲθῶ ἔτι.
13 ἐν τῷ λέγειν Καινήν πεπαλαίωκεν τὴν πρώτην, τὸ δὲ
παλαιούμενον καὶ γηράϲκον ἐγγὺς ἀφανισμοῦ.

1   Εἶχε μὲν οὖν [καὶ] ἡ πρώτη δικαιώματα λατρείας τό
2 τε ἅγιον κοσμικόν. σκηνὴ γὰρ κατεσκευάσθη ἡ πρώτη
ἐν ᾗ ἥ τε λυχνία καὶ ἡ τράπεζα καὶ ἡ πρόθεσις τῶν
3 ἄρτων, ἥτις λέγεται ⌈Ἅγια· μετὰ δὲ τὸ δεύτερον καταπέ-
4 ταϲμα σκηνὴ ἡ λεγομένη Ἅγια Ἁγίων⌉, χρυσοῦν ἔχουσα
θυμιατήριον καὶ τὴν κιβωτὸν τῆς διαθήκης περικεκαλυμμέ-

_____

8 αὐτοῖς   10 καρδίαν   2, 3 Τὰ ἅγια......λεγομένη Τὰ ἅγια τῶν ἁγίων

had been perfect, there would have been no occasion for a
8 second one.   But in his dissatisfaction with them he says,
   " 'See! the time is coming,' says the Lord,
      'When I will conclude a new agreement with the house of
         Israel and with the house of Judah,
9   Not like the one that I made with their forefathers,
      On the day when I took them by the hand to lead them out
         from the land of Egypt,
      For they would not abide by their agreement with me,
      So I paid no attention to them,' says the Lord.
10   'For this is the agreement that I will make with the
         house of Israel,
      In those later days,' says the Lord;
      'I will put my laws into their minds,
      And write them on their hearts,
      And they will have me for their God,
      And I will have them for my people.
11   And they will not have to teach their townsmen and their
         brothers to know the Lord,
      For they will all know me,
      From the lowest to the highest.
12   For I will be merciful to their misdeeds,
      And I will no longer remember their sins.' "
13 Now when he speaks of a new agreement, he is treating
   the first one as obsolete; but whatever is obsolete and
   antiquated is almost ready to disappear.
9   Even the first agreement provided regulations for worship,
2 and a sanctuary that was fully equipped.   For a tent was
   erected, with the lamp and the table and the presentation
   bread in the outer part, which was called the sanctuary.
3 And beyond the second curtain, in the part called the inner
4 sanctuary, stood the gold incense-altar and the chest that

νην πάντοθεν χρυσίῳ, ἐν ᾗ στάμνος χρυσῆ ἐχουσα τὸ
μάννα καὶ ἡ ῥάβδος Ἀαρὼν ἡ βλαστήσασα καὶ αἱ πλά-
5 κες τῆς διαθήκης, ὑπεράνω δὲ αὐτῆς Χερουβεὶν δόξης
κατασκιάζοντα τὸ ἱλαστήριον· περὶ ὧν οὐκ ἔστιν νῦν
6 λέγειν κατὰ μέρος. Τούτων δὲ οὕτως κατεσκευασμένων,
εἰς μὲν τὴν πρώτην σκηνὴν διὰ παντὸς εἰσίασιν οἱ ἱερεῖς
7 τὰς λατρείας ἐπιτελοῦντες, εἰς δὲ τὴν δευτέραν ἅπαξ τοῦ
ἐνιαυτοῦ μόνος ὁ ἀρχιερεύς, οὐ χωρὶς αἵματος, ὃ προσφέρει
8 ὑπὲρ ἑαυτοῦ καὶ τῶν τοῦ λαοῦ ἀγνοημάτων, τοῦτο δηλοῦν-
τος τοῦ πνεύματος τοῦ ἁγίου, μήπω πεφανερῶσθαι τὴν τῶν
9 ἁγίων ὁδὸν ἔτι τῆς πρώτης σκηνῆς ἐχούσης στάσιν. ἥτις
παραβολὴ εἰς τὸν καιρὸν τὸν ἐνεστηκότα, καθ᾽ ἣν δῶρά
τε καὶ θυσίαι προσφέρονται μὴ δυνάμεναι κατὰ συνείδησιν
10 τελειῶσαι τὸν λατρεύοντα, μόνον ἐπὶ βρώμασιν καὶ πό-
μασιν καὶ διαφόροις βαπτισμοῖς, ⊤ δικαιώματα σαρκὸς μέ-
11 χρι καιροῦ διορθώσεως ἐπικείμενα. Χριστὸς
δὲ παραγενόμενος ἀρχιερεὺς τῶν ⌜γενομένων⌝ ἀγαθῶν διὰ
τῆς μείζονος καὶ τελειοτέρας σκηνῆς οὐ χειροποιήτου,
12 τοῦτ᾽ ἔστιν οὐ ταύτης τῆς κτίσεως, οὐδὲ δι᾽ αἵματος τράγων
καὶ μόσχων διὰ δὲ τοῦ ἰδίου αἵματος, εἰσῆλθεν ἐφάπαξ εἰς
13 τὰ ἅγια, αἰωνίαν λύτρωσιν εὑράμενος. εἰ γὰρ τὸ αἷμα
τράγων καὶ ταύρων καὶ σποδὸς δαμάλεως ῥαντίζουσα τοὺς
κεκοινωμένους ἁγιάζει πρὸς τὴν τῆς σαρκὸς καθαρότητα,
14 πόσῳ μᾶλλον τὸ αἷμα τοῦ χριστοῦ, ὃς διὰ πνεύματος
αἰωνίου ἑαυτὸν προσήνεγκεν ἄμωμον τῷ θεῷ, καθαριεῖ
τὴν συνείδησιν ⌜ἡμῶν⌝ ἀπὸ νεκρῶν ἔργων εἰς τὸ λατρεύειν
15 θεῷ ζῶντι. Καὶ διὰ τοῦτο διαθήκης καινῆς μεσίτης
ἐστίν, ὅπως θανάτου γενομένου εἰς ἀπολύτρωσιν τῶν ἐπὶ
τῇ πρώτῃ διαθήκῃ παραβάσεων τὴν ἐπαγγελίαν λάβωσιν
16 οἱ κεκλημένοι τῆς αἰωνίου κληρονομίας. ὅπου γὰρ δια-
17 θήκη, θάνατον ἀνάγκη φέρεσθαι τοῦ διαθεμένου· διαθήκη
γὰρ ἐπὶ νεκροῖς βεβαία, ἐπεὶ ⌜μὴ τότε⌝ ἰσχύει ὅτε ζῇ ὁ
18 ⌜διαθέμενος.⌝ Ὅθεν οὐδὲ ἡ πρώτη χωρὶς αἵματος ἐνκε-

10 καὶ   11 μελλόντων   14 ὑμῶν   17 μή ποτε | διαθέμενος;

contained the agreement, entirely covered with gold, with the gold jar in it that held the manna, and Aaron's staff that
5 budded, and the tablets containing the agreement; and above the chest were the winged creatures of the Divine Presence overshadowing the lid on which the blood was
6 sprinkled—of which I cannot now speak in detail. With these arrangements for worship, the priests used constantly to go into the outer part of the tent, in the performance of
7 their rites, but only the high priest could enter the inner part, and he but once a year, and never without taking some victim's blood, to offer on his own behalf and for the sins
8 committed through ignorance by the people. In all this the holy Spirit was seeking to show that there was no free access to the sanctuary while the outer tent was still standing.
9 And all this looked toward the present time and was symbolic of the fact that the mere offering of material gifts and sacrifices cannot inwardly qualify the worshiper to approach God,
10 since they have to do only with food and drink and various washings—material regulations in force only until the time for the new order.
11   But when Christ came, as the high priest of the better system under which we live, he went once for all, through that greater, more perfect tent of worship not made by human hands nor a part of our material creation, into the sanctuary,
12 taking with him no blood of goats and calves, but his own,
13 and secured our permanent deliverance. For if sprinkling ceremonially defiled persons with the blood of bulls and goats
14 and with the ashes of a heifer purifies them physically, how much more surely will the blood of the Christ, who with the eternal Spirit made himself an unblemished offering to God, purify our consciences from the old wrongdoing for the worship of the ever-living God?
15   And this is why he is the negotiator of a new agreement, in order that as someone has died to deliver them from the offenses committed under the old agreement, those who have been offered it may receive the unending inheritance
16 they have been promised. For where a will is involved, the
17 death of the one who made it must be established, for a will is valid only in the case of a person who is dead; it has no
18 force as long as the testator is alive. So even the old agree-
19 ment could not be ratified without the use of blood. For

19 καίνισται· λαληθείσης γὰρ πάσης ἐντολῆς κατὰ τὸν νόμον
ὑπὸ Μωυσέως παντὶ τῷ λαῷ, λαβὼν τὸ αἷμα τῶν μόσχων
καὶ τῶν τράγων μετὰ ὕδατος καὶ ἐρίου κοκκίνου καὶ ὑσσώ-
που αὐτό τε τὸ βιβλίον καὶ πάντα τὸν λαὸν ἐράντισεν,
20 λέγων Τοῦτο τὸ αἷμα τῆς διαθήκης ἧς ἐνετείλατο
21 πρὸς ὑμᾶς ὁ θεός·   καὶ τὴν σκηνὴν δὲ καὶ πάντα τὰ
22 σκεύη τῆς λειτουργίας τῷ αἵματι ὁμοίως ἐράντισεν. καὶ σχε-
δὸν ἐν αἵματι πάντα καθαρίζεται κατὰ τὸν νόμον, καὶ χωρὶς
23 αἱματεκχυσίας οὐ γίνεται ἄφεσις.   Ἀνάγκη
οὖν τὰ μὲν ὑποδείγματα τῶν ἐν τοῖς οὐρανοῖς τούτοις
καθαρίζεσθαι, αὐτὰ δὲ τὰ ἐπουράνια κρείττοσι θυσίαις
24 παρὰ ταύτας. οὐ γὰρ εἰς χειροποίητα εἰσῆλθεν ἅγια
Χριστός, ἀντίτυπα τῶν ἀληθινῶν, ἀλλ' εἰς αὐτὸν τὸν
οὐρανόν, νῦν ἐμφανισθῆναι τῷ προσώπῳ τοῦ θεοῦ ὑπὲρ
25 ἡμῶν· οὐδ' ἵνα πολλάκις προσφέρῃ ἑαυτόν, ὥσπερ ὁ
ἀρχιερεὺς εἰσέρχεται εἰς τὰ ἅγια κατ' ἐνιαυτὸν ἐν αἵματι
26 ἀλλοτρίῳ, ἐπεὶ ἔδει αὐτὸν πολλάκις παθεῖν ἀπὸ κατα-
βολῆς κόσμου· νυνὶ δὲ ἅπαξ ἐπὶ συντελείᾳ τῶν αἰώνων
εἰς ἀθέτησιν τῆς ἁμαρτίας διὰ τῆς θυσίας αὐτοῦ πεφανέ-
27 ρωται. καὶ καθ' ὅσον ἀπόκειται τοῖς ἀνθρώποις ἅπαξ
28 ἀποθανεῖν, μετὰ δὲ τοῦτο κρίσις, οὕτως καὶ ὁ χριστός,
ἅπαξ προσενεχθεὶς εἰς τὸ πολλῶν ἀνενεγκεῖν ἁμαρ-
τίας, ἐκ δευτέρου χωρὶς ἁμαρτίας ὀφθήσεται τοῖς αὐτὸν
ἀπεκδεχομένοις εἰς σωτηρίαν.
1   Σκιὰν γὰρ ἔχων ὁ νόμος τῶν μελλόντων ἀγαθῶν,
οὐκ αὐτὴν τὴν εἰκόνα τῶν πραγμάτων, ⌜κατ' ἐνιαυτὸν ταῖς
αὐταῖς θυσίαις ᵀ ἃς προσφέρουσιν εἰς τὸ διηνεκὲς οὐδέ-
2 ποτε ⌜δύνανται⌝ τοὺς προσερχομένους τελειῶσαι· ἐπεὶ
οὐκ ἂν ἐπαύσαντο προσφερόμεναι, διὰ τὸ μηδεμίαν ἔχειν
ἔτι συνείδησιν ἁμαρτιῶν τοὺς λατρεύοντας ἅπαξ κεκαθαρι-
3 σμένους; ἀλλ' ἐν αὐταῖς ἀνάμνησις ἁμαρτιῶν κατ' ἐνι-
4 αυτόν, ἀδύνατον γὰρ αἷμα ⌜ταύρων καὶ τράγων⌝ ἀφαιρεῖν
5 ἁμαρτίας. Διὸ εἰσερχόμενος εἰς τὸν κόσμον λέγει

1 †...† | αὐτῶν | δύναται   4 τράγων καὶ ταύρων

when Moses had told all the regulations of the Law to all the people, he took calves' and goats' blood, along with water, crimson wool, and a bunch of hyssop, and sprinkled the roll
20 of the Law and all the people, saying, "This blood ratifies the agreement which God has commanded me to make with you."
21 The tent too and all the appliances used in the priestly service
22 he sprinkled with blood in the same way.   In fact, under the Law, almost everything is purified with blood, and unless blood is poured out nothing is forgiven.

23   By such means, therefore, these things that were only copied from the originals in heaven had to be purified, but the heavenly originals themselves required far better sacrifices
24 than these.   For it was not a sanctuary made by human hands and only copied after the true one that Christ entered, but he went into heaven itself, in order to appear now on our behalf
25 in the very presence of God.   Nor does he go in to offer himself over and over again, like the high priest who enters the sanctuary year after year, taking with him blood that is not
26 his own, for then he would have had to suffer death over and over, ever since the creation of the world.   But, as it is, once for all at the close of the age he has appeared, to put an end
27 to sin by his sacrifice.   And just as men are destined to die
28 once and after that to be judged, so the Christ too, after being offered in sacrifice once for all to carry away the sins of many, will appear again but without any burden of sin, to those who are eagerly waiting for him to come and save them.

10   For while the Law foreshadowed the blessings that were to come, it did not fully express them, and so the priests by offering the same sacrifices endlessly year after year cannot wholly free those who come to worship from their sins.
2 Otherwise, would they not have ceased to offer these sacrifices, because those who offered them, having once been purified,
3 would have had no further consciousness of sin?   They really only serve to remind the people annually of the sins
4 they have committed, for bulls' and goats' blood is powerless
5 to remove sin.   That is why the Christ, when he was coming into the world, said,

Θγcίαν καὶ προcφορὰν ογκ Ηθέληcαc, cῶμα Δὲ
κατΗρτίcω μοι·
6 ὁλοκαγτώματα καὶ περὶ ἁμαρτίαc ογκ εγΔόκΗcαc.
7 τότε εἶπον   Ἰδογ Ήκω, ἐν κεφαλίΔι βιβλίογ
                 • γέγραπται περὶ ἐμογ,
τογ ποιῆcαι, ὁ θεόc, τὸ θέλΗμά cογ.

8 ἀνώτερον λέγων ὅτι   Θγcίαc καὶ προcφορὰc καὶ ὁλο-
καγτώματα καὶ περὶ ἁμαρτίαc ογκ Ηθέληcαc ογΔὲ
9 εγΔόκΗcαc, αἵτινες κατὰ νόμον προσφέρονται, τότε
εἴρηκεν   Ἰδογ Ήκω τογ ποιῆcαι τὸ θέλΗμά cογ·
10 ἀναιρεῖ τὸ πρῶτον ἵνα τὸ δεύτερον στήσῃ. ἐν ᾧ θελή-
ΜΑΤΙ ἡγιασμένοι ἐσμὲν διὰ τῆς προcφορᾶc τογ cώματοc
11 Ἰησογ Χριστογ ἐφάπαξ. Καὶ πᾶς μὲν ⌜ἱερεὺς⌝ ἔστηκεν
καθ᾽ ἡμέραν λειτουργῶν καὶ τὰς αὐτὰς πολλάκις προσφέ-
ρων θυσίας, αἵτινες οὐδέποτε δύνανται περιελεῖν ἁμαρτίας.
12 οὗτος δὲ μίαν ὑπὲρ ἁμαρτιῶν προσενέγκας θυσίαν εἰς τὸ
13 διηνεκὲς ἐκάθιcεν ἐν Δεξιᾷ τογ θεογ, τὸ λοιπὸν ἐκδε-
χόμενος ἕωc τεθῶcιν οἱ ἐχθροὶ αγτογ γποπόΔιον
14 τῶν ποΔῶν αγτογ, μιᾷ γὰρ προσφορᾷ τετελείωκεν εἰς
15 τὸ διηνεκὲς τοὺς ἁγιαζομένους.   Μαρτυρεῖ δὲ ἡμῖν καὶ
τὸ πνεῦμα τὸ ἅγιον, μετὰ γὰρ τὸ εἰρηκέναι
16 ΑγτΗ Η ΔιαθΗκΗ Ην ΔιαθΗcομαι πρὸς αὐτούς
    μετὰ τὰc Ημέραc ἐκείναc, λέγει Κγριοc,
Διδογc νόμογc μογ ἐπὶ καρΔίαc αγτῶν,
    καὶ ἐπὶ τΗν Διάνοιαν αγτῶν ἐπιγράψω αγτογc,—
17 Καὶ τῶν ἁμαρτιῶν αγτῶν καὶ τῶν ἀνομιῶν αγτῶν
18 ογ μΗ μνΗcθΗcομαι ἔτι· ὅπου δὲ ἄφεσις τούτων,
οὐκέτι προσφορὰ περὶ ἁμαρτίας.

19   Ἔχοντες οὖν, ἀδελφοί, παρρησίαν εἰς τὴν εἴσοδον τῶν
20 ἁγίων ἐν τῷ αἵματι Ἰησοῦ, ἣν ἐνεκαίνισεν ἡμῖν ὁδὸν πρόσ-
φατον καὶ ζῶσαν διὰ τοῦ καταπετάσματος, τοῦτ᾽ ἔστιν
21 τῆς σαρκὸς αὐτοῦ, καὶ ἱερέα μέγαν ἐπὶ τὸν οἶκον τογ
22 θεογ, προσερχώμεθα μετὰ ἀληθινῆς καρδίας ἐν πληρο-

11 ἀρχιερεύς

"You have not wished sacrifice or offering, but you have
    provided a body for me.

6 You never cared for burnt-offerings and sacrifices for sin!

7 So I said, 'See, I have come! as the Book of the Law says of me,
    O God, to do your will!' "

8 At first he says, "You never wished or cared for sacrifices or
    offerings, or burnt-offerings or sacrifices for sin"—all of which

9 the Law prescribes—and then he adds, "See, I have come to
    do your will!"   He is taking away the old to put the new in

10 its place.   And it is through his doing of God's will that we
    have been once for all purified from sin through the offering

11 of the body of Jesus Christ in sacrifice.   Every other priest
    stands officiating day after day, offering over and over again
    the same sacrifices, though they were powerless ever to remove

12 people's sins.   But Christ has offered for all time one sacrifice

13 for sin, and has taken his seat at God's right hand, from that

14 time waiting for his enemies to be made his footstool.   For
    by that one sacrifice he has forever qualified those who are

15 purified from sin to approach God.   And we have the testi-
    mony of the holy Spirit to this, for after saying,

16 " 'This is the agreement that I will make with them
      In those later days,' says the Lord,
      'I will put my laws into their minds,
      And write them upon their hearts.' "
    he goes on,

17 " 'And their sins and their misdeeds I will no longer re-
      member.' "

18 But when these are forgiven, there is no more need of offerings
    for sin.

19   Since then, brothers, we have free access to the sanctuary

20 through the blood of Jesus, by the new, living way which he
    has opened for us, through the curtain, that is, his physical

21 nature, and since in him we have a great priest set over the

22 house of God, let us draw near to God in sincerity of heart

φορίᾳ πίστεως, ῥεραντισμένοι τὰς καρδίας ἀπὸ συνειδή-
23 σεως πονηρᾶς καὶ λελουσμένοι τὸ σῶμα ὕδατι καθαρῷ· κα-
τέχωμεν τὴν ὁμολογίαν τῆς ἐλπίδος ἀκλινῆ, πιστὸς γὰρ
24 ὁ ἐπαγγειλάμενος· καὶ κατανοῶμεν ἀλλήλους εἰς παροξυ-
25 σμὸν ἀγάπης καὶ καλῶν ἔργων, μὴ ἐγκαταλείποντες τὴν
ἐπισυναγωγὴν ἑαυτῶν, καθὼς ἔθος τισίν, ἀλλὰ παρακα-
λοῦντες, καὶ τοσούτῳ μᾶλλον ὅσῳ βλέπετε ἐγγίζουσαν
26 τὴν ἡμέραν.   Ἑκουσίως γὰρ ἁμαρτανόντων
ἡμῶν μετὰ τὸ λαβεῖν τὴν ἐπίγνωσιν τῆς ἀληθείας, οὐκέτι
27 περὶ ἁμαρτιῶν ἀπολείπεται θυσία, φοβερὰ δέ τις ἐκδοχὴ
κρίσεως καὶ πυρὸϲ ζῆλοϲ ἐϲθίειν μέλλοντοϲ τοὐϲ ὑπε-
28 ναντίουϲ. ἀθετήσας τις νόμον Μωυσέως χωρὶς οἰκτιρμῶν
29 ἐπὶ δυϲὶν ἢ τριϲὶν μάρτυϲιν ἀποθνήϲκει· πόσῳ δο-
κεῖτε χείρονος ἀξιωθήσεται τιμωρίας ὁ τὸν υἱὸν τοῦ θεοῦ
καταπατήσας, καὶ τὸ αἷμα τῆϲ διαθήκηϲ κοινὸν ἡγη-
σάμενος ἐν ᾧ ἡγιάσθη, καὶ τὸ πνεῦμα τῆς χάριτος ἐνυ-
30 βρίσας. οἴδαμεν γὰρ τὸν εἰπόντα Ἐμοὶ ἐκδίκηϲιϲ,
ἐγὼ ἀνταποδώϲω· καὶ πάλιν κρινεῖ κύριοϲ τὸν
31 λαὸν αὐτοῦ. φοβερὸν τὸ ἐμπεσεῖν εἰς χεῖρας θεοῦ
32 ζῶντος. Ἀναμιμνήσκεσθε δὲ τὰς πρότερον
ἡμέρας, ἐν αἷς φωτισθέντες πολλὴν ἄθλησιν ὑπεμείνα-
33 τε παθημάτων, τοῦτο μὲν ὀνειδισμοῖς τε καὶ θλίψεσιν
θεατριζόμενοι, τοῦτο δὲ κοινωνοὶ τῶν οὕτως ἀναστρε-
34 φομένων γενηθέντες· καὶ γὰρ τοῖς δεσμίοις συνεπαθήσατε,
καὶ τὴν ἁρπαγὴν τῶν ὑπαρχόντων ὑμῶν μετὰ χαρᾶς
προσεδέξασθε, γινώσκοντες ἔχειν ἑαυτοὺς κρείσσονα
35 ὕπαρξιν καὶ μένουσαν. Μὴ ἀποβάλητε οὖν τὴν παρ-
36 ρησίαν ὑμῶν, ἥτις ἔχει μεγάλην μισθαποδοσίαν, ὑπομονῆς
γὰρ ἔχετε χρείαν ἵνα τὸ θέλημα τοῦ θεοῦ ποιήσαντες
κομίσησθε τὴν ἐπαγγελίαν·
37   ἔτι γὰρ μικρὸν ὅϲον ὅϲον,
           ὁ ἐρχόμενοϲ ἥξει καὶ οὐ χρονίϲει·
38   ὁ δὲ δίκαιόϲ [μου] ἐκ πίϲτεωϲ ζήϲεται,

1 ὑπόστασις πραγμάτων,   4 †...†

and with perfect faith, with our hearts cleansed from the sense
23 of sin, and our bodies washed with clean water.   Let us hold
unwaveringly to the hope that we profess, for he who has given
24 us his promise may be trusted.   By observing one another,
let us arouse ourselves to rival one another's love and good
25 deeds.   Let us not neglect meeting together as some do,
but let us encourage one another, all the more as you can see
that the great Day is coming nearer.
26   For if we choose to go on sinning after we have so fully
learned the truth, there is no sacrifice left to be offered for our
27 sins, but only the dreadful prospect of judgment and that
28 blazing indignation which is to devour God's enemies.   Any-
one who breaks the Law of Moses is put to death without any
show of pity, on the evidence of only two or three witnesses.
29 How much worse a punishment do you think will anyone
deserve who tramples the Son of God underfoot, and treats as
worthless the blood of the agreement by which he has been
30 purified, and outrages God's spirit of mercy?   For we know
who it is that has said,
      "Vengeance belongs to me!   I will pay back!"
and in another place,
      "The Lord will be the judge of his people!"
31 It is a fearful thing to fall into the hands of the living God!
32   But you must remember those early days when after you
had received the light you had to go through a great struggle
33 with persecution, sometimes being actually exposed as a public
spectacle to insults and violence, and sometimes showing
yourselves ready to share the lot of those in that condition.
34 For you showed sympathy with those who were in prison,
and you put up with it cheerfully when your property was
taken from you, for you knew that you had in yourselves a
35 greater possession that was lasting.   You must not lose your
36 courage, for it will be richly rewarded, but you will need
endurance if you are to carry out God's will and receive the
37 blessing he has promised.   For
"In a very little while
He who is to come will come and not delay,
38 And he whom I accept as righteous will find life through
his faith.

καὶ ἐὰν ὑποϲτείληται, ογκ εγΔοκεῖ ἡ ψγχή μογ
ἐν αγτῷ.
39 ἡμεῖς δὲ οὐκ ἐσμὲν ὑποϲτολῆϲ εἰς ἀπώλειαν, ἀλλὰ
πίστεως εἰς περιποίησιν ψυχῆς.

1   Ἔστιν δὲ πίστις ἐλπιζομένων ⸀ὑπόστασις, πραγμάτων⸣
2 ἔλεγχος οὐ βλεπομένων· ἐν ταύτῃ γὰρ ἐμαρτυρήθησαν
3 οἱ πρεσβύτεροι.   Πίστει νοοῦμεν κατηρτίσθαι
τοὺς αἰῶνας ῥήματι θεοῦ, εἰς τὸ μὴ ἐκ φαινομένων τὸ
4 βλεπόμενον γεγονέναι.   Πίστει πλείονα θυσίαν Ἄβελ
παρὰ Κάιν προσήνεγκεν τῷ θεῷ, δι᾿ ἧς ἐμαρτυρήθη εἶναι
δίκαιος, μαρτυροῦντος ἐπὶ τοῖϲ Δώροιϲ ⸀αγτοῦ τοῦ
5 θεοῦ⸣, καὶ δι᾿ αὐτῆς ἀποθανὼν ἔτι λαλεῖ.   Πίστει
Ἑνὼχ μετετέθη τοῦ μὴ ἰδεῖν θάνατον, καὶ οὐχ ηγρίϲκετο
Διότι μετέθηκεν αγτὸν ὁ θεόϲ· πρὸ γὰρ τῆς μεταθέ-
6 σεως μεμαρτύρηται εγαρεϲτηκέναι τῷ θεῷ, χωρὶς δὲ
πίστεως ἀδύνατον εγαρεϲτῆϲαι, πιστεῦσαι γὰρ δεῖ τὸν
προσερχόμενον [τῷ] θεῷ ὅτι ἔστιν καὶ τοῖς ἐκζητοῦσιν
7 αὐτὸν μισθαποδότης γίνεται.   Πίστει χρηματισθεὶς Νῶε
περὶ τῶν μηδέπω βλεπομένων εὐλαβηθεὶς κατεσκεύασεν
κιβωτὸν εἰς σωτηρίαν τοῦ οἴκου αὐτοῦ, δι᾿ ἧς κατέκρινεν
τὸν κόσμον, καὶ τῆς κατὰ πίστιν δικαιοσύνης ἐγένετο
8 κληρονόμος.   Πίστει καλούμενος Ἀβραὰμ ὑπήκουσεν
ἐξελθεῖν εἰς τόπον ὃν ἤμελλεν λαμβάνειν εἰς κληρονο-
9 μίαν, καὶ ἐξῆλθεν μὴ ἐπιστάμενος ποῦ ἔρχεται.   Πίστει
παρῴκηϲεν εἰς γῆν τῆς ἐπαγγελίας ὡς ἀλλοτρίαν, ἐν
σκηναῖς κατοικήσας μετὰ Ἰσαὰκ καὶ Ἰακὼβ τῶν συν-
10 κληρονόμων τῆς ἐπαγγελίας τῆς αὐτῆς· ἐξεδέχετο γὰρ
τὴν τοὺς θεμελίους ἔχουσαν πόλιν, ἧς τεχνίτης καὶ δη-
11 μιουργὸς ὁ θεός.   Πίστει καὶ ⸀αὐτὴ Σάρρα⸣ δύναμιν εἰς
καταβολὴν σπέρματος ἔλαβεν καὶ παρὰ καιρὸν ἡλικίας,
12 ἐπεὶ πιστὸν ἡγήσατο τὸν ἐπαγγειλάμενον· διὸ καὶ ἀφ᾿ ἑνὸς
⸀ἐγεννήθησαν⸣, καὶ ταῦτα νενεκρωμένου, καθὼς τὰ ἄϲτρα
τοῦ οὐρανοῦ τῷ πλήθει καὶ ὡϲ ἡ ἄμμος ἡ παρὰ τὸ

11 αὐτῇ Σάρρᾳ   12 ἐγενήθησαν

But if a man draws back, my heart can take no pleasure in him."

39 But we will not draw back and perish, but we will have faith and save our souls.

11   Faith means the assurance of what we hope for; it is
2 our conviction about things that we cannot see. For it was by it that the men of old gained God's approval.

3   It is faith that enables us to see that the universe was created at the command of God, so that the world we see did
4 not simply arise out of matter. Faith made Abel's sacrifice greater in the sight of God than Cain's; through faith he gained God's approval as an upright man, for God himself approved his offering, and through faith even when he was
5 dead he still spoke. Faith caused Enoch to be taken up from the earth without experiencing death; he could not be found, because God had taken him up. For before he was
6 taken up there is evidence that he pleased God, but without faith it is impossible to please him; for whoever would approach God must have faith in his existence and in his
7 willingness to reward those who try to find him. Faith led Noah, when he was warned by God of things no one then saw, in obedience to the warning to build an ark in which to save his family, and by such faith he condemned the world, and came to possess that uprightness which faith produces.
8 Faith enabled Abraham to obey when God summoned him to leave his home for a region which he was to have for his own, and to leave home without knowing where he was going.
9 Faith led him to make a temporary home as a stranger in the land he had been promised, and to live there in his tents, with
10 Isaac and Jacob, who shared the promise with him. For he was looking forward to that city with the sure foundations,
11 designed and built by God. Faith made even Sarah herself able to have a child, although she was past the time of life for it, because she thought that he who had made the promise
12 would keep it. And so from one man, for any prospect of descendants as good as dead, there sprang a people in number

13 χεῖλος τῆς θαλάσσης ἡ ἀναρίθμητος.   Κατὰ
πίστιν ἀπέθανον οὗτοι πάντες, μὴ κομισάμενοι τὰς ἐπαγ-
γελίας, ἀλλὰ πόρρωθεν αὐτὰς ἰδόντες καὶ ἀσπασάμενοι,
καὶ ὁμολογήσαντες ὅτι ξένοι καὶ παρεπίδημοί εἰσιν
14 ἐπὶ τῆς γῆς·   οἱ γὰρ τοιαῦτα λέγοντες ἐμφανίζουσιν
15 ὅτι πατρίδα ἐπιζητοῦσιν.   καὶ εἰ μὲν ἐκείνης ἐμνημόνευον
16 ἀφ' ἧς ἐξέβησαν, εἶχον ἂν καιρὸν ἀνακάμψαι· νῦν δὲ
κρείττονος ὀρέγονται, τοῦτ' ἔστιν ἐπουρανίου. διὸ οὐκ ἐ-
παισχύνεται αὐτοὺς ὁ θεὸς θεὸς ἐπικαλεῖσθαι αὐτῶν,
17 ἡτοίμασεν γὰρ αὐτοῖς πόλιν.   Πίστει προσ-
ενήνοχεν Ἀβραὰμ τὸν Ἰσαὰκ πειραζόμενος, καὶ τὸν
μονογενῆ προσέφερεν ὁ τὰς ἐπαγγελίας ἀναδεξάμενος,
18 πρὸς ὃν ἐλαλήθη ὅτι   Ἐν Ἰσαὰκ κληθήσεταί σοι
19 σπέρμα,   λογισάμενος ὅτι καὶ ἐκ νεκρῶν ἐγείρειν δυ-
νατὸς ὁ θεός· ὅθεν αὐτὸν καὶ ἐν παραβολῇ ἐκομί-
20 σατο.   Πίστει καὶ περὶ μελλόντων εὐλόγησεν Ἰσαὰκ
21 τὸν Ἰακὼβ καὶ τὸν Ἠσαῦ.   Πίστει Ἰακὼβ ἀποθνή-
σκων ἕκαστον τῶν υἱῶν Ἰωσὴφ εὐλόγησεν, καὶ προσεκύ-
22 νησεν ἐπὶ τὸ ἄκρον τῆς ῥάβδου αὐτοῦ.   Πίστει
Ἰωσὴφ τελευτῶν περὶ τῆς ἐξόδου τῶν υἱῶν Ἰσραὴλ ἐμνη-
23 μόνευσεν, καὶ περὶ τῶν ὀστέων αὐτοῦ ἐνετείλατο.   Πίστει
Μωυσῆς γεννηθεὶς ἐκρύβη τρίμηνον ὑπὸ τῶν πατέρων
αὐτοῦ, διότι εἶδον ἀστεῖον τὸ παιδίον καὶ οὐκ ἐφοβή-
24 θησαν τὸ διάταγμα τοῦ βασιλέως.   Πίστει Μωυσῆς
μέγας γενόμενος ἠρνήσατο λέγεσθαι υἱὸς θυγατρὸς
25 Φαραώ, μᾶλλον ἑλόμενος συνκακουχεῖσθαι τῷ λαῷ τοῦ
26 θεοῦ ἢ πρόσκαιρον ἔχειν ἁμαρτίας ἀπόλαυσιν, μείζονα
πλοῦτον ἡγησάμενος τῶν Αἰγύπτου θησαυρῶν τὸν ὀνει-
δισμὸν τοῦ χριστοῦ, ἀπέβλεπεν γὰρ εἰς τὴν μισθαπο-
27 δοσίαν.   Πίστει κατέλιπεν Αἴγυπτον, μὴ φοβηθεὶς τὸν
θυμὸν τοῦ βασιλέως, τὸν γὰρ ἀόρατον ὡς ὁρῶν ἐκαρτέ-
28 ρησεν.   Πίστει πεποίηκεν τὸ πάσχα καὶ τὴν πρόσχυσιν
τοῦ αἵματος, ἵνα μὴ ὁ ὀλοθρεύων τὰ πρωτότοκα θίγῃ

35 γυναῖκας MSS

like the stars in the heavens or the countless sands on the seashore.

13 All these people lived all their lives in faith, and died without receiving what had been promised; they only saw it far ahead and welcomed the sight of it, recognizing that they themselves were only foreigners and strangers here on earth.
14 For men who recognize that show that they are in search of a
15 country of their own. And if it had been the country from which they had come to which their thoughts turned back,
16 they would have found an opportunity to return to it. But, as it is, their aspirations are for a better, a heavenly country! That is why God is not ashamed to be called their God, for he has prepared a city to receive them.
17 Faith enabled Abraham, when he was put to the test, to offer Isaac as a sacrifice. He who had accepted God's
18 promises was ready to sacrifice his only son, of whom he had
19 been told, "Your posterity is to arise through Isaac!" For he believed that God was able to raise men even from the dead, and from the dead he did indeed, to speak figuratively,
20 receive him back. Faith enabled Isaac to bequeath to Jacob
21 and Esau blessings that were still to be. Faith made Jacob when he was dying give a blessing to each of Joseph's sons,
22 and bow in worship even while leaning on his staff. Faith inspired Joseph when he was dying to tell of the future migration of the Israelites, and to give instructions about
23 his own body. Faith led Moses' parents to hide him for three months after his birth, because they saw that he was a beautiful child and they would not respect the edict of the king.
24 Faith made Moses, when he was grown up, refuse to be
25 known as a son of Pharaoh's daughter, for he preferred sharing the hardships of God's people to a short-lived
26 enjoyment of sin, and thought such contempt as the Christ endured was truer wealth than the treasures of Egypt, for he
27 was looking forward to the coming reward. Faith made him leave Egypt, unafraid of the king's anger, for he persevered
28 as though he saw him who is unseen. Faith made him institute the Passover and splash the blood upon the doorposts, to keep the angel that destroyed the firstborn from

29 αὐτῶν.   Πίστει διέβησαν τὴν Ἐρυθρὰν Θάλασσαν ὡς
διὰ ξηρᾶς γῆς, ἧς πεῖραν λαβόντες οἱ Αἰγύπτιοι κατεπό-
30 θησαν.   Πίστει τὰ τείχη Ἰερειχὼ ἔπεσαν κυκλωθέντα
31 ἐπὶ ἑπτὰ ἡμέρας.   Πίστει Ῥαὰβ ἡ πόρνη οὐ συναπώ-
λετο τοῖς ἀπειθήσασιν, δεξαμένη τοὺς κατασκόπους
32 μετ᾽ εἰρήνης.   Καὶ τί ἔτι λέγω ; ἐπιλείψει με
γὰρ διηγούμενον ὁ χρόνος περὶ Γεδεών, Βαράκ, Σαμψών,
33 Ἰεφθάε, Δαυεὶδ τε καὶ Σαμουὴλ καὶ τῶν προφητῶν, οἳ
διὰ πίστεως κατηγωνίσαντο βασιλείας, ἠργάσαντο δικαι-
οσύνην, ἐπέτυχον ἐπαγγελιῶν, ἔφραξαν στόματα λεόντων,
34 ἔσβεσαν δύναμιν πυρός, ἔφυγον στόματα μαχαίρης, ἐδυνα-
μώθησαν ἀπὸ ἀσθενείας, ἐγενήθησαν ἰσχυροὶ ἐν πολέμῳ,
35 παρεμβολὰς ἔκλιναν ἀλλοτρίων· ἔλαβον ⌜γυναῖκες⌝ ἐξ
ἀναστάσεως τοὺς νεκροὺς αὐτῶν· ἄλλοι δὲ ἐτυμπανίσθη-
σαν, οὐ προσδεξάμενοι τὴν ἀπολύτρωσιν, ἵνα κρείττονος
36 ἀναστάσεως τύχωσιν· ἕτεροι δὲ ἐμπαιγμῶν καὶ μαστίγων
37 πεῖραν ἔλαβον, ἔτι δὲ δεσμῶν καὶ φυλακῆς· ἐλιθάσθησαν,
⌜ἐπειράσθησαν, ἐπρίσθησαν⌝, ἐν φόνῳ μαχαίρης ἀπέθανον,
περιῆλθον ἐν μηλωταῖς, ἐν αἰγίοις δέρμασιν, ὑστερού-
38 μενοι, θλιβόμενοι, κακουχούμενοι, ὧν οὐκ ἦν ἄξιος ὁ κό-
σμος ⌜ἐπὶ⌝ ἐρημίαις πλανώμενοι καὶ ὄρεσι καὶ σπηλαίοις
39 καὶ ταῖς ὀπαῖς τῆς γῆς.   Καὶ οὗτοι πάντες
μαρτυρηθέντες διὰ τῆς πίστεως οὐκ ἐκομίσαντο τὴν ἐπαγ-
40 γελίαν, τοῦ θεοῦ περὶ ἡμῶν κρεῖττόν τι προβλεψαμένου,
ἵνα μὴ χωρὶς ἡμῶν τελειωθῶσιν.
1   Τοιγαροῦν καὶ ἡμεῖς, τοσοῦτον ἔχοντες περικείμενον
ἡμῖν νέφος μαρτύρων, ὄγκον ἀποθέμενοι πάντα καὶ τὴν
εὐπερίστατον ἁμαρτίαν, δι᾽ ὑπομονῆς τρέχωμεν τὸν προ-
2 κείμενον ἡμῖν ἀγῶνα, ἀφορῶντες εἰς τὸν τῆς πίστεως
ἀρχηγὸν καὶ τελειωτὴν Ἰησοῦν, ὃς ἀντὶ τῆς προκειμένης
αὐτῷ χαρᾶς ὑπέμεινεν σταυρὸν αἰσχύνης καταφρονήσας,
3 ἐν δεξιᾷ τε τοῦ θρόνου τοῦ θεοῦ κεκάθικεν. ἀναλογί-
σασθε γὰρ τὸν τοιαύτην ὑπομεμενηκότα ὑπὸ τῶν ἁμαρτω-

37 † ἐπρίσθησαν, ἐπειράσθησαν †   38 ἐν

29 touching them.   Faith enabled them to cross the Red Sea as
though it were dry land, although the Egyptians when they
30 tried to follow them across it were drowned.   Faith made the
walls of Jericho fall, after they had marched around them each
31 day for seven days.   Faith saved Rahab the prostitute from
being destroyed with those who disobeyed God, because she
had given a friendly welcome to the scouts.

32   And why should I go on?   For my time would fail me if
I told of Gideon, Barak, Samson, Jephthah, David, Samuel,
33 and the prophets, who by their faith conquered kingdoms,
attained uprightness, received new promises, shut the
34 mouths of lions, put out furious fires, escaped death by the
sword, found strength in their time of weakness, proved
35 mighty in war, put foreign armies to flight.   Women had
their dead restored to them by resurrection.   Others endured
torture, and refused to accept release, that they might rise
36 again to the better life.   Still others had to endure taunts
37 and blows, and even fetters and prison.   They were stoned to
death, they were tortured to death, they were sawed in two,
they were killed with the sword.   Clothed in the skins of
sheep or goats, they were driven from place to place, destitute,
38 persecuted, misused—men of whom the world was not
worthy wandering in deserts, mountains, caves, and holes in
the ground.

39   Yet though they all gained God's approval by their faith,
40 they none of them received what he had promised, for God
had resolved upon something still better for us, that they
might not reach the fulfilment of their hopes except with us.
12   Therefore, let us too, with such a crowd of witnesses about
us, throw off every impediment and the entanglement of sin,
and run with determination the race for which we are entered,
2 fixing our eyes upon Jesus, our leader and example in faith,
who in place of the happiness that belonged to him, submitted
to a cross, caring nothing for its shame, and has taken his seat
3 at the right hand of the throne of God.   Think of the opposi-
tion that he encountered from those sinners against them-

λῶν εἰ⌐ ⌐ἑαγτογ⌐¬ ἀντιλογίαν, ἵνα μὴ κάμητε ταῖς ψυχαῖς
4 ὑμῶν ἐκλυόμενοι.   Οὔπω μέχρις αἵματος ἀντικατέστη-
5 τε πρὸς τὴν ἁμαρτίαν ἀνταγωνιζόμενοι, καὶ ἐκλέλησθε
τῆς παρακλήσεως, ἥτις ὑμῖν ὡς υἱοῖς διαλέγεται,
Υἱέ μογ, μὴ ὀλιγώρει παιΔείας Κγρίογ,
μηΔὲ ἐκλγογ ὑπ᾽ αγτογ ἐλεγχόμενος·
6 ὃν γὰρ ἀγαπᾷ Κγριος παιΔεγει,
μαςτιγοῖ Δὲ πάντα γἱὸν ὃν παραΔέχεται.
7 εἰς παιΔείαν ὑπομένετε· ὡς γἱοῖς ὑμῖν προσφέρεται ὁ θεός·
8 τίς γὰρ γἱὸς ὃν οὐ παιΔεγει πατήρ; εἰ δὲ χωρίς ἐστε
παιΔείας ἧς μέτοχοι γεγόνασι πάντες, ἄρα νόθοι καὶ
9 οὐχ γἱοί ἐστε.   εἶτα τοὺς μὲν τῆς σαρκὸς ἡμῶν πατέ-
ρας εἴχομεν παιδευτὰς καὶ ἐνετρεπόμεθα· οὐ πολὺ μᾶλλον
ὑποταγησόμεθα τῷ πατρὶ τῶν πνευμάτων καὶ ζήσομεν;
10 οἱ μὲν γὰρ πρὸς ὀλίγας ἡμέρας κατὰ τὸ δοκοῦν αὐτοῖς
ἐπαίδευον, ὁ δὲ ἐπὶ τὸ συμφέρον εἰς τὸ μεταλαβεῖν τῆς
11 ἁγιότητος αὐτοῦ.   πᾶσα ⌐μὲν¬ παιδεία πρὸς μὲν τὸ παρὸν
οὐ δοκεῖ χαρᾶς εἶναι ἀλλὰ λύπης, ὕστερον δὲ καρπὸν εἰρη-
νικὸν τοῖς δι᾽ αὐτῆς γεγυμνασμένοις ἀποδίδωσιν δικαιοσύ-
12 νης.   Διὸ τὰς παρειμένας χεῖρας καὶ τὰ παραλελγ-
13 μένα γόνατα ἀνορθώσατε, καὶ τροχιὰς ὀρθὰς ⌐ποι-
εῖτε¬ τοῖς ποσὶν ὑμῶν, ἵνα μὴ τὸ χωλὸν ἐκτραπῇ, ἰαθῇ δὲ
14 μᾶλλον.   Εἰρήνην Διώκετε μετὰ πάντων,
15 καὶ τὸν ἁγιασμόν, οὗ χωρὶς οὐδεὶς ὄψεται τὸν κύριον, ἐπι-
σκοποῦντες μή τις ὑστερῶν ἀπὸ τῆς χάριτος τοῦ θεοῦ,
μή τις ῥίζα πικρίας ἄνω φγογςα ἐνοχλῇ καὶ ⌐δι᾽ αὐ-
16 τῆς¬ μιανθῶσιν οἱ πολλοί, μή τις πόρνος ἢ βέβηλος ὡς
Ἡςαῦ, ὃς ἀντὶ βρώσεως μιᾶς ἀπέδετο τὰ πρωτοτόκια
17 ἑαυτοῦ.   ἴστε γὰρ ὅτι καὶ μετέπειτα θέλων κληρονομῆσαι
τὴν εὐλογίαν ἀπεδοκιμάσθη, μετανοίας γὰρ τόπον οὐχ εὗ-
18 ρεν, καίπερ μετὰ δακρύων ἐκζητήσας αὐτήν.   Οὐ
γὰρ προσεληλύθατε ψηλαφωμένῳ καὶ κεκαγμένῳ πγρὶ
19 καὶ γνόφῳ καὶ ζόφῳ καὶ θγέλλῃ καὶ ςάλπιγγος

3 ἑαυτὸν   11 †δὲ†   13 ποιήσατε   15 διὰ ταύτης

4 selves, if you would not grow weary and faint-hearted.   You
have not yet resisted unto death in your struggle with sin,
5 and you have forgotten the challenge addressed to you as
God's sons,

> "My son, do not think lightly of the Lord's discipline,
> Or give up when he corrects you.

6   For it is those whom the Lord loves that he disciplines,
>   And he chastises every son that he acknowledges."

7 You must submit to it as discipline.   God is dealing with
you as his sons.   For where is there a son whom his father
8 does not discipline?   But if you have none of that discipline
which all sons undergo, you are illegitimate children, and
9 not true sons.   When our earthly fathers disciplined us we
treated them with respect; should we not far more submit
10 to the Father of our spirits, and so have life?   For they
disciplined us for a short time and as they thought proper,
but he does it for our good, to make us share his holiness.
11 Discipline is never pleasant at the time; it is painful; but to
those who are trained by it, it afterwards yields the peace of
12 character.   So tighten your loosening hold!   Stiffen your
13 wavering stand!   And keep your feet in straight paths, so that
limbs that are lame may not be dislocated but instead be
cured.

14   Try to be at peace with everyone, and strive for that
15 consecration without which no one can see the Lord.   Be
careful that no one fails to gain God's favor, or some poisonous
16 root may come up to trouble and contaminate you all—some
immoral or godless person like Esau, who sold his very
17 birthright for one single meal.   For you know how, when he
afterward wished to claim the blessing, he was refused it,
although he begged for it with tears, for he had no opportunity
to repent of what he had done.

18   For it is no tangible blazing fire that you have come up
19 to, no blackness and darkness and storm, no trumpet blast

912 ΠΡΟΣ ΕΒΡΑΙΟΥΣ

ἤχῳ καὶ φωνῇ ῥημάτων, ἧς οἱ ἀκούσαντες παρη-
20 τήσαντο ᵀ προστεθῆναι αὐτοῖς λόγον· οὐκ ἔφερον γὰρ τὸ
διαστελλόμενον Κἂν θηρίον θίγῃ τοῦ ὄρους, λιθο-
21 Βοληθήσεται· καί, οὕτω φοβερὸν ἦν τὸ φανταζόμενον,
22 Μωυσῆς εἶπεν Ἐκφοβός εἰμι καὶ ⌐ἔντρομος⌐. ἀλλὰ
προσεληλύθατε Σιὼν ὄρει καὶ πόλει θεοῦ ζῶντος, Ἰερου-
23 σαλὴμ ἐπουρανίῳ, καὶ μυριάσιν ⌐ἀγγέλων, πανηγύρει⌐ καὶ
ἐκκλησίᾳ πρωτοτόκων ἀπογεγραμμένων ἐν οὐρανοῖς, καὶ
κριτῇ θεῷ πάντων, καὶ πνεύμασι δικαίων τετελειωμένων,
24 καὶ διαθήκης νέας μεσίτῃ Ἰησοῦ, καὶ αἵματι ῥαντισμοῦ
25 κρεῖττον λαλοῦντι παρὰ τὸν Ἄβελ. Βλέπετε μὴ παραι-
τήσησθε τὸν λαλοῦντα· εἰ γὰρ ἐκεῖνοι οὐκ ἐξέφυγον ἐπὶ
γῆς παραιτησάμενοι τὸν χρηματίζοντα, πολὺ μᾶλλον
26 ἡμεῖς οἱ τὸν ἀπ᾿ ⌐οὐρανῶν⌐ ἀποστρεφόμενοι· οὗ ἡ φωνὴ
τὴν γῆν ἐσάλευσεν τότε, νῦν δὲ ἐπήγγελται λέγων Ἔτι
ἅπαξ ἐγὼ σείσω οὐ μόνον τὴν γῆν ἀλλὰ καὶ τὸν
27 οὐρανόν. τὸ δέ Ἔτι ἅπαξ δηλοῖ [τὴν] τῶν σαλευο-
μένων μετάθεσιν ὡς πεποιημένων, ἵνα μείνῃ τὰ μὴ σα-
28 λευόμενα. Διὸ βασιλείαν ἀσάλευτον παραλαμβάνοντες
ἔχωμεν χάριν, δι᾿ ἧς λατρεύωμεν εὐαρέστως τῷ θεῷ
29 μετὰ εὐλαβείας καὶ δέους, καὶ γὰρ ὁ θεὸς ἡμῶν πῦρ
καταναλίσκον.

1
2 Ἡ φιλαδελφία μενέτω. τῆς φιλοξενίας μὴ ἐπιλαν-
θάνεσθε, διὰ ταύτης γὰρ ἔλαθόν τινες ξενίσαντες ἀγγέ-
3 λους. μιμνήσκεσθε τῶν δεσμίων ὡς συνδεδεμένοι, τῶν κα-
4 κουχουμένων ὡς καὶ αὐτοὶ ὄντες ἐν σώματι. Τίμιος ὁ
γάμος ἐν πᾶσιν καὶ ἡ κοίτη ἀμίαντος, πόρνους γὰρ καὶ
5 μοιχοὺς κρινεῖ ὁ θεός. Ἀφιλάργυρος ὁ τρόπος· ἀρ-
κούμενοι τοῖς παροῦσιν· αὐτὸς γὰρ εἴρηκεν Οὐ μή
6 σε ἀνῶ οὐδ᾿ οὐ μή σε ἐγκαταλίπω· ὥστε θαρροῦν-
τας ἡμᾶς λέγειν
Κύριος ἐμοὶ βοηθός, οὐ φοβηθήσομαι·
τί ποιήσει μοι ἄνθρωπος;

19 μὴ   21 ἔκτρομος   23 ἀγγέλων πανηγύρει.   25 οὐρανοῦ

and voice whose words made those who heard them beg to be
20 told no more, for they could not bear the order, "Even a wild
animal, if it touches the mountain, must be stoned to death,"
21 and so awful was the sight that Moses said, "I am aghast
22 and appalled!"   But you have come up to Mount Zion, to the
city of the living God, the heavenly Jerusalem, to countless
23 angels, to the solemn gathering of all God's elder sons,
enrolled as citizens in heaven, to a judge who is the God of
all, to the spirits of upright men now at last enjoying the
24 fulfilment of their hopes, to Jesus the negotiator of a new
agreement, and to sprinkled blood that speaks more power-
25 fully than even Abel's.   Take care not to refuse to listen to
him who is speaking.   For if they could not escape because
they would not listen to him who warned them here on earth,
how much less can we, who reject him who is from heaven!
26 Then his voice shook the earth, but now his promise is,
"But once more I will make not only the earth but the very
27 heaven to tremble!"   Now the words "But once more" indi-
cate the final removal of all that is shaken, as only created,
28 leaving only what is unshaken to be permanent.   Let us,
therefore, be thankful that the kingdom given to us cannot
be shaken, and so please God by worshiping him with rever-
29 ence and awe; for our God is a consuming fire.

13   Your love for the brotherhood must continue.   Do not
2 forget to be hospitable to strangers, for by being so some,
3 without knowing it, have had angels as their guests.   Re-
member those who are in prison as though you were in prison
with them, and those who are ill-treated as being yourselves
4 liable to the same trials.   Marriage should be respected by
everyone, and the marriage relation kept sacred, for vicious
5 and immoral people God will punish.   You must not be
avaricious; you must be content with what you have, for God
himself has said, "I will never let go of you or desert you!"
6 So that we can confidently say,

"The Lord is my helper; I will not be afraid.
What can men do to me?"

7 Μνημονεύετε τῶν ἡγουμένων ὑμῶν, οἵτινες ἐλάλησαν
ὑμῖν τὸν λόγον τοῦ θεοῦ, ὧν ἀναθεωροῦντες τὴν ἔκβασιν
8 τῆς ἀναστροφῆς μιμεῖσθε τὴν πίστιν.   Ἰησοῦς
Χριστὸς ἐχθὲς καὶ σήμερον ὁ αὐτός, καὶ εἰς τοὺς αἰῶνας.
9 διδαχαῖς ποικίλαις καὶ ξέναις μὴ παραφέρεσθε· καλὸν γὰρ
χάριτι βεβαιοῦσθαι τὴν καρδίαν, οὐ βρώμασιν, ἐν οἷς
10 οὐκ ὠφελήθησαν οἱ ⌜περιπατοῦντες⌝. ἔχομεν θυσιαστήριον
ἐξ οὗ φαγεῖν οὐκ ἔχουσιν [ἐξουσίαν] οἱ τῇ σκηνῇ λατρεύ-
11 οντες. ὧν γὰρ εἰϲφέρεται ζῴων τὸ αἷμα περὶ ἁμαρτίαϲ
εἰϲ τὰ ἅγια διὰ τοῦ ἀρχιερέωϲ, τούτων τὰ σώματα κατα-
12 καίεται ἔξω τῆϲ παρεμβολῆϲ· διὸ καὶ Ἰησοῦς, ἵνα
ἁγιάσῃ διὰ τοῦ ἰδίου αἵματος τὸν λαόν, ἔξω τῆς πύλης
13 ἔπαθεν. τοίνυν ἐξερχώμεθα πρὸς αὐτὸν ἔξω τῆϲ παρεμ-
14 βολῆϲ, τὸν ὀνειδισμὸν αὐτοῦ φέροντες, οὐ γὰρ ἔχομεν
ὧδε μένουσαν πόλιν, ἀλλὰ τὴν μέλλουσαν ἐπιζητοῦμεν·
15 δι᾽ αὐτοῦ ᵀ ἀναφέρωμεν θυϲίαν αἰνέϲεωϲ διὰ παντὸς
τῷ θεῷ, τοῦτ᾽ ἔστιν καρπὸν χειλέων ὁμολογούντων
16 τῷ ὀνόματι αὐτοῦ. τῆς δὲ εὐποιΐας καὶ κοινωνίας μὴ
ἐπιλανθάνεσθε, τοιαύταις γὰρ θυσίαις εὐαρεστεῖται ὁ
17 θεός.   Πείθεσθε τοῖς ἡγουμένοις ὑμῶν καὶ
ὑπείκετε, αὐτοὶ γὰρ ἀγρυπνοῦσιν ὑπὲρ τῶν ψυχῶν ὑμῶν
ὡς λόγον ἀποδώσοντες, ἵνα μετὰ χαρᾶς τοῦτο ποιῶσιν καὶ
μὴ στενάζοντες, ἀλυσιτελὲς γὰρ ὑμῖν τοῦτο.

18 Προσεύχεσθε περὶ ἡμῶν, πειθόμεθα γὰρ ὅτι καλὴν
συνείδησιν ἔχομεν, ἐν πᾶσιν καλῶς θέλοντες ἀναστρέφε-
19 σθαι. περισσοτέρως δὲ παρακαλῶ τοῦτο ποιῆσαι ἵνα τάχει-
20 ον ἀποκατασταθῶ ὑμῖν.   Ὁ δὲ θεὸς τῆς εἰρήνης,
ὁ ἀναγαγὼν ἐκ νεκρῶν τὸν ποιμένα τῶν προβά-
των τὸν μέγαν ἐν αἵματι διαθήκηϲ αἰωνίου, τὸν
21 κύριον ἡμῶν Ἰησοῦν, καταρτίσαι ὑμᾶς ἐν παντὶ ἀγαθῷ εἰς
τὸ ποιῆσαι τὸ θέλημα αὐτοῦ, ᵀ ποιῶν ἐν ἡμῖν τὸ εὐάρε-
στον ἐνώπιον αὐτοῦ διὰ Ἰησοῦ Χριστοῦ, ᾧ ἡ δόξα εἰς
22 τοὺς αἰῶναϲ τῶν αἰώνων· ἀμήν.   Παρακαλῶ δὲ

9 περιπατήσαντες   15 οὖν   21 †αὐτῷ

7   Do not forget your former leaders, the men who brought you God's message. Remember how they ended their lives and imitate their faith.

8   Jesus Christ is the same today that he was yesterday, and
9 he will be so forever. You must not be carried away with strange varieties of teaching. The true way to steadfastness of heart is through God's mercy, not through scruples about
10 food, which have never done their adherents any good. Our altar is one at which those who serve the tent of worship have
11 no right to eat. For the bodies of the animals whose blood is taken into the sanctuary by the high priest are burned outside
12 the camp. And so Jesus too, in order to purify the people
13 by his blood, suffered death outside the city gate. Let us, therefore, go out to him, outside the camp, sharing the
14 contempt that he endured, for we have no permanent city here on earth, but we are in search of the city that is to come.
15 In his name let us continually offer praise as our sacrifice
16 to God—the utterance of lips that glorify God's name. But do not forget to be helpful and generous, for that is the kind of sacrifice that pleases God.

17   Obey your leaders and give way to them, for they are keeping watch in defense of your souls, as men accountable for the trust. Make their work a joy and not a grief, for that would be the worse for you.

18   Pray for me, for I am sure I have a clear conscience, and
19 I mean in every way to live an upright life. I ask this of you more especially that I may be brought back to you the sooner.

20   May God, the giver of peace, who brought back from the dead our Lord Jesus who through the blood by which he ratified the everlasting agreement has become the great shepherd of
21 the sheep, fit you by every blessing to do his will, and through Jesus Christ carry out in us what will please him. To him be glory forever and ever. Amen.

ὑμᾶς, ἀδελφοί, ⌜ἀνέχεσθε⌝ τοῦ λόγου τῆς παρακλήσεως,
23 καὶ γὰρ διὰ βραχέων ἐπέστειλα ὑμῖν.   Γινώ-
σκετε τὸν ἀδελφὸν ἡμῶν Τιμόθεον ἀπολελυμένον, μεθ' οὗ
ἐὰν τάχειον ἔρχηται ὄψομαι ὑμᾶς.
24   Ἀσπάσασθε πάντας τοὺς ἡγουμένους ὑμῶν καὶ πάντας
τοὺς ἁγίους.   Ἀσπάζονται ὑμᾶς οἱ ἀπὸ τῆς Ἰταλίας.
25   Ἡ χάρις μετὰ πάντων ὑμῶν. ᵀ

22 ἀνέχεσθαι   25 ἀμήν.

22   I beg you, brothers, to listen patiently to this appeal, for I have written you but briefly.

23   You must know that our brother Timothy has been released from prison.   If he comes here soon, we will see you together.

24   Remember us to all your leaders and to all your fellow-Christians.   The brothers from Italy wish to be remembered to you.

25   God bless you all!

ΙΑΚΩΒΟΥ

1 ΙΑΚΩΒΟΣ θεοῦ καὶ κυρίου Ἰησοῦ Χριστοῦ δοῦλος ταῖς δώδεκα φυλαῖς ταῖς ἐν τῇ διασπορᾷ χαίρειν.

2 Πᾶσαν χαρὰν ἡγήσασθε, ἀδελφοί μου, ὅταν πειρασμοῖς 3 περιπέσητε ποικίλοις, γινώσκοντες ὅτι τὸ δοκίμιον ὑμῶν 4 τῆς πίστεως κατεργάζεται ὑπομονήν· ἡ δὲ ὑπομονὴ ἔργον τέλειον ἐχέτω, ἵνα ἦτε τέλειοι καὶ ὁλόκληροι, ἐν μηδενὶ 5 λειπόμενοι. Εἰ δέ τις ὑμῶν λείπεται σοφίας, αἰτείτω παρὰ τοῦ διδόντος θεοῦ πᾶσιν ἁπλῶς καὶ μὴ ὀνει- 6 δίζοντος, καὶ δοθήσεται αὐτῷ· αἰτείτω δὲ ἐν πίστει, μηδὲν διακρινόμενος, ὁ γὰρ διακρινόμενος ἔοικεν κλύδωνι θαλάσ- 7 σης ἀνεμιζομένῳ καὶ ῥιπιζομένῳ· μὴ γὰρ οἰέσθω ὁ ἄν- 8 θρωπος ἐκεῖνος ὅτι λήμψεταί τι παρὰ τοῦ ⌐κυρίου⌐ ἀνὴρ 9 δίψυχος, ἀκατάστατος ἐν πάσαις ταῖς ὁδοῖς αὐτοῦ. Καυχά- 10 σθω δὲ [ὁ] ἀδελφὸς ὁ ταπεινὸς ἐν τῷ ὕψει αὐτοῦ, ὁ δὲ πλού- σιος ἐν τῇ ταπεινώσει αὐτοῦ, ὅτι ὡς ἄνθος χόρτου παρε- 11 λεύσεται. ἀνέτειλεν γὰρ ὁ ἥλιος σὺν τῷ καύσωνι καὶ ἐξή- ρανεν τὸν χόρτον, καὶ τὸ ἄνθος αὐτοῦ ἐξέπεσεν καὶ ἡ εὐπρέπεια τοῦ προσώπου αὐτοῦ ἀπώλετο· οὕτως καὶ ὁ πλού- 12 σιος ἐν ταῖς πορείαις αὐτοῦ μαρανθήσεται. Μα- κάριος ἀνὴρ ὃς ὑπομένει πειρασμόν, ὅτι δόκιμος γενόμε- νος λήμψεται τὸν στέφανον τῆς ζωῆς, ὃν ἐπηγγείλατο τοῖς 13 ἀγαπῶσιν αὐτόν. μηδεὶς πειραζόμενος λεγέτω ὅτι Ἀπὸ

8 κυρίου,

918

THE LETTER OF JAMES

1   James, a slave of God and of the Lord Jesus Christ, sends greeting to the twelve tribes that are scattered over the world.

2   You must find the greatest joy, my brothers, in being
3 involved in various trials, for you know that the testing of
4 your faith leads to steadfastness, and steadfastness must have full play, so that you may be fully and perfectly developed without any defect.

5   If any one of you is deficient in wisdom, let him ask God who gives generously to everyone, and does not reproach one
6 with it afterward, and he will give it to him. But he must ask with faith, and without any doubt, for the man who doubts is like the billowing sea, driven and blown about by the wind.
7 Such a man must not expect to get anything from the Lord
8 —an irresolute person like him, who is uncertain about every-
9 thing he does. A brother of low position ought to be proud
10 of his eminence, but one who is rich ought to rejoice at being reduced in circumstances, for the rich will disappear like
11 a wild flower. For the sun comes up with its scorching heat and dries up the grass, and the flower withers, and all its beauty is gone. That is the way the rich man will fade and die in the midst of his pursuits.

12   Blessed is the man who endures trial, for when he stands the test, he will be given the crown of life, which God has
13 promised to those who love him. No one should think when

θεοῦ πειράζομαι· ὁ γὰρ θεὸς ἀπείραστός ἐστιν κακῶν,
14 πειράζει δὲ αὐτὸς οὐδένα. ἕκαστος δὲ πειράζεται ὑπὸ τῆς
15 ἰδίας ἐπιθυμίας ἐξελκόμενος καὶ δελεαζόμενος· εἶτα ἡ ἐπι-
θυμία συλλαβοῦσα τίκτει ἁμαρτίαν, ἡ δὲ ἁμαρτία ἀποτε-
16 λεσθεῖσα ἀποκυεῖ θάνατον. Μὴ πλανᾶσθε, ἀδελφοί μου
17 ἀγαπητοί. πᾶσα δόσις ἀγαθὴ καὶ πᾶν δώρημα τέλειον
ἄνωθέν ἐστιν, καταβαῖνον ἀπὸ τοῦ πατρὸς τῶν φώτων,
18 παρ᾽ ᾧ οὐκ ἔνι παραλλαγὴ ἢ τροπῆς ἀποσκίασμα. βου-
ληθεὶς ἀπεκύησεν ἡμᾶς λόγῳ ἀληθείας, εἰς τὸ εἶναι ἡμᾶς
ἀπαρχήν τινα τῶν ⌜αὐτοῦ⌝ κτισμάτων.

19 Ἴστε, ἀδελφοί μου ἀγαπητοί. ἔστω δὲ πᾶς ἄνθρωπος
ταχὺς εἰς τὸ ἀκοῦσαι, βραδὺς εἰς τὸ λαλῆσαι, βραδὺς
20 εἰς ὀργήν, ὀργὴ γὰρ ἀνδρὸς δικαιοσύνην θεοῦ οὐκ ἐργά-
21 ζεται. διὸ ἀποθέμενοι πᾶσαν ῥυπαρίαν καὶ περισσείαν
κακίας ἐν πραΰτητι δέξασθε τὸν ἔμφυτον λόγον τὸν δυνά-
22 μενον σῶσαι τὰς ψυχὰς ὑμῶν. Γίνεσθε δὲ ποιηταὶ λόγου
23 καὶ μὴ ἀκροαταὶ μόνον παραλογιζόμενοι ἑαυτούς. ὅτι εἴ
τις ἀκροατὴς λόγου ἐστὶν καὶ οὐ ποιητής, οὗτος ἔοικεν
ἀνδρὶ κατανοοῦντι τὸ πρόσωπον τῆς γενέσεως αὐτοῦ ἐν
24 ἐσόπτρῳ, κατενόησεν γὰρ ἑαυτὸν καὶ ἀπελήλυθεν καὶ
25 εὐθέως ἐπελάθετο ὁποῖος ἦν. ὁ δὲ παρακύψας εἰς νόμον
τέλειον τὸν τῆς ἐλευθερίας καὶ παραμείνας, οὐκ ἀκροατὴς
ἐπιλησμονῆς γενόμενος ἀλλὰ ποιητὴς ἔργου, οὗτος μακά-
26 ριος ἐν τῇ ποιήσει αὐτοῦ ἔσται. Εἴ τις δοκεῖ θρησκὸς
εἶναι μὴ χαλιναγωγῶν γλῶσσαν ⌜ἑαυτοῦ⌝ ἀλλὰ ἀπατῶν
27 καρδίαν ⌜ἑαυτοῦ⌝, τούτου μάταιος ἡ θρησκεία. θρησκεία
καθαρὰ καὶ ἀμίαντος παρὰ τῷ θεῷ καὶ πατρὶ αὕτη ἐστίν,
ἐπισκέπτεσθαι ὀρφανοὺς καὶ χήρας ἐν τῇ θλίψει αὐτῶν,
ἄσπιλον ἑαυτὸν τηρεῖν ἀπὸ τοῦ κόσμου.

1 Ἀδελφοί μου, μὴ ἐν προσωπολημψίαις ἔχετε τὴν
2 πίστιν τοῦ κυρίου ἡμῶν Ἰησοῦ ⌜Χριστοῦ⌝ τῆς δόξης; ἐὰν
γὰρ εἰσέλθῃ εἰς συναγωγὴν ὑμῶν ἀνὴρ χρυσοδακτύλιος

18 ἑαυτοῦ   26 αὐτοῦ | αὐτοῦ   1 Χριστοῦ,

he is tempted that his temptation comes from God, for God
is incapable of being tempted by what is evil, and he does not
14 tempt anyone.   When anyone is tempted, it is by his own
15 desire that he is enticed and allured.   Then desire conceives
and gives birth to sin, and when sin is mature, it brings forth
16
17 death.   Do not be misled, my dear brothers.   Every good
gift and every perfect present is from heaven, and comes
down from the Father of the heavenly lights, about whom
18 there is no variation of changing shadow.   Of his own accord
he brought us into being through the message of truth, so that
we might be a kind of first-fruits among his creatures.

19   You must understand this, my dear brothers.   Everyone
20 must be quick to hear, slow to speak, slow to be angry, for
men's anger does not produce the uprightness God wishes.
21 So strip yourselves of everything that soils you, and of every
evil growth, and in a humble spirit let the message that has the
22 power to save your souls be planted in your hearts.   Obey the
message; do not merely listen to it, and deceive yourselves.
23 For anyone who merely listens to the message without obey-
ing it is like a man who looks in a mirror at the face that na-
24 ture gave him; he looks at himself and then goes off and imme-
25 diately forgets what he looked like.   But whoever looks at the
faultless law that makes men free and keeps looking, so that he
does not just listen and forget, but obeys and acts upon it,
26 will be blessed in what he does.   If anyone thinks he is
religious, and does not bridle his tongue, but deceives himself,
27 his religious observances are of no account.   A religious
observance that is pure and stainless in the sight of God the
Father is this: to look after orphans and widows in their
trouble, and keep one's self unstained by the world.
2   My brothers, do you try to combine faith in our glorious
2 Lord Jesus Christ with acts of partiality?   For if a finely

ἐν ἐσθῆτι λαμπρᾷ, εἰσέλθῃ δὲ καὶ πτωχὸς ἐν ῥυπαρᾷ
3 ἐσθῆτι, ἐπιβλέψητε δὲ ἐπὶ τὸν φοροῦντα τὴν ἐσθῆτα
τὴν λαμπρὰν καὶ εἴπητε Σὺ κάθου ὧδε καλῶς, καὶ τῷ
πτωχῷ εἴπητε Σὺ στῆθι ⌐ἢ κάθου ἐκεῖ⌐ ὑπὸ τὸ ὑποπόδιόν
4 μου, ⌐οὐ διεκρίθητε ἐν ἑαυτοῖς καὶ ἐγένεσθε κριταὶ διαλο-
5 γισμῶν πονηρῶν;⌐ Ἀκούσατε, ἀδελφοί μου ἀγαπητοί.
οὐχ ὁ θεὸς ἐξελέξατο τοὺς πτωχοὺς τῷ κόσμῳ πλουσίους
ἐν πίστει καὶ κληρονόμους τῆς βασιλείας ἧς ἐπηγγείλατο
6 τοῖς ἀγαπῶσιν αὐτόν; ὑμεῖς δὲ ἠτιμάσατε τὸν πτωχόν.
οὐχ οἱ πλούσιοι καταδυναστεύουσιν ὑμῶν, καὶ αὐτοὶ ἕλ-
7 κουσιν ὑμᾶς εἰς κριτήρια; οὐκ αὐτοὶ βλασφημοῦσιν τὸ
8 καλὸν ὄνομα τὸ ἐπικληθὲν ἐφ᾽ ὑμᾶς; εἰ μέντοι νόμον
τελεῖτε βασιλικὸν κατὰ τὴν γραφήν ΑΓΑΠΉΣΕΙΣ ΤῸΝ
9 ΠΛΗCΊΟΝ COY ὡς ΣΕΑΥΤΌΝ, καλῶς ποιεῖτε· εἰ δὲ προσω-
πολημπτεῖτε, ἁμαρτίαν ἐργάζεσθε, ἐλεγχόμενοι ὑπὸ τοῦ
10 νόμου ὡς παραβάται. Ὅστις γὰρ ὅλον τὸν νόμον τηρή-
11 σῃ, πταίσῃ δὲ ἐν ἑνί, γέγονεν πάντων ἔνοχος. ὁ γὰρ
εἰπών ΜῊ ΜΟΙΧΕΎCΗC εἶπεν καί ΜῊ ΦΟΝΕΎCΗC· εἰ
δὲ οὐ μοιχεύεις φονεύεις δέ, γέγονας παραβάτης νόμου.
12 οὕτως λαλεῖτε καὶ οὕτως ποιεῖτε ὡς διὰ νόμου ἐλευθερίας
13 μέλλοντες κρίνεσθαι. ἡ γὰρ κρίσις ἀνέλεος τῷ μὴ ποιή-
14 σαντι ἔλεος· κατακαυχᾶται ἔλεος κρίσεως.   Τί
ὄφελος, ἀδελφοί μου, ἐὰν πίστιν λέγῃ τις ἔχειν ἔργα
15 δὲ μὴ ἔχῃ; μὴ δύναται ἡ πίστις σῶσαι αὐτόν; ἐὰν
ἀδελφὸς ἢ ἀδελφὴ γυμνοὶ ὑπάρχωσιν καὶ λειπόμενοι τῆς
16 ἐφημέρου τροφῆς, εἴπῃ δέ τις αὐτοῖς ἐξ ὑμῶν Ὑπάγετε
ἐν εἰρήνῃ, θερμαίνεσθε καὶ χορτάζεσθε, μὴ δῶτε δὲ
17 αὐτοῖς τὰ ἐπιτήδεια τοῦ σώματος, τί ὄφελος; οὕτως καὶ
ἡ πίστις, ἐὰν μὴ ἔχῃ ἔργα, νεκρά ἐστιν καθ᾽ ἑαυτήν.
18 ἀλλ᾽ ἐρεῖ τις Σὺ πίστιν ⌐ἔχεις⌐ κἀγὼ ἔργα ἔχω. δεῖξόν
μοι τὴν πίστιν σου χωρὶς τῶν ἔργων, κἀγώ σοι δείξω ἐκ
19 τῶν ἔργων μου τὴν πίστιν. σὺ πιστεύεις ὅτι εἷς ⌐θεὸς
ἔστιν⌐; καλῶς ποιεῖς· καὶ τὰ δαιμόνια πιστεύουσιν καὶ

3 ἐκεῖ ἢ κάθου   4 διεκρίθητε...πονηρῶν.   18 ἔχεις;   19 ὁ θεός ἐστιν

dressed man with a gold ring comes into your meeting, and a
3 poor man in shabby clothes comes in also, and you pay atten-
tion to the man in the fine clothes and say to him, "Sit here;
this is a good place!" and say to the poor man, "Stand up, or
4 sit on the floor at my feet," have you not wavered and shown
5 that your judgments are guided by base motives? Listen,
my dear brothers. Has not God chosen the world's poor
to be rich in faith, and to possess the kingdom that he prom-
6 ised to those who love him? But you humiliate the poor.
Are not the rich your oppressors? Is it not they who drag
7 you into court? Is it not they who slander the noble name
8 you bear? If you really obey the supreme law where the
Scripture says, "You must love your neighbor as you do
9 yourself," you are doing right, but if you show partiality, you
are committing a sin, and stand convicted before the Law
10 as law breakers. For anyone who obeys the whole of the Law
11 but makes one single slip is guilty of breaking it all. For
he who said, "You must not commit adultery," said also,
"You must not commit murder." Now if you abstain from
adultery, but commit murder, you are still a violator of the
12 Law. You must talk and act like men who expect to be
13 judged by the law that treats men as free. For the merciless
will be mercilessly judged; but mercy will triumph over judg-
ment.

14   My brothers, what is the good of a man's saying he has
faith, if he has no good deeds to show? Can faith save him?
15 If some brother or sister has no clothes and has not food
16 enough for a day, and one of you says to them, "Goodbye,
keep warm and have plenty to eat," without giving them the
17 necessaries of life, what good does it do? So faith by itself,
18 if it has no good deeds to show, is dead. But someone may
say, "You have faith, and I good deeds." Show me your
faith without any good deeds, and I will show you my faith
19 by my good deeds. Do you believe in one God? Very
20 well! So do the demons, and they shudder. But do you

20 φρίσσουσιν. θέλεις δὲ γνῶναι, ὦ ἄνθρωπε κενέ, ὅτι ἡ
21 πίστις χωρὶς τῶν ἔργων ἀργή ἐστιν; Ἀβραὰμ ὁ πατὴρ
ἡμῶν οὐκ ἐξ ἔργων ἐδικαιώθη, ἀνενέγκας Ἰσαὰκ τὸν
22 γίὸν αὐτοῦ ἐπὶ τὸ θυσιαστήριον; βλέπεις ὅτι ἡ πίστις
συνήργει τοῖς ἔργοις αὐτοῦ καὶ ἐκ τῶν ἔργων ἡ πίστις
23 ἐτελειώθη, καὶ ἐπληρώθη ἡ γραφὴ ἡ λέγουσα Ἐπί-
ϲΤΕΥϲΕΝ Δὲ Ἀβραὰμ τῷ θεῷ, καὶ ἐλογίϲθη αὐτῷ
24 εἰϲ ΔΙΚΑΙΟϲΫΝΗΝ, καὶ φίλοϲ θεοῦ ἐκλήθη. ὁρᾶτε ὅτι
ἐξ ἔργων δικαιοῦται ἄνθρωπος καὶ οὐκ ἐκ πίστεως
25 μόνον. ὁμοίως δὲ καὶ Ῥαὰβ ἡ πόρνη οὐκ ἐξ ἔργωι ἐδι-
καιώθη, ὑποδεξαμένη τοὺς ἀγγέλους καὶ ἑτέρᾳ ὁδῷ ἐκβα-
26 λοῦσα; ὥσπερ ᵀ τὸ σῶμα χωρὶς πνεύματος νεκρόν ἐστιν,
οὕτως καὶ ἡ πίστις χωρὶς ἔργων νεκρά ἐστιν.

1   Μὴ πολλοὶ διδάσκαλοι γίνεσθε, ἀδελφοί μου, εἰδότες
2 ὅτι μεῖζον κρίμα λημψόμεθα· πολλὰ γὰρ πταίομεν ἅπαν-
τες. εἴ τις ἐν λόγῳ οὐ πταίει, οὗτος τέλειος ἀνήρ, δυνατὸς
3 χαλιναγωγῆσαι καὶ ὅλον τὸ σῶμα. εἰ δὲ τῶν ἵππων τοὺς
χαλινοὺς εἰς τὰ στόματα βάλλομεν εἰς τὸ πείθεσθαι
4 αὐτοὺς ἡμῖν, καὶ ὅλον τὸ σῶμα αὐτῶν μετάγομεν. ἰδοὺ
καὶ τὰ πλοῖα, τηλικαῦτα ὄντα καὶ ὑπὸ ἀνέμων σκληρῶν
ἐλαυνόμενα, μετάγεται ὑπὸ ἐλαχίστου πηδαλίου ὅπου ἡ
5 ὁρμὴ τοῦ εὐθύνοντος βούλεται· οὕτως καὶ ἡ γλῶσσα
μικρὸν μέλος ἐστὶν καὶ μεγάλα αὐχεῖ. ἰδοὺ ἡλίκον πῦρ
6 ἡλίκην ὕλην ἀνάπτει· καὶ ἡ γλῶσσα πῦρ, ὁ κόσμος τῆς
ἀδικίας ἡ γλῶσσα καθίσταται ἐν τοῖς μέλεσιν ἡμῶν, ἡ
σπιλοῦσα ὅλον τὸ σῶμα καὶ φλογίζουσα τὸν τροχὸν τῆς
7 γενέσεως καὶ φλογιζομένη ὑπὸ τῆς γεέννης. πᾶσα γὰρ
φύσις θηρίων τε καὶ πετεινῶν ἑρπετῶν τε καὶ ἐναλίων
8 δαμάζεται καὶ δεδάμασται τῇ φύσει τῇ ἀνθρωπίνῃ· τὴν
δὲ γλῶσσαν οὐδεὶς δαμάσαι δύναται ἀνθρώπων· ἀκατάστα·
9 τον κακόν, μεστὴ ἰοῦ θανατηφόρου. ἐν αὐτῇ εὐλογοῦμεν
τὸν κύριον καὶ πατέρα, καὶ ἐν αὐτῇ καταρώμεθα τοὺς
10 ἀνθρώπους τοὺς καθ᾿ ὁμοίωϲιν θεοῦ γεγονότας· ἐκ τοῦ

want proof, my senseless friend, that faith without good deeds
21 amounts to nothing? Was not our forefather Abraham
made upright for his good deeds, for offering his son Isaac on
22 the altar? You see that in his case faith and good deeds
worked together; faith found its highest expression in good
23 deeds, and so the Scripture came true that says, "Abraham
had faith in God, and it was credited to him as uprightness,
24 and he was called God's friend." You see a man is made
upright by his good deeds and not simply by having faith.
25 Was not even Rahab the prostitute made upright for her
good deeds, in entertaining the scouts and sending them off
26 by a different road? Just as the body without the spirit is
dead, faith is dead without good deeds.

3   Not many of you should become teachers, my brothers,
for you know that we who teach will be judged with greater
2 strictness. For we all make many mistakes. Anyone who
never makes a mistake in what he says has a character that
is fully developed and is able to control his whole body as well.
3 If we put bridles into horses' mouths to make them obey us,
4 we can guide their whole bodies. Even ships, great as they
are, and driven by strong winds, are steered with a very small
5 rudder wherever the pilot pleases. So the tongue is a little
organ and yet very boastful. What a great forest a spark
6 will set on fire! And the tongue is a fire, a world of wrong
the tongue proves in our bodies, soiling the whole body and
setting fire to the whole round of nature, and set on fire itself
7 by hell. For every kind of animal and bird, reptile and sea
8 creature, can be tamed and has been tamed by man, but no
human being can tame the tongue. It is an irreconcilable
9 evil, full of deadly poison. With it we bless the Lord our
Father, and with it we curse men made in God's likeness.

αὐτοῦ στόματος ἐξέρχεται εὐλογία καὶ κατάρα. οὐ χρή,
11 ἀδελφοί μου, ταῦτα οὕτως γίνεσθαι. μήτι ἡ πηγὴ ἐκ τῆς
12 αὐτῆς ὀπῆς βρύει τὸ γλυκὺ καὶ τὸ πικρόν; μὴ δύναται,
ἀδελφοί μου, συκῆ ἐλαίας ποιῆσαι ἢ ἄμπελος σῦκα; οὔτε
13 ἀλυκὸν γλυκὺ ποιῆσαι ὕδωρ.   Τίς σοφὸς καὶ ἐπι-
στήμων ἐν ὑμῖν; δειξάτω ἐκ τῆς καλῆς ἀναστροφῆς τὰ
14 ἔργα αὐτοῦ ἐν πραΰτητι σοφίας. εἰ δὲ ζῆλον πικρὸν ἔχετε
καὶ ἐριθίαν ἐν τῇ καρδίᾳ ὑμῶν, μὴ κατακαυχᾶσθε καὶ ψεύ-
15 δεσθε κατὰ τῆς ἀληθείας. οὐκ ἔστιν αὕτη ἡ σοφία ἄνω-
θεν κατερχομένη, ἀλλὰ ἐπίγειος, ψυχική, δαιμονιώδης·
16 ὅπου γὰρ ζῆλος καὶ ἐριθία, ἐκεῖ ἀκαταστασία καὶ πᾶν
17 φαῦλον πρᾶγμα. ἡ δὲ ἄνωθεν σοφία πρῶτον μὲν ἁγνή
ἐστιν, ἔπειτα εἰρηνική, ἐπιεικής, εὐπειθής, μεστὴ ἐλέους
18 καὶ καρπῶν ἀγαθῶν, ἀδιάκριτος, ἀνυπόκριτος· καρπὸς δὲ
δικαιοσύνης ἐν εἰρήνῃ σπείρεται τοῖς ποιοῦσιν εἰρήνην.

1   Πόθεν πόλεμοι καὶ πόθεν μάχαι ἐν ὑμῖν; οὐκ ἐντεῦθεν,
ἐκ τῶν ἡδονῶν ὑμῶν τῶν στρατευομένων ἐν τοῖς μέλεσιν
2 ὑμῶν; ἐπιθυμεῖτε, καὶ οὐκ ἔχετε· ⌜φονεύετε καὶ⌝ ζηλοῦτε,
καὶ οὐ δύνασθε ἐπιτυχεῖν· μάχεσθε καὶ πολεμεῖτε. οὐκ ἔχετε
3 διὰ τὸ μὴ αἰτεῖσθαι ὑμᾶς· αἰτεῖτε καὶ οὐ λαμβάνετε,
διότι κακῶς αἰτεῖσθε, ἵνα ἐν ταῖς ἡδοναῖς ὑμῶν δαπανή-
4 σητε. μοιχαλίδες, οὐκ οἴδατε ὅτι ἡ φιλία τοῦ κόσμου
ἔχθρα τοῦ θεοῦ ἐστίν; ὃς ἐὰν οὖν βουληθῇ φίλος εἶναι
5 τοῦ κόσμου, ἐχθρὸς τοῦ θεοῦ καθίσταται. ἢ δοκεῖτε ὅτι
κενῶς ἡ γραφὴ ⌜λέγει Πρὸς φθόνον ἐπιποθεῖ τὸ πνεῦμα
6 ὃ κατῴκισεν ἐν ἡμῖν; μείζονα⌝ δὲ ΔΙΔΩΣΙΝ ΧΑΡΙΝ· διὸ
λέγει Ὁ θεὸς ὙΠΕΡΗΦΑΝΟΙϹ ἈΝΤΙΤΆϹϹΕΤΑΙ ΤΑΠΕΙΝΟΙ̂Ϲ
7 ΔῈ ΔΙΔΩϹΙΝ ΧΑΡΙΝ. Ὑποτάγητε οὖν τῷ θεῷ· ἀντίστητε δὲ
8 τῷ διαβόλῳ, καὶ φεύξεται ἀφ' ὑμῶν· ἐγγίσατε τῷ θεῷ,
καὶ ἐγγίσει ὑμῖν. καθαρίσατε χεῖρας, ἁμαρτωλοί, καὶ
9 ἁγνίσατε καρδίας, δίψυχοι. ταλαιπωρήσατε καὶ πενθή-
σατε καὶ κλαύσατε· ὁ γέλως ὑμῶν εἰς πένθος ⌜μετατραπήτω⌝
10 καὶ ἡ χαρὰ εἰς κατήφειαν· ταπεινώθητε ἐνώπιον Κυρίου,

5,6 λέγει; πρὸς ..ἡμῖν; μείζονα   υ. λέγει; πρὸς...ἡμῖν, μείζονα   9 μεταστραφήτω

10 Blessing and cursing issue from the same mouth! This is
11 not right, my brothers.   Does a spring pour forth fresh and
12 brackish water from the same crevice?   Can a fig tree produce
olives, my brothers, or a grape vine figs?   A salt spring cannot
give fresh water.
13   What wise, intelligent man is there among you? Let him
show by his good life that what he does is done in the humility
14 of wisdom.   But if you cherish bitter feelings of jealousy and
rivalry in your hearts, do not pride yourselves on it and thus
15 belie the truth.   Such wisdom does not come from above.
16 It is earthly, animal, demon-like.   For wherever jealousy
and rivalry exist, there will be confusion and every low action.
17 The wisdom that is from above is first of all pure, then
peaceable, considerate, willing to yield, full of compassion and
18 good deeds, whole-hearted, straightforward.   The harvest
uprightness yields must be sown in peace, by peacemakers.
4   What causes wars and fights among you?   Is it not your
2 cravings, which are at war within your bodies?   You crave
things, and cannot have them, and so you commit murder.
You covet things, and cannot get them, and so you quarrel
and fight.   You do not have things because you do not ask
3 for them.   You ask and fail to get them because you ask
4 with wrong motives, to spend them on your pleasures.   You
renegades!   Do you not know that the friendship of the world
means enmity with God?   So whoever wishes to be the
5 world's friend declares himself God's enemy.   Do you suppose
the Scripture means nothing when it says, "He yearns
6 jealously over the Spirit he has put in our hearts?"   But he
gives all the greater blessing.   As the Scripture says, "God
opposes haughty persons, but he blesses humble-minded
7 ones."   Therefore, submit to God.   Resist the devil and he
8 will fly from you.   Approach God, and he will approach you.
Wash your hands, you sinners!   Make your hearts pure, you
9 doubters! Be miserable, grieve, and weep aloud!   Turn your
10 laughter into grief and your happiness into gloom.   Humble
yourselves before the Lord, and he will raise you up.

11 καὶ ὑψώσει ὑμᾶς.   Μὴ καταλαλεῖτε ἀλλήλων,
ἀδελφοί· ὁ καταλαλῶν ἀδελφοῦ ἢ κρίνων τὸν ἀδελφὸν
αὐτοῦ καταλαλεῖ νόμου καὶ κρίνει νόμον· εἰ δὲ νόμον
12 κρίνεις, οὐκ εἶ ποιητὴς νόμου ἀλλὰ κριτής. εἷς ⌜ἔστιν⌝ νο-
μοθέτης καὶ κριτής, ὁ δυνάμενος σῶσαι καὶ ἀπολέσαι· σὺ
δὲ τίς εἶ, ὁ κρίνων τὸν πλησίον;

13   Ἄγε νῦν οἱ λέγοντες   Σήμερον ἢ αὔριον πορευσόμεθα
εἰς τήνδε τὴν πόλιν καὶ ποιήσομεν ἐκεῖ ἐνιαυτὸν καὶ
14 ἐμπορευσόμεθα καὶ κερδήσομεν· οἵτινες οὐκ ἐπίστασθε
⌜τῆς αὔριον ποία ἡ ζωὴ ὑμῶν· ἀτμὶς γάρ ἐστε⌝ πρὸς ὀλίγον
15 φαινομένη, ἔπειτα καὶ ἀφανιζομένη· ἀντὶ τοῦ λέγειν ὑμᾶς
Ἐὰν ὁ κύριος ⌜θέλῃ⌝, καὶ ζήσομεν καὶ ποιήσομεν τοῦτο ἢ
16 ἐκεῖνο.   νῦν δὲ καυχᾶσθε ἐν ταῖς ἀλαζονίαις ὑμῶν· πᾶσα
17 καύχησις τοιαύτη πονηρά ἐστιν.   εἰδότι οὖν καλὸν ποιεῖν
1 καὶ μὴ ποιοῦντι, ἁμαρτία αὐτῷ ἐστίν.   Ἄγε
νῦν οἱ πλούσιοι, κλαύσατε ὀλολύζοντες ἐπὶ ταῖς ταλαι-
2 πωρίαις ὑμῶν ταῖς ἐπερχομέναις.   ὁ πλοῦτος ὑμῶν σέση-
3 πεν, καὶ τὰ ἱμάτια ὑμῶν σητόβρωτα γέγονεν, ὁ χρυσὸς
ὑμῶν καὶ ὁ ἄργυρος κατίωται, καὶ ὁ ἰὸς αὐτῶν εἰς μαρτύ-
ριον ὑμῖν ἔσται καὶ φάγεται τὰς σάρκας ⌜ὑμῶν· ὡς πῦρ⌝
4 ἐθΗϹΑΥΡΙϹΑΤΕ ἐν ἐσχάταις ἡμέραις.   ἰδοὺ ὁ ΜΙϹΘΟϹ τῶν
ἐργατῶν τῶν ἀμησάντων τὰς χώρας ὑμῶν ὁ ἀφυστερημένος
ἀφ᾽ Υ̓ΜΩΝ ΚΡΑΖΕΙ, καὶ αἱ βοαὶ τῶν θερισάντων εἰϹ ΤΑ
5 ὦΤΑ ΚΥΡΙΟΥ ϹΑΒΑΩΘ εἰσελήλυθαν· ἐτρυφήσατε ἐπὶ τῆς
γῆς καὶ ἐσπαταλήσατε, ἐθρέψατε τὰς καρδίας ὑμῶν ἐΝ
6 ΗΜΕΡᾼ ϹΦΑΓΗϹ.   κατεδικάσατε, ἐφονεύσατε τὸν δίκαιον.
οὐκ ἀΝΤΙΤΑϹϹΕΤΑΙ ⌜ὑμῖν;⌝

7   Μακροθυμήσατε οὖν, ἀδελφοί, ἕως τῆς παρουσίας τοῦ
κυρίου. ἰδοὺ ὁ γεωργὸς ἐκδέχεται τὸν τίμιον καρπὸν τῆς γῆς,
μακροθυμῶν ἐπ᾽ αὐτῷ ἕως λάβῃ ΠΡΟΪΜΟΝ ΚΑΙ ΟΨΙΜΟΝ.

12 ἐστὶν ὁ 14 τὰ τῆς αὔριον ποία γὰρ ἡ ζωὴ ὑμῶν; ἀτμίς ἐστε ἡ 15 θελήσῃ

11   Do not talk against one another, brothers. Whoever talks against a brother or condemns his brother talks against the Law, and condemns the Law. But if you condemn the 12 Law you are not an observer of the Law but its judge. There is only one lawgiver and judge—he who has the power to save and to destroy; who are you, to judge your neighbor?

13   Come now, you who say, "Today or tomorrow we are going to such and such a town, to stay a year and go into 14 business and make money," when you do not know what your life will be like tomorrow! You are just a mist, which 15 appears for a little while and then disappears. This, instead of saying, "If it is the Lord's will, we shall live to do this or 16 that." But, as it is, you pride yourselves on your preten- 17 sions. All such pride is wrong. So when a man knows what is right and fails to do it, he is guilty of sin.

5   Come now, you rich people! weep aloud and howl over the 2 miseries that are going to overtake you! Your wealth has 3 rotted, your clothes are moth-eaten, your gold and silver are rusted, and their rust will testify against you and eat into your very flesh, for you have stored up fire for the last days. 4 Why, the wages you have withheld from the laborers who have reaped your harvests cry aloud, and the cries of the harvesters 5 have reached the ears of the Lord of Hosts. You have lived luxuriously and voluptuously here on earth; you have 6 fattened your hearts for the day of slaughter. You have condemned and murdered the upright. Will he make no resistance?

7   So be patient, brothers, until the coming of the Lord. The farmer has to wait for the precious crop from the ground, and be patient with it, until it gets the early and the late

8 μακροθυμήσατε καὶ ὑμεῖς, στηρίξατε τὰς καρδίας ὑμῶν,
9 ὅτι ἡ παρουσία τοῦ κυρίου ἤγγικεν. μὴ στενάζετε,
ἀδελφοί, κατ᾽ ἀλλήλων, ἵνα μὴ κριθῆτε· ἰδοὺ ὁ κριτὴς
10 πρὸ τῶν θυρῶν ἕστηκεν. ὑπόδειγμα λάβετε, ἀδελφοί, τῆς
κακοπαθίας καὶ τῆς μακροθυμίας τοὺς προφήτας, οἳ ἐλά-
11 λησαν ἐν τῷ ὀνόματι Κυρίου. ἰδοὺ ΜΑΚΑΡΙΖΟΜΕΝ ΤΟῪC
ὙΠΟΜΕΊΝΑΝΤΑC· τὴν ὑπομονὴν Ἰὼβ ἠκούσατε, καὶ τὸ τέλος
Κυρίου εἴδετε, ὅτι ΠΟΛΎCΠΛΑΓΧΝΌC ἐCΤΙΝ ⌜ὁ ΚΎΡΙΟC⌝ καὶ
12 ΟἸΚΤΊΡΜΩΝ.   Πρὸ πάντων δέ, ἀδελφοί μου, μὴ
ὀμνύετε, μήτε τὸν οὐρανὸν μήτε τὴν γῆν μήτε ἄλλον
τινὰ ὅρκον· ἤτω δὲ ὑμῶν τό   Ναί   ναὶ καὶ τό   Οὔ   οὔ,
13 ἵνα μὴ ὑπὸ κρίσιν πέσητε.   Κακοπαθεῖ τις ἐν
14 ὑμῖν; προσευχέσθω· εὐθυμεῖ τις; ψαλλέτω. ἀσθενεῖ τις
ἐν ὑμῖν; προσκαλεσάσθω τοὺς πρεσβυτέρους τῆς ἐκκλη-
σίας, καὶ προσευξάσθωσαν ἐπ᾽ αὐτὸν ἀλείψαντες ἐλαίῳ ἐν
15 τῷ ὀνόματι [τοῦ κυρίου]· καὶ ἡ εὐχὴ τῆς πίστεως σώσει
τὸν κάμνοντα, καὶ ἐγερεῖ αὐτὸν ὁ κύριος· κἂν ἁμαρτίας
16 ᾖ πεποιηκώς, ἀφεθήσεται αὐτῷ. ἐξομολογεῖσθε οὖν ἀλλή-
λοις τὰς ἁμαρτίας καὶ ⌜προσεύχεσθε⌝ ὑπὲρ ἀλλήλων, ὅπως
17 ἰαθῆτε. πολὺ ἰσχύει δέησις δικαίου ἐνεργουμένη. Ἡλείας
ἄνθρωπος ἦν ὁμοιοπαθὴς ἡμῖν, καὶ προσευχῇ προσηύξατο
τοῦ μὴ βρέξαι, καὶ οὐκ ἔβρεξεν ἐπὶ τῆς γῆς ἐνιαυτοὺς
18 τρεῖς καὶ μῆνας ἕξ· καὶ πάλιν προσηύξατο, καὶ ὁ οὐρανὸς
⌜ὑετὸν ἔδωκεν⌝ καὶ ἡ γῆ ἐβλάστησεν τὸν καρπὸν αὐτῆς.
19 Ἀδελφοί μου, ἐάν τις ἐν ὑμῖν πλανηθῇ ἀπὸ τῆς ἀλη-
20 θείας καὶ ἐπιστρέψῃ τις αὐτόν, ⌜γινώσκετε⌝ ὅτι ὁ ἐπι-
στρέψας ἁμαρτωλὸν ἐκ πλάνης ὁδοῦ αὐτοῦ σώσει ψυχὴν
⌜αὐτοῦ ἐκ θανάτου⌝ καὶ καλύψει πλῆθος ἁμαρτιῶν.

3 ὑμῶν ὡς πῦρ·   6 ὑμῖν.   11 Κύριος   16 εὔχεσθε
18 ἔδωκεν ὑετὸν   20 γινωσκέτω | ἐκ θανάτου αὐτοῦ

8 rains.   You must have patience too; you must keep up your
9 courage, for the coming of the Lord is close at hand.   Do not
complain of one another, brothers, or you will be judged.
10 The judge is standing right at the door!   As an example,
brothers, of ill-treatment patiently endured, take the prophets,
11 who have spoken in the name of the Lord.   Why, we call those
who showed such endurance happy!   You have heard of the
steadfastness of Job, and you have seen what the Lord brought
out of it, for the Lord is very kind and merciful.

12   Above all, my brothers, do not swear an oath, either by
heaven or by the earth, or by anything else; let your "Yes"
be a plain Yes, and your "No" a plain No, or you will fall
under condemnation.

13   If any one of you is in trouble, he should pray.   If any one
14 is in good spirits, he should sing a hymn.   If any one is sick,
he should call in the elders of the church and have them pray
15 over him, and pour oil on him in the name of the Lord, and
the prayer offered in faith will save the sick man; the Lord
will restore him to health, and if he has committed sins, he will
16 be forgiven.   So confess your sins to one another and pray
for one another, so that you may be cured.   An upright man
17 can do a great deal by prayer when he tries.   Elijah was a
man like us, and he prayed earnestly that it might not rain,
and for three years and six months there was no rain in the
18 land.   Then he prayed again, and the heavens yielded rain
19 and the earth produced crops.   My brothers, if any one of you
is led astray from the truth, and someone brings him back,
20 you may be sure that whoever brings a sinner back from his
misguided way will save the man's soul from death, and
cover up a host of sins.

ΠΕΤΡΟΥ Α

1 ΠΕΤΡΟΣ ἀπόστολος Ἰησοῦ Χριστοῦ ἐκλεκτοῖς παρε-
πιδήμοις διασπορᾶς Πόντου, Γαλατίας, Καππαδοκίας,
2 Ἀσίας, καὶ Βιθυνίας, κατὰ πρόγνωσιν θεοῦ πατρός, ἐν
ἁγιασμῷ πνεύματος, εἰς ὑπακοὴν καὶ ῥαντισμὸν αἵματος
Ἰησοῦ Χριστοῦ· χάρις ὑμῖν καὶ εἰρήνη πληθυνθείη.

3 Εὐλογητὸς ὁ θεὸς καὶ πατὴρ τοῦ κυρίου ἡμῶν Ἰησοῦ
Χριστοῦ, ὁ κατὰ τὸ πολὺ αὐτοῦ ἔλεος ἀναγεννήσας ἡμᾶς εἰς
ἐλπίδα ζῶσαν δι᾽ ἀναστάσεως Ἰησοῦ Χριστοῦ ἐκ νεκρῶν,
4 εἰς κληρονομίαν ἄφθαρτον καὶ ἀμίαντον καὶ ἀμάραντον,
5 τετηρημένην ἐν οὐρανοῖς εἰς ὑμᾶς τοὺς ἐν δυνάμει θεοῦ
φρουρουμένους διὰ πίστεως εἰς σωτηρίαν ἑτοίμην ἀποκα-
6 λυφθῆναι ἐν καιρῷ ἐσχάτῳ. ἐν ᾧ ἀγαλλιᾶσθε, ὀλίγον
7 ἄρτι εἰ δέον λυπηθέντες ἐν ποικίλοις πειρασμοῖς, ἵνα τὸ
⌜δοκίμιον⌝ ὑμῶν τῆς πίστεως πολυτιμότερον χρυσίου τοῦ
ἀπολλυμένου διὰ πυρὸς δὲ δοκιμαζομένου εὑρεθῇ εἰς ἔπαινον
8 καὶ δόξαν καὶ τιμὴν ἐν ἀποκαλύψει Ἰησοῦ Χριστοῦ. ὃν
οὐκ ἰδόντες ἀγαπᾶτε, εἰς ὃν ἄρτι μὴ ὁρῶντες πιστεύοντες
9 δὲ ἀγαλλιᾶτε χαρᾷ ἀνεκλαλήτῳ καὶ δεδοξασμένῃ, κομι-
10 ζόμενοι τὸ τέλος τῆς πίστεως σωτηρίαν ψυχῶν. Περὶ
ἧς σωτηρίας ἐξεζήτησαν καὶ ἐξηραύνησαν προφῆται οἱ περὶ
11 τῆς εἰς ὑμᾶς χάριτος προφητεύσαντες, ἐραυνῶντες εἰς τίνα
ἢ ποῖον καιρὸν ⌜ἐδήλου τὸ⌝ ἐν αὐτοῖς πνεῦμα Χριστοῦ προ-
μαρτυρόμενον τὰ εἰς Χριστὸν παθήματα καὶ τὰς μετὰ
12 ταῦτα δόξας· οἷς ἀπεκαλύφθη ὅτι οὐχ ἑαυτοῖς ὑμῖν δὲ
διηκόνουν ⌜αὐτά, ἃ⌝ νῦν ἀνηγγέλη ὑμῖν διὰ τῶν εὐαγγε-

7 †...†   11 ἐδηλοῦτο   12 αὐτα

THE FIRST LETTER OF PETER

1 Peter, an apostle of Jesus Christ, to those who are
scattered as foreigners over Pontus, Galatia, Cappadocia,
2 Asia, and Bithynia, whom God the Father has chosen and
predestined by the consecration of the Spirit to be obedient
to Jesus Christ, and to be sprinkled with his blood; God bless
you and give you perfect peace.
3 Blessed be the God and Father of our Lord Jesus Christ!
In his great mercy he has caused us to be born anew to a life
of hope through the resurrection of Jesus Christ from the dead,
4 and to an imperishable, unsullied, and unfading inheritance,
5 which is kept safe for you in heaven, and you by God's power
are being protected through faith to receive a salvation that is
6 now ready to be disclosed at the last time. Rejoice over this,
although just now perhaps distressed for a little while by vari-
7 ous trials; they are to show that your faith when tested is found
to be more precious than gold, which though it is perishable is
tested with fire, and they will bring you praise, glory, and honor
8 when Jesus Christ is revealed. Love him, though you have
not seen him, but since you believe in him though you do not
9 now see him, rejoice with triumphant, unutterable joy to
attain the goal of faith, the salvation of your souls.
10 About this salvation the prophets who prophesied of the
blessing that was destined for you made the most careful in-
11 vestigation, trying to learn for what possible time the spirit of
Christ within them in predicting the sufferings destined for
Christ intended them and the glories that were to follow them.
12 It was disclosed to them that they were serving not themselves
but you in dealing with these things, which have now been told

λισαμένων ὑμᾶς πνεύματι ἁγίῳ ἀποσταλέντι ἀπ᾽ οὐρανοῦ,
εἰς ἃ ἐπιθυμοῦσιν ἄγγελοι παρακύψαι.

13 Διὸ ἀναζωσάμενοι τὰς ὀσφύας τῆς διανοιας ὑμῶν,
νήφοντες τελείως, ἐλπίσατε ἐπὶ τὴν φερομένην ὑμῖν χάριν
14 ἐν ἀποκαλύψει Ἰησοῦ Χριστοῦ. ὡς τέκνα ὑπακοῆς, μὴ
συνσχηματιζόμενοι ταῖς πρότερον ἐν τῇ ἀγνοίᾳ ὑμῶν ἐπι-
15 θυμίαις, ἀλλὰ κατὰ τὸν καλέσαντα ὑμᾶς ἅγιον καὶ αὐτοὶ
16 ἅγιοι ἐν πάσῃ ἀναστροφῇ γενήθητε, διότι γέγραπται [ὅτι]
17 Ἅγιοι ἔϲεϲθε, ὅτι ἐγὼ ἅγιοϲ. καὶ εἰ πατέρα ἐπι-
καλεῖϲθε τὸν ἀπροσωπολήμπτως κρίνοντα κατὰ τὸ ἑκά-
στου ἔργον, ἐν φόβῳ τὸν τῆς παροικίας ὑμῶν χρόνον ἀνα-
18 στράφητε· εἰδότες ὅτι οὐ φθαρτοῖς, ἀργυρίῳ ἢ χρυσίῳ,
ἐλυτρώθητε ἐκ τῆς ματαίας ὑμῶν ἀναστροφῆς πατροπαρα-
19 δότου, ἀλλὰ τιμίῳ αἵματι ὡς ἀμνοῦ ἀμώμου καὶ ἀσπίλου
20 Χριστοῦ, προεγνωσμένου μὲν πρὸ καταβολῆς κόσμου,
21 φανερωθέντος δὲ ἐπ᾽ ἐσχάτου τῶν χρόνων δι᾽ ὑμᾶς τοὺς
δι᾽ αὐτοῦ πιστοὺς εἰς θεὸν τὸν ἐγείραντα αὐτὸν ἐκ νεκρῶν
καὶ δόξαν αὐτῷ δόντα, ὥστε τὴν πίστιν ὑμῶν καὶ ἐλπίδα
22 εἶναι εἰς θεόν. Τὰς ψυχὰς ὑμῶν ἡγνικότες
ἐν τῇ ὑπακοῇ τῆς ἀληθείας εἰς φιλαδελφίαν ἀνυπόκριτον
23 ἐκ καρδίας ἀλλήλους ἀγαπήσατε ἐκτενῶς, ἀναγεγεννημέ-
νοι οὐκ ἐκ σπορᾶς φθαρτῆς ἀλλὰ ἀφθάρτου, διὰ λόγου
24 ζῶντοϲ θεοῦ καὶ μένοντοϲ· διότι

πᾶϲα ϲὰρξ ὡϲ χόρτοϲ,
καὶ πᾶϲα Δόξα αὐτῆϲ ὡϲ ἄνθοϲ χόρτου·
ἐξηράνθη ὁ χόρτοϲ,
καὶ τὸ ἄνθοϲ ἐξέπεϲεν·

25 τὸ δὲ ῥῆμα Κυρίου μένει εἰϲ τὸν αἰῶνα.
1 τοῦτο δέ ἐστιν τὸ ῥῆμα τὸ εὐαγγελιϲθὲν εἰς ὑμᾶς. Ἀ-
ποθέμενοι οὖν πᾶσαν κακίαν καὶ πάντα δόλον καὶ ⌈ὑπό-
2 κρισιν⌉ καὶ φθόνους καὶ πάσας καταλαλιάς, ὡς ἀρτιγέν-
νητα βρέφη τὸ λογικὸν ἄδολον γάλα ἐπιποθήσατε, ἵνα ἐν
3 αὐτῷ αὐξηθῆτε εἰς σωτηρίαν, εἰ ἐγεύϲαϲθε ὅτι χρηστὸς

---

1 ὑποκρίσεις

you by those who through the holy Spirit sent from heaven brought you the good news; things into which angels long to look!

13 Therefore, prepare your minds for action, and with perfect calmness fix your hopes on the mercy that you are to experi-
14 ence when Jesus Christ is revealed. Like obedient children, do not adapt yourselves to the cravings you used to follow
15 when you were ignorant, but like the holy Being who has
16 called you, you must also be holy in all your conduct, for the Scripture says,

> "You must be holy,
> Because I am holy."

17 And if you address him as Father who judges everyone impartially by what he does, you must live reverently all the
18 time you stay here, for you know that you have not been ransomed with anything perishable like silver or gold, from the
19 futile way of living in which you were brought up, but with precious blood, like that of an unblemished, spotless lamb,
20 the blood of Christ, who was predestined for this before the foundation of the world, but was revealed only at the end
21 of the ages, for the sake of you who through him trust in God, who raised him from the dead and showed him honor; and so your faith and hope rest on God.

22 Now that by obeying the truth you have purified your souls for sincere love of the brotherhood, you must love one
23 another intensely and heartily, for you have been born anew from a germ not perishable, but imperishable, through the
24 message of the living, everlasting God.   For

> "All flesh is like grass,
> And all its glory like the flower of the grass.
> The grass withers,
> And the flower fades,

25 But the word of the Lord will last forever."

That word is the good news that has been brought to you.

2 Free yourselves, therefore, from all malice, deceit,
2 hypocrisy, envy, and slander of any kind, and like new-born babes crave the pure spiritual milk that will make you grow up
3 to salvation, since you have tasted the Lord's kindness.

4 ὁ κΫ́ριοc. πρὸς ὃν προσερχόμενοι, λίθον ζῶντα, ὑπὸ
ἀνθρώπων μὲν ἀποΔεΔοκιΜαcΜέΝοΝ παρὰ δὲ θεῷ ἐκλε-
5 κτὸΝ ἔΝτιΜοΝ καὶ αὐτοὶ ὡς λίθοι ζῶντες οἰκοδομεῖσθε
οἶκος πνευματικὸς εἰς ἱεράτευμα ἅγιον, ἀνενέγκαι πνευ-
ματικὰς θυσίας εὐπροσδέκτους θεῷ διὰ Ἰησοῦ Χριστοῦ·
6 διότι περιέχει ἐν γραφῇ
Ἰδοὺ τίθηΜι ἐΝ ϹιὼΝ λίθοΝ ἐκλεκτὸΝ ἀκρογωνι-
αῖοΝ ἔΝτιΜοΝ,
καὶ ὁ πιcτεΫ́ωΝ ἐπ᾽ αΫτῷ οΫ Μὴ καταιcχΥΝθῇ.
7 ὑμῖν οὖν ἡ τιμὴ τοῖς πιστεύουσιν· ἀπιcτοῦcιΝ δὲ λίθοc
ὃΝ ἀπεΔοκίΜαcαΝ οἱ οἰκοΔοΜοῦΝτεc οΫτοc ἐγε-
8 Νήθη εἰc κεφαλὴΝ γωΝίαc καὶ λίθοc προcκόΜΜα-
τοc καὶ πέτρα cκαΝΔάλοΥ· οἳ προσκόπτουσιν τῷ
9 λόγῳ ἀπειθοῦντες· εἰς ὃ καὶ ἐτέθησαν. ὑμεῖς δὲ γέΝοc
ἐκλεκτόΝ, Βαcίλειοn ἱεράτεΥΜα, ἔθΝοc ἅγιοΝ,
λαὸc εἰc περιποίηcιΝ, ὅπωc τὰc ἀρετὰc ἐξαγγεί-
λητε τοῦ ἐκ σκότους ὑμᾶς καλέσαντος εἰς τὸ θαυμαστὸν
10 αὐτοῦ φῶς· οἵ ποτε οΫ λαὸc νῦν δὲ λαὸc θεοΫ, οἱ
οΫκ ἠλεηΜέΝοι νῦν δὲ ἐλεηθέΝτεc.

11　Ἀγαπητοί, παρακαλῶ ὡς παροίκοΥc καὶ παρεπιΔή-
μοΥc ἀπέχεσθαι τῶν σαρκικῶν ἐπιθυμιῶν, αἵτινες στρα-
12 τεύονται κατὰ τῆς ψυχῆς· τὴν ἀναστροφὴν ὑμῶν ἐν τοῖς
ἔθνεσιν ἔχοντες καλήν, ἵνα, ἐν ᾧ καταλαλοῦσιν ὑμῶν ὡς
κακοποιῶν, ἐκ τῶν καλῶν ἔργων ἐποπτεύοντες δοξάσωσι
τὸν θεὸν ἐν ἡΜέρᾳ ἐπιcκοπῆc.

13　Ὑποτάγητε πάσῃ ἀνθρωπίνῃ κτίσει διὰ τὸν κύριον·
14 εἴτε βασιλεῖ ὡς ὑπερέχοντι, εἴτε ἡγεμόσιν ὡς δι᾽ αὐτοῦ
πεμπομένοις εἰς ἐκδίκησιν κακοποιῶν ἔπαινον δὲ ἀγαθο-
15 ποιῶν· (ὅτι οὕτως ἐστὶν τὸ θέλημα τοῦ θεοῦ, ἀγαθοποι-
οῦντας φιμοῖν τὴν τῶν ἀφρόνων ἀνθρώπων ἀγνωσίαν·)
16 ὡς ἐλεύθεροι, καὶ μὴ ὡς ἐπικάλυμμα ἔχοντες τῆς κακίας
17 τὴν ἐλευθερίαν, ἀλλ᾽ ὡς θεοῦ δοῦλοι. πάντας τιμήσατε, τὴν

2 4 ὑμῶν　　1 καί　　4 πραέως καὶ ἡσυχίου

4 Come to him, as to a living stone rejected by men, but chosen
5 and prized in the sight of God, and build yourselves up as
living stones into a spiritual house for a consecrated priest-
hood, so as to offer spiritual sacrifices that through Jesus
6 Christ will be acceptable to God.   For it says in Scripture,
"Here I lay a choice stone in Zion, a costly cornerstone;
No one who believes in it will ever be disappointed!"
7 It is you, therefore, who believe who see its value, but for men
who do not believe,
"The stone which the builders refused has been
made a cornerstone,"
8 and
"A stone to stumble over, and a rock to trip them up."
They stumble over the message because they will not obey
9 it; that is their destiny.   But you are the chosen race, the
royal priesthood, the consecrated nation, his own people, so
that you may declare the virtues of him who has called you out
10 of darkness into his wonderful light; you who were once
"no people" but are now "God's people"; once "unpitied"
but now "pitied indeed."
11   Dear friends, I beg you, as aliens and exiles here, not
to indulge the physical cravings that are at war with the
12 soul.   Live upright lives among the heathen, so that even if
they charge you with being evil-doers, they may from observ-
ing the uprightness of your conduct come to praise God on the
Day of Judgment.
13   Submit to all human authority, for the Master's sake;
14 to the emperor, as supreme, and to governors, as sent by him
to punish evil-doers, and to encourage those who do right.
15 For it is the will of God that by doing right you should
16 silence the ignorant charges of foolish people.   Live like free
men, only do not make your freedom an excuse for doing
17 wrong, but be slaves of God.   Treat everyone with respect.

ἀδελφότητα ἀγαπᾶτε, τὸν θεὸν φοβεῖσθε, τὸν Βασιλέα
18 τιμᾶτε.   Οἱ οἰκέται ὑποτασσόμενοι ἐν παντὶ
φόβῳ τοῖς δεσπόταις, οὐ μόνον τοῖς ἀγαθοῖς καὶ ἐπιεικέσιν
19 ἀλλὰ καὶ τοῖς σκολιοῖς. τοῦτο γὰρ χάρις εἰ διὰ συνείδησιν
20 θεοῦ ὑποφέρει τις λύπας πάσχων ἀδίκως· ποῖον γὰρ κλέος
εἰ ἁμαρτάνοντες καὶ κολαφιζόμενοι ὑπομενεῖτε; ἀλλ᾽ εἰ ἀγα-
θοποιοῦντες καὶ πάσχοντες ὑπομενεῖτε, τοῦτο χάρις παρὰ
21 θεῷ. εἰς τοῦτο γὰρ ἐκλήθητε, ὅτι καὶ Χριστὸς ἔπαθεν
ὑπὲρ ὑμῶν, ὑμῖν ὑπολιμπάνων ὑπογραμμὸν ἵνα ἐπακολου-
22 θήσητε τοῖς ἴχνεσιν αὐτοῦ· ὃς ἁμαρτίαν ΟΥΚ ἘΠΟΊΗCΕΝ
23 ΟΥΔΕ ΕΥΡΕΘΗ ΔΟΛΟC ΕΝ ΤΩ CΤΟΜΑΤΙ ΑΥΤΟΥ· ὃς λοιδο-
ρούμενος οὐκ ἀντελοιδόρει, πάσχων οὐκ ἠπείλει, παρεδί-
24 δου δὲ τῷ κρίνοντι δικαίως· ὃς τὰς ἁμαρτίας ⸀ἡμῶν⸀ αὐτὸς
ἀνΗΝΕΓΚΕΝ ἐν τῷ σώματι αὐτοῦ ἐπὶ τὸ ξύλον, ἵνα ταῖς
ἁμαρτίαις ἀπογενόμενοι τῇ δικαιοσύνῃ ζήσωμεν· οὗ τῷ
25 ΜΩΛΩΠΙ ἸΑΘΗΤΕ. ἦτε γὰρ ὡς ΠΡΟΒΑΤΑ ΠΛΑΝΩΜΕΝΟΙ,
ἀλλὰ ἐπεστράφητε νῦν ἐπὶ τὸν ποιμένα καὶ ἐπίσκοπον τῶν
1 ψυχῶν ὑμῶν.   Ὁμοίως γυναῖκες ὑποτασσόμεναι
τοῖς ἰδίοις ἀνδράσιν, ἵνα ⸆ εἴ τινες ἀπειθοῦσιν τῷ λόγῳ διὰ
τῆς τῶν γυναικῶν ἀναστροφῆς ἄνευ λόγου κερδηθήσονται
2 ἐποπτεύσαντες τὴν ἐν φόβῳ ἁγνὴν ἀναστροφὴν ὑμῶν.
3 ὧν ἔστω οὐχ ὁ ἔξωθεν ἐμπλοκῆς τριχῶν καὶ περιθέσεως
4 χρυσίων ἢ ἐνδύσεως ἱματίων κόσμος, ἀλλ᾽ ὁ κρυπτὸς τῆς
καρδίας ἄνθρωπος ἐν τῷ ἀφθάρτῳ τοῦ ⸀ἡσυχίου καὶ πραέως⸀
5 πνεύματος, ὅ ἐστιν ἐνώπιον τοῦ θεοῦ πολυτελές. οὕτως γάρ
ποτε καὶ αἱ ἅγιαι γυναῖκες αἱ ἐλπίζουσαι εἰς θεὸν ἐκόσμουν
6 ἑαυτάς, ὑποτασσόμεναι τοῖς ἰδίοις ἀνδράσιν, ⸀ὡς Σάρρα
ὑπήκουεν τῷ Ἀβραάμ, ΚΥΡΙΟΝ αὐτὸν καλοῦσα· ἧς ἐγενή-
θητε τέκνα⸀ ἀγαθοποιοῦσαι καὶ ΜΗ ΦΟΒΟΥΜΕΝΑΙ μηδεμίαν
7 ΠΤΟΗCΙΝ.   Οἱ ἄνδρες ὁμοίως συνοικοῦντες κατὰ
γνῶσιν, ὡς ἀσθενεστέρῳ σκεύει τῷ γυναικείῳ ἀπονέμοντες
τιμήν, ὡς καὶ ⸀συνκληρονόμοι⸀ χάριτος ζωῆς, εἰς τὸ μὴ
8 ἐγκόπτεσθαι ⸀τὰς προσευχὰς⸀ ὑμῶν.   Τὸ δὲ τέ-

6 (ὡς .....καλοῦσα, ἧς......τέκνα,)   7 συνκληρονόμοις | ταῖς προσευχαῖς

Love the brotherhood, be reverent to God, respect the emperor.

18   You servants must be submissive to your masters and perfectly respectful to them; not only to those who are kind 19 and considerate, but also to those who are unreasonable. For God approves a man if from a sense of duty he endures 20 suffering unjustly inflicted—for what credit is there in your enduring being beaten for doing wrong? But if you endure suffering for doing what is right, you have God's approval. 21 That is the life to which you have been called, for Christ himself suffered for you, leaving you an example so that you 22 might follow his footsteps. He committed no sin, and 23 deceit was never on his lips. He was abused but he did not retort. He suffered but he did not threaten, but committed 24 his case to him who judges justly. He carried the burden of our sins in his own body on the tree, in order that we might die to sin and live for uprightness. By his wounds you have 25 been healed. For you were astray like sheep, but now you have returned to the shepherd and guardian of your souls.

3   You married women, in the same way, must be submissive to your husbands, so that any who refuse to believe the message may be won over without argument through the 2 behavior of their wives when they see how chaste and sub- 3 missive you are. You must not adopt the external attractions 4 of arranging the hair and wearing jewelry and dress; yours must be the inner beauty of character, the imperishable attrac- tion of a quiet and gentle spirit, which has great value in the 5 sight of God. It was in that way in ancient times that those pious women who set their hopes on God made them- selves attractive. They were submissive to their husbands, 6 like Sarah, who obeyed Abraham, and called him Master. You are true daughters of hers, if you do right and are un- afraid.

7   You married men also must be considerate in living with your wives. You must show deference to women as the weaker sex, sharing the gift of life with you, so that there may be nothing to interfere with your prayers.

8   Finally, you must all be harmonious, sympathizing, loving,

λος πάντες ὁμόφρονες, συμπαθεῖς, φιλάδελφοι, εὔσπλαγ-
9 χνοι, ταπεινόφρονες, μὴ ἀποδιδόντες κακὸν ἀντὶ κακοῦ
ἢ λοιδορίαν ἀντὶ λοιδορίας τοὐναντίον δὲ εὐλογοῦντες,
ὅτι εἰς τοῦτο ἐκλήθητε ἵνα εὐλογίαν κληρονομήσητε.

10   ὁ γὰρ θέλων ζωὴν ἀγαπᾶν
        καὶ ἰδεῖν ἡμέρας ἀγαθάς
        παυσάτω τὴν γλῶσσαν ἀπὸ κακοῦ
        καὶ χείλη τοῦ μὴ λαλῆσαι δόλον,
11   ἐκκλινάτω δὲ ἀπὸ κακοῦ καὶ ποιησάτω ἀγαθόν,
        ζητησάτω εἰρήνην καὶ διωξάτω αὐτήν.
12   ὅτι ὀφθαλμοὶ Κυρίου ἐπὶ δικαίους
        καὶ ὦτα αὐτοῦ εἰς δέησιν αὐτῶν,
        πρόσωπον δὲ Κυρίου ἐπὶ ποιοῦντας κακά.

13 Καὶ τίς ὁ κακώσων ὑμᾶς ἐὰν τοῦ ἀγαθοῦ ζηλωταὶ
14 γένησθε; ἀλλ᾽ εἰ καὶ πάσχοιτε διὰ δικαιοσύνην, μακάριοι.
τὸν δὲ φόβον αὐτῶν μὴ φοβηθῆτε μηδὲ ταραχθῆτε,
15 Κύριον δὲ τὸν Χριστὸν ἁγιάσατε ἐν ταῖς καρδίαις ὑμῶν,
ἕτοιμοι ἀεὶ πρὸς ἀπολογίαν παντὶ τῷ αἰτοῦντι ὑμᾶς λόγον
περὶ τῆς ἐν ὑμῖν ἐλπίδος, ἀλλὰ μετὰ πραΰτητος καὶ φόβου,
16 συνείδησιν ἔχοντες ἀγαθήν, ἵνα ἐν ᾧ καταλαλεῖσθε καται-
σχυνθῶσιν οἱ ἐπηρεάζοντες ὑμῶν τὴν ἀγαθὴν ἐν Χριστῷ
17 ἀναστροφήν. κρεῖττον γὰρ ἀγαθοποιοῦντας, εἰ θέλοι τὸ
18 θέλημα τοῦ θεοῦ, πάσχειν ἢ κακοποιοῦντας. ὅτι καὶ Χρι-
στὸς ἅπαξ περὶ ἁμαρτιῶν ⌐ἀπέθανεν⌐, δίκαιος ὑπὲρ ἀδίκων,
ἵνα ὑμᾶς προσαγάγῃ τῷ θεῷ, θανατωθεὶς μὲν σαρκὶ
19 ζωοποιηθεὶς δὲ πνεύματι· ἐν ᾧ καὶ τοῖς ἐν φυλακῇ πνεύ-
20 μασιν πορευθεὶς ἐκήρυξεν, ἀπειθήσασίν ποτε ὅτε ἀπεξεδέ-
χετο ἡ τοῦ θεοῦ μακροθυμία ἐν ἡμέραις Νῶε κατασκευα-
ζομένης κιβωτοῦ εἰς ἣν ὀλίγοι, τοῦτ᾽ ἔστιν ὀκτὼ ψυχαί,
21 διεσώθησαν δι᾽ ὕδατος. ⌐ὃ⌐ καὶ ὑμᾶς ἀντίτυπον νῦν σώζει
βάπτισμα, οὐ σαρκὸς ἀπόθεσις ῥύπου ἀλλὰ συνειδήσεως
ἀγαθῆς ἐπερώτημα εἰς θεόν, δι᾽ ἀναστάσεως Ἰησοῦ Χριστοῦ,
22 ὅς ἐστιν ἐν δεξιᾷ θεοῦ πορευθεὶς εἰς οὐρανὸν ὑποταγέντων

18 ἔπαθεν   21 †...†

9 tender-hearted, modest, not returning evil for evil, or abuse for
abuse.   You must bless them instead.   It is for this that you
10 were called—to obtain blessing.   For

"Let him who would enjoy life
   And see happy days,
Keep his tongue from evil,
   And his lips from uttering deceit.
11   Let him turn away from evil and do right,
   Let him seek peace and go after it.
12   For the eyes of the Lord are upon upright men,
      And his ears are open to their entreaty,
   But the Lord's face is set against men that do wrong."

13   And who is there that can hurt you if you are eager to do
14 what is right? Even if you should suffer for uprightness,
you are blessed.   But do not be afraid of them, nor be
15 troubled, but reverence Christ in your hearts as Lord, and
always be ready to make your defense to anyone who calls
you to account for the hope that you have.   But do so gently
16 and respectfully, and keep your conscience clear, so that those
who abuse your upright Christian conduct may be made
17 ashamed of their slanders.   For it is better to suffer for doing
18 right, if that should be God's will, than for doing wrong.   For
Christ himself died once for all, for sin, an upright man for
unrighteous men, to bring you to God, and was physically put
19 to death, but he was made alive in the Spirit.   In it Enoch
went and preached even to those spirits that were in prison,
20 who had once been disobedient, when in Noah's time God
in his patience waited for the ark to be made ready, in which
a few people, eight in all, were brought safely through the
21 water.   Baptism, which corresponds to it, now saves you also
(not as the mere removing of physical stain, but as the craving
for a conscience right with God)—through the resurrection of
22 Jesus Christ, who has gone to heaven and is at God's right
hand, with angels, hierarchies, and powers made subject
to him.

1 αὐτῷ ἀγγέλων καὶ ἐξουσιῶν καὶ δυνάμεων. Χρι-
στοῦ οὖν παθόντος σαρκὶ καὶ ὑμεῖς τὴν αὐτὴν ἔννοιαν
2 ὁπλίσασθε, ὅτι ὁ παθὼν σαρκὶ πέπαυται ⌜ἁμαρτίαις⌝, εἰς
τὸ μηκέτι ἀνθρώπων ἐπιθυμίαις ἀλλὰ θελήματι θεοῦ τὸν
3 ἐπίλοιπον ἐν σαρκὶ βιῶσαι χρόνον. ἀρκετὸς γὰρ ὁ παρε-
ληλυθὼς χρόνος τὸ βούλημα τῶν ἐθνῶν κατειργάσθαι,
πεπορευμένους ἐν ἀσελγείαις, ἐπιθυμίαις, οἰνοφλυγίαις,
4 κώμοις, πότοις, καὶ ἀθεμίτοις εἰδωλολατρίαις. ἐν ᾧ ξενί-
ζονται μὴ συντρεχόντων ὑμῶν εἰς τὴν αὐτὴν τῆς ἀσωτίας
5 ἀνάχυσιν, βλασφημοῦντες· οἳ ἀποδώσουσιν λόγον τῷ
6 ἑτοίμως κρίνοντι ζῶντας καὶ νεκρούς· εἰς τοῦτο γὰρ καὶ
νεκροῖς εὐηγγελίσθη ἵνα κριθῶσι μὲν κατὰ ἀνθρώπους
σαρκὶ ζῶσι δὲ κατὰ θεὸν πνεύματι.

7 Πάντων δὲ τὸ τέλος ἤγγικεν. σωφρονήσατε οὖν καὶ
8 νήψατε εἰς προσευχάς· πρὸ πάντων τὴν εἰς ἑαυτοὺς ἀγάπην
ἐκτενῆ ἔχοντες, ὅτι ἀγάπη καλύπτει πλῆθος ἁμαρτιῶν·
9,10 φιλόξενοι εἰς ἀλλήλους ἄνευ γογγυσμοῦ· ἕκαστος καθὼς
ἔλαβεν χάρισμα, εἰς ἑαυτοὺς αὐτὸ διακονοῦντες ὡς καλοὶ
11 οἰκονόμοι ποικίλης χάριτος θεοῦ· εἴ τις λαλεῖ, ὡς λόγια
θεοῦ· εἴ τις διακονεῖ, ὡς ἐξ ἰσχύος ἧς χορηγεῖ ὁ θεός· ἵνα
ἐν πᾶσιν δοξάζηται ὁ θεὸς διὰ Ἰησοῦ Χριστοῦ, ᾧ ἐστιν
ἡ δόξα καὶ τὸ κράτος εἰς τοὺς αἰῶνας τῶν αἰώνων· ἀμήν.

12 Ἀγαπητοί, μὴ ξενίζεσθε τῇ ἐν ὑμῖν πυρώσει πρὸς
πειρασμὸν ὑμῖν γινομένῃ ὡς ξένου ὑμῖν συμβαίνοντος,
13 ἀλλὰ καθὸ κοινωνεῖτε τοῖς τοῦ Χριστοῦ παθήμασιν χαίρετε,
ἵνα καὶ ἐν τῇ ἀποκαλύψει τῆς δόξης αὐτοῦ χαρῆτε ἀγαλ-
14 λιώμενοι. εἰ ὀνειδίζεϲθε ἐν ὀνόματι Χριστοῦ, μακάριοι,
ὅτι τὸ τῆς δόξης καὶ τὸ τοῦ θεοῦ πνεῦμα ἐφ᾽ ὑμᾶς
15 ἀναπαύεται. μὴ γάρ τις ὑμῶν πασχέτω ὡς φονεὺς ἢ
16 κλέπτης ἢ κακοποιὸς ἢ ὡς ἀλλοτριεπίσκοπος· εἰ δὲ ὡς
Χριστιανός, μὴ αἰσχυνέσθω, δοξαζέτω δὲ τὸν θεὸν ἐν τῷ
17 ὀνόματι τούτῳ. ὅτι [ὁ] καιρὸς τοῦ ἄρξαϲθαι τὸ κρίμα

1 ἁμαρτίας

4 Since Christ therefore has suffered in our physical nature, you must also arm yourselves with the same resolve. For he who suffers in his physical nature has done with sin, 2 and no longer lives by what men desire, but for the rest of 3 his earthly life by what God wills. You have spent time enough in the past in doing as the heathen like to do, indulging in sensuality, passion, drunkenness, carousing, dissipation, 4 and detestable idolatry. They are amazed that you no longer join them in plunging into the same flood of dissipa- 5 tion, and they abuse you for it; but they will have to answer 6 for it to him who is ready to judge living and dead. This is why the good news was preached to the dead also, that though they are judged in their physical nature as men are, they may yet live, like God, in the Spirit.

7 But the end of all things is near. Be serious and collected, 8 therefore, and pray. Above all keep your love for one 9 another strong, because love covers up a host of sins. Be 10 ungrudgingly hospitable to one another. Whatever the endowment God has given you, use it in service to one 11 another, like good dispensers of God's varied mercy. If one preaches, let him do it like one who utters the words of God; if one does some service, let him do it as with strength which God supplies, so that in everything God may be glorified through Jesus Christ. To him belong glory and dominion forever and ever. Amen.

12 Dear friends, do not be surprised that a test of fire is being applied to you, as though a strange thing were happen- 13 ing to you, but be glad that you are in a measure sharing the sufferings of the Christ, so that when his glory is revealed you 14 may be triumphantly happy. If you are being abused for the sake of Christ, you are blessed, because the glorious Spirit of 15 God is resting upon you. For no one of you must suffer as a 16 murderer or thief or criminal or revolutionist, but if a man suffers for being a Christian, he must not be ashamed of it, 17 but must do honor to God through that name. For the time has come for the judgment to begin with the household of God, and if it begins with us, what will be the end of those who

ἀπὸ τοῦ οἴκου τοῦ θεοῦ· εἰ δὲ πρῶτον ἀφ' ἡμῶν, τί τὸ
18 τέλος τῶν ἀπειθούντων τῷ τοῦ θεοῦ εὐαγγελίῳ; καὶ εἰ
ὁ δίκαιος μόλις cώζεται, ὁ [δὲ] ἀcεβὴc καὶ ᵀ ἁμαρ-
19 τωλὸc ποῦ φανεῖται; ὥστε καὶ οἱ πάσχοντες κατὰ
τὸ θέλημα τοῦ θεοῦ πιστῷ κτίστῃ παρατιθέσθωσαν τὰς
ψυχὰς ᵀ ἐν ἀγαθοποιίᾳ.

1   Πρεσβυτέρους οὖν ἐν ὑμῖν παρακαλῶ ὁ συνπρεσβύτε-
ρος καὶ μάρτυς τῶν τοῦ Χριστοῦ παθημάτων, ὁ καὶ τῆς
2 μελλούσης ἀποκαλύπτεσθαι δόξης κοινωνός, ποιμάνατε
τὸ ἐν ὑμῖν ποίμνιον τοῦ θεοῦ, μὴ ἀναγκαστῶς ἀλλὰ ἑκου-
3 σίως, μηδὲ αἰσχροκερδῶς ἀλλὰ προθύμως, μηδ' ὡς κατακυ-
ριεύοντες τῶν κλήρων ἀλλὰ τύποι γινόμενοι τοῦ ποιμνίου·
4 καὶ φανερωθέντος τοῦ ἀρχιποίμενος κομιεῖσθε τὸν ἀμαράν-
5 τινον τῆς δόξης στέφανον. Ὁμοίως,, νεώτεροι, ὑποτάγητε
πρεσβυτέροις.   Πάντες δὲ ἀλλήλοις τὴν ταπεινοφροσύνην
ἐγκομβώσασθε, ὅτι [ὁ] θεὸς ὑπερηφάνοιc ἀντιτάccεται
ταπεινοῖc δὲ δίδωcιν χάριν.

6   Ταπεινώθητε οὖν ὑπὸ τὴν κραταιὰν χεῖρα τοῦ θεοῦ, ἵνα
7 ὑμᾶς ὑψώσῃ ἐν καιρῷ, πᾶσαν τὴν μέριμναν ὑμῶν
ἐπιρίψαντεc ἐπ' αὐτόν, ὅτι αὐτῷ μέλει περὶ ὑμῶν.
8 Νήψατε, γρηγορήσατε. ὁ ἀντίδικος ὑμῶν διάβολος ὡς λέων
9 ὠρυόμενος περιπατεῖ ζητῶν ᵀ καταπιεῖν· ᾧ ἀντίστητε
στερεοὶ τῇ πίστει, εἰδότες τὰ αὐτὰ τῶν παθημάτων τῇ
10 ἐν τῷ κόσμῳ ὑμῶν ἀδελφότητι ἐπιτελεῖσθαι. Ὁ δὲ θεὸς
πάσης χάριτος, ὁ καλέσας ὑμᾶς εἰς τὴν αἰώνιον αὐτοῦ δόξαν
ἐν ᵀ Χριστῷ, ὀλίγον παθόντας αὐτὸς καταρτίσει, στηρίξει,
11 σθενώσει.   αὐτῷ τὸ κράτος εἰς τοὺς αἰῶνας· ἀμήν.

12   Διὰ Σιλουανοῦ ὑμῖν τοῦ πιστοῦ ἀδελφοῦ, ὡς λογίζομαι,
δι' ὀλίγων ἔγραψα, παρακαλῶν καὶ ἐπιμαρτυρῶν ταύτην
13 εἶναι ἀληθῆ χάριν τοῦ θεοῦ· εἰς ἣν στῆτε. Ἀσπάζεται
ὑμᾶς ἡ ἐν Βαβυλῶνι συνεκλεκτὴ καὶ Μάρκος ὁ υἱός
14 μου. Ἀσπάσασθε ἀλλήλους ἐν φιλήματι ἀγάπης.
Εἰρήνη ὑμῖν πᾶσιν τοῖς ἐν Χριστῷ.

18 ὁ   19 αὐτῶν   8 τινὰ   10 τῷ

18 refuse God's good news?   If it is hard for the upright man to
19 be saved, what will become of the godless and sinful?   There-
fore, those who suffer by the will of God must intrust their
souls to a Creator who is faithful, and continue to do what is
right.

5   I appeal therefore to those who are elders among you;
I am their brother-elder and a witness to what the Christ
suffered, and I am to share in the glory that is to be revealed—
2 be shepherds of the flock of God that is among you, not as
though it were forced upon you but of your own free will, and
3 not from base love of gain but freely, and not as tyrannizing
over those in your charge but proving models for the flock;
4 and when the chief shepherd appears, you will receive the
5 glorious wreath that will never fade.   You younger men
must show deference to the elders.   And you must all clothe
yourselves in humility toward one another, for God opposes
6 the proud, but shows mercy to the humble.   Submit humbly,
therefore, to God's mighty hand, so that he may in due time
7 raise you up.   Throw all your anxiety upon him, for he cares
8 for you.   Be calm and watchful.   Your opponent the devil
is prowling about like a roaring lion, wanting to devour you.
9 Resist him and be strong in the faith, for you know that your
brotherhood all over the world is having the same experience
10 of suffering.   And God, the giver of all mercy, who through
your union with Christ has called you to his eternal glory,
after you have suffered a little while will himself make you
11 perfect, steadfast, and strong.   His be the dominion forever.
Amen.
12   By Silvanus, our faithful brother, as I think him, I have
written you this short letter to encourage you and bear my
testimony that this is what the true mercy of God means.
13 Stand fast in it.   Your sister-church in Babylon, chosen like
you, and Mark my son wish to be remembered to you.
14 Greet one another with a kiss of love.
     Peace to all of you that are in union with Christ.

ΠΕΤΡΟΥ Β

1 ⌜ΣΙΜΩΝ⌝ ΠΕΤΡΟΣ δοῦλος καὶ ἀπόστολος Ἰησοῦ
Χριστοῦ τοῖς ἰσότιμον ἡμῖν λαχοῦσιν πίστιν ἐν δικαιοσύνῃ
2 τοῦ θεοῦ ἡμῶν καὶ σωτῆρος Ἰησοῦ Χριστοῦ· χάρις
ὑμῖν καὶ εἰρήνη πληθυνθείη ἐν ἐπιγνώσει τοῦ θεοῦ καὶ
3 Ἰησοῦ τοῦ κυρίου ἡμῶν, ὡς πάντα ἡμῖν τῆς θείας
δυνάμεως αὐτοῦ τὰ πρὸς ζωὴν καὶ εὐσέβειαν δεδωρημένης
διὰ τῆς ἐπιγνώσεως τοῦ καλέσαντος ἡμᾶς ⌜διὰ δόξης καὶ
4 ἀρετῆς⌝, δι' ὧν τὰ τίμια ⌜καὶ μέγιστα ἡμῖν⌝ ἐπαγγέλματα
δεδώρηται, ἵνα διὰ τούτων γένησθε θείας κοινωνοὶ φύ-
σεως, ἀποφυγόντες τῆς ἐν τῷ κόσμῳ ἐν ἐπιθυμίᾳ
5 φθορᾶς. καὶ αὐτὸ τοῦτο δὲ σπουδὴν πᾶσαν παρεισενέγ-
καντες ἐπιχορηγήσατε ἐν τῇ πίστει ὑμῶν τὴν ἀρετήν, ἐν
6 δὲ τῇ ἀρετῇ τὴν γνῶσιν, ἐν δὲ τῇ γνώσει τὴν ἐγκρά-
τειαν, ἐν δὲ τῇ ἐγκρατείᾳ τὴν ὑπομονήν, ἐν δὲ τῇ
7 ὑπομονῇ τὴν εὐσέβειαν, ἐν δὲ τῇ εὐσεβείᾳ τὴν φιλαδελ-
8 φίαν, ἐν δὲ τῇ φιλαδελφίᾳ τὴν ἀγάπην· ταῦτα γὰρ ὑμῖν
ὑπάρχοντα καὶ πλεονάζοντα οὐκ ἀργοὺς οὐδὲ ἀκάρπους
καθίστησιν εἰς τὴν τοῦ κυρίου ἡμῶν Ἰησοῦ Χριστοῦ ἐπί-
9 γνωσιν· ᾧ γὰρ μὴ πάρεστιν ταῦτα, τυφλός ἐστιν μυωπάζων,
λήθην λαβὼν τοῦ καθαρισμοῦ τῶν πάλαι αὐτοῦ ⌜ἁμαρτιῶν⌝.
10 διὸ μᾶλλον, ἀδελφοί, σπουδάσατε βεβαίαν ὑμῶν τὴν
κλῆσιν καὶ ἐκλογὴν ποιεῖσθαι· ταῦτα γὰρ ποιοῦντες οὐ μὴ
11 πταίσητέ ποτε· οὕτως γὰρ πλουσίως ἐπιχορηγηθήσεται
ὑμῖν ἡ εἴσοδος εἰς τὴν αἰώνιον βασιλείαν τοῦ κυρίου ἡμῶν
καὶ σωτῆρος Ἰησοῦ Χριστοῦ.

1 ΣΥΜΕΩΝ   3 ἰδίᾳ δόξῃ καὶ ἀρετῇ   4 ἡμῖν καὶ μέγιστα   9 ἁμαρτημάτων

THE SECOND LETTER OF PETER

1   Simon Peter, a slave and apostle of Jesus Christ, to those who through the uprightness of our God and Savior Jesus 2 Christ have been given a faith as privileged as ours; God bless you and give you perfect peace through the knowledge of God 3 and of Jesus our Lord. For his divine power has given us every requisite for life and piety, through our coming to know him 4 who through his glory and excellence called us to him. Thus he has given us his precious and splendid promises so that through them you may escape the corrupting influences that exist in the world through passion, and come to share in the divine 5 nature. For this very reason make every effort to supple-ment your faith with goodness, goodness with knowledge, 6 knowledge with self-control, self-control with steadfastness, 7 steadfastness with piety, piety with a spirit of brotherhood, 8 and the spirit of brotherhood with love. For if you have these qualities in their fulness, they will make you neither idle nor unproductive when it comes to the understanding of our 9 Lord Jesus Christ. For whoever lacks these qualities is blind or near-sighted, and has forgotten that he has been 10 cleansed from his former sins. Therefore, brothers, make all the greater efforts to make God's call and choice of you certain. 11 For if you have these qualities, you will never stumble, for then you will be triumphantly admitted to the eternal king-dom of our Lord and Savior Jesus Christ.

12 Διὸ μελλήσω ἀεὶ ὑμᾶς ὑπομιμνήσκειν περὶ τούτων, καίπερ εἰδότας καὶ ἐστηριγμένους ἐν τῇ παρούσῃ ἀληθείᾳ. 13 δίκαιον δὲ ἡγοῦμαι, ἐφ' ὅσον εἰμὶ ἐν τούτῳ τῷ σκηνώματι, 14 διεγείρειν ὑμᾶς ἐν ὑπομνήσει, εἰδὼς ὅτι ταχινή ἐστιν ἡ ἀπόθεσις τοῦ σκηνώματός μου, καθὼς καὶ ὁ κύριος ἡμῶν 15 Ἰησοῦς Χριστὸς ἐδήλωσέν μοι· σπουδάσω δὲ καὶ ἑκάστοτε ἔχειν ὑμᾶς μετὰ τὴν ἐμὴν ἔξοδον τὴν τούτων μνήμην ποιεῖ-16 σθαι. οὐ γὰρ σεσοφισμένοις μύθοις ἐξακολουθήσαντες ἐγνωρίσαμεν ὑμῖν τὴν τοῦ κυρίου ἡμῶν Ἰησοῦ Χριστοῦ δύναμιν καὶ παρουσίαν, ἀλλ' ἐπόπται γενηθέντες τῆς ἐκείνου 17 μεγαλειότητος. λαβὼν γὰρ παρὰ θεοῦ πατρὸς τιμὴν καὶ δόξαν φωνῆς ἐνεχθείσης αὐτῷ τοιᾶσδε ὑπὸ τῆς μεγαλοπρεποῦς δόξης Ὁ υἱός μου ὁ ἀγαπητός μου οὗτός ἐστιν, εἰς ὃν 18 ἐγὼ εὐδόκησα,— καὶ ταύτην τὴν φωνὴν ἡμεῖς ἠκούσαμεν ἐξ οὐρανοῦ ἐνεχθεῖσαν σὺν αὐτῷ ὄντες ἐν τῷ ἁγίῳ ὄρει. 19 καὶ ἔχομεν βεβαιότερον τὸν προφητικὸν λόγον, ᾧ καλῶς ποιεῖτε προσέχοντες ὡς λύχνῳ φαίνοντι ἐν αὐχμηρῷ τόπῳ, ἕως οὗ ἡμέρα διαυγάσῃ καὶ φωσφόρος ἀνατείλῃ ἐν ταῖς 20 καρδίαις ὑμῶν· τοῦτο πρῶτον γινώσκοντες ὅτι πᾶσα 21 προφητεία γραφῆς ἰδίας ἐπιλύσεως οὐ γίνεται, οὐ γὰρ θελήματι ἀνθρώπου ἠνέχθη προφητεία ποτέ, ἀλλὰ ὑπὸ πνεύματος ἁγίου φερόμενοι ἐλάλησαν ἀπὸ θεοῦ ἄνθρωποι.

1 Ἐγένοντο δὲ καὶ ψευδοπροφῆται ἐν τῷ λαῷ, ὡς καὶ ἐν ὑμῖν ἔσονται ψευδοδιδάσκαλοι, οἵτινες παρεισάξουσιν αἱρέσεις ἀπωλείας, καὶ τὸν ἀγοράσαντα αὐτοὺς δεσπότην 2 ἀρνούμενοι, ἐπάγοντες ἑαυτοῖς ταχινὴν ἀπώλειαν· καὶ πολλοὶ ἐξακολουθήσουσιν αὐτῶν ταῖς ἀσελγείαις, ΔΙ' ΟΥΣ 3 ἡ ὁδὸς τῆς ἀληθείας ΒΛΑΣΦΗΜΗΘΗΣΕΤΑΙ· καὶ ἐν πλεονεξίᾳ πλαστοῖς λόγοις ὑμᾶς ἐμπορεύσονται· οἷς τὸ κρίμα ἔκπα-4 λαι οὐκ ἀργεῖ, καὶ ἡ ἀπώλεια αὐτῶν οὐ νυστάζει. εἰ γὰρ ὁ θεὸς ἀγγέλων ἁμαρτησάντων οὐκ ἐφείσατο, ἀλλὰ σειροῖς 5 ζόφου ταρταρώσας παρέδωκεν εἰς κρίσιν τηρουμένους, καὶ

12 Therefore I will always remind you of this, although you know it and are firmly grounded in the truth that you

13 have. Yet I think it right, as long as I live in my present

14 tent, to arouse you by a reminder, for I know that I must soon put it away, as our Lord Jesus Christ has shown me.

15 I will also take care that after I am gone you will be able at

16 any time to call these things to mind. For they were no fictitious stories that we followed when we informed you of the power of our Lord Jesus Christ and of his coming, but we

17 had been eye-witnesses of his majesty. For when he was so honored and glorified by God the Father and from the supreme glory there were borne to him such words as these:

18 "This is my Son, my Beloved! He is my Chosen!"—we heard these words borne from heaven when we were with him

19 on that sacred mountain. So we have the message of the prophets more fully guaranteed. Please pay attention to that message as to a lamp shining in a dark place, until the day

20 dawns and the morning star rises in your hearts. You must understand this in the first place, that no prophecy in Scripture

21 can be understood through one's own powers, for no prophecy ever originated in the human will, but under the influence of the holy Spirit men spoke for God.

2 There were false prophets too among the people, just as there will be false teachers among you, who will introduce destructive sects and deny the Master who has bought them,

2 thus bringing on themselves swift destruction. Many people will follow their immoral ways, and they will cause the true

3 way to be maligned. In their greed they will exploit you with pretended arguments. From of old their condemnation has

4 not been idle, and their destruction has not slumbered. For if God did not spare angels when they sinned, but plunged them into Tartarus, and committed them to dark dungeons

5 to await their doom, and if he did not spare the ancient world,

ἀρχαίου κόσμου οὐκ ἐφείσατο, ἀλλὰ ὄγδοον Νῶε δικαιοσύ-
νης κήρυκα ἐφύλαξεν, κατακλυσμὸν κόσμῳ ἀσεβῶν ἐπάξας,
6 καὶ πόλεις Σοδόμων καὶ Γομόρρας τεφρώσας κατέκρινεν,
7 ὑπόδειγμα μελλόντων ἀσεβέσιν τεθεικώς, καὶ δίκαιον Λὼτ
καταπονούμενον ὑπὸ τῆς τῶν ἀθέσμων ἐν ἀσελγείᾳ ἀνα-
8 στροφῆς ἐρύσατο,— βλέμματι γὰρ καὶ ἀκοῇ [τ] δίκαιος ἐνκα-
τοικῶν ἐν αὐτοῖς ἡμέραν ἐξ ἡμέρας ψυχὴν δικαίαν ἀνό-
9 μοις ἔργοις ἐβασάνιζεν,— οἶδεν Κύριος εὐσεβεῖς ἐκ πειρα-
σμοῦ ῥύεσθαι, ἀδίκους δὲ εἰς ἡμέραν κρίσεως κολαζομένους
10 τηρεῖν, μάλιστα δὲ τοὺς ὀπίσω σαρκὸς ἐν ἐπιθυμίᾳ μιασμοῦ
πορευομένους καὶ κυριότητος καταφρονοῦντας. τολμηταί,
11 αὐθάδεις, δόξας οὐ τρέμουσιν, βλασφημοῦντες, ὅπου ἄγγε-
λοι ἰσχύϊ καὶ δυνάμει μείζονες ὄντες οὐ φέρουσιν κατ᾽ αὐτῶν
12 [παρὰ Κυρίῳ] βλάσφημον κρίσιν. οὗτοι δέ, ὡς ἄλογα ζῷα
γεγεννημένα φυσικὰ εἰς ἅλωσιν καὶ φθοράν, ἐν οἷς ἀγνοοῦ-
σιν βλασφημοῦντες, ἐν τῇ φθορᾷ αὐτῶν καὶ φθαρήσονται,
13 ἀδικούμενοι μισθὸν ἀδικίας· ἡδονὴν ἡγούμενοι τὴν ἐν
ἡμέρᾳ τρυφήν, σπίλοι καὶ μῶμοι ἐντρυφῶντες ἐν ταῖς
14 [ἀπάταις] αὐτῶν συνευωχούμενοι ὑμῖν, ὀφθαλμοὺς ἔχοντες
μεστοὺς μοιχαλίδος καὶ ἀκαταπάστους ἁμαρτίας, δελεά-
ζοντες ψυχὰς ἀστηρίκτους, καρδίαν γεγυμνασμένην πλεονε-
15 ξίας ἔχοντες, κατάρας τέκνα, [καταλείποντες] εὐθεῖαν ὁδὸν
ἐπλανήθησαν, ἐξακολουθήσαντες τῇ ὁδῷ τοῦ Βαλαὰμ τοῦ
16 [Βεὼρ] [ὃς] μισθὸν ἀδικίας ἠγάπησεν] ἔλεγξιν δὲ ἔσχεν
ἰδίας παρανομίας· ὑποζύγιον ἄφωνον ἐν ἀνθρώπου φωνῇ
φθεγξάμενον ἐκώλυσεν τὴν τοῦ προφήτου παραφρονίαν.
17 οὗτοί εἰσιν πηγαὶ ἄνυδροι καὶ ὁμίχλαι ὑπὸ λαίλαπος ἐλαυ-
18 νόμεναι, οἷς ὁ ζόφος τοῦ σκότους τετήρηται. ὑπέρογκα
γὰρ ματαιότητος φθεγγόμενοι δελεάζουσιν ἐν ἐπιθυμίαις
σαρκὸς ἀσελγείαις τοὺς ὀλίγως ἀποφεύγοντας τοὺς ἐν
19 πλάνῃ ἀναστρεφομένους, ἐλευθερίαν αὐτοῖς ἐπαγγελλόμε-
νοι, αὐτοὶ δοῦλοι ὑπάρχοντες τῆς φθορᾶς· ᾧ γάρ τις ἥττη-
20 ται, τούτῳ δεδούλωται. εἰ γὰρ ἀποφυγόντες τὰ μιάσματα

13 ἀγάπαις   15 καταλιπόντες | Βοσὸρ | μισθὸν ἀδικίας ἠγάπησαν,

but preserved Noah, a preacher of righteousness, and seven
others, when he brought the flood upon the godless world;
6 and if he condemned the cities of Sodom and Gomorrah, and
overwhelmed them with ashes, as a warning to ungodly men of
7 what was to come, and saved the upright Lot who was so
8 distressed by the immoral conduct of unprincipled men—for
as long as that upright man lived among them, day after day
his upright soul was tormented by what he saw and heard of
9 their lawless actions—then the Lord knows how to rescue
God-fearing people from trial and to punish wrongdoers
10while they are being kept for the Day of Judgment, especially
those who yield to their physical nature and indulge in
passions that defile them, and despise authority. Rash,
headstrong men! They stand in no awe of majesty, but
11deride beings against whom even angels far superior to these
beings in strength and power bring no abusive charge before
12 the Lord.   These men, like unreasoning animals, mere crea-
tures of instinct created to be caught and killed, abuse what
13 they do not understand and will be destroyed like animals, suf-
fering wrong as the reward for their wrongdoing. They find
pleasure in the indulgence of the moment; they are a stain and
a disgrace, and they revel in their deceit while they join in your
14 meals.   They have eyes for nobody but adulterous women
—eyes insatiable in sin. They lure unsteadfast souls.
Their hearts are trained in greed. They are accursed!
15 They have left the straight path and gone astray. They
have followed the path of Balaam, the son of Beor, who set his
16 heart on dishonest gain, but he was rebuked for his offense;
a dumb animal spoke with a human voice and checked the
17 prophet's madness. Such men are dried-up springs, clouds
driven before the storm, and they are doomed to utter
18 darkness. They utter arrogant nonsense and use physical
cravings to lure into immorality men who are just escaping
19 from among those who live in error; promising them freedom
when they are themselves slaves of destruction; for a man is
20 the slave of whatever overcomes him. For if after men have
escaped the corrupting influences of the world through the

τοῦ κόσμου ἐν ἐπιγνώσει τοῦ κυρίου¹ καὶ σωτῆρος Ἰησοῦ
Χριστοῦ τούτοις δὲ πάλιν ἐμπλακέντες ἡττῶνται, γέγο-
21 νεν αὐτοῖς τὰ ἔσχατα χείρονα τῶν πρώτων. κρεῖττον γὰρ
ἦν αὐτοῖς μὴ ἐπεγνωκέναι τὴν ὁδὸν τῆς δικαιοσύνης ἢ
ἐπιγνοῦσιν ὑποστρέψαι ἐκ τῆς παραδοθείσης αὐτοῖς ἁγίας
22 ἐντολῆς· συμβέβηκεν αὐτοῖς τὸ τῆς ἀληθοῦς παροιμίας
Κύων ἐπιϲτρέψαϲ ἐπὶ τὸ ἴΔιον ἐξέραμα, καί Ὗϲ
λουσαμένη εἰς κυλισμὸν βορβόρου.

1   Ταύτην ἤδη, ἀγαπητοί, δευτέραν ὑμῖν γράφω ἐπιστολήν,
ἐν αἷς διεγείρω ὑμῶν ἐν ὑπομνήσει τὴν εἰλικρινῆ διάνοιαν,
2 μνησθῆναι τῶν προειρημένων ῥημάτων ὑπὸ τῶν ἁγίων
προφητῶν καὶ τῆς τῶν ἀποστόλων ὑμῶν ἐντολῆς τοῦ κυ-
3 ρίου καὶ σωτῆρος, τοῦτο πρῶτον γινώσκοντες ὅτι ἐλεύ-
σονται ἐπ᾽ ἐσχάτων τῶν ἡμερῶν ἐν ἐμπαιγμονῇ ἐμπαῖκται
4 κατὰ τὰς ἰδίας ἐπιθυμίας αὐτῶν πορευόμενοι καὶ λέγον-
τες Ποῦ ἐστὶν ἡ ἐπαγγελία τῆς παρουσίας αὐτοῦ; ἀφ᾽ ἧς
γὰρ οἱ πατέρες ἐκοιμήθησαν, πάντα οὕτως διαμένει ἀπ᾽ ἀρ-
5 χῆς κτίσεως. λανθάνει γὰρ αὐτοὺς τοῦτο θέλοντας ὅτι
οὐρανοὶ ἦσαν ἔκπαλαι καὶ γῆ ἐξ ὕδατος καὶ δι᾽ ὕδατος
6 ⸀συνεστῶσα⸀ τῷ τοῦ θεοῦ λόγῳ, δι᾽ ὧν ὁ τότε κόσμος
7 ὕδατι κατακλυσθεὶς ἀπώλετο· οἱ δὲ νῦν οὐρανοὶ καὶ ἡ
γῆ τῷ αὐτῷ λόγῳ τεθησαυρισμένοι εἰσὶν πυρὶ τηρού-
μενοι εἰς ἡμέραν κρίσεως καὶ ἀπωλείας τῶν ἀσεβῶν ἀν-
8 θρώπων.   Ἐν δὲ τοῦτο μὴ λανθανέτω ὑμᾶς,
ἀγαπητοί, ὅτι μία ἡμέρα παρὰ Κυρίῳ ὡς χίλια ἔτη καὶ
9 χίλια ἔτη ὡς Ημέρα μία. οὐ βραδύνει Κύριος τῆς
ἐπαγγελίας, ὥς τινες βραδυτῆτα ἡγοῦνται, ἀλλὰ μα-
κροθυμεῖ εἰς ὑμᾶς, μὴ βουλόμενός τινας ἀπολέσθαι ἀλλὰ
10 πάντας εἰς μετάνοιαν χωρῆσαι. Ἥξει δὲ ἡμέρα Κυρίου
ὡς κλέπτης, ἐν ᾗ οἱ οὐρανοὶ ῥοιζηδὸν παρελεύσονται,
στοιχεῖα δὲ καυσούμενα λυθήσεται, καὶ γῆ καὶ τὰ ἐν
11 αὐτῇ ἔργα ⸀εὑρεθήσεται⸀. Τούτων οὕτως πάντων λυομένων

20 ἡμῶν   5 συνεστῶτα   10 †...†

knowledge of the Lord and Savior Jesus Christ, they again become entangled in them and are overcome by them, their
21 final condition is worse than their former one.   For it would have been better for them never to have known the way of uprightness than after knowing it to have turned their backs upon the sacred command with which they had been intrusted.
22 What has happened to them shows the truth of the proverb, "A dog returns to what he has vomited up, and a sow that has washed goes back to wallow in the mire."

3   This is the second letter, dear friends, that I have now written to you, in the effort to arouse your unsullied minds
2 to remember the things foretold by the holy prophets, and the command of the Lord and Savior through your apostles.
3 First of all, you must understand this, that in the last days mockers will come with their mockeries, going where their
4 passions lead and saying, "Where is his promised coming? For ever since our forefathers fell asleep everything has
5 remained as it was from the beginning of creation!"   For they wilfully ignore the fact that long ago there existed heaven, and an earth which had been formed at God's command
6 out of water and by water, by which also that world was
7 destroyed, through being flooded with water.   But by the same command the present heavens and earth are stored up for fire, and are kept for the day when godless men are to be judged and destroyed.

8   But do not overlook this one fact, dear friends, that with the Lord one day is like a thousand years and a thousand
9 years are like one day.   The Lord is not slow about his promise, in the sense that some men think; he is really showing his patience with you, because he does not want any to perish, but wishes all men to be brought to repentance.
10 The Day of the Lord will come like a thief; on it the heavens will pass away with a roar, the heavenly bodies will burn up and be destroyed, and the earth and all its works will melt
11 away.   If all these things are to be dissolved in this way, what

ποταποὺς δεῖ ὑπάρχειν [ὑμᾶς] ἐν ἁγίαις ἀναστροφαῖς
12 καὶ εὐσεβείαις, προσδοκῶντας καὶ σπεύδοντας τὴν παρου-
σίαν τῆς τοῦ θεοῦ ἡμέρας, δι᾽ ἣν ΟΥΡΑΝΟΙ πυρούμενοι
13 λυθήσονται καὶ στοιχεῖα καυσούμενα ⌜ΤΗΚΕΤΑΙ⌝· ΚΑΙΝΟΥΣ
δὲ ΟΥΡΑΝΟΥΣ ΚΑΙ ΓΗΝ ΚΑΙΝΗΝ κατὰ τὸ ἐπάγγελμα αὐτοῦ
14 προσδοκῶμεν, ἐν οἷς δικαιοσύνη κατοικεῖ.   Διό,
ἀγαπητοί, ταῦτα προσδοκῶντες σπουδάσατε ἄσπιλοι καὶ
15 ἀμώμητοι αὐτῷ εὑρεθῆναι ἐν εἰρήνῃ, καὶ τὴν τοῦ κυρίου
ἡμῶν μακροθυμίαν σωτηρίαν ἡγεῖσθε, καθὼς καὶ ὁ ἀγα-
πητὸς ἡμῶν ἀδελφὸς Παῦλος κατὰ τὴν δοθεῖσαν αὐτῷ
16 σοφίαν ἔγραψεν ὑμῖν, ὡς καὶ ἐν πάσαις ἐπιστολαῖς λαλῶν
ἐν αὐταῖς περὶ τούτων, ἐν αἷς ἐστὶν δυσνόητά τινα,
ἃ οἱ ἀμαθεῖς καὶ ἀστήρικτοι στρεβλοῦσιν ὡς καὶ τὰς
17 λοιπὰς γραφὰς πρὸς τὴν ἰδίαν αὐτῶν ἀπώλειαν. Ὑμεῖς
οὖν, ἀγαπητοί, προγινώσκοντες φυλάσσεσθε ἵνα μὴ τῇ
τῶν ἀθέσμων πλάνῃ συναπαχθέντες ἐκπέσητε τοῦ ἰδίου
18 στηριγμοῦ, αὐξάνετε δὲ ἐν χάριτι καὶ γνώσει τοῦ κυρίου
ἡμῶν καὶ σωτῆρος Ἰησοῦ Χριστοῦ. αὐτῷ ἡ δόξα καὶ
νῦν καὶ εἰς ἡμέραν αἰῶνος.

12 †...†

12 holy and pious lives you ought to lead, while you await and hasten the coming of the Day of God, which will cause the heavens to burn up and dissolve and the heavenly bodies to
13 blaze and melt! In fulfilment of his promise we expect new heavens and a new earth, where uprightness will prevail.

14   Therefore, dear friends, while waiting for this, make every effort to be found by him unstained, irreproachable,
15 and at peace. Look upon our Lord's patience as salvation, just as our dear brother Paul, with the wisdom that God gave
16 him, wrote you to do, speaking of it as he does in all his letters. There are some things in them hard to understand, which ignorant, unsteadfast people twist to their own ruin, just as
17 they do the rest of the Scriptures. So you, dear friends, now that you are forewarned, must be on your guard against being led away by the errors of unprincipled men and losing your
18 present firmness. You must grow in the blessing and knowledge of our Lord and Savior Jesus Christ. Glory to him now and forever.

1 Ο ΗΝ ΑΠ᾽ ΑΡΧΗΣ, ὃ ἀκηκόαμεν, ὃ ἑωράκαμεν τοῖς
ὀφθαλμοῖς ἡμῶν, ὃ ἐθεασάμεθα καὶ αἱ χεῖρες ἡμῶν ἐψη-
2 λάφησαν, περὶ τοῦ λόγου τῆς ζωῆς,— καὶ ἡ ζωὴ ἐφανε-
ρώθη, καὶ ἑωράκαμεν καὶ μαρτυροῦμεν καὶ ἀπαγγέλλομεν
ὑμῖν τὴν ζωὴν τὴν αἰώνιον ἥτις ἦν πρὸς τὸν πατέρα καὶ
3 ἐφανερώθη ἡμῖν,— ὃ ἑωράκαμεν καὶ ἀκηκόαμεν ἀπαγ-
γέλλομεν καὶ ὑμῖν, ἵνα καὶ ὑμεῖς κοινωνίαν ἔχητε μεθ᾽ ἡ-
μῶν· καὶ ἡ κοινωνία δὲ ἡ ἡμετέρα μετὰ τοῦ πατρὸς
4 καὶ μετὰ τοῦ υἱοῦ αὐτοῦ Ἰησοῦ Χριστοῦ· καὶ ταῦτα
γράφομεν ἡμεῖς ἵνα ἡ χαρὰ ⌜ἡμῶν⌝ ᾖ πεπληρωμένη.
5 Καὶ ἔστιν αὕτη ἡ ἀγγελία ἣν ἀκηκόαμεν ἀπ᾽ αὐτοῦ
καὶ ἀναγγέλλομεν ὑμῖν, ὅτι ὁ θεὸς φῶς ἐστὶν καὶ σκοτία
6 οὐκ ἔστιν ἐν αὐτῷ οὐδεμία.   Ἐὰν εἴπωμεν ὅτι
κοινωνίαν ἔχομεν μετ᾽ αὐτοῦ καὶ ἐν τῷ σκότει περιπατῶ-
7 μεν, ψευδόμεθα καὶ οὐ ποιοῦμεν τὴν ἀλήθειαν· ἐὰν δὲ ἐν
τῷ φωτὶ περιπατῶμεν ὡς αὐτὸς ἔστιν ἐν τῷ φωτί, κοινω-
νίαν ἔχομεν μετ᾽ ἀλλήλων καὶ τὸ αἷμα Ἰησοῦ τοῦ υἱοῦ
8 αὐτοῦ καθαρίζει ἡμᾶς ἀπὸ πάσης ἁμαρτίας. Ἐὰν εἴπωμεν
ὅτι ἁμαρτίαν οὐκ ἔχομεν, ἑαυτοὺς πλανῶμεν καὶ ἡ ἀλή-
9 θεια οὐκ ἔστιν ἐν ἡμῖν. ἐὰν ὁμολογῶμεν τὰς ἁμαρτίας
ἡμῶν, πιστός ἐστιν καὶ δίκαιος ἵνα ἀφῇ ἡμῖν τὰς ἁμαρ-
10 τίας καὶ καθαρίσῃ ἡμᾶς ἀπὸ πάσης ἀδικίας. Ἐὰν εἴπω-
μεν ὅτι οὐχ ἡμαρτήκαμεν, ψεύστην ποιοῦμεν αὐτὸν καὶ ὁ
1 λόγος αὐτοῦ οὐκ ἔστιν ἐν ἡμῖν.   Τεκνία μου,
ταῦτα γράφω ὑμῖν ἵνα μὴ ἁμάρτητε. καὶ ἐάν τις ἁμάρτῃ,

4 ὑμῶν

THE FIRST LETTER OF JOHN

1   It is what existed from the beginning, that we announce;
what we have heard, what we have seen with our own eyes,
what we have beheld, and touched with our hands; it is the
2 very message of life—for life has been revealed, and we
have seen it and testify to it and announce to you that
eternal life that was with the Father and has been revealed
3 to us—it is what we have seen and heard that we announce
to you also, so that you may share our fellowship, for our
fellowship is with the Father and with his Son Jesus Christ,
4 and we write this to you to make your happiness complete.
5   This is the message that we heard from him and announce
to you: God is light; there is no darkness at all in him.
6   If we say, "We have fellowship with him," and yet live
7 in darkness, we are lying and not living the truth. But if
we live in the light, just as he is in the light, we have fellowship
with one another, and the blood of Jesus his Son cleanses us
8 from every sin. If we say, "We are without any sin," we are
9 deceiving ourselves, and there is no truth in our hearts. If we
acknowledge our sins, he is upright and can be depended on to
10 forgive us our sins and cleanse us from everything wrong. If
we say, "We have not sinned," we are making him a liar,
and his message is not in our hearts.
2   My dear children, I am writing you this so that you may

παράκλητον ἔχομεν πρὸς τὸν πατέρα Ἰησοῦν Χριστὸν
2 δίκαιον, καὶ αὐτὸς ἱλασμός ἐστιν περὶ τῶν ἁμαρτιῶν
ἡμῶν, οὐ περὶ τῶν ἡμετέρων δὲ ⌜μόνον⌝ ἀλλὰ καὶ περὶ ὅλου
3 τοῦ κόσμου. Καὶ ἐν τούτῳ γινώσκομεν ὅτι ἐγνώκαμεν
4 αὐτόν, ἐὰν τὰς ἐντολὰς αὐτοῦ τηρῶμεν. ὁ λέγων ὅτι
Ἔγνωκα αὐτόν καὶ τὰς ἐντολὰς αὐτοῦ μὴ τηρῶν ψεύστης
5 ἐστίν, καὶ ἐν τούτῳ ἡ ἀλήθεια οὐκ ἔστιν· ὃς δ᾿ ἂν
τηρῇ αὐτοῦ τὸν λόγον, ἀληθῶς ἐν τούτῳ ἡ ἀγάπη τοῦ
θεοῦ τετελείωται. Ἐν τούτῳ γινώσκομεν ὅτι ἐν αὐτῷ
6 ἐσμέν· ὁ λέγων ἐν αὐτῷ μένειν ὀφείλει καθὼς ἐκεῖνος
περιεπάτησεν καὶ αὐτὸς περιπατεῖν.

7 Ἀγαπητοί, οὐκ ἐντολὴν καινὴν γράφω ὑμῖν, ἀλλ᾿ ἐντο-
λὴν παλαιὰν ἣν εἴχετε ἀπ᾿ ἀρχῆς· ἡ ἐντολὴ ἡ παλαιά
8 ἐστιν ὁ λόγος ὃν ἠκούσατε. πάλιν ἐντολὴν καινὴν
γράφω ὑμῖν, ὅ ἐστιν ἀληθὲς ἐν αὐτῷ καὶ ἐν ὑμῖν,
ὅτι ἡ σκοτία παράγεται καὶ τὸ φῶς τὸ ἀληθινὸν ἤδη
9 φαίνει. Ὁ λέγων ἐν τῷ φωτὶ εἶναι καὶ τὸν
ἀδελφὸν αὐτοῦ μισῶν ἐν τῇ σκοτίᾳ ἐστὶν ἕως ἄρτι.
10 ὁ ἀγαπῶν τὸν ἀδελφὸν αὐτοῦ ἐν τῷ φωτὶ μένει, καὶ σκάν-
11 δαλον ⌜ἐν αὐτῷ οὐκ ἔστιν⌝· ὁ δὲ μισῶν τὸν ἀδελφὸν
αὐτοῦ ἐν τῇ σκοτίᾳ ἐστὶν καὶ ἐν τῇ σκοτίᾳ περιπατεῖ,
καὶ οὐκ οἶδεν ποῦ ὑπάγει, ὅτι ἡ σκοτία ἐτύφλωσεν
12 τοὺς ὀφθαλμοὺς αὐτοῦ. Γράφω ὑμῖν, τεκνία,
ὅτι ἀφέωνται ὑμῖν αἱ ἁμαρτίαι διὰ τὸ ὄνομα αὐτοῦ·
13 γράφω ὑμῖν, πατέρες, ὅτι ἐγνώκατε τὸν ἀπ᾿ ἀρχῆς·
γράφω ὑμῖν, νεανίσκοι, ὅτι νενικήκατε τὸν πονηρόν.
14 ἔγραψα ὑμῖν, παιδία, ὅτι ἐγνώκατε τὸν πατέρα·
ἔγραψα ὑμῖν, πατέρες, ὅτι ἐγνώκατε τὸν ἀπ᾿ ἀρχῆς·
ἔγραψα ὑμῖν, νεανίσκοι, ὅτι ἰσχυροί ἐστε καὶ ὁ λόγος
[τοῦ θεοῦ] ἐν ὑμῖν μένει καὶ νενικήκατε τὸν πονηρόν.
15 Μὴ ἀγαπᾶτε τὸν κόσμον μηδὲ τὰ ἐν τῷ κόσμῳ. ἐάν τις
ἀγαπᾷ τὸν κόσμον, οὐκ ἔστιν ἡ ἀγάπη τοῦ πατρὸς
16 ἐν αὐτῷ· ὅτι πᾶν τὸ ἐν τῷ κόσμῳ, ἡ ἐπιθυμία τῆς

2 μόνων   10 οὐκ ἔστιν ἐν αὐτῷ

not sin; yet if anyone does sin, we have in Jesus Christ one
2 who is upright and will intercede for us with the Father. He
is himself an atoning sacrifice for our sins, and not only for
3 ours but also for the whole world. This is how we can be
4 sure that we know him—by obeying his commands. Who-
ever says, "I know him," but does not obey his commands,
5 is a liar, and there is no truth in his heart; but whoever obeys
his message really has the love of God in perfection in his
heart. This is the way we can be sure that we are in union
6 with him; whoever says "I am always in union with him"
must live just as he lived.

7   Dear friends, it is no new command that I am writing
you, but an old one that you have had from the beginning.
8 That old command is the message you have heard. Yet it
is a new command that I am writing you; it is newly realized
in him and in yourselves, for the darkness is passing and the
true light is already shining.

9   Whoever says, "I am in the light," and yet hates his brother,
10 is still in darkness. Whoever loves his brother is always in the
light and puts no hindrance in anyone's way. But whoever hates
11 his brother is in darkness, and is living in darkness, and he does
not know where he is going, for the darkness has blinded his eyes.

12   I am writing to you, dear children, because your sins have
13 been forgiven for his sake. I am writing to you, fathers,
because you know him who has existed from the beginning.
I am writing to you, young men, because you have been
victorious over the evil one. I write to you, children because
14 you know the Father. I write to you, fathers, because you
know him who has existed from the beginning. I write to
you, young men, because you are strong, and God's message
is always in your hearts, and you have been victorious over
15 the evil one. Do not love the world or what is in the world.
If anyone loves the world, there is no love for the Father in
16 his heart, for all that there is in the world, the things that

σαρκὸς καὶ ἡ ἐπιθυμία τῶν ὀφθαλμῶν καὶ ἡ ἀλα-
ζονία τοῦ βίου, οὐκ ἔστιν ἐκ τοῦ πατρός, ἀλλὰ ἐκ τοῦ
17 κόσμου ἐστίν· καὶ ὁ κόσμος παράγεται καὶ ἡ ἐπιθυμία
[αὐτοῦ], ὁ δὲ ποιῶν τὸ θέλημα τοῦ θεοῦ μένει εἰς τὸν
αἰῶνα.

18   Παιδία, ἐσχάτη ὥρα ἐστίν, καὶ καθὼς ἠκούσατε ὅτι
ἀντίχριστος ἔρχεται, καὶ νῦν ἀντίχριστοι πολλοὶ γεγόνα-
19 σιν· ὅθεν γινώσκομεν ὅτι ἐσχάτη ὥρα ἐστίν. ἐξ ἡμῶν
ἐξῆλθαν, ἀλλ' οὐκ ἦσαν ἐξ ἡμῶν· εἰ γὰρ ἐξ ἡμῶν ἦσαν,
μεμενήκεισαν ἂν μεθ' ἡμῶν· ἀλλ' ἵνα φανερωθῶσιν ὅτι
20 οὐκ εἰσὶν πάντες ἐξ ἡμῶν. καὶ ὑμεῖς χρίσμα ἔχετε ἀπὸ
21 τοῦ ἁγίου· ⌜οἴδατε πάντες―⌝ οὐκ ἔγραψα ὑμῖν ὅτι οὐκ οἴ-
δατε τὴν ἀλήθειαν. ἀλλ' ὅτι οἴδατε αὐτήν, καὶ ὅτι πᾶν
22 ψεῦδος ἐκ τῆς ἀληθείας οὐκ ἔστιν.   Τίς ἐστιν
ὁ ψεύστης εἰ μὴ ὁ ἀρνούμενος ὅτι Ἰησοῦς οὐκ ἔστιν
ὁ χριστός; οὗτός ἐστιν ὁ ἀντίχριστος, ὁ ἀρνούμενος τὸν
23 πατέρα καὶ τὸν υἱόν. πᾶς ὁ ἀρνούμενος τὸν υἱὸν οὐδὲ τὸν
πατέρα ἔχει· ὁ ὁμολογῶν τὸν υἱὸν καὶ τὸν πατέρα ἔχει.
24 Ὑμεῖς ὃ ἠκούσατε ἀπ' ἀρχῆς, ἐν ὑμῖν μενέτω· ἐὰν ἐν
ὑμῖν μείνῃ ὃ ἀπ' ἀρχῆς ἠκούσατε, καὶ ὑμεῖς ἐν τῷ υἱῷ
25 καὶ [ἐν] τῷ πατρὶ μενεῖτε.   καὶ αὕτη ἐστὶν ἡ ἐπαγ-
γελία ἣν αὐτὸς ἐπηγγείλατο ἡμῖν, τὴν ζωὴν τὴν αἰώνι-
26 ον.   Ταῦτα ἔγραψα ὑμῖν περὶ τῶν πλανώντων
27 ὑμᾶς. καὶ ὑμεῖς τὸ χρίσμα ὃ ἐλάβετε ἀπ' αὐτοῦ μένει
ἐν ὑμῖν, καὶ οὐ χρείαν ἔχετε ἵνα τις διδάσκῃ ⌜ὑμᾶς· ἀλλ' ὡς
τὸ αὐτοῦ χρίσμα διδάσκει ὑμᾶς περὶ πάντων, καὶ ἀληθές
ἐστιν καὶ οὐκ ἔστιν ψεῦδος,⌝ καὶ καθὼς ἐδίδαξεν ὑμᾶς,
28 μένετε ἐν αὐτῷ.   Καὶ νῦν, τεκνία, μένετε ἐν αὐτῷ, ἵνα
ἐὰν φανερωθῇ σχῶμεν παρρησίαν καὶ μὴ αἰσχυνθῶμεν
29 ἀπ' αὐτοῦ ἐν τῇ παρουσίᾳ αὐτοῦ. ἐὰν εἰδῆτε ὅτι δίκαιός
ἐστιν, γινώσκετε ὅτι ⌜ πᾶς ὁ ποιῶν τὴν δικαιοσύνην ἐξ
αὐτοῦ γεγέννηται.

20 καὶ οἴδατε πάντα.   27 ὑμᾶς, ἀλλὰ τὸ......ψεῦδος·   29 καὶ

our physical nature and our eyes crave, and the proud display of life—these do not come from the Father, but from the
17 world; and the world with its cravings is passing away, but whoever does God's will will endure forever.
18   Children, it is the last hour. You have heard that Antichrist is coming, and many Antichrists have indeed
19 appeared. So we may be sure that it is the last hour. They have gone out from our number, but they did not really belong to us. For if they had belonged to us, they would have stayed with us. It was to make it clear that none of them really be-
20 longed to us that they withdrew. But you have been anointed
21 by the Holy One. You all know the truth; I do not write to you because you do not know it, but because you do know it, and because no lie can come from the truth.
22   Who is such a liar as the man who denies that Jesus is the Christ? He is the real Antichrist—the man who disowns
23 the Father and the Son. No one who disowns the Son can have the Father. Whoever acknowledges the Son has the
24 Father too. Keep what you have heard from the beginning in your hearts. If you keep what you have heard from the be-ginning in your hearts, then you will always be in union with
25 the Son and the Father. And what he himself has promised us is eternal life.
26   I write you this with reference to those who are trying to mislead you. You still retain in your hearts the anointing with the Spirit that you received from him, and you do not need to
27 have anyone teach you. But just as that anointing of his teaches you about everything, and as it is true and no false-hood, keep in union with him just as it has taught you to do.
28 Now, dear children, keep in union with him, so that if he ap-pears, we may have confidence and not shrink from him in
29 shame when he comes. If you know that he is upright, you may be sure that everyone who acts uprightly is his child.

1 Ἴδετε ποταπὴν ἀγάπην δέδωκεν ἡμῖν ὁ πατὴρ ἵνα
τέκνα θεοῦ κληθῶμεν, καί ἐσμεν. διὰ τοῦτο ὁ κόσμος
2 οὐ γινώσκει ἡμᾶς ὅτι οὐκ ἔγνω αὐτόν. Ἀγαπητοί, νῦν
τέκνα θεοῦ ἐσμέν, καὶ οὔπω ἐφανερώθη τί ἐσόμεθα. οἴδα-
μεν ὅτι ἐὰν φανερωθῇ ὅμοιοι αὐτῷ ἐσόμεθα, ὅτι ὀψό-
3 μεθα αὐτὸν καθώς ἐστιν. καὶ πᾶς ὁ ἔχων τὴν ἐλπίδα
ταύτην ἐπ᾽ αὐτῷ ἁγνίζει ἑαυτὸν καθὼς ἐκεῖνος ἁγνός
4 ἐστιν.   Πᾶς ὁ ποιῶν τὴν ἁμαρτίαν καὶ τὴν ἀνο-
5 μίαν ποιεῖ, καὶ ἡ ἁμαρτία ἐστὶν ἡ ἀνομία. καὶ οἴδατε ὅτι
ἐκεῖνος ἐφανερώθη ἵνα τὰς ἁμαρτίας ἄρῃ, καὶ ἁμαρτία ἐν
6 αὐτῷ οὐκ ἔστιν. πᾶς ὁ ἐν αὐτῷ μένων οὐχ ἁμαρτάνει·
πᾶς ὁ ἁμαρτάνων οὐχ ἑώρακεν αὐτὸν οὐδὲ ἔγνωκεν αὐτόν.
7 ⌜Τεκνία⌝, μηδεὶς πλανάτω ὑμᾶς· ὁ ποιῶν τὴν δικαιοσύνην
8 δίκαιός ἐστιν, καθὼς ἐκεῖνος δίκαιός ἐστιν· ὁ ποιῶν τὴν
ἁμαρτίαν ἐκ τοῦ διαβόλου ἐστίν, ὅτι ἀπ᾽ ἀρχῆς ὁ διάβολος
ἁμαρτάνει. εἰς τοῦτο ἐφανερώθη ὁ υἱὸς τοῦ θεοῦ ἵνα λύσῃ
9 τὰ ἔργα τοῦ διαβόλου.   Πᾶς ὁ γεγεννημένος
ἐκ τοῦ θεοῦ ἁμαρτίαν οὐ ποιεῖ, ὅτι σπέρμα αὐτοῦ ἐν αὐτῷ
μένει, καὶ οὐ δύναται ἁμαρτάνειν, ὅτι ἐκ τοῦ θεοῦ γεγέν-
10 νηται. ἐν τούτῳ φανερά ἐστιν τὰ τέκνα τοῦ θεοῦ καὶ
τὰ τέκνα τοῦ διαβόλου· πᾶς ὁ μὴ ποιῶν δικαιοσύνην
οὐκ ἔστιν ἐκ τοῦ θεοῦ, καὶ ὁ μὴ ἀγαπῶν τὸν ἀδελφὸν
11 αὐτοῦ. ὅτι αὕτη ἐστὶν ἡ ἀγγελία ἣν ἠκούσατε ἀπ᾽ ἀρχῆς,
12 ἵνα ἀγαπῶμεν ἀλλήλους· οὐ καθὼς Καὶν ἐκ τοῦ πονηροῦ
ἦν καὶ ἔσφαξεν τὸν ἀδελφὸν αὐτοῦ· καὶ χάριν τίνος
ἔσφαξεν αὐτόν; ὅτι τὰ ἔργα αὐτοῦ πονηρὰ ἦν, τὰ δὲ
τοῦ ἀδελφοῦ αὐτοῦ δίκαια.
13 Μὴ θαυμάζετε, ἀδελφοί, εἰ μισεῖ ὑμᾶς ὁ κόσμος.
14 ἡμεῖς οἴδαμεν ὅτι μεταβεβήκαμεν ἐκ τοῦ θανάτου εἰς τὴν
ζωήν, ὅτι ἀγαπῶμεν τοὺς ἀδελφούς· ὁ μὴ ἀγαπῶν μένει
15 ἐν τῷ θανάτῳ. πᾶς ὁ μισῶν τὸν ἀδελφὸν ⌜αὐτοῦ⌝ ἀν-
θρωποκτόνος ἐστίν, καὶ οἴδατε ὅτι πᾶς ἀνθρωποκτόνος
16 οὐκ ἔχει ζωὴν αἰώνιον ἐν ⌜αὐτῷ⌝ μένουσαν.   Ἐν

7 Παιδία   15 ἑαυτοῦ | ἑαυτῷ

3   Think what love the Father has had for us, in letting us
be called God's children, for that is what we are.   This is
why the world does not know what we are—because it has
2 never come to know him.   Dear friends, we are God's children
now; it has not yet been disclosed what we are to be.   We
know that if he appears, we shall be like him, for we shall see
3 him as he is.   And everyone who possesses this hope in him
tries to make himself as pure as he is.

4   Whoever commits sin disobeys law; sin is disobedience to
5 law.   You know that he appeared to take our sins away, and
6 that there is no sin in him.   No one who keeps in union with
him sins.   Anyone who sins has never seen him or come to
7 know him.   Dear children, let no one mislead you; whoever
8 acts uprightly is upright, just as he is upright.   Whoever
commits sin is a child of the devil, for the devil has sinned
from the beginning.   This is why the Son of God appeared—
to undo the devil's work.

9   No one who is a child of God commits sin, for God's nature
remains in his heart, and he cannot sin, because he is a child
10 of God.   This is how the children of God and those of the
devil can be distinguished. No one who does not act uprightly
11 or who does not love his brother is a child of God.   For the
message you have heard from the beginning is this: We must
12 love one another. We must not be like Cain who was a
child of the evil one, and butchered his brother.   And why
did he butcher him?   Because his own actions were wicked
and his brother's upright.

13   You must not be surprised, brothers, if the world hates
14 you! We know that we have passed out of death into life,
because we love our brothers. Anyone who does not love is
15 still in death.   Whoever hates his brother is a murderer, and
you know that no murderer can have eternal life remain in

τούτῳ ἐγνώκαμεν τὴν ἀγάπην, ὅτι ἐκεῖνος ὑπὲρ ἡμῶν
τὴν ψυχὴν αὐτοῦ ἔθηκεν· καὶ ἡμεῖς ὀφείλομεν ὑπὲρ τῶν
17 ἀδελφῶν τὰς ψυχὰς θεῖναι. ὃς δ᾽ ἂν ἔχῃ τὸν βίον τοῦ
κόσμου καὶ θεωρῇ τὸν ἀδελφὸν αὐτοῦ χρείαν ἔχοντα καὶ
κλείσῃ τὰ σπλάγχνα αὐτοῦ ἀπ᾽ αὐτοῦ, πῶς ἡ ἀγάπη τοῦ
18 θεοῦ μένει ἐν αὐτῷ; Τεκνία, μὴ ἀγαπῶμεν λόγῳ μηδὲ
19 τῇ γλώσσῃ ἀλλὰ ἐν ἔργῳ καὶ ἀληθείᾳ.   Ἐν
τούτῳ γνωσόμεθα ὅτι ἐκ τῆς ἀληθείας ἐσμέν, καὶ ἔμ-
20 προσθεν αὐτοῦ πείσομεν τὴν καρδίαν ἡμῶν ὅτι ἐὰν κατα-
γινώσκῃ ἡμῶν ἡ καρδία, ὅτι μείζων ἐστὶν ὁ θεὸς τῆς καρ-
21 δίας ἡμῶν καὶ γινώσκει πάντα. Ἀγαπητοί, ἐὰν ἡ καρδία
22 μὴ καταγινώσκῃ, παρρησίαν ἔχομεν πρὸς τὸν θεόν, καὶ
ὃ ἂν αἰτῶμεν λαμβάνομεν ἀπ᾽ αὐτοῦ, ὅτι τὰς ἐντολὰς
αὐτοῦ τηροῦμεν καὶ τὰ ἀρεστὰ ἐνώπιον αὐτοῦ ποιοῦμεν.
23 καὶ αὕτη ἐστὶν ἡ ἐντολὴ αὐτοῦ, ἵνα ⌜πιστεύσωμεν⌝ τῷ
ὀνόματι τοῦ υἱοῦ αὐτοῦ Ἰησοῦ Χριστοῦ καὶ ἀγαπῶμεν
24 ἀλλήλους, καθὼς ἔδωκεν ἐντολὴν ἡμῖν. καὶ ὁ τηρῶν τὰς
ἐντολὰς αὐτοῦ ἐν αὐτῷ μένει καὶ αὐτὸς ἐν αὐτῷ· καὶ ἐν
τούτῳ γινώσκομεν ὅτι μένει ἐν ἡμῖν, ἐκ τοῦ πνεύματος
οὗ ἡμῖν ἔδωκεν.

1   Ἀγαπητοί, μὴ παντὶ πνεύματι πιστεύετε, ἀλλὰ δοκι-
μάζετε τὰ πνεύματα εἰ ἐκ τοῦ θεοῦ ἐστίν, ὅτι πολλοὶ ψευ-
2 δοπροφῆται ἐξεληλύθασιν εἰς τὸν κόσμον.   Ἐν
τούτῳ γινώσκετε τὸ πνεῦμα τοῦ θεοῦ· πᾶν πνεῦμα ὃ ὁμο-
λογεῖ Ἰησοῦν Χριστὸν ἐν σαρκὶ ⌜ἐληλυθότα⌝ ἐκ τοῦ θεοῦ
3 ἐστίν, καὶ πᾶν πνεῦμα ὃ ⌜μὴ ὁμολογεῖ⌝ τὸν Ἰησοῦν ἐκ
τοῦ θεοῦ οὐκ ἔστιν· καὶ τοῦτό ἐστιν τὸ τοῦ ἀντιχρίστου,
ὃ ἀκηκόατε ὅτι ἔρχεται, καὶ νῦν ἐν τῷ κόσμῳ ἐστὶν
4 ἤδη.   Ὑμεῖς ἐκ τοῦ θεοῦ ἐστέ, τεκνία, καὶ νε-
νικήκατε αὐτούς, ὅτι μείζων ἐστὶν ὁ ἐν ὑμῖν ἢ ὁ ἐν τῷ
5 κόσμῳ· αὐτοὶ ἐκ τοῦ κόσμου εἰσίν· διὰ τοῦτο ἐκ τοῦ
6 κόσμου λαλοῦσιν καὶ ὁ κόσμος αὐτῶν ἀκούει. ἡμεῖς ἐκ

23 πιστεύωμεν   2 ἐληλυθέναι   3 λύει

16 his heart. We know what love means from the fact that he laid down his life for us; so we also ought to lay down our
17 lives for our brothers. But if someone who is rich sees his brother in need and closes his heart against him, how can he
18 have any love for God in his heart? Dear children, let us love not with words or lips only but in deed and truth.

19 From that we can be sure that we are on the side of the
20 truth, and satisfy our consciences in God's sight, if they condemn us for anything, for God is greater than our con-
21 sciences, and he knows all. Dear friends, if our consciences
22 do not condemn us, we approach God with confidence, and we obtain from him whatever we ask for, because we are obeying his commands and doing the things that please him.
23 His command is this—that we are to believe in his Son Jesus Christ, and love one another, as he has commanded us
24 to do. All who obey his commands keep in union with him, and he does with them; and this is how we know that he keeps in union with us—by the Spirit which he has given us.

4 Dear friends, do not believe every inspired utterance, but test the utterances to see whether they come from God, for
2 many false prophets have come out into the world. You can tell the Spirit of God in this way: every inspired utterance that acknowledges that Jesus Christ has come in human form
3 comes from God, and any inspired utterance that does not ac-knowledge Jesus does not come from God; it is the inspiration of the Antichrist. You have heard that it was coming, and here it is already in the world.

4 You are children of God, dear children, and you have been victorious over these men, for he who is in our hearts is
5 greater than he who is in the world. They are children of the world; that is why they speak as the world directs, and the

τοῦ θεοῦ ἐσμέν· ὁ γινώσκων τὸν θεὸν ἀκούει ἡμῶν, ὃς
οὐκ ἔστιν ἐκ τοῦ θεοῦ οὐκ ἀκούει ἡμῶν. ἐκ τούτου
γινώσκομεν τὸ πνεῦμα τῆς ἀληθείας καὶ τὸ πνεῦμα τῆς
πλάνης.

7 Ἀγαπητοί, ἀγαπῶμεν ἀλλήλους, ὅτι ἡ ἀγάπη ἐκ τοῦ
θεοῦ ἐστίν, καὶ πᾶς ὁ ἀγαπῶν ἐκ τοῦ θεοῦ γεγέννηται καὶ
8 γινώσκει τὸν θεόν. ὁ μὴ ἀγαπῶν οὐκ ἔγνω τὸν θεόν, ὅτι
9 ὁ θεὸς ἀγάπη ἐστίν. ἐν τούτῳ ἐφανερώθη ἡ ἀγάπη τοῦ
θεοῦ ἐν ἡμῖν, ὅτι τὸν υἱὸν αὐτοῦ τὸν μονογενῆ ἀπέσταλκεν
10 ὁ θεὸς εἰς τὸν κόσμον ἵνα ζήσωμεν δι᾽ αὐτοῦ. ἐν τούτῳ
ἐστὶν ἡ ἀγάπη, οὐχ ὅτι ἡμεῖς ⌜ἠγαπήκαμεν⌝ τὸν θεόν,
ἀλλ᾽ ὅτι αὐτὸς ἠγάπησεν ἡμᾶς καὶ ἀπέστειλεν τὸν υἱὸν αὐ-
11 τοῦ ἱλασμὸν περὶ τῶν ἁμαρτιῶν ἡμῶν.   Ἀγα-
πητοί, εἰ οὕτως ὁ θεὸς ἠγάπησεν ἡμᾶς, καὶ ἡμεῖς ὀφείλο-
12 μεν ἀλλήλους ἀγαπᾶν. θεὸν οὐδεὶς πώποτε τεθέαται
ἐὰν ἀγαπῶμεν ἀλλήλους, ὁ θεὸς ἐν ἡμῖν μένει καὶ
13 ἀγάπη αὐτοῦ τετελειωμένη ἐν ἡμῖν ἐστίν. ἐν τούτῳ γινώ
σκομεν ὅτι ἐν αὐτῷ μένομεν καὶ αὐτὸς ἐν ἡμῖν, ὅτι ἐκ τοῦ
14 πνεύματος αὐτοῦ δέδωκεν ἡμῖν. Καὶ ἡμεῖς τεθεάμεθα
καὶ μαρτυροῦμεν ὅτι ὁ πατὴρ ἀπέσταλκεν τὸν υἱὸν σωτῆρα
15 τοῦ κόσμου. ὃς ἐὰν ὁμολογήσῃ ὅτι Ἰησοῦς [Χριστός]
ἐστιν ὁ υἱὸς τοῦ θεοῦ, ὁ θεὸς ἐν αὐτῷ μένει καὶ αὐτὸς
16 ἐν τῷ θεῷ. Καὶ ἡμεῖς ἐγνώκαμεν καὶ πεπιστεύκαμεν
τὴν ἀγάπην ἣν ἔχει ὁ θεὸς ἐν ἡμῖν.   Ὁ θεὸς
ἀγάπη ἐστίν, καὶ ὁ μένων ἐν τῇ ἀγάπῃ ἐν τῷ θεῷ μένει
17 καὶ ὁ θεὸς ἐν αὐτῷ [μένει]. Ἐν τούτῳ τετελείωται ἡ
ἀγάπη μεθ᾽ ἡμῶν, ἵνα παρρησίαν ἔχωμεν ἐν τῇ ἡμέρᾳ
τῆς κρίσεως, ὅτι καθὼς ἐκεῖνός ἐστιν καὶ ἡμεῖς ἐσμὲν
18 ἐν τῷ κόσμῳ τούτῳ. φόβος οὐκ ἔστιν ἐν τῇ ἀγάπῃ,
ἀλλ᾽ ἡ τελεία ἀγάπη ἔξω βάλλει τὸν φόβον, ὅτι ὁ
φόβος κόλασιν ἔχει, ὁ δὲ φοβούμενος οὐ τετελείωται
19 ἐν τῇ ἀγάπῃ. Ἡμεῖς ἀγαπῶμεν, ὅτι αὐτὸς πρῶτος ἠγά-
20 πησεν ἡμᾶς. ἐάν τις εἴπῃ ὅτι Ἀγαπῶ τὸν θεόν, καὶ

10 ἠγαπήσαμεν

6 world listens to them. We are God's children. Whoever knows God listens to us; whoever is not a child of God will not listen to us. In this way we can tell what is inspired by truth from what is inspired by error.

7 Dear friends, let us love one another, for love comes from God, and everyone who loves is a child of God and knows 8 God. Whoever does not love does not know God, for God is 9 love. God's love for us has been revealed in this way—that God has sent his only Son into the world, to let us have life 10 through him. The love consists not in our having loved God, but in his loving us and sending his Son as an atoning sacrifice for our sins.

11 Dear friends, if God has loved us so, we ought to love 12 one another. No one has ever seen God; yet if we love one another, God keeps in union with us and love for him 13 attains perfection in our hearts. This is the way we know that we keep in union with him and he does with us—because 14 he has given us some of his Spirit. We have seen and can testify that the Father has sent the Son to be Savior of the 15 world. If anyone acknowledges that Jesus Christ is the Son 16 of God, God keeps in union with him and he with God. So we know and believe in the love God has for us.

God is love, and whoever continues to love keeps in union 17 with God, and God with him. Love attains perfection in us, when we have perfect confidence about the Day of Judgment, 18 because here in this world we are living as he lives. There is no fear in love, but perfect love drives out fear. For fear suggests punishment and no one who feels fear has attained 19 perfect love. We love because he loved us first. If anyone 20 says, "I love God," and yet hates his brother, he is a liar;

τὸν ἀδελφὸν αὐτοῦ μισῇ, ψεύστης ἐστίν· ὁ γὰρ μὴ
ἀγαπῶν τὸν ἀδελφὸν αὐτοῦ ὃν ἑώρακεν, τὸν θεὸν ὃν
21 οὐχ ἑώρακεν οὐ δύναται ἀγαπᾶν. καὶ ταύτην τὴν
ἐντολὴν ἔχομεν ἀπ᾽ αὐτοῦ, ἵνα ὁ ἀγαπῶν τὸν θεὸν
ἀγαπᾷ καὶ τὸν ἀδελφὸν αὐτοῦ.

1 Πᾶς ὁ πιστεύων ὅτι Ἰησοῦς ἐστὶν ὁ χριστὸς ἐκ τοῦ
θεοῦ γεγέννηται, καὶ πᾶς ὁ ἀγαπῶν τὸν γεννήσαντα
2 ἀγαπᾷ τὸν γεγεννημένον ἐξ αὐτοῦ. ἐν τούτῳ γινώ-
σκομεν ὅτι ἀγαπῶμεν τὰ τέκνα τοῦ θεοῦ, ὅταν τὸν θεὸν
3 ἀγαπῶμεν καὶ τὰς ἐντολὰς αὐτοῦ ποιῶμεν· αὕτη γάρ
ἐστιν ἡ ἀγάπη τοῦ θεοῦ ἵνα τὰς ἐντολὰς αὐτοῦ τηρῶμεν,
4 καὶ αἱ ἐντολαὶ αὐτοῦ βαρεῖαι οὐκ εἰσίν, ὅτι πᾶν τὸ γε-
γεννημένον ἐκ τοῦ θεοῦ νικᾷ τὸν κόσμον. καὶ αὕτη ἐστὶν
5 ἡ νίκη ἡ νικήσασα τὸν κόσμον, ἡ πίστις ἡμῶν· τίς
ἐστιν [δὲ] ὁ νικῶν ⸂τὸν κόσμον εἰ μὴ ὁ πιστεύων ὅτι
6 Ἰησοῦς ἐστὶν ὁ υἱὸς τοῦ θεοῦ; Οὗτός ἐστιν ὁ ἐλθὼν
δι᾽ ὕδατος καὶ αἵματος, Ἰησοῦς Χριστός· οὐκ ἐν τῷ ὕδατι
⸂μόνον⸃ ἀλλ᾽ ἐν τῷ ὕδατι καὶ ἐν τῷ αἵματι· καὶ τὸ
πνεῦμά ἐστιν τὸ μαρτυροῦν, ὅτι τὸ πνεῦμά ἐστιν ἡ
7/8 ἀλήθεια. ὅτι τρεῖς εἰσὶν οἱ μαρτυροῦντες, τὸ πνεῦμα
καὶ τὸ ὕδωρ καὶ τὸ αἷμα, καὶ οἱ τρεῖς εἰς τὸ ἕν εἰσιν.
9 εἰ τὴν μαρτυρίαν τῶν ἀνθρώπων λαμβάνομεν, ἡ
μαρτυρία τοῦ θεοῦ μείζων ἐστίν, ὅτι αὕτη ἐστὶν ἡ
μαρτυρία τοῦ θεοῦ ὅτι μεμαρτύρηκεν περὶ τοῦ υἱοῦ αὐτοῦ.
10 ὁ πιστεύων εἰς τὸν υἱὸν τοῦ θεοῦ ἔχει τὴν μαρτυρίαν
ἐν ⸂αὐτῷ⸃· ὁ μὴ πιστεύων ⸂τῷ θεῷ⸃ ψεύστην πεποίηκεν
αὐτόν, ὅτι οὐ πεπίστευκεν εἰς τὴν μαρτυρίαν ἣν
11 μεμαρτύρηκεν ὁ θεὸς περὶ τοῦ υἱοῦ αὐτοῦ. καὶ αὕτη
ἐστὶν ἡ μαρτυρία, ὅτι ζωὴν αἰώνιον ἔδωκεν ὁ θεὸς
12 ἡμῖν, καὶ αὕτη ἡ ζωὴ ἐν τῷ υἱῷ αὐτοῦ ἐστιν. ὁ ἔχων
τὸν υἱὸν ἔχει τὴν ζωήν· ὁ μὴ ἔχων τὸν υἱὸν τοῦ θεοῦ
13 τὴν ζωὴν οὐκ ἔχει. Ταῦτα ἔγραψα ὑμῖν
ἵνα εἰδῆτε ὅτι ζωὴν ἔχετε αἰώνιον, τοῖς πιστεύουσιν εἰς

6 μόνῳ   10 αὐτῷ | †...†

for whoever does not love his brother whom he has seen
21 cannot love God whom he has not seen.   This is the command
that we get from him, that whoever loves God must love his
brother also.

5   Everyone who believes that Jesus is the Christ is a
child of God, and everyone who loves the Father loves his
2 child.   This is how we can be sure that we love the chil-
dren of God: it is by loving God and obeying his commands.
3 For loving God means obeying his commands, and his
4 commands are not burdensome, for every child of God is vic-
torious over the world.   The victory that has triumphed over
5 the world is our faith.   For who is there that is victorious
over the world except the man who believes that Jesus is the
6 Son of God?   It was he, Jesus Christ himself, who came in
water and in blood; not in water only, but in water and in
blood.   The Spirit also testifies to this, for the Spirit is truth.
8 For there are three that testify to it, the Spirit, the water,
9 'and the blood, and the three are at one.   If we accept the
testimony of men, the testimony of God is stronger still; for
the value of God's testimony lies in this, that he has testified
10 to his Son.   Whoever believes in the Son of God possesses
that testimony in his heart.   Anyone who will not believe
God has made him a liar, for he has refused to believe the
11 testimony that God has borne to his Son.   And that testi-
mony is that God has given us eternal life, and that this life
12 is found in his Son.   Whoever has the Son has life; whoever
has not the Son has not life.
13·   I write this to you so that you who believe in the Son of

14 τὸ ὄνομα τοῦ υἱοῦ τοῦ θεοῦ. καὶ αὕτη ἐστὶν ἡ παρρησία
ἣν ἔχομεν πρὸς αὐτόν, ὅτι ἐάν τι αἰτώμεθα κατὰ τὸ
15 θέλημα αὐτοῦ ἀκούει ἡμῶν. καὶ ἐὰν οἴδαμεν ὅτι ἀκούει
ἡμῶν ὃ ἐὰν αἰτώμεθα, οἴδαμεν ὅτι ἔχομεν τὰ αἰτήματα ἃ
16 ᾐτήκαμεν ἀπ᾽ αὐτοῦ. Ἐάν τις ἴδῃ τὸν ἀδελφὸν αὐτοῦ
ἁμαρτάνοντα ἁμαρτίαν μὴ πρὸς θάνατον, αἰτήσει, καὶ
δώσει αὐτῷ ζωήν, τοῖς ἁμαρτάνουσιν μὴ πρὸς θάνατον.
ἔστιν ἁμαρτία πρὸς θάνατον· οὐ περὶ ἐκείνης λέγω ἵνα
17 ἐρωτήσῃ. πᾶσα ἀδικία ἁμαρτία ἐστίν, καὶ ἔστιν ἁμαρτία
18 οὐ πρὸς θάνατον.   Οἴδαμεν ὅτι πᾶς ὁ γεγεν-
νημένος ἐκ τοῦ θεοῦ οὐχ ἁμαρτάνει, ἀλλ᾽ ὁ γεννηθεὶς ἐκ
τοῦ θεοῦ τηρεῖ αὐτόν, καὶ ὁ πονηρὸς οὐχ ἅπτεται αὐτοῦ.
19 οἴδαμεν ὅτι ἐκ τοῦ θεοῦ ἐσμέν, καὶ ὁ κόσμος ὅλος ἐν τῷ
20 πονηρῷ κεῖται. οἴδαμεν δὲ ὅτι ὁ υἱὸς τοῦ θεοῦ ἥκει, καὶ
δέδωκεν ἡμῖν διάνοιαν ἵνα γινώσκομεν τὸν ⌈ἀληθινόν·⌉ καί
ἐσμεν ἐν τῷ ἀληθινῷ, ἐν τῷ υἱῷ αὐτοῦ Ἰησοῦ Χριστῷ.
21 οὗτός ἐστιν ὁ ἀληθινὸς θεὸς καὶ ζωὴ αἰώνιος. Τεκνία,
φυλάξατε ἑαυτὰ ἀπὸ τῶν εἰδώλων.

20 ἀληθινόν,

14 God may know that you have eternal life. And we have confidence in him, that if we ask him for anything that is in
15 accordance with his will, he will listen to us. And if we know that he listens to whatever we ask him for, we know that the
16 requests we have made of him are granted. If anyone sees his brother committing any sin except a deadly one, he will ask and obtain life for him—provided the sin is not a deadly one. There is such a thing as deadly sin; I do not say that a
17 man should pray about that. Any wrongdoing is sin, but there are sins that are not deadly.
18   We know that no child of God commits sin, but that he who is born of God protects him, and the evil one cannot
19 touch him. We know that we are children of God, while the
20 whole world is in the power of the evil one. And we know that the Son of God has come, and has given us power to recognize him who is true, and we are in union with him who is true, through his Son, Jesus Christ. He is the true
21 God and eternal life. Dear children, keep away from idols.

ΙΩΑΝΟΥ Β

1 Ο ΠΡΕΣΒΥΤΕΡΟΣ ⌜ἐκλεκτῇ κυρίᾳ⌝ καὶ τοῖς τέκνοις αὐτῆς, οὓς ἐγὼ ἀγαπῶ ἐν ἀληθείᾳ, καὶ οὐκ ἐγὼ μόνος 2 ἀλλὰ καὶ πάντες οἱ ἐγνωκότες τὴν ἀλήθειαν, διὰ τὴν ἀλήθειαν τὴν μένουσαν ἐν ἡμῖν, καὶ μεθ᾽ ἡμῶν ἔσται εἰς 3 τὸν αἰῶνα· ἔσται μεθ᾽ ἡμῶν χάρις ἔλεος εἰρήνη παρὰ θεοῦ πατρός, καὶ παρὰ Ἰησοῦ Χριστοῦ τοῦ υἱοῦ τοῦ πατρός, ἐν ἀληθείᾳ καὶ ἀγάπῃ.

4 Ἐχάρην λίαν ὅτι εὕρηκα ἐκ τῶν τέκνων σου περιπατοῦντας ἐν ἀληθείᾳ, καθὼς ἐντολὴν ἐλάβομεν παρὰ τοῦ 5 πατρός. καὶ νῦν ἐρωτῶ σε, κυρία, οὐχ ὡς ἐντολὴν γράφων σοι καινὴν ἀλλὰ ἣν εἴχαμεν ἀπ᾽ ἀρχῆς, ἵνα ἀγα- 6 πῶμεν ἀλλήλους. καὶ αὕτη ἐστὶν ἡ ἀγάπη, ἵνα περιπατῶμεν κατὰ τὰς ἐντολὰς αὐτοῦ· αὕτη ἡ ἐντολή ἐστιν, 7 καθὼς ἠκούσατε ἀπ᾽ ἀρχῆς, ἵνα ἐν αὐτῇ περιπατῆτε. ὅτι πολλοὶ πλάνοι ἐξῆλθαν εἰς τὸν κόσμον, οἱ μὴ ὁμολογοῦντες Ἰησοῦν Χριστὸν ἐρχόμενον ἐν σαρκί· οὗτός ἐστιν 8 ὁ πλάνος καὶ ὁ ἀντίχριστος. βλέπετε ἑαυτούς, ἵνα μὴ ἀπολέσητε ἃ ἠργασάμεθα, ἀλλὰ μισθὸν πλήρη ἀπολά- 9 βητε. πᾶς ὁ προάγων καὶ μὴ μένων ἐν τῇ διδαχῇ τοῦ χριστοῦ θεὸν οὐκ ἔχει· ὁ μένων ἐν τῇ διδαχῇ, οὗτος καὶ 10 τὸν πατέρα καὶ τὸν υἱὸν ἔχει. εἴ τις ἔρχεται πρὸς ὑμᾶς καὶ ταύτην τὴν διδαχὴν οὐ φέρει, μὴ λαμβάνετε αὐτὸν 11 εἰς οἰκίαν ⌜καὶ χαίρειν αὐτῷ μὴ λέγετε· ὁ λέγων γὰρ αὐτῷ χαίρειν κοινωνεῖ τοῖς ἔργοις αὐτοῦ τοῖς πονηροῖς.

12 Πολλὰ ἔχων ὑμῖν γράφειν οὐκ ἐβουλήθην διὰ χάρτου καὶ μέλανος, ἀλλὰ ἐλπίζω γενέσθαι πρὸς ὑμᾶς καὶ στόμα πρὸς στόμα λαλῆσαι, ἵνα ἡ χαρὰ ⌜ὑμῶν⌝ 13 πεπληρωμένη ᾖ. Ἀσπάζεταί σε τὰ τέκνα τῆς ἀδελφῆς σου τῆς ἐκλεκτῆς.

---

1 Ἐκλέκτῃ Κυρίᾳ   12 ἡμῶν

THE SECOND LETTER OF JOHN

1 The Elder to the chosen lady and her children, whom I truly love—and not only I but all who know the truth—
2 because of the truth that stays in our hearts and will be with
3 us forever; blessing, mercy, and peace be with us from God the Father and Jesus Christ, the Father's Son, in truth and love.
4 It makes me exceedingly happy to find that some of your children are guided by truth, just as we have been commanded
5 to be by the Father. And now I beg you, my lady—not as though I were writing you any new command, but one which we have had from the beginning—let us love one another.
6 Love means this, that we be guided by his commands. The command, as you ʼhave heard from the beginning, is to be
7 guided by love. For many impostors have gone out into the world—men who do not acknowledge the coming of Jesus Christ in human form. That is the mark of the impostor and
8 the Antichrist. Look out for yourselves, take care not to lose what we have worked for, but make sure that you are paid
9 for it in full. Anyone who goes too far and does not keep to the teaching of Christ has not God. It is the man who holds
10 to the teaching who has both the Father and the Son. If anyone comes to you without bringing this teaching, do not
11 let him come into the house or bid him good morning. For anyone who bids him good morning shares in his wicked work.
12 Though I have a great deal to write to you, I would rather not write it with paper and ink, but I hope to come to see you, and talk with you face to face, so that your
13 happiness may be complete. The children of your chosen sister wish to be remembered to you.

ΙΩΑΝΟΥ Γ

1 Ο ΠΡΕΣΒΥΤΕΡΟΣ Γαίῳ τῷ ἀγαπητῷ, ὃν ἐγὼ ἀγαπῶ ἐν ἀληθείᾳ.

2 Ἀγαπητέ, περὶ πάντων εὔχομαί σε εὐοδοῦσθαι καὶ 3 ὑγιαίνειν, καθὼς εὐοδοῦταί σου ἡ ψυχή. ἐχάρην γὰρ λίαν ἐρχομένων ἀδελφῶν καὶ μαρτυρούντων σου τῇ ἀληθείᾳ, 4 καθὼς σὺ ἐν ἀληθείᾳ περιπατεῖς. μειζοτέραν τούτων οὐκ ἔχω ⌜χάριν⌝, ἵνα ἀκούω τὰ ἐμὰ τέκνα ἐν τῇ ἀληθείᾳ 5 περιπατοῦντα. Ἀγαπητέ, πιστὸν ποιεῖς ὃ ἐὰν 6 ἐργάσῃ εἰς τοὺς ἀδελφοὺς καὶ τοῦτο ξένους, οἳ ἐμαρτύρη- σάν σου τῇ ἀγάπῃ ἐνώπιον ἐκκλησίας, οὓς καλῶς ποιή- 7 σεις προπέμψας ἀξίως τοῦ θεοῦ· ὑπὲρ γὰρ τοῦ ὀνόματος 8 ἐξῆλθαν μηδὲν λαμβάνοντες ἀπὸ τῶν ἐθνικῶν. ἡμεῖς οὖν ὀφείλομεν ὑπολαμβάνειν τοὺς τοιούτους, ἵνα συνεργοὶ γινώ- μεθα τῇ ἀληθείᾳ.

9 Ἔγραψά τι τῇ ἐκκλησίᾳ· ἀλλ' ὁ φιλοπρωτεύων αὐτῶν 10 Διοτρέφης οὐκ ἐπιδέχεται ἡμᾶς. διὰ τοῦτο, ἐὰν ἔλθω, ὑπομνήσω αὐτοῦ τὰ ἔργα ἃ ποιεῖ, λόγοις πονηροῖς φλυα- ρῶν ἡμᾶς, καὶ μὴ ἀρκούμενος ἐπὶ τούτοις οὔτε αὐτὸς ἐπιδέχεται τοὺς ἀδελφοὺς καὶ τοὺς βουλομένους κωλύει καὶ ἐκ τῆς ἐκκλησίας ἐκβάλλει.

11 Ἀγαπητέ, μὴ μιμοῦ τὸ κακὸν ἀλλὰ τὸ ἀγαθόν. ὁ ἀγα- θοποιῶν ἐκ τοῦ θεοῦ ἐστίν· ὁ κακοποιῶν οὐχ ἑώρακεν τὸν 12 θεόν. Δημητρίῳ μεμαρτύρηται ὑπὸ πάντων καὶ ὑπὸ αὐτῆς τῆς ἀληθείας· καὶ ἡμεῖς δὲ μαρτυροῦμεν, καὶ οἶδας ὅτι ἡ μαρτυρία ἡμῶν ἀληθής ἐστιν.

13 Πολλὰ εἶχον γράψαι σοι, ἀλλ' οὐ θέλω διὰ μέλανος 14 καὶ καλάμου σοι γράφειν· ἐλπίζω δὲ εὐθέως σε ἰδεῖν, 15 καὶ στόμα πρὸς στόμα λαλήσομεν. Εἰρήνη σοι. ἀσπά- ζονταί σε οἱ φίλοι. ἀσπάζου τοὺς φίλους κατ' ὄνομα.

4 χαράν

THE THIRD LETTER OF JOHN

1   The Elder to my dear friend Gaius, whom I truly love.

2   Dear friend, it is my prayer that everything is going well with you and that you are well; I know it is well with 3 your soul. For it makes me exceedingly happy when some brothers come and testify to the truth of your life, for you 4 are guided by truth. I know of no greater blessing than hearing that my children are being guided by the truth.

5   Dear friend, it is loyal of you to do anything you can 6 for the brothers, especially as they are strangers; they have testified before the church to your love. Please see them off on their journey in a way appropriate to God's service. 7 For they have started out for the sake of the cause, and 8 they are accepting nothing from the heathen. So we ought to support such men, so that we may co-operate with the truth.

9   I have written to the church, but Diotrephes who likes 10 to be their leader will not accept what I say. So if I come, I will bring up the things that he is doing, and how he is maliciously accusing me. Not content with that, he refuses to welcome the brothers himself, and he is interfering with those who want to do so, and has them put out of the church.

11   Dear friend, do not imitate evil, but good. The man who does right is a child of God; the man who does wrong 12 has never seen God. Everybody testifies to Demetrius; the truth itself does; I testify to him too, and you know that my testimony to him is true.

13   I have a great deal to write to you, but I do not want 14 to write it with pen and ink; I hope to see you very soon 15 and we will talk face to face. Goodbye. Our friends wish to be remembered to you. Remember me to our friends, every one.

ΙΟΥΔΑ

1 ΙΟΥΔΑΣ Ἰησοῦ Χριστοῦ δοῦλος, ἀδελφὸς δὲ Ἰακώ-
βου, τοῖς ⌜ἐν θεῷ πατρὶ ἠγαπημένοις καὶ⌝ Ἰησοῦ Χριστῷ
2 τετηρημένοις κλητοῖς· ἔλεος ὑμῖν καὶ εἰρήνη καὶ ἀγάπη
πληθυνθείη.

3 Ἀγαπητοί, πᾶσαν σπουδὴν ποιούμενος γράφειν ὑμῖν
περὶ τῆς κοινῆς ἡμῶν σωτηρίας ἀνάγκην ἔσχον γράψαι
ὑμῖν παρακαλῶν ἐπαγωνίζεσθαι τῇ ἅπαξ παραδοθείσῃ
4 τοῖς ἁγίοις πίστει. παρεισεδύησαν γάρ τινες ἄνθρωποι, οἱ
πάλαι προγεγραμμένοι εἰς τοῦτο τὸ κρίμα, ἀσεβεῖς, τὴν
τοῦ θεοῦ ἡμῶν χάριτα μετατιθέντες εἰς ἀσέλγειαν καὶ τὸν
μόνον δεσπότην καὶ κύριον ἡμῶν Ἰησοῦν Χριστὸν ἀρνού-
5 μενοι.   Ὑπομνῆσαι δὲ ὑμᾶς βούλομαι, εἰδότας
ἅπαξ πάντα, ὅτι ⌜Κύριος⌝ λαὸν ἐκ γῆς Αἰγύπτου σώσας
6 τὸ δεύτερον τοὺς μὴ πιστεύσαντας ἀπώλεσεν, ἀγγέλους
τε τοὺς μὴ τηρήσαντας τὴν ἑαυτῶν ἀρχὴν ἀλλὰ ἀπολι-
πόντας τὸ ἴδιον οἰκητήριον εἰς κρίσιν μεγάλης ἡμέρας
7 δεσμοῖς ἀϊδίοις ὑπὸ ζόφον τετήρηκεν· ὡς Σόδομα καὶ
Γόμορρα καὶ αἱ περὶ αὐτὰς πόλεις, τὸν ὅμοιον τρόπον
τούτοις ἐκπορνεύσασαι καὶ ἀπελθοῦσαι ὀπίσω σαρκὸς
ἑτέρας, πρόκεινται δεῖγμα πυρὸς αἰωνίου δίκην ὑπέχου-
8 σαι.   Ὁμοίως μέντοι καὶ οὗτοι ἐνυπνιαζόμενοι
σάρκα μὲν μιαίνουσιν, κυριότητα δὲ ἀθετοῦσιν, δόξας δὲ
9 βλασφημοῦσιν. Ὁ δὲ Μιχαὴλ ὁ ἀρχάγγελος, ὅτε τῷ
διαβόλῳ διακρινόμενος διελέγετο περὶ τοῦ Μωυσέως σώ-
ματος, οὐκ ἐτόλμησεν κρίσιν ἐπενεγκεῖν βλασφημίας,

1 †...†   5 †Ἰησοῦς†

THE LETTER OF JUDE

1   Jude, a slave of Jesus Christ, and the brother of James, to those who have been called, who are dear to God the Father and have been kept through union with Jesus Christ; 2 may mercy, peace, and love be granted you in abundance.

3   Dear friends, I was just on the point of writing to you about our common salvation, when it became necessary for me to write and appeal to you to come to the defense of the faith that has once for all been intrusted to God's people. 4 For some people have sneaked in among us—their doom was foretold long ago—godless persons, who turn the mercy of our God into an excuse for immorality, and disown our only Master and Lord, Jesus Christ.

5   Now I want to remind you, though you know it all already, that he who brought the people safely out of the land of Egypt afterward destroyed the ones who did not believe, 6 and the angels who neglected their responsibilities and abandoned their homes he has put in everlasting chains to be 7 kept in darkness for the judgment of the great Day, just as Sodom and Gomorrah and the neighboring towns which like them indulged in immorality and unnatural vice stand as a warning, in undergoing the punishment of eternal fire.

8   In that same way these dreamers defile the body, make 9 light of authority, and deride majesty. The archangel Michael himself, when he had the dispute with the devil about Moses' body, did not venture to condemn him for blasphemy;

10 ἀλλὰ **εἶπεν** Ἐπιτιμήϲαι coι Κýριοc. Οὗτοι δὲ ὅσα
μὲν οὐκ οἴδασιν βλασφημοῦσιν, ὅσα δὲ φυσικῶς ὡς
11 τὰ ἄλογα ζῷα ἐπίστανται, ἐν τούτοις φθείρονται. οὐαὶ
αὐτοῖς, ὅτι τῇ ὁδῷ τοῦ Καὶν ἐπορεύθησαν, καὶ τῇ πλάνῃ
τοῦ Βαλαὰμ μισθοῦ ἐξεχύθησαν, καὶ τῇ ἀντιλογίᾳ τοῦ
12 Κορὲ ἀπώλοντο. οὗτοί εἰσιν οἱ ἐν ταῖς ἀγάπαις ὑμῶν σπι-
λάδες συνευωχούμενοι, ἀφόβως ἑαγτοýc ποιμαίνοντεc,
νεφέλαι ἄνυδροι ὑπὸ ἀνέμων παραφερόμεναι, δενδρα
13 φθινοπωρινὰ ἄκαρπα δὶς ἀποθανόντα ἐκριζωθέντα, κύματα
ἄγρια θαλάσσης ἐπαφρίζοντα τὰς ἑαυτῶν αἰσχύνας, ἀστέ-
ρες ⌜πλανῆται οἶς ὁ⌝ ζόφος τοῦ⌝ σκότους εἰς αἰῶνα τετήρη-
14 ται. Ἐπροφήτευσεν δὲ καὶ τούτοις ἕβδομος
ἀπὸ Ἀδὰμ Ἑνὼχ λέγων Ἰδοὺ ⌞λθεν Κýριοc ἐν ἁγίαιc
15 μυριάcιν ἀγτοῦ, ποιῆσαι κρίσιν κατὰ πάντων καὶ ἐλέγξαι
πάντας τοὺς ἀσεβεῖς περὶ πάντων τῶν ἔργων ἀσεβείας
αὐτῶν ὧν ἠσέβησαν καὶ περὶ πάντων τῶν σκληρῶν ὧν
16 ἐλάλησαν κατ' αὐτοῦ ἁμαρτωλοὶ ἀσεβεῖς. Οὗ-
τοί εἰσιν γογγυσταί, μεμψίμοιροι, κατὰ τὰς ἐπιθυμίας
αὐτῶν πορευόμενοι, καὶ τὸ στόμα αὐτῶν λαλεῖ ὑπέρογκα,
θαυμάζοντες πρόσωπα ὠφελίας χάριν.
17 Ὑμεῖς δέ, ἀγαπητοί, μνήσθητε τῶν ῥημάτων τῶν προει-
ρημένων ὑπὸ τῶν ἀποστόλων τοῦ κυρίου ἡμῶν Ἰησοῦ
18 Χριστοῦ· ὅτι ἔλεγον ὑμῖν Ἐπ' ἐσχάτου χρόνου ἔσονται
ἐμπαῖκται κατὰ τὰς ἑαυτῶν ἐπιθυμίας πορευόμενοι τῶν
19 ἀσεβειῶν. Οὗτοί εἰσιν οἱ ἀποδιορίζοντες, ψυχικοί, πνεῦ-
20 μα μὴ ἔχοντες. Ὑμεῖς δέ, ἀγαπητοί, ἐποικοδομοῦντες
ἑαυτοὺς τῇ ἁγιωτάτῃ ὑμῶν πίστει, ἐν πνεύματι ἁγίῳ
21 προσευχόμενοι, ἑαυτοὺς ἐν ἀγάπῃ θεοῦ τηρήσατε προσ-
δεχόμενοι τὸ ἔλεος τοῦ κυρίου ἡμῶν Ἰησοῦ Χριστοῦ
22 εἰς ζωὴν αἰώνιον. Καὶ οὓς μὲν ⌜ἐλεᾶτε διακρινομένους
23 σώζετε ἐκ πυρὸc ἁρπάζοντες, οὓς δὲ ἐλεᾶτε⌝ ἐν φόβῳ,
μισοῦντες καὶ τὸν ἀπὸ τῆς σαρκὸς ἐcπιλωμένον
χιτῶνα.

13 πλάνητες οἷς ζόφος   22 †...†

10 he only said, "May the Lord rebuke you!" But these people deride anything they do not understand, and the things they know by instinct, like unreasoning animals, they use for their 11 own destruction. Alas for them, for they follow Cain's path, they plunge into Balaam's error for gain, and they perish in 12 rebelliousness like Korah's. They are stains on your religious meals, where they carouse together, boldly attending to no one but themselves; rainless clouds driven before the wind; 13 leafless trees without fruit, doubly dead, and uprooted; wild sea waves foaming up their own shame; wandering stars doomed forever to utter darkness.

14 Of them also Enoch, in the seventh generation from Adam, prophesied, when he said, "See! The Lord comes with his 15 holy myriads to execute judgment upon all, and to convict all the godless of all the godless deeds they have done, and of all the harsh things that godless sinners have said against him."

16 These men are grumblers, dissatisfied with life. They go where their passions lead, their talk is arrogant and they cultivate people in the hope of gain.

17 But you, dear friends, must remember what was foretold 18 by the apostles of our Lord Jesus Christ, for they said to you, "In the last times there will be mockers who will go where 19 their own godless passions lead." These are the men who create division; they are animal and devoid of the Spirit. 20 But you, dear friends, must build yourselves up on your most 21 holy faith and pray in the holy Spirit, keep in the love of God, and wait for the mercy of our Lord Jesus Christ, to 22 bring you to eternal life. Those whom you pity in their 23 uncertainty, save, snatching them out of the fire, and look on others with pity mixed with fear, loathing even the clothes their animal nature has stained.

24 Τῷ δὲ δυναμένῳ φυλάξαι ὑμᾶς ἀπταίστους καὶ στῆσαι κατενώπιον τῆς δόξης αὐτοῦ ἀμώμους ἐν ἀγαλ- 25 λιάσει μόνῳ θεῷ σωτῆρι ἡμῶν διὰ Ἰησοῦ Χριστοῦ τοῦ κυρίου ἡμῶν δόξα μεγαλωσύνη κράτος καὶ ἐξουσία πρὸ παντὸς τοῦ αἰῶνος καὶ νῦν καὶ εἰς πάντας τοὺς αἰῶνας· ἀμήν.

24   Now to him who is able to keep you from stumbling and
      to make you stand in his presence irreproachable and tri-
25 umphant—to the one God our Savior be glory, majesty,
      power, and authority through Jesus Christ our Lord before
      time began and now and forever and ever.   Amen.

ΑΠΟΚΑΛΥΨΙΣ ΙΩΑΝΟΥ

1 ΑΠΟΚΑΛΥΨΙΣ ΙΗΣΟΥ ΧΡΙΣΤΟΥ, ἣν ἔδωκεν
αὐτῷ ὁ θεὸς δεῖξαι τοῖς δούλοις αὐτοῦ, ἃ Δεῖ Γενέϲθαι
ἐν τάχει, καὶ ἐσήμανεν ἀποστείλας διὰ τοῦ ἀγγέλου
2 αὐτοῦ τῷ δούλῳ αὐτοῦ Ἰωάνει, ὃς ἐμαρτύρησεν τὸν
λόγον τοῦ θεοῦ καὶ τὴν μαρτυρίαν Ἰησοῦ Χριστοῦ, ὅσα
3 εἶδεν. μακάριος ὁ ἀναγινώσκων καὶ οἱ ἀκούοντες τοὺς
λόγους τῆς προφητείας καὶ τηροῦντες τὰ ἐν αὐτῇ
γεγραμμένα, ὁ γὰρ καιρὸς ἐγγύς.

4 ΙΩΑΝΗΣ ταῖς ἑπτὰ ἐκκλησίαις ταῖς ἐν τῇ Ἀσίᾳ·
χάρις ὑμῖν καὶ εἰρήνη ἀπὸ ὁ Ὢν καὶ ὁ ἦν καὶ
ὁ ἐρχόμενος, καὶ ἀπὸ τῶν ἑπτὰ πνευμάτων ⌜ἃ⌝ ἐνώ-
5 πιον τοῦ θρόνου αὐτοῦ, καὶ ἀπὸ Ἰησοῦ Χριστοῦ,
ὁ Μάρτυϲ ὁ πιϲτόϲ, ὁ πρωτότοκοϲ τῶν νεκρῶν καὶ
ὁ ἄρχων τῶν Βαϲιλέων τῆϲ Γῆϲ. Τῷ ἀγαπῶντι
ἡμᾶς καὶ λύσαντι ἡμᾶς ἐκ τῶν ἁμαρτιῶν [ἡμῶν]
6 ἐν τῷ αἵματι αὐτοῦ, — καὶ ἐποίησεν ⌜ἡμᾶς⌝ Βαϲιλείαν,
ἱερεῖϲ τῷ θεῷ καὶ πατρὶ αὐτοῦ, — αὐτῷ ἡ δόξα
7 καὶ τὸ κράτος εἰς τοὺς αἰῶνας· ἀμήν. Ἰδοὺ ἔρ-
χεται μετὰ τῶν νεφελῶν, καὶ ὄψεται αὐτὸν πᾶς

4 τῶν   6 ἡμῖν

THE REVELATION OF JOHN

1   A revelation made by Jesus Christ which God gave him
   to disclose to his slaves of what must very soon happen.
2 He sent and communicated it by his angel to his slave John,
   who testifies to what he saw—to the message of God and
3 the testimony of Jesus Christ.   Blessed be the man who reads
   this prophecy and those who hear it read and heed what is
   written in it, for the time is near.

4   John to the seven churches in Asia, blessing and peace
   to you from him who is and was and is coming, and from
5 the seven spirits before his throne, and from Jesus Christ the
   trustworthy witness, the firstborn of the dead, and the
   sovereign of the kings of the earth.   To him who loves us
6 and has released us from our sins by his blood—he has made
   us a kingdom of priests for his God and Father—to him be
7 glory and power forever.   Amen.   See!   He is coming on the

ὀφθαλμος καὶ οἵτινες αὐτὸν ἐΖΕΚΕΝΤΗCΑΝ, καὶ κό-
ψΟΝΤΑΙ ἐπ᾽ ΑΥΤΟΝ ΠΑCΑΙ ΑΙ ΦΥΛΑΙ ΤΗC ΓΗC. ναί,
ἀμήν.

8 Ἐγώ εἰΜΙ τὸ Ἄλφα καὶ τὸ Ὦ, λέγει ΚΥΡΙΟC,
ὁ θεός, ὁ ὢΝ καὶ ὁ ἦν καὶ ὁ ἐρχόμενος, ὁ ΠΑΝ-
ΤΟΚΡΑΤωρ.

9 Ἐγὼ Ἰωάνης, ὁ ἀδελφὸς ὑμῶν καὶ συνκοινωνὸς ἐν
τῇ θλίψει καὶ βασιλείᾳ καὶ ὑπομονῇ ἐν Ἰησοῦ,
ἐγενόμην ἐν τῇ νήσῳ τῇ καλουμένῃ Πάτμῳ διὰ τὸν
10 λόγον τοῦ θεοῦ καὶ τὴν μαρτυρίαν Ἰησοῦ. ἐγενόμην
ἐν πνεύματι ἐν τῇ κυριακῇ ἡμέρᾳ, καὶ ἤκουσα ⌜ὀπίσω
11 μου φωνὴν μεγάλην⌝ ὡς σάλπιγγος λεγούσης ˋΟ
βλέπεις γράψον εἰς βιβλίον καὶ πέμψον ταῖς ἑπτὰ
ἐκκλησίαις, εἰς Ἔφεσον καὶ εἰς Σμύρναν καὶ εἰς Πέργαμον
καὶ εἰς Θυάτειρα καὶ εἰς Σάρδεις καὶ εἰς Φιλαδελφίαν
12 καὶ εἰς Λαοδικίαν. Καὶ ἐπέστρεψα βλέπειν τὴν φωνὴν
ἥτις ἐλάλει μετ᾽ ἐμοῦ· καὶ ἐπιστρέψας εἶδον ἑπτὰ
13 λυχνίας χρυσᾶς, καὶ ἐν μέσῳ τῶν λυχνιῶν ὅμοιον
⌜γίον⌝ ΑΝθΡΩΠΟΥ, ἐΝΔΕΔΥΜΕΝΟΝ ΠΟΔΗΡΗ καὶ ΠΕΡΙΕ-
14 ΖΩCΜΕΝΟΝ πρὸς τοῖς μαστοῖς ΖΩΝΗΝ ΧΡΥCΑΝ· ἡ δὲ
ΚΕΦΑΛΗ ΑΥΤΟΥ καὶ ΑΙ ΤΡΙΧΕC ΛΕΥΚΑΙ ὡC ΕΡΙΟΝ
λευκόν, ὡC ΧΙΩΝ, καὶ οἱ ὀφθαλμοὶ ΑΥΤΟΥ ὡC ΦΛὸξ
15 ΠΥΡΟC, καὶ οἱ ΠΟΔΕC ΑΥΤΟΥ ΟΜΟΙΟΙ χαλκολιβάνῳ,
ὡς ἐν καμίνῳ ⌜πεπυρωμένης⌝, καὶ ἡ ΦΩΝΗ ΑΥΤΟΥ ὡC
16 ΦΩΝΗ ΥΔΑΤΩΝ ΠΟΛΛΩΝ, καὶ ἔχων ἐν τῇ δεξιᾷ χειρὶ
αὐτοῦ ἀστέρας ἑπτά, καὶ ἐκ τοῦ στόματος αὐτοῦ ῥομ-
φαία δίστομος ὀξεῖα ἐκπορευομένη, καὶ ἡ ὄψις αὐτοῦ
17 ὡς ὁ ΗΛΙΟC φαίνει ἐΝ ΤΗ ΔΥΝΑΜΕΙ ΑΥΤΟΥ. Καὶ
ὅτε εἶδον αὐτόν, ἔπεσα πρὸς τοὺς πόδας αὐτοῦ ὡς
νεκρός· καὶ ἔθηκεν τὴν δεξιὰν αὐτοῦ ἐπ᾽ ἐμὲ λέγων

Μὴ ΦΟΒΟΥ· ἐγώ εἰΜΙ ὁ ΠΡΩΤΟC καὶ ὁ ΕCΧΑΤΟC,
18 καὶ ὁ ΖΩΝ, — καὶ ἐγενόμην νεκρὸς καὶ ἰδοὺ ΖΩΝ εἰΜΙ
εἰς τοὺς αἰῶνας τῶν αἰώνων, — καὶ ἔχω τὰς κλεῖς τοῦ

10 φωνὴν μεγάλην ὄπισθέν μου   13 υἱῷ   15 πεπυρωμένοι

clouds, and every eye will see him, even the men who pierced him, and all the tribes of the earth will lament over him.   So it is to be.   Amen.

8   "I am the Alpha and the Omega," says the Lord God, who is and was and is coming, the Almighty.

9   I, John, your brother and companion in the distress, the kingdom, and the endurance that Jesus brings, found myself on the island called Patmos, for uttering God's message and 10 testifying to Jesus.   On the Lord's day I fell into a trance, 11 and I heard a loud voice like a trumpet behind me say,

"Write what you see in a roll and send it to the seven churches—to Ephesus, Smyrna, Pergamum, Thyatira, Sardis, Philadelphia, and Laodicea."

12   I turned to see whose voice it was that was speaking 13 to me, and when I turned I saw seven gold lampstands, and among the lampstands a being like a man, wearing a long robe, 14 with a gold belt around his breast.   His head and hair were as white as white wool, as white as snow; his eyes blazed 15 like fire; his feet were like bronze, refined in a furnace, and his 16 voice was like the noise of mighty waters.   In his right hand he held seven stars; from his mouth came a sharp double-edged sword, and his face shone like the sun at noonday. 17 When I saw him, I fell at his feet like a dead man.   But he laid his right hand upon me, and said,

18   "Do not be afraid.   I am the first and the last, the living one.   I was dead, yet here I am alive forever and ever.   I hold

19 θανάτου καὶ τοῦ ᾅδου. γράψον οὖν ἃ εἶδες καὶ ἃ εἰσὶν
20 καὶ ἃ μέλλει γίνεϲθαι μετὰ ταῦτα. τὸ μυϲτήριον
τῶν ἑπτὰ ἀστέρων οὓς εἶδες ἐπὶ τῆς δεξιᾶς μου, καὶ
τὰς ἑπτὰ λυχνίας τὰς χρυσᾶς· οἱ ἑπτὰ ἀστέρες
ἄγγελοι τῶν ἑπτὰ ἐκκλησιῶν εἰσίν, καὶ αἱ λυχνίαι αἱ
⌜ἑπτὰ ἑπτὰ⌝ ἐκκλησίαι εἰσίν.

1   Τῷ ἀγγέλῳ τῷ ἐν Ἐφέσῳ ἐκκλησίας γράψον
Τάδε λέγει ὁ κρατῶν τοὺς ἑπτὰ ἀστέρας ἐν τῇ δε-
ξιᾷ αὐτοῦ, ὁ περιπατῶν ἐν μέσῳ τῶν ἑπτὰ λυχνιῶν
2 τῶν χρυσῶν,   Οἶδα τὰ ἔργα σου, καὶ τὸν κόπον καὶ
τὴν ὑπομονήν σου, καὶ ὅτι οὐ δύνῃ βαστάσαι κακούς,
καὶ ἐπείρασας τοὺς λέγοντας ἑαυτοὺς ἀποστόλους,
3 καὶ οὐκ εἰσίν, καὶ εὗρες αὐτοὺς ψευδεῖς· καὶ ὑπο-
μονὴν ἔχεις, καὶ ἐβάστασας διὰ τὸ ὄνομά μου, καὶ
4 οὐ κεκοπίακες. ἀλλὰ ἔχω κατὰ σοῦ ὅτι τὴν ἀγάπην
5 σου τὴν πρώτην ἀφῆκες. μνημόνευε οὖν πόθεν πέπτωκες,
καὶ μετανόησον καὶ τὰ πρῶτα ἔργα ποίησον· εἰ δὲ μή,
ἔρχομαί σοι, καὶ κινήσω τὴν λυχνίαν σου ἐκ τοῦ τόπου
6 αὐτῆς, ἐὰν μὴ μετανοήσῃς. ἀλλὰ τοῦτο ἔχεις ὅτι μισεῖς
7 τὰ ἔργα τῶν Νικολαϊτῶν, ἃ κἀγὼ μισῶ. Ὁ ἔχων οὖς
ἀκουσάτω τί τὸ πνεῦμα λέγει ταῖς ἐκκλησίαις. Τῷ
νικῶντι δώσω αὐτῷ φαγεῖν ἐκ τοῦ ξύλου τῆϲ ζωῆϲ,
ὅ ἐστιν ἐν τῷ παραδείϲῳ τοῦ θεοῦ ᵀ.

8   Καὶ τῷ ἀγγέλῳ τῷ ἐν Σμύρνῃ ἐκκλησίας γράψον
Τάδε λέγει ὁ πρῶτοϲ καὶ ὁ ἔϲχατοϲ, ὃς ἐγένετο
9 νεκρὸς καὶ ἔζησεν,   Οἶδά σου τὴν θλῖψιν καὶ τὴν
πτωχείαν, ἀλλὰ πλούσιος εἶ, καὶ τὴν βλασφημίαν ἐκ
τῶν λεγόντων Ἰουδαίους εἶναι ἑαυτούς, καὶ οὐκ εἰσίν,
10 ἀλλὰ συναγωγὴ τοῦ Σατανᾶ. ⌜μὴ⌝ φοβοῦ ἃ μέλλεις
πάσχειν· ἰδοὺ μέλλει βάλλειν ὁ διάβολος ἐξ ὑμῶν εἰς
φυλακὴν ἵνα πειραϲθῆτε, καὶ ⌜ἔχητε⌝ θλῖψιν ἡμερῶν
δέκα. γίνου πιστὸς ἄχρι θανάτου, καὶ δώσω σοι τὸν
11 στέφανον τῆς ζωῆς. Ὁ ἔχων οὖς ἀκουσάτω τί τὸ

19 the keys of death and the underworld. So write what you
20 have seen, what is now and what is to happen hereafter. The
secret meaning of the seven stars that you saw in my right
hand, and of the seven gold lampstands is this: The seven
stars are the guardian angels of the seven churches and the
seven lampstands are the seven churches.

2   "To the angel of the church in Ephesus write:

        " 'He who holds the seven stars in his right hand and goes
2 about among the seven gold lampstands speaks thus: I know
what you have done; your hard work and your endurance.
I know that you cannot tolerate wicked men, and that you
have tested those who claimed to be apostles when they were
3 not, and have found them to be impostors. You show
endurance; you have undergone much for my sake, and you
4 have not grown weary. But I hold it against you that you
5 do not love as you did at first. So remember how far you
have fallen, and repent and do as you did at first, or else I will
come to you and take your lampstand from its place, if you
6 do not repent. But it is in your favor that you hate the
7 practices of the Nicolaitans, as I do. Let everyone who can
hear listen to what the Spirit says to the churches. I will
permit him who is victorious to eat the fruit of the tree of life
that stands in the Paradise of God.'

8   "To the angel of the church in Smyrna write:

        " 'The first and the last, who died and came to life again,
9 speaks thus: I know of your distress and poverty—though
you are rich!—I know how you are slandered by those who
claim to be Jews when they are not, but only a synagogue
10 of Satan! Do not be afraid of what you are going to suffer.
See! The devil is going to put some of you into prison to be
tested there, and for ten days to endure persecution. Prove
faithful even unto death and I will give you the crown of life.
11 Let everyone who can hear listen to what the Spirit says to

πνεῦμα λέγει ταῖς ἐκκλησίαις. Ὁ νικῶν οὐ μὴ ἀδι-
κηθῇ ἐκ τοῦ θανάτου τοῦ δευτέρου.

12 Καὶ τῷ ἀγγέλῳ ⌐τῆς⌐ ἐν Περγάμῳ ἐκκλησίας γρά-
ψον

Τάδε λέγει ὁ ἔχων τὴν ῥομφαίαν τὴν δίστομον τὴν
13 ὀξεῖαν Οἶδα ποῦ κατοικεῖς, ὅπου ὁ θρόνος τοῦ Σατανᾶ,
καὶ κρατεῖς τὸ ὄνομά μου, καὶ οὐκ ἠρνήσω τὴν πίστιν
μου καὶ ἐν ταῖς ἡμέραις ⌐Αντίπας⌐, ὁ μάρτυς μου, ὁ
πιστός [μου], ὃς ἀπεκτάνθη παρ᾽ ὑμῖν, ὅπου ὁ Σατανᾶς
14 κατοικεῖ. ἀλλὰ ἔχω κατὰ σοῦ ⌐ὀλίγα, ὅτι⌐ ἔχεις ἐκεῖ
κρατοῦντας τὴν διδαχὴν Βαλαάμ, ὃς ἐδίδασκεν τῷ
Βαλὰκ βαλεῖν σκάνδαλον ἐνώπιον τῶν γιῶν Ἰcραήλ,
15 φαγεῖν εἰδωλόθυτα καὶ πορνεῦcαι· οὕτως ἔχεις καὶ
16 cὺ κρατοῦντας τὴν διδαχὴν Νικολαϊτῶν ὁμοίως. μετα-
νόησον οὖν· εἰ δὲ μή, ἔρχομαί σοι ταχύ, καὶ πολεμήσω
17 μετ᾽ αὐτῶν ἐν τῇ ῥομφαίᾳ τοῦ στόματός μου. Ὁ ἔχων
οὖς ἀκουσάτω τί τὸ πνεῦμα λέγει ταῖς ἐκκλησίαις. Τῷ
νικῶντι Δώcω αὐτῷ ΤΟΥ ΜΆΝΝΑ τοῦ κεκρυμμένου, καὶ
δώσω αὐτῷ ψῆφον λευκήν, καὶ ἐπὶ τὴν ψῆφον ὄνομα
ΚΑΙΝΟΝ γεγραμμένον ὃ οὐδεὶς οἶδεν εἰ μὴ ὁ λαμβά-
νων.

18 Καὶ τῷ ἀγγέλῳ τῷ ἐν Θυατείροις ἐκκλησίας γρά-
ψον

Τάδε λέγει ὁ υἱὸς τοῦ θεοῦ, ὁ ἔχων ΤΟΥC ὀφθαλ-
ΜΟΥC [ΑΥΤΟΥ] ὡς φλόγα ΠΥΡΟC, ΚΑΙ οἱ ΠΟΔΕC ΑΥΤΟΥ
19 ὅΜΟΙΟΙ χαλκολιβάνῳ, Οἶδά σου τὰ ἔργα, καὶ τὴν
ἀγάπην καὶ τὴν πίστιν καὶ τὴν διακονίαν καὶ τὴν
ὑπομονήν σου, καὶ τὰ ἔργα σου τὰ ἔσχατα πλείονα
20 τῶν πρώτων. ἀλλὰ ἔχω κατὰ σοῦ ὅτι ἀφεῖς τὴν
⌐γυναῖκα⌐ Ἰεζάβελ, ἡ λέγουσα ἑαυτὴν προφῆτιν, καὶ
διδάσκει καὶ πλανᾷ τοὺς ἐμοὺς δούλους πορνεῦcαι ΚΑΙ
21 φαγεῖν εἰδωλόθυτα. καὶ ἔδωκα αὐτῇ χρόνον ἵνα μετα-
νοήσῃ, καὶ οὐ θέλει μετανοῆσαι ἐκ τῆς πορνείας αὐτῆς.

12 †...†   13 †...†   14 ὀλίγα   20 γυναῖκά σου

the churches.   He who is victorious will not be hurt by the
second death.'

12   "To the angel of the church in Pergamum write:

" 'He who wields the sharp, double-edged sword speaks
13 thus: I know where you live; where Satan has his throne!
Yet you cling to my name and did not renounce your faith
in me even in the days when my faithful Antipas, my witness,
14 was put to death among you—where Satan lives.   Yet I hold
it somewhat against you that you have among you some
adherents of the teaching of Balaam, who taught Balak to
entrap the children of Israel into eating meat that had been
15 sacrificed to idols, and into immoral practices. So you also
have among you some who hold the teaching of the
16 Nicolaitans.   So repent, or else I will come to you quickly
and make war upon them with the sword that is in my mouth.
17 Let everyone who can hear listen to what the Spirit says to
the churches.   I will give him who is victorious some of the
hidden manna, and I will give him a white pebble with a new
name written on it which no one knows except the man who
receives it.

18   "To the angel of the church in Thyatira write:

" 'The Son of God, whose eyes blaze like fire, and whose
19 feet are like gilded bronze, speaks thus: I know the things you
do, your love and faithfulness and helpfulness and endurance,
and I know that you are now doing more than you did at first.
20 But I hold it against you that you tolerate that Jezebel of a
woman who claims to be inspired and who is misleading my
slaves and teaching them to practice immorality and to eat
21 meat that has been sacrificed to idols.   I have given her
time to repent, but she refuses to repent of her immorality.

22 ἰδοὺ βάλλω αὐτὴν εἰς κλίνην, καὶ τοὺς μοιχεύοντας
μετ᾽ αὐτῆς εἰς θλίψιν μεγάλην, ἐὰν μὴ μετανοήσουσιν
23 ἐκ τῶν ἔργων ⌜αὐτῆς⌝· καὶ τὰ τέκνα αὐτῆς ἀποκτενῶ
ἐν θανάτῳ· καὶ γνώσονται πᾶσαι αἱ ἐκκλησίαι ὅτι ἐγώ
εἰμι ὁ ἐραγΝῶΝ Νεφροyc καὶ καρΔίαc, καὶ Δώcω
24 ὑμῖν ἑκάcτῳ κατὰ τὰ ἔρΓα ὑμῶν. ὑμῖν δὲ λέγω
τοῖς λοιποῖς τοῖς ἐν Θυατείροις, ὅσοι οὐκ ἔχουσιν
τὴν διδαχὴν ταύτην, οἵτινες οὐκ ἔγνωσαν τὰ βαθέα
τοῦ Σατανᾶ, ὡς λέγουσιν, οὐ βάλλω ἐφ᾽ ὑμᾶς ἄλλο
25 βάρος· πλὴν ὃ ἔχετε κρατήσατε ἄχρι οὗ ἂν ἥξω. Καὶ
26
ὁ νικῶν καὶ ὁ τηρῶν ἄχρι τέλους τὰ ἔργα μου, Δώcω
27 αyτῷ ἐξουcίαν ἐπὶ τῶΝ ἐθΝῶΝ, καὶ ποιμαΝεῖ
αyτοyc ἐΝ ῥάβΔῳ cιΔηρᾷ ὡc τὰ cκεyΗ τὰ κε-
28 ραμικὰ cyΝτρίβεται, ὡς κἀγὼ εἴληφα παρὰ τοῦ πα-
τρός μου, καὶ δώσω αὐτῷ τὸν ἀστέρα τὸν πρωινόν.
29 Ὁ ἔχων οὖς ἀκουσάτω τί τὸ πνεῦμα λέγει ταῖς ἐκκλη-
σίαις.

1 Καὶ τῷ ἀγγέλῳ ⌜τῆς⌝ ἐν Σάρδεσιν ἐκκλησίας γρά-
ψον

Τάδε λέγει ὁ ἔχων τὰ ἑπτὰ πνεύματα τοῦ θεοῦ
καὶ τοὺς ἑπτὰ ἀστέρας Οἶδά σου τὰ ἔργα, ὅτι ὄνομα
2 ἔχεις ὅτι ζῇς, καὶ νεκρὸς εἶ. γίνου γρηγορῶν, καὶ
στήρισον τὰ λοιπὰ ἃ ἔμελλον ἀποθανεῖν, οὐ γὰρ
εὕρηκά σου ᵀ ἔργα πεπληρωμένα ἐνώπιον τοῦ θεοῦ μου·
3 μνημόνευε οὖν πῶς εἴληφας καὶ ἤκουσας καὶ τήρει, καὶ
μετανόησον· ἐὰν οὖν μὴ γρηγορήσῃς, ἥξω ὡς κλέπτης,
4 καὶ οὐ μὴ ⌜γνῷς⌝ ποίαν ὥραν ἥξω ἐπὶ σέ· ἀλλὰ ἔχεις
ὀλίγα ὀνόματα ἐν Σάρδεσιν ἃ οὐκ ἐμόλυναν τὰ ἱμάτια
αὐτῶν, καὶ περιπατήσουσιν μετ᾽ ἐμοῦ ἐν λευκοῖς, ὅτι
5 ἄξιοί εἰσιν. Ὁ νικῶν οὕτως περιβαλεῖται ἐν ἱματίοις
λευκοῖς, καὶ οὐ μὴ ἐξαλείψω τὸ ὄνομα αὐτοῦ ἐκ τῆc
βίβλοy τῆc ζωῆc, καὶ ὁμολογήσω τὸ ὄνομα αὐτοῦ
ἐνώπιον τοῦ πατρός μου καὶ ἐνώπιον τῶν ἀγγέλων

22 αὐτῶν   1 †τῷ†   2 τὰ   3 γνώσῃ

22 See! I am going to lay her on a sick bed, and to bring great
   distress upon those who share her immorality, unless they
23 repent of her practices, and I will strike her children dead.
   Then all the churches will know that I am he who searches
   men's hearts and minds, and I will repay each of you for what
24 you have done. But to the rest of you at Thyatira, who do
   not hold this teaching and have not learned the "deep things"
   of Satan, as they call them—to you I say, I have no fresh
25 burden to lay on you, but keep hold of what you have, until
26 I come. To him who is victorious and continues to the end
   to do the things that please me, I will give authority over the
27 heathen—just such authority as I received from my Father;
28 he will shepherd them with an iron staff, and shatter them like
29 earthen jars!—and I will give him the morning star. Let
   everyone who can hear listen to what the Spirit says to the
   churches.'

3   "To the angel of the church in Sardis write:
       " 'He who holds the seven spirits of God and the seven
   stars speaks thus: I know what you are going; you are sup-
2 posed to be alive, but you are dead. Wake up, and strengthen
   what is left, although it is already on the point of death, for
   I have found nothing you have done complete in the sight of
3 my God. So remember what you received and heard, and
   obey it, and repent. If you do not wake up, I will come
   like a thief, and you will not know at what hour I am coming
4 upon you. Yet you have a few at Sardis who have not
   soiled their clothes. They will walk with me clad in white,
5 for they deserve to. He who is victorious will be clothed thus,
   in white clothing, and I will not erase his name from the book
   of life, but I will acknowledge him as mine in the presence

6 αὐτοῦ. Ὁ ἔχων οὖς ἀκουσάτω τί τὸ πνεῦμα λέγει
ταῖς ἐκκλησίαις.

7 Καὶ τῷ ἀγγέλῳ ⌈τῆς⌉ ἐν Φιλαδελφίᾳ ἐκκλησίας
γράψον

Τάδε λέγει ⌈ὁ ἅγιος, ὁ ἀληθινός⌉, ὁ ἔχων τὴν
κλεῖν ⸆ Δαγείδ, ὁ ἀνοίγων καὶ οὐδεὶς κλείσει, καὶ
8 ⌈κλείων⌉ καὶ οὐδεὶς ἀνοίγει,   Οἶδά σου τὰ ἔργα,—
ἰδοὺ δέδωκα ἐνώπιόν σου θύραν ἠνεῳγμένην, ἣν οὐδεὶς
δύναται κλεῖσαι αὐτήν, — ὅτι μικρὰν ἔχεις δύναμιν, καὶ
ἐτήρησάς μου τὸν λόγον, καὶ οὐκ ἠρνήσω τὸ ὄνομά
9 μου. ἰδοὺ διδῶ ἐκ τῆς συναγωγῆς τοῦ Σατανᾶ, τῶν
λεγόντων ἑαυτοὺς Ἰουδαίους εἶναι, καὶ οὐκ εἰσὶν ἀλλὰ
ψεύδονται, — ἰδοὺ ποιήσω αὐτοὺς ἵνα ἥζουσιν καὶ
προσκυνήσουσιν ἐνώπιον τῶν ποδῶν σου, καὶ
10 γνῶσιν ὅτι ἐγὼ ἠγάπησά σε. ὅτι ἐτήρησας τὸν λόγον
τῆς ὑπομονῆς μου, κἀγώ σε τηρήσω ἐκ τῆς ὥρας
τοῦ πειρασμοῦ τῆς μελλούσης ἔρχεσθαι ἐπὶ τῆς οἰκου-
μένης ὅλης, πειράσαι τοὺς κατοικοῦντας ἐπὶ τῆς γῆς.
11 ἔρχομαι ταχύ· κράτει ὃ ἔχεις, ἵνα μηδεὶς λάβῃ τὸν
12 στέφανόν σου. Ὁ νικῶν ποιήσω αὐτὸν στύλον ἐν τῷ
ναῷ τοῦ θεοῦ μου, καὶ ἔξω οὐ μὴ ἐξέλθῃ ἔτι, καὶ
γράψω ἐπ' αὐτὸν τὸ ὄνομα τοῦ θεοῦ μου καὶ
τὸ ὄνομα τῆς πόλεως τοῦ θεοῦ μου, τῆς καινῆς
Ἰερουσαλήμ, ἡ καταβαίνουσα ἐκ τοῦ οὐρανοῦ ἀπὸ
13 τοῦ θεοῦ μου, καὶ τὸ ὄνομά μου τὸ καινόν. Ὁ ἔχων
οὖς ἀκουσάτω τί τὸ πνεῦμα λέγει ταῖς ἐκκλησίαις.

14 Καὶ τῷ ἀγγέλῳ ⌈τῆς⌉ ἐν Λαοδικίᾳ ἐκκλησίας γρά-
ψον

Τάδε λέγει ὁ Ἀμήν, ὁ μάρτυς ὁ πιστὸς καὶ [ὁ]
15 ἀληθινός, ἡ ἀρχὴ τῆς κτίσεως τοῦ θεοῦ,   Οἶδά σου
τὰ ἔργα, ὅτι οὔτε ψυχρὸς εἶ οὔτε ζεστός. ὄφελον
16 ψυχρὸς ἦς ἢ ζεστός. οὕτως, ὅτι χλιαρὸς εἶ καὶ οὔτε
ζεστὸς οὔτε ψυχρός, μέλλω σε ἐμέσαι ἐκ τοῦ στόματός

7 †τῷ† | ὁ ἀληθινός, ὁ ἅγιος | τοῦ | κλείει   14 †...†

6 of my Father and his angels.   Let everyone who can hear
listen to what the Spirit says to the churches.'

7   "To the angel of the church in Philadelphia write:

"'He who is holy and true, who carries the key of
David, who opens and no one shall shut, and shuts and no one
8 shall open, speaks thus: I know what you are doing.   See!
I have put before you an open door that no one can close.   I
know that you have little strength, but you have obeyed my
9 message and you have not disowned my name.   I will make
some who belong to that synagogue of Satan and claim to be
Jews when they are not so, but are lying—I will make them
10 come and bow down at your feet, and learn that I loved you.
Because you have kept in mind the message of what I endured,
I also will keep you safe in the time of testing that is going to
come upon the whole world, to test the inhabitants of the
11 earth, I am coming soon.   Keep hold of what you have, so
12 that no one may deprive you of your crown.   I will make him
who is victorious a pillar in the temple of my God, he shall
never go out of it again.   I will write on him the name of my
God and the name of the city of my God—the new Jerusalem,
which is to come down out of heaven from my God—and my
13 new name.   Let everyone who can hear listen to what the
Spirit says to the churches.'

14   "To the angel of the church in Laodicea write:

"'The Amen, the true and faithful witness, the origin of
15 God's creation, speaks thus: I know what you are doing,
and that you are neither hot nor cold.   I wish you were either
16 hot or cold!   As it is, since you are tepid and neither hot
17 nor cold, I am going to spit you out of my mouth!   Because

17 μου. ὅτι λέγεις ὅτι Πλούσιός εἰμι καὶ ΠΕΠΛΟΎΤΗΚΑ
καὶ οὐδὲν χρείαν ἔχω, καὶ οὐκ οἶδας ὅτι σὺ εἶ
ὁ ταλαίπωρος καὶ ᵀ ἐλεινὸς καὶ πτωχὸς καὶ τυφλὸς
18 καὶ γυμνός, συμβουλεύω σοι ἀγοράσαι παρ᾽ ἐμοῦ χρυ-
σίον πεπυρωμένον ἐκ πυρὸς ἵνα πλουτήσῃς, καὶ ἱμά-
τια λευκὰ ἵνα περιβάλῃ καὶ μὴ φανερωθῇ ἡ αἰσχύνη
τῆς γυμνότητός σου, καὶ κολλούριον ἐγχρῖσαι τοὺς
19 ὀφθαλμούς σου ἵνα βλέπῃς. ἐγὼ ὅϲΟΥϹ ἐὰν ΦΙΛΩ
ἐλέγχω καὶ ΠΑΙΔΕΎΩ· ζήλευε οὖν καὶ μετανόη-
20 σον. Ἰδοὺ ἕστηκα ἐπὶ τὴν θύραν καὶ κρούω· ἐάν
τις ἀκούσῃ τῆς φωνῆς μου καὶ ἀνοίξῃ τὴν θύραν,
ᵀ εἰσελεύσομαι πρὸς αὐτὸν καὶ δειπνήσω μετ᾽ αὐτοῦ
21 καὶ αὐτὸς μετ᾽ ἐμοῦ. Ὁ νικῶν δώσω αὐτῷ καθίσαι
μετ᾽ ἐμοῦ ἐν τῷ θρόνῳ μου, ὡς κἀγὼ ἐνίκησα καὶ
ἐκάθισα μετὰ τοῦ πατρός μου ἐν τῷ θρόνῳ αὐτοῦ.
22 Ὁ ἔχων οὖς ἀκουσάτω τί τὸ πνεῦμα λέγει ταῖς
ἐκκλησίαις.

1 Μετὰ ταῦτα εἶδον, καὶ ἰδοὺ θύρα ἠνεῳγμένη ἐν τῷ
οὐρανῷ, καὶ ἡ φωνὴ ἡ πρώτη ἣν ἤκουσα ὡς ϹΆΛΠΙΓΓΟϹ
λαλούσης μετ᾽ ἐμοῦ, λέγων Ἀνάβα ὧδε, καὶ δείξω σοι
2 ἃ ΔΕῖ ΓΕΝΈϹΘΑΙ. μετὰ ταῦτα εὐθέως ἐγενόμην ἐν
πνεύματι· καὶ ἰδοὺ θρόνος ἔκειτο ἐν τῷ οὐρανῷ, καὶ
3 ἐπὶ ΤῸΝ ΘΡΌΝΟΝ ΚΑΘΉΜΕΝΟϹ, καὶ ὁ καθήμενος ὅμοιος
ὁράσει λίθῳ ἰάσπιδι καὶ σαρδίῳ, καὶ ῏ΙΡΙϹ ΚΥΚΛΌΘΕΝ
4 ΤΟῦ ΘΡΌΝΟΥ ὅμοιος ὁράσει σμαραγδίνῳ. καὶ κυκλόθεν
τοῦ θρόνου ⌜θρόνοι⌝ εἴκοσι τέσσαρες, καὶ ἐπὶ τοὺς
θρόνους εἴκοσι τέσσαρας πρεσβυτέρους καθημένους πε-
ριβεβλημένους ᵀ ἱματίοις λευκοῖς, καὶ ἐπὶ τὰς κεφαλὰς
5 αὐτῶν στεφάνους χρυσοῦς. καὶ ἐκ τοῦ θρόνου ἐκπο-
ρεύΟΝΤΑΙ ἀϲΤΡΑΠΑῚ ΚΑῚ ΦΩΝΑῚ ΚΑῚ ΒΡΟΝΤΑΊ· καὶ ἑπτὰ
λαμπάδες πυρὸς καιόμεναι ἐνώπιον τοῦ θρόνου, ἅ εἰσιν
6 τὰ ἑπτὰ πνεύματα τοῦ θεοῦ, καὶ ἐνώπιον τοῦ θρόνου

17 ὁ   20 καὶ   4 θρόνους | ἐν

you say, "I am rich, I have become wealthy, I need nothing," and you do not know that it is you that are wretched, pitiable, 18 poor, blind, and naked, I advise you to buy of me gold that has been tested with fire, so that you may be rich, and white clothes to put on, to keep your shameful nakedness from being 19 seen, and salve to put on your eyes, to make you see. I reprove and discipline all whom I love. So be earnest and 20 repent. Here I stand knocking at the door. If anyone listens to my voice and opens the door, I will be his guest and 21 dine with him, and he with me. I will permit him who is victorious to take his seat beside me on my throne, just as I have been victorious and taken my seat beside my Father 22 on his throne. Let everyone who can hear listen to what the Spirit says to the churches.' "

4   Afterward I had another vision: There was a door standing open in the heavens and the first voice like a trumpet that I had heard speak to me, said,

      "Come up here, and I will show you what must take place."

2   Immediately after this I found myself in a trance, and 3 there stood a throne in heaven with a being seated on it. The one who was seated on it looked like jasper and sardius, and around the throne was a halo of the color of an emerald. 4 Around the throne were twenty-four thrones, with twenty-four elders seated on them, clothed in white and with gold crowns 5 on their heads. Out from the throne came flashes of lightning, rumblings, and peals of thunder. In front of the throne seven blazing lamps were burning; they are the seven spirits of God.

ὡς θάλασσα ὑαλίνη ὁμοία κρүετάλλῳ. καὶ ἐν μέϲῳ
τοῦ θρόνου καὶ κύκλῳ τοῦ θρόνου τέϲϲερα ζῷα
7 ΓέΜοΝτα ὀφθαλμῶν ἔμπροσθεν καὶ ὅπισθεν· καὶ τὸ
ζῷον τὸ πρῶτον ὅμοιον λέοΝτι, καὶ τὸ ΔεýτεροΝ
ζῷον ὅμοιον Μόϲχῳ, καὶ τὸ τρίτοΝ ζῷον ⌜ἔχων⌝ τὸ
πρόϲωπον ὡς ἀνθρώπου, καὶ τὸ τέταρτοΝ ζῷον
8 ὅμοιον ἀετῷ πετομένῳ· καὶ τὰ τέσσερα ζῷα, ἓΝ
καθ᾿ ἓN αὐτῶν ἔχων ἀνὰ πτέρυΓας ἕξ, κγκλόθεΝ
καὶ ἔϲωθεΝ ΓέΜΟΥϹΙΝ ὀφθαλμῶΝ· καὶ ἀνάπαυσιν
οὐκ ἔχουσιν ἡμέρας καὶ νυκτὸς λέγοντες
῍ΑΓιοϲ ἅΓιοϲ ἅΓιοϲ Κýριοϲ, ὁ θεόϲ, ὁ παντοκρά-
τωρ, ὁ ἦΝ καὶ ὁ ῶΝ καὶ ὁ ἐρχόμεΝοϲ.
9 Καὶ ὅταν δώσουσιν τὰ ζῷα δόξαν καὶ τιμὴν καὶ
εὐχαριστίαν τῷ καθημένῳ ἐπὶ ⌜τοῦ θρόνου⌝, τῷ
10 ζῶΝτι εἰϲ τοýϲ αἰῶΝαϲ τῶν αἰώνων, πεσοῦνται οἱ
εἴκοσι τέσσαρες πρεσβύτεροι ἐνώπιον τοῦ καθημένου
ἐπὶ τοῦ θρόνου, καὶ προσκυνήσουσιν τῷ ζῶΝτι εἰϲ
τοýϲ αἰῶΝαϲ τῶν αἰώνων, καὶ βαλοῦσιν τοὺς στεφά-
νους αὐτῶν ἐνώπιον τοῦ θρόνου, λέγοντες
11 ῍Αξιος εἶ, ὁ κύριος καὶ ὁ θεὸς ἡμῶν, λαβεῖν
τὴν δόξαν καὶ τὴν τιμὴν καὶ τὴν δύναμιν, ὅτι
σὺ ἔκτισαϲ τὰ πάντα, καὶ διὰ τὸ θέλημά σου
ἦσαν καὶ ἐκτίσθησαν.
1 Καὶ εἶδον ἐπὶ τὴν δεξιὰν τοῦ καθηΜέΝογ
ἐπὶ τοῦ θρόνου Βιβλίον ΓεΓραΜΜέΝοΝ ἔϲωθεΝ καὶ
2 ὅπιϲθεΝ, κατεϲφραΓιϲΜέΝοΝ σφραγῖσιν ἑπτά. καὶ
εἶδον ἄγγελον ἰϲχυρὸν κηρύσσοντα ἐν φωνῇ μεγά-
λῃ Τίς ἄξιος ἀνοῖξαι τὸ βιβλίον καὶ λῦσαι τὰς
3 σφραγῖδας αὐτοῦ; καὶ οὐδεὶς ἐδύνατο ἐν τῷ οὐρανῷ
⌜οὐδὲ ἐπὶ τῆς γῆς οὐδὲ⌝ ὑποκάτω τῆς γῆς ἀνοῖξαι τὸ
4 βιβλίον οὔτε βλέπειν αὐτό. καὶ [ἐγὼ] ἔκλαιον πολὺ
ὅτι οὐδεὶς ἄξιος εὑρέθη ἀνοῖξαι τὸ βιβλίον οὔτε
5 βλέπειν αὐτό· καὶ εἷς ἐκ τῶν πρεσβυτέρων λέγει

7 ἔχον   9 τῷ θρόνῳ   3 οὔτε ἐπὶ τῆς γῆς οὔτε

6 In front of the throne was what looked like a sea of glass, like crystal.   Around the throne, in the middle of each side, were
7 four animals covered with eyes in front and behind.   The first animal was like a lion, the second was like an ox, the third had a face like a man's, and the fourth was like an eagle flying.
8 The four animals have each of them six wings, and they are covered with eyes all over and underneath their wings. And day and night they never cease to say,

"Holy, holy, holy is the Lord God, the Almighty, who was and is and is coming."

9 And whenever the animals offer glory, honor, and thanks-giving to him who is seated on the throne, who lives forever
10 and ever, the twenty-four elders fall down before him who is seated on the throne, and worship him who lives forever and ever, and they throw down their crowns before the throne, and say,

11 "You are worthy, our Lord and God, to receive glory, honor, and power, for you created all things; by your will they existed and were created."

5 Then I saw lying in the right hand of him who was seated on the throne a roll with writing on both sides, sealed with
2 seven seals.   And I saw a mighty angel announcing in a loud voice,

"Who is fit to open the roll and break its seals?"

3 But no one in heaven or on earth or underneath the earth
4 could open the roll or look into it.   Then I cried bitterly because no one could be found fit to open the roll or look into
5 it.   But one of the elders said to me,

μοι Μὴ κλαῖε· ἰδοὺ ἐνίκησεν ὁ λέων ὁ ἐκ τῆς
φυλῆς Ἰούδα, ἡ ῥίζα Δαυείδ, ἀνοῖξαι τὸ βιβλίον καὶ
6 τὰς ἑπτὰ σφραγῖδας αὐτοῦ.   Καὶ εἶδον ἐν
μέσῳ τοῦ θρόνου καὶ τῶν τεσσάρων ζῴων καὶ ἐν μέσῳ
τῶν πρεσβυτέρων ἀρνίον ⌜ἑστηκὸς⌝ ὡς ἐϲφαγμένον,
ἔχων κέρατα ἑπτὰ καὶ ὀφθαλμοὺϲ ἑπτά, οἵ εἰσιν τὰ
[ἑπτὰ] πνεύματα τοῦ θεοῦ, ⌜ἀπεσταλμένοι⌝ εἰϲ πᾶϲαν
7 τὴν γῆν. καὶ ἦλθεν καὶ εἴληφεν ἐκ τῆς δεξιᾶς τοῦ
8 καθημένου ἐπὶ τοῦ θρόνου. Καὶ ὅτε ἔλαβεν τὸ βι-
βλίον, τὰ τέσσερα ζῷα καὶ οἱ εἴκοσι τέσσαρες πρε-
σβύτεροι ἔπεσαν ἐνώπιον τοῦ ἀρνίου, ἔχοντες ἕκαστος
κιθάραν καὶ φιάλας χρυσᾶς γεμούσας θυμιαμάτων,
9 ⌜αἵ⌝ εἰσιν αἱ προϲευχαὶ τῶν ἁγίων· καὶ ᾄδουϲιν
ᾠδὴν καινὴν λέγοντες
    Ἄξιος εἶ λαβεῖν τὸ βιβλίον καὶ ἀνοῖξαι τὰς
    σφραγῖδας αὐτοῦ, ὅτι ἐσφάγης καὶ ἠγόρασας τῷ
    θεῷ ἐν τῷ αἵματί σου ἐκ πάσης φυλῆς καὶ
10 γλώσσης καὶ λαοῦ καὶ ἔθνους, καὶ ἐποίησας
    αὐτοὺς τῷ θεῷ ἡμῶν βαϲιλείαν καὶ ἱερεῖϲ, καὶ
    βασιλεύουσιν ἐπὶ τῆς γῆς.
11 καὶ εἶδον, καὶ ἤκουσα ⌐ φωνὴν ἀγγέλων πολλῶν
κύκλῳ τοῦ θρόνου καὶ τῶν ζῴων καὶ τῶν πρεσβυτέρων,
καὶ ἦν ὁ ἀριθμὸς αὐτῶν μυριάδεϲ μυριάδων καὶ
12 χιλιάδεϲ χιλιάδων, λέγοντες φωνῇ μεγάλῃ
    ⌜Ἄξιόν⌝ ἐστιν τὸ ἀρνίον τὸ ἐϲφαγμένον λα-
    βεῖν τὴν δύναμιν καὶ πλοῦτον καὶ σοφίαν καὶ
    ἰσχὺν καὶ τιμὴν καὶ δόξαν καὶ εὐλογίαν.
13 καὶ πᾶν κτίσμα ὃ ἐν τῷ οὐρανῷ καὶ ἐπὶ τῆς γῆς
καὶ ὑποκάτω τῆς γῆς καὶ ἐπὶ τῆς θαλάσσης [ἐστίν],
καὶ τὰ ἐν αὐτοῖς πάντα, ἤκουσα ⌜λέγοντας⌝
    Τῷ καθημένῳ ἐπὶ ⌜τοῦ θρόνου⌝ καὶ τῷ ἀρνίῳ
    ἡ εὐλογία καὶ ἡ τιμὴ καὶ ἡ δόξα καὶ τὸ κρά-
    τος εἰς τοὺς αἰῶνας τῶν αἰώνων.

ἑστηκὼς | ἀπεσταλμένα   8 ἃ   11 ὡς   12 Ἄξιός   13 λέγοντα | τῷ θρόνῳ

"Do not cry! See! The lion who is of the tribe of Judah, of the line of David, has been victorious so that he can open the roll and break its seals."

Then I saw standing in the center of the throne and of the 6 four animals and of the elders a Lamb which seemed to have been slaughtered. He had seven horns and seven eyes; these are the seven spirits of God, which are sent on errands to all 7 parts of the earth. He came and took the roll from the right 8 hand of him who was seated on the throne. When he took the roll, the four animals and the twenty-four elders fell down before the Lamb, each with a harp and gold bowls full of 9 incense, that is, of the prayers of God's people. Then they sang a new song:

"You deserve to take the roll and open its seals, for you have been slaughtered, and with your blood have bought for 10 God men from every tribe, tongue, people, and nation, and have made them a kingdom of priests for our God, and they are to reign over the earth."

11   Then in my vision I heard the voices of many angels surrounding the throne, the animals, and the elders, number- 12 ing myriads of myriads and thousands of thousands, saying in a loud voice,

"The Lamb that was slaughtered deserves to receive power, wealth, wisdom, might, honor, glory, and blessing."

13   Then I heard every creature in heaven, on earth, under- neath the earth, and on the sea, and all that they contain, say,

"Blessing, honor, glory, and power to him who is seated on the throne and to the Lamb forever and ever!"

¹⁴ καὶ τὰ τέσσερα ζῷα ἔλεγον Ἀμήν, καὶ οἱ πρεσβύτεροι ἔπεσαν καὶ προσεκύνησαν.

¹ Καὶ εἶδον ὅτε ἤνοιξεν τὸ ἀρνίον μίαν ἐκ τῶν ἑπτὰ σφραγίδων, καὶ ἤκουσα ἑνὸς ἐκ τῶν τεσσάρων ζῴ- ² ων λέγοντος ὡς φωνῇ βροντῆς Ἔρχου. καὶ εἶδον, καὶ ἰδοὺ ἵππος λευκός, καὶ ὁ καθήμενος ἐπ' αὐτὸν ἔχων τόξον, καὶ ἐδόθη αὐτῷ στέφανος, καὶ ἐξῆλθεν νικῶν καὶ ³ ἵνα νικήσῃ. Καὶ ὅτε ἤνοιξεν τὴν σφραγῖδα τὴν δευτέραν, ἤκουσα τοῦ δευτέρου ζῴου λέγοντος Ἔρχου. ⁴ καὶ ἐξῆλθεν ἄλλος ἵππος πυρρός, καὶ τῷ καθημένῳ ἐπ' αὐτὸν ἐδόθη [αὐτῷ] λαβεῖν τὴν εἰρήνην [ἐκ] τῆς γῆς καὶ ἵνα ἀλλήλους σφάξουσιν, καὶ ἐδόθη αὐτῷ μάχαιρα ⁵ μεγάλη. Καὶ ὅτε ἤνοιξε τὴν σφραγῖδα τὴν τρίτην, ἤκουσα τοῦ τρίτου ζῴου λέγοντος Ἔρχου. καὶ εἶδον, καὶ ἰδοὺ ἵππος μέλας, καὶ ὁ καθήμενος ἐπ' αὐτὸν ⁶ ἔχων ζυγὸν ἐν τῇ χειρὶ αὐτοῦ. καὶ ἤκουσα ὡς φωνὴν ἐν μέσῳ τῶν τεσσάρων ζῴων λέγουσαν Χοῖνιξ σίτου δηναρίου, καὶ τρεῖς χοίνικες κριθῶν δηναρίου· καὶ τὸ ⁷ ἔλαιον καὶ τὸν οἶνον μὴ ἀδικήσῃς. Καὶ ὅτε ἤνοιξεν τὴν σφραγῖδα τὴν τετάρτην, ἤκουσα φωνὴν τοῦ ⁸ τετάρτου ζῴου λέγοντος Ἔρχου. καὶ εἶδον, καὶ ἰδοὺ ἵππος χλωρός, καὶ ὁ καθήμενος ἐπάνω [αὐτοῦ] ὄνομα αὐτῷ [Ὁ] Θάνατος, καὶ ὁ ᾅδης ἠκολούθει μετ' αὐτοῦ, καὶ ἐδόθη αὐτοῖς ἐξουσία ἐπὶ τὸ τέταρτον τῆς γῆς, ἀποκτεῖναι ἐν ῥομφαίᾳ καὶ ἐν λιμῷ καὶ ἐν θα- ⁹ νάτῳ καὶ ὑπὸ τῶν θηρίων τῆς γῆς. Καὶ ὅτε ἤνοιξεν τὴν πέμπτην σφραγῖδα, εἶδον ὑποκάτω τοῦ θυσιαστηρίου τὰς ψυχὰς τῶν ἐσφαγμένων διὰ τὸν λό- ¹⁰ γον τοῦ θεοῦ καὶ διὰ τὴν μαρτυρίαν ἣν εἶχον. καὶ ἔκραξαν φωνῇ μεγάλῃ λέγοντες Ἕως πότε, ὁ δεσπότης ὁ ἅγιος καὶ ἀληθινός, οὐ κρίνεις καὶ ἐκδικεῖς τὸ αἷμα ἡμῶν ἐκ τῶν κατοικούντων ἐπὶ τῆς ¹¹ γῆς; καὶ ἐδόθη αὐτοῖς ἑκάστῳ στολὴ λευκή, καὶ

14 The four animals said,
  "Amen!"
 And the elders fell down and worshiped.

6 In my vision, when the Lamb broke the first of the seven seals, I heard the first of the four animals say with a voice like thunder,
  "Come!"

2 Then I saw a white horse, and its rider carried a bow. He was given a crown, and he rode forth as a victor to conquer.

3 When he broke the second seal, I heard the second animal say,
  "Come!"

4 And another horse came forth, bright red, and its rider was given power to take peace away from the earth, and make men slaughter one another; he was given a great sword.

5 When he broke the third seal, I heard the third animal say,
  "Come!"

 And there I saw a black horse, and its rider had a pair
6 of scales in his hand, and I heard a voice which seemed to come from the midst of the four animals say,
  "Wheat at a dollar a quart, and barley three quarts for a dollar, but you must not injure the oil and wine!"

7 When he broke the fourth seal, I heard the voice of the fourth animal say,
  "Come!"

8 And there I saw a livid horse, and its rider's name was Death, and Hades followed him. They were given power over one quarter of the earth, to kill the people with sword, famine, death, and the wild animals of the earth.

9 When he broke the fifth seal, I saw underneath the altar the souls of those who have been slaughtered on account of
10 God's message and for adhering to the testimony. They cried out in a loud voice,
  "Holy and true Master, how long is to be before you judge the inhabitants of the earth and avenge our blood?"

11 Then each of them was given a white robe and they were

ἐρρέθη αὐτοῖς ἵνα ἀναπαύσονται ἔτι χρόνον μικρόν,
ἕως ⌜πληρωθῶσιν⌝ καὶ οἱ σύνδουλοι αὐτῶν καὶ οἱ ἀ-
δελφοὶ αὐτῶν οἱ μέλλοντες ἀποκτέννεσθαι ὡς καὶ
12 αὐτοί.   Καὶ εἶδον ὅτε ἤνοιξεν τὴν σφρα-
γῖδα τὴν ἕκτην, καὶ σεισμὸς μέγας ἐγένετο, καὶ
ὁ ἭΛΙΟϹ ἐγένετο μέλας ὡς σάκκος τρίχινος, καὶ
13 ἡ ϹΕΛΗΝΗ ὅλη ἐγένετο ὡς αἶΜΑ, καὶ οἱ ἀϹΤΕΡΕϹ ΤΟΥ
ΟΥΡΑΝΟΥ ἔΠΕϹΑΝ εἰς τὴν γῆν, ὡϹ ϹΥΚΗ βάλλει τοὺς
14 ὀλύνθους αὐτῆς ὑπὸ ἀνέμου μεγάλου σειομένη, καὶ ὁ
ΟΥΡΑΝὸϹ ἀπεχωρίσθη ὡς ΒΙΒΛΙΟΝ ⌜ἑλιϹϹΟΜΕΝΟΝ⌝, καὶ
πᾶν ὄρος καὶ νῆσος ἐκ τῶν τόπων αὐτῶν ἐκινήθησαν.
15 καὶ οἱ ΒΑϹΙΛΕΙϹ ΤΗϹ ΓΗϹ καὶ οἱ ΜΕΓΙϹΤΑΝΕϹ καὶ
οἱ χιλίαρχοι καὶ οἱ πλούσιοι καὶ οἱ ἰσχυροὶ καὶ πᾶς
δοῦλος καὶ ἐλεύθερος ἔΚΡΥΨΑΝ ἑαΥΤΟΥϹ εἰς τὰ ϹΠΗΛΑΙΑ
16 καὶ εἰς τὰϹ ΠΕΤΡΑϹ τῶν ὀρέων· καὶ λέΓΟΥϹΙΝ ΤΟΙϹ
ὄρεϹΙΝ καὶ ταῖϹ ΠΕΤΡΑΙϹ Πέϲατε ἐφ᾿ ἡΜΑϹ καὶ
κρύψατε ἡΜΑϹ ἀπὸ προσώπου τοῦ καθηΜΕΝΟΥ ἐΠὶ
17 ΤΟΥ θΡΟΝΟΥ καὶ ἀπὸ τῆς ὀργῆς τοῦ ἀρνίου, ὅτι
ἦλθεν ἡ ἡΜΕΡΑ ἡ ΜΕΓΑΛΗ ΤΗϹ ὀΡΓΗϹ αὐτῶν, καὶ τίϹ
ΔΥΝΑΤΑΙ ϹΤΑΘΗΝΑΙ;
1   ⌜Μετὰ⌝ τοῦτο εἶδον τέσσαρας ἀγγέλους ἑστῶτας ἐΠὶ
τὰϹ ΤΕϹϹΑΡΑϹ ΓΩΝΙΑϹ ΤΗϹ ΓΗϹ, κρατοῦντας τοὺϹ ΤΕϹ-
ϹΑΡΑϹ ἀΝΕΜΟΥϹ τῆς γῆς, ἵνα μὴ πνέῃ ἄνεμος ἐπὶ
τῆς γῆς μήτε ἐπὶ τῆς θαλάσσης μήτε ⌜ἐπὶ πᾶν⌝ δέν-
2 δρον. καὶ εἶδον ἄλλον ἄγγελον ἀναβαίνοντα ἀπὸ
⌜ἀνατολῆς⌝ ἡλίου, ἔχοντα σφραγῖδα θεοῦ ζῶντος, καὶ
⌜ἔκραξεν⌝ φωνῇ μεγάλῃ τοῖς τέσσαρσιν ἀγγέλοις οἷς
ἐδόθη αὐτοῖς ἀδικῆσαι τὴν γῆν καὶ τὴν θάλασσαν,
3 λέγων Μὴ ἀδικήσητε τὴν γῆν ⌜μήτε⌝ τὴν θάλασσαν
μήτε τὰ δένδρα, ἄχρι ϹΦΡΑΓΙϹΩΜΕΝ τοὺς δούλους τοῦ
4 θεοῦ ἡμῶν ἐΠὶ ΤΩΝ ΜΕΤΩΠΩΝ αὐτῶν. Καὶ ἤκουσα
τὸν ἀριθμὸν τῶν ἐσφραγισμένων, ἑκατὸν τεσσεράκον-
τα τέσσαρες χιλιάδες, ἐσφραγισμένοι ἐκ πάσης φυλῆς

1 Καὶ μετὰ | ἐπί [τι]   2 ἀνατολῶν | ἔκραζεν   3 καὶ

told to be quiet a little while longer, until the number of their fellow-slaves and their brothers, who were to be killed as they had been, should be complete.

12 When he broke the sixth seal I saw that there was a great earthquake. The sun turned black as sackcloth; the full 13 moon became like blood; the stars of the sky fell upon the earth just as a fig tree drops its unripe figs when it is shaken 14 by a strong wind; the sky was torn apart and rolled up like a roll; and every mountain and island was dislodged from its 15 place. The kings of the earth, the nobles, the officers, the rich, the strong—everybody, slave and free—hid themselves 16 in the caves and among the rocks of the mountains. And they said to the mountains and the rocks,

"Fall on us, and conceal us from the sight of him who is 17 seated on the throne, and from the anger of the Lamb, for the great day of their anger has come, and who can escape?"

7 After that I saw four angels standing at the four corners of the earth holding back the four winds of the earth, so that no wind should blow on the earth or on the sea or on any 2 tree. Then I saw another angel ascend from the east with the seal of the living God, and he cried out in a loud voice to the four angels who had it in their power to harm the earth and the sea,

3 "Do not harm the earth or the sea or the trees until we mark the slaves of our God on their foreheads."

4 I heard that the number of those that were marked with the seal was 144,000. They were from every tribe of the

υἱῶν Ἰσραήλ·

5 ἐκ φυλῆς Ἰούδα δώδεκα χιλιάδες ἐσφραγισμένοι,
ἐκ φυλῆς Ῥουβὴν δώδεκα χιλιάδες,
ἐκ φυλῆς Γὰδ δώδεκα χιλιάδες,
6 ἐκ φυλῆς Ἀσὴρ δώδεκα χιλιάδες,
ἐκ φυλῆς Νεφθαλὶμ δώδεκα χιλιάδες,
ἐκ φυλῆς Μανασσῆ δώδεκα χιλιάδες,
7 ἐκ φυλῆς Συμεὼν δώδεκα χιλιάδες,
ἐκ φυλῆς Λευεὶ δώδεκα χιλιάδες,
ἐκ φυλῆς Ἰσσαχὰρ δώδεκα χιλιάδες,
8 ἐκ φυλῆς Ζαβουλὼν δώδεκα χιλιάδες,
ἐκ φυλῆς Ἰωσὴφ δώδεκα χιλιάδες,
ἐκ φυλῆς Βενιαμεὶν δώδεκα χιλιάδες ἐσφραγισμένοι.

9 Μετὰ ταῦτα εἶδον, καὶ ἰδοὺ ὄχλος πολύς, ὃν ἀριθμῆσαι
αὐτὸν οὐδεὶς ἐδύνατο, ἐκ παντὸς ἔθνους καὶ φυλῶν καὶ
λαῶν καὶ γλωσσῶν, ἑστῶτες ἐνώπιον τοῦ θρόνου καὶ ἐνώ-
πιον τοῦ ἀρνίου, περιβεβλημένους στολὰς λευκάς, καὶ
10 φοίνικες ἐν ταῖς χερσὶν αὐτῶν· καὶ κράζουσι φωνῇ μεγάλῃ
λέγοντες

Ἡ σωτηρία τῷ θεῷ ἡμῶν τῷ ΚΑΘΗΜΕΝῼ ἐπὶ
τῷ θρόνῳ καὶ τῷ ἀρνίῳ.

11 καὶ πάντες οἱ ἄγγελοι ἱστήκεισαν κύκλῳ τοῦ θρόνου καὶ
τῶν πρεσβυτέρων καὶ τῶν τεσσάρων ζῴων, καὶ ἔπεσαν
ἐνώπιον τοῦ θρόνου ἐπὶ τὰ πρόσωπα αὐτῶν καὶ προσεκύ-
12 νησαν τῷ θεῷ, λέγοντες

Ἀμήν· ἡ εὐλογία καὶ ἡ δόξα καὶ ἡ σοφία καὶ ἡ
εὐχαριστία καὶ ἡ τιμὴ καὶ ἡ δύναμις καὶ ἡ ἰσχὺς
τῷ θεῷ ἡμῶν εἰς τοὺς αἰῶνας τῶν αἰώνων [· ἀμήν].

13 Καὶ ἀπεκρίθη εἷς ἐκ τῶν πρεσβυτέρων λέγων μοι Οὗτοι
οἱ περιβεβλημένοι τὰς στολὰς τὰς λευκὰς τίνες εἰσὶν καὶ
14 πόθεν ἦλθον; καὶ εἴρηκα αὐτῷ Κύριέ μου, σὺ οἶδας. καὶ
εἶπέν μοι Οὗτοί εἰσιν οἱ ἐρχόμενοι ἐκ τῆς θλίψεως τῆς
μεγάλης, καὶ ἔΠΛΥΝΑΝ ΤᾺΣ ΣΤΟΛᾺΣ ΑΥ̓ΤῶΝ καὶ ἐλεύ-

5 children of Israel: 12,000 from the tribe of Judah that were
marked; 12,000 from the tribe of Reuben; 12,000 from the
6 tribe of Gad; 12,000 from the tribe of Asher; 12,000 from the
7 tribe of Naphtali; 12,000 from the tribe of Manasseh; 12,000
from the tribe of Symeon; 12,000 from the tribe of Levi;
8 12,000 from the tribe of Issachar; 12,000 from the tribe of
Zebulon; 12,000 from the tribe of Joseph; 12,000 from the
tribe of Benjamin.

9   After that I saw a great crowd which no one could count
from every nation, tribe, people, and language, standing
before the throne and before the Lamb, wearing white robes,
10 with palm branches in their hands, and they cried in a loud
voice,

"Our deliverance is the work of our God who is seated
on the throne, and of the Lamb!"

11   Then all the angels stood around the throne and the elders
and the four animals, and fell on their faces before the throne
12 and worshiped God, saying,

"Amen! Blessing, glory, wisdom, thanksgiving, honor,
power, and strength be to our God forever and ever. Amen!"

13   Then one of the elders addressed me and said,

"Who are these people dressed in white robes, and where
do they come from?"

14   I said to him,

"You know, my lord."

He said to me,

"They are the people who come through the great persecu-
tion, who have washed their robes white in the blood of the

15 καναν αὐτὰς ἐν τῷ αἵΜΑΤΙ τοῦ ἀρνίου. διὰ τοῦτό εἰσιν
ἐνώπιον τοῦ θρόνου τοῦ θεοῦ, καὶ λατρεύουσιν αὐτῷ ἡμέρας
καὶ νυκτὸς ἐν τῷ ναῷ αὐτοῦ, καὶ ὁ ΚΑΘΗΜΕΝΟΣ ἐπὶ ΤΟῪ
16 ΘΡΟΝΟΥ σκηνώσει ἐπʼ αὐτούς. ΟῪ ΠΕΙΝΑϹΟΥϹΙΝ ἔτι
ΟῪΔῈ ΔΙΨΗϹΟΥϹΙΝ ἔτι, ΟῪΔῈ ΜῊ ΠΕϹῌ ἐπʼ ΑῪΤΟῪϹ ὁ
17 ἭΛΙΟϹ ΟῪΔῈ πᾶν ΚΑῦΜΑ, ὅτι τὸ ἀρνίον τὸ ἀνὰ μέσον
τοῦ θρόνου ΠΟΙΜΑΝΕῖ ΑῪΤΟῪϹ, καὶ ὉΔΗΓΗϹΕΙ ΑῪΤΟῪϹ
ἐπὶ ΖΩῆϹ ΠΗΓΑϹ ῙΔΑΤΩΝ· καὶ ἐξαλείψει ὁ θεὸϹ
πᾶν ΔΑΚΡΥΟΝ ἐκ τῶν ὈΦΘΑΛΜῶΝ αὐτῶν.

1   Καὶ ὅταν ἤνοιξεν τὴν σφραγῖδα τὴν ἑβδόμην, ἐγένετο
2 σιγὴ ἐν τῷ οὐρανῷ ὡς ἡμίωρον. καὶ εἶδον τοὺς ἑπτὰ
ἀγγέλους οἳ ἐνώπιον τοῦ θεοῦ ἑστήκασιν, καὶ ⌜ἐδόθησαν⌝
3 αὐτοῖς ἑπτὰ σάλπιγγες.   Καὶ ἄλλος ἄγγελος
ἦλθεν καὶ ἐϹΤΑΘΗ ἐπὶ ⌜ΤΟῪ ΘΥϹΙΑϹΤΗΡΙΟΥ⌝ ἔχων
λιβανωτὸν χρυσοῦν, καὶ ἐδόθη αὐτῷ θυμιάματα πολλὰ
ἵνα δώσει ΤΑῖϹ ΠΡΟϹΕΥΧΑῖϹ τῶν ἁγίων πάντων ἐπὶ τὸ
4 θυσιαστήριον τὸ χρυσοῦν τὸ ἐνώπιον τοῦ θρόνου. καὶ ἀνέ-
βη ὁ καπνὸς τῶν ΘΥΜΙΑΜΑΤΩΝ ΤΑῖϹ ΠΡΟϹΕΥΧΑῖϹ τῶν
5 ἁγίων ἐκ χειρὸς τοῦ ἀγγέλου ἐνώπιον τοῦ θεοῦ. καὶ
εἴληφεν ὁ ἄγγελος ΤῸΝ ΛΙΒΑΝΩΤΟΝ, καὶ ἐΓΕΜΙϹΕΝ
αὐτὸν ἐκ ΤΟῪ ΠΥΡῸϹ ΤΟῪ ΘΥϹΙΑϹΤΗΡΙΟΥ, καὶ ἔβαλεν
εἰς τὴν γῆν· καὶ ἐγένοντο ΒΡΟΝΤΑῚ καὶ ⌜ΦΩΝΑῚ ΚΑῚ
6 ἈϹΤΡΑΠΑῚ⌝ καὶ σεισμός.   Καὶ οἱ ἑπτὰ ἄγγελοι
οἱ ἔχοντες τὰς ἑπτὰ σάλπιγγας ἡτοίμασαν αὐτοὺς ἵνα
σαλπίσωσιν.

7   Καὶ ὁ πρῶτος ἐσάλπισεν· καὶ ἐΓΕΝΕΤΟ χάλαζα καὶ
ΠῦΡ μεμιγμένα ἐν αἵΜΑΤΙ, καὶ ἐβλήθη εἰς ΤῊΝ ΓῆΝ· καὶ
τὸ τρίτον τῆς γῆς κατεκάη, καὶ τὸ τρίτον τῶν δένδρων
8 κατεκάη, καὶ πᾶς χόρτος χλωρὸς κατεκάη.   Καὶ
ὁ δεύτερος ἄγγελος ἐσάλπισεν· καὶ ὡς ὅρος μέγα πυρὶ
ΚΑΙΟΜΕΝΟΝ ἐβλήθη εἰς τὴν θάλασσαν· καὶ ἐΓΕΝΕΤΟ τὸ
9 τρίτον τῆς θαλάσσης ΑῙΜΑ, καὶ ἀπέθανε τὸ τρίτον τῶν
κτισμάτων τῶν ἐν τῇ θαλάσσῃ, τὰ ἔχοντα ψυχάς, καὶ τὸ

5 ἀστραπαὶ καὶ φωναὶ

15 Lamb. That is why they are before the throne of God, and serve him day and night in his temple, and he who is seated on
16 the throne will shelter them. They will never be hungry or thirsty again, and never again will the sun or any burning
17 heat distress them, for the Lamb who is in the center of the throne will be their shepherd, and will guide them to springs of living water, and God will wipe every tear from their eyes."

8   When he broke the seventh seal, there was silence in
2 heaven for about half an hour. Then I saw the seven angels who stand before God, and seven trumpets were given to them.

3   Then another angel with a gold censer came and stood at the altar, and he was given a great quantity of incense so that he might mingle it with the prayers of all the saints on the altar
4 of gold that stood before the throne. So the smoke of the incense went up before God from the angel's hand for the
5 prayers of his people. Then the angel took the censer and filled it with fire from the altar, and emptied it upon the earth, and there followed peals of thunder, rumblings, flashes of lightning, and an earthquake.

6   Then the seven angels with the seven trumpets prepared to blow them.

7   The first blew his trumpet, and there was a storm of hail and fire mixed with blood, and it fell upon the earth, and one third of the earth was burned up, and one third of the trees were burned up, and all the green grass was burned up.

8   Then the second angel blew his trumpet, and what looked like a great mountain ablaze with fire was thrown into the sea,
9 and one third of the sea turned into blood, and one third of all the live creatures in the sea perished, and one third of the ships were destroyed.

¹⁰ τρίτον τῶν πλοίων διεφθάρησαν. Καὶ ὁ τρίτος
ἄγγελος ἐσάλπισεν· καὶ ἔπεϹΕΝ ἐκ ΤΟΥ ΟΥΡΑΝΟΥ ἀϹΤΗΡ
μέγας καιόμενος ὡς λαμπάς, καὶ ἔπεσεν ἐπὶ τὸ τρίτον τῶν
¹¹ ποταμῶν καὶ ἐπὶ τὰς πηγὰς τῶν ὑδάτων. καὶ τὸ ὄνομα
τοῦ ἀστέρος λέγεται Ὁ Ἄψινθος. καὶ ἐγένετο τὸ τρίτον
τῶν ὑδάτων εἰς ἄψινθον, καὶ πολλοὶ τῶν ἀνθρώπων ἀπέ-
¹² θανον ἐκ τῶν ὑδάτων, ὅτι ἐπικράνθησαν. Καὶ
ὁ τέταρτος ἄγγελος ἐσάλπισεν· καὶ ἐπλήγη τὸ τρίτον τοῦ
ἡλίου καὶ τὸ τρίτον τῆς σελήνης καὶ τὸ τρίτον τῶν
ἀστέρων, ἵνα σκοτισθῇ τὸ τρίτον αὐτῶν καὶ ἡ ἡμέρα μὴ
φάνῃ τὸ τρίτον αὐτῆς, καὶ ἡ νὺξ ὁμοίως.

¹³ Καὶ εἶδον, καὶ ἤκουσα ἑνὸς ἀετοῦ πετομένου ἐν
μεσουρανήματι λέγοντος φωνῇ μεγάλῃ Οὐαί οὐαί
οὐαὶ ⌜τοὺς κατοικοῦντας⌝ ἐπὶ τῆς γῆς ἐκ τῶν λοιπῶν
φωνῶν τῆς σάλπιγγος τῶν τριῶν ἀγγέλων τῶν μελ-
λόντων σαλπίζειν.

¹ Καὶ ὁ πέμπτος ἄγγελος ἐσάλπισεν· καὶ εἶδον ἀστέρα ἐκ
τοῦ οὐρανοῦ πεπτωκότα εἰς τὴν γῆν, καὶ ἐδόθη αὐτῷ ἡ
² κλεὶς τοῦ φρέατος τῆς ἀβύσσου· καὶ ἤνοιξεν τὸ φρέαρ τῆς
ἀβύσσου, καὶ ἀνέβη ΚΑΠΝΟϹ ἐκ τοῦ φρέατος ὡϹ ΚΑΠΝΟϹ
ΚΑΜΙΝΟΥ μεγάλης, καὶ ἐϹΚΟΤΩΘΗ ὁ ΗΛΙΟϹ καὶ ὁ ἀὴρ
³ ἐκ τοῦ καπνοῦ τοῦ φρέατος. καὶ ἐκ τοῦ καπνοῦ ἐξῆλθον
ἀΚΡΙΔΕϹ ΕἰϹ ΤΗΝ ΓΗΝ, καὶ ἐδόθη αὐταῖς ἐξουσία ὡς ἔχουσιν
⁴ ἐξουσίαν οἱ σκορπίοι τῆς γῆς. καὶ ἐρρέθη αὐταῖς ἵνα μὴ
ἀδικήσουσιν ΤΟΝ ΧΟΡΤΟΝ ΤΗϹ ΓΗϹ οὐδὲ ΠᾶΝ χλωρὸν
οὐδὲ ΠᾶΝ ΔΕΝΔΡΟΝ, εἰ μὴ τοὺς ἀνθρώπους οἵτινες οὐκ ἔ-
χουσι ΤΗΝ ϹΦΡΑΓῖΔΑ τοῦ θεοῦ ἐπὶ ΤῶΝ ΜΕΤΩΠΩΝ.
⁵ καὶ ἐδόθη ⌜αὐταῖς⌝ ἵνα μὴ ἀποκτείνωσιν αὐτούς, ἀλλ᾽ ἵνα
βασανισθήσονται μῆνας πέντε· καὶ ὁ βασανισμὸς αὐ-
τῶν ὡς βασανισμὸς σκορπίου, ὅταν παίσῃ ἄνθρωπον.
⁶ καὶ ἐν ταῖς ἡμέραις ἐκείναις ΖΗΤΗϹΟΥϹΙΝ οἱ ἄνθρωποι
ΤΟΝ ΘΑΝΑΤΟΝ ΚΑὶ ΟΥ ΜΗ ⌜ΕΥΡΗϹΟΥϹΙΝ⌝ αὐτόν, καὶ ἐπι-
θυμήσουσιν ἀποθανεῖν καὶ φεύγει ὁ θάνατος ἀπ᾽ αὐτῶν.

---

13 τοῖς κατοικοῦσιν   5 αὐτοῖς   6 εὕρωσιν

10   Then the third angel blew his trumpet, and there fell
from the sky a great star blazing like a torch, and it fell upon
11 one third of the streams and the springs of water. The star
is called Apsinthus, that is, Wormwood. Then one third of
the waters turned to wormwood, and numbers of people died
of the waters, for they had turned bitter.

12   Then the fourth angel blew his trumpet, and one third of
the sun was blasted, and one third of the moon and one third
of the stars, so that one third of them were darkened, and
there was no light for one third of the day and of the night.

13   Then in my vision I heard an eagle flying in midair say
in a loud voice,
      "Alas! Alas! Alas for the inhabitants of the earth,
because of the other blasts of the three angels who are going
to blow their trumpets!"

9   Then the fifth angel blew his trumpet, and I saw a star
that had fallen on the earth from the sky. He was given the
2 key to the pit of the abyss, and he opened the pit of the abyss,
and smoke like the smoke of a great furnace poured up out of
the pit, and the sun and the air were darkened by the smoke
3 from the pit. Out of the smoke locusts descended upon the
4 earth, but with powers like those of earthly scorpions. They
were told not to harm the grass of the earth or any plant or
tree, but only the men who did not have the mark of God's
5 seal upon their foreheads. They were not allowed to kill
anyone, but only to torture them for five months, and the
torture they inflicted was like that caused by a scorpion when
6 it stings a man. In those days men will seek death and never
find it. They will want to die, but death will fly from them.

7 καὶ τὰ ὁμοιώματα τῶν ἀκρίδων ⌜ὅμοια⌝ ἵπποις ἡτοι-
μασμένοις εἰς πόλεμον, καὶ ἐπὶ τὰς κεφαλὰς αὐτῶν
ὡς στέφανοι ὅμοιοι χρυσῷ, καὶ τὰ πρόσωπα αὐτῶν ὡς
8 πρόσωπα ἀνθρώπων, καὶ εἶχαν τρίχας ὡς τρίχας γυναικῶν,
9 καὶ οἱ ὀδόντες αὐτῶν ὡς λεόντων ἦσαν, καὶ εἶχαν
θώρακας ὡς θώρακας σιδηροῦς, καὶ ἡ φωνὴ τῶν πτερύγων
αὐτῶν ὡς φωνὴ ἁρμάτων ἵππων πολλῶν τρεχόντων
10 εἰς πόλεμον· καὶ ἔχουσιν οὐρὰς ⌜ὁμοίας⌝ σκορπίοις
καὶ κέντρα, καὶ ἐν ταῖς οὐραῖς αὐτῶν ἡ ἐξουσία αὐτῶν
11 ἀδικῆσαι τοὺς ἀνθρώπους μῆνας πέντε. ἔχουσιν ἐπ᾽ αὐ-
τῶν βασιλέα τὸν ἄγγελον τῆς ἀβύσσου· ὄνομα αὐτῷ
Ἑβραϊστὶ Ἀβαδδών καὶ ἐν τῇ Ἑλληνικῇ ὄνομα ἔχει
12 Ἀπολλύων.   Ἡ Οὐαὶ ἡ μία ἀπῆλθεν· ἰδοὺ
ἔρχεται ἔτι δύο Οὐαὶ μετὰ ταῦτα.

13   Καὶ ὁ ἕκτος ἄγγελος ἐσάλπισεν· καὶ ἤκουσα φωνὴν
μίαν ἐκ τῶν κεράτων τοῦ θυσιαστηρίου τοῦ χρυσοῦ τοῦ
14 ἐνώπιον τοῦ θεοῦ, λέγοντα τῷ ἕκτῳ ἀγγέλῳ, ὁ ἔχων
τὴν σάλπιγγα, Λῦσον τοὺς τέσσαρας ἀγγέλους τοὺς δε-
δεμένους ἐπὶ τῷ ποταμῷ τῷ μεγάλῳ Εὐφράτῃ.
15 καὶ ἐλύθησαν οἱ τέσσαρες ἄγγελοι οἱ ἡτοιμασμένοι εἰς
τὴν ὥραν καὶ ἡμέραν καὶ μῆνα καὶ ἐνιαυτόν, ἵνα ἀπο-
16 κτείνωσιν τὸ τρίτον τῶν ἀνθρώπων. καὶ ὁ ἀριθμὸς
τῶν στρατευμάτων τοῦ ἱππικοῦ δὶς μυριάδες μυριάδων·
17 ἤκουσα τὸν ἀριθμὸν αὐτῶν. καὶ οὕτως εἶδον τοὺς
ἵππους ἐν τῇ ὁράσει καὶ τοὺς καθημένους ἐπ᾽ αὐτῶν,
ἔχοντας θώρακας πυρίνους καὶ ὑακινθίνους καὶ θειώδεις·
καὶ αἱ κεφαλαὶ τῶν ἵππων ὡς κεφαλαὶ λεόντων, καὶ
ἐκ τῶν στομάτων αὐτῶν ἐκπορεύεται πῦρ καὶ καπνὸς
18 καὶ θεῖον. ἀπὸ τῶν τριῶν πληγῶν τούτων ἀπεκτάνθη-
σαν τὸ τρίτον τῶν ἀνθρώπων, ἐκ τοῦ πυρὸς καὶ τοῦ
καπνοῦ καὶ τοῦ θείου τοῦ ἐκπορευομένου ἐκ τῶν στο-
19 μάτων αὐτῶν. ἡ γὰρ ἐξουσία τῶν ἵππων ἐν τῷ στόματι
αὐτῶν ἐστιν καὶ ἐν ταῖς οὐραῖς αὐτῶν· αἱ γὰρ οὐραὶ

7 In appearance the locusts were like war-horses armed for battle; on their heads were what appeared to be crowns like 8 gold; their faces were like human faces; they had hair like 9 a woman's; their teeth were like those of lions; their breasts were like iron breastplates, and the noise of their wings was like the noise of a great number of chariots and horses rushing 10 into battle. They had tails and stings like scorpions; it was in their tails that their power lay to harm men for five months. 11 They had over them as king the angel of the abyss, whose name in Hebrew is Abaddon, but in Greek he is called Apollyon.

12   The first woe is past. See! Two woes are yet to come.

13   Then the sixth angel blew his trumpet, and I heard a voice from the corners of the altar of gold that was before 14 God say to the sixth angel who had the trumpet,

"Release the four angels that are bound at the great river Euphrates."

15   Then the four angels who were held in readiness for that hour and day and month and year were let loose to kill one 16 third of mankind. The number of the hosts of horsemen was 17 twice 10,000 times 10,000; I heard their number. And this was how the horses and their riders looked in my vision: Their breast-plates were fire red, dark blue, and yellow. The horses' heads were like lions' heads, and fire, smoke, and sulphur 18 poured from their mouths. One third of mankind were killed by these three plagues—the fire, smoke, and sulphur 19 that poured from their mouths. For the power of the horses lay in their mouths and their tails; their tails were like snakes,

αὐτῶν ὅμοιαι ὄφεσιν, ἔχουσαι κεφαλάς, καὶ ἐν αὐταῖς
20 ἀδικοῦσιν. καὶ οἱ λοιποὶ τῶν ἀνθρώπων, οἳ οὐκ ἀπε-
κτάνθησαν ἐν ταῖς πληγαῖς ταύταις, ⌜οὐ⌝ μετενόησαν
ἐκ ͵ΤΩΝ ΕΡΓΩΝ ΤΩΝ ΧΕΙΡΩΝ ΑΥΤΩΝ, ἵνα μὴ προσ-
κυνήσουσιν τὰ ΔΑΙΜΟΝΙΑ καὶ τὰ ΕΙΔΩΛΑ τὰ ΧΡΥCΑ
ΚΑΙ ΤΑ ΑΡΓΥΡΑ ΚΑΙ ΤΑ ΧΑΛΚΑ ΚΑΙ ΤΑ ΛΙΘΙΝΑ ΚΑΙ
ΤΑ ΞΥΛΙΝΑ, Α ΟΥΤΕ ΒΛΕΠΕΙΝ δύνανται ΟΥΤΕ ΑΚΟΥ-
21 ΕΙΝ ΟΥΤΕ ΠΕΡΙΠΑΤΕΙΝ, καὶ οὐ μετενόησαν ἐκ τῶν
φόνων αὐτῶν οὔτε ἐκ ΤΩΝ ⌜φαρμάκων⌝ αὐτῶν οὔτε ἐκ
ΤΗC ΠΟΡΝΕΙΑC αὐτῶν οὔτε ἐκ τῶν κλεμμάτων αὐ-
1 τῶν. Καὶ εἶδον ἄλλον ἄγγελον ἰσχυρὸν
καταβαίνοντα ἐκ τοῦ οὐρανοῦ, περιβεβλημένον νεφέλην,
καὶ ἡ ἶρις ἐπὶ τὴν κεφαλὴν αὐτοῦ, καὶ τὸ πρόσωπον
αὐτοῦ ὡς ὁ ἥλιος, καὶ οἱ πόδες αὐτοῦ ὡς στῦλοι
2 πυρός, καὶ ἔχων ἐν τῇ χειρὶ αὐτοῦ βιβλαρίδιον
ἠνεῳγμένον. καὶ ἔθηκεν τὸν πόδα αὐτοῦ τὸν δεξιὸν
ἐπὶ τῆς θαλάσσης, τὸν δὲ εὐώνυμον ἐπὶ τῆς γῆς,
3 καὶ ἔκραξεν φωνῇ μεγάλῃ ὥσπερ λέων μυκᾶται. καὶ
ὅτε ἔκραξεν, ἐλάλησαν αἱ ἑπτὰ βρονταὶ τὰς ἑαυτῶν
4 φωνάς. Καὶ ὅτε ἐλάλησαν αἱ ἑπτὰ βρονταί, ἤμελλον
γράφειν· καὶ ἤκουσα φωνὴν ἐκ τοῦ οὐρανοῦ λέγου-
σαν Cφράγιcον ἃ ἐλάλησαν αἱ ἑπτὰ βρονταί, καὶ
5 μὴ αὐτὰ γράψῃς. Καὶ ὁ ἄγγελος, ὃν εἶδον ἑστῶτα ἐπὶ
τῆς θαλάσσης καὶ ἐπὶ τῆς γῆς, ΗΡΕΝ ΤΗΝ ΧΕΙΡΑ ΑΥΤΟΥ
6 ΤΗΝ ΔΕΞΙΑΝ ΕΙC ΤΟΝ ΟΥΡΑΝΟΝ, ΚΑΙ ΩΜΟCΕΝ ΕΝ ΤΩ
ΖΩΝΤΙ ΕΙC ΤΟΥC ΑΙΩΝΑC τῶν αἰώνων, ΟC ΕΚΤΙCΕΝ
ΤΟΝ ΟΥΡΑΝΟΝ ΚΑΙ ΤΑ ΕΝ ΑΥΤΩ ΚΑΙ ΤΗΝ ΓΗΝ ΚΑΙ
ΤΑ ΕΝ ΑΥΤΗ [ΚΑΙ ΤΗΝ ΘΑΛΑCCΑΝ ΚΑΙ ΤΑ ΕΝ ΑΥΤΗ],
7 ὅτι χρόνος οὐκέτι ⌜ἔσται· ἀλλ᾽ ἐν ταῖς ἡμέραις τῆς
φωνῆς τοῦ ἑβδόμου ἀγγέλου, ὅταν μέλλῃ σαλπίζειν,⌝
καὶ ἐτελέσθη τὸ ΜΥCΤΗΡΙΟΝ ΤΟΥ ΘΕΟΥ, ὡς εὐηγγέλισεν
8 ΤΟΥC ἑαΥΤΟΥ ΔΟΥΛΟΥC ΤΟΥC ΠΡΟΦΗΤΑC. Καὶ ἡ φωνὴ
ἣν ἤκουσα ἐκ τοῦ οὐρανοῦ, πάλιν λαλοῦσαν μετ᾽ ἐμοῦ

20 and they had heads with which they hurt people. Yet what was left of mankind, those who escaped being killed by these plagues, did not repent of the works of their hands and give up worshiping demons and gold, silver, bronze, stone, and 21 wooden idols, which cannot either see or hear or move, and they did not repent of their murders, or their magic arts, or their immorality, or their thefts.

10   Then I saw another mighty angel descend from heaven. He was clothed in a cloud, and there was a rainbow above his head. His face was like the sun, his legs were like pillars 2 of fire, and he had a little scroll open in his hand. He set 3 his right foot on the sea and his left foot on the land, and he uttered a great shout like the roar of a lion; and when he 4 shouted, the seven thunders raised their voices. When the seven thunders had spoken, I was going to write it down, but I heard a voice from heaven say,

"Seal up what the seven thunders have said! Do not write it down!"

5   Then the angel, whom I had seen standing on the sea and 6 on the land, raised his right hand to heaven, and swore by him who lives forever and ever, who created the heavens and all that is in them, the earth and all that is in it, and the sea 7 and all that is in it, that there should be no more delay, but at the time when the seventh angel spoke, when he should blow his trumpet, then God's mysterious purpose, the good news of which he gave to his slaves the prophets, would be 8 accomplished. Then the voice that I had heard from heaven spoke to me again, and said,

καὶ λέγουσαν Ὕπαγε λάβε τὸ βιβλίον τὸ ἠνεῳγμένον
ἐν τῇ χειρὶ τοῦ ἀγγέλου τοῦ ἑστῶτος ἐπὶ τῆς θα-
9 λάσσης καὶ ἐπὶ τῆς γῆς. καὶ ἀπῆλθα πρὸς τὸν
ἄγγελον λέγων αὐτῷ δοῦναί μοι τὸ Βιβλαρίδιον.
καὶ λέγει μοι Λάβε καὶ κατάφαγε αὐτό, καὶ πικρανεῖ
coy τὴν κοιλίαν, ἀλλ᾽ ἐν τῷ cτόματί coy ἔσται
10 γλυκὺ ὡς μέλι. καὶ ἔλαβον τὸ Βιβλαρίδιον ἐκ τῆς
χειρὸς τοῦ ἀγγέλου καὶ κατέφαγον αὐτό, καὶ ἦν
ἐν τῷ cτόματί μου ὡς μέλι γλυκύ· καὶ ὅτε ἔφαγον
1 αὐτό, ἐπικράνθη ἡ κοιλία μου. καὶ λέγουσίν μοι Δεῖ
cε πάλιν προφητεῦcαι ἐπὶ λαοῖc καὶ ἔθνεcιν καὶ
1 γλώccαιc καὶ Βαcιλεῦcιν πολλοῖς.   Καὶ
ἐδόθη μοι κάλαμοc ὅμοιος ῥάβδῳ, λέγων Ἔγειρε καὶ
μέτρησον τὸν ναὸν τοῦ θεοῦ καὶ τὸ θυσιαστήριον καὶ
2 τοὺς προσκυνοῦντας ἐν αὐτῷ. καὶ τὴν αὐλὴν τὴν
ἔξωθεν τοῦ ναοῦ ἔκβαλε ἔξωθεν, καὶ μὴ αὐτὴν με-
τρήσῃς, ὅτι ἐδόθη τοῖc ἔθνεcιν, καὶ τὴν πόλιν τὴν
ἁγίαν πατήcογcιν μῆνας τεσσεράκοντα [καὶ] δύο.
3 καὶ δώσω τοῖς δυσὶν μάρτυσίν μου, καὶ προφητεύ-
σουσιν ἡμέρας χιλίας διακοσίας ἑξήκοντα, ⌜περιβεβλημέ-
4 νους⌝ cάκκους. Οὗτοί εἰσιν αἱ Δύο ἐλαῖαι καὶ αἱ δύο
λυχνίαι [αἱ] ἐνώπιον τοῦ κγρίογ τῆc γῆc ἑcτῶτεc.
5 καὶ εἴ τις αὐτοὺς θέλει ἀδικῆσαι, πῦρ ἐκπορεύεται
ἐκ τοῦ cτόματος αὐτῶν καὶ κατεcθίει τοὺς ἐχθροὺς
αὐτῶν· καὶ εἴ τις ⌜θελήσῃ⌝ αὐτοὺς ἀδικῆσαι, οὕτως
ο δεῖ αὐτὸν ἀποκτανθῆναι. οὗτοι ἔχουσιν τὴν ἐξουσίαν
κλεῖσαι τὸν οὐρανόν, ἵνα μὴ γετὸc Βρέχῃ τὰς ἡμέρας
τῆς προφητείας αὐτῶν, καὶ ἐξουσίαν ἔχουσιν ἐπὶ τῶν
ὑΔάτων cτρέφειν αὐτὰ εἰς αἷμα καὶ πατάξαι τὴν
7 γῆν ἐν πάcῃ πληγῇ ὁσάκις ἐὰν θελήσωσιν. καὶ
ὅταν τελέσωσιν τὴν μαρτυρίαν αὐτῶν, τὸ θηρίον τὸ
ἀναβαῖνον ἐκ τῆc ἀβύccογ ποιήcει μετ᾽ αὐτῶν
πόλεμον καὶ νικήcει αὐτοὺς καὶ ἀποκτενεῖ αὐτούς.

3 †...†   5 θέλει v. θελήσει

"Go and take the scroll that lies open in the hand of the angel who is standing on the sea and on the land."

9 So I went up to the angel and told him to give me the little scroll. And he said to me,

"Take it and eat it; it will be bitter in your stomach, but in your mouth it will taste as sweet as honey."

10 So I took the little scroll from the angel's hand and ate it, and it did taste as sweet as honey, but when I had eaten it,
11 it made my stomach bitter. Then they said to me,

"You must prophesy again about many peoples, nations, languages, and kings!"

11 Then I was given a measuring rod like a staff, and I was told,

"Rise and measure the temple of God and the altar,
2 and count those who worship there, but leave out the court outside the temple; do not measure that, for it has been given up to the heathen, and for forty-two months they will trample
3 upon the holy city. And I will permit my two witnesses, clothed in sackcloth, to prophesy for 1,260 days."

4 They are the two olive trees and the two lampstands
5 that stand before the Lord of the earth. If anyone tries to hurt them fire comes out of their mouths and consumes their enemies; if anyone tries to hurt them, he will certainly be
6 killed in that way. They have the power to shut up the sky, so that no rain will fall during the days when they are prophesying, and they have power to turn the waters into blood and to smite the earth with any plague whenever they please.
7 When they finish their testimony, the animal that comes up out of the abyss will make war on them and conquer them and

8 καὶ τὸ πτῶμα αὐτῶν ἐπὶ τῆς πλατείας τῆς πόλεως τῆς
μεγάλης, ἥτις καλεῖται πνευματικῶς Σόδομα καὶ Αἴγυ-
9 πτος, ὅπου καὶ ὁ κύριος αὐτῶν ἐσταυρώθη. καὶ βλέπου-
σιν ἐκ τῶν λαῶν καὶ φυλῶν καὶ γλωσσῶν καὶ ἐθνῶν τὸ
πτῶμα αὐτῶν ἡμέρας τρεῖς καὶ ἥμισυ, καὶ τὰ πτώματα
10 αὐτῶν οὐκ ἀφίουσιν τεθῆναι εἰς μνῆμα. καὶ οἱ κατοι-
κοῦντες ἐπὶ τῆς γῆς χαίρουσιν ἐπ᾽ αὐτοῖς καὶ εὐφραί-
νονται, καὶ δῶρα πέμψουσιν ἀλλήλοις, ὅτι οὗτοι οἱ δύο
11 προφῆται ἐβασάνισαν τοὺς κατοικοῦντας ἐπὶ τῆς γῆς. καὶ
μετὰ [τὰς] τρεῖς ἡμέρας καὶ ἥμισυ πνεῦμα ζωῆς ἐκ τοῦ
θεοῦ εἰσῆλθεν [ἐν] αὐτοῖς, καὶ ἔστησαν ἐπὶ τοὺς
πόδας αὐτῶν, καὶ φόβος μέγας ἐπέπεσεν ἐπὶ τοὺς
12 θεωροῦντας αὐτούς· καὶ ἤκουσαν ⌜φωνῆς μεγάλης ἐκ τοῦ
οὐρανοῦ λεγούσης⌝ αὐτοῖς Ἀνάβατε ὧδε, καὶ ἀνέβησαν
εἰς τὸν οὐρανὸν ἐν τῇ νεφέλῃ, καὶ ἐθεώρησαν αὐτοὺς
13 οἱ ἐχθροὶ αὐτῶν. Καὶ ἐν ἐκείνῃ τῇ ὥρᾳ ἐγένετο
σεισμὸς μέγας, καὶ τὸ δέκατον τῆς πόλεως ἔπεσεν,
καὶ ἀπεκτάνθησαν ἐν τῷ σεισμῷ ὀνόματα ἀνθρώπων
χιλιάδες ἑπτά, καὶ οἱ λοιποὶ ἔμφοβοι ἐγένοντο καὶ
14 ἔδωκαν δόξαν τῷ θεῷ τοῦ οὐρανοῦ.   Ἡ
Οὐαὶ ἡ δευτέρα ἀπῆλθεν· ἰδοὺ ἡ Οὐαὶ ἡ τρίτη ἔρχεται
ταχύ.
15   Καὶ ὁ ἕβδομος ἄγγελος ἐσάλπισεν· καὶ ἐγένοντο
φωναὶ μεγάλαι ἐν τῷ οὐρανῷ, λέγοντες
Ἐγένετο ἡ βασιλεία τοῦ κόσμου τοῦ κυρίου
ἡμῶν καὶ τοῦ χριστοῦ αὐτοῦ, καὶ βασιλεύ-
σει εἰς τοὺς αἰῶνας τῶν αἰώνων.
16 καὶ οἱ εἴκοσι τέσσαρες πρεσβύτεροι ⌜[οἱ] ἐνώπιον τοῦ
θεοῦ καθήμενοι⌝ ἐπὶ τοὺς θρόνους αὐτῶν ἔπεσαν ἐπὶ τὰ
17 πρόσωπα αὐτῶν καὶ προσεκύνησαν τῷ θεῷ, λέγοντες
Εὐχαριστοῦμέν σοι, κύριε, ὁ θεός, ὁ παντο-
κράτωρ, ὁ ὢν καὶ ὁ ἦν, ⊤ ὅτι εἴληφες
τὴν δύναμίν σου τὴν μεγάλην καὶ ἐβασίλευσας·

12 φωνὴν μεγάλην ἐκ τοῦ οὐρανοῦ λέγουσαν   16 οἱ ἐνώπιον τοῦ θεοῦ κάθηνται

17 καὶ

8 kill them, and their bodies will lie in the street of the great city that is figuratively called Sodom and Egypt—where
9 their Lord also was crucified. For three days and a half, men of all peoples, tribes, languages, and nations will look at
10 their bodies, and will not let them be buried. The inhabitants of the earth will gloat over them and celebrate by sending presents to one another, for these two prophets were a torment
11 to the inhabitants of the earth. After three days and a half, the breath of life from God entered them, and they stood on
12 their feet, and terror seized those who saw them. And they heard a loud voice from heaven say to them,

> "Come up here."

And they went up to heaven in a cloud, before the eyes of
13 their enemies. At that moment there was a great earthquake, and one tenth of the city was destroyed. Seven thousand people were killed in the earthquake, and the rest were filled with awe, and acknowledged the glory of the God of heaven.

14   The second woe is past. See! The third woe is soon to come.

15   Then the seventh angel blew his trumpet, and loud voices were heard in heaven, saying,

> "The sovereignty of the world has passed into the possession of our Lord and his Christ, and he will reign forever and ever."

16   Then the twenty-four elders who were seated on their thrones before God fell on their faces and worshiped God,
17 saying,

> "We give you thanks, Lord God Almighty, who are and were, because you have assumed your great power and begun

18 καὶ τὰ ἔθνη ὠργίϲθηϲαν, καὶ ἦλθεν ἡ ὀργή
σου καὶ ὁ καιρὸς τῶν νεκρῶν κριθῆναί, καὶ δοῦ-
ναι τὸν μισθὸν τοῖϲ ΔούΛοιϲ ϲογ τοῖϲ προ-
φήταιϲ καὶ τοῖς ἁγίοις καὶ τοῖϲ φοΒογμένοιϲ
τὸ ὄνομά σου, τογϲ μικρογϲ καὶ τογϲ μεγά-
λογϲ, καὶ διαφθεῖραι τοὺς διαφθείροντας τὴν γῆν.
19 καὶ ἠνοίγη ὁ ναὸς τοῦ θεοῦ ὁ ἐν τῷ οὐρανῷ, καὶ
ὤφθη ἡ κιΒωτὸϲ τῆϲ Διαθήκηϲ αὐτοῦ ἐν τῷ ναῷ
αὐτοῦ· καὶ ἐγένοντο ἀϲτραπαὶ καὶ φωναὶ καὶ Βρονταὶ
καὶ σεισμὸς καὶ χάλαζα μεγάλη.

1   Καὶ σημεῖον μέγα ὤφθη ἐν τῷ οὐρανῷ, γυνὴ περιβε-
βλημένη τὸν ἥλιον, καὶ ἡ σελήνη ὑποκάτω τῶν ποδῶν
αὐτῆς, καὶ ἐπὶ τῆς κεφαλῆς αὐτῆς στέφανος ἀστέρων
2 δώδεκα, καὶ ἐν γαστρὶ ⌈ἔχουσα· καὶ κράζει⌉ ὠΔίνογϲα καὶ
3 ΒαϲανιΖομένη τεκεῖν. καὶ ὤφθη ἄλλο σημεῖον ἐν τῷ
οὐρανῷ, καὶ ἰδοὺ δράκων ⌈μέγας πυρρός⌉, ἔχων κεφαλὰς
ἑπτὰ καὶ κέρατα Δέκα καὶ ἐπὶ τὰς κεφαλὰς αὐτοῦ ἑπτὰ
4 διαδήματα, καὶ ἡ οὐρὰ αὐτοῦ σύρει τὸ τρίτον τῶν ἀϲτέ-
ρων τογ ογρανογ, καὶ ἔΒαλεν αὐτοὺς εἰϲ τὴν Γῆν.
καὶ ὁ δράκων ἔϲτηκεν ἐνώπιον τῆς γυναικὸς τῆς μελλού-
5 σης τεκεῖν, ἵνα ὅταν τέκῃ τὸ τέκνον αὐτῆς καταφάγῃ. καὶ
ἔτεκεν υἱόν, ἄρϲεν, ὃς μέλλει ποιμαίνειν πάντα τὰ
ἔθνη ἐν ῥάΒΔῳ ϲιΔηρᾷ· καὶ ἡρπάσθη τὸ τέκνον αὐτῆς
6 πρὸς τὸν θεὸν καὶ πρὸς τὸν θρόνον αὐτοῦ. καὶ ἡ γυνὴ
ἔφυγεν εἰς τὴν ἔρημον, ὅπου ἔχει ἐκεῖ τόπον ἡτοιμασμέ-
νον ἀπὸ τοῦ θεοῦ, ἵνα ἐκεῖ ⌈τρέφωσιν⌉ αὐτὴν ἡμέρας χιλί-
7 ας διακοσίας ἑξήκοντα.   Καὶ ἐγένετο πόλεμος
ἐν τῷ οὐρανῷ, ὁ Μιχαὴλ καὶ οἱ ἄγγελοι αὐτοῦ τογ πο-
λεμῆϲαι μετὰ τοῦ δράκοντος. καὶ ὁ δράκων ἐπολέμησεν
8 καὶ οἱ ἄγγελοι αὐτοῦ, καὶ οὐκ ⌈ἴσχυσεν⌉, οὐδὲ τόπος εὑ-
9 ρέθη αὐτῶν ἔτι ἐν τῷ οὐρανῷ. καὶ ἐβλήθη ὁ δράκων ὁ
μέγας, ὁ ὄφιϲ ὁ ἀρχαῖος, ὁ καλούμενος ΔιάΒολοϲ καὶ

2 ἔχουσα κράζει,   3 πυρρὸς μέγας   6 τρέφουσιν   8 ἴσχυσαν

18 to reign. The heathen were enraged, but now your anger has come, and the time for the dead to be judged, and for rewarding your slaves the prophets and your people high and low who revere your name, and for destroying the destroyers of the earth!"

19 Then the temple of God in heaven was thrown open, and the chest containing his agreement was seen inside his temple, and there were flashes of lightning, rumblings, peals of thunder, an earthquake, and a great storm of hail.

12 Then a great portent appeared in the sky—a woman clothed in the sun, with the moon under her feet, and on her
2 head a crown of twelve stars. She was soon to have a child, and she cried out with pain and agony in giving birth to it.
3 Another portent appeared in the sky—there was a great red dragon with seven heads and ten horns, with seven
4 diadems on his heads. His tail swept away one third of the stars of heaven and flung them down upon the earth. The dragon stood in front of the woman who was about to give birth to a child in order to devour her child as soon as it was
5 born. She gave birth to a son, a male child, who is to shepherd all the heathen with a staff of iron; and her child
6 was caught up to God, to his throne. Then the woman fled into the desert, where there was a place prepared by God for her, where she was to be taken care of for 1,260 days.
7 Then war broke out in heaven, Michael and his angels fighting with the dragon. The dragon and his angels fought
8 but they were defeated, and there was no place for them any
9 longer in heaven. So the great dragon, the ancient serpent

Ὁ Σατανᾶς, ὁ πλανῶν τὴν οἰκουμένην ὅλην,— ἐβλήθη
εἰς τὴν γῆν, καὶ οἱ ἄγγελοι αὐτοῦ μετ᾽ αὐτοῦ ἐβλήθησαν.
10 καὶ ἤκουσα φωνὴν μεγάλην ἐν τῷ οὐρανῷ λέγουσαν
"Ἄρτι ἐγένετο ἡ σωτηρία καὶ ἡ δύναμις καὶ ἡ βα-
σιλεία τοῦ θεοῦ ἡμῶν καὶ ἡ ἐξουσία τοῦ χριστοῦ
αὐτοῦ, ὅτι ἐβλήθη ὁ κατήγωρ τῶν ἀδελφῶν ἡμῶν, ὁ
κατηγορῶν αὐτοὺς ἐνώπιον τοῦ θεοῦ ἡμῶν ἡμέρας
11 καὶ νυκτός· καὶ αὐτοὶ ἐνίκησαν αὐτὸν διὰ τὸ αἷμα
τοῦ ἀρνίου καὶ διὰ τὸν λόγον τῆς μαρτυρίας αὐ-
τῶν, καὶ οὐκ ἠγάπησαν τὴν ψυχὴν αὐτῶν ἄχρι
12 θανάτου· διὰ τοῦτο ΕΥΦΡΑΙΝΕϹΘΕ, ᵀ ΟΥΡΑΝΟΙ καὶ
οἱ ἐν αὐτοῖς σκηνοῦντες· οὐαὶ τὴν γῆν καὶ τὴν
θάλασσαν, ὅτι κατέβη ὁ διάβολος πρὸς ὑμᾶς,
ἔχων θυμὸν μέγαν, εἰδὼς ὅτι ὀλίγον καιρὸν ἔχει.
13 Καὶ ὅτε εἶδεν ὁ δράκων ὅτι ἐβλήθη εἰς τὴν γῆν, ἐδίωξεν
14 τὴν γυναῖκα ἥτις ἔτεκεν τὸν ἄρσενα. καὶ ἐδόθησαν τῇ
γυναικὶ αἱ δύο πτέρυγες τοῦ ἀετοῦ τοῦ μεγάλου, ἵνα πέτη-
ται εἰς τὴν ἔρημον εἰς τὸν τόπον αὐτῆς, ὅπου τρέφεται ἐκεῖ
ΚΑΙΡΟΝ ΚΑΙ ΚΑΙΡΟΥϹ ΚΑΙ ΗΜΙϹΥ ΚΑΙΡΟΥ ἀπὸ προσώπου
15 τοῦ ὄφεως. καὶ ἔβαλεν ὁ ὄφις ἐκ τοῦ στόματος αὐτοῦ ὀπί-
σω τῆς γυναικὸς ὕδωρ ὡς ποταμόν, ἵνα αὐτὴν ποταμοφό-
16 ρητον ποιήσῃ. καὶ ἐβοήθησεν ἡ γῆ τῇ γυναικί, καὶ ἤνοι-
ξεν ἡ γῆ τὸ στόμα αὐτῆς καὶ κατέπιεν τὸν ποταμὸν ὃν
17 ἔβαλεν ὁ δράκων ἐκ τοῦ στόματος αὐτοῦ· καὶ ὠργίσθη
ὁ δράκων ἐπὶ τῇ γυναικί, καὶ ἀπῆλθεν ποιῆσαι πόλεμον
μετὰ τῶν λοιπῶν τοῦ σπέρματος αὐτῆς, τῶν τηρούντων
τὰς ἐντολὰς τοῦ θεοῦ καὶ ἐχόντων τὴν μαρτυρίαν Ἰησοῦ·
18 καὶ ἐστάθη ἐπὶ τὴν ἄμμον τῆς θαλάσσης.
1   Καὶ εἶδον ἐκ ΤΗϹ ΘΑΛΑϹϹΗϹ ΘΗΡΙΟΝ ΑΝΑΒΑΙΝΟΝ,
ἔχον ΚΕΡΑΤΑ ΔΕΚΑ καὶ ΚΕΦΑΛΑΣ ἑπτά, καὶ ἐπὶ τῶν κερά-
των αὐτοῦ δέκα διαδήματα, καὶ ἐπὶ τὰς κεφαλὰς αὐτοῦ ⌈ὀνό-
2 ματα⌉ βλασφημίας. καὶ τὸ ΘΗΡΙΟΝ ὃ εἶδον ἦν ΟΜΟΙΟΝ
ΠΑΡΔΑΛΕΙ, καὶ οἱ πόδες αὐτοῦ ὡς ΑΡΚΟΥ, καὶ τὸ στόμα

who is called the devil and Satan, who deceives the whole world, was hurled down to the earth, and his angels were
10 hurled down with him.   Then I heard a loud voice in heaven say,

"The deliverance and power and reign of our God, and the authority of his Christ have now come, for the accuser of our brothers, who kept bringing charges against them day and
11 night before our God, has been hurled down.   They have conquered him because of the Lamb's blood, and the message to which they bore testimony, for they did not cling to life
12 even in the face of death.   Therefore, rejoice, you heavens and you who live in them!   But alas for the earth and the sea, for the devil has descended upon you in a great rage, for he knows that he has only a short time left."
13   When the dragon saw that he had been hurled down to the earth, he went in pursuit of the woman who had given
14 birth to the male child.   But the woman was given the two wings of a great eagle, so that she might fly to her place in the desert, where she is to be taken care of for a time, times and a
15 half-time, on account of the serpent.   Then the serpent poured water from his mouth after the woman like a river, to
16 sweep her away.   But the earth helped the woman, for the earth opened its mouth and swallowed the river which the
17 dragon had poured out of his mouth.   So the dragon was enraged at the woman, and he went off to make war on the rest of her children—those who obey God's commands and adhere to the testimony of Jesus.
13   Then I stood on the sand of the seashore, and I saw an animal come up out of the sea with ten horns and seven heads, and with ten diadems on its horns, and blasphemous titles on
2 its heads.   The animal I saw was like a leopard, its feet were

αὐτοῦ ὡς στόμα ⌜λέοντος⌝. καὶ ἔδωκεν αὐτῷ ὁ δράκων
τὴν δύναμιν αὐτοῦ καὶ τὸν θρόνον αὐτοῦ καὶ ἐξουσίαν
3 μεγάλην. καὶ μίαν ἐκ τῶν κεφαλῶν αὐτοῦ ὡς ἐσφαγμένην
εἰς θάνατον, καὶ ἡ πληγὴ τοῦ θανάτου αὐτοῦ ἐθεραπεύθη.
4 καὶ ἐθαυμάσθη ὅλη ἡ γῆ ὀπίσω τοῦ θηρίου, καὶ προσε-
κύνησαν τῷ δράκοντι ὅτι ἔδωκεν τὴν ἐξουσίαν τῷ θηρίῳ,
καὶ προσεκύνησαν ⌜τῷ θηρίῳ⌝ λέγοντες Τίς ὅμοιος τῷ
5 θηρίῳ, καὶ τίς δύναται πολεμῆσαι μετ᾽ αὐτοῦ; καὶ ἐδόθη
αὐτῷ ϹΤΟΜΑ ΛΑΛΟΥΝ ΜΕΓΑΛΑ καὶ βλασφημίας, καὶ ἐδόθη
αὐτῷ ἐξουσία ΠΟΙΗϹΑΙ μῆνας τεσσεράκοντα ʼ[καὶ] δύο.
6 καὶ ἤνοιξε τὸ στόμα αὐτοῦ εἰς βλασφημίας πρὸς τὸν θεόν,
βλασφημῆσαι τὸ ὄνομα αὐτοῦ καὶ τὴν σκηνὴν αὐτοῦ, τοὺς
7 ἐν τῷ οὐρανῷ σκηνοῦντας. [καὶ ἐδόθη αὐτῷ ΠΟΙΗϹΑΙ
ΠΟΛΕΜΟΝ ΜΕΤΑ ΤΩΝ ΑΓΙΩΝ ΚΑΙ ΝΙΚΗϹΑΙ ΑΥΤΟΥϹ,] καὶ
ἐδόθη αὐτῷ ἐξουσία ἐπὶ πᾶσαν φυλὴν ˙καὶ λαὸν καὶ γλῶσ-
8 σαν καὶ ἔθνος. καὶ προσκυνήσουσιν αὐτὸν πάντες οἱ κατοι-
κοῦντες ἐπὶ τῆς γῆς, οὗ οὐ ΓΕΓΡΑΠΤΑΙ τὸ ὄνομα αὐτοῦ
ἐν τῷ ΒΙΒΛΙῼ ΤΗϹ ΖΩΗϹ τοῦ ἀρνίου τοῦ ἐϹΦΑΓΜΕ-
9 ΝΟΥ ἀπὸ καταβολῆς κόσμου. Εἴ τις ἔχει οὖς ἀκουσάτω.
10 εἴ τιϹ εἰς αἰχμαλωσίαν, εἰς αἰχμαλωσίαν ὑπάγει· εἴ
τιϹ ἐν μαχαίρῃ ⌜ἀποκτενεῖ⌝, δεῖ αὐτὸν ἐν μαχαίρῃ ἀπο-
κτανθῆναι. ˰Ὧδέ ἐστιν ἡ ὑπομονὴ καὶ ἡ πίστις τῶν
11 ἁγίων. Καὶ εἶδον ἄλλο θηρίον ἀναβαῖνον ἐκ
τῆς γῆς, καὶ εἶχεν κέρατα δύο ὅμοια ἀρνίῳ, καὶ ἐλάλει ὡς
12 δράκων. καὶ τὴν ἐξουσίαν τοῦ πρώτου θηρίου πᾶσαν
ποιεῖ ἐνώπιον αὐτοῦ. καὶ ποιεῖ τὴν γῆν καὶ τοὺς ἐν αὐτῇ
κατοικοῦντας ἵνα προσκυνήσουσιν τὸ θηρίον τὸ πρῶτον,
13 οὗ ἐθεραπεύθη ἡ πληγὴ τοῦ θανάτου αὐτοῦ. καὶ ποιεῖ
σημεῖα ˑμεγάλα, ἵνα καὶ πῦρ ποιῇ ἐκ τοῦ οὐρανοῦ καταβαί-
14 νειν εἰς τὴν γῆν ἐνώπιον τῶν ἀνθρώπων. καὶ πλανᾷ τοὺς
κατοικοῦντας ἐπὶ τῆς γῆς διὰ τὰ σημεῖα ἃ ἐδόθη αὐτῷ
ποιῆσαι ἐνώπιον τοῦ θηρίου, λέγων τοῖς κατοικοῦσιν
ἐπὶ τῆς γῆς ποιῆσαι εἰκόνα τῷ θηρίῳ ὃς ἔχει τὴν πληγὴν

2 λεόντων   4 τὸ θηρίον   10 †ἀποκτείνει†

like a bear's, and its mouth was like a lion's mouth.   The dra-
gon gave it his own power and his throne and great authority.
3 One of its heads seemed to have received a mortal wound,
but its mortal wound had been healed.   And the whole earth
4 followed the animal in wonder, and worshiped the dragon
for having given the animal his authority, and they worshiped
the animal, and said,

"Who is there like the animal?   Who can fight with it?"
5   It was allowed to utter great boasts and blasphemies,
6 and to exert authority for forty-two months.   It opened its
mouth in blasphemies against God, blaspheming his name
and his dwelling-place, that is, those who live in heaven.
7 It was allowed to make war on God's people and to conquer
them, and it was given authority over every tribe, people,
8 language, and nation.   All the inhabitants of the earth whose
names have not from the foundation of the world been
9 written in the slain Lamb's book of life, will worship it.   Let
10 everyone who can hear listen.   Whoever is destined for
captivity will go into captivity; whoever kills with the sword
must be killed with the sword.   On this fact rests the endur-
ance and fidelity of God's people.
11   Then I saw another animal come up out of the land.
It had two horns like a lamb, but it spoke like a dragon.
12 It exercises the full authority of the first animal on its behalf.
It makes the earth and its inhabitants worship the first animal,
13 whose mortal wound had been healed.   It performs great
wonders, even making fire come down from heaven to earth
14 before men's eyes.   It leads the inhabitants of the earth
astray by the wonders it is allowed to do on behalf of the
animal, telling the inhabitants of the earth to erect a statue
to the animal that bears the mark of the sword-thrust and

¹⁵τῆς μαχαίρης καὶ ἔζησεν. καὶ ἐδόθη ⌜αὐτῇ⌝ δοῦναι πνεῦμα
τῇ εἰκόνι τοῦ θηρίου, ἵνα καὶ λαλήσῃ ἡ εἰκὼν τοῦ θηρί-
ου καὶ ⌜ποιήσῃ⌝ [ἵνα] ὅσοι ἐὰν ΜΗ ΠΡΟCΚΥΝΗϹΩϹΙΝ
¹⁶⌜ΤΗ ΕΙΚΟΝΙ⌝ τοῦ θηρίου ἀποκτανθῶσιν. καὶ ποιεῖ πάντας,
τοὺς μικροὺς καὶ τοὺς μεγάλους, καὶ τοὺς πλουσίους καὶ
τοὺς πτωχούς, καὶ τοὺς ἐλευθέρους καὶ τοὺς δούλους,
ἵνα ⌜δῶσιν⌝ αὐτοῖς χάραγμα ἐπὶ τῆς χειρὸς αὐτῶν τῆς
¹⁷δεξιᾶς ἢ ἐπὶ τὸ μέτωπον αὐτῶν, [καὶ] ἵνα μή τις ⌜δύνηται⌝
ἀγοράσαι ἢ πωλῆσαι εἰ μὴ ὁ ἔχων τὸ χάραγμα, τὸ
ὄνομα τοῦ θηρίου ἢ τὸν ἀριθμὸν τοῦ ὀνόματος αὐτοῦ.
¹⁸⌜Ὧδε ἡ σοφία ἐστίν· ὁ ἔχων νοῦν ψηφισάτω τὸν ἀριθμὸν
τοῦ θηρίου, ἀριθμὸς γὰρ ἀνθρώπου ἐστίν· καὶ ὁ ἀριθμὸς
αὐτοῦ ⊤ ⌜ἑξακόσιοι⌝ ἑξήκοντα ἕξ.

¹   Καὶ εἶδον, καὶ ἰδοὺ τὸ ἀρνίον ἑστὸς ἐπὶ τὸ ὄρος Σιών,
καὶ μετ᾽ αὐτοῦ ἑκατὸν τεσσεράκοντα τέσσαρες χιλιάδες
ἔχουσαι τὸ ὄνομα αὐτοῦ καὶ τὸ ὄνομα τοῦ πατρὸς αὐτοῦ
²γεγραμμένον ἐπὶ ΤΩΝ ΜΕΤΩΠΩΝ αὐτῶν. καὶ ἤκουσα
φωνὴν ἐκ τοῦ οὐρανοῦ ὡς ΦΩΝΗΝ ΥΔΑΤΩΝ ΠΟΛΛΩΝ
καὶ ὡς φωνὴν βροντῆς μεγάλης, καὶ ἡ φωνὴ ἣν ἤκουσα
³ὡς κιθαρῳδῶν κιθαριζόντων ἐν ταῖς κιθάραις αὐτῶν. καὶ
ᾄΔΟΥϹΙΝ ὡς ῲΔΗΝ ΚΑΙΝΗΝ ἐνώπιον τοῦ θρόνου καὶ ἐνώ-
πιον τῶν τεσσάρων ζῴων καὶ τῶν πρεσβυτέρων· καὶ οὐδεὶς
ἐδύνατο μαθεῖν τὴν ᾠδὴν εἰ μὴ αἱ ἑκατὸν τεσσεράκοντα
⁴τέσσαρες χιλιάδες, οἱ ἠγορασμένοι ἀπὸ τῆς ⌜γῆς. οὗτοί
εἰσιν οἳ⌝ μετὰ γυναικῶν οὐκ ἐμολύνθησαν, παρθένοι γάρ
εἰσιν· οὗτοι οἱ ἀκολουθοῦντες τῷ ἀρνίῳ ὅπου ἂν ὑπάγει·
οὗτοι ἠγοράσθησαν ἀπὸ τῶν ἀνθρώπων ἀπαρχὴ τῷ θεῷ
⁵καὶ τῷ ἀρνίῳ, καὶ ἐν τῷ ϹΤΟΜΑΤΙ αὐτῶν ΟΥΧ ΕΥΡΕΘΗ
ΨΕΥ͂ΔΟϹ· ἄμωμοί εἰσιν.

⁶   Καὶ εἶδον ἄλλον ἄγγελον πετόμενον ἐν μεσουρανήματι,
ἔχοντα εὐαγγέλιον αἰώνιον εὐαγγελίσαι ἐπὶ τοὺς καθημένους
ἐπὶ τῆς γῆς καὶ ἐπὶ πᾶν ἔθνος καὶ φυλὴν καὶ γλῶσσαν καὶ
⁷λαόν, λέγων ἐν φωνῇ μεγάλῃ Φοβήθητε τὸν θεὸν καὶ δότε

15 †...† | ποιήσει | τὴν εἰκόνα 16 †δώσει† 17 δύναται 18 ἐστὶν | ἑξακόσιαι

THE REVELATION OF JOHN 14

15 yet lives. It is also allowed to impart life to the animal's statue so that the animal's statue can speak, and to have all
16 who do not worship the animal's statue killed. And it makes everyone, high and low, rich and poor, freemen and slaves, have a mark stamped on their right hands or on their fore-
17 heads, and permits no one to buy or sell anything unless he bears the mark, that is, the animal's name or the number
18 corresponding to its name. There is wisdom hidden here! Let everyone of intelligence calculate the animal's number, for it indicates a certain man; its number is 666.

14   Then in my vision I saw the Lamb standing on Mount Zion, and with him 144,000 people who had his name and his
2 Father's name written on their foreheads. And I heard a sound from heaven, like the sound of many waters, and like the sound of mighty thunder. The sound I heard was like
3 that of harpists playing on their harps. They were singing a new song before the throne and the four animals and the eld-ers, and no one could learn the song except the 144,000 who
4 had been ransomed from the earth. They are the men who have not been defiled by relations with women; they are celi-bates. It is they who follow the Lamb wherever he goes. They have been ransomed from among men as the first-fruits
5 for God and the Lamb, and they have never been known to utter a lie; they are irreproachable.

6   Then I saw another angel flying in midair, with eternal good news to announce to the inhabitants of the earth, to
7 every nation, tribe, language, and people. He cried in a loud voice,

αὐτῷ δόξαν, ὅτι ἦλθεν ἡ ὥρα τῆς κρίσεως αὐτοῦ, καὶ προσ-
κυνήσατε τῷ ΠΟΙΗCΑΝΤΙ ΤΟΝ ΟΥΡΑΝΟΝ καὶ ΤΗΝ ΓΗΝ
8 καὶ ΘΑΛΑCCΑΝ καὶ πηγὰς ὑδάτων.   Καὶ ἄλλος
δεύτερος [ἄγγελος] ἠκολούθησεν λέγων ῎Επεϲεν, ἔπεϲεν
Βαβυλὼν ἡ μεγάλη, ἣ ἐκ ΤΟΥ ΟΙΝΟΥ τοῦ θυμοῦ τῆς
9 πορνείας αΥΤΗC πεπότικεν πάντα τὰ ἔθνη.   Καὶ
ἄλλος ἄγγελος τρίτος ἠκολούθησεν αὐτοῖς λέγων ἐν φωνῇ
μεγάλῃ Εἴ τις προσκυνεῖ τὸ θηρίον καὶ τὴν εἰκόνα αὐτοῦ,
καὶ λαμβάνει χάραγμα ἐπὶ τοῦ μετώπου αὐτοῦ ἢ ἐπὶ τὴν
10 χεῖρα αὐτοῦ, καὶ αὐτὸς πίεται ἐκ ΤΟΥ ΟΙΝΟΥ τοῦ θυμοῦ τοῦ
θεοῦ τοῦ κεκεραϲμένου ἀκράτου ἐν τῷ ΠΟΤΗΡΙῼ ΤΗC
ΟΡΓΗC αΥΤΟΥ, καὶ βασανισθήσεται ἐν πυρὶ καὶ θείῳ
11 ἐνώπιον ⌈ἀγγέλων ἁγίων⌉ καὶ ἐνώπιον τοῦ ἀρνίου. καὶ ὁ
ΚΑΠΝΟC τοῦ βασανισμοῦ αὐτῶν εἰϲ ΑΙΩΝΑC ΑΙΩΝΩΝ ΑΝΑ-
ΒΑΙΝΕΙ, καὶ οὐκ ἔχουσιν ἀνάπαυσιν ΗΜΕΡΑC καὶ ΝΥΚΤΟC,
οἱ προσκυνοῦντες τὸ θηρίον καὶ τὴν εἰκόνα αὐτοῦ, καὶ εἴ
12 τις λαμβάνει τὸ χάραγμα τοῦ ὀνόματος αὐτοῦ. ῟Ωδε ἡ
ὑπομονὴ τῶν ἁγίων ἐστίν, οἱ τηροῦντες τὰς ἐντολὰς τοῦ
13 θεοῦ καὶ τὴν πίστιν Ἰησοῦ.   Καὶ ἤκουσα φωνῆς
ἐκ τοῦ οὐρανοῦ λεγούσης Γράψον Μακάριοι οἱ νεκροὶ οἱ
ἐν κυρίῳ ἀποθνήϲκοντες ἀπ᾽ ἄρτι. ναί, λέγει τὸ πνεῦμα,
ἵνα ἀναπαήσονται ἐκ τῶν κόπων αὐτῶν, τὰ γὰρ ἔργα αὐ-
τῶν ἀκολουθεῖ μετ᾽ αὐτῶν.

14   Καὶ εἶδον, καὶ ἰδοΥ νεφέλη λευκή, καὶ ἐπὶ τὴν ΝΕΦΕ-
ΛΗΝ καθήμενον ΟΜΟΙΟΝ ΥΙΟΝ ΑΝΘΡΩΠΟΥ, ἔχων ἐπὶ τῆς
κεφαλῆς αὐτοῦ στέφανον χρυσοῦν καὶ ἐν τῇ χειρὶ αὐτοῦ
15 δρέπανον ὀξύ.   Καὶ ἄλλος ἄγγελος ἐξῆλθεν ἐκ
τοῦ ναοῦ, κράζων ἐν φωνῇ μεγάλῃ τῷ καθημένῳ ἐπὶ τῆς
νεφέλης Πέμψον τὸ ΔΡΕΠΑΝΟΝ σου καὶ θέρισον, ὅτι
ἦλθεν ἡ ὥρα θερίσαι, ὅτι ἐξηράνθη ὁ θερισμὸς τῆς γῆς.
16 καὶ ἔβαλεν ὁ καθήμενος ἐπὶ ⌈τῆς νεφέλης⌉ τὸ δρέπανον
17 αὐτοῦ ἐπὶ τὴν γῆν, καὶ ἐθερίσθη ἡ γῆ.   Καὶ
ἄλλος ἄγγελος ἐξῆλθεν ἐκ τοῦ ναοῦ τοῦ ἐν τῷ οὐρανῷ

"Fear God and give him glory, for the hour for his judgment has come. Worship him who made heaven and earth and sea and the springs of water."

8 A second angel followed, saying,

"She is fallen! Mighty Babylon is fallen, who made all the heathen drink the wine of the passion of her immorality!"

9 A third angel followed them, saying in a loud voice,

"Whoever worships the animal and its statue and lets its 10 mark be put on his forehead or on his hand shall drink the wine of God's wrath, poured unmixed into the cup of his anger, and be tortured with fire and brimstone before the eyes of the holy 11 angels and the Lamb. The smoke of their torture will go up forever and ever, and they will have no rest night or day— these worshipers of the animal and its statue, and any who 12 bear the mark of its name." On this fact rests the endurance of God's people, who obey God's commands and cling to their faith in Jesus.

13 Then I heard a voice from heaven say,

"Write: Blessed are the dead who from this time forth die as Christians!"

"Yes!" answers the Spirit, "Let them rest from their toil, for what they have done will go with them!"

14 Then I saw a white cloud, and seated on it a being like a man, with a gold crown on his head and a sharp sickle in his hand.

15 And another angel came out of the temple and cried in a loud voice to him who was seated on the cloud,

"Use your sickle and reap. The time has come to reap, for the earth's harvest is ripe."

16 So he who was seated on the cloud swung his sickle over the earth, and the earth was reaped.

17 Another angel came out of the temple in heaven, and he

18 ἔχων καὶ αὐτὸς δρέπανον ὀξύ.   Καὶ ἄλλος
ἄγγελος [ἐξῆλθεν] ἐκ τοῦ θυσιαστηρίου, [ὁ] ἔχων ἐξουσίαν
ἐπὶ τοῦ πυρός, καὶ ἐφώνησεν φωνῇ μεγάλῃ τῷ ἔχοντι τὸ
δρέπανον τὸ ὀξὺ λέγων Πέμψον σου τὸ δρέπανον τὸ
ὀξὺ καὶ τρύγησον τοὺς βότρυας τῆς ἀμπέλου τῆς γῆς, ὅτι
19 ἤκμασαν αἱ σταφυλαὶ αὐτῆς.   καὶ ἔβαλεν ὁ ἄγγελος τὸ
δρέπανον αὐτοῦ εἰς τὴν γῆν, καὶ ἐτρύγησεν τὴν ἄμπελον
τῆς γῆς, καὶ ἔβαλεν εἰς τὴν ληνὸν τοῦ θυμοῦ τοῦ θεοῦ
20 τὸν μέγαν.   καὶ ἐπατήθη ἡ ληνὸς ἔξωθεν τῆς πόλεως,
καὶ ἐξῆλθεν αἷμα ἐκ τῆς ληνοῦ ἄχρι τῶν χαλινῶν τῶν
ἵππων ἀπὸ σταδίων χιλίων ἑξακοσίων.

1   Καὶ εἶδον ἄλλο σημεῖον ἐν τῷ οὐρανῷ μέγα καὶ
θαυμαστόν, ἀγγέλους ἑπτὰ ἔχοντας πληγὰς ἑπτὰ
τὰς ἐσχάτας, ὅτι ἐν αὐταῖς ἐτελέσθη ὁ θυμὸς τοῦ
2 θεοῦ. ΄   Καὶ εἶδον ὡς θάλασσαν ὑαλίνην μεμι-
γμένην πυρί, καὶ τοὺς νικῶντας ἐκ τοῦ θηρίου καὶ ἐκ τῆς
εἰκόνος αὐτοῦ καὶ ἐκ τοῦ ἀριθμοῦ τοῦ ὀνόματος αὐτοῦ
ἑστῶτας ἐπὶ τὴν θάλασσαν τὴν ὑαλίνην, ἔχοντας κιθάρας
3 τοῦ θεοῦ.   καὶ ᾄδουσιν τὴν ᾠδὴν Μωυσέως τοῦ
δούλου τοῦ θεοῦ καὶ τὴν ᾠδὴν τοῦ ἀρνίου λέγοντες
Μεγάλα καὶ θαυμαστὰ τὰ ἔργα σου, κύριε,
ὁ θεός, ὁ παντοκράτωρ· Δίκαιαι καὶ ἀληθιναὶ
4 αἱ ὁδοί σου, ὁ βασιλεὺς τῶν ⌈αἰώνων⌉· τίς οὐ
μὴ φοβηθῇ, κύριε, καὶ δοξάσει τὸ ὄνομά σου,
ὅτι μόνος ὅσιος; ὅτι πάντα τὰ ἔθνη ἥξουσιν
καὶ προσκυνήσουσιν ἐνώπιόν σου, ὅτι τὰ δικαι-
ώματά σου ἐφανερώθησαν.

5 Καὶ μετὰ ταῦτα εἶδον, καὶ ἠνοίγη ὁ ναὸς τῆς σκηνῆς
6 τοῦ μαρτυρίου ἐν τῷ οὐρανῷ, καὶ ἐξῆλθαν οἱ ἑπτὰ ἄγγε-
λοι [οἱ] ἔχοντες τὰς ἑπτὰ πληγὰς ἐκ τοῦ ναοῦ, ἐνδεδυ-
μένοι λίθον καθαρὸν λαμπρὸν καὶ περιεζωσμένοι περὶ τὰ
7 στήθη ζώνας χρυσᾶς.   καὶ ἓν ἐκ τῶν τεσσάρων ζῴων ἔδωκεν
τοῖς ἑπτὰ ἀγγέλοις ἑπτὰ φιάλας χρυσᾶς γεμούσας τοῦ
θυμοῦ τοῦ θεοῦ τοῦ ζῶντος εἰς τοὺς αἰῶνας τῶν αἰώνων.

18 too had a sharp sickle.   And another angel came forth from the altar, who presided over the fire, and he called in a loud voice to the one who had the sharp sickle,

"Use your sharp sickle and gather the bunches of grapes from the earth's vine, for the grapes on it are ripe."

19   So the angel swung his sickle on the earth and gathered the fruit of the earth's vine, and flung it into the great

20 winepress of God's wrath.   The grapes were trodden in the winepress outside the city, and blood poured out of the winepress in a stream so deep that for 200 miles it came up to the horses' bridles.

15   Then I saw another great, marvelous portent in heaven. There were seven angels with seven plagues which are to be the last, for with them the expression of God's wrath is ended.

2   And I saw what looked like a sea of glass mixed with fire, and standing upon the sea of glass those who had come off victorious from the animal and its statue and the number corresponding to its name.   They had harps that God had

3 given them, and they were singing the song of Moses, the slave of God, and the song of the Lamb:

"Great and marvelous are your doings, Lord God Almighty!   Upright and true are your ways, King of the

4 Ages!   Who will not fear and give glory to your name, Lord? For you alone are holy.   All the heathen will come and worship before you, for the justice of your sentences has now been shown."

5   Afterward I saw the temple, that is, the tent of the

6 testimony, thrown open in heaven, and the seven angels with the seven plagues came out of the temple.   They were clothed in clean, glistening linen and had gold belts around their

7 breasts.   Then one of the four animals gave the seven angels seven gold bowls full of the wrath of God who lives forever

8 καὶ ἐγεμίσθη ὁ ναὸϲ καπνοῦ ἐκ τῆϲ Δόξηϲ τοῦ θεοῦ
καὶ ἐκ τῆς δυνάμεως αὐτοῦ, καὶ οὐΔεὶϲ ἐΔύνατο εἰϲελ-
θεῖν εἰϲ τὸν ναὸν ἄχρι τελεσθῶσιν αἱ ἑπτὰ πληγαὶ
1 τῶν ἑπτὰ ἀγγέλων. Καὶ ἤκουσα μεγάλης φωνῆϲ ἐκ
τοῦ ναοῦ λεγούσης τοῖς ἑπτὰ ἀγγέλοις Ὑπάγετε καὶ
ἐκχέετε τὰς ἑπτὰ φιάλας τοῦ θυμοῦ τοῦ θεοῦ εἰϲ τὴν
2 ΓῆΝ. Καὶ ἀπῆλθεν ὁ πρῶτος καὶ ἐξέχεεν τὴν
φιάλην αὐτοῦ εἰς τὴν γῆν· καὶ ἐγένετο ἕλκοϲ κακὸν καὶ
πονηρὸν ἐπὶ τοὺϲ ἀνθρώπουϲ τοὺς ἔχοντας τὸ χά-
ραγμα τοῦ θηρίου καὶ τοὺς προσκυνοῦντας τῇ εἰκόνι
3 αὐτοῦ. Καὶ ὁ δεύτερος ἐξέχεεν τὴν φιάλην
αὐτοῦ εἰς τὴν θάλασσαν· καὶ ἐγένετο αἷμα ὡς νε-
κροῦ, καὶ πᾶσα ψυχὴ ζωῆς ἀπέθανεν, τὰ ἐν τῇ θα-
4 λάσσῃ. Καὶ ὁ τρίτος ἐξέχεεν τὴν φιάλην
αὐτοῦ εἰς τοὺϲ ποταμοὺϲ καὶ τὰς πηγὰς τῶν ὑδάτων·
5 καὶ ⌐ἐγένετο⌐ αἷμα. Καὶ ἤκουσα τοῦ ἀγγέλου τῶν
ὑδάτων λέγοντος Δίκαιοϲ εἶ, ὁ ὧΝ καὶ ὁ ἦν, [ὁ] ὅϲιοϲ,
6 ὅτι ταῦτα ἔκρινας, ὅτι αἷμα ἁγίων καὶ προφητῶν ἐξέχεαΝ,
7 καὶ αἷμα αὐτοῖϲ ⌐δέδωκας⌐ πεῖν· ἄξιοί εἰσιν. Καὶ ἤ-
κουσα τοῦ θυσιαστηρίου λέγοντος Ναί, κύριε, ὁ θεόϲ,
ὁ παντοκράτωρ, ἀληθιναὶ καὶ Δίκαιαι αἱ κρίϲειϲ
8 ϲου. Καὶ ὁ τέταρτος ἐξέχεεν τὴν φιάλην αὐτοῦ
ἐπὶ τὸν ἥλιον· καὶ ἐδόθη αὐτῷ καυματίσαι τοὺς ἀνθρώπους
9 ἐν πυρί, καὶ ἐκαυματίσθησαν οἱ ἄνθρωποι καῦμα μέγα·
καὶ ἐβλασφήμησαν τὸ ὄνομα τοῦ θεοῦ τοῦ ἔχοντος τὴν
ἐξουσίαν ἐπὶ τὰς πληγὰς ταύτας, καὶ οὐ μετενόησαν
10 δοῦναι αὐτῷ δόξαν. Καὶ ὁ πέμπτος ἐξέχεεν τὴν
φιάλην αὐτοῦ ἐπὶ τὸν θρόνον τοῦ θηρίου· καὶ ἐγένετο ἡ
βασιλεία αὐτοῦ ἐϲκοτωμένη, καὶ ἐμασῶντο τὰς γλώσσας
11 αὐτῶν ἐκ τοῦ πόνου, καὶ ἐβλασφήμησαν τὸΝ θεὸΝ τοῦ
οὐρανοῦ ἐκ τῶν πόνων αὐτῶν καὶ ἐκ τῶν ἑλκῶν αὐτῶν,
12 καὶ οὐ μετενόησαν ἐκ τῶν ἔργων αὐτῶν. Καὶ
ὁ ἕκτος ἐξέχεεν τὴν φιάλην αὐτοῦ ἐπὶ τὸΝ ποταμὸΝ τὸΝ

8 and ever, and the temple was filled with smoke from the glory
and power of God, and no one could go into the temple until
16 the seven plagues of the seven angels were over.   Then I
heard a loud voice from the temple say to the seven angels,

"Go and empty the seven bowls of God's wrath upon the
earth!"

2   So the first angel went and emptied his bowl upon the
earth, and loathsome, painful sores attacked the men who bore
the mark of the animal and worshiped its statue.

3   The second emptied his bowl upon the sea, and it turned
into blood like a dead man's, and every live thing in the sea
died.

4   The third emptied his bowl upon the rivers and the
5 springs of water, and they turned into blood.   Then I he⸱.d
the angel of the waters say,

"You are just in pronouncing this sentence, you who are
6 and were the Holy One; for they shed the blood of your people
and prophets, and you have given them blood to drink, as they
deserve."

7   And I heard the altar answer.

"Yes, Lord God Almighty!   Your sentences are true and
just."

8   The fourth emptied his bowl upon the sun, and it was
9 allowed to scorch mankind with its heat, and they were
dreadfully scorched, but they reviled the name of God who
had control of these plagues, and would not repent and give
him glory.

10   The fifth emptied his bowl upon the animal's throne,
and its kingdom was plunged in darkness, and men gnawed
11 their tongues in anguish and reviled the God of heaven for
their sufferings and sores, but they would not repent of what
they had done.

12   The sixth emptied his bowl upon the great river

μέγαν [τὸν] Εὐφράτην· καὶ ἐξηράνθη τὸ ὕδωρ αὐτοῦ,
ἵνα ἑτοιμασθῇ ἡ ὁδὸς τῶν βασιλέων τῶν ἀπὸ ⌈ἀνατο-
13 λῆς⌉ ἡλίου. Καὶ εἶδον ἐκ τοῦ στόματος τοῦ δράκοντος καὶ
ἐκ τοῦ στόματος τοῦ θηρίου καὶ ἐκ τοῦ στόματος τοῦ ψευ-
14 δοπροφήτου πνεύματα τρία ἀκάθαρτα ὡς Βάτραχοι· εἰσὶν
γὰρ πνεύματα δαιμονίων ποιοῦντα σημεῖα, ἃ ἐκπορεύεται
ἐπὶ τοὺς βασιλεῖς τῆς οἰκουμένης ὅλης, συναγαγεῖν αὐτοὺς
εἰς τὸν πόλεμον τῆς ⌈ἡμέρας τῆς μεγάλης⌉ τοῦ θεοῦ τοῦ
15 παντοκράτοροс.— Ἰδοὺ ἔρχομαι ὡς κλέπτης. μακάριος
ὁ γρηγορῶν καὶ τηρῶν τὰ ἱμάτια αὐτοῦ, ἵνα μὴ γυμνὸς
16 περιπατῇ καὶ βλέπωσιν τὴν ἀσχημοσύνην αὐτοῦ.— καὶ
συνήγαγεν αὐτοὺς εἰς τὸν τόπον τὸν καλούμενον Ἑβραϊστὶ
17 ᾽Αρ. Μαγεδών.   Καὶ ὁ ἕβδομος ἐξέχεεν
τὴν φιάλην αὐτοῦ ἐπὶ τὸν ἀέρα· — καὶ ἐξῆλθεν φωνὴ
μεγάλη ἐκ τοῦ ναοῦ ἀπὸ τοῦ θρόνου λέγουσα Γέγο-
18 νεν· — καὶ ἐγένοντο ἀστραπαὶ καὶ φωναὶ καὶ βρονταί,
καὶ σεισμὸς ἐγένετο μέγας, οἷος οὐκ ἐγένετο ἀφ᾽ οὗ
⌈ἄνθρωποι ἐγένοντο⌉ ἐπὶ τῆς γῆς τηλικοῦτος σεισμὸς
19 οὕτω μέγας, καὶ ἐγένετο ἡ πόλις ἡ μεγάλη εἰς τρία μέρη,
καὶ αἱ πόλεις τῶν ἐθνῶν ἔπεσαν· καὶ Βαβυλὼν ἡ μεγάλη
ἐμνήσθη ἐνώπιον τοῦ θεοῦ δοῦναι αὐτῇ τὸ ποτήριον τοῦ
20 οἴνου τοῦ θυμοῦ τῆς ὀργῆς αὐτοῦ· καὶ πᾶσα νῆσος
21 ἔφυγεν, καὶ ὄρη οὐχ εὑρέθησαν. καὶ χάλαζα μεγάλη ὡς
ταλαντιαία καταβαίνει ἐκ τοῦ οὐρανοῦ ἐπὶ τοὺς ἀνθρώπους·
καὶ ἐβλασφήμησαν οἱ ἄνθρωποι τὸν θεὸν ἐκ τῆς πληγῆς
τῆς χαλάζης, ὅτι μεγάλη ἐστὶν ἡ πληγὴ αὐτῆς σφόδρα.

1 Καὶ ἦλθεν εἷς ἐκ τῶν ἑπτὰ ἀγγέλων τῶν ἐχόντων τὰς
ἑπτὰ φιάλας, καὶ ἐλάλησεν μετ᾽ ἐμοῦ λέγων Δεῦρο, δείξω
σοι τὸ κρίμα τῆς πόρνης τῆς μεγάλης τῆς καθημένης ἐπὶ
2 ὑδάτων πολλῶν, μεθ᾽ ἧς ἐπόρνευσαν οἱ βασιλεῖς
τῆς γῆς, καὶ ἐμεθύσθησαν οἱ κατοικοῦντες τὴν γῆν
3 ἐκ τοῦ οἴνου τῆς πορνείας αὐτῆς. καὶ ἀπήνεγκέν με εἰς
ἔρημον ἐν πνεύματι. καὶ εἶδον γυναῖκα καθημένην ἐπὶ θηρίον

12 ἀνατολῶν 14 μεγάλης ἡμέρας 18 ἄνθρωπος ἐγένετο 3 ἔχοντα 4 χρυσῷ | γέμων

Euphrates, and its waters dried up to make the way ready for
13 the kings from the east.   Then I saw three foul spirits like
frogs emerge from the mouth of the dragon and from the
mouth of the animal and from the mouth of the false prophet.
14 They are demon spirits that perform wonders, and they go
out to the kings all over the world to muster them for the battle
15 on the great Day of God the Almighty.   (See, I am coming
like a thief!   Blessed is he who keeps awake, and keeps hold of
his clothes, so that he will not have to go naked and be put
16 to shame!)   So they mustered the kings at the place called
in Hebrew Armageddon.
17   The seventh emptied his bowl upon the air, and a loud
voice came out of the temple from the throne, saying,
       "It is all over!"
18   Then there were flashes of lightning, rumblings and peals
of thunder, and there was a great earthquake; there has
never been such an earthquake since man first existed upon
19 the earth, it was so great.   The great city broke into three
pieces, the cities of the heathen fell, and God remembered to
give mighty Babylon the cup of the wine of his fierce anger.
20 Every island vanished, the mountains disappeared, huge
21 hailstones of a hundred pounds fell on mankind from heaven,
and men reviled God because of the plague of hail, the plague
of it was so terrible.
17   Then one of the seven angels with the seven bowls came
and spoke to me.
       "Come," he said, "I will show you the doom of the great
2 idolatress who is seated on many waters, in whose idolatry
the kings of the earth have joined, and with the wine of whose
idolatry the inhabitants of the earth have been intoxicated."
3   So he carried me away in a trance to a desert, and I saw

κόκκινον, γέμοντα ὀνόματα βλασφημίας, ⌜ἔχων⌝ κεφαλὰς
4 ἑπτὰ καὶ κέρατα δέκα· καὶ ἡ γυνὴ ἦν περιβεβλημένη
πορφυροῦν καὶ κόκκινον, καὶ κεχρυσωμένη ⌜χρυσίῳ⌝ καὶ
λίθῳ τιμίῳ καὶ μαργαρίταις, ἔχουσα ΠΟΤΗΡΙΟΝ ΧΡΥCΟΥΝ
ἐν τῇ χειρὶ αὐτῆς ⌜γέμον⌝ βδελυγμάτων καὶ τὰ ἀκάθαρτα
5 τῆς πορνείας αὐτῆς, καὶ ἐπὶ τὸ μέτωπον αὐτῆς ὄνομα γε-
γραμμένον, μυστήριον, ΒΑΒΥΛΩΝ Η ΜΕΓΑΛΗ,
Η ΜΗΤΗΡ ΤΩΝ ΠΟΡΝΩΝ ΚΑΙ ΤΩΝ ΒΔΕΛΥΓΜΑ-
6 ΤΩΝ ΤΗΣ ΓΗΣ. καὶ εἶδον τὴν γυναῖκα μεθύουσαν ἐκ
τοῦ αἵματος τῶν ἁγίων καὶ ἐκ τοῦ αἵματος τῶν μαρτύ-
7 ρων Ἰησοῦ. Καὶ ἐθαύμασα ἰδὼν αὐτὴν θαῦμα μέγα· καὶ
εἶπέν μοι ὁ ἄγγελος Διὰ τί ἐθαύμασας; ⌜ἐγὼ ἐρῶ σοι⌝ τὸ
μυστήριον τῆς γυναικὸς καὶ τοῦ θηρίου τοῦ βαστάζοντος
αὐτήν, τοῦ ἔχοντος τὰς ἑπτὰ κεφαλὰς καὶ τὰ δέκα κέρατα·
8 τὸ ΘΗΡΙΟΝ ὃ εἶδες ἦν καὶ οὐκ ἔστιν, καὶ μέλλει ἀΝαβαίΝειΝ
ἐκ τῆϲ ἀβύϲϲου, καὶ εἰς ἀπώλειαν ⌜ὑπάγει⌝· καὶ θαυμασθή-
σονται οἱ κατοικοῦντες ἐπὶ τῆς γῆς, ὧν οὐ γέγραπται τὸ
ὄνομα ἐπὶ τὸ βιβλίον τῆϲ ζωῆϲ ἀπὸ καταβολῆς κόσμου,
βλεπόντων τὸ θηρίον ὅτι ἦν καὶ οὐκ ἔστιν καὶ πάρεσται.
9 ῟Ωδε ὁ νοῦς ὁ ἔχων σοφίαν. αἱ ἑπτὰ κεφαλαὶ ἑπτὰ ὄρη
εἰσίν, ὅπου ἡ γυνὴ κάθηται ἐπ᾽ αὐτῶν. καὶ βασιλεῖς ἑπτά
10 εἰσιν· οἱ πέντε ἔπεσαν, ὁ εἷς ἔστιν, ὁ ἄλλος οὔπω ἦλθεν,
11 καὶ ὅταν ἔλθῃ ὀλίγον αὐτὸν δεῖ ⌜μεῖναι, καὶ τὸ θηρίον ὃ ἦν
καὶ οὐκ ἔστιν.⌝ καὶ αὐτὸς ὄγδοός ἐστιν καὶ ἐκ τῶν ἑπτά
12 ἐστιν, καὶ εἰς ἀπώλειαν ὑπάγει. καὶ τὰ δέκα κέρατα
ἃ εἶδες δέκα βασιλεῖϲ εἰϲίν, οἵτινες βασιλείαν οὔπω
ἔλαβον, ἀλλὰ ἐξουσίαν ὡς βασιλεῖς μίαν ὥραν λαμβά-
13 νουσιν μετὰ τοῦ θηρίου. οὗτοι μίαν γνώμην ἔχουσιν, καὶ
τὴν δύναμιν καὶ ᵀ ἐξουσίαν αὐτῶν τῷ θηρίῳ διδόασιν.
14 οὗτοι μετὰ τοῦ ἀρνίου πολεμήσουσιν, καὶ τὸ ἀρνίον
νικήσει αὐτούς, ὅτι κύριος κυρίων ἐστὶν καὶ βασιλεὺϲ
βασιλέων, καὶ οἱ μετ᾽ αὐτοῦ κλητοὶ καὶ ἐκλεκτοὶ καὶ
15 πιστοί. Καὶ λέγει μοι Τὰ ὕδατα ἃ εἶδες, οὗ ἡ πόρνη

a woman seated on a scarlet animal all covered with blasphem-
4 ous titles; it had seven heads and ten horns. The woman
was dressed in purple and scarlet, and glittered with gold,
precious stones, and pearls. She had in her hand a gold cup
full of accursed things, and the impurities of her immorality.
5 On her forehead there was written a name that was symbolic:
"Mighty Babylon, mother of idolatresses and of earth's
6 abominations." I saw that the woman was drunk with the
blood of God's people, and the blood of the witnesses of Jesus.
7 When I saw her I was utterly amazed, but the angel said
to me,

"Why are you amazed? I will explain to you what the
woman and the animal with seven heads and ten horns that
8 carries her symbolize. The animal that you saw was, and is
no more; it is going to come up out of the abyss, but it is to
go to destruction. The inhabitants of the earth, whose names
from the foundation of the world have not been written in the
book of life, will be amazed when they see that the animal
9 was, and is no more, and yet is to come. Here is a problem
for a profound mind! The seven heads are seven hills, on
10 which the woman is seated. They are also seven kings; five
have fallen, one is reigning, the other has not yet come, and
11 when he does his stay must be brief. The animal that was,
and is no more, is also an eighth king, although it is one of
12 the seven, and it is to go to destruction. The ten horns
that you saw are also ten kings, who have not yet begun
to reign, but for a single hour they receive authority as kings
13 along with the animal. They have one purpose, they give
14 their power and authority to the animal. They will make
war upon the Lamb, and the Lamb with his elect, chosen, and
faithful followers with him will conquer them, for he is Lord
of lords and King of kings.

15   "The waters that you saw," he said to me, "on which the

16 κάθηται, λαοὶ καὶ ὄχλοι εἰσὶν καὶ ἔθνη καὶ γλῶσσαι. καὶ
τὰ δέκα κέρατα ἃ εἶδες καὶ τὸ θηρίον, οὗτοι μισήσουσι
τὴν πόρνην, καὶ ἠρημωμένην ποιήσουσιν αὐτὴν καὶ
γυμνήν, καὶ τὰς σάρκας αὐτῆς φάγονται, καὶ αὐτὴν κατα-
17 καύσουσιν [ἐν] πυρί· ὁ γὰρ θεὸς ἔδωκεν εἰς τὰς καρδίας
αὐτῶν ποιῆσαι τὴν γνώμην αὐτοῦ, καὶ ποιῆσαι μίαν γνώ-
μην καὶ δοῦναι τὴν βασιλείαν αὐτῶν τῷ θηρίῳ, ἄχρι
18 τελεσθήσονται οἱ λόγοι τοῦ θεοῦ. καὶ ἡ γυνὴ ἣν εἶδες
ἔστιν ἡ πόλις ἡ μεγάλη ἡ ἔχουσα βασιλείαν ἐπὶ τῶν
1 Βαϲιλέων τῆϲ γῆϲ.   Μετα ταῦτα εἶδον ἄλλον
ἄγγελον καταβαίνοντα ἐκ τοῦ οὐρανοῦ, ἔχοντα ἐξουσίαν
2 μεγάλην, καὶ ἡ γῆ ἐφωτίσθη ἐκ τῆς δόξης αὐτοῦ. καὶ
ἔκραξεν ἐν ἰσχυρᾷ φωνῇ λέγων Ἔπεϲεν, ἔπεϲεν Βα-
βυλὼν ἡ μεγάλη, καὶ ἐγένετο κατοικητήριον δαιμο-
νίων καὶ φυλακὴ παντὸς πνεύματος ἀκαθάρτου καὶ φυλα-
3 κὴ παντὸς ὀρνέου ἀκαθάρτου καὶ μεμισημένου, ὅτι ἐκ [τοῦ
οἴνου] τοῦ θυμοῦ τῆς πορνείας αϒτῆϲ ⌜πέπτωκαν⌝ πάν-
τα τὰ ἔθνη, καὶ οἱ βαϲιλεῖϲ τῆϲ γῆϲ μετ᾽ αϒτῆϲ
ἐπόρνεϲαν, καὶ οἱ ἔμποροι τῆς γῆς ἐκ τῆς δυνάμεως
4 τοῦ στρήνους αὐτῆς ἐπλούτησαν.   Καὶ ἤκουσα ἄλλην φωνὴν
ἐκ τοῦ οὐρανοῦ λέγουσαν Ἐξέλθατε⌝, ὁ λαόϲ μοϒ, ἐξ
αϒτῆϲ⌝, ἵνα μὴ συνκοινωνήσητε ταῖς ἁμαρτίαις αὐτῆς, καὶ
5 ἐκ τῶν πληγῶν αὐτῆς ἵνα μὴ λάβητε· ὅτι ἐκολλήθηϲαν
αϒτῆϲ αἱ ἁμαρτίαι ἄχρι τοϒ οϒρανοϒ, καὶ ἐμνημόνευσεν
6 ὁ θεὸς τὰ ἀδικήματα αὐτῆς. ἀπόδοτε αϒτῇ ὡϲ καὶ
αϒτὴ ἀπέδωκεν, καὶ διπλώσατε [τὰ] διπλᾶ κατὰ τὰ
ἔργα αϒτῆϲ· ἐν τῷ ποτηρίῳ ᾧ ἐκέρασεν κεράσατε αὐτῇ δι-
7 πλοῦν· ὅσα ἐδόξασεν αὐτὴν καὶ ἐστρηνίασεν, τοσοῦτον δότε
αὐτῇ βασανισμὸν καὶ πένθος. ὅτι ἐν τῇ καρδίᾳ αϒτῆϲ
λέγει ὅτι Κάθημαι βαϲίλιϲϲα, καὶ χήρα οϒκ εἰμί,
8 καὶ πένθοϲ οϒ μὴ ἴδω· διὰ τοῦτο ἐν μιᾷ ἡμέρᾳ
ἥξουϲιν αἱ πληγαὶ αὐτῆς, θάνατος καὶ πένθος καὶ λιμός,
καὶ ἐν πυρὶ κατακαυθήσεται· ὅτι ἰϲχυρὸϲ [Κύριοϲ] ὁ θεὸϲ

3 πέπωκαν   4 ἐξ αὐτῆς, ὁ λαός μου   9 κλαύσονται | αὐτῇ

idolatrous woman was seated, are peoples, multitudes,
16 nations, and languages.   The ten horns that you saw and the
animal will hate the idolatrous woman and make her desolate
17 and naked, and eat her flesh and burn her up with fire.   For
God has put it into their hearts to carry out his purpose by
having a common purpose and giving up their authority to
18 the animal until God's decrees are carried out.   And the
woman that you saw is the great city that has dominion over
the kings of the earth."

18   Afterward I saw another angel come down from heaven.
He possessed great authority and his splendor lighted up the
2 earth.   He cried out with a mighty voice,
    "She is fallen! Mighty Babylon is fallen! She has
become the haunt of demons, and a dungeon for every foul
3 spirit and every unclean and loathsome bird, for after drinking
the wine of the passion of her immorality all the heathen have
fallen; the kings of the earth have joined in her idolatry, and
the traders of the earth have grown rich from her excessive
luxury!'"

4   Then I heard another voice from heaven say,
    "Come out of her, my people, so that you may not share in
5 her sins, and suffer from her plagues.   For her sins are piled
6 up to the sky, and God has remembered her crimes.   Pay
her back in her own coin, and give her double for what she has
done.   In the cup she mixed for others, mix her a double
7 draught.   The more she has given herself to pride and
luxury the more you must give her torture and grief.   Because
she says to herself, 'I sit on a throne; I am not a widow, I
8 shall never have any sorrow,' her plagues will overtake her in
one day, death, grief, and famine, and she will be burned up
with fire; for the Lord God who has judged her is mighty.

9 ὁ κρίνας αὐτήν. καὶ ⌜κλαύσογοιν⌝ καὶ κόψονται ἐπ᾽ ⌜αὐ-
τὴν⌝ οἱ Βαϲιλεῖϲ τῆϲ γῆϲ οἱ μετ᾽ αὐτῆϲ πορνεύϲαντεϲ
καὶ στρηνιάσαντες, ὅταν βλέπωσιν τὸν καπνὸν τῆς πυρώ-
10 σεως αὐτῆς, ἀπὸ μακρόθεν ἑστηκότες διὰ τὸν φόβον τοῦ
βασανισμοῦ αὐτῆς, λέγοντες Οὐαί οὐαί, ἡ πόλις ἡ μεγά-
λη, Βαβγλὼν ἡ πόλιϲ ἡ Ἰϲχγρά, ὅτι ⌜μιᾷ ὥρᾳ⌝ ἦλθεν
11 ἡ κρίσις σου. καὶ οἱ ἔμποροι τῆς γῆς κλαίογϲιν καὶ
πενθογϲιν ἐπ᾽ αὐτήν, ὅτι τὸν γόμον αὐτῶν οὐδεὶς ἀγοράζει
12 οὐκέτι, γόμον χρυσοῦ καὶ ἀργύρου καὶ λίθου τιμίου καὶ
⌜μαργαριτῶν⌝ καὶ βυσσίνου καὶ πορφύρας καὶ σιρικοῦ καὶ
κοκκίνου, καὶ πᾶν ξύλον θύινον καὶ πᾶν σκεῦος ἐλεφάν-
τινον καὶ πᾶν σκεῦος ἐκ ξύλου τιμιωτάτου καὶ χαλκοῦ
13 καὶ σιδήρου καὶ μαρμάρου, καὶ κιννάμωμον καὶ ἄμωμον
καὶ θυμιάματα καὶ μύρον καὶ λίβανον καὶ οἶνον καὶ
ἔλαιον καὶ σεμίδαλιν καὶ σῖτον καὶ κτήνη καὶ πρόβατα,
καὶ ἵππων καὶ ῥεδῶν καὶ σωμάτων, καὶ ψγχὰϲ ἀνθρώπων.
14 καὶ ἡ ὀπώρα σου τῆς ἐπιθυμίας τῆς ψυχῆς ἀπῆλθεν ἀπὸ
σοῦ, καὶ πάντα τὰ λιπαρὰ καὶ τὰ λαμπρὰ ἀπώλετο ἀπὸ
15 σοῦ, καὶ οὐκέτι οὐ μὴ αὐτὰ εὑρήσουσιν. οἱ ἔμποροι
τούτων, οἱ πλουτήσαντες ἀπ᾽ αὐτῆς, ἀπὸ μακρόθεν στή-
σονται διὰ τὸν φόβον τοῦ βασανισμοῦ αὐτῆς κλαίοντεϲ
16 καὶ πενθογντεϲ, λέγοντες Οὐαί οὐαί, ἡ πόλις ἡ μεγάλη,
ἡ περιβεβλημένη βύσσινον καὶ πορφυροῦν καὶ κόκκινον,
καὶ κεχρυσωμένη [ἐν] ⌜χρυσίῳ⌝ καὶ λίθῳ τιμίῳ καὶ μαργα-
17 ρίτῃ, ὅτι μιᾷ ὥρᾳ ἠρημώθη ὁ τοσοῦτος πλοῦτος. καὶ πᾶς
κγβερνήτηϲ καὶ πᾶϲ ὁ ἐπὶ τόπον πλέων, καὶ ναῦται καὶ
ὅϲοι τὴν θάλαϲϲαν ἐργάζονται, ἀπὸ μακρόθεν ἔϲτηϲαν
18 καὶ ἔκραξαν βλέποντεϲ· τὸν καπνὸν τῆς πυρώσεως αὐτῆς
19 λέγοντες Τίς ὁμοία τῇ πόλει τῇ μεγάλῃ; καὶ ⌜ἔβαλον⌝
χοῦν ἐπὶ τὰϲ κεφαλὰϲ αὐτῶν καὶ ἔκραζαν κλαί-
οντεϲ καὶ πενθογντεϲ, λέγοντες Οὐαί οὐαί, ἡ πόλις
ἡ μεγάλη, ἐν ᾗ ἐπλούτηϲαν πάντεϲ οἱ ἔχοντεϲ τὰ
πλοῖα ἐν τῇ θαλάϲϲῃ ἐκ τῆϲ τιμιότητοϲ αὐτῆϲ, ὅτι

9 The kings of the earth who have joined in her idolatry and luxury will weep and lament over her when they see the smoke
10 from her burning.   They will stand a long way off for fear of her torture and say, 'Alas!   Alas for the great city, for Babylon the mighty city, for in a single hour your judgment
11 has overtaken you!'   The merchants of the earth will weep and mourn over her, for no one will buy their cargoes any
12 more—cargoes of gold, silver, precious stones, pearls, fine linen, purple, silk, and scarlet, all kinds of citron wood, all kinds of objects of ivory and costly wood, bronze, iron, and marble,
13 and cinnamon, spices, incense, perfume, frankincense, wine, olive oil, flour, wheat, cattle, sheep, horses, carriages, slaves—
14 and human lives!   The fruit of your soul's desire is gone, your luxury and splendor have perished, and people will never find
15 them again.   The dealers in these things, who had grown rich from their trade with her, for fear of her torture will stand
16 a long way off, weeping and mourning, and say, 'Alas!   Alas for the great city that was dressed in fine linen, purple, and scarlet, and glittered with gold, precious stones, and pearls,
17 for in a single hour this vast wealth has been laid waste!' All navigators and all who travel by sea, sailors and sea-faring
18 men, stood a long way off and cried out when they saw the smoke from her burning, 'What city was like the great city?'
19 They threw dust on their heads and wept and mourned, crying out, 'Alas!   Alas for the great city, where all who had ships

20 μιᾷ ὥρᾳ Ἠρημώθη. Εὐφραίνου ἐπ' αὐτῇ, οὐρανέ, καὶ
οἱ ἅγιοι καὶ οἱ ἀπόστολοι καὶ οἱ προφῆται, ὅτι ἔκρινεν
21 ὁ θεὸς τὸ κρίμα ὑμῶν ἐξ αὐτῆς.   Καὶ ἦρεν εἷς
ἄγγελος ἰσχυρὸς λίθον ὡς μύλινον μέγαν, καὶ ἔβαλεν
εἰς τὴν θάλασσαν λέγων Οὕτως ὁρμήματι βληθήσεται
Βαβυλὼν ἡ μεγάλη πόλις, καὶ οὐ μὴ εὑρεθῇ ἔτι.
22 καὶ φωνὴ κιθαρῳδῶν καὶ μουσικῶν καὶ αὐλητῶν καὶ
σαλπιστῶν οὐ μὴ ἀκουσθῇ ἐν σοὶ ἔτι, καὶ πᾶς τεχνίτης
[πάσης τέχνης] οὐ μὴ εὑρεθῇ ἐν σοὶ ἔτι, καὶ φωνὴ
23 μύλου οὐ μὴ ἀκουσθῇ ἐν σοὶ ἔτι, καὶ φῶς λύχνου
οὐ μὴ φάνῃ ἐν σοὶ ἔτι, καὶ φωνὴ νυμφίου καὶ
νύμφης οὐ μὴ ἀκουσθῇ ἐν σοὶ ἔτι· ὅτι [οἱ] ἔμποροί
σου ἦσαν οἱ μεγιστᾶνες τῆς γῆς, ὅτι ἐν τῇ φαρ-
24 μακίᾳ σου ἐπλανήθησαν πάντα τὰ ἔθνη, καὶ ἐν αὐτῇ αἷμα
προφητῶν καὶ ἁγίων εὑρέθη καὶ πάντων τῶν ἐσφα-
γμένων ἐπὶ τῆς γῆς.
1   Μετὰ ταῦτα ἤκουσα ὡς φωνὴν μεγάλην ὄχλου πολ-
λοῦ ἐν τῷ οὐρανῷ λεγόντων
Ἀλληλουϊά· ἡ σωτηρία καὶ ἡ δόξα καὶ ἡ δύναμις
2   τοῦ θεοῦ ἡμῶν, ὅτι ἀληθιναὶ καὶ δίκαιαι αἱ κρίσεις
αὐτοῦ· ὅτι ἔκρινεν τὴν πόρνην τὴν μεγάλην ἥτις
ἔφθειρεν τὴν γῆν ἐν τῇ πορνείᾳ αὐτῆς, καὶ ἐξεδίκη-
σεν τὸ αἷμα τῶν δούλων αὐτοῦ ἐκ χειρὸς αὐτῆς.
3 καὶ δεύτερον εἴρηκαν   Ἀλληλουϊά·   καὶ ὁ καπνὸς
4 αὐτῆς ἀναβαίνει εἰς τοὺς αἰῶνας τῶν αἰώνων.   καὶ
ἔπεσαν οἱ πρεσβύτεροι οἱ εἴκοσι τέσσαρες καὶ τὰ τέσσερα
ζῷα, καὶ προσεκύνησαν τῷ θεῷ τῷ καθημένῳ ἐπὶ τῷ
5 θρόνῳ λέγοντες Ἀμήν, Ἀλληλουϊά.   καὶ φωνὴ ἀπὸ
τοῦ θρόνου ἐξῆλθεν λέγουσα
Αἰνεῖτε τῷ θεῷ ἡμῶν, πάντες οἱ δοῦλοι αὐτοῦ,
οἱ φοβούμενοι αὐτόν, οἱ μικροὶ καὶ οἱ μεγάλοι.
6 Καὶ ἤκουσα ὡς φωνὴν ὄχλου πολλοῦ καὶ ὡς φωνὴν
ὑδάτων πολλῶν καὶ ὡς φωνὴν βροντῶν ἰσχυρῶν,
⌜λεγόντων⌝

on the sea grew rich through her extravagance! For in a
20 single hour she has been laid waste!' Gloat over her, heaven!
and all you people of God, apostles, and prophets, for God
has avenged you upon her!"

21   Then a mighty angel caught up a stone like a great
millstone and threw it into the sea, saying,

"With such violence will Babylon the great city be hurled
22 to destruction and never be seen again! The sound of
harpists and musicians, flute-players and trumpeters will
never be heard in you again. No craftsman of any kind will
ever be found in you again, no sound of the millstone will ever
23 be heard in you again; no light of any lamp will ever shine
in you again; no voice of bride or bridegroom will ever be
heard in you again. For your merchants were the great men
of the earth; by your magic all the heathen have been led
24 astray, and in you was found the blood of prophets, God's
people, and all who have been slaughtered on the earth."

19   After that I heard what sounded like the loud shout of a
great multitude in heaven saying,

"Praise the Lord! Salvation, glory, and power belong to
2 our God, for his judgments are sound and upright. For he
has passed judgment upon the great idolatress who corrupted
the earth with her idolatry, and he has avenged the blood of
his slaves upon her!"

3   Then they said again,

"Praise the Lord! For smoke will go up from her
forever and ever!"

4   Then the twenty-four elders and the four animals fell
down and worshiped God who was seated upon the throne.
"Amen!" they said, "Praise the Lord!"

5   And there came a voice from the throne, saying,

"Praise our God, all you slaves of his, high and low,
who fear him!"

6   Then I heard what sounded like the shout of a great
multitude and the noise of many waters and the sound of
mighty thunders, saying,

Αλληλογιά, ὅτι ἐβαϲίλευϲεν Κύριοϲ, ὁ θεὸϲ
7 [ἡμῶν], ὁ παντοκράτωρ. χαίρωμεν καὶ ἀγαλ-
λιῶμεν, καὶ ⌈δώσομεν⌉ τὴν δόξαν αὐτῷ, ὅτι ἦλθεν
ὁ γάμος τοῦ ἀρνίου, καὶ ἡ γυνὴ αὐτοῦ ἡτοίμασεν
8 ἑαυτήν, καὶ ἐδόθη αὐτῇ ἵνα περιβάληται βύσσι-
νον λαμπρὸν καθαρόν, τὸ γὰρ βύσσινον τὰ δικαιώ-
ματα τῶν ἁγίων ἐστίν.

9 Καὶ λέγει μοι Γράψον Μακάριοι οἱ εἰς τὸ δεῖπνον τοῦ
γάμου τοῦ ἀρνίου κεκλημένοι. καὶ λέγει μοι Οὗτοι οἱ
10 λόγοι ᵀ ἀληθινοὶ τοῦ θεοῦ εἰσίν. καὶ ἔπεσα ἔμπροσθεν
τῶν ποδῶν αὐτοῦ προσκυνῆσαι αὐτῷ. καὶ λέγει μοι Ὅρα
μή· σύνδουλός σού εἰμι καὶ τῶν ἀδελφῶν σου τῶν
ἐχόντων τὴν μαρτυρίαν Ἰησοῦ· τῷ θεῷ προσκύνησον·
ἡ γὰρ μαρτυρία Ἰησοῦ ἐστὶν τὸ πνεῦμα τῆς προφητεί-
11 ας.   Καὶ εἶδον τὸν οὐρανὸν ἠνεῳγμένον,
καὶ ἰδοὺ ἵππος λευκός, καὶ ὁ καθήμενος ἐπ᾽ αὐτὸν πιστὸς
[καλούμενος] καὶ ἀληθινός, καὶ ἐν Δικαιοσύνῃ κρίνει καὶ
12 πολεμεῖ. οἱ δὲ ὀφθαλμοὶ αὐτοῦ ᵀ φλὸξ πυρός, καὶ ἐπὶ
τὴν κεφαλὴν αὐτοῦ διαδήματα πολλά, ἔχων ὄνομα γεγραμ-
13 μένον ὃ οὐδεὶς οἶδεν εἰ μὴ αὐτός, καὶ περιβεβλημένος
ἱμάτιον ⌈ῥεραντισμένον⌉ αἵματι, καὶ κέκληται τὸ ὄνομα
14 αὐτοῦ Ὁ Λόγος τοῦ Θεοῦ. καὶ τὰ στρατεύματα τὰ ἐν τῷ
οὐρανῷ ἠκολούθει αὐτῷ ἐφ᾽ ἵπποις λευκοῖς, ἐνδεδυμένοι
15 ⌈βύσσινον λευκὸν⌉ καθαρόν. καὶ ἐκ τοῦ στόματος αὐτοῦ
ἐκπορεύεται ῥομφαία ὀξεῖα, ἵνα ἐν αὐτῇ πατάξῃ τὰ ἔθνη,
καὶ αὐτὸς ποιμανεῖ αὐτοὺς ἐν ῥάβδῳ σιδηρᾷ· καὶ αὐτὸς
πατεῖ τὴν ληνὸν τοῦ οἴνου τοῦ θυμοῦ τῆς ὀργῆς τοῦ
16 θεοῦ τοῦ παντοκράτορος. καὶ ἔχει ἐπὶ τὸ ἱμάτιον καὶ
ἐπὶ τὸν μηρὸν αὐτοῦ ὄνομα γεγραμμένον ΒΑΣΙΛΕΥΣ
ΒΑΣΙΛΕΩΝ ΚΑΙ ΚΥΡΙΟΣ ΚΥΡΙΩΝ.

17 Καὶ εἶδον ἕνα ἄγγελον ἑστῶτα ἐν τῷ ἡλίῳ, καὶ ἔκραξεν
[ἐν] φωνῇ μεγάλῃ λέγων πᾶσι τοῖς ὀρνέοις τοῖς πε-
τομένοις ἐν μεσουρανήματι Δεῦτε συνάχθητε εἰς τὸ

6 λέγοντες   7 δῶμεν   9 οἱ   12 ὡς   13 †...†   14 λευκοβύσσινον

"Praise the Lord; for the Lord our God, the Almighty,
7 now reigns! Let us be glad and triumphant and give him
glory, for the marriage of the Lamb has come, and his bride
8 has made herself ready. She has been permitted to wear
clean, glistening linen, for linen represents the upright deeds
of God's people."

9   Then he said to me,

"Write: 'Blessed are they who are invited to the marriage
supper of the Lamb.' These," he said to me, "are the true
words of God."

10   I fell at his feet to worship him, but he said to me,

"You must not do that. I am only a fellow-slave of yours
and of your brothers who have accepted the testimony of
Jesus. Worship God! For the testimony of Jesus is what
inspires prophecy."

11   Then I saw heaven thrown open and there appeared a
white horse. His rider was called Faithful and True, and he
12 judges and wages war in uprightness. His eyes blazed like
fire. There were many diadems on his head, and there was a
13 name written on him which no one knew but himself. The
garment he wore was spattered with blood, and his name
14 was the Word of God. The armies of heaven followed him
mounted on white horses and clothed in pure white linen.
15 From his mouth came a sharp sword with which he is to
strike down the heathen. He will shepherd them with a staff of
iron, and will tread the winepress of the fierce anger of God
16 the Almighty. On his clothing and his thigh he has this title
written: King of kings and Lord of lords.

17   Then I saw an angel standing on the sun, and shouting
in a loud voice to all the birds that fly in midair,

18 δεῖπνον τὸ μέγα τοῦ θεοῦ, ἵνα φάγητε σάρκας Βασιλέων
καὶ σάρκας χιλιάρχων καὶ σάρκας ἰσχυρῶν καὶ σάρκας
ἵππων καὶ τῶν καθημένων ἐπ᾽ ⌜αὐτούς⌝, καὶ σάρκας
πάντων ἐλευθέρων τε καὶ δούλων καὶ μικρῶν καὶ με-
19 γάλων.   Καὶ εἶδον τὸ θηρίον καὶ τοὺς Βα-
σιλεῖς τῆς γῆς καὶ τὰ στρατεύματα αὐτῶν συνηγμένα
ποιῆσαι τὸν πόλεμον μετὰ τοῦ καθημένου ἐπὶ τοῦ ἵππου
20 καὶ μετὰ τοῦ στρατεύματος αὐτοῦ. καὶ ἐπιάσθη τὸ θηρίον
καὶ ⌜μετ᾽ αὐτοῦ⌝ ὁ ψευδοπροφήτης ὁ ποιήσας τὰ σημεῖα
ἐνώπιον αὐτοῦ, ἐν οἷς ἐπλάνησεν τοὺς λαβόντας τὸ χά-
ραγμα τοῦ θηρίου καὶ τοὺς προσκυνοῦντας τῇ εἰκόνι
αὐτοῦ· ζῶντες ἐβλήθησαν οἱ δύο εἰς τὴν λίμνην τοῦ πυρὸς
21 τῆς καιομένης ἐν θείῳ. καὶ οἱ λοιποὶ ἀπεκτάνθησαν
ἐν τῇ ῥομφαίᾳ τοῦ καθημένου ἐπὶ τοῦ ἵππου τῇ ἐξελ-
θούσῃ ἐκ τοῦ στόματος αὐτοῦ, καὶ πάντα τὰ ὄρνεα
ἐχορτάσθησαν ἐκ τῶν σαρκῶν αὐτῶν.

1   Καὶ εἶδον ἄγγελον καταβαίνοντα ἐκ τοῦ οὐρανοῦ,
ἔχοντα τὴν κλεῖν τῆς ἀβύσσου καὶ ἅλυσιν μεγάλην ἐπὶ
2 τὴν χεῖρα αὐτοῦ. καὶ ἐκράτησεν τὸν δράκοντα, ⌜ὁ ὄφις
ὁ ἀρχαῖος⌝, ὅς ἐστιν Διάβολος καὶ Ὁ Σατανᾶς, καὶ
3 ἔδησεν αὐτὸν χίλια ἔτη, καὶ ἔβαλεν αὐτὸν εἰς τὴν ἄβυσ-
σον, καὶ ἔκλεισεν καὶ ἐσφράγισεν ἐπάνω αὐτοῦ, ἵνα μὴ
πλανήσῃ ἔτι τὰ ἔθνη, ἄχρι τελεσθῇ τὰ χίλια ἔτη· μετὰ
4 ταῦτα δεῖ λυθῆναι αὐτὸν μικρὸν χρόνον.   Καὶ
εἶδον θρόνους, καὶ ἐκάθισαν ἐπ᾽ αὐτούς, καὶ κρίμα
ἐδόθη αὐτοῖς, καὶ τὰς ψυχὰς τῶν πεπελεκισμένων διὰ τὴν
μαρτυρίαν Ἰησοῦ καὶ διὰ τὸν λόγον τοῦ θεοῦ, καὶ οἵτινες
οὐ προσεκύνησαν τὸ θηρίον οὐδὲ τὴν εἰκόνα αὐτοῦ καὶ
οὐκ ἔλαβον τὸ χάραγμα ἐπὶ τὸ μέτωπον καὶ ἐπὶ τὴν χεῖρα
αὐτῶν· καὶ ἔζησαν καὶ ἐβασίλευσαν μετὰ τοῦ χριστοῦ
5 χίλια ἔτη. ⸆ οἱ λοιποὶ τῶν νεκρῶν οὐκ ἔζησαν ἄχρι τελεσθῇ
6 τὰ χίλια ἔτη. αὕτη ἡ ἀνάστασις ἡ πρώτη. μακάριος
καὶ ἅγιος ὁ ἔχων μέρος ἐν τῇ ἀναστάσει τῇ πρώτῃ· ἐπὶ

18 αὐτῶν   20 ὁ μετ᾽ αὐτοῦ,   2 τὸν ὄφιν τὸν ἀρχαῖον   5 καὶ

18 "Come! Gather for God's great banquet, and eat the bodies of kings, commanders, and mighty men, of horses and their riders—the bodies of all men, slaves and freemen, high and low."

19 Then I saw the animal and the kings of the earth and their armies gather to make war on him who was mounted upon
20 the horse and on his army. And the animal was captured and with it the false prophet who performed wonders on its behalf by means of which he led astray those who had let the animal's mark be put on them and who worshiped its statue. Both of them were flung alive into the fiery lake of burning
21 brimstone. The rest were killed with the sword that came out of the mouth of him who sat on the horse, and all the birds gorged themselves upon their bodies.

20 Then I saw an angel come down from heaven with the
2 key of the abyss and a great chain in his hand. He seized the dragon, the ancient serpent, who is the devil and Satan, and
3 bound him for a thousand years, and hurled him into the abyss and he closed it and sealed it over him, to keep him from leading the heathen astray any longer, until the thousand years are over; after that he must be released for a little while.

4 Then I saw thrones with beings seated on them, who were empowered to act as judges. And I saw the souls of those who had been beheaded on account of the testimony of Jesus and the message of God, who refused to worship the animal and its statue, and would not have its mark put on their foreheads or on their hands. They were restored to life
5 and reigned with the Christ a thousand years. The rest of the dead were not restored to life until the thousand years
6 were over. This is the first resurrection. Blessed and holy is the man who experiences the first resurrection! The second

τούτων ὁ δεύτερος θάνατος οὐκ ἔχει ἐξουσίαν, ἀλλ᾽ ἔσονται
ἱερεῖς ΤΟΥ ΘΕΟΥ καὶ τοῦ χριστοῦ, καὶ βασιλεύσουσιν
7 μετ᾽ αὐτοῦ [τὰ] χίλια ἔτη.   · Καὶ ὅταν τελεσθῇ
τὰ χίλια ἔτη, λυθήσεται ὁ Σατανᾶς ἐκ τῆς φυλακῆς αὐτοῦ,
8 καὶ ἐξελεύσεται πλανῆσαι τὰ ἔθνη τὰ ἐν ΤΑῖC ΤέCCΑΡCΙ
ΓωΝίΑΙC ΤΗC ΓΗC, ΤΟΝ Γὼr καὶ ΜαΓώΓ, συναγαγεῖν αὐ-
τοὺς εἰς τὸν πόλεμον, ὧν ὁ ἀριθμὸς αὐτῶν ὡς ἡ ἄμμος
9 τῆς θαλάσσης. καὶ ἀνέβησαν ἐπὶ τὸ ΠΛΆΤΟC ΤΗC ΓΗC,
καὶ ἐκύκλευσαν τὴν παρεμβολὴν τῶν ἁγίων καὶ τὴν πόλιν
ΤΗΝ ΗΓΑΠΗΜΈΝΗΝ. καὶ ΚΑΤέΒΗ ΠΥ͂Ρ ᵀ ἐκ ΤΟΥ͂ ΟΥΡΑ-
10 ΝΟΥ͂ καὶ ΚΑΤέΦΑΓΕΝ αὐτούς· καὶ ὁ διάβολος ὁ πλανῶν
αὐτοὺς ἐβλήθη εἰς τὴν λίμνην τοῦ ΠΥΡὸC καὶ ᵀ θείου,
ὅπου καὶ τὸ θηρίον καὶ ὁ ψευδοπροφήτης, καὶ βασανισθή-
σονται ἡμέρας καὶ νυκτὸς εἰς τοὺς αἰῶνας τῶν αἰώνων.

11   Καὶ εἶΔΟΝ ΘΡόΝΟΝ μέγαν λευκὸν καὶ τὸν ΚΑΘΗΜΕΝΟΝ
ἐπ᾽ ⌜αὐτοῦ⌝, οὗ ἀπὸ ΤΟΥ͂ ΠΡΟCώΠΟΥ ἔΦΥΓΕΝ ἡ ΓΗ καὶ ὁ
12 οὐρανός, καὶ ΤόΠΟC ΟΥ̓Χ ΕΥ̓ΡέΘΗ ΑΥ̓ΤΟῖC. καὶ εἶδον τοὺς
νεκρούς, τοὺς μεγάλους καὶ τοὺς μικρούς, ἑστῶτας ἐνώπιον
τοῦ θρόνου, ΚΑ]̀ ΒΙΒΛίΑ ἨΝΟίΧΘΗCΑΝ· καὶ ἄλλο ΒΙΒΛίΟΝ
ἠνοίχθη, ὅ ἐστιν ΤΗC ΖΩΗ͂C· καὶ ἐκρίθησαν οἱ νεκροὶ ἐκ
τῶν γεγραμμένων ἐν τοῖς βιβλίοις ΚΑΤὰ Τὰ ἔΡΓΑ ΑΥ̓ΤΩ͂Ν.
13 καὶ ἔΔΩΚΕΝ ἡ θάλασσα τοὺς νεκροὺς τοὺς ἐν αὐτῇ, καὶ ὁ
θάνατος καὶ ὁ ᾅδης ἔδωκαν τοὺς νεκροὺς τοὺς ἐν αὐτοῖς,
14 καὶ ἐκρίθησαν ἕκαστος ΚΑΤὰ Τὰ ἔΡΓΑ ΑΥ̓ΤΩ͂Ν. καὶ ὁ
θάνατος καὶ ὁ ᾅδης ἐβλήθησαν εἰς τὴν λίμνην τοῦ πυρός.
οὗτος ὁ θάνατος ὁ δεύτερός ἐστιν, ἡ λίμνη τοῦ πυρός.
15 καὶ εἴ τις οὐχ ΕΥ̓ΡέΘΗ ἐΝ ΤΗ͂ ΒίΒΛῳ ΤΗC ΖΩΗ͂C ΓΕΓΡΑΜ-
1 ΜέΝΟC ἐβλήθη εἰς τὴν λίμνην τοῦ πυρός.   Καὶ
εἶδον ΟΥ̓ΡΑΝὸΝ ΚΑΙΝὸΝ ΚΑὶ ΓΗ͂Ν ΚΑΙΝΗΝ· ὁ γὰρ πρῶ-
τος οὐρανὸς καὶ ἡ πρώτη γῆ ἀπῆλθαν, καὶ ἡ θάλασσα
2 οὐκ ἔστιν ἔτι. καὶ ΤΗΝ ΠόΛΙΝ ΤΗΝ ἁΓίΑΝ ᾽ΙΕΡΟΥCΑΛΗΜ
καινὴν εἶδον καταβαίνουσαν ἐκ τοῦ οὐρανοῦ ἀπὸ τοῦ θεοῦ,
ἡτοιμασμένην ὡς ΝΥΜΦΗΝ ΚΕΚΟCΜΗΜΈΝΗΝ Τῷ ἀνδρὶ

      9 ἀπὸ τοῦ θεοῦ   10 τοῦ   11 αὐτόν

death has no power over them; they will be priests of God and the Christ, and reign with him for the thousand years.

7   When the thousand years are over, Satan will be released 8 from his prison, and will go out to lead astray the heathen in the four corners of the earth, Gog and Magog, and to muster them for battle, in numbers like the sand of the 9 sea.   They came up on the broad plain of the earth and surrounded the encampment of God's people, and the beloved city.   Then fire came down from heaven and consumed them, 10 and the devil who led them astray was flung into the fiery, sulphurous lake, where the animal and the false prophet were, there to be tortured day and night forever and ever.

11   Then I saw a great white throne with a being seated on it from whose presence earth and sky fled so far that they could 12 not be found.   I saw the dead, high and low, standing before the throne, and books were opened.   Then another book was opened; it was the book of life.   And the dead were judged by what was written in the books about what they had done. 13 The sea gave up the dead that were in it, and death and the underworld gave up the dead that were in them, and they were 14 all judged by what they had done.   Then death and Hades were flung into the fiery lake.   This is the second death—the 15 fiery lake.   Anyone whose name was not found written in the book of life was flung into the fiery lake.

21   Then I saw a new heaven and a new earth, for the first heaven and the first earth had passed away, and there was no 2 longer any sea.   And I saw the holy city, a new Jerusalem, come down out of heaven from God, like a bride dressed and

3 αὐτῆς. καὶ ἤκουσα φωνῆς μεγάλης ἐκ τοῦ θρόνου λε-
γούσης Ἰδοὺ ἡ ϲκηνὴ τοῦ θεοῦ μετὰ τῶν ἀνθρώπων,
καὶ ϲκηνώϲει μετ' αὐτῶν, καὶ αὐτοὶ ⌜λαοὶ⌝ αὐτοῦ
ἔϲονται, καὶ αὐτὸς ὁ θεὸς μετ' αὐτῶν ἔϲται ᵀ,
4 καὶ ἐξαλείψει πᾶν δάκρυον ⌜ἐκ⌝ τῶν ὀφθαλμῶν
αὐτῶν, καὶ ὁ θάνατος οὐκ ἔσται ἔτι· οὔτε πένθοϲ οὔτε
κραυγὴ οὔτε πόνος οὐκ ἔσται ⌜ἔτι. τὰ⌝ πρῶτα ⌜ἀπῆλ-
5 θαν⌝. καὶ εἶπεν ὁ καθήμενοϲ ἐπὶ τῷ θρόνῳ Ἰδοὺ
καινὰ ποιῶ πάντα. καὶ λέγει ᵀ Γράψον, ὅτι οὗτοι οἱ
6 λόγοι πιστοὶ καὶ ἀληθινοί εἰσιν. καὶ εἶπέν μοι Γέγο-
ναν. ἐγὼ τὸ Ἄλφα καὶ τὸ Ὦ, ἡ ἀρχὴ καὶ τὸ τέλος.
ἐγὼ τῷ διψῶντι δώσω ἐκ τῆς πηγῆς τοῦ ὕδατοϲ τῆϲ
7 ζωῆϲ δωρεάν. ὁ νικῶν κληρονομήσει ταῦτα, καὶ ἔϲο-
8 μαι αὐτῷ θεὸϲ καὶ αὐτὸϲ ἔϲται μοι υἱόϲ. τοῖς δὲ δει-
λοῖς καὶ ἀπίστοις καὶ ἐβδελυγμένοις καὶ φονεῦσι καὶ
πόρνοις καὶ φαρμακοῖς καὶ εἰδωλολάτραις καὶ πᾶσι τοῖς
ψευδέσιν τὸ μέρος αὐτῶν ἐν τῇ λίμνῃ τῇ καιομένῃ
πυρὶ καὶ θείῳ, ὅ ἐστιν ὁ θάνατος ὁ δεύτερος.

9 Καὶ ἦλθεν εἷς ἐκ τῶν ἑπτὰ ἀγγέλων τῶν ἐχόντων τὰς
ἑπτὰ φιάλας, τῶν γεμόντων τῶν ἑπτὰ πληγῶν τῶν ἐσχά-
των, καὶ ἐλάλησεν μετ' ἐμοῦ λέγων Δεῦρο, δείξω σοι τὴν
10 νύμφην τὴν γυναῖκα τοῦ ἀρνίου. καὶ ἀπήνεγκέν με ἐν
πνεύματι ἐπὶ ὄρος μέγα καὶ ὑψηλόν, καὶ ἔδειξέν μοι
τὴν πόλιν τὴν ἁγίαν Ἰερουϲαλὴμ καταβαίνουσαν ἐκ
11 τοῦ οὐρανοῦ ἀπὸ τοῦ θεοῦ, ἔχουσαν τὴν δόξαν τοῦ θεοῦ·
ὁ φωστὴρ αὐτῆς ὅμοιος λίθῳ τιμιωτάτῳ, ὡς λίθῳ ἰάσπιδι
12 κρυσταλλίζοντι· ἔχουσα τεῖχος μέγα καὶ ὑψηλόν, ἔχουσα
πυλῶναϲ δώδεκα, καὶ ἐπὶ τοῖς πυλῶσιν ἀγγέλους δώδεκα,
καὶ ὀνόματα ἐπιγεγραμμένα ἃ ἐστιν τῶν δώδεκα
13 φυλῶν υἱῶν Ἰσραήλ· ἀπὸ ἀνατολῆϲ πυλῶνεϲ
τρεῖϲ, καὶ ἀπὸ βορρᾶ πυλῶνεϲ τρεῖϲ, καὶ ἀπὸ νό-
του πυλῶνεϲ τρεῖϲ, καὶ ἀπὸ δυσμῶν πυλῶνεϲ
14 τρεῖϲ· καὶ τὸ τεῖχος τῆς πόλεως ἔχων θεμελίους δώδεκα,

3 λαός | αὐτῶν θεός   4 ἀπὸ | ἔτι, ὅτι τὰ | ἀπῆλθεν   5 μοι

3 ready to meet her husband. I heard a loud voice from the throne say,

"See! God's dwelling is with men, and he will live with them. They will be his people and God himself will be with 4 them, and he will wipe every tear from their eyes. There will be no death any,longer, nor any grief or crying or pain. The old order has passed away."

5   Then he who sat upon the throne said,

"See! I am making everything new! Write this," he 6 said, "for these words are trustworthy and true. It is all over!" he told me, "I am the Alpha and the Omega, the beginning and the end. I will give anyone who is thirsty 7 water without cost from the spring of the water of life. He who is victorious will possess all this, and I will be his God 8 and he will be my son. But the cowardly, unfaithful, and polluted—murderers, immoral people, those who practice magic or idolatry, and all liars will find themselves in the burning lake of fire and brimstone. This is the second death."

9   Then one of the seven angels who had the seven bowls full of the seven last plagues came and spoke to me.

"Come," he said, "I will show you the bride, the wife of the Lamb."

10   He carried me away in a trance to a great, high mountain, and showed me Jerusalem, the holy city, coming down out of 11 heaven from God, in all the glory of God. It shone with a radiance like that of some very precious stone, like jasper, 12 clear as crystal. It had a great, high wall with twelve gates, and twelve angels at the gates, which had carved upon them 13 the names of the twelve tribes of the children of Israel. There were three gates on the east, three gates on the north, three 14 gates on the south, and three gates on the west. The wall of the city had twelve foundation stones, and on them were

καὶ ἐπ᾽ αὐτῶν δώδεκα ὀνόματα τῶν δώδεκα ἀποστόλων τοῦ
15 ἀρνίου. Καὶ ὁ λαλῶν μετ᾽ ἐμοῦ εἶχεν ΜΕΤΡΟΝ ΚΑΛΑΜΟΝ
χρυσοῦν, ἵνα μετρήσῃ τὴν πόλιν καὶ τοὺς πυλῶνας αὐτῆς
16 καὶ τὸ τεῖχος αὐτῆς. καὶ ἡ πόλις ΤΕΤΡΑΓΩΝΟC κεῖται,
καὶ τὸ μῆκος αὐτῆς ὅσον τὸ πλάτος. καὶ ἐμέτρησεν τὴν
πόλιν τῷ καλάμῳ ἐπὶ ⌜σταδίων⌝ δώδεκα χιλιάδων· τὸ
μῆκος καὶ τὸ πλάτος καὶ τὸ ὕψος αὐτῆς ἴσα ἐστίν.
17 ΚΑ ἐμέτρηCΕΝ ΤΟ ΤΕῖΧΟC αὐτῆς ἑκατὸν τεσσεράκοντα
τεσσάρων πηχῶν, μέτρον ἀνθρώπου, ὅ ἐστιν ἀγγέλου.
18 ΚΑῚ ἡ ἐνδώμησις ΤΟΥ ΤΕΊΧΟΥC αὐτῆς ἴαCΠΙC, καὶ ἡ πόλις
19 χρυσίον καθαρὸν ὅμοιον ὑάλῳ καθαρῷ· οἱ ΘΕΜΕΛΙΟΙ τοῦ
τείχους τῆς πόλεως παντὶ λίθῳ ΤΙΜΊῼ κεκοσμημένοι· ὁ
θεμέλιος ὁ πρῶτος ἴασπις, ὁ δεύτερος σάπφειρος, ὁ τρίτος
20 χαλκηδών, ὁ τέταρτος σμάραγδος, ὁ πέμπτος σαρδόνυξ,
ὁ ἕκτος σάρδιον, ὁ ἕβδομος χρυσόλιθος, ὁ ὄγδοος βή-
ρυλλος, ὁ ἔνατος τοπάζιον, ὁ δέκατος χρυσόπρασος, ὁ
21 ἑνδέκατος ὑάκινθος, ὁ δωδέκατος ἀμέθυστος· καὶ οἱ δώδεκα
πυλῶνες δώδεκα μαργαρῖται, ἀνὰ εἷς ἕκαστος τῶν πυλώνων
ἦν ἐξ ἑνὸς μαργαρίτου· καὶ ἡ πλατεῖα τῆς πόλεως χρυ-
22 σίον καθαρὸν ὡς ὕαλος διαυγής. Καὶ ναὸν οὐκ εἶδον ἐν
αὐτῇ, ὁ γὰρ ΚΎΡΙΟC, ὁ ΘΕΌC, ὁ ΠΑΝΤΟΚΡΆΤΩΡ, ναὸς αὐτῆς
23 ἐστίν, καὶ τὸ ἀρνίον. καὶ ἡ πόλις οὐ χρείαν ἔχει ΤΟΥ
ΗΛΊΟΥ ΟΥΔΕ ΤΗC CΕΛΉΝΗC, ἵνα ΦΑΊΝΩCΙΝ αὐτῇ, ἡ γὰρ
ΔΌΞΑ ΤΟΥ ΘΕΟΥ ἐΦΏΤΙCΕΝ αὐτήν, καὶ ὁ λύχνος αὐτῆς τὸ
24 ἀρνίον. ΚΑῚ ΠΕΡΙΠΑΤΉCΟΥCΙΝ ΤᾺ ἔΘΝΗ ΔΙᾺ ΤΟΥ ΦΩΤΟC
αὐτῆς· ΚΑῚ οἱ ΒΑCΙΛΕῖC ΤῆC ΓῆC ΦΈΡΟΥCΙΝ ΤῊΝ ΔΌΞΑΝ
25 αὐτῶν εἰς αὐτήν· ΚΑῚ οἱ ΠΥΛῶΝΕC αὐτῆς ΟΥ ΜῊ ΚΛΕΙ-
26 CΘῶCΙΝ ΗΜΈΡΑC, ΝΥΞ γὰρ οὐκ ἔσται ἐκεῖ· ΚΑῚ ΟΊCΟΥCΙΝ
27 ΤῊΝ ΔΌΞΑΝ καὶ τὴν τιμὴν ΤῶΝ ἐΘΝῶΝ εἰς αὐτήν. καὶ
ΟΥ ΜῊ ΕἰCΈΛΘῌ ΕἰC ΑΥΤῊΝ ΠᾶΝ ΚΟΙΝῸΝ καὶ [ὁ] ποιῶν
βδέλυγμα καὶ ψεῦδος, εἰ μὴ οἱ ΓΕΓΡΑΜΜΈΝΟΙ ἐΝ Τῷ
1 ΒΙΒλΊῼ ΤῆC ΖΩῆC τοῦ ἀρνίου. καὶ ἔδειξέν μοι ΠΟΤΑ-
ΜῸΝ ΫΔΑΤΟC ΖΩῆC λαμπρὸν ὡς κρύσταλλον, ἐκπορευό-

15 the twelve names of the Lamb's twelve apostles.   The angel
   who talked with me had a gold measuring rod, with which to
16 measure the city and its gates and wall.   The city was a
   square, its length the same as its breadth.   He measured the
   city with his rod, and it was 12,000 furlongs.   Its length,
17 breadth, and height were the same.   He measured the wall
   and it was about 144 cubits (216 feet), as men measure, for
18 that was the way the angel measured.   The material of the
19 wall was jasper, but the city was pure gold, as transparent as
   glass.   The foundation stones of the wall of the city were
   ornamented with all kinds of precious stones.   The first
   foundation stone was jasper, the second sapphire, the third
20 chalcedony, the fourth emerald, the fifth sardonyx, the sixth
   sardius, the seventh chrysolite, the eighth beryl, the ninth
21 topaz, the tenth chrysoprase, the eleventh jacinth, the twelfth
   amethyst.   The twelve gates were twelve pearls; each gate
   made of a single pearl.   The principal street of the city was
22 pure gold, as transparent as glass.   I saw no temple in it,
23 for the Lord God Almighty and the Lamb are its temple.   The
   city does not need the sun nor the moon to shine in it, for the
24 glory of God lighted it, and the Lamb is its lamp.   The
25 heathen will walk by its light.   The kings of the earth will
   bring their splendor to it.   Its gates will never be shut by day
26 —for there will be no night there—and they will bring the
27 splendor and the wealth of the heathen into it.   Nothing un-
   clean will ever enter it, nor anyone who indulges in abominable
   practices and falsehoods, but only those who are written
22 in the Lamb's book of life.   Then he showed me a river of
 2 living water, clear as crystal, which issued from the throne of

2 ΜΕΝΟΝ ἐκ τοῦ θρόνου τοῦ. θεοῦ καὶ τοῦ ἀρνίου ἐν ΜΕCῼ
τῆς πλατείας αὐτῆς· καὶ ΤΟΥ ΠΟΤΑΜΟΥ ἐΝΤΕΥΘΕΝ καὶ
ἐκεῖθεν ΞΥΛΟΝ ΖΩῆϹ ⌈ποιοῦν⌉ καρποὺς δώδεκα, κατὰ
ΜῆΝΑ ἕκαστον ⌈ἀποδιδοῦν⌉ ΤὸΝ ΚΑΡΠὸΝ ΑΥΤΟΥ, καὶ τὰ
3 φΥΛΛΑ τοῦ ξύλου εἰϹ θεραπείαΝ τῶν ἐθνῶν. καὶ πᾶΝ
ΚΑΤΑΘΕΜΑ ΟΥΚ ἔCΤΑΙ ἔτι. καὶ ὁ θρόνος τοῦ θεοῦ καὶ τοῦ
ἀρνίου ἐν αὐτῇ ἔσται, καὶ οἱ δοῦλοι αὐτοῦ λατρεύσουσιν
4 αὐτῷ, καὶ ὄψονται τὸ πρόϹωπον ΑΥΤΟΥ, καὶ τὸ ὄνομα
5 αὐτοῦ ἐπὶ τῶν μετώπων αὐτῶν. καὶ νὺξ οὐκ ἔσται ἔτι,
καὶ ΟΥΚ ἔχουσιν χρείαν φωτὸς λύχνου καὶ φῶϹ ῆΛΙΟΥ,
ὅτι Κύριοϲ ὁ θεὸϲ φωτίϹΕΙ [ἐπ'] αὐτούς, καὶ ΒΑϹΙ-
ΛΕΥϹΟΥϹΙΝ εἰϹ ΤΟΥϹ ΑἰῶΝΑϹ ΤῶΝ ΑἰΏΝΩΝ.

6   Καὶ εἶπέν μοι Οὗτοι οἱ λόγοι πιστοὶ καὶ ἀληθινοί,
καὶ ⌈ὁ κύριος⌉, ὁ θεὸς τῶν πνευμάτων τῶν προφητῶν,
ἀπέστειλεν τὸν ἄγγελον αὐτοῦ δεῖξαι τοῖς δούλοις αὐτοῦ ἃ
7 δεῖ ΓΕΝέϹΘΑΙ ἐν τάχει· καί 'ΙδΟΥ ἔρχομαι ταχύ· μα-
κάριος ὁ τηρῶν τοὺς λόγους τῆς προφητείας τοῦ βιβλίου
8 τούτου.   Κἀγὼ 'Ιωάννης ὁ ἀκούων καὶ βλέπων
ταῦτα. καὶ ὅτε ἤκουσα καὶ ⌈ἔβλεψα⌉, ἔπεσα προσκυνῆσαι
ἔμπροσθεν τῶν ποδῶν τοῦ ἀγγέλου τοῦ δεικνύοντός μοι
9 ταῦτα. καὶ λέγει μοι "Ορα μή· σύνδουλός σού εἰμι καὶ
τῶν ἀδελφῶν σου τῶν προφητῶν καὶ τῶν τηρούντων
τοὺς λόγους τοῦ βιβλίου τούτου· τῷ θεῷ προσκύνη-
10 σον.   Καὶ λέγει μοι Μὴ ϲφραγίϹῃϹ τοὺς
λόγους τῆς προφητείας ΤΟΥ ΒΙΒΛΙΟΥ τούτου, ὁ καιρὸϲ γὰρ
11 ἐγγύς ἐστιν. ὁ ἀδικῶν ἀδικησάτω ἔτι, καὶ ὁ ῥυπαρὸς
⌈ῥυπανθήτω⌉ ἔτι, καὶ ὁ δίκαιος δικαιοσύνην ποιησάτω ἔτι,
12 καὶ ὁ ἅγιος ἁγιασθήτω ἔτι.—   'ΙδΟΥ ἔρχομαι ταχύ,
καὶ ὁ ΜΙϹΘόϹ μου ΜΕΤ' ἐμοῦ, ἀποδοῦναι ἑκάστῳ ὡϲ
13 Τὸ ἔΡΓΟΝ ἐστὶν ΑΥΤΟΥ. ἐγὼ τὸ "Αλφα καὶ τὸ ῏Ω,
⌈ὁ πρῶτοϲ καὶ ὁ⌉ ἔϲχατος, ἡ ἀρχὴ καὶ τὸ τέλος.—
14 Μακάριοι οἱ πλΥΝΟΝΤΕϹ ΤὰϹ ϹΤΟΛὰϹ ΑΥΤῶΝ, ἵνα ἔσται
ἡ ἐξουσία αὐτῶν ἐπὶ τὸ ΞΥΛΟΝ ΤῆϹ ΖΩῆϹ καὶ τοῖς

2 ποιῶν | ἀποδιδοὺς 6 Κύριος 8 ἔβλεπον 11 ῥυπαρευθήτω 13 πρῶτος καὶ

God and of the Lamb, and ran through the middle of the principal street of the city. On both sides of the river grew the tree of life. It bore twelve kinds of fruit, yielding a differ-
3 ent kind each month, and its leaves were a cure for the heathen. There will no longer be anything that is accursed. The throne of God and of the Lamb will be in the city, and his
4 slaves will worship him; they will see his face, and his name
5 will be on their foreheads. There will no longer be any night and they will have no need of lamplight or sunlight, for the Lord God will shine on them, and they will reign forever and ever.

6   "These words are trustworthy and true," he said to me; "For the Lord, the God of the spirits of the prophets, sent his angel to show his slaves what must happen very soon.
7 See! I am coming very soon! Blessed is he who heeds the words of prophecy that are in this book."

8   It was I, John, who heard and saw these things. When I heard and saw them, I fell at the feet of the angel who
9 showed them to me, to worship him. But he said to me,

"You must not do that. I am only a fellow-slave of yours and of your brothers the prophets and the men who heed the words of this book. Worship God!

10   "Do not seal up the words of prophecy that are in this book," he said to me, "for the time of their fulfilment is very
11 near. Let the evil-doer do worse and worse, let the base grow baser and baser, let the upright man be more and more upright, and the man who is holy be more and more holy."

12   "See! I am coming very soon, bringing with me my re-
13 wards, to repay everyone for what he has done. I am the Alpha and the Omega, the first and the last, the beginning and
14 the end. Blessed are those who wash their robes, so as to have the right to approach the tree of life and to enter the

πυλῶσιν εἰσέλθωσιν εἰς τὴν πόλιν. ἔξω οἱ κύνες καὶ οἱ
φαρμακοὶ καὶ οἱ πόρνοι καὶ οἱ φονεῖς καὶ οἱ εἰδωλολάτραι
καὶ πᾶς φιλῶν καὶ ποιῶν ψεῦδος.

16 Ἐγὼ Ἰησοῦς ἔπεμψα τὸν ἄγγελόν μου μαρτυρῆσαι
ὑμῖν ταῦτα ⌈ἐπὶ⌉ ταῖς ἐκκλησίαις. ἐγώ εἰμι ἡ ῥίζα καὶ
τὸ γένος Δαυείδ, ὁ ἀστὴρ ὁ λαμπρός, ὁ πρωινός.

17 Καὶ ⌈τὸ πνεῦμα καὶ ἡ⌉ νύμφη λέγουσιν Ἔρχου· καὶ
ὁ ἀκούων εἰπάτω Ἔρχου· καὶ ὁ ΔιΨῶν ἐρχέϲθω, ὁ
θέλων λαβέτω Ὕδωρ ζωῆϲ Δωρεάν.

18 Μαρτυρῶ ἐγὼ παντὶ τῷ ἀκούοντι τοὺϲ λόγουϲ
τῆς προφητείαϲ τοῦ βιβλίου τούτου· ἐάν τις ἐπιθῇ
ἐπ᾽ αὐτά, ἐπιθήσει ὁ θεὸς ἐπ᾽ αὐτὸν τὰς πληγὰς τὰϲ
19 γεγραμμέναϲ ἐν τῷ βιβλίῳ τούτῳ· καὶ ἐάν τις
ἀφέλῃ ἀπὸ τῶν λόγων τοῦ βιβλίου τῆς προφητείας
ταύτης, ἀφελεῖ ὁ θεὸς τὸ μέρος αὐτοῦ ἀπὸ τοῦ ξύλου
τῆϲ ζωῆϲ καὶ ἐκ τῆς πόλεως τῆς ἁγίας, τῶν γεγραμ-
μένων ἐν τῷ βιβλίῳ τούτῳ.

20 Λέγει ὁ μαρτυρῶν ταῦτα Ναί· ἔρχομαι ταχύ.
Ἀμήν· ἔρχου, κύριε Ἰησοῦ.

21 Ἡ χάρις τοῦ κυρίου Ἰησοῦ [Χριστοῦ] μετὰ τῶν
ἁγίων.

16 ἐν   17 πνεῦμα καὶ

15 gates of the city. The dogs, those who practice magic or immorality, murderers, idolaters, and anyone who loves falsehood or tells lies will be shut out of it.

16   "I, Jesus, sent my angel to give you this testimony for the churches. I am of the line and family of David, I am the bright morning star."

17   "Come," say the Spirit and the bride. Let everyone who hears this say,

"Come!"

Let everyone who is thirsty come. Let anyone who wants it come and take without cost living water.

18   I warn everyone who hears the message of prophecy in this book read, that if anyone adds anything to it, God will inflict upon him the plagues that are described in this book;

19 and if anyone removes from this book any of the prophetic messages it contains, God will remove from him his share in the tree of life and the holy city which are described in this book.

20   He who testifies to all this says,

"It is true! I am coming very soon!"

Amen! Come, Lord Jesus!

21   The blessing of the Lord Jesus Christ be with his people.